我国近海海洋综合调查与评价专项成果
“十二五”国家重点图书出版规划项目

中国海岛志

福建卷第三册

《中国海岛志》编纂委员会

海洋出版社
2014年·北京

图书在版编目（CIP）数据

中国海岛志．福建卷．第3册，福建南部沿岸/《中国海岛志》编纂委员会编著．—北京：海洋出版社，2014.2

ISBN 978-7-5027-8357-0

Ⅰ．①中…　Ⅱ．①中…　Ⅲ．①岛-介绍-福建省　Ⅳ．①K928.44

中国版本图书馆CIP数据核字（2012）第220731号

责任编辑：刘　勃　常青青

责任印制：赵麟苏

海洋出版社 出版发行

http://www.oceanpress.com.cn

北京市海淀区大慧寺路8号　邮编：100081

北京画中画印刷有限公司印刷

2014年2月第1版　2014年2月北京第1次印刷

开本：889mm×1194mm　1/16　印张：51.25

字数：1515千字　定价：490.00元

发行部：62132549　邮购部：68038093　总编室：62114335

《中国海岛志》

《中国海岛志》福建卷第三册

各部分撰稿人

岛群（或海区）区域环境

区域地质地貌： 陈　坚　谢在团　李云海　杨顺良

气候与气象： 郭小刚　肖　辉　王寿景　许金电　陈延盛　黄　奖

海洋水文： 郭小刚　肖　辉　王寿景　许金电　陈延盛　黄　奖

海洋化学： 暨卫东　林　彩　贺　青　邝伟明

海洋生物与生态： 陈　彬　杜建国　唐森铭　马志远

海洋灾害： 肖　辉　陈　坚　李东义　雷　刚　唐森铭

单岛记述

概况： 陈　坚　谢在团　杨顺良　林岳夫　胡阳冬　李云海

历史与文化： 谢在团　陈　坚　林岳夫　尹希杰　胡阳冬　赖志坤

基础设施： 谢在团　陈　坚　林岳夫　胡阳冬　黄财宾　赖志坤

经济基本情况： 谢在团　陈　坚　林岳夫　胡阳冬　方建勇

地质地貌： 陈　坚　杨顺良　李云海　王爱军　李东义　徐勇航　张晓飞　翁宇斌

植被与土壤： 廖连招　杜庆红　林河山　张加晋　朱　嘉　胡阳冬

自然资源： 谢在团　陈　坚　杨顺良　罗美雪　徐勇航　方少华　胡灯进　赵东波

图件编制： 赖志坤　罗美雪　胡阳冬　张晓飞　任岳森

统稿： 陈　坚　谢在团

序

我国既是幅员辽阔的陆地大国，又是海洋大国。在我国管辖的广阔海域内，还分布着逾万个岛礁。这些大大小小、星罗棋布的岛礁，像一颗颗璀璨的明珠，镶嵌在我国主张管辖的300万平方千米蓝色大海上，成为中华民族锦绣版图上闪闪发光的瑰宝。近年来，随着我国海洋开发战略的实施，海岛作为对外开放的桥头堡、壮大海洋经济的重要基地和保障国防安全的战略前沿，在促进沿海经济社会可持续发展、维护国家权益、拓展发展空间等方面的作用日益凸现。

我国对海岛工作历来十分重视，继1988—1995年开展了第一次全国海岛资源综合调查之后，908重大专项又将海岛调查作为一项主要任务加以组织实施，并获取了大量一手资料和数据。然而客观地讲，尽管前些年开展过全国范围内的海域地名普查，大部分沿海省市形成了海岛地名录，有些省市还编纂了地方海岛志。但是，总体来说，内容不够全面。加之，近年来随着我国海洋开发强度和广度的不断加大，近岸海岛状况变化剧烈，许多数据和资料失去了时效性，已经难以全面、真实地反映我国海岛的现状。因此，组织编纂《中国海岛志》，以志书的形式为我国的全部海岛“建户立档”，是加强海岛综合管理、提高海岛管控能力的迫切需求。通过这项工作，全面利用908专项海岛调查数据，充分发掘和系统整理我国海岛的历史资料，整合沿海省、直辖市、自治区以及有关部门的海岛工作成果，将为我国海岛的科学管理提供基础保障，为海岛资源开发与环境保护提供信息平台，为维护我岛礁主权和海上安全提供有力支撑。同时，《中国海岛志》也是进行公众教育、强化全民海洋意识、增强海洋国土观念的绝佳教材，从一定意义上讲，这是一项功在当代、利在千秋的世纪工程。

在中华民族五千年的文明史上，历朝历代都十分重视史志的编纂出版，正所谓盛世治史，盛世修志。《中国海岛志》就是这样一部全面记述我国海岛自然、人文、历史、社会、经济等诸多内容的专业志书，它填补了我国志书的空白，同时也填补了我国海洋科学的空白。参与编纂《中国海岛志》的广大海洋科学工作者，抱着高度的热情和强烈的社会责任感，以求实的工作作风和严谨的科学态度，克服了种种困难，用汗水和心血，铸就了这部鸿篇巨卷。可以说，《中国海岛志》的编纂出版是时代的呼唤、发展的需要，是一项开创性、基础性、战略性的系统工程，它的推出，一定会在我国海洋事业发展史上留下浓墨重彩的一页。

国家海洋局局长：刘赐贵

2012 年 9 月于北京

《中国海岛志》编纂委员会成立大会会议现场

《中国海岛志》编纂工作进展报告会暨学术研讨会与会人员

《中国海岛志》总编纂组第六次会议

《中国海岛志》验收会议现场

第一篇
湄洲湾南部—崇武海区

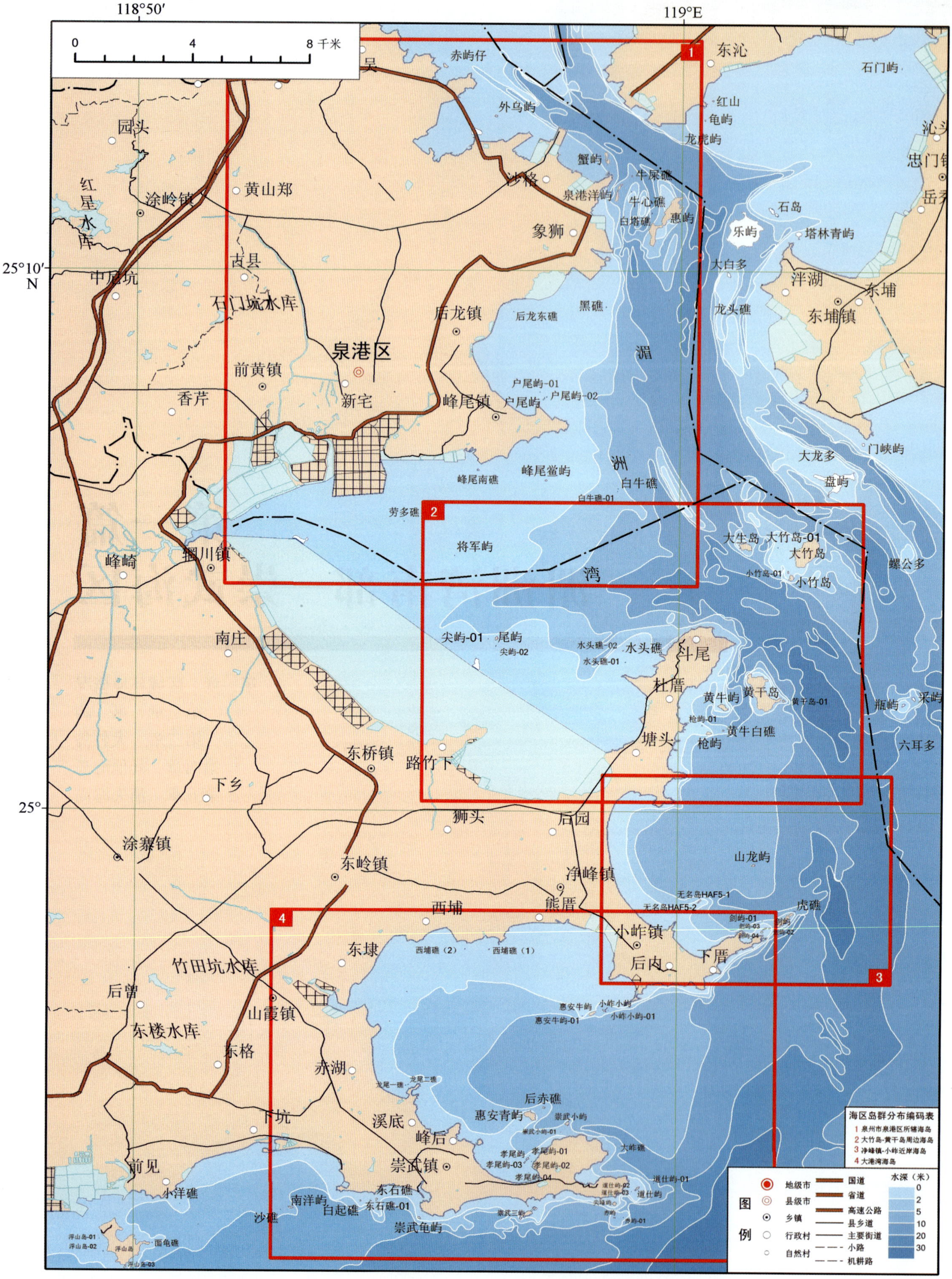

湄洲湾南部—崇武海区海岛分布图

1. 泉州市泉港区所辖海岛；2. 大竹岛—黄干岛周边海岛；3. 净峰镇—小岞近岸岛屿；4. 大港湾海岛

第一章　区域环境概况

本海区位于湄洲湾南岸至崇武半岛以北近岸海域。本篇入志海岛83个，其中有1个驻村委会的有居民海岛（惠屿）、69个无居民海岛和13个消失海岛。

海岛行政隶属分别由泉州市泉港区、惠安县管辖，其中泉港区管辖范围有1个驻村委会的有居民海岛，17个无居民海岛，4个消失海岛；惠安县管辖范围有52个无居民海岛，9个消失海岛。惠安县管辖的无居民海岛——大竹岛，在20世纪60年代因“八女拓荒”事迹而闻名全国。

第一节　地质地貌

湄洲湾位于华南加里东褶皱系东部之闽东沿海中生代火山断折带中段、长乐－南澳东北向深大断裂带和兴化－漳平东西向区域大断裂从本区及邻侧经过。区内地壳具二元结构特点，结晶基底由前泥盆系变质岩组成，盖层由中生界侏罗系上统陆相火山岩组成。区内下古生代前为一片汪洋大海，主要接受一套海相碎屑沉积物，在加里东运动时期产生变质作用和混合岩化作用，加里东运动晚期（志留纪末）褶皱隆起上升，接受剥蚀，构成东南沿海陆源区（相当于华夏古陆）的一部分。印支时期，由于受到印支运动的影响，产生断块升降运动和北东向、东西向大断裂，至燕山运动中期达到高潮，形成断陷，并导致大规模的火山喷发和岩浆侵入作用。至燕山运动末期，地壳运动减弱并趋于平静。喜山运动以来，总体继承了加里东运动以后的上升隆起趋势，表现为振荡式的上升运动为主，从而形成如今的地貌形态。

一、地质

（一）地层

区内地层发育不全，主要有下古生界前泥盆系变质岩、中生界侏罗系上统南园组第二岩性段火山岩和变质火山岩、新生界第四系更新统和全新统等。依时代由老及新简述如下。

1. 下古生界前泥盆系

主要沿长乐—南澳深大断裂带呈北东向带状展布，区内主要分布于莆田莆尾、湄洲岛及惠安湖街、东肖一带。其岩性下部以灰白色矽线石白云母石英片岩为主，夹灰白色矽线石英片岩、白色白云石英片岩等，上部为白色白云母石英片岩，局部见有灰褐色黑云斜长变粒岩、混合质黑云斜长变粒岩、角闪斜长变粒岩等。该套岩石普遍遭受不同程度的混合岩化作用，其厚度因第四系覆盖出露不全，估计大于2400米。该套岩石在邻区相同岩性段岩石中获有下古生界微古化石，部分地区已获得大于4亿年的Sm－Nd同位素年龄资料，故暂归于前泥盆纪。

2. 中生界侏罗系上统南园组第二岩性段

区内主要分布于湄洲湾北部及西部，为一套酸性火山碎屑岩和火山碎屑熔岩。其主要岩性为灰、浅灰色流纹质晶屑凝灰岩、晶屑凝灰熔岩夹流纹斑岩、晶屑熔结凝灰岩、凝灰质粉砂岩、硅质岩等，底部常见熔岩角砾石，其中流纹质晶屑凝灰熔岩局部过渡为酸性粒状碎斑熔岩。该段岩石一般抗风化能力较强，地貌上往往形成中低的陡坡地形，厚度大于1700米。

此外，由于受到长乐—南澳深大断裂带的影响，沿该深大断裂带两侧往往出现一套变质火山岩系。其岩性主要为灰白－淡肉红色混合二长花岗岩、均质混合岩及混合花岗岩、混合花岗闪长岩、片理化流纹质晶屑凝灰岩、凝灰熔岩等。其空间分布与区内前泥盆系变质岩形影相随。

3. 新生界第四系地层

主要分布于滨海及邻近山间盆地中，以海积、冲洪积、残积层为主。厚度一般在50米以下，滨海地区较厚，向陆地方向变薄。一般滨海地层以海积层为主，向陆地过渡为以残积层和冲洪积层为主。划分为未分残积层，上更新统海积层、冲洪积层，全新统海积层、冲积－冲洪积层、风积层等。

（1）残积层

下部为灰黄、灰－灰白色亚黏土或含砾黏土，局部尚保存母岩的结构、构造特征而具风化残余花斑结构，空间上主要分布于三、四级红土台地处。厚度为1.15～41.2米，上部为砖红色、灰黄色、灰白色黏土、亚黏土，由于其风化程度较深，部分地段原岩结构，构造已较难辨认，主要分布于一、二级红土台地及部分三级台地处，厚度为3～5米。

（2）上更新统冲洪积层

主要为褐黄色、黄褐色砂质黏土、亚黏土，下部常见粗砂细砾或砾卵石层，砾卵石磨圆度差－中等，一般固结程度较好，厚度为1～645米。

（3）上更新统海积层

下部为灰黄、黄褐、灰白色亚黏土、亚砂土，局部底部具风化氧化壳。中部为黄灰、褐灰、青灰色黏土、亚黏土，夹有灰黑色炭质黏土或炭化木块。上部为褐灰色、灰白、灰黄、青灰色黏土、亚黏土、泥沙砾层中夹灰黑色黏土或高碳质沙砾层等。该层水平层理发育，厚度为6～20米。

（4）全新统冲积－冲洪积层

岩性为灰黄色、褐黄色砂土、亚黏土、亚黏土粉砂、细砂和粗砂砾石等，由于其发育地段的地形、岩性等地理环境不同，形成的沉积物也有所差别，一般在丘陵及海湾盆地边缘地带或短小河流河道中的沉积物较粗，分选性也较差，主要由砂黏土、砂、砾石、碎石等组成，在滨海及河漫滩地带，则由粉砂、细砂、黏质砂土夹粗砂、砾石等组成，且分选性较好，见斜交层理。该层上部现代沉积物中常见有砖瓦碎片及现代人类活动遗物。厚度一般为1.9～7.74米。

（5）全新统风积层

分布于湄洲岛及半岛的迎风岸带，是全新统现代堆积物，常呈沙垄、沙丘、沙纹地等与海岸线平行分布，岩性为黄色或黄白色石英细砂、粉砂（含少量长石和云母碎片），其颗粒均匀、结构松散、分选性良好，是较好的型砂及二氧化硅原料，厚度为2～200米。

（6）全新统海积层

是海湾第四系主要沉积层，主要分布于海滩、海积平原或海积阶地上，一般标高2～5米，最高不超过10米。岩性下部在港湾中为淤泥质黏土、亚黏土、港湾边缘为黏土、亚砂土、底部含中细砾，厚度为1.7～7.64米；中部为灰黑、青灰色淤泥、淤泥质黏土，在近河口之港湾地带，在淤泥层下部具有较粗的淤泥质砂，厚度为0.7～51米；上部海积平原为灰黄、黄色黏土、淤泥质黏土，靠河口之港湾处为黑色黏土、淤泥质黏土，底部见淤泥质砂，港湾地带多为淤泥质，在滨海岸边为沙滩泥滩或堆积，厚度为1.15～4.95米。

（二）侵入岩

区内侵入岩分布广泛，岩石类型复杂，根据岩体与地层的关系，各岩体之间的相互关系，同位素年龄资料，岩石矿物特征类比研究等成果，可将本区侵入岩划分为燕山早、晚两期，其中以燕山早期第三阶段第一次侵入之二长花岗岩分布最广，规模最大。

1. 燕山早期侵入岩

主要为燕山早期第三阶段第一次侵入之二长花岗岩、第二次侵入之花岗闪长岩和第三次侵入之黑云母花岗岩等。此外，沿长乐—南澳深大断裂带两侧，常见有碎裂片麻状交代二长花岗岩、碎裂片麻状变代花岗闪长岩、碎裂片麻状交代花岗岩等。其岩石特征简述如下。

（1）第一次侵入之二长花岗岩

以灰白色中粒二长花岗岩为主，中粒花岗结构，块状构造，岩石局部因受构造影响而产生碎裂，并具有重结晶现象。岩石主要由钾长石（30%～35%）、斜长石（35%～40%）、石英（25%～30%）、黑云母（5%）及少量角闪石、微量磁铁矿、锆石、榍石、磷灰石、褐帘石等组成。该岩石局部地段钾长石含量渐少，斜长石和角闪石含量渐多而过渡为花岗闪长岩。

（2）第二次侵入之花岗闪长岩

岩性主要为灰白色片麻状碎裂花岗闪长岩，碎裂花岗结构，片麻状构造。岩石由斜长石（55%～60%）、钾长石（10%）、石英（25%～30%）、黑云母（5%）和少量角闪石及微量磁铁矿、锆石、磷灰石、褐帘石等组成。

（3）第三次侵入之黑云母花岗岩

岩性主要为浅肉红色中粒花岗岩，中粒花岗结构，块状构造，部分因受长乐—南澳断裂带影响，岩石往往产生碎裂结构，形成片麻状构造，岩性变成片麻状碎裂花岗岩。该类岩石由钾长石（50%～55%）、斜长石（15%～20%）、石英（30%）、黑云母（1%～2%）及少许磁铁矿、锆石、褐帘石、磷灰石组成。

2. 燕山晚期侵入岩

区内燕山晚期侵入岩主要为第一次侵入之辉长岩、石英闪长岩、花岗闪长岩等。

（1）辉长岩

多呈岩瘤状产出，岩石呈灰黑色，细粒辉长结构和嵌晶结构，块状构造，部分岩体内发育条带状构造和流面构造。岩石由拉长石42%、普通辉石36%、普通角闪石15%、磁铁矿7%和少许黄铁矿、磷灰石等组成。该类岩体边缘常见过渡为暗色闪长岩，并发育原生流动构造，其矿物成分以拉长石（34%）、普通角闪石（62%）为主，普通辉石（1%）和磁铁矿（3%）含量明显减少。

（2）石英闪长岩

多呈小岩瘤状产出，岩性一般较为单一，主要为灰白色石英闪长岩，呈不等粒半自形状结构，块状构造。岩石由中长石（74%）、钾长石（10%）、石英（10%）、角闪石（5%）和少量黑云母、辉石及少许磷灰石、磁铁矿、锆石等副矿物组成。

（3）花岗闪长岩

多呈小岩瘤状产出，岩性也较单一，主要为灰白色中细粒花岗闪长岩，花岗结构，块状构造。岩石由中长石（50%～55%）、钾长石（15%～20%）、石英（20%～25%）、角闪石和黑云母（5%）及少量磁铁矿、锆石、磷灰石等组成。

（三）变质岩

燕山早期混合花岗岩由于受到长乐—南澳深大断裂带的影响，区内燕山早期混合花岗岩发育，主要有混合二长花岗岩、混合花岗闪长岩、混合石英闪长岩、混合花岗岩等。

（1）混合二长花岗岩

岩性为碎裂变斑片麻状交代二长花岗岩，岩石呈灰白－肉红色，具变斑状、碎裂状、不等粒花岗变晶结构等，片麻状构造，钾长石变斑晶分布不均匀，粒径一般为15～20厘米，其边部常见灰白色斜长石环边。岩石由斜长石（30%～35%）、钾长石（20%～25%）、石英（25%）、黑云母（5%～6%）和普通角闪石（2%）等及少量副矿物组成。副矿物有磁铁矿、锆石、褐帘石、绿帘石等，岩石交代结构不明显，仅少量矿物见蠕虫结构和缝合线结构。

（2）混合花岗闪长岩

岩性为碎裂片麻状交代花岗闪长岩，岩石呈深灰－灰白色，岩石明显受构造应力作用影响而呈碎裂结构，片麻状结构，岩石交代结构不明显，仅见蠕虫结构和缝合线结构。岩石由斜长石占（40%～50%）、钾长石占（10%～15%）、石英（25%）和黑云母（8%～10%）组成。副矿物有黄铁矿、磁铁矿、锆石、榍石、褐帘石、独居石等。

（3）混合石英闪长岩

岩石为碎裂片麻状交代石英闪长岩，岩石呈灰白色，具碎裂及不等粒花岗变晶结构，片麻状构造。岩石由斜长石（50%～60%）、钾长石（12%～18%）、石英（15%～20%）、黑云母（5%～8%）及少量锆石、榍石、褐帘石、磷钇矿、磁铁矿、金红石等组成。

（4）混合花岗岩

岩石为碎裂片麻状（眼球、变斑）交代花岗岩，岩石呈灰白色，具碎裂及不等粒花岗变晶结构，块状—片麻状构造。岩石由钾长石（60%～70%）、斜长石（10%）、石英（20%～25%）、黑云母（5%）及少量磁铁矿、榍石、锆石、磷灰石等组成。

（四）构造

该区位于长乐—南澳深大断裂带上，构造以断裂为主，褶皱不发育。长乐—南澳深大断裂为超壳断裂，区内出露大于10千米，控制区内前泥盆系地层的分布，在中生代又有较强的活动，导致晚侏罗世火山岩形成强烈的片理化、碎裂岩化以及花岗岩体的碎裂岩化和片麻状构造等，甚至产生强烈的混合岩化交代作用，形成规模与程度不等的混合岩的凝合花岗岩。区内主要为岱前山—东白山断裂，即长乐—赞石断裂带南延部分，断裂构造轴迹走向北25°～30°，倾向南东，倾角50°～70°。

由于受到北侧兴化湾—仙游—漳平东西向构造断裂带和南日岛—沙县北西向构造断裂带的影响，区内局部发育有东西向和北西向低级序断裂，由于大部受到第四系地层和海水覆盖，其发育情况尚在挽近时期。根据相邻地区海岸线观察资料，海岸线主体呈上升趋势，其依据是莆田鹅头厝见有抬升13米的古壳堤；明朝时涵江镇设在黄港，其西南约1千米之码头村即为当年之港口码头，且在该地区平原下发现有埋藏的船、锚等遗物。上述种种迹象均说明该地区在晚清时期有较大幅度的抬升。

（五）地震

湄洲湾处于新华夏系长乐—南澳断裂带北段，漳平—莆田东西向构造带横亘于湾顶部位。历史上在该湾内虽然无地震发生，但其邻近海域常有中强地震发生，对本区有一定影响。933—1950年中的1018年间在长乐—南澳深断裂带北段的福州附近有地震记载53次，其中1574年8月19日曾发生震级达5.3级的中强地震，且至今常有弱震发生。1604年12月29日泉州海外发生震级为8级的大地震，对本区造成一定的破坏性影响。1918年2月13日南澳发生7.25级地震，对本区产生影响。1922年平潭海外发生6级地震，也波及本区。1937年6月28日在兴化湾内发生过一次4.25级地震。自1970年有仪器记录以来，在周围地区，经常出现小震活动，属小震活动频度较高地区之一，但强度不大，最大震级为2.6级。

（六）地下水

该区周边无较大河流注入，地表水资源短缺，目前仅有一些人工围垦池塘或近岸山边小水库依靠天然降雨过程蓄存少量淡水，主要供给农田灌溉之用。地下水类型主要有第四系松散岩孔隙水和基岩裂隙水两类，以前者为主。

1. 松散岩孔隙水

含水层有长乐组和东山组。长乐组厚度为163～5.4米，渗透系数为17.7米/天，单孔涌水量为126.23吨/天，静止水位为0.87米。该组地层局部地段含水微弱，渗透系数仅为0.0423米/天。东山组含水层厚度为4.36~4.55米，渗透系数为5.18~6.83米/天，影响半径为73.29~78.39米，单孔涌水138.5~140.21吨/天，水位深1.82~2.57米。在湄洲湾以海积层含水性较好，多数为孔隙承压水，渗透系数为13.17~17.7米/天，单孔涌水量为126.23~187.66吨/天，水位深0.87~2.57米，大部分地区混合抽水可达106.79~375.67吨/天。水质类型为Cl-HCO_3-Na型和Cl-Na型，矿化度为1.42~3.28克/升，个别达5.66克/升，pH值为6.7~7.5，一般由内地向沿海矿化度升高，pH值增大，水质类型也有由Cl-HCO_3-Na型变为Cl-Na型的趋势。该区地下水主要靠大气降水补给，水质多为微咸水至半咸水。

2. 基岩裂隙水

主要沿基岩的断裂和裂隙分布、泉流量多小于0.1~0.3升/秒、水温为17℃~22℃，矿化度小于0.5克/升，pH值小于7，多以无色透明、无味、无溴之弱酸性极软水为主，适合工农业用水。

（七）矿产

区内矿产有泥煤、铁矿、滨海砂铁矿、钒钛磁铁矿、铜、钼、金、银、水晶、矽线石、花岗岩、黏土等。其中多数为矿化点。具工业意义和开采价值的主要有忠门半岛山柄矽线石矿点和岱前山黑色花岗石等，前者产于前泥盆系变质岩中，质量较好，目前已有少量开采。

二、地貌

（一）陆地地貌

1. 构造侵蚀低山

海拔在500米以上，切割深度为200~400米。主要分布在湾的北部沿海。如姜秀山等，高度达569米，是福建中部戴云山系东延的余脉，山体连绵成片，分水岭山脊均作东西向分布。山顶尖锐，山坡坡度一般在30°~40°，坡面基岩裸露，多岩石构造陡崖。主要由流纹质凝灰岩、凝灰熔岩等中生代火山岩组成。

2. 构造侵蚀丘陵

分布广泛，大部分为海拔200米以下的低丘陵。丘体浑圆，山坡坡度一般为20°~25°，多呈孤丘状，于红土台地中呈断续分布，坡面冲刷严重，基岩裸露，主要由燕山期花岗岩和动力变质岩组成。

3. 侵蚀剥蚀台地

沿海岸展布，海拔一般在50~60米以下，台面开阔，宽达数千米至数十千米。多浅拗沟，台面波状起伏，其间常有季节性小河发育。由岩石风化的残积红土组成，以红土台地形态出现，主要岩性为含砾的黏土质砂或砂质黏土，土层厚度一般为3~5米，最厚达10米左右。台面局部基岩突起成丘，其上常见残留的古海蚀痕迹。表明此类波状红土台地在其发育过程中，曾一度沉沦为海，经潮浪的剧烈冲蚀和改造。洪冲积平原主要分布于波状台地的季节性小河中，一般沿河呈狭长带状分布，宽在百米至数百米之间，高出河床为2~3米，地面平坦，略向海方和河谷下游倾斜。一般由砂质黏土组成。

4. 冲海积平原

主要分布于枫亭和山腰等地河流出海口处，后缘连洪冲积平原，前缘接海积平原，是河海沉积过渡地带，凭依丘陵台地之间，平原地势低平。组成物质为砂质黏土或黏土，是水稻种植区。

5. 海积平原

分布于各海湾内，呈不连续的片状分布，面积大小不等，宽度在数百米至千余米，高出海平面3~5米，平原地势低平，缓倾于海，前缘部分仍是围垦的滩地，组成物质因所处环境和物源不同，各处有异，主要由砂质黏土和黏土质砂组成。

6. 风成砂地

见于湾口面向东北敞开的小海湾内，主要分布在湄洲岛和峰尾一带，面积不大，一般沿岸宽约数百米。以湄洲岛上的风沙地貌发育最好，横穿岛的中部，砂丘高达数米至十余米。目前砂丘已基本固定，沿岸防风林成带分布。

（二）海岸地貌

1. 海蚀崖

主要分布于基岩岬角和岛屿突出部，岸高 3 ~ 4 米，大者 10 米多，以肖厝、峰尾、莆头和南城等地基岩岬角段的海蚀崖发育最好，砾屿、大竹屿等大小岛屿也有分布。

2. 海蚀平台

常见于岬角顶端，多呈条带状向海延伸，在肖厝、峰尾一带，呈岩礁状，长达 1 千米，台面不平，常见岩礁突起成柱，低处岩块堆积。

3. 沙嘴

主要见于湄洲岛西北，跻屿南、烟墩山西和盘屿西北等岛屿岬角转弯处，多箭状沙嘴，长约数百米至千米不等，多数沙嘴指向西北（湾内）。由含砾的贝壳砂组成。

4. 沙坝

主要见于湄洲岛西、盘屿西北及塔林南等处，多出现于潮滩下段水道边，长达 1 千米，宽200 ~ 300 米，高 0.5 ~ 1 米，高潮淹没。由粗中砂或含贝壳的粗中砂组成。

5. 沙脊

见于肖厝西北，主要沙脊有 2 条直向东南，长 2 ~ 3 千米，高 2 ~ 3 米，主要由粗中砂组成，含大量的贝壳碎片。

6. 海滩

主要见于湾口，在湄洲岛等较大岛屿均有分布，宽 200 ~ 300 米，多出现在高潮区，坡度为 3° ~ 5°。由中细砂组成。

7. 潮滩

是潮间带的主要地貌类型，广泛分布于各港湾内，如秀屿、忠门、山腰等处，滩面宽阔平缓，断续成片分布。宽度不等，大者 5 ~ 6 千米，窄者数百米，坡度小于 1°。组成物质以粉砂质黏土为主，滩面有浮泥，质地稀软，人行下陷约 20 厘米，潮沟发育，多呈树枝状分布。目前大部分高潮滩已围垦，用于晒盐或耕地，中低潮滩大多数辟为养殖场。

（三）海岸特征及动态

湄洲湾三面为丘陵台地环抱，岸线曲折，岬角相间，是典型的基岩港湾岸，湾中有湾，岛屿众多，湾口有湄洲岛、大竹屿和峠屿等多层岛屿屏障，海湾隐蔽，岸滩侵蚀和堆积作用都较微弱，在自然状态下岸滩动态较为稳定。但近 20 多年来，由于海湾围垦，海滨挖沙等，岸滩地貌自然的平衡状态受到破坏，一般在岬角突出处的砂质岸滩常遭冲蚀后退，而湾内泥质岸滩存在不同程度的淤涨趋势，据调查，20 多年来枫亭湾潮滩扩大南移约 180 米，平均每年 0 米线向海推进 9 米左右。但就整个海湾来看，因无大河入海，泥沙来源少，局部岬角深水岸段和中央水道仍然普遍存在冲刷的现象，是深水港湾。

（四）海底地貌

1. 深槽

位于海湾中部，由潮流的冲刷而成，从湾内至湾口，主要有峠屿深槽、横屿深槽、大竹屿的盘屿深槽等，一般水深在 15 米以上，最深处达 30 多米，宽达数百米至千米。如峠屿深槽，长达 10 千米，宽 200 ~ 600 米，最大水深达 25 米，槽底沉积较粗，主要由砂砾组成，局部有基岩出露。大竹屿和盘屿附近深槽有 3 个，都处于岛屿之间，水深流急，冲刷力强，深槽宽者达 1 千米，水深最大达 40 米。

2. 水下浅滩

该湾 0 米等深线以下的海底，为宽阔平坦的水下浅滩，它受潮汐通道和深槽的分割成片展布，坡

度为 $1\times10^{-3}\sim2.5\times10^{-3}$，微向潮汐通道和深槽方向倾斜，一般水深为 0～10 米，主要由粉砂质黏土组成。

第二节 气候与气象

一、气候

海域位于东亚季风区，是温带、副热带和热带各类天气系统交替影响的区域，气候受太阳辐射、季风环流和台湾海峡的影响，又受海洋的调节，属南亚热带海洋性季风气候。根据福建省气候中心提供的湄洲（秀屿）和崇武站的气象资料统计，海湾区年平均温度为 20.7℃，年平均日照时数为 1975～1990 小时，气温较高，气候暖和；年平均降水量为 1133.3～1358.9 毫米，年平均相对湿度为 75%～79%，降水量和空气湿度均为中等；年平均风速为 3.4～5.4 米/秒，风速较大；湄洲（崇武）6—8 月（5—7 月）盛行偏南风，9 月至翌年 5 月（8 月至翌年 4 月）盛行偏北风。四季的气候特点是：春季（3—6 月）天气多变，时冷时热，有强降水，多阴雨天气；夏季（7—9 月）光照强，温度高，但无酷暑，多台风影响；秋季（10—11 月）干燥少雨，秋高气爽，晴天多；冬季（12 至翌年 2 月）温度低，相对干冷，但无严寒。

二、气象

（一）气温

该海区气温较高，年平均气温为 20.7℃。春季平均气温为 14.5℃～26.2℃，夏季 26.7℃～28.4℃，秋季 19.5℃～23.6℃，冬季 12.3℃～15.1℃。年平均最高气温为 24.1℃，年平均最低气温为 18.3℃。湄洲（崇武）3—7 月（2—8 月）为升温期，7 月（8 月）最高，月平均气温为 28.4℃（27.9℃），8 月至翌年 1 月（9 月至翌年 2 月）为降温期，1 月（2 月）最低，月平均气温为 12.3℃（12.5℃），气温年较差 16.1℃（15.4℃）。极端最高气温为 36.5℃～36.7℃，极端最低气温为 -0.3℃～2.8℃。全年日平均气温稳定大于等于 10℃的积温为 7093.0℃～7281.0℃，热量资源丰富。日最低气温小于等于 0.0℃的年平均日数近于零，日最高气温大于等于 35.0℃年平均日数少于等于 0.9 天，因此，该海湾区可谓是冬无严寒，夏无酷暑。

（二）降水

该海湾区降水适中，湄洲、崇武年平均降水量为 1133.3～1358.9 毫米，最多年降水量 1803.1～2023.1 毫米，最少年降水量 650.9～836.6 毫米。年平均降水日数为 107.3～117.9 天，年最多降水日数为 122～142 天，最少降水日数为 76～86 天；降水量的季节变化受季风更替、热带气旋活动的影响，湄洲从 12 月开始增多，6 月达到高峰（234.5 毫米），7 月下降，8 月再度增多（212.1 毫米），9 月起逐月减少，11 月达到最少（20.6 毫米），降水量呈双峰型分布。崇武站则有些不同，降水量分布呈单峰型，6 月最多（185.1 毫米），11 月最少（26.6 毫米）。降水在一年中的分配很不均匀，干湿季分明，春季降水最多，占全年总降水量的 48%，夏季居次，占年降水总量的 36%，秋冬季最少，两季合计降水量仅占年总降水量的 16%。一日最大降水量 311.5 毫米，出现在 1999 年 10 月 9 日。

（三）风

该海湾区风速较大，累年各月平均风速大多为 3.0～6.0 米/秒，年平均风速为 3.4～5.4 米/秒。

冬半年（10 月至翌年 2 月）风速较大（平均3.4～6.4 米/秒），夏半年（3—9 月）风速较小（平均2.8～5.2 米/秒），秋季风速最大（平均3.8～6.4 米/秒）。风力大于等于8 级的年平均大风日数为16.6～47.7 天，最多年大风日数为39～84 天。最大风速23 米/秒，出现在3 个风向上（SSE、SE、NNE）。6—8 月（崇武5—7 月）盛行偏南风（S、SSW、SW），频率为14%～33%，9 月至翌年5 月（崇武8 月至翌年4 月）盛行东北风（NE），频率为20%～50%。常年主导风向为NE 风，频率28%～34%。

（四）湿度

该海区空气湿度中等，年平均相对湿度为75%～79%。一年中5—8 月湿度较高，各月平均相对湿度为80%～88%，秋季至冬初（10—12 月）空气较干燥，各月平均相对湿度为68%～72%。日最小相对湿度10%，出现在2005 年12 月22 日。

（五）日照、蒸发与雾

1. 日照

该海区日照属中等，年平均日照时数为1975.0～1991.0 小时，日照百分率为45%。日照在一年中的变化，一般与阴雨多寡和昼夜长短有关，各月平均日照时数，夏季至秋初（7—10 月）日照较多，各月平均日照时数为198.5～262.8 小时，日照百分率达54%～63%，其中7 月最多为251.7～262.8 小时。1—4 月日照时数少，各月平均日照时数不超过130 小时，日照百分率不超过40%。

2. 蒸发

该海区蒸发大，年平均蒸发量达2142.9～2195.1 毫米，为年平均降水量的1.61～1.89 倍，蒸发量明显大于降水量，此特点常出现在闽江口以南沿海地区。最多年蒸发量2475.6 毫米，最少年蒸发量为1782.6 毫米。一年中蒸发最旺盛的时期，出现在日照时间最长的夏季至初秋（7—10 月），月平均蒸发量达214.7～261.8 毫米，2—3 月份蒸发最弱，月平均蒸发量仅为112.1～125.2 毫米。

3. 雾

该海区雾日数不多，年平均雾日数不超过30 天，最多年雾日数57 天；相对而言，冬、春季雾日较多，雾日数占全年总雾日数的91%～98%，夏秋季很少有雾。

第三节　海洋水文

一、潮汐

海区潮波受台湾海峡潮波系统控制，为谐振潮。根据资料①进行分析，潮汐性质形态数为0.2903，潮汐属正规半日潮。本海区潮差较大，平均潮差4.02 米，最大潮差5.98 米；平均涨潮历时6 时10 分，平均落潮历时6 时15 分，涨潮历时稍短于落潮历时5 分钟。

二、海流

根据海流资料②统计分析。

（一）实测海流

实测流速较大，表层（水面下5 米水深层）一般都接近或超过100 厘米/秒，实测最大流速、流向

① 国家海洋局第三海洋研究所2007 年04 月13 日至2007 年05 月30 日观测资料。

② 福建省海岸带和滩涂资源综合调查的定点海流资料（H440，H457，H469 站）、《南海海洋水文气象环境图集》，908 专项ST06 区块走航ADCP、LADCP 资料，福建908 专项的LADCP 资料。

季节变化都较大，春、冬季观测到的最大流速比夏、秋季大（表 1-1-1、表 1-1-2）。

表 1-1-1　定点测站表底层实测最大流速、流向

测站	季节	表层		底层	
		流速（厘米/秒）	流向（°）	流速（厘米/秒）	流向（°）
H440	春	170	192	104	338
	夏	99	167	75	352
	秋	104	354	98	357
	冬	89	117	86	355
H457	春	110	265	85	269
	夏	82	72	63	251
	秋	88	77	73	56
	冬	91	277	76	282
H469	春	147	147	108	177
	夏	102	149	76	340
	秋	108	135	92	7
	冬	128	133	118	357

表 1-1-2　ADCP 发生最大流速和位置

层次	季节	东经（°）	北纬（°）	最大流速	
				流速（厘米/秒）	流向（°）
7 米层	春	119. 1677	25	106	63
	夏	119. 1021	24. 9679	68	110
	秋	119. 0702	24. 9362	64	205
	冬	119. 1305	25. 0107	179	78
9 米层	春	118. 8252	24. 7385	53	347
	夏	118. 6969	24. 596	57	115
	秋	118. 687	24. 5825	63	202
	冬	118. 9067	24. 8408	171	89

（二）潮流

本海岛区潮流属非正规半日潮浅海潮流。表层最大潮流可达 140 厘米/秒。潮流有一定旋性，主要分潮流 M_2的旋转率绝对值较大，旋向由站位而定，北边的 H440 和 H457 站呈逆时针方向旋转，南边的 H469 站呈顺时针方向旋转。

（三）余流

余流流速不大。不同季节，余流流速和流向变化大（表 1-1-3）。

表 1-1-3　余流流速及流向

测站	季节	表层		底层	
		流速（厘米/秒）	流向（°）	流速（厘米/秒）	流向（°）
H440	春	24. 8	236	11. 6	51
	夏	11. 4	103	6. 5	71
	秋	12. 3	248	2. 7	112
	冬	6. 5	196	4. 5	83

续表

测站	季节	表层		底层	
		流速（厘米/秒）	流向（°）	流速（厘米/秒）	流向（°）
H457	春	3.2	242	5.8	256
	夏	2.1	235	5.7	230
	秋	2.7	147	5.6	20
	冬	8.6	224	3.8	261
H469	春	11.9	213	0.8	349
	夏	14.2	250	6.2	318
	秋	13.1	142	7.6	239
	冬	11.5	103	3.1	60

三、波浪

（一）浪向

湄洲湾外海域浪向季节变化明显。10月至翌年3月盛行东北季风，以北—东北向浪占绝对优势，这两个浪向占85%以上，东北向浪为主波向；4—5月，东北季风势力减弱，北—东北向浪仍占优势，西—西南向浪逐渐增加；6—8月份，盛行西—西南向浪，西南向浪为主波向，东北向浪几近消失；9月份西—西南向浪大幅减弱，北—东北向浪开始占优势，东北浪向为主波向。

（二）波高和波周期

湄洲湾外海域的波高、波周期和大浪频率有以下特点。

①6—8月波高为0.5～0.8米；9月和4—5月，波高为0.5～0.9米；10月至翌年3月，东北季风占有绝对优势，平均波高值较大，其值为0.8～1.4米。

②6—8月波周期为3.5～4.2秒；9月和4—5月波周期为3.4～4.4秒；10月至翌年3月波周期为4.0～5.7秒。

四、水温和盐度

根据资料①②③，按0.25°×0.25°经纬度网格综合统计。

（一）水温

湄洲湾—大港湾湾内海域海水表层平均温度变化于13.40℃～26.80℃，夏季最高（25.00℃～26.80℃），秋季居次（22.00℃～22.81℃），冬季最低（13.41℃～14.20℃），年较差为11.59℃～12.60℃。湄洲湾的底层平均温度略低于表层，为13.36℃～24.22℃，也是夏季最高（24.22℃），秋季次之（22.83℃），冬季最低（13.36℃），年变幅为10.86℃。极端最高温度：湄洲湾为25.38℃，出现在夏季表层，崇武海洋站为31.7℃，出现在2003年9月7日。极端最低温度：湄洲湾为13.17℃，出现在冬季的表层，崇武海洋站为7.9℃，出现在2008年2月11日。湾外海域表层平均温度变化于

① 福建省海岛综合调查研究报告（1996）。

② 崇武海洋站1988—2008年表层温度和盐度资料。

③ 20世纪90年代至2009年间国家海洋局第三海洋研究所在台湾海峡水文调查资料。

15.0℃～25.6℃，夏半年（春、夏季）表层平均温度比湾内海域约低0.5℃～1.2℃，冬半年（秋、冬季）比湾内海域约高1.0℃～2.0℃。温度季节变化和湾内一致。

（二）盐度

湄洲湾—大港湾湾内海域受海峡较高盐度水的影响明显，海水盐度较高，表层平均盐度为30.1～33.71，其中夏季最高（32.71～33.71），春季居次（31.30～32.09），冬季最低（30.18～30.36），年较差较小为2.36～3.53；湄洲湾的底层平均盐度稍高于表层平均盐度，为30.52～33.92，也是夏季最高（33.92），春季居次（31.69），冬季最低（30.52），年变幅为3.40。极端最高盐度，湄洲湾为34.14，出现在夏季的底层；崇武海洋站为35.10，出现在1997年5月18日。极端最低盐度，湄洲湾为29.79，出现在冬季的表、底层；崇武站为16.20，出现在2005年8月15日。湾外海域表层平均盐度变化于30.20～33.22，夏季盐度最高，平均为33.17，春季居次为32.48，冬季最小为30.86，盐度的季节变化与湾内同。湾内、外表层平均盐度对应季节相差很小，仅为0.05～1.30。

第四节 海洋化学

一、海水化学

（一）常规要素

1. pH值

表层pH平均值的季节变化为8.15～8.19，变幅为0.04；底层为8.14～8.20，变幅为0.06。表层、底层的高峰值均出现在春季。春季表层pH值低于底层，秋季则是表层高于底层。

表层pH值平面变幅为0.17～0.22，春季变幅大于秋季。春季、秋季表层pH值平面分布大致相同，在湄洲岛外的海区最高，并由南向北呈递减分布。

2. 悬浮物（SPM）

表层SPM平均值的季节变化为9.1～17.2毫克/升，变幅为8.1毫克/升；底层为11.9～21.1毫克/升，变幅为9.2毫克/升。表层、底层的高峰值均出现在秋季。春季、秋季表层SPM均低于底层。

表层SPM平面变幅为18.6～27.5毫克/升，春季变幅大于秋季。春季、秋季表层SPM平面分布大致相同，在湄洲岛外的海区最低，并由南向北呈递增分布，但春季表层SPM在峰尾镇附近海域出现低值。

3. 溶解氧（DO）

表层DO平均值的季节变化为7.23～7.95毫克/升，变幅为0.72毫克/升；底层为7.14～7.69毫克/升，变幅为0.55毫克/升。表层、底层DO平均含量均符合国家一类海水水质标准。表层、底层的高峰值均出现在春季。春季、秋季表层DO均高于底层。

表层DO平面变幅为1.00～1.08毫克/升，春季变幅大于秋季。秋季表层DO含量在湄洲岛外的海区最高，并由南向北呈递减分布；春季表层DO含量在湄洲岛的西部最低，并由东向西呈递增分布。

（二）有机污染物

1. 化学需氧量（COD）

表层COD平均值的季节变化为0.40～0.73毫克/升，变幅为0.33毫克/升；底层均为0.50毫克/升。表层、底层COD平均含量均符合国家一类海水水质标准。表层高峰值出现在春季，底层没有变化。春季表层COD高于底层，秋季则表层低于底层。

表层COD平面变幅为0.34～1.18毫克/升，春季变幅大于秋季。春季、秋季表层COD含量平面分布大致相同，由中部向东、向西呈递减分布，在泉港区附近中部海域出现高值。

2. 石油

表层石油平均值的季节变化为7.5～9.4微克/升，变幅为1.9微克/升。表层石油含量远远低于国家一类、二类海水水质标准。秋季表层石油含量低于春季。

（三）营养盐

1. 亚硝酸盐

表层亚硝酸盐平均值的季节变化为0.008～0.029毫克/升，变幅为0.021毫克/升；底层为0.007～0.032毫克/升，变幅为0.025毫克/升。表层、底层高峰值均出现在春季。春季表层亚硝酸盐低于底层，秋季则表层略高于底层。

表层亚硝酸盐平面变幅为0.014～0.016毫克/升，春季变幅大于秋季。春季表层亚硝酸盐含量在西部海区出现低值，并由中部海域向南、向北呈递增分布；秋季表层亚硝酸盐则是由东向西呈递增分布。

2. 铵盐

表层铵盐平均值的季节变化为0.007～0.011毫克/升，变幅为0.004毫克/升；底层为0.002～0.020毫克/升，变幅为0.018毫克/升。表层、底层高峰值均出现在春季。春季表层亚硝酸盐低于底层，秋季则表层高于底层。

表层铵盐平面变幅为0.014～0.017毫克/升，秋季变幅大于春季。春季表层铵盐由惠安区附近海域向秀屿区附近海域由西南向东北呈递增分布；秋季表层铵盐含量中部海域出现低值，在泉港区附近海域由东向西呈递增分布。

3. 硝酸盐

表层硝酸盐平均值的季节变化为0.106～0.217毫克/升，变幅为0.111毫克/升；底层为0.097～0.187毫克/升，变幅为0.090毫克/升。表层、底层高峰值均出现在秋季。春季、秋季表层硝酸盐均略高于底层。

表层硝酸盐平面变幅为0.122～0.150毫克/升，秋季变幅大于春季。春季表层硝酸盐含量在中部海域出现低值，由中部向南、向北呈递增分布；秋季表层硝酸盐含量则从南向北呈递减分布。

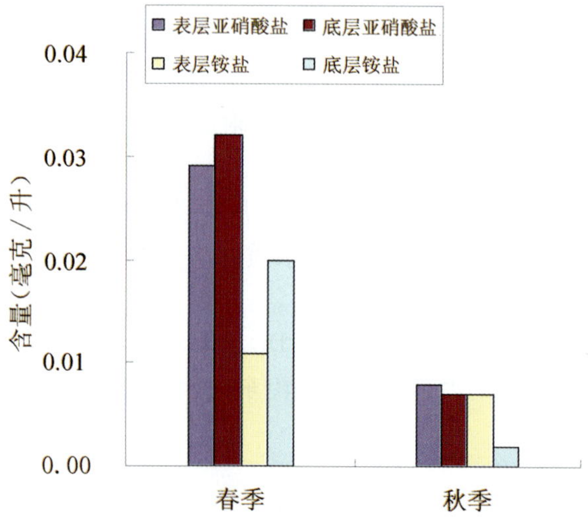

图1-1-1 亚硝酸盐和铵盐含量的季节变化

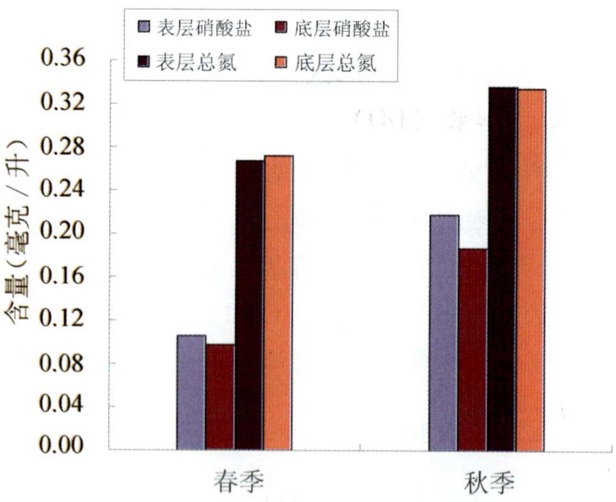

图1-1-2 硝酸盐与总氮的季节变化

4. 总氮（TN）

表层TN平均值的季节变化为0.267～0.336毫克/升，变幅为0.069毫克/升；底层为0.272～0.335毫克/升，变幅为0.063毫克/升。表层、底层高峰值均出现在秋季。春季、秋季表层、底层TN

相差不大。

表层 TN 平面变幅为 0.066 ~ 0.182 毫克/升，春季变幅大于秋季。春季表层 TN 含量由中部海域向东、向西呈递减分布，向南、向北呈递增分布；秋季表层则从南向北呈递增分布。

5. 活性磷酸盐

表层活性磷酸盐平均值的季节变化为 0.011 ~ 0.027 毫克/升，变幅为 0.016 毫克/升；底层为 0.010 ~ 0.029 毫克/升，变幅为 0.019 毫克/升。表层、底层高峰值均出现在秋季。春季、秋季表层、底层活性磷酸盐相差不大。春季各层活性磷酸盐含量均符合国家一类海水水质标准；而秋季则符合国家二类、三类海水水质标准。

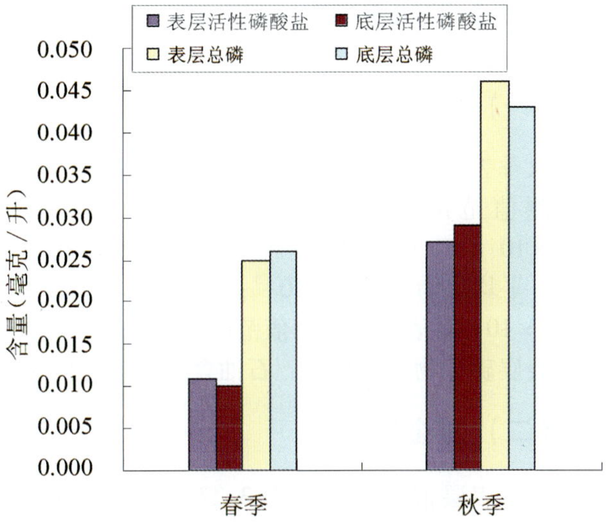

图 1-1-3 活性磷酸盐和总磷含量的季节变化

表层活性磷酸盐平面变幅为 0.015 ~ 0.016 毫克/升，秋季变幅略大于春季。春季、秋季表层活性磷酸盐含量平面分布大致相同，由南向北呈递减分布。

6. 总磷（TP）

表层 TP 平均值的季节变化为 0.025 ~ 0.046 毫克/升，变幅为 0.021 毫克/升；底层为 0.026 ~ 0.043 毫克/升，变幅为 0.017 毫克/升。表层、底层高峰值均出现在秋季。春季、秋季表层、底层 TP 含量相差不大。

表层 TP 平面变幅为 0.011 ~ 0.020 毫克/升，秋季变幅略大于春季。与 TN 的平面分布类似，春季表层 TP 含量由中部海域向东、向西呈递减分布，向南、向北呈递增分布；秋季表层则从南向北呈递增分布。

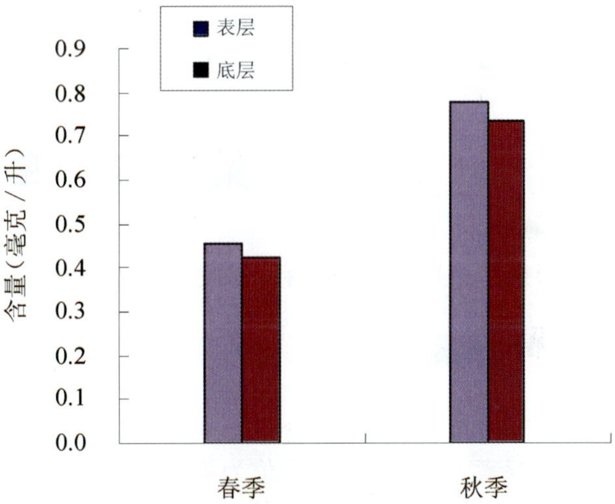

图 1-1-4 活性硅酸盐含量的季节变化

7. 活性硅酸盐

表层活性硅酸盐平均值的季节变化为 0.457 ~ 0.776 毫克/升，变幅为 0.319 毫克/升；底层为 0.423 ~ 0.733 毫克/升，变幅为 0.310 毫克/升。表层、底层高峰值均出现在秋季。春季、秋季表层、底层活性硅酸盐相差不大。

表层活性硅酸盐平面变幅为 0.280 ~ 0.459 毫克/升，春季变幅大于秋季。春季、秋季表层活性硅酸盐含量平面分布大致相同，由南向北呈递减分布。

（四）重金属

表层铜平均值的季节变化为 0.385 ~ 0.491 微克/升，变幅为 0.106 微克/升。表层铅平均值的季节变化为 0.0115 ~ 0.0369 微克/升，变幅为 0.0254 微克/升。表层锌平均值的季节变化为 1.63 ~ 1.32 微克/升，变幅为 0.31 微克/升。表层镉平均值的季节变化为 0.0111 ~ 0.0281 微克/升，变幅为 0.0170 微克/升。表层汞平均值的季节变化为未检出 ~ 0.034 微克/升，变幅为 0.034 微克/升。表层砷平均值的季节变化为 0.7 ~ 1.7 微克/升，变幅为 1.0 微克/升。

春季、秋季各个重金属的表层含量均符合国家一类海水水质标准。秋季表层铜、锌、镉含量高于春季；秋季表层铅、汞、砷含量则低于春季。

二、潮下带沉积物

（一）沉积环境特征污染物

秋季表层氧化还原电位（Eh）测值范围为249.1～448.1毫伏特，平均值为395.9毫伏特；表层硫化物测值范围为 5.12×10^{-6} ～ 36.2×10^{-6}，平均值为 25.2×10^{-6}；表层有机碳测值范围为 0.09×10^{-2} ～ 1.07×10^{-2}，平均值为 0.81×10^{-2}；表层总氮（TN）测值范围为 0.220×10^{-3} ～ 1.01×10^{-3}，平均值为 0.794×10^{-3}；表层总磷（TP）测值范围为 0.184×10^{-3} ～ 0.329×10^{-3}，平均值为 0.280×10^{-3}；表层石油测值范围为未检出至 2.9×10^{-6}，平均值为 1.4×10^{-6}。

表层硫化物、有机碳、石油含量均远远低于国家一类海洋沉积物质量标准。

（二）重金属

秋季表层铜测值范围为 3.27×10^{-6} ～ 10.5×10^{-6}，平均值为 8.60×10^{-6}；表层铅测值范围为 10.6×10^{-6} ～ 30.9×10^{-6}，平均值为 24.6×10^{-6}；表层锌测值范围为 22.6×10^{-6} ～ 78.0×10^{-6}，平均值为 61.4×10^{-6}；表层镉测值范围为 0.0249×10^{-6} ～ 0.144×10^{-6}，平均值为 0.0746×10^{-6}；表层汞测值范围为 0.0027×10^{-6} ～ 0.0082×10^{-6}，平均值为 0.0069×10^{-6}；表层砷测值范围为 5.6×10^{-6} ～ 12.0×10^{-6}，平均值为 8.4×10^{-6}。

各重金属含量均低于国家一类海洋沉积物质量标准。

第五节　海洋生物与生态

根据调查报告①②和资料③叙述湄洲湾海域海区及湾外海域生物生态特征。

一、叶绿素 a

湄洲湾海域叶绿素 a 含量为0.70～7.41毫克/米^3，均值为2.69毫克/米^3，其中春季（2006年5月）叶绿素 a 含量较高，均值为4.10毫克/米^3，秋季（2005年10月）均值为1.28毫克/米^3，春季叶绿素 a 含量约是秋季的3.3倍，季节变化较为明显。从平面分布来看，叶绿素 a 高值区位于湾顶和峰尾以南海域，并向湾口递减。从垂直分布来看，表层叶绿素 a 含量略高于底层，但差别不大。

湄洲湾湾外海域叶绿素 a 含量为0.50～4.35毫克/米^3，均值为1.35毫克/米^3，其中夏季（2006年7月）叶绿素 a 含量较高，均值为3.79毫克/米^3，春季（2007年4月）、秋季（2007年10月）和冬季（2006年12月）叶绿素 a 含量相对较低，均值分别为0.90毫克/米^3、0.65毫克/米^{3}和0.60毫克/米^3，总的来说叶绿素 a 含量季节变化呈现春夏高、秋冬低的特点。

二、浮游植物

（一）种类组成与优势种

湄洲湾海域秋季（2005年10月）网采浮游植物共鉴定68种，其中蓝藻门1属2种，硅藻门26属

① 福建省海洋开发管理领导小组办公室和国家海洋局第三海洋研究所：福建省海湾数模与环境研究湄洲湾生物生态专题研究报告，2006年9月。

② 国家海洋局第三海洋研究所：湄洲湾林浆纸一体化工程项目评价海域秋季海洋生物生态调查报告，2007年5月。

③ 福建省908专项近海水体环境海洋生物生态调查资料。

海域地名志》为准。

5. 海岛记述顺序，以行政辖区、行政级别、重要性和地理位置作为基本依据。同一行政区内的有居民海岛（含重要的无居民海岛）作为相邻章，高行政级别区的靠前；同行政级别之间，重要和有影响力的靠前；行政区内部，重要和有影响力的靠前。

6. 入志内容除编纂大纲规定的外，其他如“产卵场”、“上升流”、“低氧区”、“砂矿区”、“沉船”、“海缆”、“钻井平台”（含废弃平台）等以及某些海岛的特色内容，也入志。无居民海岛或小岛的记述内容酌情精简，不按大纲规定条目编纂。

7. 涉及行政隶属，按照各级人民政府勘定的海域行政区域界线进行归属。对省、自治区、直辖市之间海域行政区域界线尚未明确的海岛，在相邻两卷（册）分别入志，其内容完全一致。

8. 各卷（册）均须图文并茂，并插入简明扼要的重要数据资料表。图件主要包括分册索引图、岛群或海区分布图、大岛和主要海岛地理分布图、单岛全景遥感影像（卫星与航空）或照片等。对海岛上具重要意义或代表性的典型地貌、地物和历史、文化、基础设施等标志，均附清晰美观照片。同时，插入相关专业图件，在反映基本自然现象及规律前提下，尽量简化、清晰、明了、易懂。

9. 只对本卷（册）或某篇所记述的海岛数量进行统计。对全国海岛和各级行政区（省、市、县）的海岛总数不予统计。人工岛作为一种特殊类型，单独予以统计。

附加地名[illegible]为准。

5. 避免过去重复，以行政辖区、行政级别、重要性和地理位置作为基本依据。同一行政区内的名称[illegible]，行政级别的[illegible]同行政级别之间，重要和有影响力的[illegible]行政区内部，重要和有影响力的靠前。

6. [illegible]

7. [illegible]

目次/Contents

第二篇　崇武—围头海区

第三篇　厦门湾海区

第四篇　漳州东部海区

第五篇　东山岛周边海区

概　述

《中国海岛志》福建卷第三册（福建南部沿岸），入志的海岛包括福建省泉州市、厦门市和漳州市的有居民海岛、无居民海岛和消失海岛，共计611个。漳、厦、泉（不含金门县）三市所辖海岛516个，其中有居民海岛15个（计划单列市政府驻地海岛、县级政府驻地海岛各1个，乡镇级政府驻地海岛3个，村级及以下海岛10个），无居民海岛442个，消失海岛59个；金门县辖海岛90个，其中有居民海岛2个（县级岛、乡级岛各1个），无居民海岛79个，消失海岛9个；另有5个海岛因海域行政界线确定归入广东省，在本册列为消失海岛。

本册海岛的历史沿革，经历多次变迁。据史书记载：东山岛古属于“九州”之一的扬州。周时为“七闽地”，秦王嬴政三十三年（公元前214年）平定百越，建南海郡。汉元鼎六年（公元前111年），南海郡置揭阳县，东山属揭阳县，东晋义熙九年（413年）建义安郡安县并入绥安县，东山属于绥安县。唐垂拱二年（686年），建怀恩县，东山属于怀恩县。唐开元二十九年（741年）撤怀恩县，建漳浦县，东山属漳浦县。宋代东山属漳浦县安仁乡思政里。明洪武二十年（1387年），东山置铜山守千户所，筑铜山城，建铜山水寨，归镇海卫管辖。明嘉靖九年（1530年）建诏安县时，划东山五丘都归之。清雍正十三年（1735年），铜山守千户所所辖地归诏安县。民国五年（1916年）5月1日，以东山岛及周边诸小岛和古雷半岛（漳浦县划出）组建东山县。1950年5月12日，东山解放。1955年11月古雷半岛划归漳浦县。

厦门岛的行政建制始于唐代，公元711年后厦门属泉州清泉郡南安县大同场，933年大同场升格为同安县，厦门属同安县。明洪武二十七年（1394年）筑厦门城，移永宁卫中左二所官兵驻厦门岛，设中左御千户所。清顺治十二年（1655年）郑成功在厦门设思明州，辖金门和厦门两岛作为反清复明基地。清康熙二十三年（1684年）在厦门岛设立海关而成为对外通商贸易的重要港口。1842年鸦片战争后，厦门辟为“五口通商”口岸。1935年正式设立厦门市。1938年11月，日军侵占厦门岛，时称厦门为“特别市”。1945年8月日本投降，厦门光复。1949年10月厦门解放，1980年10月设厦门经济特区。

金门岛，西汉时（公元前110年）属于闽越王属地。东汉期间（公元25—51年）划为侯官县属地。三国时期（262年）为东安县属地。晋国时期（282年）改为同安县属地，隋唐时期（589—803年）为建安郡及泉州郡南安县属地。宋元明清朝皆为同安县属地。民国时期（1912—1949年）设立金门县。

本册海岛文化具有鲜明的闽南文化、海岛旅游文化及航海文化特征。岛上居民语言为闽南方言，具有浓厚闽南习俗和诸多闽南戏剧曲艺（如闽南歌仔戏、高甲戏及南音等）。本册入志海岛风光秀丽、景色优美，不少海岛成为旅游胜地。如“海上花园”——厦门岛、“音乐之岛”——鼓浪屿、“东海绿洲”——东山岛和“海上公园”——金门岛等。本册海岛航海历史悠久，东山岛早在宋代时就有海上运输业，明清时期，已有大量商船来往于铜山港，海上通商贸易频繁。明朝中叶后，厦门港逐渐发展成为闽南沿海重要港口，明万历三年（1575年）西班牙商人来厦门经营海上贸易，有30~40艘船往来厦门与岷里刺（马尼拉）之间，每年载运价值150万金元的丝绸、瓷器和土产。清顺治七年（1650年）郑成功攻取厦门后，每年从厦门驶往日本、南洋各国的商船有70~80艘，贸易额达250万两银，其中大部分为郑氏所经营。清顺治十三年（1656 年）实行海禁，内地商人买通守关官兵，把货物运到厦门，“通贩各国”。海禁的结果是走私日益猖獗，并导致海外贸易集中到郑氏集团手中，再通贩东亚和东南诸国。清政府统一台湾，不久便开放厦门与台湾通航，在厦门设立海关，开放海禁，厦门成为福建的海外贸易中心。清道光年间（1821—1850 年）厦门外海航运主要有四大航线：一是经宁波、上海、天津直至东北的北向航线；二是往广东沿海各埠的南向航线；三是与台湾之间的对渡航线；四是往东南亚各国的航线。鸦片战争后，厦门辟为五个通商口岸之一，航线扩展至古巴、美国、秘鲁、澳大利亚等国家。清光绪二十七年（1901 年）厦门港进口轮船 1700 艘 179 万吨，进口总值 700 余万两银，出口总值 250 万两银。1936 年厦门港进入兴盛时期，国际航线进出口港轮船 864 艘 224.7 万吨，沿海轮船 1629 艘 274 万吨，贸易总值进口为 1329.61 万金单位（每金单位折 0.6715 美元），出口为 400.23 万金单位。当时厦门口岸占全国贸易额的 5%。1980 年，厦门经济特区成立后，厦门港成为开放港口，恢复厦门至香港定期客班轮。1983 年，厦门港开始接待国际游轮旅游。2005 年建成 14 万吨级厦门国际邮轮中心码头，2008 年共接待国际邮轮 71 艘次和国内外旅客 7.47 万人次。厦门港已成为中国东南沿海远洋和近海运输的重要口岸，是我国综合运输体系的重要枢纽和国际集装箱运输中转港。现已开辟沿海、近海和远洋航线共 66 条。2008 年完成货物吞吐量 9701.96 万吨，集装箱吞吐量突破 500 万标准箱，跨入世界集装箱港口 19 强行列。

本册入志的 17 个有居民海岛，社会经济发展程度有较大差异，其中厦门岛发展程度最高，全岛已实现城市化。2007 年本岛人口总量约为 154.88 万人（其中户籍人口 72.98 万人、外来人口 81.9 万人），人口密度为每平方千米 5238 人。厦门教育水平较高，全市拥有各级各类学校 1102 所，其中完全小学 302 所（本岛 70 所）、普通中学 92 所（本岛 31 所）、中等职业学校 27 所、全日制高等学校 15 所，各类成人学校 143 所及特殊教育学校 3 所。厦门岛基础设施完善，基本拥有现代化的陆海空交通运输网络、较为先进的信息通信网，配套齐全的供水、供电、供气设施以及发达、便捷的进出岛通道设施。厦门市生产总值从 1978 年的 4.80 亿元增加到 2008 年的 1560.02 亿元，年平均增长速度达 17.1%。产业结构不断优化，厦门市三次产业结构由 1978 年的 22.3∶56.7∶21.0 调整为 2008 年的 1.1∶52.4∶46.2。工业化进程顺利推进，2008 年厦门市实现工业总产值 3082.96 亿元，占全市 GDP 的比重达 45.2%，以机械、电子、化工三大支柱产业为核心的产业群发展迅速，三大支柱产业完成工业产值占全市规模以上工业产值的 74.2%。第三产业已形成以贸易、金融、旅游会展、港口物流、房地产业为骨干，其他第三产业共同发展的格局，占国民经济的比重稳步提高，2008 年厦门市第三产业增加值达 720.48 亿元，占全市生产总值的 46.2%。

东山岛 2008 年总人口为 210 834 人，其中农业人口 140 837 人、非农业人口 69 977 人。人口密度为每平方千米 895 人。进入 21 世纪，东山县加快基础设施建设，相继建成八尺门跨海大桥和大嵝跨海大桥两条进出岛通道以及自来水扩容、电网改造、大型风力发电站、大澳中心渔港、水产品综合市场、农村公路改造、铜（陵）西（埔）二级公路及沿海防护林体系工程等一批基础设施。实现了基础设施由瓶颈制约型向基本适应型的转变，社会经济发展环境得到优化。设立了国家级经济开发区、国家可持续发展经济试验区、海峡两岸（福建东山）水产品加工集散基地。近年来东山县的经济保持较快增长，产业结构日益优化。2008 年全县生产总值达 51.1 亿元，同比增长 13.49%。三次产业结构由 2005 年的 38.6∶28.8∶32.6，调整为 2008 年的 33.1∶37.9∶29.0。农业生产优化升级，2008 年全县农业总产值 30.2 亿元，其中渔业产值 25.9 亿元，占农业总产值的 85.6%，同比增长 9.9%。工业快速增长，2008 年东山工业总产值 56.9 亿元，同比增长 18%。第三产业保持良好发展势头，2008 年社会消费品零售总额 18.01 亿元，同比增长 21.1%，实现外贸出口 2.97 亿美元，同比增长 86.2%，旅游接待 118 万人次，同比增长 15%，旅游收入 4.27 亿元，同比增长 13.6%。

金门岛 2006 年总人口为 76 491 人，人口密度为每平方米 510 人。全县共有小学 19 所、中学 5 所、技术学院1所，另有台湾省的4所大学在金门设立在职专班及进修班。金门岛基础设施较为完善，拥有2个机场和2个港口，岛内公路四通八达。岛上有6座燃油电厂，可基本满足用电需求，金门岛淡水资源缺乏，主要依靠多个水库储水供水，兴建有海水淡化厂，实施节水工程和水资源再回用工程等。金门广播电视网覆全岛，通信发达，有固网、卫星、移动和数据通信等。金门经济结构较为单一，农业以种植高粱、小麦、大麦、花生作物为主，畜牧业有一定规模，工业以酿酒业著称，金门酒厂2006年营业收入达100亿新台币。旅游观光业已成为金门的支柱产业，并扩展到两岸三地及国际（新加坡）。

本册入志海岛地处南亚热带海洋性气候区，年均气温为20.7℃～21.1℃，年均降雨量为1189.8～1374.8毫米。春季天气多变，多阴雨天；夏季高温，光照足，多台风；秋季干燥少雨，晴天多；冬季相对干冷，但无严寒。本区大地构造位于华南加里东褶皱系东部之闽东南沿中生代火山断折带南段，基底由前泥盆系复变质岩、混含合岩组成，盖层由中生代陆相碎屑沉积岩、火山岩组成，燕山期侵入岩广布。地质构造以断裂为主要构造形式，NNE向长乐—南澳大断裂纵贯本区，次级断裂构造有NE向，近EW向及近SN向断裂，这些断裂的组合，控制了区内海岛分布和岛群排列。区内海岛地貌类型多为构造侵蚀丘陵（低丘为主）和侵蚀剥蚀台地及少量海积平原。岛上土壤以赤红壤、红壤为主，尚有少量滨海盐土、水稻土及风沙土。植被都为次生性植被和人工栽培植被，植被类型主要有常绿针叶林、常绿阔叶林、灌丛、草丛、滨海盐生植被、滨海沙生植被等。

本册入志海岛周边大部分海域潮汐属正规半日潮，北部海岛区（湄洲湾）潮差最大，平均潮差为4.02米，最大潮差为5.98米；中部岛区（厦门湾）潮差较大，平均潮差为3.99米，最大潮差为5.08米；南部岛区（东山湾）潮差较小，平均潮差为1.22米，最大潮差为2.28米。潮流皆为非正规半日潮浅海潮流和往复流。南部岛区表层多年平均水温为21.2℃，多年平均盐度为31.42；中部岛区表层多年平均水温为21.7℃，年均盐度为26.76～31.42。本册海岛多为海湾群岛，海底地貌类型主要有水下岸坡、潮流浅滩、潮流冲刷槽等类型；河口区海岛则有水下三角洲。海底沉积物主要有粉砂质泥、泥质粉砂、粉砂及砂等类型。

本册入志海岛自然资源丰富，主要有海洋生物资源、滨海砂矿资源、旅游资源、港口资源及可再生资源等。岛区海域有鱼类500多种，虾蟹类约80种，藻类约150种及其他门类几十种。还有中华白海豚、文昌鱼、中国鲎等珍稀物种。滨海砂矿主要分布于东山岛，已探明梧龙和山只两个大型石英砂矿区，总储量达2.7亿多吨。岛上山色与海景融为一体，山助海势，海显山威，山海大观，美不胜收。厦门岛万石岩—鼓浪屿景区，是我国首批国家级风景名胜区，素有“海上花园”之誉，鼓浪屿还有“万国建筑博览馆”和“琴岛”之称。厦门岛长达42千米的环岛路，宛如不断延伸的海滨公园，被誉为“世界最美的海滨休闲观光大道”和“世界最美的马拉松赛道”。东山岛沙滩连绵、林木苍郁、蓝天碧海、奇岩怪石构成一座绮丽的海滨森林公园，是休闲度假天堂。金门岛山峦苍翠，有林木1亿多株，有“海上绿洲”之称，还有“五湖、四山、四泉”胜景，更有著名的“金门民俗文化村”，内有18幢明清风格建筑，分设4个展馆，体现了多姿多彩的中华文化传统。塔屿位于东山岛东北方海域，面积为1.9平方千米，为全国四大名屿之一，岛上建有文峰塔，塔高32米，八角形实心石塔，附近有黄道周读书处—云山石室、鹰嘴岩以及渔翁垂钓、云梯览胜、文昌观澜、佛澳晨钟、新月浴波等景点，为省级风景名胜区。南碇岛坐落于漳浦县佛昙镇东南方海中，全岛由第三系玄武岩构成，为“火山颈岩体”。岛上有140万根断面直径为25～35厘米的六边形或五边形的玄武岩柱，柱最长达60米，奇特而壮丽的玄武岩柱状节理景观，实属少有或罕见。2005年，南碇岛被《中国国家地理》评为“中国最美的十大海岛”之一。

本册海岛港口资源，主要分布于厦门岛和东山岛及黄干岛。厦门港拥有深水岸线26千米，可建10万吨级泊位深水港，并有10万吨级深水航道及多处锚地资源。东山岛有深水岸线7千米，并有5万吨级深水航道及多处锚地，避风浪条件好。黄干岛位于湄洲湾口外南侧，波浪大，但临近泉州外港30万吨油码头的斗尾港区，隔离性好，是建设大型石油储运码头罐区的理想场址。本册海岛潮汐能、风能、太阳能等再生能源丰富。东山岛西埔湾潮汐能理论蕴藏量为6090千瓦。东山岛是福建省Ⅰ－1级风能区，有效风能密度为3477千瓦/米^2，为高品位富风能区。现已在乌礁湾建成一座大型风电站，年发电量约为1亿千瓦·时。东山岛太阳能丰富，全年日照时数约为2385小时，日照率为54%，年辐射总量为每平方米1324千卡。

本册海岛调查研究、开发保护及管理工作，以厦门岛为例，大致可分为三个阶段。第一阶段（1935—1962年）为仅限岛陆的小规模地质调查时期。1935年，我国地质学家侯德封等人①，首次开展厦门地质调查。1937—1938年，前中央地质调查所白家驹、前福建省建设厅潘承祥等人，曾对厦门寨仔锰矿开展调查。1959—1962年，福建省地质局开展厦门城市供水地质勘察。1960年地质部华东石油物探队，开展厦门初期物探测量等地质调查工作。第二阶段（1963—1989年）开始涉及海岛海岸带地质、地貌、气象、海洋水文、海洋生物、海洋化学等综合性较大规模调查。1961—1964年，由国家科委海洋组组织实施的全国海岸带综合调查（“0701”项目），福建省作为试点区，在福建省科委领导下，以中科院华东海洋研究所（国家海洋局第三海洋研究所前身）为技术骨干，组建福建0701调查队。先后开展了福建中段（闽江口—厦门港）和南段（厦门港—诏安港）海岸带综合调查，厦门岛和东山岛列入调查范围。调查内容包含海洋水文、气象、沿岸陆域、潮间带、浅海地质、地貌、海洋化学、海洋生物等。本次调查为我国首次海岸带综合调查，获得大量第一手宝贵资源和数据，各专业都编写了相应调查报告。1980年，国家海洋局第三海洋研究所（以下简称“海洋三所”）首次系统开展厦门海岸带资源开发与保护调查②，重点分析了厦门港口航道淤积原因及滨海沙滩的功能价值，提出保护港口航道和沙滩资源的建议。1980—1985年，海洋三所开展厦门港海洋环境综合调查。1982—1986年，又开展了福建省海岸带和浅海滩涂资源综合调查，厦门岛和东山岛也列入其中，调查成果有《福建省海岸和浅海滩涂资源综合调查报告》。1988—1992年，开展《中国海湾志》编纂工作，共出版14个分册，其中第八分册中湄洲湾、泉州湾、同安湾、厦门湾、东山湾、诏安湾等，涉及本册海岛区的海洋水文、地质地貌、沉积环境、海水化学、海洋生物等环境状况。第三阶段（1990年以来）进入全面大规模海岛资源综合调查，并开始涉及海岛开发保护与管理工作。1990—1994年，根据国家五部委联合签发国科发办字〔133号〕文件《关于对全国海岛资源进行综合调查和开发试验的通知》和《全国海岛资源综调领导小组第一次会议纪要》的部署要求，福建省和厦门市（单列）分别开展了海岛资源综合调查工作，调查内容有：气候气象、水文、海水化学、地质、地貌、土壤、植被林业、海洋生物、环境质量、土地利用现状及福建社会经济等。调查研究成果有《福建省海岛资源综合调查研究报告》、《厦门市海岛资源综合调查研究报告》、《厦门海岛资源调查研究论文集》、《厦门市海岛资源综合调查专业报告集》（共二卷）等。1993—2003年，厦门市开展了海洋管理课题调查研究，海洋三所先后完成了《厦门海岸侵蚀与防护对策》、《厦门市潮间带功能区划与管理》、《厦门周边小岛旅游资源开发与保护》、《未来海平面上升对厦门海滩侵蚀预测》、《厦门岛东海岸建筑控制线勘察与旅游资源保护研究》、《厦门环岛路香山—五通段海岸防护与海滩改造利用规划研究》、《厦门环岛路香山—五通段海岸防护与海滩改造利用规划研究》等。厦门市政府实施《东亚海域海洋污染预防与管理厦门示范计划》（1994—1998年），共完成18个子项目研究报告，为厦门海岸带综合管理提供了技术支持，推动了厦门海岸带综合管理的进程，也为东亚地区的海洋综合管理提供了示范模式。厦门市通过多年的海洋综合管理实践，探索出“立法先行，集中协调，科学支撑，综合执法，管理一盘棋”的海洋综合

① 侯德封，王日伦，张北瑾：福建厦门、龙岩间地质矿区简报，1935年。

② 谢在团：厦门海岸资源的开发与保护问题，中国海洋学会《海洋科技工作者的建议》，总12期，1981年。

管理模式，建立了政府及其部门之间、管理与科研之间相互协调的海洋综合管理机制，建立了国家法律体系下的地方性海洋法律框架，形成了海洋综合管理的科技支撑体系和公众参与机制。

根据本册海岛多分布于海湾的特点，并结合行政区将入志海岛划分为五个海区，自北而南分别为：湄洲湾南部海域—崇武海区，泉州湾—围头海区、厦门湾海区、漳州东部海域海区及东山岛周边海域海区等，并以海区立篇。各篇分设章、节，第一章为本海区的环境概况，下分六节：地质地貌、气候气象、海洋水文、海洋化学、海洋生物与生态、海洋灾害。第二章开始为有居民海岛，各篇有居民海岛基本单独成章，下设内容有：概况、海岛历史与文化、基础设施、经济基本情况、地质地貌、植被与土壤及海岛资源开发与保护七个节。各篇无居民海岛统成一章，并根据海岛地理分布和行政区划，划分为若干节，单岛记述海岛概况、自然环境条件、开发利用状况。最后一章为消失海岛，记述原海岛位置、自然状况、消失原因等。

厦门岛、东山岛、金门岛、鼓浪屿、大嶝岛、紫泥岛、惠屿、浮山、小嶝岛、海门岛、浯屿、岱嵩岛、小金门岛13个有居民海岛和大竹岛单独成章。由于西头山岛、大档岛、玉枕洲3个有居民海岛资料少，和其他无居民海岛一道被编入相关篇的其他海岛章节中。

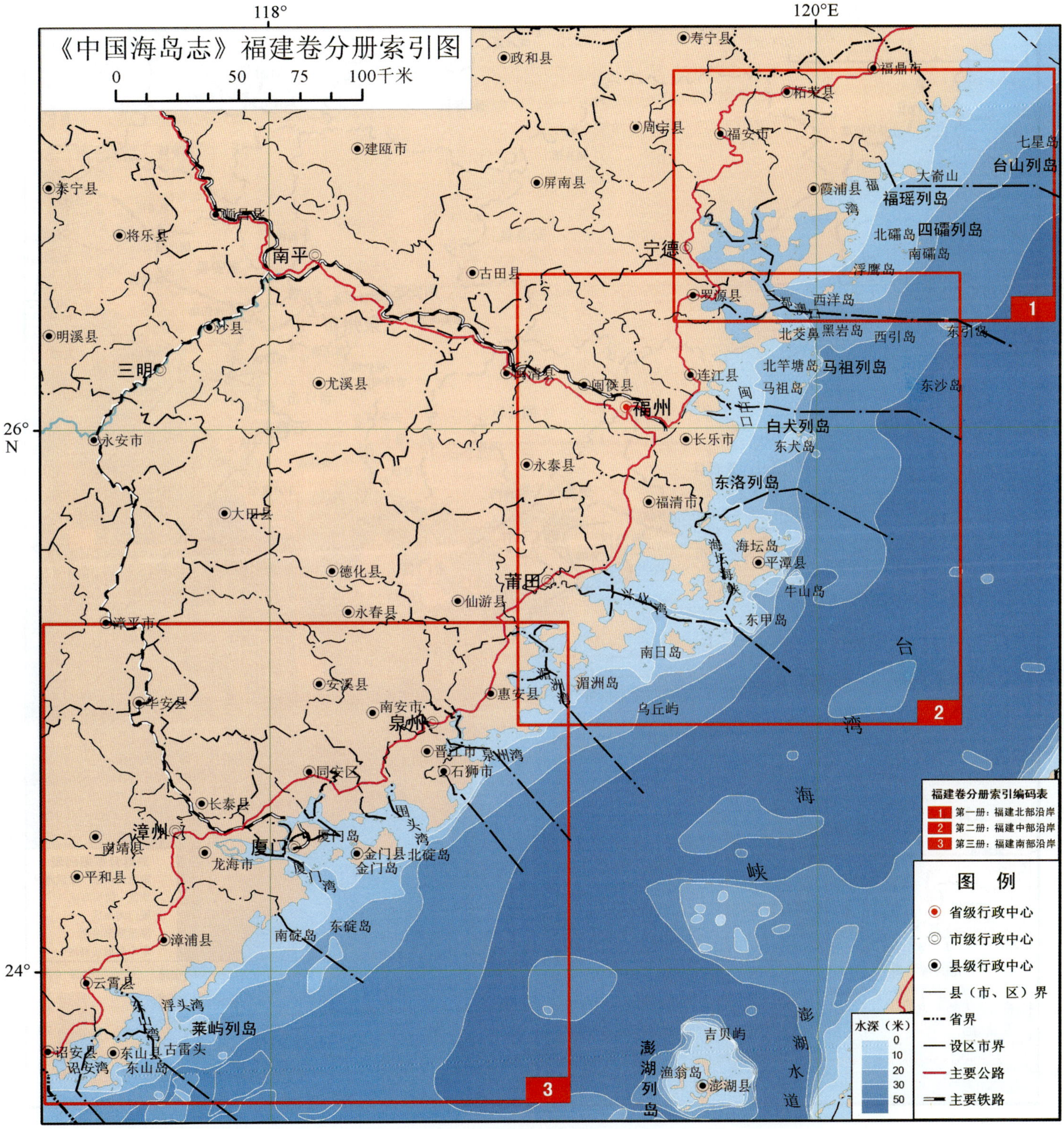

《中国海岛志》福建卷分册索引图

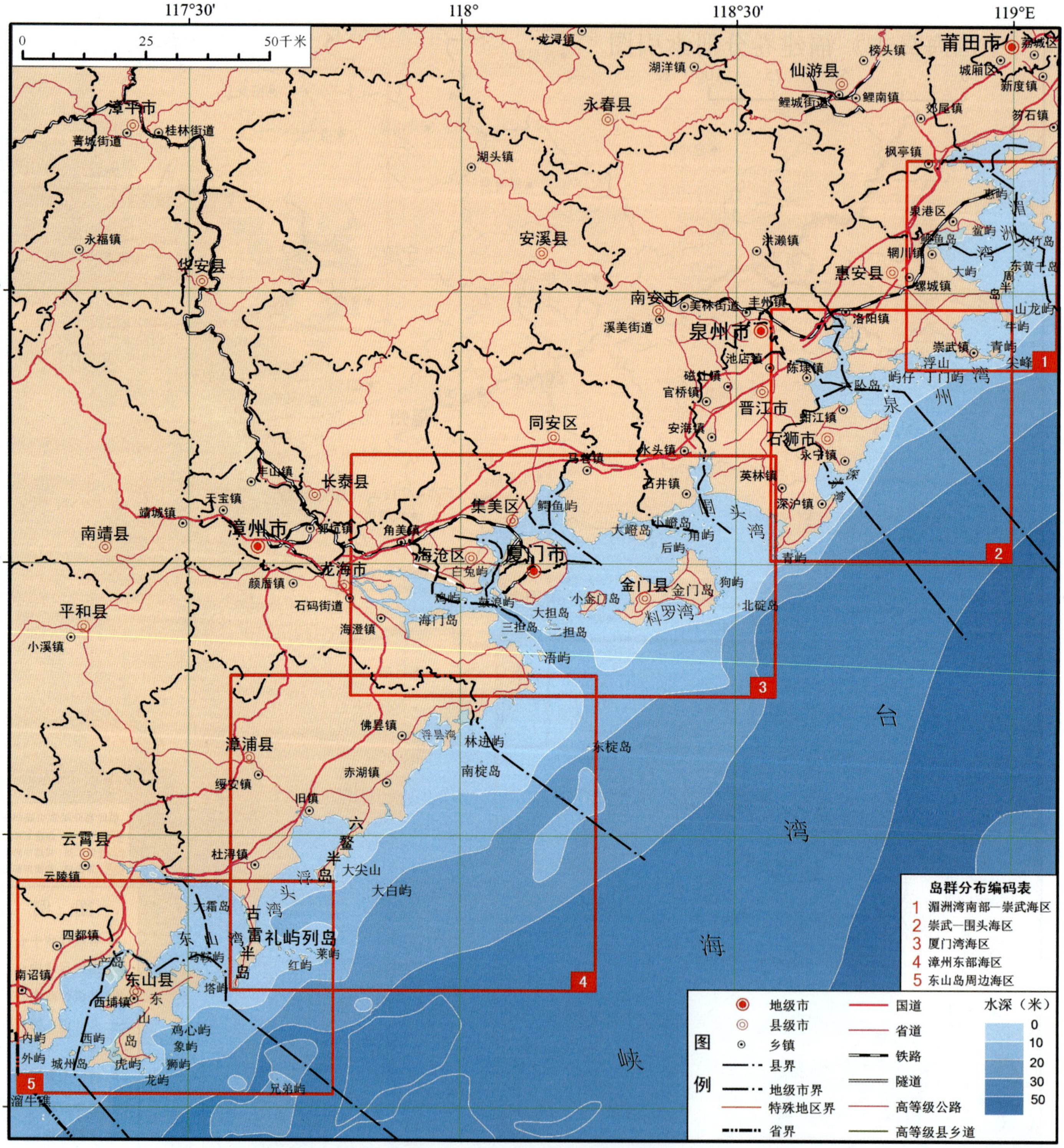

《中国海岛志》福建卷第三册岛群索引图

龙海浯屿

岱嵩岛

诏安神童山岛

鳄鱼屿海滨

厦门岛五缘湾

厦门岛轮渡夜景

宝珠屿

厦门大学海滨浴场

鼓浪屿夜景

东山湾后登屿小彭屿

东山岛海滨木栈道

东山岛风动石

东山龙屿虎屿

东山南屿

云霄石矾塔屿

金门岛得月楼

金门岛莒光楼

前言

海岛系指海洋中四面环水、高潮时高于海面、自然形成的陆地区域，具有独特的地缘表征和资源特征，集多种战略要素于一身。海岛既是国家领土，又是构成海洋国土的重要基础。大量领海基点位于海岛，对维护国家主权和海洋权益来说，具有特殊意义。作为海中天然屏障，海岛在国防事业中起着哨岗和堡垒作用。在海洋开发和海洋经济建设中，海岛本体不仅是重要组成部分，而且是服务保障基地，又是向远海进军的前进支点和中继站，有着巨大的辐射和带动作用。同时，海岛也是对外开放的窗口，走向世界的“桥头堡”以及从海上通向内陆腹地的“岛桥”。显然，海岛在国家权益、国防安全、海洋资源开发和海洋经济建设等方面，均具有举足轻重的战略地位和价值。

我国是海洋大国，海域辽阔，海岛众多。在主张管辖的300多万平方千米的海域中，分布着万余个海岛，海岛陆域总面积近8万平方千米。各个海岛面积大小不一，大的数万平方千米，如台湾岛和海南岛，分别约为3.6万平方千米和3.4万平方千米；小的仅数平方米。我国海岛分布在沿海14个省（自治区、直辖市、特别行政区），49个副省级和地级市，168个县（市、区）。全国有居民海岛500余个，无居民海岛近万个。大陆沿海11个省（自治区、直辖市）的省级（含副省级）和地（市）级政府驻地岛3个，县级政府驻地岛13个，乡（镇、街道）级政府驻地岛80余个，村级岛和自然村岛400余个。我国海岛分布范围南北跨越38个纬度，东西跨越17个经度，最北端的是辽宁省锦州市的小石山礁，最南端的是海南省南沙群岛的曾母暗沙，最东端的是台湾省宜兰县的赤尾屿，最西端的是广西壮族自治区东兴市的独墩。大部分海岛分布在沿岸海域，距离大陆岸线小于10千米的海岛，占海岛总数的66%以上；距离大陆岸线大于100千米的远岸岛约占5%。从海岛分布形态来看，多呈链状或群状分布，大多数以列岛或群岛形式出现。从海岛类型来看，基岩岛为主要类型，约占全国海岛总数的93%；堆积岛次之，占4%左右，主要分布在渤海和一些大河河口；珊瑚岛数量较少，占2.5%，主要分布在台湾海峡以南海区；火山岛数量最少，主要分布在台湾岛周边，包括钓鱼岛及其附属岛屿。从各海区的海岛分布来看，东海最多，约占66%；南海次之，约占25%；黄海居第三位，渤海最少。从各省（自治区、直辖市）海岛分布来看，浙江海岛数量最多，约占全国海岛总数的

37%；其次是福建，约占21%；往下依次为广东、广西、海南、山东、辽宁、台湾、香港、河北、江苏、上海、澳门、天津。

我国的海岛不仅数量多，分布广，而且形态各异，环境优美，生态独特，资源丰富。有的是理想的旅游佳境，有的是险要的国防前哨，有的是繁忙的交通要道，有的是闻名的天然鱼仓。作为我国经济发达地区最直接的辐射带，因其得天独厚的自然和经济条件，使得海岛成为我国第二经济带的潜力也与日俱增。但是，海岛的生态环境又是十分脆弱的。大多数海岛面积小，资源种类单一，基岩裸露，土壤瘠薄，植被面积有限。岛上淡水主要来源于大气降水，约85%的年降水量流入大海，因而大多数海岛上淡水缺乏。改革开放之后，海岛越来越受到各方关注，开发活动日趋活跃。但由于早期的无序、过度开发，也带来诸多问题和后患。20世纪80年代末以来，由于炸岛和填海连岛等人为原因，导致海岛消失（注销）数量超过800个（以《全国海岛名称和代码》（HY/T119—2008）列入的海岛为基准，截至2008年年底），约占海岛总数的8%，对海岛及其周边海域生态环境造成严重影响。其中，福建消失（注销）海岛最多，达200多个；浙江和广西次之，均超过150个。同时，由于过度开发、忽略保护，也造成生境恶化、资源减少。例如，20世纪50年代海南岛天然林面积有80多万公顷，本世纪初已不足30万公顷，有些树种濒临绝迹，长臂猿、巨蜥、橙胸绿鸠等珍稀动物所剩无几。广西涠洲岛因炸礁、挖沙，天然护岸屏障遭破坏，导致海岸侵蚀；由于围海造地，南湾古火山遗迹景观遭破坏，从而降低考古、教学、观光游览等价值。这类现象，各省（自治区、直辖市）均有发生。此外，炸岛和填海连岛，也将威胁领海基点海岛的安全，不利于国家海洋权益维护。

针对海岛开发带来的问题和不良后果，国家有关部门相继出台了一系列法规，对海岛实施保护与开发管理措施。如国家海洋局、民政部和总参谋部联合下发的《无居民海岛保护与利用管理规定》，于2003年7月1日起实施。随后，各省（自治区、直辖市）和计划单列市相继制定了符合当地实际情况的管理制度。《无居民海岛保护与利用管理规定》首次明确，无居民海岛属国家所有，国家实行无居民海岛功能区划、保护与利用制度，单位和个人利用无居民海岛要履行申请审批程序。同时设置禁令，领海基点所在无居民海岛及其周围海域禁止采石、挖砂、砍伐、爆破、射击等活动；在领海基点周围1千米范围内，除有利于领海基点保护的工程外，禁止其他任何工程施工。该规定作为一项全新的制度，解决了长期以来面临的诸多问题，改变了无居民海岛无人管理的现状。

继《中华人民共和国海洋环境保护法》和《中华人民共和国海域使用管理法》之后，2010年3月1日起又正式实施了《中华人民共和国海岛保护法》（简称《海岛保护法》）。这是中国第一部全面加强海岛保护与管理，规范海岛开发利用秩序的法律，具有里程碑意义。《海岛保护法》进一步强化了对海岛的生态保护；促进了海岛自然资源的合理开发与利用;切实维护了国家海洋权益;首次确立了海岛保护的原则,即"科学规划、保护优先、合理开发、永续利用"。该法规定了五项重要的海岛保护基本制度,即海岛保护规划制度、海岛生态保护制度、无居民海岛权属及有偿使用制度、特殊用途海岛保护制度和监督检查制度,明确了海岛保护和利用活动应当符合海岛保护规划、无居民海岛属国家所有、无居民海岛利用要报省级人民政府或者国务院审批并缴纳使用金等一系列重大事项。

国家海洋局按照《海岛保护法》要求，根据海岛的区位特征、资源环境状况和承载能力，组织编制的《全国海岛保护规划》已于该法实施的当年报请国务院批准。在全面贯彻落实《全国海岛保护规划》的基础上，引导和启动了各级地方海岛保护规划的编制工作，科学定位海岛功能。通过各级海岛保护规划的实施，提高科技支撑能力，对海岛实行分类保护和管理，特别是加强对边远海岛的实际管控能力；积极调整海岛产业结构，在保护中求发展，以发展促保护；组织开展海岛整治修复工程，对以往破坏的海岛及生态环境开展抢救性修复与保护；加大宣传力度，增强全民海岛意识，在全社会形成关心海岛发展、保护海岛生态的良好氛围。至此，我国已全面步入依法护岛、依法用岛、依法管岛的轨道，进入到有序、有度、有偿的全新阶段。

科学、有效地保护、利用和管理海岛，需要全面掌握海岛的自然环境、资源和生态状况。近二十多年来，国家十分重视对海岛的调查与研究。1988—1995 年，开展了"全国海岛资源综合调查"；2004—2011 年，在开展的"我国近海海洋综合调查与评价"专项（908 专项）中，采用地面观测与测量、航空与卫星遥感等手段，对全国海岛也进行了综合调查。其间，有关省（自治区、直辖市）也对管辖海区进行过不同程度的海岛调查。这些调查为我国海岛工作提供了基础数据及资料。

鉴于海岛的特殊地位和价值，以及海岛保护、管理和海岛科普工作的需要，我们提出编纂《中国海岛志》的建议，得到国家海洋局批准和 908 专项办公室的全力支持。旨在全面利用 908 专项海岛调查资料，充分发掘和系统整理我国海岛的历史资料，整合沿海省（自治区、直辖市）以及有关部门的海岛工作成果，并辅以现场调研和补充调查，以志书的形式为我国的全部海岛"建户立档"，以满足海岛保护、利用和科学管理的迫切需求，提供基础保障和信息平台，为海洋主权维护和涉海国防安全提供有力支撑。

考虑到《中国海岛志》编纂工作任务重、涉及面广、影响大，建立了高水平的、有效的、权威的编纂机构，以保证高质量地完成志书的编纂出版工作。经国家海洋局批准，组织了由国家海洋局领导任主任和副主任，国家综合部门和国家海洋局的有关司（局）领导为委员的指导委员会，负责《中国海岛志》编纂的指导和咨询工作。组成了由国家海洋局分管领导任总编、908 专项办公室领导和院士任副总编，沿海省级海洋行政主管部门分管领导、有关专家和各卷（册）主编为委员的编纂委员会，负责《中国海岛志》编纂的组织、协调和审查等工作。《中国海岛志》编纂委员会办公室挂靠在国家海洋局908专项办公室，承担《中国海岛志》编纂委员会的日常工作。《中国海岛志》总编纂组由执行总编任组长，各卷（册）主编为成员，具体负责编纂技术事宜，包括《中国海岛志》编纂实施方案、编纂纲要和有关技术标准的设计和制定，定期举行例会，会商和统一入志内容的有关技术细节等。

《中国海岛志》定位为广义的地理志，自然科学与社会科学内容相结合，面向管理、科研、教学和科普。该志书按省级行政单元设卷。海岛数量少的省、直辖市、特别行政区合并为一卷，如河北省和天津市合为一卷，江苏省和上海市合为一卷，香港和澳门特别行政区合为一卷。海岛数量多的省级行政单元，卷内设册。共划分为11卷21册，分别为：

辽宁卷第一册（辽宁长山群岛）
辽宁卷第二册（辽宁沿岸）
河北、天津卷
山东卷第一册（山东北部沿岸）
山东卷第二册（山东东南部沿岸）
江苏、上海卷
浙江卷第一册（舟山群岛北部）
浙江卷第二册（舟山群岛南部）
浙江卷第三册（浙江北部沿岸）
浙江卷第四册（浙江中部沿岸）
浙江卷第五册（浙江南部沿岸）
福建卷第一册（福建北部沿岸）
福建卷第二册（福建中部沿岸）
福建卷第三册（福建南部沿岸）
台湾卷
广东卷第一册（广东东部沿岸）
广东卷第二册（广东西部沿岸）
香港、澳门卷
广西卷
海南卷第一册（海南岛及其沿岸）
海南卷第二册（西沙群岛、中沙群岛和南沙群岛）

《中国海岛志》编纂工作量巨大，按计划分期执行。在国家908专项支持下，完成了第一期工作，编纂出版其中的8卷（册），即辽宁卷第一册，山东卷第一册，江苏、上海卷，浙江卷第一册和第二册，福建卷第三册，广东卷第一册和广西卷，分别由相应卷（册）区域的有关单位组织编纂。其中，山东卷第一册和广西卷由国家海洋局第一海洋研究所负责，浙江卷第一册和第二册由国家海洋局第二海洋研究所负责，辽宁卷第一册，江苏、上海卷，福建卷第三册，广东卷第一册分别由国家海洋环境监测中心、国家海洋局东海分局、国家海洋局第三海洋研究所和国家海洋局南海分局组织编纂。卷（册）的负责人出任主编，所涵盖区域的908专项海岛调查负责人、省级海洋主管部门的分管领导为副主编。卷（册）编纂委员会由主要编纂人员、地方史志人员、涉岛海洋行政主管人员及有关专家组成，具体组织和分工开展现场调研、补充调查、资料收集与整编、图表编制和文本撰写。

为保证志书编纂的高质量和统一性，总编纂组首先制订了“《中国海岛志》编纂总体实施方案”、“《中国海岛志》编纂纲要”和“《中国海岛志》编纂技术要求”，作为各卷（册）编纂组补充调研与调查、资料收集与整编以及具体编纂的规范性技术文件。通过初步工作和编纂试点，又制订了反映具体技术细节的“《中国海岛志》编纂补充技术要求”。对编纂中遇到的新问题，通过10次总编纂组工作会议研讨和统一，形成会议纪要，规范执行。

《中国海岛志》各卷（册）编纂使用的资料和数据，除908专项海岛调查与第一次全国海岛和海岸带资源综合调查资料、国家有关部门和大陆沿海省（区、市）组织的海岛普查与专业调查的历史成果外，还包括各类地方志、统计年鉴、统计报表、政府工作报告和公报、专业志、公开的专著和论文等，多达千余册。特别是对资料匮乏的海岛，针对其缺失内容及程度，在编纂过程中又进行了必要的现场调访或补充调查。其中，到海洋、国土、民政、林业、环保、发改委、城建、旅游、规划、统计、文化等部门，重点了解和收集历史、文化、经济、基础设施等方面的资料，并实地补拍各类照片。对所有资料和数据，经过甄别、筛选、同化、统计和对比分析后，再开展各卷（册）编纂。志书文稿形成后，邀请二十余位专家，分别对各卷（册）入志海岛及其内容和数据，特别是敏感内容和数据，进行了两次详细审查。根据审查意见，又经过反复修改与完善。

《中国海岛志》所记述的海岛，既包括《全国海岛名称和代码》、《中国海域地名志》和《中国海域地名图集》收录的海岛，第一次全国海岛资源综合调查的海岛，以及按照国家海洋局908专项办公室颁发的《海岛界定技术规程》而界定、命名的海岛，也包括以《全国海岛名称和代码》为基准，由于自然或人为原因，于2008年年底前而实体消失、海岛属性丧失或岛体归并的海岛。重要的人工岛、远离大陆岸线或具特殊意义的礁、沙等，视情入志。各卷（册）中的特殊礁、沙、重要人工岛和消失的海岛，分别列篇记述。

对入志海岛，力求记述内容全面、详尽，图文并茂，数据准确，资料来源清晰。对某一岛群或海区的区域环境单独列篇，统一阐述其区域地质地貌、气候与气象、海洋水文、海洋化学、海洋生物与生态、海洋灾害等。对资料丰富、内容全面的单个海岛，分章依次记述：概况，包括海岛地理、政区建置及历史沿革、人口和教育、科技、卫生等公共服务；历史与文化，包括古遗址和人文遗迹、历史事件、历史人物、历史名镇和渔村、海岛风情和旅游、民俗、语言、信仰、航海等文化；基础设施，包括交通运输、港口及航运、航行安全、水利、广播、电视和通信、电网系统、市政基础设施、生态建设和环境保护等；经济基本情况，包括岛民生活与生产活动、社会经济基本情况和主要海洋产业基本情况等；地质地貌，包括岸线与潮间带、海岛地貌、岛陆地质和地质灾害等；植被与土壤，包括海岛植被和岛陆土壤；自然资源及其开发与保护，包括土地、水、矿产、旅游（景观）、港口、航道、生物、渔业等资源，珍稀和濒危物种，可再生能源及其开发与保护现状等。

各卷（册）均收录了涵盖区域的全部海岛，完整地记述了迄今为止所掌握的各个海岛的信息；历史资料与现状资料统筹使用，数据真实，既反映海岛历史背景，也体现海岛现状。所记述的内容和体例等各卷（册）保持一致，规范统一，并逐步形成了完善的海岛志编纂技术标准。这套志书，不仅反映了海岛基本特征和社会风貌等浅显内容，而且包含了自然环境与资源的科学资料和数据，并插入大量精美图片，使之图文并茂，通俗易懂，适应不同层面读者。可以说，它既是沿海各级政府领导和海洋行政管理人员的重要案头工具书，也是科技和工程设计人员的参考书，更是公众了解我国海岛、增强全民海岛意识的典籍。

《中国海岛志》体现了全体编纂人员的共同努力和集体智慧。它的编纂及付梓出版，是在国家海洋局领导的关怀及有关业务司，特别是科学技术司和海岛管理司的支持、指导下完成的。编纂过程中，得到国家发改委、财政部、科技部、外交部、民政部和总参作战部海军局等部门的支持和鼓励；沿海有关省级海洋行政主管部门和所涉区域的地方各级政府有关部门，在调研过程给以密切配合和帮助，积极提供有关数据及资料。海洋出版社非常重视这套志书的出版，提前安排优秀编辑介入编纂过程。负责和参加志书编纂的人员数百名，除国家海洋局下属单位的科技人员外，还有一些涉海高校、研究院所和海洋行政主管部门、地方志办公室等的专家和领导。这些单位和部门，在编纂人员、时间、资料、环境条件等方面，均给予保障和支持。对上述所有关心、支持、帮助《中国海岛志》编纂工作的部门和单位，及其有关领导和专家，谨此一并致谢。

《中国海岛志》编纂委员会

2012 年 6 月 8 日

编纂说明

《中国海岛志》定位为广义的地理志，既与地方志和行业志有别，也与科学专著和调查研究报告不同。它是一套自然科学与社会科学内容相结合，面向管理、科研、教学和科普的志书。

一、基本规定

1. 《中国海岛志》以历史唯物主义和辩证唯物主义为指导，以存真求实、述而不论为原则，系统地记述中国海岛自然与人文社会等方面的历史和现状。

2. 充分利用 908 专项海岛调查、第一次全国海岛和海岸带资源综合调查、国家有关部门和沿海省（自治区、直辖市）组织的海岛普查与专业调查资料，并引用地方志和专业志有关资料。所录用的统计数据，一般以公开的统计公报、年鉴和政府报表等为准。

3. 记事贯通古今，详今略古。上限按事物的发生和发展追溯。第一期的 8 卷（册）上限不限，下限一般至 2008 年年底，个别事物适当下延至 2010 年。重点记述 1949 年以后的史实，侧重近 20 多年来海岛调查资料和成果。

4. 除引文、旧志录用外，本志一律采用规范的语体文、记叙体，以第三人称书写。具体采用述、记、传、图、表、录等体裁。不用文言文、文白相夹的半文言文、方言、土语、俗语和口头语。必要使用时，括注标准用语。

5. 字体采用 1986 年版的《简化字总表》和国家语言文字工作委员会最新公布的简化汉字。为了体现地方特色，尊重群众的传统习惯，对个别地方也使用方言字，如潮汕方言的“蠓”、“舡”等。标点符号一律以 1996 年 6 月 1 日实施的国家标准《标点符号用法》（GB/T 15834—1995）为准。

6. 计量单位按国务院 1984 年颁布的《中华人民共和国法定计量单位》执行。历史上的计量单位仍按当时使用的计量名称。数字书写按 1996 年 6 月 1 日实施的国家标准《出版物上数字用法的规定》（GB/T 15835—1995）执行。

7. 公开发表或出版的参考文献按 2005 年 10 月 1 日实施的国家标准《文后参考文献著录规则》（GB/T 7714—2005），排列于正文之后。未公开发表或出版的参考资料和引文标注采用当页页末注。

8. 公历世纪、年代、年、月、日和时刻的表述，用阿拉伯数字书写，一律按国家标准《出版物上数字用法的规定》（GB/T 15835—1995）第五条执行。人的生卒时间以公历计，一律省略“年”、“月”、“日”字样，如“毛泽东（1893. 12. 26—1976. 9. 9）”。历史纪年采用朝代年号并括注公元纪年，如清康熙二十年（1681 年）。

9. 称谓、名称和术语。

（1）历史朝代、机构、官职、地名和人名均依当时称谓；对各个历史时期的党派、社团、机构、各类职务等均以通用的、规范的名称为准，不冠以褒贬词语；人名除引文外，直书其名，不加“同志”、“先生”、“女士”等称谓，也不加褒贬之词。

（2）机构、单位、项目名称等在同一条目中首次出现时用全称，并在括号内标注规范的简称，如“人民政府”简称“政府”，中国共产党的地方组织简称省委、地委、市委等；无规范简称的始终用全称。

（3）各种法规、文件、会议、公报名称用全称。如名称过长，可在首次出现时使用全称并括注简称，如《中华人民共和国海岛保护法》（简称《海岛保护法》）。文件只记标题，不注文号。

（4）涉及外国人名、语种、党派、社团、机构、人名、报刊、科技期刊、著作和论文名等，一律使用中文译名，首次使用时在其后括注外文原名。

（5）动物、植物、化石等名称，书写其标准中文学名，首次出现时括注其拉丁文和当地俗名。科技术语、名词及名称，凡已有中文定名的，一律采用中文名称；尚无中文名称的，采用中文临时名称，首次使用时括注外文原名。

（6）一些专用术语，如“文革”，首次出现时在当页下脚注全称。

10. 人物立传按照“生不立传”的原则处理，入志人物均是已故的并在当地历史上有较大社会影响的历史人物。对在世人物名字以事系人进行记载。

11. 本志所用来自政府有关部门的档案史料、旧志书、报刊和知情人士的口述记录等，经过综合记述，不注明出处。

12. 遇有未定论事项，则客观罗列诸家所见，在前人成果的基础上纵横兼顾。

二、卷（册）划分和章节设计

1. 卷（册）划分

《中国海岛志》卷（册）的划分遵循以下原则。

（1）按省、直辖市、自治区、特别行政区等省级行政单元设卷。海岛数量少的省、直辖市、特别行政区合并为一卷，如河北省和天津市合为一卷，江苏省和上海市合为一卷，香港和澳门特别行政区合为一卷。

（2）海岛数量多的省级行政单元，卷内设册。在不突破地级市行政单元的原则下，按地理概念的岸段、海区或群岛划分几册。

（3）金门列岛和马祖列岛等在福建卷，钓鱼列岛在台湾卷。领海基点岛和新发现的我国海域边界岛划入相应卷（册）。

按照上述原则，《中国海岛志》共划分为11卷21册，其中辽宁卷2册，河北、天津卷1册，山东卷2册，江苏、上海卷1册，浙江卷5册，福建卷3册，台湾卷1册，广东卷2册，广西卷1册，海南卷2册，香港、澳门卷1册。

2. 章节设计

（1）《中国海岛志》的每册正文分篇。根据自然地理和海洋环境特点及其海岛行政归属，以海岛相对集中的某一岛群，或者地理上多个或众多海岛分布相对独立的某一海区或某一岸段海域作为一篇。

（2）篇内分章。第一章为“区域环境概况”，阐述本岛群或海区的区域地质地理与海洋环境特征。第二章开始为单岛（指内容丰富的海岛）分述，按照《中国海岛志》编纂纲要分节记述。内容匮乏的小岛作为“其他海岛”，集中一起单独成章。

（3）本卷（册）范围内消失的海岛，单独成篇，作为倒数第二篇；重要的人工岛和特殊的礁、沙单独立篇记述，作为最后篇，重点记述其变迁情况、现状、特殊意义和特色等。

三、入志海岛界定及名称

1. 海岛界定

海岛的定义以《联合国海洋法公约》规定为准，系指海洋中四面环水、高潮时高于海面、自然形成的陆地区域。高潮时海面出露的原称为“礁”和“沙”的均认定为“岛”。具体规定如下。

（1）高潮时海面出露面积大于或等于500平方米的海岛均须记述。

（2）高潮时海面出露面积小于500平方米、远离大陆和其他海岛而孤立存在的海岛均须记述。

（3）高潮时海面出露面积小于500平方米、位于大陆岸边而距离大陆岸线和其他海岛岸线等于或超过50米的海岛均须记述。

（4）高潮时海面出露面积小于500平方米、距离主岛岸线和其他小岛岸线等于或超过50米的海岛均须记述。

（5）相互之间距离小于50米、高潮时海面出露面积小于500平方米、距离大陆岸线或其他海岛岸线等于或超过50米的诸个礁石或沙，界定为丛岛，作为一个海岛记述。

2. 海岛名称

（1）直接使用《全国海岛名称和代码》（HY/T 119—2008）行业标准和2008年以前省级或省级以上人民政府公布的海岛名称。

（2）主岛周围的无名称海岛，以“主岛名称-序号”的方式进行命名（从正北方向顺时针排序），如龟山岛-01、龟山岛-02等；对其他的无名称海岛，按照“县级或县级以上行政区名称-序号”的方式处理，如钦州-01、钦州-02等。

（3）尊重我国历史上形成的以及有成因和地理特点的相关海岛名称，如“礁”、“沙洲”、“沙”、“砣”、“墩”、“山”和“屿”等，不起新名。

（4）除南海诸岛外，在其他海域（区域）均不出现“暗礁”、“暗沙”之名称。

（5）海岛代码遵照《全国海岛名称和代码》（HY/T 119—2008）和《中国海岛（礁）名录》（国家海洋局，2012）执行。

（6）海岛位置一般以最高点的位置坐标为准；对于地势低平的海岛，则以中心点坐标为准，采用CGCS 2000国家坐标系。

四、有关编纂要求

1. 全面收集环境、资源、人文、社会和经济等方面的翔实资料。对每个海岛，依据其资料的类型和丰富程度，详尽记述。对人文社会与环境资源内容，不作文字数量比例限定，以全面反映各岛特色。

2. 按照“《中国海岛志》编纂纲要”、“《中国海岛志》编纂技术要求”、“《中国海岛志》编纂补充技术要求及范例”和总编纂组会议多次会议纪要，并参照国家海洋局908专项办公室发布的相关技术规程，进行编纂。

3. 入志海岛，既包括908专项海岛调查、第一次全国海岛资源综合调查确认的海岛和《全国海岛名称和代码》收录的海岛，也包括以《全国海岛名称和代码》为基准，由于自然或人为原因，于2008年年底前实体消失、海岛属性丧失或岛体归并的海岛。海南本岛、台湾本岛、香港本岛、厦门本岛等省级和副省级岛，均独立入志，但记述内容可以简化。远离大陆岸线的海岛，单独入志。重要的人工岛和具特殊意义的礁、沙等，视情入志。各卷（册）中的特殊礁、沙、重要人工岛和消失的海岛，分别列篇记述。

4. 消失海岛的名称、代码、行政隶属关系、地理位置、高程、面积和岸线长度等，均以第一次全国海岛调查数据和《全国海岛名称和代码》、《中国

61 种，甲藻门 4 属 5 种，主要优势种有奇异棍型藻、具槽帕拉藻、星脐园筛藻及中肋骨条藻等；春季（2006 年 5 月）网采浮游植物共鉴定 60 种，其中硅藻门 25 属 56 种、甲藻门 4 属 4 个种，主要优势种有锤状中鼓藻、中肋骨条藻和苏氏园筛藻等。

湄洲湾湾外海域网采浮游植物共鉴定 57 种，其中硅藻 50 种、甲藻 6 种、其他种类 1 种，主要优势种有中肋骨条藻、中华齿状藻、旋链角毛藻、菱形海线藻和星脐圆筛藻等。从季节分布来看，秋季（2007 年 12 月）鉴定种类较多，为 37 种；其次是春季（2007 年 4 月）16 种，冬季（2007 年 1 月）和夏季（2006 年 8 月）鉴定种类较少，分别为 14 种和 13 种。

（二）生物量分布与季节变化

湄洲湾海域春秋两个航次调查网采浮游植物细胞数量为 $2\times10^4\sim1000\times10^4$ 个/米^3，均值为 392.66×10^4 个/米^3，其中秋季细胞数量较低，均值为 18.31×10^4 个/米^3，春季细胞总数量较高，均值为 767×10^4 个/米^3，约为秋季的 42 倍。春秋两季浮游植物细胞数量变化规律基本一致，表现出北高南低的特点。

湄洲湾湾外海域四个航次调查网采浮游植物细胞数量为 $7.22\times10^4\sim32\,472.0\times10^4$ 个/米^3，年平均值为 4202.02×10^4 个/米^3，季节差异较大，其中夏季细胞数量较高，均值为 $16\,324\times10^4$ 个/米^3，其次是春季，均值为 459.63×10^4 个/米^3，冬季和秋季较低，均值分别为 13.81×10^4 个/米^3 和 10.3×10^4 个/米^3。

（三）多样性指数

湄洲湾湾外海域网采浮游植物多样性指数（H'）、丰富度指数（d）、均匀度（J'）、优势度指数（D）年均值分别为 2.47、2.49、0.63、0.71，表现出秋冬季高、春夏季低的特点。

三、浮游动物

（一）种类组成与优势种

湄洲湾海域春季（2006 年 5 月）和秋季（2005 年 10 月）调查共鉴定浮游动物 87 种，春季较多为 62 种，秋季较少为 57 种。浮游动物种数组成中，以桡足类占比最大，其次为水母类、毛颚类、十足类和糠虾类，其他类别如端足类、介形类、磷虾类和被囊类所占比例较小（图 1-1-5）。此外，还记录了若干类阶段性浮游幼虫和少量的涟虫类等。根据浮游动物的生态属性与分布特点，调查期间湄洲湾海域浮游动物可分为广温、暖温和暖水 3 种主要生态类群：其中广温类群的主要优势种为瘦尾胸刺水蚤和短角长腹剑水蚤；暖温类群的主要优势种为中华哲水蚤和拿卡箭虫；暖水类群的主要优势种为微刺哲水蚤、精致真刺水蚤、亚强真哲水蚤、球型侧腕水母、拟细浅室水母、半口壮丽水母、百陶箭虫、肥胖箭虫、小型箭虫、齿形海萤、针刺真浮萤和亨生莹虾等。

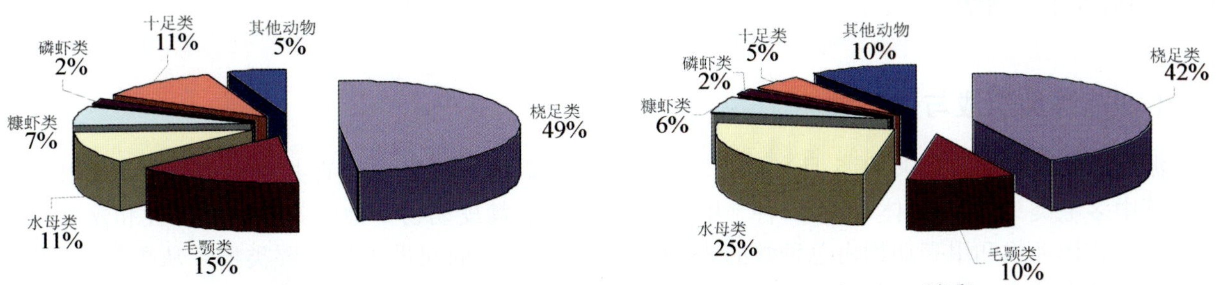

图 1-1-5 湄洲湾海域浮游动物种类组成

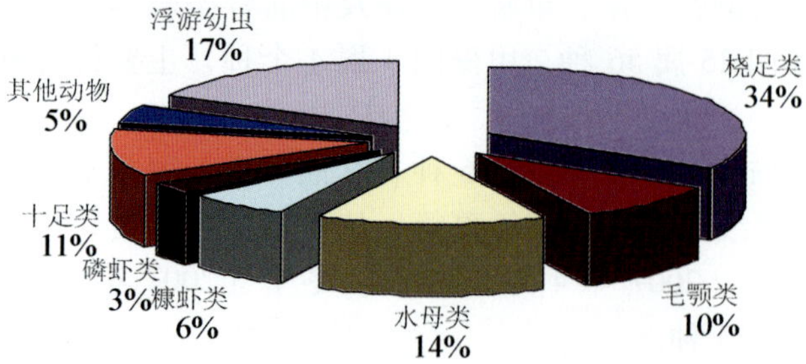

图 1-1-6　湄洲湾湾外海域浮游动物种类组成

湄洲湾湾外海域共鉴定浮游动物 63 种，其中桡足类 21 种，其次是水母类 9 种，毛颚类 6 种，十足类 7 种，糠虾类 4 种，浮游幼虫 11 种，其他类别如磷虾类、端足类和介形类种类较少。主要优势种为中华哲水蚤、肥胖箭虫、百陶箭虫、拿卡箭虫、齿形海萤、拟细浅室水母和双生水母等（图 1-1-6）。从季节分布来看，夏季和秋季浮游动物鉴定种类较多，分别为 38 种和 32 种，春季和冬季种类较少，分别为 20 种和 14 种。

（二）总生物量（湿重）分布与季节变化

湄洲湾海域春秋两季调查浮游动物生物量（湿重）为 50.2～280.0 毫克/米^3，均值为 139.2 毫克/米^3。生物量的季节变化较小，秋季生物量均值为 129.4 毫克/米^3，生物量较高（大于 150 毫克/米^3）区域位于东浦西部附近海域以及湄洲岛附近海域，生物量较低（小于 100 毫克/米^3）区域位于秀屿西部海域和峰尾南部近岸海域；春季生物量均值为 148.9 毫克/米^3，生物量较高（大于 200 毫克/米^3）区域位于峰尾南部、东浦西部以及肖厝东北近岸海域，生物量较低（小于 100 毫克/米^3）区域位于海湾中部和南部海域。

（三）密度分布与季节变化

湄洲湾海域春秋两个航次调查浮游动物总个体密度为 17.2～165 个/米^3，平均值为 55.8 个/米^3。季节变化也较小，秋季生物密度均值为 54.5 个/米^3，高密度区（大于 75 个/米^3）位于东浦西部近岸海域，主要由强额拟哲水蚤和短角长腹剑水蚤等大量聚集所致；春季生物密度均值为 57.1 个/米^3，高密度区位于秀屿西南、峰尾东部和东浦西部近岸海域，主要以捷氏歪水蚤、住囊虫、瘦尾胸刺水蚤和拿卡箭虫等种类占优，低密度区（小于 30 个/米^3）主要位于海湾中部和南部海域。

湄洲湾湾外海域浮游动物个体密度为 4.68～535.0 个/米^3，年均值为 128.82 个/米^3。从季节分布来看，夏季浮游动物个体密度最大，为 421.41 个/米^3，其次是秋季和春季，分别为 45.22 个/米^3 和 43.94 个/米^3，冬季最小，为 4.71 个/米^3。

（四）多样性指数

湄洲湾海域浮游动物多样性指数（H'）和均匀度（J'）均值分别为 2.70 和 0.81，春季略高于秋季；湄洲湾湾外海域浮游动物多样性指数（H'）、丰富度指数（d）、均匀度（J'）、优势度指数（D）年均值分别为 2.94、4.96、0.72、0.84，基本表现出秋冬季高、春夏季低的特点。

四、潮间带生物

（一）种类组成与优势种

湄洲湾海域春季（2006 年 5 月）和冬季（2005 年 12 月）两航次调查共鉴定潮间带底栖生物 188 种，其中多毛类 92 种、软体动物 31 种、甲壳动物 44 种、棘皮动物 6 种，其他动物 5 种和藻类 10 种，多毛类、软体动物和甲壳动物占总种数的 88.83%，三者构成潮间带生物主要类群。从季节分布来看，春季生物种类较多，为 136 种，冬季较少，为 100 种。

根据数量和出现率，湄洲湾潮间带底栖生物优势种主要有背褶沙蚕、拟突齿沙蚕、寡节甘吻沙蚕、多鳃卷吻沙蚕、寡鳃卷吻沙蚕、无叉矛毛虫、丝鳃稚齿虫、独毛虫、中蚓虫、异蚓虫、毡毛岩虫、特矶蚕、纳加索沙蚕、异足索沙蚕、四索沙蚕、双唇索沙蚕、不倒翁虫、梳鳃虫、似蛰虫、树蛰虫、刀明樱蛤、缢蛏、菲律宾蛤仔、渤海鸭嘴蛤、短拟沼螺、珠带拟蟹守螺、秀丽织纹螺、泥螺、塞切尔泥钩虾、廉形叶钩虾、哥伦比亚刀钩虾、日本大螯蜚、角突麦杆虫、模糊新短眼蟹、弧边招潮蟹和秀丽长方蟹等。

（二）生物量、栖息密度的分布及季节变化

潮间带底栖生物春季和冬季两次调查平均生物量为20.76克/米^2，春季较高，为28.78克/米^2，冬季较低，为12.73克/米^2。在生物量构成上，季节差异不大，软体动物最高，其次是甲壳动物，多毛类和藻类等生物量较小；在垂直分布上，潮间带底栖生物量中潮区（26.76克/米^2）、低潮区（20.15克/米^2）、高潮区（15.36克/米^2）。

两次调查平均栖息密度为373个/米^2，春季较高，为501个/米^2，冬季较低，为246个/米^2。在栖息密度构成上，多毛类居首位，其次是软体动物，再次为甲壳动物，棘皮动物和其他动物较小；在垂直分布上，栖息密度由高至低依次为低潮区（659个/米^2）、中潮区（366个/米^2）、高潮区（95个/米^2）。

（三）多样性指数

潮间带底栖生物多样性指数（H'）、丰富度（d）、均匀度（J'）和优势度（D）分别为3.04、7.76、0.75和0.12。两季调查均值差别不大。

（四）群落垂直分布

湄洲湾潮间带生物群落结构根据地点和所处位置分布如下 。

灵川断面群落：高潮区为粗糙滨螺带；中潮区为须丝鳃虫－珠带拟蟹守螺－淡水泥蟹带；低潮区为梳鳃虫－菲律宾蛤仔－对虾带。

东吴断面群落：高潮区为粒结节滨螺－短滨螺带；中潮区为奇异稚齿虫－珠带拟蟹守螺－淡水泥蟹带；低潮区为似蛰虫－刀明樱蛤－模糊新短眼蟹带。

东桥断面群落：高潮区为粗糙滨螺－短滨螺带；中潮区为异蚓虫－珠带拟蟹守螺－淡水泥蟹带；低潮区为独毛虫－模糊新短眼蟹－角突麦杆虫带。

五、浅海底栖生物

（一）种类组成与季节变化

调查共鉴定浅海底栖生物162种，其中多毛类81种、甲壳动物39种、软体动物17种、其他动物14种、棘皮动物8种、藻类2种和鱼类1种。多毛类、甲壳动物和软体动物三大类群占总种数的84.6%，为湄洲湾海域浅海底栖生物种类组成的重要类群。主要优势种有似蛰虫、双鳃内卷齿蚕、西方似蛰虫、索沙蚕、独毛虫、后指虫、日本大螯蜚、模糊新短眼蟹、塞切尔泥钩虾和中国网藻苔虫等。从季节分布来看，春季底栖生物种类较多，为130种，秋季较少，为81种。

湄洲湾湾外海域共鉴定浅海底栖生物123种，其中多毛类78种、节肢动物30种、其他动物6种、棘皮动物5种和软体动物4种。多毛类和节肢动物两大类群占总种数的87.8%。主要优势种为叶须内卷齿蚕、寡节甘吻沙蚕、辐乳虫、中蚓虫、不倒翁虫、似蛰虫、花冈钩毛虫、双鳃内卷齿蚕、光滑倍棘蛇尾和塞切尔泥钩虾等。从季节分布来看，春季鉴定种类较多，为86种，其次是冬季和秋季，分别为48种和40种，夏季鉴定种类最少，仅16种。

（二）生物量、栖息密度的分布及季节变化

湄洲湾海域春季和冬季两次调查浅海底栖生物生物量为0～54.55克/米^2，平均生物量为4.87克/米^2；从平面分布来看，高生物量区主要分布于惠屿、东浦和峰尾附近海域，低生物量区主要分布在湾口以及东周半岛附近海域；从季节分布来看，生物量春季较高，均值为11.71克/米^2，秋季较低，均值为6.47克/米^2。浅海底栖生物栖息密度为0～620个/米^2，均值为275个/米^2，平面分布与生物量变化较为一致；从季节变化来看，生物栖息密度春季较高，均值为390个/米^2，秋季较低，均值为160个/米^2。

湄洲湾湾外海域浅海底栖生物量为0.15～46.8克/米^2，年均值为12.9克/米^2。从季节分布来看，底栖生物生物量冬季较高，为23.95克/米^2；其次是春季和秋季，分别为15.6克/米^{2}和8.58克/米^2，夏季最低，为3.48克/米^2。

（三）多样性指数

湄洲湾海域浅海底栖生物多样性指数（H'）、丰富度（d）和均匀度（J'）均值分别为2.82、2.18和0.85，春季高于秋季；湄洲湾湾外海域浅海底栖生物多样性指数（H'）、丰富度指数（d）、均匀度（J'）、优势度指数（D）年均值分别为3.69、4.30、0.88、0.86，基本表现出春冬季高、夏秋季低的特点。

六、游泳生物

（一）种类组成

湄洲湾海域2006年9月秋季调查共记录游泳生物71种，其中鱼类最多，为52种，占总数的73.3%，隶属于11目33科42属；甲壳类次之，为16种，占总数的22.5%，分隶于2目5科10属（虾类8种，分隶于2科6属；蟹类6种，隶属于2科3属；虾蛄类，隶属于1科1属）；头足类3种，占总数的4.2%，分隶于2目2科3属。

湄洲湾湾外海域游泳生物104种，其中鱼类最多，为65种，甲壳类次之，为31种，头足类8种。从季节变化来看，春季共鉴定游泳生物41种（鱼类24种，甲壳类13种，头足类4种），夏季46种（鱼类24种，甲壳类19种，头足类3种），秋季45种（鱼类28种，甲壳类14种，头足类3种），冬季25种（鱼类15种，甲壳类7种，头足类3种）。

（二）经济种和优势种

湄洲湾所渔获的游泳生物中经济种类占总种数的一半以上，主要有六指马鲅、多鳞鱚、叫姑鱼、小带鱼、鲻鱼、长棘银鲈、黄鳍鲷、海鳗、棱鳀、黄斑篮子鱼、中华海鲶、条尾鲱鲤、竹筴鱼、深水金线鱼、丽叶鲹、黄姑鱼、小黄鱼、台湾鲳鲹、对虾、梭子蟹、短蛸、乌贼类等。主要优势种有康氏小公鱼、杜氏棱鳀、丽叶鲹、鲻鱼、六指马鲅、皮氏叫姑鱼、鹿斑鲾、棕腹刺鲀、中华管鞭虾、横纹东方鲀、日本毛虾、须赤虾、日本枪无贼、短鞘等，这些优势种的密度和重量分别占总平均密度和重量的78.9%和36.25%。

湄洲湾湾外海域调查的渔获物中，春季主要优势种为二长棘鲷、黄鲫、扁足异对虾、龙头鱼和双斑蟳等，夏季为叫姑鱼、纤手梭子蟹、哈氏仿对虾、杜氏棱鳀和孔鰕虎鱼等，秋季为叫姑鱼、龙头鱼、日本蟳和六指马鲅等，冬季为叫姑鱼、火枪乌贼和大鳞舌鳎等。

（三）生物量及密度分布

湄洲湾海域游泳生物平均密度为417尾/（网·时），以甲壳类居绝对优势，平均密度为278尾/

(网·时)，占总平均密度的66.67%；其次为鱼类，平均密度为130尾/(网·时)，头足类平均密度仅为9尾/(网·时)。游泳生物密度高值区位于湾口湄洲岛西北部海域，平均密度为827尾/(网·时)；其次是东浦附近海域，平均密度约为360尾/(网·时)；东周半岛东部海域游泳生物密度较低，约为100尾/(网·时)。游泳生物平均生物量为3.60千克/(网·时)，以鱼类占优，平均生物量为3.03千克/(网·时)，占总平均生物量的83.93%，甲壳类和头足类生物量较低，分别为0.37千克/(网·时)和0.21千克/(网·时)。游泳生物生物量高值区位于海湾顶部和中部海域，平均生物量约为4.92千克/(网·时)；东周半岛东部海域游泳生物生物量较低，约为0.65千克/(网·时)。

湄洲湾湾外海域四个航次调查中游泳生物生物量年均值为11.44千克/(网·时)，生物量季节变化较为显著，秋冬季生物量相对较高，分别为15.73千克/(网·时)和18.44千克/(网·时)，春夏季相对较低，分别为5.30千克/(网·时)和6.29千克/(网·时)。游泳生物平均密度年均值为763尾/(网·时)，季节变化与生物量相反，春夏季渔获密度较高，分别为704尾/(网·时)和1352尾/(网·时)，秋冬季相对较低，分别为476尾/(网·时)和518尾/(网·时)。

(四) 鱼类生态类型及组成

湄洲湾所渔获的52种鱼类，根据其生态习性可划分为：暖水性种类44种，占鱼类总种类数的84.62%；暖温性鱼类8种，占鱼类总种类数的15.38%，未出现冷温性和冷水性鱼类，显示出调查海区具有热带和亚热带的鱼类区系特征。根据它们的栖息水层的深度，可划分为4种生态类型：中上层鱼类、近底层鱼类、底层鱼类和岩礁鱼类，以近底层鱼类最多，有18种，占鱼类总种数的34.62%；中上层鱼类有17种，占鱼类总种数的32.69%；底层和岩礁鱼类较少，分别为13种和4种，并分别占鱼类总种数的25%和7.69%。

所渔获的鱼类中，生物密度以鲱形目最高，为55尾/(网·时)；鲈形目次之，密度为39尾/(网·时)；鲻形目和鲀形目更次之，密度分别为17尾/(网·时)和9尾/(网·时)；鳗鲡目、鲶形目、灯笼鱼目、鲉形目、鲽形目，银汉鱼目和鳕形目生物密度较低。从渔获生物量来看，鲈形目最高，为1.61千克/(网·时)；鲀形目次之，约为0.42千克/(网·时)；鲱形目和鲻形目更次之，分别为0.35千克/(网·时)和0.30千克/(网·时)；鳗鲡目、鲶形目、灯笼鱼目、鲉形目、鲽形目，银汉鱼目和鳕形目生物量较低。

七、珍稀、濒危生物

根据调查资料①，12个调查站位中有3个站发现文昌鱼分布，其中位于湄洲岛北部的大屿海域站位文昌鱼数量最多，密度可达160个/米^2；其次，盘屿西北部东埔南部海域站位的文昌鱼数量也较多，可达35个/米^2，在盘屿东南海域的站位也有少量文昌鱼分布，密度为5个/米^2。

调查中共捕获文昌鱼40尾，体长范围为10~47毫米，平均体长为29.63毫米，体重范围为0.01~0.18克，平均体重为0.048克。

八、海洋微生物

春、秋两个航次调查细菌总量为0.13×10^6~496×10^6个细胞/升，平均值为62.63×10^6个细胞/升。从季节变化来看，秋季细菌总量均值为3.25×10^6个细胞/升，春季均值为122×10^6个细胞/升，春季海域中细菌总量远高于秋季，相差约37倍。从垂直分布来看，表层水体中细菌总量均值为52.54×10^6个细胞/升，底层均值为72.71×10^6个细胞/升，表层的细菌数量略低于底层，但差别不大，这表明

① 国家海洋局第三海洋研究所：福建林浆纸一体化项目环境影响评价报告书，2009年11月。

表底层海水水体的混合较为均匀。从平面分布来看，秋季海水中细菌总量高密度区位于湄洲湾西部和湾口海域，低密度区位于东部海域，春季海水中细菌总量高密度区位于湾口海域，低密度区位于中部海域。

第六节　海洋灾害

一、环境灾害

（一）台风

每年7—9月为台风季节，登陆和影响本海湾岛区的台风，年平均为4.0～4.2次。台风是影响本海湾岛区的主要灾害性天气之一，如1973年的7301号台风于7月3日下午5时左右在惠安后龙、南埔登陆，使建筑物遭破坏，尤其是交通、通信设施损坏严重。

（二）寒潮

该海湾岛区每年11月至翌年4月有寒潮入侵，1961—1981年莆田、崇武分别出现24次和11次寒潮，年平均1.2次和0.6次。寒潮影响，最大过程降温达14.3℃～16.0℃，且常伴有寒潮大风出现，崇武曾出现寒潮大风风速28米/秒。寒潮过程剧烈降温与大风共同影响，对工农业生产、交通通信等危害很大。

（三）暴雨

年平均暴雨日数为3.5天，主要出现在5—9月，特别是台风季节（7—9月）时有大暴雨和特大暴雨出现。1974年6月21—22日大暴雨，莆田东部降雨量达200毫米以上，洪水造成莆田3人死亡，660多间房屋倒塌，448处堤岸被冲垮，农作物受淹，损失严重。

（四）大风

大风主要出现在10月至翌年3月和台风季节，全年8级以上的大风日数平均为100天左右，湾外岛区大风日数明显多于湾内陆区。

（五）干旱

该海湾岛区春季大旱、特旱出现几率分别为15%和25%～35%，平均连旱日数50天左右；夏季大旱、特旱出现几率分别为10%～50%和20%～25%，平均连旱日数34～46天；秋冬季大旱、特旱出现几率分别为10%和5%～10%，平均连旱日数61天。最长连续无降水日数为64～67天。1972年春，平海、湄洲和下忠门等沿海地区，土地干裂，作物枯萎，人畜饮水困难。

二、地质灾害

（一）地震

泉州湾外海1604年曾发生8级的大地震，对湄洲湾及邻近海域造成一定的破坏性影响。自1970年有仪器记录以来，本海区周围经常出现小震活动，属于小震活动频度较高的地区之一，但强度不大，最大震级为2.6级。

（二）海岸侵蚀

海岸侵蚀主要发生在海湾外的开敞—半开敞海岸地区，如崇武半月湾因不合理的渔港建设，引起半月湾波浪场发生重大变化，引起海湾中部砂质海岸侵蚀严重，危及后方房屋安全。

20 世纪 80 年代与 90 年代之间，小岞镇北部砂质岸段岸线后退最大约 90 米，在熊厝—东埭—崇武镇砂质岸段，岸线有不同程度的后退，多为 100 ~ 150 米。

20 世纪 90 年代与 2007 年之间，斗尾—小岞镇岸段可见该岸段的砂质岸线均有不同程度的后退，多为 50 ~ 130 米变动；熊厝—下坑岸段，砂质岸线有不同程度的后退，最大不超过 100 米。

（三）海水入侵

据《2008 年福建省海洋环境质量公报》，泉州泉港沿岸部分地区存在地下水氯度和矿化度较高的现象。2009 年[①]，泉港海水入侵范围稍有增加，近岸个别检测站位由于地下水过度开采，氯度和矿化度呈上升趋势，泉港监测区内的部分近岸农用水井和饮用水井已受到海水入侵的影响。

① 福建省海洋与渔业厅：2009 年福建省海洋环境状况公报，2010 年 3 月。

第二章 惠 屿

第一节 概 况

一、地理及历史变迁

惠屿（Huì Yǔ）代码为350521000711。

位于泉州市北部，湄洲湾内肖厝村东北方，湄洲湾主航道的西侧，距离肖厝村2.8千米。地理坐标北纬25°11.0′、东经118°59.7′。因横卧湄洲湾西北侧海面，犹如一堵屏障，又名“横屿”，方言“横”、“惠”谐音，又处于惠、莆、仙交界处，为区别县属，改今名。海岛面积为0.411平方千米，岸线长度为5.4千米，最高海拔59.9米。为大陆基岩岛，隶属泉州市泉港区南浦镇肖厝，惠屿设行政村1个，下辖1个惠屿自然村。

图1-2-1　惠屿遥感影像

二、政区建制及历史沿革

清代中叶，肖厝有人开始移居惠屿。1934年属涂岭区，1947年改属天马乡。1949年8月23日惠安县解放，同年9月5日惠安县人民政府成立，全县改设8区。1951年6月，全县改划为11区，第九区驻南埔，惠屿受南浦区管辖。1956年6月，全县缩编为8区，仍设南埔区。1961年10月，贯彻农村人民公社条例，成立南埔公社，惠屿为生产队。1984年10月，实行政社分开，改为南埔乡。1996年成立泉港区，南埔镇划入，下辖惠屿村等30个村。

三、人口与公共服务

20世纪90年代人口860人，聚居在北半部。2006年惠屿村有家庭300户1146人，多姓肖。岛上植物茂密、环境清幽、空气清新、民风淳朴、人多长寿，85岁以上的老人数目可观。

建有惠屿小学和医疗站。惠屿小学创建于1959年，原校址在晋富宫（村宫庙）。1963年由岛上渔民集资在村中北部筹建了两间简陋的石头房，后历经校长多方奔走，多年添建而成。1997年学校重新选址，在村南部建了新校，占地3100平方米，建有教学楼、宿舍楼各一幢，面积逾720平方米。在市、区的帮助下，学校办学条件不断得到改善，基本实现了“三化”，是一所全日制的花园式学校。学校现有教学班6个，学生80多人，多年绩效评比居南埔镇前茅。

图1-2-2 惠屿远眺

第二节 海岛历史与文化

岛上有一块形似青蛙的巨石，巨石下有一个幽深的天然石洞，是惠屿先人的居住地。相传泉港肖厝五祖的后妈及其幼子受迫上岛后，栖身于这个天然石洞以抵挡风雨。母子俩在岛上胼手胝足辛勤劳动，筚路蓝缕开拓家园，经过一代又一代的艰苦奋斗，终于把惠屿发展成聚居着300多户的海岛渔村。这块巨石被惠屿人尊崇为“圣蛙石”，又称“老嬷厝”。惠屿荣获“2005年度市级创建宽裕型文明村”称号，2006年被泉州市评为“泉州市十佳魅力乡村”。

第三节 基础设施

一、港口航运

惠屿西北侧建有小型码头两座。一为长约45米、宽11米的重力式码头，有栈桥相连；一为斜坡式码头。与泉港区肖厝码头有渡轮相通。海岛南端发育有小澳，可避风。北端建有导航用的惠屿灯桩。

惠屿灯桩，编号3056。1957年建，1969年、1986年和1990年改建，1989年装太阳能电池，1994年贴红瓷砖，2000年7月更换新的太阳能电池。位置为北纬25°11′23″、东经118°59′58″，隶属厦门航标处管理。灯桩为红白横带圆柱形石砌瓷砖贴面构造，桩身高度7.5米，灯高17.1米，射程7海里，灯器DK-155，灯质为闪（3）白10秒，供船舶助航用。

二、水利设施

岛上人多井少，村民的饮水原靠几口古井，常为取水发生纠纷。逢枯水季节，井里的水更浅。为此，村民们发明了“汲水包”，剪开汽车内胎，四角系绳，铺到井底，一点点取水，一个多小时才能凑满一桶。

1995—2003 年，惠屿村先后投入 50 多万元，打钻地下深水井 6 口，初步解决了村民饮用水难的问题。但是，由于岛屿较小，地下水源不多，海水又容易渗入，仅存的两口井，水质已达不到饮用标准。冬天枯水期，半夜两点就要起来到井边排队，几个小时才能打到一桶水，水还要沉淀几个小时后才能饮用。

2010 年 1 月，肖厝至惠屿海底输水管道工程竣工，从此惠屿告别了百年水荒，步入自来水时代。

三、电力、通信及市政道路

1981 年前后岛上居民联合购买了一台 20 千瓦小型柴油发电机，功率低、耗油大，夜里许多地方常是漆黑一片。1990 年，村民肖春祥买回一部风力发电机，使用不久，由于电机叶片损坏停止发电。1994 年，惠屿小学购买了一台小型柴油发电机，由老师轮流值班发电。1995 年，岛外扶贫给岛上送来一台 90 千瓦的柴油发电机，因油价高，一年当中只能发电几个月。2000 年，在地方政府和泉州电业局的协调下，惠屿已被纳入农网改造工程的优先项目，政府投资 15 万元，改造了岛上配电线路。同时，政府划拨平价柴油，确保岛上每天夜间 4 小时的供电，初步满足了岛上居民的照明用电需求。

2003 年惠屿岛供电工程被列为泉州市年度重点扶贫项目。由市政府和电力部门共同出资近 400 万元，架设 10 千伏陆地架空线路、跨海架空线路，400 伏线路改造和 2.5 千米海底电缆敷设。自此，惠屿用电实现城乡同网同价，24 小时不间断供电。2008 年，用电量达到 75 万千瓦·时。

供电工程所有材料均采用高机械强度、耐腐蚀性好、抗污染性高的国家规定一等品，铁塔基础按照最大抗震烈度 6 ~7 度进行设计。技术人员克服了岛屿丘陵地形起伏，全线交叉跨越民房、390 伏线路、通信电缆等的施工困难，利用涨潮时段开展跨海架线施工，连续奋战数月，成功地使泉州电力线路“第一跨”落户惠屿岛，于 2003 年 6 月 29 日投产送电。

2003 年 3 月在岛上建成电信基站（见图 1-2-3）。村里陆续开通固定电话、移动电话，可接入互联网。

岛上主要为石块铺成的小路。2007 年，集资兴建了假日酒店。2010 年海底输水管道竣工后，泉港区为进一步扶持惠屿发展，在岛上设立区委党校培训中心，扩大招商、扩建酒店，积极招揽游客。

第四节　经济基本情况

一、海岛社会经济基本情况

惠屿的生产经济活动以海带、牡蛎、紫菜、江蓠养殖和近海捕捞为主，近年还发展了鲍鱼、网箱等养殖。少量村民从事地瓜、蔬菜种植和运输等生产活动。岛上的耕地大约只有 90 亩①，主要种植地瓜与花生。部分居民养殖黑山羊。

2003 年惠屿村人均收入 2900 元，2006 年达到 6170 元。2009 年村民人均年收入达到 10 500 元。惠

① 亩为非法定计算单位。1 亩 =666.7 平方米，1 公顷 =15 亩。

屿已发展成为集海产品养殖、休闲旅游的海岛。

二、主要海洋产业基本情况

2006年全村养殖鲍鱼近60万粒、牡蛎近800亩、海带500多亩，江蓠菜近400亩，网箱养鱼400多亩。网箱主要养殖鲕鱼、鲈鱼、黄花鱼、石斑鱼、鳗鱼等十几个品种，年产几千吨。

2008年8月，建立惠屿海水养殖专业合作社，成为泉港区第一家注册的农民专业合作社。合作社有社员160人，拥有海带养殖面积1600亩、牡蛎养殖面积800亩、江蓠菜养殖面积400亩、鲍鱼养殖800多万粒、网箱养鱼500多箱，2008年销售额达4500万元。

2009年全岛有小型渔船40多艘，养有牡蛎近800亩、海带650亩、鲍鱼几百万粒、江蓠菜100亩。

岛上建有旅游酒店一家，有10余间标准客房，另有几户人家开辟有“农家旅馆”。2003年后建成了一座小型造船厂。

图1-2-3 惠屿岛上通信基站和周边海域的网箱养殖

第五节 地质地貌与植被土壤

惠屿是由南北两座小岛组成的，两岛之间由一道连岛沙坝相连。南岛（村人称“南尾”）呈南北走向，南岛的东坡植被稀疏，坡上遍布嶙峋的怪石，下部为几丈高的陡崖；南岛的西坡较为平缓，植被茂密。北岛比南岛大，地形较为陡峭，沿海岛西面和西南面坡地上建有渔村特色的石构民居，呈阶梯状展布，顶部为开垦的农地。

惠屿南、北两岛主要为基岩海岸，多发育岩滩；连岛沙坝为砂质海岸，海滩发育，局部有岩滩；岛中部的西北侧，沙滩较窄，宽约35米，主要分布在中—高潮带，低潮带为粉砂－淤泥滩，宽达160米以上；岛中部的东南侧，沙滩较发育，宽度约为40米。

北岛多为房屋和农田，植被较稀疏。南岛植被葱郁，是发展海岛旅游的良好场所。北岛顶部开辟成农田，以赤土亚类为主，主要种植地瓜和蔬菜。南岛在东坡少量开发农田，基本为红壤。两岛之间为滨海风沙土。

图1-2-4 连岛沙坝（左）和基岩海岸（右）

第六节 海岛资源开发与保护

一、水资源

岛上水资源较缺乏，地下水源不多，6 口地下深井因海水渗入达不到饮用标准，且人多井少，村民饮水较困难。2010 年从肖厝建设输水管道供水。

二、旅游资源

南岛基本保持原始生态风貌，临海一面悬崖陡峭，海蚀景观丰富；坡地一面，路面崎岖，树木葱郁。山顶有一块突兀的巨岩，像是天外飞来的巨大陨石，欲坠不坠，无限风光在险峰。

南、北两岛间为沙滩，砂细柔腻，脚感极佳，山水相连、水天一色，可开展游泳、餐饮、烧烤、垂钓、露营等娱乐活动。海岛周边是网箱等海上牧场，可为开展休闲渔业提供优越的条件。

晋富宫，古刹英姿，飘然玉立于山脚之下，香火不断，仙气溢流；神井甘泉，清甜可口，明月映井，蟋蟀作歌，琼浆玉液仙境之有，神井甘泉人间难求，水出石中，只因托梦；其他还有仙洞、圣蛙石等古迹。

惠屿以其独特的地理位置、美丽的海岛风光，被泉州市规划为海岛旅游度假区，将发展渔家生活观光、海岛浴场、度假、休闲娱乐等旅游活动。

三、渔业资源

海岛周边水域非常适合开展水产养殖活动。养殖有鲍鱼、牡蛎、海带、江蓠菜、鲫鱼、鲈鱼、黄花鱼、石斑鱼、鳗鱼等十几个品种，年产几千吨。

第三章　大竹岛

第一节　概　况

一、地理及历史变迁

图 1-3-1　大竹岛遥感影像

大竹岛（Dàzhú Dǎo）代码为 350521001311。

位于湄洲湾入口处，离惠安县净峰镇杜厝村的杜厝码头约 9 千米，地理坐标为北纬 25°4. 8′、东经 119°2. 3′。面积为 0. 472 平方千米，海岸线长为 3. 0 千米，最高海拔为 85. 4 米。两侧是湄洲湾主航道，西侧是惠安的斗尾半岛，距离 3. 0 千米；东侧是莆田秀屿区东吴，距离 3. 7 千米。因早时岛上生长很多毛竹，海岛面积比小竹岛大，故称“大竹岛”。海岛周围暗礁林立，登岛不易。大竹岛因“八女拓荒”闻名全国，是惠安人引以为豪的“英雄岛”。

二、政区建制及历史沿革

大竹岛行政隶属泉州市惠安县净峰镇，为无居民海岛。1949 年 8 月 23 日惠安县解放，同年 9 月 5 日，惠安县人民政府成立，全县改设 8 区，下领 191 乡。1958 年设置飞跃公社净峰管区，1961 年改为净峰公社，1984 年改乡，1992 年改为净峰镇。

1958 年 8 名二十岁上下的惠安青年妇女，到大竹岛拓荒，第二年发展到 20 多人，拓荒者没有常住在海岛上。

图 1-3-2　大竹岛远眺

第二节 海岛历史与文化

一、海岛历史

明清时，岛上有人居住，后荒废。

1957 年福建省惠安县莲城半岛畜牧场的饲养员周亚西（共产党员）等 8 名二十岁上下的青年妇女，向大队（村）支部提出去大竹岛上开荒的建议，支部书记向上级汇报后，不久便同意成立“八女跨海开荒队”，周亚西任队长。1958 年 5 月开荒队来到荒无人烟的大竹岛，以百折不挠的意志，战胜了狂风暴雨等困难，在十多天内整好 33 亩荒地并种上番薯，第一年 33 亩番薯平均亩产 3200 多斤，比莲城半岛上的平均产量还高。八女跨海征服荒岛的故事由此传遍全县，成为人们学习的榜样。第二年拓荒者增加到 20 多人，拓荒面积扩大到 70 多亩，成为莲城大队的一个杂粮基地。两年多共收获番薯 50 多万斤，花生、大豆和麦子等 15 000 斤。栽种多株桃子、龙眼、石榴和桐树，荒凉的大竹岛，变成了欣欣向荣的宝岛。1973 年拓荒者下岛，大竹岛重为无人岛。

1988 年护林人林颖 1 人受聘上岛管理果树种植，1990 年起林颖一家 5 口开始在岛上居住，1992 年新出生的儿子也住在岛上。林颖一家主要看护山林、管理果树。1998 年后，因小孩上学，仅林颖 1 人留在海岛上至今。

二、海岛文化

1960 年八女因渡海开荒岛事迹被评为全国“三八”红旗集体。1961 年省妇联号召全省妇女向惠安“八女”学习。1963 年惠安大竹岛“八女”垦荒场被评为福建省农业先进单位。当时为了纪念八位妇女上岛造林，故该岛又名为“八女岛”。至今岛上还有一块刻有“八女岛”的石碑。

1960 年 10 月 29 日，福建日报记者陈炳岑在《人民日报》发表报告文学《八女跨海征服荒岛》，全国 14 家省级报纸转载，在全国产生了很大影响。著名作家冰心撰文称赞她们为“最可爱的姑娘”。之后，1960 年 11 月，上海青山越剧团编导、演员 8 人深入惠安的莲城半岛，搜集八女跨海开岛种地瓜的事迹，创作了大型越剧《八女跨海》，演出后受到观众好评；1962 年，著名画家陈德宏以八女征服大竹岛为原型创作了中国画《八女跨海征荒岛》；20 世纪 60 年代，泉州市木偶实验剧团（今泉州市木偶剧团前身）创作《八女跨海》傀儡剧目。

第三节 基础设施

海岛西南部建设有大竹岛陆岛交通码头，建有 100 吨客货泊位 1 个，斜坡码头 1 座，码头长 70 米、宽 6 米，引堤长 42 米、宽 6 米。南面山顶建有太阳能航标灯。

岛上西南部建有一幢三层的房屋，为一个养殖火鸡的老板所建，由于经营失误倒闭，后人走楼空，荒废在岛上。共有三十几个房间，其中有办公室、员工活动室，里面还有一个乒乓球室和一个大阅览室，阅览室墙上挂满描述当年八女上岛造林的水彩画。码头与楼房间有小道可通行，另有若干小道通向海岛中部。

大陆的移动通信信号可以覆盖到大竹岛，岛上可通过手机与岛外联系。岛上没有供电设施，平时用油灯照明，有一台柴油发电机，主要用于抽水。

图 1-3-3 荒废在岛上的养鸡厂

图 1-3-4 海岛码头（左）、沙滩和岩滩（右）

第四节 经济基本情况

一、海岛居民生产活动

大竹岛为无居民海岛。八女跨海开荒时期主要种植番薯、花生、大豆和麦子，另栽种多株桃子、龙眼、石榴和桐树。垦荒工作一直持续到 1973 年。

20 世纪 80 年代后，海岛种植水果，有油甘、杨梅、龙眼、枇杷、桃、李等果树。守岛人在岛上管理果园、种植瓜果，有空心菜、丝瓜、地瓜、花生和玉米，饲养山羊几十只，还有土鸡、鸽子、兔子等。

二、社会经济基本情况

1986 年 9 月 18 日，福建省人民政府确定将大竹岛开辟为农业隔离区，作为引进农业良种、良畜进行试种试养的基地。同年 12 月，泉州市政府发布《关于贯彻国务院〈关于鼓励外商投资的规定〉和省政府〈补充规定〉的意见》，为投资者提供优惠政策，规定“凡是引进优良种苗在惠安大竹岛投资办生产性试验场，5 年内免征一切税收”。

1987 年 1 月，福建省政府批准在惠安县建立泉州市大竹岛农业良种引进试验场，至 1990 年先后从台湾省、香港特别行政区、日本、美国等地引进蔬菜、果树、农作物及鱼苗等 213 个品种。

1998 年后由厦门路桥公司等筹资 1 亿元人民币，成立“厦惠农业高科技开发有限公司”，开发建设大竹岛农业观光旅游园，开辟厦门—大竹岛妈祖海上旅游航线，吸引台胞前往大竹岛参观、旅游、投资。2006 年开始将大竹岛纳入斗尾港经济区。

2007 年，《泉州市海洋功能区划》将大竹岛周边海域定位为大竹岛海域海珍品增养殖区，将大竹岛定位为大竹岛度假旅游区。

第五节　地质地貌和植被土壤

图 1-3-5　海岛上开垦的农田

主要由花岗岩及其风化砂土构成。海岛最高海拔 85.4 米，岛陆地貌单元有侵蚀剥蚀低丘和侵蚀剥蚀台地，山坡地形较和缓。

海岛岸线长 3035 米，大部分为基岩海岸；砂质海岸长度约 326 米，主要发育在海岛西侧若干岬角间，宽度 10 ~ 20 米，长度 20 ~ 137 米；人工海岸约 150 米。岛麓海蚀现象显著，岩石呈蜂窝状，可见海蚀洞穴，岩岸陡峭。

早期因生长大量毛竹，而被称作“大竹岛”，现今岛上仍可见毛竹。八女垦荒后，种植了大量的番薯、花生、大豆和小麦（见图 1-3-5），另栽种多株桃子、龙眼、石榴和桐树。1980 年后，海岛发展水果种植，种有油甘、杨梅、龙眼、枇杷、桃、李等果树。

岛上有耕地 2.67 公顷，主要分布在海岛南部楼房南侧；人造林 24.67 公顷，栽植马尾松、日本黑松、木麻黄、相思树。除海岛北部和南部楼房附近耕地外，海岛大部分被果树和林木覆盖。

第六节　海岛资源开发与保护

一、水资源

八女开荒时，在山坡处打井取淡水，供番薯等种植。1988 年后，守岛人林颖在岛上打了一口水井，淡水量较丰富。

二、水下文物资源

2008 年第三次全国文物普查，国家博物馆水下考古中心与福建省文物部门在大竹岛周边海域发现了清代沉船遗址，采集了一批水下文物，为水下文物保护提供了第一手资料。

三、港口、航道资源

大竹岛已被规划入斗尾港口经济区，其港口发展区面积约 21 平方千米，依托斗尾深水港，包括斗尾、松村、杜厝及大竹岛、黄干岛等，岸线长约 10 千米，规划建设修船、造船和原油码头、储备油库及相关配套设施等。

四、渔业资源

海岛周边海域产马鲛鱼、石斑鱼、鳓鱼、虾、梭子蟹等，南侧有海带养殖场。海岛北面礁石林立，适宜垂钓，鱼群里多半是石斑鱼，味道很鲜美。周边海域适合发展深水网箱养殖。

第四章　其他海岛

按照海岛位置分布及行政区隶属，本章海岛分为泉州市泉港区所辖海岛、大竹岛—黄干岛周边海岛、净峰—小岞近岸海岛、大港湾海岛四部分，共有68个无居民海岛，均属泉州市管辖，其中泉港区管辖17个、惠安县管辖51个。

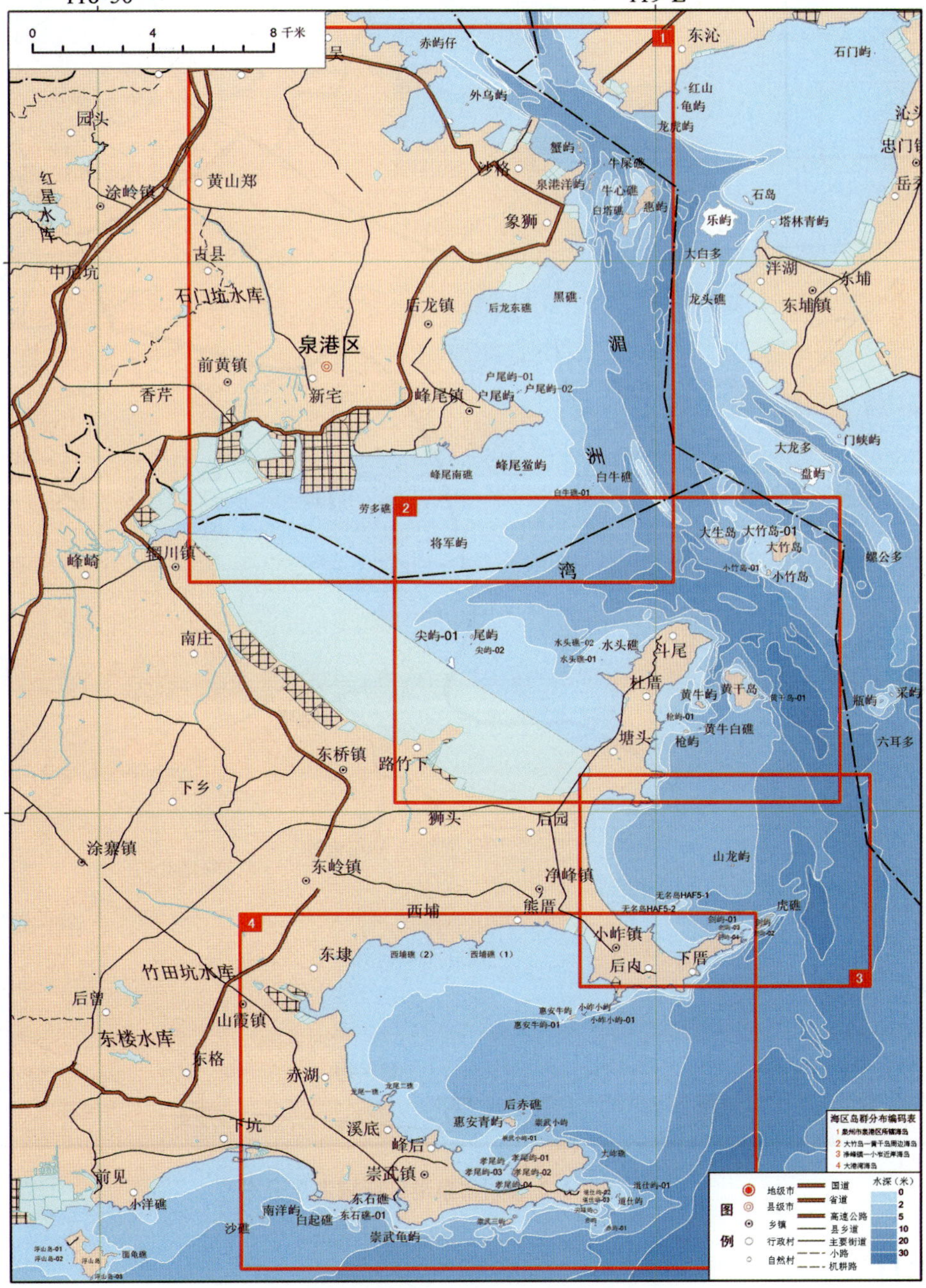

图 1-4-1　湄洲湾南部—崇武海区海岛分区

1. 泉州市泉港区所辖海岛；2. 大竹岛—黄干岛周边海岛；3. 净峰—小岞近岸海岛；4. 大港湾海岛

第一节　泉州市泉港区所辖海岛

本节海岛位于湄洲湾南部，包括 17 个无居民海岛，均属泉州市泉港区管辖。

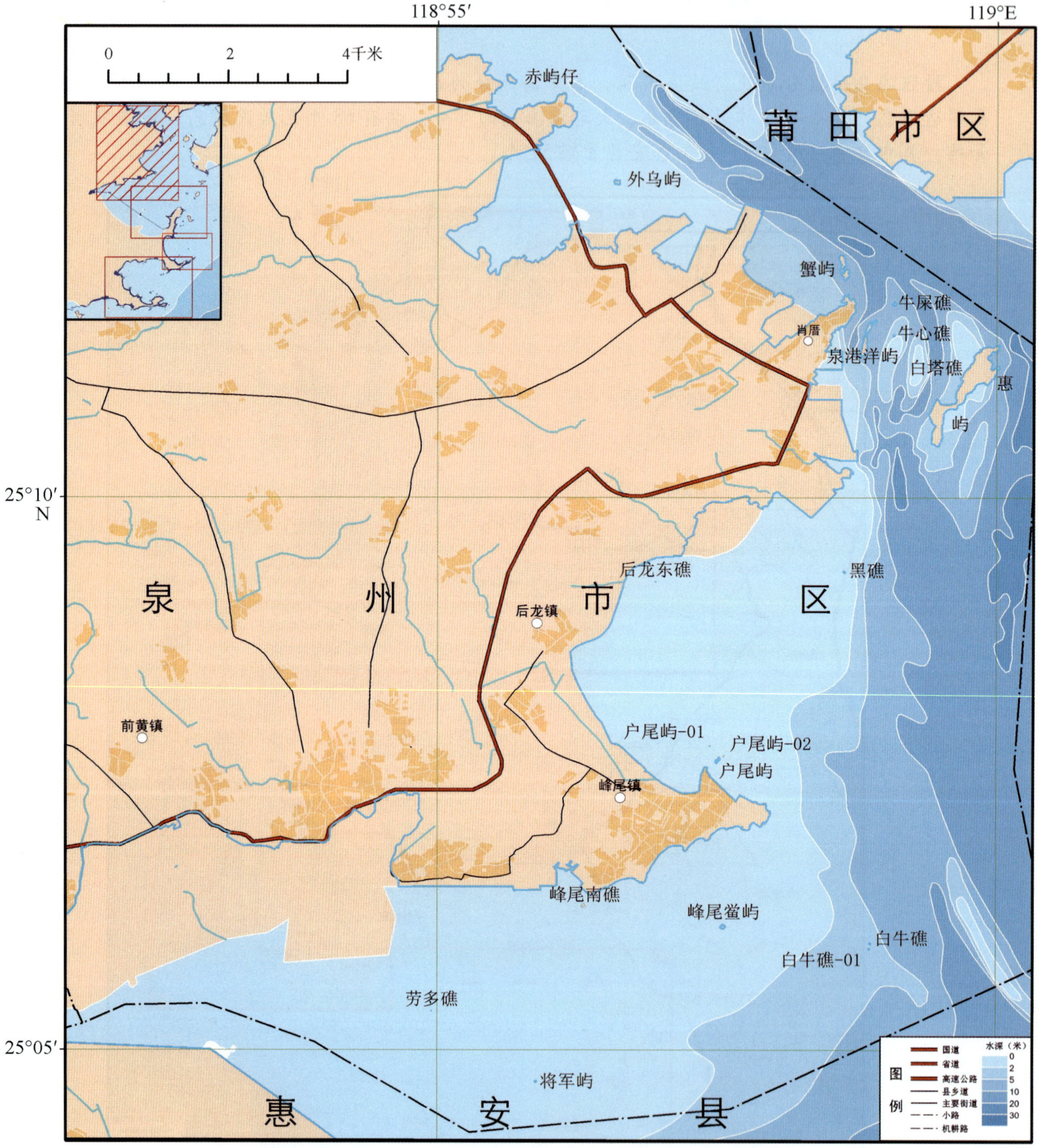

图 1-4-2 泉州市泉港区所辖海岛分布

一、赤屿仔

赤屿仔（Chìyǔzǎi）代码为 350505000121。

赤屿仔位于泉州市泉港区南埔镇东北侧海域，在湄洲湾内，西距离大陆102米，建有海堤与大陆连接，为陆连岛。地理坐标为北纬25°13.8′、东经118°55.7′。行政区隶属泉州市泉港区管辖。海岛呈近于椭圆状，北西—南东向展布，长轴约189米，短轴约85米。面积0.0127平方千米，岸线长490米，最高海拔17.4米。为大陆岛，由变质岩组成，地表土层薄，植被多为木麻黄。四周为沙泥滩，见有岩滩向北延伸。岛上建有一座简易房。

二、外乌屿

外乌屿（Wàiwū Yǔ）代码为350521000121。

位于泉州市泉港区南埔镇东北侧海域，距大陆最近点880米。地理坐标为北纬25°12.9′、东经118°56.6′。行政区隶属泉州市泉港区管辖。面积为0.0050平方千米，岸线长300米。为大陆岛，由碎裂变斑交代二长花岗岩、交代二长花岗岩组成。植被中等发育，多杂草、灌木。基岩海岸，南北均有岩滩，其余为沙滩。西南侧有沙坝与内乌屿相连。建有简易房两座，用于水产养殖管理，周边海域养殖牡蛎。

三、蟹屿

蟹屿（Xiè Yǔ）代码为350521000521。

位于泉州市泉港区南埔镇东北海域，湄洲湾内，距大陆最近点260米。地理坐标为北纬25°12.1′、东经118°58.6′。行政区隶属泉州市泉港区管辖。

蟹屿呈不规则长块状，面积0.0309平方千米，岸线长1.2千米，最高点海拔37.8米。由碎裂变斑交代二长花岗岩、交代二长花岗岩组成。地表岩石裸露，有土层，长杂草，植被稀少。基岩海岸，东南、西侧为沙滩。岛北部有填海造地和灯桩，并建设房屋拟开发旅游，岛上岩石多处曾被开采。岛东侧为湄洲湾进出肖厝作业区主航道；西侧、南侧、北侧海域吊养牡蛎。

图1-4-3　外乌屿全景

图1-4-4　蟹屿东面全景

图1-4-5　蟹屿灯桩

图1-4-6　蟹屿灯桩（左）和岛上房屋（右）

图 1-4-7　牛屎礁南面全景

四、牛屎礁

牛屎礁（Niúshǐ Jiāo）代码为 350300011521。

位于泉州市泉港区南埔镇东面海域，在湄洲湾内，距大陆最近点 550 米。地理坐标为北纬 25°11. 8′、东经 118°59. 1′。行政区隶属泉州市泉港区管辖。

牛屎礁呈不规则块状，面积为 0. 0019 平方千米，岸线长 170 米，最高点海拔 10. 8 米。由动力变质岩及混合岩组成。地表基岩裸露，顶部长杂草和数棵树。基岩海岸，水下礁盘面积较大，近岸水深 5 ~ 10 米。岛上建有海底电缆标志和一座小石屋。岛屿周围吊养牡蛎。

五、泉港洋屿

泉港洋屿（Quángǎngyáng Yǔ）代码为 350521000621。

位于泉州市泉港区南埔镇东面海域，在湄洲湾内，距大陆最近点 250 米。地理坐标为北纬 25°11. 4′、东经 118°58. 8′。行政区隶属泉州市泉港区管辖。

泉港洋屿呈长条形，长轴为北东—南西走向，南北长 620 米，东西最宽处 120 米。面积为 0. 0357 平方千米，岸线长 1. 5 千米。地势南部较高，最高点海拔 22. 6 米。为大陆岛，由动力变质岩及混合岩组成，地表长有杂草，局部种植木麻黄。基岩海岸，南、东面及北两端均有岩石滩延伸。东、西侧水深 5 ~ 20 米。岛上建有电力铁塔、海底电缆警示标志及养殖管理房屋，部分房屋已经破损或废弃。岛西侧海域网箱养殖密集，东侧、北侧、南侧吊养牡蛎。

图 1-4-8　泉港洋屿西面全景

图 1-4-9　泉港洋屿岛上废弃房屋和管理用房

六、牛心礁

牛心礁（Niúxīn Jiāo）代码为 350505000231。

位于泉州市泉港区南埔镇东面海域，在湄洲湾内，地理坐标为北纬 25°11. 5′、东经 118°59. 1′。行政区隶属泉州市泉港区管辖。

呈近圆形，面积为 460 平方米，岸线长 80 米。大陆岛，基岩海岸，基岩裸露，无植被覆盖。自然状态，未开发利用。

七、白塔礁

图 1-4-10 牛心礁全景

白塔礁（Báitǎ Jiāo）代码为350505000331。

位于湄洲湾中部海域，西距泉港约1.8千米，东距惠屿约400米，地理坐标为北纬25°11.1′、东经118°59.5′。行政区隶属泉州市泉港区管辖。

面积为100平方米，岸线长40米，最高点海拔9.1米。基岩岛，地表基岩裸露。

八、黑礁

黑礁（Hēi Jiāo）代码为350521000821。

位于泉州市泉港区后龙镇东面海域，在湄洲湾中部西侧，地理坐标为北纬25°9.3′、东经118°58.6′。行政区隶属泉州市泉港区管辖。

面积为310平方米，岸线长70米，海拔11.2米。由变质岩组成，海岸为基岩滩岸。地表基岩裸露。近岸水深5米。岛上建有一座航标塔。

九、后龙东礁

图 1-4-11 黑礁全景

后龙东礁（Hòulóng Dōngjiāo）代码为350505000431。

位于泉州市泉港区后龙镇梅林与新街间的近岸海域，在湄洲湾西南侧，距离大陆约460米，地理坐标为北纬25°9.2′、东经118°57.0′。行政区隶属泉州市泉港区管辖。

面积为20平方米，岸线长20米，最高点海拔4.8米。基岩岛，地表基岩裸露。

图 1-4-12 户尾屿全景

十、户尾屿

户尾屿（Hùwěi Yǔ）代码为350521000921。

位于泉州市泉港区峰尾镇东北面海域，在湄洲湾中部西侧，距大陆最近点170米。地理坐标为北纬25°7.6′、东经118°57.5′。行政区隶属泉州市泉港区管辖。

呈长条形，东北—西南走向，最长处约97米，最宽处约40米；面积为2340平方米，岸线长260米，最高点海拔8.0米。由动力变质岩及混合岩组成。地表岩石裸露。四周为淤泥滩，退潮时南部连陆地。自然状态，未开发利用。规划建设的峰尾渔港拟构筑防波堤与其相连。

十一、户尾屿-01

户尾屿-01（Hùwěi Yǔ-01）代码为350505000531。

位于泉州市泉港区峰尾镇北侧近岸海域，在湄洲湾西南侧，距离大陆约330米，在户尾屿西北270米，地理坐标为北纬25°7.7′、东经118°57.4′。行政区隶属泉州市泉港区管辖。

户尾屿-01面积为20平方米，岸线长20米，最高点海拔5.1米。基岩岛，地表基岩裸露。

十二、户尾屿-02

户尾屿-02（Hùwěi Yǔ-02）代码为350505000631。

位于泉州市泉港区峰尾镇北侧近岸海域，在湄洲湾西南侧，距离大陆约310米，在户尾屿东北140米，地理坐标为北纬25°7.7′、东经118°57.6′。行政区隶属泉州市泉港区管辖。

面积为20平方米，岸线长20米。基岩岛，地表基岩裸露。

十三、峰尾南礁

峰尾南礁（Fēngwěi Nánjiāo）代码为350505000921。

位于泉州市泉港区峰尾镇西南侧近岸海域，在湄洲湾西南侧，距离大陆约180米，地理坐标为北纬25°6.3′、东经118°56.3′。行政区隶属泉州市泉港区管辖。

面积为700平方米，岸线长120米。基岩岛，地表基岩裸露。

十四、劳多礁

劳多礁（Láoduō Jiāo）代码为350505001031。

位于泉州市泉港区峰尾镇西南侧奎壁村南侧近岸海域，在湄洲湾西南侧，距离大陆约2.2千米，地理坐标为北纬25°5.3′、东经118°55.0′。行政区隶属泉州市泉港区管辖。

面积为100平方米，岸线长40米，最高点海拔5.6米。基岩岛，地表基岩裸露。

十五、峰尾鲎屿

峰尾鲎屿（Fēngwělhòu Yǔ）代码为350521001021。

位于泉州市泉港区山腰镇东南海域，在湄洲湾中部西侧，地理坐标为北纬25°6.1′、东经118°57.6′，距大陆最近点1.3千米。行政区隶属泉州市泉港区管辖。

呈圆形，直径约64米，面积为2940平方米，岸线长220米，最高点海拔9.5米。由动力变质岩及混合岩组成。地表多岩石裸露，基岩海岸，东侧水深0~2米。自然状态，未开发利用。周边海域吊养牡蛎、被定置网捕捞。

十六、白牛礁

图1-4-13　峰尾鲎屿全景

白牛礁（Báiniú Jiāo）代码为350505000731。

位于泉州市泉港区山腰镇

东南海域，在湄洲湾中部西侧，地理坐标为北纬 25°6. 0′、东经 118°58. 9′。行政区隶属泉州市泉港区管辖。

近圆形，面积为 220 平方米，岸线长 60 米。基岩海岸，基岩裸露，无植被覆盖。自然状态，未开发利用。周边海域吊养牡蛎、设定置网捕捞。

十七、白牛礁-01

白牛礁-01（Báiniú Jiāo-01）代码为 350505000831。

位于泉州市泉港区山腰镇东南海域，在湄洲湾中部西侧，距离陆地约 2. 6 千米。地理坐标为北纬 25°5. 9′、东经 118°58. 9′。行政区隶属泉州市泉港区管辖。

白牛礁 -01 面积为 70 平方米，岸线长 30 米。基岩海岸，基岩裸露，无植被覆盖。自然状态，未开发利用。

第二节　大竹岛—黄干岛周边海岛

本节海岛位于为大竹岛与黄干岛附近海域，包括 17 个无居民海岛，均属泉州市惠安县管辖。

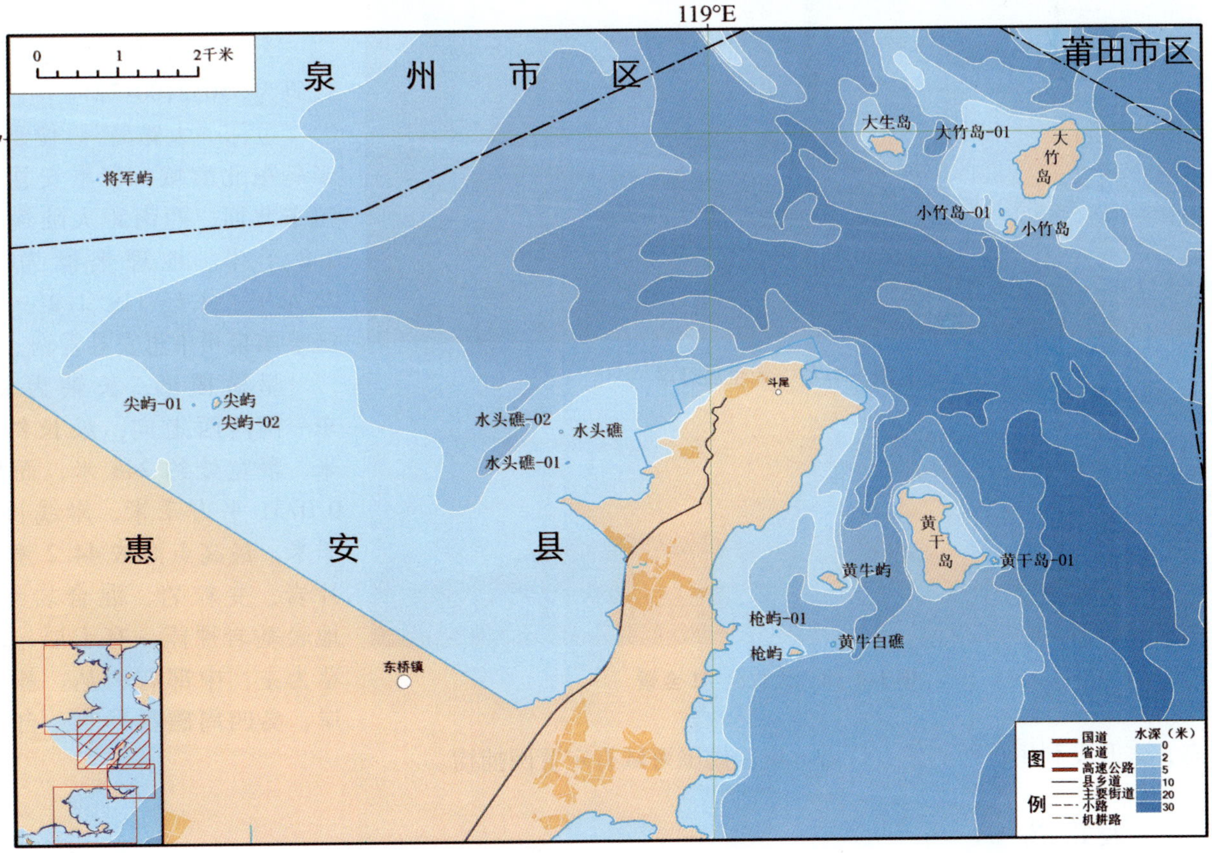

图 1-4-14　大竹岛—黄干岛周边海岛分布

一、将军屿

将军屿（Jiāngjūn Yǔ）代码为 350505001131。

图 1-4-15　将军屿全景

图 1-4-16　大生岛北面全景

图 1-4-17　大生岛灯塔

图 1-4-18　大竹岛-01 全景

位于湄洲湾泉港区南部 3.2 千米处海域。地理坐标为北纬 25°4.7′、东经 118°55.9′。行政区隶属泉州市泉港区管辖。

近于圆形，直径约为 18 米。面积为 300 平方米，岸线长 60 米。地势北高南低。海岛岩性为灰黑、灰绿色玄武岩，偶夹砂砾岩、砂岩及泥岩，局部夹油页岩及褐煤，地表基岩裸露，无植被，基岩海岸。自然状态，未开发利用。周围海域有定置网捕捞，是养殖紫菜、海带的好场所。所产紫菜曾为贡品。

二、大生岛

大生岛（Dàshēng Dǎo）代码为 350521001221。

也称“大霜岛”。位于东周半岛东北海域，在惠安县净峰镇东北面，西南距大陆最近点 2.8 千米。地理坐标为北纬 25°4.9′、东经 119°1.2′。行政区隶属泉州市惠安县管辖。

呈橄榄形，长轴为北东东—南西西走向，最长约 434 米，最宽处约 248 米，面积为 0.0731 平方千米，岸线长 1.3 千米。最高点海拔 44.2 米。由片岩、变粒岩、混合岩组成，地表基岩裸露，有土层，以杂草为主，中部有树丛。基岩海岸，岛四周礁盘发育。自然状态，未开发利用，西侧建有灯塔一座。周围海域有定置网捕捞。

三、大竹岛-01

大竹岛-01（Dàzhú Dǎo-01）代码为 350521007431。

位于东周半岛东北海域，在惠安县净峰镇东北面，西南距大陆最近点 2.9 千米。地理坐标为北纬 25°4.9′、东经 119°1.8′。行政区隶属泉州市惠安县管辖。

近圆形，面积为 480 平方米，岸线长 90 米。基岩海岸，基岩裸露，无植被覆盖。自然状态，未开发利用。

四、小竹岛-01

小竹岛-01（Xiǎozhú Dǎo-01）代码为350521001421。

位于东周半岛东北海域，小竹岛北侧，西南距大陆最近点2.7千米。地理坐标为北纬25°4.4′、东经119°2.0′。行政区隶属泉州市惠安县管辖。

面积为2800平方米，岸线长220米。由变质岩组成，海岸为基石滩岸。地表土少石多，长杂草。近岸水深10米。未开发利用。

五、小竹岛

图1-4-19　小竹岛北面全景

图1-4-20　尖屿全景

小竹岛（Xiǎozhú Dǎo）代码为350521001521。

位于东周半岛东北海域，大竹岛的南侧，西南距大陆最近点2.7千米。地理坐标为北纬25°4.3′、东经119°2.0′。行政区隶属泉州市惠安县管辖。

海岛呈鸭蛋形，长轴南北走向，顶圆浑，最长处约195米，最宽处约165米，面积为0.0213平方千米，岸线长620米，最高点海拔34.0米。由片岩、变粒岩、混合岩组成，地表岩石裸露，土层薄，长零星小草灌木。陡峭的基岩海岸，四周为岩滩，南部水深5～20米。自然现状，未开发利用。周围海域有定置网捕捞。

六、尖屿

尖屿（Jiān Yǔ）代码为350521001621。

位于东周半岛以西海域，在惠安县东桥镇东侧海域，距离外走马埭围垦1.1千米。地理坐标为北纬25°3.2′、东经118°56.7′。行政区隶属泉州市惠安县管辖。

形似尖牙，最长处约147米，最宽处约90米，近东北—西南走向；面积为8860平方米，岸线长390米，海拔24.8米。由动力变质岩及混合岩组成，地表多石少土，长杂草。基岩海岸，周围多为石滩，西南侧为干出淤泥滩，近岸水深0～2米。自然现状，未开发利用。周围海域有定置网捕捞。

七、尖屿-01

尖屿-01（Jiān Yǔ-01）代码为350521007031。

位于东周半岛以西海域，在惠安县东桥镇东侧海域，距离外走马埭围垦1.1千米。地理坐标为北纬25°3.2′、东经118°56.5′。行政区隶属泉州市惠安县管辖。

面积为490平方米，岸线长80米。基岩海岸，基岩裸露，无植被覆盖。未开发利用。

八、尖屿-02

尖屿-02（Jiān Yǔ-02）代码为350521007131。

位于东周半岛以西海域，在惠安县东桥镇东侧海域，距离外走马埭围垦 1.1 千米。地理坐标为北纬 25°3.0′、东经 118°56.7′。行政区隶属泉州市惠安县管辖。

近椭圆形，面积为 490 平方米，岸线长 90 米。基岩海岸，基岩裸露，无植被覆盖。自然现状，未开发利用。周围海域有定置网捕捞。

图 1-4-21　水头礁全景

九、水头礁

水头礁（Shuǐtóu Jiāo）代码为 350521001821。

位于东周半岛以西海域，在惠安县净峰镇西侧海域，距离东周半岛 1.5 千米。地理坐标为北纬 25°2.6′、东经 118°58.9′。行政区隶属泉州市惠安县管辖。

近圆形，直径约 26 米，面积为 490 平方米，岸线长 80 米。由动力变质岩及混合岩组成，地表多岩石裸露。基岩海岸，礁盘突出，附近水深 0 ~ 2 米。自然现状，未开发利用。周围海域吊养牡蛎和定置网捕捞。

十、水头礁-01

水头礁-01（Shuǐtóu Jiāo-01）代码为 350521007231。

位于东周半岛以西海域，在惠安县净峰镇西侧海域，距离东周半岛 500 米。地理坐标为北纬 25°2.8′、东经 118°59.0′。行政区隶属泉州市惠安县管辖。

近椭圆形，面积为 410 平方米，岸线长 100 米。基岩海岸，基岩裸露，无植被覆盖。自然现状，未开发利用。周围海域吊养牡蛎和定置网捕捞。

十一、水头礁-02

水头礁-02（Shuǐtóu Jiāo-02）代码为 350521007331。

位于东周半岛以西海域，在惠安县净峰镇西侧海域，距离东周半岛 990 米。地理坐标为北纬 25°3.0′、东经 118°59.0′。行政区隶属泉州市惠安县管辖。

面积 180 平方米，岸线长 50 米，最高点海拔 7.3 米。基岩海岸，基岩裸露，无植被覆盖。自然现状，未开发利用。

十二、黄干岛

黄干岛（Huánggān Dǎo）代码为 350521002121。

亦称黄瓜屿。位于东周半岛东面海域，在惠安县净峰镇东北侧海域，西北距大陆最近点 1.1 千米。地理坐标为北纬 25°2.2′、东经 119°1.5′。行政区隶属泉州市惠安县管辖。

图 1-4-22　黄干岛东面全景

形似烘干的黄瓜，长轴为北西—南东走向，长约 1.4 千米，最宽处 800 米，面积为 0.547 平方千米，岸线长 4.4 米。最高点海拔 72.4 米。由片岩、变粒岩、混合岩组成，地表土层较厚，西侧植被覆盖率较高，以木麻黄、相思树为主，东侧植被较少。陡峭的基岩海岸，东侧为湄洲湾主航道。

东南端立有灯桩。岛屿西侧建设水产养殖管理房，海域实施深水网箱养殖。计划在海岛上开发石油储运码头及库区。黄干岛灯桩于1956年建成，1969年和1989年改建，1983年军用改民用，1990年小修，1994年12月维护，2000年7月更换电池，编号为3063，位置为北纬25°2′6.3″、东经119°1′48.9″，隶属厦门航标处管理。为圆柱形石砌构造，灯高23.3米，射程3海里，桩身高度7.4米，灯器为DK-155，灯质为闪红4秒，免维护，蓄电池和太阳能电池供电，用于船舶助航。

图1-4-23 黄干岛上简易房屋（左）和沙滩（右）

十三、黄干岛-01

黄干岛-01（Huánggān Dǎo-01）代码为350521002521。

位于东周半岛东面海域，在惠安县净峰镇东北侧海域，西北距大陆最近点1.1千米。黄干岛的东南部，距黄干岛约30米。地理坐标为北纬25°2.1′、东经119°1.9′。行政区隶属泉州市惠安县管辖。

呈山字形，最长处约94米，面积为5150平方米，岸线长340米。由片岩、变粒岩、混合岩组成，地表岩石裸露，长少量杂草。陡峭的基岩海岸，低潮时连黄干岛。自然现状，未开发利用。周围海域吊养牡蛎和定置网捕捞。

图1-4-24 黄牛屿西面全景

十四、黄牛屿

黄牛屿（Huángniú Yǔ）代码为350521002221。

位于东周半岛东面海域，惠安县净峰镇东北面，距大陆最近点860米。地理坐标为北纬25°1.9′、东经119°0.8′。行政区隶属泉州市惠安县管辖。

图1-4-25 黄牛屿北面远景

呈长块状，长轴为北西—南东走向，长340米，宽150米。面积为0.0380平方米，岸

图 1-4-26　枪屿西面全景

线长 860 米。地势西北高东南低，最高点海拔 49.7 米。

由灰白色花岗闪长岩组成，表层有土壤，岩石裸露，西北部有少量植被，可见有零星树丛、杂草。陡峭的基岩海岸，东侧水深 5～20 米，海域有吊养。岛上岩石曾被开采。总体上维持自然现状，仅岛南部局部区域有采石迹象。周围海域有吊养牡蛎和定置网捕捞。

十五、枪屿

枪屿（Qiāng Yǔ）代码为 350521002321。

位于东周半岛的东侧，在惠安县净峰镇东北面，西距大陆最近点 550 米。地理坐标为北纬 25°1.5′、东经 119°0.6′。行政区隶属泉州市惠安县管辖。

图 1-4-27　枪屿东面全景（左）和岛上的采石场（右）

形似标枪，面积为 0.0130 平方千米，岸线长 470 米，最长处约 159 米，最宽处约 110 米，近东西走向，最高点海拔 27.1 米。由灰白色花岗闪长岩组成，地表岩石裸露，有少量杂草。基岩海岸，水下礁盘较大。西北侧有现象采石。周围海域有吊养牡蛎和定置网捕捞。

十六、枪屿-01

枪屿-01（Qiāng Yǔ-01）代码为 350521007531。

位于东周半岛的东侧，在惠安县净峰镇东北面，黄牛屿西南海域，西距大陆最近点 610 米。地理坐标为北纬 25°1.6′、东经 119°0.4′。行政区隶属泉州市惠安县管辖。

近圆形，面积为 360 平方米，岸线长 70 米。基岩海岸，基岩裸露，无植被覆盖。自然状态，未开发利用。周围海域吊养牡蛎和定置网捕捞。

十七、黄牛白礁

黄牛白礁（Huángniú Báijiāo）代码为 350521002421。

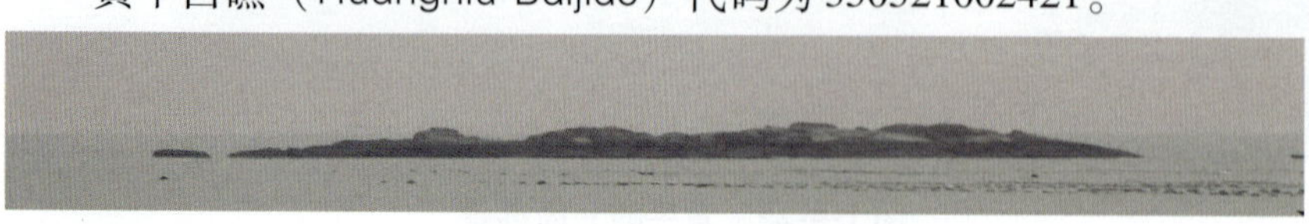

图 1-4-28　黄牛白礁全景

位于东周半岛的东侧，在惠安县净峰镇东北面，黄牛屿以南海域，西距大陆最近点 1.1 千米。地理坐标为北纬 25°1.5′、东经 119°0.8′。行政区隶属泉州市惠安县管辖。

近正方形，边长约 52 米。面积 2310 平方米，岸线长 210 米。为大陆岛，由灰白色花岗闪长岩组成，地势低平，地表基岩裸露，无植被。基岩海岸，附近水深 5 ~ 10 米。自然状态，未开发利用。周围海域有吊养牡蛎和定置网捕捞。

第三节 净峰—小岞近岸海岛

本节海岛位于惠安净峰镇和小岞镇之间近岸海域，包括 9 个无居民海岛，均属泉州市惠安县管辖。

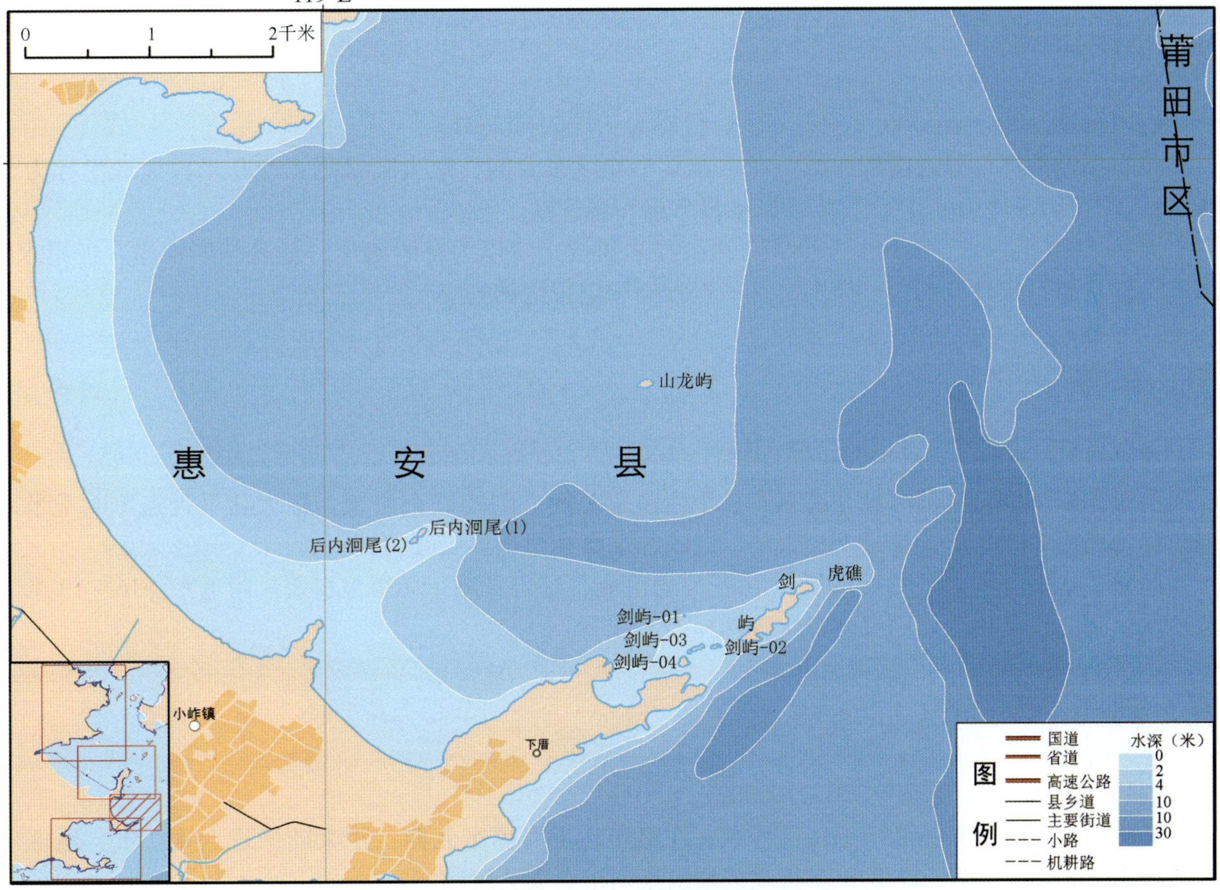

图 1-4-29 净峰—小岞近岸海岛分布图

一、山龙屿

图 1-4-30 山龙屿全景

山龙屿（Shānlóng Yǔ）代码为 350521002621。

位于湄洲湾湾口附近南部海域，在惠安县小岞镇东北侧，距大陆最近点 2.2 千米。地理坐标为北纬 24°59.0′、东经 119°1.4′。行政区隶属泉州市惠安县管辖。

形似龙头出水，长轴近东西走向，最长处约 122 米，最宽处约 71 米，顶圆浑，面积为 6080 平方米，岸线长 310 米。海拔 17.6 米。为大陆岛，由碎裂片麻状花岗岩、交代花岗岩组成，地表岩石裸露。陡峭的基岩海岸，沿岸多岩石滩，东南两端有石坡延伸近 0.17 千米。近岸水深 5～10 米。自然状态，未开发利用。周围海域有吊养牡蛎和定置网捕捞。

二、后内洄尾（1）

后内洄尾（1）［Hòunèihuíwěi（1）］代码为 350521002721。

位于湄洲湾湾口附近南部海域，在惠安县小岞镇东北侧，距大陆最近点 990 米。地理坐标为北纬 24°58.4′、东经 119°0.4′。行政区隶属泉州市惠安县管辖。

面积为 2870 平方米，岸线长 210 米。由变质岩组成，基岩滩岸，地表基岩裸露。近岸水深 5 米。自然状态，未开发利用。周围海域吊养牡蛎和定置网捕捞。

三、后内洄尾（2）

后内洄尾（2）［Hòunèihuíwěi（2）］代码为 350521007621。

位于湄洲湾湾口附近南部海域，在惠安县小岞镇东北侧，距大陆最近点 900 米。地理坐标为北纬 24°58.3′、东经 119°0.4′。行政区隶属泉州市惠安县管辖。

面积 2260 平方米，岸线长 190 米。由变质岩组成，海岸为基岩滩岸，地表基岩裸露。近岸水深 5 米。自然状态，未开发利用。周围海域吊养牡蛎和定置网捕捞。

四、虎礁

虎礁（Hǔ Jiāo）代码为 350521002821。

位于湄洲湾湾口南部海域，在惠安县小岞镇东北侧，剑屿以东海域，距大陆最近点 1.1 千米。地理坐标为北纬 24°58.2′、东经 119°2.2′。行政区隶属泉州市惠安县管辖。

面积 230 平方米，岸线长 60 米。由花岗岩组成，基岩岸滩。无植被覆盖。附近水深16～19 米。自然现状，未开发利用。周围海域有定置网捕捞。

五、剑屿

剑屿（Jiàn Yǔ）代码为 350521003021。

又称后屿，位于湄洲湾湾口南部海域，在惠安县小岞镇东北侧，距大陆最近点 470 米。地理坐标为北纬 24°58.0′、东经 119°2.0′。行政区隶属泉州市惠安县管辖。

包括东北部的虎礁和西南部的剑屿两个部分。剑屿长 790 米，最宽处 210 米，面积 0.0663 平方千米，岸线长 1.8 米，最高点位于西南部，海拔 53.9 米。由肉红色中粒含黑云母花岗岩，碎裂交代花岗岩组成，地表基岩裸露，碎块，长零星灌木和杂草。基岩海岸，礁盘西南延伸至陆地，北侧水深 2～10 米，南侧水深 10～20 米。虎礁建有一个灯桩；该岛植被发育较差。

图 1-4-31　剑屿北面全景（左）和岛上的灯桩（右）

剑屿灯桩，1958 年建成，1962 年、1969 年和 1984 年改建，1983 年军用改为民用，1995 年装 ML-300 灯器，编号为 3064，位置为北纬 24°58′6.9″、东经 119°2′3.7″，隶属厦门航标处管理。为黑白横带圆柱形石砌瓷砖贴面构造，灯高 21.9 米，射程 10.5 海里，桩身高度 8.4 米，灯质为闪（3）白 10 秒，蓄电池和太阳能电池供电。是湄洲湾外标，进湄洲湾的舰船在大殿左正横时，以剑屿灯桩导航。

六、剑屿-01

剑屿-01（Jiàn Yǔ-01）代码为 350521007721。

位于湄洲湾湾口南部海域，在惠安县小岞镇东北侧，距大陆最近点 290 米。地理坐标为北纬 24°58.0′、东经 119°1.6′。行政区隶属泉州市惠安县管辖。

近圆形，面积 150 平方米，岸线长 50 米。由花岗岩组成，基岩岸滩。无植被覆盖。自然现状，未开发利用。周围海域有定置网捕捞。

七、剑屿-02

剑屿-02（Jiàn Yǔ-02）代码为 350521003121。

位于湄洲湾湾口南部海域，在惠安县小岞镇东北侧，剑屿西南侧，距大陆最近点 290 米。地理坐标为北纬 24°57.9′、东经 119°1.7′。行政区隶属泉州市惠安县管辖。

呈长条形，近东西走向，最长处约 83 米，最宽处约 33 米，面积 1960 平方米，岸线长 200 米。为大陆岛，由肉红色中粒含黑云母花岗岩、碎裂交代花岗岩组成，地表基岩裸露。岛的四周为沙砾质滩。该岛未开发。自然状态。周围海域有定置网捕捞。

八、剑屿-03

剑屿-03（Jiàn Yǔ-03）代码为 350521003221。

位于湄洲湾湾口南部海域，在惠安县小岞镇东北侧，剑屿西南侧，距大陆最近点 160 米。地理坐标为北纬 24°57.8′、东经 119°1.6′。行政区隶属泉州市惠安县管辖。

呈长条形，近东北—西南走向，最长处约 130 米，最宽处约 37 米，面积 3500 平方米，岸线长 330 米。为大陆岛，由肉红色中粒含黑云母花岗岩、碎裂交代花岗岩组成，地表基岩裸露。岛的四周为沙砾质滩。自然现状，未开发利用。周围海域有定置网捕捞。

九、剑屿-04

剑屿-04（Jiàn Yǔ-04）代码为 350521003321。

位于湄洲湾湾口南部海域，在惠安县小岞镇东北侧，剑屿西南侧，距大陆最近点 70 米。地理坐标为北纬 24°57.8′、东经 119°1.5′。行政区隶属泉州市惠安县管辖。

呈半圆形，直径约 74 米，面积 4530 平方米，岸线长 270 米。由肉红色中粒含黑云母花岗岩、碎裂交代花岗岩组成，地表岩石裸露，岛的四周为沙砾质滩。自然现状，未开发利用。周围海域有定置网捕捞。

第四节　大港湾海岛

本节包括大港湾沿岸 25 个无居民海岛，均属泉州市惠安县管辖。

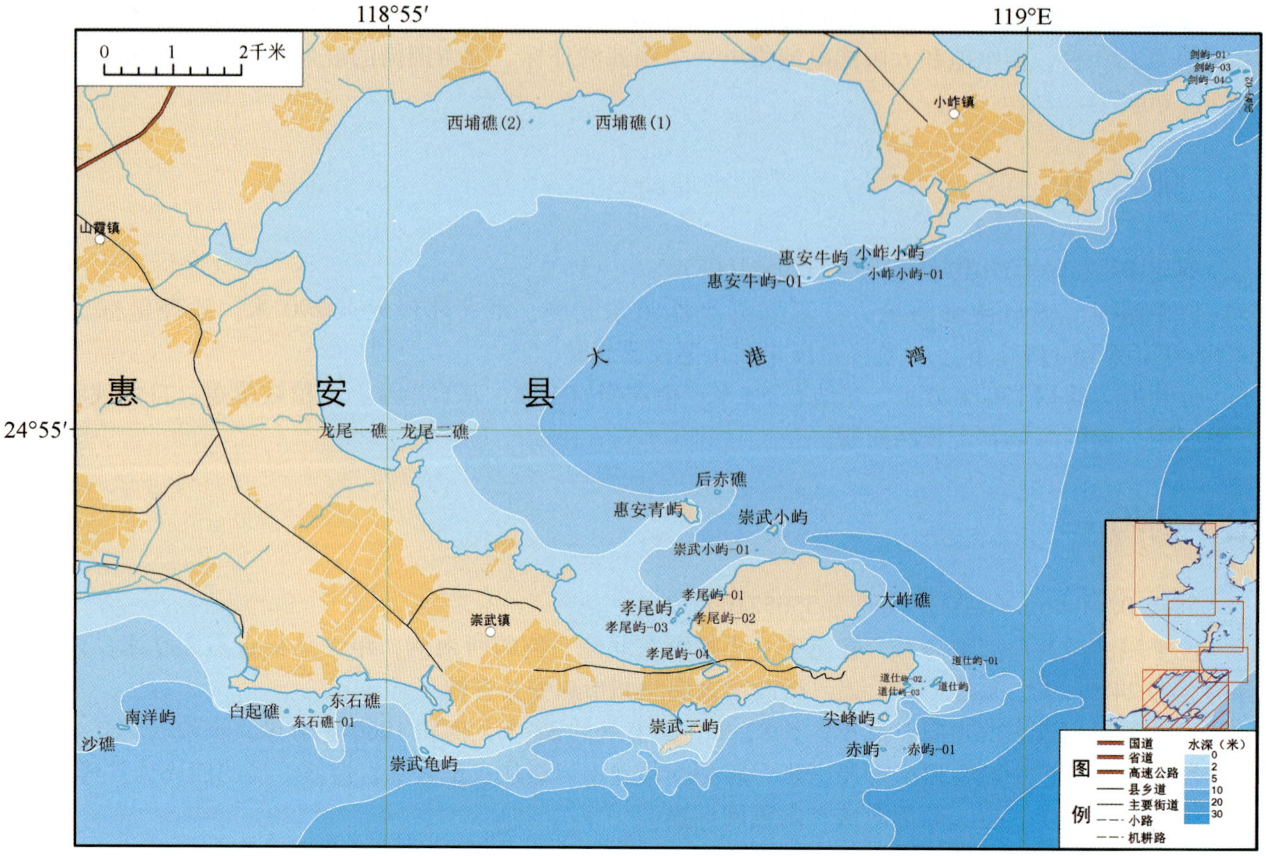

图 1-4-32　大港湾海岛分布

一、西埔礁（1）

西埔礁（1）［Xīpǔ Jiāo（1）］代码为 350521003421。

位于惠安县东岭镇南东侧的大港湾内，距大陆最近点为 29 米。地理坐标为北纬 24°57. 4′、东经 118°56. 6′。行政区隶属泉州市惠安县管辖。

呈扇形，轴长约 27 米，面积 1170 平方米，岸线长 140 米。为大陆岛，海积层上部淤泥、细砂、粉砂；中部黏土夹泥炭；下部黏土夹砾石。地表基岩裸露。基岩海岸，水下礁盘突出，低潮时连陆地。自然状态，未开发利用。周围海域养殖牡蛎、紫菜等。

二、西埔礁（2）

西埔礁（2）［Xīpǔ Jiāo（2）］代码为 350521003521。

位于惠安县东岭镇南东侧的大港湾内，距大陆最近点 80 米。地理坐标为北纬 24°57. 4′、东经 118°56. 1′。行政区隶属泉州市惠安县管辖。

呈椭圆形，东北—西南走向，最长处约 74 米，最宽处约 18 米；面积 660 平方米，岸线长 110 米。为大陆岛，残坡积层为棕黄色黏砂土，含砾、黏土夹岩块，地表植被稀少。基岩海岸，水下礁盘面积较大，东部为砂质滩。自然状态，未开发利用。周围海域养殖牡蛎、紫菜等。

三、小岞小屿

小岞小屿（Xiǎozuò Xiǎoyǔ）代码为 350521004022。

位于大港湾的北部，惠安县小岞镇以南海域。地理坐标为北纬 24°56.3′、东经 118°58.7′。行政区隶属泉州市惠安县管辖。

图 1-4-33　小岞小屿全景

呈“丁”字形，最长处约 180 米，面积 6410 平方米，岸线长 590 米。由变质岩组成，基岩岸滩。无植被覆盖。已筑堤连陆。自然状态，未开发利用。周围海域有吊养牡蛎和定置网捕捞。

四、小岞小屿-01

小岞小屿-01（Xiǎozuò Xiǎoyǔ-01）代码为 350521007831。

位于大港湾北部，惠安县小岞镇以南海域，距大陆最近点为 1.270 千米。地理坐标为北纬 24°56.3′、东经 118°58.8′。行政区隶属泉州市惠安县管辖。

近圆形，面积 70 平方米，岸线长 40 米。由变质岩组成，基岩岸滩。无植被覆盖。自然状态，未开发利用。周围海域有吊养牡蛎和定置网捕捞。

图 1-4-34　惠安牛屿西面全景

五、惠安牛屿

惠安牛屿（Huì'ānniú Yǔ）代码为 350521003721。

又名大屿。位于大港湾北部，惠安县小岞镇以南海域中，东北距大陆最近点 850 米。地理坐标为北纬 24°56.3′、东经 118°58.5′。行政区隶属泉州市惠安县管辖。

形似卧水之牛，故名。呈北东—南西走向，面积 0.0181 平方千米，岸线长 570 米；最高点海拔 29.2 米。由动力变质岩及混合岩组成，地表植被发育。基岩海岸，北部礁盘突出。南部近岸水深 5 ~ 10 米。岛上建有灯标 1 座和小规模围海养殖。周围海域有吊养牡蛎和定置网捕捞。

图 1-4-35　惠安牛屿上的水产养殖设施（左）和岛上灯标（右）

六、惠安牛屿-01

惠安牛屿-01（Huì'ānniú Yǔ -01）代码为350521007931。

位于大港湾北部，惠安县崇武镇以北海域，距大陆最近点850米。地理坐标为北纬24°56.2′、东经118°58.3′。行政区隶属泉州市惠安县管辖。

近圆形，面积340平方米，岸线长80米，最高点海拔7.8米。由变质岩组成，基岩岸滩。无植被覆盖。自然状态，未开发利用。

七、龙尾一礁

龙尾一礁（Lóngwěi 1 Jiāo）代码为350521003621。

位于大港湾中部近岸，惠安县崇武镇后洋村东南近岸海域，距大陆最近点150米。地理坐标为北纬24°54.9′、东经118°55.0′。行政区隶属泉州市惠安县管辖。

面积460平方米，岸线长80米。由变质岩组成，基岩岸滩。无植被覆盖。自然状态，未开发利用。

八、龙尾二礁

龙尾二礁（Lóngwěi 2 Jiāo）代码为350521003821。

位于大港湾中部近岸，惠安县崇武镇后洋村东南近岸海域，距大陆最近点120米。地理坐标为北纬24°54.9′、东经118°55.1′。行政区隶属泉州市惠安县管辖。

面积500平方米，岸线长90米。由变质岩组成，基岩岸滩。无植被覆盖。自然状态，未开发利用。

九、后赤礁

后赤礁（Hòuchì Jiāo）代码为350521004321。

位于大港湾南部，惠安县崇武镇东北海域，距大陆最近点1.0千米。地理坐标为北纬24°54.5′、东经118°57.6′。行政区隶属泉州市惠安县管辖。

该岛近正方形，边长约54米，最高点海拔7.0米，面积3170平方米，岸线长210米。为大陆岛，由碎裂变斑交代二长花岗岩、交代二长花岗岩组成。表层有土层，杂草丛生。基岩海岸，水下礁盘突出，附近水深2～5米。自然状态，未开发利用。周围海域有吊养牡蛎和定置网捕捞 。

十、惠安青屿

惠安青屿（Huì'ānqīng Yǔ）代码为350521003921。

位于大港湾南部，惠安县崇武镇东北海域，距大陆最近点0.830千米。地理坐标为北纬24°54.4′、东经118°57.4′。行政区隶属泉州市惠安县管辖。

呈长方形，长轴为北西—南东走向，长0.440千米，宽0.240千米，面积0.07平方千米，岸线长1240米。地势西北高东南低，最高点海拔31.2米。由碎裂变斑交代二长花岗岩、交代二长花岗岩组成，地表多植被，长年呈绿色。基岩海岸，西南有小面积沙滩。东南端立有灯桩。已实行封岛栽培，保护对象为紫菜、牡蛎、鲍等。

图 1-4-36 惠安青屿西面全景（左）和封岛栽培碑（右）

图 1-4-37 惠安青屿灯桩

青屿灯桩，1962 年建成，1969 年改建，1983 年军用改民用，1998 年改建，编号为 3065，位置为北纬 24°54′21.8″、东经 118°57′22.5″，隶属厦门航标处管理。为白色圆柱形钢筋混凝土瓷砖贴面构造，灯高 27.8 米，射程 7 海里，桩身高度 8.2 米，灯器为 DK-155，灯质为闪（2）白 6 秒，锌空电池供电。

2006 年惠安县人民政府批准设立惠安县青屿海洋生态特别保护区，保护海岛及周边海域 3 海里。管理具体单位为泉州市海监支队和惠安县海监大队，保护具体要求：设立保护区标志牌；对海岛及周边 3 海里海域实行封闭式管理，严禁捕捞、挖砂等破坏海洋生态环境的行为和活动；实施封岛保护，加强监督管理，海监部门定期开展巡查；开展有针对性的生态修复工作，如进行人工增殖、种植等放流增殖工作；实行保护工作台账制度；落实责任制，海岛所在地海洋与渔业局要明确执法队伍及海岛管辖地乡镇的职责。

十一、崇武小屿

崇武小屿（Chóngwǔ Xiǎoyǔ）代码为 350521004121。

又名小庄。位于大港湾南部，惠安县崇武镇东北海域，距大陆最近点 300 米。地理坐标为北纬 24°54.2′、东经 118°58.0′。行政区隶属泉州市惠安县管辖。

呈不规则形状，最长处约 133 米，面积 0.0113 平方千米，岸线长 550 米，最高点海拔 18.0 米。为大陆岛，由碎裂变斑交代二长花岗岩、交代二长花岗岩组成，西南岩石坡呈条状延伸。地表长有杂草。基岩海岸，东部水深 5～10 米。自然状态，未开发利用。周围海域有吊养牡蛎和定置网捕捞。

图 1-4-38 崇武小屿全景

十二、崇武小屿-01

崇武小屿-01（Chóngwǔ Xiǎoyǔ-01）代码为350521004221。

位于大港湾南部，惠安县崇武镇东北海域，距大陆最近点300米。惠安县崇武镇东北侧海域中，地理坐标为北纬24°54.1′、东经118°57.9′。行政区隶属泉州市惠安县管辖。

面积260平方米，岸线长60米。为大陆岛，由变质岩组成，海岸为基岩滩岸。地表植被稀疏。近岸水深5米左右。自然状态，未开发利用。

十三、大岞礁

大岞礁（Dàzuò Jiāo）代码为350521008331。

位于大港湾南部，惠安县崇武镇东北海域，距大陆最近点260米。地理坐标为北纬24°53.8′、东经118°59.0′。行政区隶属泉州市惠安县管辖。

面积30平方米，岸线长20米，最高点海拔3.4米。基岩海岸，基岩裸露，无植被覆盖。自然状态，未开发利用。周围海域有吊养牡蛎和定置网捕捞。

图1-4-39　大岞礁全景

图1-4-40　孝尾屿全景

十四、孝尾屿

孝尾屿（Xiàowěi Yǔ）代码为350521004421。

位于大港湾南部，惠安县崇武镇东北海域，距大陆最近点170米。地理坐标为北纬24°53.6′、东经118°57.3′。行政区隶属泉州市惠安县管辖。

近长方形，南北走向，最长处约128米，最宽处约66米，面积5490平方米，岸线长340米，最高点海拔28.3米。由碎裂变斑交代二长花岗岩、交代二长花岗岩组成，地表长有杂草。基岩海岸，礁盘面积较大，低潮时连陆地。北部近岸水深0～2米。自然状态，未开发利用。周围海域有吊养牡蛎和定置网捕捞。

十五、孝尾屿-01

孝尾屿-01（Xiàowěi Yǔ-01）代码为350521008031。

位于大港湾南部，惠安县崇武镇东北海域，距大陆最近点180米。地理坐标为北纬24°53.6′、东经118°57.4′。行政区隶属泉州市惠安县管辖。

近圆形，面积140平方米，岸线长50米。基岩海岸，基岩裸露，无植被覆盖。自然状态，未开发利用。周围海域有吊养牡蛎和定置网捕捞。

十六、孝尾屿-02

孝尾屿-02（Xiàowěi Yǔ-02）代码为350521008131。

位于大港湾南部，惠安县崇武镇东北海域，距大陆最近点200米。地理坐标为北纬24°53.5′、东经 118°57.4′。行政区隶属泉州市惠安县管辖。

近圆形，离岸较近，面积 170 平方米，岸线长 50 米。基岩海岸，基岩裸露，无植被覆盖。自然状态，未开发利用。周围海域有吊养牡蛎和定置网捕捞。

十七、孝尾屿-03

孝尾屿-03（Xiàowěi Yǔ-03）代码为 350521004521。

位于大港湾南部，惠安县崇武镇东北海域，距大陆最近点 200 米。惠安县崇武镇北东侧海域，大港湾的南部，距大陆最近点 200 米。地理坐标为北纬 24°53.5′、东经 118°57.3′。行政区隶属泉州市惠安县管辖。

长条形，最长处约 74 米，最宽处约 23 米，东北—西南走向，面积 2510 平方米，岸线长 200 米。由碎裂变斑交代二长花岗岩、交代二长花岗岩组成。地表长有杂草。基岩海岸，岛的四周为砂质滩，西北部近岸水深 0～2 米。自然状态，未开发利用。周围海域有吊养牡蛎和定置网捕捞。

十八、孝尾屿-04

孝尾屿-04（Xiàowěi Yǔ-04）代码为 350521008231。

位于大港湾南部，惠安县崇武镇东北海域，距大陆最近点 220 米。地理坐标为北纬 24°53.3′、东经 118°57.3′。行政区隶属泉州市惠安县管辖。

近圆形，离岸较近，面积 110 平方米，岸线长 40 米。基岩海岸，基岩裸露，无植被覆盖。自然状态，未开发利用。周围海域有定置网捕捞。

十九、道仕屿

道仕屿（Dàoshì Yǔ）代码为 350521004621。

位于崇武镇半岛以东海域中，大岞角的东南部，西距大陆最近点 310 米。地理坐标为北纬 24°53.0′、东经 118°59.3′。行政区隶属泉州市惠安县管辖。

呈长块状，长轴为北东—南西走向，长约 160 米，宽 50 米，面积 7630 平方米，岸线长 480 米，最高点海拔 17.4 米。由动力变质岩及混合岩组成，地表植被稀少。基岩海岸，水下礁盘面积较大，约 0.1234 平方千米，北部水深 2～10 米。自然状态，未开发利用。周围海域有定置网捕捞。

二十、道仕屿-01

道仕屿-01（Dàoshì Yǔ-01）代码为 350521008431。

位于崇武镇半岛以东海域中，距大陆最近点 720 米。地理坐标为北纬 24°53.1′、东经 118°59.6′。行政区隶属泉州市惠安县管辖。

面积 300 平方米，岸线长 70 米，最高点海拔 8.0 米。基岩海岸，基岩裸露，无植被覆盖。自然状态，未开发利用。周围海域有定置网捕捞。

二十一、道仕屿-02

道仕屿-02（Dàoshì Yǔ-02）代码为 350521008531。

位于崇武镇半岛以东海域中，距大陆最近点 120 米。地理坐标为北纬 24°53.0′、东经 118°59.2′。行政区隶属泉州市惠安县管辖。

近圆形，面积 20 平方米，岸线长 20 米。基岩海岸，基岩裸露，无植被覆盖。自然状态，未开发利用。周围海域有定置网捕捞。

二十二、道仕屿-03

道仕屿-03（Dàoshì Yǔ-03）代码为350521008631。

位于崇武半岛东部，地理坐标为北纬24°53.0′、东经118°59.2′。行政区隶属泉州市惠安县管辖。

近圆形，面积80平方米，岸线长30米。基岩海岸，基岩裸露，无植被覆盖。自然状态，未开发利用。周围海域有定置网捕捞。

二十三、尖峰屿

图1-4-41　尖峰屿全景及顶上灯桩

尖峰屿（Jiānfēng Yǔ）代码为350521004821。

也称大岞岩。位于惠安县崇武镇以东海域中，距大陆最近点150米。地理坐标为北纬24°52.7′、东经118°58.9′。行政区隶属泉州市惠安县管辖。

呈圆形，直径约116米，面积0.0108平方千米，岸线长440米，最高点海拔30.7米。由动力变质岩及混合岩组成。地表长有杂草。基岩海岸，北侧有沙坝连陆地，北侧沙滩砂质较好。顶部建有灯桩。周围海域有定置网捕捞。

二十四、赤屿

赤屿（Chì Yǔ）代码为350521004721。

位于崇武半岛南部海域，地理位置为北纬24°52.5′、东经118°58.9′。行政区隶属泉州市惠安县管辖。

岛呈扇形，周长约38米，长180米。面积1700平方米，岸线长160米。基岩海岸，基岩裸露，无植被覆盖。岛上有一座灯标。周围海域有定置网捕捞。

图1-4-42　赤屿全景

二十五、赤屿-01

赤屿-01（Chì Yǔ-01）代码为350521008731。

位于崇武半岛南部，地理坐标为北纬24°52.5′、东经118°59.1′。行政区隶属泉州市惠安县管辖。

近圆形，面积200平方米，岸线长60米，最高点海拔7.7米。基岩海岸，基岩裸露，无植被覆盖。自然状态，未开发利用。周围海域有定置网捕捞。

第五章　消失海岛

本区消失海岛共13个，其中泉州市泉港区管辖海域消失海岛4个、惠安县9个。海岛消失的主要原因有：因围填海与大陆相连而消失；少量因大陆海岸线管理位置变更导致原海岛属性变更而消失；因海岛认定有误，不再列为海岛。

一、屿仔尾

屿仔尾（Yǔzǎiwěi）代码为350521000221。

地理坐标为北纬25 °12. 7′、东经118°55. 5′。面积0. 04平方千米，岸线长1. 4千米。原为基岩岛，属泉州市惠安县管辖，无居民海岛，现属泉州市泉港区管辖。1975年因南埔围垦与大陆相连而消失。

二、柯厝屿仔

柯厝屿仔（Kēcuòyǔzǎi）代码为350521000321。

地理坐标为北纬25°12. 4′、东经118°57. 6′。面积0. 059平方千米，岸线长1. 2千米，高程24米。原为基岩岛。属泉州市惠安县管辖，无居民海岛，现属泉州市泉港区管辖。目前因肖厝港口区建设实施围填海工程与大陆相连而消失。

三、无名岛HAF1

无名岛HAF1代码为350521000422。

地理坐标为北纬25°12. 1′、东经118°57. 7′。面积6250平方米，岸线长310米。原为基岩岛，属泉州市惠安县管辖，无居民海岛，现属泉州市泉港区管辖。目前因肖厝港口区建设实施围填海与大陆相连而消失。

四、鲤鱼岛

鲤鱼岛（Lǐyú Dǎo）代码为3505210001121。

地理坐标为北纬25°5. 0′、东经118°53. 1′。面积0. 172平方千米，岸线长2. 1千米，高程6米。原为基岩岛，属泉州市惠安县管辖，无居民海岛。目前因走马埭围填海施工与大陆相连而消失。

五、无名岛HAF3

无名岛HAF3代码为350521001722。

地理坐标为北纬25°10. 0′、东经118°57. 9′。面积5500平方米，岸线长295米，高程14米。原为基岩岛，属泉州市惠安县管辖，无居民海岛，现属泉州市泉港区管辖。因围填海与大陆相连而消失。

六、后屿

后屿（Hòu Yǔ）代码为350521001921。

地理坐标为北纬 25°3.5′、东经 119°0.7′。面积 0.035 平方千米，岸线长 710 米，高程 2 米。原为基岩岛。属泉州市惠安县管辖，无居民海岛。2000 年左右因围填海与大陆相连而消失。

七、大屿

大屿（Dà Yǔ）代码为 350521002021。

地理坐标为北纬 25°2.7′、东经 118°56.3′。面积 0.102 平方千米，岸线长 1.8 千米，高程 4 米。原为基岩岛，属泉州市惠安县管辖，无居民海岛。目前因走马埭围垦施工与大陆相连而消失。

八、虎顶礁

虎顶礁（Hǔdǐng Jiāo）代码为 350521002921。

地理坐标为北纬 24°58.2′、东经 119°2.1′。面积 6500 平方米，岸线长 390 米。原为基岩岛，属泉州市惠安县管辖，原为无居民海岛。因海岛认定有误，不是独立海岛地理单元。

九、无名岛 HAF16

无名岛 HAF16 代码为 350521004921。

地理坐标为北纬 24°52.5′、东经 118°57.2′。面积 2437 平方米，岸线长 252 米。原为基岩岛，属泉州市惠安县管辖，无居民海岛。2009 年因崇武渔港建设与大陆相连而消失。

十、无名岛 HAF17

无名岛 HAF17 代码为 350521005021。

地理坐标为北纬 24°52.7′、东经 118°57.4′。面积 812 平方米，岸线长 114 米。原为基岩岛，属泉州市惠安县管辖，无居民海岛。2009 年因崇武渔港建设与大陆相连而消失。

十一、三屿

三屿（Sān Yǔ）代码为 350521005321。

地理坐标为北纬 24°52.5′、东经 118°57.3′。面积 5999 平方米，岸线长 320 米，高程 17 米。原为基岩岛，属泉州市惠安县管辖，无居民海岛。2009 年因崇武渔港建设与大陆相连而消失。

十二、无名岛 HAF20

无名岛 HAF20 代码为 350521005521。

地理坐标为北纬 24°53.0′、东经 118°53.8′。面积 650 平方米，岸线长 95 米，高程 2 米。原为基岩岛，属泉州市惠安县管辖，无居民海岛。大陆海岸线管理位置变更导致原海岛属性变更。

十三、马头岛

马头岛（Mǎtóu Dǎo）代码为 350521006821。

地理坐标为北纬 24°49.6′、东经 118°46.5′。面积 0.108 平方千米，岸线长 1.7 千米，高程 39 米。原为基岩岛，属泉州市惠安县管辖，无居民海岛。因填海与大坠岛相连而消失。

第二篇
崇武—围头海区

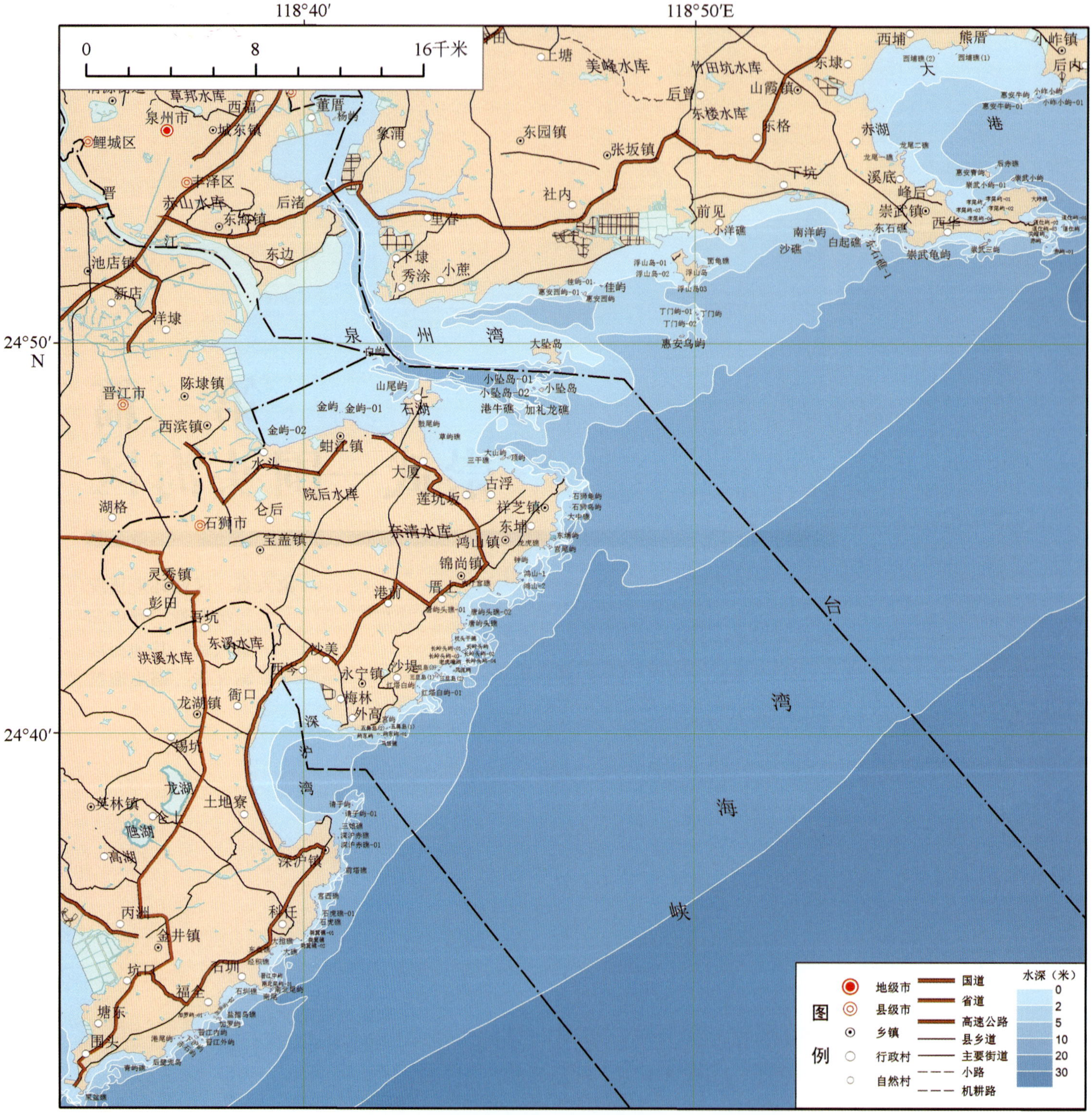

崇武—围头海区海岛分布图

第六章 区域环境概况

本海区位于崇武半岛至围头角之间近岸海域，含泉州湾。本篇入志海岛117个，含1个驻村委会的有居民海岛（浮山）、103个无居民海岛和13个消失海岛。

海岛行政隶属分别由惠安县、丰泽区、石狮市、晋江市管辖。其中，惠安县管辖范围有1个驻村委会的有居民海岛，21个无居民海岛；丰泽区管辖范围有1个无居民海岛，5个消失海岛；石狮市管辖范围有47个无居民海岛，8个消失海岛；晋江市管辖范围有34个无居民海岛。

第一节 地质地貌

本区属于闽粤沿海花岗岩丘陵的一部分。低山、丘陵、台地、滨海和河口平原等地貌类型复杂多样，地势由陆向海呈梯级递减，海岸曲折，岬湾相间，岛屿众多。北区北北东向及其配套的北北西向断裂构造控制了区内的山川、水系和海岸的分布。燕山期的断裂构造及大规模火山喷发和侵入，奠定了区域地质构造的格局和地貌发育的基础，山川适应构造开始重新配置，地形准平原化。喜山运动继承性的大规模断块抬升和区域变质作用，山原抬升、地面侵蚀和剥蚀作用加剧，古老的准平原遭到破坏，花岗岩体显露，第四季早期沉积物不发育，第四纪中后期，新构造运动表现为振荡式间歇性上升。

一、地质

（一）地层与岩性

1. 上侏罗统

本区仅出现南园组第二段和南园组第三段。主要分布在泉州坛顶南侧、晋江寮内—常春等地，出露范围不大。

南园组第二段，底部为浅灰、灰色流纹质晶屑凝灰熔岩、流纹斑岩夹流纹质晶屑凝灰岩、粉砂岩，偶夹层火山集块岩。顶部为灰色流纹岩、流纹斑岩夹流纹质晶屑凝灰岩，偶夹流纹英安质晶屑凝灰熔岩。厚646.9～1647米。喷发不整合于长林组或文宾山组之上。

南园组第三段，为灰、深灰色流纹英安质晶屑凝灰熔岩、英安质晶屑凝灰熔岩夹英安岩、流纹质晶屑凝灰岩、晶屑凝灰熔岩、英安玢岩；顶部偶见英安质火山角砾岩。厚542.2～1218.7米，喷发不整合于第二段之上。

2. 第四系

（1）更新统

更新统残坡积层，岩性为网纹状红土，棕红、棕黄色含角砾黏质砂土、砂质黏土，局部为黏土。厚1～5米。

其他成因类型更新统地层，以洪冲积层和海积层为主。下部为灰色砂质黏土及细砂等，含海生贝壳。中部以洪冲积层最厚，岩性为棕红、砖红色网纹状含砾黏土、砂质黏土及泥质砂砾石。上部为黄色砂砾石，红褐色黏土，砂质黏土及灰、灰黑色黏土、淤泥、砂质黏土，局部见泥炭透镜体与花斑状砂质黏土、黏质砂土、含砾黏质砂土、砂砾卵石夹黏土透镜体。厚 4. 90 ~ 103. 97 米。

（2）全新统

下部以冲积层最厚，岩性为灰白、灰黄色砂质黏土、黏土，底部为砂、沙砾石。中部以海积层最厚，岩性浅灰色粉细砂、中砂、粗砂及灰色淤泥。上部仍以海积层最厚，岩性为灰、暗灰色淤泥、砂质淤泥、砂或贝壳层、含孢粉及有孔虫化石。厚 15. 4 ~ 62. 1 米。

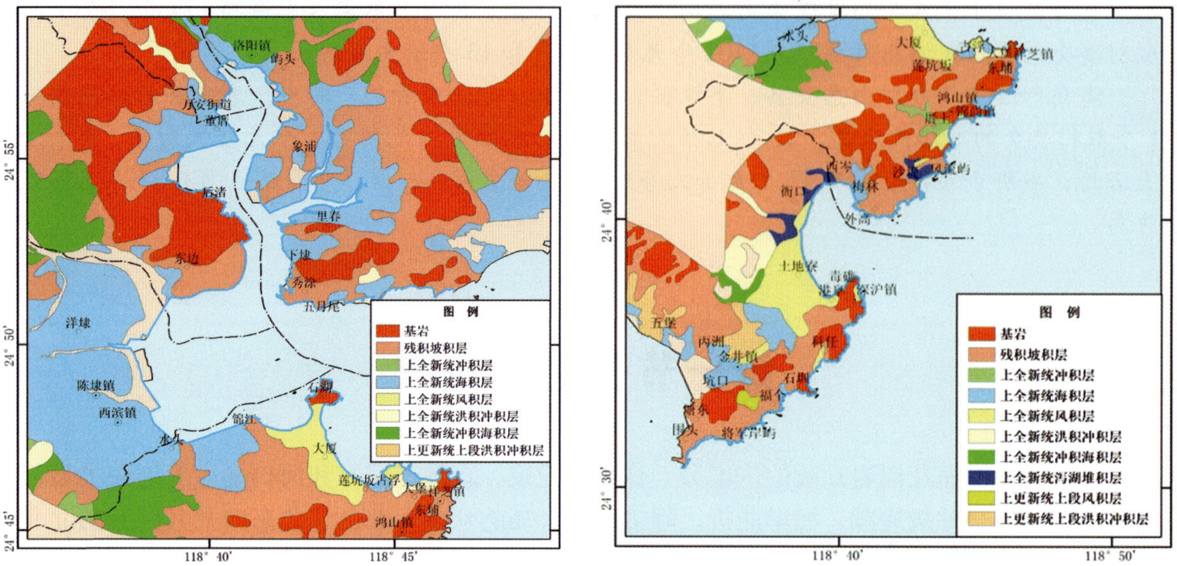

图 2-6-1　泉州湾（左）、泉州湾南—围头角（右）第四纪地层分布

（二）侵入岩

区内经历了强烈的燕山运动，燕山期共有八次岩浆侵入活动，以早期第一次、第三次规模较大，岩体多呈岩基或大岩株状产出，其余多呈小岩株及岩瘤状。岩石类型主要为中酸至酸性花岗岩类，次为中性及少量的基性岩类。泉州湾—围头角沿岸地区主要出露燕山早期第三阶段的第一次以及燕山晚期第一阶段第一次、第二次和第三次侵入岩。

燕山早期第三阶段，第一次侵入岩为灰白、浅肉红色黑云母二长花岗岩，广泛分布在泉州湾洛阳江两侧的清源山、尾厝、内坑，惠安县的南坑、象坑湖，晋江寮内等地；第三次侵入岩为灰白、浅肉红色黑云母花岗岩，出露较少，主要分布在晋江磁灶。燕山早期第三阶段侵入岩体常发生混合岩化，常呈孤立岩体出现在惠安的东园、下埭，石狮的祥芝、永宁，晋江金井等地。

燕山晚期第一阶段，第一次侵入岩有深灰色辉长岩、灰白色中细粒石英闪长岩和灰白色中细粒花岗闪长岩，出露不多；第二次侵入岩有灰白、浅肉红色中细粒黑云母二长花岗岩和浅肉红、肉红色含黑云母花岗岩，大范围出露，主要分布在惠安张坂北部的大坪山—后曾、晋江北岸的新厝、杏田、大垄、宵厝等地；第三次侵入岩为浅肉红、肉红色细粒花岗岩，较大范围的侵入在晋江北岸第二次侵入岩体中。

（三）变质岩

上三叠统—侏罗系动力变质岩，沿北东 40° ~50°方向呈带状展布，由北向南及由西向东其变质程度均有由浅变深的趋势。变质浅的，可见片理化、千枚理化及角岩等；变质深的，为一套含硅线石二云母石英片岩，变粒岩及条痕状混合岩、片麻状混合岩、眼球状混合岩、均质混合岩。多见于大港湾南北两侧基岩岬角、泉州市区以南洛阳江—晋江、深沪湾南岸、金井镇等地。

（四）断裂构造

1. 北东向构造

惠安—港尾一带，以走向北东40°~60°的压性、压扭性断裂构造为主，是本区的主要构造。随断裂的形成，沿海一带除见北东向的以花岗斑岩为主的脉岩侵入之外，北东向的动力变质带亦发育，另外，尚出露有零星分布的基性岩体，海岸线也沿北东向延伸。

2. 北北东向构造

在海岸带靠陆一侧，见稀疏、断续，走向北东15°~25°，倾向北西或南东，倾角50°~80°，主要为压性、压扭性断裂及少量脉岩组成北北东向构造。

3. 北西向构造

断续出露的北西向压性、张性、张扭性断裂及脉岩组成本构造带。北西向断裂主要出露在惠安崇武、晋江一带。晋江一带尚见北西向的脉岩。另外尚见部分性质不明的北西向断裂及北西向张性或张扭性断裂，它们组成北西向构造。

二、地貌

本区陆地地貌以流水作用为主，侵蚀力强、洪流冲刷，片状侵蚀和风力剥蚀严重，大量泥沙被江、河搬运入海。岸滩地貌以波浪和潮流作用为主，海蚀和海积地貌发育。

（一）陆地地貌

①侵蚀剥蚀低山（500~1000米），山坡坡度在30°以上，主要由花岗岩组成，其次为火山岩。前者山顶浑圆，后者山峰尖突，山脊不连续，多块状成峰。主要有清源山（495米）和紫帽山（518米）等。

②侵蚀剥蚀高丘陵（200~500米），多呈凸形坡，坡度为30°左右，主要由花岗岩组成，分布于低山的外围，成片分布，有的成孤岛状散布于台地和岛屿之上。

③侵蚀剥蚀低丘陵（200米以下），主要由花岗岩组成，山顶浑圆，坡度约25°。山坡岩石裸露，石蛋发育，多呈石质低丘或残丘，零星分布，山石上海蚀痕迹清晰可辨。

④侵蚀剥蚀台地（20~50米），由花岗岩风化残积红土组成，台面平坦，边坡平缓，坳谷和冲沟发育，其上裸露的岩体海蚀痕迹保存完整。

⑤洪积、洪冲积扇，见于山地沟谷和山前谷口地带，呈裙边状和扇状展布，半径在百米至数百米或千米，坡度5°~10°，分布在清源山等山前地带。

⑥洪冲积台地，发育于河溪边缘和溪间岗地上，为河流堆积阶地，有三级，分别高出河床2米、6~10米和10~20米，分布不广。

⑦冲积平原，面积较大的有晋江河流下游平原，物质以粉砂质黏土为主。

⑧海积平原（2~5米），分布在海湾顶部和河口附近，由海相黏土等组成，以晋江等河口海积平原为最大。

⑨潟湖平原，见于晋江祥芝—永宁半岛的东南岸等，面积不大，原是小型海湾，后因湾口沙坝和风沙堆积，使海湾与外海分离，接受陆源物质的充填，形成平坦低平的潟湖平原。

⑩风成沙地，剑屿砂质岸段，以晋江深沪湾一带最为发育，此外，崇武也有分布。常以沙丘、沙垄和沙坡地出现，现已种植木麻黄防风林予以固沙。

（二）海岸地貌

1. 基岩海岸与岩滩

主要分布在围头—祥芝、崇武半岛及沿海岛屿。常是山坡直接入海构成基岩海岸，直接遭受波浪的强烈冲蚀，海岸垂直和水平切割十分剧烈，岸线曲折破碎，海蚀崖、海蚀洞、海蚀沟槽、海蚀柱等海蚀地貌发育，形态多样。岸前为断续岩滩，主要由节理发育的花岗岩组成，滩面起伏，往往成片分布，宽数十米至百米不等。

2. 砂质海岸与海滩

主要分布在深沪湾、泉州湾口、崇武半岛两侧、秀涂等。岸线较为平直，常呈新月形展布，大部分岸段为沿岸沙堤、冲海积平原所占据。海积地貌发育，常有沙嘴、滩脊等堆积地貌。岸前砂质海滩，一般宽度为200～500米，平均坡度3°～5°，横剖面波折明显，上部高潮陡坡带滩面较窄，宽为30～50米，坡度为7°～10°，常见有滩角和滩肩发育，组成物质为粗中砂，下部中、低潮带，坡度为1°～3°，组成物质为中细砂和细砂，常见滩脊，波痕发育。

3. 淤泥质海岸与潮滩

主要分布在泉州湾。由于港湾深入陆地，湾口常有岛屿屏障，地形隐蔽，以潮流作用为主，湾内基岩海岸侵蚀微弱，沿海有狭窄的滨海平原发育，多数已筑人工堤岸，岸线较为平缓。岸前潮滩宽阔，一般坡度约1‰，组成物质主要为粉砂质黏土，也有黏土质粉砂和砂，滩面微地貌单一，高潮带常生长有红树林和米草、芦苇等植物，中、低潮带多潮沟，呈树枝状和蛇曲状分布，目前大部分已辟为养殖区。

4. 河口平原与河口潮滩

主要分布在晋江、洛阳江等河口平原。岸线低平，滨海和河口平原发育，高程3～5米。由粉砂质黏土组成，地势低洼，沿岸常有人工堤岸。堤外港道边滩、河口沙坝发育，组成潮滩。常在河口建闸，径流作用减弱，回淤严重。

（三）海底地貌

主要为水下浅滩（水下岸坡），系潮滩以下至水深20米左右的海底，地形平缓，平均坡度1‰～15‰，宽度不一，主要由黏土质粉砂组成。

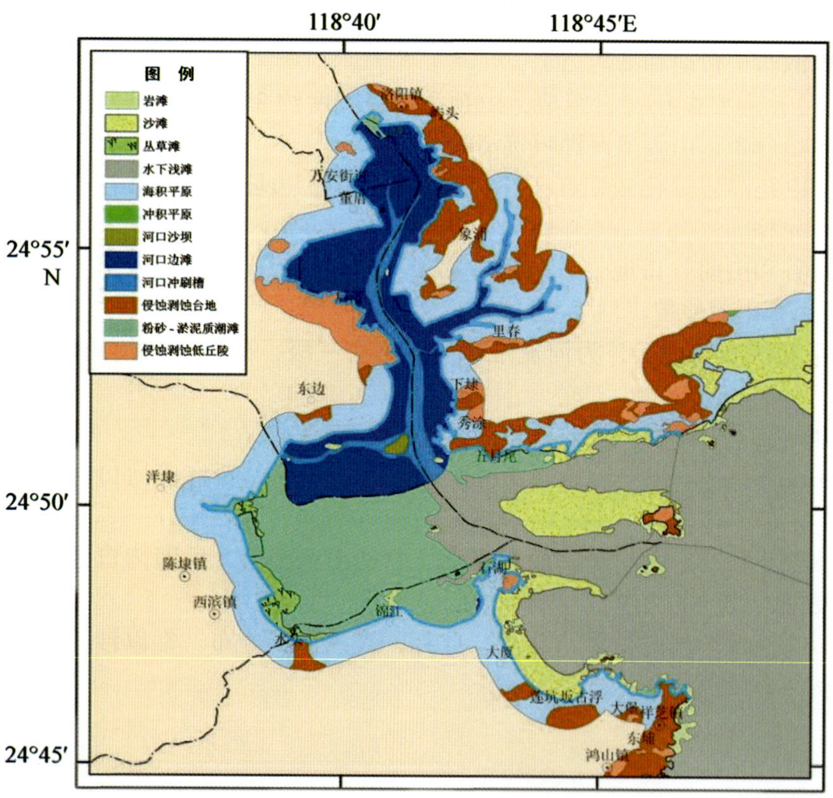

图2-6-2　泉州湾海岸与海底地貌类型图

湾内水下浅滩，地形较平缓，坡度小于1‰，前缘较陡，为潮汐通道切割成片状。潮汐通道是湾内水下浅滩的主要形态，是沟通海湾与外海的水道。有的水道宽浅、潮流缓慢、泥沙淤积明显，如泉州石湖水道，底部宽浅、泥沙淤积、沙坡发育。

水下浅滩在海湾湾口部分，常发育拦门沙坝，泉州湾口发育于大坠岛外，呈斜扇形向东南展开，隶属小型潮流三角洲，是落潮流作用而成，水深3～4米，最浅处约1米，由中砂和细砂组成。

（四）海岸及变化特征

1. 泉州湾

泉州湾位于福建省东南部

沿海，湾口向东敞开，海岸曲折，海岸长度为119.54千米。以人工海岸为主，长度为104.17千米，占87.14%，主要分布在秀涂至石湖一带海岸。砂质海岸，长度为8.15千米，占6.82%，砂质海岸分布在石湖至大厦以及五月尾。基岩海岸长度为5.15千米，占4.30%，主要分布在湾口祥芝镇附近和下垵附近海岸。河口海岸长度为1.91千米，占1.60%，主要有晋江和洛阳江的河口海岸。粉砂淤泥质海岸，长度为0.16千米，仅占0.14%，见于古浮附近。

泉州湾周边有泉州市、石狮市、晋江市和惠安县。开发利用状况有港口建设、围海造地、围垦养殖。主要港口有后渚港、石湖港和祥芝港。围海造地有车垵围海造地；陈埭镇围垦养殖区；在古浮澳砂质海岸建有旅游区。河口海岸的洛阳桥，是我国现存年代最早的跨海梁式大石桥，是世界桥梁筏形基础的开端，为全国重点文物保护单位。在洛江河口建有湿地自然保护区。开发利用现状以港口和围垦养殖为主。

表2-6-1 泉州湾海岸类型、长度与分布特征

海岸类型	长度（千米）	比例（%）	主要分布位置	开发利用状况
基岩海岸	5.15	4.30	祥芝镇	
砂质海岸	8.15	6.82	石湖至大厦，五月尾	古浮澳旅游区
粉砂淤泥质海岸	0.16	0.14	古浮	
人工海岸	104.17	87.14	秀涂至石湖	港口建设、围海造田、围垦养殖
河口海岸	1.91	1.60	晋江、洛阳江	景点

2. 泉州湾南—围头角

泉州湾—厦门湾开敞型海岸总长77.66千米。其中基岩海岸最长，长度为30.40千米，占39.14%，主要分布在深沪镇至科任一带海岸、石圳及岬角。其次是砂质海岸，长度为24.25千米，占31.23%，分布在土地寮、围头。人工海岸长度为22.86千米，占29.43%，分布在衙口至外高、港阜、鸿山镇附近海岸。含有极少的河口海岸，长度为0.16千米，占0.20%。开发利用围垦养殖、围海造地和旅游开发。围垦养殖主要在杆柄村—西岑村一带海岸带。在东店村有大规模的围海造地。港口有梅林港和深沪港。开发旅游现状以旅游区为主，有石狮黄金海岸滨海旅游区、深沪湾滨海旅游区和深沪湾海底古森林遗迹保护区。

表2-6-2 泉州湾—厦门湾海岸类型、长度与分布特征

海岸类型	长度（千米）	比例（%）	主要分布位置	开发利用状况
基岩海岸	30.40	39.14	深沪镇至科任	
砂质海岸	24.25	31.23	土地寮，围头	旅游
人工海岸	22.86	29.43	衙口至外高、港阜、鸿山镇附近	围垦养殖、围海造地
河口海岸	0.16	0.20		

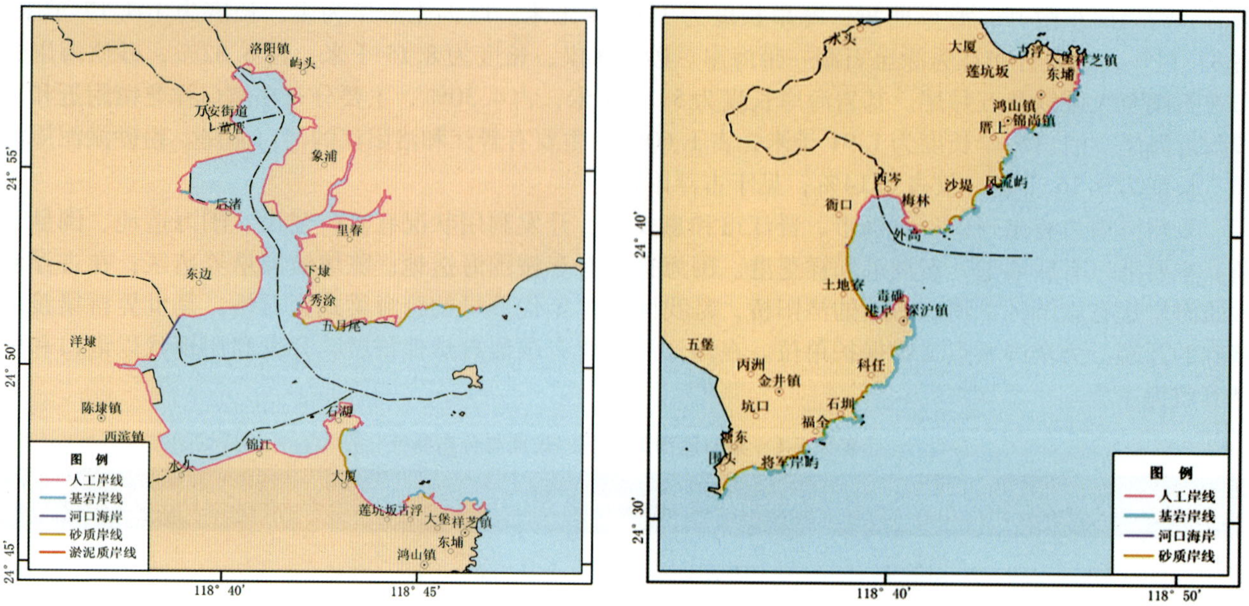

图 2-6-3　泉州湾（左）、泉州湾南—围头角（右）岸线类型

第二节　气候与气象

一、气候概况

泉州湾地处东亚季风区，气候受太阳辐射、季风环流和台湾海峡的影响，又受海洋的调节，属南亚热带海洋性季风气候。根据晋江站的气象资料（福建省气候中心提供）统计，该湾年平均温度21.4℃，年平均日照时数2052.7小时，日照百分率47%，气温较高，气候暖热；年平均降水量1421.5毫米，年平均风速2.8米/秒，降水较丰，风速较小；6—8月盛行偏南风，9月至翌年2月盛行偏北风，3—5月盛行偏东风。春季（3—6月）天气多变，忽冷忽热，多阴雨天气；夏季（7—9月）光照强，温度高，少酷暑，多台风影响；秋季（10—11月）干燥少雨，秋高气爽，晴天多；冬季（12月至翌年2月）温度低，相对干冷，无严寒。

二、气象要素

（一）气温

泉州湾晋江气温较高，年平均气温21.4℃。春季平均气温15.9℃～26.6℃，夏季27.1℃～28.9℃，秋季19.8℃～23.9℃，冬季13.1℃～15.4℃。年平均最高气温24.9℃，年平均最低气温18.3℃。全年2—7月为升温期，7月最高，月平均气温28.9℃，8月至翌年1月为降温期，1月最低，月平均气温为13.1℃，气温年较差15.8℃。极端最高气温37.7℃，出现在1979年8月15日，极端最低气温0.4℃，出现在1991年12月29日。全年日平均气温稳定大于或等于10℃的积温7438.6℃，热量资源丰富。日最低气温小于或等于0.0℃的年平均日数为零，日最高气温大于或等于35.0℃年平均日数为4.7天，因此，该湾可谓冬无严寒，夏少酷暑。

（二）降水

该湾年平均降水量1421.5毫米，降水较丰。最多年降水量1832.4毫米，出现在1990年，最少年降水量901.4毫米，出现在1991年。年平均降水日数为119.6天，最多年降水日数为130天，最少年降水日数78天。

降水量的季节变化，受季风更替、热带气旋活动和地形的影响，一般从12月开始增多，6月出现峰值（239.0毫米），7月下降，8月再度增多，出现第二个峰值（296.2毫米），9月起逐月减少，11月达到最少（32.4毫米），降水量呈双峰型分布。降水在一年中的分配很不均匀，干湿季分明，春季降水最多，占全年总降水量的44%，夏季居次，占年降水总量的41%，秋冬季最少，两季合计降水量仅占年总降水量的15%。日最大降水量338.8毫米，出现在2003年8月5日。

（三）风

该湾晋江风速小，年平均风速2.8米/秒。风速季节变化不明显，相对而言，冬半年（10月至翌年2月）风速较大（2.7~3.2米/秒），夏半年（3—9月）风速较小（2.5~3.0米/秒）。风力大于等于8级的年平均大风日数为7.4天，年最多大风日数29天（1991年）。最大风速23米/秒，风向北—北东，出现在2004年8月26日。6—8月盛行偏南风（南—南西），频率为20%~34%；9月至翌年2月盛行偏北风（北东），频率为13%~25%，3—5月则转为偏东风（东—北东）为主，频率为13%~23%。

（四）湿度

该湾晋江年平均相对湿度为75%。一年中4—8月空气湿度较大，各月平均相对湿度为79%~84%，其中6月最大为84%；秋季至冬初（10—12月）空气干燥，各月平均相对湿度不超过70%。日最小相对湿度12%，出现在2005年12月22日。

（五）日照、蒸发与雾

1. 日照

该湾晋江日照时间较长，年平均日照时数2052.7小时，日照百分率47%。年最多日照时数为2326.1小时，出现在2004年，年最少日照时数为1773.2小时，出现在2005年。日照在一年中的变化，一般与阴雨多寡和昼夜长短有关，夏季至秋初（7—10月）日照较多，各月平均日照时数195.6~263.9小时，日照百分率达53%~63%，其中7月最多为263.9小时。隆冬至初春（1—4月）日照少，各月平均日照时数大多不超过135.0小时，其中2月最少为111.6小时，日照百分率35%。

2. 蒸发

该湾晋江年平均蒸发量达2027.0毫米，为年平均降水量的1.43倍，蒸发量大于降水量的特点突出。年最多蒸发量2427.0毫米，年最小蒸发量为1657.2毫米。蒸发最旺盛的时期，出现在日照时间最长的夏季至初秋（7—10月），月平均蒸发量达207.7~248.0毫米，冬季至初春（12月至翌年3月）蒸发弱，各月平均蒸发量不超过140.0毫米。

3. 雾

该湾晋江年平均雾日数12天，最多年雾日数26天，出现在1991年。雾日数春季最多，占全年总雾日数的64%，冬季居次占32%，夏秋季很少有雾。

第三节　海洋水文

一、潮汐

泉州湾—围头海岛区的潮波受台湾海峡潮波系统控制，为谐振潮。由于缺少潮汐观测资料，根据资料[①]分析，潮汐性质形态数 $F=(H_{K1}+H_{O1})/H_{M2}=0.2903$，属正规半日潮。本海区潮差较大，平均潮差4.02米，最大潮差5.98米；平均涨潮历时6时10分，平均落潮历时6时15分，涨潮历时稍短于落潮历时5分钟。

二、海流

根据资料分析,[②] 本海区海流情况如下。

（一）实测海流

定点站实测流速不大，一般都在100厘米/秒以内，实测最大流速、流向季节变化都较大，一般春、冬季观测到的最大流速比夏、秋季大。

表2-6-3　定点测站表底层实测最大流速、流向

测站	季节	表层		底层	
		流速（厘米/秒）	流向（°）	流速（厘米/秒）	流向（°）
H513	春	93	331	55	130
	夏	68	315	53	315
	秋	75	347	65	338
	冬	67	122	60	324
H766	春	70	208	78	22
	夏	94	54	80	22
	秋	68	194	60	198
	冬	91	211	69	202

表2-6-4　ADCP发生最大流速和位置

层次	季节	东经（°）	北纬（°）	最大流速	
				流速（厘米/秒）	流向（°）
7米层	春	119.0134	24.8559	112	75
	夏	118.6997	24.6102	100	175
	秋	118.671	24.5637	94	217
	冬	118.9067	24.8408	180	162

（二）潮流

本海岛区潮流属非正规半日潮浅海潮流。海岛周围水深较浅，潮流运动方式主要直接受地形制约，但潮波的反射、交汇有时也起主导作用，从主要分潮流 M_2分潮流旋转率来看，泉州湾—围头海岛区的H531和H766都有较大值，潮流有明显的逆时针旋转现象。

① 国家海洋局第三海洋研究所：2007年04月13日至2007年05月30日的锚系潜标观测资料。

② 福建省海岸带和滩涂资源综合调查周日连续观测的定点海流资料，《南海海洋水文气象环境图集》表层流统计资料，908专项ST06区块走航ADCP、LADCP资料，福建908专项LADCP资料。

表 2-6-5 潮流性质形态数及特征值

测站	潮流形态数 F		W_{M4}/W_{M2}		M2 分潮旋转率		可能最大潮流		潮流类型
							表层	底层	
	表层	底层	表层	底层	表层	底层	（厘米/秒）	（厘米/秒）	
H531	0.192	0.183	0.132	0.134	0.41	0.81	101	87	非正规半日浅海潮流
H766	0.215	0.242	0.104	0.091	0.23	0.47	82	77	

（三）余流

海区余流流速不大，但不同季节，余流流速和流向却变化很大。

表 2-6-6 余流流速和流向

测站	季节	表层		底层	
		流速（厘米/秒）	流向（°）	流速（厘米/秒）	流向（°）
H513	春	3.1	11	4.9	15
	夏	13.4	351	13.3	324
	秋	1.5	81	11.8	12
	冬	6.4	28	7.8	325
H766	春	13.2	280	14.4	25
	夏	46.3	65	27.5	20
	秋	16.9	218	11.7	190
	冬	28.5	222	9.1	230

三、波浪

（一）浪向

泉州外海域浪向随季节变化明显。10 月至翌年 3 月份盛行东北季风，以北—东北向浪占绝对优势，这两个浪向占 90% 以上，东北向浪为主浪向；4—5 月，东北季风势力减弱，北—东北向浪仍占优势，西—西南向浪逐渐增加，6—8 月份，盛行西—西南向浪，西南向浪为主浪向，东北向浪几近消失；9 月份西—西南向浪大幅减弱，北—东北向浪开始占优势，东—东北浪向为主浪向。

（二）波高和波周期

泉州外海域的波高、周期和大浪频率有以下特点。

（1）6—8 月波高为 0.4 ~ 0.7 米；9 月和 4—5 月，波高为 0.4 ~ 0.9 米；10 月至翌年 3 月，东北季风占有绝对优势，平均波高值较大，其值为 0.8 ~ 1.4 米。

（2）6—8 月波周期为 3.5 ~ 4.2 秒；9 月和 4—5 月波周期为 3.3 ~ 4.3 秒；10 月至翌年 3 月波周期为 3.9 ~ 5.7 秒。

四、海水温度和盐度

泉州湾—围头湾海域水温盐度，根据湾内资料①和湾外海域资料②，按 0.25° × 0.25° 经纬度网格综

① 福建省 908 专项调查资料。

② 国家海洋局第三海洋研究所在 20 世纪 90 年代至 2009 年间在台湾海峡获得的水文资料。

合统计数据。

（一）水温

泉州湾—围头湾海域地处南亚热带季风区，太阳辐射较强，海水温度较高。湾内水温根据深沪湾2006年冬、春季航次和泉州湾夏季航次调查资料统计，冬季深沪湾表层平均水温为13.44℃，底层13.23℃，表层稍高于底层，但整体上差别不大，表现出较为均匀的平面分布特征。极端最高温度14.89℃，极端最低水温12.27℃。春季随着太阳辐射的增强，水温回升较快，表层平均水温明显高于冬季，表层为19.63℃，底层为19.18℃。极端最高、最低水温分别出现在表层和底层，其值为21.02℃和18.16℃。夏季水温较高，据泉州湾2006年夏季航次调查，表层平均水温为26.84℃、底层26.91℃，表层水温略低于底层，但整体相差很小，表现出均匀的分布特征。极端最高水温为27.94℃，极端最低水温为25.85℃，都出现在表层。湾外海域，冬、春季表层水温高于湾内水温1.0℃～3.0℃，而夏季表层水温却低于湾内约1.0℃，温度的季节变化与湾内温度的季节变化基本相同。

（二）盐度

湾内海域盐度，由深沪湾和泉州湾海湾容量调查结果，冬季深沪湾表层平均盐度31.25，底层为31.32，底层盐度稍高于表层，但整体上差别不大，显示出冬季航次因海水混合强烈，盐度呈现出较为均匀的分布特征。极端最高盐度31.72，出现在底层，极端最低盐度30.86出现在中层，但各层极值差异不大。春季深沪湾表层平均盐度32.94，底层33.30，底层高于表层，海湾南部的盐度高于北部，显示出海峡较高盐水对深沪湾海水盐度分布的影响。极端最高盐度出现中下层为33.48，极端最低盐度出现在表层为31.69。夏季泉州湾由于受入湾径流的影响，海水盐度较低，表层平均盐度为24.54，底层为30.12，盐度底层高于表层，湾口高于湾顶，表现出泉州湾内海域夏季盐度的分布受到盐度较高的海峡水的影响。极端最高盐度32.52，出现在底层，极端最低盐度11.85，出现在表层。湾外海域盐度分布，春季湾内、外表层平均盐度相近（32.94、32.84），但冬、夏季表层平均盐度，湾外海域比湾内的高，尤其是夏季高出8.73。

第四节　海洋化学

一、海水化学

（一）常规要素

1. pH值

表层pH值平均值的季节变化为8.09～8.17，变幅为0.08；底层为8.09～8.18，变幅为0.09。表层、底层高峰值均出现在秋季、春季。春季、秋季表层、底层的变化不大，但夏季pH值明显低于其他季节。

表层pH值平面变幅为0.03～0.44，夏季变幅最大，秋季次之，春季、冬季变幅最小。春季、夏季表层pH值平面分布大致相同，均在中部海区出现一高值区，并由中部向南、向北呈递减分布；秋季、冬季平面分布大致相同，均由西北向东南呈递增分布。

2. 悬浮物（SPM）

表层SPM平均值的季节变化为7.7～25.8毫克/升，变幅为18.1毫克/升；底层为10.1～25.1毫克/升，变幅为15.0毫克/升。表层、底层高峰值均出现在冬季，低谷值均出现在春季。春季、冬季SPM含量表层、底层的变化不大，夏季、秋季则变化相对显著，表层含量高于底层。

表层SPM平面变幅为8.7～124.2毫克/升，夏季变幅最大，秋季、冬季次之，春季变幅最小。春季、秋季、冬季表层SPM含量由南向北呈递增分布，夏季则由西向东呈递减分布。

3. 溶解氧（DO）

表层DO平均值的季节变化为6.53～8.14毫克/升，变幅为1.61毫克/升；底层为5.91～25.1毫克/升，变幅为8.07毫克/升。表层、底层高峰值均出现在冬季，低谷值均出现在夏季。春季、秋季、冬季该海区TOC含量表层、底层的变化不大，夏季则变化相对显著，表层含量高于底层。各个季节各层DO含量均符合国家一类海水水质标准。

表层DO平面变幅为0.18～2.35毫克/升，夏季变幅最大，冬季次之，为0.86毫克/升，秋季变幅最小。春季表层DO含量由西向东呈递减分布；夏季在中部海区出现一高值区，并由中部向南、向北呈递减分布；秋季、冬季则由西向东呈递增分布。

（二）有机污染物

1. 生物需氧量（BOD）

夏季表层BOD测值范围为0.44～1.44毫克/升，平均值为0.84毫克/升；底层BOD测值范围为0.37～1.04毫克/升，平均值为0.69毫克/升。各层BOD含量均符合国家一类海水水质标准。

2. 化学需氧量（COD）

夏季表层COD测值范围为0.15～2.51毫克/升，平均值为1.10毫克/升；底层COD测值范围为0.15～1.52毫克/升，平均值为0.47毫克/升。各层COD含量均符合国家一类海水水质标准。

3. 总有机碳（TOC）

表层TOC平均值的季节变化为1.17～1.56毫克/升，变幅为0.39毫克/升；底层为0.92～1.68毫克/升，变幅为0.76毫克/升。表层、底层高峰值均出现在春季，低谷值均出现在夏季。春季、秋季、冬季该海区TOC含量表层、底层的变化不大。

表层TOC平面变幅为0.15～1.05毫克/升，秋季变幅最大，春季次之，为0.42毫克/升，夏季变幅最小。春季、秋季表层TOC含量由南向北呈递增分布；夏季、冬季则由东向西呈递增分布。

4. 石油

表层石油平均值的季节变化为15.2～38.9微克/升，变幅为23.7微克/升。表层高峰值出现在冬季，秋季次之，夏季最低。

各个季节表层石油含量均低于国家一类、二类海水水质标准。

（三）营养盐

1. 溶解态总氮（DTN）

表层DTN平均值的季节变化为0.380～0.692毫克/升，变幅为0.312毫克/升；底层为0.165～0.515毫克/升，变幅为0.350毫克/升。表层、底层高峰值均出现在秋季，低谷值均出现在夏季。四个季节DTN表层含量均高于底层。

表层DTN平面变幅为0.354～0.670毫克/升，夏季变幅最大，春季、冬季次之，秋季变幅最小。春季、夏季、秋季、冬季表层DTN含量的平面分布相同，均由南向北呈递增分布。

2. 总氮（TN）

表层TN平均值的季节变化为0.477～1.29毫克/升，变幅为0.813毫克/升；底层为0.311～0.575毫克/升，变幅为0.264毫克/升。表层、底层高峰值均出现在夏季，低谷值均出现在春季。表层TN含量均高于底层，夏季表层TN几乎为底层的两倍。

表层TN平面变幅为0.360～3.26毫克/升，夏季变幅最大，春季、冬季次之，秋季变幅最小。春季、秋季、冬季表层TN含量的平面分布相同，均由南向北呈递增分布；夏季则由东向西呈递增分布。

3. 硝酸盐

表层硝酸盐平均值的季节变化为 0.162 ~ 0.782 毫克/升，变幅为 0.620 毫克/升；底层为 0.125 ~ 0.305 毫克/升，变幅为 0.180 毫克/升。表层、底层高峰值均出现在夏季，低谷值均出现在春季。底层含量的季节变化不大，夏季略高些。除冬季外，其他三个季节表层硝酸盐含量均高于底层。

表层硝酸盐平面变幅为 0.201 ~ 3.16 毫克/升，夏季变幅最大，秋季、冬季次之，春季变幅最小。春季表层硝酸盐含量由东南向西北呈递增分布；夏季则由东向西呈递增分布；秋季则由南向北呈递增分布；冬季则由西南向东北呈递增分布。总体而言，晋江、泉州市近岸海域的硝酸盐含量高。

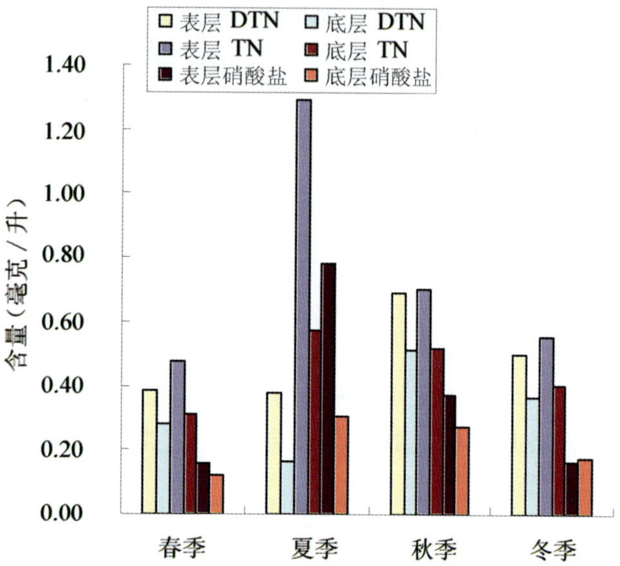

图 2-6-4　DTN、TN 和硝酸盐平均值的季节变化

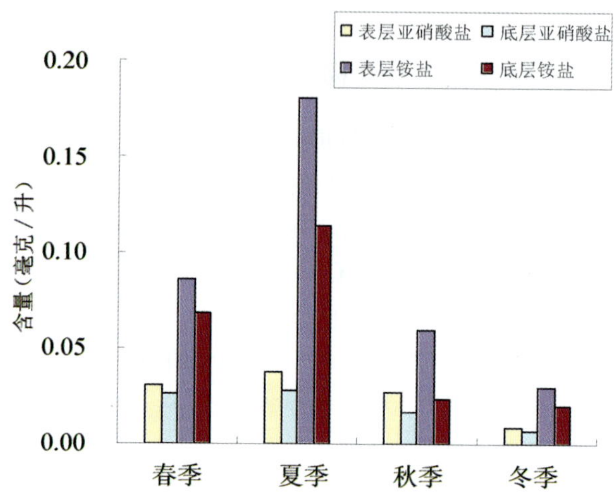

图 2-6-5　亚硝酸盐和铵盐平均值的季节变化

4. 亚硝酸盐

表层亚硝酸盐平均值的季节变化为 0.009 ~ 0.038 毫克/升，变幅为 0.029 毫克/升；底层为 0.007 ~ 0.028 毫克/升，变幅为 0.021 毫克/升。表层、底层高峰值均出现在夏季，低谷值均出现在冬季。该海区亚硝酸盐含量在春季、夏季、秋季的变化不大，冬季略低些。表层、底层亚硝酸盐含量变化不大。

表层亚硝酸盐平面变幅为 0.010 ~ 0.103 毫克/升，夏季变幅最大，秋季次之，春季、冬季变幅最小。春季表层亚硝酸盐含量由中部海域向南、向北呈递增分布，向东、向西呈递减分布，由南向北呈递减分布；秋季由南向北呈递增分布；夏季、冬季由东南向西北呈递增分布。

5. 铵盐

表层铵盐平均值的季节变化为 0.030 ~ 0.181 毫克/升，变幅为 0.151 毫克/升；底层为 0.020 ~ 0.114 毫克/升，变幅为 0.094 毫克/升。表层、底层高峰值均出现在夏季，低谷值均出现在冬季。四个季节表层铵盐含量均高于底层。

表层铵盐平面变幅为 0.049 ~ 0.539 毫克/升，夏季变幅最大，春季次之，为 0.183 毫克/升，冬季变幅最小。春季、夏季、秋季、冬季表层铵盐含量的平面分布相同，均由东南向西北呈递增分布。

6. 溶解态总磷（DTP）

表层 DTP 平均值的季节变化为 0.010 ~ 0.041 毫克/升，变幅为 0.031 毫克/升；底层为 0.010 ~ 0.033 毫克/升，变幅为 0.023 毫克/升。表层、底层高峰值均出现在冬季，低谷值均出现在夏季。除夏季外，其余季节表层 DTP 含量均略高于底层。

表层 DTP 平面变幅为 0.010 ~ 0.022 毫克/升，春季变幅最大，秋季、冬季次之，夏季变幅最小。春季、秋季、冬季表层 DTP 含量由南向北呈递增分布；夏季则由东向西呈递增分布。

7. 总磷（TP）

表层 TP 平均值的季节变化为 0.032 ~ 0.064 毫克/升，变幅为 0.032 毫克/升；底层为 0.024 ~

0.047 毫克/升，变幅为 0.023 毫克/升。表层、底层高峰值均出现在冬季，低谷值均出现在春季。TP 表层含量均高于底层，底层 TP 含量的季节变化较表层小。

表层 TP 平面变幅为 0.021 ~0.096 毫克/升，夏季变幅最大，冬季次之，春季、秋季变幅最小。春季、秋季表层 TP 含量由南向北呈递增分布；夏季、冬季则由东向西呈递增分布。

8. 活性磷酸盐

表层活性磷酸盐平均值的季节变化为 0.017 ~ 0.035 毫克/升，变幅为 0.018 毫克/升；底层为 0.012 ~0.034 毫克/升，变幅为 0.022 毫克/升。表层、底层高峰值均出现在冬季，低谷值均出现在夏季。夏季、秋季活性磷酸盐表层含量略高于底层，春季、冬季表层、底层含量的变化不大。夏季各层活性磷酸盐含量基本符合国家一类海水水质标准；春季、秋季各层活性磷酸盐含量均符合国家二、三类海水水质标准；冬季各层活性磷酸盐含量均符合国家四类海水水质标准。

表层活性磷酸盐平面变幅为 0.012 ~0.036 毫克/升，夏季变幅最大，春季、秋季次之，冬季变幅最小。春季、夏季表层活性磷酸盐含量由东南向西北呈递增分布；秋季、冬季则由南向北呈递增分布。

9. 活性硅酸盐

表层活性硅酸盐平均值的季节变化为 0.790 ~ 1.15 毫克/升，变幅为 0.325 毫克/升；底层为 0.443 ~ 0.952 毫克/升，变幅为 0.509 毫克/升。表层、底层高峰值均出现在秋季，表层低谷值出现在春季，底层低谷值出现在夏季。四个季节表层活性硅酸盐含量均高于底层。

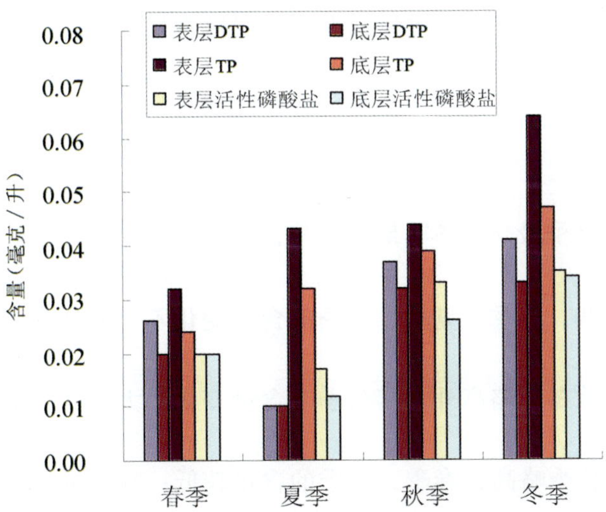

图 2-6-6 DTP、TP 和活性磷酸盐的季节变化

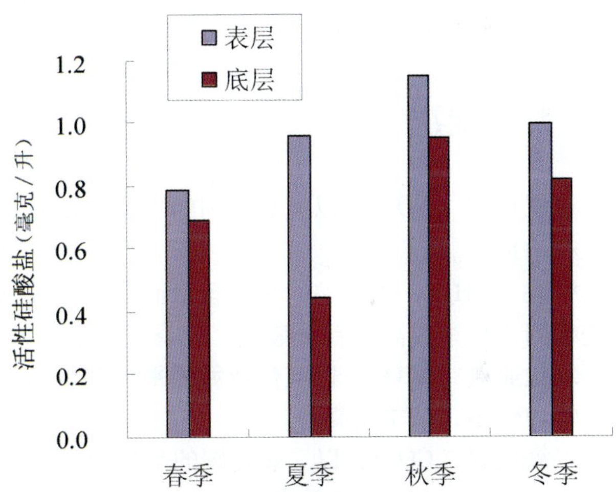

图 2-6-7 活性硅酸盐的季节变化

表层活性硅酸盐平面变幅为 0.540 ~2.03 毫克/升，夏季变幅最大，秋季次之，冬季变幅最小。春季、夏季、冬季表层活性硅酸盐含量平面分布相同，均由东南向西北呈递增分布；秋季则由南向北呈递增分布。

（四）重金属

表层铜平均值的季节变化为 0.729 ~ 1.09 微克/升，变幅为 0.361 微克/升。表层铅平均值的季节变化为 0.0331 ~0.148 微克/升，变幅为 0.115 微克/升。表层锌平均值的季节变化为 0.641 ~2.12 微克/升，变幅为1.48 微克/升。表层镉平均值的季节变化为0.0173 ~0.0415 微克/升，变幅为0.0242 微克/升。表层铬平均值的季节变化为 0.0581 ~0.170 微克/升，变幅为 0.112 微克/升。表层汞平均值的季节变化为 0.005 ~0.028 微克/升，变幅为 0.023 微克/升。表层砷平均值的季节变化为 2.0 ~2.4 微克/升，变幅为 0.4 微克/升。

各个季节各个重金属的表层含量均符合国家一类海水水质标准。表层铜、铅、锌、汞均是夏季含量最高；表层镉为秋季含量最高，夏季、冬季含量相当，春季含量最低；表层铬为冬季含量最高，夏季、春季相差不大，秋季含量最低；表层砷含量的季节变化不明显。

二、潮下带沉积物

（一）沉积环境特征污染物

春季表层有机碳测值范围为$0.04\times10^{-2}\sim1.18\times10^{-2}$，平均值为$0.64\times10^{-2}$。表层硫化物测值范围为$13.2\times10^{-6}\sim306\times10^{-6}$，平均值为$136\times10^{-6}$。表层石油测值范围为$1.0\times10^{-6}\sim19.0\times10^{-6}$，平均值为$8.6\times10^{-6}$。

上述各参数春季表层含量均低于国家一类海洋沉积物质量标准。

（二）重金属

春季表层铜测值范围为$5.54\times10^{-6}\sim40.5\times10^{-6}$，平均值为$21.2\times10^{-6}$；表层铅测值范围为$20.5\times10^{-6}\sim131\times10^{-6}$，平均值为$48.8\times10^{-6}$；表层锌测值范围为$63.4\times10^{-6}\sim355\times10^{-6}$，平均值为$204\times10^{-6}$；表层镉测值范围为$0.0043\times10^{-6}\sim0.314\times10^{-6}$，平均值为$0.0669\times10^{-6}$；表层汞测值范围为$0.017\times10^{-6}\sim0.121\times10^{-6}$，平均值为$0.056\times10^{-6}$；表层砷测值范围为$0.7\times10^{-6}\sim6.2\times10^{-6}$，平均值为$4.3\times10^{-6}$。

春季表层铜、铅、镉、汞、砷含量均低于国家一类海洋沉积物质量标准；表层锌含量则符合国家二类海洋沉积物质量标准。

三、大气状况

氮氧化物（NO_x）：以氮氧化物的平均含量而言，夏季最高，冬季最低；其含量的变幅则为冬季最高，秋季最低。

甲烷（CH_4）：以甲烷的平均含量而言，秋季略低些，春季、夏季、冬季的含量变化不大；其含量的变幅则为秋季最高，春季最低，夏季、秋季相差不大。

氧化亚氮（N_2O）：以氧化亚氮的平均含量而言，除冬季略高外，其余季节含量变化不大；其含量的变幅均较小，秋季略高些。

二氧化碳（CO_2）：以二氧化碳的平均含量而言，秋季略高，春季、夏季的含量较低；其含量的变幅则为秋季高，其余三个季节相差不大。

第五节　海洋生物与生态

根据所处地理位置以及调查资料来源不同，将其分为泉州湾海域①、深沪湾海域②和湾外海域③三部分分别评述。

一、叶绿素 a

泉州湾海域叶绿素 a 含量为 0.77 ~9.93 毫克/米^3，均值为 3.40 毫克/米^3，其中春季（2008 年 3

① 国家海洋局第三海洋研究所：基于海岸带综合管理的海洋生物多样性保护研究与示范研究总报告，2011 年。

② 福建省海洋开发管理领导小组办公室，厦门大学海洋与环境学院：福建省海湾数模与环境研究深沪湾生物生态专题研究报告，2006 年 9 月。

③ 国家海洋局第三海洋研究所：福建省 908 专项近海水体环境海洋生物生态调查。

月）叶绿素 a 含量较高，均值为 5.59 毫克/米^3，其次为秋季（2008 年 10 月），均值为 3.36 毫克/米^3，再次为夏季（2008 年 8 月），均值为 3.28 毫克/米^3，冬季（2009 年 3 月）最低，均值仅为 1.36 毫克/米^3，季节变化较为明显。从平面分布来看，春季和夏季叶绿素 a 含量分布特点较为一致，均呈现出海湾北部高南部低的特点，秋季呈现出海湾西部高东部低的特点，冬季则呈现出海湾四周高中部低的特点。

深沪湾海域叶绿素 a 含量为 0.22 ~ 1.33 毫克/米^3，均值为 0.69 毫克/米^3，总体含量较低，其中冬季（2006 年 1 月）叶绿素 a 含量较高，均值为 0.80 毫克/米^3，春季较低（2006 年 4 月），均值为 0.57 毫克/米^3，季节变化不大。从平面分布来看，春、冬两季叶绿素 a 含量分布均呈现出海湾南部高北部低的特点。从垂直分布来看，深沪湾海域表、底层叶绿素含量相差不大，这与深沪湾水深较浅，上下层混合较为均匀有关。

湾外海域叶绿素 a 含量为 0.50 ~ 8.09 毫克/米^3，均值为 1.75 毫克/米^3，其中夏季（2006 年 7 月）叶绿素 a 含量较高，均值为 3.99 毫克/米^3，其次为秋季（2007 年 10 月），均值为 1.26 毫克/米^3，春季（2007 年 4 月）和冬季（2006 年 12 月）叶绿素 a 含量相对较低，均值分别为 0.95 毫克/米^3 和 0.80 毫克/米^3，总的来说叶绿素 a 含量在季节变化呈现春夏高、秋冬低的特点。从垂直分布来看，湾外海域叶绿素 a 含量表现出表层高于底层的特点。

二、浮游植物

（一）种类组成与优势种

泉州湾海域 2008—2009 年四个航次网采共鉴定浮游植物 5 门 57 属 197 种（包括变形和变种等），其中绿藻 1 属 1 种、金藻 1 属 1 种、蓝藻 1 属 1 种、甲藻 8 属 14 种、硅藻 46 属 180 种，硅藻门类占总种数的 91.4%，处绝对优势。从季节变化来看，春季鉴定浮游植物 70 种，夏季 71 种，秋季 136 种，冬季 78 种。在主要优势种组成上，春季主要有中肋骨条藻、具槽直链藻、加氏星杆藻和菱形海线藻等；夏季主要有中肋骨条藻、具槽直链藻、奇异棍形藻和新月菱形藻等；秋季主要有中肋骨条藻、旋链角毛藻、奇异棍形藻、具槽直链藻和布氏双尾藻等；冬季主要有加氏星杆藻、具槽直链藻、中肋骨条藻和长菱形藻等。

深沪湾海域冬季航次网采调查共检出浮游植物 64 种，其中硅藻 55 种，甲藻 6 种，蓝藻 2 种，金藻 1 种，硅藻数量占绝对优势，其细胞数量占了浮游植物细胞总量的 85%。冬季主要优势种有中肋骨条藻、中华盒形藻、热带骨条藻、颤藻、卡氏角毛藻、具槽直链藻和虹彩圆筛藻，这 7 种占了浮游植物细胞总量的 60.3%。春季调查共检出浮游植物 75 种，其中硅藻 68 种，甲藻 6 种，蓝藻 1 种，硅藻的数量占了浮游植物细胞总量的 99.5% 。春季主要优势种有日本星杆藻、细弱海链藻、柔弱根管藻、中肋骨条藻、覆瓦根管藻和旋链角毛藻，这 6 种占了浮游植物细胞总量的 74.2% 。

湾外海域 2006—2007 年四个航次网采调查共鉴定浮游植物 77 种，其中硅藻 62 种、甲藻 12 种、金藻 1 种、蓝藻 1 种、其他种类 1 种。从季节变化来看，春季共鉴定 29 种，夏季 23 种，秋季 58 种，冬季 32 种。在主要优势种组成上，春季主要有细弱海链藻、中华齿状藻和星脐圆筛藻等；夏季主要有中肋骨条藻、旋链角毛藻和冰河拟星杆藻等；秋季主要有细弱海链藻、琼氏圆筛藻和中肋骨条藻等；冬季主要有星脐圆筛藻、中肋骨条藻和菱形海线藻等。

（二）生物量分布与季节变化

泉州湾海域 2008—2009 年四个航次调查浮游植物细胞数量均值为 8050 × 10^4 个/米^3，细胞数量季节差异较大，其中春季最高，均值为25 530 × 10^4 个/米^3，其次为秋季，均值为 3490 × 10^4 个/米^3，夏季和冬季相对较低，均值分别为 1660 × 10^4 个/米^3 和1520 × 10^4 个/米^3。从平面分布来看，泉州湾海域浮游植物细胞数量呈现出海湾南部高北部低的特点。

深沪湾海域春冬两次调查中浮游植物细胞数量为 $1800\times10^4\sim193\ 830\times10^4$ 个/米^3，均值为 5407×10^4 个/米^3，其中春季相对较高，均值为 6320×10^4 个/米^3，冬季相对较低，均值为 4494×10^4 个/米^3。从平面分布来看，泉州湾海域浮游植物细胞数量呈现出海湾顶部高口部低的特点。

湾外海域2006—2007年四个航次调查浮游植物细胞数量均值为 $25\ 105.13\times10^4$ 个/米^3，季节差异较大：夏季较高，均值为 $99\ 951\times10^4$ 个/米^3；其次为春季，均值为 433.41×10^4 个/米^3；再次为秋季，均值为 26.77×10^4 个/米^3；冬季较小，均值为 9.33×10^4 个/米^3。

（三）多样性指数

泉州湾海域浮游植物多样性指数（H'）、丰富度（d）和均匀度（J'）均值分别为1.98、1.09和0.48，均表现出秋冬高、春夏低的特点；深沪湾海域浮游植物多样性指数（H'）、丰富度（d）和均匀度（J'）均值分别为3.23、1.59和0.49，季节变化规律不明显；湾外海域浮游植物多样性指数（H'）、丰富度指数（d）、均匀度（J'）、优势度指数（D）年均值分别为2.15、4.75、0.57、0.73，基本表现出秋冬季高、春夏季低的特点。

三、浮游动物

（一）种类组成与优势种

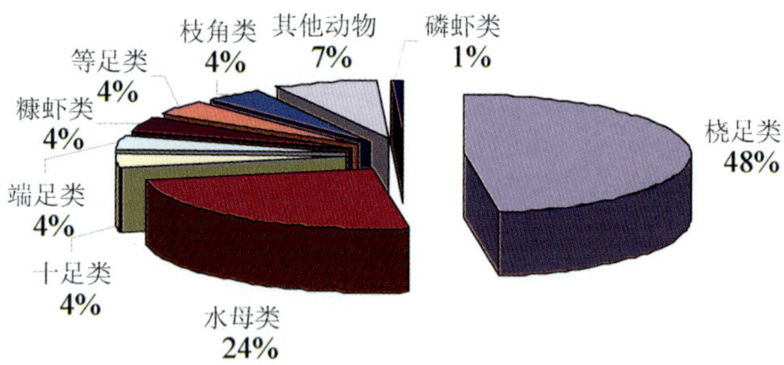

图2-6-8　泉州湾海域浮游动物种类组成

泉州湾海域2008—2009年四个航次调查共鉴定浮游动物166种，这包括浮游动物成体108种、浮游幼虫42种、未定种16种。已鉴定浮游动物成体中桡足类59种，软水母类15种，花水母类8种，十足类、端足类、糠虾类、等足类和枝角类各5种，管水母类和毛颚动物各3种，有尾类、原生动物、介形类、栉水母和多毛类各2种，筐水母类、硬水母类、涟虫类和磷虾类各1种。在季节变化上，春季鉴定浮游动物74种，夏季77种，秋季92种，冬季57种。在优势种组成上，春季主要为太平洋纺锤水蚤、蔓足类无节幼体和腹足类幼体等；夏季主要为厦门矮隆哲水蚤、太平洋纺锤水蚤和短尾类溞状幼体等；秋季主要为强额拟哲水蚤、小拟哲水蚤和太平洋纺锤水蚤等；冬季主要为腹足类幼体、小拟哲水蚤和短尾类溞状幼体等。

深沪湾海域冬季航次调查共鉴定浮游动物61种，其中桡足类37种、水母类和毛颚类各2种，原生动物、腹足类、多毛类、端足类、磷虾类和被囊类各1种，浮游幼虫（体）13种。该季节主要优势种有强额孔雀哲水蚤、针刺拟哲水蚤、瘦拟哲水蚤和中华哲水蚤等。春季航次调查也鉴定浮游动物61种（类），其中桡足类18种、水母类7种、毛颚类3种、萤虾类2种，原生动物、糠虾类、涟虫类、等足类、端足类、磷虾类和被囊类各1种，浮游幼虫（体）14种。春季主要优势种有小拟哲水蚤、大西洋五角水母、拟长腹剑水蚤、强额孔雀哲水蚤和蔓足类无节幼虫等。

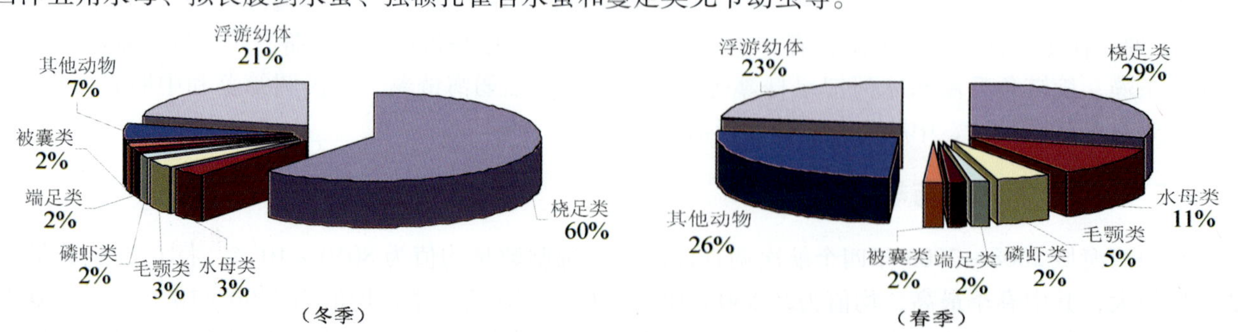

图2-6-9　深沪湾海域浮游动物种类组成

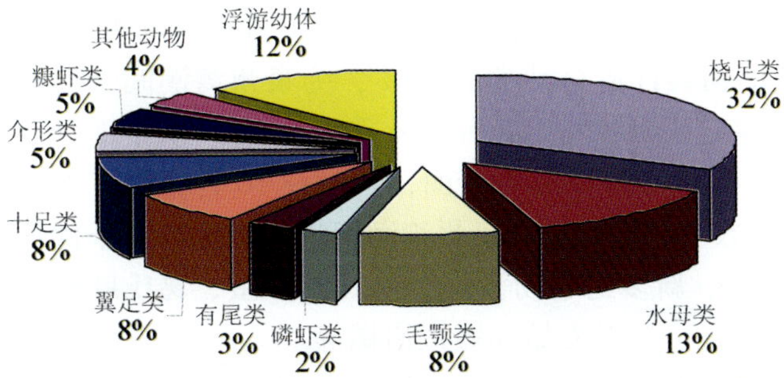

图 2-6-10 湾外海域浮游动物种类组成

湾外海域 2006—2007 年四个航次调查共鉴定浮游动物 130 种，其中桡足类 42 种，水母类 17 种，浮游幼虫 16 种，毛颚类 11 种，翼足类 10 种，十足类 10 种，介形类 6 种，糠虾类 6 种，其他动物 5 种，有尾类 4 种，磷虾类 3 种。从季节变化来看，春季共鉴定 46 种，夏季 76 种，秋季 68 种，冬季 26 种。从优势种组成上，春季主要优势种为肥胖箭虫、短尾类幼虫和多毛类幼虫等；夏季主要为肥胖箭虫、真刺水蚤幼体、齿形海萤、拟细浅室水母和球型侧腕水母等；秋季主要为真刺水蚤幼体、亚强真哲水蚤和齿形海萤等；冬季主要为挪威小毛猛水蚤、小拟哲水蚤、强额拟哲水蚤和桡足类幼虫等。

（二）生物量分布与季节变化

泉州湾海域四个航次调查浮游动物生物量为 86.8～1592.6 毫克/米^3，平均值为 458.9 毫克/米^3，生物量季节差异较大：其中春季和秋季浮游动物生物量较高，平均值分别为 636.6 毫克/米^3 和 636.8 毫克/米^3；其次是夏季，均值为 347.84 毫克/米^3，冬季较低，均值为 214.4 毫克/米^3。从平面分布来看，泉州湾海域浮游动物生物量总体呈现出南岸石湖港附近海域高、北岸后渚港附近海域低的特点。

深沪湾海域春冬两个航次调查中浮游动物生物量为 69.44～825 毫克/米^3，其中冬季生物量较高，均值为 227.8 毫克/米^3，春季较低，均值为 132.8 毫克/米^3。从平面分布来看，深沪湾浮游动物生物量冬季呈现北高南低、西高东低的特点，春季分布趋势则与冬季相反。

（三）密度分布与季节变化

泉州湾海域四个航次调查浮游动物密度为 130.6～18 459.2 个/米^3，年平均值为 4618.8 个/米^3，生物密度分布季节差异较大，其中秋季最高，均值为 9989.3 个/米^3，其次为春季和冬季，均值分别为 4756.7 个/米^3 和 3004.9 个/米^3，夏季最低，均值为 724.1 个/米^3。从平面分布来看，泉州湾海域浮游动物生物密度分布特点与生物量较为一致，也基本呈现出海湾西部和南部海域高、东部和北部海域低的特点。

湾外海域四个航次调查浮游动物生物密度均值为 384.0 个/米^3，其中春季浮游动物密度较高，均值为 1123.6 个/米^3，其次为夏季和冬季，均值分别为 226.0 个/米^3 和 126.5 个/米^3，秋季最低，均值为 60.0 个/米^3。

（四）生物多样性指数

泉州湾海域浮游动物多样性指数（H'）和均匀度（J'）均值分别为 2.83 和 0.66，季节变化不大；深沪湾海域浮游动物多样性指数（H'）、丰富度（d）和均匀度（J'）均值分别为 2.54、2.42 和 0.63，均表现出春季高于冬季的特点；湾外海域浮游动物多样性指数（H'）、丰富度指数（d）、均匀度（J'）和优势度指数（D）年均值分别为 2.90、4.35、0.75 和 0.82，基本表现出夏秋季高、春冬季低的特点。

四、潮间带生物

（一）种类组成与优势种

泉州湾春秋两个航次调查共鉴定潮间带底栖生物 225 种，其中软体动物 79 种，多毛类 66 种，甲壳动物61种，其他生物（包括藻类、腔肠动物、棘皮动物、星虫动物、纽形动物、鱼类、尾索动物、扁形动物）共19种，其中软体动物、多毛类和甲壳动物共计占总种类的91%，为泉州湾潮间带底栖生物种类组成的重要类群。从季节分布来看，春季共鉴定底栖生物188种，秋季为91种。从平面分布来看，下洋岩石断面的种类数最多，达73种，其次是秀涂和陈埭泥滩断面，均超过50种，坩江泥滩断面和洛阳江红树林断面种类较少，不足30种。根据数量和出现率，泉州湾潮间带底栖生物春季优势种主要有鳃卷吻沙蚕、直背小藤壶、短滨螺、侧底理蛤、新多鳃卷吻沙蚕、薄片蜾蠃蜚、葛氏胖钩虾和极地蚤钩虾等；秋季优势种主要有短拟沼螺、棘刺牡蛎、黑乔麦蛤和短拟沼螺等。

深沪湾春冬两个航次调查共鉴定潮间带底栖生物49种，其中多毛类环节动物21种、腹足类软体动物10种、双壳类软体动物10种、甲壳类节肢动物6种、扁形动物和纽形动物各1种。从季节分布来看，春冬季共鉴定底栖动物种数相差不大，分别为30种和31种。主要优势种为昌螺（栖息密度很高，最高密度可达7208个/米^2），还有尖锥虫、长吻沙蚕、嫁虫戚、粗糙滨螺和短拟沼螺等。

（二）生物量分布和季节变化

泉州湾春秋两个航次调查中潮间带底栖生物生物量为2～3838克/米^2，平均值为467.02克/米^2，生物量以软体动物占绝对优势，约占总生物量的96%，其次是甲壳动物，约占2%，多毛类和其他种类各占1%。从季节分布来看，春季潮间带底栖生物量较高，均值为609.33克/米^2，秋季较低，均值为324.72克/米^2。从平面分布来看，生物量由大至小依次为下洋断面、秀涂断面、陈埭断面、祥芝断面、蚶江断面、洛阳江断面、乌屿断面。从垂直分布来看，生物量由大到小依次为中潮区、低潮区、高潮区。

深沪湾春冬两个航次调查中潮间带底栖生物生物量均值为214.88克/米^2，生物量组成以腹足类软体动物占优势，占总生物量的91.4%，其次是双壳类和多毛类，分别约占5.0%和3.5%，其余类别合计仅占0.1%。从季节分布来看，春季潮间带底栖生物量较高，均值为309.29克/米^2，冬季较低，均值为120.46克/米^2。从平面分布来看，冬季潮间带底栖生物量由大至小依次为前港断面（167.10克/米^2）、埔头断面（83.95克/米^2）、华峰断面（69.96克/米^2）；春季潮间带底栖生物是由大至小依次为华峰断面（349.27克/米^2）、前港断面（321.98克/米^2）、埔头断面（256.66克/米^2）。

（三）栖息密度分布和季节变化

泉州湾春秋两个航次调查中潮间带底栖生物栖息密度为8～9165个/米^2，平均值为1351个/米^2，栖息密度以甲壳动物居第一位，约占总生物密度的52%，其次是软体动物和多毛类，所占比例分别为27%和20%，其他种类所占比例仅为1%。从季节变化来看，潮间带底栖生物栖息密度季节变化不大，春秋两季均值分别为1332个/米^{2}和1371个/米^2。从平面分布来看，栖息密度由大至小依次为下洋断面、祥芝断面、秀涂断面、陈埭断面、洛阳江断面、蚶江断面、乌屿断面。从垂直分布来看，栖息密度由大至小依次为中潮区、低潮区、高潮区。

深沪湾春冬两个航次调查中潮间带底栖生物栖息密度均值为2749个/米^2，其中腹足类占优势，占总密度的94.0%；其次是多毛类和双壳类，分别约占3.0%和2.8%，其余类别合计仅占0.2%。从季节分布来看，春季潮间带底栖动物栖息密度较高，均值为3862个/米^2，冬季较低，均值为1635个/米^2。从平面分布来看，冬季深沪湾潮间带底栖生物密度由大至小依次为前港断面（2823个/米^2）、埔头断面（1268个/米^2）、华峰断面（816个/米^2）；春季深沪湾潮间带底栖生物密度由大至小依次为华峰断面（4484个/米^2）、前港断面（4224个/米^2）、埔头断面（287个/米^2）。

（四）生物多样性指数

泉州湾潮间带底栖生物多样性指数（H'）、丰富度指数（d）和均匀度（J'）均值分别为2.37、2.48和0.60，均表现出春季高于秋季的特点；深沪湾潮间带底栖生物多样性指数（H'）、丰富度（d）

和均匀度（J'）均值分别为0.54、0.81和0.19，季节差异不大，总体表现出冬季高于春季的特点。

五、浅海底栖生物

（一）种类组成及优势种

泉州湾海域春秋两个航次调查共鉴定浅海大型底栖生物77种，其中多毛类40种居首位，其次为甲壳动物（22种）和软体动物（12种），棘皮动物、腔肠动物和鱼类各1种。从季节分布来看，春季共鉴定大型底栖生物56种，秋季为37种。从平面分布来看，海湾中部海域底栖生物种类数较多，晋江入海口及湾口大坠岛附近海域种类数较少。在优势种组成上，春季调查主要优势种有加州齿吻沙蚕、光滑河蓝蛤、长吻沙蚕、独毛虫和侧底理蛤等；秋季调查主要优势种有薄片蜾蠃蜚、东方长眼虾、模糊新短眼蟹和寡鳃齿吻沙蚕等。

深沪湾海域春冬两个航次调查共鉴定浅海大型底栖生物54种，其中环节动物41种、软体动物6种、节肢动物5种、棘皮动物1种、其他动物1种。从季节分布来看，春冬两季大型底栖生物种类数差别不大，分别为38种和39种。主要优势种为双形拟单指虫、花冈钩毛虫、双鳃内卷齿蚕、太平洋长手沙蚕、小亮樱蛤和异足索沙蚕等。

湾外海域2006—2007年四个航次调查共鉴定浅海大型底栖生物199种，多毛类91种，节肢动物45种，软体动物16种，其他动物14种，环节动物13种，棘皮动物11种，十足类9种。从季节分布来看，各季节浅海底栖生物种数差异不大，春季128种，夏季111种，秋季103种，冬季115种。从优势种组成上，春季主要优势种为稚齿虫、刚鳃虫、单指虫和双鳃内卷齿蚕等；夏季主要为奇异稚齿虫、中蚓虫、双鳃内卷齿蚕、锥虫、薄片蜾蠃蜚和尖尾细螯虾等；秋季主要为单指虫、越南锥头虫、花冈钩毛虫、绒毛细足蟹和双鳃内卷齿蚕；冬季主要为单指虫、毛头梨体星虫、畸形链肢虫、模糊新短眼蟹和叶须内卷齿蚕等。

（二）生物量分布及季节变化

泉州湾海域春秋两个航次调查大型底栖生物生物量为0.04～46.92克/米^2，平均值为9.9克/米^2，其中软体动物所占比例最高，约56.0%，其次为多毛类和甲壳类，再次为棘皮动物、腔肠动物和鱼类。从季节分布来看，春季大型底栖生物生物量较高，均值为12.98克/米^2，秋季生物量较低，均值为6.82克/米^2。从平面分布来看，泉州湾海域大型底栖生物生物量较大的区域位于晋江入海口附近海域及九十九溪入海口附近海域，其余海域生物量相对较低。

深沪湾海域春秋两个航次调查浅海大型底栖生物生物量为0.12～5.34克/米^2，均值为1.53克/米^2。从季节分布来看，冬季生物量均值为1.32克/米^2，春季均值为1.73克/米^2。

湾外海域四个航次调查大型底栖生物生物量年均值为18.19克/米^2。从季节分布来看，夏季大型底栖生物量较高，均值为27.61克/米^2，其次为秋季，均值为15.94克/米^2，春季和冬季生物量较低，均值分别为12.90克/米^{2}和11.01克/米^2。

（三）生物栖息密度分布及季节变化

泉州湾海域春秋两个航次调查大型底栖生物栖息密度为4～1260个/米^2，平均值为209个/米^2，其中多毛类所占比例最高，约48.6%，其次为软体动物和甲壳类，再次为棘皮动物、腔肠动物和鱼类。从季节分布来看，春季底栖生物栖息密度较高，均值为320个/米^2，秋季较低，均值为98个/米^2。从平面分布来看，泉州湾海域大型底栖生物生物栖息密度较大的区域位于洛阳江和晋江入海口附近海域，湾口附近海域生物量相对较低。

深沪湾海域春秋两个航次调查浅海大型底栖生物栖息密度为90～1025个/米^2，平均值为333个/

米^2。从季节分布来看，冬季大型底栖生物栖息密度较高，均值为448个/米^2，春季较低，均值为218个/米^2。

湾外海域四个航次调查大型底栖生物栖息密度均值为519个/米^2，从季节分布来看，冬季大型底栖生物栖息密度较高，均值为607个/米^2，其次是春季和夏季，均值分别为538个/米^{2}和524个/米^2，秋季最低，均值为426个/米^2。

（四）生物多样性指数

泉州湾海域浮游动物多样性指数（H'）、丰富度（d）和均匀度（J'）均值分别为1.91、0.77和1.02，总体来说春季高于秋季；深沪湾海域浮游动物多样性指数（H'）、丰富度（d）和均匀度（J'）均值分别为2.77、2.17和0.76，均表现出春季高于冬季的特点；湾外海域浮游动物多样性指数（H'）、丰富度指数（d）、均匀度（J'）和优势度指数（D）年均值分别为4.10、4.70、0.84和0.88，基本表现出春冬季高、夏秋季低的特点。

六、游泳生物

（一）种类组成

泉州湾海域春秋两个航次调查共记录游泳动物83种，隶属于19目42科61属，其中鱼类14目32科47属54种（软骨鱼类5目5科5属6种，硬骨鱼类9目27科42属48种），占游泳动物种类总数的65.1%；甲壳类2目7科11属24种，占28.9%；头足类3目3科3属5种，占6.0%。从季节分布来看，其中春季航次记录游泳动物46种，包括鱼类32种，甲壳类14种；秋季航次记录67种，包括鱼类42种，甲壳类20种，头足类5种；在两个航次都发现的种类有30种，如黄鲫、凤鲚、龙头鱼、叫姑鱼、白姑鱼、鹿斑鲾、红狼牙鰕虎鱼、孔鰕虎鱼、小带鱼、带鱼、焦氏舌鳎、周氏新对虾、哈氏仿对虾、刀额仿对虾、中华管鞭虾、日本蟳、隆线强蟹、口虾蛄等。

湾外海域2006—2007年四个航次调查共记录游泳生物105种，其中鱼类最多，为66种，甲壳类次之，为34种，头足类5种。从季节变化来看，春季共鉴定游泳生物46种（鱼类25种、甲壳类20种、头足类1种），夏季52种（鱼类30种、甲壳类18种、头足类4种），秋季46种（鱼类26种、甲壳类19种、头足类1种），冬季39种（鱼类22种、甲壳类16种、头足类1种）。

（二）主要优势种和经济种

泉州湾海域春秋两个航次调查中游泳生物优势种主要有凤鲚、龙头鱼、白姑鱼、叫姑鱼和鹿斑鲾等，其余渔获生物量和密度相对较多的种类尚有口虾蛄、日本蟳、海鳗、黄鲫、六指马鲅、刀额仿对虾、哈氏仿对虾和中华海鲶等。

湾外海域四个航次调查的渔获物种，春季主要优势种为鹿斑鲾、黄鲫、竹筴鱼、二长棘鲷和双斑蟳等，夏季为纤手梭子蟹、双斑蟳、六指马鲅、黄鲫和柏氏四盘耳乌贼等，秋季为直额蟳、疾进蟳、中华管鞭虾和叫姑鱼等，冬季为赤鼻棱鳀、双斑蟳、龙头鱼和棘头梅童鱼等。

（三）渔获生物量及密度变化

泉州湾海域春秋两个航次调查中游泳生物生物量平均值为21.44千克/（网·时），其中以鱼类占优，生物量约17.61千克/（网·时），甲壳类次之，约3.51千克/（网·时），头足类最少，约0.32千克/（网·时）。渔获生物量季节变化明显，秋季渔获生物量均值为30.07千克/（网·时），春季均值为12.80千克/（网·时）。在平面分布上，海湾中部白屿附近海域生物量较高，约42.68千克/（网·时），这是由于大量的凤鲚被捕获，湾口大坠岛北部海域生物量较低，约9.09千克/（网·时）。

游泳生物渔获密度平均为 1462 尾/(网·时)，其中以鱼类占优，密度约 1172 尾/（网·时），甲壳类次之，约 265 尾/（网·时），头足类最少，约 25 尾/（网·时）。渔获密度也以秋季高于春季，秋季渔获密度均值为 2346 尾/（网·时），春季均值为 578 尾/(网·时)。平面分布同生物量一致，也是以白屿附近海域渔获密度较高，约 3102 尾/（网·时），大坠岛北部海域较低，约 447 尾/（网·时）。

湾外海域四个航次调查中游泳生物生物量年均值为 12.33 千克/（网·时），生物量季节变化较为显著，春季生物量相对较高，为 24.16 千克/（网·时），其次为夏季，为 12.80 千克/（网·时），秋冬季相对较低，分别为 6.05 千克/（网·时）和 6.30 千克/（网·时）。游泳生物平均密度年均值为 1969 尾/（网·时），季节变化与生物量相同，春季渔获密度较高，为 4986 尾/网·时，其次为夏季，为 1797 尾/（网·时），秋冬季相对较低，分别为 461 尾/（网·时）和 631 尾/（网·时）。

（四）区系特征和生态类型

从适温性看，泉州湾所渔获的 54 种鱼类，以暖水性种类（40 种）居优势，占鱼类总种数的 74.1%；暖温性鱼类 14 种，占总种数的 25.9%；未出现冷温性和冷水性鱼类。从生态类型看，底层和近底层的鱼类占大多数，中上层鱼类次之，岩礁鱼类最少，其中，底层鱼类有 22 种，占总种数的 40.7%；近底层鱼类有 18 种，占总种数的 33.3%；中上层鱼类有 13 种，占总种数的 24.1%；岩礁鱼类只有 1 种，占总种数的 1.9%。

七、珍稀、濒危生物

（一）泉州湾中华白海豚、白氏文昌鱼

泉州湾分布有江豚、中华白海豚、中华鲟、白氏文昌鱼等 17 种水生脊椎动物列入国家重点保护的野生动物，湿地植物匍匐苦荬菜、珊瑚菜、中华补血草等为国家级保护植物，水鸟花脸鸭、黑嘴鸥、黄嘴白鹭、白腰杓鹬 4 种被列入 IUCN 物种红色名录（黄宗国，2004）。

中华白海豚被列入《中国物种红色名录》，为濒危（EN）。中华白海豚是国家仅有的一级保护的海洋鲸豚类，且是全国乃至世界的珍稀物种，也是泉州湾首要的保护物种。2001—2002 年在泉州湾后渚港请渡船工人连续观测海豚 10 个月，共记录到中华白海豚 48 只次，但种群很小（10 只以下），处于极度濒危状态。然而，根据 2009 年 5 月调访，2003 年以前可在泉州湾经常见到中华白海豚，最多出现 10 多只次，2008 年仅见过 1 只次，而随后一年多未见过中华白海豚出没。虽然没有充分连续调查数据表明中华白海豚的数量变化趋势，但是，根据有关的记载与调访，表明泉州湾的中华白海豚数量已明显减少，甚至离开泉州湾。

白氏文昌鱼被列入《中国物种红色名录》，为濒危（EN）。根据历史资料显示，泉州湾大坠岛周边发现文昌鱼。然而，国家海洋局第三海洋研究所于 2009 年 5 月 28 日在大坠岛周边海域布设 14 个站位开展文昌鱼调查，均未调查到文昌鱼。这表明泉州湾人为活动的干扰及环境变迁，已导致白氏文昌鱼数量急剧减少。

（二）深沪湾古森林遗迹

深沪湾海底古森林遗迹国家级自然保护区面积 3400 公顷，1991 年经晋江县人民政府批准建立，1992 年晋升为国家级自然保护区，主要保护对象为海底古森林和牡蛎礁遗迹。在该湾潮间带和潮下带埋藏着距今 7000—8000 年的古油杉林，分布区长约 400 米，宽约 50 米，出露株数达 20 余株，是目前我国发现的唯一海底古森林遗迹，并且与大片 9000 多年前形成的牡蛎礁在同一滩面上，在国际上也极为罕见。该保护区的建立对研究台湾海峡两岸古气候、古地理变迁具有重要意义。

八、海洋微生物

深沪湾海域细菌总量为0.12×10^6～21.23×10^6个细胞/升，平均值为2.70×10^6个细胞/升。从季节变化来看，春季细菌总量均值为5.00×10^6个细胞/升，冬季均值为0.41×10^6个细胞/升，春季海域中细菌总量远高于冬季，相差约12倍。从垂直分布来看，表层水体中细菌总量均值为3.41×10^6个细胞/升，底层均值为2.00×10^6个细胞/升，表层的细菌数量略高于底层，但差别不大。从平面分布来看，春冬两季海水中细菌总量均呈现出南部高北部低的特点，这可能是由于深沪湾南侧一带海域受深沪集镇生活污水和渔业码头污水的影响，水中有机营养物质含量普遍较高，使得附近海域的细菌数量也高于湾内其他海域。

湾外海域全年细菌总量平均值为628.96×10^6个细胞/升。从季节变化来看，秋季细菌总量较高，均值为905.71×10^6个细胞/升，其次为春季和冬季，均值分别为705.50×10^6个细胞/升和757.25×10^6个细胞/升，秋季含量相对较低，均值为147.38×10^6个细胞/升。从垂直分布来看，表层水体中细菌总量均值为802.20×10^6个细胞/升，底层均值为455.72×10^6个细胞/升，表层的细菌数量高于底层。

第六节　海洋灾害

一、环境灾害

本海区的灾害性天气主要有台风、寒潮、暴雨、大风和干旱。

（一）台风

7—9月为台风季节，1955—2000年间在泉州登陆的台风有6次，在晋江登陆的台风有7次；影响本地区的台风185次，每年平均4.2次。台风是影响本海湾岛区的主要灾害性天气之一，1965年7月26日6510号台风在泉州登陆，并横穿福建中部，登陆时风力在12级以上，阵风为40米/秒，台风带来的狂风暴雨，造成晋江地区房屋倒塌、堤坝缺口、渔船损坏，交通、通信受到严重影响。

（二）寒潮

泉州湾—围头湾海区每年11月至翌年4月有寒潮影响，1961—1980年出现20次寒潮，平均每年1次。寒潮入侵时降温强烈，过程降温最大可达15.7℃，并伴有寒潮大风，寒灾较重。如1975年12月4—13日一次寒潮过程，晋江石狮奇顶峰积雪1米多深，电线结冰10厘米以上，断线倒杆，通信设施等受损严重。

（三）暴雨

本海区暴雨出现在4—9月，主要集中于5—8月，年平均暴雨日数为3.7天，一日最大降水量达239.8毫米。1959年6月10—11日大暴雨，造成洪峰过泉州时超过警戒线1.5米，晋江下游低洼地一片汪洋，公路被冲断，给工农业生产及人民财产带来严重损失。

（四）大风

大风主要出现在1—3月和台风季节，全年8级以上的大风日数平均为36.9天，年最多大风日数87天。

（五）干旱

本海区，春季大旱、特旱出现几率为10%和25%，平均连旱日数约49天；夏季大旱、特旱出现几率为40%和20%，平均连旱日数约41天；秋冬季大旱出现几率为25%，平均连旱日数约为61天，没有出现特旱。最长连续无降水日数为53天。1963年春旱，5月底晋江流量不到1962年同期流量的1/3，不少河段无水，田地干裂，作物枯萎，人畜生活用水很困难。

二、地质灾害

（一）地震

泉州地区是福建省地震强烈活动区，历史上泉州湾及其邻近海域曾发生强震2次，其中1604年12月29日的8级地震最大①。

（二）海岸侵蚀②

深沪湾华峰村东侧沙滩，20世纪50—60年代沙滩未见海滩岩，但到1986年沙滩侵蚀开始出露古牡蛎礁海滩岩，出露厚度20～40厘米，宽约60米；1998年海滩岩初露宽度增加到100米，并向低潮带扩展，出露厚度达50～70厘米，最厚90厘米。

晋江东海湾海岸老红砂地层被侵蚀成为陡崖，陡崖高度1～1.5米。石圳村东砂质海岸，海岸前丘可见侵蚀陡坎。

（三）海湾淤积

泉州湾内的晋江和洛阳江含沙量大，长期河流输沙填充引起泉州港的快速淤积，尤其近20～30年以来，岸滩和水道都处于急剧淤涨状态，洛阳江岸滩淤高速率为6厘米/年，后渚—秀涂岸段淤积速率为19厘米/年。原来国际著名的海上丝绸之路东方大港（泉州后渚港）已基本淹没在历史的长河中了。

三、生态灾害

泉州湾草滩面积9.43平方千米，占海湾面积的11.07%③。主要为互花米草入侵所致，引起水产养殖产量锐减。

---

① 中国海湾志编撰委员会：中国海湾志（第八分册 福建省南部海湾），北京：海洋出版社，1993年。

② 陈吉余：中国海岸侵蚀概要，北京：海洋出版社，2010年。

③ 陈坚，王爱军，李云海等：福建省908专项海岸带调查报告（内部资料），2011年。

第七章　浮山岛

第一节　概　况

一、海岛地理及历史变迁

浮山岛（Fúshān Dǎo）代码为350521005712。

位于泉州湾东北角，地理位置在北纬24°51.6′~24°52.4′、东经118°49.4′~118°50.3′，中心点经纬度为北纬24°52.0′、东经118°49.8′。属泉州市惠安县张坂镇管辖，海岛面积0.9328平方千米，海岸线长6.6千米，是泉州市惠安县唯一的有居民海岛，岛上现有浮山村1个行政村，下辖荷石、茂林、东峰、西斗、西峰5个自然村，岛上房屋密度较大，民居面积占海岛面积的60%以上。岛上居民讲闽南方言，以渔业为主。岛上地势东南高西北低，最高点海拔49.0米，位于东南部的烟墩山。

图2-7-1　浮山岛遥感影像（北部为泉州沿海大通道，将海岛与大陆相连）

图 2-7-2 浮山岛俯瞰图

浮山原是孤岛，1970 年在岛上西北部建造跨海连陆的千米长堤，1972 年围垦工程竣工后浮山岛成为陆连岛。近年在海岛北部建设泉州沿海大通道，海岛与大陆联系更为紧密。

据载唐朝僖宗光启三年（公元 887 年）浙江杭州灵隐寺慧远禅师云游南下，衣钵渡海来到浮山岛东山南麓建一座寺庙，寺建成后要命何名一时难定。当时海岛四面皆海，受波浪冲动，恍若浮悬海中，于是就称“浮山寺”，浮山这个地名也由此得名。

浮山又名“獭窟”和“獭江”。獭窟叫法相传有两种说法：①堪舆家以地形像獭窟故名；②宋元时期，此地渔业兴盛，海运交通发达，船舶众多，水獭常在礁石间窟窿中出没，此地名又称獭窟，延续至今同时也传播海内外。

獭江叫法在清康熙年《獭江新芳》作者洪昆有段记述：“是年邀友人游览故里山川登高而望认为獭窟地形不像獭，有意易名一时难定，又思其祖辈洪锺以品行文学闻名于世，时人称獭江先生”，于是把獭窟更名为“獭江”。獭江这个地名也延续至今，现小学、中学、老人协会都以獭江命名。

二、政区建置及历史沿革

浮山所属的张坂镇在宋时隶崇武乡，元时属行满乡守节里、太康里的廿二、廿三、廿五、廿六都。明、清年代属泉州府惠安县二十六都獭窟铺设巡检司獭窟城。民国时期属群獭乡后属青山乡，初编 8 个保，再编为 5 个保，又编成 3 个保，设连保主任，以后编为一个保下设甲长。

1949 年编制为惠安县青山乡浮山特编保，1949 年 10 月成立浮山乡人民政府，属惠安第四区公所。1953 年属第六区公所，1955 年属崇武区公所，1958 年撤销拼乡成立惠安县浮山乡人民委员会，为全县 29 个乡之一。1962 年于崇武公社成立浮山大队，设浮山渔业社，浮山运输社，浮山海带养殖场。

1970 年 7 月 1 日浮山建海堤与大陆相通，改为七一大队，1974 年拼入张坂公社，1975 年下半年复名为浮山大队，1984 年改为浮山村民委员会至今。1989 年 10 月，省政府批准设置张坂镇，实行镇带村体制，浮山行政村辖西峰、西斗、荷石、茂林、东峰 5 个自然村。

三、人口与公共服务

惠安在约 4000 年前的原始社会后期，大岞山龙喉岩附近就有先民从事渔猎生产；音楼山、庄林柄等地亦有人群活动。西周（约公元前 11 世纪至公元前 771 年）初年，境内的涂岭后埔亦有人群生息繁衍。县内人口有“土著”的古闽越人；秦汉以后，中原地区多次南迁的汉民族。目前岛上人口约 5000 人。

现村中有幼儿园 1 所，在园学生 100 多人；獭江小学 1 所，在校学生 500 多人；獭江中学 1 所，在校学生 300 多人，两所学校曾多次被评为优秀先进单位并多次获奖。学校基础设施得到不断改善，教育事业向前发展。

第二节　海岛历史与文化

一、海岛历史

（一）人类起源与古遗址

根据崇武大岞山和东园音楼山新石器时代遗址、涂岭蚁山商周时代文化遗址考古发掘的资料，远在三四千年前，境内已有人类活动。此后，自汉至宋初置县时，屡有中原人士迁入境内居住。

（二）人文遗迹和历史文化

清康熙戌子（1708 年）《獭江新考》作者洪昆有载："考唐宋元年间居民稠密人皆处于通洋遂为舟车输运津头称富庶焉……"又载"当明之世，人益众家益富、户口计万，均无贫乏者，士庶之家各置钜舰采捕环江而陈帆元间隙盖数千也"。

相传明代通行南洋尤为兴盛，清代通行台湾更为繁荣。清光绪七年（1881 年）设海关关卡时称泉州常税局獭窟分局。清光绪九年（1883 年）有对拖渔船 80 多对（160 多艘），海运商船 150 多艘，曾有"崇武百家姓獭窟万人丁，日来满海帆影，夜里岛上万灯"，或云："日出千杆旗夜来万盏灯"。可见当时的兴盛景象。

1945 年 8 月抗战胜利，台湾光复，浮山再度繁荣。当时幸存的渔船、海运商船 50 多艘一并转向运输台湾货物，来往朝发夕至源源不断，极为繁荣。獭窟有"小台湾"之称。

1. 獭窟城

遗址在张坂南端浮山村烟墩山西南 50 米处的平地上，三面环水，为出入泉州港必经之地，原属南安卢溪巡检司，后巡检司移设于此。明洪武二十年（公元 1387）为防御倭患而建，城长 130 米、宽 80 米。1972 年拆城墙条石修建海堤而毁。今仅存城基，宽 4.3 米。

2. 西峰后宫

位于张坂镇浮山村。建于明代，现存建筑为清代所修葺。宫内所祀"王爷"，分灵于台湾鹿港。宫坐东朝西，面积 112 平方米。由山门、拜亭和正殿组成。正殿面阔 3 间，进深 2 间，墙体由长方形大石板砌筑，抬梁式木构架，硬山屋顶。

3. 浮山塔

在张坂镇浮山岛荷石村中。共 5 座。2 座建于元大德七年（1303 年），石构圆形，高 3 米。须弥座呈六角形。塔身由辉绿岩石雕仰莲托覆莲座分层叠以瓜棱形和鼓形构成，上置单檐八角攒尖顶及相轮塔刹。3 座建于元大德八年（公元 1304 年），石构方形，残高 2.17 米。塔身作须弥座形，逐层收分，仅余 2 层。5 座塔皆雕有佛像、花纹等。为县级保护文物。

4. 浮山井

在张坂镇浮山荷石村中。南宋时开凿。原井栏刻有"淳祐八年（1248 年）僧宗辉造"，并饰有龙纹，今已损坏。井以条石砌筑，方形，腹边长 0.8 米，深 8 米，长期蓄水 3 米左右。

5. 奉宪立碑

在张坂镇浮山村三圣祠内，原立于海边，后移入祠内。清乾隆四十年（1775 年）立，花岗岩石碑，长方形抹角首，高 1.6 米，宽 0.6 米。碑额楷书刻"奉宪立碑"，字径 12 厘米。正文字径 4 厘米。记述獭窟澳捕鱼、行商的应遵规则。

6. 獭窟屿桥

是一座海滩石桥。当时"风波日作，桥不易也"；"南宋开禧间（1205—1207 年）僧道询身率其徒挐舟运石成桥七百七十间，直渡海门，凡五里许，潮平则没，半落则可通人行，至今便之”。当时，桥处泉州湾东北出口，伸向海湾，与隔海的其他许多市集相通，对当时的交通和贸易起重要作用。清末民国初桥倾毁淹没。

（三）历史事件

1. “七一”围垦

“七一”围垦于1970年7月动工，从张坂公社的前头山切断普安港到浮山岛，再从浮山岛横跨乌西港，回到张坂的山高富村，建起“八”字形南北两条总长5218米的海堤，至1972年冬完成，围垦总面积17 462亩，可耕地8722亩。1973年进行全面规划，公路、田间道路、排灌系统、防护林带等配套完整。1978年种植作物，大麦单产120千克，花生单产210千克，大豆单产95千克，花生薯单产1800千克，豆薯单产1700千克。建立薯苗基地50亩，亩出良种壮苗8万多苗。绿肥作物有陈竹枝、太阳麻、田菁等。并有专业户承包作为商品猪生产基地和花生加工出口基地。至1989年，垦殖耕地9680亩，盐场3750亩，鱼池50亩，虾池110亩。

2. 剿匪

1950年11月，海匪张秀宝部登上浮山岛抢劫抓人。区联防部组织崇武民兵20余人，与化装成渔民的解放军指战员一起，从水路包抄，匪徒闻风而逃。

1958年，在沿海设立峰尾、小岞、秀涂和浮山4个边防派出所，开展对敌斗争，并在渔民中经常进行敌情教育和提高革命警惕性教育，同时以社为单位建立安全网，小队设立安全小组，每船设安全员负责检查安全公约执行情况。

（四）历史人物

1. 张德寿

张坂镇浮山村人，1910年生。1933年4月参加革命，厦门印刷厂工人。1936年在漳浦参加地下工作被捕，牺牲于漳州。

2. 曾方如

张坂镇浮山村人，1919年生。1949年5月入伍，中国人民志愿军201团8连战士，1953年7月11日在朝鲜战场上牺牲。

二、海岛土特产品

獭窟岛盛产精制的鱼签、鱼饼，既酥又脆，质佳味香，远近驰名，畅销海内外，为赠送亲戚朋友的佳品，深受喜爱。这种鱼制品，獭窟岛上家家户户都能制作，近几年来形成制作和销售专业户，一些产品已远销香港特别行政区、澳门特别行政区及菲律宾的吕宋等地区。

第三节　海岛基础设施

一、交通运输

南宋开禧年间（1205—1207年），惠安僧人道询率门徒挐舟运石，在今张坂乡浮山村建成獭窟屿桥。桥“七百七十间，直渡海门，凡五里许”。

浮山明代通行南洋群岛，清代通行台湾各地，曾是兴盛时期。清末民初通行闽浙沿海直至山东青岛烟台等港口。民国时期同样通行闽浙沿海、汕头、上海，台湾也到达。1949年后通行闽、浙、广东汕头、江苏、上海等港口大商埠，运载货物更为繁荣。

1972 年浮山海堤建成连接大陆，陆上交通畅通风雨无阻，可以日夜兼程通往城乡各地。1984 年以来开通往惠安、泉州、厦门客运班车，来往便利。省道 201 线利用连岛海堤，采用堤路结合方式扩建原有海堤，2006 年省道建成通车，人员进出海岛更加方便。

现在每天半小时有惠安—浮山客运班车从南堤经过；每天上午、中午、傍晚有厦门—浮山客运班车从北堤经过；每隔 15 分钟，有泉州客运班车从浮山南堤外沿海大通道经过；其他货车、摩托车、自行车来往不绝。

二、航运与其他基础设施

浮山，是历史上有名的商港。清光绪年间至 1938 年设置海关关卡近 60 年。民国期间为台湾民船往来集中地。港内分为前澳、后墓垵、后海坪 3 个港区。前澳港内水深，潮涨潮退船只均可进入泉州湾寄泊。后墓垵港区为南风澳，港区无河流注入，不会淤积，水深稳定，正常潮水 5.5 米。后海坪港区面积近 1.33 平方千米，西北前头山，西南大沙丘，形成 2 个天然峡口港道（北普安、南乌兜西），港道情况错综复杂，涡旋浪急，三角汇流，港势险要，为避风良港。

图 2-7-3　浮山二级渔港码头

2004 年惠安县政府投资 480 万元在獭窟后茂垵风炉山突出部呤咀礁，建造浮山二级渔港码头，兼做陆岛交通码头。长度 120 米，引堤 40 米，既是船舶停港的避风港，又是货物运输装卸的转运站。

通过连岛海堤建设，使得海岛供水、供电、通信等基础设施与张坂镇连为一体。

第四节　经济基本情况

海岛居民以渔为主，养殖藻、贝类，兼营农业，种植甘薯、花生等农作物。

明洪武十六年（1383 年），浮山村渔民制造巨舰（即大型网仔对船拖网）采捕渔获。民国时期，浮山、玉塘、杨宅，东园的白奇、里春等地海滩均设有船寮，修造船只。生产渔船的种类有：翻身船、围缯船、网仔船、牵虾船、盖沼船、钓艚船、大排船和舢板船。

1963 年 5 月成立惠安县运输联合社，浮山有木帆船专业运输社。浮山海运社 1959 年以浮山副业运输队为基础成立。1963 年夏隶属县运输联合社，有木帆船 15 艘、319 吨位。1970 年归崇武公社管理，1973 年回隶县联社。1978 年 8 月易名为“浮山海运社”，有机动船 4 艘、207 吨位，木帆船 8 艘、340.5 吨位。1984 年实行承包责任制。1989 年有机动船 3 艘、307 吨位，木帆船 2 艘、53 吨位；年货运量 6100 吨，周转量 2670 万吨·海里。

1989 年全县成立秀兴、松村、东凉、下朱、前见、浮山联发、霞里海运、崇武古城 8 个联合体运输专业队，共拥有机动船 29 艘、3287 吨位，木帆船 2 艘、72 吨位。

第五节 地质地貌

一、岛陆地质地貌

浮山岛为基岩岛，主要由混合二长花岗岩和燕山早期侵入的花岗岩组成。

岛陆地貌类型主要为侵蚀剥蚀低丘。海岸地貌主要为基岩海岸，西北侧和北侧分别已经构筑海堤与大陆相连。

二、海岸线与潮间带

（一）海岸线基本特征

浮山岛海岸线总长度为6.6千米，其岸线类型包括基岩岸线、砂质岸线和人工岸线。海岸线以基岩岸线为主，岸线长3.9千米，广泛分布于海岛南部和东部，坡度较缓。

砂质岸线长0.9千米，主要分布于岛中部的岬湾之中，主要由细砂和中粗砂组成，还有部分砾石和贝壳。人工岸线长1.8千米，主要分布于岛西侧及北侧，岛东侧中部有少量分布，绝大部分为人工护岸及道路，有陆岛交通码头一座。

浮山岛西侧及北侧修筑了人工岸线，海岸保持稳定；海岛东北、东、东南侧基岩海岸发育有海蚀崖、海蚀平台等海蚀地貌，侵蚀速度缓慢；砂质岸线岸段则处于微侵蚀状态。

（二）潮间带基本特征

浮山岛潮间带面积0.53平方千米，有岩滩和沙砾滩两类。以岩滩为主，面积0.36平方千米，除海岛北侧之外的其他位置普遍发育，滩面宽度10~100米，最宽处位于东部岬角突出部，宽度达180米，岩滩上分布有礁石和岩体，主要以岩体为主；沙砾滩面积为0.17平方千米，主要分布于海岛东侧的岬湾内，沙砾滩宽度达约200米，东南侧岩滩外部也有少量分布，宽度为20~60米。

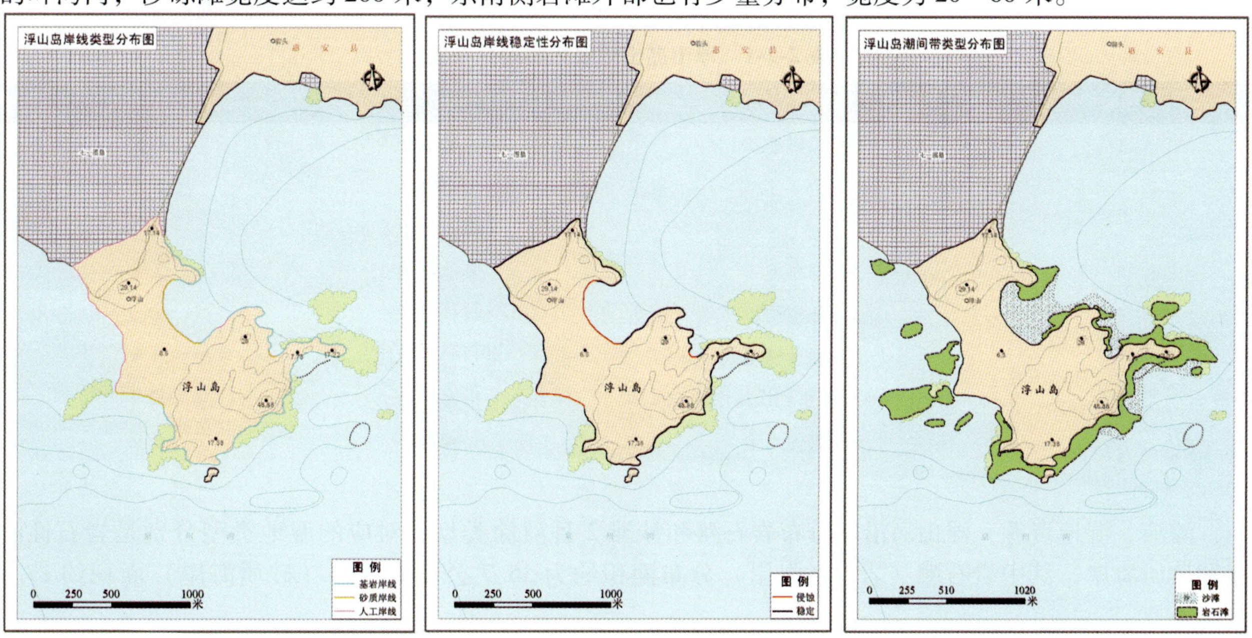

图2-7-4 浮山岛岸线类型分布（左）、岸线稳定性分布（中）和潮间带类型分布（右）

浮山岛位于泉州湾口附近，水动力强，海底表层沉积物较粗。大部分为细砂到中粗砂，含有砾砂和贝壳，而其边侧及开阔海域海岛为细粒沉积，为细砂－粉砂质黏土，重矿物含量低。

第六节　植被与土壤

全岛植被覆盖率50%，为亚热带海岛型植被。植被群落外观为绿色至深绿色，常见种类乔木主要有木麻黄（*Casuarina equisetifolia*）、台湾相思（*Acacia confusa*）和海滨木槿（*Hibiscus hamabo*），其他种类有马缨丹（*Lantana camara*）、蓖麻（*Ricinus communis*）、龙舌兰（*Agave americana*）、草海桐（*Scaevola sericea*）、福建胡颓子（*Elaeagnus oldhami*）、铺地黍（*Panicum repens*）、茵陈蒿（*Artemisia capillaris*）、白茅（*Imperata cylindrica*）和五节芒（*Miscanthus floridulus*）等。岛上植被受人为影响大，次生性强，树种组成单调。村庄内零散有人工栽种的木麻黄、榕树（*Ficus microcarpa*）及一些观赏植物。

全岛植被类型主要有木麻黄群落、海滨木槿群落及草丛和农作物群落。木麻黄群落多为人工栽种的木麻黄防护林，高3～8米，较低矮，多分布于岛的东北面，成零散或者列状排列；岛东南海岸有海滨木槿三四十株，高4～6米。岛东北村庄外侧有少量农作物群落，主要栽种油菜（*Brassica campestris*）和蔬菜等。岛东北和北部荒地主要为铺地黍群落、蓖麻群落和白茅群落等，面积小，分布零散。

浮山岛土壤为赤砂土，面积0.93平方千米。成土母岩为混合二长花岗岩，其长期经历风化、侵蚀、搬运、堆积，植被开始生长，逐渐形成土壤。

第七节　海岛资源开发与保护

一、土地资源

浮山岛共有7个一级类及其所属8个二级类的土地类型分布，其中农村宅基地面积最大，约60.9公顷，沿海滩涂面积位居其次为52.9公顷，港口码头用地面积最小约0.4公顷（图2-7-5和表2-7-1）。

表2-7-1　浮山岛土地使用类型分布表

序号	土地类型		面积（公顷）
1	耕地	旱地	6.6
2	林地	有林地	1.5
		灌木林地	13.6
3	草地	其他草地	7.5
4	住宅用地	农村宅基地	60.9
5	交通运输用地	港口码头用地	0.4
6	水域及水利设施用地	沿海滩涂	52.1
7	其他土地	裸地	2.9

滩涂、湿地资源：浮山岛沿岸分布岩石滩和沙滩2种滩涂类型，对应的湿地类型分别是岩石性海岸和砂质海岸，其中岩石滩（岩石性海岸）分布面积约为35.7公顷，沙滩（砂质海岸）面积约17.4公顷。

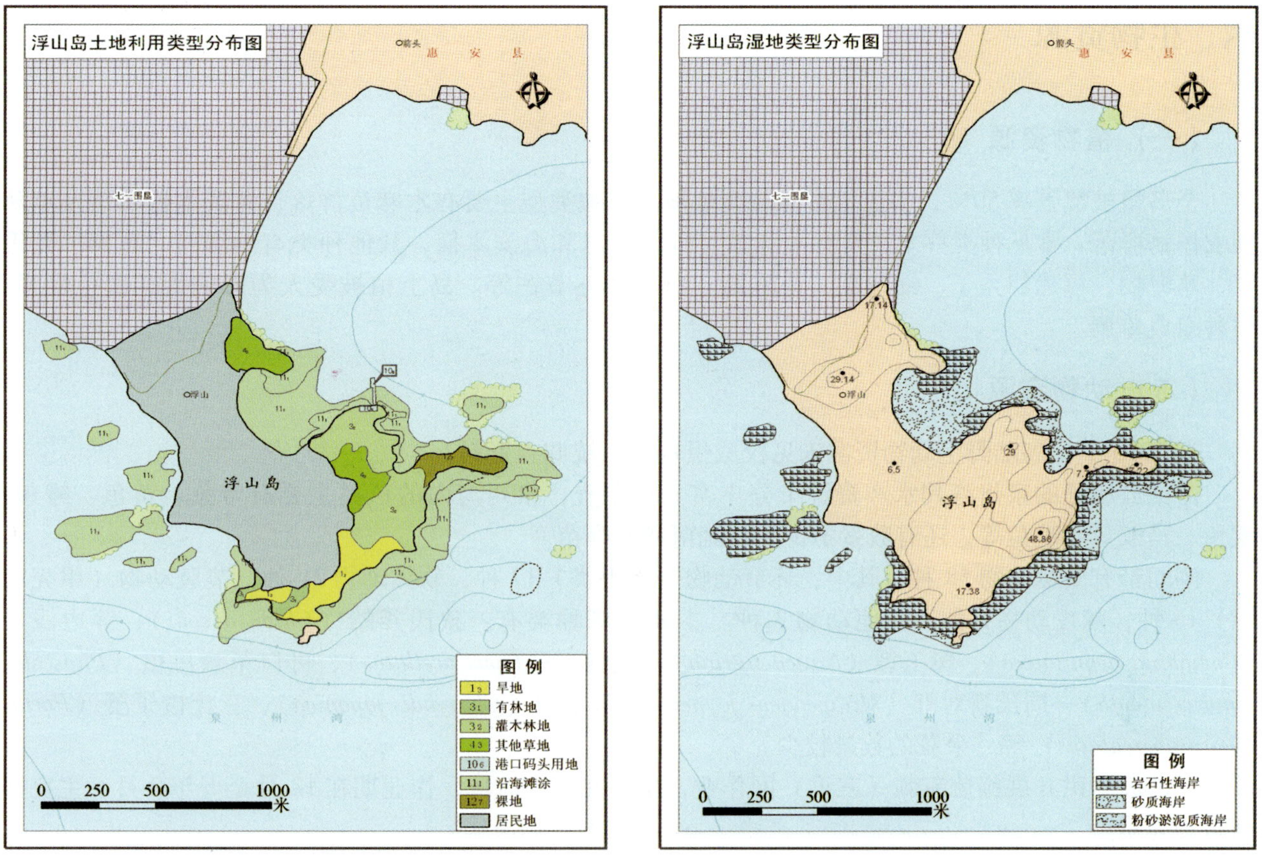

图 2-7-5 浮山岛土地利用类型分布（左）和湿地类型分布（右）

二、水资源

浮山岛年降水量 1165 毫米。岛上有水井，并有陆源客水引入。

三、旅游资源

浮山岛南部、东南部基岩海岸由于水动力和波浪的强力作用，形成海蚀平台、海蚀崖、海蚀洞等各种奇特的海蚀景观，在层层浪花的衬映下蔚为壮观，可开发为观光、摄影、教学等旅游活动景点。

四、港口、航道资源

浮山岛沿岸水域水深浅，大部分岸段在 0 米等深线以上。仅岛屿南部部分岸段水深在 0 ~ 7 米，但该岸段掩护条件差、波浪大，不适宜建设港口码头。浮山岛北侧建有 500 吨级陆岛交通码头一座，服务于当地渔业生产和交通运输。

五、可再生资源

可再生资源主要有风能、太阳能和海洋能等。已经开发使用的可再生能源为太阳能，主要利用方式为家庭太阳能热水器。

六、生物资源

（一）植物资源

全岛植被覆盖率50%，为亚热带海岛型植被。植被类型主要有木麻黄群落、海滨木槿群落及草丛和农作物群落。常见种类乔木主要有木麻黄、台湾相思和海滨木槿，其他种类有马缨丹、蓖麻、龙舌兰、草海桐、福建胡秃子、铺地黍、茵陈蒿、白茅和五节芒等。岛上植被受人为影响大，次生性强，树种组成单调。

（二）动物资源

至2010年，岛陆野生动物资源未见权威报告或系统调查资料。

浮山岛所处的泉州湾其水产资源十分丰富。据调查，泉州湾内的鱼类主要有带鱼、黄鱼、鳗鱼、鲨鱼、马鲛鱼和鲫鱼等，还有数量不少的乌鲻苗和鳗鲡苗。

潮间带有底栖生物58种，其中：环节动物（多毛类）17种，软体动物21种，节肢动物（甲壳动物）15种，棘皮动物2种，其他动物3种。主要经济种类有：狄氏斧蛤（*Chion dysoni*）、等边浅蛤（*Gomphina aequilatera*）、斑玉螺（*Natica tigrina*）、短蛸（*Octopus ocellatus*）、可口革囊星虫（*Phascolosoma esculenta*）、周氏新对虾（*Mrtapenaeus joyneri*）、日本蟳（*Charybdis japonica*）、三疣梭子蟹（*Portunus trituberculatus*）等，采获的数量较少。

浮山岛居民开展鲻鱼流刺（三重）网作业，主要在沿岸海域，作业期在12月至翌年2月，主要捕捞鱼种为鲻鱼。

第八章　其他海岛

按照海岛位置分布及行政区隶属，本章海岛分为泉州湾北部海岛、泉州湾南部海岛、祥芝—锦尚近岸海岛、锦尚—永宁近岸海岛、深沪—围头近岸海岛五部分，共有103个无居民海岛，均属泉州市管辖，其中丰泽区管辖1个、惠安县管辖21个、石狮市管辖47个、晋江市管辖34个。

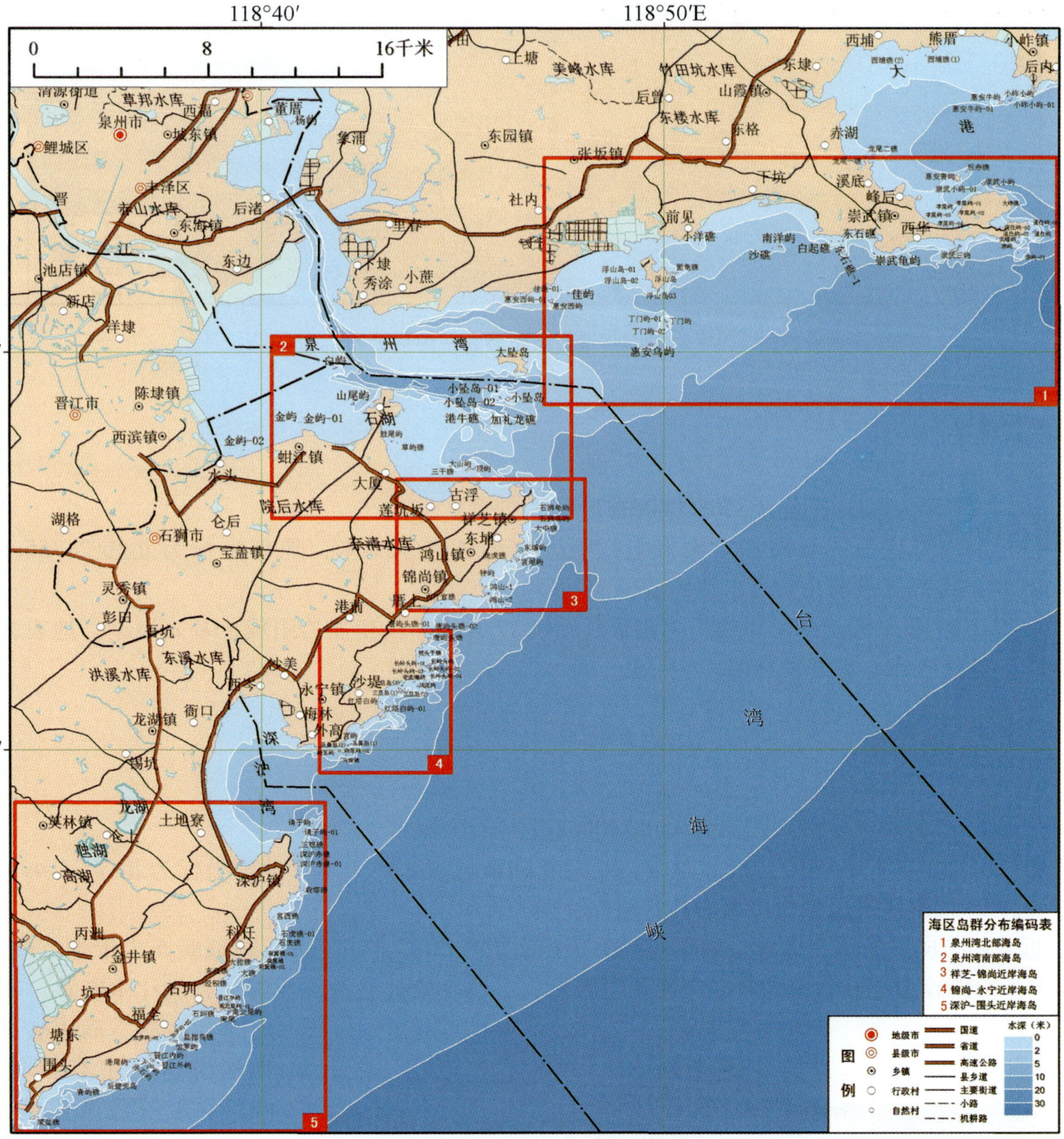

图2-8-1　崇武—围头海区海岛分区图

1. 泉州湾北部海岛；2. 泉州湾南部海岛；3. 祥芝—锦尚近岸海岛；4. 锦尚—永宁近岸海岛；5. 深沪—围头近岸海岛

第一节 泉州湾北部海岛

本节海岛位于泉州湾北部，包括 22 个无居民海岛，其中泉州市丰泽区管辖 1 个、惠安县管辖 21 个。

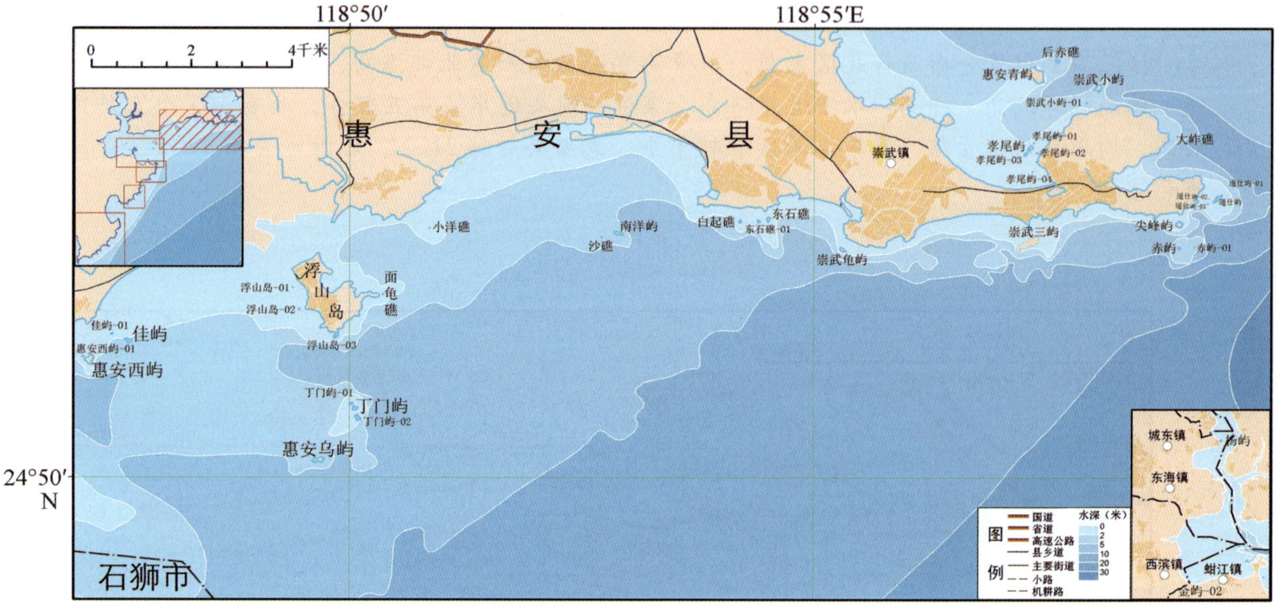

图 2-8-2 泉州湾北部海岛分布

一、杨屿

杨屿（Yáng Yǔ）代码为 350500000121。

位于泉州湾湾顶的洛阳江口泥滩上，距大陆最近点 129 米，地理坐标为北纬 24°55.8′、东经 118°40.8′。行政区隶属泉州市丰泽区管辖。

面积 0.0112 平方千米，岸线长 450 米，海拔 17.6 米。由变质岩组成，基岩海岸。地表多石少土，长杂草。自然状态，未开发利用。

二、大坠岛

大坠岛（Dàzhuì Dǎo）代码为 350521006721。

位于泉州湾湾口，惠安县南部海域，北距大陆最近点 2.4 千米。地理坐标为北纬 24°49.8′、东经 118°46.3′。行政区隶属泉州市惠安县管辖。

近东西走向，长 1.3 千米，最宽处 650 米，面积 0.6089 平方千米，岸线长 5.1 千米，最高点海拔 103.1 米。由碎裂片麻状花岗岩、交代花岗岩组成。地表植被发育，西南部有成片木麻黄。基岩海岸，周围多沙滩。岛上曾投资建设为旅游区，建有宾馆、饭店、两层别墅等旅游设施，南部建有护岸堤，修有水泥路，建有民房。现有部分管理人员在岛

图 2-8-3 大坠岛南面全景

上居住，在岛上养有鸡鸭；部分旅游设施和水泥路已被破坏。岛上有陆岛交通码头、导航标。海岛南部建筑堤与马头岛相连。

图 2-8-4　大坠岛沿岸水泥路及石砌护岸

图 2-8-5　大坠岛上已停业的饭店

图 2-8-6　大坠岛（右）与马头岛（左）围海形成的淡水水库

图 2-8-7　大坠岛上的水井（左）和别墅（右）

三、惠安西屿

惠安西屿（Huì'ān Xīyǔ）代码为350521006121。

位于泉州湾北部近岸海域，大坠岛东北侧，距离陆地约720米，西南距离大坠岛约2.51千米。地理坐标为北纬24°51.3′、东经118°47.2′。行政区隶属泉州市惠安县管辖。

面积0.019平方千米，岸线长620米，最高海拔24.1米。由碎裂片麻状花岗岩、交代花岗岩组成，地表土层薄，长杂草。基岩海岸，近岸水深0～2米。自然状态，未开发利用。周围海域有养殖牡蛎、紫菜和定置网捕捞。

四、惠安西屿-01

惠安西屿-01（Huì'ān Xīyǔ-01）代码为350521006021。

位于惠安县埕边盐场以南海域中，西屿的西北面，距大陆最近点0.666千米。地理坐标为北纬24°51.3′、东经118°47.1′。行政区隶属泉州市惠安县管辖。

呈半圆形，直径约0.034千米；面积520平方米，岸线长90米。由碎裂片麻状花岗岩、交代花岗岩组成。地表基岩裸露。基岩海岸，近岸水深0～2米。自然状态，未开发利用。周围海域有养殖牡蛎、紫菜和定置网捕捞。

五、佳屿

佳屿（Jiā Yǔ）代码为350521005921。

佳屿位于泉州湾湾口东北部，惠安县南部海域，距大陆最近点0.620千米。地理坐标为北纬24°51.5′、东经118°47.6′。行政区隶属泉州市惠安县管辖。

呈圆形，直径约99米；面积6240平方米，岸线长400米，海拔9.3米。由碎裂片麻状花岗岩、交代花岗岩组成，地表多石少土，无植被覆盖。基岩海岸，周围水深2～5米。自然状态，未开发利用。周围海域有养殖牡蛎、紫菜和定置网捕捞。

图2-8-8　佳屿全景

六、佳屿-01

佳屿-01（Jiā Yǔ-01）代码为350521005821。

位于惠安县埕边盐场以南海域中，距大陆最近点447米。地理坐标为北纬24°51.5′、东经118°47.4′。行政区隶属泉州市惠安县管辖。

面积770平方米，岸线长100米，最高点海拔6.1米。由碎裂片麻状花岗岩、交代花岗岩组成，地表土层薄，长杂草。基岩海岸，近岸水深0～2米。自然状态，未开发利用。周围海域有养殖牡蛎、紫菜和定置网捕捞。

七、浮山岛-01

浮山岛-01（Fúshān Dǎo-01）代码为350521009231。

位于浮山岛西侧，地理坐标为北纬24°52.1′、东经118°49.4′。行政区隶属泉州市惠安县管辖。

近圆形，直径约11米；面积60平方米，岸线长30米，最高点海拔7.2米。基岩裸露，无植被覆盖。自然状态，未开发利用。周围海域有养殖牡蛎、紫菜和定置网捕捞。

八、浮山岛-02

浮山岛-02（Fúshān Dǎo-02）代码为350521009331。

位于浮山岛西侧，东距浮山岛102米，地理坐标为北纬24°51.8′、东经118°49.5′。行政区隶属泉州市惠安县管辖。

近圆形，直径约24米；面积400平方米，岸线长70米，最高点海拔5.2米。基岩裸露，无植被覆盖。自然状态，未开发利用。周围海域有养殖牡蛎、紫菜和定置网捕捞。

九、浮山岛-03

浮山岛-03（Fúshān Dǎo-03）代码为350521009421。

位于惠安县张坂镇东南海域中，浮山岛南侧28米近岸；距大陆最近点2.27千米。地理坐标为北纬24°51.5′、东经118°49.9′。行政区隶属泉州市惠安县管辖。

呈长条形，东北—西南走向，最长处约105米，最宽处约60米；面积4070平方米，岸线长280米，最高点海拔10.0米。由碎裂变斑交代二长花岗岩、交代二长花岗岩组成，地表基岩裸露。基岩海岸，近岸水深0~2米。自然状态，未开发利用。周围海域有养殖牡蛎、紫菜和定置网捕捞。

十、面龟礁

面龟礁（Miànguī Jiāo）代码为350521009131。

位于浮山岛东部，西距浮山岛约52米。地理坐标为北纬24°52.0′、东经118°50.4′。行政区隶属泉州市惠安县管辖。

近椭圆形，近东西向展布，长轴约30米，短轴约20米；面积440平方米，岸线长80米，最高点海拔9.7米。基岩裸露，无植被覆盖。自然状态，未开发利用。周围海域有养殖牡蛎、紫菜和定置网捕捞。

十一、小洋礁

小洋礁（Xiǎoyáng Jiāo）代码为350521009031。

位于泉州湾北部惠安东峰近岸海域，距离陆地约0.450千米。地理坐标为北纬24°52.7′、东经118°50.9′。行政区隶属泉州市惠安县管辖。

面积150平方米，岸线长40米，最高点海拔3.1米。基岩裸露，无植被覆盖。自然状态，未开发利用。周围海域有养殖牡蛎、紫菜和定置网捕捞。

十二、丁门屿

丁门屿（Dīngmén Yǔ）代码为350521006321。

丁门屿位于惠安县张坂镇东南海域中，距大陆最近点1.44千米。地理坐标为北纬24°50.7′、东经118°50.1′。行政区隶属泉州市惠安县管辖。

呈三角形，长130米，宽70米，面积0.0045平方千米，岸线长320米，最高点海拔11.8米。由碎裂片麻状花岗岩、交代花岗岩组成，地表长有杂草。基岩海岸，北部多干出礁。自然状态，未开发利用。周围海域有养殖牡蛎、紫菜和定置网捕捞。

图2-8-9　丁门屿全景

十三、丁门屿-01

丁门屿-01（Dīngmén Yǔ-01）代码为350521006221。

位于惠安县张坂镇东南海域中，丁门屿西北部53米，距大陆最近点1.38千米。地理坐标为北纬24°50.8′、东经118°50.0′。行政区隶属泉州市惠安县管辖。

呈椭圆形，近东西走向，最长处约62米，最宽处约43米；面积1970平方米，岸线长180米。由碎裂片麻状花岗岩、交代花岗岩组成。地表岩石裸露。基岩海岸，岛的四周分布有礁石，西侧水深5～10米。自然状态，未开发利用。周围海域有养殖牡蛎、紫菜和定置网捕捞。

十四、丁门屿-02

丁门屿-02（Dīngmén Yǔ-02）代码为350521006421。

位于惠安县张坂镇东南海域中，丁门屿南95米处，距大陆最近点1.640千米。地理坐标为北纬24°50.6′、东经118°50.1′。行政区隶属泉州市惠安县管辖。

近长方形，最长处约127米，最宽处约83米，近南北走向；面积6550平方米，岸线长430米，最高点海拔4.7米。由碎裂片麻状花岗岩、交代花岗岩组成。地表植被稀少。基岩海岸，岛的周围分布有礁石。近岸水深2～5米。自然状态，未开发利用。周围海域有养殖牡蛎、紫菜和定置网捕捞。

十五、惠安乌屿

惠安乌屿（Huì'ānwū Yǔ）代码为350521006621。

又名赤鼎。位于惠安县张坂镇东南海域中，丁门屿的西南部，距大陆最近点2.477千米。地理坐标为北纬24°50.2′、东经118°49.7′。行政区隶属泉州市惠安县管辖。

呈长块状，长轴东西走向，最长处约234米，最宽处约100米；面积0.0145平方千米，岸线长650米，最高点海拔21.4米。由碎裂片麻状花岗岩、交代花岗岩组成。表层覆盖土壤，长杂草。基岩海岸，北部岩石滩突出，周围水深2～10米。顶部立有灯桩。周围海域有养殖牡蛎和定置网捕捞。

图 2-8-10 惠安乌屿全景（左）和灯桩（右）

十六、沙礁

沙礁（Shā Jiāo）代码为 350521005421。

位于惠安县崇武镇以西海域，南洋屿西侧，北距大陆最近点约 1.96 千米。地理坐标为北纬 24°52.6′、东经 118°52.7′。行政区隶属泉州市惠安县管辖。

近圆形，面积 240 平方米，岸线长 50 米，最高海拔 4.4 米。基岩裸露，无植被覆盖。自然状态，未开发利用。周围海域有养殖牡蛎、紫菜和定置网捕捞。

十七、南洋屿

南洋屿（Nányáng Yǔ）代码为 350521006521。

位于惠安县崇武镇以西海域中，东北距大陆最近点 1.67 千米。地理坐标为北纬 24°52.643′、东经 118°52.920′。行政区隶属泉州市惠安县管辖。

长条形，长轴为东西走向，面积 7380 平方米，岸线长 0.420 千米，最高点海拔 8.8 米。由碎裂变斑交代二长花岗岩、交代二长花岗岩组成，地表有土层，无植被覆盖。基岩海岸，水下礁盘面积较大，约 0.1267 平方千米，附近水深 2～10 米。

图 2-8-11 南洋屿全景

2008 年惠安县人民政府批准设立惠安县南洋屿海洋生态特别保护区，保护海岛及周边海域 3 海里。管理具体单位为泉州市海监支队和惠安县海监大队。保护具体要求为：设立保护区标志牌；对海岛及周边 3 海里海域实行封闭式管理，严禁捕捞、挖砂等破坏海洋生态环境的行为和活动；实施封岛保护，加强监督管理，海监部门定期开展巡查；开展有针对性的生态修复工作，如进行人工增殖、种植等放流增殖工作；落实责任制，海岛所在地海洋与渔业局要明确执法队伍及海岛管辖地乡镇的职责。

十八、白起礁

白起礁（Báiqǐ Jiāo）代码为350521005021。

位于惠安县崇武镇以西海域，北距大陆最近处约0.260千米，地理坐标为北纬24°52.8′、东经118°54.2′。行政区隶属泉州市惠安县管辖。

长条状，长200米，面积1650平方米，岸线长160米。由变质岩组成，海岸为基岩滩岸。地表岩石裸露，无植被覆盖。近岸水深5米。自然状态，未开发利用。周围海域有养殖牡蛎、紫菜和定置网捕捞。

十九、东石礁

东石礁（Dōngshí Jiāo）代码为350521005121。

位于惠安县崇武镇以西近岸海域中，崇武港的西部，北距大陆最近点0.138千米。地理坐标为北纬24°52.8′、东经118°54.5′。行政区隶属泉州市惠安县管辖。

形似尖牙，南北走向，最长处约100米，最宽处约60米；面积3510平方米，岸线长270米。由碎裂变斑交代二长花岗岩、交代二长花岗岩组成。地表岩石裸露，无植被覆盖。基岩海岸，周围多干出礁，西侧为沙滩。自然状态，未开发利用。周围海域有养殖牡蛎、紫菜和定置网捕捞。

图2-8-12　东石礁全景

二十、东石礁-01

东石礁-01（Dōngshí Jiāo-01）代码为350521008921。

位于惠安县崇武镇以西近岸海域，北距大陆约0.251千米。地理坐标为北纬24°52.8′、东经118°54.4′。行政区隶属泉州市惠安县管辖。

长条形，面积1720平方米，岸线长160米。由碎裂变斑交代二长花岗岩、交代二长花岗岩组成，基岩海岸，地表岩石裸露，无植被覆盖。行政区隶属泉州市惠安县管辖。自然状态，未开发利用。周围海域有养殖牡蛎、紫菜和定置网捕捞。

二十一、崇武龟屿

崇武龟屿（Chóngwǔguī Yǔ）代码为350521005621。

位于惠安县崇武镇以南海域中，崇武港的东部，东北距大陆220米。地理坐标为北纬24°52.5′、东经118°55.3′。行政区隶属泉州市惠安县管辖。

形似海龟，东西长120米，南北宽50米，面积5070平方米，岸线长300米。岩性为碎裂变斑交代二长花岗岩、交代二长花岗岩。基岩海岸，发育岩滩。

图 2-8-13 崇武龟屿基岩海岸、灯桩、房屋及护岸堤

龟屿灯桩①，1964 年建成，1984 年改建标志，1990 年装太阳能电池，2000 年更换松下免维护电池，位置为北纬 24°52′28.6″、东经 118°55′14.5″，编号 3068，隶属厦门航标处管理。为红白竖条圆柱形石砌构造，桩身高度 6.4 米，灯高 15.8 米，射程 3 海里，灯器为 DX-155，灯质为闪（3）红 10 秒，太阳能电池和松下免维护电池供电。为崇武港重要标志。

二十二、崇武三屿

崇武三屿（Chóngwǔ 3 Yǔ）代码为 350521005321。

位于惠安县崇武镇以南近岸海域中，东距大陆 110 米。地理坐标为北纬 24°52.6′、东经118°57.4′。行政区隶属泉州市惠安县管辖。

面积 0.0519 平方千米，岸线长 1.9 千米。基岩海岸，发育岩滩。岛上建有养殖池，并有连岛堤与大陆相连，向西西南方向延伸建设防波堤。

第二节 泉州湾南部海岛

本节包括泉州湾南部海域 15 个无居民海岛，行政区均隶属泉州市石狮市管辖。

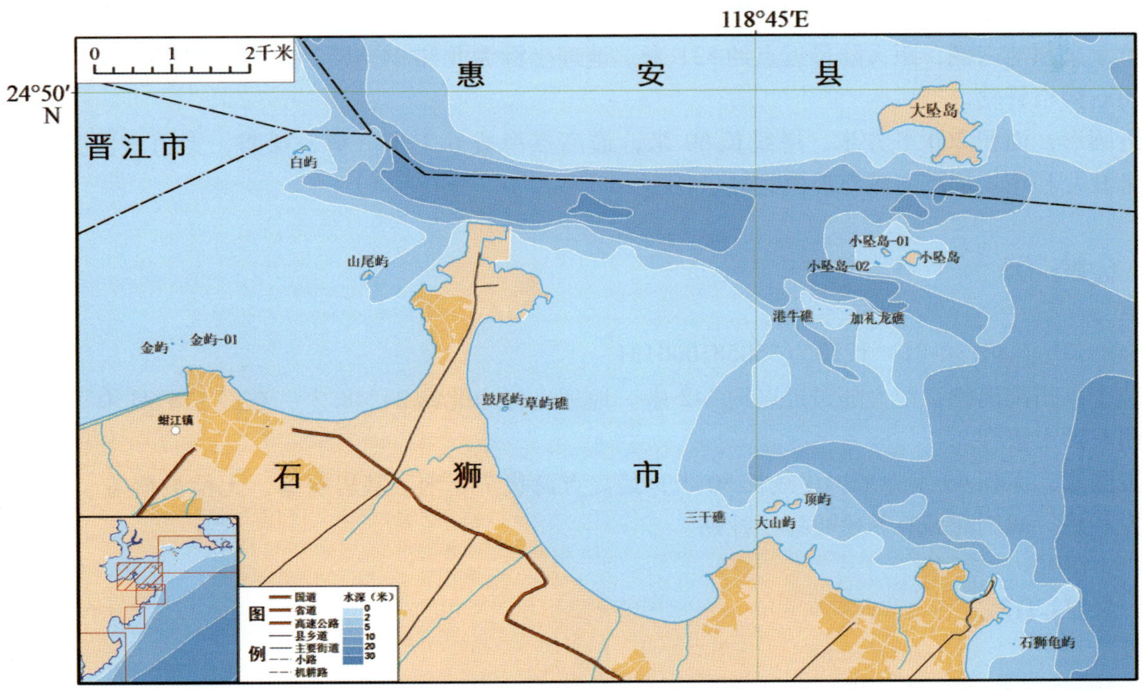

图 2-8-14 泉州湾南部海岛分布

① 东海海区航标资料汇编，中华人民共和国上海海事局官方网页 http：//www.shmsa.gov.cn/mark/ donghai/index.htm，1999 年。

图 2-8-15　白屿东面全景

图 2-8-16　白屿岛上的采石场及工棚

图 2-8-17　金屿近景

一、白屿

白屿（Bái Yǔ）代码为350582000221。

位于泉州湾中部，石狮市蚶江镇以北海域中，距大陆最近点2.190千米。地理坐标为北纬24°49.6′、东经118°41.8′。行政区隶属泉州石狮市管辖。

海岛呈笔架形，长轴为近东北—西南走向，长约270米，最宽处140米，面积6950平方米，岸线长510米，最高点海拔18.3米。由碎裂片麻状花岗岩、交代花岗岩组成，地表基岩裸露，无植被覆盖。基岩海岸，发育岩滩。近岸水深0～2米。岛上曾经被开采，岛屿原有地貌形态受到较大程度破坏。建有石砌工棚。

二、金屿

金屿（Jīn Yǔ）代码为350581000231。

位于泉州湾南侧，距大陆最近点约331米。地理坐标为北纬24°48.2′、东经118°40.9′。行政区隶属泉州石狮市管辖。

近圆形，面积260平方米，岸线长60米，最高点海拔6.3米。基岩裸露，无植被覆盖。自然状态，未开发利用。周围海域有养殖蛤蛏、牡蛎。

三、金屿-01

金屿-01（Jīn Yǔ-01）代码为350581000131。

位于泉州湾南侧，距大陆最近点约342米。地理坐标为北纬24°48.2′、东经118°41.0′。行政区隶属泉州石狮市管辖。

近圆形，面积60平方米，岸线长30米，最高点海拔7.3米。基岩裸露，无植被覆盖。自然状态，未开发利用。周围海域有养殖蛤蛏、牡蛎。

四、金屿-02

金屿-02（Jīn Yǔ-02）代码为350581000331。

位于泉州湾南侧近岸潮滩上，距大陆最近点约460米。地理坐标为北纬24°47.5′、东经118°39.6′。行政区隶属泉州石狮市管辖。

面积200平方米，岸线长50米，最高点海拔5.6米。基岩裸露，无植被覆盖。自然状态，未开发利用。周围海域有养殖蝤蛑、牡蛎。

五、山尾屿

山尾屿（Shānwěi Yǔ）代码为350582000521。

山尾屿位于泉州湾南部，在石狮市蚶江镇东北海域，距大陆最近点540米。地理坐标为北纬24°48.7′、东经118°42.3′。行政区隶属泉州石狮市管辖。

图2-8-18 山尾屿上的船坞

岛呈卵圆形，最长处约158米，最宽处约582米，东北—西南走向；面积0.0108平方千米，岸线长570米，海拔8米。由碎裂片麻状花岗岩、交代花岗岩组成，地表基岩裸露。基岩海岸，周围多干出礁，水深0~2米。海岛周边已建围堤，成为造船厂的2个船坞。

六、小坠岛

小坠岛（Xiǎozhuì Dǎo）代码为350582000321。

位于泉州湾口，大坠岛南侧，距离大坠岛1.3千米，距大陆最近点4.0千米。地理坐标为北纬24°48.8′、东经118°46.1′。行政区隶属泉州石狮市管辖。

呈不规则长条状，东南—西北走向，最长处约115米，最宽处约68米；面积0.0264平方千米，岸线长670米，最高点海拔18.0米。地势低平，最高点海拔18米。由碎裂片麻状花岗岩、交代花岗岩组成。表层为黄沙、红壤土，长有杂草。基岩海岸，水下礁盘东西向延伸，与无名岛JJG2和无名岛JJG3相连。周围水深2~5米。处泉州湾主航道边，岛上建有小坠岛引导灯桩前和小坠岛引导灯桩后两个导标。

1971年9月建成，1987年改建，1990年装太阳能电池板，隶属厦门航标处管理。前导标编号3074，位置为北纬24°48′51.2″、东经118°45′51.1″，为方形石砌白黑白竖条瓷砖贴面构造，灯高15.9

图2-8-19 小坠岛全景和小坠岛引导灯桩前和小坠岛引导灯桩后

米，射程7海里，桩身高度8.8米，灯质为闪白1秒，由蓄电池和太阳能电池板供电，起到标识航道之用；后导标编号3075，位置为北纬24°48′48.9″、东经118°46′3.6″，为方形石砌白黑白竖条瓷砖贴面构造，灯高24.4米，射程7海里，桩身高度9.3米，灯质为等明暗白4秒，蓄电池和太阳能电池板供电，起到标识航道之用。

七、小坠岛-01

小坠岛-01（Xiǎozhuì Dǎo-01）代码为350582000421。

位于泉州湾湾口，大坠岛的南部，距大陆最近点4.3千米。地理坐标为北纬24°48.8′、东经118°45.9′。行政区隶属泉州石狮市管辖。

岛呈扇形，轴长184米；面积6450平方米，岸线长330米。地势低平，最高点海拔近20米。由碎裂片麻状花岗岩、交代花岗岩组成，地表多石少土，局部长杂草。基岩海岸，西侧礁盘连小坠岛，近岸水深2~5米。岛上建有灯桩，称小坠岛北礁灯桩①，1961年建成，1973年改建，1991年倒塌，1993年重建并装太阳能电池，1994年12月维修，编号3073，位置为北纬24°49′3.1″、东经118°46′0.4″，隶属厦门航标处管理。为红色六角形混凝土构造，桩身高度12.5米，灯高9.2米，射程3海里，灯器为SDA-SS-1智能灯器，灯质为闪红1.5秒，蓄电池和太阳能电池供电。用于船舶助航。

八、小坠岛-02

小坠岛-02（Xiǎozhuì Dǎo-02）代码为350582000621。

位于泉州湾口，小坠岛的南部，距大陆最近点3.9千米。地理坐标为北纬24°48.8′、东经118°45.9′。行政区隶属泉州石狮市管辖。

形似花生，东南—西北走向，最长处约59米，最宽处约28米；面积1030平方米，岸线长140米。由碎裂片麻状花岗岩、交代花岗岩组成，地表基岩裸露。基岩海岸。岛上建有导航灯标。

九、港牛礁

港牛礁（Gǎngniú Jiāo）代码为350581000631。

位于泉州湾小坠门水道南侧，距大陆最近点约3.0千米。地理坐标为北纬24°48.4′、东经118°45.5′。行政区隶属泉州石狮市管辖。

近圆形，面积10平方米，岸线长10米，最高点海拔3.1米。基岩裸露，无植被覆盖。未开发利用。

图2-8-20　港牛礁全景

十、加礼龙礁

加礼龙礁（Jiālǐlóng Jiāo）代码为350581000531。

---

① 东海海区航标资料汇编，中华人民共和国上海海事局官方网页 http：//www.shmsa.gov.cn/mark/ donghai/index.htm，1999年。

位于泉州湾小坠门水道南侧，距大陆最近点约 3.1 千米。地理坐标为北纬 24°48.4′、东经 118°45.6′。行政区隶属泉州石狮市管辖。

近椭圆形，面积 90 平方米，岸线长 40 米，最高点海拔 5.1 米。基岩裸露，无植被覆盖。未开发利用。

十一、鼓尾屿

鼓尾屿（Gǔwěi Yǔ）代码为 350582000721。

位于石狮市蚶江镇东北海域，距大陆最近点 0.21 千米，地理坐标为北纬 24°47.8′、东经 118°43.2′。行政区隶属泉州石狮市管辖。

图 2-8-21　鼓尾屿及岛上建筑物

呈不规则长带状，长轴为北东—西南走向，长 0.15 千米，面积 2370 平方米，岸线长 0.190 千米。由变质岩组成，海岸为基岩滩岸。地表有黄沙壤土，植被稀少。周围水深 1.8 ~ 2.5 米。现礁石已被夷平，岛上建有石砌建筑物。周围滩涂养殖紫菜、花蛤、蛏蛏。

十二、草屿礁

草屿礁（Cǎoyǔ Jiāo）代码为 350581000431。

位于石狮市蚶江镇东北海域，距大陆最近点约 470 米，地理坐标为北纬 24°47.7′、东经 118°43.4′。行政区隶属泉州石狮市管辖。

面积 40 平方米，岸线长 20 米，最高点海拔 5.6 米。由变质岩组成，海岸为基岩滩岸。

十三、三干礁

三干礁（Sāngān Jiāo）代码为 350581000731。

位于泉州湾古浮澳东南侧，距大陆最近点约 0.506 千米，地理坐标为北纬 24°47.0′、东经 118°44.8′。行政区隶属泉州石狮市管辖。

近圆形，面积 20 平方米，岸线长 20 米，最高点海拔 5.1 米。基岩裸露，无植被覆盖。未开发利用。

十四、大山屿

大山屿（Dàshān Yǔ）代码为 350582000921。

图 2-8-22　大山屿南面全景

图 2-8-23　大山屿南侧海蚀崖和沙滩

位于泉州湾南部古浮澳南侧，距大陆最近点 0.480 千米。地理坐标为北纬 24° 47.0′、东经 118°45.1′。行政区隶属泉州石狮市管辖。

岛呈椭圆形，长轴为北东—南西走向，最长处约 268 米，最宽处约 130 米；面积 0.0203 平方千米，岸线长 680 米。由碎裂片麻状花岗岩、交代花岗岩组成，地表有黄沙壤土，杂草丛生，并有成片木麻黄，还有零星坟墓，基岩海岸，四周发育岩滩，局部有沙滩。周围水深 0～5 米。

十五、顶屿

顶屿（Dǐng Yǔ）代码为 350582000821。

图 2-8-24　顶屿南面全景

图 2-8-25　顶屿海蚀风蚀地貌

位于泉州湾南部古浮澳南侧，距大陆最近点 320 米。地理坐标为北纬 24° 47.1′、东经 118°45.3′。行政区隶属泉州石狮市管辖。

呈不规则长方形，长轴为北东—南西走向，最长处约 184 米，最宽处约 99 米，面积 0.0120 平方千米，岸线长 490 米。由碎裂片麻状花岗岩、交代花岗岩组成，地表部分岩石裸露，局部植被发育。基岩海岸，礁盘连大山屿。近岸水深 0～2 米。自然状态，未开发利用。周围海域有吊养牡蛎和定置网捕捞。

第三节　祥芝—锦尚近岸海岛

本节包括祥芝镇至锦尚镇之间近岸海域的 10 个无居民海岛，行政区均隶属石狮市管辖。

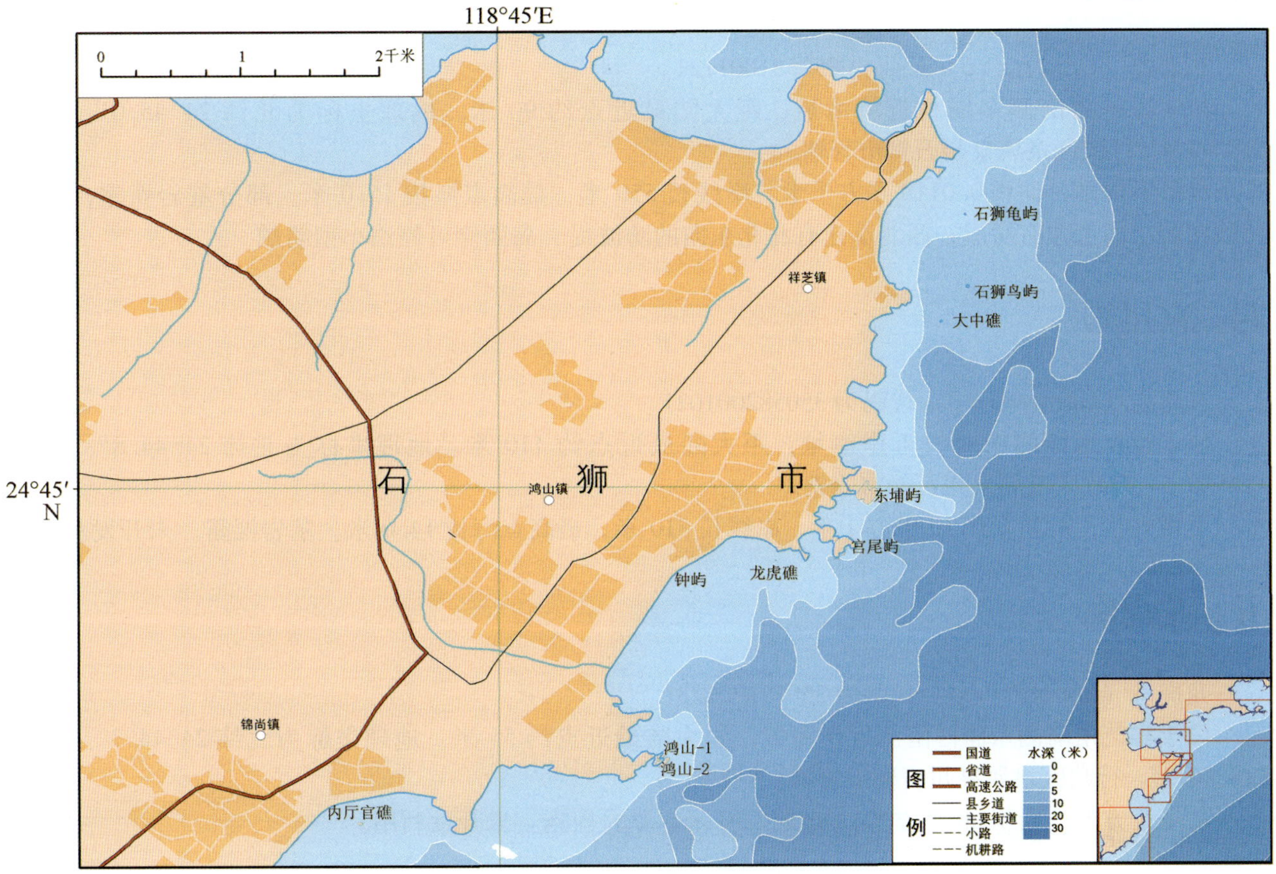

图 2-8-26　祥芝—锦尚近岸海岛分布

一、石狮龟屿

石狮龟屿（Shíshīguī Yǔ）代码为 350581000831。

位于祥芝角南侧，距大陆最近点约 428 米。地理坐标为北纬 24°46. 1′、东经 118°46. 8′。行政区隶属泉州石狮市管辖。

近圆形，面积 40 平方米，岸线长 30 米，最高点海拔 7. 5 米。基岩裸露，无植被覆盖。未开发利用。

二、石狮鸟屿

石狮鸟屿（Shíshīniǎo Yǔ）代码为 350581000931。

位于祥芝角南侧，距大陆最近点约 421 米。地理坐标为北纬 24°45. 8′、东经 118°46. 8′。行政区隶属泉州石狮市管辖。

岛呈近圆形，面积 290 平方米，岸线长 60 米，最高点海拔 6. 2 米。基岩裸露，无植被覆盖。

岛屿灯桩①，1963 年建成，1984 年改建标志，1990 年新增雷达应答器，位置为北纬 24°50′11.2″、东经 118°49′38.6″，编号 3070，隶属厦门航标处管理。为黑白横带圆柱形石砌、瓷砖贴面构造，桩身高度 6.6 米，灯高 27.9 米，射程 10.5 海里，灯器为 ML-300，附设雷达应答器（Z－・・），频率 X 频段 9300～9500 兆赫，灯质为闪（2）白 6 秒，蓄电池和太阳能电池供电。为泉州港口门重要标志。

三、东埔屿

东埔屿（Dōngpǔ Yǔ）代码为 350581001121。

位于祥芝角南侧东埔村近岸海域，距大陆最近点约 90 米。地理坐标为北纬 24°45.0′、东经 118°46.4′。行政区隶属泉州石狮市管辖。

岛形不规则，面积 0.0118 平方千米，岸线长 550 米，最高点海拔 15.0 米。部分基岩裸露，部分植被覆盖。岛上建有房屋，西北端建有北北东向的防波堤，岛西侧可停泊小型船舶。

四、宫尾屿

宫尾屿（Gōngwěi Yǔ）代码为 350582001021。

位于祥芝角南侧东埔村近岸海域，距大陆最近点约 110 米。地理坐标为北纬 24°44.8′、东经 118°46.3′。行政区隶属泉州石狮市管辖。

不规则状，面积 0.0119 平方千米，岸线长 510 米，最高点海拔 14.0 米。基岩裸露。未开发利用。

五、龙虎礁

龙虎礁（Lónghǔ Jiāo）代码为 350581001231。

位于祥芝角南侧东埔村南侧近岸海域，距大陆最近点约 55 米。地理坐标为北纬 24°44.7′、东经 118°46.1′。行政区隶属泉州石狮市管辖。

岛呈近方形，面积 60 平方米，岸线长 30 米。基岩裸露。未开发利用。

六、钟屿

钟屿（Zhōng Yǔ）代码为 350581001331。

位于祥芝角南侧东埔村南侧近岸海域，距大陆最近点约 150 米。地理坐标为北纬 24°44.6′、东经 118°45.7′。行政区隶属泉州石狮市管辖。

面积 80 平方米，岸线长 40 米。基岩裸露。未开发利用。

七、鸿山一礁

鸿山一礁（Hóngshān 1 Jiāo）代码为 350581001421。

位于石狮市鸿山镇南侧近岸海域，距大陆最近点约 60 米。地理坐标为北纬 24°43.9′、东经 118°45.6′。行政区隶属泉州石狮市管辖。

面积 1350 平方米，岸线长 170 米。基岩裸露。

---

① 东海海区航标资料汇编，中华人民共和国上海海事局官方网页 http://www.shmsa.gov.cn/mark/donghai/index.htm，1999 年。

八、鸿山二礁

鸿山二礁（Hóngshān 2 Jiāo）代码为350581001521。

位于石狮市鸿山镇南侧近岸海域，距大陆最近点约65米。地理坐标为北纬24°43.9′、东经118°45.6′。行政区隶属泉州石狮市管辖。

面积1500平方米，岸线长180米。基岩裸露。

九、内厅官礁

内厅官礁（Nèitīngguān Jiāo）代码为350581001631。

位于石狮市锦尚镇后山村近岸海域，距大陆最近点约145米。地理坐标为北纬24°43.7′、东经118°44.5′。行政区隶属泉州石狮市管辖。

面积250平方米，岸线长50米，最高点海拔5.4米。基岩裸露，北部与海岸滩涂相连。

十、大中礁

大中礁（Dàzhōng Jiāo）代码为350581001031。

位于祥芝角南侧，地理坐标为北纬24°45.7′、东经118°46.7′。行政区隶属泉州石狮市管辖。

岛呈近圆形，面积100平方米，岸线长40米，最高点海拔5.8米。基岩裸露，无植被覆盖。未开发利用。

第四节　锦尚—永宁近岸海岛

本节包括锦尚至永宁间近岸海域22个无居民海岛，行政区均隶属石狮市管辖。

一、唐屿头礁-01

唐屿头礁-01（Tángyǔ Tóujiāo-01）代码为350582001321。

位于石狮市锦尚镇东南部海域，距大陆最近点350米。地理坐标为北纬24°43.0′、东经118°44.2′。行政区隶属泉州石狮市管辖。

不规则形状，面积210平方米，岸线长50米。基岩裸露，水下礁盘面积较大。未开发利用。

二、唐屿头礁-02

唐屿头礁-02（Tángyǔ Tóujiāo-02）代码为350582001421。

位于石狮市锦尚镇东南部海域，距大陆最近点430米。地理坐标为北纬24°43.0′、东经118°44.3′。行政区隶属泉州石狮市管辖。

面积100平方米，岸线长40米。基岩裸露，与唐屿头礁-01水下礁盘相连。未开发利用。

三、唐屿头礁

唐屿头礁（Tángyǔ Tóujiāo）代码为350582001521。

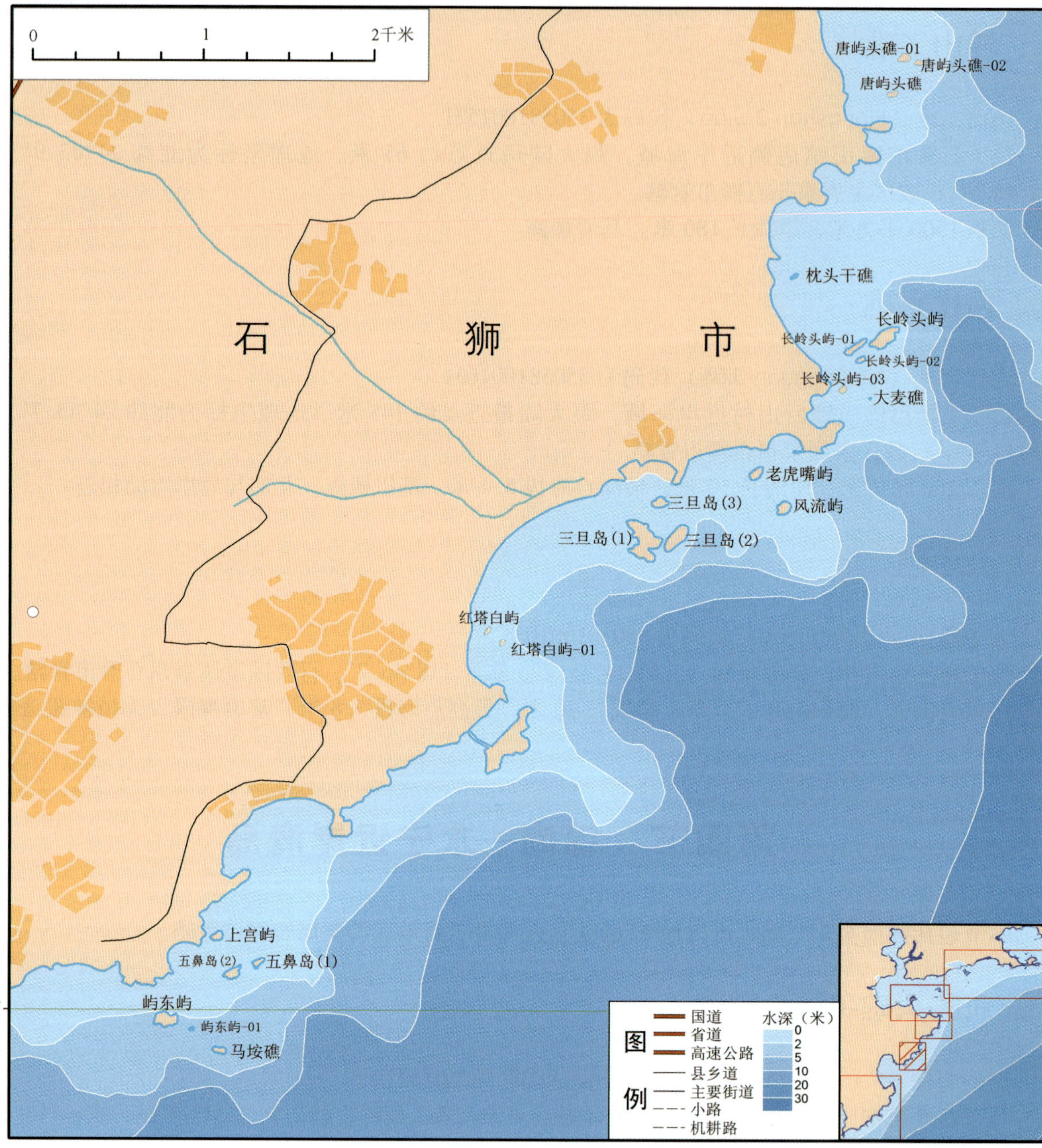

图 2-8-27　锦尚—永宁近岸海岛分布

位于石狮市锦尚镇东南部海域，距大陆最近点 210 米。地理坐标为北纬 24°42.9′、东经118°44.2′。行政区隶属泉州石狮市管辖。

面积 1250 平方米，岸线长 130 米，最高点海拔 6.1 米。基岩裸露，与唐屿头礁-01 水下礁盘相连。未开发利用。

四、枕头干礁

枕头干礁（Zhěntougān Jiāo）代码为 350582001621。

位于石狮市锦尚镇东南部海域，距大陆最近点 90 米。地理坐标为北纬 24°42.3′、东经118°43.9′。行政区隶属泉州石狮市管辖。

呈长条形，东北—西南走向，最长处约 40 米，最宽处约 16 米；面积 570 平方米，岸线长 110 米，最高点海拔 9.5 米。由变质岩组成，地表岩石裸露，无植被覆盖。基岩海岸，水下礁盘面积较大。周围水深 2 ~8 米。未开发利用。

五、长岭头屿

长岭头屿（Chánglǐng Tóuyǔ）代码为 350582001821。

位于石狮市锦尚镇东南部海域，距大陆最近点 170 米。地理坐标为北纬 24°42.1′、东经118°44.2′。行政区隶属泉州石狮市管辖。

呈长条形，东北—西南走向，最长处约 180 米，最宽处约 80 米，海拔 15.4 米；面积 0.0108 平方千米，岸线长 460 米。由变质岩组成，地表岩石裸露，无植被覆盖。基岩海岸，水下礁盘面积较大。周围水深 2 ~8 米。未开发利用。

图 2-8-28 长岭头屿全景

六、长岭头屿-01

长岭头屿-01（Chánglǐng Tóuyǔ-01）代码为 350582001721。

位于石狮市锦尚镇东南侧海域中，距大陆最近点 380 米。地理坐标为北纬 24°42.1′、东经 118°44.1′。行政区隶属泉州石狮市管辖。

呈长条形，东北—西南走向，最长处约 140 米，最宽处约 40 米；面积 4210 平方米，岸线长 320 米。由变质岩组成。地表植被稀少。基岩海岸，礁盘突出。未开发利用。

七、长岭头屿-02

长岭头屿-02（Chánglǐng Tóuyǔ-02）代码为 350582001921。

位于石狮市永宁镇东北部海域，距大陆最近点 180 米。地理坐标为北纬 24°42.1′、东经118°44.1′。行政区隶属泉州石狮市管辖。

呈椭圆形，东北—西南走向，最长处约 564 米，最宽处约 270 米；面积 1250 平方米，岸线长 140 米。由变质岩组成，地表岩石裸露，无植被覆盖。基岩海岸，水下礁盘面积较大。周围水深2 ~8 米。未开发利用。

八、长岭头屿-03

长岭头屿-03（Chánglǐng Tóuyǔ-03）代码为 350581001721。

位于石狮市永宁镇东北部海域，距大陆最近点约 50 米。地理坐标为北纬 24°42.0′、东经 118°44.0′。行政区隶属泉州石狮市管辖。

面积 550 平方米，岸线长 110 米。由变质岩组成，地表岩石裸露，无植被覆盖。基岩海岸，水下礁盘面积较大。未开发利用。

九、长岭头屿-04

长岭头屿-04（Chánglǐng Tóuyǔ-04）代码为350581001831。

位于锦尚镇东南部海域。地理坐标为北纬24°41.9′、东经118°44.1′。行政区隶属泉州石狮市管辖。

近圆形，离岸220米。面积40平方米，岸线长30米。由变质岩组成，地表岩石裸露，无植被覆盖。未开发利用。

十、老虎嘴屿

老虎嘴屿（Lǎohǔzuǐ Yǔ）代码为350582002021。

位于石狮市永宁镇东北部海域，距大陆最近点150米。地理坐标为北纬24°41.7′、东经118°43.8′。行政区隶属泉州石狮市管辖。

呈长条形，东北—西南走向，最长处约140米，最宽处约40米；面积3480平方米，岸线长230米。由变质岩组成，地表岩石裸露，无植被覆盖。未开发利用。

图2-8-29 老虎嘴屿全景

十一、风流屿

风流屿（Fēngliú Yǔ）代码为350582002221。

位于石狮市永宁镇东北部海域，距大陆最近点150米。地理坐标为北纬24°41.6′、东经118°43.9′。行政区隶属泉州石狮市管辖。

岛呈长卵圆形，直径约63米，最高点海拔15.6米；面积4380平方米，岸线长252米。由变质岩组成，地表岩石裸露，无植被覆盖。未开发利用。

图2-8-30 风流屿全景

图2-8-31 三旦岛（1）全景

十二、三旦岛（1）

三旦岛（1）［Sāndàn Dǎo（1）］代码为350582002321。

位于石狮市永宁镇东侧海域，距大陆最近点0.200千米。地理坐标为北纬24°41.488′、东经118°43.431′。行政区隶属泉州石狮市管辖。

呈扇形，轴长约0.061千米，面积0.0242平方千米，岸线长850米。由变质岩组成，地表基岩裸露，植被局部发育，主要为木麻黄。未开发利用。

十三、三旦岛（2）

三旦岛（2）［Sāndàn Dǎo（2）］代码为350582002421。

位于石狮市永宁镇东侧海域中，距大陆最近点200米。地理坐标为北纬24°41.5′、东经118°43.5′。

行政区隶属泉州石狮市管辖。

呈扇形，轴长约61米，面积0.0106平方千米，岸线长430米。由变质岩组成，地表基岩裸露，植被局部发育，主要为木麻黄。未开发利用。

图2-8-32 三旦岛（2）全景

十四、三旦岛（3）

图2-8-33 三旦岛（3）全景

三旦岛（3）[Sāndàn Dǎo（3）] 代码为350582002121。

位于石狮市永宁镇东侧海域，距大陆最近点200米。地理坐标为北纬24°41.6′、东经118°43.5′。行政区隶属泉州石狮市管辖。

呈扇形，轴长约61米，面积3800平方米，岸线长250米。由变质岩组成，地表基岩裸露，沙滩发育，局部有岩滩。局部发育植被，主要为木麻黄。未开发利用。

十五、红塔白屿

红塔白屿（Hóngtǎ Báiyǔ）代码为350581002021。

位于石狮市永宁镇东侧海域，距大陆最近约145米。地理坐标为北纬24°41.2′、东经118°43.0′。行政区隶属泉州石狮市管辖。

面积750平方米，岸线长120米，最高点海拔6.6米。由变质岩组成，地表基岩裸露。未开发利用。

十六、红塔白屿-01

红塔白屿-01（Hóngtǎ Báiyǔ-01）代码为350581001931。

位于石狮市永宁镇东侧海域，距大陆最近约250米。地理坐标为北纬24°41.2′、东经118°43.0′。行政区隶属泉州石狮市管辖。

面积100平方米，岸线长40米。由变质岩组成，地表基岩裸露。未开发利用。

十七、上宫屿

上宫屿（Shànggōng Yǔ）代码为350582002621。

位于石狮市永宁镇南东侧沙滩上，距大陆最近点70米。地理坐标为北纬24°40.2′、东经118°42.1′。行政区隶属泉州石狮市管辖。

呈半圆形，直径约65米，面积2570平方米，岸线长190米。由变质岩组成，地表岩石裸露，无植被覆盖。未开发利用。

十八、五鼻岛（1）

五鼻岛［Wǔbí Dǎo（1）］代码为350582002821。

位于石狮市永宁镇东侧海域，距大陆最近点 80 米。地理坐标为北纬 24°40.1′、东经 118°42.2′。行政区隶属泉州石狮市管辖。

长轴为北东—南西走向，长 125 米。最高点海拔 6.7 米。面积 2010 平方米，岸线长 200 米。由变质岩组成，地表岩石裸露，无植被覆盖。未开发利用。

十九、五鼻岛（2）

五鼻岛（2）［Wǔbí Dǎo（2）］代码为 350582002721。

在石狮市永宁镇南东侧海域，距大陆最近点 230 米。地理坐标为北纬 24°40.1′、东经 118°42.1′。行政区隶属泉州石狮市管辖。

呈半圆形，直径约 115 米，面积 4210 平方米，岸线长 290 米，最高点海拔 7.8 米。由变质岩组成，地表岩石裸露，无植被覆盖。未开发利用。

二十、屿东屿

屿东屿（Yǔdōng Yǔ）代码为 350582002921。

位于深沪湾北部，距大陆最近点 0.190 千米。地理坐标为北纬 24°39.968′、东经 118°41.929′。行政区隶属泉州石狮市管辖。

岛呈葫芦形，东西走向，最长处约 124 米，最宽处约 84 米，面积 8190 平方米，岸线长 0.380 千米。地势低平，最高点海拔 9.3 米左右。由变质岩组成，地表岩石裸露，无植被覆盖。未开发利用。

二十一、屿东屿-01

屿东屿-01（Yǔdōng Yǔ-01）代码为 350581002131。

位于永宁镇东南部海域，距陆地 311 米。地理坐标为北纬 24°39.9′、东经 118°42.0′。行政区隶属泉州石狮市管辖。

近圆形，面积 290 平方米，岸线长 60 米。由变质岩组成，地表岩石裸露，无植被覆盖。未开发利用。

二十二、马垵礁

图 2-8-34　马鞍礁全景

马垵礁（Mǎǎn Jiāo）代码为 350582003021。

位于深沪湾北部，距大陆最近点 470 米。地理坐标为北纬 24°39.9′、东经 118°42.1′。行政区隶属泉州石狮市管辖。

形如马鞍，最长处约 69 米，最宽处约 31 米；面积 2270 平方米，岸线长 200 米。由变质岩组成，地表岩石裸露，基岩海岸。无植被覆盖。未开发利用。

第五节　深沪—围头近岸海岛

本节包括深沪至围头近岸 34 个无居民海岛，行政区均隶属晋江市管辖。

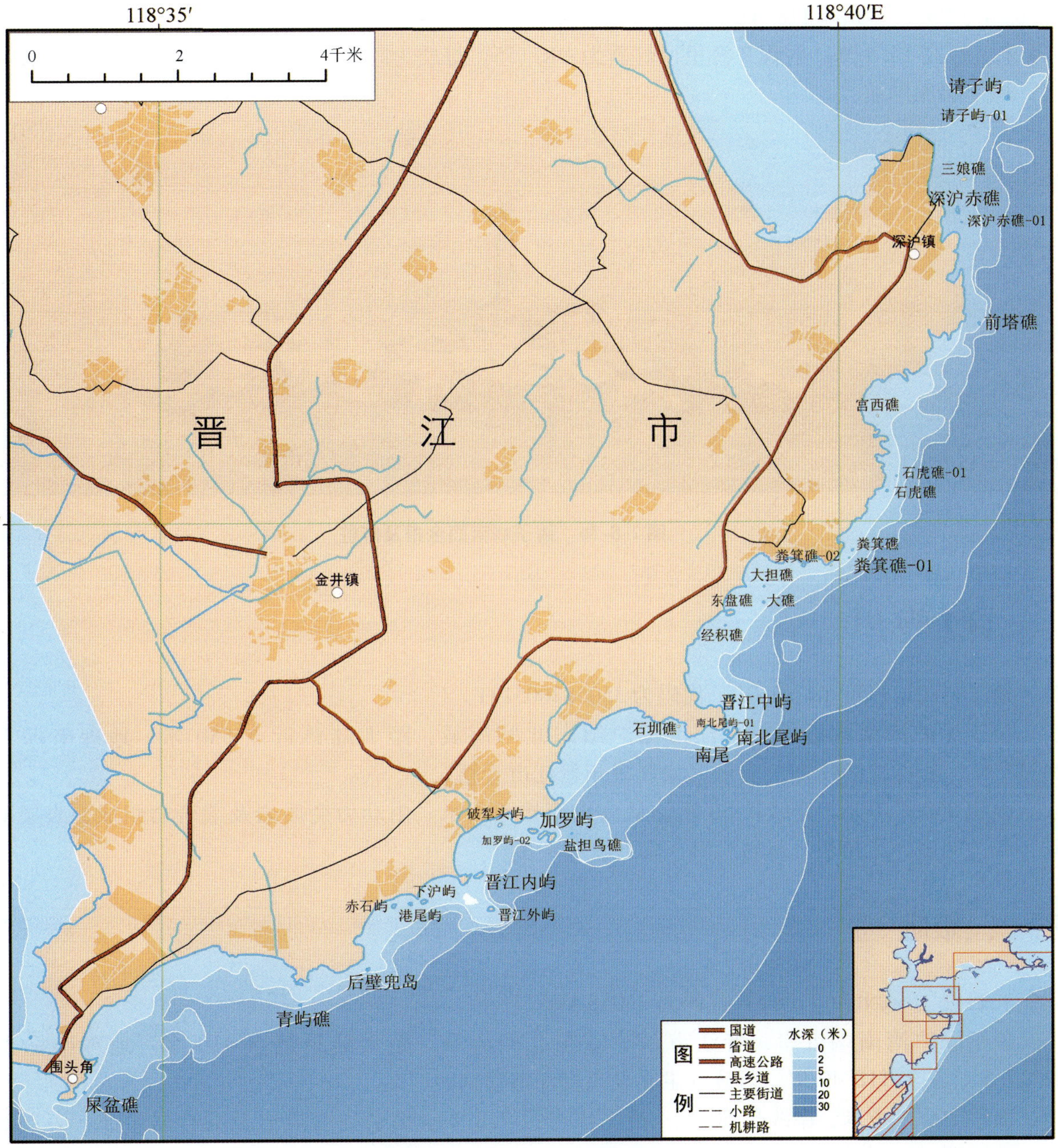

图 2-8-35 深沪—围头近岸海岛分布

一、请子屿

请子屿（Qǐngzǐ Yǔ）代码为350582003121。

又称请仔屿、牛尾屿。位于深沪湾南端近岸，晋江市深沪镇东北侧海域，距大陆最近点1.1千米。地理坐标为北纬24°38.1′、东经118°41.3′。行政区隶属泉州晋江市管辖。

呈半圆形，直径约50米，面积1830平方米，岸线长180米，最高点海拔3.1米。由动力变质岩及混合岩组成，表层基岩裸露，海蚀明显，无植被。基岩海岸，附近礁石甚多。周围水深2～5米。岛上设有灯桩。岛上石头曾被开采用于修筑石阶。

牛尾屿灯桩①，1960 年建成，1961 年和 1984 年改建，1989 年装太阳能电池，编号 3097。位置为北纬 24°37′9.5″、东经 118°41′12.5″，隶属厦门航标处管理。为红白横带圆柱形石砌构造。桩身高度 6.4 米，灯高 14.4 米，射程 7 海里，灯器为 DK-155，灯质为闪（2）白 6 秒。蓄电池和太阳能电池供电。用于船舶助航。

图 2-8-36　请子屿南面全景及灯桩

二、请子屿-01

请子屿-01（Qǐngzǐ Yǔ-01）代码为 350582005131。

位于深沪湾南端近岸，晋江市深沪镇东北侧海域，距大陆最近点 550 米。地理坐标为北纬 24°37.9′、东经 118°41.0′。行政区隶属泉州晋江市管辖。

面积 250 平方米，岸线长 50 米，最高点海拔 4.1 米。由动力变质岩及混合岩组成，表层基岩裸露，海蚀明显，无植被。基岩海岸，附近礁石甚多。

三、三娘礁

三娘礁（Sānniáng Jiāo）代码为 350582005231。

位于深沪湾南端近岸，晋江市深沪镇东北侧海域，距大陆最近点 410 米。地理坐标为北纬 24°37.5′、东经 118°40.9′。行政区隶属泉州晋江市管辖。

面积 200 平方米，岸线长 50 米，最高点海拔 7.8 米。由动力变质岩及混合岩组成，表层基岩裸露，海蚀明显，无植被。基岩海岸，附近礁石甚多。

四、深沪赤礁

深沪赤礁（Shēnhùchì Jiāo）代码为 350582003321。

位于晋江市深沪镇南东侧海域，深沪湾南部，距大陆最近点 130 米。地理坐标为北纬 24°37.3′、东经 118°40.9′。行政区隶属泉州晋江市管辖。

呈长条形，南北走向，最长处约 53 米，最宽处约 37 米；面积 2480 平方米，岸线长 220 米，最高点海拔 6.2 米。地势低平，最高点海拔 4.0 米。由动力变质岩及混合岩组成，无植被覆盖。基岩海岸，低潮时连陆地。东侧水深 2～5 米。自然状态，未开发利用。

① 东海海区航标资料汇编，中华人民共和国上海海事局官方网页 http://www.shmsa.gov.cn/mark/donghai/index.htm，1999 年。

图 2-8-37　深沪赤礁西面全景

五、深沪赤礁-01

深沪赤礁-01（Shēnhùchì Jiāo-01）代码为 350582005331。

位于深沪湾口南侧近岸海域，距离陆地 150 米。地理坐标为北纬 24°37.2′、东经 118°40.9′。行政区隶属泉州晋江市管辖。

面积 30 平方米，岸线长 20 米，最高点海拔 6.0 米。基岩裸露，无植被覆盖。未开发利用。

六、前塔礁

前塔礁（Qiántǎ Jiāo）代码为 350582005431。

位于深沪镇南部近岸海域，距离陆地 163 米。地理坐标为北纬 24°36.5′、东经 118°41.0′。行政区隶属泉州晋江市管辖。

面积 450 平方米，岸线长 100 米。基岩裸露，无植被覆盖。未开发利用。

图 2-8-38　前塔礁全景

七、宫西礁

宫西礁（Gōngxī Jiāo）代码为 350582005531。

位于深沪镇南部东山村南侧近岸海域，距离陆地 240 米。地理坐标为北纬 24°35.8′、东经 118°40.3′。行政区隶属泉州晋江市管辖。

面积 200 平方米，岸线长 40 米。基岩裸露，无植被覆盖。未开发利用。

八、石虎礁

石虎礁（Shíhǔ Jiāo）代码为 350582005731。

位于深沪镇南部近岸海域，距离陆地 66 米。地理坐标为北纬 24°35.2′、东经 118°40.4′。行政区隶属泉州晋江市管辖。

近圆形，面积340平方米，岸线长70米。基岩裸露，无植被覆盖。未开发利用。

九、石虎礁-01

石虎礁-01（Shíhǔ Jiāo-01）代码为350582005631。

位于深沪镇南部近岸海域，距离陆地135米。地理坐标为北纬24°35.3′、东经118°40.4′。行政区隶属泉州晋江市管辖。

面积80平方米，岸线长40米。基岩裸露，无植被覆盖。未开发利用。

十、粪箕礁

粪箕礁（Fènjī Jiāo）代码为350582005831。

位于深沪镇南部科任村近岸海域，距离陆地118米。地理坐标为北纬24°34.8′、东经118°40.1′。行政区隶属泉州晋江市管辖。

近椭圆形，面积350平方米，岸线长70米。基岩裸露，无植被覆盖。未开发利用。

十一、粪箕礁-01

粪箕礁-01（Fènjī Jiāo-01）代码为350582005931。

位于深沪镇南部科任村近岸海域，距离陆地106米。地理坐标为北纬24°34.7′、东经118°40.1′。行政区隶属泉州晋江市管辖。

面积30平方米，岸线长20米。基岩裸露，无植被覆盖。未开发利用。

十二、粪箕礁-02

粪箕礁-02（Fènjī Jiāo-02）代码为350582006021。

位于深沪镇南部科任村近岸海域，距离陆地20米。地理坐标为北纬24°34.7′、东经118°39.9′。行政区隶属泉州晋江市管辖。

面积550平方米，岸线长100米。基岩裸露，无植被覆盖。未开发利用。

十三、大担礁

大担礁（Dàdān Jiāo）代码为350582006131。

位于深沪镇南部近岸海域，距离陆地202米。地理坐标为北纬24°34.5′、东经118°39.4′。行政区隶属泉州晋江市管辖。

面积480平方米，岸线长110米。基岩海岸，基岩裸露，无植被覆盖。未开发利用。

十四、大礁

大礁（Dà Jiāo）代码为350582006221。

位于深沪镇南部近岸海域，距离陆地275米。地理坐标为北纬24°34.4′、东经118°39.4′。行政区隶属泉州晋江市管辖。

呈圆形，直径23米。面积1440平方米，岸线长190米。由动力变质岩及混合岩组成，地表长有零星杂草。基岩海岸，周围多干出礁。自然状态，未开发利用。

十五、东盘礁

东盘礁（Dōngpán Jiāo）代码为350582003521。

位于晋江市深沪镇科任村南面海域中，距大陆最近点20米。地理坐标为北纬24°34.3′、东经118°39.2′。行政区隶属泉州晋江市管辖。

图 2-8-39 东盘礁西面全景

呈椭圆形，东北—西南走向，最长处约110米，最宽处约68米；面积6110平方米，岸线长310米。由动力变质岩及混合岩组成，地表长有零星杂草。基岩海岸，周围多干出礁。自然状态，未开发利用。

十六、经积礁

经积礁（Jīngjī Jiāo）代码为350582006331。

位于晋江市深沪镇科任村南面近岸海域，距大陆最近点166米。地理坐标为北纬24°34.23′、东经118°39.1′。行政区隶属泉州晋江市管辖。

面积100平方米，岸线长40米。由动力变质岩及混合岩组成。地表黄沙壤土，杂草零星分布。基岩海岸。自然状态，未开发利用。

十七、晋江中屿

晋江中屿（Jìnjiāng Zhōngyǔ）代码为350582003621。

图 2-8-40 晋江中屿西面全景

又称北尾。位于晋江市金井镇石圳村以东海域，距大陆最近点 70 米。地理坐标为北纬 24°33.7′、东经 118°39.2′。行政区隶属泉州晋江市管辖。

呈椭圆形。长轴为北东—南西走向，南北长 190 米，东西宽 110 米；面积 0.0143 平方千米，岸线长 480 米，最高点海拔 14.8 米。由动力变质岩及混合岩组成。地表黄沙壤土，杂草零星分布。基岩海岸。自然状态，未开发利用。

十八、南北尾屿

南北尾屿（Nánběi Wěiyǔ）代码为 350582003821。

也称中外屿。位于晋江市金井镇石圳村以东海域，距大陆最近点 214 米。地理坐标为北纬 24°33.4′、东经 118°39.2′。行政区隶属泉州晋江市管辖。

岛呈长条状，北东—南西走向，长 140 米，宽约 67 米，面积 9600 平方米，岸线长 450 米，海拔 13.7 米。由动力变质岩及混合岩组成，无植被覆盖。基岩海岸，周围水深 2 ~ 5 米。自然状态，未开发利用。

图 2-8-41　南北尾屿西面全景

十九、南北尾屿-01

南北尾屿-01（Nánběi Wěiyǔ-01）代码为 350582003721。

位于晋江市金井镇石圳村以东海域，距大陆最近点 60 米。地理坐标为北纬 24°33.4′、东经 118°39.2′。行政区隶属泉州晋江市管辖。

呈蛋形，最长处约 77 米，最宽处约 45 米，东北—西南走向，面积 2950 平方米，岸线长 210 米。由动力变质岩及混合岩组成。无植被覆盖，基岩海岸。自然状态，未开发利用。

二十、南尾

南尾（Nánwěi）代码为 350582003921。

位于晋江市金井镇石圳村以东海域，南北尾屿的南部，距大陆最近点 150 米。地理坐标为北纬 24°33.4′、东经 118°39.1′。行政区隶属泉州晋江市管辖。

略呈长方形，最长处约 77 米，最宽处约 60 千米，东北—西南走向，面积 3680 平方米，岸线长 260 米。由动力变质岩及混合岩组成。地表岩石裸露，局部有土层，杂草零星分布。基岩海岸，东侧水深 2 ~ 5 米。自然状态，未开发利用。

图 2-8-42 南尾全景

二十一、石圳礁

石圳礁（Shízhèn Jiāo）代码为 350582006421。

位于晋江市金井镇石圳村以东海域，南尾西侧，距大陆最近点 50 米。地理坐标为北纬 24°33.5′、东经 118°38.8′。行政区隶属泉州晋江市管辖。

面积 1030 平方米，岸线长 130 米。由动力变质岩及混合岩组成。地表岩石裸露，基岩海岸。自然状态，未开发利用。

二十二、破犁头屿

破犁头屿（Pòlítóu Yǔ）代码为 350582004221。

位于晋江市金井镇东南海域，距大陆最近点 100 米。地理坐标为北纬 24°32.4′、东经 118°37.3′。行政区隶属泉州晋江市管辖。

形似破犁头，呈椭圆形，最长处约 40 米，最宽处约 30 米，东北—西南走向，面积 5630 平方米，岸线长 330 米，最高点海拔 12.7 米。由动力变质岩及混合岩组成。地表黄沙壤土，杂草零星分布。基岩海岸。自然状态，未开发利用。

二十三、加罗屿-01

加罗屿-01（Jiāluó Yǔ-01）代码为 350582004721。

位于晋江市金井镇东南海域，距大陆最近点 100 米。地理坐标为北纬 24°32.8′、东经 118°37.5′。行政区隶属泉州晋江市管辖。

面积 1010 平方米，岸线长 120 米，最高点海拔 12.7 米。由动力变质岩及混合岩组成。基岩海岸。自然状态，未开发利用。

二十四、加罗屿-02

加罗屿-02（Jiāluó Yǔ-02）代码为 350582004021。

位于晋江市金井镇东南海域，距大陆最近点 150 米。地理坐标为北纬 24°32.7′、东经 118°37.7′。行政区隶属泉州晋江市管辖。

略呈扇形，长约 67 米，面积 5470 平方米，岸线长 300 米，最高点海拔 1.0 米。由动力变质岩及混合岩组成。地表石多土少，杂草零星分布。基岩海岸。自然状态，未开发利用。

二十五、加罗屿

加罗屿（Jiāluó Yǔ）代码为350582004121。

图2-8-43 加罗屿西面全景

图2-8-44 加罗屿东面海蚀平台

位于晋江市金井镇东南海域，距大陆最近点250米。地理坐标为北纬24°32.7′、东经118°37.8′。行政区隶属泉州晋江市管辖。

略呈椭圆形，长轴为北西—南东走向，最长处约198米，面积0.0161平方千米，岸线长750米，海拔18.7米。由动力变质岩及混合岩组成。地表长零星小草。基岩海岸，附近多干出礁。自然状态，未开发利用。

二十六、盐担鸟礁

盐担鸟礁（Yándānniǎo Jiāo）代码为350582006531。

位于晋江市金井镇东南海域，距大陆最近点386米。地理坐标为北纬24°32.7′、东经118°38.0′。行政区隶属泉州晋江市管辖。

面积80平方米，岸线长40米。基岩裸露，无植被覆盖。未开发利用。

图2-8-45 晋江内屿全景

二十七、晋江内屿

晋江内屿（Jìnjiāng Nèiyǔ）代码为350582004621。

也称中屿。位于晋江市金井镇东南海域，距大陆最近点260米。地理坐标为北纬24°32.2′、东经118°37.3′。行政区隶属泉州晋江市管辖。

呈半月形，直径约130米，面积0.0153平方千米，岸线长630米，海拔1.2米。由动力变质岩及混合岩组成。表层为黄沙壤土，杂草零星分布。基岩海岸。自然状态，未开发利用。

二十八、港尾屿

图 2-8-46　港尾屿全景及连岛沙坝

港尾屿（Gǎngwěi Yǔ）代码为 350582004321。

位于晋江市金井镇东南海域，赤石屿的西南侧，距大陆最近点 140 米。地理坐标为北纬 24°32.2′、东经 118°36.7′。行政区隶属泉州晋江市管辖。

该岛近椭圆形，最长处约 69 米，最宽处约 39 米，东北—西南走向，面积 1970 平方米，岸线长 170 米，海拔 8.0 米。由动力变质岩及混合岩组成。地表基岩裸露，无植被覆盖。基岩海岸，周围水深 0～2 米。西侧沙坝连接陆地。自然状态，未开发利用。

图 2-8-47　赤石屿全景

二十九、赤石屿

赤石屿（Chìshí Yǔ）代码为 350582004421。

位于晋江市金井镇东南侧海域，下沪屿的西南面，距大陆最近点 140 米。地理坐标为北纬 24°32.2′、东经 118°36.8′。行政区隶属泉州晋江市管辖。

近半圆形，直径约 40 米，面积 1040 平方米，岸线长 130 米，海拔 10.0 米。由动力变质岩及混合岩组成。基岩裸露，无植被覆盖。四周为沙砾质滩。周围水深 0～2 米。自然状态，未开发利用。

三十、下沪屿

图 2-8-48　下沪屿全景

下沪屿（Xiàhù Yǔ）代码为 350582004521。

位于晋江市金井镇东南侧海域，外屿的西南面，距大陆最近点 150 米。地理坐标为北纬 24°32.2′、东经 118°36.9′。行政区隶属泉州晋江市管辖。

略呈长方形，最长处约 50 米，最宽处约 30 米，东北—西南走向，面积 2890 平方米，岸线长 220 米，海拔 7.2 米。由动力变质岩及混合岩组成，基岩裸露，无植被覆盖。四周为水沙砾质滩。周围水深0～2 米。自然状态，未开发利用。

三十一、晋江外屿

晋江外屿（Jìnjiāng Wàiyǔ）代码为 350582004821。

图 2-8-49　晋江外屿全景

图 2-8-50　后壁兜岛全景

图 2-8-51　青屿礁全景

图 2-8-52　屎盆礁全景

位于晋江市金井镇东南海域，外屿的东南侧，距大陆最近点 550 米。地理坐标为北纬 24°32.1′、东经 118°37.4′。行政区隶属泉州晋江市管辖。

呈半圆形，直径约 79 米，面积 3810 平方米，岸线长 240 米。由动力变质岩及混合岩组成。地表基岩裸露，无植被覆盖。基岩海岸，东侧水深2～5 米。自然状态，未开发利用。

三十二、后壁兜岛

后壁兜岛（Hòubìdōu Dǎo）代码为 350582004921。

位于晋江市金井镇南江要南部海域，距离陆地 0.137 千米。地理坐标为北纬 24°31.680′、东经 118°36.506′。行政区隶属泉州晋江市管辖。

形似鞋子，最长处约 41 米，最宽处约 25 米，面积 890 平方米，岸线长 0.120 千米。由动力变质岩及混合岩组成，地表基岩裸露，无植被覆盖。基岩海岸，北部多干出礁，近岸水深 5～10 米。自然状态，未开发利用。

三十三、青屿礁

青屿礁（Qīngyǔ Jiāo）代码为 350582006631。

位于晋江市金井镇南江要南部近岸海域，距陆地 0.272 千米。地理坐标为北纬 24°31.418′、东经 118°36.011′。行政区隶属泉州晋江市管辖。

面积 470 平方米，岸线长 80 米。基岩裸露，无植被覆盖。自然状态，未开发利用。

三十四、屎盆礁

屎盆礁（Shǐpén Jiāo）代码为 350582006731。

位于晋江市金井镇围头角近岸海域，距陆地 102 米。地理坐标为北纬 24°30.8′、东经 118°34.4′。行政区隶属泉州晋江市管辖。

面积 410 平方米，岸线长 80 米。基岩裸露，无植被覆盖。中间低，高潮时没入水下。自然状态，未开发利用。

第九章　消失海岛

本区记述消失海岛共13个，其中泉州市丰泽区管辖海域消失海岛5个、石狮市8个。海岛消失主要是因围填海与大陆相连和因大陆海岸线管理位置变更导致原海岛属性变更而消失。

一、乌屿

乌屿（Wū Yǔ）代码为350500000222。

原位于泉州市丰泽区城东乡浔美村东侧淤泥滩上，地理坐标为北纬24°55.6′、东经118°40.7′。面积0.133平方千米，岸线长1.8千米，海拔30米。原为大陆基岩岛，属泉州市丰泽区管辖，无居民海岛。1970年因围填海与大陆相连而消失。

二、中芸洲

中芸洲（Zhōngyúnzhōu）代码为350500000321。

原位于泉州市丰泽区东海乡以南，晋江下游。北纬24°52.9′、东经118°37.0′。面积0.142平方千米，岸线长2.0千米。原为河口堆积沙洲岛，属泉州市丰泽区管辖，无居民海岛。因大陆海岸线管理位置变更导致原海岛属性变更而消失。

三、无名岛 QZJ2

无名岛 QZJ2（Wúmíng Dǎo QZJ2）代码为350500000421。

原位于泉州市丰泽区东海乡东南侧，晋江下游。北纬24°52.4′、东经118°37.0′。面积2200平方米，岸线长897米。原为大陆堆积岛，属泉州市丰泽区管辖，无居民海岛。因大陆海岸线管理位置变更导致原海岛属性变更而消失。

四、贵屿岩

贵屿岩（Guìyǔyán）代码为350500000521。

原位于泉州市丰泽区东南侧淤泥滩上，距陆地约600米。北纬24°51.8′、东经118°40.2′。面积650平方米，岸线长95米，高程15米。原为大陆基岩岛，属泉州市丰泽区管辖，无居民海岛。2001年左右因大陆海岸线管理位置变更导致原海岛属性变更而消失。

五、无名岛 JJG1

无名岛 JJG1（Wúmíng Dǎo JJG1）代码为350582000121。

原位于泉州市丰泽区东海乡以南，晋江下游，距陆地约350米。北纬24°52.4′、东经118°37.5′。

面积0.0670平方千米，岸线长1.3千米。原为大陆堆积岛，属泉州市丰泽区管辖，无居民海岛。因大陆海岸线管理位置变更导致原海岛属性变更而消失。

六、宫尾屿

宫尾屿（Gōngwěi Yǔ）代码为350582001021。

原位于石狮市祥芝乡以南海域，距陆地约45米。北纬24°52.782′、东经118°46.337′。面积0.0120平方千米，岸线长450米，高程14米。原为大陆基岩岛，属泉州石狮市管辖，无居民海岛。因围填海与大陆相连而消失。

七、虎落屿

虎落屿（Hǔluò Yǔ）代码为350582001121。

原位于石狮市鸿山镇西南海域，距陆地约85米。北纬24°45.0′、东经118°43.6′。面积3562平方米，岸线长263米，高程13米。原为大陆基岩岛，属泉州石狮市管辖，无居民海岛。2009年因鸿山电厂建设围填海与大陆相连而消失。

八、猪母石

猪母石（Zhūmǔshí）代码为350582001221。

原位于石狮市锦尚镇东北侧沙滩上，距陆地约200米。北纬24°44.2′、东经118°43.0′。面积1625平方米，岸线长171米。原为大陆基岩岛，属泉州石狮市管辖，无居民海岛。2009年因渔港防波堤建设与大陆相连而消失。

九、无名岛JJG4

无名岛JJG4（Wúmíng Dǎo JJG4）代码为350582001321。

原位于石狮市锦尚镇东北侧沙滩上，距陆地约350米。北纬24°43.0′、东经118°44.3′。面积812平方米，岸线长114米。原为基岩岛，属泉州石狮市管辖，无居民海岛。2009年因渔港防波堤建设与大陆相连而消失。

十、无名岛JJG5

无名岛JJG5（Wúmíng Dǎo JJG5）代码为350582001421。

原位于石狮市锦尚镇东北侧沙滩中，距陆地约125米。北纬24°42.9′、东经118°44.2′。面积1625平方米，岸线长171米。原为基岩岛，属泉州石狮市管辖，无居民海岛。2009年因港口建设与大陆相连而消失。

十一、唐屿头礁

唐屿头礁（Tángyǔ Tóujiāo）代码为350582001521。

原位于石狮市永宁镇东北侧沙滩中，距陆地约30米。北纬24°42.8′、东经118°44.2′。面积1625平方米，岸线长171米。原为基岩岛，属泉州石狮市管辖，无居民海岛。2009年因港口建设与大陆相连而消失。

十二、无名岛 JJG11

无名岛 JJG11（Wúmíng Dǎo JJG11）代码为 350582002521。

原位于石狮市永宁镇以东沙滩上，距陆地约 60 米。北纬 24°40.8′、东经 118°43.0′。面积 3250 平方米，岸线长 260 米。原为基岩岛，属泉州石狮市管辖，无居民海岛。因大陆海岸线管理位置变更导致原海岛属性变更而消失。

十三、大屿

大屿（Dà Yǔ）代码为 350582003221。

原位于晋江县深沪镇以东海域，距陆地约 400 米。北纬 24°37.7′、东经 118°41.0′。面积 0.022 平方千米，岸线长 650 米，高程 21 米。原为基岩岛，属泉州晋江市管辖，无居民海岛。2009 年因深沪码头建设与大陆相连而消失。

第三篇
厦门湾海区

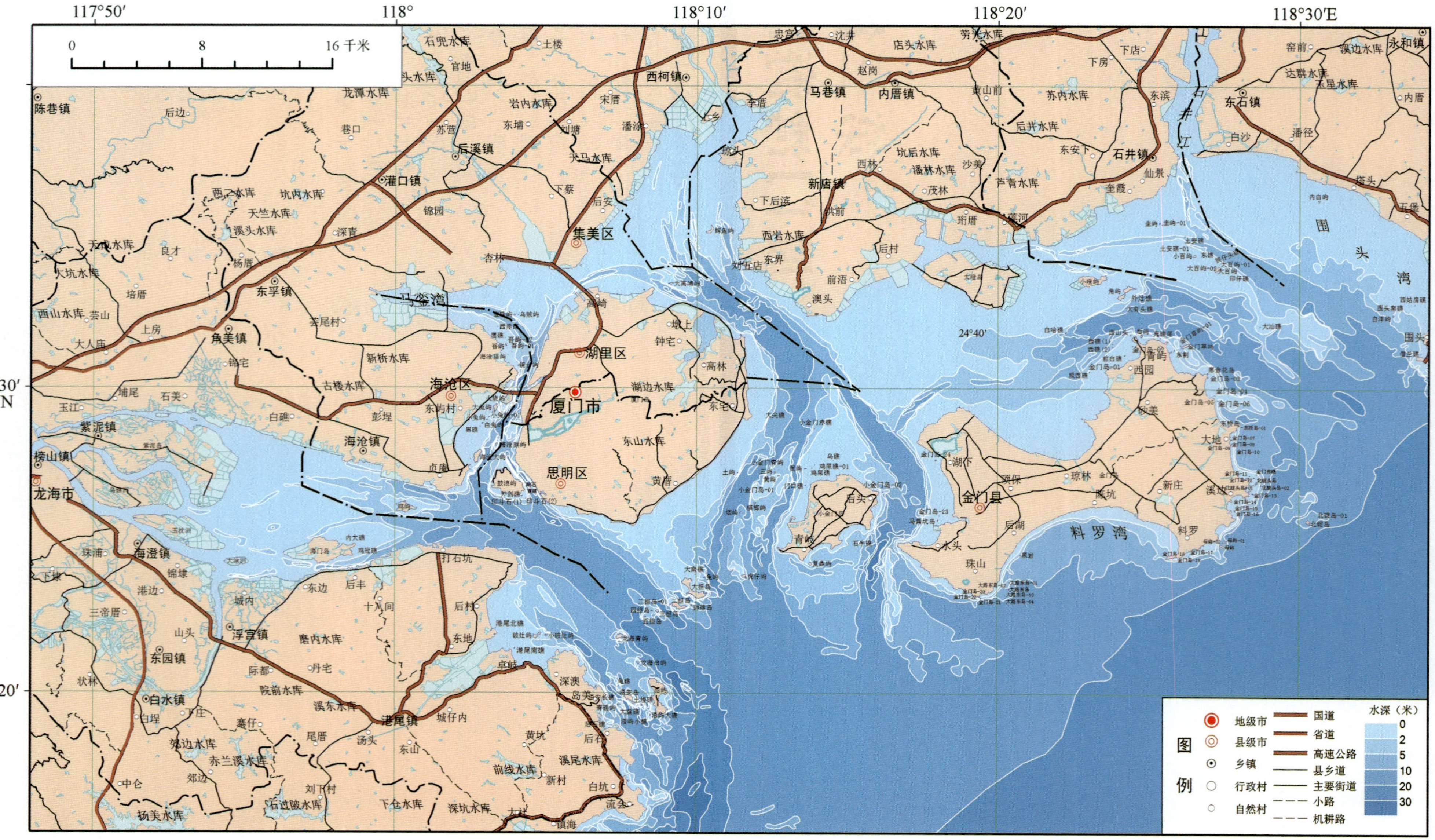

117°50′
118°
118°10′
118°20′
118°30′E
24°30′
N
24°20′
24°40′
0
8
16 千米
图例
地级市
县级市
乡镇
行政村
自然村
国道
省道
高速公路
县乡道
主要街道
小路
机耕路
水深（米）
0
2
5
10
20
30
厦门市
湖里区
思明区
海沧区
集美区
金门县
龙海市
西柯镇
马巷镇
内厝镇
新店镇
东石镇
石井镇
永和镇
陈巷镇
后溪镇
灌口镇
东孚镇
角美镇
紫泥镇
榜山镇
海沧镇
海澄镇
浮宫镇
东园镇
白水镇
港尾镇
马銮湾
围头湾
料罗湾
石井江

厦门湾海区海岛分布

第十章　区域环境概况

本海区位于厦门湾湾内及湾外附近海域。

本篇记述海岛190个，包括厦门岛、鼓浪屿、大嶝岛、小嶝岛、紫泥岛、乌礁洲、海门岛、玉枕洲、浯屿、金门岛、小金门岛11个有民居海岛，144个无居民海岛和35个消失海岛。

按照行政区，厦门市管辖范围有1个驻计划单列市人民政府的有居民海岛、2个驻镇级人民政府的有居民海岛、1个驻村委会的有居民海岛，31个无居民海岛和17个消失海岛。漳州市管辖范围有1个驻镇级人民政府的有居民海岛（紫泥岛）和4个驻村委会的有居民海岛，18个无居民海岛和9个消失海岛。泉州市（不含金门）管辖范围有16个无居民海岛。金门县管辖范围有1个驻县级政府的有居民海岛（金门岛）和1个驻乡级政府的有居民海岛（小金门岛），79个无居民岛和9个消失海岛。

厦门市内各区管辖海岛情况为：思明区管辖厦门岛南部及1个驻镇级人民政府的有居民海岛（鼓浪屿），7个无居民海岛；湖里区管辖厦门岛北部，1个无居民海岛和7个消失海岛；海沧区管辖15个无居民海岛和6个消失海岛；集美区管辖3个无居民海岛；翔安区管辖1个驻镇级人民政府的有居民海岛（大嶝岛）和1个驻村委会的有居民海岛（小嶝岛），5个无居民海岛和2个消失海岛；同安区管辖无居民海岛3个。

泉州市管辖海岛情况为：晋江市管辖5个无居民海岛，南安市管辖11个无居民海岛。

一般各有居民海岛单独成章，无居民海岛和消失海岛分别成为一章。

第一节　地质地貌

厦门湾大地构造属于新华夏系第二复式隆起带与南岭纬向构造带的复合部位，自古生代以来经历了多次构造运动，其中古生代的加里东和华力西运动对本区产生一定影响，区内局部地方出露较老的前泥盆系变质岩。中生代从上三迭系开始发生了以断裂和岩浆活动为主的燕山运动，发生大型断裂活动及规模巨大次数较多的岩浆侵入和火山喷发，其展布大都循着北东向的深断裂方向。早新生代以来又受喜马拉雅山运动影响，以循北东、北北东方向老构造断块升降为主要特征，导致沿海岛屿与大陆分离和九龙江河口初具规模。第四纪以来新构造运动普遍，再循老构造格局出现具有明显的差异性和间歇性的垂直升降运动，周边被抬升的岩浆岩、侵入体和泥盆系、三迭系、侏罗系等地层遭受到各种外营力的侵蚀—剥蚀，形成低山、丘陵、台地等各种地貌形态，而在区内低山、丘陵之间的小河谷和滨海地发育了厚度不等的第四系地层。第四系还因气候变化及与此紧密相关的海平面升降和大陆径流量的变化，近代风沙崛起，出现多级红土台地及风沙地貌体。

一、地质

（一）地层及岩性

1. 前泥盆系变质岩

分布于区内港尾的深垵、卓岐、浯屿、青屿、大担、嵩屿、排头等。呈带状展布，是一套变质程度较深的变质岩系，出露面积不大，约为 20 平方千米。主要岩性为灰、灰白色片麻状、条带状混合岩、眼球状混合岩、均质混合岩、浅黄灰色变粒岩、混合质变粒岩、灰白色混合二长花岗岩及灰黑色含矽线石二云母石英片岩。

2. 上三叠统文宾山组

仅分布于嵩屿、火烧屿、东渡的牛头山和弧尾山、鸡屿等地。呈北东向展布，总面积约 4 平方千米。岩性为中薄层状变质石英细砂岩，灰黄、灰白、紫红色变质粉砂岩夹灰黑色炭质粉砂岩和炭质泥岩等，在嵩屿、澳头多为炭质泥岩。节理裂隙不发育，孔隙极小，总厚度大于 1091 米。

3. 上侏罗统长林组

分布于龙海牛角山、文圃山、崎山等处。一般呈条带状分布，出露面积不大。岩性主要为变质长石石英砂岩、长石砂岩及变质砂岩、局部夹凝灰岩及凝灰质粉砂岩。

4. 上侏罗统南园组

广泛地分布于文圃山、牛角山、嵩屿、角美西山、厦门岛北部、海门岛等地。出露面积约在 20 平方千米。区内出露南园组火山岩仅为南园组第 2、3 段。南园组第 2 段，岩性为灰、灰白色流纹质晶屑凝灰熔岩和流纹（斑）岩，灰、深灰色英安流纹质晶屑凝灰熔岩、流纹质晶屑凝灰岩、夹凝灰质粉砂岩、长石石英粉砂岩及灰白含砾砂岩、角岩化炭质泥岩和红柱石石英岩等薄层。本段地层与下伏文宾山组或长林组呈喷发不整合接触。南园组第 3 段，岩性以灰、深灰色流纹英安质晶屑凝灰熔岩为主，夹流纹质晶屑凝灰熔岩、凝灰岩、英安岩、安山岩及流纹岩等。本段与南园组第 2 段或其他老地层呈喷发不整合接触。

（二）第四系地层

第四系地层比较发育，覆盖面积达 50% 。

1. 第四系残积层

分布于厦门岛北部、海沧东侧、文圃山北侧、角美、杏林、集美等处的红土台地，具红壤型风化壳特征。岩性为棕红、棕黄、灰白色黏土、砂质黏土、黏质砂土等，含有碎石和岩块，往往各种颜色混杂而成花斑状结构，即网纹红土。在垂直剖面上，可以见到与基岩的过渡关系。残积层厚度为 5 ~ 15 千米，一般在阶地上厚度大，在山坡上厚度小。

2. 更新世海积层

零星分布在九龙江北岸，断续见于马垄—宁坑、钟山、刘山—东屿等地。海拔 25 米以下，由棕红色黏土质沙砾及黏土质砂、砂质黏土组成。厚度 2 ~ 3 米，下伏残积的棕红色、棕黄色砂质黏土，在剖面上一般可分上、下两部分。下部为沙砾层，上部为砂土层。

3. 全新世冲积层

呈条带状或树枝状分布于区内各小河溪口处。出露面积极少。该层岩性一般具有上细下粗的二元结构，上部为灰黄、棕黄、黄褐色砂质黏土、黏土质砂，下部为砂、沙砾、砾石，有时见多次粗细韵律。厚度数米至十余米。全新世冲积层常覆盖在第四系残积层或更新世冲积洪积层之上。

4. 全新世冲积、洪积层

分布在区内的角美、浮宫—港尾、海沧等地的山前地带及某些溪流的谷地，略具扇状，分布面积不大。岩性由灰黄、棕黄色黏土、粉质黏土、砂质黏土、砂、黏土质砂、沙砾、砾石等组成，以砂和沙砾为主。往往具有冲积物的二元结构，但层次比较复杂，粒度较粗，分选不好，砾石常具棱角状，厚 1 ~ 5 米，覆盖在第四系残积层或更新世冲积洪积层之上，在下游地段则覆盖在全新世海积冲积层或海积层上。

5. 全新世海积冲积层

分布于九龙江河口的龙海平原，包括角美、浒茂洲和浮宫一带，区内出露面积不大。岩性为灰黑、深灰、灰、黄灰、黄褐色淤泥或黏土、砂质淤泥或砂质黏土、淤泥质砂或黏土质砂、砂、沙砾等。并有贝壳、泥炭夹层，层理明显，厚度自数米至20余米不等，龙海平原的全新世海积冲积层最厚可达35米，在垂直方向上，往往可以分为三部分：上部为黄灰色至棕黄色黏土、砂质黏土，中部为灰黑色、深灰色、灰色淤泥，下部为深灰色至灰色淤泥质砂、砂、沙砾。全新世海积冲积层常覆盖在更新世冲积洪积层或第四系残积层之上，有时被全新世冲积层、全新世冲积洪积层或全新世洪积层所覆盖。

6. 全新世海积层

广泛分布于海门岛及该岛以东的九龙江河口两岸、厦门岛周边海岸带及筼筜港、马銮湾周边等地。组成物质包括淤泥、黏土、砂、砾石等，呈灰黑、深灰、黄灰等色。一般在比较深入内陆的海湾和河口处，如厦门西港（含筼筜港）、九龙江口的海沧、海门岛及马銮湾等地，以细粒的淤泥质沉积为主，而在比较开敞的海岸地带，如厦门岛东侧海岸、港尾东侧海岸等以粗粒的砂质沉积为主，厚度自1米至10余米不等。全新世海积层常覆盖在基岩、第四系残积层之上，往往被全新世冲积层、全新世风积层所覆盖。

7. 全新世洪积层

分布于平原边缘山前地带沟谷出口处，仅在区内的海门岛、文圃山南坡、厦门岛仙岳山南北坡等地。岩性主要为大小混杂的砾石层或沙砾层，分选不好，层理不明显，有时夹有砂或砂质黏土夹层或透镜体。全新世洪积层一般直接覆盖在基岩或残积层之上，前沿常以缓坡与全新世海积冲积层、海积层或冲积层相接。

8. 全新世风积层

主要分布在港尾地区和厦门岛的东侧海岸，还零星见于厦门岛北侧及海沧地区东侧海岸，面积狭小，约1.5平方千米。岩性以灰黄色细砂或中细砂为主，粒度均匀，分选良好，结构疏松，层理一般不太明显，有时也可见风成交错层理。由石英、长石和暗色矿物组成，有时含贝壳碎片。一般厚1~2米，局部可达5米以上，往往组成沙垄或沙丘。全新世风积层往往覆盖在全新世海积层之上，有时也覆盖在第四纪残积层或基岩之上。

（三）侵入岩

1. 燕山早期侵入岩

分布面积最大，主要出露在龙海的汤洋、厦门岛的云顶岩、海沧的太平山、苏岑、崎山、文圃山、锦宅等地。它们侵入于晚侏罗系地层，分四次侵入，其中第1次和第3次规模最大，多为岩基产出，第4次规模较小，多呈小岩体。岩性主要有二长花岗岩、黑云母花岗岩、花岗闪长岩、石英闪长岩、片麻状碎裂花岗岩等。具全晶质花岗结构、似斑状结构、花岗变晶结构、柱粒状结构、碎裂结构，块状构造、晶洞构造、片麻状构造。球状风化显著。

2. 燕山晚期侵入岩

与燕山早期侵入岩相比，区内燕山晚期侵入岩较不发育，露布面积不大，仅在卓岐、殿前、东渡等地出露，分4次侵入，区内只第2次、第4次两次侵入，其中以第2次侵入岩面积稍大。主要岩性为似斑状二长花岗岩、中细粒含黑云母花岗岩、花岗斑岩。多呈小岩体、岩株产出，花岗结构、斑状结构、似斑状结构，块状构造。

（四）动力变质岩

厦门港地处新华夏构造带，动力变质岩沿长乐—南澳大断裂分布，主要是泥盆系、三叠系至侏罗系地层及燕山早期侵入岩类在长期构造运动与地应力作用下变质而成。主要岩性有发育在厦门、海沧崎山、龙海汤洋、东渡弧尾山和仙洞山、嵩屿京口岩山、厦门塘边等地的碎裂花岗岩、片麻状碎裂花岗岩、片麻状碎裂二长花岗岩、红柱石长石石英角岩、变质石英砂岩、变质粉砂岩、变质长石石英砂岩、片理化晶屑凝灰熔岩、片理化凝灰岩和发育在港尾深垵山、寨仔山、深澳、浯屿等处的深变质片麻状混合岩、片麻眼球状混合岩、均质混合岩、变粒岩、混合质变粒岩、含矽线石二云母石英片岩等。

具有较清晰的片麻、片理、条痕和条带状构造，碎裂变晶、隐晶状结构，裂隙较发育。区内构造形迹以断裂为主，主要有新华夏系及东西向构造体系。

（五）构造

新华夏系构造长乐—南澳断裂带是区内主干断裂、斜贯本区、控制燕山期花岗岩和泥盆系火山喷发岩系的展布及区内海岸线总体走向、岛屿的排列和展布。

厦门岛东侧断裂自厦门岛东北海域向西南延伸至何厝、白石炮台，并继续延至龙海港尾。厦门钟宅—筼筜港断裂斜穿厦门岛，控制了岛的东南与西北两部分地质，地貌发育呈现明显的差异。

厦门西港断裂沿嵩屿—火烧屿—龟山（同安）展布，控制了厦门西港的形成。

东西向构造厦门东西向断裂，从卫星照片上可以看出，海沧及鼓浪屿、厦门岛、小金门等诸岛屿的南界整齐笔直，可能是近东西向断裂影响所致，并有动力变质岩带沿此方向展布，在航磁也有显示。高崎—五通断裂控制了北侧水道形成。

北西向构造厦门高崎—何厝断裂，在卫星图片上影像显示清楚，在厦门岛上薛岭一带挤压，变质带大体上顺着北西方向发育。厦鼓海峡断裂，将厦门岛与鼓浪屿切割开，使其变成深槽航道。

（六）地下水

该区地下水类型可分为松散岩类孔隙水、基岩裂隙水、残积层孔隙裂隙水，其中，松散岩类孔隙水是区内的主要地下水类型。

松散岩类孔隙水主要分布在河谷或滨海平原、山间盆地，含水层厚度不大，大部分在10米以内，海相淤泥分布较广，更新统冲洪积层含泥量高，全新统冲积、冲洪积含水层薄。较好的含水层仅为沿河道和港道分布的冲积、海积砂、沙砾层与滨海海积沙层，其最大可能涌水量大于10升/秒地下水补给来源主要为大气降水，其次受地表水和其他含水层补给。水质除沿海有咸水外，一般尚可应用，但矿化度高于基岩裂隙水和残积层孔隙裂隙水，成分也较复杂。

基岩裂隙水分布在山区，通常只形成一个含水层，含水性极不均匀，主要受构造条件所控制，常沿断裂带形成宽窄不一的富水带，为大气降水补给。本区降雨量丰富，具有较好的补给来源，但因沟谷发育，地形切割零碎，坡降大，补给范围仅限于两谷间的狭长地带，降雨量大多以地表水排泄流失。地下水并不丰富，泉流量常见值小于0.25升/秒，但出露在沟谷中的断裂泉流量可达3升/秒左右。水交换强烈。水质良好，矿化度一般小于0.2克/升。

残积层孔隙裂隙水分布在低丘台地，主要为大气降水补给，其次来自基岩裂隙水。地表为红土覆盖，渗入率较低，含水层之孔隙裂隙率小，富水性差。泉流量常见值小于0.1米^3/秒，个别泉可达1米^3/秒。矿化度小于0.5克/升。

（七）矿产

区内主要矿产有泥煤、铁矿、滨海铁砂矿、锰、钛铁砂矿、钼、锡、水晶、玻璃砂、高岭土、花岗岩、地热资源等。其中多数为矿化点，具有工业意义和开采价值的矿区不多，开采较多的有海沧的花岗岩，厦门黄厝的滨海砂矿曾有一定程度开采，但因效益低早已停产。

二、地貌

厦门湾自燕山运动及其后漫长的地质历史中，曾经受了大规模强烈的断块升降运动、岩浆侵入、火山喷溢和区域动力变质作用。沿岸陆域上升，长期遭受风化、剥蚀和侵蚀，而滨岸平原及海底相对下沉，普遍接受沉积，因而形成沿岸丘陵、台地、滨海平原、河口三角洲和水下浅滩等特征地貌组合。

（一）陆地地貌

1. 构造侵蚀丘陵

构造侵蚀丘陵按高度可分为高丘陵和低丘陵。

（1）高丘陵

海拔在200～500米，切割深度在200～400米，见于九龙江口南北两岸和厦门岛的南部，多独立成山，沿岸展布，如九龙江口南岸的虎甲山（213.2米）和牛角山（348米）、九龙江口北岸的蔡尖尾山（381.6米）和文圃山（422.2米）、厦门岛南部的西姑岭（263.8米）和云顶岩（339.6米）等。主要由燕山期花岗岩组成，少数为南园组火山沉积岩和变质岩类岩石组成。山坡一般在30°左右。岩性不同，山形各异。火山岩高丘陵，山坡陡峭，坡面平整，残积层薄，山体基岩裸露。花岗岩丘陵，山势崎岖，坡面起伏不平，岩石球状风化剥蚀，石蛋垒垒，往往构成奇异的石蛋地貌。

（2）低丘陵

海拔在200米以下，切割深度在100米左右，主要分布于高丘陵的外围，延绵成片，少数于台地上兀立呈孤丘群，如厦门岛的虎仔山（138米）、嵩屿半岛的京口岩山（137.9米），多呈浑圆的缓丘，山坡和缓，坡度为10°～20°，坡面风化残积层较厚，岩体出露较少，植被较好。

2. 台地

（1）侵蚀剥蚀台地

多见于丘陵的外围，常直临海边构成台地侵蚀海岸。此种台地海拔一般在50米以下，切割深度为10～30米。由花岗岩风化的残积红土层组成，多数为砂质黏土，土层厚3～5米，厚者达10余米。台面波状起伏，多浅拗沟，冲刷切割较厉害，常有间歇性小河发育。在台面上有孤立岩丘出露，在岩石上常可见到残留的海蚀遗迹。

（2）洪积扇

主要见于文圃山北麓河谷出口处，呈扇形向口外展布，宽度小于1千米，海拔在50米上下，坡度5°～10°。组成物质较粗，主要为岩砾和沙土等混合堆积物，并具有由扇形顶端向边缘变细的分布特征。

（3）坡洪积台地

分布在丘陵中沟谷和小河流出的山前地带，多呈裙带状沿山麓展布，坡度在5°左右，与丘陵山坡相比明显变缓。由棕黄或砖红色的黏土质砂和含黏土的砂砾组成，从台地后缘向前缘往往具有明显的沉积相带变化（后缘粗大，前缘细小）规律，堆积物厚度也显著变大，有些地区（如牛角山西面山前）坡洪积台地延伸入海和海积平原相接，为海相泥沙所超覆，应属全新世以前的产物。

3. 平原

（1）洪冲积平原

主要见于剥蚀的红土台地之中，沿着台地中间歇性小河分布，高出小河床1～3米，宽约百米或数百米不等，呈狭长带状，向河口微倾斜。主要为黏土和砂质黏土组成。为水稻主要耕作区。

（2）冲海积平原

为九龙江河口平原，由北溪、南溪和西溪三个河口平原组成，俗称龙海平原。港道河汊发育，把平原分割成片，其中较大的有浒茂洲、乌礁洲、玉枕洲等。平原地面低平，水网交错，前缘海边和港道边缘都有人工堤围护，以防洪水和海潮的侵入。组成物质为黏土和粉砂质黏土，下部为海相淤泥。是主要水稻产地。

（3）海积平原

沿岸小海湾顶部都有分布，呈不连续的片状展布。面积不大，宽数百米不等，地面向海微倾，地势低，前缘筑有人工堤，以防海潮入侵。此类平原大部分属新围垦的海涂。组成物质主要为粉砂质黏土，局部为砂土组成。

（4）风成沙地

仅见于厦门岛的东南岸和九龙江口的南侧，如厦门黄厝、龙海许厝等地，以许厝一带风成砂丘发育较好，多呈垄岗状，高达5~6米。历史上曾因风沙移动埋没良田，危及乡村，目前沿岸植树造林，防风固沙，已变沙害为林利。

（二）海岸地貌

1. 海蚀地貌

（1）海蚀残丘

在港湾中所见的许多孤立的小岛屿，如九龙江口的钱屿、目屿，西港的白士屿、火烧屿、象屿等，其高度与邻近海岸的剥蚀台地相当。地层和物质组成基本一致，多数是由于海岸受蚀后退而残留下的孤立地貌体。一般高度在20~30米，最高达50~60米，顶面较平坦，孤立于海滩上或海域中。由于海浪的冲蚀，不等量侵蚀崩塌结果，面积很小，常呈浑圆状或不规则状展布。

（2）海蚀崖

分布于厦门岛南岸与九龙江口两侧岬角突出处，在鼓浪屿、大屿、海门岛和鸡屿等几个较大基岩岛屿也发育很好。海蚀崖高度不等，一般在5~6米，大者10余米。由花岗岩和火山岩组成。崖壁陡峭，坡度30°~50°，局部呈直立状，以鼓浪屿最为壮观。

（3）海蚀平台

主要分布于基岩岬角突出部，常与海蚀崖相伴生。在嵩屿角与大盘角一带，台面宽约50米，大者百余米，它是海蚀陡崖受蚀后退而成，以鼓浪屿和鸡屿等岛屿分布较广，一般在迎风浪面的岸段发育较好，在鸡屿东北面，海蚀平台宽达数百米，呈岩礁滩向海中伸展。

（4）海蚀柱

主要见于鼓浪屿和鸡屿等，一般高5~6米，高者10余米，孤立于岩礁滩上，形体不一，千姿百态，宏伟壮观。鼓浪屿南岸的大型海蚀柱，系沿岩石节理发育而成，呈圆柱状，郑成功大石像就是兀立在大岩柱上。鸡屿东岸的海蚀柱，兀立于岩滩中，形如石佛，美丽壮观。

2. 海积地貌

（1）海滩

主要分布在鼓浪屿东南面湾口两侧，以大盘角以南的海滩为最宽，达500米以上，滩面平缓，坡度为1°~2°。由中细砂组成。厦门岛东南岸海滩宽50~100余米，坡度3°~6°。以中细砂为主，低潮区较细，常含有泥质，是厦门市重要旅游资源，亦是良好的海滨浴场。

（2）沙嘴

见于厦门岛南岸，在曾厝垵至东边社一带沿岸小海湾口，呈箭状，由东向西延伸，指向厦门港内，长500~1000米，宽100余米。由中细砂组成。

（3）沙坝

分布于九龙江口，在鸡屿东北岸。沙坝走向由西向东，尾端没于水中，向湾口延伸，长达数千米。由中细砂组成。成分以石英为主，分选性好，是有待开发的建筑材料。

（4）潮滩

主要分布于西港，尤以东屿和宝珠屿等处潮滩面积最大宽达2~3千米，滩面平坦，坡度在$0.5\times10^{-3}\sim1\times10^{-3}$。沉积地貌相带明显，近岸常有砂带，宽10~20米，狭窄成带状分布。它是海岸土崖侵蚀的残留堆积。由混合砂组成，分选差。部分高潮区为草滩带，滩面平坦微上凸。质地坚硬人行不陷，滩面较为稳定，长有水草和稀疏的红树。由砂质泥和泥组成。中低潮区为平滩带，滩面上凸，淤积强盛，以粉砂质泥为主，人行下陷20~30厘米；滩面浮泥厚3~50厘米。

（三）海岸特征及动态

厦门湾是在断陷构造基础上，经冰后期海浸而形成的“潮汐汊道”港湾，湾内岛礁众多，港道纵横，岬湾相间，港内有湾，海岸十分曲折，类型多种多样，有开敞的港湾砂质岸和陡峭的基岩岸，又有隐蔽的港湾淤泥质岸和河口三角洲平原岸，海岸特征各异。

岸滩动态随着时空的不同，而处于不断的变化之中，近30年来，由于厦门港湾资源开发，人工海岸不断增多，改变了海岸地形轮廓和海流态势，岸滩动态总的趋势是处于不同程度的淤积之中。据调查，九龙江口三角洲在18年间（1958—1976）平均每年向口门推移约28米，西港航道猴屿段，在员当港海堤修建6年中（1970—1976）航道急剧淤高，由原水深14～16米变为8～9米，平均每年淤高1米，一个横亘于猴屿和鼓浪屿之间水下连岛坝就在6年中形成和扩大。

（四）海底地貌

1. 水下浅滩

主要分布在厦门外港区，海底宽阔平坦，水深在10～15米，最深达25米。由粉砂质泥组成。

2. 水下三角洲

分布于九龙江口区，呈不规则的指状向湾口方向伸展，坡度约2×10^{-3}，水深为0～5米。沉积物具有明显的相带变化规律，一般由水下三角洲后缘向前缘变细，由砂变为泥质砂和粉砂质泥。

3. 潮汐通道与冲刷槽

厦门湾潮汐通道发育，是沟通港内各湾的主要水道，一般水深10米左右，深者达20～30米。组成物质为粉砂质泥。在厦鼓水道和火烧屿水道狭长形成潮流冲刷槽，水深达30米左右。组成物质较粗，以砂石为主，局部海底基岩裸露。

第二节　气候与气象

一、气候概况

厦门湾海区地处低纬度带，东南向海，西北靠大陆，气候受太阳辐射、台湾海峡及季风环流的影响，同时受海洋的调节，属南亚热带海洋性季风气候。根据厦门气象台气象资料（福建省气候中心提供）的统计，该湾年平均气温21.2℃，年平均日照时数1853.1小时，气温较高，气候暖热；年平均降水量1374.8毫米，年平均相对湿度77%，降水稍多，湿度中等；年平均风速2.8米/秒，风速较小，常年主导风向为东风。四季的气候特点是：春季（3—6月）天气多变，忽冷忽热，常有暴雨，多阴雨天气；夏季（7—9月）温高湿大，光照足，有短时酷暑，多台风影响；秋季（10—11月）天气稳定，秋高气爽，干燥少雨，晴天多；冬季（12月至翌年2月）温度低，相对干冷，但无严寒。

二、气象要素

（一）气温

厦门湾气温较高，年平均气温21.2℃。春季平均气温15.9℃～26.2℃，夏季26.6℃～28.3℃，秋季19.7℃～23.7℃，冬季13.3℃～15.4℃。年平均最高气温25.2℃，年平均最低气温18.1℃。全年2—7月为升温期，7月最高，月平均气温28.3℃，8月至翌年1月为降温期，1月最低，月平均气温13.3℃。受海洋的调节，气温年较差较小，为15.0℃。极端最高气温38.5℃，出现在1979年8月15日，极端最低气温1.5℃，出现在1991年12月29日。全年日平均气温稳定，大于或等于10℃的积温达7435.7℃，热量资源丰富。日最低气温小于或等于0.0℃年平均日数为0天，日最高气温大于或等于35.0℃的年平均日数为4.8天，因此，厦门湾可谓是冬无严寒，夏有短时酷暑。

（二）降水

厦门湾降水比较多，年平均降水量1374.8毫米，最多年降水量1998.6毫米，出现在1990年，最少年降水量1023.0毫米，出现在2004年。年平均降水日数为123.2天，年最多降水日数为134天，出现在1998年，年最少降水日数为83天，出现在2003年。厦门湾降水量的季节变化受季风更替、热带气旋活动等的影响，一般从12月开始逐月增多，6月达到高峰（253.5毫米），7月下降，8月再度增多（235.6毫米），9月起逐月减少，11月达到最少（24.9毫米），降水量分布呈双峰型。降水在一年中的分布很不均匀，干湿季分明，春季降水最多，占全年总降水量的46%，夏季次之，占39%，秋冬季最少，两季雨量合计仅占15%。一日最大降水量为315.7毫米，出现在2000年6月18日。

（三）风

厦门湾风速较小，各月平均风速变化为2.4～3.3米/秒，年平均风速为2.8米/秒。风力大于或等于8级的年平均日数为16.7天，最多年大风日数50天，出现在1991年，最少年大风日数仅为2天。最大风速25.3米/秒，风向为南东南，出现在1999年10月9日。由于季风环流及厦门湾东南向海、西北靠大陆的特有地形影响，使得厦门湾6—8月盛行偏南风（南南西—南—南南东），但频率不很高为10%～14%，10月至翌年5月长达8个月盛行偏东风（东—东南东），频率较高为15%～25%。

（四）湿度

厦门空气湿度适中，年平均相对湿度为77%。一年中厦门空气湿度随着冬夏季风的更迭而变化，4—8月空气较湿润，各月平均相对湿度为81%～85%，其中6月最高为85%；10—12月比较干燥，月平均相对湿度不超过71%，其中10月、11月最低为68%～69%。日最小相对湿度10%，出现在2005年11月24日。

（五）日照、蒸发与雾

厦门湾年平均日照时数1853.1小时，日照百分率为42%。年最多日照时数2193.6小时，出现在2004年，年最少日照时数1613.3小时，出现在1997年。日照在一年中的变化，与阴雨多寡和昼夜长短有关，厦门各月平均日照时数夏秋季（7—11月）较多，各月平均日照时数为165.5～235.2小时，日照百分率为48%～57%，其中以7月最多为235.2小时，日照百分率为57%。冬春季（12月至翌年6月）较少，各月平均日照时数为104.4～153.8小时，日照百分率大多不超过40%，其中以2月最少为104.4小时，日照百分率为33%。

厦门湾年平均蒸发量1673.8毫米，为年平均降水量的1.20倍，蒸发量大于降水量，此特点多出现在闽江口以南沿海地区。年最大蒸发量1919.6毫米，出现在1986年，年最小蒸发量1472.8毫米。厦门蒸发旺盛的时期是太阳辐射较强的夏季和初秋（7—10月），各月蒸发量为180.6～197.2毫米，秋季居次（148.0～192.0毫米），冬春季的12月至翌年5月最弱（77.5～129.0毫米）。

厦门湾的雾主要是平流雾，由暖湿空气流经较冷的地面或海面而形成的。厦门雾日较多，年平均雾日数36.6天，最多年雾日数68天，最少年雾日数18天。有2年连续7天时间出现雾（2月、4月）。厦门湾雾日多出现在冬季与春季的3—4月份，月平均雾日2～8天，其他月份较少，月平均不超过1天。

第三节 海洋水文

一、潮汐

厦门湾潮波受台湾海峡潮波系统控制，为谐振潮。根据资料①，海区潮汐性质形态数 $F=(H_{K1}+H_{O1})/H_{M2}=0.3771$，属正规半日潮；平均潮差 3.30 米，最大潮差 5.08 米；平均涨潮历时 6 时 16 分，平均落潮历时 6 时 10 分，涨潮历时稍长于落潮历时 6 分钟。

二、海流

根据资料②统计分析，海区海流特征如下。

（一）实测海流

实测最大流速、流向季节变化都较大，一般春、冬季观测到的最大流速比夏、秋季大。

表 3-10-1　定点测站表底层实测最大流速、流向

测站	季节	表层		底层	
		流速（厘米/秒）	流向（°）	流速（厘米/秒）	流向（°）
D8	夏	129	143	66	178

表 3-10-2　ADCP 发生最大流速和位置

层次	季节	坐标		最大流速	
		北纬（°）	东经（°）	流速（厘米/秒）	流向（°）
7 米层	春	24.3985	118.1081	99	130
	夏	24.4141	118.0851	86	127
	秋	24.5207	118.5495	90	345
	冬	24.4935	118.5647	163	72
9 米层	春	24.2296	118.114	101	206
	夏	23.7794	117.653	87	317
	秋	23.7983	117.6575	91	345
	冬	23.7918	117.6532	153	84

（二）潮流

定点站的潮流性质形态数和特征值显示，本区潮流属非正规半日潮浅海潮流。海岛周围水深较浅，潮流运动方式主要直接受地形制约，但潮波的反射、交汇有时也起主导作用，从主要分潮流 M_2 分潮旋转率来看，厦门湾海岛区的 M_2 分潮旋转率不大，潮流呈往复流。

表 3-10-3　潮流性质形态数及特征值

测站	潮流形态数 F		W_{M4}/W_{M2}		M_2 分潮旋转率		可能最大潮流流速（厘米/秒）		潮流类型
	表层	底层	表层	底层	表层	底层	表层	底层	
D8	0.141	0.16	0.163	0.19	0.09	0.16	95	63	非正规半日浅海潮流

---

① 国家海洋局第三海洋研究所：2007 年 03 月 22 日至 2007 年 05 月 23 日 B1 锚系潜标的观测资料。

② （1）国家海洋局第三海洋研究所：漳州招银联合循环电厂可行性研究报告；（2）《南海海洋水文气象环境图集》；（3）908 专项 ST06 区块走航 ADCP、LADCP 资料；（4）福建 908 专项 LADCP 资料。

（三）余流

余流流速不大，但不同季节，余流流速和流向变化都很大。

表 3-10-4　余流流速、流向

测站	季节	表层		底层	
		流速（厘米/秒）	流向（°）	流速（厘米/秒）	流向（°）
D8	夏	27.5	153	1.6	97

表 3-10-5　南海图册中相应点表层统计平均流速流向

相应点	坐标		季节	流速（厘米/秒）	流向（°）
	北纬（°）	东经（°）			
R	24.5	118.5	春	3	95
			夏	26	57
			秋	13	216
			冬	20	224

三、波浪

（一）浪向

厦门外海浪向随季节变化明显。10 月至翌年 3 月盛行东北季风，以北—东北向浪占绝对优势，这两个浪向占 90% 以上，东北向浪为主波向；4—5 月，东北季风势力减弱，北—东北向浪仍占优势，南—西南向浪逐渐增加，6—8 月份，盛行西—西南向浪，西南浪向为主波向，东北向浪几近消失；9 月份西—西南向浪大幅减弱，北—东北向浪开始占优势，东北浪向为主波向。

（二）波高和波周期

厦门外海域的波高、波周期和大浪频率有以下特点。

6—8 月波高为 0.6～0.8 米；9 月和 4—5 月份，波高为 0.5～0.8 米；10 月至翌年 3 月，东北季风占绝对优势，平均波高值较大，其值为 0.6～1.3 米。

6—8 月波周期为 3.9～4.4 秒；9 月和 4—5 月波周期为 3.5～4.2 秒；10 月至翌年 3 月波周期为 4.05～5.1 秒。

四、海水温度和盐度

厦门湾海区海水温度和盐度资料①，根据海湾内岛区资料和湾外海域资料②，按 0.25°×0.25°经纬度网格综合统计平均数据。

（一）水温

厦门湾海域地处南亚热带，海水温度较高。湾内海域累年各月表层平均温度变化为 14.0℃～28.5℃，年平均温度为 21.7℃。夏季平均温度最高为 28.2℃（27.8℃～28.4℃），秋季居次 23.2℃

① 国家海洋信息中心提供的厦门海洋站 1988—2008 年的海水温度和盐度资料。

② 20 世纪 90 年代至 2009 年间国家海洋局第三海洋研究所在台湾海峡进行的水文调查资料。

(21.3℃～25.0℃)，冬季最低 15.7℃（14.3℃～17.5℃）。温度年较差为 14.1℃。年平均最高温度 22.3℃（1998、2001 年），年平均最低温度 20.9℃（1988、1992 年）。历史上出现的最高温度为 31.5℃（2004 年 8 月 21 日），最低温度为 7.8℃（2004 年 2 月 5 日）。湾外海域表层平均温度除了秋季高于湾内平均温度 1.37℃外，其他三季都低于湾内平均温度 0.60℃～2.45℃，季节变化亦与湾内同，夏季最高，冬季最低。

（二）盐度

九龙江冲淡水对厦门湾海域影响明显，造成湾内海水盐度不高，累年各月表层平均盐度为25.80～27.90，年平均盐度为 26.64。相对而言，秋冬季盐度较高（26.77～27.22），平均为 26.98，夏季次之平均为 26.76（26.03～27.89），春季最低平均为 26.21（25.84～26.54）。全年盐度变化平缓，年较差较小，为 1.38。年平均最高盐度为 28.78（2004 年），年平均最低盐度为 25.31（2006 年）。极端最高盐度（32.60），出现在 2004 年 8 月 14 日，极端最低盐度为（5.30），出现在 2006 年 7 月 17 日。湾外海域各季平均盐度变化为 30.90～33.60，均高出湾内海域对应季节的 4.02～6.83。

第四节　海洋化学

一、海水质量

（一）常规要素

1. pH 值

表层 pH 平均值的季节变化为 8.07～8.19，变幅为 0.12；底层为 8.02～8.17，变幅为 0.15。表层、底层高峰值均出现在春季，低谷值均出现在夏季。春季、夏季表层 pH 值高于底层，秋季表层 pH 值则略低于底层。pH 值在春季最高，夏季最低。

表层 pH 值平面变幅为 0.52～0.95，夏季变幅最大，秋季次之，春季变幅最小。春季表层 pH 值由南向北呈递增分布，但在翔安区附近海域出现一低值区；夏季则从东向西呈递增分布；秋季则从东向西呈递减分布。

2. 悬浮物（SPM）

表层 SPM 平均值的季节变化为 10.5～15.8 毫克/升，变幅为 5.3 毫克/升；底层为15.0～25.3 毫克/升，变幅为 10.3 毫克/升。表层、底层高峰值均出现在冬季，低谷值均出现在春季。底层 SPM 含量远远高于表层。

表层 SPM 平面变幅为 40.2～70.1 毫克/升，夏季变幅最大，秋季次之，春季变幅最小。春季、秋季表层 SPM 含量在厦门岛附近出现高值，并由此向南、向北呈递减分布；夏季则由西向东呈递增分布。

3. 溶解氧（DO）

表层 DO 平均值的季节变化为 6.30～7.32 毫克/升，变幅为 1.02 毫克/升；底层为5.13～7.12 毫克/升，变幅为 1.99 毫克/升。表层高峰值出现在春季，底层高峰值出现在秋季，低谷值均出现在夏季。春季、秋季表层、底层的 DO 含量相差不大，夏季表层 DO 含量明显高于底层。春季、秋季各层及夏季表层 DO 平均含量均符合国家一类海水水质标准；夏季底层 DO 平均含量符合国家二类海水水质标准。

表层 DO 平面变幅为 4.91～8.15 毫克/升，夏季变幅最大，春季次之，秋季变幅最小。春季表层 DO 含量由中部海域向西南、东北呈递减分布，向西北、东南呈递增分布；夏季、秋季则由东向西呈递增分布。

（二）有机污染物

1. 化学需氧量（COD）

表层 COD 平均值的季节变化为 1.03 ~ 1.45 毫克/升，变幅为 0.42 毫克/升；底层为0.79 ~ 1.07 毫克/升，变幅为 0.28 毫克/升。表层、底层高峰值出现在夏季，低谷值均出现在春季。春季、夏季表层含量高于底层，秋季表层、底层含量变化不大。春季、夏季、秋季各层 COD 含量均符合国家一类海水水质标准。

表层 COD 平面变幅为 2.91 ~7.73 毫克/升，夏季变幅最大，春季次之，秋季变幅最小。春季、夏季、秋季表层 COD 含量平面分布相同，均由东向西呈递增分布。

2. 石油类

春季表层石油类测值范围为 10.2 ~21.2 微克/升，平均值为 13.1 微克/升。夏季表层石油类测值范围为7.6 ~15.2 微克/升，平均值为 9.5 微克/升。秋季表层石油类测值范围为9.4 ~45.1 微克/升，平均值为 29.9 微克/升。

春季、夏季、秋季表层石油类含量均低于国家一类或二类海水水质标准。

（三）营养盐

1. 亚硝酸盐

表层亚硝酸盐平均值的季节变化为 0.034 ~ 0.063 毫克/升，变幅为 0.029 毫克/升；底层为 0.024 ~0.075 毫克/升，变幅为0.051 毫克/升。表层、底层高峰值出现在夏季，低谷值均出现在春季。表层亚硝酸盐含量在春季高于底层，在夏季略低于底层，在秋季与底层含量大致相同。

表层亚硝酸盐平面变幅为 0.126 ~0.282 毫克/升，夏季变幅最大，秋季次之，春季变幅最小。春季表层亚硝酸盐含量由东北向西南递增分布；夏季则由东向西递增分布；秋季则由东南向西北递增分布。

2. 铵盐

表层铵盐平均值的季节变化为 0.077 ~0.096 毫克/升，变幅为 0.019 毫克/升；底层为 0.064 ~ 0.085 毫克/升，变幅为 0.019 毫克/升。表层高峰值出现在夏季，底层高峰值出现在春季、夏季；低谷值均出现在春季。春季、夏季、秋季均是表层含量略高于底层。

表层铵盐平面变幅为 0.180 ~0.653 毫克/升，秋季变幅最大，夏季次之，春季变幅最小。春季、夏季、秋季表层铵盐含量平面分布相同，均由东向西递增分布。

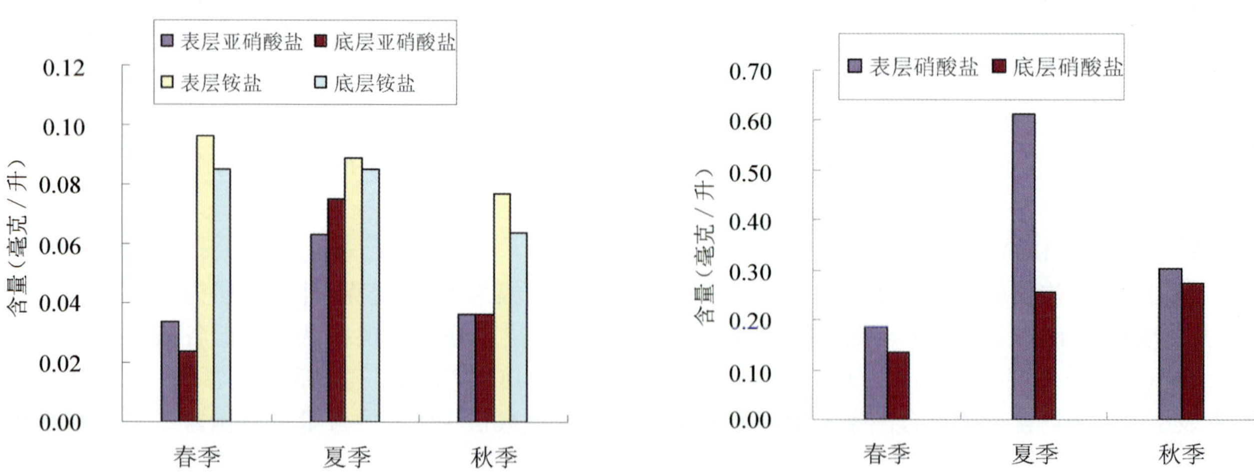

图 3-10-1　亚硝酸盐和铵盐的季节变化

3. 硝酸盐

表层硝酸盐平均值的季节变化为0.185～0.613毫克/升，变幅为0.428毫克/升；底层为0.136～0.275毫克/升，变幅为0.139毫克/升。表层、底层高峰值出现在夏季，低谷值均出现在春季。春季、夏季、秋季均是表层含量高于底层。

表层硝酸盐平面变幅为0.649～2.30毫克/升，夏季变幅最大，春季次之，秋季变幅最小。春季、夏季、秋季表层硝酸盐含量平面分布相同，均由东北向西南递增分布。

4. 活性磷酸盐

表层活性磷酸盐平均值的季节变化为0.021～0.036毫克/升，变幅为0.015毫克/升；底层为0.026～0.037毫克/升，变幅为0.011毫克/升。表层高峰值出现在秋季，底层高峰值出现在夏季；表层低谷值出现在夏季，底层低谷值出现在春季。该海区春季、秋季表层、底层的活性磷酸盐含量相差不大，夏季表层活性磷酸盐含量明显低于底层。春季各层及夏季表层活性磷酸盐含量均符合国家二类和三类海水水质标准；夏季底层及秋季各层活性磷酸盐含量均符合国家四类海水水质标准。

表层活性磷酸盐平面变幅为0.154～0.185毫克/升，春季变幅最大，夏季、秋季次之。春季表层活性磷酸盐含量由南向北递增分布，在中部海域出现一高值区；夏季则由南向北递增分布；秋季则由东向西递增分布。

（四）重金属（铜、铅、镉、汞、砷）

表层铜平均值的季节变化为0.535～0.762微克/升，变幅为0.227微克/升。表层铅平均值的季节变化为0.0361～0.0806微克/升，变幅为0.0445微克/升。表层镉平均值的季节变化为0.0199～0.0337微克/升，变幅为0.0138微克/升。表层汞平均值的季节变化为0.021～0.029微克/升，变幅为0.008微克/升。表层砷平均值的季节变化为1.8～2.6微克/升，变幅为0.8微克/升。

春季、夏季、秋季该海区表层重金属含量均低于国家一类海水水质标准。重金属的季节变化不明显。

二、潮下带沉积物质量

（一）沉积环境特征污染物

秋季表层有机碳测值范围为0.28×10^{-2}～2.56×10^{-2}，平均值为0.97×10^{-2}；表层硫化物测值范围为16.6×10^{-6}～1530×10^{-6}，平均值为300.1×10^{-6}；表层石油类测值范围为9.0×10^{-6}～27.8×10^{-6}，平均值为16.2×10^{-6}；表层DDT测值范围为4.0×10^{-9}～27.4×10^{-9}，平均值为12.2×10^{-9}；表层PCB测值范围为0.27×10^{-9}～4.21×10^{-9}，平均值为1.45×10^{-9}；表层666测值范围为0.26×10^{-9}～0.94×10^{-9}，平均值为0.57×10^{-9}。

各参数表层含量均符合国家一类海洋沉积物质量标准。

（二）重金属

秋季表层铜测值范围为6.44×10^{-6}～65.7×10^{-6}，平均值为20.2×10^{-6}；表层铅测值范围为8.65×10^{-6}～139×10^{-6}，平均值为62.6×10^{-6}；表层镉测值范围为0.0025×10^{-6}～0.198×10^{-6}，平均值为0.0447×10^{-6}；表层汞测值范围为0.024×10^{-6}～0.191×10^{-6}，平均值为0.086×10^{-6}；表层砷测值范围为2.3×10^{-6}～10.3×10^{-6}，平均值为6.5×10^{-6}。表层各重金属含量均低于国家一类海洋沉积物质量标准。

第五节　海洋生物与生态

根据资料①②③综合汇编厦门岛周边海域和厦门湾外海区的生物与生态特征。

一、叶绿素 a

厦门湾海域叶绿素 a 全年范围为 0.02 ~ 4.9 毫克/米^3，平均为 1.47 毫克/米^3。其中春季范围为 0.61 ~ 1.61 毫克/米^3，平均为 0.90 毫克/米^3；夏季范围为 1.93 ~ 4.9 毫克/米^3，平均为 3.59 毫克/米^3；秋季范围为 0.02 ~ 1.39 毫克/米^3，平均为 0.58 毫克/米^3；冬季范围为 0.56 ~ 1.06 毫克/米^3，平均为 0.81 毫克/米^3。

厦门湾外海春季叶绿素 a 为 0.61 ~ 1.17 毫克/米^3，平均含量为 0.92 毫克/米^3，其中表层均值为 1.00 毫克/米^3，底层均值为 0.83 毫克/米^3；夏季叶绿素 a 为 0.44 ~ 1.05 毫克/米^3，平均值是 0.73 毫克/米^3，其中表层均值为 0.74 毫克/米^3，底层均值为 0.72 毫克/米^3；秋季叶绿素 a 为 0.95 ~ 1.00 毫克/米^3，平均值是 0.99 毫克/米^3，其中表层均值为 1.00 毫克/米^3，底层均值为 0.98 毫克/米^3；冬季叶绿素 a 为 0.73 ~ 1.12 毫克/米^3，平均值是 0.93 毫克/米^3，其中表层均值为 0.98 毫克/米^3，底层均值为 0.89 毫克/米^3。叶绿素 a 的垂向分布表层普遍高于底层。但是由于水浅，表、底层差值不大。季节变化不明显。

二、浮游植物

1. 种类组成

厦门湾海域浮游植物经鉴定共有 4 门 111 种，其中硅藻门 102 种，占总种数的 91.9%；甲藻门 7 种，占 6.3%；金藻门和裸藻门各 1 种，均占 0.9%。从各季度月种类数来看，春季、夏季和秋季种类数相当，春季有 2 门 70 种，其中硅藻门 64 种，占 91.4%，甲藻门 6 种；夏季有 3 门 74 种，其中硅藻门种类数最多，有 67 种，占 90.5%，甲藻门 6 种，金藻门 1 种；秋季有 2 门 63 种，其中硅藻门 57 种，占 83.8%，甲藻门 6 种；冬季最少，有 3 门 46 种，其中硅藻门种类数最多，有 43 种，占 93.5%；甲藻门 2 种，裸藻门 1 种。各季节浮游植物以广温广盐种为多，如中肋骨条藻、奇异棍形藻、中心圆筛藻等，还有一些广温低盐种，如具槽直链藻、旋链角毛藻等，也出现少量的淡水种，如颗粒直链藻最窄变种、黄埔水链藻等。

厦门湾外海网采浮游植物共计 49 种。春季有 2 门 15 种，其中硅藻 12 种，甲藻 2 种，其他 1 种；常见种为细弱海链藻、星脐圆筛藻。夏季共计 12 种，其中硅藻 10 种，蓝藻 1 种，其他 1 种；常见种为菱形海线藻、旋链角毛藻、尖刺伪菱形藻。秋季计 35 种，其中硅藻 26 种，甲藻 8 种，蓝藻 1 种；常见种为有翼圆筛藻、具槽帕拉藻。冬季计 11 种，其中硅藻 10 种，其他 1 种；常见种为星脐圆筛藻、菱形海线藻、格氏圆筛藻。

2. 优势种

厦门湾海域从各种类细胞数量看，春季浮游植物优势种主要有奇异棍形藻和中肋骨条藻。奇异棍形藻占绝对优势，其细胞数量占该季细胞总数量的 51.7%；其次为中肋骨条藻，其细胞数量占细胞总数量的 14.4%；夏季主要优势种类为中肋骨条藻和中心圆筛藻，其细胞数量分别占总细胞数量的

① 厦门大学 2002 年 12 月至 2004 年 12 月调查资料。

② 国家海洋局第三海洋研究所 2005 年 11 月、2006 年 2 月、2006 年 5 月、2006 年 8 月调查资料。

③ 福建省 908 专项 2007 年 1 月、2007 年 4 月、2007 年 7 月、2007 年 10 月调查资料。

20.6%和17.0%；秋季主要优势种类与夏季基本相同，为中肋骨条藻和中心圆筛藻，分别占总细胞数量的23.1%和22.0%；冬季主要优势种类为中肋骨条藻和琼氏圆筛藻，分别占总细胞数量的49.6%和23.3%。结果显示，厦门海域浮游植物以广温广盐种类数量为多，主要优势种有中肋骨条藻、中心圆筛藻、琼氏圆筛藻等，不同季节优势种不尽相同，同时各季节优势种数少，但分布广，数量多，约占总细胞数量的50%~70%，其余种类数量所占比例均较低。

厦门湾外海网采浮游植物春季优势种为细弱海链藻、旋链角毛藻；夏季优势种为旋链角毛藻、菱形海线藻、中肋骨条藻；秋季优势种为钟形中鼓藻、琼氏圆筛藻、菱形海线藻；冬季优势种为星脐圆筛藻、菱形海线藻、格氏圆筛藻。

3. 浮游植物数量

厦门湾海域四个季度月浮游植物总生物量变化较大，夏季最高，冬季最低。春季浮游植物细胞数量范围为$0.21\times10^5\sim33.6\times10^5$个/米^3，平均为$6.81\times10^5$个/米^3；夏季浮游植物细胞数量分布范围为$15.1\times10^5\sim26.8\times10^5$个/米^3，平均为$20.5\times10^5$个/米^3；秋季浮游植物细胞数量分布范围为$8.06\times10^5\sim22.9\times10^5$个/米^3，平均为$17.1\times10^5$个/米^3；冬季浮游植物细胞数量分布范围为$2.20\times10^5\sim24.3\times10^5$个/米^3，平均为$7.99\times10^5$个/米^3。由此可见，各季节浮游植物分布不均，各季节变化明显，各调查站位细胞数量分布悬殊。

厦门湾外海网采浮游植物春季细胞数量平均为2640.50×10^4个/米^3；夏季细胞数量为135.11×10^4个/米^3；秋季细胞数量为15.23×10^4个/米^3；冬季细胞数量为5.78×10^4个/米^3。

4. 多样性指数

厦门湾海域浮游植物丰富度指数变化于0.943~1.894，各季节平均值以春季最高，为1.519，冬季最低，为1.036；多样性指数变化于1.902~3.695，各季节平均值以秋季最高，为3.252，冬季最低，为2.564；均匀度指数变化于0.426~0.753，各季节平均值夏季最高，为0.671，冬季最低，平均为0.589；优势度指数变化于0.322~0.831，冬季最高，平均为0.642，夏季最低，平均为0.458。可见，厦门湾海域浮游动植物丰富度指数、多样性指数和均匀度指数均属较低水平，冬季最低，其余三个季度月差别不明显，而各季节的优势度指数属于较高水平，冬季最高，这表明了厦门湾海域浮游植物生态系统比较脆弱，种间数量分布不均衡，优势种明显，数量多。

厦门湾外海春季浮游植物多样性指数、丰富度指数、均匀度指数、优势度指数分别为0.94、1.27、0.27、0.34；夏季浮游植物多样性指数、丰富度指数、均匀度指数、优势度指数分别为2.38、2.04、0.69、0.76；秋季浮游植物多样性指数、丰富度指数、均匀度指数、优势度指数分别为2.86、10.39、0.61、0.84；冬季浮游植物多样性指数、丰富度指数、均匀度指数、优势度指数分别为3.03、5.94、0.88、1.03。

三、浮游动物

1. 种类组成

厦门湾海域浮游动物经鉴定有原生动物门、腔肠动物门、栉水母门、环节动物门、软体动物门、节肢动物门、毛颚动物门等9门67种，节肢动物门最多，有49种，占总种数的73.1%，其中又以桡足类种类数最多，有28种，占总种数的41.8%，其他各类出现得比较少。

从各季度种类数来看，春季种类数最多，有原生动物门、腔肠动物门、栉水母门、环节动物门、软体动物门、节肢动物门、毛颚动物门、尾索动物门和脊椎动物门9门51种，其中桡足类种类数最多，有16种，占31.4%，其他各类出现得比较少；夏季、秋季和冬季出现的种类数较少，其中夏季出现4门18种，其中桡足类种类数最多，有13种，占72.2%，其他各类出现得都很少；秋季4门22种，其中也以桡足类种类数最多，有14种，占63.6%；冬季有节肢动物门、尾索动物门和脊索动物门3门19种，其中桡足类种类数最多，有12种，占63.2%。

厦门湾外海四季浮游动物共计95种。春季浮游动物计21种，其中桡足类2种，毛颚类2种，莹虾类2种，翼足类1种，磷虾类1种，浮游幼虫6种，栉水母1种，水螅水母2种，管水母3种，有尾类1种；夏季浮游动物为62种，其中端足类1种，浮游幼虫2种，管水母4种，介形类3种，糠虾类2种，磷虾类1种，毛颚类8种，桡足类20种，十足类4种，水螅水母4种，海樽类1种，有尾类1种，异足类4种，翼足类3种，莹虾类3种，栉水母1种；秋季浮游动物计37种，其中桡足类12种，浮游幼虫7种，毛颚类6种，糠虾类3种，管水母2种，水螅水母2种，磷虾类2种，翼足类1种，十足类1种，介形类1种；冬季浮游动物计28种，其中桡足类14种，毛颚类4种，介形类3种，磷虾类2种，十足类2种，浮游幼虫2种，糠虾类1种。

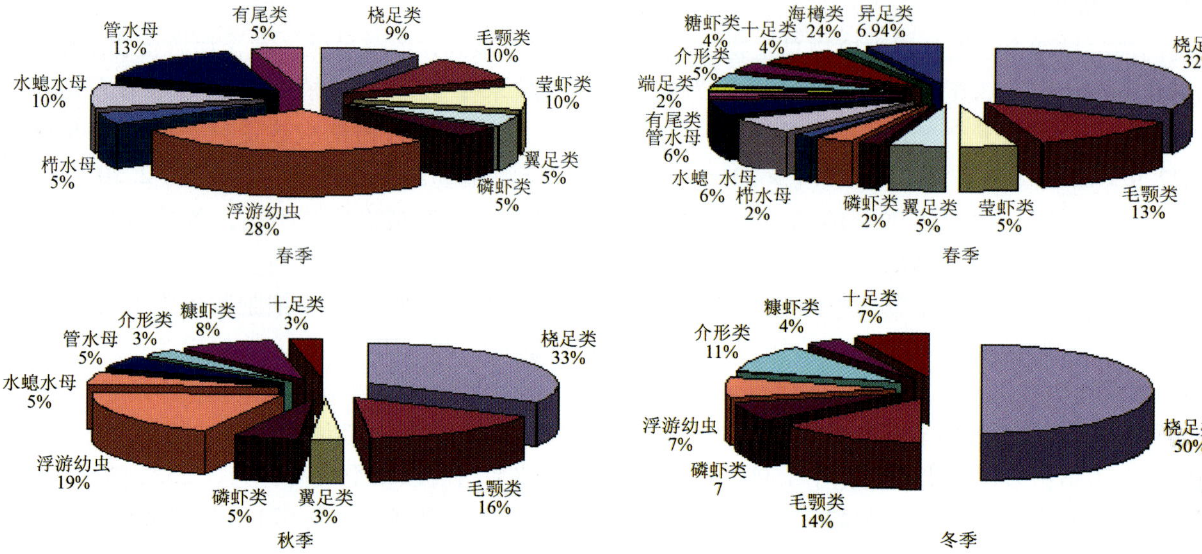

图3-10-2　厦门湾湾外海域浮游动物种类组成

2. 优势种

厦门湾海域春季出现的浮游动物主要种类为厦门矮隆哲水蚤、强额拟哲水蚤、唇角水蚤幼体、纺锤水蚤幼体、真刺唇角水蚤、异体住囊虫等。其中厦门矮隆哲水蚤占绝对优势，个体数量均居各调查站首位，其密度范围为571.4～5166.7个/米^3；强额拟哲水蚤个体密度范围为375～1833.3个/米^3；夏季，浮游动物主要种类为太平洋纺锤水蚤、微驼隆哲水蚤、真刺唇角水蚤、异体住囊虫等，但个体密度不高，太平洋纺锤水蚤个体密度范围为15～33.5个/米^3；秋季，出现的主要种类为太平洋纺锤水蚤、微驼隆哲水蚤、真刺唇角水蚤、异体住囊虫、瘦尾胸刺水蚤和纺锤水蚤幼体等。各站的优势种类有所不同，但个体密度均很低；冬季，出现的主要种类为太平洋纺锤水蚤、瘦尾胸刺水蚤、海洋伪镖水蚤、长尾类蚤状幼虫、异体住囊虫、小纺锤水蚤和纺锤水蚤幼体等。

厦门湾外海浮游动物春季优势种有中华哲水蚤、拿卡箭虫、大西洋五角水母；夏季优势种有简长腹剑水蚤、强额拟哲水蚤；秋季优势种有双生水母、普通波水蚤、亚强真哲水蚤；冬季优势种有精致真刺水蚤、中华假磷虾。

3. 生物量

厦门湾海域浮游动物生物量普遍偏低，春季生物量相对较高，波动范围为160.0～2301.4毫克/米^3；夏季与秋季浮游动物生物量相差不大，夏季生物量变动范围为38～82毫克/米^3；秋季生物量变动范围为4.4～95毫克/米^3；冬季生物量极低，波动范围为3.7～20.4毫克/米^3。

4. 栖息密度

厦门湾海域四个季度浮游动物的密度都很低，其中春季密度相对较高，各站范围为2241.7～16 390.3个/米^3，平均密度为7132.6个/米^3；夏季各站密度范围为35.0～75.0个/米^3；秋季浮游动物密度略低于夏季，各站密度范围为1.8～67.0个/米^3；冬季浮游动物密度显著低，各站密度范围为

2.2~16.8 个/米^3，平均密度仅为7.6 个/米^3。

厦门湾外海春季、夏季、秋季和冬季浮游动物个体数量分别为95 个/米^3、51 031.29 个/米^3、137.97 个/米^3 和8.63 个/米^3。

5. 多样性指数

厦门湾海域春季浮游动物丰富度较低，范围为1.177~1.942，平均为1.563；浮游动物多样性指数范围为1.475~3.288，平均为2.677；均匀度范围为0.377~0.715，平均为0.610。夏季浮游动物丰富度范围为1.066~1.937，平均为1.481；多样性指数范围为1.645~2.536，平均为2.167；均匀度范围为0.622~0.813，平均为0.694；优势度范围为0.527~0.733，平均为0.618。秋季浮游动物丰富度较低，范围为1.077~2.414，平均为1.837；多样性指数范围为1.585~2.498，平均为2.094；均匀度范围为0.719~1.000，平均为0.790；优势度范围为0.597~0.800，平均为0.708。冬季各站浮游动物多样性指数波动范围不大，范围为2.000~2.795，平均为2.269；浮游动物分布较均匀，其均匀度范围为0.641~1.000，平均为0.847；优势度范围为0.455~0.704，平均为0.576。综合分析调查海域浮游动物的生物群落结构的各项指标，调查海域浮游动物生态比较脆弱。

四、潮间带生物

1. 种类组成

厦门澳头、琼头，漳州九龙江口以及晋江围头湾四条断面潮间带生物经鉴定合计有40 种，其中多毛类10 种，占总种数的25%，软体动物8 种，占总数的20%，甲壳动物17 种，占总数的42.5 %，其他动物5 种，占总数的12.5%①。

种类数以低潮区最多，达21 种；中潮区次之，为18 种；高潮区最少，仅12 种。其中九龙江口断面有潮间带生物9 种，澳头断面有13 种，琼头有潮间带生物12 种，围头断面有潮间带生物5 种。在九龙江口断面、澳头断面、琼头断面、围头断面甲壳动物所占的比例最大。

2. 优势种

潮间带底栖生物优势种有甲壳动物的淡水泥蟹、明秀大眼蟹、弧边招潮蟹、模糊新短眼蟹等，多毛类的异足索沙蚕、丝异须虫等，软体动物的珠带拟蟹守螺、被角樱蛤。这些种类出现频率都比较高或数量较大。常见的种类有长吻沙蚕、巴林虫、滨螺、活额寄居蟹、菲律宾蛤仔、僧帽牡蛎、可口革囊星虫、弹涂鱼、孔鰕虎鱼等，大部分种类数量均不大。

3. 生物量和栖息密度及分布

平均生物量为91.72 克/米^2，生物量以甲壳动物占首位，达41.71 克/米^2，占总生物量的45.47%，其次为软体动物，平均达31.22 克/米^2，占总生物量的34.03%，多毛类及其他类生物量较小，分别为0.608 克/米^2 和18.19 克/米^2，各占总生物量的0.66%和19.83%。各断面生物量差异较大。九龙江口断面平均生物量最大，达157.32 克/米^2，其次是澳头断面和围头断面，平均生物量分别为104.16 克/米^2 和93.96 克/米^2，琼头断面生物量最低，平均仅为16.52 克/米^2。

总栖息密度平均达330 个/米^2，其中以甲壳动物为首位，为178.4 个/米^2，占总密度的53.99%，其余依次是软体动物，栖息密度为124 个/米^2，占总密度的37.53%，多毛类（15.2 个/米^2）占4.60%，其他动物密度则较小，平均仅12.8 个/米^2，所占比例仅为3.87%。九龙江口断面潮间带生物平均栖息密度最高，达676 个/米^2，其次是澳头断面，平均栖息密度为376 个/米^2，围头断面和琼头断面栖息密度较低，平均为120 个/米^2 和92 个/米^2。

现状调查发现的潮间带生物种类不多，其中甲壳动物占主导，种类数以低潮区种数最多。其中同安湾海域分布种类最多，河口区其次，围头湾最少。从生物量来看，九龙江口生物量最高，其次是澳

① 福建省908 专项潮间带底栖生物调查报告。

头断面、围头断面，琼头断面生物量最低。九龙江口断面与琼头断面平均生物量相差接近 10 倍。栖息密度上，九龙江口断面潮间带生物平均栖息密度也最高，其次是澳头断面，围头断面和琼头断面栖息密度较低。

五、潮下带底栖生物

1. 种类组成

厦门湾海域调查获得大型底栖动物 165 种，其中多毛类动物 81 种，软体动物 29 种，甲壳动物 30 种，棘皮动物 9 种，其他动物 16 种。从季节变化上来看，以春夏季出现种类最多。多毛类是 4 个季节出现最多的种类，其次是甲壳动物和软体动物，棘皮动物种类出现最少。

厦门湾外海域四季底栖生物共计 180 种。春季计 94 种，其中环节动物最多，有 50 种，甲壳动物 30 种，棘皮动物 3 种，软体动物 5 种，其他动物 6 种；夏季计 51 种，其中环节动物 26 种，软体动物 13 种，甲壳动物 8 种，棘皮动物 3 种，其他动物 1 种；秋季计 71 种，其中环节动物 45 种，节肢动物 13 种，软体动物 6 种，棘皮动物 4 种，其他动物 3 种；冬季计 97 种，其中环节动物 62 种，节肢动物 25 种，软体动物 3 种，棘皮动物 2 种，其他动物 5 种。

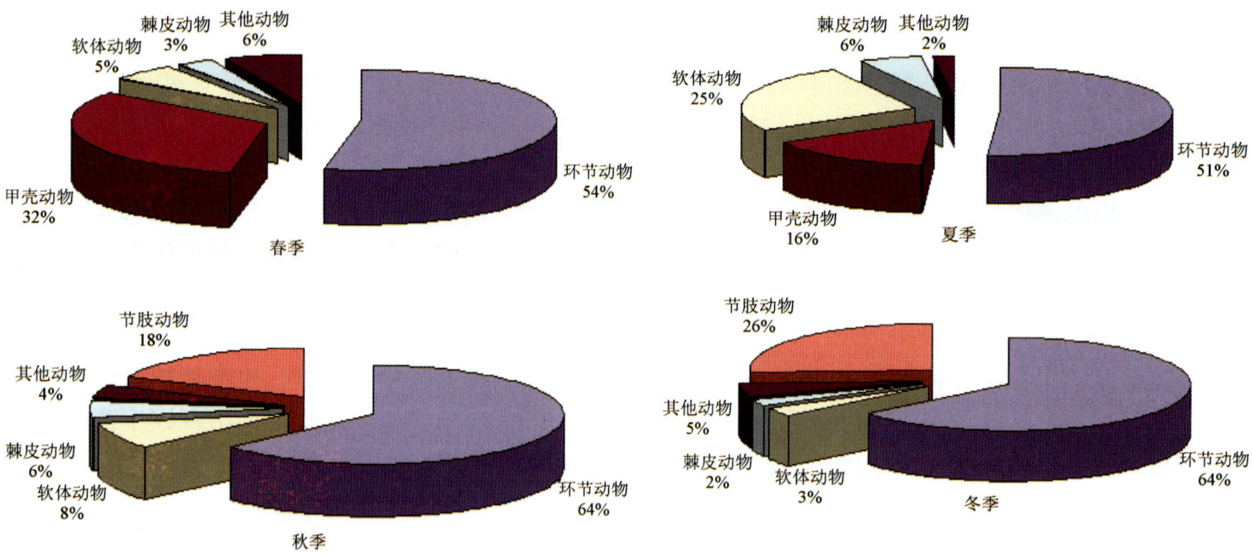

图 3-10-3　厦门湾外海大型底栖生物种类组成

2. 优势种

厦门湾海域密度优势种，2004 年 1 月是背蚓虫，4 月是光滑河蓝蛤，7 月是昆士兰稚齿虫，10 月是昆士兰稚齿虫、双鳃内卷齿蚕和裸赢蜚。生物量优势种，2004 年 1 月是模糊新短眼蟹，4、7、10 月是光滑河蓝蛤和昆士兰稚齿虫。

厦门湾外海春季优势种为习见蛙螺、阿氏强蟹、模糊新短眼蟹；夏季优势种为联珠蚶、甲虫螺、网纹拟蚶；秋季优势种为短吻铲荚蝓、模糊新短眼蟹、假奈拟塔螺；冬季优势种为模糊新短眼蟹、刺足掘沙蟹、扁蛰虫。

3. 生物量

厦门湾海域底栖生物平均生物量春季为 18.00 克/米^2，夏季 24.95 克/米^2，秋季 136.49 克/米^2，冬季 13.64 克/米^2。

厦门湾外海底栖生物生物量春季为 40.20 克/米^2；夏季为 37.88 克/米^2；秋季为 55.60 克/米^2；冬季为 27.13 克/米^2。

4. 栖息密度

厦门湾海域底栖生物平均栖息密度春季为1675.0个/米^2，夏季为807.0个/米^2，秋季为899.0个/米^2，冬季为282.0个/米^2。

厦门湾外海底栖生物的栖息密度春季为877.5个/米^2，夏季为370.0个/米^2，秋季为640.0个/米^2，冬季为1075.5个/米^2。

5. 多样性指数

2004年厦门湾海域的底栖生物多样性指数平均为2.79，均匀度指数为0.69。两者的季节变化并不明显，其中多样性指数和均匀度指数均以1月最高。西部海域多样性指数为2.35，均匀度指数为0.63；南部海域多样性指数为2.58，均匀度指数为0.63；东部海域多样性指数为3.87，均匀度指数为0.85。

六、小型底栖生物

厦门湾外海小型底栖生物春季数量为594个，密度为449 873.90个/米^2，生物量为383 937.84微克/米^2；夏季数量为124个，密度为190 184.05个/米^2，生物量为102 009.20微克/米^2；冬季数量为205个，密度为310 519.02个/米^2，生物量为514 507.30微克/米^2。

七、游泳生物

1. 种类组成

厦门全海域调查获得游泳生物种类236种，其中鱼类153种，隶属16目61科108属；甲壳类71种（其中：虾类35种，隶属2目10科18属；蟹类36种，隶属于1目11科17属）；头足类12种，分隶于3目4科5属。渔获的游泳生物种类中，以鱼类种类多样，占游泳生物总种类的64.8%；甲壳类次之，占30.1%；头足类较少，仅占5.1%。

渔获的236种游泳生物，经济种类约占一半，它们是条纹斑竹鲨、赤魟、黄魟、凤鲚、七丝鲚、青鳞小沙丁鱼、鳓鱼、斑鰶、花鰶、黄吻棱鳀、赤鼻棱鳀、中华小公鱼、黄鲫、长蛇鲻、龙头鱼、海鳗、网纹裸胸鳝、赤点石斑鱼、多鳞鱚、皮氏叫姑鱼、斑条魣、大甲鲹、丽叶鲹、竹筴鱼、前鳞鲻、六指马鲅、中华海鲶、白姑鱼、黄姑鱼、大黄鱼、梅童鱼、短棘银鲈、黄鲷、黄鳍鲷、黑鲷、黄带绯鲤、褐篮子鱼、鲫鱼、短吻鲾、条鲾、焦氏舌鳎、半滑舌鳎、银鲳、带鱼、褐菖鲉、横纹东方鲀、棕腹刺鲀、斑鲆、斑节对虾、长毛明对虾、日本囊对虾、近缘新对虾、沙栖新对虾、哈氏仿对虾、鹰爪虾、须赤虾、中华管鞭虾、脊尾白虾、三疣梭子蟹、红星梭子蟹、日本蟳、双斑蟳、口虾蛄、乌贼、小管枪乌贼和短蛸等种类。

2. 种数的季节变化

游泳生物出现的种数以夏季（8月）最多，有164种；其次春季（5月）有135种；再次为冬季（2月）有114种；而秋季（11月）最少，只有106种。就分类种群而言，无论是游泳生物种类数还是鱼类、甲壳类种数由多至少都依次为夏季、春季、冬季、秋季。

表3-10-6 厦门全海域游泳动物种类组成

单位：种

季节	鱼类	甲壳类	头足类	合计
秋季（11月份）	70	31	5	106
冬季（2月份）	72	35	7	114
春季（5月份）	82	47	6	135
夏季（8月份）	103	54	7	164

3. 游泳生物渔获量组成

海区游泳生物月总平均渔获密度和总平均生物量为1337尾/（网·时）和19.560千克/（网·时），其中，鱼类的月平均渔获密度和生物量为870尾/（网·时）和15.607千克/（网·时），各占游泳生物月总渔获密度和生物量的65.1%和79.8%；甲壳类分别为452尾/（网·时）和3.513千克/（网·时），各占游泳生物月总渔获密度和生物量的33.8%和18.0%；头足类仅为15尾/（网·时）和0.440千克/（网·时），分别仅占1.1%和2.2%。

4. 优势种的季节变化

全年渔获生物量的优势种为皮氏叫姑鱼，占总生物量12.37%；前鳞鲻次之，占总生物量的8.56%。而渔获生物尾数优势种为鹿斑鲾，占总渔获生物尾数的10.65%；皮氏叫姑鱼次之，占总渔获生物尾数的7.82%。4个航次渔获生物量的优势种有所不同，秋季还是皮氏叫姑鱼最高，还有赤鼻棱鳀、青鳞小沙丁鱼；冬季为前鳞鲻、皮氏叫姑鱼、斑鰶；春季为凤鲚、皮氏叫姑鱼、条纹斑竹鲨；夏季为皮氏叫姑鱼、三疣梭子蟹、条纹斑竹鲨、黄魟、哈氏仿对虾。

八、环境微生物

厦门湾海区水体中细菌总量变化为$0.095\times10^3\sim4.5\times10^3$个/毫升，海域平均为$0.529\times10^3$个/毫升。同安湾口一带水域的表层水中的细菌总量最高，达4.5×10^3个/毫升；安海附近海域的最低，为0.025×10^3个/毫升。

第六节　海洋灾害

一、环境灾害

灾害性天气主要有台风、暴雨、大风和干旱。

（一）台风

7—9月为台风季节，登陆和影响厦门湾海区的台风，每年平均约4.1次。是影响本海湾岛区的主要灾害性天气，如1959年8月23日5903号台风在厦门登陆，极大风速达60米/秒，狂风暴雨又恰逢天文大潮，风助潮势，潮顶江水，形成特大洪涝，电杆倒伏，海堤缺口，房屋毁坏，船只沉没，人民生命财产遭受严重损失。

（二）暴雨

年平均暴雨日数为3.6～5.6天，同安多于厦门。暴雨主要出现在4—9月，日最大降水量达239.7～262.3毫米，同安大于厦门。1956年9月19日和1973年4月23日特大暴雨，厦门积水成灾，工厂、商店、仓库被淹，马路冲坏，损失较重。

（三）大风

厦门出现8级以上大风日数，年平均为25.8天，最多年大风日数为53天，最少年为22天。主要出现在3—4月和7—11月，最长连续大风日数为7天；同安8级以上大风日数明显少于厦门。

（四）干旱

厦门湾海区，春季大旱和特旱出现几率分别为7%～20%和24%～25%，平均连旱日数为42～53

天；夏季大旱、特旱出现几率分别为15%～40%和5%～14%，平均连旱日数为29～35天；秋冬季大旱、特旱出现几率分别为14%～35%和7%～10%，平均连旱日数为60～65天。1972年春旱，漳州、厦门地区严重缺水，土地干裂，作物枯死，灾情严重。

二、地质灾害

（一）地震

区内新构造运动以继承型的断裂活动和断块差异升降为特征，总的以间歇性上升为主。新构造特征以频繁地震和地块升降表现为主。据统计，在厦门—同安—泉州一带，自1972年至1997年共发生52次弱震，地震强度较小。

（二）海岸侵蚀

厦门湾海岸侵蚀可分为基岩岬角缓慢侵蚀海岸、红土台地强烈侵蚀海岸、砂质平原侵蚀海岸。

1. 基岩岬角缓慢侵蚀海岸

零星分布在厦门岛东北岸和东南岸突出部位及基岩岛屿，如胡里山、白石头、石胄头、五通头及鼓浪屿南岸和北岸、鸡屿、火烧屿、大土屿等，由花岗岩、火山岩、变质砂岩组成。常年遭受海浪侵蚀，海蚀地貌发育，常见海蚀崖、海蚀平台、海蚀洞、海蚀拱桥等。海岸侵蚀速率小。

2. 红土台地强烈侵蚀海岸

分布在围头湾潘径—围头18千米岸段，湖尾一带，同安湾内，厦门岛东岸和东北岸高崎—何厝19千米岸段，厦门西港西侧英厝—鳌冠3千米岸段，鳄鱼屿东部0.9千米岸段等。红土台地一般高10～20米，前沿为红土台地海蚀崖和海蚀平台，海岸抗侵蚀能力弱，岸崖常呈块状，蚀退速率为1～2米/年，局部2～3米/年，海岸侵蚀强烈。

3. 砂质平原侵蚀海岸

围头湾湾口白沙—潘径5千米岸段，蚀退速率为3米/年；厦门岛东岸和东南岸何厝—厦门大学16千米岸段，海滩多数呈下凹形状，滩面受蚀消低，平均蚀退速率为1米/年。

（三）软土地基

海湾全新世粉砂淤泥质潮滩含水率高，承载力差，不宜作为建设用地，如围海造地需要，需做地基处理的相关工作。

三、生态灾害

（一）赤潮

赤潮灾害为福建沿岸港湾多发的灾害，2008年同安湾发生赤潮①，主要藻种为东海原甲藻、中肋骨条藻、角毛藻和血红哈卡藻。2009年②，同安湾发生3次赤潮，优势种分别为血红哈卡藻、中肋骨条藻和中肋骨条藻，面积分别为31平方千米、30平方千米和15平方千米；东碇岛以东海域发生赤潮1次，面积200平方千米，优势种为夜光藻。

---

① 福建省海洋与渔业局：2008年福建省海洋环境状况公报，2009年3月。

② 福建省海洋与渔业厅：2009年福建省海洋环境状况公报，2010年3月。

（二）生物入侵[①]

沙筛贝在厦门马銮湾，龙海卓岐垦区大量繁殖，并成为当地的优势种。1996 年马銮湾沙筛贝栖息密度为 217.6×10^3 个/米^2；2004 年 4 月至 2008 年 1 月，厦门湾沙筛贝调查结果表明，沙筛贝仅分布在马銮湾垦区及出口水闸处，厦门湾其余海域未发现。

沙筛贝入侵后，由于大量抢取附着基和饵料，养殖贝类随即减产，继而几乎停产。沙筛贝大量繁殖后，虽然对水质澄清有作用，但大量代谢产物增加有机污染和耗氧量。

① 福建水产研究所：福建省 908 专项灾害调查报告（内部资料），2010 年。

第十一章 厦门岛

第一节 概 况

一、海岛地理及历史变迁

厦门岛（Xiàmén Dǎo）代码为350200003112。

位于福建省东南部九龙江出海口的厦门湾内，地理位置北纬24°29.4′、东经118°7.7′。略呈菱形，长约13.5千米、宽约12.5千米，面积约134.835平方千米，海岸线长约66.3千米，最高点云顶岩洪济山海拔339.6米。岛北侧为同安湾，西侧为厦门西港，西南临九龙江口，东侧为厦门东侧水道与大、小金门隔海相望。

图3-11-1 厦门岛地理分布

厦门岛，相传因地处九龙江口下方，名“下门”，谐音雅化为“厦门”而得名。因古时岛上产有一茎多穗的稻禾，故古称“嘉禾屿”，又因岛上有白鹭成群栖息，俗称“鹭岛”。

厦门岛按成因，为大陆岛。于1955年兴建高集海堤与大陆相连而成为陆连岛，但海堤中部偏南（靠近厦门侧）建有15米宽涵洞，海水相通，可供小型船舶通行，故仍保持四周环水的海岛特征。

图3-11-2 厦门岛遥感影像

据史料记载和地质钻探显示，厦门岛上曾有5个古海湾，即演武古海湾、思明古海湾、中山公园古海湾、文灶古海湾及曾厝垵古港湾。由于自然环境变化及人为活动等原因，致使这些古海湾消失，现今仍可见到水池或小湖等古海湾遗迹。厦门岛沿岸的填海造地已有很长的历史，早在明末清初就已经开始填海造地，主要在原筼筜湖东南岸滩涂上填海造地，用于兴建码头道路及扩大城区建设商行，填海面积不详。20世纪20—30年代，进入较大规模填海造地时期，主要在鹭江道、现中山路及后江埭沿岸滩涂等9处填海造地总面积约0.74平方千米，用于兴建道路、码头及扩展厦门市区。1958—2002年为大规模填海造地时期，大型填海工程主要有钟宅湾围填海工程、筼筜湖围填海工程、高崎机场填海工程、前埔湾围填海工程及象屿保税区填海工程；主要用作城市建设用地、机场扩建、会展中心、码头堆场、港区配套设施以及保税区仓库用地等。随着围填海工程建设，厦门岛近岸6个小岛消失。厦门岛土地面积从20世纪70年代的123平方千米，扩大到现在的134.8平方千米，同时，岸线形态也有明显变化。

二、政区建制及历史沿革

厦门岛的行政建制，始于唐代。公元711年后厦门隶属泉州清泉郡的南安县，9世纪初南安设置大同场。公元933年大同场升格为同安县，厦门改隶属同安县。当时，厦门岛区划为嘉禾和积善两个里，即是厦门岛最早的行政区划。明洪武二十七年（1394年）筑厦门城，移永宁卫中左二所官兵驻厦门岛，设中左御千户所。清顺治十二年（1655年）郑成功设置思明州，辖金门、厦门两岛作为反清复明的基地。清康熙二十三年（1684年）在厦门岛设立海关而成为对外通商贸易的重要港口。1842年鸦片战争后，被辟为“五口通商”口岸之一。1912年曾一度改名为思明县，1935年正式设立厦门市。1935年11月，日军侵占厦门岛，日伪称厦门为“特别市”，设东、西、南、北行政管理区。1945年8月日本投降，厦门光复，设厦西、厦南、厦港、禾山四个区。1949年10月厦门解放，设思明区、开元区、禾山区。1980 年 10 月在岛西部湖里建经济特区（2.5 平方千米），1984 年 3 月经济特区扩大到全岛（含鼓浪屿），1987 年 8 月 21 日，国务院批准厦门市行政区划进行调整，岛内设立思明区、开元区、湖里区。2003 年 5 月，经报国务院批准新的厦门市行政区划，厦门岛设思明区、湖里区两个区（表 3-11-1）。其中湖里行政区域不变，辖有 5 个街道、44 个社区居委会；原岛上的思明区、开元区和鼓浪屿区合并为思明区，下辖 10 个街道办、96 个社区居委会；岛外设集美区、海沧区、同安区及翔安区四个区。

三、人口

（一）人口变动

新石器时代晚期，厦门岛上已开始有人类活动。岛上有文字记载的人类活动，始于唐中叶薛、陈二家族的迁入。宋太平兴国年间（976—983 年），岛上有居民 6000 余人。明洪武二十七年（1394 年）在厦门筑城，这固然是军事方面的需要，但亦可说明当时岛上的人口已有相当规模。明万历五年（1577 年），据来厦门通商的西班牙商人估计，厦门岛上已有居民住户 4000 余家、2 万余人。清乾隆三十四年（1769 年）编修《鹭江志》时，岛上有居民 16 100 余户，按每户 5 人计算，达 8 万余人。清道光十二年（1832 年）统计，岛上有居民 144 893 人。

清道光二十二年（1842 年）之后，随着厦门成为五口通商口岸之一，鸦片大量涌入，严重摧残人民身心健康，加上医疗卫生条件差，人口自然增长率保持在较低的水平。而随着外国商品大量倾销，许多破产的手工业者、农民或被贩卖出洋，或自己出洋谋生，人口大量外流，厦门的人口呈下降趋势。至清宣统年间（1909—1911 年），岛上人口降至 89 516 人。民国期间，厦门岛人口（含鼓浪屿，下同）呈缓慢增长趋势。抗日战争中厦门沦陷期间，全岛人口急剧减少。抗日战争胜利后，人口逐步回升。民国 2—38 年，厦门岛人口增加 0.84 倍。厦门解放后，除了 1969、1970 年因大批知识青年上山下乡，人口增长率分别为 -1.2% 和 0.9% 之外，其余年份人口增长较快。至 1979 年，30 年间全市人口（含同安、集美、杏林，下同）增加 1 倍。1950—1959 年，平均每年净增 14 788 人；1960—1969 年，平均每年净增 13 100 人；1970—1979 年，平均每年净增 16 443 人。1973 年开始进行计划生育的宣传，1983 年全面加强计划生育工作，但因人口基数较大，1980—1989 年间及 1991—1995 年间，虽然人口增长率基本控制在 2% 以下，年平均净增人口仍分别达到 17 708 人和 23 763 人。

（二）人口构成

1. 年龄构成

民国 37 年（1948 年）1 月，厦门市进行一次人口调查，调查范围为厦门岛及鼓浪屿。此次调查范围与 1990 年第四次人口调查时厦门市思明区、开元区、鼓浪屿区、湖里区的范围相吻合。

按国际通用人口年龄类型标准，0～14 岁少年儿童占总人口比重 30%～40% 为成年型，30% 以下为年老型。厦门岛 1948 年 0～14 岁少年儿童占总人口比重为 32.70%，1990 年降至 18.12%，已经由成年型转入年老型。以老年系数的指标衡量，65 岁以上人口占总人口比重 5% 以下为年轻型，5% 以上为年老型，厦门岛 1948 年老年系数为 2.61%，1990 年升为 5.82%，已由年轻型进入年老型（表 3-11-2）。

2. 性别组成

在 1990 年第四次人口普查中，厦门市及各区县人口不同年龄组性别构成情况见表 3-11-3。

表 3-11-1　2003 年厦门市行政区划

县(区)行政单位名称(驻地)	街道(镇)办事处名称(驻 地)	社区居民委员会和村民委员会名称(数量)
厦门市(湖滨北路)6 个市辖区	24 个街道 13 个镇	社区居委会（311 个）村委会（156 个）
思明区(民族路)10 个街道办事处 96 个社区居委会	厦港街道(思明南路)	鸿山社区居委会、蜂巢山社区居委会、福海社区居委会、下澳社区居委会、巡司顶社区居委会、沙坡尾社区居委会、南华社区居委会，共 7 个
	中华街道(天一楼)	仁安社区居委会、镇海社区居委会、霞溪社区居委会、思南社区居委会、文安社区居委会、中山社区居委会，共 6 个
	滨海街道(曾厝垵)	演武社区居委会、白城社区居委会、上李社区居委会、曾厝垵社区居委会、黄厝社区居委会，共 5 个
	鹭江街道(海岸街)	营平社区居委会、大同社区居委会、鹭江道社区居委会、厦禾社区居委会、双莲池社区居委会、小学社区居委会、禾祥西社区居委会，共 7 个
	开元街道(禾祥西路)	深田社区居委会、溪岸社区居委会、美仁社区居委会、西边社区居委会、后江社区居委会、湖滨社区居委会、阳台山社区居委会、美湖社区居委会、希望社区居委会、虎溪社区居委会、坑内社区居委会、天湖社区居委会，共 12 个
	梧村街道(东埔路)	梧村社区居委会、文灶社区居委会、金榜山社区居委会、滨中社区居委会、双涵社区居委会、浦南社区居委会、万寿北社区居委会、金祥社区居委会、文屏社区居委会、东坪社区居委会、溪东社区居委会，共 11 个
	筼筜街道(槟榔西里)	西郭社区居委会、四里社区居委会、槟榔社区居委会、湖光社区居委会、一里社区居委会、振兴社区居委会、莲岳社区居委会、岳阳社区居委会、屿后西社区居委会、育秀社区居委会、仙阁社区居委会、金桥社区居委会、屿后社区居委会、官任社区居委会、仙岳社区居委会，共 15 个
	莲前街道(莲前西路)	龙山桥社区居委会、金鸡亭社区居委会、莲怡社区居委会、莲顺社区居委会、莲云社区居委会、莲薇社区居委会、前埔北社区居委会、莲丰社区居委会、侨福社区居委会、瑞景社区居委会、莲翔社区居委会、何厝社区居委会、前埔社区居委会、洪文社区居委会、西林社区居委会、塔埔社区居委会、岭兜社区居委会、前埔南社区居委会、莲城社区居委会、万景社区居委会，共 20 个
	嘉莲街道(莲花北路)	盈翠社区居委会、莲花北社区居委会、莲坂社区居委会、莲西社区居委会、莲兴社区居委会、莲花五村社区居委会、长青社区居委会、松柏社区居委会、莲秀社区居委会、华福社区居委会、龙山社区居委会，共 11 个

续表

县（区）行政单位名称（驻地）	街道（镇）办事处名称（驻地）	社区居民委员会和村民委员会名称（数量）
湖里区（金尚路）5个街道办事处 44个社区居委会	湖里街道（湖里街）	湖里社区居委会、村里社区居委会、徐厝社区居委会、濠头社区居委会、东渡社区居委会、塘边社区居委会、后浦社区居委会、金鼎社区居委会、南山社区居委会、东荣社区居委会、康乐社区居委会、康晖社区居委会、康泰社区居委会、怡景社区居委会、和通社区居委会、新港社区居委会、海天社区居委会、兴华社区居委会，共18个
	殿前街道（嘉禾路）	兴隆社区居委会、长乐社区居委会、北站社区居委会、神山社区居委会、高殿社区居委会、马垄社区居委会，共6个
	禾山街道（枋湖东路）	枋湖社区居委会、坂尚社区居委会、钟宅社区居委会、岭下社区居委会、围里社区居委会、禾欣社区居委会，共6个
	江头街道（台湾街）	江头社区居委会、吕厝社区居委会、吕岭社区居委会、园山社区居委会、金尚社区居委会、江村社区居委会、蔡塘社区居委会、后埔社区居委会、祥店社区居委会，共9个
	金山街道（禾东路）	高林社区居委会、五通社区居委会、后坑社区居委会、金山社区居委会、金林社区居委会，共5个

注：思明区10个街道办事处还包含鼓浪屿，鼓浪屿在第十二章单独介绍。

表 3-11-2 1948 年与 1990 年厦门岛（含鼓浪屿）人口年龄构成

单位：人

年龄组	1948 年		1990 年	
	人数	占总人口比例（%）	人数	占总人口比例（%）
总人口	157 804	100	442 617	100
0～4 岁	19 254	12.20	28 700	6.48
5～9 岁	16 573	10.50	28 984	6.55
10～14 岁	19 782	10.00	22 517	5.09
15～19 岁	17 725	11.23	39 913	9.02
20～24 岁	12 684	8.04	54 464	12.30
25～29 岁	13 077	8.29	52 937	11.96
30～34 岁	11 545	7.31	45 016	10.17
35～39 岁	12 637	8.01	38 224	8.64
40～44 岁	8 980	5.69	28 233	6.38
45～49 岁	8 001	5.07	20 720	4.68
50～54 岁	5 690	3.61	22 058	4.98
55～59 岁	4 434	2.81	19 507	4.41
60～64 岁	3 300	2.09	15 611	3.53
65～69 岁	2 176	1.38	10 313	2.33
70 岁以上	1 946	1.23	15 420	3.48

表 3-11-3 1990 年厦门市各年龄组人口性别比

年龄组	全岛	思明区	开元区	湖里区
平均人口	106.84	116.46	109.46	117.03
0～4 岁	120.34	104.26	104.16	104.84
5～9 岁	109.94	107.31	108.75	108.58
10～14 岁	105.02	106.31	105.27	106.89
15～19 岁	108.14	123.50	111.46	91.12
20～24 岁	114.24	151.06	114.60	122.88
25～29 岁	111.46	132.39	116.08	129.39
30～34 岁	109.13	123.55	111.49	130.96
35～39 岁	107.40	126.58	116.54	120.86
40～44 岁	109.20	128.41	114.28	151.36
45～49 岁	113.24	123.71	122.37	165.88
50～54 岁	115.82	109.36	121.50	157.03
55～59 岁	106.21	109.56	116.03	123.13
60～64 岁	98.19	86.48	107.41	114.68
65～69 岁	76.87	72.30	77.75	78.53
70～74 岁	61.99	63.42	61.25	67.73
75～79 岁	48.13	51.18	49.96	69.00
80～84 岁	33.33	42.03	39.32	44.32
85～89 岁	24.40	19.20	25.00	24.00
90 岁以上	16.77	21.43	22.64	2.44

注：性别比例中以女性为 100。

从上表可看出，59 岁以前人口中，男性多于女性；60—64 岁年龄组的男性与女性人数大致相等；65 岁以上女性人口明显多于男性，显示厦门女性寿命长于男性。

3. 人口文化构成

1949 年以前人口文化构成，据 1929 年调查，厦门岛内不识字的占总人口的 2/3，学龄儿童中，入学的 9414 人，未入学的 19 893 人，学龄儿童入学率为 32. 12%。

1948 年，厦门岛受高等教育的占总人口的 1. 10%，受中等教育的占总人口的 8. 74%，受初等教育的占总人口的 16. 62%，受私塾教育的占总人口的 5. 84%，文盲占总人口的 53. 20%，6 岁以下儿童占总人口的 14. 50%。

表 3-11-4 1948 年厦门岛人口文化构成

单位：人

		受高等教育人数		受中等教育人数				受初等教育人数				私塾人数	不识字人数
				高中		初中		高小		初小			
		毕业	肄业	毕业	肄业	毕业	肄业	毕业	肄业	毕业	肄业		
总计	157 804	1 227	513	2 848	2 270	3 410	5 265	3 367	4 034	4 008	14 812	9 218	83 945
男	77 270	981	380	2 063	1 522	2 277	3 529	2 226	2 698	2 778	9 975	8 152	29 032
女	80 534	246	133	785	748	1 133	1 736	1 141	1 336	1 230	4 837	1 066	54 913

注：厦门岛内不识字人口数不含 6 岁以下儿童人口数。

1949—1963 年，全市人口文化构成资料缺。据 1964 年、1982 年和 1990 年第二、三、四次人口普查资料，全市每万人中拥有的各种文化程度人口数增长较快。

表 3-11-5 厦门市三次人口普查的文化程度构成

文化程度		总计			厦门		
		1964 年	1982 年	1990 年	1964 年	1982 年	1990 年
大学（含大专）	合计	10 449	19 641	54 539	9 922	18 299	51 808
	男		14 867	38 222		13 744	35 997
	女		4 774	16 317		4 555	15 811
高中（含中专）	合计	23 845	76 966	124 692	20 385	59 093	101 507
	男		48 180	74 686		34 617	57 499
	女		28 786	50 006		24 476	44 008
初中	合计	51 692	157 915	235 081	38 492	108 399	156 220
	男		104 162	151 199		64 979	92 109
	女		53 753	83 882		43 420	64 111
小学	合计	190 278	337 263	440 475	12 369	181 370	198 982
	男		196 627	224 101		97 471	104 947
	女		140 636	216 374		83 899	94 035
文盲 半文盲	合计	194 966	233 328	170 198	87 388	87 711	82 011
	男		53 628	38 399		21 392	19 534
	女		179 700	131 799		66 319	62 477

注：表中"文盲、半文盲"一栏中第二次人口普查统计项目称为"不识字、初识字"；"文盲、半文盲"统计年龄范围，第二、三次人口普查为 12 岁以上人口，第四次人口普查年龄范围为 15 岁以上人口，第三次人口普查中"大学"栏包含"大学肄业或在校"人数；第二次人口普查中另有"文化程度不详"74 人，其中，厦门 55 人，同安县 19 人。

4. 厦门人口民族构成

南宋末，元军攻占厦门后，始有蒙古族人进住。明、清时期，回族因经商、从军等原因进住厦门。清初，满族随清军进住厦门，但进住人数均不详；清咸丰年间（1851—1861 年），厦门的回族人口约 500 余人，清末增至 1000 余人。民国期间，许多回民迁出，回族人口减至 200 余人，抗日战争后有

100余人。

明末，葡萄牙人、西班牙人和荷兰人因传教或经商进住厦门，但人数极少。清道光二十二年（1842年）厦门列为通商口岸后，进住厦门的外国人逐渐增多，清宣统二年（1910年），住厦门的外国籍人达507人，其中，英国籍180人，日本籍178人，美国籍56人，西班牙籍30人，德国籍26人，法国籍14人，丹麦籍6人，荷兰籍和挪威籍各5人，葡萄牙籍4人，比利时和奥地利籍分别为2人和1人。

1914年，住厦门的外国籍人为685人，其中，日本籍262人，英国籍123人，美国籍80人，法国籍64人，俄国籍53人，德国籍50人，奥地利籍40人，比利时籍13人。

1936年，住厦门的外国籍人增至1767人，其中，日本籍828人，美国籍250人，葡萄牙籍238人，法国籍151人，英国籍131人，荷兰籍96人，西班牙籍71人，丹麦籍和德国籍各1人。

1948年，住厦门的外国籍人减为134人，其中，英国籍51人，菲律宾籍36人，美国籍14人，还有德国、俄国、西班牙、葡萄牙、瑞典、危地马拉、荷兰、丹麦等国侨民，人数都在10人以下。

表3-11-6　厦门市第二至第四次人口普查民族构成　　单位：人

汉族	1964年			1982年			1990年		
	总计	男	女	总计	男	女	总计	男	女
汉族	668 075			964 578			1 167 320	602 408	564 912
蒙古族	2			6			64	34	30
回族	251			1 114			3 235	1 851	1 384
藏族	0	0	0	1			9	3	6
维吾尔族	0	0	0	0	0	0	8	6	2
苗族	15			32			181	123	58
彝族	0	0	0	1			12	3	9
壮族	17			52			389	199	190
布依族	5			9			43	26	17
朝鲜族	2			8			36	19	17
满族	32			58			284	156	128
侗族	4			4			44	30	14
瑶族	2			0	0	0	23	14	9
白族	1			3			14	8	6
土家族	0	0	0	1			177	137	40
哈尼族	0	0	0	0	0	0	1	0	1
傣族	0	0	0	0	0	0	6	0	6
黎族	0	0	0	2			0	0	0
畲族	0	0	0	37			3 601	2 154	1 447
高山族	12			33			58	33	25
纳西族	0	0	0	4			6	5	1
景颇族	0	0	0	0	0	0	4	1	3
仫佬族	0	0	0	1	0	0	9	6	3
羌族	0	0	0	0	0	0	1	1	0
毛南族	0	0	0	0	0	0	3	0	3
仡佬族	0	0	0	0	0	0	2	0	2
锡伯族	0	0	0	1			3	2	1
京族	0	0	0	1			14	5	9
外国人入中国籍	49			26			4	1	3

注：第二次人口普查另有“民族不详”3人；第三次人口普查另有“其他”民族13人。

（三）人口分布

1. 1949年前区县人口分布

1914年，思明县设市区、禾山区。思明县全县人口156 295人，其中市区104 442人，占全县人口的66.82%；禾山区51 853人，占全县人口的33.18%。

1937年，厦门市设市区、禾山特区和鼓浪屿区。厦门岛人口234 777人，其中市区181 097人，占总人口的68.18%；禾山特区53 680人，占总人口的20.21%。

1946年，厦门市设厦南、厦西、厦港、鼓浪屿、禾山5区。厦门岛人口127 308人，其中厦南区39 019人，占25.78%；厦西区36 126人，占23.87%；厦港区22 444人，占14.83%；禾山区29 719人，占19.64%。

1949年，厦门市设思明、开元、厦港、禾山、鼓浪屿5区。厦门岛人口140 942人，其中思明区50 105人，占30.41%；开元区42 258人，占25.65%；厦港区18 710人，占11.35%；禾山区29 869人，占18.13%。

2. 1949年后各区人口分布

新中国成立后若干年份厦门岛各区户籍人口分布情况见3-11-7表。

表3-11-7 若干年份厦门岛（含鼓浪屿）各区人口分布表　　单位：人

年份	思明区	开元区	湖里区	鼓浪屿区
1950	56 104	61 610		21 037
1962	95 035	96 751		23 168
1977	97 523	113 690		22 433
1980	105 306	121 965		24 149
1987	115 931	173 478	52 550	23 367
1990	111 487	192 678	57 305	22 469
1995	111 386	231 046	75 335	20 172
2008	606 057		202 667	

注：1987年8月，国务院批准设置湖里区；2003年5月，国务院批准撤销开元区、鼓浪屿区，合并入思明区。

表3-11-8 1990年厦门岛劳动年龄人口分布　　单位：人

地区	劳动人口	男（15～59岁）	女（15～54岁）
思明区	85 901	49 776	36 125
开元区	158 209	87 319	70 890
湖里区	52 583	29 784	22 799
厦门岛合计	296 693	166 879	129 814

（四）厦门岛人口现状

至2007年底厦门岛人口为154.88万人，其中户籍人口72.98万人，外来人口81.9万人。

厦门岛北半部分为湖里区，土地面积65.78平方千米，约占全岛面积的47.22%，总人口70.98万人，其中户籍人口19.58万人，外来人口51.4万人。厦门岛南半部分为思明区，土地面积73.54平方千米，占全岛52.78%，总人口约83.9万人，其中户籍人口53.4万人，外来人口约30.5万人。

厦门岛人口密集度每平方千米5238人，其中，思明区（不含鼓浪屿）每平方千米7261人，湖里区每平方千米4147人。

2008年年底，厦门全市户籍总人口1 736 710人，出生率14.12‰，其中岛内思明区出生率12.24‰、湖里区17.57‰。全市人口死亡率3.89‰，其中思明区死亡率4.52‰、湖里区死亡率3.11‰。岛外各区的人口出生率、增长率、死亡率详见表3-11-9：

表3-11-9　2008年年底全市户籍人口变动明细

单位：人

	全市	思明区	湖里区	厦门岛
总户数（户）	541 821	192 802	67 713	260 515
总人口	1 736 710	606 057	202 667	808 724
男	874 724	303 263	103 939	407 202
女	861 986	302 794	98 728	401 522
城镇人口	1 185 769	606 057	202 667	808 724
年内自然净增人口	17 425	4 580	2 804	7 384
人口自然增长率（‰）	10.22	7.72	14.46	9.38
出生人口	24 061	7 263	3 407	10 670
出生率（‰）	14.12	12.24	17.57	13.55
死亡人口	6 636	2 683	603	3 286
死亡率（‰）	3.89	4.52	3.11	4.17
年内机械净增人口	46 931	20 909	14 740	35 649
人口机械增长率（‰）	27.53	35.24	76.02	45.29
迁入人口	99 922	50 028	22 312	72 340
迁入率（‰）	58.62	84.32	115.07	91.89
迁出人口	52 991	29 119	7 572	36 691
迁出率（‰）	31.09	49.08	39.05	46.61
年平均人口	1 704 533	593 313	193 895	787 208

四、公共服务

（一）教育

1. 教育基本情况

厦门清代教育的主要形式多是私人办学，如各种书院、私塾等。鸦片战争后，外国传教士在厦门兴办英华学院，并在竹树脚、泰山、新街等地陆续办起幼稚园；同时，也开始在厦门兴办学校，并在民国期间形成高潮。教会办学和华侨办学成为厦门近代教育的一大特点。1936年，厦门（仅指厦门、鼓浪屿两岛和集美）有大学1所、中学12所（不含当时列为中学系列的闽南职业中学与怀德幼稚师范）、师范学校2所、职业学校4所、小学57所、幼稚园9所、短期小学20所，合计105所。抗日战争期间，除厦门大学、集美学校、双十中学、大同中学等少数学校内迁外，其余的皆停办，取而代之的是日伪政府办的中小学、简易学校25所。抗日战争胜利后，内迁的学校均迁回原址，一些原属外地的学校（如国立第一侨民师范学校）也搬至厦门办学，原来停办的学校亦多数复办，同时新办一些国民学校。据1949年秋统计，共有大学1所、中学12所、幼稚师范1所、中专学校3所、小学67所、幼稚园4所。

1949年后厦门市人民政府在鼓励、支持原有学校继续办学的同时，根据形势发展和各个学校不同的情况，采取接管、维持、改造的方针，边整顿边发展。至1956年底，厦门岛除少数小学、幼儿园外，所有学校全部是公立的。

“文化大革命”期间，厦门教育事业受到极大摧残，高校紧缩规模，中专一度全部停办，中小学的教育教学秩序混乱，广大教师横遭迫害和打击，造成一代人在思想道德、科学文化上无可弥补的损失。但在这段时间内，也新办一些中、小学，在一定程度上填补学校布局的空白，解决中、小学生就近入学的问题。

1980年，厦门创办经济特区以来，厦门市委和人民政府坚持把教育摆在优先发展的战略地位，1993年作出把厦门办成“教育之城”的决定，全面贯彻《中国教育和改革发展纲要》，推动教育教学改革不断深化，教育事业呈现出与时俱进、全面发展的良好态势。通过不断增加教育投入、优化师资结构、弘扬社会集资助学义举，教育事业得到迅速发展。全市已普及九年义务教育。到2008年末，全市拥有各级各类学校1102所，全年招生16.02万人，年末在校生员64.05万人。

（1）幼儿教育

中华人民共和国成立后，经过一段时间的恢复与发展，到1965年，幼儿园已达134所，其中多数为厂办、队办简易幼儿园。“文化大革命”期间，绝大多数幼儿园停办，少数未停办的幼儿园也不再进行保教工作，成为托儿所。1980年后，在社会各界的大力支持下，幼儿教育得到迅速发展，1990年，厦门3岁半幼儿入园率，市区达100%，全市平均入园率达72.3%。2008年，全市共有幼儿园516所，在园幼儿70 178人，其中女生30 142人，教职工5393人。专任教师3142人，平均每个专任教师负责学生数22人。

（2）小学教育

中华人民共和国成立后，人民政府采取“接收、改造”的方针，逐步接管私立小学和教会办的学校，并把规模较小、办学条件较差的小学撤并转改为公立小学，实行统一的教学计划和教材，小学教育走上稳步发展的道路。厦门创办经济特区以后，小学教育迅速发展。1984年，全市6区1县全面普及小学教育。2008年，全市基本普及九年义务教育，到年底，全市有小学302所，均为公立完全小学，在校学生176 167人，其中女生77 195人，专任教师9246人。

（3）普通中学教育

1950年，全市有中学14所，教职工452人，学生4450人。1966年，全市有中学19所，教职工1519人，学生19 767人。80年代后，全市中学教育发展迅速，截至2008年，全市有中学92所，2726个班级；教职工10 202人，其中专任教师8850人；学生120 689人，其中女生56 585人。

（4）中等职业教育

1950年，厦门岛共有集美水产航海学校（在集美）、集美商业职业学校（在集美）、省立医院附设护士学校、怀德幼稚师范学校、厦门师范学校5所中专学校，在校学生390人，教职工68人。1965年，增加到7所中专学校，在校生2816人；57所职业中学，在校生2879人。由于“文化大革命”爆发，1966年秋各校停止招生，1970年全部停办，直到1972年后陆续复办。到1978年，全市仅有9所中专学校，在校学生4474人，教职工1013人。

1980年，厦门市在全国率先进行中等教育结构改革，创办职业高中班，推动职业教育迅速发展，逐步形成有职业高校、普通中专、技工学校、职业中专、职业中学以及普通高中兼办职业高中班等多形式多门类多专业的职业教育网络。2008年，厦门共有中等职业学校27所，共有在校学生38 232人，教职工1704人，其中专任教师1214人。厦门市职业教育坚持实行开放式办学，面向社会，走企业与学校、学校与学校的联合以及产、学、研相结合的办学路子。与全市40个单位联办电子、电器、建筑、航海、棉纺、畜牧、兽医、花卉、食用菌、幼教、音乐、美术、文书、机械、养殖、广播电视、服装、财会、金融、烹饪、旅游、环保、车辆、轮机、体育等80多个专业。

（5）高等教育

厦门最早的高等院校是爱国华侨领袖陈嘉庚于民国10年（1921年）创办的厦门大学。开始为私立，1937年改为国立。抗日战争期间，厦门大学迁往福建省长汀县，直至抗日战争胜利后才迁回厦门。

中华人民共和国成立后，厦门岛的高等教育走过曲折发展的道路。1958 年前后，在“大跃进”形势下，先后创办厦门师范学院、厦门医学院、厦门工学院等。这些学校均为仓促上马，不具备高校的办学条件，加上当时处于国民经济困难时期，不久便匆匆下马或合并。厦门师范学院并入设在漳州的福建第二师范学院；厦门医学院并入泉州的华侨大学医疗系；厦门工学院停办。

中共十一届三中全会以后，厦门岛的高等教育始得到持续稳定的发展。1979 年 4 月，厦门师范学校升格为大专。1981 年厦门市政府根据厦门经济特区发展对建设人才的需求，创办高等职业学校——鹭江大学（现更名为厦门理工学院）。1993 年试办民办高校华厦大学。与国家教育部共建厦门大学和厦大工学院，厦门大学成为全国为数不多的列入“211”和“985”工程的高等学校。与省政府及国家有关部门联办集美大学。这些联办高校与原有教育体系相配套，形成了多层次、多学科、比较完善的教育网络，为特区建设培养了大批人才。新建了国家会计学院；整合原有高校资源，厦门教育学院、电大、职工业余大学整合为“城市大学”也基本完成。2008 年，厦门市有全日制高校 15 所，在校学生 120 698 人，教职员工 1349 人，专任教师 7858 人。

（6）成人教育

厦门市成人教育的类别有职工教育、干部教育、农民教育、市民教育和社会教育；受教育的级别有成人初等文化教育、成人中等文化教育、成人中等专业教育、成人技术培训、成人高等教育。2008 年，全市有各类成人学校 143 所，在校生 107 778 人，教职工 1964 人，其中专任教师 875 人。

（7）特殊教育

至 2008 年，厦门市特殊教育学校共有 3 所，61 个班级，共有在校学生 487 人，其中女生 187 人，教职工 137 人，其中专任教师 120 人。

2. 教育设施

民国时期，除厦门大学、省立厦门中学、双十中学、大同中学、英华中学以及少数小学教育设施较好外，大多数学校的教育设施残缺不全，有的连固定的办学场所都没有，有的借用民房上课，有的在宗族祠堂办学，教学仪器设备十分简陋。

1950—1976 年，因历史遗留问题甚多和厦门财政力量的薄弱，以及厦门地处海防前线的缘故，学校建设缓慢又不平衡，中小学除厦门一中、双十中学、实验小学外，多数学校办学条件仍较薄弱。20 世纪 80 年代以后，随着教育地位的提高和厦门市经济建设的快速发展，政府对教育投入逐步增大，各级各类学校，特别是中小学的教育设施有了很大的改善。据 1995 年统计，厦门市中学生人均校园用地、校舍、图书数分别为 26.13 平方米、8.85 平方米、19.05 册，小学生人均校园用地、校舍、图书数分别为 13.64 平方米、4.32 平方米、13.83 册，幼儿园人均校园用地、校舍分别为 3.52 平方米、2.65 平方米。根据国家教委等部门规定，厦门市属的绝大多数中学基本达到要求，有的甚至大大超过；而绝大多数小学，尤其是校园用地，与规定标准相差甚远。为确保校园用地不再流失，并逐步达到应有标准，1995 年 8 月厦门市人大常委会通过厦门市第一部地方教育法规《厦门市校园用地保护规定》，对中小学和幼儿园的布局、学生人均用地面积、校园用地的配套建设和保护以及相应的法律保障，作出较为详细的规定，使校园用地逐步走上规范化、法律化的轨道。

民国时期，省立中学、双十中学、大同中学、厦南女中、英华中学、大同小学、竞存小学注重添置实验、体育、艺术的器材和设备。但多数学校限于条件，无力添置仪器设备，更谈不上实验教学和学生实践能力的培养。

中华人民共和国成立后，国家统一课程和教材，要求中小学必须有各种理科实验和体育、文艺活动的设备及场所，厦门市中小学陆续添置仪器设备，一些条件较好的学校，如厦门一中、双十中学、厦门二中等均具备物理、化学、生物综合实验室和图书馆。有的有 300 ~ 400 米环形跑道体育场。80 年代以后，尤其是“八五”期间，厦门市对教育的投入逐年加大。全市中小学现代化仪器设备的配置实行标准化，并把外语教学、计算机教学和音频、视频等现代化教育技术的装备列入学校必须具备的硬件建设。1992年，购置各种仪器设备1.3万件，中学普教仪器全部达到一、二类标准。添置电脑197台，配齐9所学校电脑室，新建4所学校语音室，改造8所中学实验室，投资90万元购置体育器材，音乐、美术教学设备也有所更新。至2008年全市小学共有教学用计算机24 194台，图书366 946册。

至2008年，厦门市体育设施类型：有室外全民健身公园、广场2012个，其中健身路径297个、小篮板场1153个、乒乓球台562个；室内全民健身中心136个，其中篮排球房11个、羽毛球房13个、乒乓球房14个、棋牌室14个、健身房56个、游泳池28个、青少年体育俱乐部1个。体育场地1089个，其中体育场769个、体育馆97个、运动场11个、小运动场148个、足球场5个、旱冰场6个及有固定看台灯光球场53个。

表3-11-10　2008年厦门市幼儿园基本情况

	厦门市	思明区	湖里区
园数（所）	516	116	39
班数（个）	2 531	782	237
学前班	74	2	29
当年离园人数（人）	21 974	7 410	2 134
学前班	1 583		773
当年入园人数（人）	28 920	9 774	2 711
学前班	776	14	302
在园幼儿数	70 178	23 126	6 648
学前班	2 133	14	758
女性	30 245	10 495	2 897
教职工数（人）	5 393	1 799	667
女性	5 165	1 743	629
园长	374	108	39
教师	3 142	1 174	356
保健员	341	100	82
其他人员（人）	1 536	417	190
代课教师	1 024	368	40
兼任教师	23	6	2
学校占地面积（平方米）	594 682	202 859	59 425
校舍建筑面积（平方米）	438 439	181 712	47 687
教学及辅助用房	295 120	127 137	28 528
活动室（个）	186 500	74 207	17 705
睡眠室（个）	75 833	31 184	8 554
保健室（个）	6 305	2 195	836
图书室（个）	6 650	2 369	1 011
幼儿园户外活动场（个）	277 102	92 993	29 341
图书藏量（册）	287 368	138 641	30 276

表 3-11-11　2008 年厦门市小学基本情况

单位：人

	厦门市	思明区	湖里区
学校数（所）	302	50	20
班级数（个）	4 372	1 097	308
在校学生数	176 167	50 886	12 632
教职员工数	9 948	2 637	701
专任教师	9 246	2 489	658
学龄儿童净入学率（%）	99. 95	99. 95	99. 78
年保留率（%）	101. 47	101. 43	102. 97
小学学生辍学率（%）	-1. 43	-1. 39	-2. 97
小学毕业生升学率（%）	95. 58	116. 04	90. 70
学校占地面积（平方米）	2 870 344	553 413	176 136
校舍建筑面积（平方米）	1 165 074	382 901	67 010
教学及辅助用房	676 640	238 543	41 145
教室	436 193	115 267	25 451
实验室（实习场所）	39 356	10 312	2 076
图书室	37 623	13 875	1 635
微机室	29 342	10 751	1 844
语音室	5 835	2 466	269
教学用计算机（台）	24 194	9 610	1 789
图书藏量（册）	3 669 496	1 383 063	181 960

表 3-11-12　2008 年厦门市普通中学基本情况

	厦门市	思明区	湖里区
校数（所）	92	25	6
班级数（个）	2 726	1 035	170
在校学生数（人）	120 689	46 947	7 028
教职工数（人）	10 202	3 833	623
专任教师数（人）	8 850	3 303	579
初中阶段毛入学率（%）	115. 10	120. 10	133. 55
初中阶段辍学率（%）	3. 10	2. 06	0. 56
高中阶段毛入学率（%）	129. 44	129. 08	99. 23

表 3-11-13　2008 年厦门市中专学校基本情况

	学校数（所）	毕业生数	招生人数	在校学生数	女生	全日制学生	教职工数	专任教师
总计	27	10 194	13 697	38 232	16 951	38 088	1 704	1 214
思明区	9	2 589	1 873	4 559	2 947	4 415	184	95
湖里区	2	859	1 067	3 133	1 033	3 133	226	185
厦门艺术学校	1	52	66	270	190	270	47	39
厦门卫生学校	1	636	1 109	2 453	2 209	2 453		
厦门市体育运动学校	1	76	85	267	86	267	62	11
厦门商业学校	1	732						
福建省厦门旅游职业中专学校	1	499						
厦门市交通职业中等专业学校	1	267						
厦门市逸仙中等职业学校	1	30		29	14	29	8	
厦门城市职业学院（中职部）	1	216	531	1 267	216	1 267		
厦门市海峡工贸学校	1	327	250	990	459	990	61	32
福建省厦门电子职业中专学校	1	859	1 065	3 129	1 030	3 129	217	176
厦门工商旅游学校	1		1 705	5 014	3 024	5 014	331	267
厦门华天涉外职业技术学院	1			24	5	24		

表 3-11-14　2008 年厦门市成人教育基本情况

单位：人

	学校数（所）	毕业生数	招生数	在校生数	女生	教职工数	专任教师
合计	143	98 174	5546	107 778	60 243	1964	875
成人高等学校		5 381	5 546	16 538	11 278		
成人中等学校	143	92 793		91 240	48 965	1 964	875
成人技术培训学校	143	92 793		91 240	48 965	1 964	875
职工技术培训学校	4	3 232		3 211	195	73	56
农民技术培训学校	28	11 076		9 875	6 561	49	36
其他培训机构	111	78 485		78 154	42 209	1 842	783

（二）科学技术

1. 科学技术发展概况

1949 年前，厦门市是个半殖民地的商业性消费城市，经济技术落后，科技人员寥寥无几，少数科研人员及科学研究工作主要集中在厦门大学。1923 年厦门大学理学部动物学教授雷德先生在厦门同安湾刘五店海域发现动物史上具有特殊地位的稀有脊椎动物文昌鱼，有关研究受到国内外生物学家的瞩目。

1936 年，厦门大学创办中国海洋研究所（为今厦门大学亚热带海洋研究所的前身），这是中国第一个海洋科学研究机构，为中国海洋科学研究和人才培养作出重要贡献。

1949 年后，厦门市重视科技事业发展，努力加强科技队伍的建设。1956—1965 年，厦门市相继成立 5 所省、部属科研机构，5 所市属科研机构，科研事业有了较大的发展。改革开放后，厦门市科技事业进入了一个新的发展时期。从 80 年代开始，厦门市认真贯彻中共中央提出的“经济建设必须依靠科学技术，科技工作必须面向经济建设”的基本方针，加强对全市科技工作的宏观指导，将科技工作转移到为特区经济建设服务上来，科技体制改革不断深入，对外开放日益扩大。1987 年，中共厦门市委、市政府召开市科技工作会议，专门研究和部署科技改革工作。1991 年，市委七届三次会议把科技工作列入主要议题，全会通过《依靠科技进步振兴厦门经济的规定》。1995 年 9 月，厦门市科学技术大会召开，中共厦门市委、市政府领导在会上提出科教兴市战略。此后，厦门市进一步推进各项科技体制的改革，开始建立科技与经济、社会协调发展的计划体系，改革拨款制度，开拓技术市场，促进技术商品化，沟通科技成果流向生产的渠道，改革和搞活科研机构与科技队伍，强化企业的技术吸收和开发能力，发挥科学技术的综合潜力。同时，厦门市积极发展高新技术产业，组织实施“星火计划”和“火炬计划”，充分利用厦门及内地大专院所高技术研究的成果，吸引外商和台商投资，加快科研成果产业化步伐，项目和科技经费投入逐年增加。科技积极为推动企业技术进步，为振兴农村经济服务，在城市建设、环境保护、气象预测、交通管理、医疗卫生等领域都取得一批高水平的科技成果，产生较好的经济和社会效益。

1991 年后，科技机构迅速增加，出现国有、民营、内联、企业科技机构并行发展的局面。至 1995 年，全市有省、部属科研机构 7 家，市属科研机构 9 家、县区属科研机构 3 家，民营科技机构 243 家、内联科技机构 136 家，大专院校科技机构 8 家，各类专业技术人员达 10 万多人；各种学会（协会、研究会）72 家，会员 17 392 人，形成学科比较齐全、普及城乡的群众性学术交流网，学术活动空前繁荣，科学研究硕果累累。据统计，全市共获国家级科技进步奖、自然科学奖的 15 项；获国家有关部委颁发的科技成果奖 28 项；获省级科技成果奖 319 项（其中，省科学大会奖 87 项，省科技进步奖 232 项）；获市级科技成果奖 1063 项（其中，市科学大会成果奖 265 项；获省厅级奖励项目并列市科技进步奖 137 项；获市突出贡献奖 7 项；获市科技进步奖 654 项）。

科技进步在厦门市经济发展中的主导作用日益明显，科技进步对厦门市经济增长的贡献率已从 1990 年的 37% 提高到 1995 年的 45%。全市共有科研机构约 120 家，高新技术企业总数已达 224 家，先后被国家科技部认定为“制造业信息化工程重点城市”，被国家知识产权局认定为“全国专利工作试点城市”。批准设立了第一家科技类民办非企业机构——厦门市光电工程科技研究中心，新培育3家科技中介服务机构。

至2008年，厦门市参与科技开发活动单位达2656个，科技活动人员35 032人，科技经费筹集总额684 897万元；高新技术产业共有1237个，总产值达18 222 383万元、增加值4 445 174万元；高新技术产品有电子信息、软件、生物与新医药技术、航空航天技术、新材料技术、新能源与节能技术、资源与环境技术及高技术改造传统产业等。

2. 涉海科技服务机构概况

（1）国家海洋局第三海洋研究所

该所创建于1959年11月。其前身为中科院福建省分院福建海洋研究所，1961年更名为中科院华东海洋研究所，1965年改名为国家海洋局第三海洋研究所。为部属多学科综合性海洋研究所，以台湾海峡及其毗邻海区和洋区为基地，承担海岸带及近海海洋环境和资源的综合调查以及海洋开发规划、海岸带管理、海洋工程勘察设计服务，参加国家南、北科学考察、国际海洋机构组织的特定海域或远洋科学考察和调查。

（2）福建海洋研究所

于1979年11月成立，隶属于福建省科技厅。为综合性的海洋研究机构，从事海洋科学研究，为海洋管理、海洋开发提供技术咨询服务。

（3）福建省水产研究所

于1957年1月成立。其前身为福建省水产实验所，1975年3月更名为福建省水产研究所，隶属福建省海洋与渔业厅。该所面向全省沿海，研究海洋渔业资源的合理开发利用。

（4）厦门市水产研究所

于1960年成立。为市属研究机构。主要从事养殖、捕捞、加工等水产技术的应用研究与推广。

3. 重要海洋科技成果与获奖情况

据不完全统计，1988—2008年20年间，获得省部级科技进步的海洋科技成果约有130项。其中厦门大学的《罗源湾濂沃大官坂垦区综合开发研究》获1991年国家科技进步二等奖，厦门大学《南沙群岛及其邻近海区综合科学调查研究》获1997年中科院科技进步一等奖，国家海洋局第三海洋研究所《文昌鱼生殖内分泌调控系统的发现》、《鲈鱼生长激素基因工程》、《我国专属经济区和大陆架多波束海底地形勘测》、《对虾抗病毒相关基因的功能研究》分别获得国家海洋局科技进步一等奖和创新成果一等奖。

（三）医疗卫生

1. 1949年前医疗卫生概况

（1）中医

清代时，厦门有史可查的中医师就达40余人。1928年中医吴瑞甫首办厦门医学（中医）传习所，后改为厦门国医专门学校。至1947年，厦门有开业中医师134名、中药铺62家。

（2）西医

清道光二十二年（1842年），传教士兼医师雅俾里（David Abeer）抵厦，将西医传入厦门。随后美国传教士在厦门寮仔后开设施诊医院，清光绪九年（1883年），在厦门竹树脚开办保赤医院。清光绪十三年（1887年），日本人在厦门望方石开设济世医院；1900—1932年，救世医院附设医学专门学校和护士学校及助产护士班。

至1947年，厦门有开业西医师174名，开业诊所174家（包括内科、外科、牙科、眼科和妇产科等），西药店33家，以及国人开办的福建省立厦门医院、振德医院、中山医院、同民医院、禾山卫生所和市中心区卫生所等，共设置病床432张（含鼓浪屿）。此外，还设有厦门海港检疫所、东南鼠疫防治处厦门分处等卫生机构。

2. 1949 年后医疗卫生情况

中华人民共和国成立后，各级人民政府着手建立和不断完善各级卫生行政管理机构、预防医疗保健机构、医学教育科研机构和药品检验机构，不断加强卫生队伍的组织建设、思想建设和业务技术建设。同时致力于建立农村、厂矿和城镇的初级卫生保健组织，开展以除“四害”、控制与消灭传染病为中心的群众性爱国卫生运动。集中力量，采取预防与控制传染源、切断传播途径的综合性措施，消灭和控制了天花、鼠疫、霍乱等烈性传染病；通过推行计划免疫，迅速降低和控制麻疹、脊髓灰质炎、白喉、乙型脑炎等严重危害人民群众的传染病发病率。“文化大革命”期间，厦门市的卫生事业受到严重影响，市区 13 个医疗卫生事业单位被撤销，合并建立厦门市医院。同时以岗位责任制为中心的规章制度被废除，医院实行“亦医亦护”，致使医疗质量严重下降，技术事故一再发生，急性传染病的发病率急剧上升。“文化大革命”以后，经过拨乱反正，各项卫生工作逐步走上正轨。1995 年，全市有医疗卫生机构 1087 家（含农村卫生所 313 家、个体诊所 376 家），卫生系统人员达 8263 人，其中，卫生技术人员 6736 人，具有高级专业技术职务人员 306 人，中级技术人员 3849 人。医院病床 4968 张，平均每千人拥有卫生技术人员 5. 47 人、医生 2. 47 人、护士 1. 74 人、医院病床 3. 25 张。新建和扩建了市中山医院、湖里医院、药品检验所、中心血站、厦门国际中医培训交流中心、口腔医院、市卫生防疫站、市第一医院病房大楼等，以及农村三项基本建设（卫生院、妇幼保健站、防疫站）业务用房等医疗卫生设施，累计总建筑面积 12. 93 万平方米。

在卫生防疫方面，继 20 世纪 80 年代基本消灭血吸虫病、丝虫病、麻风病后，法定传染病总发病率平均每年以 18. 8% 的速度递减。至 1995 年，传染病死亡率已在各类死因中退居第五位，而其死亡人数仅占死亡总数的 3%。市、县（区）、镇（乡、街道）、村（居委会）四级预防医疗网已经形成，其结构功能日臻完善，群众的大卫生观念日益增强。通过推行新法接生，开展妇幼疾病防治，婴儿和孕产妇死亡率持续下降，至 1995 年分别降至 16. 03‰和 25. 1/10 万。市、县、区直至街道基层初步形成妇幼保健网络。市区人口平均期望寿命已从 1976—1979 年的 71. 08 岁（男 67. 94 岁、女 73. 79 岁）提高至 1995 年的 74. 07 岁（男 70. 18 岁、女 78. 09 岁），达到了发达国家 90 年代初期的水平。

在医疗设置与器械设备方面，拥有 CT 扫描、B 型超声波诊断机、血透血滤两用机、纤维胃镜、血气分析仪、荧光显微镜、肾结石体外碎石机、人工肾机仪以及各种检查诊断设备。心脏二尖瓣置换术、改良低温麻醉心内直视术、异体肾移植、人工晶体植入、屈膝关节直视术、腹腔镜胆囊摘除术，以及针灸治疗聋哑、中医治疗肝炎、中西医结合诊治慢性支气管炎等医疗项目都达到较高的水平。1995 年，全市 11 家县级以上医院中有 9 所通过国家卫生部组织的爱婴医院评估，被卫生部、联合国儿童基金会和世界卫生组织授予“爱婴医院”铜质牌匾。中医事业也有长足发展，是年，厦门市中医医院荣获国家中医药管理局授予“全国示范性中医院”称号；厦门市荣获“国家卫生城市”之榜首。截至 1995 年，共获国家级科技奖 3 项、部省级科技奖 50 项、市厅级科技奖 180 项（均含协作项目）。

在对外、对台交流方面，厦门市积极发挥窗口与桥梁的作用。先后招收世界五大洲 50 多个国家和地区的 6451 名学员学习中医内科、针灸等专业，并有 1800 多人获毕（结）业证书。共选派 40 多人次出国进修、考察学习、组织 23 批 39 人次出访美、日、德等国进行医学科学交流，还接待国外医学卫生代表团、外国医药卫生专家学者 600 多人次。共举办 18 期国际性及区域性中医学术交流，培训 26 个国家和地区的 500 多名学员。此外，还先后举办海峡两岸中医药学术交流近 20 次，成立厦门台湾中医师联谊会，接待台湾民间医师代表团 18 批 280 多人次，引进台资 1000 万美元，兴建以肿瘤专科为主的仁爱医院，对促进厦门与东南亚各国以及中国港澳台地区的医学交流起到了很好的桥梁作用。

已经完成厦门市疾病预防控制中心、卫生监督所的组建；第一医院兼并杏林医院，中医院兼并江头医院，并整体搬迁至东部地区等卫生资源整合工作。厦门市第一医院、厦门大学附属中山医院被评为福建省首批三级甲等综合医院。

至 2008 年，厦门市共有医疗卫生机构 1127 个，其中医院 36 个、疗养院 4 个、卫生院 15 个、门诊部82个、社区服务中心21个、国有企业诊所246个、集体企业诊所13个、私营诊所862个，专业卫生技术人员1.62万人，卫生机构床位9681床。城市居民平均期望寿命达到78.25岁，其中男性75.12岁、女性81.08岁；5岁以下儿童死亡率、婴儿死亡率、新生儿死亡率分别为6.53‰、4.54‰、2.81‰，相当于中等发达国家水平。此外，还有急救中心站2个、采血站1个、妇幼保健院7个、专科防治所1个、疾病预防控制中心7个、卫生监察所6个、医疗科研机构1个及专科诊所942个等。

表3-11-15　2008年厦门市卫生事业基本情况（一）

单位：人

	总计	国有	集体	私营	其他	医院	疗养院	社区服务中心	卫生院	门诊部
机构（家）	1 127	246	13	862	6	36	4	21	15	82
卫生机构床位（个）	9 995	8 371	125	818	681	8 418	678	20	527	
医院病床使用率（%）	88.46					93.06	70.38	47.95	26.52	
工作人员	20 038	12 612	394	5 868	1 164	12 128	328	431	625	1 686
卫生技术人员	16 228	10 006	295	5 153	774	9 569	92	336	520	1 370
执业医师	6 184	3 842	112	1 978	252	3 591	26	118	213	527
执业助理医师	680	180	42	449	9	162	2	41	43	78
注册护士	6 027	4 042	88	1 476	421	4 235	50	92	137	363
药师（士）	1 218	618	27	539	34	617	4	32	53	134
检验技师（士）	720	495	11	186	28	387	3	8	23	79
其他	1 399	829	15	525	30	577	7	45	51	189
其他技术人员	807	629	47	82	49	548	4	23	25	48
管理人员	965	454	34	293	184	608	47	26	20	144
工勤技能人员	2 038	1 523	18	340	157	1 403	185	46	60	124

表3-11-16　2008年厦门市卫生事业基本情况（二）

单位：人

	急救中心（站）	采血机构	妇幼保健院	专科防治所	疾病预防控制中心	卫生监督所	科研机构	诊所	其他机构
机构（个）	2	1	7	1	7	6	1	942	2
卫生机构床位			302	50					
医院病床使用率（%）			97.15						1
工作人员	219	88	941	26	298	195	29	2982	62
卫生技术人员	148	70	754	20	222	125	18	2982	2
执业医师	59	10	230	8	117	34	5	1246	
执业助理医师	1	2	6		11			334	
注册护士	62	21	322	5	8	3	1	728	
药师（士）	2	2	24	4		1	4	341	
检验技师（士）	1	22	64	2	68	6	2	55	
其他	23	13	108	1	18	81	6	278	2
其他技术人员	6	2	70	1	10	22	8		40
管理人员	15	5	26		26	29	2		17
工勤技能人员	50	11	91	5	40	19	1		3

第二节 海岛历史与文化

一、海岛历史

（一）人类起源及古遗址

在新石器时代和商周石器时代，人类活动的足迹已经遍布厦门岛，在岛内发现的各种古遗址及所采集的石锛、石斧、石戈、石箭镞、印纹陶标本，为我们留下了宝贵的地方史研究资料。

（二）人文遗迹和历史文物

至2006年，厦门岛上共有重点文物保护单位45处，其中，国家级3处、省级4处，市级38处。

表3-11-17 厦门岛古文化遗迹

名称	地点	地理环境	年代
石锛	思明区南普陀寺，蜂巢山	山丘西南山坡	商周时期
石锛	厦门大学东边社	山丘东侧山脚	商周时期
印纹陶片、石锛	厦门大学建南礼堂	山丘斜坡	商周时期
石锛、石凿	思明区曾厝垵村		商周时期
石锛	湖里区高崎村		商周时期
石镞	湖里区象屿	海岛	商周时期
石锛	思明区西山村西姑岭	山丘斜坡	商周时期

表3-11-18 厦门岛重点文物保护单位

文物名称	年代	地址	级别	公布单位和时间
厦门大学早期建筑	1922年	厦门大学内	国家级	国务院，2006年5月
厦门破狱斗争遗址	1930年5月25日	思明南路473号	国家级	国务院，2006年5月
陈化成墓	清道光二十二年（公元1842年）	思明区金榜山北麓	国家级	国务院，2006年5月
胡里山炮台遗址	光绪二十二年		省级	
朱一冯及赵纾攻剿红夷题名石刻	明天启三年（公元1623年）	厦门白鹿洞后山摩崖上	省级	
徐一名等攻剿红夷提名石刻	明天启二年（公元1622年）	思明区鸿山公园内鸿山寺右侧	省级	
大革命时期厦门总工会会址	1927年1月21日	思明区大同路土堆巷68号	省级	
五通渡头遗址	宋代	厦门市东北端五通头	市级	
厦门城遗址	明洪武二十年至二十七年	思明区新华路43号内后山	市级	
高崎寨遗址	南明永历九年（公元1655年）	湖里区高崎村东的山阜上	市级	厦门市人民政府，1961年1月
嘉兴寨遗址	明末	思明区鸿山寺后山	市级	
薛公墓	唐代	湖里区县后村	市级	
陈夷则墓	唐代	湖里区厦门师范学校内	市级	
陈僆墓	唐代	湖里区乌石浦村北	市级	

续表

文物名称	年代	地址	级别	公布单位和时间
陈喜墓	唐代	湖里区	市级	
陈黯墓	唐代	湖里区禾山镇西林村观音山腰	市级	
太师太傅墓	明末清初	思明南路433号内	市级	
胡贵墓	清代中期	思明区	市级	
演武池遗址	300多年前	厦大西村西侧	市级	厦门市政府
演武亭遗址	1658年	厦大体育场	市级	厦门市政府
陈黯隐居石室遗址	唐代	思明区金榜山北面山腰	市级	
郑成功读书处遗址	明末清初	万石植物园太平岩“笑石”处	市级	
樵溪桥及高读琴洞遗址	1653年	万石植物园内紫云岩的樵溪上	市级	
阮旻锡夕阳寮隐居处遗址	明末清初	区望高石之北麓	市级	
小刀会杀清将郑振缨处遗址	清道光	思明白鹿洞寺山门前之溪涧桥	市级	
郑成功杀郑联处遗址	明末清初	万石植物园水库东北岸	市级	
南普陀寺	唐末—宋代	思明区南普陀	市级	
新街礼拜堂	清道光二十八年（1847年）	思明区台光街29号	市级	
陈化成故居	清道光二十二年（1842年）	思明区草埔巷9号	市级	
许廷桂石坊表	清嘉庆十四年（1809年）	万石植物园水库东北岸	市级	
无量寿佛石刻	明正统七年（1442年）	万寿岩万寿寺东侧	市级	
俞戚诗壁	明代嘉庆万历年	万寿岩万寿寺右侧	市级	
征倭诸将诗刻	明万历三十六年（1601年）	万石植物园天界寺后山长啸洞岩壁上	市级	
虎溪岩棱层洞摩崖石刻群	明代至民国时期	思明区虎溪岩	市级	
澎湖阵亡将士亡灵碑	清康熙五十三年（1714年）	思明区中岩山内	市级	
乾隆御制碑	清乾隆五十三年（1785年）	南普陀寺内	市级	
建盖大小担山寨城碑	清嘉庆八年（1803年）	厦大建南大礼堂南侧	市级	厦门市政府
重建兴泉永道署碑	清乾隆四年（1739年）	思明区公园南路2号大楼东侧	市级	
厦门第一个中共支部诞生地	民国11年（1922年）	厦大囊萤楼	市级	
厦门各界抗敌后援会会址	民国18年	思明区定安路71号	市级	
中共厦门工委（闽中）旧址	民国23年	思明区励志路1号	市级	
厦门市革命烈士纪念碑及烈士陵园	1954年10月	万石植物园门前	市级	
陈公祠	道光末年	思明区出米岩	市级	
大清厦门一等邮局	光绪二十三年（1897年）	思明区海后邮政楼	市级	厦门市政府，2004年11月
陈第、沈有容提名石刻	明万历二十九年（1601年）	那普陀寺藏经阁西侧摩崖上		

（三）历史事件

据史志记载，对厦门岛文化的形成与社会经济发展有着重要影响的历史事件主要有郑成功抗清和收复台湾。

清顺治三年（南明隆武二年，1646 年），清军入闽，大肆屠杀和掠夺，各地人民奋起反抗。同年十二月初一，年仅 23 岁的郑成功会同明朝遗臣和好友在小金门结盟复明，起兵抗清。至清顺治十七年（1660 年）十月长达 14 年的抗清复明战斗，郑成功在福建、浙东及粤东沿海攻城略地、频得频失，复明中兴大计难以实现。

郑成功深感沿海诸岛处于清军威胁之下，南北征战屡遭牵制，自北伐失利尤其是达素攻厦后，就决心实行战略转移，渡海东征，收复台湾，以建立稳固的抗清基地。经过整修战船、筹备军粮和对航道、敌情的侦察，于清顺治十八年（1661 年）三月二十三日，亲率十三镇官兵约 2.5 万人，数百艘战船，自金门料罗湾起航东渡。次日抵澎湖，遇大风，停留数日后，出敌不意，乘潮入鹿耳门至禾寮港登陆，迅速进逼赤嵌城，连挫荷兰军队的水陆进攻，迫使赤嵌城守军投降。随后，乘胜进围台湾城，同时分军收复其他失地，组织部队开荒，解决军粮问题，以作长久围困之计。闰七月二十三日，郑军击败了荷军从巴达维亚（今印度尼西亚雅加达）派来的援军，使龟缩台湾城的荷军处于绝境。荷兰驻台湾总督揆一见大势已去，被迫于十二月十三日签字投降，被荷兰侵占达 38 年之久的台湾得到收复。

台湾收复后，郑成功即以为东都，于台湾设承天府和天兴、万年二县，加强台湾的政权和经济建设。

清康熙元年（1662 年）五月初八日，39 岁的郑成功于台湾病逝，其长子郑经嗣位。清廷利用局势变化时机，加强军事和政治攻势。郑军在沿海的势力大为削弱。康熙二年十月，清靖南王耿继茂、总督李率泰以及施琅、黄梧诸军，联合荷兰舰队，攻陷厦门、金门，大肆屠杀岛民，将城寨、房屋“尽行拆卸焚毁”，迫迁居民于内地。铜山、南澳等各岛也相继失陷，郑经率军退守台湾。

清康熙十二年至十三年（1673—1674 年），原降清被封王的吴三桂、耿精忠、尚可信先后起兵反清，史称“三藩之乱”。吴三桂起兵云南，耿精忠起兵福建，尚可信起兵广东。郑经乘势发兵进攻闽粤沿海。由于耿精忠、尚可信得不到人民支持，闽粤地区守将和士兵纷纷归附郑经。至康熙十五年，郑经“悉有泉、潮、漳、韶、惠、汀、兴、邵八郡之地”。当年十月之后，耿精忠、尚可信又先后降清，并与清军联合进攻郑军。郑经率领所部在沿海与清军展开拉锯战，于康熙十八年在海澄围歼 3 万清军。随后，清军反攻，郑军连连失利，退守沿海诸岛。康熙十九年，海坛（平潭岛）、金门、厦门相继失守，郑经率余部回台湾。康熙二十年正月，郑经病故，年仅 12 岁的次子克塽嗣位，“幼弱不能莅事”，“人心益失”。康熙二十二年六月，清廷以施琅为福建水师提督，领军进取台湾。八月，郑克塽投降，清朝统一台湾。

清统一台湾以后，厦门成为清政府联系台湾和台湾联系大陆的重要口岸。清康熙二十三年（1684 年），清政府确定厦门与台湾鹿耳门为两岸通航的唯一口岸。“两门对渡”时间长达 100 年之久。大陆的戍台官兵、贸易商人以及平民百姓都经由厦门转入台湾，台湾的商人也通过这一航线开展两地贸易活动。同年，清政府设台厦兵备道，将厦门和台湾合为一道，受福建巡抚节制，辖厦门、台湾两个行政区，一切台厦事务、渡台事宜以及人员往来等都由台厦兵备道统一管理。厦门与台湾合设道台一员，官吏半年驻台，半年驻厦。厦门岛始终是联络两岸的重要要塞。

（四）历史人物

厦门，山川毓秀，人杰物华，孕育了众多的英才俊秀，志士仁人。其中有踞厦抗清、驱逐荷兰殖民者、收复祖国神圣领土台湾的著名民族英雄郑成功；有在中华民族处于危难之际，挺身而出，英勇抗击外来侵略的爱国将领陈化成；有领导反帝反封建的革命志士杨衢云；有为中华民族的解放和民主革命的胜利不惜抛头颅、洒热血，英勇献身的革命烈士罗扬才、蔡协民、李国珍等；有倾资兴学，投身建设，为繁荣家园作出无私奉献的华侨领袖陈嘉庚；有潜心钻研，攀登高峰的科学家林巧稚、黄祯祥等。此外还有日夜辛勤耕耘的园丁以及各条战线无私奉献、成绩卓越的劳动模范、能工巧匠，他们是厦门历史发展的杰出代表。世人为之立传，让其风范长存。同时也记载了少数为害国家，为害人民的败类，旨在警策后世。

根据本籍为主、正面人物为主、近现代人物为主的原则，厦门档案馆收录有1995年12月31日前已知去世的著名人物371名，以及凡全国性人物或外籍人物在厦门地的活动情况。由于篇幅有限，这里仅摘录历史上较著名的有代表性的37位人物。

1. 薛令之

薛令之（生卒年未详），字珍君，号明月先生。长溪（今福安市溪塘镇廉村）人。唐神龙二年（706年）进士。开元间累迁右补阙兼太子侍读，与贺知章并侍东宫。后因李林甫冷落东宫，赋诗讽谏唐玄宗，引起玄宗不满，遂托病辞官归乡。归乡后迁居厦门岛洪济山北，所居处因而得名薛岭。薛令之以诗闻名，为闽人以诗赋登第第一人。有《明月先生集》行世。在厦门期间，曾倡修同安东岳庙。厦门岛下张社（今禾山镇下忠村）古时有薛令之墓，墓碑碑文为“唐侍御薛公墓”。薛令之与同时期的陈僖同为厦门岛最早的开拓者，后人有“桃李薛公园”之赞誉。

2. 陈僖

陈僖（生卒年未详），颍川（今河南许昌）人。唐开元年间随其父长乐县县令居长乐。其父秩满后迁居福唐（今福清市）。陈僖为人爱仁好义，襟怀坦荡，四方豪杰，聚集门下，时称“门有敢死之士”，为闽中豪族。当时闽侯有自立为王的意图，欲招纳他共为谋划。他不愿参与其事，便私下建造船只，在夜间率领整个家族渡海，避居泉州之南的海岛，即今之厦门岛。当时厦门岛四面环海，鲜有人至。他开垦荒原，引用溪水灌溉水田，并获得清源郡颁发的地契，成为家丰业厚的富豪家族。他淡漠仕途，终身不仕。子仲禹授广州番禺县丞，孙元通、元达分别任歙州婺源县令和虔州虔化县丞。陈僖家族为有佐证的最早参与开发厦门岛的家族之一。因住在薛岭之南，故与薛令之并称“南陈北薛”。

3. 施琅

施琅（1621—1696年），字尊侯，号琢公，晋江人。明天启元年（1621年）二月十五日生。少时即从师习武，臂力过人，且精兵法。从戎后，初为明总兵郑芝龙部下左冲锋。清顺治三年（1646年），从郑芝龙降清。曾随清军从征广东顺德、东莞、三水等地。后受提督李成栋排挤，投效郑成功抗清武装，助郑成功攻云霄、潮州、厦门。南明永历五年（清顺治八年、1651年），因与郑成功产生嫌隙而叛郑降清。永历十年任同安总兵。

他治军严整、有谋略，尤擅水战。清康熙元年（1662年）擢任福建水师提督。翌年攻克金门、厦门、铜山（今属东山县）诸岛，并以功授右都督，挂靖海将军印。康熙七年，疏请收复台湾，遭清廷一些大臣的反对，他们以“海洋险阻，驰驱制胜，计难万全，是琅喜功好胜”为由，要求裁水师，焚战舰，将他调任内大臣。康熙二十年，清廷议取台湾，复授他为福建水师提督，加太子少保衔。康熙二十二年六月十四日，他率水师精兵2万，战船300艘，自铜山出海，大败郑军主将刘国轩于澎湖。八月，郑克塽政权慑于兵临城下，“请求内附”，台湾遂入清版图。他入台后，即布告《谕台湾以安生民计》、《严禁犒师示》以安众百姓之心。台湾回归，功封靖海侯。

台湾回归后，清廷内有议政大臣认为台湾乃一块荒壤，孤悬海外，宜“迁其人，弃其地”，主张放弃台湾。他据理力争，上疏曰：台湾“虽在外岛，关四省要害，断不可弃”。主张在台、澎驻兵屯守，防“红毛”（荷兰），“乘隙复踞”，“窃窥内地，蛊惑人心”；并建议于当地垦田报赋，促进台湾的经济开发。奏请在台湾置官设防加强对台湾的行政管理。清廷采纳他的建议，于康熙二十三年置台湾府，设吏治之，隶属福建。

福建水师提督开府厦门，他为首任提督，在厦门城内建提督署，又奏准开放海禁，并在厦门设立海关。清康熙三十五年（1696年）三月二十一日逝世，赠太子少傅光禄大夫，谥襄壮，钦赐祭葬。现同安的“绩光铜柱”坊即当年康熙为表彰其功绩而建立。

4. 郑成功

郑成功（1624—1662年），原名森，幼名福松，字明俨，号大木，祖籍南安。明天启四年（1624年）七月十四日生于日本，其父郑芝龙早年荡迹东瀛，娶日本女子田川氏为妻，后从事海上走私贸易，逐渐发展为东南沿海最大的海商。明崇祯元年（1628年）被明朝政府招抚，授海防游击。崇祯十三年，升为都督同知。

郑成功7岁时回国，15岁进县学，21岁到南京，进国子监读书，拜虞山钱谦益为师。隆武帝即位福州，赐姓朱，改名成功，封忠孝伯，时称“国姓爷”。清顺治三年（1646年），清军入闽，郑芝龙撤仙霞关守兵，纵清军入闽，福建陷落，隆武帝出走败亡。清军攻泉州，郑芝龙不顾劝阻投降清廷，田川氏被辱自杀。郑成功悲痛万分，打起“背父报国”的大旗，走上了抗清武装斗争的征途。起义后，往南澳一带招兵，以厦门、金门为反清复明的根据地。

南明永历四年（清顺治七年，1650年），他用计杀死盘踞厦门横征暴敛的军阀郑联，收编其军队。永历七年大败清兵于海澄（今龙海市）。不久被封为延平王。永历九年，他已拥有兵力十多万人，以厦门为基地建立抗清政权。东南海上群雄，都归从他约束。他和西南的永历政权也取得了联系，永历帝先后封他为威远侯和漳国公。他在厦门设立六官，即：兵官、吏官、礼官、刑官、户官、工官，处理军政大事，还设立察言司、储贤馆、育胄馆等机构。东海沿海的抗清志士都纷纷投奔他。于是，改中左所（厦门）为“思明州”。清廷利用其父郑芝龙劝降，一方面以封官赐地为诱饵；另一方面以重兵临境相威胁，并且用郑芝龙及其家眷的生死存亡相要挟，软硬兼施，屡次遣使招抚，均遭拒绝。

南明永历十二年（1658年），他已建立一支拥有数百只战船和数十万兵力、纪律严明、战斗力强的军队。这支军队屡次在闽粤江浙一带击败清军，声威大震，并逐渐控制北至浙江舟山、南至广东南澳的沿海地区。并在厦门修筑演武亭，精选良将锐卒，整编部属，筹集粮饷。为争取民援、提高战斗力，一再严申军纪，下令全体官兵除沿途取粮外，不许奸淫掳掠，不许抓夫、屠畜、抢劫等，倘有违令者，枭首示众，将领株连。在经过长期准备之后，统率雄兵10余万，大小战船数千艘，联合鲁王部将张煌言的抗清队伍，浩浩荡荡，自厦门誓师北伐。北伐军迅速攻破浙江温州，沿途清军守将纷纷投降。翌年元月，北伐军势如破竹，打进长江口，攻克镇江、瓜州，包围南京城。清廷震动。旋因孤军深入，兵败退回厦门。永历十四年，清廷乘其南京新败，喘息未定，派遣达素为大将军，调集三省兵力，集中进攻厦门，企图一举消灭其抗清力量。他奋起反击，大败清军，守住了厦门。他认真总结北伐失败的教训，一面整编军队，操练将士，一面征集粮饷，修造船只、制造武器弹药，只待时机成熟便立即向台湾进发。

南明永历十五年（1661年），他率将士2.5万人，分乘战船百余艘，从金门料罗湾出发，经澎湖湾，在鹿耳门禾寮港（今台湾西南部）登陆，连败荷军，后又击败荷兰东印度公司派遣之援军。荷兰侵台总督揆一终于在清康熙元年（1662年）投降。从此，被荷兰侵略38年之久的台湾回归祖国怀抱。同年六月二十三日郑成功病逝台湾。初葬台南州仔尾，后迁葬于故乡南安的覆船山。

5. 陈化成

陈化成（1776—1842年），字业章，号莲峰，同安县人。16岁时随母往台湾，22岁加入清军水师，后因战功于清道光元年（1821年）任澎湖水师副将。当年八月，升任广东碣石镇总兵，十二月，调任福建金门镇总兵。道光六年五月，台湾嘉义、彰化一带发生民众械斗，他率兵前往平定，并受命为台湾镇总兵。道光十年，升任福建水师提督，驻守厦门。道光十二年七月，英国兵船闯入闽、浙、江苏和山东海面作试探性侦察，他奉命负责巡逻这一带海面，并致力于修营房，造船炮，防止侵略者北上骚扰。同时，多次率兵驱逐侵入闽海的武装鸦片走私船；先后捣毁潘涂、官浔、柏头等贩卖鸦片的黑窝。道光十五年，捐俸兴修厦门玉屏书院；道光十九年，资助周凯纂修《厦门志》，并亲自作序。

鸦片战争前夕，他调任江南提督，负责扼守吴淞口，与两江总督伊里布巡视吴淞、上海各营，积极修台筑炮，沿海塘筑26堡，并选闽中亲兵教练江南水师，与官兵同起居、共甘苦，以身作则，严于律己，深得军民拥护，人称“陈老佛”。道光二十二年五月初八，英军进逼吴淞口，他亲登西炮台顶指挥督战，发炮击伤英舰数艘。由于东炮台守将牛鉴临阵逃脱，西炮台腹背受敌，孤军无援，他与西炮台80多位守将浴血奋战，击毁英舰8艘，击毙英军500余人，终因寡不敌众，最后壮烈殉国。英军统帅进占上海后尚心有余悸，说“清国若有二化成，吾等死无葬身之地矣！”

他殉难后，其部将将他的遗体掩藏于芦苇丛中，后由嘉定县令派人收殓于嘉定县武庙，当地百姓为之罢市哭奠，并绘制化成图像两幅，一幅留吴淞，一幅由其子孙保存。清道光皇帝下诏厚殓并抚恤其后人，准予在殉难处和原籍立祠，赐谥“忠愍”，世袭轻车都尉。其灵柩运回厦门后，于道光二十二年九月十二日安葬于厦门金榜山北麓。后人曾出版《表忠录》一书以示纪念。

6. 周凯

周凯（1779—1837年），字仲礼，号芸皋，浙江富阳人。清嘉庆十六年（1811年）登进士，授翰林院庶吉士，继任编修、国史馆纂修、提调等职。在京期间，与林则徐、龚自珍、魏源等结“宣南诗社”，为京都二十四诗人之一。他擅书画，尤工山水，著有《内自讼斋文钞》、《内自讼斋诗钞》。清道光十年（1830年），调任福建兴泉永道，驻厦门。倡修玉屏书院，聘请东南宿儒前来讲学，奖掖后学；同时主持编撰《厦门志》、《金门志》。道光十三年七月，代理台湾兵备道。同年十二月回任兴泉永道。道光十六年九月再次代理台湾兵备道。次年七月病殁台湾任所。

周凯在厦门为官6年，口碑甚佳。据道光《厦门志》载：厦门湖莲保旧有义田，因海潮侵蚀荒废已久。他亲往履勘，“翼资筑石埭二百一十三丈，土埭一百十七丈以捍潮汐；引泉凿河，通沟洫，设闸启闭以潴水”，将荒地改造成良田。他还“分亩清丈，计户授田，而免租三年”，“岁可入租千余石，利溥而可久，民不患饥”。厦门地方士绅为颂扬他的政绩，将玉屏书院崇德堂辟为周公祠，岁时致祭。现代著名文学家郁达夫在《记富阳周芸皋先生》一文中写道：“直到现在，将近百五十年，闽南的百姓还在思慕先生（指周凯），说象先生那么英明果断的人，却是从来所不曾有过的监司。”

7. 窦振彪

窦振彪（1785—1850年），字升堂，清乾隆五十年（1785年）生于广东吴川县硇洲岛。任金门水师总兵和福建水师提督前后20年。

自小熟悉水性，精通武功。清嘉庆十九年（1814年）由行伍选拔补广东水师千总和水师提标中营守备。此后，历任提标中军参将、水师副将。清道光九年（1829年）署琼州镇水师总兵。道光十年九月升任福建水师金门镇总兵。道光十二年，台湾嘉义县张丙、陈办等人起事，他奉命于十一月带兵2000多名渡台，会同福建陆路提督马济胜，一同围剿。翌年初平定骚乱。因获道光皇帝颁旨赏戴花翎。

台湾平乱返厦后，他一再捣破同安潘涂、琼头以及杏林诸乡贼巢，又搜剿晋江莲埭，惠安白崎、獭窟以及南安大盈、朴嗣等乡，获奸匪无数。

据《国史馆列传》载，道光“十九年，英夷兵船屡犯大坠洋面及梅林各洋，振彪督舟师击之；二十年二月，夷船复游驶梅林洋面，振彪令哨船截攻，以炮火联络，击断夷船帆索，英夷旋遁。四月，于穿山洋面击毁夷船一只，又于虎屿洋面击沉杉棉线船一只”。时闽浙总督邓廷桢多次在奏折中褒奖窦振彪，道光皇帝朱批：“所办认真，可嘉！”

道光二十年七月，英国东方远征军首次进犯厦门，振彪部属陈胜元、林建猷奋战英军，获道光皇帝颁旨嘉奖。而他亲自督率的金门镇水师亦及时赶到现场，与英军展开炮火攻击，“夷船见势不敌，随即逃窜”。翌年一月英军攻陷广东多处炮台，虎门炮台也已失守。他临危受命，于二月出任广东水师提督。但未及上任，清廷已与英军签署停战协议，旋将他转调福建水师提督。八月，英舰再次进犯厦门。当时他刚好出洋缉盗，未能亲自在场指挥这场战斗，而当晚厦门就被英军攻陷，因而受朝廷处分。

他“平生以造人才为先，知人善任”，“与文员和衷共济，不设城府”。其原配夫人吴氏的长兄，多次要求他为外甥安排一官半职，却被他断然拒绝：“甥无仕宦才，用之反促其祸，亦损我德，事不可议。”

道光三十年，卒于福建水师提督任上。越年咸丰即位，颁旨赠窦振彪“太子太保”，谥“武襄”，并赐“祭葬”，还题写一篇御祭文，御赐丰碑，至今仍留存吴川县梅箓镇。

8. 陈胜元

陈胜元（1797—1853年），字建珍，号晓亭，清嘉庆二年（1797年）九月初五日出生于厦门。少年时家境贫寒，然素怀报国之志，每日习武不辍。18岁投效清军水师，因胆识过人，很快由武生拔额外，再拔外委、把总、千总。道光十三年（1833年），经福建水师提督陈化成保荐，补海坛右营守备、护金门左营游击。道光十九年九月，随陈化成巡洋，在东碇外洋遭遇海盗，提督座舰受伤，他以孤舟力战，持大刀跃登盗船，手刃数贼。官兵蜂拥而上，一举捕获海盗18名。是年冬升任护参将，负责厦门岛的防务。

道光二十年，英国为保护鸦片走私，悍然发动鸦片战争。六月初五日，“布朗迪”号等5艘英舰闯入厦门海域，开炮寻衅。陈胜元率守军奋起反击，他手执长矛冲锋陷阵，亲手杀死一名企图登陆的英兵。双方激战3个多小时，英舰受伤而退去，厦门军民取得反侵略斗争的胜利。英军遭此重创后心犹不甘，同年七月两度来犯，均被他率水师官兵击退。他因身先士卒，指挥有方，擢中军参将。道光二十一年七月初十日，英国公使璞鼎查率“威里士里”号等36艘战舰大举侵犯厦门，闽浙总督颜伯焘分兵三路阻击，他率军居中，在演武亭前迎战，狡猾的英军绕过石壁炮台，从白石头登陆袭击，左右两军皆溃。他孤军奋战，终因寡不敌众，退守同安，被革职戍边。新任总督刘韵珂素闻他忠勇，遣其督造战船。旋奉旨赏给守备。后历任福宁左营游击、铜山营参将、福建水师中军参将、山东文登协副将等职。清咸丰二年（1852年）升任江南福山镇总兵。翌年正月，太平军攻金陵，他奉清廷之命在芜湖江面堵截，因中炮坠江身亡。卒谥“刚勇”，追赠振威将军。归葬厦门文灶双莲石。

9. 辜鸿铭

辜鸿铭（1857—1928年），名汤生，字鸿铭，号海滨读易者，晚年自号“东西南北老人”。祖籍同安县新圩乡古宅村，出生于马来西亚槟榔屿，是第四代侨裔，自称“厦门辜”。10岁时被义父母布朗夫妇带到苏格兰上学，清光绪三年（1877年）获爱丁堡大学文学硕士学位，成为中国最早完成全部英式教育的第一人。接着进入德国莱比锡大学研修土木工程学，获博士学位，其后又赴法国学法文，通晓中、英、德、法、俄、日、马来、拉丁以及希腊等多种语言、文字。光绪六年返回槟榔屿，在新加坡海峡殖民地政府中任职。不久接受朋友劝告，辞职回槟榔屿，潜心钻研中国古籍，以后到香港一家英国商行当助理，业余时间专攻“四书五经”。

清光绪十一年（1885年），他经杨汝澍推荐，回国任两广总督张之洞的幕僚，司理英文案牍。清光绪三十一年（1905年），被张之洞举任上海黄浦江浚治局督办。光绪三十四年，到北京任外务部员外郎，嗣擢升为郎中、左丞，力言“修邦交”重于“讲武备”。清宣统二年（1910年）元月，与严复同获清宣统皇帝颁赐的文科进士荣衔。同年辞职南下，出任上海南洋公学校长。为表示效忠清王朝，民国建立后即辞去校长职务，先住上海，后迁北京。1913年一度任五国银行团翻译。1917年参与张勋复辟帝制活动，列名外务部职务，后被聘为北京大学教授。五四运动时，与林琴南等一起反对白话文活动。1924年应日本大东文化协会邀请，赴日本讲学。1927年回北京，被奉系军阀张作霖聘为顾问，不久又被委任为山东大学校长，但未及上任，于1928年4月30日在北京病逝。时宣统帝派员致祭，赐谥号为“唐公”。

他性格高傲倔强而又失之偏执，书生气十足。他是将中华优秀文明向西方介绍的先驱。其学术成就主要是将中国古代文化介绍给西方，曾将儒家经典《论语》、《孟子》、《中庸》、《孝经》等译成英文、德文，刊行于国外。他也用英文写政论性文章，清光绪二十六年（1900年），在横滨《日本邮报》发表文章，谴责八国联军侵略中国，破坏礼教，呼吁列强以道德、公德、公理处理义和团问题，这一时期的文章后来汇集成册，书名为《总理衙门来书》，被称为“中国民族主义宣言”。清宣统二年（1910年），以笔名“海滨读易者”撰写《中国的牛津运动》一书，慨叹张之洞抨击西方物欲文明、提倡“中学为体，西学为用”洋务运动的失败，该书译成德文，被指定为德国大学哲学系学生必读参考书。1915年写成《原华》（又名《春秋大义》），一文，颂扬中国博大精深的文化，评论西洋汉学家的弊病。其中文著作有《读易草堂文集》、《辑蒙养弦歌》和《张文襄幕府纪闻》等。

10. 洪鸿儒

洪鸿儒（1865—1953年），字晓春，号悔罷，同安县马巷窗东乡人。清末在厦门洪本部开设源裕商行经营粮食生意，由于为人公正诚实，得到南洋各地侨商的信赖，虽然资金不多，商号仍得以发展，逐步兼营信局、进出口、钱庄和汇兑业务。辛亥革命厦门光复，社会治安混乱，地方人士组成“保安会”，他出任副会长，组织“保安团”日夜巡逻维持治安。他关心教育事业，在家乡创办窗东学校，收容贫苦农民上学，为家乡培养人才。在厦门，他担任大同小学、民立小学董事长，为学校筹募基金，建筑校舍，聘请教师。他还担任慈善机构益同人公会董事长，出面在市区各商户及南洋各地募捐，定期举办“施粥”、“施棺”，发放“米单”等活动。还创办益同人医院，免费为穷人诊病、施药。在他主持商界工作期间，真诚为商界服务，不辞劳苦，到处奔走为人解难，耐心说服排解商业上各方面的纠纷，得到商界的拥戴。他还参与领导抵制日货和收回海后滩英国租地的斗争。20世纪20年代，参与市政会工作，积极主张修建马路、市场和公园，为厦门的市政建设作出贡献。抗战爆发后，参加厦门各界组织的抗敌后援会，被选为劝募部部长，除继续领导商运工作外，还带头捐款，动员爱国商人输财救国，支援前线；号召“有钱出钱，有力出力，为抗日救亡而奋斗！”1938年5月10日，日本侵略军进攻厦门，他别妻离子，率其家人和千余名群众搭“丰庆轮”赴香港避难。在船上致电香港福建商会、同乡会，使难民登陆香港后得到妥善安置。厦门沦陷后，日本特务想利用他，多方威逼利诱，他不为所动，由香港辗转避居越南、马来西亚等地。太平洋战争爆发后，在马六甲因人告密而被捕入狱。日本侵略者胁迫他回厦做“官”，他以绝食拒之，时年届八旬，病倒狱中，当地侨胞纷纷要求让其保外就医。考虑到他在东南亚华侨中的威信，日敌提出只要写“悔过书”就可出狱，他奋笔疾书“无过可悔”，敌人暴跳如雷却无可奈何，最后将他软禁在一个寺院里。

抗战胜利后，他从集中营获释，国民政府颁发“忠贞爱国”匾额以示嘉奖。1946年10月初回厦，任厦门市商会名誉会长。

洪鸿儒历任福建省咨议局议员，厦门商务总会总理、会长、副会长、主席，厦门市政会会长。中华人民共和国成立后历任厦门市人代会代表、福建省人民政府委员和福建省工商业联合会筹委会主任。

11. 黄奕住

黄奕住（1868—1945年），小名阿柱，南安人。清光绪十年（1884年）同邻里乡人结伴赴印度尼西亚三宝垄谋生。第一次世界大战期间，专营蔗糖业获利，与黄仲涵、郭锦茂、张盛隆并称为印尼四大糖商。1919年4月，挟资携眷返国，定居厦门鼓浪屿，开始对国内进行广泛投资。次年4月，在鼓浪屿田尾海滨地带筹建观海别墅，并购买鼓浪屿一片荒地，开辟日兴街。民国10年8月，在厦门（今镇邦路42号）创设日兴银号，为当时厦门资金最雄厚的钱庄之一。同年还投资500万银元，在上海创设中南银行，占该行创办股份的75%。翌年7月，该行在厦门设分行并发行印有“厦门”字样的钞票。

20世纪20—30年代，厦门市政建设期间，从事厦门水电交通等基础设施建设。先后任厦门市政会正、副会长，还先后任厦门总商会正、副会长。为解决厦门居民吃水难问题，于1924年发起筹资200万元兴办商办厦门自来水公司，他先认股40万元，为第一大股东。同年10月28日，该公司召开成立大会，当选为公司董事长。

为改变厦门通信落后的状态，1921年4月，他以10万元收购林尔嘉创办的厦门德律风公司，并增拨30万元资本，加以改装和扩建。同时在厦鼓各界人士支持下，于1923年以2.325万元将鼓浪屿日商的川北电话公司收回自办；同时锐意革新厦鼓电话设备，最大通话容量达2500门。次年创办漳州通敏电话公司。此外还在上海投资普益纱厂、益中磁电厂等企业。他是厦门兴办公用事业投资最大的一位华侨资本家，也是厦门和漳州等地创办新式通信事业的奠基人。

他对教育文化事业除捐助新加坡爱同学校和华侨中学外，主要是在家乡兴学育才。1927年，在鼓浪屿接办厦门女子师范学校，改办慈勤女子中学。陈嘉庚创办厦门大学时，他也捐助10万元，同年又以3万元协助厦门大学购置图书设备。此外还先后资助厦门大同中学、英华中学、同文书院以及鼓浪屿的中山图书馆。

1929年，商办厦门电话股份有限公司获准正式立案领照营业，资本额增至100万元。1930年，独资组建黄聚德堂房地产股份公司，投资金额达245万元，占当年厦门市全部房地产投资的三分之一左右，该公司先后在厦门、鼓浪屿购置和建造房屋总计达160座，面积4.1万余平方米，在当时厦门华侨房地产投资中占第一位。

他还在厦门创办海通船务公司，陆续购置“顺昌”、“顺利”、“顺兴”、“顺安”和“顺庆”等汽船，航行于厦门至安海、东石、集美和高崎等地。他于1936年迁居香港，次年底移居上海租界养病。1945年6月5日在上海病逝。

12. 林文庆

林文庆（1869—1957年），字梦琴，祖籍海澄县（今属龙海市），生于新加坡一个华侨家庭。清光绪十三年（1887年），考取英女皇奖学金，到英国爱丁堡大学攻读医科，获硕士学位。光绪三十年，参加创办英皇爱德华医学院，并荣获名誉院士称号。他还致力于实业开拓，在南洋首创垦植树胶园成功，被誉为“树胶种植之父”。在新加坡、爪哇等地积极支持华侨团体开办华人学校和华人杂志，为传播中国传统文化作出了贡献。辛亥革命时，加入同盟会，支持孙中山革命事业。民国初期曾任南京临时政府卫生部部长和外交顾问。1921年接受陈嘉庚聘请，由新加坡抵厦门接任厦门大学校长。他积极贯彻陈嘉庚的办学意图，为厦门大学建立起完备的组织机构和规章制度，积极邀请国内外名流到学校讲学，建造一幢幢教学楼、科研楼及宿舍楼，配置大量的图书及实验设备。他把教学与科研并重，国语与外语并重，强调师资培养，并广泛招收海外华侨子弟，使厦门大学获得了“南方之强”的盛誉。

1934年初，由于世界经济危机的影响，陈嘉庚在南洋的企业被迫收盘，厦门大学经费极端困难，他毅然与陈嘉庚分忧，捐出自己的年俸6000大洋，并亲自到南洋募捐，为维持学校竭尽全力，直至1937年7月1日厦门大学改为国立，才辞去校长职务，回到出生地新加坡，过着退休生活。晚年，仍念念不忘厦门大学的发展，临终遗嘱将厦门鼓浪屿私人房产一幢（建筑面积1018平方米，庭园占地面积4316平方米）捐赠给厦门大学。显见其爱国爱校之心。

13. 黄庆元

黄庆元（1870—1937年），又名黄榜，字世金。祖籍泉州，出生于厦门。早年受私塾教育，年轻时在厦门富商黄书传的仁记洋行当伙计，受黄赏识并资助其经营“建源钱庄”。后相继创办建记行、建源行等，业务鼎盛，在厦门工商界占有相当地位，因而出任厦门参事会会长、厦门商务总会协理、会长、厦门市政会副会长、厦门“三堂”（慈善机构）董事及厦门鸿麓学校、厦门同文中学董事长。五四运动时，曾率厦门商会支持学生爱国行动，以罢市相声援，并和厦门教育会一起领导反对英国侵占厦门海后滩的斗争；五卅运动后，参加厦门国民外交后援会，发动各界联合举行反帝游行示威。

在厦门市政建设及民族工业起步阶段，黄庆元曾作出贡献。清宣统三年（1911年），与他人筹资白银15万元，创办厦门电灯电力股份有限公司，任副董事长。次年，电厂建成投入生产，扩股后成为最大股东并转任董事长。1924年又与黄奕住等筹资200万银元创办自来水公司，为第二大股东，任副董事长。1926年7月，自来水公司开始向厦门居民供水，1932年开始向鼓浪屿居民供水。此外，还大量投资厦门房地产和厦门淘化大同股份公司、东方制冰公司、福建药房、漳州江东冰厂及上海电气厂等，长期担任淘化大同公司董事。1937年10月，国民党驻军以向停泊在厦门港的日本军舰供水为由将他逮捕，次日解赴福州，同年12月28日被加以汉奸罪名枪决，财产被查没。抗战胜利后，国民政府行政院多次电令福建省政府、厦门市政府归还其财产，未见执行。

14. 吴瑞甫

吴瑞甫（1872—1952年），名锡璜，字瑞甫，号黼堂，出生于同安县同禾乡石浔村，世居同安县城后炉街，祖辈7代行医。

他14岁时奉父命学医，博览历代医学，精研思考，推陈出新，常有突出于前人的见解。32岁中举，因淡泊功名，遂在同安悬壶济世，并曾评注、校订宋代医书《圣济总录》和陈无择《三因方》。

辛亥革命前夕参加中国同盟会，任同安青年自治会会长，策动清军官兵起义。当革命军兵临同安县城时，率绅众开城迎接，并主持光复仪式。1923年应同安县长之聘，主编《同安县志》，于1928年定稿付梓，该志为研究同安、厦门历史的重要参考文献。

他长期在厦门行医，其医寓"退补斋"位于开元路。1920年应聘任厦门回春庐医院院长，潜心著述。1929年，"三一七"国医运动后，邀同热心公益事业的知名人士，创办厦门医学讲习所。1931年，担任厦门中央国医支馆馆长，同时发起创办厦门国医专门学校，自任校长，先办业余研究班，后又扩充为全日制本科班，大力培养中医人才。他自编讲义《伤寒纲要》、《四时感症》、《中医生理学》、《中医病理学》、《传染杂病学》等16种。此外还主编《厦门医药月刊》、《国医旬刊》等医学杂志。

1938年5月日本侵略军占领厦门，他避居鼓浪屿。翌年，为拒绝出任伪厦门市长，于5月间取道香港，避难新加坡，在新加坡同安会馆行医，因其屡愈危症，名震一时，远近病人纷纷上门求医。同时还积极参与新加坡厦门公会的活动。

他在新加坡行医之余，还致力于中医研究，创办中医学会。1946年新加坡中国医学会成立，被推举为主席。次年改为中医师公会，又被选为理事长，前后6载。同时兼任厦门公会义务医师，并以古稀之年主编刊物《医粹》、《医统》、《医经先声》，积极筹建新加坡国医专门学校（即新加坡中医学院前身）和医学图书馆，成为新加坡中医界公认的"国医名家"。1952年1月13日在新加坡逝世。主要著作有《伤寒纲要》、《中西医温热串解》、《册补中风论》、《奇验喉症明辩》、《诊断学》、《内科学》等近20种。

15. 释会泉

释会泉（1874—1943年），俗姓张，名侃，法名明性，字会泉，号印月，又号华藏，晚年自称莲生老人。生于同安县在坊里小西门。7岁丧父，随母迁居厦门。清光绪八年（1892年）至虎溪岩寺依善温老和尚剃度为僧，赐法名。翌年，赴漳州南山寺在佛学老和尚座下受具足戒后，即至江南诸名刹，参谒印光道阶诸高僧，闻法听经。光绪三十二年学成回闽，在南安小雪峰寺得喜宗上人传授法卷，成为临济正宗的法脉传人。他曾四度赴台湾，在台南、高雄等地传教。1913年得承天寺住持云果法师遗命为该寺住持。1915—1923年于寺中重修文殊殿为方丈室、一尘禅堂。创办"优昙初级学林"；先后剃度宏扬、宏西、宏识、宏船等门徒。曾兼任安海龙山寺住持，协助转道、圆瑛、转物3位法师重兴泉州开元寺。

1924年南普陀寺改子孙承袭庙为十方选贤道场，被选为首届方丈。除建天王殿、功德楼和放生池外，还引进了江南名刹的丛林修持方法。翌年，与转逢创办闽南佛学院，自任院长，时常为佛学院讲授佛教经论，开示法要。

1927年，3年方丈任期满后，推荐太虚大师继任南普陀寺方丈与闽南佛学院院长，自己退居虎溪岩寺，并改建万石莲寺为净土道场。1932年，在虎溪岩寺创办楞岩法会，从学者40多人。1933年于万石莲寺创办佛学研究社，学员有闽、粤、台等省籍僧尼60多人。同时，与弘一法师发起设立佛教养正院，培养初级佛学知识的学僧。1937年复任南普陀寺方丈，兼任厦门佛教会会长，组织僧众抗日救护队训练班。

1938年日本侵略军攻占厦门前夕，领徒众离开万石莲寺避居鼓浪屿。因日军特务威胁其出任伪教职，乃乘轮赴香港，后辗转至新加坡龙山寺。1939年赴仰光朝礼佛教圣迹。翌年，至苏门答腊佛学社讲经。1941年抵马来西亚槟城。先后在广福宫与观音亭讲经说法。翌年，他在槟城双庆寺讲《楞严经》，时有林炳照与其夫人及其弟子，因感其师无一固定道场，遂捐巨资购地建妙香林寺于升旗山下，并将该寺献给他作为传教道场。

1943年2月20日（农历正月十六日），释会泉圆寂于槟榔妙香林寺。临终前嘱咐其弟子宏船法师：侍山河归还时，将其遗骸埋葬在祖国大地里。1948年他的灵骨由开论法师奉回祖国。1962年南普陀寺为其建纪念塔于五老山麓。著有《大乘起信论科注》、《佛学常识易知录》、《萨普门品讲义》、《弥陀经集解》及《金刚经讲义》等。

16. 陈嘉庚

陈嘉庚（公元1874—1961年），又名甲庚，字科次。清同治十三年（1874年）九月十二日出生于同安县仁德里集美社（今属厦门市集美镇）。光绪十六年秋，南渡新加坡，佐父经营顺安米号。光绪二十七年，出资2000元建集美“惕斋学塾”，印送《验方新编》在闽南各乡散发，多行善举，颇得民望。

光绪三十年春，因其父经商破产，他开始独自经营菠萝罐头业和米业。由于经营得法，所产“苏丹”牌菠萝罐头占全埠之半，在同业中独占鳌头。光绪三十二年，开始经营橡胶业。

他是一位著名的爱国侨领。清宣统二年（1910年），他当选新加坡中华总商会第六届委员会协理、道南学堂第三届总理。受中国资产阶级民主革命思想影响，开始倾心于革命。次年加入孙中山领导的中国同盟会，积极募款资助辛亥革命。1912年回国，在集美创办罐头厂。失败后以机器入股，与厦门友人合办大同罐头食品公司。

他是一位毕生倾资兴学的教育事业家。他认为“国家之富强，全在乎国民。国民之发展，全在乎教育”；“教育为立国之本，兴学乃国民之职”。其一生在海内外兴办、资助的学校达100多所，倾资办学的费用达1亿美元。当年，事业刚有所成，他即立志实践其兴学理想，创办乡立集美两所学校，于次年2月正式开学。1918年委托胞弟陈敬贤回乡筹办的集美师范及集美中学正式开学，附设男、女小学，同时成立幼稚园。翌年，在新加坡捐出橡胶园290公顷、房地产9.2万多平方米，作为集美学校永久基金。

他是厦门大学的创办人。1919年5月他回到集美着手筹办厦门大学。此时，他所存资产仅400万元，但在筹办厦门大学发起人大会上，他自捐开办费100万元，常年费分12年付款共300万元，并亲自勘定校址。1921年4月6日，厦门大学正式开学。1923年他又将自己在新加坡的大成橡胶园和陈嘉庚公司股本的三分之一拨作厦门大学基金。1923年10月孙中山大元帅大本营批准承认“集美为中国永久和平学村”。

第一次世界大战期间，他及时改变经营方向，全力经营轮船业和橡胶业。至1925年共拥有橡胶园1.5万多英亩（1英亩=6.072亩）、工厂30多所、150多家分店，雇佣职工3.2万多人，全部实有资产为新加坡币1200多万元，成为东南亚地区最大的“橡胶大王”和大实业家。1926年起，在荷兰、日本胶制品倾销及1929年开始的世界资本主义经济危机的沉重打击下，其资产损失过半，被迫于1931年10月将企业改组为陈嘉庚有限公司。1934年2月21日因不愿接受汇丰银行对该公司的垄断，宣告收盘停业。

1919—1932年又继续在集美创办水产学校、商业学校、农林学校、国学专科学校、幼稚师范学校等。同时还设立科学馆、图书馆、医院。1918—1933年他承担集美学校各种费用共480余万元，把集美建成规模宏大的学村。

1928年，任山东惨祸筹赈会会长，筹集130余万元救济受难同胞。抗日战争爆发后，被推举为“南洋华侨筹赈祖国难民总会”主席，领导该会在一年内募集抗日捐款1.44亿元，支援祖国抗战；还组织华侨机工3200多人回国服务。他严词讨伐汪精卫的卖国求和活动，以国民参政会参政员身份向参政会提出“敌未出国土前言和即汉奸”的电报提案，要求国民政府“宣布其罪，通缉归案，以正国法”。

1938年，因企业破产，无法负担厦门大学经费，遂将献给国家，改为国立。此外，他先后捐款17余万元，资助同安等闽南各地的两所中学、71所小学。

1940年3月，他率领“南洋华侨回国慰劳视察团”回国慰劳抗日军民。他从陕甘宁边区的所见所闻得出“国民党蒋政府必败，延安共产党必胜”的论断，在回新加坡后召集的第二届南侨大会上，指出“中国的希望在延安”。太平洋战争爆发后，担任“新加坡华侨抗敌后援会”会长。1942年，避居印尼爪哇。1945 年，安全返回新加坡。同年 11 月 8 日，重庆各界为他举行安全庆祝大会，毛泽东送了一幅“华侨旗帜，民族光辉”的亲笔题词。抗战胜利后，曾以“南侨总会”主席的名义致电美国总统杜鲁门和参、众两院院长，坚决反对美国鼓动南京国民政府打内战。

1949 年，他应毛泽东主席邀请，作为华侨首席代表，出席中国人民政治协商会议第一届全体会议及中华人民共和国的开国大典。1950 年 9 月回集美定居。历任中央人民政府委员、中国人民政治协商会议第一届全国委员会常务委员、中央华侨事务委员会委员、华东行政委员会委员和副主席、第一届、第二届全国人民代表大会常务委员会委员、第二届、第三届中国人民政治协商会议副主席、中华全国归国华侨联合会主席、中华人民共和国宪法起草委员会委员等职。

中华人民共和国成立后他把大部分时间和精力放在对集美学校、厦门大学的扩建和充实上。1950—1961 年，他个人拨给集美学校的补助款达 500 万元。

1961 年 8 月 12 日，陈嘉庚在北京病逝。周恩来总理亲自参加追悼会。灵柩安葬于集美鳌园。1990 年 3 月 11 日，国际小行星中心和小行星命名委员会把 2963 号小行星命名为“陈嘉庚星”。其著作有《南侨回忆录》、《南侨正论集》、《住屋与卫生》、《民俗非论集》、《新中国观感集》。

17. 陈培锟

陈培锟（公元 1874—1964 年），字韵洲，闽县人。清光绪二十四年（1898 年）进士，历任翰林院编修、国史馆协修。不久赴日本法政大学进修，回国后历任福建高等学堂监督、法政学堂教务长、福建省警务厅厅长兼禁烟局总办。民国初历任闽海道、汀漳道道尹。1918—1919 年署厦门道道尹。其时厦门商民发起“海后滩交涉”。他办事谨慎，手腕敏捷，团结厦门官绅商学各界，一致对外，重大事件往往反复磋商，重要文件亦与各界反复讨论，力求稳妥。1923 年，他任厦门市政督办，参与厦门早期城市建设。1927—1949 年，历任福建省政府委员、顾问、代理省主席、省临时参议会副议长、福建学院董事长等职。中华人民共和国成立后，任福建省文史馆馆长，为省政协委员。

18. 颜惠庆

颜惠庆（1877—1950 年），字骏人，祖籍厦门，出生于上海。父永京，曾任上海圣约翰学院院长。清光绪二十四年（1898 年），由其父带回厦门省亲。光绪二十六年，他以优异成绩获美国维金尼亚大学文学学士学位，系毕业于该校的第一位中国留学生。回国后在上海圣约翰大学任教，并为上海商务印书馆主持编纂中国第一部《英汉标准双解大辞典》。光绪三十三年，应伍廷芳邀请出任中国驻美使馆三等参赞。从此，与外交界结下不解之缘，历任北京政府外交部次长、外交总长、内务总长以及国务院总理并摄行总统职权。九一八事变后，被国民政府外交部聘为对日特别委员会委员，后又奉派出使美国，并出席国联在日内瓦召开的会议。1932 年中苏复交，被任命为中国驻苏联第一位特命全权大使。

抗日战争爆发时他已退休，激于爱国义愤，1939 年 8 月，以太平洋学会中国代表团团长身份赴美，为中华民族奔走，呼吁国际援助。回国后寓居香港九龙。1941 年底，香港为日军占领，身陷敌营，面对敌伪劝降，坚拒不任伪职。1949 年，国民政府代总统李宗仁主持“国共和谈”，应邀以民间代表身份北行，参与“和谈”工作。中华人民共和国成立后，历任华东军政委员会副主席、中央人民政府政治法律委员会委员。后病逝于上海。

19. 释弘一

释弘一（1880—1942 年），俗名李文涛，又名李成蹊，李息霜（艺名），字叔同。祖籍浙江平湖，生于天津。清光绪三十三年（1907 年）留学日本，肄业于东京美术专科学校，主修油画，兼攻钢琴，课余热心话剧艺术活动和歌曲创作。

清宣统三年（1911 年）学成回国，从事艺术教育工作，先后执教于天津、上海、浙江、南京等地，并一度兼任《太平洋报》文艺副刊编辑。眼看当时中国社会腐败黑暗，自己又无力改变现状，原本怀着改革社会的理想抱负不能实现，于 1918 年 8 月 19 日，遁入杭州虎跑寺削发为僧，皈依老和尚了悟门下，法名演音，号弘一，又采用一音、一相、圆音、入玄等法号。

1928年11月，参加僧侣南下服务团到泰国、新加坡等东南亚地区弘法后抵达厦门，受到陈嘉庚胞弟陈敬贤的热情款待，他认为与福建有缘，便下榻南普陀寺。1929年4月，赴上海转温州。10月，第二次入闽，驻锡南普陀寺，帮助闽南佛学院整顿僧人教育。1930年4月，再度离闽返浙，1932年10月第三次入闽，直至圆寂为止。10年间在厦门、泉州、福州、漳州各大寺院弘法，在厦门南普陀寺倡办佛教养正院，在泉州倡办南山佛学苑。1937年10月，应会泉法师之请，自南普陀移锡万石莲寺闭关，时厦门战云密布，外侨已撤，各界人士劝他内避，他说："为护法故，不怕炮弹"，并题所居万石岩禅房为"殉教室"，准备牺牲自己。翌年10月，为勉励泉州承天寺僧众发扬爱国爱教精神，他题词道："念佛不忘救国，救国必须念佛"。

1942年10月13日，圆寂于泉州温陵养老院。生前编著有《四分律比丘戒相表记》、《佛学丛刊》(4册)，并圈点校注唐道宣律祖所撰"南山三大部"（《行事钞》、《戒本疏》、《羯磨疏》）及宋灵芝元熙律师释三大部的"三记"（《资诗记》、《行宗记》、《济缘记》），为后世治南山律者留下正确范本，被佛教界尊为近代重兴南山律宗第十一代祖师。圆寂后，海内外诸缁素将其遗著结集出版的有《南山律在家备览略篇》、《律学讲录三十三种合订本》、《南山律苑文集》、《弘一大师讲演录》等。

20. 陈楚楠

陈楚楠（1884—1971年），原名连才，祖籍厦门禾山，生于新加坡。其父陈泰为新加坡著名富商。稍长，与兄连亩合营橡胶和菠萝种植业，并开了一家菠萝罐头厂。

清光绪三十一年（1905年），加入中国同盟会。同年6月，中国同盟会新加坡分会成立，他被选为分会会长；7月陪同孙中山前往马来西亚的芙蓉、吉隆坡、怡保3市进行革命宣传及组织活动。并受孙中山委派，与林义顺、李竹痴等在马来西亚槟榔屿、缅甸仰光等地发动建立同盟会分会组织，成为孙中山在南洋开展革命活动的得力助手。

光绪三十三年与张永福，林义顺等在新加坡创办出版《中兴日报》，与保皇派展开激烈论战，孙中山也以"南洋小学生"笔名，在该报发表3篇文章参与论战，在华侨中传播革命思想。陈楚楠等还筹募巨款，接济孙中山领导的中国同盟会在两广和云南三省发动的武装起义，并大力设法安置起义失败后避难新加坡的革命党人。

辛亥革命胜利后，民国初年被推举为设在上海的华侨联合会副会长。1915年，任中华革命党新加坡支部副支部长。1917年被孙中山聘为大元帅府参议。1923年8月任广州大本营谘议，1928年8月任福建省政府委员，曾一度兼任实业厅厅长、铁道部商办潮汕铁路股份有限公司整理委员。1932年4月，任侨务委员会委员。曾计划在福建创办银行，促进矿业和水产资源开发，因政局关系无法实现抱负，失望之余于1933年重返新加坡经商，从此退出政治舞台。

抗日战争时期，他坚持抗日立场，拒绝南京汪伪国民政府的拉拢，不任伪职。1971年9月21日病逝于新加坡。

21. 庄希泉

庄希泉（1888—1988年），又名一中，祖籍安溪，出生于厦门。清光绪三十二年（1906年）随父到上海经商。辛亥革命上海光复，受上海军政府委托，偕同沈缦云率领南洋募饷队赴新加坡等地募捐，筹到10万两银元，并在槟榔屿加入中国同盟会。1912年孙中山在上海筹建中华实业银行，他受命前往新加坡、槟榔屿、缅甸等地募股。同年5月，出任该行南洋分行协理。1916年，与陈楚楠等人在新加坡合股创办中华国货公司。翌年与余佩皋等在新加坡创办南洋女子师范学校，余佩皋任校长，他任董事长。1922年回国后，与夫人余佩皋在厦门创办厦南女子中学，继续从事教育救国活动，并合撰《南洋英属教育之危机》，向国内外同胞报告华侨教育的危机和华侨抗争苛例的经过，呼吁重视东南亚的华文教育。1925年，加入中国国民党，任国民党福建省临时党部执行委员。五卅运动发生后，联合厦门各界人士发起组织外交后援会，发动罢工、罢市，抵制日货，由此激怒了日本侵略者，同年7月4日被日本驻厦领事以其父曾在台湾经商并领过台湾籍民护照，属日本"籍民"为借口将其逮捕，押往台湾监禁9个多月，直到次年4月获释。1927年，从台湾经日本辗转返回厦门，继续从事革命活动，同时宣称改名“庄一中”，表明自己是一个堂堂正正的中国人。“四一二”反革命政变后，宣布脱离国民党。1934 年，与王雨亭在菲律宾马尼拉创办《前驱日报》，任经理兼编辑，宣传抗日，抨击国民党对日不抵抗政策。为此于当年夏返厦省亲时，被国民党宪兵逮捕，关押一个多月，经亲友及各方营救获释后，第二次流亡菲律宾。1938 年移居香港，主持福建救亡同志会，救济难民，创办建光学校和立华女子中学，继续兴办教育事业，同时协助台湾革命同盟会出版《战时日本》杂志，揭露日本侵华罪行。太平洋战争爆发后，由香港撤退到广西桂林，以华侨身份与中共人士合作，共同抗日。1942—1945 年，分别在柳州、重庆组织闽台协会、闽台建设协进会，开展抗日救国活动及支持中共党组织工作。1942 年中共南方局工委、广西省工委遭到破坏，他以华侨身份掩护党组织开展斗争，变卖在香港的个人全部家产，所得款项悉数捐给中共广西省工委，作为党组织的活动经费。

抗日战争胜利后，他往返香港和新加坡，经营苏联、中国影片和进出口贸易。1947 年，在香港加入中国民主同盟，兼任香港工商委员会委员。积极协助中共从事海外统战工作。中华人民共和国成立前夕，受中共中央南方局委托，专程从香港飞往新加坡，面邀陈嘉庚回国参加第一届中国人民政治协商会议。

1950 年春回国后，历任中央人民政府华侨事务委员会委员、副主任，中侨委生产救济司司长，难侨处理委员会主任等职。1956 年任全国侨联第一届副主席，并任第二届主席、第三届名誉主席。历任第一至第五届全国人大代表、第三至第五届全国人大常委会委员、第五、六届全国政协副主席、华侨大学董事长和中国华侨历史学会会长、名誉会长等职。庄希泉是新中国侨务工作重要奠基人之一。1982 年他列席中共第十二次全国代表大会，出席全国五届人大六次会议。同年 12 月 29 日，由中国共产党中央委员会直接吸收为中共党员。1988 年 5 月 14 日病逝。

22. 周辨明

周辨明（1891—1984 年），字忭民，惠安人。早年生活在厦门鼓浪屿，清宣统三年（1911 年）毕业于上海圣约翰大学，随后在清华大学任英文教师。1921 年转到厦门大学，任学生生活指导长，兼预科高等几何学教授。1923 年，厦门大学创建外国语言文学系，任第一任系主任。1928 年，由厦大资送到美国汉堡大学攻读语文学博士学位。1933 年学成返校，历任厦门大学文学院院长、教务处处长、新生院院长兼外国语文系主任。1948 年，到英国伦敦大学讲学。1949 年回国途中在新加坡被校友挽留，应聘新加坡中华大学语言学教授。

他学贯中西、治学严谨，主要研究汉语拼音化、方言音韵及汉字检索法等，是提倡汉语拼音先驱人物之一，被列入《中国现代语言学家辞典》。同时，他的英文造诣甚深，曾亲自担任厦大外国语文学系英语语音课程，并最早把国际音标运用到中国的英语教学中。

1946 年，厦门大学 25 周年校庆时，学校特地为他安排“庆祝周辨明教授在校任教 25 周年纪念”节目，并在庆典上赠送他银鼎一座，上镌“师儒硕望”4 字。1984 年 4 月 28 日逝世。主要论著有《中华国语音声字制》、《厦语入门》、《语言学概要》、《厦语音韵声调之构造与性质》、《中华国语音母和注声的刍议》、《六书英译新探》、《古音观止》等。

23. 周淑安

周淑安（1894—1974 年），女，厦门人。清宣统三年（公元 1911 年）毕业于厦门女子高等师范学校。民国 3 年（1914 年）赴美国留学，在哈佛大学攻读音乐艺术理论，同时在新英格兰音乐学院学钢琴，后获哈佛大学艺术学士学位。1927 年入纽约音乐学院学声乐。翌年回国，从事中学音乐教育，后任上海国立音乐专科学校教授及声乐组主任。20 世纪 50 年代后，任教于沈阳音乐学院。1974 年 1 月 5 日病故。其一生主要从事声乐教学，创作的歌曲有《同胞们》、《抗日歌》、《不卖日货》等，编有《恋歌集》、《抒情歌曲集》、《纺纱歌》等，著有《我的声乐教学经验》一书。

24. 林语堂

林语堂（1895—1976 年），又名和乐、玉堂，平和人。10 岁入厦门鼓浪屿养元小学就读，后入厦门寻源书院学习。1916 年，在上海圣约翰大学毕业后，应聘任教北京清华大学。1919 年回厦门结婚，旋与妻同赴由清华大学资助的赴美国哈佛大学比较文学研究所学习。1921 年获硕士学位。同年赴德国耶拿大学专攻文学，半年后，转到莱比锡大学研究语言学。1923 年夏获博士学位。是年 9 月任北京大学英文系语言学教授，讲授文学批评及音韵学课程。1926 年 5 月，因加入学生示威运动及撰文抨击军阀统治，与鲁迅等人受到北洋军阀通缉，他携眷离京返闽，并出任厦门大学文学系主任兼国学院总秘书。1927 年 3 月，到武汉国民政府任外交部秘书；9 月辞职后到上海专心著述；11 月，应蔡元培之邀，担任中央研究院上海分院英文总编辑。嗣后一直到 1976 年 3 月 26 日病逝香港从没回过厦门。主要著作和翻译有《语堂文集》、《语堂随笔》、《幽默小品集》、《吾国与吾民》、《生活的艺术》（英文）、《当代汉英辞典》、《京华烟云》等。此外，还编译萧伯纳的《卖花女》、马尔腾的《励志文钞》等。

25. 林可胜

林可胜（1897—1969 年），西名罗伯特林（Robert S · Lim），祖籍海澄县鳌冠（今属厦门市杏林区），出生于新加坡。8 岁时到英国就学，中学毕业后考进爱丁堡大学，获得爱丁堡大学医学内科学士、外科学士、哲学博士与医学博士等学位，旋赴芝加哥大学从事研究工作。

1924 年，应聘回国任北京协和医学院生理学教授兼系主任，为协和医学院第一个华人教授。1927 年，创建中国生理学会，兼任《生理学杂志》主编。1928—1930 年，任中华医学会会长、美国医药助华会理事。1936 年当选中央研究院院士。教学研究之余，殚心著述，多次在英美各国生理学刊物上发表学术论文，蜚声国内外。

“七七事变”他将子女送回新加坡安置后，只身回到武汉，组织中国红十字总会救护委员会，成立救护总队，任总队长。后在贵阳图云关创设救护总站，除办医校及训练示范病房外，还附设药品及医疗器材制造厂。救护总站先后派遣 100 多支救护队分赴各战区，并在 5 个战区设立分站。1938 年，设战时卫生人员训练所，培养卫生护理人员，继又在各战区设分所，共培训 1.3 万人。1940 年夏，亲自率领 7 名医生到各战区视察，翻山越岭，艰辛地跋涉 70 天，为受伤官兵进行治疗。1942—1945 年，奉命随中国远征军出征缅甸，任中国远征军医监总视察，每天工作常达 16 小时，多次得到国民政府的嘉奖，美国总统也两度授勋。1944 年 12 月，任中央研究院医学研究所筹备主任。1945 年夏，任联勤总部军医署署长。1947 年兼国防医学院院长，创立军医中心教育制度，培训中国自己的军医。1949 年 2 月，国民政府任命他为行政院政务委员、卫生部部长，未就。是年冬，随国防医学院迁往台湾。当年 5 月辞职，由台湾赴美国讲学。先后任伊利诺斯大学客座生理研究教授、克雷顿大学医学院生理药理学教授兼系主任、迈尔斯药厂医学研究部高级研究员。他一贯治学勤勉，作风严谨，在生理学与药理学方面，贡献尤著。

26. 余青松

余青松（1897—1978 年），厦门人。1918 年赴美国匹兹堡大学留学。1923 年，完成《天鹅座 CG 星的光度曲线和轨道》的论文，获匹兹堡大学硕士学位。后获加利福尼亚州大学天文奖学金，成为该校研究生。在加州大学进修期间，完成《关于 A 型光谱中氢的连续吸收》课题，提出测定 A 型星绝对光度的新的光谱方法，获博士学位，在天文学界崭露头角。1927 年回国，任厦门大学天文学系教授兼系主任。在任教期间，重视对学生进行基础理论和实验技术的培养，为造就中国的天文学人才作出贡献。他对恒星光谱的研究在国际上居领先地位。1929 年，出任国民政府中央研究院天文研究所所长。1934 年，主持创建南京紫金山天文台，为中国第一座拥有现代设备的天文台。抗日战争爆发后，天文研究所内迁云南省昆明市，他又主持兴建昆明凤凰山天文台。营建过程中，他亲自设计，对通行的变星仪圆顶进行改革，获得良好效果，深为同行赞许。在昆明期间，出任中国天文学会会长，为中国天文学的研究、发展作出卓越贡献。1937 年，出国访问、讲学，先在加拿大多伦多大学任教，后在美国哈佛天文台工作。1955 年被美国胡德学院聘为教授，并兼任威廉斯天文台台长，成为第一个任该天文台台长的华人。病逝于美国。为纪念和表彰他在天文学方面的成就，1987 年 12 月 22 日，美国奥克里奇天文台以“余青松”命名新发现的一颗小行星。

27. 严楚江

严楚江（1900—1978 年），字君白，上海崇明人。1926 年毕业于南京东南大学农学院。1929 年赴美国芝加哥大学深造，获哲学博士学位。1932 年回国，先后在南京中央大学、北京师范大学、南昌大学任教授、系主任、教务长、理学院院长等职。1953 年起任厦门大学生物系教授、硕士生导师。写下多部专著，被誉为“中国近代植物研究的先驱”之一。

从 1960 年开始，他花了 4 年时间，深入兰花产区，采集了建兰、金陵边、墨兰、蕙兰等 300 多种标本，进行精细的培育观察和科学研究，从中选出 100 种有代表性的标本，认真鉴定分类，拟名定名，标上拉丁文字的兰花名，作详细的特征描述，按照不同品种的花色形态特征，用国画的手法，采绘植物写生与花朵解剖图。

1965 年 7 月，《厦门兰谱》第一期以其精装古雅的风韵、图文并茂的内容，在国内发行。1966 年，《厦门兰谱》第二期即将开印，但由于“文化大革命”10 年动乱，兰谱电版、书稿遭到洗劫。

他一生从事植物形态学的科研与教学工作，主要学术专著有《孢子植物形态学》、《植物形态学》、《花果形态学》、《厦门兰谱》等。他是厦门大学植物形态学研究室的创办人兼主任，为中国植物学会发起人之一，国际植物形态学会终身会员，福建省政协第一至第三届委员、福建省植物学会首届理事长。

28. 蔡协民

蔡协民（1901—1934 年），湖南华容人。1927 年参加“八一南昌起义”，任国民革命军第二十五师连指导员。1928 年 4 月随朱德、陈毅率领的湖南暴动起义军上井冈山。

1929 年 1 月，随中国工农红军第四军主力进军赣南、闽西，任第三纵队党代表，参加闽西特委工作。在闽西第一次党代会上，当选为闽西特委委员、组织部长。同年冬，调到厦门，任中共福建省军委秘书，协助省军委书记王海萍开展兵运工作，指导福建各地的武装斗争。不久，任省委秘书。1930 年 8 月，成立福建省行动委员会，任秘书长。因对李立三“左”倾错误的推行有抵制，被指责为犯右倾错误。“左”倾错误被纠正后，同年 11 月任中共福建省委委员、省委秘书长。1931 年 1 月，任省委军委书记兼福州市委书记。1934 年 4 月，在去闽西苏区途中不幸被捕。同年 5 月被杀害于漳州。

29. 王亚南

王亚南（1901—1969 年），原名际生，又名渔村，笔名王真、碧辉，湖北黄冈人。1927 年武汉中华大学教育系毕业。翌年秋，东渡日本研究政治经济学，1931 年回国。1932 年，与郭大力合译李嘉图的名著《政治经济学及赋税原理》出版，一举成名。1933 年，他南下担任福建人民政府机关报《人民日报》社社长。“闽变”失败后，奔赴欧洲。1935 年回上海，先后出版《德国之过去、现在与未来》、《中国社会经济史纲》等。1938 年，与郭大力合译的马克思《资本论》3 卷本，由读者生活出版社出版。

上海沦陷后，他曾在武汉任国民政府军事委员会政治部设计委员会委员，旋赴重庆中山大学任教。期间，完成《中国经济原论》和《中国官僚政治研究》2 本专著。1944 年任福建研究院社会科学研究所所长，创办《社会科学》杂志。翌年 9 月，应聘为厦门大学经济系主任兼法学院院长。中华人民共和国诞生前夕，白色恐怖猖獗，他离开厦门大学前往香港，在达德学院任教。北平解放后，他离开香港前赴北京，迎接中华人民共和国成立。

1950 年秋，他被任命为厦门大学校长。1954 年起，任第一至第三届全国人民代表大会代表、福建省政协副主席、中国科学院哲学社会科学部学部委员、常委，《经济研究》编委、福建省社会科学联合会主席等职务。1957 年在厦门大学加入中国共产党。1956 年和 1957 年，曾受中央委派，以团长身份率领中国大学代表团和中国教育专家代表团分别到印度访问和工作。1969 年 11 月 13 日病逝于上海。

他毕生从事学术和教育工作，在经济学方面建树甚多，出版的翻译和著述 41 部，论文 400 多篇。主要著作有《经济科学论丛》、《政治经济学史大纲》、《中国社会经济改造思想研究》、《中国地主经济封建政治论纲》、《〈资本论〉研究》等。其中改版后的《中国经济原论》，即《中国半封建半殖民地经济形态研究》和《中国地主经济封建政治论纲》，国外有译本，被介绍到苏联、日本等国。

1986 年 10 月 15 日，在他诞辰 85 周年之际，厦门大学为其铜像举行揭幕仪式，以垂永久纪念。

30. 李国珍

李国珍（1902—1931 年），又名谷珍，化名马义成，广东海丰人。1919 年跟随彭湃等参加进步团体“群进社”和“社会主义研究社”，并与彭湃一起筹办、出版《新海丰》刊物，宣传革命思想。在彭湃鼓励下，留学日本，加入留日学生社会主义青年团组织。

1925 年回广东，投入轰轰烈烈的革命斗争，同年加入中国共产党。1927 年“四一二”反革命事变后，参加“八一南昌起义”。1928 年初在厦门与党组织接上关系，化名马义成，经工友帮助到码头当搬运工人。夜晚，写文章投稿。翌年，被厦门《全闽日报》副刊《流霞》聘为编辑，以后经同学介绍到厦门禾山中学教书，不久被提升为教导主任、代理校长。他一面教书，一面写作，以笔名在上海的《创造月刊》上发表文章，抒发对失去联系的革命同志的思念之情，反映了在革命处于低潮时仍然对革命前途充满了必胜的信心。

1928 年，与恽代英取得联系，从此与党组织接上关系，在福建省委领导下，以教师身份为掩护，开展党的工作。1930 年 2 月，当选为中共福建省委委员、省委宣传部长。1931 年 3 月 25 日，设在厦门鼓浪屿的中共福建省委机关遭破坏，他不幸被捕。同年 5 月 1 日在厦门禾山英勇就义。

31. 萨本栋

萨本栋（1902—1949 年），满族，字亚栋，福州人。1921 年毕业于北京清华大学，次年 8 月由政府选派留学美国，在斯坦福大学及麻省华尔斯特工学院学习电机工程和物理。1924 年获斯坦福大学机械学士。1925 年任麻省华尔斯特工学院电机工程师。两年后获该学院物理学博士学位。1927 应聘美国西屋公司工程师，翌年回国。回国后任清华大学理学院物理系教授，1936 年再度赴美讲学，为俄亥俄大学客座教授。1937 年抗日战争前夕回国。在清华大学执教 8 年间，他讲授普通物理学、电磁学、无线电物理学等，根据讲课内容出版《普通物理学》、《普通物理实验》，两部书于 1940 年被教育部正式颁定为大学教材，为各大专院校广泛采用。

1937 年私立厦门大学改为国立，他被任命为国立厦门大学第一任校长。“七七卢沟桥事变”不久，日军侵占金门，厦门屡遭轰炸、炮击，为了学校的安全，厦大决定内迁长汀。经他的周密安排，厦大顺利迁往内地。1944 年 5 月，他再度赴美讲学，次年回国后辞去厦门大学校长职务。任厦大校长期间，在处理繁忙的校务中，他仍十分重视教学和科研工作，先后开过 7 门课程，他全身心投入厦大的建设，使厦大除原来的文、理、法、商 4 院外，还增加了工学院，成为当时国内最完备的大学之一。由于教学认真、学风纯正，使该校成为抗战期间东南最佳的大学。

1946—1947 年，他在南京任中央研究院总干事兼物理研究所所长。1948 年，曾到联合国参加原子弹的研究。同年，被选为中央研究院院士。1949 年 1 月 31 日病逝于美国旧金山。主要著作有《普通物理学》、《普通物理实验》、《实用微积分》、《七股算机设计》、《并矢线路分析》等。厦大校园有其塑像。

32. 叶渚沛

叶渚沛（1902—1971 年），祖籍厦门，出生于菲律宾马尼拉市。1921 年，在菲律宾读完中学后赴美国，考入柯勒拉矿业学校，不久又转入宾夕法尼亚大学攻读冶金学科。毕业后，先后任美国联合碳物研究所和美国中央合金钢公司工程师，后受聘于美国机器翻砂公司任工程师、冶金组主任。1933 年，由美回国，先后担任国民政府国防设计委员会化学专门委员，国防设计委员会冶金室主任兼重庆炼钢厂厂长、重庆电化冶炼厂总经理等职。1938 年抗战期间，与中国共产党取得联系，协助安排白求恩大夫赴延安，并为新四军购买作战物资。1944 年，赴欧美考察钢铁工业。第二次世界大战结束后，于 1945 年受聘为联合国教科文组织科学组副组长。1948 年，在纽约受聘为联合国本部经济事务部经济事务官。

1950 年回国后，历任中华人民共和国中央人民政府重工业部顾问，中国科学院学术秘书，中国科学院化工冶金研究所所长，中国科学院技术科学部学部委员，第二至第四届全国政协委员，第三届全国人大常务委员。

20 世纪 50 年代初期，他提出炼铁高炉采用高压强、高风温、高湿度的世界先进新技术，指导北京石景山钢厂采用“三高”实验高炉，在炉顶力、风湿、鼓风温度和利用数指标方面首创世界纪录。后在对钒钛磁铁高炉综合利用、竖炉炼磷和钢渣磷肥等方面的研究也取得成果，被国际科学界誉为“科学彗星”。主要著作有《论强化高炉冶炼过程的基本问题》、《高炉炼铁过程中的新概念》和《论在中国采用吹氧转炉方法炼钢问题》等论文 100 多篇，受到国际冶金界瞩目。1971 年 11 月 24 日病逝于北京。

33. 罗丹

罗丹（1904—1983 年），字稚华，号慧印居士，连城人。从小爱好书法，9 岁能为人写对联，16 岁开始书写大字招牌。1930 年来厦，开办风行印刷社，后南渡新加坡。1935 年定居厦门，重操印刷业。在长期的书法艺术生涯中，他巧妙临摹和吸取历代书法家所长，形成自己秀健挺拔、苍劲有力的“罗丹体”，行、楷、草、隶、篆各体都颇有造诣，他的《罗丹字帖》以独特的风格流传于南洋一带。书法之外，他兼耽旧体诗词，抗战期间，在永安与南社宿将朱剑芒组建南社闽集，任副社长，并创办长风报社，任社长；1951 年与杨夏林等创办鹭潮美术学校。曾任中国书法家协会第一届理事、厦门市文联顾问、厦门市书法家协会名誉主席、厦门市业余书法学校名誉校长、厦门市政协第一至第五届委员、厦门工商联秘书长。并被选入《中国当代书法家辞典》。其作品先后入选《全国第一届书法篆刻展览》、《中日书法艺术交流展览》。1983 年 3 月 2 日因病逝世。有《稚华诗稿》、《罗丹书法艺术》等行世。

34. 林梦飞

林梦飞（1909—1994 年），别名子晖，出生于台湾台北市。7 岁时随其父回厦门定居。1925 年，五卅惨案激起全国人民的反帝怒潮，他离开学校，参加厦门学生军的训练。1927 年 3 月在黄埔军校四期政治科毕业后，被派到第十一军二十四师叶挺部七十二团任连指导员。“四一二反革命政变”时，他在反击湖北军阀夏斗寅进攻武昌的战役中负伤，被送进医院治疗。7 月，二十四师开往江西，在虎岗宣布起义，他伤还未愈，与部队失去联系。出院后辗转回到厦门，与同安中共党组织取得联系，被派到马巷洪厝村组织农民协会，开展农民运动。不久，因同安中共秘密机关受包围，同志被捕，他离开同安搭轮赴汕头暂避。

1929 年 5 月至 1932 年 9 月，他在四十九师张贞部任上尉营副、少校营长。十九路军入闽后，张贞被免职，他也离开部队转赴上海市任保安处上尉中队长。其后，到江西庐山军事教官训练班受训半年，1935 年底回闽。1936 年 5 月至 1942 年 12 月，他在福建省军政界的职务变动频繁，先后任永春县社训总队少校教官、武平县县长、永泰县县长、南安县抗战自卫团上校团长、德化县清剿张雄南股匪司令部上校参谋、莆田县县长、福建省保安二团上校团长、泉州兴泉地区指挥部上校副指挥官。

抗战胜利后一度卸下戎装从商，任泉州车船运输行经理。1946—1949 年，先后任南京国民政府“国大”代表，福建省保安司令部组训处少将处长，福建省第四行政区专员兼少将保安司令，厦门警备司令部少将参谋长，并在泉州创办《群力报》和兼任厦门《时代晚报》董事长。1948 年底，在厦门参加三民主义同志联合会（国民党革命委员会前身之一），接受中共华南局领导；并策动三二五师副师长陈言廉起义，还多次营救过中共党员和进步人士数十人。厦门解放前 2 个月，辗转进入闽中游击队泉州团队所在地南安岭兜，后奉派随中国人民解放军第十兵团入厦，为厦门有名的起义将领。

中华人民共和国成立后，港口受敌封锁，他与国民党起义人士张圣才等共同组织裕康船务行，出任经理。利用在香港的老关系，开展港厦间的货物运输，缓解军用物资和民生用品的急需。1951 年创办厦门飞达照相纸工业社，生产照相纸供应国内市场，为国家节省大量外汇。他一直关心国事，积极参政议政。1981 年应聘为厦门经济特区顾问、厦门经济特区发展公司副董事长兼副总经理，开展对外宣传、联谊活动和引进侨资、台资、外资工作，1985 年，中国国民党革命委员会中央授予他“为四化服务先进个人”的称号。

1994 年 8 月 15 日病逝。生前为福建省政协第七届委员会副主席，中国国民党革命委员会福建省委员会名誉主委、中央委员、中央监察委员会常务委员，福建省黄埔军校同学会会长。

35. 黄祯祥

黄祯祥（1910—1987 年），厦门人。1930 年毕业于燕京大学医预科，获硕士学位，1934 年毕业于北京协和医学院，获医学博士学位，随后留校任助教，从事有关传染病方面的教学与研究工作。1941 年，赴美国普林斯顿洛克菲勒医学研究院进修。1942—1943 年，为美国纽约哥伦比亚医科大学内科及微生物科讲师，首创病毒体外培养法新技术。1944 年回国，任中央卫生实验院实验医理组主任。1947—1949 年，任中央卫生实验院北平分院院长。中华人民共和国成立后，先后担任中央卫生实验研究院副院长兼病毒室主任、中国医学科学院微生物系主任、病毒学研究所副所长等职。1956 年晋升为一级研究员。1957 年后，先后被多种国外病毒学刊物聘任为国际编委。1981 年当选为中国科学院学部委员。1983 年，载入美国出版的《世界名人录》。

主要论著有：《白喉抗菌体性质的研究》、《关于 WEE 病毒组织培养的滴定与中和的再研究》、《北京市 1948—1950 年流行性脑炎流行病学调查研究》、《流行性乙型脑炎病毒在小白鼠传代毒力变异的研究》、《福尔马林处理的麻疹活疫苗》、《常见病毒病实验技术》等。此外，还主编有《医学病毒学总论》和《中国医学百科全书》病毒学分卷。

36. 郑重

郑重（公元 1911—1993 年），又名千里，江苏苏州人。1930 年毕业于东吴大学附属第三中学，后考入北京燕京大学生物系，一年后转入清华大学生物系，毕业后留校任教。1938 年赴英国留学，先后在赫尔、阿柏丁、剑桥、牛津等大学攻读浮游生物学，获阿柏丁大学哲学博士。1947 年回国，在厦门大学任教，历任海洋学系、生物学系教授、系主任、海洋生物研究室主任、厦大学术委员会副主任。为第三届全国人大代表、第五至第七届全国政协委员。曾兼任国家科委科学组成员、中国科学院华东海洋所副所长、中国科学院海洋研究所学术委员，厦门大学学术委员会副主任、学位委员会委员，福建省水产学会副理事长，中国海洋湖沼学会常务理事、福建省海洋湖沼学会理事长，厦门大学《水产学报》、《海洋学报》及《海洋与湖沼》编委。主要著作有《浮游生物学概论》、《浮游生物》、《中国海洋浮游桡足类》、《淡水枝角类生长的初步研究和分类》、《我国海洋浮游桡足类的种类组成和地理分布》、《郑重文集》等。

37. 李法西

李法西（1916—1985 年），泉州人。1944 年在厦门大学化学系执教。1946 年春，获得美国俄勒冈大学研究助理津贴赴美国留学。1950 年回国任厦门大学化学系教授，1954 年加入中国共产党，曾任校党委委员、工学院院长等职。

20 世纪 50 年代末，根据国际海洋化学学科发展趋势和开发祖国海洋的需要，转向海洋化学的研究和教学工作，全力组建海洋化学专业。60 年代，担任国家科委海洋化学分组组长，积极参与倡议成立国家海洋局。1965 年，开始招收海洋化学专业硕士研究生。1970 年，厦门大学重建海洋系，他积极投入教学工作，运用图相等理论，确立盐卤化工工艺，为盐卤化工生产闯出一条新路。同时，带领教师翻译海洋化学专著。1979 年以后，研究成果多次参加美国、加拿大、意大利、德国等国际海洋学术讨论会交流。由于对河口化学变化过程有独到研究，被美国麻省理工学院著名海洋河口化学家 J. M. Edmend 誉为国际河口化学的开拓者。1985 年，担任厦大海洋系海洋化学博士生导师，先后推荐近 20 名研究生和助教出国留学，为海洋化学学科培养中坚力量。

李法西历任厦门大学海洋系副主任、厦门大学亚热带海洋研究所所长、中国海洋学会秘书长、中国海洋化学学会理事长等职，并兼任中国科学院南海海洋研究所顾问。参加中美合作东海大陆架联合调查，并亲自编审《中国大百科全书》海洋化学部分。

二、海岛文化

（一）海岛风情与旅游文化

厦门岛位于我国东南沿海，与台湾岛隔海相望。厦门地处南亚热带海洋性气候区，气候宜人，文化发达、经济繁荣，城景相依、山海交融，风景秀丽，素有“海上花园”称誉。先后获得国家卫生城市、国家园林城市，国家环保模范城市、中国优秀旅游城市、国际花园城市、联合国最佳人居城市等荣誉称号。据统计，厦门岛内共有23个公园；此外还有不计其数的花园式宾馆酒店、单位企业、社区以及街心花园、桥头公园等，加之夜景工程修饰，厦门岛成为魅丽海上花园。

1. 旅游文化

厦门岛历史上曾是我国五口通商口岸之一，是著名侨乡和闽南海外华侨进出门户。现在是我国最早的四个经济特区之一。随着西方经济文化传入，中外经济文化相互融汇，从而形成具有闽南特色、中西融合现代化独特的厦门旅游文化。特色旅游区有鼓浪屿—万石岩国家重点风景名胜区、南普陀闽南佛教圣地、厦门惠和石文化园、厦门城市客厅——白鹭洲公园、现代化环岛路观光休闲旅游区。

厦门惠和石文化公园位于吕岭路厦门忠仑公园东北园区，总占地面积12 000平方米。它是一个具有中国园林风韵，又融入现代日本园林景观元素的城市主题石文化艺术园。园区通过曲折通幽的长廊和精美的石筑、精湛的石雕艺术作品与优雅恬静的环境完美结合，充分展示了闽南石文化的源远流长以及惠和石文化深邃的底蕴，是一个集石雕艺术展示、艺术创作、文化交流、旅游休闲与教育学习为一体的综合性园区。园区内珍藏馆设有“名人石雕艺术长廊”、“汉代、北魏、北齐、唐代、宋代、元代、清代”等时期石雕文物珍藏品、人性石雕艺术博览及雅石、奇石馆“人物系列”、“动物系列”、“文字系列”展示，是集历史性、知识性、文学性、艺术性、美学性、趣味性为一体的博览大观园。并有惠安女定时专场演出和石雕、影雕工艺品销售。

2. 厦门国际海洋周

自2007年起，厦门市每年11月举行一年一度的厦门国际海洋周盛会。2008年厦门国际海洋周与世界闻名的瑞典斯德哥尔摩世界水周结合为姐妹周，为厦门国际海洋周真正走向国际迈出重要一步。参加该届海洋周的有来自45个国家的政府部门和相关机构的领导和代表；联合国开发计划署、联合国环境规划署、联合国教科文组织等10多个国际组织领导和代表；中央部委办、全国性协会和海洋相关机构以及10多个沿海城市的官员和代表，同时还有一批国内外海洋专家，共2000多人。海洋周活动项目有国际休闲渔业博览会、国际游艇帆船展览会、国际休闲渔业论坛、中美海洋科学论坛、海峡两岸海洋文化论坛、游艇产业发展国际论坛、2008厦门沙滩节、海上游艇、帆船体验活动、第四届中国“俱乐部杯”帆船挑战赛总决赛及全国大学生海洋知识竞赛总决赛等。

2009年，厦门国际海洋周有50多个国家的100多名国外政府代表、10多个国际组织代表及国家有关部委、沿海城市代表和专家学者参加，总人数超2000人。海洋周活动内容侧重海洋资源开发和保护。厦门爱乐乐团为海洋周带来了一场汇聚海洋主题乐曲的“拥抱海洋”交响音乐会。

（二）民俗文化

厦门岛上的居民，都是自唐以来各地方的移民，他们的风俗习惯在长期的共同生活中，相互影响，相互吸收，相互渗透，逐步演变，形成厦门岛特有的民俗特点。

厦门“为海疆要隘，渡台通洋正口”，泉、漳居民迁移台湾、出洋谋生，频繁出入于厦门口岸，使厦门成为泉、漳、台湾和东南亚风俗的交汇处，成了连接闽南传统民俗与台湾民俗、东南亚闽南华侨、华人传统民俗的中心。在长期的交流融会、兼容并蓄中形成了具有厦门特色的民俗。

“岛中风俗，好义者多，凡遇义举、公事，众力易擎”（道光《厦门志》，下同）。厦门人热情好客，喜结会社。重视文化，注意礼仪，讲究文明，民风纯朴。

厦门民俗，除夕、清明吃薄饼，上元乞寿龟，端午飞龙船，中秋搏饼，很有特点。既有传承，又有演变；既有兼容，又有独创。其中有积极的民间俗信，也有消极的迷信旧习，还有一些属于陈规陋习。随着时间的推移，民俗中的糟粕大多数已被时代所抛弃。

改革开放以来，随着人民物质文化生活水平的提高和厦门特区的发展，民间在推陈出新，继承发扬优良的传统民俗外，又形成了不少富有时代气息的社会礼仪、风俗习尚、生活习惯、道德风貌和岁时节日新风气。

厦门地处沿海，食源丰富，不少居民来自漳、泉，又受台湾和东南亚国家华侨的影响，形成了厦门饮食的特点和习俗。厦门的饮食习俗由饮与食两部分组成。饮俗包括茶俗和酒俗；食俗包括家常食俗、宴席食俗、小吃、年节食俗。

1. 饮俗

（1）茶俗

厦门人有喝早茶的习惯。称茶叶为“茶米”，与米相提并论；称饮茶为“吃茶”，与吃饭摆在同等地位。民国时期，厦门市区经营茶叶的茶庄茶行有三四十家，烟摊、食杂店也兼卖茶叶。人们饮茶成风，有的在家，有的到“茶桌仔”去吃茶。所谓茶桌仔，多在小巷小店面摆几张桌子几条板凳泡茶供客，该俗兴起于清末民国初。茶桌仔也往往是“讲古”场。一壶茶慢斟浅酌，听“讲古仙”讲《三国》、说《水浒》；还经常能听到不少奇闻怪事、民间传说、最新消息。抗日战争前有比茶桌仔规模大的茶园，如“中华茶园”等。中华人民共和国成立后，有集体经营的“茶室”、“茶人之家”等。1979年后，茶馆、茶室、茶艺馆纷纷开张；许多宾馆酒楼兼营早茶，还有午茶、晚茶。在家里或上茶桌仔吃早茶常有“茶配”（即配备的茶点），如油条、炸枣、发粿或其他糕点，可以代替早餐。自用或待客的茶点是花生糕、贡糖、蜜饯等，以甜品为主。至20世纪80—90年代，宾馆酒楼的早茶或午茶、晚茶已演变为风味小吃，闽粤港式都有，并成为一种新型的交际方式和民俗活动，是传统茶艺文化、饮食文化与现代文明结合的产物。

饮茶所用茶具，有的人家用的茶壶叫“小种罐”，所谓小种是因为冲泡的是抗日战争前颇具名气的“杨文圃茶行”的茶叶“小种泡”。有的人家喜爱用红色的宜兴陶壶，比掌还小，也称“小掌”，茶杯更小，用这种茶具泡出来的茶也叫“小掌茶”。除茶壶、茶杯外，还有搁茶杯的小茶盘和一个用来放置茶壶的碗状茶洗。厦门茶俗，茶杯、茶壶是不能洗刷杯壶上的茶渍的，认为那是久泡成渍，愈厚愈宝贵。每次喝完茶和泡茶之前，都将茶杯置于茶洗中，用煮沸的开水冲烫。一泡茶，首冲不喝，作为洗杯之用，只冲喝四五次，就将茶叶渣倒出，重新烫壶、烫杯。有的人家用的茶杯是“盖瓯”，即有杯盖和底碟。有的人家用“茶秀”（保温用具）上放泡好茶叶的大壶，随时方便自家和待客饮用，这是沿用早时茶店在柜台上摆列的茶秀大壶，招呼顾客品茶的习俗。有的人家讲究茶具，旧志记载：“俗好啜茶，器具精，小壶必曰孟公壶，杯必曰若深杯。”孟公壶即孟臣罐，是清朝江苏宜兴著名艺人惠孟臣创制的紫砂茶具，造型典雅古朴，后人仿制，厦门人尊孟臣为茶具的祖师公，故称孟公壶。时至90年代，多数人家仍喜用宜兴紫砂茶具，配备整套，更加千姿百态。若深杯即若琛瓯，为白色薄瓷小杯，呈半透明状，绘有山水人物或花鸟虫鱼。据传若琛也是茶具创制人的名字，后人仿制叫“若琛瓯”，厦门人把“琛”讹为“深”；把“瓯”改为“杯”。

饮茶，茶艺有27道，也叫“茶道”，其中的“孟臣沐霖”、“若琛出谷”是茶具及其操作方法；“关公巡城”、“韩信点兵”是斟茶艺术，而低斟时环绕茶杯，每只杯子都要巡到，把余茶点滴入杯，使每杯茶色泽浓淡均匀，味道不相上下。茶艺另有“碾茶为米，沸水冲泡，用竹帚搅得发泡时才品啜”。80—90年代厦门有不少茶艺馆的“泡泡茶”、“泡沫茶”，是从过去“发泡茶”演变而来，其用具、制法都新颖先进。茶艺中的“斗茶”，宋时很盛行。斗茶，“看茶汤色泽是否明亮清澈，视杯液水痕纹理消失早迟以定胜负。”（《掌故摭荒》）清代，厦门也“遂斗茶之举”，“客必辨其色香味而细啜，否则相为嗤笑，名曰功夫茶，或曰君谟茶之讹，彼夸此竞”。

饮茶成俗，俗中有礼；茶艺入道，道中有仪；客来敬茶，已成常礼。主人斟好茶，以手示意，说声“请”，各自认杯；客气一些，端起茶盘，请客人任选一杯，因杯小茶满温度高，很少端杯敬茶。客人接受斟茶时，也是用手示意，说声“谢谢”，作为答礼。春节期间，客人上门拜年，主人敬以甜茶。婚庆期间，亲友到新郎家，新娘也敬以甜茶。客人常说：“吃甜甜，生后生（男孩）”，还要一饮而尽，并且说：“饮搭搭（干干净净），生男胞。”今日有人改为“饮搭搭，生科学家”，仍押韵又推陈出新。昔日媳妇在婆家每逢翁姑寿辰时，要拜寿敬奉3遍“拜寿茶”：清茶、龙眼干茶、鸡蛋汤茶。无茶不成祭，也成了传统的礼俗。在祭神灵、祀祖先，必献茶叶或敬上清茶 3 杯。中华人民共和国成立后，结婚时以茶会代替宴会，还有迎春茶话会、中秋茶话会、国庆茶话会等节庆茶话会。

（2）酒俗

每逢节日喜庆，厦门人有饮酒的习俗。春节期间，厦门旧俗有请吃春酒迎春。端午节“饮雄黄酒，并以酒擦儿顶、鼻，巽房壁、床下以去五毒”。有的在端午正刻用雄黄泡烧酒遍洒环境及潮湿之地，以灭孑孓蚊蝇，甚至用雄黄酒在黄纸上书“渐耳”字样的神符贴在门后，说是防邪鬼入侵。中秋佳节搏饼、饮酒、赏月。除夕喝团圆酒，全家大小都要喝一些，不会饮者以茶代酒。而老人常遵古习俗喝“屠苏酒”或“五加皮酒”。屠苏酒用赤术、桂心、防风、桔梗、首乌、赤小豆等中药浸酒而成，“元旦饮之，辟疫疠一切不正之气”。五加皮酒“浸五加皮及一些药，皆有神效”。

订婚时，有“订婚酒”；结婚时，办“喜酒”，入洞房还有“交杯酒”。生男育女有做“满月”（弥月）、做“四个月”、做“度际”（周岁）等，均办“喜酒”。还有做寿庆的“寿酒”。灵前墓前洒地的“祭奠酒”。生老病死的人生过程，无酒不入，成为旧俗。中华人民共和国成立后酒俗有所废，有所不废。

此外，还有送行的“顺风酒”，迎归的“洗尘酒”，都是民间酒俗。杯酒交友，杯酒言和，这也是厦门酒俗。旧志载：“间以负气相角，睚眦小忿亦可杯酒言消。”

凡是喜庆宴会必有酒，“无酒不成宴”。所以称宴席为酒席，而且第一杯酒要先喝红酒（葡萄酒），取“红事”之意，此俗沿袭至今。丧事也要请喝酒，“初丧置酒召客”，祭鬼敬神，祀死人，同样离不开酒。

把酒作为补品，称药酒为补酒。许多家庭根据配方，自泡药酒。每逢寒冷节气进补时，都要喝些补酒，尤其是年纪大的人，平时也少量喝点。产妇一般都要喝“老酒”。“老酒”是用糯米酿制而成，度数低，营养高，味道香，口感甜。厦门的小孩在青春发育期（俗称“转大”），也要吃补。在鸡鸭、排骨等炖品中掺些“老酒”或“药酒”，认为可以补上加补。

结婚酒席，讲究礼节，先由新郎家长致欢迎词，然后举杯敬酒，第一杯是红葡萄酒。宴席中必具鸡汤，这道鸡肴一出，新郎新娘就要双双到各宴席敬酒。新郎、新娘酒量不大的，可以由“新郎伴”、“新娘伴”代饮。双方家长也有在新郎、新娘敬酒后到至亲或同辈宴席敬酒致谢。其他宾客也向新郎新娘和双方家长敬酒祝贺。

斟酒以八成为礼。“七分茶八分酒”就是此意。常说的“满上满上”，也是斟上八分而已。

“无三不成礼”。在宴会上，第一杯是敬酒，第二杯常言好事成双，第三杯是所谓无三不成礼。酒席上常说的“酒过三巡”，也是此意。在祭天地、敬鬼神时，也有用拇指和中指在酒杯中蘸一蘸，然后向天连弹三下或向上、向前、向后各弹一次，以三成礼。

2. 食俗

（1）日常餐俗

厦谚：“日求三餐，夜求一宿”。俗话的“日食”，是指一天三餐的饭菜；平时讲的“吃饭”，也是米面、粥饭、菜肴的总称。厦门餐俗为一日三餐，中午吃干饭，早晚吃糜（方言，粥的意思）。糜有多种：

番薯糜：用鲜地瓜切成块或刨成签条状，也有用圆形或签条状的地瓜干与粳米一起煮。

咸粥：有“芋粥”、“蚝仔（牡蛎）粥”和“鲜鱼粥”，还有“鸭肉粥”。一般用“秫米”（糯米）与鸭肉及配料煮成，快熟时放些芹菜珠（粒），吃时附加些炸豆干粒、花生粒和“葱头油”，撒上胡椒粉，外加“油吃粿”（油条），色香味齐全，很有特色。

甜粥：有用绿豆和糯米掺糖炖的绿豆粥，一般是在夏令暑热时吃，有清凉降火作用；用龙眼干（桂圆）肉和糯米加糖炖成的龙眼干粥，常在冬令寒冷时吃，有补血益气的作用。

咸饭：有“芋饭”、“菜豆饭”、“高丽菜（甘蓝）饭”、“菜头（萝卜）饭”、“芥菜饭”和“油饭”，以菜为主，俗称菜饭。用以上不同蔬菜，分别掺些蚝干、虾皮、肉粒与粳米或糯米，先油炒后煮熟；“油饭”也称“秫米（糯米）咸饭”，配料比较考究，除肉粒、蚝干外，常加些虾米、香菇、栗子或莲子，类似肉粽配料，油较多，用文火炒至熟，故称“油饭”。吃菜饭时都要撒些葱头油、胡椒粉。

甜饭：一般是甜糯米饭，俗称“秫米糕”，简称“米糕”。用红糖蒸的称“红米糕饭”；用白糖蒸的叫“白米糕饭”，其中也常放些红枣、桂圆干。

早餐下粥的小菜很有特色，如“荷仁豆”、“大碰仁”、“炸仁”、“菜补蛋”（萝卜干炒蛋）；酱菜的品种繁多，有“笋菜”、“荞头”、“酱姜”、“菜补”（腌萝卜条）、“酱瓜仔”、“豆汝”（豆腐乳）、“荫豉”（黑豆豉）；还有“麦螺”（黄泥螺）、“咸鸭蛋”、“香菇肉酱”以及肉松、肉脯和“油吃粿”（油条）、豆腐等。

中午下饭的家常菜主要有：“豆干炒芹菜”、“豆菜（绿豆芽）炒韭菜”、“蒜仔炒肉片”、“苦瓜煮蚝干”、“槟榔芋封肉”、“大蒜煮米血”，米血是用猪血或鸡鸭热血淋在碗装的糯米上蒸熟凝固，切成片块与青大蒜炒煮。还有“白鱼（带鱼）煮青蒜”、“小卷仔（小鱿鱼）炒青椒”、“加力鱼炖肉”、“清蒸白鲳鱼”、“糖醋（马鲛）鱼”、“鲜鱼煮咸菜”、“红糟腥仔鱼”、“清炒墨鱼”（比目鱼）、“红烧鲫鱼”（福寿鱼）、“红烧丝定鱼”、“油爆虾”等。汤菜有“鸭蛋黑木耳汤”、“菜头肉骨汤”、“小肠花生汤”、“猪血汤”、“鸡鸭腹肉汤”、“蚝仔滚（仁）汤”、“鱼、肉丸汤”、“猪肚莲子汤”、“简仔蚬汤”、“沙拉汤”（黄蚬）、“蛏仔汤”、“文蛤汤”等。

除三餐外，还有点心，如“黄花鱼煮面线”、“蚵仔煮米粉”、“蚝仔煮面线”、“竹蛏米粉汤”、“虾仁米粉汤”、“豆签汤”等。市面也有现成的“扁食汤”、“卤面”、“沙茶面”、“烧肉粽”、“肉包子”、“炸枣”、“发糕”、“豆腐花”等小吃点心。

（2）年节食俗

春节吃年糕。厦门的咸年糕是以粳米水磨粉蒸熟而成。有金瓜（南瓜）粿、菜头（萝卜）粿、芋粿。甜糕用糯米蒸制。

春节、清明、三日节（三月初三）吃薄饼。厦门人之所以叫薄饼，是因为有“婆饼”（老婆做的饼）的典故，后将“婆”讹为“薄”；更因为烙制的面皮特别薄，与其他地方不同而改叫薄饼。薄饼的馅用高丽菜、冬笋、胡萝卜、青豆荚、豆干、青蒜切成细丝，再掺入虾仁、蚝仔，用重油炒，然后熬烂成薄饼菜，用薄饼皮卷着吃。佐料有虎苔（海苔）、香菜、蒜白、芥末、甜酱、辣酱等。

年初九“天公生”，民间要蒸龟、桃、牵、鱼、圆，即用糯米粉泥做成皮，馅为绿豆蓉、黑芝麻、花生酥。包好后，用雕有寿龟、寿桃、牵（钱串形）、鲤鱼图案的木模压印后蒸熟。圆是染红色的糯米包，也是用手工做成。

上元、半年、冬至吃汤圆。上元“以米团祭神及先”；六月“十五造米圆祀神及祖，名曰过半年”；“冬至……舂米为圆”。米团米圆象征团圆。在吃法上有内馅（猪油芝麻、花生酥、豆沙）的汤圆常煮汤吃，而无内馅的（实心的常用糖蜜之，俗称拔糖膏）则干吃。

二月二吃蚝仔饭。“为各土地神祝寿，家造蛎房饭为供”。蛎房饭俗称蚝仔饭。这是厦门独特的风俗。

端午节吃粽子。“五月五日端午……粘符制采胜及粽相馈遗”、“六月六日，以黍为粽荐土神”。各地端午节吃粽多蘸糖吃。唯厦漳泉为“碱粽”。而六月六日制粽则更具特色。

中秋吃月饼。中秋吃月饼全国皆然，而“搏会饼”唯厦门有此风俗。月饼而外，吃番薯、芋，也是厦漳泉的食俗。旧志载：中秋“夜荐月饼、芋魁祀神及先，亲友相馈遗”。

重阳吃栗子糕。厦门的“栗子糕”类似临安（今杭州）的重阳糕，“以糜栗为屑”黏于糕上，重阳节日，摊贩才有制售。旧俗以之供献塾师。

立夏吃苋面。立夏吃苋菜面也是厦门特有的食俗。

重阳、霜降、立冬进补，有“一年补趟趟，不如补霜降”、“一年补常常，不如补重阳”和“补冬”的俗谚。厦门人进补，用牛羊鸡鸭加“四物”（归、芪、芍、地）炖吃，还佐以药酒。

年夜饭要有火锅，以便围炉团圆。必须有鱼，象征年年有余，还要吃用开水冲烫的“血蚶”（银蚶）。有“蚶壳留过年，来年赚大钱”的俗语。

（3）素食习俗

厦门民间有不少素食的习俗。一些虔诚的善男信女每逢佛祖生日、忌日斋戒，就要持斋吃素。在家信徒的斋日，俗称“吃花菜”：有每月一斋日，即初四或初六或初十；有四斋日，即每月初一、初八、十五、二十三；还有六斋日、十斋日等；有三长斋月，即逢正月、五月、九月的半个月（初一至十五）为持斋日；有在六月吃“雷公斋”，俗称“六月素”；还有吃长斋的，多数为老年信女。旧时厦门有“安乐窝”素斋馆，颇有名气。

（4）饮食禁忌

厦门人在吃饭后，碗里不能留下饭粒，否则，小孩要受到长辈的指责；大人或是客人，也会被认为“歹样”、“歹看相”或“没教示”。吃饭不能乱丢饭粒，吃到沙子，只能把沙子捡出，不许连饭整口吐出。

厦谚：“七分茶，八分酒”，即斟茶只能七分，斟酒只能八分。斟满易溢出，弄湿客人衣服，造成失礼。

忌把筷子插在碗中，因与丧俗“拜尾饭”时饭碗中插筷一样。

忌用筷子敲碗，因只有乞丐才用筷子敲碗挨家讨吃。

忌用长短筷，认为一长一短，意味着主客之中必有一个短命早逝。

忌用杂色筷，一根一种颜色，意味着家里人不和睦。

忌出现“截筷”，即两人同时出筷形成交叉相截，造成尴尬局面。

忌出现“泪筷”，即挟了一筷子连菜带汤，像泪水滴滴答答掉个不停，令人嘲笑。

忌用筷指人，讲话不能舞动手中之筷，更不许用筷指着别人，厦俗认为这是不尊重别人，极不礼貌的表现。

避免“迷筷”。筷子伸向菜盘，踌躇不决，不知夹取何物，称“迷筷”，认为是缺乏教养的表现。

不能舐筷。当众舐粘在筷子上的食物，有失文雅。

不用推拉筷。为自己或让别人方便，用筷子推拉盘碗是不礼貌的举动。

忌先动筷。宴席开始，客人不能先动筷，要等主人敬请或长者动筷后再动，否则也是无礼。

忌用筷夹断寿面。寿面越长越好，意为长寿，夹断被视为不吉利。

喜庆忌用白筷，除象牙、银筷外，要用红筷，因办丧事用的是白筷。但对年逾八旬老者举办丧仪时，可以用红筷，而且常有人争相索取这种红筷，意为活人托老人的福。

忌六九碗。餐桌上菜肴避免6碗或9碗，6碗被视为“活祭”；厦门方言“九”与“狗”同音，因而忌之。

客未离席前，主人不能收拾碗筷盘碟，否则有失礼节。

忌托碗底。端碗时，大拇指要搁在碗沿上，如把手指都托在碗底，会被斥为“乞丐相”。

忌汤水碗外向倾倒，俗谓类乎施舍乞丐。

3. 居俗

古时，厦门“房屋低小而多门，上用平屋，惧风也，人可行走，墙角则置碎瓷碗、碎瓦片，堆积高尺许，防穿窬也。富贵家率用兽头筒瓦。”早期厦门的民居有大厝和平屋，大厝为富裕人家自建，但其后代子女分房或租卖给外姓，分割杂居，已很少有单门独户的大厝。

大厝的建筑：大门叫“四目炳（栅）”，即4爿厚木制的连锁门，可开一爿、二爿、三爿，也可全开，开多开少视日常、节日、喜庆的需要而定。进入大门经过小厅就是前庭，俗称“天井”，两旁有几间平屋，俗称“护厝”，上去是大厅，无门，俗称“献嘴厅”。大厅内两侧是住房，无窗或小窗，以防“财气”外泄。所以有“光厅暗房”之说。大厅后有一小廊，廊后有一小旷地，叫“后庭”。

大厝有一落、两落、三落、四落之分，就是说建筑有小有大，四落大厝最大。此外还有“骑楼”（阁楼）、“竹篙厝”（像竹篙笔直一竿到底的构筑形式）。

平屋为平民租居，房屋比较矮小。另有一些贫穷人家住的是一种叫“板皮仔”小屋，是用废弃的板料钉成，上盖稻草或废铁皮。《厦门志》载：“街市窄狭，民居稠密，架席片薄板蔽日而又堆积粪土，熏蒸潮湿。”

鸦片战争后，厦门开辟为通商口岸，外国列强纷纷在厦建造领事馆和别墅，建筑风格均为异国情调。同时，许多华侨归来筑居，也按照在外居住习俗营造了不少各式各样的花园别墅、楼房，有西欧式的，有东洋式的，还有中西合璧的。至20世纪90年代，原有的一些别墅洋楼经整修后成为宾馆、疗养院和休闲场所，但大部分仍为华侨、侨属和普通居民居住。

4. 出行

厦门人有散步走马路、爬山“吃空气”的良好习俗。

厦门民俗，家属要给出外“过番”的人带家乡的水和土，象征“饮水思源”。据说还有可防异地“水土不合”之症。

旧俗还有“洗尘”、“祖饯”。设宴款待客人曰洗尘；设宴为人送行曰祖饯。洗尘，“言洗涤其所谓风尘也”。祖饯，“行者必祭路神（祖）”。祭毕，送者与行者饮于其侧，名曰祖饯，俗称“送顺风”，祝一路平安。厦俗洗尘，就是接风，也叫“脱草鞋”，有洗掉身上的风霜尘土，排除步履艰难的意思，祝贺顺利平安回来。

昔日，厦门人的出外远行主要是谋生和求学。随着人们生活水平的提高，不少人在节假日出外休闲旅游，有到国内的名胜古迹、名山名川旅游，还有到国外去旅游，境内也开办不少为旅游服务的旅行社，不少单位也组织外出旅游，并渐成风尚。

5. 中秋博饼

中秋博饼是每年中秋节厦门要举行的传统活动。

据说在300多年前郑成功据厦抗清，郑的部将洪旭为了宽释士兵愁绪，激励鼓舞士气，利于驱逐荷兰殖民者收复台湾，于是与当年驻扎在今洪本部33~44号的后部衙堂属员，经过一番推敲，巧妙设计中秋会饼，让全体将士在凉爽的中秋夜晚欢快拼搏。

戏饼以“会”计算，一般一“会”以四五人为宜。“会”饼模仿科举制，设状元饼（最大的）一个、对堂（榜眼）饼二个、三红（探花）饼四个、四进（进士）饼八个、二举（举人）饼16个、一秀（秀才）饼32个。这是象征古代四级科举考试。古代府级考试及第的童生称秀才；乡试（省级）考中者称举人；在京师礼部会度及第者称贡生；由皇帝亲自主持的殿度及第者称进士，其中又分三甲：一甲三名，即状元、榜眼、探花，俗称三鼎甲或三及第；二甲名额较多，三甲就更多了。古代皇帝点状元，既看才，又看貌，还要推敲，考究姓氏和名字，如明永乐二十二年（1424年）甲辰科殿试，状元为孙曰恭，明成祖觉得曰恭合在一起是“暴”字，不吉利，将他降为第三名，将第三名的邢宽易改为状元。这说明状元不一定是“才高八斗，貌若潘安”之辈，而第三名是有真才实学，所以厦门会饼中的“三红”质量特别好，寓意在此。一套会饼共63块，是根据“三多九如”而来的，三和九是我国民间的吉利数。源于厦门的“博饼”，随郑成功收复台湾，300年多来台湾也很盛行。

（三）语言文化

1. 称谓

厦门风俗：“呼人曰郎。呼公子、公孙曰舍，呼有体面者曰官。朋友相称曰老。”朋友之间一般称呼用“老”字后加“姓”，如“老陈”、“老王”、“老杨”等。对年纪大的，则把“姓”放前，“老”放后，如“陈老”、“王老”、“林老”等。另常用“姓”加“先”，表示尊敬，如“林先”、“黄先”、“郑先”等。厦门话“老师”的“师”读（Csu），“师傅”的“师”却读（Csai），学生称老师统称为“先生”，但面称时常在姓后面加“先”字，如“吴先”、“赵先”、“蔡先”等。称医生也有叫“先生”、“先生娘”、“先生妈”。“师”字还用来与不相识者打招呼，称“老师”、“师呀”。称老板为“头家”；称雇员为“伙计”。还有一般招呼，叫“堂呀”（表示亲近）或呼“阿伯”、“阿叔”、“阿姨”、

“阿姆”、“阿婆”，也有称“同志”等。

2. 语言禁忌

祖先的名字和长辈的名字都不能直呼不讳。小辈禁忌直呼长辈的名字，更不能叫长辈的乳名，与长辈名字相同或同音的字也有所避讳。晚辈称呼长辈时，要以辈分称谓代替名字称谓。俗话说：“子不言父名，徒不言师讳”。在人际交往中，虽属同辈，出于尊敬和礼貌，也不直呼其名。一般以兄、弟、姐、妹、先生、女士、小姐、同志、师傅等相称。在必须问明对方名字时，也应客气地说：“请问尊讳”或“请问尊姓大名”。忌讳叫别人的小名或给别人起外号、绰号，俗话说：“地怕走斜道，人怕起绰号”。忌讳把人家身上的残疾缺陷、痣疤毛病当名字叫。

夫妻之间，往往也不直呼其名，而称“老头子”、“老太婆”。长辈对晚辈也少呼全名，只叫单字或叫小名。

忌说“死”。忌用“死”字咒骂小孩，在喜庆节日或小孩生日，更禁忌骂死。即使人死了，也避用“死”字，代之用“归天”、“逝世”、“没了”、“丢了”、“走了”、“过身”、“不在了”、“老了”、“百岁了”。为国家、民族、人民的事业而死亡的人，则用“献身”、“捐躯”、“牺牲”、“逝世”，更讳避“死”字。

寿辰和节日喜庆，忌讳说不吉利的话。吃饭时忌讲“拉屎”、“撒尿”、“上厕所”等；饭后忌说“吃完”，要说“吃饱”。夜里忌讲妖魔鬼怪。

忌讳议论婴儿胖瘦，忌说瘦，胖也只能说“好看”、“鼓锥”。忌说“肥”、“重”。有病忌说病，只能说“不爽快”、“不秋称”（方言）。

忌讳幼儿模仿口吃，怕习惯成自然，以后变成口吃。

在婴儿面前忌说“猴”字，否则易患“猴损”，发育不良，瘦成猴子。

大人讲话中不许小孩插嘴，否则是没“教示”（教养）。

年节蒸甜、咸粿或发粿时，忌问“要蒸多久”和“发了没”，恐久蒸不熟或不发。

渔民或乘船的人，忌讳讲“翻”、“沉”、“破”、“漏”之类的话语。

剃头师傅忌说“刮”，用“修”代之。司机或牛马车夫忌在车上谈车祸。

（四）信仰文化

厦门人口五方杂居，寺庙殿堂林立，民间信仰也是五花八门。20 世纪 30 年代，厦门市区有寺院宫庙 63 座，斋堂 23 家。加上岛内农村的宫庙殿堂 16 座，共有 102 座，按当时 16 万人口计，平均 1600 人就有 1 座寺庙或殿堂。土地祠、石狮王龛等小神庙不计其数。

1. 神螆信仰

神螆信仰主要是对自然的崇拜，其对象有天地山水、日月星辰、雷电风雨、禽兽花木。厦门民间对自然神的崇拜有天公、土地、山石、水仙、城隍、魁星、日头公、月亮妈、仙鹿、神虎、门神、灶君、厝神、床母、树公、花神等。

（1）天公

天公也称“玉皇大帝”，据说是统御三界诸神，主宰一切的至高无上、至尊无比的天神。厦门祭天公十分隆重。前一天，家家户户都要蒸龟粿。初九，在厅堂上挂起一盏“天公灯”。上写“祈雨平安”及一个“心”字，表示一心诚敬，乞雨赐福。祭坛用“八仙桌”，下垫长凳或方椅圆椅，有的加垫金纸，以示太极界不着地之意，称之“顶桌”，俗称“天公坛”，也叫“三界桌”。四周用绣饰有吉祥图案的“桌裙”围之，桌上摆着三盏神灯，“五果”（柑、橘、苹果、香蕉、甘蔗），“六斋”（金针菜、香菇、木耳、冬笋、菜心、豌豆）以及果盒（冬瓜糖、蜜饯、蓼花、麻蓼、米蓼、糖花生、寸金枣）。同时设清茶 3 杯，以此敬奉天公。在顶桌后面另设一张下桌。排列“五牲”，红龟发粿等，是专为“天公”的随从准备的，茶、酒、花烛等与顶桌相同。时辰一到，全家大小都整肃衣冠，依辈分大小顺序手执点燃的香条，面向户外对天行三跪九叩之大礼，祈求天公赐福、添丁发财。小孩从祭坛下爬过去，俗称钻桌脚，意在保平安添福气。最后烧大寿金，也称“天公金”。富裕人家搭台演戏，例演正音京剧。开场有“跳脚关”，也称“跳加官”，即“加官进禄”、“天官赐福”、“招财进宝”，也有演高甲戏、歌仔戏；还有流动的木偶戏，专为居家祭神演出。

（2）东岳大帝

厦门的东岳庙在中山公园北门外，是个佛道结合的宫庙。前殿供奉的是道教的东岳大帝。道光《厦门志》载：“并十殿阎罗”。后殿供奉的是佛教的地藏王菩萨，民间既称“东岳庙”，又称“地藏王宫”。

东岳大帝即道教所奉的泰山神。东岳泰山被认为五岳之首，泰山神为五岳神之尊。唐玄宗封其为“天齐王”，宋大中祥符元年（1008 年）封为“广生帝君天齐王”，加号“仁圣”，大中祥符四年封为“天齐仁圣帝”，元至元二十八年（1291 年）封为“天济大生仁圣帝”。每年农历三月二十八为东岳大帝诞生日，举行庙会，抬驾出游，进香供奉。

（3）土地公

土地公名称不少，正名是“福德正神”，又有“承天效法厚德光大后土皇地蜳”，简称“后土”。“后土”原为女神，因天上的“玉皇大帝”为男神，地上的“后土皇地蜳”为女神，俗称“天公地母”。有的土地庙里同时供有土地公和土地婆。农村称为“田公田婆”，居民又称其为“门口公”，在坟地上多称“后土”。土地庙的规模很小，田头地角，路边杂地，甚至在大树洞里都可为庙。厦门的土地庙数不胜数。最大的土地庙在开元路中段的“土地公祖”，也只有一个店面大小。原鼓浪屿的“土地公宫”也不过 10 平方米。厦门人一般在家里供奉土地公，请一尊慈眉善目的土地公，供在神龛的角落，初一、十五、逢年过节都要敬奉。土地的生日也特别多，每月的初二、十六做“牙”，民间都要办些酒菜。尤其是街市商店，都要祭祀“门口公”，据说是土地公的生日。而其中的两个大生日是在每年的二月初二和八月十五，厦门民间又把二月初二说是土地婆的生日。在土地公生日时，要备“三牲”大礼祭祀。厦门习俗，在每年的十二月十六，是土地公的最后一个生日，俗称“尾牙”。商号店铺敬奉“门口公”更加热闹，至少要“三牲”（鸡、鱼、肉）齐全，丰盛菜肴，焚香点烛，烧金银纸，鸣放鞭炮。祭祀完毕，头家摆下酒席，宴请所有伙计，一是答谢大家一年的辛劳，二是决定伙计来年的去留。

（4）灶君公

灶神也称“灶王爷”，又称“司命灶君”，俗称“灶君公”。与土地公一样，广泛受到民间崇拜。不同的是土地公管辖范围有大有小，而灶君公是固定在每家一位。民间经常供奉灶君公，每月初一、十五，或婚丧、生孩子、庆寿辰、逢年过节，都要烧香供饭。农历十二月二十三传说是灶君公回天庭向玉皇大帝禀报人间所行善恶的情况。这一天，厦门各家各户都焚香设祭，为其送行，俗称“送神”。供品有柑橘、甘蔗等果品及金针、木耳、豆干、面筋等干菜及用糯米粉做成内裹豆沙馅的团子。还有用麦芽糖为主要成分制成的长条棒糖，俗称“乌糖葱”或“白糖葱”。这些甜品，吃了易粘牙齿，据说是要粘住灶王爷的嘴，不让他说坏话。所谓“上天言好事，下地保平安”。到正月初四，又要隆重迎接他回到人间，俗称“接神”或“迎神”。

（5）城隍爷

城隍是民间传说中守护城池之神。城有大小，城隍爷也有大小，大者被称为护国安邦之神；小者为一县一市的守护神。城隍爷的权力也逐步从单纯的守护城池，扩大到掌握当地的水旱吉凶、冥间事物，甚至士人的科名挂籍，阳间阴间都管，已成了直接对玉皇大帝负责的地方最高神。各地方都建有城隍庙。厦门的城隍庙建于洪武年间，后曾数次重修。庙前建有戏台，每年除夕在此演“避债戏”。平时香火不断，逢年过节，人山人海，锣鼓喧天。城隍庙里供有两尊城隍爷，一尊是泥塑的，端踞庙堂；一尊是木雕的，居于侧房。遇有节庆，抬出巡视。前呼后拥，并伴有踩街游行的各种“彩阁”、“艺棚”、“宋江”游及音乐舞蹈。

（6）门神、床母

民间认为“门神”是驱邪避恶，护卫居家的保护神。古代的门神是“神荼”、“郁垒”。唐宋的门神有秦叔宝、尉迟恭；温峤、岳飞；赵云、关羽；还有钟馗。后来又有包拯、海瑞；戚继光、文天祥；还有画青龙、白虎为门神的；有神仙佛祖、历史名将、英雄人物、清官文士；还有凶猛野兽、传说故事，都成为贴在门上的护卫神，既是门神，也是装饰。对门神的信仰，不是具体的人物，而是抽象的神灵。认为其为户中之神，能保佑合家幸福，平安无事。所以在祭祀其他神明时也供奉门神，但很少专为门神而祭。

床母是眠床之神，原有床公、床母区别，但厦门只供奉床母，而且只有在婴儿出生后，才有床母的存在，胎儿由胎神保护，而婴儿则由床母看护和教育，所以，床母也是教育婴儿之神，俗称“教母”，认为婴儿在睡眠中的笑容表情都是“教母”在教导时所引起的。民间很敬重床母，当婴儿的三朝、七朝、十四朝、满月、四月日、周岁都要祭祀床母，一般是一碗饭，一碗豆腐，一碗浇了酒的肉，在满月、度际还要用“油饭”（即猪肉、香菇、虾米等煮的糯米饭）供奉床母。

（7）石头神

厦门自古以来就有灵石崇拜，俗称“石头神”，厦门有石敢当碑，石敢当亦称“泰山石敢当”，通常在家宅大门外墙边或街头巷口，立块刻有“石敢当”三字的小石碑，旨在禁鬼压邪，驱魔镇妖。“敢当”意在无敌。有的“石敢当”冠以“泰山”（指泰山神，即东岳大帝）二字。清末厦门诗人王桂庭《咏石敢当》诗云：“小碑三尺撑道旁，大书深刻‘石敢当’。有时特冠‘泰山’字，屹立冲要如堵墙。主人借此镇凶恶。谓可捍御无灾殃。”南普陀寺后山的石刻大“佛”字，宽一丈，高一丈四尺，高大雄伟，刻于清光绪年间，传说此“佛”字有灵，引来不少善男信女，烧香礼拜，当做石头神敬祭供奉。

南普陀旁的钱孔石也是厦门人信仰的灵石，认为从其中石洞钻过去，就能发财。尤其孩童，乐于钻之。俗话说：“到南普陀钻钱孔去”，意在发财。

（8）水神

水神有“水仙”和“龙王”，水仙宫、龙王庙都是祭祀水神的宫庙。

厦门的水仙宫有两座：一座在望高石下，明朝所建，祀大禹、伍大夫、屈大夫、西楚霸王、鲁公输子，均称“水神”。清乾隆三十年（1765 年），里人捐 1500 金重修。另一座称“内水仙宫”，在菜妈街后，面朝筼筜湖。端午节龙舟必先至此，演剧鼓棹，名曰“请水”。出海的渔民船员及其家属经常来敬祀，另有商船货主，甚至水师兵将也来拜祭，其目的都是祀求神灵保佑，海上一路平安。

龙王也称龙神，是古人幻想出来的动物神，是象征吉祥的“四灵”（麟、凤、龟、龙）之一。后佛道两教强调龙王与风雨的关系，能兴风作浪，行云布雨，因此，龙王又成了渔民敬奉的海神和农民敬祀的农神。厦门在清末时有龙王庙两处，一在玉沙坡，一在南普陀右边。龙王庙里同样有泥塑和木雕两尊龙王，一个固定，一个可以抬出来游街求雨，所以遇旱有“曝龙王”之俗。

（9）鹿仙、神虎

厦门民间对动物的崇拜，除了龙神外还有鹿仙、神虎的信仰。

玉屏山南面的白鹿洞，据传古时洞里有鹿仙，每天能定量吐米，可供寺僧一天所需的粮食，引来善男信女的祀拜。玉屏山北面的虎溪岩，岩洞里雕有石虎，蹲踞于伏虎罗汉座下，被奉为神虎，香火不断，经常有人祭拜。

（10）榕树公

闽南多植榕树，本干横断直径有五六尺，甚至更长，枝叶茂盛，寿命有几百年。厦门民间把它奉为树神，尊之为“王”，常用它的枝叶来避邪驱魔。

（11）日月星辰

厦门民间把日月星辰也作为神灵祀拜。厦门人俗称太阳神为“日头公”，月亮神为“月亮妈”，日食时认为是“天狗吃太阳”，要敲锣打铁桶来赶走天狗。不许小孩手指月亮，否则会受到惩罚，被月娘割裂耳朵；指了月亮一定拜三拜，才能平安无事。人们把北斗第一星供奉为“魁星爷”，是文教界的守护神。北斗星前呈半月七颗星，叫“文昌”，把文绪、仕进、老幼、灾咎等人事分别视为文昌诸星的职责范围。据《厦门道光志》载：厦门供奉文昌帝魁星爷的宫庙有文昌宫，在道署前左端，原名玉蕴宫；还有文昌庙，在玉屏书院内，祀梓潼帝君、魁星、朱衣之神。朔望行香，春秋二祭。此外，厦门民间还供奉金星顶部的七颗小星（俗称“七娘妈”）和“福、禄、寿”三星。

2. 祖先崇拜

对家庭祖先的供奉，从长者去世后就开始“百日祭”、“周年祭”，此后，除了定期举行的祭祖活动外，遇有特殊情况，及时祭祖。对父母亲亡灵有“生祭”和“冥祭”，民俗以“冥祭”为主，俗称“做忌”。再则是对祖父母亡灵的供祭，祖父母以上的先人较少单独祭祀，但在祭父母或祖父母时，有时也把所有的先祖一并供祭。

祭祖的地点，有在坟墓、祠堂或家中，以家中为主。家祭要在正厅供桌上设祖先灵位的神龛，俗称“祖龛”，龛内有祖先牌位，俗称“神主”。后逐渐用遗像代替神主。厦门寺庙还可让人寄存“神主”，并可代为祭祀。

祭祖的供品，平时的初一、十五较简单，而在逢年过节较丰富，有“三牲”，供桌上摆酒杯（杯中要斟上酒）、筷子、荤素菜肴，近亲也要携祭品来供奉，按辈分大小先后点香膜拜，为亡灵上香只能两支，如亡灵辈分高或德高望重的也可上香3支。按民俗做忌仪式一定要在中午12点以前结束，结束前要由主祭人卜筊，一正一反，表示被祭者已吃饱，祭者再跪拜后开始烧冥钱。若筊两只面皆朝上，俗称“笑筊”，表示尚未吃饱；若筊两只面都朝下，俗称“阴蟚”，表示亡灵对祭品或具体的参祭者不满。对出现“笑筊”要等片刻，让亡灵吃饱再卜；而对出现“阴蟚”再卜时，恳求亡灵息怒，原谅子孙无知冒犯，然后再卜，如卜3次都不行，说明亡灵对卜者不满，要换他人卜之，也是3次，再不行，再换人，直至一人卜成。烧金银纸时，其金银面要朝上，烧时不能人为捅破，以免破损冥钱，有的冥钱烧完时，要用祭桌上的杯酒，在烧钱炉周围浇洒一圈。祭毕的菜肴也成了家宴，而民俗认为一定要吃祭品，因吃过祖宗吃过的东西，才能得到祖宗的保佑。来参祭的近亲也要带些供品回去，让在家的亲人吃后同样能受到祖宗的荫护。

“三月三”是厦门的敬祖节。传说郑成功据厦抗清时，认为“清明节”名称中的清在前，明在后，含有清除明朝之意，所以要人们不在清明节扫墓，而改在“三月三”敬祖。人们久而习之，把三月初三作为祭祖的日子。到清统一全国后，民间除了三日节祭祖外，也在清明节到先人坟前扫墓化纸，洒酒献食，拜祭先人。后厦门人常把这两个节合称“清明三日节”，中心活动就是扫墓祭祖。

宗族祭祖仪式更为隆重，主祭官跪于案前向列祖列宗三上香，敬酒，贡献丰盛的筵食。没有祠堂祖厝的居民则在家中供祭，摆酒席、点香烛、烧纸钱、放鞭炮。按常规祭祖仪式进行。

厦门还有“敬祖”习俗，有的是祭祀海神，有的是祭祀无主游魂，甚至有民族的祖先。敬祀时，祭者没有具体的祭祀对象。逢年过节常有这种“敬祖”习俗。

“祭海神”一般在渔民中盛行，不同于祭妈祖，而是认为渔民的一些祖先在海难后成为海神，因而每年定期隆重地祭海神，后逐渐成为渔民许愿庆丰收的节日。

对“无主游魂”，无后人祭拜的，集中在七月“普度”，“七月朔起，各里社醮作盂兰盆会，俗称普度，祀无主之魂。以竹竿燃灯极高，连缀如星，又设高台陈供品”。从七月初一“开地狱门”起，一直到七月三十日“关地狱门”时止。七月初一至三十，每个地区每条街道都轮到一天做“普度”。常供“三牲”，菜肴、糕点、米饭，点香燃烛，烧冥钱，放鞭炮。祭完后开始宴请亲朋，俗称“请普度”，“中元，各祭其先，焚五色楮。楮画绮绣，云为泉下送寒衣”。

“中元节”在七月十五日，不但要敬祖而且要祭孤魂。

3. 人物祀奉

（1）关帝爷

关帝爷，即关羽，字云长，河东解州（今山西运城县）人。后经《三国演义》倍加颂扬，深入民心，受人崇拜。又被道教神化，尊为关公、关帝，称其为“三界伏魔大帝神威远震天尊关圣帝君”，盖庙奉祀。清顺治皇帝又封关羽为“忠义神武灵佑仁勇威显护国保民精诚绥靖翊赞宣德关圣大帝”。关羽的地位由将而王，由王而帝，乃至大帝。其庙被崇为“武庙”，与孔庙并祀；其人被尊为“武圣人”，与孔子并列。

五月十三日，为关公诞辰日，举行关帝庙会，祈其显灵，驱邪避灾，普降甘霖，以解农忧，是日又称“雨节”，如下雨，俗称“天降磨刀水”。农郊城市，商贾店铺，家家户户，摆上供物，点燃香烛，拜祷敬祝。厦门的关帝庙有“外关帝庙，在神前街，坐海向街。每月朔读法于此”；“内关帝庙，在海岸，背海面街。祀汉寿亭侯，并关、周两将军之神。其周将军极灵，祈祷不绝”，今均不存。又有城内关帝庙，在城隍庙右边，亦已废。

（2）姜太公

厦门民间常书写有“姜太公在此，百无禁忌”，用以驱邪避恶。姜太公，原名吕尚，又称姜子牙，曾辅佐周武王伐纣，因功封于齐地，是齐国的开国之君。后世传说他神通广大，到唐宋时，将他正式列入祀典，封为武成王。民间以姜太公能封神驱鬼，奉为护卫神。

（3）妈祖

妈祖，姓林名默娘，福建莆田湄洲人，生于宋太祖建隆元年（960 年）三月二十三，卒于宋太宗雍熙四年（987 年）九月初九。是宋代巡检林愿的第六个女儿。相传从小就神异，好行善事，治病救人。死后，当地民众传说常见她身穿红衣，搭救遇难船只渔民。于是沿海一带纷纷立庙尊奉。自宋以来，历代朝廷均予褒封。宋宣和五年（1123 年）封顺济夫人，宋绍熙元年（1190 年）晋封妃爵，元至元十八年（1281 年）敕封天妃。据道光《厦门志》记载，祭妈祖的宫庙有：朝天宫、万寿宫、妈祖宫、福寿宫、怀德宫、凤仪宫、圆山宫、养元宫、养真宫、迎祥宫、福海宫、灵惠宫、凤山宫、龙泉宫、前园宫、南寿宫、西庵宫、洞源宫、洞贤宫、潮源宫、丹霞宫、慈济宫、三和宫、寿山宫等。

中华人民共和国成立后，厦门仍有不少人信仰妈祖，尤其是渔民。人们崇敬妈祖的行善积德、舍己为人、为民造福的高贵品德和献身精神。

（4）保生大帝

保生大帝姓吴名本，字华基，号云冲，道号悟真。生于宋太平兴国四年（979 年），卒于景祐三年（1036 年），是泉州府同安县白礁村人。幼时父患病缺医身亡，立志学医，普救众生。宋明道二年（1033 年），泉州一带发生瘟疫，他奔走四方，对症下药，针到病除，救人无数。翌年闽南瘟疫再度流行，他又到处奔波，不分贵贱，不计报酬，针药并用，起死回生。

宋景祐三年（1036 年），吴本在文圃山上采药，不幸跌落悬崖，与世长辞。乡人崇仰他的医德，感激他的恩德，塑像立祠，供奉为神。宋庆元元年（1195 年）朝廷追封吴真人为忠显侯，以后还先后晋封“康佑侯”、“灵护侯”、“正佑公”、“冲应真人”等封号，并在青礁和白礁分别建造慈济宫，俗称“东宫”、“西宫”。明洪武年间（一说永乐年间）敕封吴真人为“昊天医灵妙惠真君万寿无极保生大帝”。厦门单独奉祀吴真人的宫庙有寿山宫、玄妙宫、青龙宫、鳌山宫 4 座，同时奉祀天后和吴真人的宫庙多达 23 座，其中“玄妙宫在桥仔头，祀吴真人。尝为人治病，有奇效，酬以祀田若干顷”。

（5）吕祖

吕祖，姓吕名岩，字洞宾，号纯阳子。京川人（一说河中府永乐县人）。传说唐贞元十四年（798 年）四月十四生。元代封为“纯阳演政警化孚佑帝君”，被道教全真派奉为北五祖之一，通称“吕祖”。民间流传着许多关于他的传说，称其为“剑仙”、“醉仙”、“诗仙”。是八仙中影响最大、传说最多的一位。

（6）王爷

祀拜王爷是闽南一带特有的民俗。王爷并无专指对象，凡在当地有影响的人物都可作为“本境王爷”。道光《厦门志》记载：“有灵应殿、西应殿、宝月殿、威灵殿，祀所谓池王爷者，语无可据，不载”。此外，厦门的王爷庙还有大同小学边的“大王庙”；开元路附近的“二王庙”；打铁街的“大厅爷宫”等。

祀拜王爷最独特的习俗为送王船，送王船也称漂王船，一般是在闽台两岸进行。王船长至丈余，造价颇巨，每逢送王船之时，民间百姓有用布缝的小米袋装上一两左右的米及两寸来长用红线捆扎的小木柴，有用小瓷罐装的柴米油盐，作为供品，集中放在王船上，随风漂去。

（7）行业神

祀拜行业神也是被神化的人物崇拜。这些人物，有因技术超群，如鲁班被木匠、瓦匠、石匠、油漆匠、桌椅工、皮箱工、席工、雕錾匠奉为祖师神，华佗被医药行业奉为祖师神，杜康和仪狄被造酒业奉为祖师神。有因发明技艺，如蔡伦被纸品行业奉为祖师神；黄道婆被纺织行业奉为祖师神；而陆羽因写《茶经》而被奉为茶神，茶业界也尊其为祖师神。关羽由于忠勇正义，被成衣店、估衣铺、绸缎庄、皮店、煤铺、猪肉铺、脚行等商贾奉为行业保护神。另有墨匠把已神化的吕洞宾奉为行业的保护神。还有香粉店祀拜西施；假发店敬奉赵五娘；命相家尊鬼谷子；戏班敬唐明皇；南乐园供奉孟昶；饼店奉汉宣帝，等等，都属于人物的崇拜。

（五）海防文化

1. 海防斗争历史与主要事件

厦门是东南沿海军事要口，宋嘉佑三年（1058 年）开始驻兵设防，在元代至元十九年（1282 年）设立“嘉禾千户所”。明代以后，厦门屡遭倭寇和西班牙、葡萄牙、荷兰及英国殖民者侵扰。自明至清，厦门先后发动过抗倭斗争、抗击荷兰殖民者、抗击英军登陆等斗争历史。

（1）抗倭斗争

厦门地区倭患始于明嘉靖二十年（1541 年）。是年，大股倭寇袭扰同安县莲河、霞浯、珩厝、东园等沿海乡村，因无官兵抵抗，倭寇深入鸿渐山一带，将藏于一大山洞内的千余难民用浓烟熏死。后人为记住这一民族恨，称该山洞为“千人洞”。

明嘉靖三十六年十一月，一批倭船屯泊厦门港外浯屿岛，分别劫掠同安、南安、惠安等县。嘉靖三十七年，倭寇火烧浯屿寨，攻同安县城，知县徐宗奭率领军民上城抵御，以铳击伤倭酋后，倭众始退走。同年十一月，盘踞浙江柯梅（舟山北部）的倭寇 3000 余人，在海盗谢老、洪老（即谢策、洪迪珍）的导引下移巢浯屿。自此，倭寇不断劫掠厦门南北沿海诸县。

明嘉靖三十九年三月二十三，倭寇自料罗登岸，焚掠同安浯洲（今金门岛），受害最惨的是官澳。当时官澳巡检司城内有难民万余人，他们推举杨克绍为首组织丁壮 4000 余人守城。因城高缺水，于四月初九组织突围时城破。倭寇纵火屠城，城内外尸横遍地，妇女相携投海者不计其数，仅先头突围的 200 余人幸免被害。五月，倭寇攻后浦，后浦虽筑城未就，但民众早已结社练兵，协力防守，倭攻不入。后同安知县谭维鼎率乡兵渡海来援，城内自卫武装配合援兵夹击倭贼，终将倭众击溃，擒获倭酋阿士机、安尾达等 7 人。浯洲倭患“始终凡五十日，村社为虚”。不久，屯驻月港的 3000 余名倭寇移舟出港，官兵于海沧、白石、镇海、井尾等处伏击，每战皆胜；参将王麟、把总邓一贵又追倭于鼓浪屿、刺屿尾海面，击沉倭舟数十艘，俘斩数百人，哑哩国王孙上键、勾结倭寇的贼首徐老就擒，倭众大部坠海溺死。屯驻浯屿的残倭遂迁往南澳。

明嘉靖四十一年十月，从南澳来的倭寇与在福清牛田（今龙田）被戚继光击溃的残倭合股，再次围攻同安城未克，继而攻陷福全所城。嘉靖四十三年正月，在仙游县城外被戚继光击溃南逃的倭寇围攻安平（今安海），闻戚军将至，继续南窜至同安。二月初五，戚军追至王仓坪，斩倭百余人，倭众坠崖死者无数，余倭溃逃漳浦一带。

此后，俞大猷、戚继光分别率军横扫流窜广东、福建的残倭。至嘉靖四十五年，东南沿海的倭患基本消除。

（2）抗击荷兰殖民者

明万历三十二年（1604 年）七月，荷兰将领韦麻郎率舰进犯闽海，占领澎湖列岛，伐木修筑城堡，准备长久盘踞，并派译使要求通商。福建官府拒绝韦麻郎的要求，严禁沿海商民私自出海与其交易。总兵施德政令都司沈有容领兵渡海征剿。沈有容率 20 艘兵船驶抵澎湖，亲到荷兰舰上谕令其撤离澎湖。韦麻郎部下“露刃相诘，有容无所慑，盛气与辩”，荷兰殖民者理屈词穷，且因粮食将尽，只好率舰离去。过后，荷舰转窜北港，侵据台湾南部，久留不走。

明天启二年（1622年）五月，荷兰东印度公司司令官高文律率领舰船6艘，载兵2000名，再度侵占澎湖岛，筑城据守。随后，荷兰舰进犯中左所（厦门），逼圭屿，企图入月港，由于海澄县守备严密，未能得逞，遂派人要求通商。福建巡抚见荷兰殖民者来意不善，再次严词拒绝。此后，荷兰军舰出没于浯屿（厦门海域）、白坑、东碇、莆头、古雷、洪屿、沙洲、甲洲之间，侵扰沿海各地。荷兰殖民者所到之处，“大肆焚劫”，“商、渔并遭荼毒，村落相顾惊逃”，致使“洋贩不通，海运梗塞”。仅在厦门附近就烧毁船只六七十艘，掠走渔船600余艘，抓走丁壮1500余人。荷兰殖民者强迫这些被掠渔船和被抓民工在澎湖为其运土石筑城堡。后来，大部民工因劳累过度而死去，剩下579人被运往巴达维亚当奴隶出卖，航海途中遭受虐待，大部分死亡，到达巴达维亚仅存活33人。荷兰殖民者的野蛮暴行，激起沿海军民的极大愤恨，奋起抗击。

十月，福建总兵徐一鸣率领明军进驻中左所。厦门人民积极配合官兵进行抗荷斗争，如陈则赓散家财招募敢死壮士，声称政府允许通商，扮成“通商代表”，携带放毒的酒菜，“入夷船遍觞之”，急下小船返回明军舟师，对荷舰进行火攻，“俘斩数十人”。徐一鸣在厦门鸿山寺镌勒“攻剿红夷”题名石刻，当时还有朱一马、赵纾督师来厦攻剿“红夷”。

明天启三年（1623年），新任福建巡抚南居益为制止荷兰侵扰，派人前往巴达维亚交涉无效。明廷遂提出“调兵足饷方略”，准备征讨荷兰殖民者。是年秋，荷兰舰船再次侵犯厦门鼓浪屿，火烧晃园。浯铜把总王梦熊带领官兵迎击，一举将其击溃，夺得荷船3艘。后来，荷兰殖民者不甘心失败，军舰直入内港。王梦熊以数十艘小艇伪装渔船，“藏火具，潜迫其傍、乘风纵火”，继以大舰实施冲击，“焚甲板十余艘，生擒大酋牛文来律钦等，夷脱于火者，尽溺于水”。十月下旬至十一月间，荷舰又两次侵犯浯屿。福建总兵谢隆仪乘其不备，于夜间实施海上突击，烧毁入侵的荷舰，俘其头领及部属60余人，焚溺而死者不少。

巡抚南居益见荷兰殖民者久踞澎湖，屡犯福建沿海，遂于天启四年秋领兵分三路征讨。荷兰新任司令宋克见明军近万，兵船200艘，多层围困，不敢再行抵抗，遂下令撤离澎湖。此后，荷兰殖民者“不敢再窥内地者数年”。

明崇祯三年（1630年），荷兰殖民者又犯中左所。明军游击郑芝龙招募龙溪人郭任功带领10余人，乘夜浮海到荷舰尾部，潜入舰中，放火焚烧3艘，其余荷舰慌忙逃遁。崇祯六年，荷兰舰队侵犯福建北部沿海，福建巡抚邹维琏亲自领兵至福宁（今霞浦）迎击，并命在广东海面的郑芝龙北上增援。荷兰舰队乘机南驶，突入中左所，焚烧明军船只，残害厦门军民。邹维琏一面命漳、泉等地募兵抗荷；一面授予诸将兵略，水陆并进，南驰会攻荷军。郑芝龙从福宁海面率舟师赶到，率众奋战，杀伤不少荷兵。随后，诸将协力作战，以小舟出奇制敌，荷舰大败，转犯石湾、海澄等地。邹维琏即大集舟师于铜山（今东山岛）海面阻击，与荷寇苦战八昼夜，“生擒酋长数十人，焚其舟舰、器械略尽”。九月二十日，荷兰巨舰9艘联合海盗刘香老海船50余艘进犯金门料罗湾。邹维琏以郑芝龙为先锋，率舟师进攻荷兰舰队。郑芝龙统领战船105艘，列队冲向荷兰舰队，官兵奋勇跳上荷舰，与敌短兵相接，纵火焚烧，夺得荷舰1艘，斩获首级20颗，生俘百余人。荷兰舰队败退逃走。此后，荷兰殖民者不敢再犯厦门地区。

（3）抗击英军登陆

清道光二十年（1840年）五月，英国侵略军舰队驶达广州海面，以少数舰只封锁珠江口后，即起航北犯。六月初，英舰队驶经福建海面时，侵略军总司令义律以递送《巴麦尊子爵致中国皇帝钦命宰相书》副本为名，派舰长包诅率载有44门炮的“布朗底”号军舰闯入厦门港挑衅。

六月初四，英舰“布朗底”号由青屿强行进港，并派一名少尉军官偕翻译划舢板递送照会副本，遭到岸上清军拒绝。次日，包诅再派舢板强行靠岸投送，又遭清军拒绝，英舰遂“换旗开炮，直扑炮台”，使厦门炮台和民房多处受损。清守军忍无可忍，当即还击，“哨船及岸上弁兵枪炮联络”，毙伤英军多人。包诅害怕势孤吃亏，“系书（副本）竿头，树立于滩上”，退出厦门港，北上追赶舰队。但留军舰、运输船各一艘封锁港口，多次进行挑衅，均被守军击退。不久该两艘英舰也北上定海。

厦门防务自受英军侵扰后有所加强，如在浯屿、青屿、大担、小担四岛屿增筑炮台；本岛东部自白石炮台至沙坡尾一带改沙囊为石壁，高一丈，厚八尺，长五百丈，每五丈留一炮洞，安炮 100 门；曾厝垵、何厝等处也增筑炮台；鼓浪屿为咽喉要地，有多座坚固的石砌炮台，并环以沙墩炮台，以增强主炮台的防御能力，计安炮 79 门。英军再次进犯前，整个厦门地区共安设大小炮 279 门，有水陆防兵 2800 人，并有 9000 余名水勇、乡勇可供调遣。清道光二十一年七月初九（1841 年 8 月 25 日）晚，英舰自广东驶到厦门南之青屿附近碇泊集结，随即向福建水师提督窦振彪发了限期献出厦门的最后通牒。当时，窦振彪“以广东和局甫成，现当无事”，正率水师出巡外洋。闽浙总督颜伯焘督同道员刘耀春传令清军据守各要隘，准备抗击侵略军。

初十日晨，英军先以火轮数艘对鼓浪屿和厦门实施火力侦察，接着大队兵船闯入。白石头、鼓浪屿、屿仔尾等炮台守军以猛烈炮火三面还击，击沉英军火轮 2 艘、兵船 1 艘。英军集中七八艘舰的二三百门炮对各炮台逐个猛轰。下午 1 时，英舰 3 艘对鼓浪屿和厦门沿岸各炮台继续进行炮击后，英军一部乘舢板首先在鼓浪屿登陆。由于英军火力猛烈，守军稍事抵抗即溃散，鼓浪屿于下午 3 时落入敌手。与此同时，另几艘英舰进攻厦门以东各炮台，守军坚决抵抗，有的击退登陆兵达三五次之多。总兵江继芸、副将凌志、游击张然等先后壮烈牺牲，守兵伤亡数百人。下午 4 时左右，白石头及其以西各炮台被英军火力击毁，英军遂从此登陆。此后，英舰火力延伸，轰击厦门城，守城清军向虎头山退却。傍晚，厦门被英军占领，颜伯焘、刘耀春退守同安。但厦门人民并没有屈服于外国侵略者，在郊区和同安有 100 多个乡村组织了义勇队，仅马巷一带就达 1 万余人。岛上两支抗英武装不断袭扰英军，在 10 余天内打死打伤侵略军 200 余人。

厦门沦陷后，清廷急调 2000 名江西兵援闽，严令颜伯焘收复厦门，并命浙江、江苏、山东、直隶、奉天沿海诸省停止撤兵，加强防御。

二十一日晨，英军撤出厦门，以军舰 3 艘、运输船 3 艘及陆兵 400 名占据鼓浪屿，其余舰船全部北驶。

2. 海防工程主要遗址

（1）厦门城遗址

明初，为加强海防力量，朝廷在厦门岛上筑城寨、设卫所。明洪武二十七年（1394 年）建筑厦门城，城内建有营房、商品、民居。厦门城遗址位于现今新华路 43 号内后山，厦门市公安局内。由江夏侯周德兴奉明太祖之命，建于明洪武二十年至二十七年间（1387—1394 年）。始建时周长 425 丈，连女墙高 1.9 丈，窝铺 22 个，有四座城门。永乐年间，城墙增高 3 尺，四门增砌月城。清康熙二十年（1681 年）城毁，康熙二十二年由靖海侯施琅重修，并将城墙周长扩增至 600 丈。20 世纪 20 年代拆城修路，城墙破坏严重，今仅存较为完整的北门城墙一段约 70 米，四周古榕盘根错节。墙体以条石砌成，顶宽为 3.5 ~6 米。城墙最高点为宽阔的平台，面积约 100 平方米。中华人民共和国成立后，驻军曾在此设置高炮阵地，现仍保存部分炮位掩体。墙之南侧，亦完好保存有清代摩崖石刻若干处。1994 年，厦门市政府下拨专款 15 万元修残补缺，复建城垛，铺设通道并竖立《厦门城遗址重修碑记》。该处为市级文物保护单位。

（2）明末清初海防工程高崎寨遗址

高崎寨遗址位于湖里区高崎村东面濒海的山阜上。遗址面对浔江海域，略呈方形，现存面积约 2400 平方米。西、南两面尚存石砌寨墙长 32 米，高 2.5 米。西北、东北侧条石寨墙砌筑于海滩之上，残存长度 100 多米，高度 4 ~6 米。高崎突出于厦门岛北端，战略地位至为重要。清顺治十二年（南明永历九年、1655 年）四月，郑成功命工官冯澄世督建高崎寨于此，为岛内重要的屯兵营寨之一。顺治十七年（南明永历十四年、1660 年），清廷调集数省水师围攻厦门，郑成功下令以号称“铁人军”的右虎卫镇驻守此寨。同年五月十日，该寨将士配合郑军各部大败清军于高崎海上。该处为市级文物保护单位。

（3）清代海防工程胡里山炮台

胡里山炮台位于厦门岛西南端滨海处。清光绪十七年（1891年），由福建水师提督彭楚汉、杨岐珍相继督造并于光绪二十二年竣工。以地处原胡里村而得名。炮台整体呈长方形，占地1.2万平方米，东、西、北三面砌有高7米、顶宽2米的条石城墙。城墙上共有垛口155个，炮台的南端为炮火配置区，台基以糯米、乌樟汁拌灰沙夯筑而成，周边绕以深2米、宽3米的石构壕堑。台面上尚保存东、西两座炮位。内置德国克虏伯兵工厂所产巨炮于圆形钢轨上。今仅保存东炮位之巨炮1门，炮筒长13.9米，口径0.28米，全炮重5.99万千克。炮位后方台基之下建有石砌地下通道。操场东、西侧各有对称的砖石结构拱顶窑式营房共11间，每间面积约20平方米。炮台之石砌弹药库在东城门内左后侧，原状保存较为完好。该炮台自始建以来一直被列为军事设防要地。1984年5月，市人民政府将炮台辟为对外开放旅游景点，并由省人民政府拨款维修。胡里山炮台所存的克虏伯大炮是中国近代最大的1门海岸大炮。该处为省级文物保护单位。

（4）民国时期海防工程

厦门北岸高崎至五通、东岸五通以南至盘石、岸段为海防前线，其中在胡里山、白石及盘石等要塞炮台为永久性工事，霞边、香山设临时炮台，筑有部分土木结构半永久性工事和野战工事。这些海岸阵地设施，1937年9月抗击日军登陆战斗中击沉日舰，这是中国军队于抗日战争中在东南海域首次击沉日舰的战绩。

（六）航海文化

1. 通商口岸海运发展历史

厦门航海历史悠久，早在明朝中叶后，厦门港逐渐发展为闽南沿海的重要港口。

明成化十年（1474年），泉州后渚港闭港后，漳州月港逐步取代泉州港的贸易地位。厦门因其特殊的地理条件，成为月港的天然门户，出洋商船一般都要在水仙港经盘验后，再移至曾厝垵，候风分往东西洋。

明万历三年（1575年），西班牙商人来厦门经营海上贸易，约有30～40艘中国帆船往来厦门与岷里剌（马尼拉）之间，每年载运价值150万金元的丝、瓷器和土产。

清顺治七年（1650年）郑成功攻取厦门后，每年从厦门驶往日本、南洋各地的商船有70～80艘，贸易额达250万两银，其中大部分为郑氏所经营。清政府为切断抗清力量的物资供应，于顺治十三年实行海禁，强迫沿海人民内迁。内地商人往往买通守口的清军官兵，把货物运到厦门，再“通贩各国”。海禁的结果是走私日益盛行，并导致海外贸易集中到郑氏集团手中。

清康熙二十二年（1683年）清政府统一台湾，不久便开放厦门港与台湾鹿耳门港为对渡口岸，厦门成为对台湾交通运输的唯一合法港口（百年后才增加蚶江与五虎门为对渡口岸）。翌年在厦门设立海关，开放海禁，厦门成为福建的海外贸易中心，“洋船到厦甚多，各省商客无不来厦贸易，税课充溢”。而福建开往南洋的洋船，也大都从厦门起航。清雍正年间（1723—1735年），厦门被指定为福建“总口”，所有从福建出航洋船必须由厦门入口并在厦门装船。清嘉庆元年（1796年），厦门商行发展到40余家，每年往来海船上千艘次，海关税收达10万两银。

清道光年间（1821—1850年），厦门的外海航运主要有四大航线：一是往宁波、上海、天津直至东北的北向航线；二是往广东沿海各埠的南向航线；三是与台湾之间的对渡航线，这三条航线每年可往返数次；四是往东南亚各国的航线，每年往返一次。出洋帆船最盛时期每年可达100～200艘次。清道光十七年（1837年），荷兰渣华公司、英国太古公司轮船开通厦门航线。鸦片战争后，厦门的远洋航运主要由外国轮船垄断和控制。清光绪二十七年（1901年）进口轮船1700艘179万吨，进口总值700余万两银，出口总值250万两银。

鸦片战争后，厦门辟为五个通商口岸之一，航线扩展至古巴、美国、秘鲁、澳大利亚等国家和地区。清同治十二年（1873年），招商总局在厦门设分局，经过与外轮的激烈竞争，控制了东南亚和香港至福州的部分海运业务。其他由华侨投资或集资开办的小型轮船公司也乘势而起，开展厦门与附近内港的航运业务，年载客量最多时达 60 万人次。

民国时期，经营厦门与外海航运的轮船公司有招商局厦门分局、英国太古轮船公司、荷兰轮船公司、英商德意利士火轮公司和日本大阪商船株式会社等 20 多家。在厦门内海营运的轮船公司以锦昌船务行、泉厦船务行、闽通轮船公司的规模较大。至 1936 年厦门港进入兴盛时期，国际航线进出口轮船为 864 艘 224.7 万吨，沿海轮船 1629 艘 274 万吨，贸易总值进口为 1329.61 万金单位（每金单位折 0.67149 美元），出口为 400.23 万金单位。当时厦门口岸占全国贸易额的 5%。

1938 年厦门沦陷，厦门港为日军控制，进出港船舶数量骤减。

抗日战争胜利后，内海航线主要是厦门至东石、安海；厦门至石码、漳州两线。其中厦门至东石线有两家轮船公司，即泉厦船务行和建通船务公司。泉厦船务行系泉安汽车公司倡办的官商合股企业，建通船务公司由菲律宾籍华侨与部分退役军官合办，轮船停泊第八码头。1947 年，厦门内海有 19 家航运公司，客货木帆船、汽船约 40 余艘，航行线路北至同安，南至南太武，东至金门岛，西至漳州。其中兼航外海线的有三江口、福州、基隆。

1949 年 10 月，国民党军队从厦门败退时，大肆破坏港口设施，除太古码头外，鹭江道沿岸码头和高崎、集美、海沧、嵩屿等码头均遭到不同程度的破坏。港内船舶有的避往香港等地，有的被作为军运船只被强征到台湾、金门。因此，在厦门解放初期，已无一艘能行驶外海的船舶。加上港口受到台湾当局军队的封锁和袭扰，严重影响厦门口岸对外贸易的开展。在港口被封锁期间，水路交通只能依靠民间小机帆船。船民往往利用夜幕掩护，往返石码、海澄、浮宫、集美、同安一带运输货物。1951 年 7—9 月，厦门港共进出船只 60 艘次，进口货物 2584 吨，出口 3081 吨。1951 年 9 月，香港爱国商人程丽川建议并亲自组织“三兴船务行”，冲破封锁线，首航福州，此后侨商船和外轮相继航行在福州、厦门、泉州航线上。1955—1957 年，厦门高集海堤、鹰厦铁路先后建成，大量物资转为陆运，水上运输以转驳转运为主。

1958 年 8 月以后，台湾海峡局势紧张，外轮停止来厦，海运主要依靠小船夜进夜出，从厦门至汕头的船只必须凌晨 2 点半出航。1959—1965 年，厦门出口的糖和大米，只能由广州转口。1966—1976 年，厦门出口货物运输分别在集美、厦门、汕头进行，仅限于香港、新加坡航线。1973 年 1 月 15 日，中华人民共和国成立后首条抵厦的外国轮船日本“德隆丸”驶抵厦门港装载货物。之后，厦门逐渐恢复直达进出口运输。

1980 年，厦门经济特区成立后，厦门港成为开放港口。为适应经济建设和对外开放的需要，厦门市对老港区进行大规模改造，同时加快东渡新港区的建设，对外贸易运输业务迅速发展。1980 年，恢复厦门至香港定期客班轮，鼓浪屿号和集美号轮船航行厦门至香港一线。此后长柳号、紫罗兰号客货轮也相继投入广州经厦门至上海的运输。1983 年，开始接待国际游轮旅游，至 1988 年共接待 40 多艘次。1995 年，厦门港年吞吐量达 1300 多万吨，相当于中华人民共和国成立后前 30 年港口吞吐量的总和。

2006 年 6 月，厦门湾实施港口一体化管理改革，厦门港由原有东渡、海沧、嵩屿、客运、刘五店五大港口区扩大为包括漳州港的招银、后石、石码港区在内的八大港区。2008 年全港生产性泊位 145 个，其中万吨级以上泊位 45 个，五万吨级以上泊位 37 个、十万吨级泊位 21 个；全年货物吞吐量完成 9701.96 万吨，比上年增长 19.5%，集装箱吞吐量突破五百万标箱，比增 8.8%，保持全国港口集装箱吞吐量第 7 位，跨入世界集装箱港口 19 强行列。2005 年和 2008 年分别建成 14 万吨级厦门国际邮轮中心码头和 3000 吨级五通码头；2008 年共接待国际邮轮 71 艘次和国内外游客 7.47 万人次。厦金航线自 2003 年开航次以来累计旅客吞吐量突破 335 万人次，日航班数达到 28 班。2008 年厦金航线旅客吞吐量完成 91.03 万人次。

厦门港已成为中国东南沿海远洋和近海运轮的重要口岸，是我国综合运输体系的重要枢纽和国际集装箱运输中转港；现已开辟沿海、近海和远洋航线 66 条，其中近海航线主要有香港线、台湾线、日本线、韩国线等，远洋航线主要有欧洲（地中海）线、美（国）西线、美东线、中南美洲线、地中海黑海线及西得里亚海线等。

2. 厦台航运历史

台湾盛产稻米，清政府准许台湾淡水船社粜运米谷，接济泉州、漳州人民食用，每年9—12月，准许其运米谷至厦门，返回时由厦门贩杂货至淡水。因商船运米经常受到官兵勒索，而运往宁波、上海、天津以及奉天（沈阳），往返一趟少则月余，多则半年以上，粮食容易变质。因此，商船在台湾配载时便“私自易银换货”，造成台湾稻谷大量积压。清乾隆五十九年（1794年）始由官方雇用商船，派遣专员输运稻谷，称“专运”或“大运”。

清嘉庆十六年（1811年），闽浙总督汪志伊因台湾运往大陆的兵米积压过多，命厦防厅封雇大号商船10艘，每艘装谷约2000石，加蚶江厅封雇的10艘商船，每艘装1000石，往返3次运回台谷共10万石。此后清政府多次雇船专运，嘉庆二十三年（1818年）专运台谷7万石，清道光五年（1825年）专运8万石。受雇商船专运米谷，所得运费低廉，运相当1石米谷的其他货物可得运银3~8钱，而专运1石米谷仅得8分多，故至道光中期，商船逃避专运，造成台米积压达10余万石。

清光绪七年（1881年），巡抚岑毓英命琛航、永保两艘轮船循环往来于台湾安平至厦门，或基隆、沪尾（今台北）至福州，准予商人配货搭客，自安平至厦门每人银圆3圆，自沪尾至厦门每人银圆5圆，为我国官办轮船之始。

中日甲午战争后，日本帝国主义强迫清政府签订《马关条约》，侵占台湾。从此，台米不再输入厦门而改运日本。

抗日战争胜利后，台湾与厦门复航。1945年11月26日，台湾5艘小汽船及1艘机器民船运白糖984包至厦门。1949年，国民党退守台湾后，海峡两岸长期对峙，厦门与台湾再次停航。

1979年7月，“闽海224”轮顺利穿行台湾海峡。1997年4月，厦门至高雄的货轮直通试航成功。厦台航运开始恢复。2003年，在和平客运码头开航厦金航线。2008年6月，厦金客运码头由和平码头迁移至东渡厦金码头。2008年8月，五通厦金海空联运码头作为厦门“小三通”专用客运码头启用，开辟厦金第二条航线厦门五通至金门水头固定航班，每天有12个班次往返，日客运流量平均约1800人次。2009年11月23日起，又开辟了厦台航线客运滚装码头，“中远之星”号滚装轮船驶离国际邮轮中心码头，直航台湾台中港。

（七）文学艺术

1. 文学

厦门文学有着悠久的历史渊源。唐宋明清以来，不少名人学士在厦门岛上读书游憩，著作颇丰。据清乾隆薛起凤的《鹭江志》和清道光周凯的《厦门志》记载，唐末名士陈黯曾有《颍川先生集》出版。由此可见，厦门文学的发端大致不迟于唐代。

唐至清代（鸦片战争前），是厦门古代文学兴起和迅速发展的时期。期间出现一批颇有造诣的诗人、作家，尤其是苏颂、朱熹、戚继光、俞大猷、郑成功等名家名将都在厦门留下不少名篇佳作，在厦门乃至福建省文学史上产生积极的影响。此时纯为诗文之作，小说类则无可查见。鸦片战争至“五四”运动前，是厦门近代文学形成并在曲折中有所发展的时期。这一时期多以反抗帝国主义侵略和反映民俗民情为题材，仍以诗歌、散文为主，没有发现特别突出的作家。“五四”运动至中华人民共和国成立前，是厦门现代文学产生并繁荣发展的时期。20世纪20年代初，新文学运动在厦门兴起，鲁迅等新文化运动的前驱和一批著名作家陆续前来厦门任教，热情指导学生组织文学社团，创办刊物，举办文学讲座，帮助文学青年改稿等，给厦门文坛带来一派生机。在20世纪30—40年代，各文学社团的活动甚为活跃，为厦门现代文学的发展打下坚实的基础。

中华人民共和国成立后，厦门当代文学蓬勃发展，职工文坛欣欣向荣。20世纪60年代中期至20世纪70年代中期，由于“文化大革命”，文学创作活动几近停顿。“文化大革命”结束后，特别是80

年代以来，厦门当代文学进入一个有史以来最为繁荣的时期。作家辈出，优秀中长篇小说、诗歌、散文、报告文学、影视文学剧本、文学评论等在全国性刊物发表，并有不少作品获奖，厦门文学创作取得前所未有的成就。小说家高云览和诗人舒婷作为厦门当代文学的代表，在国内外享有较高的声誉。

2. 戏剧

厦门早有地方戏曲活动。明池显方《大同赋》有“旁达西洋，商舶四穷，俳优传奇，青楼侑觞”之句。明末清初，梨园戏由泉州传入厦门。清乾隆薛起凤《鹭江志》中有“中秋……，是月，街市及乡村皆演戏，……此古例也”的记述，说明此时戏曲活动相当普遍。高甲戏传入厦门约有150年历史。至20世纪20年代前后，歌仔戏由台湾传入厦门，逐渐取代其他而成为本地最大剧种。

话剧最早是在“五四”运动前夕在厦门演出，当时称“文明戏”，在20世纪得到较大的发展，20年代初，大中学校及知识界组织话剧社，称为“新剧”。抗日战争前后，话剧更是驰骋厦门剧坛。至于新歌剧，则是始于中华人民共和国成立前夕厦门大学学生传播的秧歌剧《兄妹开荒》，随着50年代初期部队文工团带来歌剧《白毛女》、厦门文工团演出方言歌剧《王贵与李香香》而兴起。60—70年代，厦门歌舞剧团连续演出《江姐》、《洪湖赤卫队》等歌剧，受到广大观众的喜爱。1951年春节，厦门文艺界创作、演出舞剧《一九五一颂》，是舞剧这一艺术品种在厦门的首次演出。厦门歌舞剧团继60年代初公演大型舞剧《白鹭》之后又连续演出一批剧目；80年代初的《双连杯》是厦门第一个大型歌舞剧；90年代，厦门创作、演出乐舞剧《南音魂》，为厦门戏剧事业的发展作出了贡献。

3. 曲艺

曲艺是一种说唱艺术。它以带有表演动作的说唱来叙述故事，塑造人物，表达思想感情，反映社会生活。一般以叙述为主，代言为辅，具有一人多角、进进出出和自弹自唱的特点。它是由古代民间的口头文学和歌唱艺术经过长期演变而成的独特艺术形式，具有悠久的历史传统。曲艺来自民间，便于迅速反映现实生活，通俗易懂，演出人员较少，道具、乐器都很简单，轻便灵活，深受群众喜爱，故有文艺“轻骑兵”之称。

厦门的曲艺流传甚广，历史悠久。清末民国初期的曲艺创作多为艺人即兴自编自唱，题材较为广泛，描写日常生活，倾吐男女爱情，再现劳动情景，传播知识趣闻，歌颂古代英雄，嘲讽封建统治，等等，基本上没有文字记载。中华人民共和国成立后，在文艺“二为”方向（为工农兵服务，为无产阶级政治服务）和“双百”（百花齐放，百家争鸣）方针指导下，曲艺工作者创作大量作品，始有文字记载。在厦门流传的曲艺种类很多，主要有说书、说唱、答嘴鼓和独角戏等。南曲中的指套和散曲大都有一定的故事内容，如《汝因势》、《玉箫声和》、《举起金杯》、《一纸相思》、《出汉关》、《自来生长》、《刑罚》等，亦属于曲艺范畴。

20世纪50—70年代，厦门地方曲艺的创作和演唱活动相当活跃，出现一批优秀作品和演唱家，吴福兴、吴慈院、林鹏翔、苏朝润、卢培森等都是很有造诣的曲艺家。80年代以后，市、县（区）文化部门和曲协等组织每年都举办曲艺调演或曲艺邀请赛，鼓励曲苑的新人新作。但是，随着众多新兴艺术形式和娱乐活动的出现，厦门地方曲艺除了南曲、芗曲说唱、答嘴鼓等少数几个曲种在省、市曲艺调演或节庆活动中仍占有一席之地外，大多已呈渐趋冷落之势。

4. 音乐、舞蹈

厦门的音乐历史悠久。历史上中原屡经战乱，人民被迫纷纷南迁，带来中原古文化，其中便有古乐——南音传入闽南并得到继续发展，厦门也很盛行。

厦门民间音乐品种众多，除南音外，还有俚曲、儿歌、山歌、号子、生活小调、褒歌及锦歌等，广为流传。这些后来大都成为戏曲音乐的基础。

宗教音乐在厦门早已传播。唐代，厦门修建南普陀寺。有寺宇便有僧侣，诵经吟唱音乐随之产生。佛教是由印度传入中国的外来宗教，于是本土便有与之相抗衡的道教兴起，而且它的历史悠久，道观林立，道士比比皆是，道教经文也是日常功课。不过佛道两教诵经吟唱时都是使用吟诵式音乐，只能结合打击乐器进行。鸦片战争之后，基督教传入厦门，办起吟诗班，祈祷仪式的祷文都是合乐的，有乐谱可学可唱，这便是基督教音乐。

厦门的舞蹈由来已久。民间舞蹈来自漳州、泉州，形式内容基本相同。厦门辟为通商口岸之后，西方舞蹈随之传入。中华人民共和国成立初期，工厂、学校、街道、乡镇秧歌腰鼓、民族民间舞蹈表演盛极一时。中共十一届三中全会以后，随着人民生活水平的提高，各具特色的舞蹈活动已在文艺舞台和社会生活中展开，舞蹈节目的创作和演出也达到较高的水平。其中，值得提出的是厦门小白鹭民间艺术团。

厦门小白鹭民间艺术团于1993年10月5日组建，编制35人，系中国第一个专业民间舞艺术表演团体。首批演员来自厦门市委托北京舞蹈学院民间舞系开办的厦门舞蹈班毕业生。该团确立“根系中华，立足特区，着眼闽台，面向东南亚，走向世界”的办团方针，以中国56个民族代表性舞蹈为根基，致力于发掘、整理闽南和台湾地区的民间舞蹈，并创作一批颇具特色的民族民间舞蹈，同时还学习、演出一批东南亚国家的民间舞蹈节目，积极进行中外文化交流，向世界宣扬中华民族的优秀舞蹈。该团实行团长负责制与全员聘任制。舞团组建第一年就应邀出访，到新加坡、菲律宾、日本和香港演出。1993年沈阳国际秧歌节舞蹈比赛中荣获“金玫瑰奖”排名第一。1994年5月，该团应“94北京国际艺术院校舞蹈节”的邀请，进京交流展演。此后又派选手参加第四届全国青少年“桃李杯”舞蹈比赛，江靖弋获中国民间舞青年组“八佳”一等奖；苏雪冰获中国民间舞青年组“八佳”排名第六；陈凤辉获中国民间舞少年组优秀表演奖。同年10月，该团参加福建省第二届艺术节，集体荣获最高奖——“优秀演出奖”，江靖弋、苏雪冰、廖琦获优秀演员奖。1995年元宵，该团应中央电视台邀请，参加该台举办的元宵晚会舞蹈节目的主创和演出。同年5月，该团编排一台《我心目中的舞蹈——“小白鹭”中国民族民间舞介绍专场》晚会，融知识性与欣赏性于一体，深入厦门市大、中专学校、小学及企业演出，宣传普及中国民间舞蹈。同时，该团又编创大型组舞《黄河》，在厦门市纪念抗日战争胜利50周年活动中首演成功，并应邀赴省参加国庆文艺晚会。1998年6月集体舞《东方红》在中国文联首届全国“荷花奖”舞蹈比赛中荣获银奖；第四届全国舞蹈比赛中，袁莉荣获一等奖，林乃桢荣获优秀表演奖。该团自建团以来，每年都应邀到国外或香港地区访问演出，人称“对外文化交流的使者”，多次赴日本、欧洲演出。2001年7月，小白鹭舞团受国家派遣赴莫斯科演出，为江泽民主席访俄和北京申奥成功作出贡献，荣获中国人民对外友协颁发的“中俄友谊纪念奖章”。

5. 美术、书法、摄影

厦门的美术、书法有较坚实的历史基础，加之拥有厦门大学艺术教育学院，美术队伍壮大，人才济济，成绩突出，已成为厦门文艺界的强项之一。中华人民共和国成立之前，厦门已有一批在省内外知名度较高的画家、书法篆刻家、雕塑家。抗日战争胜利后，吴忠翰、张人希等发起组织一次规模较大的书画展览；1949年组织的书画社团——涛社多次举行创作观摩活动。

摄影作为一种艺术门类在厦门的出现，大约在20世纪初营业性照相馆开设之后，抗日战争前后有较快的发展。中华人民共和国成立后，摄影艺术迅速发展。20世纪50年代以后，厦门美术、书法、摄影活动频繁，经常在重大节日期间举办全市性绘画、书法、摄影展览；特别是80年代以后，美术、书法、摄影创作与交流相当活跃。市文化部门和美协、书协、影协等单位主办或联办的本市和国内外书画家、摄影家作品展览达百次以上，其中，为庆祝厦门经济特区创办10周年在北京、厦门举办的“厦门美术、书法、摄影展览”，作品之多，规模之大，影响之广，为历年来所少有，《人民日报》、中央电视台、《文艺报》等作了报道。厦门市书画家、摄影家多次以团体或个人的形式应邀赴国外、港台地区办展，扩大厦门美术书法摄影界在海内外的影响。不少画家、书法家、摄影家出版个人作品专集。1987年鹭江出版社出版的《厦门书画》是厦门第一本较为全面地介绍厦门市书画家作品的精装画册。在第六届至第八届全国美展中，厦门作家作品的入选数和获奖数均居福建省榜首。

6. 群众文化

厦门的群众文化历史悠久。据清乾隆薛起凤《鹭江志》所载，上元（即元宵）“前后三五夜，演放花炮，或扮人物故事，竹马龙灯，遍处喧闹，或作灯猜，或唱词曲，无所不有”；端午，“是日，海上斗龙舟，观者如蚁……各渡头搭戏台演戏”；中秋，“是月，街市及乡村皆演戏”。这是有据可考的厦门最早群众文化活动。1830 年成立的厦门金华阁南乐社以及此后相继成立的南乐曲馆，经常在街头巷尾开展群众性南音演唱活动，既娱人又娱己。1922 年成立的厦门通俗教育社，设有剧场、图书阅览室、展览室、棋艺室，举办话剧、评剧（京剧）演出等活动，成为中华人民共和国成立前厦门唯一的由社会人士集资兴办的综合性群众文化活动阵地。

厦门群众文化有着广泛的基础，尤其是植根于民间的民俗文化活动，长期以来深受广大群众喜爱，参与面很广。中华人民共和国成立后，厦门市开展群众文化工作的组织机构逐步健全，建成市群众艺术馆、区（县）文化馆、街道（乡镇）文化站三级群众文化网络，设施逐步完善。中共十一届三中全会以来，全市群众文化活动蓬勃开展，内容丰富多彩，形成各具特色的企业文化、区街文化、村镇文化、校园文化、少儿文化、老年文化、旅游文化、民俗文化等，为厦门经济特区的建设和发展营造了良好的文化氛围。

三、土特产品

厦门土特产产品有厦门馅饼、鱼皮花生、香菇肉酱、厦门药酒等食品及厦门珠绣、漆线雕、影雕、厦门彩塑、厦门瓷塑等工艺品。其中厦门漆线雕为国家级非物质文化遗产，厦门珠绣为省级非物质文化遗产；在 2009 年 2 月 3—23 日参加北京中国非物质文化遗产传统技艺大展系列启动中，引起了很大的反响，还有全国各地的精品店、艺术中心、美术馆等向珠绣和漆线雕的传承人发出邀请，希望在当地举办珠绣、漆线雕展览。

厦门珠绣产品以往多为珠绣拖鞋，出口欧美多个国家，近年珠绣作品多为华丽的珠绣挂图，经几位传承人不断更新画面设计，在选材、设计、制作等方面都有了较大的进步，风格上也更加多元化，鼓浪屿、富士山等都成为了珠绣挂图的内容。

厦门漆线雕产品随着时代变化而变革，走过从“漆线妆佛”（神像）到“漆线雕艺术”（漆线蛋、漆线盘、漆线瓶、漆线画）的变化过程。主要作品有《富贵有余》、《三龙亭》、《夜半精灵》、《多姿》、《四方之神》、《五子登科》等。最近完成中国最大漆线雕巨作《山海经》，该画长 41 米，高 1.8 米，由 17 块长 2.44 米、宽 1.8 米的画板拼接而成。画面将封神榜、西游记、聊斋志异、牛郎织女，乃至“神七”上天等尽收其中，令神话意蕴和现代审美情趣融为一体。

影雕是展现在光亮黑石板上的“点”的艺术，其雕刻形象逼真，犹如摄影，被誉为“中华一绝”。“苏州刺绣绣丝绸，闽南刺绣绣石头”说的就是影雕，他是惠安石雕艺术中的一朵奇葩。影雕技艺的出现克服了相片和图片年久发黄、褪色等缺点，还具有不变形、不怕风吹雨淋的特点，可以永久保存和收藏，被广泛应用于壁画装饰、碑像写真、案头摆设。同时，影雕因其极高的艺术欣赏价值、地方特色，被奉为馈赠之工艺佳品。厦门惠和石文化园的影雕技艺被厦门市人民政府授予市级非物质文化遗产。

第三节 基础设施

一、交通运输

（一）进出岛通道

目前，进出厦门岛通道共有 6 条，其中跨海大堤一条，跨海大桥 4 座及海底隧道一条。

1. 高集海堤

1950 年春，爱国侨领陈嘉庚提出兴建高集海堤的建议，同年秋，华东军区司令员陈毅到厦门视察时赞同这个建议，并先后三次上书毛泽东主席，得到批准。1953 年 6 月正式动工修筑海堤，1955 年 10 月建成，总投资 1300 万元。抛填土石方 70 多万立方米，动用民工 1 万多人。海堤上部全部以花岗岩砌成，全长 2212 米，海堤面总宽 29 米，堤顶宽 19 米，呈西北—东南走向。堤上辟有公路线、铁路线宽各 7 米，两旁边缘各设人行道（宽 1.5 米）并筑胸墙，有自来水输水管道和北溪引水渡槽。近高崎深水段设有 15 米宽涵洞航道，使中、小型船只仍可通行。

高集海堤位于厦门岛北端，连接厦门岛的高崎村与大陆的集美镇，为进出厦门岛的首条通道。该海堤建成后厦门岛成为陆连岛，加强了厦门岛与内陆的联系，解决了交通运输难题，促进了厦门市国民经济的发展。

2. 厦门大桥

厦门大桥位于厦门岛的北部，跨海联结厦门岛的高崎与大陆的集美镇，与高集海堤并行于高集海峡之上，属福厦公路线，是我国第一座跨海大桥。1988 年 10 月 1 日，厦门大桥动工兴建，1991 年 4 月竣工，定名为厦门大桥。5 月 1 日试通车，12 月 19 日正式通车，日通行能力 2.5 万辆次。

厦门大桥由跨海主桥、集美立交桥和高崎引道三部分组成，全长 6695 米。跨海主桥长 2070 米，为 46 孔 45 米预应力箱形连续梁，桥面宽 23.5 米，双向 4 车道，行车道净宽 19 米，两侧各设人行道 1.5 米。集美立交桥（建有 5 条分支道，分别与福厦线、漳厦线及集美旅游区道路相接）及引道总长 3769.8 米，由引桥（桥面宽 21 米）及引道（双向单车道宽 13 米、单向车道宽 7 米）组成。高集引道长 854.5 米，设有停车场和收费站。高崎一端建有桥头公园及“金钥匙”雕塑；集美一端建有白鹭、三角梅等象征性建筑。大桥的建成解决了高集海堤车辆拥挤现象，改善了进出厦门岛难的问题，使厦门市与岛外各区，省内各地区及省外邻省之间的联系大大加强，进一步增加了厦门特区发展的活力。

3. 海沧大桥

海沧大桥位于厦门岛西部海域，1996 年 12 月动工，1999 年 12 月 30 日建成通车，总投资 28.74 亿元。海沧大桥由东航道桥、西航道桥、引桥、引道、东渡互通立交大桥连接线及附属工程等设施组成，全长 5926.6 米，其中东航道主桥长 1108 米、东西两塔之间的主跨长 648 米，桥下通航孔净高 55 米，可满足东渡港区 5 万吨级船舶自由通行。

海沧大桥为国家“九五”重点工程，是世界第二座、亚洲第一座三跨连续全浮体系的钢箱梁大跨度悬索桥；桥面设双向车道，每日通行能力 5 万辆次。

海沧大桥是厦门岛从西部海域直接通向海沧台商投资区的捷径，是进出厦门岛的西通道；它的建成，使厦门从一座海岛型城市向海湾型城市发展，方便了与珠三角经济区的联系。

4. 集美大桥

集美大桥位于厦门岛北部同安湾海域，南接厦门岛的湖里区，北连岛外集美区，为进出厦门岛第三条北通道。2006 年 12 月动工，2008 年 7 月 1 日建成通车，总投资 29.55 亿元。

集美大桥，全长 10.06 千米，其中海上主桥长 3.82 千米，属厦门主干道（快速干道）。它采用了国内外最先进的“短线匹配法节段预制悬拼”工艺，施工规模为中国内地第一，同时也是中国内地第一次在跨海大桥上采用。仅用一年零七个月就建成集美大桥，它创造了快速建设跨海大桥的奇迹。

集美大桥的建成直接沟通了厦门岛和岛外集美区、同安区等地区，对厦门扩展城市空间，加快岛内一体化建设发展，产生了深远影响。

5. 杏林大桥

杏林大桥位于厦门岛北部海域，2006 年 9 月开工，2008 年 9 月 1 日建成通车，总投资约 27 亿元。

是厦门最长的跨海大桥，全长 8.53 千米，主线桥长 7.48 千米，海上桥长 5.03 千米，采用双向 6 车道一级公路标准，全桥宽 35 米，设计行车速度为每小时 80 千米。杏林大桥也是与铁路桥同步建设的公路桥，纵向线型采用了双驼峰设计。此外，在满足交通需求的基础上，杏林大桥最高的“驼峰”处增设了 200 米长的全国首创观景平台。杏林大桥是福厦铁路及公路进出厦门本岛北通道的重要组成部分，对满足厦门岛北通道交通持续增长的需要，畅通货运物流，改善厦门东西海域水质和海洋生态环境都具有重要的意义。

6. 翔安隧道

2005 年 4 月开工，2010 年 4 月 26 日正式通车，总投资约为 31.97 亿元。

翔安隧道位于厦门岛东部同安湾口海域，南起厦门岛五通，跨越同安湾口海域，北至翔安区西滨，为进出厦门岛的东通道，是我国第一座海底隧道。隧道全长 8.70 千米，其中海底隧道长 6.05 千米，跨越海底宽度约 4.2 千米，隧道最深处位于海平面以下约 70 米。设计为 3 孔隧道，南、北孔为行车隧道、双向 6 车道、行车速度每小时 80 千米，中孔为服务隧道，用于电缆、通信、输水管道布设及海底隧道维修服务。

翔安隧道连接城市快速路翔安大道及规划建设的环东海域公路，是厦门岛直接通向翔安区的最便捷的通道，两地车程将由 1 个半小时缩短至 15 分钟。它的建成，使厦门本岛向东部拓展的“瓶颈”被突破，翔安新兴工业城市正在崛起。

（二）机场、铁路、公路、码头设施

1. 厦门高崎国际机场

原厦门高崎机场初建于 1941 年。是年 12 月 5 日起，厦门至台北的定期航班在该机场起降，同时也起降军用飞机。抗日战争胜利后由国民政府接收，改为民用机场，属民航局厦门办事处管理。1949 年 2 月划归空军管理，由空军司令部在厦门成立第 242 供应分队专司其职。同年 8 月 24 日，最后 1 架飞机飞往台北后，机场关闭。

1950 年，厦门市成立机场修建指挥部，由当时码头工人联合会组织两个机场建设大队共 300 多人，参加高崎机场的维修、扩建，1952 年年底竣工。1955 年重修 1 次。但因机场处在台湾当局驻金门军队炮击范围之内，未能启用而长期闲置。

1981 年 3 月，为适应厦门特区经济建设的需要，福建省人民政府向国务院提出将原高崎机场扩建为国际机场的报告。经国家民航局机场设计研究所进行可行性研究后，国务院批准兴建高崎国际机场。高崎国际机场修建工程是福建省重点建设项目之一，也是科威特阿拉伯经济发展基金会向中国政府提供的首批优惠贷款项目之一，是中国利用外资兴建的第一个机场。

高崎国际机场位于厦门岛东北角海滨，距市区 12 千米，隔海与集美镇和同安县相望。净空条件优越。机场按国际机场一级标准规划，按国际二级标准进行设计和建设，占地 2 平方千米。飞行区向东北海上延伸 710 米，总长 2900 米，跑道长 2500 米，两端安全道各为 200 米；跑道宽 45 米，两侧肩宽各 4.5 米。道面为厚 0.30 米水泥混凝土结构，停机坪 2.4 万平方米，可起降波音 747 客机。

1982 年 1 月 10 日，高崎国际机场正式动工兴建。一期工程历时 18 个月，完成跑道 2150 米、填海场道长 280 米、安全道、联络道、停机坪、各通信导航台站、航管楼和其他附属建筑，同时建成部分供油、供水、道路、绿化等工程。厦门高崎国际机场高速优质的建成，创造中国机场建设史上的奇迹，被誉为“厦门速度”。

1992 年 7 月 20 日，厦门高崎国际机场投资 20 亿元进行二期扩建工程，1996 年 9 月 8 日竣工启用，工程主要项目有：跑道延长 700 米，增建 1 条 3300 米的平行滑行道及 5 条联络道，扩建站坪 18.9 万平方米，新建 12.7 万平方米的候机楼及供水、供电、排污、通信导航等配套设施。科威特基金会贷款 1800 万美元用于厦门高崎国际机场二期扩建。新候机楼建筑高度 40.7 米，共 4 层：地下车库、旅客到达层、旅客出发层、商业层。主楼纵深 108 米，宽 252 米，候机楼内配备从美国、德国、日本等国进口的具有国际先进水平的程控交换设备、离港控制系统、半路监控系统、综合保安系统、消防报警和自动灭火系统、卫星公共天线系统、楼宇自动收费管理系统、广播系统、无线电通信系统和安检设备等 14 个弱电系统，还有 19 部手扶电梯、9 部升降电梯、7 条自动步道、1 套有 10 个行李转盘的行李传送系统、60 个值机柜台、41 间全部采用日本生产的全自动感应洗手及冲水设备的卫生间，并配备残疾人卫生间和残疾人专用通道，在东西走廊还特设国际国内贵宾厅。

候机楼旅客出发层面积2.8万平方米，到达层面积2.9万平方米，出发层与到达层之间的商业面积1.6万平方米。7条自动步道总长度516米，地下停车库可停放600辆汽车。候机楼前方的园林广场面积5.5万平方米，其中绿地占总面积的60%。2009年进行机场三期工程扩建，主要建设第二条跑道和国际旅客候机楼。

至2008年年底，共有26家航空公司16种机型在高崎国际机场投入航班飞行，开通国内外航线167条，其中国际（地区）航线25条。机场日平均飞行量312架次，每天始发140个航班，其中国际（地区）航班约20班/天。为全国第六大繁忙空港，华东地区仅次于上海虹桥机场的第二大繁忙空港，被民航总局批准为二类机场。直接通航城市62个，其中国际（地区）20个。2008年实现旅客吞吐量938.54万人次，其中国际（地区）旅客吞吐量144.58万人次，空港货邮吞吐量为19.55万吨。2009年旅客吞吐量突破1000万人次。厦门国际机场是祖国大陆距离台湾最近的直航口岸机场，目前，已开通前往台北、台中的定期及包机航班，每周12班。

2. 铁路

（1）鹰厦铁路

鹰厦铁路于1955年2月动工兴建。北起江西鹰潭，南至厦门，全长694千米，全线有隧道46座，桥涵1973座。1956年12月19日全线完工。1957年完成大生里隧道工程，铁路由梧村火车站延伸至虎头山下海军码头。1957年1月6日，首列货车由上海抵达厦门，4月12日第一列客车进入厦门火车站。1993年12月26日，鹰厦线厦门段全线电气化改造完成。

（2）福厦高速铁路

福厦铁路于2005年9月动工兴建。北起福州，南至厦门，全长274.9千米，设计时速每小时200千米、预留时速每小时250千米。2009年11月30日竣工试运行，2010年4月26日正式开通旅客列车，高速动车组从厦门站至福州站1小时49分。每天平均34分钟发出1列。目前已开通厦门往返福州、厦门往返福鼎、厦门往返杭州、厦门往返上海南动车。

（3）火车站

①厦门站

于1957年1月1日建成运行，地处厦门市梧村路段，当时为三等客货运综合站，仅有简易木棚式站房，占地总面积800平方米（其中候车室400平方米），主要办理客运、行包和货运等业务。

1979年9月，经铁道部批准，扩建厦门新站房。1980年5月动工。1983年5月1日完工交付使用。新站房为三层建筑（局部四层），总面积8575平方米。一楼大厅高14米，净跨25米。两翼东为700平方米的行包房（净跨20米），西为700平方米的售票厅（有售票窗口9个）；二楼共设3个候车厅，中部为软席候车区，两翼东西各有700平方米的候车厅（各配有母婴候车厅），可同时容纳乘客1500名。另设有卫生间、盥洗间、盥洗台、饮水台等服务设施。

厦门站的站台、雨棚、地道三项工程于1982年10月动工，1983年5月与站房同时竣工交付使用。站台长400米，宽14.2米，合计5964平方米混凝土地面，引桥3座153平方米。雨棚为35根单立柱、平顶反梁钢筋混凝土结构，长350米，宽10米。地道为双梯踏步式，梯宽3米，地道长20米，净高2.7米，宽4米。

站前广场面积为7475平方米，其中，站前步行区石砖地面长140米，宽20米；中部广场石砖地面长70米，宽30米；东部广场石砖地面长43米，宽25米，双边花池2个1350平方米，人行道3条。

1995年，厦门站每日开行客车6对，分别开往上海、南京（合肥）、南昌、杭州、鹰潭、福州；每日开行货车15对。当年完成旅客吞吐量468.42万人，其中，旅客发送量218.82万人，旅客到达量249.6万人；货物吞吐量745.95万吨，其中，货物发送量292.22万吨，货物到达量453.73万吨；完成装车数55 124车，日均151车；卸车数83 932车，日均230车；全站完成运输收入超过3亿元。

2006年，厦门站为客运一等站，有旅客到发线3股，东西候车厅1410平方米，站台人行地道各2处，9个售票窗口。图定旅客列车14对，图定小运转列车2对，始发客车13对。全年旅客发送347.7

万人，实现运输收入4.81亿元。2008年，完成旅客发送418.87万人和运输收入6.03亿元。

②高崎站

该站原为客货车站，1958年8月建成使用。主要办理货运整车与零担以及客运业务，系四等站。1982年5月升为三等站，1987年升为二等站。1985年9月停办客运业务。原到发线改为货物线，在旧站场西侧修建7股道的新站场和长12千米的东渡港区专用线。新建货物仓库3600平方米，货物站台2000平方米，有20吨龙门吊机和16吨轮胎吊机各1台。1985年由交通部投资，从厦门北站接轨延至港区，再延接货物线4股道，用于装卸粮食、水泥等大宗货物。港区外建调车线3股道，另在新站南端铺设通往厦门机场的卸油线。扩建后的高崎站股道总长7000米，站内电气设计均采用国产6502定型电路集中装置，所有信号显示、道岔扳动、行车指挥基本实现自动化，系省内设施较先进的车站。最高容量410辆，年货物吞吐量200万吨以上。2008年，完成货物到发总量680.6万吨（其中货物发送429万吨），实现运输收入3.43亿元。

3. 公路

（1）国道

①国道324线厦门段

起自福州，终点云南省昆明。厦门路段由小盈岭238千米+800米处起，经马巷、同安城关、灌口，至东孚293千米+300米处止，沿途经11个镇（场），全长54.5千米。其中小盈岭至烧灰为原福厦线路段。

1955年，人民政府征购该路，因交通量逐年增长，于1957年由晋江养路段同安工区将路基加宽至9米，路面6米，泥结碎石路面。1965—1980年，省公路局累计投资241.33万元，用以改善路段。

1983年，整治马巷镇［（249千米+400米）~（250千米+300米）］“卡脖子”路段900米，路基拓宽为20米，铺设黑色路面，拓宽总面积9000平方米，工程总费用76万元。1994年福建省实施“公路先行工程”，厦门市于同年6月开始对该路段按平原微丘区二级公路标准进行拓宽改造，1995年1月18日建成通车。建成后路基宽23米，路面宽22米，双向6车道，共有大桥2座，中、小桥24座，涵洞249座，总投资3.69亿元。

②国道319线厦门段

起自厦门，终点四川省成都。厦门路段以东渡为起点，经厦门大桥、集美、杏林、灌口、东孚，全长37.36千米（其中与国道324线重复线11.88千米），包括起点段疏港路、嘉禾路、集灌路（集美至灌口路段）。

319国道含原厦隘线的主要路段。原厦隘线为厦门至长汀隘岭线，全长402千米。杏林至集美海堤未建前，需经同安。集灌路建成通车后，可由厦门经集美、灌口至角尾，不再经同安。1957年，原集美至灌口大车道修建成简易公路，为避免公路线与铁路交叉过多，将市头至杏林一段改线。路线起点接厦隘线55千米+230米，经灌口、市头、杏林过杏集海堤至集美与福厦线281千米+043米处相衔接，全长12.57千米。该线由省交通厅拨款3.57万元，1957年11月竣工。1976年改弯降坡拓宽，路基宽为12米，铺设泥结碎石路面，宽度7~9米。1977年起全线铺设黑色路面。

1991年，厦门市投资6161.35万元，对疏港路段（东渡至石鼓山）进行拓宽改造。路基宽60米，主车道沥青砼路面宽22米，双向6车道，为城市一级主干道。1994年投资19 520.18万元对集灌路段（集美至灌口）进行拓宽改造，路基宽50~60米，主车道水泥路面宽24.5米，双向6车道，于同年5月24日建成通车。

（2）省道205线厦门段

205线是厦门境内唯一的省道，该线起自福建省将乐县，终点厦门双涵（火车站）。厦门路段经同安龙门岭、集美、厦门海堤、吕厝至双涵，全长50.13千米，包括龙门岭路段、同集路（原称同美路）、嘉禾路（双涵至高崎路段）。其中，联检楼至石鼓山1.8千米与国道319线复线，烧灰至双涵为原福厦线路段。

205 线同安至集美路段初建于 1923 年，由爱国华侨陈嘉庚发起修建，自同安大西桥起至集美龙王宫前止，全长 20 千米。

1938 年日军侵占厦门时，同美路及沿路桥涵均遭破坏。抗日战争胜利后，同美路划为国有，改由交通部公路总局接办。1947 年 5 月，修复工程竣工通车。1948 年 1 月起，将原终点集美改为经角尾（美）至嵩屿。1949 年，同美路全段由人民解放军抢修通车。1955 年 4 月，该路段由政府征购，归入福厦公路（后改称同集路）。

1986—1988 年，福建省公路局投资 700 万元对双涵至石鼓山路段主车道进行改造，厦门市投资完善该路段的慢车道、人行道等设施。改建后路基宽 60 米，主车道水泥砼路面宽 24. 5 米，双向 6 车道，为城市一级主干道。1994 年，厦门市投资 3. 97 亿元对同集路段按城市一级主干道标准进行改造，路基宽 60 米，路面宽 22 米，双向 6 车道。1995 年投资 4879. 07 万元对同安至龙门岭 20. 12 千米路段进行改造，路基宽 12 米，水泥砼路面宽 9 米。自此，省道 205 线同安至安溪路段改走此线。

（3）高速公路

厦门高速公路始建于 1994 年，为福厦漳高速公路的组成部分，全长 54. 65 千米（含集美立交桥至田厝 6. 18 千米连接线）。于 1997 年 12 月底全线通车。

①泉厦高速公路

全长 36. 62 千米，总投资 11. 56 亿元。北起小盈岭，南至集美官林头。全线设 4 车道。该工程于 1994 年 9 月开工，公路沿线设互通立交 5 座，隧道 1 座，路基宽 22. 6 米。

②厦漳高速公路

全长 11. 85 千米，总投资 4. 02 亿元，北起集美官林头，与泉厦高速公路终点相接，南止于东孚镇林后。全线双向 4 车道，设计行车时速为每小时 120 千米，实行全封闭、全立交、全自动出入控制。公路沿线设互通立交 2 座、大小桥涵 96 座（道）、通道 18 个。

③田厝至集美连接线

田集连接线是厦门市区连接泉厦高速公路主线的一级汽车专用公路，北起泉厦高速公路田厝互通立交，南接厦门大桥的集美互通立交，全长 6. 18 千米，总投资 1. 35 亿元。该工程于 1995 年 9 月开工，沿线共设桥梁、通道、涵洞等各种构造物 45 座（道）及浒井互通立交 1 座，双向 4 车道，路基宽 24. 5 米，路面为沥青混凝土，宽度为 2 × 10. 5 米，中央分隔带宽 2 米。全路段还设标志牌、隔离栅、波型钢板防撞护栏、路灯等安全设施，边坡绿化以大面积马尼拉草为主，中央分隔带点缀黄金叶、黄金榕、扶桑、凤尾兰等花草灌木，其景观效果达到一般城市道路的水平。

4. 码头

（1）第一码头

为钢筋水泥结构的单向踏步式（阶梯式）码头，俗称担水路头。1959 年 8 月 23 日强台风袭击厦门时，原第一码头被毁。同年，在原码头向西移 50 米的堤岸拐弯处，建 1 座木结构排架式临时码头。1964 年改建为钢筋水泥结构斜坡式码头，长 22 米，宽 2. 65 米，靠泊能力 10 ~ 15 吨。1966 年在改建后的码头左侧堤岸 15 米处新建 1 座长 32 米、宽 6 米、靠泊能力10 ~ 50 吨级码头，故现第一码头实际上有斜坡式客货两用码头 2 座。

（2）第二码头

俗称龙船礁。原为单向水泥结构踏步式码头，长 13. 2 米，宽 2. 73 米，靠泊能力 10 ~ 15 吨。抗日战争时期塌废。1985 年，厦门市轮渡公司在原码头左侧 10 米处新建双引桥趸船式水陆联运码头（又称旅游码头）。

（3）第三码头

建于 1930 年，为水泥结构踏步式，长 12. 7 米，宽 2. 6 米，靠泊能力 10 ~ 100 吨。1959 年改建单引桥趸船式码头，专门靠泊军用船舶。

（4）内河客运码头

最早位于第八、九码头之间，1972 年福建省航管局厦门客运站在第八码头的位置新建，称东风码头。码头为水泥高桩透空栈桥式轻型客运码头，码头长 38.14 米，宽 3.78 米，栈桥长 35 米，宽 3.5 米，桩基结构。候船室面积 416 平方米，框架结构，可同时停靠两艘 200 客位的客船。1987 年 9 月在原第七码头位置改建客运码头。码头结构为踏步式，长 23 米，宽 1.9 米，靠泊能力为 25 吨。新客运码头 1989 年 10 月竣工，总投资 400 万元，建有 1326 平方米的双层候船厅。码头长 56 米，宽 6 米，引桥长 76 米，宽 6 米，占地面积 1335.6 平方米，建筑面积 1494 平方米，可同时靠泊两艘 300 客位的客船。该码头承担厦门至石码、海澄、海沧、同安、浮宫、白水、鱼仔尾等 10 多条内河航线班轮的靠泊。主要班轮有 15 艘，总客位 3600 个，日进出班次最多达 52 个。

（5）厦鼓轮渡码头

1937 年以前，厦鼓轮渡以小舢板为主要交通工具，少数外国人以小汽艇过渡。1937 年厦门工务局与上海明昌铁器公司签订合约，由该公司在岛美路头（现中山路出口处的海关旧码头）承造厦门轮渡码头浮船，同年 10 月正式启用，厦鼓轮渡正式通航。

从 1984 年开始，为提高厦鼓主航线航班的准点率，厦鼓两站趸船设置标准钟，经改造后增设自动报时装置，改变过去人工按铃的落后操作方式，提高航时航班的准确率。同时，改进趸船的开关门系统，安装光电计数器，形成自动报时，采用光电计数自动控制系统，在客流达到渡轮载客定额时，趸船门自动关闭以防超载；在客流少而航班时间已到时，报时器则自动响铃报时关门，防止航班延误。

1992 年 12 月，轮渡公司以横向联合的方式筹资，对厦门主码头趸船实施改造。由江西九江造船厂承造 1 艘长 46 米、宽 12 米、高三层的超长水泥趸船，12 月 27 日完成后正式投用。新趸船采用四条双通道引桥与陆域连接，增大引桥上下输送旅客的能力，宽大的底层平面为候船提供较好的空间，并将码头的靠泊能力从 200 吨级提高到 500 吨级，为轮渡的发展提供良好的基础硬件，特别是二层以上的黄金空间，更为轮渡的多种经营提供良好的场所。

1995 年 1 月 20 日，轮渡公司以出让限时广告空间形式，筹措资金 30 多万元，完成厦鼓二站趸船、引桥的栏栅、椅、门的全部不锈钢化改造。至此，通过大量资金的投入，厦鼓主航线的设备设施日臻完善，为轮渡的安全生产和优质服务奠定良好的硬件基础。至年底，轮渡公司共有大小船只 22 艘（其中快艇 8 艘），总载客位 6194 位。2008 年，拥有 15 艘大型轮渡船，全年客运总量 1984 万人次。

（6）同益码头

位于厦门西堤北端海岸，是厦门港首家中外合资兴建的码头，1984 年 11 月开工，1988 年 7 月竣工。码头长 90 米、宽 8 米、引桥长 189 米、宽 5 米。码头占地面积 3710 平方米、堆砌 2594 平方米，靠泊能力为 2 艘 3000 吨级船舶。2000 年开辟车渡码头，开往漳州开发区益达码头。

（7）厦门国际邮（游）轮中心码头（东渡厦金航线客运码头）

位于东渡港区南侧，原为东渡渔港，2005 年，改建成为厦门国际邮轮码头。可靠泊 14 万总吨级的大型豪华邮（游）轮。码头后方，建有国际游轮中心客运大楼，内有旅客出发厅、候船室、到达厅及口岸联检通道等完善设施。其外围造型华丽独特，被誉为中国最美丽的邮（游）轮码头。2008 年 6 月 28 日起，厦金海上客运航线厦门靠泊码头，由和平码头迁移至东渡厦金客运码头（厦门国际邮轮中心）。2009 年 11 月 23 日起，又开辟了厦台航线客运滚装码头，“中远之星”号滚装轮船驶离国际邮轮中心码头，直航台湾台中港。

二、港口航运设施

厦门港是我国沿海主要港口之一，是我国综合运输体系的重要枢纽，是国际集装运输中转港，是大陆对台湾“三通”的主要口岸。

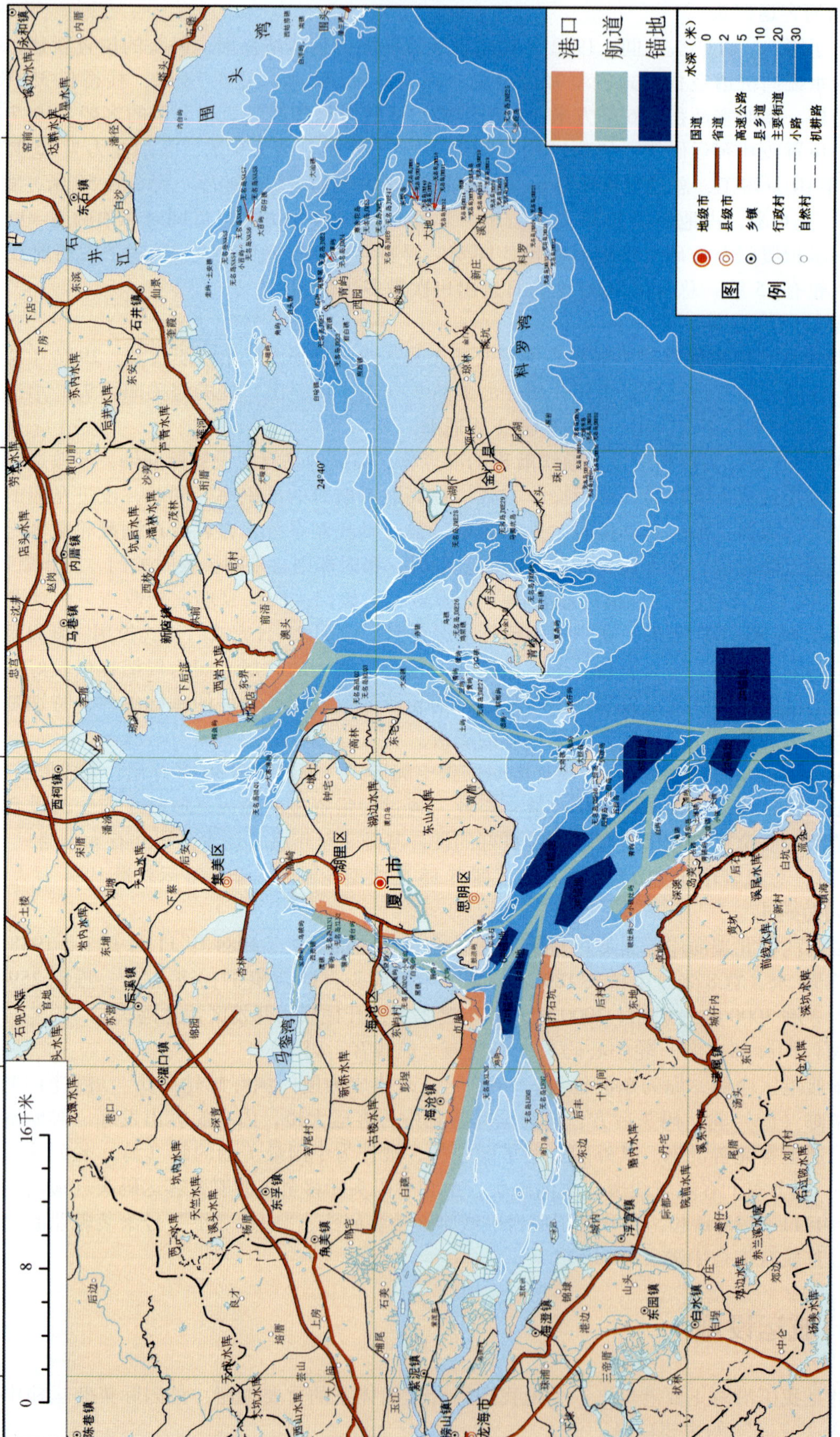

图 3-11-4　厦门港港口总体布局规划图（2006 年）

（一）港口区

目前，厦门港主要港区有东渡、海沧、嵩屿、东部（刘五店、五通）、和平客运、招银、后石、石码八大港区。其中厦门岛沿岸港区有东渡、和平客运、及东部（五通）港区。

1. 东渡港区

位于厦门岛西岸东渡岸段。宋、元、明三朝，均有政府设立的官渡，与西岸的嵩屿对渡，故称东渡。渡口有一条石砌的道路，路尽头的大石坡被凿成台阶作为码头，沿岸的牛家村澳就是停靠船只的港湾。清朝政府在这里设馆，称“排头门小口”，派专人稽查同安、南安、澳头、鼎尾各渡头来往货物，验明后给单，转报厦门关正口征税。

中华人民共和国成立后，厦门口岸吞吐量逐年增长，老港区已不能适应进出口货物的海上运输。1974 年，经省交通厅批准，筹建东渡新港区，第一期工程建 4 个深水泊位，1976 年正式动工。1982 年 7 月，2 个泊位试投产，利比亚籍 2.7 万吨级浪峰轮载阿根廷散装小麦 2.3 万吨，首次停靠该港区二号泊位。1984 年 12 月，东渡港区第一期工程 4 个泊位验收合格正式投入使用，工程总投资 2.5 亿元。

1986 年 4 月，国家计委批准二期工程建设项目建议书，1989 年 10 月东渡港区二期工程水工部分开工，1994 年 12 月竣工。东渡二期工程包括新建 4 个深水泊位，其中，3.5 万吨级集装箱泊位 1 个，年吞吐能力为 10 万标箱；2 万吨级件杂货泊位 2 个，设计年吞吐能力为 100 万吨。3 个泊位码头岸线长 703 米，前沿水深 12.2 米，工程结构为重力式实心钢筋混凝土方块结构。另一个 2.5 万吨级煤炭码头，设计年吞吐能力为 150 万吨，码头岸线长 270 米，前沿水深 10 米，工程结构为高桩梁板结构。东渡二期工程投资 5.8 亿元人民币，其中厦门市政府向世界银行贷款 3600 万美元。

1995—2006 年，陆续建成 12 个深水泊位（其中象屿保税区 4 个深水泊位专用码头）和一座可靠泊 14 万总吨级的大型豪华邮轮码头。至 2008 年，东渡港区拥有 30 多个生产泊位，其中万吨以上深水泊位 21 个。

东渡港区港口设施完善，是一个集装卸、中转、保税仓储、代理、驳运、工程、港机制造维修、港口服务于一体等客货兼营的散杂件、集装箱并重的多功能港区。是厦门港目前规模最大的商贸港区，也是国际旅游客运中心。2008 年共接待国际邮轮 71 艘次和国内外游客 7.47 万人次；完成货物吞吐量 2868 万吨，占全港的 30%，其中集装箱完成 241 万标箱，占全港 48%。

2. 和平码头客运港区

位于鹭江道堤岸一带，原名太古码头。清同治六年（1867 年），英商太古洋行在海后滩原岛美路头（现东海大厦）修建浮桥和趸船。浮桥长约 53 米，趸船长约 48 米，宽约 6 米。1932 年，太古公司建成两艘各长 64 米、宽 9 米的钢质趸船和 1 座长 21 米、宽 4.8 米的引桥，驳岸 1865 米，可泊 3000 吨级货轮。港区仓库建筑面积 7464 平方米，容量 1.53 万立方米。

1955 年，太古码头由福州港务局厦门分局接管。1957 年鹰厦铁路全线通车时，终点直达太古码头货场，使该码头成为厦门市铁路、公路、水路货物转运码头。港区铁路两股各长 340 米，每天进出火车 6 列。1958 年，太古码头改为“和平码头”。码头占用岸线 200 米。有 3000 吨级钢质码头 1 座，由 1 个 7 米×64 米和 1 个 11 米×100 米的趸船组成，吃水 0.7 米。两条趸船中间有 1 座 24.3 米×4.8 米的钢架引桥联系。码头前沿水深 7 米，可泊 5000 吨级货轮或 6400 吨级客轮。陆域纵深 40～50 米，有双层仓库 1 座，建筑面积 5800 平方米，有效面积 4800 平方米（净高 3.05 米）；由货棚改建成的仓库 1 座，有效面积 1500 平方米；普通堆场 1 座，面积 1248 平方米。1980 年，在二号泊位安装 1 艘长 100 米、宽 11 米、深 2.05 米的趸船，作为客轮专用码头。原仓库的第二层改建为候船室。1988 年 1 月，和平客运码头完成扩建（改建）工程。1 号泊位由原来的 64 米长趸船更换为 100 米趸船，并增建撑杆墩 1 座。1988 年 12 月，3 号泊位新建工程完成，建成钢筋混凝土平台 4 个，长 118 米、宽 23 米，面积 2460.5 平方米；新建栈桥 1 座，长 22 米、宽 7 米；新安装钢质趸船 1 艘，长 120 米；完成 37 根灌注桩。自此，和平码头成为万吨级客货运码头。2003 年作为厦金客运码头，2008 年 6 月厦金客运码头迁至东渡厦门国际邮轮中心码头。

3. 东部港区

由同安湾北岸（属大陆）刘五店码头作业区和厦门岛东北端五通码头区组成厦门港东部港区。其中，五通厦金海空联运码头位于厦门岛的东北端的五通（码）头。宋代设五通码头，新中国成立后改建为石砌階状码头。2008 年建成 3000 吨级码头 1 座和 1000 平方米候船大厅。设计月客流量 5 万人次。8 月 31 日正式启用为厦门“小三通”专用客运码头，目前五通码头开往金门水头码头客运航班每天有 12 个班次往返，每天客运流量平均约 1800 人次。目前正在建设 9000 平方米新候船楼，完工时，五通码头候船楼建筑面积达到 1.6 万平方米，年保障旅客 70 万人次以上，均匀排班后可保证年 100 万人次旅客吞吐量。码头周边还将建设大型旅游服务中心。

（二）航道

厦门港进港航道自口外东碇岛附近 20 米等深线经青屿水道、至鼓浪屿西南海 2#灯浮附近为主航道，由主航道通向各港区等航道为支航道。

1999 年 10 万吨级航道一期工程竣工后，厦门湾口外至海沧嵩屿的博坦油码头 42.48 千米的航道底标高已达 -12 ~ -11.5 米、底宽 250 米，基本满足乘潮通航 10 万吨级油轮的要求。海沧港区支航道经 2000 年拓宽后，通航尺度已与主航道一致。东渡港区支航道猴屿东线航道、西线航道均已开通，至象屿码头调头区范围已按底标高 -10.5 米、底宽 200 米建设，象屿码头调头区以北航道底标高 -8.5 米。招银港区支航道底标高 -8.0 米、底宽 200 米。后石港区支航道也已开挖至底标高 -13.9 米、底宽 250 米。2006 年，厦门湾 10 万吨级航道二期工程竣工，进港主航道和海沧支航道浚深到 -14 米，航道底宽 300 ~ 350 米。厦门湾港口航道现状如表 3-11-19。

表 3-11-19　厦门湾港口航道现状

航道名称	起讫地点	长度（千米）	底宽（米）	底标高（米）	乘潮水位 2 小时（米）	通航等级	
						不乘潮	乘潮
厦门湾主航道	东碇岛附近—海 2#灯浮	40.3	350	-11.5	5.0	第三代集装箱船	10 万吨级
东渡港区支航道	海 2#灯浮—博坦油码头调头区	2.2	250	-12.0	5.0	第三代集装箱船	10 万吨级
	博坦油码头调头区—虎屿调头区	8.5	200	-10.5	4.6	2.5 万吨级	5 万吨级
	虎屿调头区—石湖山煤码头	1.0	140	-8.5	4.6	1 万吨级	2.5 万吨级
海沧港区支航道	海 2#灯浮—海沧港区	3.6	350	-14.0	5.0	第三代集装箱船	10 万吨级
招银港区支航道	厦 3#灯浮—招银港区	5.5	180	-8.0	5.0	2 万吨级	3.5 万吨级
后石港区支航道	厦门湾口灯浮—后石电厂煤码头	8.6	250	-13.9	4.3		10 万吨级

（三）锚地

根据《厦门港总体规划（2006 年）》，厦门港现有和规划等锚地共有 9 处，总面积 48.98 平方千米。各锚地分布及现状如表 3-11-20。

表 3-11-20　厦门港锚地状况

锚地编号	地理位置	面积（平方千米）	功能	现状
0#锚地	厦门湾口外东碇岛附近	1.77	10 万吨级海轮锚地	规划
1#锚地	浯屿东南侧海域	3.17	5 万 ~ 10 万吨级海轮锚地	现有锚地扩大
2#锚地	1#锚地主航道东侧海域	22.5	港外临时锚地	规划

续表

锚地编号	地理位置	面积（平方千米）	功能	现状
3#锚地	后石港区东北侧海域	5.95	临时防台锚地	现有
4#锚地	厦门岛东南侧海域	6.44	联检、引航锚地	现有
5#、7#锚地	招银港区北侧海域	2.94	危险品船舶专用锚地	现有
6#锚地	鼓浪屿西南侧海域	1.41	5万吨级海轮锚地	规划
8#锚地	大担岛群南侧海域	4.8	5万～10万吨级海轮锚地	规划

三、航行安全设施

（一）引航设施与管理机构

厦门港早期在白鹿洞竖一旗杆，以升旗作为船舶入港信号。清光绪三年（1877年）后迁移至鼓浪屿弥勒山（又称石窟山），通称升旗山、升旗台，后改为信号所。信号所发信号时要向海关报告该船种类、公司旗、船名、船籍，同时报告该船在港内的停泊位置或检疫信号、报告台风信号。根据海关指示通知各船停泊位置。

清同治五年（1866年），福建当局将全省引水主权交给由洋人控制的海关。同治九年，由海关总税务司规定厦门口的引水费率。同治十三年，海关总税务司公布《厦门口引水章程》，规定厦门口外口引水员18名，内口3名。引水界限分为内、外港。外港：一起自喽罗头至东碇至镇海；一起自头巾礁至屿仔尾。内港：一起自头巾礁至屿仔尾，一起自南日屿至厦门港。章程再次公布引水费率和移泊锚位费率。之后，海关总税务司又与各国驻厦领事重订厦门口引水分章《修正厦门口引水分章》，规定厦门口暂用华人16名为外口引水员，而关键的内口引水则由3名洋人担任。还规定引水船应漆成白色，船上用英文书写领有引水执照的黑字，再缝上用黑字写的“P”字标志，并写明引水船号数。除飓风天气外，必须有两艘引水船在厦门港外喽罗头、东碇、镇海一带巡视。规定还指出引水员不得在厦门或鼓浪屿经商或开设客栈旅店。清光绪三十二年（1906年），引水章程和引水费再次修改，并规定暂用引水洋人2名。

民国元年（1911）至民国15年规定，船舶进出港必须有领航人（引航员）。引航实行自由进出制，引水员由船主雇佣。雇佣时须向海关的海港办事处申请。当时，获得领航人职称的两名均系外籍人。领航费由海关按照登记的货物吨数收款，每吨收费白银一分五厘。抗日战争期间，对500总吨以上轮船进出港实行强迫引水。1947年12月，原交通部全国引水管理委员会闽浙办事处厦门分处移交广州航政局厦门办事处接管。1948年5月，成立广州区引水业务辅导委员会厦门港引水业务所。

中华人民共和国成立初，引水业务由福建省航务局厦门分局接管，并于1950年4月11日发布《厦门港船舶引水暂行办法》。后由港务局港务监督承担引航业务。从1976年11月起，执行交通部颁布的海港引航工作有关规定。引航员根据港口船舶进出量配备，厦门港引航站隶属厦门港务局，该站依据交通部颁发的有关法令和引航条例对进出本港的国内外船舶执行相关的引航任务。现有引航员14名，其中，高级引航员1名、一级3名、二级5名、三级5名。

厦门港引领船舶包括货轮、油轮、集装箱轮、旅游船、废钢船等。1985—1995年，共引领外轮8003艘次，外轮移泊541艘次；引领国轮5741艘次，国轮移泊503艘次。1995年引领外轮2179艘次，外轮移泊82艘次；引领国轮892艘次，国轮移泊39艘次。1995年12月1日晚，厦门港正式开放夜航。

2008年，累计引航9434艘次，其中夜航4146艘次，5万吨以上大型船舶3384艘次，10万吨以上超大型船舶640艘次，15万吨以上特大型船舶58艘次。

（二）航道设施与管理

早期厦门港口灯塔主要有4座，即北碇灯塔、东碇灯塔、大担灯塔和青屿灯塔。大担灯塔位于大担岛南端的东山顶，自清同治二年（1863年）起，由岛上寺僧每天夜晚于寺门口悬灯照耀，引导船舶航行。同治四年，厦门海关（洋关）接收大担灯塔，改建新塔于岛巅，灯光高出水面300尺（约100米）。清光绪十四年（1888年）重新修造，灯头为六等透视镜电石闪光灯，每3秒钟闪白光1次。清光绪二十一年（1895年）移交海关。东碇灯塔位于东碇岛，建于同治十年（1871年），清宣统元年（1909年）重修。灯质为混合联闪一次加三次，白光，周期20秒。青屿灯塔位于青屿岛北坡，建于光绪元年（1875年），塔身为八角形，饰以红白相间直纹，为四等透镜一白二红弧形定光灯塔。北碇灯塔位于北碇岛，建于光绪九年（1883年），内置头等透镜二红二白弧光明灭相间灯，设有六芯灯头，灯光高出水面约49米，1913年改装成煤油蒸汽灯。至1933年，厦门沿海及港区航道上共设有灯塔与灯号16个，浮标49个，标杆18个。

厦门解放初期，航标管理由交通部上海海务处厦门分处负责，该分处成立于1950年8月，后由于形势和战备需要，海上航标由驻厦海军接管。厦门港、九龙江以及晋江通海航道由厦门港务局负责管理。1958年港航合并，全省的近海港湾及内河航标统一由省航运管理局管理。1963年，厦门航标站成立，按照《内河航标规范》要求，对厦门地区的航标进行规范化管理。至1964年，厦门港电气化岸标设置里程75千米，其中，设有不发光岸标35座、发光岸标21座、发光浮标3座；电气化水标设标里程为15千米。

厦门内港的航道航标，原由福建省航管局厦门分局航务工程大队管理。1979年成立福建省航道工程处厦门航道段，下设霞浯航标站，配有航标艇1艘，管辖厦门内港航道4段及航道内所设航标。

厦门航道段管区内（海）航道（由厦门至下潭尾）总里程110千米，航标45座，分设于4条航线：厦门至安海水头航线，全长75千米，配布航标33座（灯桩20座、灯浮1座、立标11座、浮标1座）；厦门至海沧航线，全长15千米，设置航标5座（灯桩1座、浮标2座、立标2座）；厦门至马銮航线，全长15千米，设置灯桩2座；厦门至同安下潭尾航线，全长30千米，设置航标5座（其中灯桩1座、立标4座）。

1980年4月，交通部上海航道局厦门航标区筹备处成立。厦门港航标业务由驻厦海军移交该处管理。根据交通部指示，对厦门港及九龙江通海口航道上的标志实施改建，使厦门海区水上航标制度与国际标准达到协调统一。

1983年，原由海军管理的航标全部移交，由交通部上海航道局厦门航标区管辖，共有海上干线各种航标106个（含平潭24个），并代管东渡港8个航标。同年11月，平潭24个航标移交福州航标区，同时正式接管东渡港8个航标。至此，属厦门航标区管辖的航标共90个。

1985年和1986年分两期改建33座航标，使厦门港航标达到A级规定，所有灯标的名称（如侧标、变方向标）、颜色（如侧标左红右绿）、灯光等质量均符合要求。

1987年1月，上海海上安全监督局厦门航标区成立。厦门航标区分管海区自莆田湄洲湾大殿屿至东山狮屿，分泉州、厦门、东山三段海上公用干线航标。所辖区内设置各种助航标志91座，有航标艇3艘，分别驻泉州站、东山站（暂靠厦门东渡），厦门站作为巡检、补给基地。航标区设生产调度、行政、物资、修理等机构。业务经费根据厦门海关上缴之外轮及国轮进出口船吨税，由交通部下拨，每年拨给人民币128万元。

至1995年，厦门航标区人员定编94人。内设机构有办公室、财务科、导航科、机料科等科室；下辖泉州航标站、东渡航标站、古雷头灯塔站、镇海角无线电指向标站等单位。

（三）海损、海难救助

厦门海域较早发生的海难事故有：清光绪四年（1878年），厚生轮在厦门口北汀岛被撞沉。光绪七年和众轮在厦门口被英国军舰撞沉。此后，海难事故时有发生。1930—1933年，厦门海区轮船失事共57起。1934年失事的轮船有景隆轮、瑞华轮、源安轮、隆盛轮等。1947年3月18日，招商局的海闽轮由厦门开往上海途中，与由福州开往台湾的海军军舰伏波号相撞沉没。

厦门解放后，厦门市军事管制委员会于1950年4月制定《厦门市处理海事事件暂行办法》，并由厦门航务分局设立的海事仲裁委员会处理船舶相撞以及一切有关海事纠纷。

1978年底，国务院决定在厦门市设置海上救助站。1985年1月，上海海上救助打捞局厦门救助站正式成立，主要负责海难救助、打捞沉船物、清除碍航物体、水上水下工程施工和大型设施水上拖带和保障水上交通安全。救助海域北至莆田县乌丘岛以东，南至诏安县宫口头。1987年9月，福建省厦门海上安全监督局正式成立，管辖范围为晋江围头角至诏安宫口头。1979—1987年底，共救助打捞海难船舶92艘次（不含20吨以下船舶）。

1988—1995年，厦门辖区内共发生海难事故122起，沉船32艘，直接经济损失6400多万元。在各类事故中，碰撞占50%，触礁占29%，搁浅占11%，触损和火灾各占5%左右。厦门海上安全监督局担负辖区海上搜寻救助的组织、指挥和协调中心的任务。至1995年，共实施海上救助105起，出动船艇近百艘次，救起落水人员23人，救助船舶70艘次，接收处理遇险通信57次。

四、水利设施

（一）护岸工程

厦门岛经多次筑堤造地，陆地面积扩大10余平方千米。鹭江道筑堤工程始于1926年，至1936年才全部完成。从第一码头（船坞）至厦港电厂全长3020米，其中邮电局至妈祖宫码头一段海泥深达16.5～19.6米，1927年4月开始兴筑，后接连发生两次塌陷，损失20余万元，1931年承包给香港荷兰治港公司承建，工程费高达200余万银元。1937年虎头山脚堤岸部分崩塌，直到1953年才予修复。1980—1995年，西堤外侧、东渡港区、高崎港区及北部航空城也陆续修建堤岸。1996年以后，厦门南岸和东岸环岛路、国际会展中心、五缘湾、香山—五通岸段等先后修建护岸工程。

（二）供水设施

1. 发展概况

厦门淡水资源紧缺，历史上靠山的居民大都饮用井水和山泉，滨海地带居民饮用水则靠内地船运送淡水供应，每吨水的价格高达1～1.5银元。若遇风雨，水船阻航，即发生水荒。20世纪20年代末至30年代初，市区人口骤增，城市供水更日趋困难。1921年华侨黄奕住及绅商黄世金等共同发起募股筹资兴办厦门城市自来水，共集资110万银元，成立商办厦门自来水股份有限公司，这是福建省第一家由华侨占投资70%的私营公用事业。公司择定厦门岛东南部上里山区建设1座库容10万立方米的上里水库；在南普陀寺西侧的赤岭山巅建设1座日制水能力5000立方米的赤岭水厂以及相应的输水管道；在市区鹭江道建办公楼1幢。工程于1924年10月动工，1926年11月开始营业供水。

从自来水公司创办到厦门解放前夕，厦门市供水事业发展缓慢。除市区供水管道网增加25千米外，其他供水设施都没有扩大，年最高供水量仅为94.45万立方米，日均供水量2615吨；水库库容小，水源不足，遇到旱情即告“水荒”。1949年严重干旱，水库面临枯竭，市区每天仅放水15分钟。当时形容自来水是“水血”。由于供水设施规模小，且水价昂贵，广大居民难以用上水，供水普及率很低，全市仅有3222个水表户。

厦门解放后，在市政府的重视下，多次投资扩建自来水供水工程，以满足社会主义经济建设发展和人民生活不断提高的用水需求。

1958—1965年，第一次扩建，使水库的蓄水能力提高45倍，水厂的综合日供水能力增至5.5万立方米，为扩建前的11倍，供水管网达108千米，为扩建前的2.6倍。其中主要项目有：1959年10月建成石兜水库（以后连同下游的坂头水库统称坂头水库），1961建成莲坂和杏林水厂。1962—1963年夏，厦门市发生60年罕见的大旱，因水库和水厂的投产，避免了一场大水荒。

1966—1976年，期末年供水量虽增加到1966年的1.3倍，但城市供水设施增加供水管道7千米，每年都发生不同程度的供水紧张局面，城市水的供需矛盾十分突出。

1977—1985年，第二次扩建，包括：扩建莲坂水厂，日制水能力从2万立方米提高到5万立方米；加固加高坂头水库大坝；新建坂头至集美的钢筋混凝土管（直径为1.2米）13.7千米，作为城市专用管道；在杏林湾建设三级农泵站，增加水库优质水源供应市区用水；新建日抽水11万立方米的集美水源泵站和输水管道，使水库水通过管道并经水泵抽送入岛到水厂；在岛内北部新建日制水能力为6万立方米的高殿水厂；在市中心新建库容5000立方米的调节泵站及相应管理站，以调节市区高峰用水时间的水量和水压的不足。

1986—1990年，第三次扩建，国家投入4400万元资金，扩建高殿水厂，使其日制水能力从6万立方米扩大到18万立方米，并相应配套建设输配水管网243.6千米，基本保证市区供水需求。

1991—1995年，第四次扩建，投资12亿多元建设特区供水工程：在九龙江北溪江东桥附近建设日取水52万立方米的取水泵站，铺设从江东到岛内全长39千米、管径为2米的钢管，把九龙江的淡水送至高殿水厂处理，并分二期扩建高殿水厂，使其日制水能力从18万立方米增至60万立方米。

1995年，市自来水公司拥有6个水厂，日综合制水能力达91.50万立方米，管道总长度921千米，原水管道的管径最大为2米，总长近80千米，供水管网管径最大为1400毫米，全部主干管网（管径300毫米以上）的总长近270千米。水表用水户100 780户，用水普及率达98.95%，供水区域扩大到80平方千米。自来水综合合格率达到99%以上，市区供水高程普遍提高8~10米。

2008年全市自来水综合生产能力达100万吨/日，供水管道总长2426千米，全年供水总量28 954万吨，日用水量平均值约为80万吨。

2. 供水水源状况

厦门淡水资源匮乏，供水水源全部来自岛外。目前供水水源主要有市域外的九龙江引水水源、同安区的汀溪水库和集美区的坂头水库。其中，九龙江水源占80%。规划新水源建设包括漳州市长泰龙津溪和枋洋水库，同安区莲花水库等。今后，还将坂头水库、汀溪水库、莲花水库贯通，使几个水库联网互通，形成循环供水网络，互为备用，互为调节，互为保障。今后城市生活饮用水以坂头水库（含石兜水库）、汀溪水库、枋洋水库等水源为主，工业生产及其他用水以九龙江引水为主；岛内湖边水库和岛外的竹坝水库，将作为应急水源。

3. 水厂状况

厦门岛内有水厂2个。

莲坂水厂，位于思明区莲花街道办辖区内。始建于1956年，1958年建成投产，日制水能力2万吨；后经1979年、1996年两次扩建，日制水能力达5万吨。主要为厦门岛东部地区增加供水压力。

高殿水厂，位于湖里区殿前街道办辖区内。始建于1983年，后经1987年、1991年和1995年等多次扩建，日制水能力达60万吨。它是目前厦门规模最大的水厂，承担厦门岛内90%以上的供水任务。

五、广播、电视和通信

（一）广播

1. 无线广播

（1）中波发射

1949年12月厦门人民广播电台开播，发射机房设在虎园路11号、18号（今厦门宾馆）的小山头，功率300瓦，频率1310千赫。1954年1月创建厦门实验台。1956年，厦门实验台迁至厦门大学海边的厦港机房（今部队干休所）。1958年12月厦门人民广播电台恢复无线广播，厦门实验台担负市台发射任务，当时的发射功率为1千瓦，频率为1110千赫，每天播音时间4小时55分，并用1千瓦发射机转播发射中国人民解放军福建前线广播电台节目（现改为海峡之声广播电台），频率为860千赫。1960年增加3.5千瓦发射机1部。

1962年，因战备需要，福建省713台（原厦门实验台）发射机房设备搬迁到后江埭80号新机房，于1963年3月开始播音。到1963年底，厦门实验台共有发射机32部，总发射功率17.36千瓦。1965年在后江埭机房扩建160平方米的发射机房。

1983年厦门201台的厦门机房新建1座2层楼房的发射机房，购进1部10千瓦中波频调机，1986年元旦起发射厦门人民广播电台的节目，频率为1278千赫，原7.5千瓦机1107千赫仍承担发射厦门人民广播电台的节目，但不公开报频率。1991年订购1部10千瓦中波屏调机，于1991年12月厦门经济特区成立10周年之际播出，频率1107千赫。至1991年底，厦门人民广播电台总发射功率达20千瓦，扩大了覆盖面。

20世纪90年代，随着特区经济的发展，201台的设备也不断更新、改造。1991年厦门机房进行天馈线改造，木杆天线全部更新为铁塔，改善了发射效果。1994年4月监测站收测表明，5个中波频率（含1107千赫、1278千赫）可覆盖厦门市区、同安县及漳州、泉州沿海地区，有效覆盖距离为80千米。

（2）调频发射

1987年，狐尾山电视发射台购进1千瓦全固态调频发射机。同年10月开始试播，转播发射厦门人民广播电台的调频立体声广播节目。1988年购置直径6米的卫星接收天线，接收KU波段的中国国际广播电台的英语节目。1993年11月厦广音乐台开播。1994年12月厦广经济台开播。1995年狐尾山发射台已播出5套调频广播节目，覆盖半径为60千米。

2. 有线广播网

厦门有线广播网1952年开始建设。1956年市区的有线广播喇叭从街道、公共场所迅速进入千家万户。1981年市区的有线广播发展进入高峰期，平均每两户就有1只广播喇叭。20世纪60—70年代，先后在厦门岛上建立黄厝、曾厝垵、香山等4个前沿广播站。在农户家里和广阔田间，群众到处可以听到厦门人民广播电台的广播。

黄厝广播站和曾厝垵广播站建于1966年10月。黄厝共架设25瓦高音喇叭20只，村民住家的低音喇叭100只；曾厝垵有25瓦高音喇叭16只，低音喇叭126只；广播扩大机功率为1.1千瓦。香山广播站建于1967年初，有25瓦喇叭116只，15瓦喇叭24只，150瓦远射程喇叭8只，低音喇叭1953只，覆盖前埔、何厝、五通、洪文、高林5个大队，扩大机总功率为9千瓦。

创办经济特区后，有线广播喇叭数在市区逐年下降。1984年下降至1.3万只，1990年剩下6000只。1992年7月厦门前沿广播站停播。

3. 广播现状

2008年，全市广播节目播出7套（含同安调频台），其中对外广播节目播出1套，为厦广闽南之声频率。全年公共广播节目播出时间3.82万小时，自制广播节目时间3.48万小时，购买、交换国内广播节目时间1982小时。中短波转播发射台2座，调频转播发射台3座（含同安调频台），中波发射机16部，中波发射机功率184千瓦，调频发射功率16.3千瓦。广播覆盖全市6个区、14个乡镇、275个行政村。广播人口综合覆盖率为98.68%。

（二）电视

1. 无线电视

1973年5月在万石植物园标本楼上安装厦门第一部电视差转机，同年8月移至东渡牛头山上海军信号台（差转功率为50瓦），主要接收二频道福州鼓岭的福建电视台黑白电视节目，差转八频道播出。1977年7月电视差转台移交厦门人民广播电台管理。同年9月，电视差转台从牛头山迁往狐尾山。1982年9月经批准建立厦门电视台。

2. 有线电视

厦门有线电视于1993年4月开始筹建。1993年9月厦门有线电视网络开通；1994年入网6万多户，基本覆盖市区；1995年开始向新开发区和郊区农村延伸。截至1995年底，厦门市有线电视终端用户达9万多户，城市入户率达89%，用户可以看到含厦门台在内的18个频道的电视节目。

2008年，市级电视节目播出5套，其中对外电视节目播出1套，为厦门卫视频道。全年公共电视节目播出时间为4.81万小时；全年制作电视节目1.94万小时，购买、交换电视节目时间1.80万小时。有电视转播发射台1座，发射机5部，发射总功率50千瓦；移动卫星转播车1部；卫星收转站3003个。有线电视总用户60.83万户，其中数字电视用户数为35.04万户。网络收入2.04亿元，增加0.62亿元。网络干线总长度2754千米，电视人口综合覆盖率为100%。

3. 电视产业情况

2008年共完成制作动画片10部，3361分钟。青鸟动画制作的《快乐精灵》被国家广电总局评为2008年度“优秀国产动画片”；《嘿！星星狐》获“2007年度全国动画精品”三等奖、“2007年度福建电视文艺”一等奖。3D动画片《阿酷海底历险记》获发行许可证，填补了福建省、厦门市3D动画制作的空白。“国家动画基地”落户厦门，形成一个相对独立、布局合理的影视动画产业发展园区，被国家广电总局授予“厦门动画产业基地”。

（三）通信

1. 市内电话

清光绪三十三年十二月（1908年1月），林尔嘉创办德律风公司，厦门开始有市内电话，是中国最早的民营电话之一。1922年，华侨黄奕住收购厦门德律风公司设备，筹设商办厦门电话股份有限公司。1924年1月完成厦门共电式480门工程，首次实现厦鼓通话。1931年5月，厦门市区市话容量从1200门扩充到1500门。到1933年10月，市区市话容量达到2000门，鼓浪屿400门，禾山100门，共计2500门，基本满足当时社会的需要。1946年4月厦门电气通讯股份有限公司由商办厦门电话股份有限公司收回续办，交换机容量1260号。

1950年底，市话平均用户1325户。1958年，杆路长度5.49千米，电杆总数4481根，架空明线长度1514条千米，电缆长度37皮长千米。至20世纪70年代，厦门的市内电话一直沿用新中国成立前的设备，仅有日式共电式交换机1260门、美式共电式交换机600门。

1978年12月厦门开通纵横制自动交换机3000门，实现市话改制。1983年1月纵横交换机扩容1000门，电话号码由4位数升为5位数。1985年1月，开通万门全数字程控电话交换系统，市区—鼓浪屿开通2兆字节/秒数字小微波作局间中继，厦门成为全国第一个拥有全数字程控市内电话网的城市，通信能力提高一倍半。年底，全市程控交换机总容量12 500门，实占容量6181门，全市市内电话杆路长度达174千米，电缆总长度329皮长千米。

1989年6月，20千米光通信系统终端设备割接正式投产，市话各局间首次采用140兆字节/秒光缆作中继传输，形成以3个交换局、4个模块局、4个农村交换点组成的厦门市话网，总容量达3.3万门，市话装机首次推出向社会公开批量放号。1992年11月，厦门市话交换网由单局制建成多局制，形成以市话二、五、六分局为网络汇接中心的本地网，全年完成装机达25 503部；敷设6芯单模光缆21.5千米，岛内安装开通厦大、杏林、集美、湖里、机场、海沧等140兆字节/秒光端机传输设备12端，市话普及率为每百人18部。1993年全市进入电话网数字化时代，岛内62%以上的住宅装上电话。1994年3月程控电话通达岛内每一自然村，本地网电话号码由六位升到七位。1995年全网话机普及率每百人43.4部，主线普及率17.67%，电话用户普及率每百户114.7部；城市话机普及率每百人66.4部，主线普及率28.20%，市话用户普及率每百户163.2部。

2. 长途电话

（1）有线电话

1925年，黄奕住筹资10万元，在龙溪（今漳州市）、石码（今龙海市）两地分别创办商办通敏电话股份有限公司。1930年，石码市话线路延伸到海沧，并从海沧的嵩屿敷设三芯水线到鼓浪屿，经鼓浪屿转接到厦门，1931年1月全线开通。通话区域从厦门和鼓浪屿至龙溪、石码、浮宫、白水营、浦南、天宝、靖城（今南靖）等地。1935年5月，龙溪—厦门线路收归国有，长途电话也收改官办。厦门电信局恢复设立长途台，开通厦门至同安、龙溪、晋江、福州等地的直达长途电话电路，并可接转各地。同年，完成以福州为中心的福建省长途电话网，干、支线十余条，其中福广线由福州架设双铜线经涵江、莆田、惠安、晋江、同安、厦门、龙溪、漳浦、云霄、诏安、汕头通广州。厦门的长途电话可以直达或接转省内外各地。1947年长途电话呼叫率达88%，位居全省前列；长途电话去话有效通话48 715次；增办福州—厦门、龙溪—厦门、厦门—晋江“特快长途电话”和“长途电话减半优待”业务，其业务量占全省总量的29%，列全省第二位。

1950年6月，修复高崎到集美的水线，恢复有线电路，开始形成以有线电路为主，无线电路为辅的通信。1951年2月，完成敷设鼓浪屿—嵩屿铠装电缆水线；3月开放厦门—南京电路，4月开办厦门—石码、汕头“特约电话”、“定时通话”业务。1952年厦门长途电话可通达省际39个城市和省内114个地、市、县。至1960年，电路总数为35路，其中二级省际电路3路、省内31路、市县1路；总数中有线电路22路，其中，载波14路、实线8路，直达电路有4路。

在20世纪70年代前，使用SAT三路载波电话机。1970年12月，开通12路载波电话机，至1979年长途交换机从新中国成立初的磁石2部增至9部，容量由20门增到280门。1979年开办至台湾“普通叫号、叫人”和“传呼电话”业务。

1982年初，长途台搬到地面电信大楼，至12月增装60路载波电话机，电路由35条增至64条，长途电话传输手段改为以电缆载波为主、个别明线载波为辅。1983年5月开通香港人工长途电话正式，长途进入全国自动交换网。1984年国内长途电话正式开办代号电话、特种电话、紧急调度电话、政务电话、普通电话、公务电话、业务电话等。

1985年1月，引进长、市合一程控电话交换设备割接投产，担负闽南三角地区长途汇接业务；2月开办全国第一家公众长途直拨电话业务，首通香港、北京、上海、广州、福州等几十个地区和大中城市。1986年厦门长途可直拨158个国家和地区。1989年2月实现彩色电视会议系统进行直接交谈。1993年10月长途程控交换总容量增至1.2万线，电路总数达6519条，共有电缆载波电路497条。1994年3月结束厦门地区长途电话全人工接续的历史。1995年8月，可视电话会议系统安装投产。

（2）无线电话

厦门开辟无线电话始于1946年6月，使用1部200瓦短波报话双用机，开通厦门—晋江—涵江超短波长途电话。1947年10月，开通厦门—广州、厦门—台北无线长途电话电路，并由台北转接基隆，每天通话2小时；11月6日，厦门—晋江无线长话改为有线电话。1948年3月，开通厦门—福州无线长途电话电路，11月开通厦门—汕头无线长话电路。12月开通厦门—台南等无线长话电路，每天通话1～2小时。1949年4月开通厦门—马尼拉、上海无线电话电路。

1949年10月24日，恢复开放厦门—上海无线长话电路；11月，恢复与广州无线电话电路。1950年8月，至汕头无线话路改为有线，取消无线话路。此后至1994年，由于有线长话电路逐年增开，无线话路陆续关闭或退出，改为备用。

（3）微波电路

1981年4月，福建省邮电局建设福州—厦门—漳州960路微波工程，12月开通试运行。1986年12月，在福、厦间增开话路和1个可视会议电话通道。1987年，厦门建立微波站，提供厦门、南京、饶平、潮州等12条电路。1991年11月，厦门—漳州模拟微波改成数字微波工程竣工正式投产。1995年，电路总数1170路，其中，省际60路，二级省内1110路。

（4）卫星电路

1993年12月建成厦门国内卫星通信地球站，总投资中的300万元由厦门市政府无偿拨款。首期开放北京、沈阳、上海、广州、成都、西安6个方向共270条电路。12月，增开厦门—上海—厦门各30条电路，1995年8月，厦门—广州停开。

3. 移动通信

（1）无线寻呼

1985年2月，引进人工坐席无线传呼设备1013台，10月人工第一频点开通，容量600户。1987年12月寻呼人工台取消。1989年8月“万门无线传呼系统”投入运行，总容量扩至2.5万门，同年启用自行研制的“126”人工服务系统。1990年，无线寻呼机号升为六位。

1991年10月9日，“128”自动系统投入运行，可以与原“126”系统兼容，用户可任选一种方式。1992年，无线寻呼发射机总容量达5万门，与香港移动通讯有限公司开放双向漫游业务；12月中文传呼台投入试运行，与数字兼容的中文显示寻呼机开始投放市场，交换总容量达7万门。1993年3月，开办香港—厦门寻呼机双边漫游业务；6月，开办寻呼机传送股票信息业务。1994年2月厦门加入全国21个省、市、区联网。1995年2月总容量达23万门，4月厦门市无线寻呼号码与福州、泉州同时由6位升到7位；8月总容量增至28万门。

（2）移动电话

1990年5月，厦门交换区首期引进该公司EMX-250模拟式蜂窝网移动电话系统、手机750部、车载机110部。1993年5月，移动电话首次办理国内18个主要城市人工漫游业务。1994年年底，有基站14个、信道930个、交换容量4.5万门。1995年模拟五期B对EMX－2500E进行扩容，扩大厦门移动电话覆盖面，移动电话号码升为7位，实现与全省、全国联网的省际自动漫游。年底，模拟移动基站25个，信道增至1575个，开载频达912个，交换总容量2.5万门。

4. 数据通信

（1）分组交换网

1991年12月，厦门没有节点机，交换端口安装在电台山，通过直达电路直接挂在上海局节点机上，先开通分组交换业务，用户14户。同年，福州组建分组交换应急网，厦门设1个节点交换机。1992年11月，端口容量为128个，开通省际1路、省内6路和23条分组网交换节点64千比特/秒中继电路，用户有22户。1993年3月，省分组交换网厦门站新增湖滨北路节点机1套，配置128个端口。厦门设网管中心，对全网实行集中管理，设备安装在湖滨北路、新华路、湖里、东渡、厦大、海沧、杏林、鼓浪屿和同安等站点，计556个用户端口，用户增至37户。1994年5月，交换网二级省际的达到2路，省内的12路，市内的15话路，共29路，各点连接继续采用G.703电路；8月，省网第一次扩容，厦门分组交换本地网同时建成，增加端口922个，达1564个。1995年，厦门用户增到366户。

（2）数字数据网

1993年7月，开始筹建厦门本地数字数据（DDN）网，设9个节点、容量600个端口，10月竣工，年底投产。1994年7月开通厦门—上海DDN电路，拥有用户178户。1995年1月，本地DDN网第二次扩容，3月厦门灿坤公司由DDN电路经香港转接与台湾总部专线开通，开通省内第一条经香港至台湾的DDN电路；10月开通DDN话路420路，有用户807户。

（3）互联网

1995年8月，中国互联网在福州、厦门、泉州各设1个节点，三点成网状连接，中继速率为64千比特/秒，翌年4月，厦门市加入中国互联网。

（4）3G网络

2008年，在厦的中国移动、中国联通、中国电信三大电信公司启动3G网路建设，联通公司开工建设综合枢纽大楼暨对台通信出口局。

六、电网系统

（一）电力供应

清宣统三年（1911年），厦门陈祖琛发起集资银元15万元，由其子陈耀煌负责筹建商办厦门电灯电力股份有限公司（即厦门电灯公司），1913年厦门电灯公司第一台500千瓦汽轮发电机组投产发电。

1926年，厦门电灯公司1台1500千瓦机组投产。1934年，厦门电灯公司拥有装机容量3800千瓦，用户7000户。次年发电量1025万千瓦·时，最高负荷2518千瓦。1942年，厦港电厂3号1500千瓦机组被日本人拆卸。同年，敷设厦门至鼓浪屿海底电缆，但投产不到2年就无法使用。1945年厦港电厂停机7个月，仅有800千瓦机组勉强发电。1946年国家厦门电灯公司归还商办。1948年，供电量恢复到抗日战争前的最好水平。1949年10月国民党政府撤离厦门前夕，将3800千瓦机组全部炸毁。

中华人民共和国成立后，人民政府通过租用柴油发电机组发电和鼓励开办私营小电站等措施恢复电力生产。1955年重建的厦港发电厂1000千瓦机组投入运行。1957年，重新敷设厦门—鼓浪屿海底电缆。到1958年底，发电能力恢复到3800千瓦。

“二五”期间，厦门建设的莲坂电厂2500千瓦机组投产。1963年，莲坂电厂和杏林电厂的第二台机组和“702”电厂5台各200千瓦柴油发电机组建成投产。1965年，厦门发电装机容量达2.25万千瓦，供电范围扩展到厦门市远郊，售电量达4680万千瓦·时。

1976年，厦门建成的第一个110千伏变电站（东渡变电站）和泉州至厦门110千伏输电线路并网运行。1978年厦门市有变电站4座，主变压器容量5.22万千伏安，全市售电量1.78亿千瓦·时，人均用电量196.8千瓦·时，电压合格率80%。1979年，杏林发电厂1台2.5万千瓦机组并网发电后，厦门区域发电装机容量达到6.32万千瓦，年售电量1.98亿千瓦·时，人均占有电量215.5千瓦·时。

“八五”期间，厦门市新建、扩建并投产变电站13座，新增主变容量84.37万千伏安，引进外资兴建装机容量4.6万千瓦的永昌柴油机发电厂，1995年1月投产发电。“八五”期间自备电厂发电累计达到6.73亿千瓦·时，均占当年全市总用电量的10%，供电负荷最高的1995年达到43.15万千瓦；全市供电量1995年达到22.81亿千瓦·时。

2008年，全市用电量125.1亿千瓦·时，电网售电量118.5亿千瓦·时。全市完成电网建设投资14.8亿元，新增变电容量134万千伏安、110千伏及以上输电线路94.66千米。完成安兜变接线等改接工程。完成110千伏五通、岳阳输变电工程以及110千伏围里—县后线路、嘉园3号主变压器改接东渡变电站等线路工程。

（二）电网系统

至2008年，厦门市110～220千伏输电线路总长325千米，拥有2座500千伏变电站，13座220千伏变电站、52座110千伏变电站。厦门电网有三条2.2万伏进岛通道向厦门岛输送电力。第一进岛电力通道为单回线供电方式，从集美到高崎，终止岛内岸兜，其中跨海部分采用海底电缆，现在正在扩建，增加一回线海底电缆，电缆长4千米，无接头，安全性强，可降低海缆绝缘损耗50%、提高电容量8.5%。第二进岛电力通道为双回线供电方式，由海沧生活区往东渡方向，其中跨海部分（厦门西海域）为架空线。第三进岛电力通道为双回线供电方式，为海沧嵩屿至厦门岛西堤方向，双回线均由嵩屿电厂至岛内2.2万伏厦禾变电所，其中跨海部分（厦门西海域）为架空线。计划拟建第四条进岛电力通道，由翔安燃气电厂穿越翔安西线海底隧道至岛内五通。

2009年3月，厦门电网启动“配网自动化示范工程”，最终实现“不停电、少停电、快送电”的高效智能电网，为厦门老百姓提供优质电能。

七、市政基础设施

（一）城市道路

厦门有文字可考的街道始于明朝。“铁局顶”因巷边设铁局得名，在今瓮王巷；“黄厝巷”因黄氏宗族献地建“迎祥宫”称“黄厝宫”而得名；“傅厝巷”因巷内有明嘉靖年间诰封御史大夫傅琪之墓，故名；“北门外街”有1座明墓的墓碑上所刻“万历三年（1575年）冬吉日”和“中左所北门外街”等字样为证。

清康熙二十三年（1684年）后，厦门逐渐成为福建的对外贸易口岸，街道不断增加，从提督衙门到城南门的街道，宽十余米，人称“衙口街”。乾隆三十二年（1767年）版《同安县志》载，厦门的古街道有25条。至清光绪三十四年（1908年），大小街巷发展到220多条。

厦门的古街道大部分是粗打块石路面，少数是粗打条石路面和砂土路面。称“街”的宽3~5米，叫“巷”的宽2~3米，加上地狭人多，占路盖房时有发生，造成一些街道宽窄不一，甚至相差数倍，有些街道个别地段，路宽仅剩1米多。

厦门市的旧城区仅在厦门岛西南隅，东沿山，西滨海，北临筼筜湖，南止于厦门大学，略呈三角形。1920年年初，厦门道尹陈培琨、地方坤士林尔嘉等倡议开辟马路，成立市政会和市政局，开始厦门近代市政建设。同年12月开始从提督路头至浮屿修路，长700米，车行道宽9.1米，两边骑楼式人行道各2.4米，1924年3月起通人力车，1926年铺水泥路面。这是厦门第一条近代化马路，取名开元路。

1921—1926年修建的厦禾路、思明东路、民国路（即新华路）西段和思明北路均未完工。1927年，漳厦海军警备司令部司令继任市政督办，与堤工处会办，进行市区“四横一纵”（四横即厦禾路、大同路、思明东路至思明西路、中山路至中华路，一纵即思明南路至思明北路）五大干线的实测。下半年修竣民国路西段、思明东路、公园东路、公园南路。12月，修筑美仁宫至高崎的郊外路。1928年，五大干线厦禾路、思明东路、大同路、中山路和思明南路相继开工。1929年，筑成鹭江道一段堤岸路面、厦禾路西段、思明西路等7条马路。1930年，完成中山路、海后路等13条马路；1931年竣工的有鹭江道三段、四段、蜂巢山路、泰山路等25条；1932年建成嘉禾路等5条。1933—1936年，先后建设市区新路90多条，其中竣工的78条，长30余千米，面积23万余平方米。

日伪统治时期，1938年修筑自虎园路至南普陀环山风景路（即水交路），长4662米。1939年改建美仁宫至江头路段长5300米，路宽从11米拓宽为22米。新建寿山路，修筑公园东路和鹭江道路面，铺砌邮政码头路基，建造前埔桥涵。此后直至日本投降止，无其他市政建设。

厦门解放后，市人民政府组织群众，清除战争留下的垃圾，修补清理战争破坏的道路和下水道。1950—1995年，新建、拓宽改建道路、翻建、维修道路595.16万平方米，其中1980—1995年为391.17万平方米。至2008年，全市城市道路总长度1086千米，总面积2700万平方米，人均拥有道路面积12.59平方米。

（二）城市交通

1. 普通公交

1926年，厦门市区第一条可以行驶汽车的开元路竣工，马来西亚华侨黄晴辉与冯开让、薛煜添、方炳坤等8人集资1万多元（银元），购买2辆小型客车，开辟从美仁宫至江头的第一条公交营运线路。同年冬，成立民办全禾汽车股份有限公司，购买汽车共10辆，每辆载客定员25人。嗣后又添置汽车10辆，开辟5条市郊线路。

1929年7月，成立厦门市公共汽车公司，有客车16辆，主要营运美仁宫至南普陀、开元路至中山公园等4条线路，不久，全禾汽车股份有限公司与厦门市公共汽车公司合并，成立民办厦禾汽车股份有限公司，有42辆客车，合计6条营运线路，营业时间每日6~23时，各线每10分钟发车1次。另陆续开设21家经营出租业务的汽车公司和汽车行，营运线路基本覆盖全市主要街道。

1938年5月，日军占领厦门，厦禾汽车公司由日伪政权接管，有汽车14辆，其中客车5辆，货车6辆，小车3辆。客车都是货车改装的木质车厢，有南普陀线等5条营运线路，其中江头线每天有一辆过夜车，隔天早上由江头开回市内，同时还有小车出租。

1947年厦禾汽车公司复办，有汽车5辆，其中大客车3辆（载客定员30人）、小车2辆（载客定员10人）。翌年，厦门市有15家民办汽车公司，54辆汽车。厦门解放前夕，民办汽车行的部分车辆被劫走，部分机件损坏，市内汽车数量锐减，1950年，全市只有公共汽车2辆，营运线路15千米，年客运量5.8万人次，12月厦禾汽车公司恢复五通线通车。

1957年1月市公交公司成立，营运车6辆，1958年合计有营运车15辆，挂车80个。1980年起，先后兴建市区各线及近郊、远郊主要站点乘客候车廊。到1995年底，共建不锈钢广告式候车廊85座，车站8个，总占地面积3.17万平方米，公交总公司投入营运的车辆共有389辆，其中单车129辆，铰接车165辆，双层巴士22辆，小巴士73辆。2008年年底，实有公交运营车辆2478辆，出租车4233辆。并加快智能公交系统建设，完成700多辆公交车车载GPS终端设备安装。

2. 快速公交（BRT）

2006年6月厦门市开始谋划建设BRT，2007年9月开工建设，2008年3月，建成BRT一期3条线路并正式通车。BRT一号线：起于厦门岛第一码头站，通过集美大桥，终于集美区厦门北站（新火车站），全长33.4千米，全程设25个站点。BRT二号线：从厦门岛机场站上集美大桥，沿海滨大道至同安区西柯枢纽站，全长15.3千米，设9个站点。BRT三号线：从第一码头站通过高架桥沿厦禾路、莲前西路至会展中心后至文兴东路，全线长18.7千米，设17个站点。

厦门BRT采用轨道交通运营模式，做到安全、快速（时速60千米）、便捷，配套20多条链接线及公交车。按照地铁交通的服务要求，不断充实内涵、拓展外延，以应对城市交通的发展和市民的需求。

（三）城市照明设施

1. 路灯

清道光十年（公元1830年），厦防同知许原首倡夜间在石上燃灯，是为厦门最早的路灯。1931年11月20日，厦门市区有了电灯，但路灯照明只限于几条大马路。

中华人民共和国建立初期，厦门市的路灯只有1000余盏，多为白炽灯。1981年5月路灯管理从市供电局划归市政管理处时，总盏数为2188盏，线路长76千米，发光率仅70%。随着特区道路建设的发展，路灯线路、总盏数逐年增加，同时采用高压钠灯、金属卤化灯等新型光源；埋设专用路灯电缆，安装专用变压器；启用光电自动控制开关及微机自动控制系统，路灯管理水平不断提高。至1995年底，厦门市共有路灯12 672盏，线路长达302.81千米，发光率98.81%。2008年共有路灯65 241盏。

2. 夜景饰灯

1995年，厦门城市管理办公室决定分期分批建设厦门市灯光夜景工程，在筼筜湖、鼓浪屿、中山路、鹭江道的建筑物、景区、道路、桥梁等场所及石鼓山立交桥、厦门大桥、高崎国际机场、烈士纪念碑等地设置用于美化、装饰、宣传的各种室外夜景饰灯。已建成的市政夜景饰灯工程主要有：湖滨南路夜景工程、厦门大桥夜景工程、石鼓山立交桥夜景工程、LED（发光半导体）夜景工程。

厦门2005年9月开始启动LED夜景工程，至2009年9月已完成五期建设。其中有中山路“百年老街、流光溢彩”夜景工程，嘉禾路“欣欣向荣、白鹭腾飞”，鼓浪屿“天风海涛、温馨家园”，筼筜湖滨片区“灯火流转、仙山琼阁”等LED夜景工程，展示了厦门城市的美丽和品位。

（四）供气设施

历史上，厦门岛燃料以木柴为主，绝大部分依靠漳州各县及同安等地船运而来，其次是木炭、草和少量来自汕头的煤饼。厦门沦陷期间，日本人曾从台湾基隆调运煤炭供应厦门电厂，而贫困居民只能以树叶、干树枝和海滩漂来的碎木片、杂草、树木等为燃料，一直持续到新中国成立初期。鹰厦铁路通车后，开始从陆路运来省内外的煤炭，供应市区工业和居民作燃料。1958年后，全市普遍使用煤炭，年供应量达13万~14万吨。1983年，市政府开始实施一手抓管道煤气，一手抓液化气供应的方案。2009年底管道煤气改成供输天然气。

1. 液化石油气

1984 年 10 月开始液化气试供应，首批用户 415 户。至 1995 年底已有用户 82 778 户（含鼓浪屿），厦门本岛内经营液化石油气的单位有华达石化工程有限公司，供应户数达 2002 户；鹭航石油气有限公司，供应 3412 户；厦门大学液化气站，供应户数 3012 户；港务局液化气站，供应户数 2857 户。

2. 煤气工程

煤气厂于 1987 年 9 月奠基，管道煤气工程于 1990 年建成。至 1995 年年底，共铺设中压管 37.714 千米，低压管 136 千米，调压站 21 个。

3. 天然气工程

从 2009 年 10 月 31 日起，华润燃气公司将厦门岛内划分为 21 个片区，逐片进行管道燃气置换天然气工作。至 2009 年 12 月，厦门市管道燃气用户 26 万户，其中岛外 7000 多户。

（五）排水设施

1. 淡水排泄

20 世纪 20—30 年代，在修筑新道路时陆续修建各条道路下水道。将靖山路以北、思明南路下段（思明影院至中山路）及思明北路以东的污水排入筼筜湖；将思明南路和思明北路以西的污水排入厦鼓海峡。在建设中山公园时，利用岳前河、魁星河和盐草河等，建成面积达 4 万平方米的公园河；利用樵溪、水磨坑溪、带溪和双溪辟成 4 条下水道，集雨水、污水于公园河，经斗西大沟排入筼筜湖。1921—1937 年陈嘉庚出资，在厦门大学校区横穿大学路兴建东沟 850 米和西大沟 1100 米，排入厦门港海域。至 1940 年，有下水道 47 条，其中单向下水道 18 171.8 米，双向侧沟 15 808.8 米，计 33 980.6米。

从 1949 年 10 月厦门解放到 1952 年，厦门岛共新建下水道 8456 米。1953—1955 年，全市共新建下水道 2160 米，改建下水道 14 560 米，初步改善市内的环境卫生和市容市貌。1956 年，建设后江埭工业区下水道网络，新建下水道 2270 米。1957—1965 年共建下水道 10 460 米，改建 24 060 米。

厦门经济特区成立后，城市排水系统逐步实现管道化，新建由旧市区排经筼筜新市区的下水道和排洪沟。至 20 世纪 90 年代中期，形成西海域和筼筜湖两大排水系统和湖里工业区的下水道管网。至 2008 年年底厦门市排水管道总长度达 1655 千米。

2. 海水冲沟

1978 年，厦门市政工程处提出抽海水冲沟的建议，受到中共厦门市委领导的重视。选定镇海路西端海军码头和镇海路东端山上建抽水泵房和海水蓄水池。同年 9 月开工，从泵房至蓄水池挖埋直径 300 毫米水泥混凝土管道 1.1 千米（马路横穿使用钢管）。建设蓄水池长 50 米，宽 15 米，面积 1400 平方米，容量 2000 立方米，挡土墙 453 立方米。出水冲水管沿路面下埋设，设置 14 个闸门，分别设在思明南路、四仙街、盐溪街、同安路、公园南路、古城东路、中山路、新华路、故宫路、大同路、思明东路。1979 年 11 月竣工，1980 年安装机电设备。海水冲沟工程在全国尚属首例。

另外，建设与蓄水池配套的“厦门海水游泳池”，于 1981 年 5 月正式对外开放。利用游泳池的海水可冲思明南路、思明北路、四仙街、中山路上段、盐溪街、思明东路、同安路、公园东路、公园西路、公园南路、斗西路、古城东路、故宫路、幸福路和大同路等 27 条路段的下水道，长 8.65 千米。海水冲沟后，下水道的大部分寄生物、虫害的繁殖得到抑制，成蚊率明显下降。

八、生态建设和环境保护

厦门是中国东南沿海著名港口风景海滨城市，素有“海上花园”之称。改革开放以来，市区实行机动车禁鸣喇叭，城区禁止燃放烟花爆竹，开展市容环境卫生、海岸带及风景资源保护等专项治理，开展筼筜湖综合治理，对污染源企业实行限期整改、搬迁改造等措施。集中式饮用水源水质达标率

100%；城市生活垃圾无害化处理率96.9%；工业废水排放达标率为99.8%；工业固体废物处置利用率94.9%。先后荣获了国家卫生城市、国家园林城市、国家优秀旅游城市、全国环境保护双达标城市、联合国最佳人居奖、国际花园城市和首批全国文明城市等称号，城市功能更加完备，投资环境更加优化，位列全国首批投资硬环境40优城市，2005年和2006年连续两年被中国社会科学院评为中国200个城市综合竞争力第九名。

（一）生态建设

1. 园林

（1）中山公园

位于市区东北隅魁星河一带，东侧连蓼花溪、妙释寺，西濒魁星河至草埔尾，北接溪岸，南临靖山麓接道尹署（今市图书馆）。初建时，东西宽约320米，南北长约650米，面积20.8公顷，1985年尚有13公顷。崎山（又名魁星山）屹立园内。荷庵、盐草诸河袅绕西北。园东有溪塘、蓼花两溪，园北有妙释寺、荷庵、功德寺、东岳庙古刹4座。始建于1927年秋，1930年竣工。

1949年11月20日，厦门市人民政府接管中山公园。1950年3月在园内建立第一、第二苗圃。1956—1958年维修中山纪念碑。1958年修建花展馆。1959年建北门桥、喷水池、蔷薇亭等。1967—1969年，中山公园南半园大部分设施被破坏。1970年被夷为平地的南半园新建人民广场。1971年建72米宽的司令台1座，并改建花展馆和动物园北侧的灯光篮球场。1977年建影剧院1座。1982年建儿童乐园和游乐室及儿童娱乐设备，占地5000平方米。

1983年，重建三牌楼南门1座，在原南门纪念碑旧址修建假山水池、儿童戏水雕塑1尊，在魁星山脚新建冰厅、茶室、曲桥、水池、廊、亭等，名为“逸趣园”。1985年9月7日，辟为厦门市老人乐园。同年，在儿童乐园西侧建大型电动“旋风机”及“动物狂欢”机各1座。此外，在南园东侧建新颖的混凝土竹亭1座，两层冰厅1座以及新晓春桥，改建过桥1座和重修魁星山登山道路。1985年，在南园正中树立1尊孙中山先生铜像。同年，公园内重新恢复和增加服务项目，开辟游艇活动。扩大盐草河河面，进行大规模园内绿化，南园东侧植竹，南侧植鱼尾葵及芒果树等。经过复查，公园占地面积13.85公顷，水面2.48公顷，绿化面积达9.18公顷，其中开放式草地3.95公顷，建筑及道路占地2.19公顷。2009年，对小湖水体循环处理，启动截污工程，并种上荷花。

（2）虎溪公园

位于厦门岛东北隅，紧靠市区，约占山地11公顷，是座自然景观的公园，为万石山风景名胜区的组成部分，历代均有维修。清康熙年间，元飞和尚应福建水师提督吴英之请来厦主持该寺，重新募建大雄宝殿，增建垂云楼、大悲殿、一啸亭、伏虎洞。厦门海防同知又出资白银5000两，增筑准提阁、弥勒楼、供佛泉、飞鲸石、渡虎桥等景观。1927年，国民政府厦门当局筹资维修该园，历经9年建成1条通碧山岩登山道路，山顶建凉亭，山腰建苗圃和花圃。“虎溪夜月”为旧厦门的八大景之一，每年中秋节前后，入夜登岩观赏“虎溪夜月”胜景的市民，络绎不绝。日伪占领时期登山道路受到破坏。抗日战争胜利后重新修复，20世纪50年代仍有苗圃10多亩。1955年后划为军事要地。“文化大革命”期间，玉屏寺被拆，只剩残垣断壁。1984年，部队撤离。同年，佛教会由海外募捐款100万元人民币，重建玉屏寺。1986年园林局投资7.1万元修虎溪公园，重建登山路，维修旧亭和新建两层园亭1座。1990年以后，虎溪岩寺庙由市佛教会建设和管理。

（3）园林植物园

位于市区东南隅的万石山风景名胜区内，开辟之前就是一个自然风景游览区。1952年，为防止山洪和泥沙冲入市区，建成蓄水15万立方米的万石岩水库（又名万石湖）；1959年在湖东侧山坡建300平方米植物栽培温室1座；同年，福建省林业厅投资建设万石岩标本楼。1960年在水库上游建立花圃，开辟树木园，拟筹建植物园。1961年，建工部部长来厦门观察，确定在万石岩一带建设植物园。作为植物引种驯化和科研场所，并委托北京林学院园林系专家教授来厦协助规划和设计。1977年作家茅盾为“园林植物园”题写园名。该园以引种热带、亚热带园林植物为中心工作，到1985年，建园初具规模，引种植物4000余种，分别种植在松杉园、竹类园、棕榈苏铁园、兰圃、药用植物区、桉树区、多肉植物标本区、盆景园、引种驯化区、荫湿植物区和展览中心（即百花厅）等10个专门类区、园。南洋杉草地中有邓小平、王震、彭真种植的云南香樟树和南洋杉。草坪种有高丽芝草和阔叶结累草、假俭草等，面积1.1万平方米。植物园曾以仙人掌和多肉植物为代表，参加1987年北京全国首届花卉博览会，荣获优秀展品奖和布置一等奖。1988年3月以仙人掌和多肉植物60粒（株）参加在香港维多利亚公园举办的香港花卉展览会，荣获银盘奖和“奖状纪念”。

（4）白鹭洲公园

位于筼筜湖湖中部及湖滨地带，现有公园面积约40平方千米，是厦门最大的全开放广场公园，被誉为厦门城市的“绿肺”，更被厦门人亲切地称为“城市客厅”。白鹭洲公园由中片区、西片区和东片区3个片区组成。

白鹭洲中片区，主要包括中央公园、购物旅游城、摄影广场等。中央公园建于1995年，南临筼筜湖，占地6万多平方米。公园内有白鹭女神雕塑、广场鸽、榕树盆景以及由黄金榕树形成的数百米“黄金大道”等景致。购物游乐城位于中部东侧，建于1993年，占地3.25万平方米。摄影广场位于中部北侧，内有一栋摄影作品展示主楼。广场占地5万多平方米，由多栋钢、木、玻璃混合结构的小木屋及大片绿地组成。

白鹭洲西片区，是一座占地10余万平方米三面环湖的欧式台地公园，建于1997年。公园东部为下沉式音乐喷泉广场，厦门城市原点设置在广场前方；中部为园林绿化地，西部为水上广场。宽敞的广场，使它成为厦门举办大型群众文化活动的首选之地，每年都有近百场文化活动在此举行，元宵灯会及“9·8”焰火晚会更是盛况空前。

白鹭洲公园东片区，是一座以筼筜书院为主体的文化公园，2009年7月建成，是厦门第一座现代书院，由“讲堂”、“学堂”、“层廊”3个部分组成。为公益性的书院，定期开设国学培训，举办国学研究会，邀请国学专家到书院传道授业，增强书院的学术性；这里也是青少年诵读国学经典、学习书法和古琴的好去处。

（5）海滨公园

位于鹭江道轮渡码头北侧，原系露天咖啡馆、茶室，以及平民的木屋区，有碍市容观瞻。1956年，市政府批准辟为区级公园，园内铺植草皮，种植花木并建小亭和条石靠背椅，周围移植大苗凤凰木和木麻黄行道树，临海边筑石围栏。园内雕塑“海之恋”1座（1989年报废），有花坛、园灯、石桌椅等，园内种灌乔木346株，盆花1.5万盆和草坪4000平方米，绿化覆盖率达85%，日均人流量达万人次以上，是开放式公园。1991年3月建雷锋半身铜像1座，基座2米，像高1.5米。

（6）鸿山公园

位于思明南路中段左侧的市内滨海自然景区，为“鼓浪屿－万石山”风景名胜区的组成部分。1985年开工兴建，占地13公顷。在思明南路中段入口区兴建大门、围墙（旧的城墙）、售票处、山门、洞口和地下乐园、服务楼宇及阶台、花坛、广场、草坪等；西侧为入园区主体，经山门可直上鸿山寺访古。沿山门左侧登台阶上“嘉兴寨”，寨前开辟有林荫道、草坪，园内1.2千米山路已铺设石砖；该园建筑及道路占地1.1公顷。绿化面积11.83公顷，绿化面积占陆地总面积91.5%。1990年以后继续建有嘉兴亭、鸿山寺、织雨亭3座建筑，开辟376米环山公路北段，在环山公路铺上混凝土路面。1992年新建“延平郡王园”、“益寿堂”844平方米，建120平方米的“双忠魂”雕塑，扩大盆景园，收藏栽培盆景300盆园。

（7）嘉禾园

位于湖滨中路西侧、湖滨南路北侧，南与中山医院相靠，总面积为2280平方米。第一期工程1987年底完成。园面积1.67公顷。该园一度是以雕塑音乐喷泉为特色的园林，园中三拱门中拱高5.5米，跨度4米。两侧拱门高5.25米，跨度3.5米，组成几何图形。矗立在彩色音乐喷泉中心石座上的主雕

“嘉禾女”高7.2米，材料为泉州白岩石。另一座雕塑“白鹭女”，高3.2米，汉白玉材料，坐落在南侧水池石头上。1995年全园水面积0.07公顷，建筑及道路占地0.16公顷，绿化面积1.44公顷。植乔灌木684株，布置盆花2600盆。

（8）莲花公园

位于莲花新村二区西侧，占地面积为2.12公顷。1989年10月建成。园内景点有“芙蓉亭”80平方米及“藕香榭”两层100平方米，“叠水假山”1座。1990年，建高4米汉白玉雕塑“莲花女”，增设一些儿童娱乐设施。该园绿化面积达1.6公顷，树木花卉近万株，有特色的假槟榔10株成丛，还有白玉兰、榕树、木棉、凤凰木、扶桑、竹等。

（9）景州乐园

位于厦门岛东南隅黄厝，占地15万平方米，1995年下半年建成，是台商经营的休闲娱乐园区。乐园绿地面积10公顷，开辟景点8处，观赏游玩项目40多项。

（10）其他

金榜公园，位于万石山体的西部，与城市主干道厦禾路和鹰厦铁路厦门段相邻，南面与“万笏朝天”景区毗邻，是“鼓浪屿—万石山”风景名胜区的组成部分。金榜公园包括海滨邹鲁、石簇迷雾、翠谷浮香、古道春荫4个景区。园内有在鸦片战争中英勇抗击英国侵略军而捐躯的爱国名将陈化成墓园，辟有陈化成纪念室。总面积为48.16公顷。1995年初步建成对外开放。

南湖公园，位于湖光路与湖东路交叉口的西北侧，1995年1月建成。公园总面积为16.1公顷。分为管理区、老人活动区、青少年活动区、水上活动区、山地娱乐区（由外商承建），有篔筜春晓、曲水荷香、南湖秋月、坐石临流、四宜书院、平湖夜眺、鹭津渡舟等景点。

厦门烈士陵园，位于中山公园和万石植物园之间的厦门革命烈士纪念碑，1954年10月落成。占地2100多平方米，高24米，碑上镌有陈毅元帅手笔“先烈雄风永镇海疆”。碑座配置台基两层，外层台基40米，前后有数十级石阶通达碑的主体，全用精工雕琢的花岗石砌成。碑座、碑顶分别雕以海浪和白云。碑的后面是圆形陵墓。1955年春季种植木麻黄200多株。在纪念碑右侧有1座“安业民烈士墓”，占地250多平方米，碑上刻有朱德委员长的亲笔题词“共产主义战士安业民永垂不朽”。墓地四周栽种蒲葵、龙柏、七里香绿篱等绿化植物。烈士陵园绿化面积2.47公顷。

此外，还有忠仑公园、仙岳山山地公园、狐尾山山地公园、东屏山公园及环岛路东环望海公园等。

2. 绿化建设

（1）道路绿化

厦门市原有道路由石板或碎石彻成，少有行道树。1926—1933年间，公园南、东、西路开始种植凤凰木100多株。厦门解放前，市区的行道树不超过200株。

1952年，厦禾路种行道树4000株，厦港种3250株，公园东、西、北路种561株，双十路种237株，其他路种1679株，全年共种1.11万多株，但成活率仅5%，实际剩500株左右。1960—1965年市区种植行道树1102株，1965—1970年种植1645株，1976年行道树发展至2.3万株，道路长度47.9千米。1983年有行道树2.73万株，道路长度49.15千米。

1984—1988年，开辟新市区，道路延长28.23千米，有16条新道路，种植新行道树8633株。其中，1983年开辟的湖滨南路（4.7千米）种植行道树芒果741株，红花羊蹄甲610株、七里香球1300丛。1984年新辟湖滨东路3.03千米，种植菩提行道树168株。1985年开辟湖滨西路1.6千米，种植行道树842株，湖滨北路4.9千米种植大叶榕282株及红花羊蹄甲202株。

厦门行道树种最早用凤凰木（公园东、西、南路等），部分用木麻黄（厦禾路）。后曾用银桦树作行道树。银桦树根是横向延长，入土浅，常常整株被台风刮倒，不适于推广。厦禾路段种植的石栗、双十路种樟树，上述两路行道树后也全部改换。人行道大部分种植红花羊蹄甲，1985年推广开小黄花的地被植物蟛蜞菊，也能覆盖行道旁地面，起到黄土不见天的效果。1990年以后，推广新的地被植物马缨丹，效果很好。

市区出岛的主干道——东渡路，长岸路，1983年道路建成后，立即投入绿化建设，行道树采用价值高的亚热带风光树种大王椰子，在6.7千米道路长度上，一色种植988株，在全国尚无先例。人行道种植芒果树1241株，道路中间隔离带绿化，种植七里香41 510株。道路两侧还种植西茉莉4577株，扶桑260株，地被植物有：马樱丹1600株、黄金叶1850株、马尼拉草2650平方米、福建茶590株等。

被誉为“进岛第一路”的福厦路（石鼓山立交桥至联检楼段）22千米道路绿化，打破以前单调的道路平面绿化形式，实现立体绿化、垂直绿化、低挡墙的层式绿化。机场口三角地带，建设永久性三角绿地，以红绿草立体绿化花坛，沿途建点缀的花架、花墙、立体花池等，使路与景观周围环境融为一体，绿地总面积7000平方米，由厦门市路桥建设投资总公司负责施工，1995年8月竣工。

1995年3月动工、5月竣工的市政府大道（北段）长1535米，种植凤凰木225株，大王椰子136株，九里香438株，地被植物：马缨丹9547株，太阳花4000丛，高丽芝草1289平方米。

1990—1995年，全市新增52条、段城市道路，总长109.34千米，绿化普及率达100%，道路绿化结构有很大变化，绿地比例明显提高，层次分明，植物景观丰富，雕塑、小品、图案式植物配置美观；湖滨南路行道树下配置五颜六色灯光照明，大大提高街道绿化品位，城市绿化骨架形成，园林化、现代化气息越来越浓。

（2）街旁绿地和小游园

街旁绿地是市民住宅和街道的过渡绿带。1950年逐渐发展起来。1985年前有街心小花园和小绿地15处，总面积15 677平方米。1985年市区发展到24处1.82公顷。1986—1995年新增绿地面积38.36公顷。

（3）居住区绿地

1986年起在新建商品房同时进行四旁绿化。湖滨北路住宅群绿地面积0.27公顷。湖里第一居住生活区（包括湖里公园）占地21.2公顷，到1988年已绿化7.62公顷。1989—1995年新增绿地面积22.87公顷。

（4）单位专用绿地

1975年，全市单位绿地仅种植4万多株乔灌木。1982年开展全民义务植树，单位绿地绿化得到推动。1984年单位绿化树木发展到16.54万株，花园式单位达到120个。1988年，全市单位绿地面积达342.31公顷。1995年增至564.54公顷。

（5）防护绿地

厦门岛东南公路，从厦门大学经胡里山、曾厝垵、黄厝至何厝、五通等前沿公路，在中华人民共和国成立初至1980年的30多年间，都被视为国防公路，公路植树具有防风和隐蔽军事目标的作用。1959年以来开展军民种植公路树活动。1988年，岛内郊区18条公路约150千米的绿化带，成林的公路树约有100万株，大部分是木麻黄、相思树和桉树。1995年，沿海防护林面积21.05公顷。

3. 自然保护区建设

（1）大屿岛白鹭自然保护区

1995年10月30日，福建省政府批准成立厦门大屿岛白鹭自然保护区，范围包括大屿、鸡屿的全部陆域和最低潮位线以上滩涂。两岛植被覆盖率均达95%以上，保证了白鹭种群的恢复和扩大，有效地保护了鹭鸟繁殖地。保护区内有白鹭属的大白鹭、中白鹭、小白鹭、黄嘴白鹭、岩鹭（后两个种被列为世界性濒危物种），五个种齐全。

（2）厦门文昌鱼自然保护区

1991年9月由厦门市人民政府批准建立，为中国唯一以文昌鱼为保护对象的自然保护区，位于厦门东部黄厝海域、大嶝西南海域、小嶝岛海域和鳄鱼屿海域，总面积58平方千米，其中黄厝海域为核心区，面积10平方千米。1992年，市人民政府颁布实施《厦门文昌鱼自然保护区管理办法》。

（3）厦门中华白海豚自然保护区

1997年8月由福建省人民政府批准建立厦门中华白海豚自然保护区，保护区的范围包括：厦门市管辖的全部海域（约300平方千米），金门岛至浯屿以西至九龙江海域及泉州市围头湾海域，总面积约为700平方千米。根据厦门海域开发实际情况，保护区设2个核心区，即厦门第一码头至嵩屿连线以北海域（厦门西港），面积3.5平方千米；五通、澳头、刘五店及钟宅4点连线的同安湾口海域，面积约2.0平方千米。保护区实行开放式管理，在核心区内船舶可自由通航，但船速必须在10海里/时以下，并禁止高速滑水等娱乐活动。

（4）厦门珍稀海洋物种国家级自然保护区

2000年4月经国务院审定批准，由原厦门中华白海豚自然保护区、厦门大屿岛白鹭自然保护区、厦门文昌鱼自然保护区联合组建为厦门珍稀海洋物种国家级自然保护区。

（5）鼓浪屿—万石山风景名胜保护区

1988年8月，由国务院批准为国家级风景名胜区。在厦门岛南部，总面积238.78平方千米，其中鼓浪屿1.78平方千米，万石山26平方千米，海滨、沙滩、岛屿和海域211平方千米，系以海洋为主、球状花岗岩为特点，山海交融、文化内涵丰富的风景名胜区，年接待游客规模约350万人次。

（6）国家海洋公园

2011年国家海洋局批准在厦门设立国家海洋公园，公园位于厦门大学海滨浴场与五缘湾之间厦门东部海滨地带，呈带状，以保护环岛路沙滩、五缘湾湿地公园为主，同时也通过保护性的开发发展滨海旅游产业。

4. 厦门海域生态修复工程

厦门海域生态修复工程包括厦门东南海岸沙滩修复工程、厦门西海域和东海域清淤工程、集杏海堤和高集海堤开口整治工程及中华白海豚基地建设等。于2006年开始谋划工作，2008年完成环东海域清淤5400多万立方米和观音山人造沙滩工程；2010年启动海堤开口整治工程。

5. 增殖放流活动

2001年在厦门海域开始实施中华鲟增殖放流活动。2005年开展了中国鲎放流活动等。2008年1月28日开始在九龙江鸡屿附近海域举行中华鲟增殖放流活动，共放流300尾中华鲟，放流的中华鲟为4~5岁龄、每尾20~30千克。

2010年4月22日分别在厦门旅游客运码头和九龙江口鸡屿海域放流108尾中华鲟，其中4尾由香港海洋公园保育基金赞助配上了卫星追踪信标，有助于研究人工饲养中华鲟的成长迁游到海洋过程，为有效地保育中华鲟提供科学依据。

此外，2008年和2009年8月，厦门市海洋与渔业局在五缘湾海域设放了12块人工鱼礁，吸引海洋生物栖息，改善海域生态环境。

（二）环境保护

1. 垃圾处理

1986年以前，城区生活垃圾大部分运销郊区农用，少部分就地填埋。1983年在黄厝修建占地3000余平方米的垃圾填埋场，开始填埋垃圾。1986年6月又修建厦门高崎垃圾填埋场，该场可填垃圾面积计15万平方米，容积约91万立方米。投入使用以后，按卫生填埋标准，垃圾填层达到一定厚度时，以石灰、黄土覆盖压实，每日喷药消毒。1989年、1991年，黄厝、高崎垃圾填埋场分别封场。1991年建设前埔垃圾高温堆肥场，厦门岛城区日产300余吨垃圾全部运往前埔垃圾高温堆肥场处理。2008年，厦门城市生活垃圾（收集—压缩装运—焚烧—发电）产业链及垃圾减量化、资源化已初步形成。后坑垃圾焚烧发电厂已进入运行，累计焚烧垃圾6.2万吨，发电935万度，无害化处理率达97%。

2. 污水处理

1989年以前，厦门岛内的污水通过大大小小等各种下水道，与雨水混合汇入排洪沟，流入筼筜湖，或直接排入海中，严重污染了筼筜湖水体。1989年以来，先后建成了3座污水处理厂及40多个小型污水处理站。2008年，厦门污水处理率达96.45%。

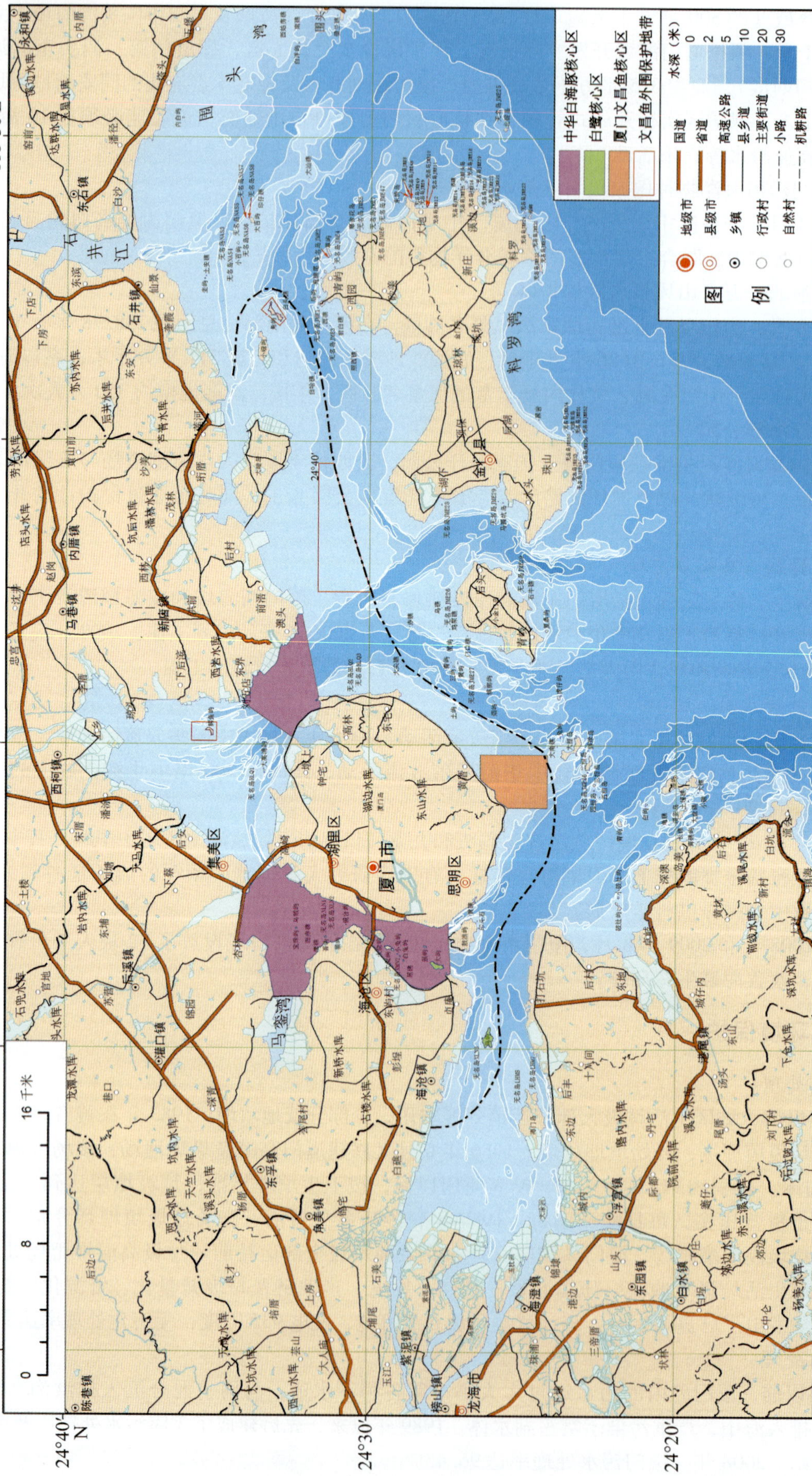

图 3-11-5 厦门珍稀海洋物种国家级自然保护区概位图

(1) 厦门污水处理厂（筼筜湖南岸污水处理厂）

位于筼筜湖南岸筼筜湖西南角滩地。1986 年 9 月动工，一级处理设施于 1988 年 5 月完工，1989 年 2 月投入试运行；二级处理工程于同年 5 月完工，7 月投入全负荷运行。服务面积 12 平方千米，承接 20 余万人口的生活污水和 200 余家企业排放的工业废水的截流处理。设计能力为一级处理 13.4 万吨/日、二级处理 3.7 吨/日，设计进水水质晴天五日生化需氧量含量和硫化物含量均为 250 毫克/升，雨天五日生化需氧量含量为 200 毫克/升、硫化物含量为 500 毫克/升，二级处理后水质五日生化需氧量和硫化物含量均小于 30 毫克/升。

厦门污水处理厂已建成 12 千米的管道系统、4 座泵站，拥有各类大型设备 85 台和先进的分析仪器，并拥有自行设计、自行安装、自行调试的微机监控系统。从开始运行至 1995 年底，设备使用完好率、运转率达 95% 以上，污水一级处理量累计约 1.5 亿万吨、二级处理量累计约 6500 万吨。二级出水水质平均值五日生化需氧量含量为 11 毫克/升、硫化物含量为 8 毫克/升，pH 值为 7.3，基本达到国家杂用水质标准。

(2) 厦门市污水处理二厂

位于筼筜湖西堤西面南端，规划用地 6.25 万平方米，首期用地 3.25 万平方米，承接筼筜湖北岸工业和生活污水的处理任务，设计能力为日处理 10 万立方米污水，采用加强一级处理、深海排放西海域的处理流程，排海泵房排水量为 15 万米^3/日，海洋放流管全长 1472 米，预算总造价 5200 万元。

厦门市污水处理二厂一期工程于 1992 年动工，至 1995 年底，完成一级处理设施和深海排放管道 1000 余米。1996 年投入运行。

(3) 前埔污水处理厂

2000 年建成投产。设计处理能力每天 10 万吨（远期规模每天 40 万吨），服务范围为南部从厦门大学、曾厝垵、黄厝到前埔，北部从航空城、吕岭路到莲前的厦门岛东部片区 56.38 平方千米，可服务人口 48 万人。2010 年开始改扩建，改造后尾水达到一级 B 标准。

(4) 推广小型污水处理系统（小型污水处理站）

至 2009 年底，厦门市已推广 40 余处小型污水处理回用项目。一个小污水处理站。可就地处理 1000 吨/日的污水，并变成可以利用的中水，就地用于水池养鱼或绿地。五缘湾社区将建设小型污水处理站。

3. 环境综合治理

(1) 筼筜湖综合治理

1971 年建成筼筜海堤后，筼筜湖变成封闭性的筼筜湖。由于大量工业废水和生活污水排入湖内，湖水遭受严重污染，湖中污泥淤积，湖水变黑发臭，水生动物绝迹。1976 年，厦门市政府及有关部门开始计划建立筼筜湖污水处理厂。1980 年省计划委员会批准立项。1982 年，福建省人民政府将筼筜湖综合整治列入厦门经济特区配套工程之一。此后，市政府委托有关单位勘察设计，多次组织专家、学者对整治方案进行论证、补充。1983 年 10 月，筼筜湖综合治理方案基本确定，分步实施，综合治理方案按五个环节进行。

控制污染源。根据 1980 年调查，有 113 家企事业单位将废水排入筼筜湖，年排放废水总量 630 万吨，其中 25 家工厂年排放量 407 万吨，占入湖废水总量 64.6%。1982 年开始对 25 家主要污染源进行限期治理。至 1990 年底，基本完成治理 14 家，部分完成治理 5 家，转产、搬迁、停产 6 家，其余的大部分医院、工厂也相继建成单位内部污水处理设施，新建、扩建、改建的企事业单位则严格按照“三同时”的要求施工，保证污水达标排放。

建立污水处理系统。在筼筜湖南、北岸分别建立两套污水处理系统，南岸污水处理系统由 16 千米截流管道、4 个提升泵站和 1 个污水处理厂组成；北岸污水处理系统由 19 千米截流管道、3 个提升泵站和 1 个污水处理厂组成。

清挖污泥。1984 年 11 月开始采用绞吸式挖泥船清挖湖中污泥，经过 2 年努力，内、外湖共清挖污泥200万立方米，扩大水面50公顷，增加容量198万立方米。

纳潮入湖，盘活水体。1989年6月开始实施纳潮换水工程，将原有4孔泄洪的闸门改造为一孔纳潮、三孔排水的方式，设置微机自控闸门启闭系统；在筼筜湖北侧修建长2600米、宽50～60米的导流渠，将潮水引至内湖湖东桥下，由内湖向外湖流动。工程于1990年6月竣工，每天可引入新鲜海水60万～80万立方米，有效地改善筼筜湖的水质，工程总投资约450万元。

修建护岸，绿化美化湖滨。筼筜湖综合治理工程于1990年基本完成。经1991年市环境保护局的测试和1992年、1993年国内专家的鉴定，认为该工程因地制宜，利用潮差纳潮入湖，技术上有所创新。工程施工后，有效地改善筼筜湖的环境质量，湖水水质达到国家地面水四类标准，基本恢复良性的生态循环，环境效益、社会效益和经济效益显著，治理技术、效果居国内领先水平。1991年，筼筜湖治理工程被国家建设部、国家环保局评为“全国城市环境综合整治优秀项目”，1993年被联合国环境开发署列为“东亚海域海洋污染预防与管理示范区”的示范工程。

1994年8月，筼筜湖综合治理二期工程开工。1996年12月，完成筼筜湖二期绿化工程。

2002年，全面绿化湖心岛（白鹭洲）。湖心岛由筼筜湖清淤弃土堆积而成。现种植了黄槿、榕树、马占、相思树等树木7000余株，并在岛周边种植了红树林。现在的湖心岛已成为厦门最大的白鹭繁殖地。高峰时，岛上的白鹭鸟巢多达数百个。

2001年5月，筼筜湖湿地红树林景观生态修复工程启动。2006年，筼筜湖导流堤红树林移植4000株，成活率95%。实施了筼筜湖北岸滨北2号、3号、18号排洪沟及乌石浦的截污工程，周边另10个污水截流工程也进入施工阶段。2007年开始试种红树林浮床（漂浮红树林岛）。目前，已建几十座漂浮红树林岛。

（2）湖边水库综合整治

湖边水库位于厦门岛中部金山南麓。1958年1月动工，1960年4月建成，水库坝高16米，长485米，顶宽12米，水库面积0.8平方千米，集水面积9.1平方千米。水库以提水灌溉为主，还可供应市区部分生活用水。有764亩水面可供养鱼。

综合整治前，水库污染严重，从2003年起就丧失作为水源水库的功能，水库水资源恶化。周边环境脏乱不堪，蝥虫肆虐。污染严重的湖边水库成为周边居民和政府部门的心病。2006年9月，厦门市委、市政府批准了湖边水库综合整治与开发建设方案。经过2年的不懈努力，2009年2月湖边水库综合整治工程基本完成。湖边水库为厦门本岛唯一的应急备用水源，为确保岛内居民用水安全，厦门市对湖边水库采取标本兼治的综合整治方案。综合整治工程包括水库清淤工程、库区截污、护岸工程、环湖绿化防护林工程、水库补水调水工程及水库周边环境综合整治等。

水库清淤工程。2008年12月完成清淤工程，采用干塘清淤法，共清除库底淤泥土石方140万立方米。清淤后，湖边水库的有效库容量由清淤前的351万立方米，增加到441万立方米。

库区截污和护岸工程建设。为彻底解决周边污水进入库区问题，2009年2月完成了沿水库周边建设总长近8千米的截污排洪箱涵及6千米长的护岸工程。通过截污涵道可将水库周边所有生活污水、工业污水引入附近已建成的市政污水主干管道。雨季来临时，初期雨水由截污涵道溢入水库补充水源。当水库水位超过警戒水位时，截污排洪涵道可将雨水引往五缘湾入海起到防洪作用。

水库补水调水。湖边水库的补水调水工程由两套系统组成，总设计能力日补水调水25万吨。该工程正在建设中，工程完成后，形成了“高殿水厂—湖边水库—莲坂水厂”的闭合回路系统，原水在这个回路中循环，成为流动、洁净的水源。当水库水位过低时，两泵站将九龙江北溪引水原水从水厂补充到湖边水库。一旦引水原水发生突然事故时，泵站又可将水库中蓄水抽调到水厂，可保障厦门岛内百万居民30天的用水需求。

营造环湖绿化防护林。在保护水源的前提下，以营造防护林带为主体，同时建设绿化景观走廊、休闲广场及景观小品等工程。环绕湖滨建设50～200米宽的防护林带，种植近1.2万棵树木，以常绿乔木树种为主，引进的植物种类约200种，形成自然生态的水源防护保护区，并设置强制隔离栏，有效地隔离人为污染。此外，在环湖绿化带精心设置了10处环境优美的步行道、自行车道供居民休闲活动。

第四节 经济基本情况

一、海岛居民生产活动

厦门岛是厦门市的行政、经济、文化等中心，2003年年底岛内19个村全部完成“村改居”工程，村民户口按其实际居住地变更登记为居民户口，组建社区居委会。现今厦门岛第一产业中，已无农业，只有少量林业和渔业（外海捕捞业）。

2008年，思明区三次产业比例优化为0.00∶16.49∶83.51，湖里区三次产业比例为14.8∶50.8∶34.4。显示2008年厦门岛内居民主要从事第二产业和第三产业，仅湖里区有少量居民从事第一产业。厦门岛内居民主要从事机械、电子、航运物流、房地产、金融与商务、软件与信息服务六大支柱产业有关的生产活动。

二、社会经济基本情况

（一）厦门市经济社会发展概况

厦门市经济社会发展历史，经历了四个时期。

1. 明清时期

明洪武年间（1368—1398年），朝廷在厦门岛上设卫所并建城。明末清初，航运业的发展，加速了厦门城市的形成，墟市、商铺、牙行、商行相继出现。到鸦片战争前夕，厦门已有30多条街巷、6万多人口，市区房屋建筑面积近20万平方米。鸦片战争后，厦门被辟为“五口通商”口岸，西方列强纷纷在厦门办教堂、开工厂、设洋行。与此同时，国内民族资本也有相应发展，一些新的商业区和居民点陆续形成，出现“商贾云集”、“市井繁华”的景象。到清光绪三十四年（1908年），市区街巷增至200多条，城市房屋建筑面积达155万平方米。

2. 民国时期

民国初年，市区局限于岛上的西南隅，总面积3.46平方千米，市区人口将近12万人，地狭人稠，生活环境极差。

1920年，厦门开始有史以来第一次旧城改造，得到社会各界，尤其是华侨的大力支持。到1937年，新修道路90多条，长40多千米，建成城市给、排水系统，兴建码头、公厕、公园等一批公用设施，城市垃圾粪便有专业队伍打扫和清运，市容市貌初步改观，开始显现出近代城市的雏形。到厦门解放前夕，市区道路仍以“一纵四横”为主干（即思明南路、思明北路及中山路、大同路、厦禾路西段、思明东路、思明西路），道路总长61.19千米，总面积49.7万平方米；下水道47条，总长33 972米；公共汽车2辆，营运线路15千米，年客运量5.8万人次；轮渡船3艘，营运航线0.5千米；年供水量84.16万吨，人均日用水量20.7升。

1928—1932年，为厦门城市建设高潮时期，市区新建民房5349栋（资金主要来源于华侨），市区住房建筑面积达343.8万平方米。一大批新楼房落成，市区面貌发生巨大变化。

3. 中华人民共和国成立后至改革开放前

中华人民共和国成立后，厦门人民掀起社会主义建设新高潮。但由于厦门特殊的地理位置，在海峡两岸长达30年的军事对峙期间一直作为“海防前线”，城市建设和经济发展受到很大制约。尽管如此，市人民政府仍挤出有限资金用于基础设施建设。1950—1952年，厦门市共完成基建投资343万元，房屋竣工面积4.66万平方米。在1953—1957年的国民经济第一个五年计划时期，全市共完成基建投资4362万元，除新建一批轻工、化工企业外，还建成高集、杏集两条海堤，使厦门由孤岛变为与大陆紧密相连的半岛。尤其是鹰厦铁路的建成通车，更为厦门的经济发展创造有利条件。从1958年开始的“大跃进”，使厦门基本建设迅速升温。在这期间，扩建新建后江埭工业区，建成冶金、建材、机械、化工、电力等一批工业企业，全市初步形成工业体系。“二五”期间，基本建设投资2.05亿元，几乎占同期财政收入的70%，比“一五”时期猛增3.7倍。大规模的基建投资，造成经济结构的失衡，加上受自然灾害的影响，国民经济出现严重倒退。1961—1962年，工农业总产值和财政收入分别递减29.4%、21%；基建投资递减63.6%，不得不进行为期三年的调整，压缩基建规模，调整工业结构。三年调整期间，认真执行“调整、巩固、充实、提高”的方针，全市基本建设总投资为4100万元，各方面投资比例比较协调。1966—1976年长达十年的“文化大革命”，厦门的建设事业再次受到严重挫折。社会秩序混乱，工农业生产下滑，十年的基本建设投资只有1.33亿元，且投资效果很差。1975年新增固定资产交付使用率仅为33.6%，比1965年减少53个百分点。“文化大革命”结束后，社会形势逐步好转，1977—1979年，基本建设投资达1.73亿元。但这种发展带有恢复性质，由于基础建设历年积累的“欠债”太多，城市面貌难有大的改观。

30年间，市区住房建设共竣工建筑面积仅有78.4万平方米。居民住房紧张，人均住房面积仅为4.1平方米。

4. 改革开放至2008年

1979年11月，中央决定在厦门设置社会主义经济特区。1980年7月，经福建省、厦门市协商研究，划定厦门本岛西北部禾山乡湖里大队2.5平方千米为特区范围。1984年3月，中央决定把厦门经济特区扩大到全岛（包括鼓浪屿）。1985年8月，又赋予厦门经济特区逐步实行自由港的某些政策。按照中央关于建立以工业为主，兼营商业、旅游、房地产等综合性、外向型经济特区的批复精神，厦门市制定了符合自身发展特点的经济发展战略和产业政策，大力引进外资，发展外向型经济。实施工业优先发展战略，形成以电子、机械、化工三大支柱行业为龙头，以新兴产业为主、传统工业为辅，高新技术产品与原有传统优势产品一起上，门类较为齐全的，具有一定竞争优势和地方特色的工业体系。同时，加快发展现代服务业，形成以港口辐射型的物流业、旅游会展业、商贸业及房地产业优势产业较为繁荣的第三产业。

2002年后，厦门市为实现海岛型城市向海湾型现代化城市转变和做大做强海峡西岸重要中心城市的目标，大力加快本岛产业转移和升级步伐，通过向岛外转移传统制造业，腾出本岛更多空间用来发展高端产品和总部经济，形成企业的营运中心留在本岛、制造环节布局在岛外的发展格局。近年来，随着海沧大桥、集美大桥、杏林大桥及翔安海底隧道等进出岛通道相继建成通车，岛内外一体化建设进程得到快速提升。主要成就如下。

经济总量迅速壮大，经济保持稳定快速增长。厦门市生产总值（GDP）从1978年的4.80亿元增加到2008年的1560.02亿元，年平均增长速度达17.1%，其中，只有1979年、1981年、1983年和1985年四年增长速度是个位数，其余各年都保持了两位数的增长幅度。全市经济发展最快的是“八五”时期，生产总值五年平均增长速度达到24.9%，比其他几个五年计划时期平均增长速度均高出近十个百分点。经过“八五”时期的快速发展，“九五”、“十五”以来，全市经济呈现平稳较快的发展态势。

经济增长质量持续保持较好水平。厦门财政收入总量不断扩大，2005年财政总收入和地方级财政收入实现“百亿元双突破”。全市财政总收入由1978年的1.54亿元增加到2008年的410.14亿元，年平均增长20.6%。2008年，厦门财政总收入占GDP的比重达26.3%；常住人口人均生产总值为62 651元；全市万元生产总值耗电802.01千瓦·时、耗水16.3吨；每平方千米土地创造生产总值9916万元、创造工业总产值1.93亿元。这些指标持续在省内乃至全国同类城市中保持领先水平。

产业结构不断优化，三次产业协调发展。第一产业经历了发展、巩固与优化调整的阶段，第二产业始终是厦门市发展壮大经济实力的强力支柱，第三产业则是厦门推动产业升级、提升产业发展水平的方向。通过工业的快速发展，带动第三产业，尤其是现代服务业的发展，提升第一产业，促进三次产业在更高层次上协调发展。厦门市三次产业结构由1978年的22.3∶56.7∶21.0调整为2008年的1.4∶52.4∶46.2，三次产业年平均增长速度分别是1.8%、20.2%和17.2%。

创新三农工作思路，农民生活水平大幅提高。1979—1980年间农村全面实行联产承包责任制，打破大锅饭，解放农村生产力，农村经济步入全面发展阶段。随着经济的发展，自给自足的农业经济向商品经济转化。副食品生产和乡镇企业得到大力发展，基本实现“服务特区、出口创汇、富裕农民”的农村经济发展目标。2003年出台《厦门市关于加快农村富余劳动力和农业人口转移的若干意见》，加大“三农”工作力度。农村劳动力向第二、三产业转移成效明显，自1997年以来连续多年出现减少，2008年全市乡村劳动力中从事农林牧渔业劳动力8.52万人，只占全部乡村劳动力人数的36.2%。2008年全市农业总产值34.86亿元，比1978年增长1.5倍，年均增长3.1%。

工业化进程顺利推进，外向型经济迅速发展。改革开放初期，厦门工业企业规模小、结构松散、基础脆弱，所有制以国营、集体企业为主，产品市场主要集中在国内市场。改革开放后，尤其是特区建设开始后，厦门市按照国务院把厦门经济特区建成“以工业为主，兼营旅游、商业、房地产业的综合性、外向型的经济特区”的要求，把战略目标和发展重点放在加快发展现代工业上，大力引进外资，发展外向型经济，加快构筑“一主三型”（工业为主、发展生产型、技术型、出口创汇型企业）现代化产业体系。2008年，全市实现工业总产值3082.96亿元，比1978年增长423.19倍，年均递增22.3%，实现工业增加值705.36亿元，比1978年增长319.0倍，年均增长21.2%，占全市GDP的比重达45.2%。

工业企业规模不断扩大。到2008年末，全市规模以上工业企业达1991家，完成工业产值达2970.23亿元，占全市工业总产值的96.3%。其中，年产值超亿元企业379家，共完成工业产值2488.46亿元，占规模以上工业产值的83.8%；年产值超十亿元的工业企业有45家，戴尔（中国）有限公司成为福建省首家年产值超过300亿元的工业企业。

工业外向度进一步提高。改革开放以来，外商投资纷纷涌入，1982年引进第一家外资企业“新加坡印华地砖厂”，1985年引进第一家台资企业“三德兴公司”，厦门工业引进外资由以港澳台中小企业、项目为主逐步过渡到了以引进跨国公司、大企业、大项目，引进核心技术为主，不断提高招商引资层次。2008年，全市外商及港澳台投资工业完成产值2259.40亿元，占全市工业总产值的73.3%；规模以上工业实现出口交货值1352.45亿元，出口交货值率45.6%，其中，出口交货值超净增上亿元的企业有34家。

以机械、电子、化工三大支柱行业为核心的产业集群发展迅速，聚集程度较高，对城市经济发展形成了突出的贡献。三大支柱产业经过30年的发展，逐步拥有了以计算机、手机为主导的投资类电子产品，以彩电、汽车音响、DVD为主导的消费类电子产品和以电容器、光电器件等为主导的基础元器件电子产品；拥有厦工装载机、金龙客车等一批在国际、国内占有竞争优势的重点产品；橡胶制品、精细化工已具相当规模，翔鹭石化PTA、金达威维生素产量全国第一。2008年全市三大支柱产业完成工业产值2202.90亿元，占全市规模以上工业产值的74.2%。

第三产业不断发展壮大。已形成了以贸易、金融、旅游会展、港口物流、房地产业为骨干，其他第三产业共同发展的格局，第三产业占国民经济的比重稳步提高。2008年，全市第三产业增加值达720.48亿元，占全市生产总值的46.2%，比1978年增长116.1倍，年均递增17.2%，所占比重上升了25.2个百分点。

商品流通市场供应充足，购销两旺。改革开放后，厦门市逐步取消了票证制度，市场货源充足，商品种类齐全，推动了企业生产发展，满足了居民消费需求，促进了国民经济的发展。进入20世纪90年代，国内消费品市场加速更新换代，开始由卖方市场向买方市场转变。2008年，全市消费品零售总额达418.92亿元，比1978年增长193.2倍，年递增19.2%。厦门市先后引进了美国沃尔玛、德国麦德龙、百安居、天虹商场等国内外大型零售企业，以及国美电器、苏宁电器、永乐电器等大型家电连锁零售企业，连锁经营快速发展，零售业态日趋多样化，并随着城市建设步伐加快，不断调整商业网点布局，从原来绝大部分集中在中山路至厦港一带的老城区向新区扩展，初步形成“二路（中山路、禾祥西路）三圈（中山商圈、火车站莲坂商圈、江头商圈）”为中心的商业新格局，城市商业作为中心城市辐射力大为提升。在外就餐逐渐成为时尚，黄则和、好清香传统小吃得到恢复挖掘；我家咖啡、豪客来等连锁咖啡快餐厅兴起并逐步向外扩张；悦华酒店、宝龙大酒店等星级宾馆餐厅以其优美的就餐环境、精致新颖的菜肴及良好的服务吸引大量游客；牡丹大酒楼、舒友海鲜大酒楼等中式餐饮企业靠其优良服务和精美菜肴赢得大量顾客，全国各种菜系纷纷进入厦门，相互竞争，蓬勃发展。2008 年批发和零售业实现增加值比 1978 年增长 147. 7 倍，年平均增长 18. 1%；住宿餐饮业实现增加值比 1978 年增长 136. 6 倍，年平均增长 17. 8%。

金融业体系健全，金融服务功能完善。改革开放以来，全国各大专业银行纷纷在厦门建立机构，外资金融机构也抢先登陆，加上邮政储汇局、农信联社、信托投资公司、保险公司等非银行金融机构，厦门市已经形成了中外资金融机构并存，法人与非法人金融机构并举，厦门市政府金融办协调，人民银行、银监、保监、证监共同监管，覆盖银行、证券、保险、期货、信托等金融领域机构较齐全、运行较稳健的金融体系。至 2008 年末，全市拥有银行业金融机构 33 家。年末全市中外资银行业金融机构本外币各项存款余额 2727. 14 亿元，本外币各项贷款余额 2369. 44 亿元；保险公司主体 26 家，保险分支机构 131 家，保险从业人员 1. 79 万人，全年累计实现保费收入 46. 87 亿元，全市保险深度 3. 0%，保险密度 1929 元；法人证券公司 1 家，证券营业部 28 家，全年证券交易额 7421. 27 亿元；法人期货公司 3 家，期货营业部 8 家，期货合约年交易额 10 397. 83 亿元。2008 年金融业实现增加值比 1978 年增长 342. 33 倍，年平均增长 21. 5%。

旅游会展业蓬勃发展。厦门已经成为国内居于领先地位的会展城市。2004 年《中国城市竞争力报告》显示，厦门会展竞争力居全国第 7 位，会展综合排名居全国第 10 位。除“投洽会”和“台交会”等金牌展会外，厦门礼品展、石材展、食博会、体博会、医博会等专业展览稳步发展，展会的影响、规模和效益逐步扩大，品牌展会的培育初见成效。2008 年，厦门市举办各类展览、展销活动 85 场，展览面积 62. 67 万平方米；各类会议 1644 场，参加会议总人数达 28. 90 万人。围绕“城在海上，海在城中”的城市建设风格和“海上花园”的整体旅游形象，厦门努力挖掘旅游资源，在逐步完善原有旅游景点设施的基础上，陆续建成了景州乐园、海底世界、环岛路、国际会展中心、厦门大桥和海沧大桥等一批旅游观光项目，形成了鼓浪屿、万石山、南普陀、集美、同安等十多个旅游观光景区。同时，规范旅游景区景点管理，努力提高旅游接待能力和服务水平，以“滨海旅游”和“对台（金门）旅游”为特色，构建厦门旅游产业体系。2008 年，全市具有旅游饭店 100 多家，客房近万间。其中星级饭店 69 家。全年全市共接待国内外游客 2194. 11 万人次；其中，接待过夜境外游客 86. 81 万人次，过夜国内游客 880. 53 万人次。全年国内旅游收入 303. 6 亿元，旅游外汇收入 7. 29 亿美元。

房地产业蓬勃发展。改革开放以来，房地产业成为新兴产业迅速崛起，日趋兴旺，特别是经过“八五”后期的整顿，进入稳定的发展时期，逐步形成了全民、集体、外资经济共同发展的格局，改变了城市住房国家统建统配、国家独自经营的局面，拓展了城建资金来源和房地产开发领域，有效改善城区建设面貌。房地产精心规划建设，高品位、高起点，讲配套。同时，厦门市政府大力投入建设经济适用房，解决当地居民的住房困难。全市已建成湖滨、槟榔、莲花、松柏、金鸡亭、岳阳、康乐、金尚、前埔、金山等多个住宅小区，改善了居民居住条件。有多个小区成为建设部的示范小区、绿色小区。被国家评为“中国最佳人居奖”并申报联合国“最佳人居奖”。至 2008 年末，全市已有房地产开发企业超过 1000 家，1990—2008 年累计完成房地产投资 1748. 59 亿元，对全市经济的持续增长和人民安居乐业起到了积极的作用。

加强基础设施建设，城市品位不断提升。改革开放以来优先进行供水、供电及港口、机场、路桥、通信等基础设施建设，筑巢引凤，基本解决了长期困扰厦门经济发展的基础设施滞后问题，城市功能更加完善，城市品位不断提升，海湾型城市建设也得以全面铺开。

通过外国政府贷款、世行贷款、国内银行贷款、发行债券、土地批租及财政投入等方式，多渠道筹措建设资金，1979—2008 年间，厦门市累计完成全社会固定资产投资 5170.43 亿元，年均递增 28.0%，其中用于基础设施建设的达 1672.47 亿元，占全部投资的 32.3%。先后完成了东渡码头及海沧专用码头建设、高崎国际机场的扩建改造、鹰厦铁路电气化改造及进岛电网改造，引进万门程控电话和 960 路微波通信工程，完成九龙江引水改造工程、筼筜湖综合治理工程，建成了多个污水处理厂；建成了厦门大桥、海沧大桥、石鼓山立交桥、钟鼓山隧道、仙岳山隧道、海沧隧道、莲黄隧道，对厦禾路等多条城市主干道进行拓宽改造，完成了仙岳路、鹭江道、市府大道和湖里大道建设，完成了同集路、集灌路、文曾路、灌新路等高等级公路建设及厦漳、厦泉高速公路建设，高标准完成了环岛路工程，完成国道 319 线、324 线拓宽改造，集美大道、水浏线、翔安大道形成较完善便捷的公路交通网络，初步构建了海湾型城市交通骨干网络；对火炬高科技园区、象屿保税区等进行成片开发，创办厦门软件园、路桥高科技园、留学生创业园，为经济的快速持续发展奠定基础；通过莲坂等旧城成片开发改造，兴建大批住宅小区和商业办公楼宇，建成了白鹭洲、湖滨南路等夜景工程，城市景观多姿多彩。

厦门重视改善交通条件，海陆空交通设施发达，交通网络密布。在 20 世纪 80 年代建成东渡一期 4 个万吨级泊位的基础上，先后投入巨资完成东渡二、三期港口和海沧港建设，厦门港现为全国八大集装箱干线港之一，海港货物运输能力已晋身亚太干线港之列，拥有生产性泊位 92 个（其中万吨以上泊位 46 个）。2008 年，全港货物吞吐量达 9701.96 万吨，集装箱吞吐量 503.46 万标箱。厦门高崎国际机场经过扩建，机场跑道延伸至 3400 米，是国内 4 个 4E 级标准机场之一，已开通国内外航线 170 条，其中，国际航线 25 条，成为我国重要的航空枢纽港之一。2008 年，空港完成旅客吞吐量 938.54 万人次，货邮吞吐量 19.55 万吨。机场附近建设的太古飞机维修中心可同时维修两架波音 737 飞机，达到 4E 级维修水平。信息港基础设施建设取得重大进展，电信光纤网覆盖全市，有线电视网的数字化改造已经联通，建成了金宇系列工程、厦门科技信息网、公共多媒体通信网、教育科研网及电子商务平台等各类信息网络。2008 年，全市客运量合计 6412.16 万人次，比 1978 年增长 16.2 倍，年均增长 9.9%；货物运输周转量比 1978 年增长 272.7 倍；旅客运输周转量增长 161.7 倍，基本拥有了现代化的陆海空交通运输网、较为先进的信息通信网及各项配套设施齐全的生活环境和投资条件。

全市城市建成区面积由 1978 年的不到 30 平方千米发展到 2008 年末的 196.99 平方千米。至 2008 年末全市城市道路总长度 1086 千米，比 1978 年增长 8.9 倍；拥有公共汽车 2478 辆；轮渡客运船只 15 艘，出租车 4233 辆，城市立体交通运输网络基本建成。2008 年全市自来水供应量比 1981 年增长 12.6 倍，年用电量增长 69.0 倍，城市载体功能明显增强。一个高楼林立、路平灯明、两桥飞架、“一环数片、众星拱月”，环境优美、基础设施完善的现代化国际性港口风景城市框架已经形成。

对外贸易规模持续扩张。2008 年，全市外贸进出口总值 453.89 亿美元，比 1978 年增长 552.52 倍，年均递增 23.4%。其中，进口 159.95 亿美元；出口 293.94 亿美元。出口产品层次不断提高，由原来以农副产品和初级工业产品为主发展到以机械、电子、轻纺工业等制成品为主，其中，机电产品出口 152.42 亿美元，占全市出口的 51.9%；高新技术产品出口 77.80 亿美元，占全市出口的 26.5%。主要出口商品有：IT 产品、胶卷、蓄电池、收录机、电容器、船舶以及服装、鞋类、石材等传统大宗商品。

至 2008 年，全市已有 79 个国家和地区的客商来厦投资兴业，历年累计外资直接投资项目 8284 个，合同利用外资 306.15 亿美元；实际利用外资 189.40 亿美元；开业投产的外商投资企业共 5939 家。利用外资层次已由 80 年代初期的中小型、劳动密集型企业为主逐步向大型和资本技术密集型以及高附加值的企业转化，国际上一些著名的大财团、大公司和高技术企业陆续到厦门投资落户。至 2008 年年底，共有 11 个国家 45 个全球 500 强企业在厦投资 80 个项目，投资总额为 36.76 亿美元，合同利用外资 17.60 亿美元。外商投资企业在全市经济增长的中坚地位不断增强，已成长为特区经济重要组成部分和强有力的增长点，极大地提升了特区工业的整体水平，带动了特区高新技术产业的发展，提高了本地产品的市场竞争力，对全市的国民经济发展作出了重大贡献。2008 年末，全市外商及港澳台投资企业吸纳劳动就业人员 40.57 万人，占各单位年末从业人员的 52.1%；完成工业产值 2265.33 亿元，占全市规模以上工业总产值的 77.3%；完成进出口总值 270.80 亿美元，占全市进出口贸易总额的 59.7%；涉外税收 151.89 亿元，占全市税收总额的 40.4%。

社会保障体系逐步完善，居民生活水平显著提高。2003 年厦门整合社保经办机构，组建了厦门市社会保险管理中心，在全省率先完成了五保合一的社保服务体系，至 2008 年末基本养老、基本医疗、失业、工伤和生育保险的参保人数分别为 115.80 万人、122.50 万人、100.98 万人、95.52 万人和 92.94 万人，各项保险基金征收总额达 71.38 亿元。

2008 年，全市职工年人均工资达 32 531 元（月均 2711 元），比 1978 年增长 53.8 倍，年均递增 14.3%；城乡居民储蓄存款余额达到 929.44 亿元，比 1978 年增长 1010 倍，年均递增 25.9%；城镇居民人均可支配收入达 23 948 元，比 1980 年增长 52.1 倍，年均递增 15.2%；人均消费性支出 17 117 元，比 1980 年增长 39.8 倍，年均增长 14.2%。城镇居民食品消费由量的满足朝质的提高转变，恩格尔系数为 35.9%，比 1981 年降低 25.8 个百分点，呈逐年下降的趋势；衣着消费朝款式多样化、时装化、个性化转变；用品消费逐步向现代化、享受型转变，彩电、空调、移动电话、冰箱、洗衣机已成为城镇居民家庭的必备品。2008 年末，平均每百户城镇居民家庭拥有彩色电视机 136.7 台、电冰箱 102.3 台、洗衣机 95.7 台、空调器 207.7 台、移动电话 223 部、家用电脑 94.3 台、家用汽车 14.7 辆。随着经济的发展和住房制度改革，城镇居民住房观念不断更新，由租赁公房向购买福利房、商品房转变，住房条件大幅改善，人均建筑面积由 1980 年的 9.26 平方米上升到 2008 年的 22.16 平方米，装修也日趋高档化。

（二）思明区经济社会发展概况

2003 年，根据国务院和省政府关于厦门市行政区划调整的批复，开元区、思明区和鼓浪屿区合并成新的思明区。2003 年后提及的思明区，囊括之前的开元区、思明区和鼓浪屿区。

1. 经济建设

改革开放 30 年来，思明区始终坚持以经济发展为中心，谋划新思路，采取新举措，取得了一系列振奋人心的成绩；尤其是 2003 年区划整合以来，思明区坚持“好”字当头谋发展，改革创新求突破，统筹兼顾重实效，持续运作助提升，为民惠民促和谐，实现了“1 + 1 + 1 > 3”的聚合效应，2008 年度荣膺“全国中小城市综合实力百强”（第 16 位）和“全国最具区域带动力中小城市百强”称号。

经济综合实力大大增强，产业结构持续优化升级。2008 年，思明区完成地区生产总值 480.34 亿元，是改革开放初期地区生产总值的 600 余倍，财政总收入 76.33 亿元，是改革开放初期财政总收入的 356 倍。在“优二、强三”的产业发展战略推动下，思明区 2008 年二、三次产业比例为 16.49 : 83.51，第三产业占 GDP 比重从三区合并前的 60.3% 提高到 83.5%，增长了 23 个百分点，第三产业税收占财政总收入比重达 79%。以光电、软件、生物与新医药等为主的高新技术产业不断发展壮大，辖区高新技术企业数占全市比重已超过 1/3，东南融通公司成为首家在美国纽约证交所上市的中国软件企业。以商贸业、房地产业和旅游业为主体的第三产业优势日趋突出，2008 年，商业营业总额创历年来最好水平，达 1530.38 亿元，是改革开放初期商业营业额的 500 倍；旅游业综合效益提高，共接待旅客 1661.2 万人次，旅游总收入 215.2 亿元，分别占全市的 75.7% 和 70.9%。辖区以高档商务楼宇为载体的楼宇经济发展迅猛，2008 年全区已使用的商务楼宇 68 幢，入驻企业数达 3684 家，总纳税额达 25.6 亿元，税收超过亿元的有 8 幢楼宇。

市场体系逐步健全完善，非公经济发展迅猛。改革开放 30 年来，思明区基本形成了公开、公平、有序竞争的市场环境，商品市场、生产资料市场和劳动力、技术等要素市场不断发展壮大，多种所有制经济互为依存、共同发展的局面已然形成。区属企业改制基本完成，非公有制经济迅速发展壮大。

辖区的蒙发利科技等21家民营企业被授予“2008年度厦门市重点民营企业”称号，占全市重点民营企业数的三分之一强。辖区企业境内外上市步伐加快，率先在全市出台《思明区人民政府关于推动企业改制上市的若干意见》，推动辖区企业做优做强。质量立区战略实施效果良好，近年来全区累计有6家企业商标被评为中国驰名商标称号，29家企业获得福建省名牌产品，58家企业获得福建省著名商标，78家企业获得厦门市著名商标，10家企业获得厦门优质品牌。

开放步伐不断加大，招商引资质量提升。多年的招商努力促使思明区的“总部经济”已具雏形，辖区的区域带动能力明显提升。2008年，全区引进外资投资总额6.29亿美元，引进内资总额119.9亿元。

项目带动成效显著，“飞地经济”稳步推进。思明区注重集群经济理念，大力推进产业集中区建设。重点建设观音山国际商务营运中心区、同安工业集中区思明园、环东海域思明工业园、思明光电基地、软件园二期、环岛路旅游带及中山、富山、会展三大商圈等。其中，海峡西岸经济区的第一个商务营运中心——观音山国际商务营运中心区，是思明区集中区建设的重中之重；同安工业集中区思明园和环东海域思明工业园属“飞地工业”，成为思明区工业经济稳步发展的重要保证。2008年辖区安排重点建设项目55个，年度投资额达到37.62亿元。

2. *社会发展*

城区建设全面推进。思明区紧紧围绕厦门市争创“联合国人居奖”、创建国家卫生城市和全国首批文明城市等目标，全民参与，全力以赴，创建工作取得显著成效。在全市首创“辖区管理理念和24小时工作理念”，推行公安与城管联动执法机制，建立全省首支市容“110”联动队伍，有效提升城区综合管理水平。扎实推进农村城市化，全面完成“村改居”工作，基本实现“居住社区化、资产股份化、务工非农化、保障社会化”。2008年，生活垃圾无害化处理率达100%，建成区绿化覆盖率42.1%，绿地率40.6%，人均公共绿地16.3平方米，初步建立55个垂直绿化工作示范点，空气质量达到国家一级标准，人居环境质量持续提高。社区建设水平明显提升，建成一批服务型、学习型、数字型和生态型等高质量有特色的社区示范典型。“968180”社区网络服务中心被评为全国优秀社区服务中心；辖内一批街道和社区先后荣获“全国首届和谐社区示范街道”、“全国百家学习型社区”、“全国残疾人工作先进社区”、“全国首批绿色社区”、“全国社区志愿者工作先进单位”、“全国社区残疾人工作示范区”等荣誉称号。

科技事业成就骄人。政府对科技的投入不断加大，初步建立了多元化科技投入体制，2008年安排科技研发资金共4747万元。科技创新服务体系较为完善，1997年思明区生产力促进中心成立，成为厦门市成立、运作最早的区级生产力促进中心之一；与厦门大学联合设立的区新技术研发基地是全国少有的区级政府与重点大学合作的研发基地，区科技孵化中心被确认为第一批国家级重点科技企业孵化器。2001年开始，思明区政府与高校院所每年合作举办的“思明·高校院所·企业·投资机构科技项目推介会”，成为全省唯一的区级政府与高校院所协力推进的科技合作平台。思明区先后荣获“全国科技进步先进城区”、“全国科技进步示范区”、“全国科技工作先进单位”、“全国科普工作示范区”等荣誉称号。

教育事业成绩卓著。政府不断加大教育投入用于改善办学条件，2008年教育经费支出达到7.4亿元，占全区财政支出总额近1/3。全区现有各类幼儿园116所，公办小学41所，公办中学11所，特殊教育学校1所，小学和初中入学率达100%。辖区素质教育全面推进，课程改革取得突破，教师队伍素质大幅提高，外来人员子女就学、贫困人群助学等各项政策得到有效落实，教育朝均衡化发展。开通教育城域网，逐步实现教育资源共享。深入开展科普活动，努力提高全民科技素质，学习型城区建设取得新的成效，先后获得“全国首批‘两基’先进区”、“全国学前教育先进区”、“全国特殊教育先进区”、“全国儿童工作先进区（县）标兵”、“全国幼儿教育示范区”、“省全民终身教育活动先进区”等称号。

文体卫生事业蓬勃发展。全区共有区街文化活动中心11个，文化示范点60个，“文化信息资源共享工程”工作站36个，各类图书馆49个，体育场所564处，体育场地面积近58万平方米，八成以上的社区有规模不等的活动室和图书室。成功举办“思明杯”全国少儿音乐舞蹈大赛、全国健身秧歌比赛等大型赛事，连续6年圆满完成厦门国际马拉松赛承接任务，为打造思明品牌起到良好宣传效果。通过卫生资源的结构调整和优化配置，以疾病预防控制、卫生监督、医疗救治为主的公共卫生体系整体框架初步建立，应对突发公共卫生事件的预警、应变和处理能力明显提高。辖区现有公立医疗卫生机构14家，民营医院7家，民营门诊部、个体诊所310家。文体卫生事业为思明区获得多项荣誉：“第五届全国城市运动会贡献奖”、“全国首批文化先进社区”、“全国文化市场管理先进单位”、“全市文物保护先进单位”、“全国城市社区体育先进单位”、“全国群众体育工作先进单位”、“首批全国社区卫生服务示范区”。

（三）湖里区经济社会发展概况

改革开放30余年来，特别是邓小平题词20余年来，是湖里区大改革、大开放、大发展的盛世之年。

1. 经济建设

1988年湖里区完成生产总值0.22亿元，三次产业比例为81.8：14.7：3.5，工业总产值0.14亿元，农业总产值0.35亿元，财政收入538.7万元，商业营业额0.08亿元，经济是典型的小农经济。此后湖里区经历“八五”时期的高速发展、“九五”时期快速发展以及“十五”时期的跨越式发展，经济发展不断迈上新台阶。2008年湖里区主要经济指标均超过建区时的1000倍以上，经济总量在全国副省级以上城市中心城区中位居前列，三次产业比例为14.8：50.8：34.4。

湖里区通过实施外向带动策略，加快工业园区的开发建设，加大招商引资力度，先后建成火炬高新技术产业开发区、象屿保税区、航空工业区、枋湖工业区等大型工业产业园区，吸引世界各地知名制造业企业落户。进入21世纪，湖里区紧紧抓住世界高新技术产业加速转移的有利时期，完善现有的工业园区，加快建设岛内的枋湖高新技术区、岛外的同安工业集中区、环东海域湖里园区，实施“腾巢换凤”的战略，加快高新技术产业的发展，工业经济已形成以高新技术产业为先导，资金和技术密集型为支撑，劳动密集型为配套的格局，形成电子信息、机械制造两大产业集群。2006年湖里区工业总产值首次突破1000亿元大关，形成500亿元规模的电子信息产业群。

2008年，厦门市湖里区实现生产总值422.9亿元，比上年增长9.5%；财政总收入40.0亿元，增长8.4%，其中区级财政收入9.5亿元，增长11.4%；工业总产值1019.5亿元，增长5.4%；商贸营业额559.5亿元，增长28.9%；社会消费品零售额110.5亿元，增长16.9%；合同利用外资3.00亿美元，增长17.4%；实际利用外资1.82亿美元，增长77.8%；引进内资72.8亿元，增长2.8%。城镇居民人均可支配收入26 143元，增长11.4%。

先进制造业支撑强劲。高新龙头企业全年净增产值亿元以上企业16家，拉动工业增长10.5个百分点。成长型企业增势明显，产值增长一倍以上的企业有17家，增长四成以上的企业有63家。

现代服务业发展提速，“腾巢换凤”有新进展。安排了3000万元专项资金扶持厂房改造。北方商务大厦入驻过半，百城商务中心落成，中航技厂房启动改造，“腾巢换凤”的积极效应正在延伸扩大。商圈聚力进一步提升。江头商圈持续繁荣，汇集批发零售、娱乐休闲、餐饮住宿等业态，巩固全市重要商贸中心地位；风湖、寨上两大商圈正在形成以高端百货、酒店餐饮、运动休闲为主题的商圈；枋湖、五缘湾东部新商圈正在加快生成，借助城市放松节、花车巡游、海洋周、游艇展等活动，五缘湾商业街特色开始形成。文化创意产业发展壮大。成功举办首届海峡两岸文博会乌石浦油画村等三个分会场活动，优必德柒宝斋、惠和石文化园分别被授予国家、省级文化产业示范基地称号。

外经贸工作成效凸显，招商工作进一步改进。合同利用外资和实际利用外资增幅为全市第一。厦门软件园二期、湖里高新技术园等产业园区共引进企业265家，139家投产。项目质量有新提升，新批66个外资项目中，合同外资500万美元以上项目10个，占合同外资注册资本的80%。新增500万元以上内资项目127个，涵盖投资、贸易、物流、担保等现代服务业。改进片区开发方式，征地拆迁、园区建设与招商引资同步推进，有效包装宣传了湖边水库等重点片区。对台交流合作进一步深化。厦门闽台中心渔港农水产品交易中心一期和新改建的台湾水果销售集散中心建成开业。两岸空中直航实现常态化，东渡厦金客运码头、五通厦金海空联运码头投入使用，厦金航线成为两岸人员往来的黄金通道，湖里区成为两岸交流的核心区域。

重点项目进展顺利。市重点项目快速公交（BRT）、集美大桥、杏林大桥相继建成通车。区属重点建设项目28个，累计完成投资43.3亿元。同安工业集中区湖里园通用厂房全部交付使用。环东海域湖里工业园52栋厂房竣工，邻里中心主体封顶。湖里高新技术园区进入全面开发建设新阶段，累计投资超过36亿元，金山财富广场交付使用，园区在建面积超过100万平方米，入驻企业90多家，其中企业总部40多家。五缘湾营运中心区湖里大厦全面建成。

2. 社会发展

社会事业协调发展，文体事业蓬勃发展。建成启用国家乒乓球训练基地暨福隆体育公园，顺利承办国家队奥运热身赛。成功举办第四届元宵民俗文化节和首届仙岳山福德文化节。文艺精品不断涌现，参加各级比赛屡创佳绩，在第十届省音乐舞蹈节上荣获多项金奖。人口和计生工作不断加强，婚前体检率在全市领先，出生人口政策符合率达96.6%。圆满承办全国社区志愿服务工作现场会，44个社区工作站全部挂牌运作。成立区慈善会，组织社会各界踊跃向四川地震灾区捐款捐物，援助重建资金2560万元。

文明创建持续提升。顺利通过全省第二届文明城区初评和全国第二届文明城市复查。在全市市容管理考评中取得好成绩，江头片区数字化城管成为全市试点。完成市政道路拓宽改造1.3万平方米，新增绿地养护面积3.4万平方米，建成区绿地率由2007年的33.0%提高到35.5%。仙岳、湖里和薛岭山三座公园景观建设取得明显成效，学校、办公楼、居住小区等建筑物垂直绿化试点稳步推进。落实环保责任制，工业废弃物处置利用率达90%，基本完成污染物减排“十一五”中期目标。

“四难”问题有效破解。全年投入教育事业3.24亿元，完成东渡小学等四所小学扩建和湖里幼儿园翻建，动工新建湖里实验小学和枋湖中学。农民工子女就学政策得到进一步落实，2008年秋季新增2070个学位，全年共减免农民工子女借读费、学杂费2774万元。积极扶持教育品牌、特色项目和达标学校建设，设立金尚中学心理健康教育中心并承办全国心理健康教育校长论坛，禾山中学创建省二级达标高中通过市级验收，吕岭幼儿园通过省级示范园验收。启动专家型教师培养工程，教师队伍素质进一步提高。推进社区卫生服务模式改革，在各街道分设医疗服务中心和公共卫生服务中心。开办4个街道的社区公共卫生服务中心和卫生监督派出点。支持中山医院、中医院延伸开办5个社区医疗服务中心，湖里医院改制为中山医院湖里分部，与市级优质医疗资源有效衔接。大力推进全民医保，为近5万人办理了城镇居民（含未成年人）医疗保险。出台医疗救助实施细则。加大就业再就业政策扶持力度，兑现区级促进就业优惠政策1400万元，基本消除“零就业家庭”。推进被征地人员基本养老保险，参保率83%居全市首位。努力解决住房难，为1700多户中低收入家庭提供社会保障性住房。

社会保持安全稳定。全区社会治安群众满意率达95%，平安家庭覆盖率达92.2%，平安校园达标率达92%。开展社区矫正试点，全面落实安置帮教措施。开展领导干部大接访活动，一批突出信访问题得到妥善解决。成立区灾害应急救援中心，组织开展防汛、防台、防震、防空等应急演练，应急处置能力增强。

三、主要海洋产业基本情况

改革开放以来，厦门市充分发挥对外开放优势，以港口为依托，大力开发海洋资源，发展海洋经济。目前，厦门市已形成港口航运业、港口保税物流业、船舶制造业、游艇产业、滨海旅游业及海洋渔业等海洋产业体系。

（一）港口航运业

厦门是中国东南沿海远洋和近海运输的重要口岸，是我国综合运输体系的重要枢纽，是国际集装箱运输中转港。港口设施完善，是一个集装卸、中转、保税仓储、代理、驳运、工程、港机制造维修、港口服务于一体的客货兼营的散杂件、集装箱并重的多功能港口。

目前在厦门的国内外航运公司有53家，其中分公司11家，办事处34家，总代理8家。我国三大航运巨头均在厦门设立公司，世界班轮公司前20名均有航线挂靠厦门港。此外还有国际货运代理企业200多家，其中一级企业50多家，国际船舶代理企业11家。

厦门港现已开辟沿海、近海和远洋航线66条，其中近海航线主要有香港线、日本线、台湾线等。远洋航线主要有欧洲（地中海）线、美西线、美东线等，中南美洲线、地中海黑海线及亚德里亚海线等。

2006年1月1日，厦门湾实施港口一体化管理改革，厦门港由原有东渡、海沧、嵩屿、客运、刘五店五大港区扩大为包括漳州港的招银、后石、石码港区在内的八大港区；深水岸线增加14千米，总长达到40千米，可容纳深水泊位114个；水陆域范围由300多平方千米扩大到500多平方千米。

2008年，厦门港生产性泊位达到145个，其中万吨级以上泊位45个，5万吨级以上泊位37个，10万吨级以上泊位21个。全年货物吞吐量完成9701.96万吨，比上年增长19.5%，其中外贸货物吞吐量完成5394.33万吨，增长16.5%；集装箱吞吐量突破500万标箱，完成503.46万标箱，增长8.8%，保持全国港口集装箱吞吐量第7位，跨入世界集装箱港口19强行列。其中外贸集装箱吞吐量完成418.29万标箱，增长5.4%。内贸业务完成85.17万标箱，增长33.9%；国际航线业务完成387.88万标箱，增长4.4%；内支线业务突破30万标箱，增长29.4%；国际中转业务完成9.988万标箱，增长2.4倍；海铁联运业务突破1万标箱，完成1.05万标箱，增长72.7%；港内驳运业务完成1.70万标箱。邮轮经济取得重大突破，全年共停靠国际邮轮71艘次，接待国内外游客7.47万人次。推行常年性维护疏浚新模式，使通航保证率提升至95%以上。全年累计引航9434艘次，其中夜航4146艘次，5万吨以上大型船舶、10万吨级以及15万吨级以上超大型船舶分别达到3384艘次、640艘次和58艘次。

2008年“厦门港国际转运3.0版暨驳运系统”运行启用，开启了厦门港国际中转口岸环境“零滞港”时代。东渡港区三大海关闸口启用，进一步放大了“区港联动”效应；港口局陆续出台系列优惠政策，中海、中远集团相继投入大型船舶开展内贸箱转运，以星航运、马士基等国际航商加大国际中转，推动厦门港内贸线、国际中转等业务快速增长。全港集装箱班轮航线137条，其中远洋航线39条、近洋航线26条、港台航线20条、内支线18条、内贸线34条，月航班数达到717班。

同年，国务院正式批准设立海沧保税港区，将实行全域封闭化、信息化、集约化监管，并且做到进口货物入港保税、出口货物入港退税，是目前中国大陆开放度最高的特殊监管区域之一，极大增强了厦门港的综合竞争力。成功举办闽赣海西港口发展合作厦门港专场对接会；开通赣州—厦门海铁集装箱联运定期班列；开通东北—厦门—赣州海铁联运航线；支持企业在支线港设立办事机构延伸服务，吸引周边港口货源集聚厦门港中转；扶持发展港内驳运，推动驳运监管信息化建设；鼓励企业应对形势变化，及时调整货源结构，厦门港已逐渐成为东南沿海大宗散货集散中心。

2008年厦门港成为全国首批对台直航港口，实现了厦台海上通航由“试点”到“全面”的跨越；东渡厦金客运码头顺利搬迁，五通至水头第二航道启用开通，继续推动“小三通”保持两岸往来的“黄金通道”优势。开通厦金首个固定货运直航班轮，推动对台果蔬运输发展；重开对澎湖等地的沙石运输，部分集装箱通过台湾航线到厦门中转。厦金航线开航以来累计旅客吞吐量突破335万人次，日航班数达到28班。全年厦金航线旅客吞吐量完成91.03万人次，比上年增长34.4%；台湾航线集装箱吞吐量完成33.31万标箱，比上年下降6.0%。其中试点直航吞吐量完成26.29万标箱，比上年下降13.6%。同时，继续加强国际间港口的合作往来，与韩国平泽港、光阳港缔结友好港，国际友好港口数上升至16个，并成功邀请美国弗吉尼亚港进行友好港回访，进一步提升了厦门港的国际影响力。厦门暂住人员首开台湾金门游先河。海峡两岸海上直航台湾首航集装箱船舶“明春轮”抵达厦门港。

（二）港口保税物流业

厦门象屿保税区是厦门经济特区加快实施自由港某些政策的实验区，于1992年10月经国务院批准设立。位于厦门岛湖里区西部，南连东渡港区，北至厦门大桥，东连接港区铁路和疏港公路，西面临海，用地面积2.36平方千米（大部分填海造地而成），园区内拥有4个深水泊位专用码头。主要发展国际贸易、对台贸易、保税仓储、出口加工，并可开展金融、保险、期货、商品展示、港口、运输、信息及其他服务业。参照国际惯例运作，与国际市场直接接轨，并为国外投资者提供最优惠政策，创造最佳投资环境。

2008年，厦门象屿保税区经济克服了全球金融危机的影响，保持平稳健康发展势头。全年完成进出口总额30.5亿美元，与上年持平；物流营业收入39亿元，比上年增长23.5%；财政总收入3.04亿元，比上年增长16.1%；工业产值11.6亿元，比上年增长7.4%；港口集装箱吞吐量247万标箱；完成固定资产投资7亿元；保税物流园区“一线”进出口3.19亿美元，比上年增长1.6倍；“二线”进出口总额62.43亿美元，比上年增长61.2%。

厦门闽台中心渔港位于保税区二期，由保税区所属企业象屿集团开发建设，总投资2.37亿元，是国台办、农业部重点支持的国家级中心渔港建设项目，也是厦门市重点建设项目，目标是建成为台湾新鲜渔货进军祖国大陆市场的“绿色通道”和海峡西岸最大的农渔产品集散地及冷链物流配送中心。渔港建设自2007年11月底正式开工。2008年9月10日竣工的农水产品交易中心是渔港的主要经营性项目，占地面积为3.4万平方米，配有活鲜区、贝类区、冰鲜区、冻品区、干品和加工品区，台湾水产品、农副产品展示交易区及停车场，同时设有信息、金融、餐饮、检测、管理等配套设施。

大力发展生活资料专业市场。积极借鉴上海外高桥保税区发展洋酒进口分销业务的经验，引导扶持酒商入区开展进口展示分拨业务，并积极做好该特色业务宣传推广。2008年已有多批次的金门高粱酒由象屿保税物流园区分拨至国内市场。9月9日，厦门耀创供应链有限公司在国际会展中心与来自葡萄牙、西班牙的4家酒商签订了进口葡萄酒的销售协议，该公司在保税区设立的耀创进口葡萄酒展示分拨中心也同时正式开业，象屿保税区建设进口酒类展示分拨基地取得了新的重大进展。11月29日，落户于厦门象屿物流园区的“格兰阁（厦门）国际酒业有限公司”隆重开业，东南沿海最大的进口葡萄酒集散中心正式亮相。象屿保税区在短时间内形成了初具规模的酒类批发交易市场，开创了从生产资料的仓储分拨到生活资料仓储分拨的先河。

（三）海洋船舶制造业

厦门船舶制造以厦门船舶重工股份有限公司为主，提供船舶制造和维修服务。2008年，船舶制造企业5家，拥有资产30.66亿元，完成产值29.12亿元。其中厦门船舶重工出产出口汽车滚装船4900车位和集装箱船（2600标箱）两种船型共7艘，产值27.44亿元，同比增长91.68%，实现销售收入22.04亿元，同比增长72.74%。

厦船重工公司现正在建设三期工程（8万吨级船坞），竣工投产后将形成年造8万吨船舶6~8艘、年造船50万载重吨、年产值25亿元的生产能力。届时，厦船重工三个规划期的建设目标最终全部实现，将形成“一船坞两船台三码头”的生产格局，达到年交船14~16艘、年产船舶100万~150万载重吨、年产值50亿~60亿元的生产规模。

（四）游艇产业

游艇产业，包括游艇制造和维修、游艇展销、游艇码头、游艇俱乐部及游艇培训等产业。厦门从20世纪80年代起便有游艇制造业，至2008年，拥有生产制造企业和配套加工贸易服务企业30多家，品牌企业有瀚盛、唐荣、欣翔、红龙、飞鹏等，其品牌成功打入欧美和澳洲市场。此外世界几大游艇航船品牌都在厦门设立办事处。2007 年，厦门游艇产业总产值达 3.5 亿元，出口 24 万美元，占全国出口总额的 27%。

2008 年 11 月 9 日，厦门正式成为“中国游艇（帆船）产业发展基地”。厦门游艇产业发展前景广阔，现已建立香山国际游艇俱乐部（在厦门岛东岸），首期 158 个游艇泊位投入使用，后期工程将建设一个能同时容纳 900 艘游艇、功能齐全的国际旅游码头。五缘湾内规划建设 300 个帆船泊位和相应帆船码头。同时，在环东海域沿岸建设游艇码头项目以及游艇制造基地和游艇消费基地，打造国际游艇展销基地。2008 年 11 月 12 日，在五缘湾举办首届国际游艇帆船展览会，为期三天的展览会，得到了国内外各游艇帆船制造商、销售商和相关企业的积极响应，参展企业达 80 多家。

（五）滨海旅游业

厦门是中国东南沿海一座风景秀丽的海港风景城市，是闻名遐迩的旅游胜地，不仅拥有海、陆、空立体交通网络发展旅游业先锋条件，更有得天独厚的旅游资源。自然景观与人文景观互相交融，具有山、海、岛、沙（滩）寺、园、花、木诸神秀，兼备民族风格、侨乡风情、闽台特色与异国情调。旅游业已成为厦门市社会经济的主要产业之一。

1. 旅游景区建设

经过多年的开发建设，厦门岛已形成万石山、南普陀、环岛路三个旅游景区和一条海上游览线。

（1）万石山游览区

1988 年经国务院批准，鼓浪屿—万石山确定为国家级风景名胜区。万石山位于厦门岛南部，西面紧靠市区，面积 32.96 平方千米。它是 1992 年中国友好观光年首批入选的 84 个景区之一。该游览区怪石遍布，林木繁茂，是一个以反映南亚热带植物景观、花岗岩景观为主，具有厦门历史文化特色的名胜游览区。主要旅游景点包括万石岩、中岩、太平岩、醉仙岩、虎溪岩、新碑林、厦门林植物园及中山公园、鸿山公园等。

（2）南普陀—胡里山游览区

南普陀—胡里山游览区主要观光点有五老峰、南普陀寺、厦门华侨博物馆、鲁迅纪念馆、人类博物馆、胡里山炮台等景点。

（3）环岛路海滨休闲观光大道

环岛路位于厦门岛东南部和东海岸，南起轮渡码头，经演武大桥、湖里山炮台、曾厝垵、白石炮台至溪头下，沿黄厝海岸进行，再往广揗山、石胄头入海至会展中心，再越海滩直至香山、何厝、五通、直抻墩上全长 42 千米。整条大道宛如不断延伸的海滨公园。沿岸连绵 10 多千米金黄色沙滩，大多已辟为海水浴场，自南而北有：厦大海滨浴场、珍珠湾浴场，太阳湾浴场、黄厝浴场及观音山浴场等。沿途主要旅游景点有：胡里山炮台、书法广场、音乐广场、厦门台湾民俗村（景州乐园）、金沙滩游乐场、太阳湾海滨游乐城、海韵台、玩月坡、椰风寨、国际会展中心、香山国际游艇俱乐部、观音山沙雕公园、五缘湾湿地公园、五缘湾大桥等。环岛路展现一幅蓝天、大海、沙滩、绿地和花园的美丽图画，并成为厦门新十二景之一“东环望海”。被誉为“世界最美的海滨休闲观光大道”和世界上最美的马拉松赛道。

（4）海上游览线

从厦门轮渡码头起航，环绕鼓浪屿，然后向东往大担、大小金门诸岛方向航游，后转向西返航，海上航游约 2 小时。可饱览厦鼓两岸多彩多姿风光及厦门港繁忙景象，也可欣赏不同海岛的奇异景观，其中可以观赏到大屿岛上万只白鹭栖息在绿树中或在滩涂觅食或在水中嬉戏的盎然场景，还可“亲临其境”领略神秘海岛（大担、小金门岛）的景致。

目前有 24 艘游船，共计 4000 多个座位搭载游客“海上看金门”，单程航程 8 海里。节假日游客一天多则上万，少时也有几千人。

2. 2008 年旅游业情况

厦门市全年共接待境内外旅游者 2194.11 万人次，比上年增长 6.6%；旅游总收入 303.6 亿元人民币，增长 3.4%。其中，接待境外旅游者 125.6 万人次，增长 10.9%；旅游外汇收入 7.29 亿美元，增长 2.2%。厦门市大部分旅游经济指标在全省排名第一，境外游客接待总量在全国 28 个重点旅游城市中排名第 11 位。

新评定 10 家星级酒店，其中五星级酒店 2 家，评选了一批绿色饭店。位于全国百强行列第 20 位的厦门建发国旅，2007 年营业收入 5.8 亿元，居全省 8 家营业收入过亿元的旅行社之首。福建省营业额超亿元的 9 家星级饭店中厦门市占 4 家，7 个接待人次超 100 万的景区厦门市有 4 个，海上游经营联合体接待人次保持 100 万人次以上。与移动公司合作开通"移动旅游通"；新开设"旅游热线 968118"；利用市旅游局政务网和中国厦门旅游网及时发布行业动态信息，建成了机场游客服务中心；新建中、英两个语种的大型旅游路牌标志。

(六) 海洋渔业

1. 渔业生产历史与变化

厦门渔业历史悠久。早在 3000 多年前，厦门岛上已有人类居住，以渔猎为生，采集贝类和随潮水进退的鱼虾。唐朝以来，厦门因四面环海，田少海多，渔倍于农，渔业在厦门人民生活中的位置大于农业。宋、元两朝，因邻近地区渔民迁移入岛，引进捕捞和养殖技术，为厦门渔业的发展打下基础。

明朝中叶至清朝中叶，厦门渔业的发展步伐加快，民族英雄郑成功在厦门创建根据地，船上水师、造船技工，很多是来自闽南的渔民，厦门渔港正是在这种形势下开始形成的。当时厦门有五大澳口，以位于大同路和横竹路附近的神前澳最大。随着渔港的形成，渔船逐渐大型化，作业类型多样化，生产渔场扩大。据清《厦门志·卷五船政》记载："渔船有大小二种，单桅双桅之别"，渔船类型有艋艚、措揽、虎缯、十三股艚、汉洋钓，还有一种形如劈开鸭蛋式的，多桨而能行，不畏风浪等草乌船。作业渔场除"朝出暮归，在大担南北采捕"外，"单桅双桅渔船开往浙江舟山等处采捕"，说明当时海洋捕捞作业已相当发达。

与厦门渔港逐步形成的同时，沿海水产养殖也迅速发展，牡蛎、泥蚶、缢蛏等主要的海水养殖技术已初步形成，成为重要的产业，同时，海埭、海塭和淡水养殖也取得显著进步。

从鸦片战争到抗日战争前，渔船按类型和作业集中停泊在神前澳和塔头澳等中间地带——玉沙坡沙滩。《同安县志·卷八实业》记述："渔港各有分港，以厦门港为最"。早期等渔船集中在沙坡头(今民族路、旧鱼行口及福海宫一带)。民国 24 年(1935 年)，厦门设市，沿鹭江修建堤岸，沙坡头也在修筑之列，因而渔船从沙坡头迁往沙坡尾停泊，并修建避风坞。从此，渔港在沙坡尾形成，一直沿用下来，目前仍在。由于外地渔民迁入，带来各地的技术经验，海洋捕捞业迅速发展。厦门钓艚采用母子式延绳钓作业，开辟台、澎渔场，还发明了草席诱捕乌鲳等技术。根据资源条件特点，建立了一批各具特色的作业方式，如在同安湾开展淘沙捕捞文昌鱼作业、围刺真鲷作业、车缯、虾拖作业，在筼筜港的鼓缯捕捞江鱼，在厦门港的网艚(大型定置网)作业等。1932—1934 年，设在厦门大学的中华海洋生物学会曾组织力量对福建渔业进行比较全面系统的调查，指出厦门在沿岸和近海捕捞方面已形成年捕获量 1050 吨的钓艚作业、750 吨的乌鲳作业和鱿鱼钓作业等作业能力，在筼筜港、殿前筑塭养殖蚶和混养海兔等，养殖品种多样化。据中华海洋生物学会等调查，当时厦门有渔船近千艘[其中思明县(今厦门岛)有 404 艘、同安县有 500 艘]，从事渔业的人口思明县为 3036 人、同安县为 3936 人，年渔业产量达 5800 吨。1937 年，渔业产量进一步提高，达到 1.45 万吨。各种渔业服务行业也迅速发展起来，鱼行 30 多家，还有造船、打绳、制钓、打铁等 30 多个服务行业，从业人员 800 户、3000 多人，约占当时全市手工业的 20%。

抗日战争期间，日本侵略军占领厦门，开始实行封锁政策，在东碇海域布设水雷，港口设立封锁线，并进行"三光"演习，烧毁沙坡尾渔民居住区 105 间小船厝，拆毁民族路渔民居住区等铁板房，烧毁渔民小学、渔民国术馆、渔会和渔民俱乐部，把厦门港钓艚64艘集中在浯屿沙滩烧毁，其余船只赶到鼓浪屿康泰安集中停靠。受日军侵略影响，抗战前5000多依赖海洋的从业人员，到抗战后仅剩一半，渔业生产受到巨大的打击。抗战胜利后，渔民遭受层层剥削，厦门渔业生产未得到恢复。

1950—1952年，厦门渔民开展反霸斗争和民主建设，农村（包括渔村）实施土地改革，激发广大渔民的政治热情和生产积极性，经济上通过设立渔业推进社、鱼市场，取缔鱼牙行、废除中间剥削，发放鱼贷，配给鱼盐等措施，渔业生产逐渐恢复。到1952年，全市渔业产量恢复到5761.3吨，其中海洋捕捞因出海渔船增加，年捕捞量达3529.6吨，海淡水养殖年产量2231.7吨。三年恢复时期渔业产量平均年递增9.69%。

“一五”期间年平均递增10.91%，1957年全市渔业产量达9670.1吨。“二五”期间年平均递增5.58%，1962年全市渔业产量1.27万吨。三年调整时期渔业产量年均递增16.56%，1964年产量达1.79万吨，首次超过历史最高纪录。

1966年，“文化大革命”运动逐步在厦门展开。初期，因广大干部群众的抵制，原有经济体制未受破坏，捕捞产量仍继续增长。1969年，厦门开展“渔区整顿”，补划阶级成分，搞阶级斗争扩大化，挫伤了渔民的生产积极性。市区大批渔民被迫到山区开荒种田，县、区大搞“围海造田”、“填塘种粮”，生态平衡和渔业资源遭受严重破坏，渔业产量长期起落不定，徘徊不前。

1978年后，厦门海洋捕捞业认真贯彻“调整、改革、整顿、提高”的方针，大力进行渔船技术改造，使作业单产水平不断提高。1979年在县、区养殖业推行家庭联产承包责任制，沿岸小型捕捞作业推行“三定一奖赔”、“大包干”等办法，较大型的近海作业推行“以船核算”或“股份合作制”等多种形式经营。1984年起，先后成立了厦门第二海洋渔业公司、鼓浪屿渔业公司和厦门海洋渔业开发公司，各公司以渔业为主，开展渔、工、商、旅游等多种经营，繁荣了渔区经济。1986年和1987年全市渔业产量分别突破5万吨和6万吨，1990年产量达到6.73万吨，比1978年增加1.04倍。

随着渔船功率、吨位的大型化，技术设备等现代化，生产领域逐步向外海拓展，1991年6月厦门第一支远洋渔业船队共6艘，首次跨出国门，赴贝劳海域钓捕金枪鱼，揭开厦门发展远洋渔业的序幕，当年捕鱼501吨，产值364万美元。1994年在波拉佩建立远洋渔业基地，成立海外公司。1995年开辟印度尼西亚海域拖网生产，远洋渔船共达16艘，年产量668.6吨。初步形成“海上有船队、陆地有基地、境外有企业”的远洋渔业产业体系。

2003年西海域整治，海水和淡水养殖面积减少了5.42万亩，全市水产品总产量下降17.4%；2006年环东海域整治，东部海域和同安湾海域水产养殖全部退出，全市养殖面积减少65%，渔船由4999艘减少为2769艘，水产品总产量下降28.0%。2006年以来，市政府相关部门对休闲渔业进行了规划，确定了五缘湾垂钓基地等5个重点发展项目，垂钓基地开始建于2006年，占地1万多平方米，投放了12块人工渔礁。2008年11月举办了第四届厦门休闲钓鱼比赛，参赛选手200多人，其中有来自金门和台湾的选手。

表3-11-21　近年来厦门市渔业经济主要指标

年份	产值（亿元）	产量（万吨）			
		总产量	海洋捕捞	海水养殖	淡水养殖
2000		18.41	2.32	14.03	2.06
2001	16.47	20.28	2.48	15.37	2.43
2002	16.48	21.40	3.07	15.94	2.39
2003	11.09	17.66	2.21	13.12	2.33
2004	10.69	17.57			
2005		16.78			
2006	8.36	12.09			

2. 渔业现状

2008 年，厦门市渔业产值 5.63 亿元，比增 19.6%。全市水产品总产量 3.95 万吨，其中海洋捕捞 0.73 万吨，海水养殖 1.54 万吨，淡水养殖 1.68 万吨。水产养殖面积 6.25 万亩，其中海水养殖面积 3.14 万亩，淡水养殖面积 3.11 万亩。在册生产渔船 2286 艘，比上年减少 612 艘，总动力 24 959 千瓦，减少 7664 千瓦，其中 600 匹马力以上渔船仅剩 7 艘。全市有水产品加工企业 18 家，加工产量 7.57 万吨，产值 10.49 亿元，下降 9.8%；水产品出口总量 3.15 万吨，产值 8250 万美元，分别比上年增长 63.9% 和 11.5%，其中烤鳗出口 1070 吨，产值 2280 万美元。水产苗种场 424 家，生产各类苗种 2184.32 亿尾，产值 3.30 亿元，分别比上年下降 24.3% 和 31.5%。

到 2008 年，全市海水养殖区主要集中在大嶝海域，养殖贝类和藻类。思明区海洋捕捞产量占全市的 75.7%，主要是大功率外海捕捞渔船产量较高，效益明显；海洋捕捞中鱼类占比 91.2%，海水养殖中贝类和甲壳类占比分别为 79.5% 和 14%；淡水养殖、海水养殖和海洋捕捞的产量所占比例分别为 43%、39% 和 18%。

第五节 地质地貌

一、岛陆地质

（一）地层与岩性

1. 地层

厦门岛出露的地层，以第四系分布面积最广，次为侏罗系。

（1）侏罗系

主要分布于岛内中部的仙岳山、狐尾山，零星出露于薛岭、香山，呈北东偏东方向带状展布，可划分为侏罗系下统梨山组和上统南园组。

①侏罗系下统梨山组

厦门岛上仅牛头山、虎山、香山及安兜局部出露，岩性以粉砂岩、细砂岩为主，受动力热变质作用，岩石普遍片理化、绢云母化，有的地段叠加了后期的断裂作用，加强了片理化或产生硅化岩石。

②侏罗系上统南园组

为一套陆相酸性、中酸性火山岩夹火山沉积岩，福建省内共划分为四个岩性段，厦门岛内仅发育其中的第二、第三两个岩性段，它们呈北东向带状分布于狐尾山、薛岭一带。

侏罗系上统南园组第二段，出露于狐尾山、仙洞山、薛岭等处。主要岩性为灰白、浅灰色流纹质晶屑凝灰熔岩。狐尾山尚发育有深灰、灰黑、灰白色薄一中厚层状含炭质、硅质及粉砂质泥岩、沉凝灰岩、豆状凝灰岩等。泥岩受变质而具不同程度的片理化和角岩化。泥岩和粉砂质泥岩中含 *Cladophlebis* cf.（枝脉蕨）、*Phoenicopsis* sp.（拟刺葵）等晚侏罗植物碎片，保存较差。

侏罗系上统南园组第三段，出露于狐尾山至园山一线。主要岩性为深灰色流纹英安质晶屑凝灰熔岩、凝灰岩、夹深灰一灰黑色英安岩、熔结凝灰岩、灰白色流纹质晶屑凝灰熔岩、流纹（斑）岩，局部夹粉砂质泥岩等，喷发不整合于南园组第二段之上。岩石受动力和热变质作用，具不同程度的片理化、角岩化。

（2）第四系

分布于岛四周低洼地带和岛中北部台地，划分为时代未分的残积层、更新统冲洪积层、全新统冲洪积层和海积层四个地层单位。

①残积层（未分）

分布于燕山晚期岩浆岩体以及侏罗系沉积岩周围，上部为棕红色砂质黏土，中部为黏质砂土，下部为碎石、角砾及黏土，底部过渡为半风化基岩。厚度因地而异，一般 5 ~ 10 米。

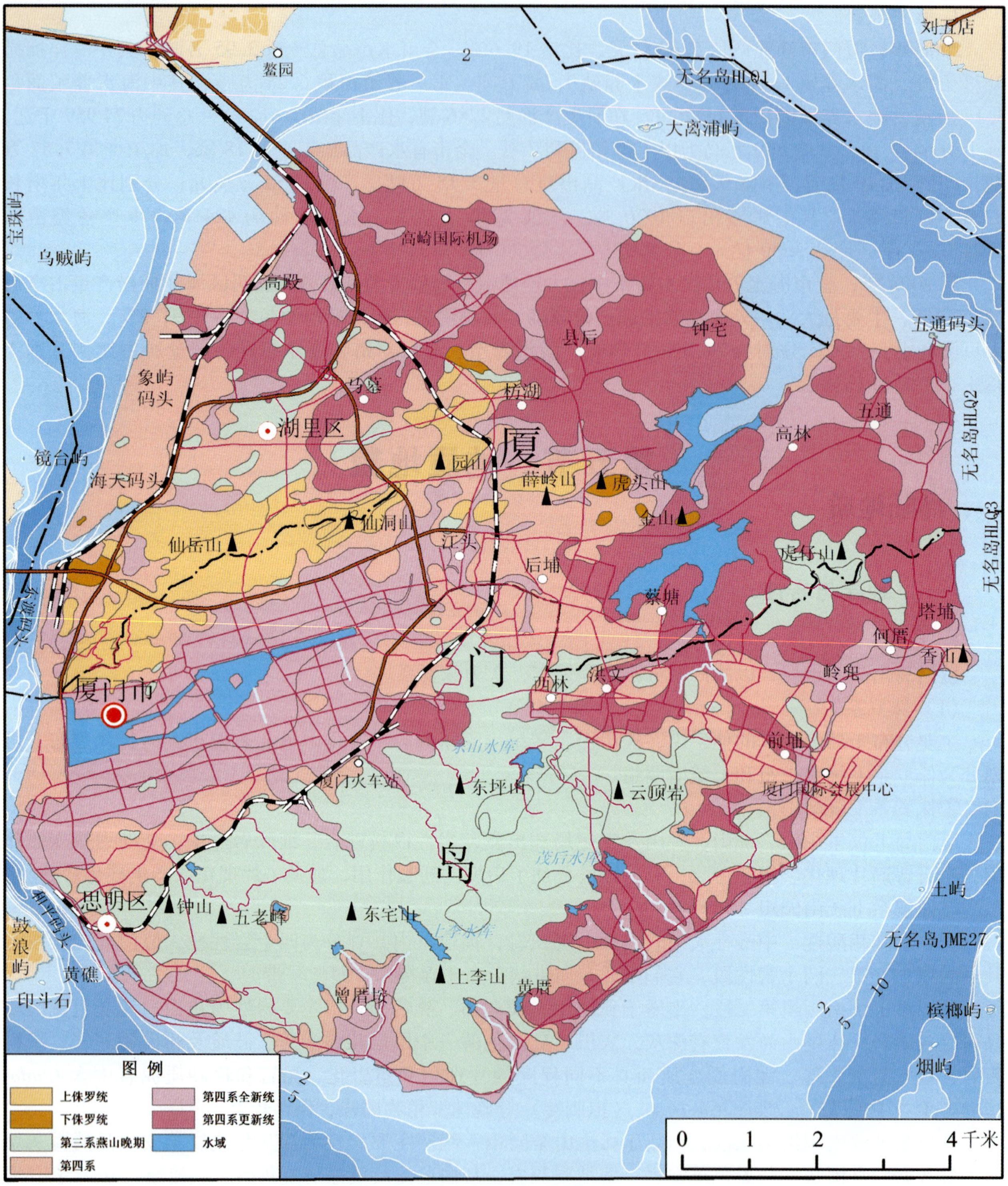

图 3-11-6　厦门岛地质图

②更新统冲洪积层

分布面积较广，除筼筜湖埋深较深外，岛上北侧的古老洼地均有出露，南侧多出露于山前沟谷，地貌上多构成Ⅱ级阶地。主要为灰白色泥质沙砾，局部夹砂质黏土、黏质砂，呈半固结状，厚度 2 ~ 8 米。

③全新统冲洪积层、海积层

全新统冲洪积层：零星分布于莲坂、何厝等地，岩性为砂、黏质土，厚度一般 3 ~ 15 米。

全新统海积层：分布于岛缘及筼筜湖、钟宅湾等处。岩性为淤泥夹淤泥质砂、淤泥质黏土，其上有的盖以细、中粒海积砂。厚度各地变化较大，如筼筜湖 3 ~ 20 米；钟宅湾小于 5 米。

④人工堆积层

分布于老市区西端及筼筜湖。

2. 火成岩

岛内岩浆活动以燕山期占绝对优势，具先喷发后侵入的基本活动方式。

（1）火山岩

厦门岛上晚侏罗世火山岩较具规模。形成北东偏东的狐尾山—园山火山岩带。其中南园组第二段以一套酸性火山碎屑熔岩为主，间夹酸性凝灰岩等火山碎屑岩及粉砂质泥岩等细碎屑沉积。南园组第三段以中酸性火山碎屑熔岩为主，火山碎屑岩和粉砂质泥岩等细碎屑沉积夹层较少。

（2）次火山岩

晚侏罗世次二长花岗斑岩岩体呈不规则支岔脉状，呈北东向线性展布，与南园组第二、第三段火山岩呈侵入或过渡接触。

岩石呈浅灰、浅肉红色，斑状结构，斑晶占50%～55%，以斜长石为主，次为钾长石；少量的石英和黑云母。基质成分和斑晶相同。副矿物有锆石、磷灰石、磁铁矿，偶见褐帘石。

（3）岩浆岩

主要分布于岛南半部，其次是北西部。时代均为燕山晚期，以厦门岩体规模较大，此外尚有殿前岩体和仙岳山岩体。

①厦门岩体

由岛南侧向五通呈北东偏北方向展布。系以中粒花岗岩为主体的多次脉动侵入形成的一个复式岩体，其中比主体中粒花岗岩稍早的花岗岩闪长岩、花岗闪长斑岩多分布于岩体边缘，稍晚的不等粒花岗岩或细粒花岗岩规模很小，呈小岩瘤、不规则小岩墙，部分产于云顶岩、黄厝西北一带的中粒花岗岩中。

花岗闪长岩分布于仙岳村、五通、白石炮台等处，黑云母K－Ar年龄为113.2百万年。主要矿物钾长石（15%～20%）、斜长石（45%～50%）、石英（20%～25%），次要矿物黑云母（3%～5%）。

中粒花岗岩为厦门岩体的主体。黑云母K－Ar年龄为108.2百万年。中粒花岗结构。主要矿物钾长石（50%～55%），斜长石（15%～20%），石英（25%～30%）；次要矿物黑云母（1%～2%），石英有的压扁拉长或重结晶。

厦门岩体以富含磁铁矿、钛铁矿、锆石、独居石、铁榴石等副矿物为特征。

②殿前岩体

位于殿前一带，呈岩株状产出。分为似斑状含黑云二长花岗岩和细粒花岗岩。

似斑状含黑云母二长花岗岩是殿前岩体的主体岩石，黑云母K－Ar年龄为92百万年。主要矿物钾长石（25%～45%）、石英（20%～27%）；次要矿物黑云母（2%～3.2%）。以含10%左右的长石斑晶为特色。

细粒花岗岩呈小岩瘤局限于上岩体中。主要矿物钾长石（40%～50%）、斜长石（20%～25%）、石英（20%～25%）；次要矿物黑云母（1%～2%）。亦具有似斑状结构。

殿前岩体的副矿物主要有磁铁矿、锆石、磷灰石、榍石、褐帘石等。

③仙岳山岩体

它呈不规则长条状小岩株产出，呈北东向沿仙岳山北坡展布。岩性为花岗斑岩，全岩K－Ar年龄75.8百万年。系燕山晚期晚于厦门岩体，殿前岩体，后一阶段侵入岩。

岩石呈浅灰色、浅肉红色，斑状结构，斑晶成分钾长石为主，次为斜长石，石英和少许黑云母粒径0.5～3毫米，含量10%。基质成分与斑晶相似，显微花岗结构。局部显微交生结构。

（4）脉岩

区内脉岩种类繁多，有细粒花岗岩脉、花岗斑岩脉、石英正长岩脉、石英正长斑岩脉、伟晶岩脉、闪长岩脉、石英脉、闪长玢岩脉、未分基性岩脉等，多沿北东向；其次是北西向构造裂隙贯入。

（二）构造

厦门岛以断裂构造为主。褶皱在岛内不是主要构造形式，岛西侧的火烧屿复式褶皱，发育于侏罗系下统梨山组地层中，该褶皱延至厦门岛上的牛头山、香山一线，但梨山组地层多被后期侵入体吞噬或断层破坏，保存较差。

（1）北东向断层

仙岳山断层组成组出现于牛头山、仙岳山、园山一带，发育在梨山组和南园组地层中。总体产状为走向北东60°，倾向南东或北西，倾角60°～80°。它由多条压性、压扭性断层组成，这些断层分岔复合，它们之间所夹的部分巨大透镜状岩块中发育密集的舒缓波状压扭性断的主裂面旁侧产生小褶曲和牵引现象。带内岸石普遍片理化，上盘岩石有的形成硅化带。与此断裂伴生的有走向北西的张性断裂和走向北北东的压性断裂。

筼筜湖断裂组。筼筜湖区大部分为第四系覆盖。从地表调查、物探、钻探等资料综合分析，港区有断层通过。港区基底主要为燕山晚期花岗闪长岩、花岗岩。不少钻孔揭露到陡倾斜断裂面、破碎岩石、铁质渲染或断层泥充填、石英脉沿破碎裂隙穿插胶结、岩层片理化、沿裂隙绢云母化、绿泥石化蚀变等，这些断裂通过迹象说明筼筜湖区第四系覆盖层之下有多条断层存在。筼筜湖区西北缘、南东缘各有一条北东向线性负磁带，应为港区两侧存在一定规模的北东向断裂所引起。南东缘见于龙山西，总体走向为52°，倾向北西或南东，以扭性为主的断层。由于断块间差异性升降活动，筼筜区第四系沉积层厚度超过港区南北两侧及岛内其他地区。残积层高厚度值带呈北东向展布，总体方向为北东60°左右。港区断块与两侧断裂块丘陵构成“垒堑”式构造。

钟宅推测断层组位于筼筜湖断层组的北东向延长线上，卫星照片线性影像色调较深，延续性好。但地表大部分被第四系所覆盖，仅个别地段见断层出露。如乌石埔成带出露的压性、压扭性（局部张性）断层，薛岭见张性硅化破碎带，虎山见梨山组粉砂岩受挤压产生密集的压性的劈理带。从地貌特征推测钟宅湾海积层下存在北东向断层，并与走向北西的赤坡山断裂交汇，控制了钟宅温泉的形成与分布。

东坪山断层组由龙山经无尾塔山、大厝山、东坪山至狮山，走向北东的断层断续分布，其产状总体走向北东25°，倾向北西或南东，倾角75°～87°。以发育密集的扭性、压扭性断层面及密集劈理和较多脉岩分布为特色。断面平直光滑或舒缓波状，岩石被切割成板状体或扁平透镜状岩块。走向北西的云顶岩断层、上里断层常与之构成共轭断层组。

曾厝垵断层组位于观音山、曾厝垵一带断续出露，所见断层总体走向北东38°左右，倾向北西或东南，倾角70°直立。此组断裂为扭性，压扭性，主要由密集劈理组成，常有脉岩贯入，带内岩石成薄板状岩块；有的成构造透镜体。

虎仔山断裂走向北东40°左右，倾向北西或东南，倾角75°～85°，呈舒缓波状或平直光滑的压扭性、扭性断层面，将岩石分割成透镜状或薄板状。

（2）北西向断层

濠头断层组，位于濠头至七星山一带，为仙岳山断层组的伴生断层。主断裂总体走向北西300°，倾向南西（局部北东），倾角75°～85°。原感光厂北西见其由数条张性断层组成，角砾岩带旁侧为裂隙密集的碎裂岩，局部可见324°走向的压扭性裂隙。

赤坡山断层组，位于虎仔山、赤坡山。断层总体走向北西315°，倾向南西或北东，倾角54°～85°，由一条压扭性主断层和旁侧规模较小的断层组成。断层间岩石被压碎成透镜状岩块，有的地段具有硅质带。地貌上为北西向沟谷，推测本断层向钟宅方向延伸，共同控制温泉形成。

云顶断层组由东山水库附近向云顶岩西侧延伸。由一条压性主断层及旁侧规模较小的压性、压扭性断层和密集劈理带（局部包括石英脉带）组成，于云顶岩南西盘形成陡然耸立的地形反差。断层总体走向北西319°，倾向北东或南西，倾角66°～85°。断面间岩石呈透镜状，石英细脉、细粒花岗岩脉沿部分裂隙贯入形成脉带。

文灶—上里水库断层组，断层通过处形成断裂谷。主断层总体走向北西318°，倾向北东或南西，倾角70°~90°。由一系列破碎带、压扭性密集劈理带组成，带内岩石呈透镜状岩块或不规则弧状块体。西侧的西姑岭断层走向338°。带内岩石挤压破碎，有的地段形成糜棱岩化带，并且石英细脉，基性岩脉沿断层贯入。

（3）近南北向断层

发育于磨心山、高刘山一带。发育数条大致平行的张性断层，其走向近于南北向350°~10°，倾向东或西，倾角70°~90°，表现为硅化、绢英岩化破碎带，石英网脉沿角砾间胶结。云顶岩东坡表现为压扭性劈理带。

（4）地壳稳定性

据区域地质调查，遥感解释、物化探成果推断、地震等资料分析，厦门岛的四周为几组不同方向的断裂所围限，厦门岛是四周被断裂所切割的断块岛屿。在现代构造应力场作用下，大部应变能量可以通过四周断裂予以释放，岛上基岩整体性较好，宏观上可视为相对稳定地块。

（三）工程地质与水文地质

1. 工程地质

（1）工程地质条件

厦门岛断裂较发育，以走向北东、北北东断裂为主，北西、近东西、近南北向断裂次之；对各项工程建筑有不同程度的影响。区域稳定性主要表现有新构造运动、活动性断裂、地震活动等方面。厦门岛新构造运动以差异性升降为主，自全新世以末，强度大为减弱，呈缓慢不均上升，上升速度每年3~4毫米。在厦门岛范围内，历史上未发生破坏性地震，现代微震活动也不明显，但东部台湾海峡地震对本岛有一定影响。

厦门岛岩土体类型繁多，性质各异，因地而异。岩体主要有梨山组、南园组地层和燕山期各类岩浆岩，岩石力学强度较高。土体因成因类型、岩性、结构及沉积年代不同，力学性质差异显著。残积黏土、亚黏土、更新统冲洪积土地基容许承载力一般大于150千帕，全新统冲洪积土容许承载力一般50~150千帕；海积土容许承载力一般45~100千帕。

厦门岛不良地质现象主要表现为海岸侵蚀与岸滩堆积影响海岸工程建筑。危岩、崩、滑坡仅存在于局部，不影响大局。

（2）工程地质分区

厦门岛划分为侵蚀构造丘陵工程地质区（Ⅰ）、构造剥蚀残积台工程地质区（Ⅱ）和堆积阶地漫滩工程地质区（Ⅲ）三个工程地质区，进一步可细分为侵入岩工程地质亚区（Ⅰ1）、火山岩工程地质亚区（Ⅰ2）、基岩裸露残丘工程地质亚区（Ⅱ1）、残积覆盖台地工程地质亚区（Ⅱ2）、冲洪积阶地工程地质亚区（Ⅲ1）、海积阶地工程地质亚区（Ⅲ2）、近岸潮间漫滩工程地质亚区（Ⅲ3）、人工填土亚工程地质区（Ⅲ4）八个工程地质亚区。

厦门岛南侧由燕山期岩浆岩组成，北侧分布梨山组、南园组地层，低洼处及岛边缘为第四系冲洪积层、海积层沉积，种类较全，相应属不同特点的不同工程地质分区。

云顶岩—西粘岭一带，为岛内地势较高地带，为由燕山期花岗岩组成的侵蚀构造丘陵的侵入岩工程地质亚区（Ⅰ1），面积31平方千米。狐尾山—仙岳山一带为由梨山组、南园组地层组成的侵蚀构造丘陵的火山岩工程地质亚区（Ⅰ2）。虎仔山稍缓地带为构造剥蚀基岩裸露残丘亚区（Ⅱ1）。残积覆盖台地及冲洪积阶地工程地质亚区（Ⅱ2及Ⅲ1）分别分布于地势较平缓的湖里、江头、钟宅、五通、高林及塘边、安兜—尚忠、洪山柄—何厝、黄厝等地。海积阶地、近岸潮间漫滩工程地质亚区（Ⅲ2及Ⅲ3）分布于岛周围近岸与小海湾。而人工填土工程地质亚区仅于筼筜湖区及零星建筑区局部分布。

（3）工程地质评价

厦门南侧的侵蚀构造丘陵的侵入岩工程地质亚区（Ⅰ1），位于厦门岛东南隅，纵深大，腹地广，奇岩怪石遍布，具闽南典型花岗岩地貌特色，是旅游区、公园的理想场地，适宜各类洞室建筑，周边山前地带适宜各类高级别墅构筑。岩石致密坚硬，整体性好，力学强度高；新鲜岩石干抗压强度达75.7兆帕以上，是理想的天然建筑地基。主要工程地质问题是陡坡、切割深、危岩及构造破碎带对工程建筑的影响。

狐尾山—仙岳山一带的侵蚀构造丘陵的火山岩工程地质亚区（Ⅰ2），位于新市区与湖里工业区之间，山势蜿蜒逶迤，峰园坡缓，适宜开辟为登高远望游览胜地。火山碎屑沉积岩岩性较破碎，局部片理化；构造断裂较发育，但总体较稳定，凝灰熔岩抗压强度达142.8千帕以上，一般能满足各类工程建筑对地基的要求。主要工程地质问题是构造破碎带、软弱夹层、局部危岩对工程建筑有一定影响。

虎仔山等构造剥蚀基岩裸露残丘工程地质亚区（Ⅱ1），岩石中构造裂隙较发育，风化强烈，岩石整体性除虎仔山外，其他处较差。物理力学性质大致相当于Ⅰ1、Ⅰ2区。地基强度高，适宜各类建筑，岸边建筑要注意海浪侵蚀引起岸坡失稳对建筑物产生破坏。

残积覆盖台地工程地质亚区（Ⅱ2）岩性各地有差异，一般上部为黏土，中部为砂性土；下部为碎石角砾。土层压缩性低，容许承载力150～250千帕。地形平缓，是良好的天然建筑场地，适宜各类建筑。

冲洪积阶地工程地质亚区（Ⅲ1）组成Ⅰ、Ⅱ级阶地。更新统的多数呈半固结状，强度高，容许承载力一般150～300千帕，全新统的较松散，强度较低，容许承载力一般50～150千帕。该亚区除局部全新统冲洪积层有软弱夹层外，一般强度较高，是良好的天然地基，适宜各类建筑。

海积阶地工程地质亚区（Ⅲ2）主要由软土组成。土体压缩性高，容许承载力45千帕左右，强度低，不经处理不宜做建筑物的天然地基。

近岸潮间漫滩工程地质亚区（Ⅲ3）砂土层强度低，压缩性高，不经处理不能做建筑物的天然地基。

人工填土工程地质亚区（Ⅲ4）经碾压的填土容许承载力为40～80千帕，地基强度低，不宜作持力层。

厦门岛的海岸线按成因有侵蚀岸、堆积岸和人工堆砌岸三类，依地质结构及海岸岩性分为岩岸、土岸、砂岸。岛西南部以岩岸为主，岸坡较稳定，且港湾水深适宜各类深水码头的修建。岛东北部多土岸与砂岸，局部有岩岸，岸边受不同程度的侵蚀，且港湾水浅，可按其特点，根据不同的目的，进行渔业、生活、旅游岸线的规划。

厦门岛属断块岛，属基本稳定区相对稳定地块，历史上未发生过破坏性地震，东部台湾海峡地震对本区有一定影响，可按7度地震烈度设防。

2. 水文地质

根据厦门岛屿出露的岩层结构、构造、地下水在这些岩层中运移和赋存特征等，将其划分为三种不同类型的含水岩组，即松散岩类孔隙水岩组、基岩裂隙水岩组、风化残积孔隙裂隙水岩组。其中基岩裂隙水岩组根据岩层的成因、结构和构造等特点又进一步划分为块状岩类脉状裂隙水和层状岩类层状裂隙水两种亚类。

厦门岛属南亚热带海洋性气候，大气降水的渗入为地下水的主要补给源，岩层富水性直接受其影响；滨海局部地段地下水受高潮海水倒灌补给，但只是暂时性变化。在基岩裸露或覆盖层不厚的基岩区、构造发育地带，主要为基岩裂隙水。第四系沉积区为松散岩类孔隙水分布区，而广泛发育的风化残积层中即为含孔隙水、裂隙水岩组区。

（1）松散岩类孔隙水岩组

①全新统海相地层沉积区

分布于厦门岛周围及筼筜湖区。岩性为砂、砾和部分砂混淤泥。地下水主要由大气降水以及基岩裂隙水及风化残积孔隙裂隙水补给。地势平坦，水力坡度小，地下水径流速度缓慢，氯离子和钠离子含量相对较高。沿海岸线，海水对之影响，水质类型为 Cl-Na 型，矿化度大于 1 克/分米^3，为半咸水。

②全新统及更新统冲洪积相地层沉积区

分布于田厝、枋湖、莲坂、黄厝、曾厝垵等处。岩性以砾沙为主，间以黏土层。地下水的主要补给是大气降水，地表水及周围其他含水层中的地下水；局部地段受海水影响，水质类型一般为Cl-Na · Ca 型，矿化度小于 1 克/分米^3，为淡水。田厝、莲坂、曾厝垵、厦大四处集成小型水源地。

（2）风化残积孔隙裂隙水岩组

分布较普遍，主要分布于岛东、北的洪山柄、安兜、湖里等地。由火山岩、岩浆岩风化而成，岩性为砂质黏土、黏质砂土。

主要靠大气降水入渗补给，含水性极贫乏，随雨、旱季变幅很大。一般为 Cl · HCO_3-Na · Ca 或 HCO_3 · Cl-Na · Ca 型水。矿化度 0.1～0.6 克/分米^3，为淡水。

（3）基岩裂隙水岩组

①块状岩类脉状裂隙水

泛指燕山期侵入的岩浆岩类及脉岩，包括以云顶岩为中心的和虎仔山等处的中粒花岗岩以及殿前一带的似斑状含黑云母二长花岗岩等岩浆岩分布地区。

裸露基岩区完全接受大气降水直接补给，大气降水沿基岩裂隙下渗，汇集形成基岩裂隙水。有供水意义的是渗透性强、容量大，能起汇水作用的较大构造带中的脉状裂隙水，延伸至沟谷洼地的构造带中的裂隙水，具承压性质。但受水面积有限，径流途径短，地下水很快排泄，水量贫乏。水质类型一般属 HCO_3 · Cl-Ca 或 HCO_3 · Ca 型水。矿化度 0.1～0.3 克/分米^3，为淡水。

②层状岩类层状裂隙水

分布于牛头山、狐尾山、仙岳山、薛岭、香山等地。岩性包括梨山组陆相细碎屑岩夹火山岩、南园组陆相酸性、中酸性火山岩夹火山沉积岩。

大气降水入渗为其最主要补给源。因受水面积小，径流途径短，地层中保持地下水量少。狐尾山、仙岳山一带火山岩中 CaO 的含量相对较低，水质类型为 HCO_3 · SO_4-Na 型，一般为 HCO_3 · Cl-Na 型水。矿化度 0.05～0.8 克/分米^3，为淡水。

（四）第四纪地质

1. 第四纪地层

厦门岛前第四纪地层为侏罗纪的火山岩和燕山早期侵入的花岗岩，它们主要分布在厦门岛南部和西部，其余广大地区均发育了厚度不等的第四系。全岛陆上第四系分布面积达 95 平方千米，占岛陆面积的 73.6%。根据沉积物特征、接触关系、微体古生物和碳 14 年龄等资料，结合地貌部位，可将厦门岛第四系划分为上更新统、下、中全新统、上全新统和第四系（未分）残坡积层四个地层单位，并将其划分成海积、风积、冲洪积、湖积和残坡积等成因类型。

（1）第四纪残积和坡积层

分布面积 32 平方千米，占第四纪地层分布面积的 33.70%。第四纪残坡积层主要出露在厦门岛中部，南部仅在裸露的基岩周围呈小片状或条带状出露，其余地区多隐埋在其他第四纪沉积物之下。主要是由基岩风化残积物所构成，主要分布于Ⅰ、Ⅱ、Ⅲ级海蚀阶地，具红壤型风化壳的特征，组成物质主要为棕红、棕黄、灰白色黏土、砂质黏土及黏土质砂，含有碎石和岩块。其中往往因各种颜色混杂而成花斑状，即网纹红土。

表 3-11-22 厦门岛第四纪残积和坡积地层

时代	沉积相
Q_4^3	海积、风积、冲洪积
Q_4^1	海积、冲洪、湖积
Q_3	冲洪积、潮积
Q（未分）	残坡积

残积层岩性及厚度与基岩岩性、风化程度以及所处的地貌部位有密切关系，并在垂直剖面上可以见到与基岩的过渡关系。厚度为 5 ~ 15 米，一般在阶地上厚度大，在山坡上厚度小。在花岗岩类岩石上发育的残积层厚度较大，并有较典型的网纹红土出现，在剖面以上往往可以分化为几层：上部为厚 1 ~ 3 米的不具网纹的红土；中部厚 4 ~ 5 米的网纹红土；下部为厚 5 米以上的花岗岩风化层，已风化成土状，但仍保持原岩结构，并含风化残余的花岗岩块；底部则为半风化的花岗岩。如厦门塔头水库人工剖面可见 4 层：

①砖红色砂质黏土，含棱角完好的石英细砾，结构松散，厚 3 米；

②棕黄、棕红、灰白色砂质黏土，呈网纹状，含棱角完好的石英细砾，厚 4 米；

③花岗岩风化层，灰黄色，具原岩结构，厚 3 米；

④半风化花岗岩。

发育于火山岩地区的残积层，多为风化碎屑堆积，少数风化较深者也呈红壤型风化壳，为橘红色粉砂质黏土，粒度较细，颜色较浅，厚度较薄，一般仅 1 ~ 3 米，往下即为风化的基岩。

（2）晚更新世冲洪积层

分布面积 27.7 平方千米，占第四系面积的 29.2%。主要分布在厦门岛北部和东部，地貌上构成Ⅱ级阶地。在筼筜湖等地，本层被掩埋在全新统之下，并不整合覆于前第四纪地层之上。厚度一般 2 ~ 8 米，上部为砖红、灰黄色砂质黏土、中细砂，下部为砖红、灰白色中粗砂、含砾粗砂、黏土质砾卵石层，部分地段夹有半固结的灰黑砂质、炭质黏土。碳 14 年龄［（2485 ± 165）~（22 530 ± 395）］年。如柯厝东南剖面由上而下为：

①黄色中粗砂、含黏土，厚 1 ~ 2 米；

②灰白色粗砂、含黏土，厚 0.4 ~ 0.5 米；

③黄色中粗砂、含铁质，厚 0.4 米；

④黑色炭质黏土，厚 0.6 ~ 0.8 米，碳14年龄为（12 648 ± 376）年；

⑤灰白色石英粗砂，含黏土，厚 0.8 ~ 1 米；

⑥铁盘层，厚 0.12 米；

⑦黑色炭质黏土，厚 0.3 米，碳14年龄（15 503 ± 402）年；

⑧灰白色粗砂，含黏土，可见厚 0.2 米。

（3）晚更新世湖积层

见于塘边村南，分布在Ⅲ级海蚀阶地的洼地里，海拔约 30 米，面积约 0.2 平方千米，厚度大于 1.8 米，依塘边剖面所见，上部 0 ~ 1.8 米为灰黄色砂质黏土，下部 1.8 ~ 3.6 米（未见底）为灰黑色淤泥质黏土，质地致密而细腻，剖面 2.2 米处碳14年龄大于 35 000 年。

（4）早、中全新世湖积层

仅见于枋湖村南，面积 0.4 平方千米，由灰白色粉砂，中粗砂夹灰白、灰黑色炭质黏土组成，厚度大于 2 米，炭质黏土中含淡水硅藻，碳14年龄为（5200 ± 190）年。

（5）早、中全新世冲积层

零星分布于厦门岛东南部及筼筜湖附近。面积 2.5 平方千米，厚度一般为 3 ~ 5 米。上部为褐灰色砂质黏土，含砂黏土、泥质砂，下部为褐灰、灰白色含砾粗砂及砾卵石含黏土质砂，含瓦砾。

（6）早、中全新世海积层

主要分布于厦门岛东北和筼筜湖一带，其余地区仅零星出露，分布面积14.5平方千米，占第四系分布面积的15.3%。上部为深灰、灰黑及青灰色软塑淤泥，褐黄、深灰色砂质粉砂质砂，含炭化红木根茎、有机质、贝壳；下部为灰绿、绿色砂质黏土，灰、灰褐色中细砂及含砾粗砂，局部含贝壳。厚度5～21.84米。淤泥中含大量*Ammonia* beccariivar 等有孔虫及*Auriiamiii* 等介形虫。碳14年龄为（5856±113）～（9650±265）年。

（7）晚全新世冲洪积层

主要分布于厦门岛中部和东南部的沟谷处，呈狭窄条带状或小片状分布。面积1.8平方千米，厚度大于3米。上部为灰黄色中细砂夹砂质黏土；下部为含砾中粗砂及卵砾石层，较为松散。

（8）晚全新世海积层

分布于厦门岛沿岸及筼筜湖周围，包括人工围垦的滩地，面积15平方千米，占第四系分布面积的15.8%。组成物质为灰黑至深灰色淤泥、淤泥质黏土。厦门岛在南侧的海积层中砂质增多，以灰白、灰黄色淤泥质砂、粗砂、砾砂等为主，含贝壳碎片。厚0.5～10.31米。富含有孔虫*Globigerina bulloides*、*Cellanthus ihericum*、*Spiroloculina lucida* 及介表形虫*Echinocytheris cribroformis*、*Hemicytherum cuneata* 等。碳14年龄为（321±200）～（2456±145）年。

（9）晚全新世风积层

主要分布于厦门岛东侧海岸，呈狭窄条带状顺岸展布。面积0.3平方千米。岩性以灰黄色细砂或中细砂为主，粒度均匀，分选良好，结构松散，层理一般不太明显，矿物成分以石英、长石为主，暗色矿物次之，有时含贝壳碎屑。一般厚1～2米，而在沙垅或沙丘上风积砂可加积厚至5米以上。本层往往覆盖在晚更新世冲洪积层及第四纪残坡积层之上。通常在高潮线以上的海积沙堤、海积平原上加积形成沙垅状地形、构成风沙地貌，风积沙层主要是由当地或附近的海积砂经风长期吹扬改造再沉积的结果。目前风积层受人工改造严重，仅见于溪头下等少数地区。

2. 第四纪沉积物分布特征

厦门岛第四纪沉积物的厚度甚不一致，一般随着基岩起伏而变化，而基岩起伏又主要受构造和古地理的控制。在基岩隆起区，沉积物厚度很薄，在基岩凹下区，则有较厚的第四纪沉积物发育。从丘陵到平原，沉积物厚度有增大的趋势。丘陵区往往基岩裸露，或只见不厚的残坡积层。阶地或洪积扇上，则有较厚的残坡积层和冲洪积层分布。到平原地区则海积层、冲洪积层的厚度可达10～20米。

除了残坡积层主要为基岩的风化壳外，其他第四纪沉积物不整合地覆盖在前第四纪地层和岩石上。第四纪地层不连续、不完整，找不到完整的包括全新统和更新统的系统剖面。第四纪沉积物除残坡和积层及上更新统外，各成因类型的全新世沉积物之间一般呈相变接触关系。更新统冲洪积层在厦门岛，北部组成阶地，在西部则被掩埋在全新统之下。

由于新构造运动、水系发育和海陆变迁的影响，厦门岛陆上第四纪沉积物的发育程度及特征也有所差异。厦门岛南部，在新构造上为断块差异强烈上升区，大部分地区为山丘，基岩裸露，侵蚀剧烈，第四纪沉积物不甚发育，仅在海岸地带的狭窄平原和阶地上有小范围的残坡积、冲洪积、海积和风积分布。厦门岛北部（包括筼筜湖）在新构造上为间歇性缓慢上升区，海蚀阶地和河流阶地比较发育，也有较多的河谷平原和沿海平原分布。第四纪沉积物分布面积较广，但厚度不大，主要为第四纪残坡积层、晚更新世冲洪积层和全新世海积层。

二、海岛地貌

厦门岛位于福建省南部沿海，地处闽粤沿海丘陵的北段。岛的四周环海，北侧有高集海堤与大陆连接，成为陆连岛。

厦门岛总体地势是西南高、东北低，由西南向东北降低。西南部多山和丘陵，云顶岩洪济山矗立于岛的南部，是厦门岛的最高峰，海拔 339.6 米。东北部为宽坦的台地，地形波状起伏，开阔平坦。

岛上地貌类型多样，既有崎岖的丘陵，又有宽坦的台地和低平的滨海平原。从岛的中部海拔 200 米以上的高丘陵，直到滨海 10 米以下的平原，层状地貌明显。

海岛岸滩地貌复杂多样。岛的西岸为淤泥质岸滩，南岸和东南岸多基岩小型岬湾砂质岸滩，北岸和东北岸以台地土崖沙泥质岸滩居多，现多被人工改造。

（一）岛陆地貌

1. 剥蚀－侵蚀丘陵

（1）高丘陵

海拔 200～500 米，相对高度在 200 米左右。分布岛的西部和南部，面积 8.25 平方千米，按构成丘陵的岩性和地貌特征，又分为花岗岩高丘陵和火山岩高丘陵。

花岗岩高丘陵见于岛的南部，如云顶岩（339.8 米）、东坪山（221.7 米）和西姑岭（264 米）等，丘体连接成片，呈北北东向伸展，受断裂构造控制，山坡坡度一般在 20°～30°，局部达 35°，丘顶浑圆，坡面崎岖，岩体裸露，球状风化强烈，沟谷发育，石蛋成堆，往往在坡麓地带，形成特殊的花岗岩石蛋地貌景观。

火山岩高丘陵见于岛的西部、筼筜湖北侧，如仙岳山（212.7 米）等，分布面积小。山坡坡度在 25°左右，坡面较为平整，多呈凸形坡，山坡残积碎石覆盖层较厚，岩体裸露较少，植被生长较好。

（2）低丘陵

海拔在 200 米以下，相对高度为 100～200 米，主要分布于高丘陵的外围，面积 26.3 平方千米，按构成丘陵的岩性和地貌特征，可分为花岗岩低丘陵和火山岩低丘陵二类。

花岗岩低丘陵，分布于南部花岗岩高丘陵外围，主要有洪齐山（181.0 米）、曾山（174.7 米）、五老山（184.7 米）、虎仔山（135.9 米）、龙山（98 米）等。丘体大部分连片展布，局部也呈孤立的残丘出现，山坡坡度一般在 15°～20°。由于流水的切割，沟谷发育，坡面起伏不平，地形崎岖，奇峰怪石林立，古海蚀遗迹明显可见。

火山岩低丘陵，分布于筼筜湖北侧，主要有狐尾山（140.1 米）、仙洞山（141.9 米）和园山（115.8 米）等，丘体顶平坡陡，山坡坡度在 20°左右，坡面平整，残积层发育，植被生长好。

2. 海蚀台地

第四纪以来，由于地壳间歇性上升和侵蚀旋回，形成了多级的低夷平面称为“台地”。面积 66.4 平方千米。多成带状和片状展布。高度有25～50 米、15～25 米、5～15 米三级。在厦门岛周围近岸岛屿，如鼓浪屿、火烧屿、大离亩屿等，都有此种情况，高度和形态都可以对比。这些台地、台面波状起伏，坡度和缓，被后期流水侵蚀，发育成沟谷和拗谷。其中年代较老的 25～50 米级台地，因受沟谷切割，地面较为破碎，外貌多呈馒头状残丘出现，唯有顶面等高，在岛的北部，钟宅、殿前、江头等地均可见到此种平顶残丘。15～25 米和 5～15 米两级台地，分布更广，遍及全岛。这些台地大部分由中生代火山岩和花岩等岩石风化土层构成，局部未风化的岩石突立于台地上，古海蚀遗迹，历历在目，形体各异。据研究，这些台地主要是晚更新世以来生成的，它是新构造运动、地壳整体间歇性上升的产物。在各级台地上，低洼处和沟谷（拗谷）中，常有洪冲积物覆盖，以粗沙砾石为主，常夹有炭泥层等，一般层理清楚。属台地中小冲积平原，宽数十米不等。

3. 海积平原

厦门岛沿岸小海湾内，因泥沙不断填积，形成滨海小平原，海拔在 5～8 米，地势低平，向海微倾，坡度小于 1°，面积 23.75 平方千米。平原前缘一般已筑堤防潮。有些滨海平原前缘即湾口地区发育有沙坝和沙嘴，天然封闭成为典型的潟湖和潟湖平原，如厦门大学和曾厝垵等地平原就属此类。主要的组成物质为黏土和粉砂质黏土，常有泥炭夹层。

4. 滨岸风沙

在厦门岛东南的砂质岸滩，沿岸沙堤发育，在盛行风的吹扬作用下，往往就近堆积而成滨岸风沙堆积带，宽约数十米至百余米不等，面积为0.74平方千米，多呈小型沙丘和沙堆体出现，高2~3米，大者达5~8米，细砂组成。现因植树造林，风沙已被固定，此带林绿、水清、沙净、风景优美，是厦门少有的海滨浴场和避暑胜地。目前滨岸风沙地貌受环岛路建设，已基本消失不见了。

（二）海岸地貌

厦门岛四面环海，由于各段海岸所处的方位不同，动力因素、物质组成和地貌部位各异，海岸类型颇为复杂。历史上根据各岸段在动力因素、组成物质、地貌特征和冲淤动态上的不同，大致可把本岛海岸归纳为三类，即台地土崖沙泥质海岸、小型岬湾砂质海岸和港湾淤泥质海岸。

1. 高崎—何厝台地土崖沙泥质海岸

此段海岸面向东北，走向自东南再转向南，全长17.85千米。岸域宽阔，大部分背依海拔十余米以上的台地，由岩石风化酌红土层组成，土质松散，抗蚀，力弱，每当高潮时，在东北风浪作用下，海岸崩塌严重，构成直立状土崖，高达数米至十余米不等，岸崖基部常见有崩塌土块，经海水冲蚀逐渐扩散于滩地上，形成宽约10米的高潮沙滩带，直接覆盖在风化的海蚀平台上，沙滩带外为平坦宽阔的沙泥滩。

目前多实施了围海造地或护岸工程建设，往往在临近海堤的内陆近岸仍可见高耸红土崖。

2. 何厝—演武路口小型岬湾砂质海岸

分布在何厝至厦门大学沙坡尾一带，岸线长15.91千米，大致呈北东—南西走向，于白石炮台岬角转向西入厦门港。沿岸分布花岗岩丘陵和台地，海拔在15~25米之上，发育于丘陵和台地中的沟谷、切穿入海，形成一系列小型岬湾，如前埔、曾厝垵和厦门大学等地的小海湾，各小湾内已为泥沙充填，成为滨海平原，平原前缘普遍发育的沙嘴和沙坝，常把海湾封闭成为潟湖和潟湖平原。在黄厝和溪头一带沿岸沙堤发育，长达数千米，宽10米左右，高1~3米。入海小河往往在洪水季节冲开沙堤入海，形成小型河口沙嘴，沙嘴均有向西南偏移的特点。沙嘴的指向可以作为沿岸泥沙流的指示，它们反映了何厝至厦门大学一带，近岸有股从东北向西南、再转向北方向入港的沿岸泥沙流。若入海河流口被堵，海湾被封闭，形成滨岸潟湖海湾、沼泽和潟湖平原，这股泥沙流强度较大，作用迅速，短时间（一次暴风浪）即可拦封河口形成潟湖。此段沿岸泥沙流，起于何厝北和五通角，沿程土崖蚀落的泥沙，不断补给，强度和容量也在不断加大，直至厦门港沙坡尾一带。

本段海岸存在沿岸泥沙流，促使此段海岸的沙滩、沙堤、沙坝和沙嘴等砂质地貌堆积体特别发育。此段海岸是开辟海滨浴场、海滨游乐场所和避暑山庄的黄金岸段，应予科学的规划，合理利用和保护。

受环岛路和前埔会展中心等建设的影响，前埔湾已消失，海岸为直立的人工岸堤；石胄头至厦门大学海滨浴场基本保留砂质海岸，但已大多受人工影响，种植了草皮、树木，或开辟了人行道、木栈道和建设旅游服务设施，甚至建设了护岸堤。自环岛路演武大桥建设后，海洋三所西侧演武路口桥墩拦截自东而来泥沙的作用明显，海洋三所—干休所沿岸发育了较好的沙滩。

3. 演武路口—高崎港湾淤泥质海岸

地处厦门港内，面向隐蔽的西港，背依丘陵与台地，岸线长度为18.5千米。港内有港，较大的筼筜湖已围垦开发，其次，还有寨上湾和殿前湾等。此段海岸潮滩发育，大片淤泥质潮滩，宽阔平坦，宽者达数千米，目前因港区开发需要，大面积填滩造地，兴建码头，修路筑堤，到处为人工堤岸，淤泥质滩地所剩无几，改变了港湾淤泥质海岸的特点。

三、海岸线与潮间带

（一）海岸线基本特征

厦门岛海岸长度约66.3千米，以人工海岸为主，长65.6千米，占98.9%，其中海岛东南侧部分人工岸线外为沙滩；少量的基岩海岸，长约0.7千米，分布在岛的东南部岬角突出部。

图 3-11-7　厦门岛岸线类型

1. 基岩岸线

基岩岸线组成物质主要为花岗岩和火山岩等基岩。水动力以波浪作用为主，沿岸海蚀地貌发育，常见有海蚀崖、海蚀洞穴、海蚀平台、海蚀柱及海蚀槽沟等地貌形态，海岸线呈缓慢侵蚀状态。

基岩岸线分布零散，主要见于厦门岛东岸和东南岸的胡里山、白石头、石胄头、香山角、五通头等基岩岬角岸段。原先的基岩岬角岸线或多或少经受人工改造，较明显的有白石头、石胄头、五通头等，分别建设有石砌护岸和码头设施。

2. 人工岸线

基本遍及全岛海岸。厦门岛西岸（沙坡尾至高崎岸段），原为淤泥质岸线，后经填海造地建设滨海大道及港口码头，形成人工岸线；厦门岛北岸（高崎至五通岸段）原为沙泥质岸线，经过填海造地建设高崎国际机场及滨海大道而形成人工岸线；厦门岛东南岸，自海洋三所—黄厝原为砂质岸线，沿岸海积地貌发育，常见沙堤、沙滩及水下沙坝等砂质堆积地貌形态，已辟为海滨浴场，如厦门大学海滨浴场、胡里山浴场、珍珠湾浴场、白石头—溪头下及黄厝海滨浴场等，后建设环岛路成为人工岸线，但岸线外仍保持为沙滩。厦门岛东岸前埔岸段原也是沙泥质岸线，1997 年围海造地建设国际会展中心，而形成人工岸线。海岛东北部钟宅湾原为盐场围堤，钟宅湾整治改造后，岸线建设高标准海堤，后方成为高级住宅建设用地。

图 3-11-8　厦门岛上的人工围堤（左）、厦门岛东南部沙滩（右）

（二）潮间带基本特征

1. 潮间带类型及分布

2007年厦门岛潮间带类型包括沙滩、砾石滩、岩石滩和淤泥滩四种。潮间带总面积为15.51平方千米，淤泥滩为厦门岛潮间带类型中面积最大的类型，面积为10.32平方千米，分布在厦门岛的北侧和东北侧，滩面宽阔，宽度可达1千米以上；沙滩面积4.38平方千米，主要分布在厦门岛的南侧和东南侧，在海岛的南侧呈窄带状分布，而在东南侧滩面较为宽阔；岩石滩面积为0.65平方千米，主要出现在厦门岛东侧、东南侧等，零星分布；砾石滩面积最小，仅为0.16平方千米，主要出现在厦门岛东北侧，呈窄带状分布。西港原为淤泥质潮滩，受码头建设影响，滩地已被围填为码头堆场，已无潮间带。潮间带断面特征如下。

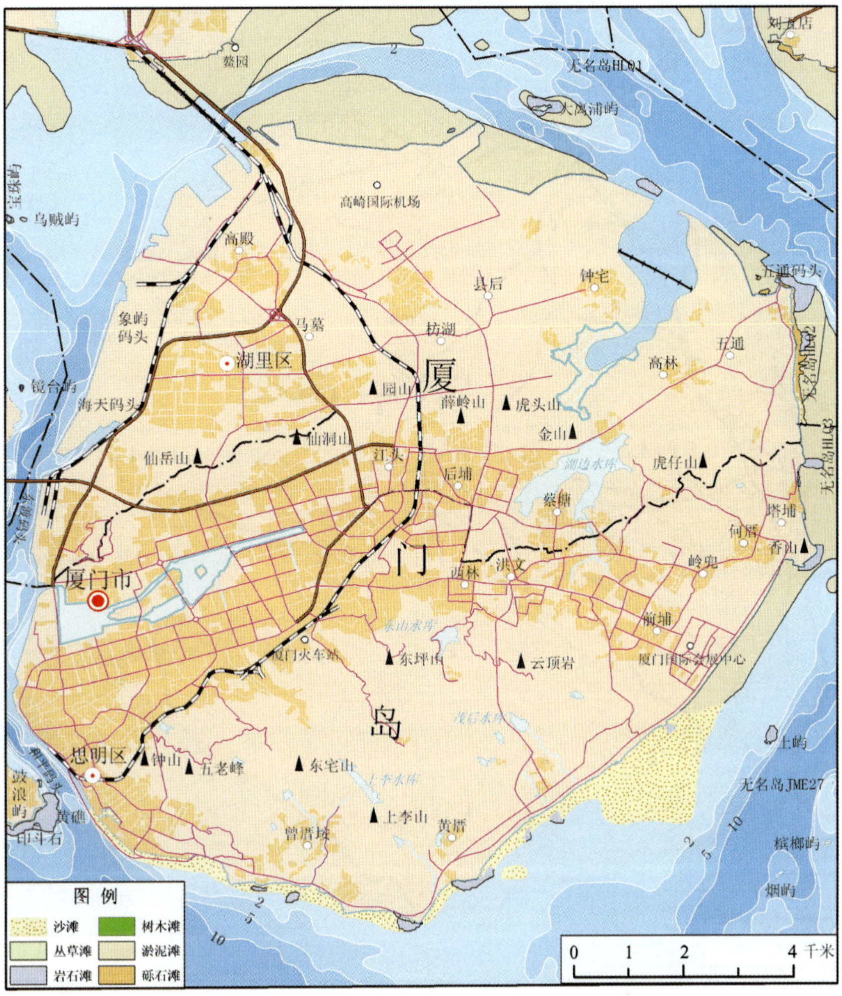

图3-11-9 厦门岛潮间带类型

（1）X-XMD2断面

位于厦门岛南部，剖面长度78米，高差约7米，剖面形态呈缓坡形，平均坡度4.88°。地貌类型主要为砂质海滩，高潮带岩性为细中砂；中潮带岩性为沙砾；低潮带岩性为细砂。

（2）X-XMD3断面

位于厦门岛东南部，剖面长度75米，高差约6米，剖面形态呈缓坡形，平均坡度4.88°。地貌类型主要为砂质海滩，高潮带岩性为中粗砂；中潮带岩性均为沙砾。

（3）X-XMD5断面

位于厦门岛东部，剖面长度328米，高差约5米，剖面形态呈缓坡形，平均坡度0.51°。地貌类型主要为砂质海滩，高潮带岩性为砾砂；中潮带岩性为粉砂质砂；低潮带岩性为砂质粉砂。

2. 岸滩动态特征

（1）岸线变化

对比20世纪60年代与80年代厦门岛的岸线，岛的南部海岸线变化不大，岛的西部和北部岸线变化很大。20世纪60年代厦门岛的海岛面积为115.7平方千米，到80年代厦门岛面积变为127.4平方千米，增加了11.7平方千米，都是围海造地造成的。这个时期内岸线主要变化表现为筼筜海堤的建造、东渡建造渔港填海、高崎—殿前围海等。

2007年厦门岛的海岛面积为134.8平方千米，海岛面积比20世纪80年代增加了7.4平方千米。在岛的西部和北部海岸有明显的变化。由于筼筜海堤向海推进，东渡港区的扩建，高崎渔港区的扩建和高崎国际机场的扩建；岛的东部香山国际游艇港口区的建设，致使海岸线向海推进；而在五缘湾（原钟宅湾）整治采取建设内湖和外湖的方案，部分原盐场与养殖场回归为海，却使岸线向陆地推进。

图 3-11-10　厦门岛岸线变化图（908 专项修测时间为 2007 年）

（2）0 米线变化

1963—1976 年，厦门岛南部零米等深线总体变动不大，表明该时期厦门岛南部岸滩处于冲淤平衡状态。

1976—1991 年，厦门岛南部、东部和北部零米等深线总体变动不大，表明该时期厦门岛岸滩处于冲淤平衡状态。

1991—2005 年，厦门岛南部各地 0 米等深线后退和淤涨不一，表明该时期厦门岛南部岸滩处于局部冲刷和局部淤积状态。厦门岛东部和北部 0 米等深线总体由陆向海扩张，表明该时期厦门岛东部岸滩处于淤积状态。

（3）断面冲淤变化

20 世纪 90 年代在国家海洋局第三海洋研究所、厦门大学海滨浴场、曾厝垵、黄厝和钟宅等处，布设岸滩观测断面进行重复水准测量。具体特点如下。

①海洋三所断面

自 1991 年 7 月初至翌年 1 月初的半年时间内，岸滩均是淤积的，淤积量以高潮带为最大，向低潮水边线减少，高潮带淤积厚度最大达 36.6 厘米，平均为 30.9 厘米。低潮带淤积厚度为 7.6 厘米。整个岸滩有着显著的加高和拓宽之势。

②厦门大学海滨浴场断面

自 1991 年 6 月底至翌年 1 月初半年时间内，岸滩基本上处于强烈的冲蚀状态，冲刷深度最大的在中潮带。高潮带刷深 4.3 厘米，中潮带最大刷深达 44.5 厘米，平均为 22.6 厘米。低潮带略有淤积，厚度 2.4 厘米。此处原是淤积型岸滩，有一个洁净的新月形沙滩，长数千米，宽百余米。今因岸滩强烈冲蚀，沙子流失殆尽，沙滩濒于消失。究其原因，主要是由于人为挖沙和占滩建筑所造成的。

③曾厝垵断面

自 1991 年 6 月底至翌年 1 月初的半年时间内，岸滩蚀积变化复杂，其中有小河从此入海，参与岸滩的塑造。整个岸滩处于冲淤急剧变化之中。高潮带至潮上带都在迅速淤高，以潮上带（小河口处）淤积厚度最大达 135 厘米，平均为 63 厘米，已把小河口堵死。但高潮带淤积甚微，厚度只有 4.8 厘米，至中低潮带就转为大幅度冲刷，其中潮带上部刷低 8.4 厘米，下部则刷低 72.7 厘米，至低潮带部刷更烈，滩面刷低达 113.7 厘米，平均为 93.9 厘米，整个海滩处于冲蚀之中，造成这种蚀积急剧变化的原因，主要是人工挖沙，沙源补给不足所致。

④黄厝断面

自 1991 年 6 月初至翌年 1 月初的半年时间内，岸滩基本上是淤积的，但淤积量不太大，高潮带最大淤积厚度为7～24.7厘米，平均为15.1厘米，低潮带淤积厚度为19.1厘米，中潮带则出现短距离的冲蚀现象，冲刷深度26.1厘米。这是不同潮带动态均衡调节在地貌上的反映。据观察此处海滩具有冬淤夏冲的演变特点，但总的来看，岸滩是淤涨的。

⑤钟宅断面

自1991年7月初至翌年1月初半年时间内，岸滩变化复杂，潮上带强烈冲蚀，最大刷深厚度为27.9厘米，平均为18.3厘米，海岸呈蚀退状态，高潮带至低潮带整个潮滩基本上呈淤积状态，但淤积量较小，其中高潮带淤积厚度为7.9厘米，中潮带最大淤积厚度8厘米，平均为2.1厘米。本段岸滩无沿岸泥沙流补给，泥沙主要来自于原地土崖侵蚀的产物，整个潮滩处于微淤积状态。

（4）岸滩动态类型及分布

厦门岛岸线不长，但岸滩动态类型及变化却相当复杂。厦门岸滩动态大致可归纳为以下三种类型。

①侵蚀型岸滩

主要分布五通至何厝、白石炮台至厦门大学海滨浴场等岸段。上述岸滩面向开敞海域，波浪等动力作用强烈，同时岸域土质松软，抗蚀力弱，或因人工围垦和挖沙而造成沙源中断，致使岸滩侵蚀，岸崖常因波浪的冲蚀而崖塌后退，滩地冲刷。在塔埔和黄头一带，岸蚀崩塌后退严重，每年平均达1～2米，在大风暴雨等特殊天气情况下，又遇高潮时，大浪拍岸，局部岸段土崖一次可崩塌后退2～3米，大者达3～4米。又如曾厝垵至厦门大学浴场一带，原属于淤积型岸滩，20世纪90年代期间由于滩地围垦，小河建闸，入海泥沙中断，加上海滩挖沙，岸滩动态平衡遭受破坏，造成岸滩快速蚀退，滩地下凹，沙滩遭受侵蚀，残留角砾、碎石、砖片和遗弃杂物等布满滩面，一片狼藉，不能入目。

20世纪90年代末期以来，环岛路建设，多数侵蚀型岸滩已建设了护岸堤或码头，加上观音山等人工沙滩修复工程，海岸侵蚀不再发生，但沙滩宽度基本呈减少趋势。

从新老海图对比结果看海岛东南部、南部潮间带侵蚀有减弱消失特征。

②淤涨型岸滩

主要分布于黄厝至白石炮台、海洋三所至沙坡尾以及厦门岛西侧岸段。这些岸段，沿岸存在一股较强的泥沙流、物源丰富，天然的海岸泥沙补给充足，岸滩处于淤涨之中。尤其在湖里至高崎一带筼筜湖西堤外，因其地处港内，又加筑堤堵流，海域隐蔽，水动力弱，利于细颗粒泥沙停积。滩面宽阔平缓，组成物质较细，为粉砂质淤泥滩，该处临近厦门西港主航道，长期淤积将影响航道的稳定性，应引起重视。

从新老海图对比结果看，海岛北部和东北部潮间带有淤涨的趋势。

③岸蚀滩积型岸滩

主要见于高崎至五通、何厝至黄厝等岸段。背依台地土崖，面向开阔海域，岸陡滩宽，风浪作用强烈，海岸受蚀后退，每年平均达1米以上，其冲蚀产物经海水搬运扩散于滩上，形成此种特殊的岸蚀滩积型岸滩。为了免受浪潮冲蚀之害，多修建防坡护岸堤，人为造就一种特殊的稳定岸滩。

四、地质灾害

（一）岛陆地质灾害

厦门岛为丘陵和低山较多的海岛，花岗岩受风化作用，丘陵和低山的坡面上多球状的巨石，狐尾山和仙岳山多为侏罗纪的火山灰堆积体，风化后多成红色的较松散风化层。暴雨期间，陡坡处的巨石和松散风化层易发生巨石滚落和滑坡等地质灾害，城市建设中应引起重视。

环筼筜湖、厦门西港沿岸地区为厚层的淤泥堆积，工程地质条件差，但该区域是城市中心建设区，城市开发建设中应注意该不良地质因素。

（二）岛岸地质灾害

厦门岛北部、东北部和东南部部分地区，历史上曾是海岸侵蚀灾害发生区，给沙滩保护、海岛土地保护等造成影响，应注意海岸侵蚀防护工作，除采用硬质护岸等防护工程设施外，还应加强采用沙滩养护等软性的防护措施，提高海岛岸线利用价值。

第六节　植被与土壤

一、海岛植被

（一）海岛植被的基本特征

1. 海岛植物区系特点

厦门岛原生植被受到较大破坏，尤其是原生乔木树种已被破坏非常严重，目前存留的原生植物多为适应本地环境的灌木和草本。近百年来各大学、植物园、研究所、林业部门、农业部门、园林部门等都开展了大量的植物引种试验工作，部分开发区和厂区、居民区也引进了风景园林树种，丰富了海岛地区乔木树种的多样性，初步估计厦门市海岛的植物种类可达3000种以上，成为一个国际性植物大展园，但由于许多种类还处于试验性质，对本地区植物区系显示不了其特殊意义，因此本志收集的植物类型主要是园林、林业、农业等部门引种并基本成功推广和有一定意义的植物种类。

厦门岛的地形环境变化不大，在原有的乔木树种被破坏以后，灌木和草本仍在顽强生存，灌木和草本植株比较矮小，耐旱、耐瘠、抗风等特性适应海岛特殊环境，如龙舌兰、车桑子、桃金娘、黄栀子、了哥王、赛葵、雀梅藤、山芝麻、黑面神、福建胡颓子、豺皮樟、马缨丹等种类，它们通常组成灌木层或灌丛中的优势种；海滨藜、海马齿、盐地鼠尾粟等，一般多生长在海岛的海涂地；海边月见草、厚藤、狗牙根、珊瑚菜、绢毛飘拂草等，多生长在海滩沙地；海刀豆、滨海前胡、中华补血草、滨柃、滨海珍珠菜、苦郎树等则分布于

图 3-11-11　厦门岛植被类型分布

海滩边岩隙间或山坡上。

由于历史原因和人为大量引种结果，厦门岛也是遭受外来生物入侵最严重的地区，对岛屿生态环境的破坏也是非常明显。国家公布的90种严重入侵植物中，厦门岛及附近地区已发现40余种，其中马缨丹、蓖麻、空心莲子草、凤眼莲已遍布海岛各地，对厦门海岛的生态环境构成破坏。

2. 植物种类组成与分布

（1）植物种类组成

厦门市行政区域内海岛计有维管束植物178科699属1017种（含变种）。其中蕨类植物25科36属57种；裸子植物8科21属33种；被子植物145科642属1017种（含变种）。从区系分析看，平均每科3.93属，每属1.58种；总体看来科、属数相对较多，种数相对较少。在全部植物中，园林、蔬菜、果树、观赏等栽培种类有453种，占40.9%；而野生和半野生的种类有654种，占59.1%。

在全部种类中，乔木树种178种，占16.1%，乔木树种中很多都是外来引种的，如湿地松、木麻黄、细枝木麻黄、粗枝木麻黄、相思树、凤凰木、垂叶榕、王棕、假槟榔等。真正属于本地野生的只有马尾松、榕树、黄槿、朴树、黄连木、柞木、山榕、楝等少数种类。

（2）植物种类分布

植被分布与生境条件具有明显的相关性。厦门岛南部的云顶岩、东坪山、西姑岭至梧村山、万石岩、五老峰以及仙岳山一带多为丘陵山地，山势陡峻，岩石出露，植被类型以森林植被为主，其中以马尾松林和相思树林最为常见；高崎、五通、江头至何厝的环岛东部地段多台地，地势较为平坦，坑塘、泥岸、旱地、滩涂、沟渠植被类型主要为灌丛、草丛、滨海盐生植被、滨海沙生植被、沼生水生植被等。

3. 植被的动态演替

历史上，厦门岛曾经存在较丰富的植物与植被资源，但随着人口的涌入，植被受到严重破坏。新中国成立以后，特别是特区建立以后，在加大林业和园林建设投入基础上，通过造林、封山育林和栽种园林植被等，使得厦门岛的荒山得到基本绿化，城区和道路也得到基本绿化。但由于海岛开发建设规模日益增大，很多植物和植被的生存空间被严重挤压。如厦门东渡港口码头建设以及湖里开发，厦门岛西北部绝大部分的原生红树林破坏殆尽；森林面积、园林绿地面积的人均占有量无法提高；因人工植被对生态环境的保护和贡献作用远不如天然植被，虽植被演替向正方向发展，但海岛生态环境仍面临很大挑战。

（二）主要植被类型及分布

厦门岛植被分为9个植被型35个群系，其中天然植被有7个植被型20个群系，人工植被有2个植被型13个群系。

厦门海岛主要天然植被类型有常绿针叶林、常绿阔叶林、灌丛、草丛、滨海盐生植被、滨海沙生植被、沼生水生植被7个植被型，即马尾松林、木麻黄林、相思树林、相思树+木麻黄林、丛生竹林、秋茄林、芒萁草丛、芒草丛、白茅草丛、类芦草丛、铺地黍草丛、南方碱蓬群落、大米草群落、海边月见草群落、海滨藜群落、狗牙根群落、芦苇群落、凤眼莲群落、香蒲群落等21个群系。其中森林植被主要群落类型有马尾松林、木麻黄林、相思树林、相思树+木麻黄林、丛生竹林、秋茄林、芒萁草丛、芒草丛、白茅草丛等。

人工植被为经过驯化选择而栽培的人工植物群落，如粮食植物、纤维植物、油料作物、糖料作物、蔬菜以及果树、经济林木等有经济价值的植物群落。厦门岛的人工植被分为木本栽培植被和农作物植被两大类型。

1. 常绿针叶林

厦门岛的常绿针叶林仅有马尾松林，属水土保持、防风、固沙的海岛山地防护林。该群落类型主要分布于西姑岭往东北的大东山，至云顶岩、仙岳山、仙洞山、狐尾山等地的山体上部，多数处于中龄林阶段。林地土壤以砖红壤和红壤为主，土壤多呈黄红色，质地较坚实，常有岩石裸露，含沙砾较多，干燥瘠薄，偏酸性，肥力低下。群落结构比较简单，一般可分为乔木1层、灌木1层、草本1层，伴生有层间藤本植物。群落外貌比较单纯，呈翠绿色，季相变化不明显，建群种为马尾松，常伴生少量的台湾相思树、个别的银合欢、野漆树等。

2. 常绿阔叶林

常绿阔叶林是福建省地带性植被，但厦门市海岛山地分布的原生常绿阔叶林早已破坏殆尽，目前各地山地存留的绝大部分是人工林或半人工林。根据建群种的不同可分为木麻黄林、相思树林、桉树林、银合欢林、红树林5种类型。

（1）木麻黄林

木麻黄耐沙、耐盐、抗风，是滨海地带抗盐碱的乔木树种，在福建是重要的防风固沙乔木群落。厦门岛中南部山地上都有人工营造的木麻黄林。群落外貌浅绿色，林冠高低错落、结构简单，林下植物种类少。乔木层以木麻黄占优势，伴生少数相思树等。林下灌木种类常见有车桑子、龙舌兰、茅莓、黑面神等，因为采用高密度栽植，林内灌木和草本植物一般较为稀少。

（2）相思树林

相思树是福建沿海水土保持的造林先锋树种，适应性广、耐旱、耐瘠。相思树林在厦门市海岛植被的地位非常重要，厦门岛上，特别是岩石裸露的山地、岩石缝隙，相思树林的绿化和水土保持作用功不可没，因此相思树林是厦门市海岛植被最典型、最重要的常绿阔叶林植被类型。主要分布在梧村山、万石岩、厦门大学后山、仙岳山中下部、云顶岩山中下部。

（3）桉树林

桉树林在厦门岛有小面积零星分布。分布在海沧大桥厦门岛侧、海洋三所沿岸等地。主要种类巨尾桉，其生长速度快，树形高大，很受喜爱。

（4）银合欢林

银合欢早年作为薪炭林和水土保持树种在厦门各地引种，由于其有较强的适应性和繁殖更新能力，现已遍布海岛各地。

图 3-11-12　文屏路西姑北山的相思树林

图 3-11-13　厦门岛筼筜湖西岸的秋茄林

（5）红树林

红树林是生长在热带、亚热带河口、海湾潮间带的常绿木本植物群落。主要集中分布在筼筜湖内，都是人工引种的红树林，种类以秋茄、蜡烛果、白骨壤为常见，具有一定面积的是秋茄林。

3. 灌丛

灌丛群落比较低矮，高度一般在1米以下，少数超过1米。层次结构简单，一般只有2层，即灌木层和草本层。但由于割草、放牧及海岛风大等人为和自然因素的长期持续作用，灌木层的高度和草本层的高度相当，或草本层更高。灌丛中有时也有一些乔木如相思树、木麻黄等树种的幼树或苗木，但数量少。厦门处于南亚热带，灌丛类型主要为常绿灌丛。

常绿灌丛分布于厦门岛丘陵、台地的阳坡或通风坡地上，如云顶岩南坡、曾厝垵曾山林缘一带。群落生境为较干旱的阳地，土壤为赤红壤，瘠薄，酸性或微酸性。群落外貌绿色，秋后呈黄绿色。灌木层高60～80厘米，盖度30%～50%，常以旱生性或中生性桃金娘、黑面神、山芝麻、黄栀子、车桑子、石斑木、了哥王等为主。草本层高30～50厘米，盖度20%～40%，以芒萁、刺芒野古草为主，伴生有画眉草、扭鞘香茅、山菅兰、地菍、兰香草、一枝黄花、铁线蕨、纤毛鸭嘴草等。层间植物有无根藤、小叶羊角藤、蛇婆子、酸果藤、蔓九节、木防己。群落中还散生个别株的马尾松、木麻黄等乔木幼苗。

4. 草丛

建群种主要是喜热性、中生性和旱中生性的多年生禾本科植物，草丛中还常有灌木及乔木树种的苗木或幼树，但数量比较少，盖度也比较小。厦门岛植被中仅有草丛一种群系。

草丛群系主要的群落类型有：芒萁草丛、芒草丛、白茅草丛、类芦草丛群落，分布在云顶岩、仙岳山、狐尾山及厦门岛丘陵、台地、海滨地区的平原荒地。伴生有芒、白茅、画眉草、四脉金茅、一枝黄花等。群落中还散生有少量桃金娘、野牡丹、黑面神、车桑子、黄栀子等灌木。

5. 滨海盐生植被

（1）禾草型盐生植被大米草群落

本群落主要分布于五缘湾沿海滩涂。群落外貌斑块状。草层高1.3～1.8米，盖度50%～70%。

（2）杂类草型盐生植被厚藤群落

该群落是海岛地区分布较为广泛的典型沙生草本植被，分布在海滩高潮带，并延至滨海沙堤上。在厦门岛东北角海滨沙地分布有厚藤群落。群落中厚藤占优势，混生有铺地黍、加拿大白酒草。群落高0.1～0.6米，盖度约70%。

6. 滨海沙生植被

沙生植被是指生长在沿海沙滩及沙丘上的植物群落的总称，植物种类组成大多是具有地下根茎或匍匐茎的多年生草本植物，少数是木本植物。群落结构简单，一般只有1层，群落中藤本植物少。

厦门岛植被中滨海沙生植被主要的群落类型有草本沙生植被：主要有海边月见草群落、狗牙根群落，分布在厦门沿海海滩、木麻黄林外缘沙滩、海滩高潮带和泥沙滩、路旁、沟坎旁边、已围垦沙荒地上等，外貌常呈灰绿色或灰褐色。生长繁茂，海边月见草铺地而长，还常与狗牙根、蟛蜞菊等组成群落。

7. 沼生水生植被

主要有芦苇群落、水生植被的凤眼莲群落和香蒲群落等。厦门岛滨海或沟渠沼泽低地、浅水池沼中均有分布，在雨季淹没，枯水期露出泥面。群落盖度达90%，建群种芦苇高1.2～1.5米，花期可达2.5米，生长旺盛，密集。伴生种有铺地黍、空心莲子草、狭叶香蒲等，后者高1米，数量比芦苇少，多分布在群落边缘，中间较少，营养期外貌不显著。

凤眼莲在厦门地区常成为堵塞河道的有害水草，是一种入侵植物。

图3-11-14 五缘湾海滨的芦苇群落（左）、忠仑公园内的柠檬桉风景林（右）

8. 防护林

厦门岛的现有森林，几乎都是近50多年来营造的人工林，主要是木麻黄防护林和相思树防护林。平原和海湾地带的防护林植被组成如下。

（1）木麻黄防护林

厦门岛各地普遍栽培的防护林树种，一般长势良好，具有明显的经济、社会和生态效益。

（2）相思树防护林

厦门岛中南部地区种植较多，成片生长较好。多在房前屋后或路旁、沟坎边成小片种植。群落高度多在2.5～6米，少数达6～8米，多数植株主茎不端直，常有2～3个较大的分枝，以一二年生枝条较多，较密集。

9. 园林植被

园林植被主要有行道树、风景树、绿篱和地被植物，是厦门岛植被的重要组成部分。主要有：凤凰木行道树林、垂叶榕行道树林、红花羊蹄甲行道树林、芒果行道树林、柠檬桉—金叶榕风景林、王棕风景林等。

图3-11-15　位于忠仑公园的龙眼林

图3-11-16　位于上李水库边上的细叶结缕草草坪群落

10. 果林植被

厦门岛的果树以常绿热性果树为主，主要种类有荔枝、龙眼、芒果、香蕉和番石榴等。由于环境条件、历史习惯和产品销路的原因，大片栽培的果林主要有龙眼林。

厦门岛东坪山、忠仑公园、上李水库边等地均有成片的龙眼果林，厦门岛东北部地区则在房前屋后呈零星小片或散生状，由于经常锄草施肥管理，生长较好，乔木层龙眼的高度一般在6～10米，无灌木层，林下常见有植物马缨丹、白茅、狗牙根、铺地黍、酢浆草、稀莶、积雪草等。

11. 草本栽培植被

（1）农作物群落

厦门市海岛的农作物群落主要是粮食作物和蔬菜作物。粮食作物主要有甘薯、水稻等，数量较少；蔬菜作物主要有包菜、芥菜、青菜、花椰菜、豌豆、蚕豆、菜豆、黄瓜、冬瓜、丝瓜、南瓜、苦瓜、萝卜、葱、蒜、韭菜、茄子、蕹菜、芹菜等。西瓜虽有栽培，但面积不大，厦门岛内仅少量耕地种植蔬菜。

（2）草本园林群落

由于园林绿化的需要，人们建造了一些草本园林植被，其中以草坪群落最为典型常见。草坪群落也是厦门岛较为普遍的人工植被类型，草坪群落多分布在公园、广场和休闲地区。

（三）海岛主要植被类型的数量与质量特点

长期以来受人类激烈活动的干扰和自然环境条件等因素，厦门岛原生的植物和植被资源都遭受过严重的破坏，现存的都是次生性植被和人工栽培植被，而且大多数的次生性植被组成成分单纯，群落（丛）结构简单，存在着潜在的生态风险。主要表现为：森林资源不多，质量不高；树种和林种少，林分结构简单；外来入侵植物危害严重；防护林体系还不完善。

二、海岛土壤

（一）土壤类型及分布

厦门岛土壤划分为赤红壤、红壤、潮土、风沙土和滨海盐土5个土类、11个亚类、17个土属和24个土种。

丘陵土壤分布特点以垂直分布为主。高丘陵（海拔200米以上）仅在厦门岛南部云顶岩—西姑岭一带；厦门岛耕作土壤旱地以赤土亚类为主，分布在海拔高度大多在50米以下，地形呈坡状起伏，地势向海倾斜；滨海盐土主要分布在潮间带。

隐域性土壤包括潮土类的沙土属和滨海风沙土。潮土类的沙土主要分布于厦门岛东南部黄厝、塔头、内林、茂后一带以及湖边水库滩地台地平原的冲积洪积层上，或分布于溪谷两侧冲积阶地上；滨海风沙土分布于厦门岛自东北部之五通村浦口至何厝折向西南的黄厝、曾厝垵一带。在海岛迎风浪的东南岸，平行海岸，在风沙地貌体上发育成滨海风沙土，呈带状分布，延展达数千米，最长十数千米。

（二）土壤理化特征

1. 赤红壤（砖红壤性红壤）

赤红壤又名砖红壤性红壤，是厦门岛分布范围最广的地带性土镶，主要分布于海拔200米以下的丘陵台地。土壤呈强酸性，pH值为4.5~6，表土有机质和磷、钾含量低，自然肥力较低，但随着垦殖程度提高肥可增高。土体构型呈A-B-C型或B-C型。是海岛林、粮、果和经济作用重要生产基地。

2. 红壤

红壤是在亚热带高温、多雨的特殊生物气候条件下，经过脱硅富铝化过程而形成的地带性土壤，为红色富铝土。厦门岛的红壤属山地红壤，限于分布在200米海拔高程以上的高丘低山上，如西姑岭—云顶岩高程200米以上的低山坡顶部，只见花岗岩红壤性土，属花岗岩粗骨性红壤。红壤的脱硅富铝化富过程较砖红壤带弱，硅铝率一般为2.1~2.4，少见铁锰结核，但淀积层多有铁胶膜，土体构型为A-B-C型，表土层薄的丘顶发育的红壤，层次只见B-C或AB-C组合。

3. 潮土

本土类土壤分布范围小，大多分布于岛东半部的五通、黄厝沿海一带以及湖边水库、钟宅水库（现为五缘湾）、埭辽水库的湖漫滩等台地上沟谷、溪流两岸和湖泊水库滩地上，成土母质为冲积或冲洪积物。本类土壤多已垦殖为旱地。质地一般为沙土至轻壤，常有沉积层理，粗细相间，受降水影响，土体干湿季节性交替，往往汛期低处易被洪水淹没，枯水期则暴露出水面，地下水位亦随季节变化。土壤中下部常有锈斑、锈纹和铁锰结核，土体构型为A-C型或A-B-C型，土层较深厚，是一种比较容易熟化的土壤类型。

4. 风沙土

厦门岛所见均分布在东北部五通村浦口、泥金至何厝村一带及岛东南部的黄厝、曾厝垵等迎风浪岸段。由海成沙性母质和风成沙性母质复合发育而成的细砂质土或粉质砂土，受风力、波浪和河流等多种外力共同作用的结果，是一种非地带性的新生土壤（隐域性新成土）。划滨海风沙土亚类以及2土属2土种：旱风沙土与耕作用沙土。滨海风沙土，土层深厚，以砂为主，土体发育弱，剖面组合全层皆为砂，剖面风化不明显，土壤肥力水平极低。

5. 滨海盐土

滨海盐土土类包括已经垦殖的埭土和未经垦殖分布于潮间带内的盐土，也包括在高潮带至潮上带未被围垦的含盐荒地，划为五个亚类：红树林潮滩盐土、潮滩盐土（光滩）、草甸滨海盐土（草滩）、滨海盐土和埭土。

长有红树林的淤泥质滩地土壤均概括为红树林潮滩盐土亚类。这类土壤质地黏重、土层深厚，呈灰蓝色，土壤pH值为6.8~7.0，挖开土壤时可闻到浓烈的硫化氢气味，土层中有大量红树根茎残骸或碎屑。土层表层稀软，上部为软、烂黏土，往深部逐渐紧实、致密，并常见有贝壳碎屑富集层和粗砂夹层。

（三）生产性能

厦门海岛土壤中的微量元素基本状况均为严重缺硼，钼、锌一般缺乏，铜含量一般，而铁、锰丰富的土壤。

第七节 海岛资源开发与保护

一、土地资源

厦门岛陆地总面积127.78平方千米，其中林地23.83平方米、居民点及工矿用地49.63平方千米，交通用地7.16平方千米，水域13.39平方千米，未利用土地6.65平方千米，淡水滩涂0.18平方千米。

2007年全岛人口密度每平方千米5238人，人均土地191平方米，相当于福建省人均土地4100平方米的4.66%，全国人均土地资源占有量极其匮乏，属土地资源极端超载区。

厦门岛土地利用率高达95%，未利用土地只占5%。其中裸岩、沙地作为风景区的自然景观严加保护，未利用土地中有可能被利用的荒草地和裸土地约1.98平方千米，仅占土地总面积的1.5%，土地后备资源寥寥无几。

二、水资源

（一）地表径流

岛内有4条小溪：双涵溪，发源于东坪山、观音山，长约5千米，向北流入筼筜湖；后埭溪，发源于御屏山、东屏山，长约4千米，沿后埭溪路地下涵洞流向筼筜湖；文灶溪，发源于御屏山、西故北山，长约3千米，沿湖中路地下涵洞流向筼筜湖；东大沟，源于厦门大学水库，向东流入厦门港。

（二）生活饮用水资源

总的来说，厦门岛淡水资源较贫乏，主要供水水源全部来自岛外客水水源。岛内田厝等处的全新统、更新统冲洪积地层中，局部集成小规模的淡水水源地。

1. 田厝水源地

地貌上为一河谷冲洪积小平原，面积0.5平方千米。岩性中粗砂含砾砂，含水层厚9~19米。据资料，矿化度0.2661克/分米^3，水质类型为HCO_3·Cl·SO_4-Na·Ca型。水力坡度小，部分以下降泉排泄于溪流中。历年地下水平均埋深0.96~5.37米。调节储量为每年786 600立方米。

2. 莲坂水源地

地貌上为冲积阶地，沿小溪两岸呈长条状分布，面积0.16平方千米。

岩性为沙砾，含水层厚8.8米左右，地下水现已逐渐淡化，矿化度小于1克/分米^3，水质类型旱季为Cl-Na·Ca型，雨季为HCO_3·SO_4-Na型。历年平均水位埋深0.87~2.38米。调节储量为每年

165 208立方米。

3. 曾厝垵水源地

分南北两处，中部被一长条状残丘隔开。

（1）曾厝垵北部水源地

地貌上为一河口平原。单孔漏水量大于每日100立方米的面积有0.21平方千米。第四系地层中有两层含水层，第一含水层埋深2.16米，矿化度变化于0.581～3.131克/分米^3，枯季高，雨季低。第二含水层为全新统冲洪积层，厚3～4米，承压水，水位1.56～1.66米，高于第一层，是主要含水层，矿化度多数小于0.81克/分米^3，近海岸受海潮顶托矿化度较高。调节储量为每年143 850立方米。

（2）曾厝垵南部水源地

地貌上为海积1级阶地。中间厚7.5米的海相砾砂层为主要含水层，经长期接受大气降水，地下水已全部淡化，矿化度0.1921～0.9921克/分米^3。据资料，地下水位高出平均海平面1.1米，地下水排泄入海，仅在高潮时，海水可暂时部分倒灌于地下水。调节储量为每年164 400立方米。

4. 厦大水源地

地貌上为一海湾，组成海积Ⅰ级阶地。单孔涌水量大于每日100立方米的面积有0.356平方千米。岩性变化复杂，其上为全新统的中细砂夹透镜状亚黏土、中、粗砂、淤泥，其下是更新统的黏土质砂层夹卵石层。

第一含水层是全新统孔隙水，含水层厚0～6米，地下水埋深3.1～3.8米，地下水动态受潮汐与大气降水所控制。矿化度的变化在0.6131～20.941克/分米^3，从内陆到海岸矿化度由低到高。水质类型为Cl-Na型。

第二含水层是更新统孔隙承压水，含水层厚5～8米，含水层上有4～7米的淤泥层隔开，与上含水层无水力联系。水位变幅在1.41～2.92米，地下水受海潮顶托，矿化度变化在0.1551～3.7891克/分米^3，从内陆—海岸逐升高，水质类型一般为Cl-Na型。调节储量为每年220 471立方米。

（三）温泉

岛内仅发现钟宅湾一处温泉，据厦门地质工程勘察院ZK2孔揭露，地下水位高出地面1.5米，降深7.5米。单孔涌水量可达每日1382立方米。地表出露3处泉点，水温分别是54℃、55℃、56℃，呈北东向展布。矿化度18.61克/分米^3，属咸水热水，水质类型是Cl-Na·Ca型，Br^-含量301毫克/分米^3，属溴矿水，有待开发利用。

（四）饮用天然矿泉水

厦门岩体内构造裂隙发育，具有地下水深部循环条件，地下水循环过程溶解了一定量的矿物盐和微量元素，加上现岩体出露部位多为丘陵，地表污染较少，对形成饮用天然矿泉水有利，已发现有五老峰（已开发，取名“天第”）、大厝山（已开发，取名“龙舌山”）、黄厝（已开发，取名“百胜”）、半兰山、金鸡亭等处矿泉水，尚有潜在资源可能再发现。它们多以低钠、低矿化度，富含偏硅酸以及锂、锌、钼等十几种微量元素为特征，口感纯正，可资开发利用。

三、矿产资源

厦门岛内金属矿产贫乏，仅于金山的云英岩细脉见到铅矿化和园山的矽卡岩化围岩中见到钼矿化，可利用的主要资源为非金属、温泉（见水资源部分）、饮用天然矿泉水及旅游地质资源。砂石资源利用与否，涉及一个港口旅游城市景观保护的得与失统筹问题。

（一）石料

岛内石料主要为花岗岩类和火山岩类。花岗岩类中以中粒花岗岩（厦门岩体主体）规模最大，其次为似斑状含黑云母二长花岗岩（属殿前岩体）。火山岩类泛指梨山组、南园组地层。中粒花岗岩结构均匀、致密、裂隙较少，据岛内旧采石场调查，其主要节理裂隙为走向北东 20°～50°，倾向北西，倾角 80°～88°一组最为发育，其次为走向北西、向北东或南西陡倾的节理及近水平节理，其节理裂隙面间距一般多在 1～3 毫米，完全可以制成各种规格建材。似斑状含黑云母二长花岗岩磨光后，色彩斑斓，可作为中挡贴面装饰用材。火山岩类及其他裂隙较发育的岩石，多数适宜作为混凝土骨料、碎石及基础砌石利用。

从质量、数量上看，岛上石料资源可满足建筑发展需要，但使用和保留就应因地而论。厦门既辟为港口旅游城市，又是沿海特区，除独特的地理条件外，也离不开美丽的山水。至今除已辟为景点的万石植物公园、南普陀及云顶岩中部军事用区等处岩石保存较好之外，其余已因采石而破坏自然景观，据福建省地质矿产局厦门地质工程勘察院自 1986 年至 1987 年 6 月所做的采石场调查（除赤坡山全山遍采不好论采石场个数外），岛内大于 100 平方米的采石场已达 217 个，云顶岩东北侧地表开采面积最大，已影响景观。从保护角度长远考虑，厦门建筑用石，应从岛外解决。1984 年 8 月，厦门市城乡建设委员会、厦门市公安局、厦门市规划委员会办公室联合发出《加强风景区保护严禁乱开山石沙场的通告》（下称《禁采通告》），乱采石现象有所控制。

（二）砂料

砂料资源分布于海岛的东南缘，由石胄头经曾厝垵至厦大，形成狭窄带状沙滩，其成因主要为海积，其次为冲洪积。海积砂以石英为主，含少量长石及含贝屑而区分于冲洪积砂。冲洪积砂分布局限于临海滩的冲洪积扇及冲洪积平原中，砂源主要来自附近的花岗岩风化物，均经一定距离搬运分选均匀质纯。

因为厦门岩体中独居石等副矿物含量较丰，局部形成独居石型钍矿砂矿及引起放射性异常。独居石砂矿包括滨海砂矿及冲洪积砂矿两种成因类型。

滨海独居石砂矿自厦门大学浴场至黄厝均有分布，含矿层厚度 1～1.5 米，独居石含量 2801 克/米^{3}左右。曾厝垵个别点可能由于基底特别有利于沉积，独居石含量跳跃至 1185 克/米^3。滨海沉积的独居石砂矿经省地矿局地质七队圈定，以黄厝至溪头社最为集中，形成独居石型钍矿砂矿点，矿体赋存于砂堤，其次为潮间带，原圈定矿层厚 3.33 米，矿石平均品位为：独居石 380 克/米^3，伴生钛铁矿 9735 克/米^3、锆石 107 克/米^3，磷钇矿 21 克/米^3，独居石含 ThO_2，7.21%～7.38%，含铀0.12%～0.15%。

冲洪积的独居石砂矿经省地矿局地质七队圈定，黄厝—茂后为独居石型钍矿砂矿点，矿体赋存于海积层覆盖下的冲洪积层中，原固定矿层厚9～11 米，矿石平均品位为独居 335 克/米^3，伴生：钛铁矿 4270 克/米^3、锆石 49 克/米^3、磷钇矿 11 克/米^3。

作为建筑用砂，厦门岛东南缘的海积砂沉积远远供不上大量采掘，在《禁采通告》颁发之前，黄厝、前埔采砂已引致海水高潮线分别向岛内侵进 50～100 米，再继续滥采，海岸线将遭破坏，故岛上建筑用砂应由岛外解决。

（三）黏土

岛上出露的花岗岩类、火山岩类岩石，均富含硅酸盐矿物，对经风化搬运、分选堆积形成近源沉积黏土矿有利，主要有前社（含后坑）、枋湖耐火黏土矿及前埔高岭土矿。20 世纪 70—90 年代，岛上砖厂不少，使用黏土质量要求无标准，机砖产品质量优劣不一。从以往开采情况，塘边砖瓦黏土质量尚好，其氧化铝达 15.67%～17.70%，氧化硅含量 66.90%～69.34%，可塑性指数 16，耐火度大于 1580℃，延展也有一定规模，塘边砖瓦黏土层之下尚有厚度大于 1.2～2 米的质量稍差的泥煤。

前社（含后坑）、枋湖两处黏土已达耐火黏土质量要求，矿层厚度分别为 1.2 米、1.7 米，含氧化铝分别为 26.62%、23.61%，含氧化硅 52.19%～57.88%，可塑性指数为 17，耐火度 1630℃～

1650℃，曾被开采广泛用于建筑用砖。

前埔高岭土位于前埔村东南，系由长石类矿物风化、短途搬运沉积而成的灰白色高岭土，沉积层受地形制约。其主要化学组分氧化铝为21.4%、氧化硅为65.59%、磁铁矿为2.85%、氧化钛为0.55%，烧失量为4.6%。

上前社、枋湖耐火黏土矿的分布及规模不详，但从耐火黏土矿层之上各有0.80~1.1米的覆盖层；并为耕作层，前埔高岭土矿层之上盖层厚度近3米，虽曾有局部挖掘史，若全面弃农田，剥盖层开采，成本较高。

（四）锰矿

产于湖里寨仔山。近矿围岩为燕山晚期花岗岩，矿体产于断层破碎带中，走向北东30°，倾向南东，倾角50°左右。长约100米，宽约0.2米，深1.3米处变宽为1.3米，成脉状、扁豆状断续分布。细脉充填于交叉状节理裂隙中，延长短。共生矿物硬猛矿、软猛矿，脉石矿物石英，成因类型为热液型。矿石品位：锰39.32%（折算值），铁8.83%，氧化硅4.16%，锰铁比4.45%，质量尚好，但规模小。

四、旅游资源

厦门旅游资源以城建海上，海在城中，山海环抱，城景交融，岩奇石怪，宜居宜游为特色。经过多年来的开发建设，现已初步形成万石山、南普陀等游览区和一条海上观光线。1988年经国务院批准成立鼓浪屿—万石山国家级风景名胜区。范围包括厦门岛的万石山山体及滨海、鼓浪屿、厦门湾的大部分海域、岛礁。北对天马山，与厦门市区、郊区相连；西控九龙江入海口，以厦门西港与海沧毗邻；南对南太武，以厦门港与龙海市相望；东南以厦门港东侧水道与厦门列岛为界。总面积245.74平方千米，其中海域211平方千米。

（一）万石山景区

万石山位于厦门岛南部，西面紧靠市区，面积32.96平方千米（山地19平方千米，余为滨海平地）。它是1992年中国友好观光年首批入选的84个景区之一。该游览区怪石遍布，林木繁茂，是一个以反映亚热带植物景观、花岗岩景观为主，具有厦门历史文化特色的名胜游览区。主要旅游景点包括万石岩、中岩、太平岩、醉仙岩、虎溪岩、新碑林、厦门园林植物园等。

1. 万石岩

万石岩位于市区东部五老峰北麓，万石岩水库（万石湖）以东。沿山道登上万石岩，放眼四顾，处处是石，大小重叠，横竖倾崎，有的危如累卵，有的稳如泰山，连绵延亘，嶙峥入云，古人石上题刻，称它们是“万笏朝天”、“石浪排空”。为游人注目的“象鼻峰”，酷似一头大象朝天伸着长鼻。其下不远处，有一石上镌刻“锁云”二字，意谓这里万石耸天，流云至此也停滞不前被“锁”住。万石之中，有一万石莲寺，始建于唐，清康熙年间（1662—1722年）扩建，民国时期会泉法师重修。1984年新加坡佛教界知名人士宏船法师又捐资重修。从大殿左边入一洞门，在“会泉法师纪念堂”旁，有块“听飒石”，石上古榕，虬根龙须，磐石而生。每当微风拂过，以耳贴石，便可听到飒飒啸鸣，如松涛阵阵，又似海浪滔滔，可以静心领略“天风海涛”之意境。“听飒石”对面是“一粒巢”，巨石上有清嘉庆年间（1796—1820年）兴泉永道倪琇所题的“石林”二字和刘天佑所题“为善达天”四字。登上“石林”之顶，近可纵览狮山全景，远可眺望厦门市区。

2. 中岩

中岩位于万石岩和太平岩之间，故略称中岩，因中岩的树木过去多栖鹧鸪，故又名“鹧鸪岩”。清代王步蟾的诗写道：“中岩地介两岩中，山经紫纡一线通。行到寺门欢喜地，当前玉笏石凌空”。

道旁石上有“松石间意”四个大字。进了山门“欢喜地”，便是中岩天竺寺。寺的右侧硕大孤石上有“玉笏”两字，是清顺治四年（1647 年）秋郑联手书。其石扁平光洁，巍然屹立，有如奏板，遂有“中岩玉笏”胜名。

玉笏石后有一座寺宇，据寺前石碑记载，乃寺僧向郑联募地所建。寺后有“玉泉洞”，直入山腰。洞中岩石床椅横陈，供人消暑。洞顶一棵树，从石缝中挤出，向下倒垂洞口，枝叶成拱别具一格。玉泉洞后有巨石，上题“佛国”二字，原有一株古松破石而出，凌空耸立。

中岩有清朝“澎湖阵亡将士之灵碑”及“将士亭”，系纪念清康熙十二年（1673 年），随施琅出征台湾，在澎湖阵亡的将士而建的。现亭已废，碑犹存。

清乾隆年间（1736—1795 年）台湾诗人李凌霄写诗咏中岩玉笏石云：“勾住闲云伴岫巅，干霄玉笏自朝天。嶙峋瘦骨棱层立，半类枯禅半类仙”。

3. 太平岩

从万石岩或中岩前逶迤的石径拾级而上，可通太平岩。这里林壑幽美，风光如画。临近太平岩寺时，有 4 块岩石叠成笑口张开之状，上刻“石笑”两字，清末台湾诗人郑鹏云在此处有诗刻曰：“石不能言笑口开，读书深处有莓苔。草鸡莫问当年事，鲲海骑鲸去不回”。“石笑”景前，是当年郑成功读书处遗址。太平岩自唐代建立寺宇后，几度兴废。现在的寺宇，是市政府 20 世纪 80 年代初拨款，仿照原样重建，并设“茶人之家”，供游客品茗。

4. 醉仙岩

醉仙岩在万石湖南面山上，是厦门传统的风景点。古人说它山势有如仙人醉卧，故称为“醉仙岩”。顶峰的大岩石，形似一只蹲着的骆驼，被称为“骆驼峰”。醉仙岩有醴泉洞、天界寺、黄亭、长啸洞、旷怡台 5 个景点。醴泉洞即山腰中一石洞，人们称之为仙洞。洞中有一口水井，人们称之为“仙井”，水质清甜甘洌，可酿美酒，故称“醴泉”。天界寺，古时寺中僧众每天拂晓要敲钟 108 下，其声悠扬，醒人尘梦，形成“天界晓钟”意境，为历史上厦门“小八景”之一。沿着天界寺后崎岖夹道攀登，可以看到不少古人题刻。在树荫掩映下的巨大岩壁上，刻着“荔崖黄先生读书处”，石刻下即黄亭遗址。黄亭系天界寺住持月松和尚为纪念曾在这里攻读的厦门名士黄日纪而建造的。

临近绝顶有个天然岩洞，站在洞中高声一呼，便觉得山鸣谷应，故名“长啸洞”。绝顶处是旷怡台，放眼四望，令人心旷神怡。此处石壁镌刻着几十首诗作，其中，明代抗倭将军施德政及其部将李扬、徐为斌唱和的三首诗最有价值。

5. 虎溪岩

虎溪岩位于醉仙岩石附近，面积约 11 万平方米，景物荟萃，从“先露一芽”的石刻旁拾级而上，满山岩石，大若虎踞，小如羊蹲，奇险天成，石壁上刻着“渐入佳景”四字。登上一块巨石之顶，就可以看到一条 3 米宽的石沟——虎溪。溪上架着弓形石桥，即渡虎桥，又称仙人桥。过桥可以看见巨石上刻着“三笑”二字。三笑石后即虎溪岩寺，名东林寺。因处于玉屏山间，又称玉屏寺，寺右有夜月洞，亦名伏虎洞，洞顶刻“啸云”二字，洞中泥塑老虎双目炯炯有神。伏虎洞的洞口朝东，每逢月满之夜，特别是八月中秋，月光直射洞内，洞中老虎栩栩如生，因此“虎溪月夜”成为厦门的“大八景”之一。虎溪胜景，为明万历年间（1573—1619 年）绅士林懋时开辟，诗人池显方建寺。清康熙年间（1662—1722 年），元飞和尚应福建水师提督吴英之邀任该寺住持，重新募建大雄宝殿，增建垂云楼、大悲殿、一啸亭、伏虎洞。经过 30 年的苦心经营，虎溪岩寺颇具规模。继之，厦门海防同知李璋又出资 5000 两，增筑准提阁、弥勒楼、供佛泉、飞鲸石、渡虎桥等景观。虎溪岩因此成了人们游览及传统赏月的最佳去处。

6. 新碑林

新碑林位于万石岩百花厅旁，占地 2 万平方米，是 1989 年台湾园艺学者谢新烈先生捐资倡建的。“新碑林”约有 100 幅书法作品，其中有方毅、张爱萍、赵朴初、虞愚、刘海粟等名人及书法家的诗词，也有日本、新加坡、香港特别行政区、澳门特别行政区以及厦门市书法家、学者的佳作，内容丰富多彩，真草隶篆俱全。“新碑林”的兴建，丰富了旅游内涵，并为后人留作纪念。

7. 厦门园林植物园

厦门园林植物园位于万石山上，万石湖畔，面积2.27平方千米。该园环绕着万石湖展开，设有松杉、竹类、玫瑰、盆景、药用植物、棕榈、引种驯化、仙人掌多肉植物、桉树、兰花等20多个专类园和种植区。到1991年6月底为止，已经引种热带、亚热带园林植物4000多种，其中有被人们称为“活化石”的水杉、银杏，世界三大观赏树中国金钱松、日本金松、南洋杉以及名贵的仙人掌。奇花异卉有卡特利亚兰，16个品种的花叶芋，能吃昆虫的猪笼草，可以变酸为甜的神秘果等200多种。有树龄300年的“古榔榆”树桩盆景，养殖30多年的直径70厘米的“金球刺虎”仙人球。有党和国家领导人邓小平、王震于1984年2月10日种植的“云南香樟”纪念树，有日本佐世保市、英国加的夫市、美国巴尔的摩市、菲律宾宿务市等友好城市代表团种植的4株“南洋杉”纪念树等。

园内百花厅环绕着椭圆形的荷花池，5个展室由回廊、曲桥、水榭串联其间，展出的花卉有200多种。该园每年还举办兰花、郁金香等花展。

8. 中山公园

中山公园位于厦门市中心，始建于1927年，面积约16万平方米（目前缩小为13.8万平方米），为纪念孙中山先生，故名。园内许多设施是华侨捐资兴建的。

公园依山就势，四周以短墙围成，设东西南北4个各有特点的门楼。南门为花岗岩三连圈三牌楼式，高14米，宽20米，气派宏伟。南门西侧为篮球场、网球场，东侧有水池，池中浮起一座巨型地球仪，球上踞立怒吼状的雄狮，是雕塑家黄燧弼的作品。球下部装饰4只展翅飞鹰（1956年改为和平鸽）。该雄狮地球仪在“文化大革命”期间被毁。

1985年，在南门广场竖立孙中山先生铜像。东门、西门均为牌坊式三川门，东门内广场有孙中山纪念碑，高20米，上书“天下为公”四个大字。北门为华表式长方形三门楼，石雕基座以龙的九子之一作吉祥物，古朴典雅。

公园西部有魁星河，西南部有魁星山。这里绿荫蔽天，风景幽绝。魁星山上屹立着一块数丈高的石头，峻峭挺拔，形似魁星，故名魁星石，并以之名山。山巅较平坦处有一座六角形钢筋混凝土凉亭，与魁星石遥相对峙，为魁星亭。山上还有“万壑云根”、“云痴鹤老”、“石瘦松肥”、“三巡鹭江”等清代石刻。

南部东侧为群众活动区，有蔷薇亭、茶室和小餐厅等；西侧的逸趣园为老年人休息区，由庭院、凉亭、娱乐室、小水池等组成。中部为花卉展览区，有花展馆、水池亭廊和游艇码头等。北部为青少年活动区，包括电子玩具室、电动飞机、小型儿童游乐器械、少年游艺室、溜冰场和动物园等。

园内蓼花溪萦回贯穿，其上有彩虹、晓春、九曲、鼎足等12桥。桥亭水榭，别致精巧，花木茂盛，争奇斗艳。堆山组成的各种大小不等的园林景物，高低错落。

9. 鸿山公园

鸿山公园坐落在风景秀丽的鸿山，位于市区的思明南路北侧，占地13万平方米，集名胜古迹、现代园林、游乐设施于一体。公园内的“嘉兴园”，由亭、台、阁、池、花、木组成，两条500多米长的环山小路，把“鸿山公园”、“延平郡王园”、“双忠魂”、“郡王池”等景点串联起来。山下的鸿山乐园则是利用防空洞改建的大型娱乐场所，游乐场主厅面积700多平方米，建有各种娱乐设施。

鸿山西麓有清代建筑的鸿山寺，面积300平方米，是一座精小细巧的二进建筑。寺庙廊柱上的对联写道：“鸿图纪鹭江胜地平分八景，山光联碧海慈航普度众生”。寺前有一巨石，上刻“鸿山织雨”四字，因过去每逢风雨交加之时，两山夹峙，劲风回旋，雨随风转，盘旋于绿林悬崖之间，如织布状，遂形成历史上有名的厦门“大八景”之一。“嘉兴寨”石刻相传为郑成功手笔。当年，从鸿山嘉兴寨起，向东经碧山岩、澳仔岭、五老峰，一直绵延到胡里山一带都是郑成功驻军之地。

鸿山寺左侧岩壁有明天启二年（1622年）攻剿“红夷”石刻，共6行60个字，均为楷书。当年荷兰殖民者派兵船侵扰闽南沿海，福建都督徐一鸣等带兵驻防中左所（今厦门），抗击“红夷”后登鸿山游览，题刻纪念，留下了中国人民早期反抗西方殖民主义者侵略的重要实物见证。鸿山攻剿“红夷”石刻和虎溪岩后山同样内容的两处题刻因此都被列为省级文物保护单位。

（二）南普陀—胡里山游览区

南普陀—胡里山游览区主要景点有五老峰、南普陀寺、厦门华侨博物院、鲁迅纪念馆、人类博物馆、胡里山炮台。

1. 五老峰

厦门“大八景”之一的“五老凌霄”即指五老峰。古名五老山，五个山头峥嵘凌空，时有白云缭绕，云下丛林葱郁，远远望去，好像是5个须发皆白、阅尽人间沧桑的老人，翘首遥望茫茫大海。绿树岩石间有碧泉、净业洞、阿兰若处等古迹，以及明代抗倭名将俞大猷、抗荷将军沈有容等人的摩崖题刻，其中清光绪三十一年（1905年）振慧居士题写的“佛”字，宽一丈，高一丈四尺，最引人注目。半山腰上的兜率陀院，是转箋和尚任南普陀寺都监时建的，是寺中退休和尚与高僧大德静养处。大醒法师为纪念太虚法师，在这里成立慈崇学会，近旁有太虚大师之塔及纪念亭。清代名绅黄日纪有诗赞曰：“五峰如五老，耸峙入烟霞，毓秀钟龙象，丛林第一家”。

2. 南普陀寺

闽南著名古刹南普陀寺位于市区东南五老峰下，乃五代僧清浩所建，初名泗洲寺，宋代易名为普照寺。元至正元年（1341年）一度荒废，明洪武元年（1368年）重建，明末又毁于兵火。清康熙二十三年（1684年），由靖海侯施琅重建，因为寺院是观音菩萨的主要道场之一，又在全国佛教名山浙江普陀山之南，故称南普陀寺。寺院占地25.8万平方米，主体建筑为天王殿、大雄宝殿、大悲殿和藏经阁，依次立在南北纵向的中轴线上，加上左右厢房、钟楼、鼓楼、功德楼、海会楼、普照楼、太虚图书馆、佛学院校舍，所有建筑依山就势，层层托高，显得庄严肃穆。

天王殿前，有放生池和荷花池、凉亭。两池之间，有两座由释迦牟尼佛、迦叶佛等7尊佛像组成的七佛塔，富有南亚佛教建筑的风格。宝殿墙上有释迦牟尼诞生故事等壁画。殿阁绿瓦石柱，雕梁画栋，体现了闽南古建筑的传统工艺。大悲殿建于石砌台基之上，为八角三层飞檐，全以斗拱架叠建成，仰视藻井，别致美观。殿内奉祀着姿态各异的观音神像。藏经阁藏有大量佛教典籍、名人字画和工艺珍品，如明版《大藏经》、宋印影《碛砂藏经》、《佛说阿弥陀经》、血书《妙法莲华经》、28尊缅甸玉佛、唐代铜佛、宋代铜佛、明代铜塔、明代观音菩萨施甘露像，以及现代著名书法家、中国佛教协会会长赵朴初等人的墨宝。寺内“素斋馆”的素菜，烹调考究，素料素作，素形素名，颇负盛名。

3. 华侨博物院

华侨博物院位于厦门港蜂巢山西麓，展厅大楼于1958年4月落成，是一座中西合璧的宫殿式建筑，建筑面积4000平方米，主体3层，正面6层，高23米。1959年5月14日，陈嘉庚亲自为华侨博物院的开幕典礼剪彩。

华侨博物院现有文物及自然标本等藏品6000多件，绝大部分是陈嘉庚专为华侨博物院而搜集的，其中有历代陶瓷器、青铜器、古钱币、古字画、古代雕刻工艺品、动物标本和外国工艺品、陶瓷玻璃器皿、字画等，有9件国家一级文物。

4. 鲁迅纪念馆

鲁迅纪念馆位于厦门大学校园内的集美楼，建筑面积为527平方米，其中展室面积为377平方米。纪念馆共有5个展室。第一室为鲁迅故居，1926年9月4日至1927年1月16日，鲁迅在厦门大学教书时就住在这里，现按原貌陈设，并展出鲁迅当年用过的一些实物；第二室“鲁迅在厦门”，详细介绍鲁迅在厦门的生活情况，包括他的教学、科研、著述、编译、日记、讲演和社会交往等各方面的活动；其他各展室则分别介绍鲁迅的生平和他在绍兴、北京、广州、上海等地的战斗历程。

5. 人类博物馆

人类博物馆位于厦门大学博学楼，建筑面积2483平方米，是一个人类学专门研究机构。1926年秋，鲁迅曾在厦门大学举办考古文物展览会，后来国学院成立文物陈列所。1934 年秋厦门大学人类学教授林惠祥设立厦门市人类博物馆筹备处。抗日战争期间，文物曾迁移南洋。1951 年筹备处把文物及藏书捐赠给厦门大学。以此为基础，1952 年春成立厦门大学人类博物馆，1953 年 3 月正式对外开放。馆内收藏有考古学、民族学的珍贵文物和专用参考图书数千件，其中包括古人类遗骨及其头面复原模型。

馆内还陈列着反映国内少数民族和外国民族风俗习惯的文物，如藏族的欢喜佛、蒙古族的血海铜盘、维吾尔族的玉靶刀、畲族的祖先图、高山族的贝壳珠衣和双连木杯，以及南洋特有的蛇形剑、巴厘的木雕恶魔面具、婆罗洲的大刀、澳洲木制的弯月形武器“飞去来”、印度的贝叶经和日本大倭刀等。

6. 胡里山炮台

胡里山炮台位于厦门岛南部胡里山海滨。鸦片战争后，清政府为加强海防，于光绪二十年（1894 年）三月动工兴建，光绪二十二年十一月竣工。

胡里山炮台依山临海，视野宽广，隔海与屿仔尾炮台、龙角尾炮台互为犄角，控扼厦门港。炮台由东西两门主炮、两门护炮组成，台面周长 114.72 米，台后宽 71.68 米，附属设施有暗道、护墙、城垛、战坪、弹药库、兵房、军装房、官厅、围墙、城门、石沟、山顶望厅、电井、海岸等。城堡占地面积 1.3 万平方米，工程耗资 8.69 万余两银。炮台用花岗岩条石以及乌樟树汁、石灰、糯米、红糖和沙土搅和而成的“三合土”构筑，异常坚固。整个建筑糅合了欧洲半地堡式和中国明清时期防御阵地的结构模式，用优质花岗岩筑成的城门、城墙、城楼、护城壕、兵营和炮台等，是目前中国保存最完整的海岸炮台，也是研究中国海防军事史、洋务运动史和兵工构筑技术的珍贵史迹。

炮台露天陈列中西古炮 50 多门，建台时购自德国克虏伯兵工厂的两门大炮，至今尚有一门保存完好，并有 29 颗炮弹。这门巨炮为清光绪十九年（1893 年）制造，炮身长 13.13 米、炮口内径 28 厘米、膛线 84 条、炮重 4.998 万千克、射程 1.6 万米，两炮厂价为白银 16 万两。1989 年底还在附近海中捞起一门在鸦片战争中英军进攻厦门时被推入海的中国自制铁炮，后又在城堡北门地下挖出两门德国克虏伯公司于清光绪七年（1881 年）制造的小钢炮。

兵营内有一块巨石，酷似鼓浪屿的日光岩，石上有明代泉州府同知丁一中写于明隆庆六年（1572 年）的七绝诗刻，为厦门现存最早的诗刻之一。

近百年来，胡里山炮台一直是军事禁区，1984 年才对游人开放。1986 年在胡里山炮台的前沿新建望归亭、盼归台，游客可以通过望远镜瞭望金门所辖的大担、二担诸岛。同时利用清兵营房兴办“世界古炮、宝剑、奇石、火枪陈列馆”。

（三）金榜公园

金榜公园位于火车站西南面，由金榜山、面前山、金亭山、天狮山（梧村山）组成，占地总面积 0.86 平方千米。唐落第的陈黯隐居金榜山，住在山上石室，后又筑一楼名迎仙楼。取刘禹锡的“山不在高，有仙则名”之意，楼旁有巨石屹立，高 16 丈，美称“玉笏”。昔日山坡临海处有一石，似鹰搏兔子，为陈黯垂钓处，得名金榜钓矶，为厦门“小八景”之一。陈黯死后，葬于附近的观音山腰，其墓及生前所居石室，皆为市级文物保护单位。宋朱熹曾来金榜山游览，所作《金榜游记》，已由书法家重写，摩崖镌刻。

清道光二十二年（1842 年）六月，爱国将领陈化成在抗击英舰入侵吴淞口的战役中，壮烈殉国，灵柩运回厦门，安葬在金榜山麓，墓前设石坊华表。

天狮山有宝山岩寺，左侧山麓有“圣泉”石刻，相传为南宋幼帝经此掬饮泉水之处，石上有刘光谦题刻“清冽”二字。

（四）厦门景州乐园

厦门景州乐园是台胞黄景山投资筹建的，于 1995 年 7 月开业迎宾。坐落在黄厝金山寨山东麓，面向大海，与大小金门、大担、二担岛隔海相望，规划占地面积36万平方米。

景州乐园以“山水有情，人间有爱”为主题，园里布局典雅、浪漫，五彩缤纷的花园里摆放着形态各异的艺术雕像，充满欧美的艺术情调。乐园依山就势，设置丰富多彩的娱乐设施，如和平瀑布、滑草场、音乐马车、电瓶车、碰碰车、摇摆车、跑马场、射箭场、射炮场、大章鱼、海盗船、溜冰场、空中踏踏乐、云霄飞渡、欢乐桥、欢乐广场、烤肉区、体能训练场、踏水车、猛龙过江，还有国内唯一的台湾民俗文化村。园后还有“金山松石”景区。

（五）“大八景”中之三景

1. 洪济观日

洪济山为厦门岛诸山之冠，海拔339.6米，山上有方广寺（已废）、黯济岩、云顶岩、留云洞、风动石、星石等胜迹，绝顶有观日台，台上有一个石亭，系郑成功防守厦门时建筑的瞭望台遗址。相传宋朝陆秀夫、张世杰保护幼主至此，见山势雄壮，巨石屹立，便题“龙门”二字，另一巨石则题“天际”二字。山南有留云洞，不少名士均在壁上留诗题刻。凌晨，在观日台上遥望朝阳如火轮从海上升起，是一大奇观，致使诗人发出“日观何须登泰岱”的感叹。清代王步蟾有诗写道：“留云洞古枕云眠，观日台高见日先。村落鸡声犹未遍，红轮早浴海中天。”

2. 阳台夕照

洪济山的支脉阳台山在万寿路南侧，山际一片黄沙，山峰一石崛起，如同鸟首，称“乌鸦下田”。每当夕阳西下，百鸟盘旋古柏劲松之上，落日余晖照着黄沙，山顶上一片金黄，红紫纷呈，十分瑰丽，构成一幅“阳台夕照”、“晚鸟投林”的天然图画。前人有诗曰：“几树村烟锁乱鸦，晚峰落日衬流霞。阳台半作黄金色，烘遍山坡艳艳花”。郑成功曾在阳台山顶建“羊角寨”，遗址尚依稀可辨。

3. 万寿松声

万寿岩在阳台山东麓，有万寿寺，又名“山边岩”。岩寺前有巨石一块，上镌“无量寿佛”四字，石洞岩壁上刻有七言律诗三首。寺内有一古钟，直径3尺，高2尺，系宋开宝六年（973年）铸造，明万历年间（1573—1620年）由外地移至万寿岩，现保存在南普陀寺内。

万寿岩上松柏苍郁，茂密成林，山风劲吹，松涛滚滚，发出啸声，如惊涛拍岸，非常动听。清朝张锡麟《万寿岩听松》诗云：“乔柯如盖护云林，夹道亭亭白石阴。何处断荟寻犬迹，祗来餐实听龙吟。怒涛忽向空中起，骤雨还疑寺外深。绝爱凄清商调好，西风间谱如瑶琴”。

（六）“小八景”中之三景

1. 白鹿含烟

白鹿洞在虎溪岩后面。这里原有一座美丽的三宝殿，殿前有一个狭长的小庭院，庭院前有个半月形小池，名“龙泉”，泉水清澈，终年不涸。半月池上有石室，祀关帝。民国后，寺僧天品将石室改建为楼，中祀朱熹。洞中有泥塑白鹿一只，传说白鹿每天会吐米，给养僧众，后有贪心的小沙弥将鹿口凿大，从此不再吐米。夏日炎热时，石罅中常有烟雾涌出，故称“白鹿含烟”。菽庄花园原主人林尔嘉《白鹿洞》诗曰：“曾入匡庐寻白鹿，归来腊屐复登山。非关腰脚今犹健，风景依然爱此间。”

2. 金鸡晓唱

莲前大道旁的马陇山麓，有金鸡亭，是一座三落两走廊的寺院。前供四大金刚，中供千手千眼观世音菩萨，后面是玉皇殿。左廊客堂，右廊僧舍。

据传，从前有个马陇社人，掘地发现一只石鸡，就在石鸡上面建个亭子，叫“金鸡亭”。金鸡亭中有副对联：亭耸金鸡地开正觉，江环白鹭门对大观。金鸡亭前原有一口井，每当风起，井上的吊杆，即能呼呼自叫，附近的公鸡随声报晓，整个厦门岛的公鸡也全都跟着啼叫起来，于是有“金鸡晓唱”之称。据说金鸡亭寺居“巽位”（即风位），那里的公鸡比别处的先叫。20世纪80年代以来，金鸡亭已全面重建，恢复清代“普光寺”之称。前人诗云：“东方欲白月初西，戒旦输音喔喔啼。自是栖身旸谷近，先声得彻一城鸡”。

3. 龙湫涂桥

禾山湖边社有个龙湫亭，亭下有一个洞，叫做“龙洞”，绿泉喷涌，四季不涸。亭前有放生池，池边榕树苍茂，森然异常。向亭左走数十步，便是涂桥，为纯土质，厦门人称为“龙须土桥”。长约3米，宽、厚各约80厘米，桥下流水涓涓。相传很早以前，有一条龙被困在这溪涧之中。一天，雷声大作，龙滚身而出，穿土成洞，啸腾而去。涂桥桥洞，就是龙穿身之处。有诗曰：“神工鬼斧说龙湫，虹带跨江但砌涂。风浪千秋桥不断，教人残雪笑西湖。”龙湫亭毁于炮火，近年新建小庵，周围一片田园情趣，涂桥已为蔓草掩覆，不易辨认。

（七）景外景

1. 宝山圣泉

宝山岩在吴仓（梧村）社后，又名“董内岩”，有清泉一窍。相传陆秀夫、张世杰保护幼主到此，幼主掬此泉而饮，味道甜美，赐名“圣泉”；又传社人吴善士掘山得宝，建寺供佛，称宝山寺，因而有“宝山圣泉”之称。岩左为功德林，右为客厅，后即“白云洞”，野花散香，幽静雅逸。清代黄莲士《游董内岩》诗曰：“瞻松寻石白云边，路转峰回古洞天。地落他家犹姓董，饮因帝子始名泉。寺静只缘无俗客，僧勤还自理春田。山中风景堪图画，鸡犬煦煦白昼眠”。现寺宇已重建成阁楼式大殿，改名“紫竹林寺”。两侧有闽南佛学院僧尼班宿舍及教学楼等。

2. 石泉龙液

石泉岩在外清山，有石穴如门，泉流从中涌出，石上刻着“磊泉”二字，侧刻“孤璋何年留铁骨，寒泉终古结冰心”。附近又有一泉，名“洌泉”。石泉岩泉水清甘异常，称“石泉龙液”。清黄莲士有诗曰：“何年残骨结寒冰，剩有荒岩住老僧。汲水颇供禅后粥，卖泉初给佛前灯。潺湲昼夜无休息，元气淋漓自郁蒸。岛客品茶需汝甚，取携联络上崚赠”。

3. 石笕飞泉

在五老峰古普照寺旁的碧泉岩，泉水从寺旁的石穴流出，寺僧雾云琢石成沟，叫“石笕”，沟内泉水自上泻下，泉流如飞，颇为壮观。清朝黄莲士《碧泉岩怀僧雾云》诗所云：“石径无尘人不到，岩泉似线笕还通”。石上有李廷基题刻的“碧泉”二字，林宗载题刻的“飞泉”二字，前者题泉名，后者描写流泉的状态。泉废已久，尚存石刻。

4. 白鹤下田

白鹤岭在百家村后面，岩旁两山伸张，如鹤展翅。岩寺前有水田一亩，地沃稻香。“白鹤”宛然张翼飞下此田，故有“白鹤下田”之称。岩寺后面有白鹤岭，相传常有白鹤栖息岭上。清王步瞻有诗曰：“白鹤岩高白鹤飞，野云度岭想依稀。流霞涧水今犹昔，不见仙禽傍晚飞”。现在白鹤山已经开发，建设成为居民区。

5. 耸蜡灼天

思明南路原有青墓山，其中有一石直峭，宛如灼状。相传每当夜深，船行海上，极目远眺，石顶能放异光，故有“耸蜡灼天”之称，厦门人俗称“耸天蜡灼”。有诗曰：“须能放光才称奇，伴君夜航风波里。”

6. 紫云得路

沿厦门园林植物园西侧公路可上狮山，附近紫云岩路旁石上，刻有“紫云得路”四字。一条石板小道，曲曲折折，绕上山腰。这里草木簇秀，古榕纵横，低垂阻径，磐石横陈，如同天隘，因而车马难行，人欲上山而不得其路。清嘉庆十三年（1808年）郑光沂在此辟路并于石上镌刻“紫云得路”四个字，既赞有路可走，又寓读书人循序渐进，前程美好之意。

紫云岩有达中庵，始建于明朝，奉祀文昌神，俗传此神掌文运。民国年间，重修扩建，筑大雄宝殿、客厅、功德楼、积善堂、普同塔、化身窑及游泳池等，有“蛟洞”、“果岩”胜景，果岩前有放生池，命名“慈湖”，果岩后有碧云寺。清代张承禄有秋日游紫云岩诗曰：“览尽江山胜，紫云洞壑幽。籁从天际发，泉向耳边流。诗酒山中得，烟霞物外游。一声残照里，蝉噪报新秋”。

7. 高读琴洞

紫云岩后，有高读岩，系郑成功读书处之一。岩前有天然石洞，可容数人，樵溪穿流洞中。水中一石，形如古琴，泉流击石，如奏琴曲，清新悦耳，因名“琴洞”，合称“高读琴洞”。岩上有“琴洞”、“蟠桃”、“穿源调音”等题刻。洞前樵溪桥石板数段，横跨溪上，古色盎然。相传郑成功当年不仅在此读书，而且于泉边弹琴。清代黄莲士《登高读岩旧址》诗曰：“当年岛上读书处，石级连云青嶂头。纵目已观沧海阔，论心真觉此岩幽。经消史散风云冷，基断垣颓草树秋。兴废百年无复识，山花涧水日悠悠。”现景已废，1980 年间，白鹭宾馆在建设施工中，挖出该寺的殿柱，由市文物管理委员会运存于中山公园内。

8. 寿山听蝉

寿山岩又名半山塘、半山堂，在虎园路附近，地处于城与山之半途，有半山寺。炎夏季节，树上蝉鸣，闹声不绝，如大自然的交响乐，故有“寿山听蝉”之胜。清纪许国咏其景曰：“登临无定迹，每悟必依然。嶂远来帆际，苔深接寺前。似留栽竹地，聊咏浣花篇。夜半高谈静，客心恨屡牵”。

五、港口、航道资源

厦门港口、航道和锚地资源丰富，是厦门的优势资源。具体参见本章第三节。

六、渔业资源

（一）鱼类资源

1. 海水鱼类

海水鱼类，品种繁多，资源丰富，已鉴定的有 420 种，分录 28 目 125 科 259 属。常见的有 100 多种，其中产量较大、经济价值较高的有蓝圆鲹、金色小沙丁鱼、脂眼鲱、带鱼、大黄鱼、二长棘鲷、真鲷、鲨鱼、白姑鱼、银鲳、石斑鱼、乌鲳、文昌鱼等 60 多种。绝大多数为暖水性种类，占总数的 81%，暖温性种类占 18.7%；底层和近底层鱼类居多，占总数的 76.8%，中上层鱼类次之，占总数的 15.8%，岛礁鱼类占总数的 7.4%。海洋捕捞量 60% ~70% 来自中上层鱼类，底层和近底层鱼类仅占 20% ~30%。近岸水域由于岛屿礁堆密布，九龙江水注入，饵料丰富，不但有季节性鱼类，也有集群性的优势种。近海渔场，由于受黑潮支梢、南海水和沿岸水互相消长的影响，加上特殊的地形条件，渔获种类多达 200 多种。厦门岛沿岸鱼类主要有以下 4 种。

（1）鲻鱼

俗名乌仔鱼。鲻科，鲻属。系广盐性鱼类，是增养殖的优良鱼种。在沿岸产卵的亲鱼，个体怀卵量达 320 万 ~480 万粒，“雨水”后出苗，幼苗在港湾、河口索饵，资源丰富。

（2）鲈鱼

俗名花鲈。鲈科，鲈属。喜栖息于河口半咸淡水处，也可生活在淡水中，是优良的养殖鱼种，每年 2—3 月几个主要港湾均出现体长 20 ~30 毫米的鲈鱼苗，资源量大。

（3）黄鳍鲷

俗名黄翅。鲷科，鲷属。喜栖息于沿岸岩礁区，是优良的海水养殖鱼种。秋季生殖，12 月出苗，资源丰富。

（4）文昌鱼

文昌鱼科，文昌鱼属。文昌鱼系脊索动物，在生物进化论中有很高的研究价值。文昌鱼生活于底质为粗沙，水深10米左右的海底。开元区的前埔海域曾是文昌鱼的主要渔场。历史上年渔获量达150吨，最高达282吨。20世纪50年代以来，同安因修建海堤、汀溪水库和西柯、东坑等围垦工程，渔场流速减弱，底质被污泥覆盖，破坏了文昌鱼的生态环境，资源严重衰退。现前埔海域及金门海域尚有少量资源，厦门市政府已建立文昌鱼自然保护区，以利于文昌鱼资源的恢复和发展。

2. 淡水鱼类

常见的淡水鱼类有27种，分属11科。其中鲤科鱼类有14种，占51.85%，经济价值较高的有青鱼、草鱼、鳙鱼、鲢鱼、鲫鱼、鲤鱼、罗非鱼、香鱼等。近几年，引进的良种有团头鲂、日本大板鲫、高背鲫、露斯塔野鲮、建鲤、尼罗罗非鱼、美国绿背蛙、埃及胡子鲶、鳗鲡、甲鱼等。

(二) 虾、蟹类资源

沿岸和近海虾、蟹类资源丰富，已鉴定的有76种，隶属14科38属。其中以对虾科、长臂虾科和蝤蛑科的种类占优势，分别为34种、9种和6种。

1. 虾类

沿岸水域以长毛对虾、日本对虾、刀额新对虾和哈氏仿对虾为主；近海水域以哈氏仿对虾、鹰爪虾、须赤虾、中华管鞭虾、长毛对虾、日本对虾、周氏新对虾为主，全年均可捕获，3—5月份可捕产卵新虾，8—10月捕捞当年生成虾。

(1) 长毛对虾

俗名红虾。对虾科，对虾属。分布面广，同安湾是重要的产卵场，产卵期自4—6月份，历史上年捕捞量达50吨，目前以人工养殖为主。

(2) 哈氏仿对虾

俗名狗虾。对虾科，仿对虾属。为近海渔场最主要的经济虾类之一，分布广。据调查，年平均资源量在2500吨以上，是资源最丰富的种类。

2. 蟹类

沿岸和近海渔场以三疣梭子蟹、远海梭子蟹和锯缘青蟹为主。

(1) 远海梭子蟹

俗名花脚，甲壳纲，蝤蛑科。分布于沿岸浅海，渔期自8—11月，年捕捞量10多吨，同安湾为主要渔场。

(2) 锯缘青蟹

俗名蟳。甲壳纲，蝤蛑科。分布于沿岸水域，渔期自11月至翌年3月，年捕捞量为50多吨，是优良的养殖对象，现大部分采用人工养殖，在闽南一带视为珍品。

(三) 海藻及其他水产资源

1. 海藻

沿岸藻类资源丰富，已知的有蓝藻门3目4科10种，绿藻门4目7科27种，褐藻门8目8科25种，红藻门8目19科77种。其中有许多属种，为门、纲、目、科的典型代表（如生长在何厝海区的毛头藻），有39%（54种）是经济海藻，如礁膜、浒苔、坛紫菜、条斑紫菜等是著名的食用海藻；石莼、羊栖菜、鹧鸪菜、舌状蜈蚣藻等是疗效显著的药用海藻；石花菜、江蓠等是制造琼胶的原料；海萝提取的海萝胶是纺织浆料；马尾藻经综合利用可提取褐藻胶、碘。有些种类可发展为养殖对象，如宝珠屿，大、小嶝低潮区盛产的江蓠，可移入垦区、养蛏池混养轮养，红毛藻经济价值高，也是有发展前途的种类。

(1) 坛紫菜

红藻门，紫菜属。广泛分布于沿海礁石和牡蛎石上，但产量不高。20世纪70年代初，通过人工试养，建立育苗室，目前有养殖面积5470亩，年产682吨（干品）。

（2）海带

褐藻门，海带属。20 世纪 50 年代末，从北方南移养殖成功后，厦门养殖面积一度发展到 1514 亩，后因产品滞销，养殖海区缩小等原因，养殖面积大减，仅同安小嶝养殖 20 亩。

（3）真江蓠

俗名海面线。红藻门，红蓠属。是沿岸广泛分布的经济藻类之一。据调查，仅同安小嶝村，年采集量就达 5 吨多（干品）。

2. 日本无针乌贼

俗名目鱼。十腕目，乌贼科。沿岸和近海均有分布，资源波动较大，1983 年渔获量 700 多吨。渔期冬汛 11 月至翌年 1 月，春汛 3—4 月。

3. 僧帽牡蛎

俗名蚵。异柱目，牡蛎科。是海水养殖最主要的传统养殖品种，年产牡蛎肉 9000 吨，占全省产量的 1/4 左右。主要产区分布在同安、杏林和集美沿海。

4. 近江牡蛎

俗名大蚵。异柱目，牡蛎科。是海水养殖种类之一，但养殖面积不大，主要分布在海沧等地的江河口，年产量 50 多吨。

5. 缢蛏

俗名土蛏。真瓣鳃目，竹蛏科。是海水养殖的主要品种之一。同安养殖面积达 2190 亩，最高年产量 2300 多吨，是该县的重要养殖产品。

6. 菲律宾蛤仔

俗名花蛤。真瓣鳃目，帘蛤科。是近年来管养和增殖的经济贝类之一，分布于马銮、杏林、鳌冠，年产量 5000 吨。目前已大量进行人工养殖。

7. 竹蛏

真瓣鳃目，竹蛏科。主要分布在大嶝、小嶝、大担、金门沿岸，年采捕量 100 ~ 150 吨，渔期为 3—7 月。

8. 寻氏肌蛤

俗名土鬼。异柱目，贻贝科。是自然增殖和管养的主要贝类之一，广泛分布于高崎、杏林、海沧、同安沿海的滩涂上，年产量 5000 ~ 6000 吨，除供食用外，主要用于养鸭，也是对虾养殖的重要饲料。

9. 蓝斑背肛海兔

无楯目，海兔科。沿海渔民在 300 多年前，除在海滩采集海兔卵带制作"海粉"外，并利用蚶埕进行养殖。

10. 革囊星虫

俗名土笋。环节动物门，星虫目，星虫科。分布于低潮区沙泥质的滩涂上，每年 4—9 月是盛产季节。主要产区有海沧、杏林、大嶝等地。

11. 中国鲎

节肢动物门，肢口纲，剑尾目。沿岸和近海均有分布。过去沿岸渔民根据鲎的习性，在繁殖期（5—9 月），于潮间带沙滩及水深 5 米以内的浅水捕捉，近海拖网发展后，年捕捞量达 5000 只以上。

第十二章 鼓浪屿

第一节 概 况

一、海岛地理及历史变迁

鼓浪屿（Gŭlàng Yŭ），代码为350200002611。

位于厦门岛西南侧，扼守厦门西港，与厦门岛隔厦鼓海峡相望，最近距离约500米。地理坐标北纬24°26.9′、东经118°3.7′，面积1.844平方千米，岸线长度7.4千米，最高点日光岩海拔92.6米，北、西北、南部丘陵起伏，中部比较平坦。岛东北侧为厦门西港，西南侧为九龙江口。

宋朝以前鼓浪屿是个渺无人烟的小岛，名“园沙洲”，俗称“园洲仔”。宋末元初，嵩屿渔民李氏上岛开垦，发现岛西南部海滩上一块有洞孔的天然石礁，涨潮时在波浪冲击时发出“咚咚”的响声，颇似鼓声，称作“鼓浪石”，鼓浪屿由此得名。

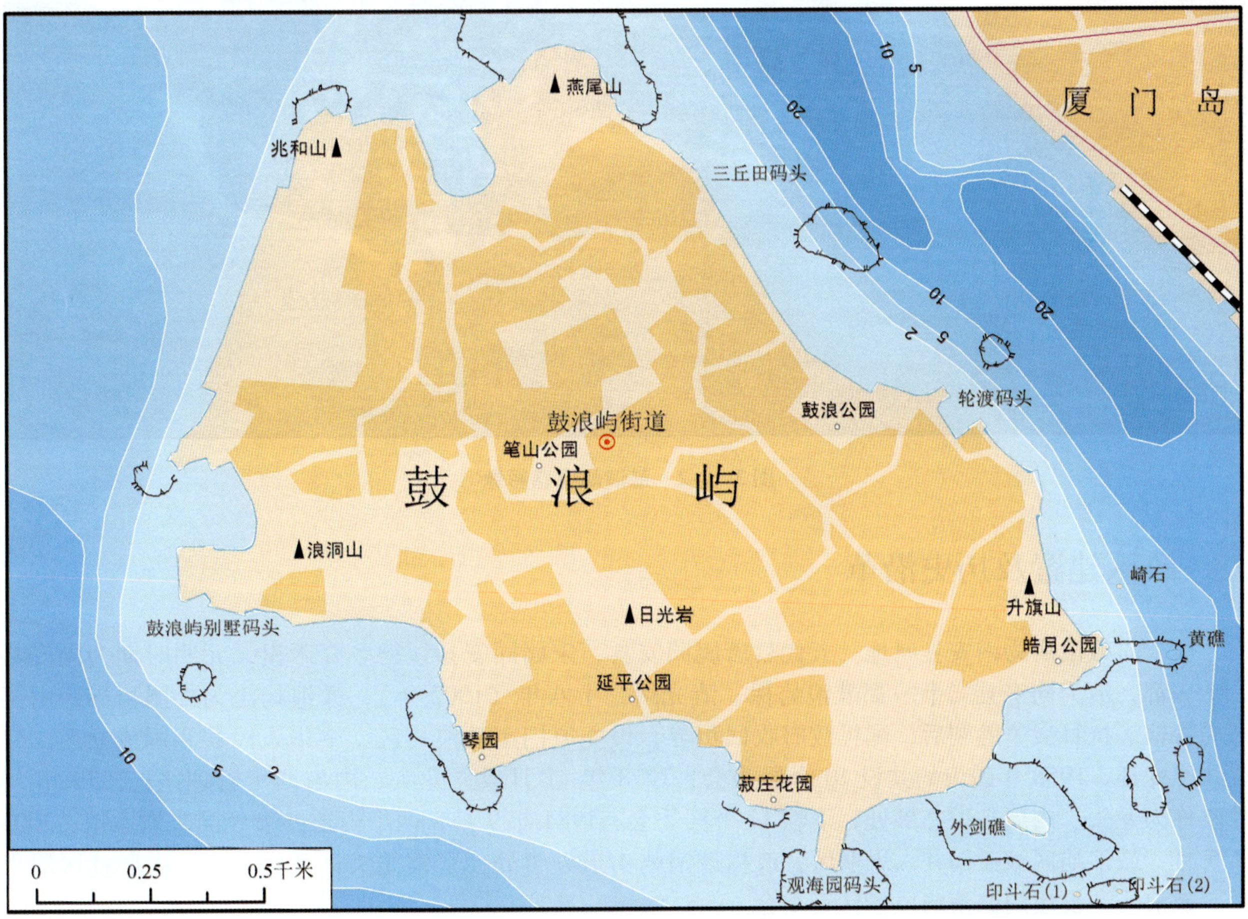

图3-12-1 鼓浪屿地理分布图

图 3-12-2　鼓浪屿遥感影像

二、政区建置及历史沿革

唐末时鼓浪屿为南安县属地，五代后唐属同安县，宋属同安县绥德乡嘉禾里，元明时期为同安县二十一都，清为同安县二十一都鼓浪屿保。清光绪二十八年（1902 年），鼓浪屿沦为外国租界，由工部局管辖。抗日战争胜利后，国民政府收回租界，设立厦门市鼓浪屿区。中华人民共和国成立后，建置几经变迁，1958 年鼓浪屿共设 10 个居委会；1978 年 11 月成立龙头、内厝两个管理区；1979 年 10 月改称为龙头、内厝街道办事处，下辖 11 个居委会；1984 年 9 月，两个街道办事处同时被撤销；2003 年 5 月，鼓浪屿区被撤销并入思明区，改称鼓浪屿街道办事处，下辖龙头社区居委会、内厝社区居委会。鼓浪屿还设厦门鼓浪屿风景区管委会。

三、人口

宋末元初鼓浪屿开始有常住人口。1937 年鼓浪屿人口 30 854 人，1946 年人口 24 039 人，1949 年人口 18 710 人。清光绪二十八年（1902 年），鼓浪屿成为国外租界后，进住鼓浪屿的外国人逐渐增多，清宣统二年（1910 年），住在鼓浪屿的外国籍人达 507 人，其中英国国籍 188 人，日本籍 178 人、美籍 56 人、西班牙籍 30 人、德国籍 26 人。1914 年住在鼓浪屿外国籍人有 685 人，1936 年外国籍人 1767 人，1948 年减为 137 人。

中华人民共和国成立后至 2003 年 5 月，鼓浪屿一直为厦门市鼓浪屿区，据统计，鼓浪屿总人口数量变化不大，变化幅度在 2 万 ~2.4 万人，但近 20 年来鼓浪屿常住人口呈现下降趋势。2003 年常住人口约 1.63 万人。2007 年底共有户籍人口 16 224 人，其中男性 7832 人、女性 8392 人；出生人口 84 人，死亡人口 122 人；出生率为 4.48‰、自然增长率为 -4.50‰、死亡率为 8.97‰；平均人口密度为 8494 人/千米^2；另有流动人口 3826 人。2010 年鼓浪屿上常住户籍居民 6800 余人，空挂户 7100 余人，外来人口 7300 余人，60 岁以上老人占常住人口的 20% 以上。

四、公共服务

（一）教育

明末清初，鼓浪屿开始有私人办学。1937 年岛内私塾、学堂有 20 多家，不仅有古文、珠算私塾，且有英语学堂，其中卢文启、黄氏、洪氏学堂名气较大，就学的大部分系达官贵人子弟。此外，鼓浪屿上还有英华、毓德、美华、怀仁、福民、养元、维正等教会办的中学、小学、女子学校、幼稚园。为适应贫寒家庭子弟就学需要，当时也办有公立小学（即普育小学）以及私办中学，如光华中学、武荣中学。形成教会、公立、私办并存的教育网络。

中华人民共和国成立以后，鼓浪屿教育事业迅速发展。至 1995 年初，岛上先后创办福建工艺美术学校、福州大学工艺美术学院、厦门二中、厦门音乐学校、人民小学、鹿礁小学、笔山小学、康泰小学、日光幼儿园、鹿礁幼儿园、笔山幼儿园等各类学校、幼儿园 21 所，并有校外教育机构区少年宫 1 所。后因人口及教育事业调整，先后有 3 所院校迁移，8 所中、小学、幼儿园合并。1995 年，岛上尚有大专院校 2 所、普通中学 1 所、特色学校（即音乐学校）1 所、成人业余学校 1 所、育智班 1 所、公立小学 3 所、公办幼儿园 1 所、民办幼儿园 2 所、私立汉伟英语幼儿园（外资）1 所、民办公助托儿所 1 所、校外教育机构 1 所。区属小学、业余学校、育智班、幼托园（所）在校学生 2056 人，教师 190 人，正常学龄入学率达 100%，学生巩固率达 100%，实现普及九年制义务教育。主要大中专学校情况如下。

1. 福州大学工艺美术学院

1952 年经福建省教育厅批准在鼓浪屿成立厦门私立鹭潮美术学校。1958 年收归公办，成立厦门工艺美术学校。1960 年改为厦门工艺美术学院，1963 年改为福建工艺美术学校。学制分大专与中专：工艺美术系采用大专教育；中专设木雕、石雕、瓷塑、园林雕塑、首饰品设计、陶瓷、工艺绘画、漆器漆画、壁挂、装潢、玩具造型设计、皮革制品设计、日用工业造型、室内装饰、服装设计等 15 个专业。1972 年曾一度停办，此前已培养毕业生 642 名。1974 年复校。1990 年 3 月，由福建省第二轻工业厅和福州大学联合办学，成立了福州大学工艺美术系。1993 年 7 月，经省教委批准，成立了福州大学工艺美术学院，设有本科的工业设计、环境艺术设计，以及大专的装潢艺术设计和服装设计等专业。

2. 厦门演艺职业学院

厦门演艺职业学院是福建省人民政府批准、国家教育部备案、具有高等学历统招资格的一所民办综合艺术学院（国标代码：13767），由中国著名舞蹈教育家吕艺生教授担任院长。

学院位于厦门第二城区翔安的校区，鼓浪屿上有艺术实训基地。学院有专职教师84人，兼职专业教师50人。以培养市场需要、知识全面的两栖多栖人才为办学宗旨，着力全面开发具有艺术感觉的青年的艺术潜质，强调艺术实践与理论相结合，为社会培育新型的艺术职业人才。2010年被教育部列为中国模式特色院校案例的五所院校之一。学院设置了舞蹈表演、音乐表演、影视表演、编导、艺术设计和公共事务管理六大专业，涵盖音乐剧、城市民间舞、播音主持、舞美设计、流行音乐、电脑音乐制作与音响工程、动漫设计、文化创意产业、艺术管理、艺术文学等诸多专业方向。2011年面向全国招收三年制高职艺术类和文史类考生。

（二）科学技术

第一次鸦片战争后，厦门成为通商口岸，由于对外往来的增加，西方国家较先进的自然科学知识和生产技术开始传入。19世纪末，鼓浪屿的师范和普通中学，设有数、理、化等课程，传播科学知识，并有许多学子出洋留学，促进中外科技交流，造就不少中外著名的学者和专家。

中华人民共和国成立后，鼓浪屿一些较大型制造业，采用了较先进的技术。鼓浪屿区属工业的无线电元件、高频热合设备整机、仪器仪表、工艺绣品等行业所采用技术在国内都较为先进。1978年全国科技大会后，科学普及和科技工作更受重视。区少年宫、区青年宫及中小学科普活动得到政府和社会各方支持，活动开展得有声有色。1978—1995年，鼓浪屿的科技成果获奖的有10项，其中，快速极谱仪75—3A获全国科技大会奖，多种型号的铝电解电容器和多种应用的高频介质感应加热设备及船用酸度计、褐藻胶丸分别获福建省、厦门市科技成果奖和优秀产品奖，铝电解电容和高频介质感应加热设备均达到20世纪80年代末世界同期先进水平。

岛上现有中航总公司的材料保护研究分所、亚热带引种园植物研究所、兴华机电研究所等科研机构。1995年，全岛拥有各类专业技术人员300多人。

华侨亚热带植物引种园位于鼓浪屿西南，范围东至琴园，南至环岛路，西至鼓浪屿别墅，北至鸡山路，总面积8公顷。园内植被以各种引种植物为主，北部未开发的山坡还保留了成片的相思树林。引种园由5位归侨创建于1959年，1961年迁到现在的园址，并确定为科研机构，是全国热带、亚热带植物引种基地。40多年来，该园从世界各地引进了千余种植物种植资源。1990年，园内设立了国家级“农作物国外引种隔离检疫基地”，是全国仅有的两个点中的一个。

20世纪60年代开始，国家海洋局东海分局厦门海洋中心站、福建省海洋研究所、福建省水产研究所、国家海洋局厦门海洋环境监测中心、厦门海洋环境预报台等海洋观测与研究机构先后在鼓浪屿成立，但20世纪90年代后陆续迁出至厦门岛。目前岛上仅有国家海洋局东海分局厦门海洋环境预报台的海洋观测设施，如验潮井等。

（三）医疗卫生

清道光二十二年（1842年），美国归正教会传教士在鼓浪屿施诊，这是西方医学传入厦门的最早记载。后有美国教会办的救世医院、日本人办的博爱医院及国人办的鼓浪屿医院、晋惠医院等先后开业。挂牌开业的中医诊所最盛时有33家，到20世纪40年代仅存18家，时中医地位低下，备受歧视。

中华人民共和国成立后，鼓浪屿的医疗卫生事业进入了新的发展时期，中西医同样得到重视。1951年市政府接办救世医院，改称市第二医院。后相继成立区卫生院、区防疫站等卫生机构，加上南京军区鼓浪屿疗养院、海军鼓浪屿疗养院、市干部疗养院，共有病床300张，平均每千人15.7张，另有疗养床位400张；岛上医务人员490人，平均每千人有医务人员25.3人，医疗服务设施齐全，1992年被列为全国初级卫生保健试点区。1990—1995年婴儿死亡率、孕产妇死亡率连续为零，居民平均期望寿命76岁，人人享有卫生保健的目标已基本实现。区妇幼保健、老年保健、卫生防疫工作成绩显著，多次获省、部级荣誉，自1970年以来9次被评为福建省、厦门市“爱国卫生红旗区”；1985年被卫生部评为“全国计划免疫工作先进区”；1988 年被福建省、厦门市授予“无鼠害区”称号；1990 年被国家爱卫会评为“全国卫生先进区”；1992 年被国家爱卫会授予“全国卫生先进单位”称号；1994 年区防疫站获福建省科技进步三等奖及福建省医药科技进步一等奖。

第二节 历史与文化

一、海岛历史

鼓浪屿上汇集中外风格各异的建筑物，有“万国建筑博览”之称。是音乐的沃土，人才辈出，钢琴拥有密度居全国之冠，又有“钢琴之岛”、“音乐之乡”美名。

（一）海岛开发历史

鼓浪屿在北宋朝以前是个渺无人烟的海岛。宋末元初，嵩屿李氏出海时遇上大风浪而上鼓浪屿避风浪，以后李氏家族上岛开发，鼓浪屿遂成为半渔半耕的小渔村。明末清初，民族英雄郑成功屯兵鼓浪屿，当时的日光岩成为郑成功水师营寨和训练水师之基地，现今鼓浪屿还留下多处郑成功水师活动的历史遗迹。

1844 年厦门被辟为“五口通商口岸”之一，1902 年鼓浪屿被定为“公共租界”，英、美、法、德、日、葡、荷等 10 多个国家在鼓浪屿设立领事馆，开办银行、医院、学校、教堂及游玩场所，成立“领事团”，设“工部局”和“公审会堂”。此外，也有许多富商豪门迁入，开办电话、自来水等设施及建设别墅和花园。

（二）人文遗迹和历史文物

1. 名人史迹

明末清初，民族英雄郑成功曾在鼓浪屿安营扎寨，驱荷复台，鼓浪屿成为郑成功史迹最集中的区域之一，岛上的郑成功纪念馆为全国最权威的郑成功及延平文化研究机构。目前鼓浪屿与郑成功有关的史迹，有水操台、龙头山寨和延平公园的国姓井，另有现代的郑成功巨型石雕像和青铜群雕等。

岛上还有中国拼音文字先驱卢戆章、现代体育启蒙者马约翰、著名妇产科专家林巧稚等 60 多位鼓浪屿籍名人的故居、陵墓和纪念馆；有李叔同、林语堂、巴金以及蒋介石等在鼓浪屿的活动遗址；还有帝国主义贩卖“猪仔”的洋行、领事馆、工部局、会审公堂及日本警署监狱遗址等。岛上现共有省、市级文物保护单位 7 处，其中历史遗迹 4 处、革命史迹 2 处、帝国主义侵华史迹 1 处。

2. 摩崖石刻

鼓浪屿的摩崖石刻年代最早的为明万历年间（1573—1619 年）丁一中的“鼓浪洞天”，而后张瑞图、何绍基、南居益、蔡元培、汪精卫、蔡廷锴、黄仲训、林尔嘉等，都在岛上留有摩崖石刻。现存于笔架山汇丰石壁上的清水师提督王得禄《重修三和宫记》，为全国有关妈祖的最大石刻。

（三）历史事件

自 1902 年鼓浪屿被定为“公共租界”后，英、美、法等 10 多个国家在鼓浪屿设立领事馆，开始了将近 50 年的殖民统治时代。

1917 年 9 月，孙中山发起了著名的护法运动，时段祺瑞嫡系李厚基盘踞福建，9 月 12 日委任臧为汀漳镇守使，在粤东和闽粤交界一带与广州军政府对峙。广州军政府任命陈炯明为援闽粤军总司令。1919 年 3 月，陈炯明与北洋军童宝暄、臧致平商洽南北划界事宜；6 月 23 日，南北双方停火和议在鼓浪屿举行，达成 8 条协议。随后，陈炯明在漳州一带建立闽南护法区，以漳州为首府，北至汀州、龙岩，南抵龙溪、海澄交界处之江东，东至长泰，部队发展至两万余人，编为两个军。福建省的其余地盘则由李厚基统治。

1941 年 12 月，日军占领鼓浪屿。1945 年日军投降后，民国政府接管鼓浪屿，归厦门市管辖，设鼓浪屿区。1949 年 10 月鼓浪屿解放，结束了 100 多年来殖民统治的历史。

（四）历史人物

1. 卢戆章

卢戆章（1854—1928 年），原名担，字雪樵，清咸丰四年（1854 年）十二月十八日生于同安县感化里古庄。9 岁读书，18 岁应试，县考名列前茅，府试却落第，从此不入科场，在私塾和义塾教书。受当时“欧化东渐”的影响，他参与基督教活动，受西方文化影响尤深，使他的思想与科举制度进一步决裂，可谓“求学期于济世，寻章摘句胡为哉”。清同治十三年（1874 年），赴新加坡半工半读，专攻英文。清光绪四年（1878 年）回厦门，住鼓浪屿日光岩下，应英国传教士马约翰的聘请助译《英华字典》。由于他兼通英语华语，许多中外人士奉他为师。

当时，外侮内患频仍，民族危机四伏，他花了 10 多年心血于清光绪十八年（1892 年）仿拉丁字母笔画形状，创出中国拼音文字的第一种方案——“中国切音新字”字母，撰写出中国拼音文字的第一本著作《一目了然初阶》，翌年又出版节本《新字初阶》（厦腔）。

清光绪二十四年，工部虞衡司郎中林辂存呈请都察院代奏，请求将卢戆章的切音新字颁行天下，而因戊戌变法失败被搁置。在此期间，他应聘到台湾主持日本台湾总督府的学务课，受日本假名的影响，改革了原来的拼音字母方案，采用“汉字偏旁的简单笔画”，光绪三十一年，写成第二套汉语拼音方案《中国语音新字》，专程送北京请求推行仍没被采纳。经此打击，他改变方向，努力向社会宣传。回厦途经上海，再次修订方案内容，以《中国字母北京切音教科书》书名出版，并制定官话、福州、泉州、漳州、厦门、广东 6 种切音字方案。1913 年，参加教育部主持的“读音统一会”，会议决定采用注音字母。回厦后，修改了原订切音字母，改名为“国语字母”，于 1915 年出版《中国新字》，提出第三套汉语拼音方案——“由整个汉字拣出的简单笔画”，属于汉字笔画式方案。翌年又出版了《中华新字国语通俗教科书》和《中华新字漳泉语通俗教科书》。1920 年，应驻闽南粤军总司令陈炯明之邀到漳州教授注音字母。逐渐接受了注音字母方案，设计了一套供拼写厦门、漳州、泉州方言用的闰音字母，并应吴敬恒之约，制成一套闽南闰音——《闽南语注音字母、卢戆章中华新字字母、罗马字字母对照表》。

2. 林尔嘉

林尔嘉（1875—1951 年），字菽庄，又字叔臧，祖籍龙溪（今属龙海市），清光绪元年（1875 年）五月出生于台北。其父林维源为台湾著名绅商。光绪二十一年《马关条约》割台，他不愿做日本的“顺民”，毅然放弃在台湾的庞大产业，随父内渡，定居于厦门鼓浪屿。1913 年开始兴建菽庄花园。

他重视振兴商务，发展实业，主张办学育才，热心社会公益。光绪三十年，清政府曾授予道员衔，委派为厦门保商局主办，兼任厦门商务总会总理。其后 6 年中，连续被推为厦门商务总会总理，先后制定《土地买卖章程》、《华洋交易规约》各 64 款，使经营者有章可循。同时又组织商民义勇队，巡逻、救灾、维护秩序，并在厦门兴办实业。光绪三十三年，厦门商务总会出面设立电器通用公司，安装电灯、电话，他投资白银 30 万两，创办电话公司、电灯公司，并投资漳厦铁路，因而授命为农工商部顾问，福建全省矿务议员，福建第二师范学堂监督。光绪三十四年，龙溪、南靖两县发生水灾，死伤 200 余人，他率先解囊并发起向海外募银 3 万两，资助兴修堤坝。民国成立时，孙中山就任临时总统，他被选任参议院候补议员。1915 年，袁世凯复辟帝制时，派人游说他领衔代表福建人民上拥袁当皇帝“劝进表”，遭其严词拒绝。他担任过厦门市政会会长 4 年，鼓浪屿工部局唯一的华人董事 14 年。

他亲手创立和捐助的学校有厦门师范学堂、漳州师范学校、华侨女校、厦门同文书院、香港大学等。他自幼好学，通晓经史诗赋，兼习英文、日文，学识广博，曾组织菽藏吟社，经常邀请诗坛文苑名士吟咏于其别墅，并汇集佳作，刊印《菽臧丛刻八种》，后又出版《菽臧丛书》6 部，收入《古今文字通释》、《闽中金石略》、《鹭江名胜诗抄》等 6 部地方文献。后病逝于台湾故居。

3. 林祖密

林祖密（1878—1925 年），原名资铿，字季商，祖籍平和，出生于台湾雾峰林姓望族。中日甲午战争，日军进犯台湾时，随父母内渡祖国大陆，择居于鼓浪屿。其间，一度返回台湾处理财产，未几，重回鼓浪屿。

他爱国爱乡。清光绪三十三年（1907 年），南靖等县山洪为患，几十万灾民流离失所，他闻讯后，即筹措 5 万银元，购米分批运到漳州一带发赈。以往，闽南乡间常有械斗情事发生，死伤惨重。光绪三十四年四月，他向兴泉永道道台建议设立“弭斗总会”，力图消弭械斗。对促进家乡的经济发展，他更是不遗余力。10 多年间，曾投入三四十万元资金，相继在龙溪（今漳州和龙海）、南靖、华安、漳平、龙岩等地购买大片荒山、荒地，创办垦牧公司、林场。疏浚河流险滩，开辟航道，建设轻便铁路，开采煤矿等农林、工矿实业和公用事业，利国利民。

民国初年，他前往在鼓浪屿的日本领事馆办理注销日本籍民手续，同时呈请北京国民政府内务部准予恢复中国国籍。1913 年 11 月 18 日，他获内务部发给的“许字第一号”复籍执照，成为台湾沦日后第一位获得恢复中国国籍的台湾同胞。但林家在台湾的山林 2 万多甲、水田 2000 多甲却因此被日本侵略者没收；林家经营的樟脑厂、制糖作坊和糖铺共五六百家企业，也被强行压价收买。

“二次革命”失败后，他参加孙中山领导的中华革命党。1915 年袁世凯称帝，他愤然疾呼：“篡国殃民，弃义为诈，国且不国，更何有台！”把台湾与祖国的命运紧紧地连在一起。随后，召集漳泉革命志士在鼓浪屿寓所聚会，商讨打倒袁世凯与铲除北洋军阀大计，捐献巨款资助闽南的靖国、护法两支军队，并筹划建立一支闽南子弟兵——闽南军。1918 年 1 月 6 日，孙中山以大元帅名义任命他为“闽南军司令”，负责指挥闽南的军事行动。他还曾创办“随军学校”（陆军学校），为国家和闽南地区培养军事人才。1919 年 12 月 4 日，孙中山领导的中华民国军政府陆军部奉命以“218 号令”授予他陆军少将。

1921 年，他应召赴粤任孙中山大元帅府参军兼侍从武官。嗣而孙中山率军入桂，改任林祖密为大本营参议，随军参赞戎机。翌年 6 月，陈炯明背叛革命，他因拒绝附从而被扣押，获释后经香港搭船返厦。时北洋军阀李厚基已被赶出福建，新任福建省省长林森邀请他赴榕任省水利局局长。旋因无意仕途，辞职回鼓浪屿。1925 年 8 月 20 日，他前往华安视察华封疏河公司。李厚基旧部张毅侦悉消息，派旅长李芳池于 23 日深夜包围他的住处，24 日凌晨将他杀害，遇难时年仅 48 岁。

3. 马约翰

马约翰（1882—1966 年），鼓浪屿人。清光绪三十年（1904）考入上海圣约翰大学预科，两年后升入本科。清宣统三年（1911 年）大学毕业，获理学学士称号。1914 年夏，应聘到清华学校（清华大学前身）任化学老师。此时，帝国主义称中国人为“东亚病夫”，他对此十分气愤，立志摘掉“东亚病夫”的帽子，改教体育，遂担任清华学校体育帮教（助教）。同年 11 月，被学校推为北京体育协进会代表。

1919—1926 年间，两次赴美国春田国际青年会干事专科学校攻读体育课程，获体育硕士学位。其间曾于 1920 年回国任清华大学教授兼体育部主任。并于同年 10 月在中国有史以来的第一届全运会上获学校联合组冠军。1921 年和 1927 年，参加在上海举办的第五次和第八次远东奥林匹克运动会。1930 年 4 月，担任中国参加远东运动会全国总教练。1936 年，担任中国参加在柏林举行的第二届世界奥林匹克运动会代表团总教练。

中华人民共和国成立后，两次当选为全国体育总会副主任，1953 年 9 月，任国家体委委员。1954—1956 年，任全国体育总会主席；担任第一届、第二届全国运动会总裁判；第一至第三届全国人大代表。1958 年，与清华大学土建系一位中年教师合作，夺得北京市网球双打冠军，创造了 76 岁老人达到一级运动员标准的事例。1966 年 10 月 31 日，在北京因病逝世。主要论文有：《我从事体育十四年的经验》、《体育的迁移价值》、《我们对体育应有的认识》等。

4. 林巧稚

林巧稚（1901—1983年），女，鼓浪屿人。清光绪二十七年十一月十三日（1901年12月23日）出生于鼓浪屿一位普通教员家庭。光绪三十二年秋入鼓浪屿蒙学堂。清宣统三年（1911年）秋入鼓浪屿厦门女子师范学校，即高等女校。1921年夏，考入北京协和医科大学，1929年6月毕业，获医科学士学位及美国纽约州立大学医学博士学位。同年7月受聘为协和医院妇产科住院医师。1932—1933年被选派赴英国伦敦医学院和曼彻斯特医学院进修。1939年赴美国芝加哥医学院进修。她知识渊博，临床经验丰富，科研成果为美国医学界所瞩目，被授予"美国自然科学荣誉委员会委员"证书。进修期满，她谢绝了美方的挽留，次年回国后，接替协和医院妇产科主任惠狄克成为协和医院第一位中国籍女科主任。1942年1月，协和医院被日军侵占，协和医院停办期间，她在北京东堂子10号开设"林巧稚诊疗所"，其收费低廉，见到穷困人家不仅免收诊费，还掏钱给病人买营养品。诊所创办6年，除出诊外，仅门诊就填写了8800份病历。1948年5月协和医院复办，她被聘为妇产科主任、教授。

中华人民共和国成立后被任命为协和医院妇产科主任、教授。1955年6月当选为中国科学院学部委员，为当时学部中唯一的女委员。1956年7月当选为中国医学会副会长。1959年被任命为中国医科大学副校长、中国医学科学院副院长。曾当选第一至第五届全国人大代表、第三至第五届全国人大常委、第三届全国政协常委、北京市政协副主席、第四届全国妇联副主席。

她一生勤奋，把毕生精力无私地奉献给祖国医疗科学事业。她没有儿女，却是世界上最伟大的母亲，亲手迎接了5万多个小生命来到这个世界，被荣称为"万婴之母"。她医德高尚，医术精湛，是中国妇产科学的开拓者之一。她有丰富的妇产科临床经验，擅长于疑难病例的诊断与处理。她早年对"胎儿宫内呼吸"和"女性生殖道结核"进行过研究。中华人民共和国成立后开始对滋养细胞肿瘤的发生、发展规律进行研究，以后又指导绒毛膜上皮癌的研究，在滋养细胞肿瘤的化疗方面取得重要成果，受到国家奖励。她还对妇科盆器结核进行过深入研究，曾负责组织北京地区子宫颈癌的普查和防治。

1983年4月22日林巧稚逝世于北京协和医院。其主要研究论文有：《从病理检查和尿内绒毛促性腺激素定量试验讨论子宫绒毛膜上层癌的预后》、《北京市88998居民的地区子宫颈癌普查结果初步报告》、《葡萄胎和绒癌尿内绒毛促性腺激素的测定》、《24例良性葡萄胎及恶性葡萄胎转移的研究》以及《老性葡萄胎85例诊断及预后的探讨》等。主编《妇科学进展》、《妇科肿瘤病学》等学术专著及《家庭卫生顾问》、《育儿百科全书》、《农村妇幼卫生常识问答》等科普读物。厦门市鼓浪屿"毓园"有其塑像和生平事迹陈列馆。

5. 王仲谋

王仲谋（1920—1990年），又名询卿，安溪人。1942年毕业于福建省立师范专科学校艺术科。先后在安溪、厦门、集美等地中学担任美术教师。1956年调福建工艺美术学校，后任福州大学工艺美术学院、厦门工艺美术学校副教授。

他擅长中国写意花鸟画，综诸家之长以自成一格。其水墨雄鹰，人称"福建鹰王"。从1953年起均有作品参加省、市历届美术展。1956年《把生猪赶交食品公司》参加全国美术展；1958年《采石图》、《鹭岛远眺》参加华东地区美术展，其中《采石图》被选入《现代中国画选集》；《野塘偶见》发表在《中国书画》；《鹰》被《中国画》采用。1980年以后，曾多次举办个人画展和出国展出，他的画作流传东南亚、日本及英美诸国。福建电视台和厦门电视台先后拍摄其艺术专题电视片。有《王仲谋花鸟画集》和《王仲谋画集》行世。1986年《松鹰》入选在日本出版的《中国现代书画家作品集》。他的中国画《高瞻远瞩》被厦门市政府选作礼品送给英国加的夫市。1990年8月由新加坡举办《王仲谋花鸟画展》，并出版画集。1993年再次在新加坡举办《王仲谋遗作展》，享誉星城。王仲谋为中国美术家协会会员。曾任厦门画院副院长、厦门市文联顾问、民盟厦门市委会教育委员会主任等职。

6. 张晓寒

张晓寒（1923—1988年），又名云松，江苏靖江人。毕业于国立艺专国画系。中华人民共和国成立后，曾在全国政协文化俱乐部从事美术工作。1953年来厦，执教于厦门鹭潮美术学校（今福建工艺美术学校前身），曾师从吕凤子、潘天寿、李可染等大师。艺术上独辟蹊径，作品格调高雅，笔墨奇拙雄浑。其遗存主要作品有《风雨山居》、《屈子行吟图》、《山林晓烟》、《山楼话旧》、《春雷》、《解冻图》、《雨中山似醉，码头人正忙》、《浔江渔火》等。除工画外，亦擅诗歌。把古体律诗、词、牌山歌糅合在一起，将诗与画相配，是其作画又一特色，有《张晓寒画集》行世。张晓寒为中国美术家协会会员，曾任福建美术协会常务理事、厦门美术协会主席、福建工艺美术学校副教授、福建省第六届人大代表、厦门市第五届政协委员、农工民主党厦门市委常委。

二、海岛文化

（一）海岛风情与旅游文化

1. 音乐之岛

鸦片战争之后，厦门被辟为5个通商口岸之一。随着外来文化传播，西洋音乐迅速在厦门传开，尤其是鼓浪屿，百余年来有着良好的音乐基础。20世纪20—30年代，西洋音乐甚为普及，在海内外有着广泛的影响，被誉为“音乐岛”。1913年，菽庄花园主人林尔嘉从国外购进厦门第一架钢琴，主要作为家庭装饰陈列之用。不久，三一堂和教会创办的学校也先后购置钢琴，富裕人家也以拥有钢琴为荣。从此，钢琴从陈列室、教堂走上社会，又从社会进入家庭。鼓浪屿也就常有钢琴演奏及家庭音乐会的活动。鼎盛时期，全岛拥有钢琴500多架。以人口计算其密度，不仅国内独有，就是国际上也是罕见的。因之，鼓浪屿也被誉为“钢琴之岛”。如今岛上钢琴尚有300多台，尚有不计其数的小提琴、大提琴、吉他、手风琴等乐器。

鼓浪屿岛上音乐教育普及，业余爱好者甚多，他们不但能弹会唱，还懂得欣赏，西洋音乐特别是抒情歌曲受到人们的欢迎，如《友谊地久天长》、《圣母颂》、《哈利露亚》、《神曲》等。在普及的基础上提高，从业余到专业，20世纪，鼓浪屿岛上出现一批知名的音乐家，如20年代音乐教育家周淑安教授，30年代声乐家林俊卿教授，40年代音乐理论家杨民望，50年代国际知名的钢琴演奏家殷承宗、钢琴教育家李嘉禄教授、大提琴演奏家陈鼎臣教授。60年代以后有旅美钢琴家许斐平、许斐星、许兴艾，著名指挥家陈佐湟和手风琴演奏家兼教育家李未明等。这些都是音乐岛的骄傲。近年来，一批后起之秀如许兴艾、杜俊良、张欣宁等钢琴家、小提琴家也崭露头角，从岛上走向世界。1987年以来，有80多位青少年分别考进国内或国外的音乐院校。

鼓浪屿享有“音乐之乡”、“钢琴之岛”的美誉。全岛现有钢琴300多架，有100多户音乐世家；活跃在音乐界（省级以上）的鼓浪屿籍专业人士达200多人。岛上建有高档次音乐厅1座，音乐学校1所（与中央音乐学院共建中央音乐学院鼓浪屿钢琴学校），经常举办各种主题音乐会和家庭音乐会。鼓浪屿充分利用自身优势，积极开展群众性文化活动，推进旅游文化的发展。1988年举办了首届鼓浪屿旅游艺术节，1995年举办了“鼓浪琴韵音乐会”等。2002年以来，开展鼓浪屿钢琴和鼓浪屿四季音乐周活动，如鼓浪屿2008年四季音乐周活动，3月2—8日的春季俄罗斯音乐周、5月17日至6月2日的美国音乐周、10月6—13日的秋季德国音乐周等。

2. 历史风貌建筑

鼓浪屿岛上中外风格各异的建筑物交融并存，既有传统闽南民居，也有欧美式楼舍及宗教建筑，尤以中西合璧式建筑为主要特点，有“万国建筑博览”之称。

历史上鼓浪屿沦为“万国租界”长达数十年，历史的积淀使鼓浪屿这个小岛上汇集了众多各具特色的历史风貌建筑，极具观赏性和研究价值，且大多数有浓厚的历史背景和掌故。主要历史风貌建筑类型有：西式风格建筑，归侨和台胞建筑，地方特色小洋楼、小别墅，中西合璧的私家园林，闽南传统民居和寺庙，现代建筑等。列入市规划保护的历史风貌建筑有：一级17座、二级91座、三级154

座。其中最具代表性的有八卦楼、观彩楼、海天堂构、金瓜楼、三一堂、天主堂等。

鼓浪屿的建筑有浓烈的欧陆风格，古希腊的三大柱式陶立克、爱奥尼克、科林斯各展其姿，罗马式的圆柱，哥特式的尖顶，伊斯兰圆顶，巴洛克式的浮雕，门楼壁炉、阳台、钩栏、突拱窗。争相斗艳，异彩纷呈。

（二）民俗、语言和信仰文化

鼓浪屿民俗文化和语言文化与厦门岛的相同。

鼓浪屿作为中外宗教文化的汇集场所，岛上除中国传统的佛教、道教的寺观外，西方的天主教、基督教各教派也在岛上建立教堂，最多时达到6个教派，9个教堂，从而形成鼓浪屿特有的宗教文化。岛上保留完好的有闽南名刹日光岩寺（莲花庵）、祀奉保生大帝的种德宫以及天主堂、基督教三一堂、复兴堂等。

（三）文学艺术

鼓浪屿优美的自然环境及众多的名胜古迹，也造就一大批擅长诗、琴、书、画的艺术家。岛上民间诗社、画社颇多，其中林氏的菽庄诗社、黄氏诗社、龚氏诗画社颇负盛名。从清末进士龚植至当今女诗人舒婷均出于龚家。当时林氏、黄氏、龚氏联姻，经常聚集一堂，吟诗作赋。

政府重视文化事业建设，注重发扬“音乐岛”优势，各中小学加强音乐艺术教育，办有各种合唱、钢琴、小提琴等团组和培训班，为高一级音乐院校培养幼苗，也丰富岛上文化生活。1990年，厦门市音乐学校应运而生，建校短短几年，师生在国家、省、市级各项音乐竞赛中共获奖项100多个。每年在岛上举办的各类旅游文化活动和音乐会，吸引了无数中外游客。鼓浪屿区还组织有合唱团、艺术团、书法家协会、少儿艺术团、业余歌仔戏剧团等业余文艺组织，经常开展丰富多彩的文化艺术活动。鼓浪屿还是福建省文化厅首批“芳草计划”（旅游文化）实验点。1995年被福建省政府评为“文化市场管理先进单位”。岛上共有市属文化机构4个，其中，文化市场管理机构、多功能音乐厅、图书馆各1个，新华书店1家；区文化馆等文化机构4个，文化社团1个，文化娱乐场所14家，工艺书画店、画廊25家。

岛上的福建工艺美术学校是开展工艺美术教育的专科院校，学校有专任教师98人，其中副教授、高级讲师14名，均是造诣较高的工艺美术专家。历年师生参加全国美术展、工艺美术展、设计展览作品160件，被国家博物馆收藏的作品5件，省级收藏8件、市级收藏4件。许多作品被选送国外展出。为北京人民大会堂二次装修制作了全国最大的漆画和寿山石大型浮雕，并为福建、北京等地制作了一批城市园林雕塑。

三、土特产品

1. 鼓浪屿馅饼

为闽南传统产品之一，有80多年的生产历史，其外观小巧玲珑、色泽金黄、味香皮酥、馅甜适口，具有爽喉之冰凉感。既是茶点、点心的可口佳点，也是馈赠亲朋好友的家乡特产。每逢春秋旅游季节、传统节日或家庭喜庆佳日，更受消费者喜爱。

2. 绿豆糕

生产始于1922年，最早是大同路“肖瑞姜饼家”经营，抗战时迁到鼓浪屿，之后由刘静杰继承其传统制作工艺，并逐渐加以改进和提高。现在，鼓浪屿绿豆糕已成为茶点和旅行携带或馈赠亲友的佳品。

3. 黄胜记黄金香肉松和肉干

黄金香黄胜记肉松店创始于1842年，真正百年老店，纯手工制作，采用传统秘方，完全使用新鲜优质的猪后腿精肉精制而成。原料从收购到加工完成不超过12小时，保持了肉松100%的新鲜，使肉松富有弹性，口感更纯正，味觉更佳。食之酥甜脆、油而不腻、入口自溶、鲜美可口，是鼓浪屿的知名特色食品之一。

第三节 海岛基础设施

一、交通设施

（一）码头

鼓浪屿四面环海，与外部联系依靠海上交通，现有厦鼓轮渡码头和三丘田、鼓浪别墅、观海园3个旅游码头及黄家渡生活码头等，开辟有厦门—鼓浪屿、厦门—三丘田、厦门—鼓浪别墅和环鼓游览等航线。

1. 厦鼓轮渡码头

鼓浪屿至厦门的渡运码头，位于鼓浪屿龙头路口。1937年前主要靠泊双桨船和小舢板船，少数外国人以小汽艇过渡。1937年10月厦鼓轮渡正式通航，向当时“利侨公司”、“利通公司”和“金再兴公司”各租汽船1艘（分别是“利侨轮”、“利通轮”、“金再兴轮”），总吨位45.12吨，总载客位100人。1945年8月有3艘客轮（“厦利”、“厦兴”、“厦安”）。

1949年12月，人民政府接管轮渡公司，着手修复2艘客轮，新造木质浮船1艘，沿用旧式单引桥上下客及渡轮靠泊。1954年新造“轮渡11号”船，这是厦门解放以来所造的第一艘客轮，同年11月下水投产，木质结构，载客量167人；1955年新造“轮渡12号”，载客量167人；至1957年1月，轮渡站归属公交公司时，有大小渡船6艘，总载客625位。60年代，先后建造“轮渡14、15、16、17号”4艘木质客轮，载客量均为200人，“轮渡17号”后重新建为400客位木质客轮，淘汰旧船1艘；至1965年渡船共有9艘。1976年，鼓浪屿龙头路口扩建铁浮桥式（以双引桥和方舟联系）码头，长16米，宽6米，高潮时水深7.2米，可泊200吨级船舶；低潮时水深2.1米，可泊50吨级船。岸上筑有钢琴造型的候船室，作为音乐之岛的象征。

2. 黄家渡码头

最早由通商局在海滩上架设简易码头（俗称柴楼梯），作为厦鼓小货船卸货用，也称通商码头。20世纪20年代，黄仲训耗资几十万元，填平大片海滩，通商码头亦被填平，在海岸新建1座大型码头，取名“黄家渡”，作为货运码头。码头岸线长50米，为水泥斜坡踏步式，高潮时水深4.9米，可泊500吨级船。1957年改用条石加固。

3. 三丘田旅游码头

1985年1月竣工。由候船大厅、固定引桥、前沿平台及小游艇码头组成，作为厦鼓海上游览艇靠泊用，也作厦鼓轮渡码头用。

4. 观海园旅游码头

位于鼓浪屿南侧海滨，菽庄花园东南侧。主要供小型旅游船只停靠。

5. 鼓浪屿别墅码头

位于鼓浪屿西南侧海滨，为高桩平台码头，后有栈桥。主要执行厦门旅游客运码头—鼓浪屿别墅码头的旅游客运线路。

6. 垃圾出岛码头

位于鼓浪屿西侧内厝澳，1995年开始兴建，供装卸垃圾集装箱用，解决岛上生活垃圾出岛问题。

7. 鼓浪屿西侧码头

位于鼓浪屿西侧环岛路外，为2010年后新建码头。

（二）道路、隧道

鼓浪屿岛上为独特的全步行交通系统，除配置必要的市政、消防、医疗急救等车辆外，禁止使用其他机动车辆和自行车。岛上早期都是羊肠小道，1935 年，全岛有道路街巷 60 条，大部分依地形修筑，路窄坡大，以步行为主。龙头路和黄家渡一带大部分为回填滩地，地势平缓，路面宽度为 6 ~ 7 米；全岛路宽平均只有 2 米多，路面材料为沥青，道路结构为三合土。中华人民共和国成立后，将龙头路、晃岩路、康泰路、港仔后、复兴路等 33 条道路改为条石、石砖及水泥路面，总面积 3.77 万平方米，相继兴建笔山洞、龙山洞、环岛路等基础设施，有效地改善岛内交通。笔山洞方便岛屿东西部的联系，龙山洞缩短三丘田码头和北部生活区的交通距离。1988 年 11 月建成三丘田至美华浴场的环岛路，全长 3880 米。2000 年后补充建成海岛西部环岛路，使之成为真正的环岛路。

二、水利设施

鼓浪屿于 1925—1927 年兴筑 1900 米堤岸；1959 年在鼓浪屿轮渡左侧兴筑 87.2 米，在菽庄花园边海滨浴场兴筑 350 米；1985 年在轮渡至三丘田筑堤 203 米；1992 年建造船厂垃圾场堤岸 290 米、西海域垃圾填埋场堤岸 170 米。

1930 年筹资 90 万银元，开始建设厦门、鼓浪屿的放水、抽水码头，建有一条水管接到厦门轮渡码头，并用三艘水船开始向鼓浪屿供水。每天有两艘水船（运水 160 吨）运水 12 艘次，运送到鼓浪屿码头后，用专门的水管和水泵加压输送到鼓浪屿梨仔园低位蓄水池和日光岩高位蓄水池，再通过配水管道输送各家各户。1932 年正式对鼓浪屿区居民和海上轮船供水。

1983 年 3 月，厦门至鼓浪屿海底输水管道动工兴建，管径为 400 毫米的无缝钢管海底管道，同年 10 月竣工投产，从而结束了半个世纪以来鼓浪屿用水船供水的历史，并成为厦门市区自来水供水系统的组成部分。

三、电网系统

清光绪二十八年（1902 年）鼓浪屿沦为“公共租界”。当年，在岛上创办小型发电厂，为外国侨民供电。民国 2 年（1913 年）1 月 6 日，英商韦仁洋行与租界工部局订立安装电灯 25 年期限专利权的契约，在鼓浪屿创办韦仁电灯公司，公司在今晃岩路设立办事处。发电厂建在海坛路中段（后称电灯巷），占地 4987 平方米。首期安装 1 台 120 千瓦柴油直流发电机组，同年 8 月 29 日试发电，9 月 10 日以 220/110 伏配电电压开始营业售电，主要用户为外国侨民。1923 年 11 月发生“韦士事件”后，礼昌电灯公司将产权转让给香港汇丰银行所属的香港电灯公司，更名为鼓浪屿电灯公司。1926 年鼓浪屿电灯公司增添 1 台 150 千瓦柴油发电机组，全厂 3 台发电机组装机容量 395 千瓦。1927 年英商厦门和记洋行向汇丰银行购买鼓浪屿电灯公司。1928 年，鼓浪屿电灯公司增装 1 台 125 千瓦柴油发电机组，供用电矛盾才有所缓和。同年，鼓浪屿工部局以公开招标形式决定鼓浪屿电灯公司经营权，林富阁、吴鸿熏、卓全成、丁王树等组成的华人商团中标，12 月 21 日，正式成立鼓浪屿中华电气股份有限公司，结束了外国人垄断鼓浪屿电气事业的历史。

1932 年 10 月 13 日，鼓浪屿中华电气股份有限公司发电厂厂房及 1 台 125 千瓦发电机组因附近民居失火被烧毁，全岛供电中断 10 余天。1934 年 5 月，鼓浪屿中华电气股份有限公司在康泰垵四枞松（原厦门玻璃厂内）的新电厂落成。厂房占地 3800.19 平方米。除了原有 2 台发电机组（270 千瓦）外，又购置 2 台英国产的新机组，全厂发电机容量为 4 台 600 千瓦。同年 7 月 1 日，新电厂正式发电，全部机组一律改为交流发电，输电电压升至 2300 伏，配电电压为 380 伏和 220 伏。1935 年鼓浪屿发电机组增加到 4 台，总容量 600 千瓦。1942 年敷设厦门至鼓浪屿海底电缆，但投产不到 2 年就无法使用。

1949年10月17日，厦门解放。当天，鼓浪屿中华电气公司职工立即抢修设备。10月20日，发电厂开机送电。同时，市人民政府派员进驻电灯公司，组织恢复供电和重建发电厂。1954年7月成立厦门电厂筹建所，1955年2月厦门电厂破土动工，电厂投产后，鼓浪屿（容量450千瓦）临时发电站保留。同年，鼓浪屿中华电气公司与厦门电灯公司合并。鼓浪屿电厂改为厦门电灯公司111发电站（1958年10月停止运行）。1957年2月23日，新建的厦门本岛至鼓浪屿海底电力电缆投入运行，厦鼓二岛电力联网，发供电统一调度。

目前鼓浪屿的供电工作由厦门电业局负责，由大陆通过海底电缆进行供电。2011年，鼓浪屿将启动微电网综合示范工程建设，试点开发太阳能。在鼓浪屿开展200千瓦光伏发电系统和2兆瓦·时/10兆瓦·时的锂电池储能电站示范工程建设，充分应用能量管理系统和微网控制技术，与配网馈线自动化、电动车充电设施等构成微网系统，实现多种分布式电源在鼓浪屿的接入。

四、广播、电视和通信

鼓浪屿一直属于厦门市区的一部分，通过海底光缆及通信基站，与厦门岛广播、电视系统连为一体。

1. 市内电话

1912年日商在鼓浪屿大宫前（现中华路12号）创办川北电话公司。1922年，华侨黄奕住收购厦门德律风公司设备；翌年，又承盘日商川北电话公司设备，筹设商办厦门电话股份有限公司。1924年1月1日完成厦门供电式480门装置工程，首次实现厦鼓通话。1933年10月，鼓浪屿市话容量达到400门，基本满足当时社会的需要。

1985年1月20日零点，厦门开通万门FETEX-150全数字程控电话交换系统，市区至鼓浪屿2.5千米间开通2兆字节/秒数字小微波作局间中继，由此，厦门成为全国第一个拥有全数字程控市内电话网的城市，通信能力提高一倍半。1989年6月18日，首次向德国引进的20千米光通信系统终端设备割接正式投产，市话各局间首次采用140兆字节/秒光缆作中继传输。

1991年9月，市话营业收费微机系统正式投入使用。年内，经两次扩容后，市话总容量达5.35万门。先后在市区东渡、鼓浪屿、博物馆、育青路、虎园路、美仁新村、将军祠等处公开放号，年装机10 076部。1994年6月，调整市郊原农话各点的界外范围，重新划定市话基本营业区：鼓浪屿为市话基本营业区。

2. 长途电话

1925年，黄奕住筹资10万元，在龙溪（今漳州市）、石码（今龙海市）两地分别创办商办通敏电话股份有限公司。1930年，石码市话线路延伸到海沧，并从海沧的嵩屿敷设三芯水线到鼓浪屿，经鼓浪屿转接到厦门。1931年1月1日全线开通，开始办理普通长途电话业务。该公司规定长途电话每次通话以5分钟为限，每晚6时至翌晨9时止每次通话可延长至10分钟，夜间资费减半。通话区域从厦门和鼓浪屿至龙溪、石码、浮宫、白水营、浦南、天宝、靖城（今南靖）等地。

1950年6月，修复高崎到集美的水线，恢复有线电路，开始形成以有线电路为主，无线电路为辅的通信。1951年2月，完成敷设鼓浪屿—嵩屿铠装电缆水线。

3. 移动通信

（1）无线寻呼

1985年2月，引进香港新一代电脑科技有限公司生产的无记忆功能的人工坐席无线传呼设备1013台，在鼓浪屿建1个发射台。1991年10月9日，“128”自动系统投入运行，它可以与原“126”系统兼容，用户可任选一种方式。12月22日全面投入试运行，自动寻呼系统所采用的局号为“99”，其后加上5位传呼机号码，成为990××××、991××××、992××××。

（2）移动电话

1990年5月，厦门交换区首期引进该公司EMX-250模拟式蜂窝网移动电话系统、手机750部、车载机 110 部。配套工程在鼓浪屿首建 7 个基站，1991 年 5 月 17 日投入试运行，同年扩容鼓浪屿基站。1993 年 5 月，移动电话首次办理国内 18 个主要城市人工漫游业务；6 月开通新华路—鼓浪屿、海沧 140 兆字节/秒与 34 兆字节/秒数字微波各 2 个端站。

1995 年 5 月，移动电话号码由 6 位升为 7 位。10 月，厦门交换区获准设立 1 个移动交换中心，新建 1 个 GSM 数字移动交换局，引进芬兰 NOKIA（诺基亚）数字移动交换设备，建鼓浪屿基站。首期数字移动电话系统投产，开办短信息服务、语音信箱、无条件呼叫转移、通话中来话转移、关机来话转移、无应答来话转移、关闭所有呼出、关闭国际长途、关闭所有来话、国际漫游中限制拨国际长途、国际漫游后停止接听所有来话等业务。

五、市政基础设施

1931 年 8 月 29 日，鼓浪屿工部局安装路灯。至 1939 年，鼓浪屿有路灯 333 盏。

1956 年，厦门市编制总体规划确定鼓浪屿为风景疗养区。1982 年调整为风景旅游区，控制常住人口规模为 2 万人，逐步搬迁原有工厂，增加绿地面积，当时岛上居民主要分布在岛东部的龙头和西北部的内厝澳两个社区，主要工厂分布在岛的西北部；龙头路一带是鼓浪屿最繁华的商业中心。岛上商业、银行、邮电、供电、供水等各种生活服务设施齐全。

中共十一届三中全会以后，鼓浪屿区政府集中财力物力，结合旧城改造，在保护原有风貌的基础上，城市建设投入资金逐年增多。投入大量资金对堤岸、码头、路面、照明、排污等市政设施进行翻修、改造，城区面貌大为改观。全岛绿化覆盖率达 40%，人均公共绿地面积 9.7 平方米，居厦门各区之首，1995 年被全国绿化委员会授予“全国造林绿化百佳县（市）”称号。

1983 年开始进行液化气供应的前期工作，1987 年 7 月鼓浪屿区供应站的土建工程和相应的设备配套建设投入使用，初步实现鼓浪屿区以液化气供应为主的设想。1985 年 8 月 1 日，市政府召开厦门市管道煤气工程汇报会，原则上同意鼓浪屿以液化气为主的规划。燃气供应单位有厦门华润燃气有限公司鼓浪屿供应站和厦门华达石化工程有限公司鼓浪屿供应站。2007 年开建鼓浪屿北路燃气管道工程。

六、生态建设和环境保护

20 世纪 90 年代鼓浪屿区政府筹措资金 1000 多万元用于环保建设。1995 年开始在内厝澳兴建生活垃圾出岛码头，解决岛上生活垃圾出岛问题。2006 年，开展鼓浪屿循环经济生活污水零排放试点工作，完成了黄家渡、汇景园、港子后 3 个污水处理站建设。2008 年，开展漳州路综合改造、西北部环岛路绿化系统工程及鼓浪屿第二期拆迁整治美化工程，增加绿化面积 6246 平方米。历史风貌建筑保护工程包括修缮 21 栋风貌建筑主体，修缮风貌建筑门楼 8 座，修复围墙 325 米。

监测数据表明，鼓浪屿环境质量处于厦门市前列。锅炉、窑炉得到翻新改造，液化气率达 91% 以上，岛内没有工业和汽车尾气污染，全岛禁止燃煤，全年空气质量为优良，大气环境质量各项指标都优于国家一级标准；港仔后、美华、大德记三个海滨浴场水质基本上保持在国家二类标准，适宜游泳；区域环境噪声为 54 分贝，噪声平均等效声级均达到 1 类声环境质量标准。

鼓浪屿生活垃圾全部运到岛外处理，垃圾清运率达 100%，医疗废物由有资质的专业公司集中收集后，运到岛外进行无害化处理。2001 年起在全岛实施垃圾分类，并在宾馆、酒店、垃圾中转站、社区等处使用微生物垃圾处理机进行生活垃圾的减量化与资源化处理试验。全岛绿地率 66%，绿化覆盖率 70%。

1988 年鼓浪屿被确定为国家重点风景名胜区，2002 年被评为“ISO 14000 国家示范区”，2005 年获得“中国最美城区”榜首，2006 年入选“中国最值得外国人去的 50 个地方”，2007 年荣膺“国家 5A 级旅游景区”与“欧洲人最喜爱的中国景区”，2009 年被评为“全国文明风景旅游区”。

鼓浪屿还非常注重文化遗产保护工作，以建立 ISO 14001 环境管理体系为契机，从立法、规划、资金及组织机构等诸方面启动对历史风貌建筑的保护工作：颁布了《厦门市鼓浪屿历史风貌建筑保护条例》，专门成立了“历史风貌建筑保护办公室”，制定《鼓浪屿历史风貌建筑保护规划》和修缮设计方案；制定《企业或个人领养风貌建筑实施办法》，把42 处可以招商开发和认养的风貌建筑编印成册，面向社会和企业推介。完成对岛上 308 幢风貌建筑的测绘，为 91 幢风貌建筑竖立标志牌，开辟“鼓浪屿建筑博览游”专线，让游客既能领略中西历史风貌建筑艺术，还能回眸历史，细细体味一个多世纪的风雨沧桑，感念华人华侨的爱国情怀。

2009 年初，鼓浪屿启动了申报世界文化遗产工作，专门成立了申遗工作机构，组织开展鼓浪屿文史资料的收集、整理工作，已完成鼓浪屿六大文化专题的研究整理，并结集为《鼓浪屿申报列入世界文化遗产专题研究汇编》；组织编制《鼓浪屿中国世界文化遗产预备名录申报文本》和《鼓浪屿保护规划纲要》，按规划开展申遗整治等，以求通过申遗工作使环境和资源得以有效保护。

第四节　经济基本情况

一、海岛居民生产活动

鼓浪屿为厦门市区一部分，部分岛上居民日常到厦门市工作，他们与厦门岛居民从事类似的工作。目前部分在岛上工作的居民主要从事旅游、商贸、文化、艺术、科研、医疗、运输等活动。

二、主要产业基本情况

鼓浪屿是著名风景名胜区。1978 年以前，全岛只有菽庄花园一处实行收费管理，政府也未对旅游业开展行业管理，属于放任自流状态。

1983 年，中共厦门市委、市政府提出把鼓浪屿作为风景旅游区的发展思路。1984 年，鼓浪屿荣登全省十佳风景区榜首。1985 年，国务院明确指示，把厦门建成为“以工业为主，兼营旅游、商业、房地产业的综合性、外向型经济特区”。鼓浪屿以此为契机，大力发展旅游业，旅游业逐渐成为该区的新兴行业。1988 年，国务院批准鼓浪屿—万石山国家级重点风景名胜区。1991 年以后，厦门市进入全国主要旅游城市前 10 名。鼓浪屿区委、区政府确定“以旅游业为龙头，工业、商贸业为两翼”的经济发展战略。经过几年的努力，鼓浪屿在经济格局上，实现从以区街企业为主的经济向以旅游业为主的第三产业经济的转变；在旅游内容上，由单一型的自然风光观光旅游向观光、度假、娱乐、休闲、购物相配套的多元旅游转变，形成以旅游经济为中心的新格局。

2001 年鼓浪屿实现国内生产总值 1. 51 亿元，社会服务业收入 9138 万元，工业总产值 1. 35 亿元，商贸业营业额 1. 91 亿元，财政总收入 5688 万元，其中本级财政收入 4219 万元。2009 年实现地区生产总值 1. 37 亿元，财政收入 5805. 87 万元，协议总投资 6052 万元，实际利用内资 5709. 5 万元，合同利用外资 509. 5 万美元，实际到资 503. 3 万美元。

（一）工业

清光绪二年（1876 年），设于内厝澳的厦门造船厂是鼓浪屿最早的企业。1912 年位于黄家渡附近电灯巷的英商韦仁洋行的发电厂开始发电照明。侨商黄奕住的厦门自来水公司也在岛内设立日光岩和梨仔园 2 个抽水池供应自来水。同时，淘化、兆和食品罐头厂、康泰酱油厂、启新印字厂、育新铸字厂、南洲花砖厂等一批小型工厂陆续设立，均以手工制作为主。

中华人民共和国成立后，鼓浪屿区建成机器修造、食品加工、鞋面加工等作坊式的小厂。此后，不少企业如玻璃厂、灯泡厂、塑料厂转为地方国营企业，而一些小厂如食品厂、鞋面厂、机修厂则转为区办集体企业。这些企业吸纳大量社会闲散劳力，为鼓浪屿的经济发展作出贡献。1961 年，鼓浪屿区贯彻“调整、巩固、充实、提高”的国民经济调整方针，大量区属工业下马，兴办无线电厂、胶木厂等几家骨干企业，形成一定的经济规模。主要产品产值、质量在当时全省同行业中都名列前茅。20 世纪 70 年代初，鼓浪屿工业进入较快发展时期，先后新建、扩建胶木厂、塑料厂、胶丸厂等企业近 10 家。1980 年，区属工业总产值达 789 万元。

20 世纪 80 年代后期，随着改革开放的深入，鼓浪屿区工业的弱点逐步显现：①海岛型经济，资源贫乏；②地处旅游景区，环保要求严，生产成本高；③工业产品大部分是劳动和资源密集型的初级加工产品，档次低、附加值少、机械设备老化。因此，逐渐失去争夺市场的优势，区属工业开始走下坡路。

20 世纪 90 年代，根据鼓浪屿区情，区委和区政府提出“以旅游为龙头”的经济发展战略，区属工业面临着外迁发展的调整期。1995 年底在厦门市湖里工业区兴建鼓浪屿工业园，为鼓浪屿区工业的移位发展创造条件。1995 年区内尚有市属国营企业 2 家，主要从事玻璃制品和造船业，区属工业总产值 4183 万元。

（二）商业

民国年间，鼓浪屿区组建商会及 15 个同业公会组织。店铺主要集中在龙头街，为封闭式的消费市场。此外，还有许多肩挑手提、零售粮油杂货的小商贩。

中华人民共和国成立后，根据国家关于对资本主义工商业进行“限制、利用、改造”的政策，到 1956 年底，鼓浪屿区基本完成对资本主义工商业的社会主义改造，形成以国营、集体商业为主导的商业体系。

“文化大革命”期间，鼓浪屿的商业基本上处于瘫痪状态。个体商贩、摊贩大大减少。市场物资紧缺，农副产品和水产品供应十分紧张。一些副食品、水产品要凭“侨汇券”和“产妇票”等票证购买。由于国家对主要消费品价格实行冻结，一些商品的价格与价值严重背离。

1978 年中共十一届三中全会后，鼓浪屿商业经济发生重大变化，多种经济成分共同发展，个体、民营商业和区街集体商业经济迅速发展，商业网点的密度大大提高。饮食、服务业异军突起，逐步形成龙头商贸饮食一条街。据 1995 年统计，全岛商业网点 500 个，商贸批发公司 40 家，年商业营业额 5212.61 万元，形成一定的经济规模。

三、海洋经济主要产业

鼓浪屿的海洋经济主要是海岛旅游业。

中共十一届三中全会后，各类经贸洽谈会、展销会和各种文艺体育交流活动频频在厦门举办。庞大的商务游客群体，为旅游业提供广阔的客源市场。鼓浪屿旅游管理部门应运而生，1979 年成立日光岩景区管理所，1981 年菽庄花园划归鼓浪屿区，成立鼓浪屿园林管理所，归区政府建设科管理，鼓浪屿景区管理体制基本成型。1981 年，全区的旅游收入 17.19 万元，其中门票收入 15.93 万元。1988 年，国务院批准鼓浪屿—万石山国家级重点风景名胜区，鼓浪屿名副其实地成为厦门市旅游业的标志。1990 年旅游业收入 461.87 万元[①]。1995 年，鼓浪屿全年旅游总收入 2218 万元，其中门票收入 1335 万元。旅游业已上升为全区的龙头产业，成为鼓浪屿财政收入的主要支柱。1997 年旅游总收入 3755 万元，其中门票收入 2215 万元[②]。2000 年旅游业收入 7393 万元，比上年增长 6.0%[③]。2008 年，鼓浪屿

① 福建省经济年鉴，1991 年。
② 厦门经济特区年鉴，1998 年。
③ 福建年鉴，2001 年。

共接待游客501.15万人次，实现旅游服务收入3.12亿元，其中游览区管理处门票收入6765.77万元。

1980年以前，鼓浪屿接待游客能力较差，仅有1家旅游酒店。经过多年发展，1995年，全岛有涉外饭店6家：绿洲酒店、鼓浪屿宾馆、丽之岛酒店、鼓浪别墅酒店、观海园旅游村、华风山庄，合计床位563个；社会旅馆2家，床位32个；疗养院、休养院和单位所属招待所9家：邮电培训中心、自来水公司疗养院、上海化工局招待所、淦达招待所、华能国电培训中心、气象休养所、海军疗养院、陆军疗养院、厦门市干部休养所；从事旅游接待的旅行社1家；各种档次餐馆近20家，基本上可以满足旅游接待的需要。鼓浪屿的干、鲜海产品，书画古玩工艺品，地方特色产品等，也可以满足游客的购物需要。

近年来，鼓浪屿大力发展家庭旅馆旅游，截至2009年12月，鼓浪屿家庭旅馆开业达52家，装修准备营业的还有20余家，全部开业后总床位将突破2000个，大大超过原有鼓浪屿酒店的接待规模。据不完全统计，鼓浪屿家庭旅馆建设，拉动民间投资7000多万元，创造就业岗位300多个，带动相关旅游配套产业的发展，有力促进了消费，凝聚了岛上人气，家庭旅馆逐渐成为岛上旅游发展的新亮点。鼓浪屿家庭旅馆协会还与台湾民宿协会实现了两岸业界首次互访，打造了两岸民间交流合作的新平台。2009年鼓浪屿家庭旅馆发展带动游客集聚，游客全年525万人次，比上年增加4.75%。

2010年12月，根据鼓浪屿岛上教堂、博物馆、多国建筑和海岛独特的浪漫情调特点，为适应旅游市场发展的需要，鼓浪屿—万石山风景管委会启动了鼓浪屿“蜜月计划”旅游活动，把鼓浪屿打造成“蜜月岛”品牌，为海岛旅游注入新内涵和新活力。

第五节　地质地貌

一、海岛地质

（一）地层与岩性

鼓浪屿为基岩岛，属厦门岩体，为燕山早期侵入岩。岩性为灰白色中粗粒黑云母花岗岩。岛上除日光岩、鸡母山、笔架山、浪洞山、英雄山、升旗山等山丘顶部、山坡及海边基岩岬角的岸坡有基岩出露外，广大区域均被第四系覆盖。岛上第四系主要为残坡积层，其次为海积层及零星冲洪积层。鼓浪屿主体为花岗岩，边缘局部洼地有第四系沉积地层。

1. 地层

（1）海积层

分布于工艺美术学校西侧凹地、港仔后海滨浴场及周围滩涂。为淤泥夹淤泥质砂、淤泥质黏土，其上有的盖以细、中粒海积砂，如港仔后海滨浴场。厚度各地变化较大。

（2）冲洪积层

冲洪积层仅见于东南端的观海园旅游村，面积仅0.01平方千米，组成物质为深灰色粉砂质砂，含少量细砾和黏土及较多植物根系，分选差，由上往下砂含量减少。可见厚度超过0.5米，上覆厚约0.5米的黄灰色沙砾和红褐、黄褐色含砾亚砂土（可能已遭到人为改造）。微古分析未见有孔虫等海相生物，仅见较多的轮藻受精卵膜，应属淡水沉积。

（3）残积层

厚度因地而异，一般为5~15米。除小面积基岩裸露及近海区的海积平原外，其余广大区域均发育着厚度不等的残坡积层，主要分布于海岛东北侧、西北侧、西南侧。一般厚5~15米。上部为棕红色砂质黏土，中部为黏质砂土，下部为碎石角砾。地表多为居民区或建筑设施覆盖，残坡积层亦多为人为活动所改造。

2. 岩浆岩

岛上基岩为中粒黑云母花岗岩，侵入年代为燕山晚期，脉岩以闪长玢岩较为发育。

（1）中粒黑云母花岗岩

灰白色，中粒花岗结构，岩石由钾长石、斜长石、石英、少量黑云母、磁铁矿组成。热液矿物有白云母。

斜长石含量20%左右，自形程度较高。钾长石为它形粒状，含量5%左右，以条纹长石为主，个别为微斜长石，石英不规则粒状，含量25%～30%，充填于长石粒间。片状黑云母与磁铁矿零星分布，白云母多在长石粒间或晶体中进行交代。

（2）脉岩

见闪长玢岩脉与石英脉两种，它们沿后期节理裂隙贯入花岗岩中。

闪长玢岩脉出露于港仔后海滨浴场西侧岩滩、英雄山隧道以及菽庄花园南侧岩滩。暗绿色，呈新鲜至半风化。它们沿走向325°～335°和走向25°～45°的两组节理裂隙充填，形成近南北走向的脉带（走向大致变化于340°～8°），出露长度20～26米。单脉宽0.1～1米。脉壁局部平直，但大部分脉壁成锯齿状，较宽的岩脉中尚包裹有围岩残留体。

石英脉多沿节理裂隙（成沿断层）后期贯入于花岗岩中。它为梳状石英脉，个别也见晶簇产出。海岛北侧岩滩见带宽约2米石英脉带，它沿走向47°、倾向南东、倾角85°节理裂隙贯入。脉较密集处0.9米，单脉宽0.5～3米，为白色梳状石英脉。笔架山隧道见一厚10厘米的透镜状石英脉沿北西向断层贯入，而在骆驼山西侧的断层中，呈晶簇状充填。

（二）地质构造

鼓浪屿的地质构造以断层构造为主，包括北东、北西走向的两组断层。

1. 北东向压扭性断层

比较明显的有港仔后海滨浴场（英雄山）F32断层与休养所东侧F33断层。

F32断层走向63°，倾南东，倾角85°，断层面平直，面上见斜擦痕，并附有厚几毫米的被压碎岩石碎片及绿色蚀变矿物。

F33断层走向48°，倾向北西，倾角84°，断层宽1.3米左右，与主裂面大致平行的舒缓波状裂面发育。

上述两断层附近及二者之间的菽庄花园至升旗山一带，常发育有挤压带，其产状介于二者间，一般走向52°，倾向北西，倾角85°，由于它的发育，将岩石分割成宽0.5～10厘米扁平的或透镜状岩片、岩块。

2. 北西向压性、压扭性断层

比较明显的有笔架山隧道F30压性断层与骆驼山西侧F31压扭性断层。

（1）F30压扭性断层

见于笔架山隧道壁，距北西侧洞口约200米处。断层宽约0.8米，由间距几厘米至几十厘米的一条压性断裂面组成，岩石被分割成扁平透镜状岩块、岩片。有的断裂面上具有厚约0.5厘米的断层泥，成分有高岭土和岩石碎粒，有的断裂面上可见垂直擦痕。

断层周围走向上与之平行的、产状为走向325°～330°。倾南西，倾角85°的劈理发育，密集成带出露，有的宽30厘米左右，有的可达1米。南西侧隧道内，尚见与本断层大致平行、性质相似的断层三条。

（2）F31压扭性断层

见于骆驼山南西侧海边。断层走向350°，倾向北东，倾角68°。断层宽1.2米。断层面呈舒缓波状，并留有近水平擦痕。沿断裂有石英晶簇充填。

花岗岩中节理较发育，主要有两组，其走向为北东、北西。走向38°～47°，向北西陡倾（有的转倾向南东），倾角74°～82°；走向325°～335°，向南西或北东陡倾，倾角77°～86°。

（三）水文地质

大气降水的渗入为地下水的主要补给源，海岛大部分基岩裸露，为基岩裂隙水岩组区，四周为风化残积孔隙裂隙水岩组区。因受水面积小，两者水量均贫乏，海岛边缘仅第四系沉积区松散岩类孔隙水岩组局部含水。总的来说，鼓浪屿地下水属于含水性贫乏类型，岛上供水需靠引水解决。含水岩组的划分及其水文地质特征如下。

1. 松散岩类孔隙水岩组

全新统海相地层沉积区分布于海岛四周侵蚀洼地的潮间带上。底部以砾石层覆盖于花岗岩基底之上，主要由海积砂松散堆积而成。地下水主要由大气降水入渗补给，也得到基岩和残积层中地下水的侧向补给，也明显受潮汐影响。砂层透水性强，邻近海岸，地下水排泄很快，含水性贫乏。地下水水质类型一般为 Cl-Na 型。

全新统冲洪积相地层沉积区出露于延平公园附近局部。岩性为中粗砂间黏土层。地下水接受少量大气降水渗入外，尚靠基岩和残积层地下水的侧向补给，因南侧受海积层潮汐顶托，除邻日光岩麓局部被块状岩类脉状裂隙水切割形成泉流补给（如国姓井）为淡水外，往海方向地下水逐变微咸水至咸水。本含水岩组受水面积极小，侧向补给的地下水源水量小，加以紧邻海岸，地下水很快排泄入海，含水贫乏。又因周围为旅游区、疗养区，地下水已遭污染。水质类型为 Cl-Na 型水。

2. 风化残积孔隙裂隙水岩组

分布于海岛中部花岗岩裸露区间及其边缘。岩性主要为黏质砂土，厚薄不一，但一般较薄并常见有花岗岩孤石存留其中。此含水岩组在岛上虽有一定集中的分布，但表层砂土渗透性较差，加以大都被建筑物覆盖，直接接受大气降水相对少些，地层含水性极贫乏。在地势较低、地层较厚的地段挖井，可获少量地下水。水质类型为 $Cl \cdot HCO_3$-$Na \cdot Ca$ 型水，矿化度为 0.56 克/分米^3，为淡水。

3. 基岩裂隙水岩组块状岩类脉状裂隙水

为鼓浪屿主要含水岩组之一，包括日光岩、笔架山等花岗岩基岩裸露区，地下水完全靠大气降水下渗直接补给，受水面积有限，地形陡峻，径流途径短，地下水很快向四周海岸排泄，保持的地下水极贫乏，并明显受季节影响。水质类型为 $HCO_3 \cdot Cl$-$Ca \cdot Na$ 型水，矿化度为 0.24 克/分米^3，为淡水。

组成鼓浪屿的岩层地下水来源全依靠大气降水入渗补给，受水面积小，四周临海排泄条件好，大气降水滞留期短，就地补给，就地排泄，岩层含水性贫乏。虽有延平公园附近局部的冲洪积相松散岩类孔隙水岩组存在，依靠大气降水入渗水量及基岩、残积层含水岩组侧向补给的水量也不丰，且现已受污染。

（四）工程地质

1. 工程地质分区

鼓浪屿上出露的基岩为厦门岩体一部分的中粒花岗岩，受风化剥蚀结果，海岛周围地形低洼处，沉积了第四系残积层、海积层。鼓浪屿海岸多为基岩岸，局部砂岸，岸坡较稳定。工程地质分区分别属构造剥蚀基岩裸露残丘亚区、残积覆盖台地亚区及堆积阶地漫滩工程地质区的近岸潮间漫滩亚区。

2. 工程地质评价

基岩裸露残丘亚区，岩石整体性保留较好。地基强度高，工程地质条件好，适宜各类建筑。残积覆盖台地亚区，紧邻岛上裸露基岩并分布于其上或边缘。土层压缩性低，容许承载力 150～250 千帕，地形平缓，是良好的天然建筑场地，适宜各类建筑。近岸潮间漫滩亚区，局部分布于海岛周边小海湾，主要由淤泥等软土组成，工程地质性能差，土体压缩性大，强度低，不经处理不能做建筑物的天然地基。

二、海岛地貌

（一）岛陆地貌

鼓浪屿岛陆地貌类型主要有侵蚀—剥蚀低丘陵、海蚀台地和海积平原。

1. 剥蚀—侵蚀低丘陵

零散分布于高程 50 米以上岛屿山岗上，最高为 92.7 米，外形浑圆，花岗岩组成，如鼓浪屿的日光岩、英雄山等地，山岗上巨石耸立，十分雄伟壮观。垒石叠加构成深浅不一的石洞，是夏天避暑的好地方，“鼓浪洞天”尤为胜景。岩石上尚有保存完好的海蚀浪痕。

2. 海蚀台地

鼓浪屿有明显的三个台地地貌面，按其高程，可划分一、二、三级海蚀台地。

Ⅲ级台地：高程 25 ~ 50 米，台面波状起伏，坡度和缓，冲沟发育。由花岗岩风化残积红土组成，有基岩露头，海蚀浪痕清晰，是开展旅游的好地方，如鼓浪屿的笔架山、升旗山和毓园等。

Ⅱ级海蚀台地：高程 15 ~ 25 米，围绕着Ⅲ级台地外围分布，台面平缓，冲沟和坳沟发育。

Ⅰ级海蚀台地：高程 5 ~ 15 米，分布广，沿着Ⅱ级外围展布。台地平坦，坡度和缓，适合居住和日常活动。

3. 海积平原

零星见于鼓浪屿南部小海湾内，微向海倾斜，由砂质黏土组成，高程为 4 ~ 8 米。多已修整为平地，建造房楼和休闲场所。

（二）海岸地貌

鼓浪屿海岸地貌可分为海蚀地貌、海积地貌及人工地貌等三种类型。

1. 海蚀地貌

主要分布于鼓浪屿南岸与东北岸等基岩岬角岸段，常可见到海蚀崖、海蚀洞穴、海蚀平台、海蚀槽沟及海蚀穹桥等海蚀地貌形态。

2. 海积地貌

主要见于鼓浪屿南部和东南部岬湾内。多为含砾中粗砂组成的沙滩堆积体，主要有港仔后沙滩、大德记沙滩及鼓浪别墅沙滩。

3. 人工地貌

主要见于鼓浪屿东部海岸，由填海造地、筑堤护岸及兴建码头而形成人工地貌。

图 3-12-3　人工堤岸和砂泥滩（左），人工堤岸、岩滩和沙滩（右）

三、海岸线与潮间带

（一）海岸线基本特征

鼓浪屿海岸线曲折，由 11 个小海湾和 9 个岬角组成。岸线总长约 7400 米，可分为基岩岸线、砂质岸线及人工岸线三种类型。

1. 基岩岸线

主要分布于鼓浪屿南部和东北部基岩岬角岸段，沿岸海蚀崖、海蚀平台、海蚀洞穴等海蚀地貌发育，岸线呈缓慢侵蚀状态。

2. 砂质岸线

主要见于鼓浪屿南部基岩岬湾内，由含砾中粗砂组成。有港仔后、大德记及鼓浪别墅等岸段。现多数岸段已建筑护岸堤，岸线处于基本稳定状态。

3. 人工岸线

主要分布于鼓浪屿东部沿岸，由于填海造地、兴建码头及筑堤护岸而形成人工海岸。岸线呈稳定状态。

（二）潮间带基本特征

1. 潮间带滩地地貌类型

根据鼓浪屿潮间带所处的地理环境及组成物质，将滩地地貌分为岩滩、砂质海滩和泥质潮滩等三种类型。

（1）岩滩

主要见于东南部基岩岬角向海突伸处，由花岗岩组成，最宽可达100～200米。滩面崎岖不平，巨石遍布，发育有海蚀柱、海蚀洞穴。

（2）砂质海滩

主要见于鼓浪屿南部岬湾内，这些海湾正处于高能环境下，由波浪塑造而成。海滩发育完整，滩宽50～60米，滩面坡折明显。潮上带宽15～30米，由中细砂组成，松散，坡度3°～5°。高－中潮带，坡面顺直，坡度较陡，为7°～8°。至低潮带坡度变缓，约1°～3°。组成物质较粗为细砾粗砂。

（3）泥质潮滩

鼓浪屿北部潮间带，地处波影区，以潮流作用为主，形成较大面积泥质潮滩，最大宽度达1000米。组成物质为粉砂质泥或泥质粉砂，滩面有浮泥、稀软，人行下陷约20～30厘米。滩面平缓，发育潮沟，呈树枝状展布。

2. 岸滩冲淤变化特征

鼓浪屿岸滩冲淤变化特征与海洋动力条件及地理位置有着密切关系。鼓浪屿东南部基岩岬角岸段，面迎强风浪，岸滩动态处于长期缓慢侵蚀的动态特征。鼓浪屿北部岸段地处波影区，水动力较弱，岸滩处于长期缓慢淤涨特征。鼓浪屿南部岬湾内的砂质岸滩冲淤变化具有明显季节变化特征，但总体岸滩属于基本稳定型，既岸滩冲淤动态基本平衡。以港仔后岸滩为例，从表3-12-1分析可知，港仔后岸滩变化具有夏冲冬淤和潮上带高潮带以冲蚀为主，中、低潮带以淤涨为主的变化特征。

表3-12-1　鼓浪屿港仔后岸滩剖面冲淤变化

断面位置	港仔后沙滩										
测点	1	2	3	4	5	6	7	8	9	10	11
测量部位	潮上带		高潮带	中潮带						低潮带	
测量时间	冲淤量（厘米）										
1990.6.11	0	0	0	0	0	0	0	0	0	0	0
1990.7.6	-10.6	+8.6	-0.6	-4.8	+2.1	-1.2	-3.0	-8.1	+5.4	-0.4	-16.1
1990.9.1	-27.5	-28.5	-19.4	-17.0	-5.5	+5.8	+6.5	+6.2	-15.3	+3.6	+2.9
1990.12.1	+13.3	+16.3	+12.6	+12.6	-14.5	-4.9	-7.2	+3.8	+13.5	-3.4	—
1991.3.2	+0.2	+9.3	+11.1	+6.9	+3.5	+0.8	+4.7	-4.4	-10.6	+1.6	+8.0
1991.5.27	-0.6	-11.2	-1.8	+1.6	-0.4	-1.3	-3.3	+5.7	+6.0	+6.1	+6.2
观测期间总冲淤量	-25.2	-5.6	-4.2	-0.7	+4.2	-0.8	-2.3	+3.2	-0.9	+7.5	+1.1
平均冲淤量	-15.4		-4.2	+0.4						+4.3	

注：表中“+”号为淤涨，“-”号为冲蚀。

第六节 土壤与植被

一、土壤

（一）土壤类型及分布

1. 土壤类型

鼓浪屿海岛土壤[①]主要由赤红壤（砖红壤性红壤）土类的花岗岩赤红壤和花岗岩粗骨性赤红壤土种，以及潮土土类的灰沙土属灰沙土种，滨海盐土类的潮滩盐土和滨海盐土组成。

2. 土壤分布

鼓浪屿日光岩等海拔较高的地貌以花岗岩剥蚀－侵蚀低丘为主，南部小片冲积平原的前缘邻接砂质海滩，北部以红土台地为主，潮间带多为淤泥质潮滩。海岛土壤从高到低垂直地带性的差异分布十分明显，低丘以粗骨性红壤和粗骨性赤红壤、典型赤红壤为主，台地平原过渡为赤土亚类，在台地上的残丘保存有堆积－侵蚀赤红族土壤。鼓浪屿海岛面积较小，土壤类型简单，垂直分带性和区域分布变化不甚明显，因人工干扰因素多，土壤分布规律因人类活动改变较大。

（1）赤红壤分布

又名砖红壤性红壤，是鼓浪屿分布范围最广的地带性土镶。土壤分布特点以垂直分布为主，分布在鼓浪屿大部分林地植被区。

（2）潮土分布

潮土类的灰沙土属，主要分布于台地平原的冲积洪积层上，或分布于溪谷两侧冲积阶地上，或在河湖相沉积物上发育而成。鼓浪屿低丘以下的台地土壤均属于潮土。

（3）滨海盐土

滨海盐土属质地偏沙，沉积层理见粗细相间近水平层理，土体发育弱，土体中含盐量较低。滨海盐土类的潮滩盐土和滨海盐土在鼓浪屿皓月园海滨浴场一带分布。

（二）土壤理化特征

1. 赤红壤

花岗岩赤红壤土属，主要分布鼓浪屿林地。土色呈红棕色，表层质地多为多砾质砂壤、紧砂土。

2. 潮土

潮土类土壤在鼓浪屿分布范围小，大多分布于台地上沟谷和潮滩上，成土母质为冲积或冲洪积物。本类土壤质地一般为沙土至轻壤，常有沉积层理，粗细相间，受降水影响，土体干湿季节性交替，往往汛期低处易被洪水淹没，枯水期则暴露出水面，地下水位亦随季节变化。土壤中下部常有锈斑、锈纹和铁锰结核，土层较深厚，是一种比较容易熟化的土壤类型，本土类划为潮土类，灰沙土土种。质地为紧砂土。

3. 滨海盐土

滨海盐土在鼓浪屿高－中－潮带海滩分布，靠近低潮带海滩盐土中含泥量增加，海沙土逐步过渡为泥质海沙土。海滩盐土由中－粗砂组成，黄褐色，松散团粒状。质地为松沙土和沙壤土。

（三）土壤生产性能

鼓浪屿分布主要的三种土壤中，赤红壤分布在较高地带的丘顶，土层薄多砾质，还有不少岩块混

① 按照《全国海岸带、海涂资源土壤调查土壤分类工作暂行方案》分类。

杂其中，障碍因素多，肥力水平差，潜在养分和速效养分较低；潮土类的灰沙土土壤分布在低丘台地，地势平缓，土层较深，潜在养分和速效养分较高，多为林地土壤；滨海盐土在鼓浪屿海滨浴场高－中潮区。

厦门华侨引种园多为灰沙土土壤，因采取封闭式的植被管理，土壤肥力较高，植物生长良好，使植被保有量得以合理增长。应充分发挥其潜在的旅游资源的价值，加强森林植被的保护，以增加生态效益、社会效益和经济效益。

二、植被

（一）海岛植被的基本特征

1. 植物区系特点

鼓浪屿属亚热带海洋性季风气候，温暖湿润，光照条件好，雨量充沛，冬无严寒，夏无酷暑，为植物的生存繁衍提供了极其优越的自然条件。鼓浪屿燕尾山、笔架山、鹿驼山、英雄山、鸡母山、日光岩、升旗山等几个海拔较高的山地，相思树优势极为明显，成为单优势群落，群落结构简单，一般有乔木层、灌木层和草本层。除此之外，其余有行道树及厦门华侨亚热带植物引种园的引种植物，引种园以众多世界各国珍稀植物、观赏植物、药用植物为主。

（1）引种各国珍稀植物

鼓浪屿目前存留的原生植被较少，除了笔架山等几个山岗有少量次生台湾相思林外，其余多为引种的植物。目前岛上的植物种类超过1000种，有许多珍稀树种是新中国成立前由南洋华侨、外国传教士从国外引种。几十年来，厦门华侨亚热带植物引种园从世界各地引进了各类稀有果树花木，一些植被已形成亚热带海洋性季风气候下的顶级群落。园区收集保存了大量的国内外珍稀热带、亚热带植物，如国内少有的两株加勒比合欢、国内最粗的印度紫檀（胸径达1米）、不可多得的面包树，以及大量国内少有的特色热带栗树、观赏植物和药用植物，既丰富了我国植物种质资源，又见证了爱国华侨涓涓爱国的引种史实。

（2）保护古树名木

根据1996年4月1日起施行的《厦门市城市园林绿化条例》，1999年鼓浪屿为189株古树名木登记、造册、挂牌、加固和防治病虫害，其中有树龄522年的古榕，也有邓颖超当年亲手种植的名木。同时抢救了不少患病虫害的古树，并对古树名木落实了保护管理责任制。建设项目影响古树名木生长的，都会采取避让和保护措施，将鼓浪屿的古树名木保护工作纳入社会化规范管理。

（3）有害外来物种

因为鼓浪屿的植物大多为引种，也不乏引入有害外来物种，如20世纪20年代被引种到鼓浪屿的猫爪藤，小叶顶端有3枚酷似猫爪的钩状卷须植物，在鼓浪屿随处可见猫爪藤的身影：有的爬满了西式小楼的屋顶，有的像门帘一样挂满楼房的外墙，百年老榕树也有，把树木团团包裹。因为猫爪藤能深深抓住树皮往上攀，一旦爬上树顶有了足够的阳光，它就会快速地生长，茎、叶层层叠叠，把整个树冠遮盖，使树木无法进行光合作用而死亡。如今，被猫爪藤缠死的老榕树为数不少，虽然每年都要对岛上的猫爪藤进行人工清除，但是猫爪藤的生命力非常旺盛，没多久新藤又会从石缝里、屋檐下长出来。

2. 植被种类组成和分布

（1）植物种类组成

侨胞和厦门华侨亚热带植物引种园先后从五大洲十几个国家和地区引进了粮、油、果、香、蔬、花等优良植物达1500多个品种，得到应用推广的有上百种，包括粮食作物、蔬菜、水果、花卉、林木、药材及香料等。如从东南亚、南美洲、大洋洲、南部非洲等热带地区引种和保存的热带果树资源

70余种；栽培了凤梨科、竹芋科、兰科、天南星科、蕨类和果树等观赏植物约350种，其中凤梨植物160种、竹芋植物12种、兰科植物50种、热带果树15种、其他观赏植物100余种；收集了近400种南药资源，包括巴戟天、地骨皮、栀子、瓜蒌、木鳖、木蝴蝶、半边莲、三白草、山银花、杜仲、菝葜、土茯苓、芦荟、草珊瑚、络石藤、仙鹤草等药材100余种，以及大量的地方特色药用植物，如金线莲、风柜斗草、一粒黄、黄花倒水莲、猫尾射、海巴戟、七叶一枝花、一条根、人字草、白花蛇舌草、猫须草、千年健等；开发了红掌、蝴蝶兰、文心兰、金线莲、竹叶兰、血叶兰、朱蕉、虎耳草、鸡冠花、非洲紫罗兰等“植物宝宝”十几种。

（2）植物种类分布

鼓浪屿一年四季都是碧波、绿树、鲜花，岛上的每座山都是个植物公园，最引人注目的是桑科榕属乔木类植物榕树。榕树、相思树林与人工园林植被相间分布。

鼓浪屿绿化渗透到了每一个家庭，在庭院、阳台，甚至在屋顶。道路及庭院内的四旁树主要有古榕、凤凰木、木棉、木瓜、荔枝、板栗、茶花、玫瑰、百合、香蕉、三角梅、樱桃、扶桑花、栀子花、黄草蒲、马兰、蝴蝶花、茑萝等。

在厦门华侨亚热带植物引种园里还有世界名树桃花心木、铁力和柚木，含油量高达20%的油梨，贵重工业原料紫胶的寄生树——苏门答腊合欢等，近年来引进的“华引1号”甘蔗和澳大利亚黄果西番莲、台湾杂交西番莲，金星果、蛋黄果、蛇皮果、文丁果、费约果、无籽番石榴、各种番荔枝等热带果树，泰国大风子、阿拉伯胶、檀香、猫须草等热带药用植物，香子兰、依兰、咖啡、可可等热带香料和饮料植物。

3. 植被的动态演替规律

受人类活动影响，岛上原生植被逐渐被次生和人工植被替代。位于鼓浪屿海上花园酒店外521岁高龄的琴岛“榕树王”，与树龄421年的另一棵古榕树相距大约24米，如今树冠即将连接在一起的壮观，见证了鼓浪屿数百年来的历史变迁，植物的演替。

宋代以前，鼓浪屿还是水草丰茂、渺无人烟的小岛。宋末元初有人上岛开发，逐渐形成聚落。明初，设汛口，建墩台。明末清初，郑成功屯兵鼓浪屿，人类活动影响日盛。鸦片战争后，厦门被迫开放为通商口岸，西方殖民者大量涌入厦门，由于鼓浪屿自然条件优越，非常适于居住而成为在厦外国人首选的办公地和居住地，先后有13个国家在鼓浪屿设立领事馆、兴建教堂、开办学校、医院以及洋行等。20世纪上半叶，大量富商、华侨也纷纷到鼓浪屿建宅置业，兴建大量的西式或中西合璧式的私家宅院，鼓浪屿的建设达到历史最高峰。岛上原生植被不可避免受到了重大影响。抗战时期，因鼓浪屿为租界区，为了躲避日寇的屠杀很多人搬到岛上居住，人口多达到11万人，居民为了解决生活问题，砍了不少树木，鼓浪屿上留存的原生植物更少了。因闽南地区传说不能砍榕树，大多榕树得以保存下来，形成今天的古树。与此同时，外国人和华侨及引种园的引种，使得岛上植被充满了异国情调。

中华人民共和国成立后，政府注重鼓浪屿树木的保护工作，国家和地方都出台了相关的管理规定。如20世纪70年代建设鼓浪屿音乐学校时，就规定了不能影响古树。近年来，为了旅游的发展和景观建设，燕尾山一期改造时搬迁了上千个坟墓，种上成片的桃树。

4. 古树名木的保护

（1）古树名木的定名

20世纪末，有关部门通过对鼓浪屿古树名木的调查，确定了岛上古树名木的名称。后来厦门华侨亚热带植物引种园主持的鼓浪屿古树名木第二次专题调查，发现部分名木古树名称确定有误，如由邓颖超同志亲手所植的两株“南洋杉”，原标牌名为“南洋杉”，实际上应为“诺福克南洋杉”和“柱状南洋杉”，因国内植物志、植物园名录中“柱状南洋杉”均无记载，引种园专家对错误鉴定长达60年的诺福克南洋杉和柱状南洋杉两种植物进行了订正。

再如，引种园中的两株加勒比合欢，有近50年历史。其中较高的那株，直径约90厘米，高度达到29米。由于树种珍稀少见，一直被误作“大果红心木”。后专家与葡萄牙语版的《巴西的乔木的识别与栽培手册》中的“大果红心木”相比较，发现早期沿用下来的名称有误。刘海桑等专家经过一年的跟踪，采集了大树的花、果等制成完整的标本，然后对比查阅大量的外文资料。最后，经和存放在世界最知名的植物园（邱园）中的加勒比合欢的模式标本相比较，才确认这两株大树为加勒比合欢（*Albizianiopoides*）。

又如，鼓浪屿笔山路有一株厦门大学第二任校长林文庆先生从菲律宾引种的植物，引种的时间是1908年，很长时间没有树名。经过鉴定比较后，才发现了是一棵国内引种历史最长的喷泉树，据考证，这株喷泉树从菲律宾引种而来，至今已在鼓浪屿生长了102载。它的发现让鼓浪屿又添一种古树名木。

与此同时，专家还鉴定和更正了原来混淆的楝科（大叶桃花心木和桃花心木）的分类，棕榈科（大叶蒲葵和美丽蒲葵）的分类。

（2）古树名木数量

鼓浪屿第二次古树名木普查中，发现第一次调查记录的189株古树名木中已死亡8株，其余181株中，3株鉴定有误，4株未发现；另发现新增古树40株，建议挂牌新增古树。

（二）海岛主要植被类型及分布

图3-12-4 台湾相思树林

1. 海岛植被类型

鼓浪屿的植被主要划分为次生植被、观赏园林、果林、药用植物4个类型。

①次生植被为木麻黄、台湾相思树等。

②观赏园林植物主要有凤凰木、榕树、红花羊蹄甲、王棕、酒瓶椰、紫薇、美丽异木棉、旅人蕉、吊灯花、红叶李等。

③果林植物主要有芒果、蛋黄果、澳洲坚果、星苹果、橄榄、白果莲雾、第伦桃、人心果、牛心番荔枝、西印度樱桃、火龙果、文丁果等、波罗蜜等。

④药用植物主要有巴戟天、地骨皮、栀子、瓜蒌、木鳖、木蝴蝶、半边莲、三白草、山银花、杜仲、菝葜、土茯苓、芦荟、草珊瑚、络石藤等。

2. 海岛植被分布

（1）次生植被

台湾相思树－九里香＋马缨丹－柳叶箬＋疏穗画眉草群落分布于鼓浪屿燕尾山、笔架山、鹿驼山、英雄山、鸡母山、日光岩、升旗山等地，相思树优势极为明显，成为单优势群落，群落土壤的土层较深厚，枯枝落叶层有2～3厘米。人为干扰大，林下有沟坑、杂石，林下小路交错，林地崎岖不平，常有大型花岗岩裸露，土壤表层淋溶中度，群落结构简单，一般有乔木2层，灌木2层，草本1亚层。乔木层盖度80%，平均高度12.9米，胸径8～15厘米，最大达20厘米。乔木层伴生有土密树、朴树、银合欢、本麻黄、梧桐、黄花夹竹桃等。灌木层平均高度0.7米，层盖度40%～50%，种类主要有九里香、马缨丹、小蜡、夹竹桃、黑面神、牡荆、柳叶石斑木、两面针、车桑子、山芝麻、鸦胆子、福建胡颓子等。灌木层散生有乔木幼树，如柘树、银合欢、潺槁木姜子等。

草本层种类较丰富，层盖度30%左右。有柳叶箬、疏穗画眉草、酢浆草、琉璃繁缕、加拿大白酒草、蟛蜞菊、山菅兰、狗牙根、琉璃草、狗尾草、半边旗、龙舌兰等。藤本植物有茅莓、毛鸡屎藤、鸡屎藤、百眼藤、络石、爬山虎、薜荔等。

（2）观赏园林

厦门华侨亚热带植物引种园及鼓浪屿的庭院、阳台、道路两旁生长观赏的花木。

图 3-12-5　凤凰木

图 3-12-6　酒瓶棕

（3）果林、药用植物

岛上的厦门华侨亚热带植物引种园种植有龙眼、芒果、蛋黄果、澳洲坚果、星苹果、面包树、牛心番石榴、印度子檀、美洲薄壳核桃、印度林那果、油梨、菠萝蜜、文叮果、牛心果等40多种果树，及有肉桂、三白草、虎杖、仙鹤草、大蓟、石榴皮、莪术等200多种南方特效药材植物。

第七节　海岛资源开发利用

一、旅游资源

鼓浪屿是全国闻名的海岛旅游度假区，是五星级的“鼓浪屿—万石山国家级风景名胜区”的重要组成部分，是厦门市最魅力的景区，列福建省旅游景区“十佳”之首，为国家5A级景区。岛上旅游资源十分丰富，自然景观与人文景观和谐天成。

（一）自然景观资源

鼓浪屿由花岗岩低丘构成，岛上7个山头及海岸地区均有巨型球状花岗岩分布，较具代表性的有日光岩、鸡母石、面包石、覆鼎岩、关刀石、驼背石（剑石）、印斗石、鹿耳礁等，是构成鼓浪屿自然风光的重要组成部分。

环绕全岛共有8个突出岬角和9个相对完整的海湾相间分布，有10余处礁石群。丰富多样的海蚀景观和沙滩有较高的旅游价值，海蚀地貌景观有鼓浪石、仙人脚印、皓月园到观海园间环岛路两侧的各类海蚀地貌，如海蚀洞、海蚀平台、海蚀地阶等。沙滩主要有覆鼎岩沙滩、大德记沙滩、港仔后沙滩、美华沙滩、西苑沙滩、田尾沙滩等，都是理想的海滨浴场。

鼓浪屿生态环境较好，居民养鱼、养鸟蔚然成风。岛上的植物共90多科4000余种，拥有众多的古树名木和市树市花，绿色是鼓浪屿的主色调。岛上的华侨亚热带植物引种园内的奇花异草堪称一绝，极具旅游开发价值。

（二）人文景观资源

鼓浪屿人文旅游资源有音乐文化、历史风貌建筑、名人史迹、文物遗址等，其分布于各个景区（点）之中。

（三）旅游景点

1979年区属旅游景区仅日光岩1处；1984年开发形成日光岩、菽庄花园等多处旅游区，主要景区基本成型。至1995年，鼓浪屿已建成的景区有：日光岩景区、菽庄花园景区、皓月园景区、毓园、笔架山公园、鸡母山景区、东南部环岛路滨海景区；厦门博物馆、郑成功纪念馆；秦始皇陵兵马俑展馆、蝴蝶馆、水族馆；港仔后、皓月园、美华、大德记、田尾、西苑等沙滩浴场。另有历险宫、海底世界、观鸟园等景点。

1. 日光岩

日光岩俗称“岩仔山”，别名“晃岩”，相传1641年，郑成功来到晃岩，看到这里的景色胜过日本的日光山，便把“晃”字拆开，称之为“日光岩”。日光岩游览区由日光岩和琴园两个部分组成。日光岩耸峙于鼓浪屿中部偏南，是由两块巨石一竖一横相倚而立，成为龙头山的顶峰，海拔92.7米，为鼓浪屿最高峰。日光岩顶天风台是观海览胜的最佳观景点；放眼四顾，绝妙的海天美景，尽收眼底。

日光岩山门处，有一块高40多米的巨岩，凌空而立，上有1915年许世英题刻的“天风海涛”四字横书；其下还有两行大字题刻，右侧为“鼓浪洞天”，左侧为“鹭江第一”，前者系明万历元年（1573年）江苏丹阳人丁一中所书，这是日光岩最早的题刻。这三大崖刻对日光岩的风光作了形象的概括，给游人留下深刻的印象，是日光岩的第一景。

日光岩上水操台是郑成功为收复台湾，操练水师的遗址。巨崖上“闽海雄风”四个字，圆润饱满，酣畅刚健。右前侧另一巨石上，刻着郑成功的一首五绝：“礼乐衣冠第，文章孔孟家。南山开寿城，东海酿流霞。”据说，是临摹郑成功的笔迹而刻的，底下还刻着“郑森私印”和“成功”两方印章。站在水操台，总会令人联想当年郑成功在此处指挥若定，海上挂旗猎猎，百舸争游，壮士们为祖国的统一而摩拳擦掌的壮观场面。

日光岩上还有郑成功当年屯兵鼓浪屿的“龙头山寨”的寨门，岩石上的圆孔是士兵搭架帐篷开凿的，前国民党十九路军军长蔡廷锴将军见景生情，写下七律：“心存只手补天工，八闽屯维今古同；当年古垒依然在，日光岩下忆英雄”。对郑成功赞美异常。蔡元培先生也有一首七律：“叱咤大风镇海涛，指挥若定阵云高。虫沙猿鹤有时尽，正气斌斌不可淘”。“虫沙猿鹤”指从军战死者。还有摩崖石刻80多处，多是名人的诗文题刻，其笔力雄健或意蕴精深，是日光岩上的一大文化景观。

2. 菽庄花园

菽庄花园坐落在鼓浪屿港仔后，建于1913年，主人林尔嘉，又名叔臧，园名即以他的名字谐音而命名。1894年甲午战争清廷失败，翌年割台湾给日本，林维源及其子叔臧不愿当亡国奴，迁到鼓浪屿居住。其后，叔臧建了这座花园。

菽庄依海建园，海藏园中，傍山为洞，垒石补山，与远处山光水色互为衬托，浑然一体。所造楼台亭榭不一其形，迦桥低栏，形若游龙。园内看海，波浪拍岸，倚栏远眺，极尽山海之致，复有岩洞之幽，鲜花满径，绿树成行，为难得之胜景。

花园建造分藏海园、补山园两部分。主要是以园藏海，以园饰海，以海拓园，以石补山，以洞藏天。菽庄花园总面积20 328平方米，其中水域3352平方米，建筑物2451平方米。以有限面积造无限空间，以小见大，耐人寻味。本来这个庭院以静为主，静中生趣，但眼前波涛拍岸，浪花飞溅，涛声回响，形成静中有动，动中有静，动静对比，相得益彰，珠联璧合，妙趣横生的奇妙景象。

3. 皓月园

位于鼓浪屿东部的覆鼎岩海滨，占地3万平方米，是纪念民族英雄郑成功的主题公园。是以海滨沙滩、岩石、绿树、亭阁展布的庭园。始建于1985年，园以《延平二王集》中“思君寝不寐，皓月透素帏”诗句取名“皓月园”。园内有长13.7米、高4.7米、耗铜18吨的一座郑成功及其部将巨型铜雕像，图幅宽广，颇引人注目。园内更突出的是矗立在覆鼎岩上的郑成功巨型花岗岩雕像，于1985年8月27日落成，高15.7米，重1617吨，由23层625块“泉州白”花岗岩精雕而成。雕像造型显示了郑成功威武刚毅的统帅风范，踏平恕海的英雄气概。

4. 古避暑洞

是个很有特色的山洞，两旁石壁支起从天而降的花岗岩巨石，给人泰山压顶之感，十分险峻。上面“古避暑洞”四个字是清末台湾文人施士洁题写的。石洞明亮干燥、通风清爽。穿过古避暑洞，向左拐，有一座窈窕小亭，撑起细细腰骨，把岩石当做凉台，名叫“伞亭”可供游客遮阳避雨。旁边的岩石顶，有一个仙人洗脚的石盆，长年累月盛着水，一旁还有仙人的脚印。其实，“仙人印”、“洗脚盆”都是海浪冲蚀而成的海蚀地貌，在遥远的地质年代，这里还处于海浪的冲蚀下，后来由于地壳上升，于是这些海蚀地貌就出现在山顶上了。

5. 郑成功纪念馆

1962 年 1 月 28 日为纪念郑成功收复台湾 300 周年而创设。共分七个部分，展出各种文物、资料、照片、模型等 300 余件。其中，关防、漳州军钢等系当年原物，颇为珍贵。进馆参观，可比较系统地了解郑成功不平凡的一生。

6. 英雄园

是为了纪念解放厦门、攻打鼓浪屿的烈士而建的，包括小纪念广场、纪念雕塑和纪念室三部分。1949 年 9 月底，闽南大陆解放，形成对金门、厦门国民党军三面包围的态势。10 月 15 日，解放军第三十一、二十九军开始对厦门岛、鼓浪屿发动越海作战。18 时，三十一军二七一团、二七七团各两个营的船队率先分别由海沧等地分两路向鼓浪屿西南部进发。在支前船工的密切配合下，英勇的解放军指战员搏风击浪，冒着守敌猛烈的炮火，奋勇前进，抢滩登陆。经两昼夜的浴血战斗中，二七一团团长王兴芳等数百位指战员和张水锦一家等支前船工光荣殉国。青山埋忠骨，史册耀丹心。厦门、鼓浪屿解放后，人民群众将旗仔尾山称为英雄山，寄托着人们对革命先烈的无限缅怀。2000 年，鼓浪屿人民政府在山上辟建“英雄园”，使人们在大风海涛的淋浴之中，永远勿忘往昔血与火的洗礼。

7. 鼓浪屿钢琴博物馆

2000 年 1 月落成，位于菽庄花园的“听涛轩”，占地 450 平方米，分 A、B 两所，上下两层，博物馆里陈列了爱国华侨胡友义收藏的 40 多架古钢琴，其中有稀世名贵的镏金钢琴，有世界最早的四角钢琴和最早最大的立式钢琴，有古老的手摇钢琴，有产自 100 年前的脚踏自动演奏钢琴和八个脚踏的古钢琴等。无论是普通的游客，还是音乐家、艺术家，鼓浪屿钢琴博物馆带给他们无尽的艺术熏陶和音乐启迪，可让参观者随着陈列品了解钢琴近 200 年的演变历程。澳大利亚著名钢琴演奏家杰佛利·托萨说，“我以我的朋友为荣，他把一份最特殊的礼物献给了中国。”为庆祝开馆，托萨先生在鼓浪屿音乐厅举办了专场演奏会。法国钢琴大师米歇尔·布尔敦克勒参观博物馆后说：“我希望有一天能够在此举办一个国际性的钢琴艺术节。”我国著名指挥家韩中杰、郑小瑛，旅美钢琴家殷承宗等也深深被钢琴博物馆的音乐魅力所折服。

8. 三一堂

1934 年筹建教堂（可容纳 1000 多人），1992 年续建牧师楼（现改为办公楼），2000 年扩建教堂正门以及附属建筑并围墙栏杆等未了工程，整体工程先后共历时 66 年之久方得全部竣工。现总占地面积为 2139 平方米，总建筑面积为 1368 平方米。三一堂的建筑独具一格，呈“十”字立体式的罕见造型，四面八方排水的黄瓦屋顶上，居中矗立着八角钟楼，顶尖的十字架高耸云天。红墙装饰着流畅的三角形线条，四面敞开十二道大门、十六扇窗户极为宽大，具有通风、采光、疏散的实用特点。堂内长宽同等的 13 米跨度墙体上，巧用无柱钢梁拱券的屋架，加上天花木板吊顶，显得高大堂皇又带来极其科学理想的音响效果，成为本堂建筑最具特色的一绝。无论从任何一个角度观赏，其雄伟非凡气势，都无不令人叹为观止。2006 年被确定为第六批国家级重点文物保护单位。

9. 海天堂构

位于鼓浪屿福建路 38 号，始建于 1921 年，2002 年 4 月被厦门市政府列为重点历史风貌建筑，是中西方文化结合的典范之作。门楼是典型中国传统式样，重檐斗拱、飞檐翘角。前后两侧的楼宇，普遍采用古希腊柱式，窗饰大都为西洋风格，但墙面与转角又是中国雕饰。中楼原有一家外国人的俱乐部，黄秀烺购得后，将其建成一幢仿古大屋顶宫殿式建筑，由莆田工匠建造。它采用重檐歇山顶，四角缠枝高高翘起。楼顶前部别具匠心，设计了一个外表看似重檐钻尖的“亭子”，亭尖还安了一个宝葫芦；从内部看却是个条木拼成的八边形藻井，从二楼直达井顶，井壁上画有中国花鸟画。这“亭子”纯属装饰。门、窗、廊、厅的楣上均饰挂水泥透雕飞罩，所有檐角均装饰缠枝花卉或吸水蛟龙，挑梁雀替均塑龙凤挂落，把别墅点缀得十分民族化。其廊柱为方形，红砖砌成，色调自然和谐；而正厅则由四个垂柱花篮与栏杆上的花盆上下对应，特别是以斗拱装饰走廊外沿，显得格外稳重。海天堂构的建筑风格在洋派建筑比比皆是的鼓浪屿，是不多见的。

10. *港仔后海滨浴场*

港仔后宽阔沙滩上，砂质细软、坡缓浪平、海水流速小，没有鲨鱼出没，每年有5个半月海水温在20℃以上，泳季可达半年之久，每日宜泳时间达6个多小时，是景好、砂好、水质好、气候好的理想天然海滨浴场。各种服务设施齐备，并设有游艇及摩托艇等水上娱乐项目。1998年在此举办过全国OP级帆船锦标赛。

二、港口航道资源

海岛东、西侧水深，分别是厦鼓水道和嵩鼓水道，是进出厦门西港重要的两个航道所在，尤其是嵩鼓水道，已开辟为10万吨级深水航道。海岛面积小，腹地不足，岛上主要建有小型旅游和交通码头。

三、淡水资源

根据水文地质条件，组成鼓浪屿的岩层地下水来源单一依靠大气降水入渗补给，但受水面积小，四周临海排泄条件好，大气降水滞留期短，就地补给，就地排泄，岩层含水性贫乏。鼓浪屿地下水属于岩层含水性贫乏类型。

历史上，鼓浪屿地下淡水量不多，但水质较纯净，岛上居民用水以口感或泡茶为准。民间有验水方法，凡可培植豆芽菜或供豆腐作坊用的水，就是“好”水。水质若差，浇水培植豆芽菜，不但长得慢，根部还容易发黑或烂根；用来磨豆腐，豆腐量少质差，因此，后被称为豆菜井、豆腐井的水质较好。历经多年的开发，据说全岛有几百口水井。外国领事馆、洋行内有井，住家庭院内有井，巷口路旁有公用水井。有单孔井、双孔井，有三孔井、四孔井。井既多，又重要，于是井成了公认的地名。如后厝路大井，延平公园三拂净井，趋（陡）马路四孔井，土地公宫井，大宫井，龙基井，还有豆腐井、豆菜井、水牛埕井等，名堂很多。更多的是私人住宅内的无名井。水井结构多数为块石、红砖砌成，有些则是天然岩石构成井。旧庵河的石井，是地下两块大岩石相靠，涌出清澈泉水，砌一堵砖墙，横铺两条石板则成井。

1926年，印度尼西亚归国华侨黄奕住建成商办厦门自来水公司，先在日光岩和梨仔园建造储水池，于1932年开始用船载水到鼓浪屿。新中国成立后，供水逐年增多，直至1983年，铺设直径400毫米的穿越厦鼓海峡的海底输水管道，结束了半个世纪靠船载水的历史。现在井水多用来洗刷、浇花。

四、生物资源

（一）岛陆生物资源

（1）植物资源

海岛植被覆盖率高，经多年引种，岛上植物种类超过4000种，种类资源丰富，名木古树众多，有大量的观赏植物、果林、药用植物。

（2）动物资源

岛上野生动物主要有鸟纲：麻雀、家燕、喜鹊、八哥、斑鸠、白鹭、海鸥等。此外，在岛园里还有孔雀、鹦鹉、八哥等饲养观赏动物。

（二）海域生物资源

（1）潮间带生物资源

鼓浪屿与潮间带生物共有382种。其中经济种74种，主要有小石花菜、鹧鸪菜、翡翠贻贝、僧帽牡蛎、紫海胆、裸体方格星虫、青蚶、栉江珧、泥螺等。

（2）海域生物资源

鼓浪屿地处厦门西海域，有鱼类、虾蟹类及其他资源。参见第十一章第七节。

五、土地资源

1992年鼓浪屿陆地面积178.4公顷，其中有生活居住用地48.91公顷、公共设施用地23.85公顷、工业用地22.897公顷、道路广场用地12.35公顷、风景园林用地37.1公顷、引种园用地10.2公顷、山丘绿地23.1公顷。

第十三章　大嶝岛

第一节　概　况

一、海岛地理及历史变迁

大嶝岛（Dàdèng Dǎo），代码为350212000311。

位于厦门市翔安区东南海域，地理坐标为北纬24°33.6′、东经118°19.3′。北距大陆约700米，东临围头湾，南与大小金门岛隔海相望，最近仅1.8千米。从金门海面看翔安大陆，大嶝岛看似登大陆一大台阶，故名大嶝岛。行政区原属厦门市同安县管辖，现属厦门市翔安区管辖，乡级岛。

大嶝岛呈东南—西北向展布，长5.2千米，宽约2.3千米，面积12.985平方千米，岸线长度18.8千米，海岛最高点41.8米，海岛地貌属侵蚀剥蚀台地，台面呈波状起伏，坡度和缓，有坳谷和水塘，岛上无溪流。

1992年，从大陆蔡厝至大嶝岛修筑一道引水海堤，并建海堤公路。从此，大嶝岛成为陆连岛。2000年，拆堤改建为跨海桥梁，名“大嶝大桥”，现为进出大嶝岛最主要通道。

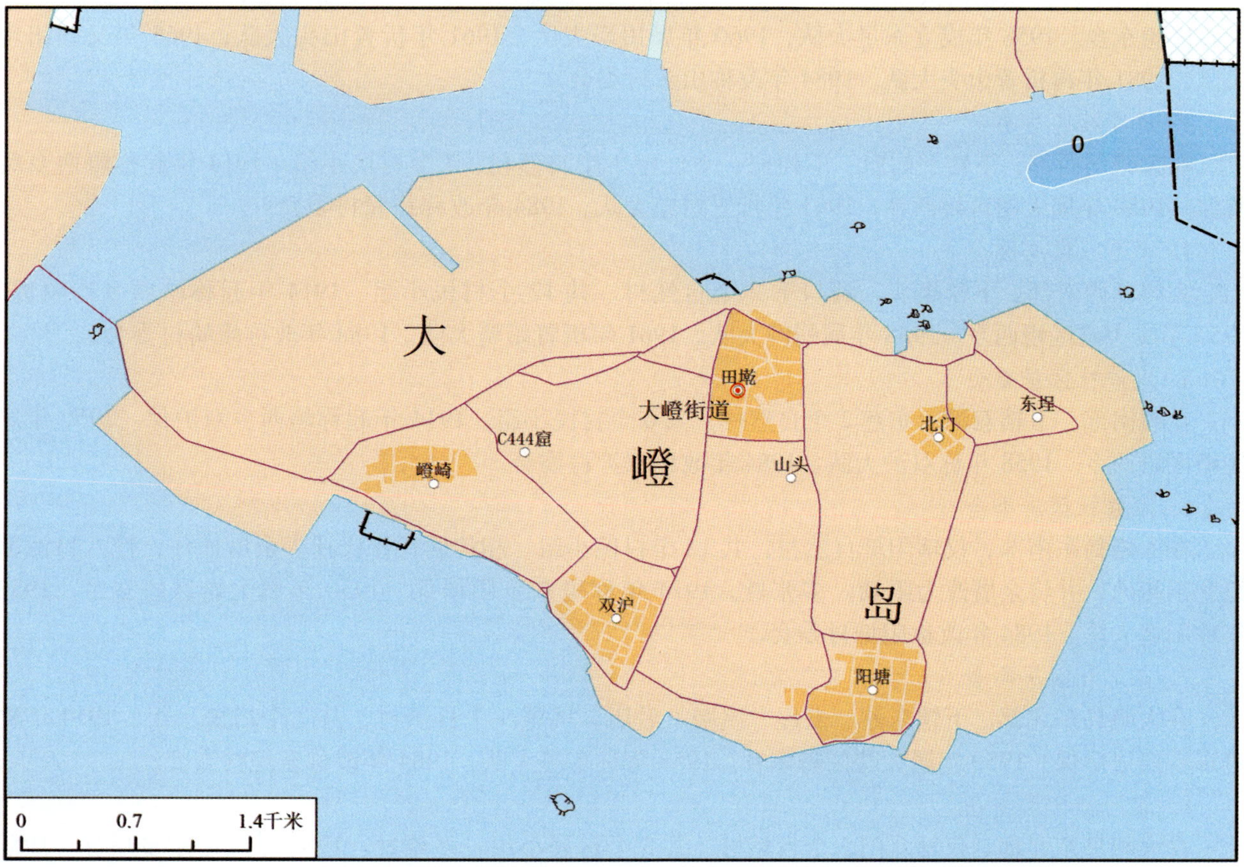

图3-13-1　大嶝岛地理分布

图 3-13-2　大嶝岛遥感影像

二、政区建制及历史沿革

宋至民国初期属同安县翔风里。1915 年由思明县析归金门县，设嶝东和嶝西二乡。1950 年设大嶝区，由泉州市南安县代管。公社化时期称大嶝乡，1971 年改属同安县管辖，1991 年撤乡改镇。2003 年 4 月至今，由同安县析归翔安区，设大嶝街道办事处，办事处驻地西田，下辖田墘、山头、蚵窟、嶝崎、双沪、阳塘、北门、东埕、小嶝（在小嶝岛）9 个村民委员会。2005 年 2 月 26 日翔安区人民政府同意设立山头、北门、东埕、阳塘、田乾、双沪、浔堀、嶝崎社区居民委员会。

1. 田墘社区居委会

在镇政府驻地，下辖田墘、路口、上红壁、土厝 4 个自然村，共 13 个村民小组。1914 年称嶝西乡田乾保。1950 年属大嶝区嶝西乡。1958 年成立田乾大队。1984 年改称田乾村委会。耕地 350 亩，农渔并举，产甘薯、花生、牡蛎、紫菜和盐。

2. 山头社区居委会

大嶝岛中部，仅辖山头自然村，共 6 个村民小组。多郑姓。1914 年起称嶝西乡田乾保。1950 年属大嶝区嶝东乡。1958 年成立东星大队，1960 年属田墘大队，1961 年析置山头大队，1965 年又归田墘大队，1981 年再析置山头大队。1984 年改称山头村委会。

3. 蚵窟社区居委会

在大嶝岛西部，下辖上蚵窟、下蚵窟、下红壁 3 个自然村，7 个村民小组。1914 年起称嶝西乡蚵崎保。1950 年属大嶝区嶝西乡。1961 年析置蚵窟大队。1984 年改称蚵窟村委会。

4. 嶝崎社区居委会

大嶝岛西南部。下辖嶝头、崎口下 2 个自然村，共 12 个村民小组。1914 年起称嶝西乡蚵崎保。1950 年属大嶝区嶝西乡。1958 年属蚵崎大队，1961 年析置嶝崎大队。1984 年改称嶝崎村委会。

5. 双沪社区居委会

在镇南部，下辖双沪、东莲 2 个自然村，共 6 个村民小组。1914 年起称嶝西乡双沪保。1950 年属大嶝区嶝西乡。1958 年称双沪大队。1984 年改称双沪村委会。

6. 阳塘社区居委会

在大嶝岛东南部，仅辖阳塘自然村，共 12 个村民小组。相传明代张氏迁入余厝居住，挖八口池塘纪念祖籍地，并将余厝改为阳塘。多张姓。1914 年称嶝东乡阳塘保。1950 年属大嶝区嶝东乡。1958 年称阳塘大队。1984 年改称阳塘村委会。

7. 东埕社区居委会

在大嶝岛东北部。下辖东蔡、麦埕、溪墘、后店、坑尾 5 个自然村，共 7 个村民小组。1914 年称嶝东乡四堡后保。1950 年属大嶝区嶝东乡。1958 年称东星大队。1984 年改称东埕村委会。

8. 北门社区居委会

在大嶝岛东北部。仅辖北门 1 个自然村，共 3 个村民小组。多蔡姓。1914 年属嶝东乡后保。1950 年属大嶝区嶝东乡。1958 年称东星大队。1961 析置北门大队，1965 年与东星大队再次合并，1975 年再析置北门大队。1984 年改称北门村委会。

三、人口与公共服务

（一）人口

1989 年，大嶝岛有居民 16 188 人。2001 年人口 16 876 人，其中男性和女性分别为 8391 人和 8455 人。2007 年人口近 2 万人。

（二）教育

大嶝岛现有中学 1 所，小学 4 所，已普及九年制义务教育；有幼儿园 6 所，幼儿入托率达 99.8%。

1. 厦门市大嶝中学

学校创办于 1970 年 9 月，由岛上多所初中整合而成。建校初期校舍皆为临时借用的民房，是一所“只听钟声，不见校舍”的战地学校。1971 年正式命名为“福建省大嶝人民公社中学”，1978 年更名为“福建省同安第九中学”，2002 年 9 月更名为“厦门市大嶝中学”。学校的施教区涵盖着大小嶝岛各个村落。21 世纪，随着翔安新区教育资源整合，办学条件进一步改善，现校园占地面积 26 556 平方米，校舍建筑面积 8700 平方米；教学仪器设施均达省颁标准；校园开通广播网、网站。

40 年来，学校认真贯彻教育方针，广大教职工坚守海岛，艰苦创业，甘于奉献，为大嶝教育发展作出巨大的贡献。1971—1981 年为完全中学，高中教育在同安县享有盛誉；1977 年以来历届中考，学校毕业生的优秀率、合格率均居县、区前列，2006—2008 届初中毕业班居翔安区第一名，2006—2010 年连续五届获“翔安区初中教学质量优质奖”。

学校先后获得“福建省教育系统先进单位”、“福建省模范工会小家”、“ 福建省一级档案管理单位”，厦门市“文明学校”、“先进职工之家”、“双合格家长学校”、“绿色学校”、“军民共建先进单位”、“市花园式单位”、“市交通安全宣传示范校”、“五四红旗团支部”，区“文明学校”、“先进基层党组织”、“党员先锋号”、“教学质量优秀奖”、“教学质量进步奖”、“素质教育先进校”、“国防教育特色校”等 40 多项荣誉称号。2010 年学校垒球队获健康杯全国软式垒球锦标赛冠军，是翔安区重点打造的垒球特色校，成立有“彩贝文学社”和“天风海涛”书画社。

2011 年学校有教职工 57 人，市、区“学科带头人”6 人，市杰出教师 1 人，“教学能手”5 人，本科学历 47 人，占 81%；中学高级教师 14 人，占 24.1%；中学一级教师 35 人，占 60.3%，为教学高质量的稳步提高提供重要保证。学校有 16 个编制教学班，在校生 710 人。

40 年来，校友中有博士、硕士 30 多人，许多校友成为领导干部和各行业中坚力量；40 年来，近 10 000 名大嶝学子从这里起步，近一半的校友走出大嶝、走出厦门、走向全国、走向世界。2010 年与金门金沙国民中学缔结校际协作校；与厦门市第九中学缔结校际协作校，推进城乡教育资源互补，促进共同发展。

2. 大嶝岛的小学

1990 年，大嶝岛有大嶝中心小学、阳塘小学、双沪小学、大嶝、东星、嶝崎、浔堀 7 所小学，其中大嶝中心小学班级数、校舍面积、在校人数等均居首位。2003 年全岛有小学班级 59 个，在校学生 1881 人，校舍总面积 56 154 平方米。2004 年 9 月嶝崎、浔堀两小学合并入双沪小学，东星小学合并入大嶝中心小学。

（三）医疗卫生

大嶝现有医院 1 所（大嶝医院），医疗卫生设施初具规模，基本解决了岛上居民就医难的状况。大嶝驻军设有卫生队，也为当地居民提供医疗服务。

大嶝医院（大嶝社区卫生服务中心）位于大嶝镇田乾村，也称“大嶝卫生院”，为厦门市38家公立基层医疗卫生机构之一。占地面积5200平方米，建筑面积1915平方米，其中业务用房702平方米，生活用房1213平方米。可为辖区居民免费提供居民健康建档、健康教育、预防接种、传染病防治、儿童保健、孕产妇保健、老年人保健、慢性病管理（高血压病、糖尿病等）、重症精神病管理9类基本公共卫生服务和基本医疗服务。

第二节　海岛历史与文化

一、海岛历史

（一）历史文物

大嶝岛上历史文物主要是金门县政府旧址，位于大嶝岛田墘村，总建筑面积约2700平方米，共有12栋房屋，其中有1914年金门县政府总部、文书房、保安队等办公用房。2010年6月国务院批准该旧址为全国重点文物保护单位。

1937年10月26日，日军占领金门岛，金门县政府被迫撤离迁往大嶝岛，借用民居办公，同时，国民党金门县党部也迁至此。在这些民居里，金门县政府保持了正常运转，有效行使党政职能，领导金门人民进行顽强的抗日斗争。抗战胜利后，金门县政府于1945年10月3日迁回金门。在8年抗战期间，先后有9名金门县县长在大嶝履职。

当时民居无法容纳整个政府机构，县政府按机构分散至好几幢房屋办公，但分布比较集中，相距在百米内，大都是两层建筑，除了明清建筑外，很多是民国建筑，如今大多数都保存得较为完整，有的仍有居民居住。旧址是反映海峡两岸“五缘”关系的重要涉台文物，是金门抗日战争斗争史的重要物证，也是反映两岸同胞团结一心、共御外侮民族精神的实物见证，对加强两岸交流、实现两岸的和平统一有重要的意义，具有较高的历史价值。

旧址中的金门县政府会议室，位于大嶝街道办事处田墘社区居委会办公楼西北侧20米，始建于明崇祯年间（1628—1644年），重建于清咸丰年间（1851—1861年），20世纪90年代再修，为一处家庙，坐东朝西偏北，前后两落，中为天井，进深5米，宽7米；两侧回廊，总面阔12米，总进深23.5米，建筑面积约282平方米。家庙前为砖坪和石坪，前埕22.5米，正门前至照壁30.6米，新建的照壁上有泥塑麒麟图案。前落面阔3间，前为檐廊，中为凹形门廊，背面为宽廊道，中设大门，两侧开边门，正门下部有石雕，两侧裙堵有双鹿、双鹤、双麒麟浮雕，石雕为明代原物，木雕多为新作。正面院墙清水烟炙红砖贴面。后落歇山穿斗式木结构，中部抬梁式结构，两廊斗拱雕花。三川脊（双翘脊），脊堵有剪瓷制作的花卉、龙凤装饰，屋面覆筒瓦，门廊左右有1对方形石柱，门檐垂华拱，门楣上悬“郑氏家庙”木匾。厅堂内悬有“崇祀褒忠”、“笃学可风”、“户部郎中”、“会魁”、“乡贤”、“解元”匾额。祠内保留着大量精美的清代石雕柱础，整个建筑相对保存比较完整。

（二）历史事件

金门诸岛（含大金门、小金门、大担、二担）位于厦门以东海域，与大嶝岛近在咫尺。1949年10月人民解放军攻击金门失利后，国民党军一直踞守金门迄今。

解放军福建前线炮兵于1953年1月对国民党军据守的岛屿采取有计划的炮击行动，但较大规模的炮击行动则发生于1954年9月以后，至1979年1月停止炮击，其间有1954年的“九三”炮击金门、1957年的“六二四”炮击小金门，1958年的“八二三”炮击金门和1960年6月的反美炮击示威等大规模和较大规模的炮仗四次。

1.“九三”炮击金门

1954年8月22日，为了揭露美国政府和台湾国民党当局策划签订《共同防御条约》的阴谋，打击美国的侵略政策，中华人民共和国各民主党派和人民团体发表解放台湾的联合宣言，向世界庄严宣告“台湾是中国的领土，中国人民一定要解放台湾”。同时，中央军委命令福建前线部队炮击金门。炮击行动由福建军区司令员叶飞指挥，陆军第三十一军首长具体组织实施。9月3—22日，地炮、高炮共作战93次，有两次大规模的火力急袭。第一次以150门火炮和约1个营的海岸炮组成5个炮兵群，配置于厦门岛东、南沿海地区和大嶝岛，于9月3日14时10分开始射击，主要袭击金门港内的国民党军舰艇，并以部分火力压制大、小金门岛上的地面、海岸炮兵以及袭击有生力量集结地域；火力急袭持续1小时又50分钟，于16时暂停射击，共发射炮弹4945发；21时再以76.2毫米野炮对小金门进行扰乱射击，耗弹331发。第二次以130门火炮组成4个炮兵群，配置于厦门岛、大嶝岛和同安莲河地区，于9月22日17时15分开始射击，主要袭击大、小金门岛上的国民党军、师、团指挥机关、军事设施和压制国民党军炮兵，持续1小时又15分钟，于18时30分停止，发射各种炮弹3299发。两次炮击，命中率分别为90%和95%。9月3日炮击后，国民党军地面炮兵及海军舰艇火炮陆续对解放军进行报复射击。解放军地面炮兵亦多次进行反击。9月10日10时，驻厦门炮兵十四团九连以50发炮弹摧毁小金门1个105毫米榴弹炮连阵地，击毁火炮3门、击坏1门。16时30分，该连又将击坏的1门火炮摧毁。“九三”炮击金门，共击沉击伤国民党军舰艇7艘，摧毁炮阵地7处，毙伤国民党军1000余人。

2.“六二四”炮击金门

“九三”炮击后，金门国民党军炮兵经常对厦门岛及大陆前沿阵地、广播站、雷达、船只等目标，实施破坏、扰乱射击，平均每日50~60发炮弹。厦门前沿及大、小嶝岛群众生产生活受到严重影响，部队活动不得不转入地下。1957年6月24日，解放军驻厦门炮兵部队奉命对驻小金门岛国民党军八十一师师部和经常活动的炮兵阵地实施突然火力急袭。参战的有炮兵十七团二营、炮兵一三五团一营、军独立野炮营，一个步兵师炮团一二二榴弹炮营和厦门溪头炮台。炮击从17时16分开始，至18时20分结束。发射炮弹近3000发，杀伤国民党军50余人。炮击时，大、小金门岛上的国民党军炮兵还击800余发炮弹。

3.“八二三”炮击金门

1958年4月27日，福州军区司令员韩先楚上将、政治委员叶飞上将根据总参谋部电示，报告炮击封锁金门的作战方案，准备在适当时候对金门实施大规模炮击封锁。8月20日，毛泽东决定“立即集中力量，对金门国民党军予以突然猛烈的打击（不打马祖），把它封锁起来”。21日，中央军委命令福建前线部队于23日开始，对大、小金门岛实施一次大规模炮击，着重打击指挥机关、炮兵阵地、雷达阵地和停泊在金门料罗湾内的舰艇。同时还确定先打3天，再决定下一步。当晚，解放军炮兵三师，二十八、三十一军所属各炮兵团和福建省军区、二十军所属炮兵部队各一部，共36个地面炮兵营及海军的7个海岸炮兵连，计463门火炮，极其隐蔽地进入发射阵地。鱼雷快艇部队和航空兵部队亦于深夜秘密进入待机位置。23日拂晓前，炮兵完成一切射击准备。由高炮六十三、六十四师，空军高炮一〇三师和二十八军、三十一军、六十四军一九二师的高炮部队，共6个团另5个营组成的两个高炮群，警惕地掩护着莲河、厦门地区地面炮兵和海岸炮兵的对空安全。50余艘舰艇、200多架飞机亦作好出击准备。

8月23日下午，福建前线天气晴朗，能见度良好。17时30分，前线部队指挥员发出开炮命令，金门岛顿时陷入烟雾火海之中。6个远射程炮兵营发射的2600余发炮弹，逐群从不同方向准确地落到金门防卫部驻地。这时，金门防卫部官兵在“翠谷”厅举行的周末会餐刚刚结束。当炮弹倾泻而来时，金门防卫部副司令长官赵家骧等3名将领身负重伤，旋即不治而亡，另1名将领亦受伤。20分钟后，金门岛上炮兵开始还击，发射炮弹2000余发，但很快就被解放军的炮火压制。炮战持续两个多小时，解放军发射炮弹2.39万发，毙伤国民党军中将以下官兵600余人，击伤停泊于料罗湾的由大型坦克登陆舰改装的货轮“台生”号，破坏了金门有线通信系统，也使金门部分火炮阵地和雷达阵地遭到破坏。

为迅速扩大战果，福建前线部队于8月24日又组织6个炮兵营、6个海岸炮兵连和1个快艇大队、2个护卫艇中队，对金门国民党军进行第二次大规模打击。当日下午，有17艘国民党军舰艇麇集料罗湾内活动。有运送物资的，有修理“台生”号货轮的。为掩护这些舰艇的活动，金门炮兵向厦门、莲河地区猛烈射击。解放军前线炮兵以近9000发炮弹还击。17时40分，料罗湾内的舰艇被迫向外逃窜。解放军隐蔽待机的6艘鱼雷快艇立即出击，击沉“台生”号，击伤“中海”舰。台湾当局想在空中取得胜利，以鼓舞士气。8月25日下午，国民党军集中F－86型飞机48架，飞临金门以东海域上空，其中8架至漳州地区，被驻漳州歼击航空兵九师二十七团一大队击落2架。

8月26日，彭德怀根据中共中央领导人的意见，电话指示在厦门前线指挥部的福州军区副司令员张翼翔中将“严密封锁大、小金门和大担、二担等岛屿，以火力割断诸岛之间的联系，使其不能互相支援；以炮兵打击在金门机场起降的运输机；海军要加强对国民党军中、小型舰艇的打击；航空兵要坚决打击进入大陆上空的国民党军飞机”。据此，福建前线部队将新近入闽参战的炮兵第二师二十八团、第六师七团分别加强厦门、莲河两个炮群，同时在围头建立1个远射程炮兵群（后归莲河炮群指挥），进一步从地面、海上和空中加强对金门的封锁。同时，调空军探照灯兵第四〇一团一个排驻前屿、浯屿，夜间每隔10～15分钟照射一次，配合炮兵严密封锁大、小金门和大担、二担之间的航道。到9月2日止，解放军又击沉击伤国民党军舰艇2艘，击伤运输机4架，歼灭炮兵连2个，摧毁各种火炮10余门，毙伤人员数百名。国民党军的海上运输补给被迫停顿。金门守军处境艰难，被迫转入地下活动。金门岛被解放军全面封锁。

金门被封锁，国民党当局告急，美国急忙调遣太平洋第七舰队主力和地中海第六舰队的部分兵力集结于台湾海峡地区。至9月初，美国在台湾海峡地区已集结各型飞机430余架、舰艇60余艘。

9月3日晚，毛泽东决定：福建前线自9月4日起停止炮击3天，以观各方动态。9月4日，中华人民共和国政府发表关于领海的声明，宣布领海宽度为12海里；一切外国的飞机和军用船舶，未经中国政府许可，不得进入中国的领海及其上空。

9月4日，美国国务卿杜勒斯公然发表声明说：“国会的联合决议授权总统使用美国的武装部队来确保和保护像金门和马祖等有关阵地”，“美国已经作出军事部署，以便一旦总统作出决定时接着采取既及时又有效的行动”。9月6日，中华人民共和国国务院总理周恩来发表关于台湾海峡地区局势的声明，严正指出“中国政府完全有权对盘踞在沿海岛屿的蒋介石部队给予坚决的打击和采取必要的军事行动，任何外来的干涉，都是侵犯中国主权的罪恶行动；美国政府如果继续对中国进行侵略和干涉，必须承担由此而产生的一切严重后果”。在解放军停止炮击的3天中，国民党当局请求美军为其运输船团护航。美国政府不顾中国政府的再三警告和世界公正舆论的谴责，悍然决定派军舰为国民党军护航。9月7日，国民党海军副总司令黎玉玺及美国顾问率领由国民党军2艘运输舰、5艘作战舰和美国第七舰队的2艘巡洋舰、5艘驱逐舰组成的编队驶进金门海域，两艘运输舰在料罗湾靠岸卸下军火。14时45分至19时，有4艘美护航军舰侵入中国领海内活动。中华人民共和国外交部发言人当即发表声明，向美国政府提出严重警告。当日24时，中央军委电令福建前线部队，于9月8日对金门国民党军进行一次惩罚性炮击。

9月8日上午，国民党海军“美乐”号和“美珍”号登陆舰满载弹药、物资和人员，在作战舰和美国军舰的掩护下，开进料罗湾靠岸卸载。与此同时，美国军舰先后有8艘次再度侵入金门、厦门地区的中国领海。11时，中国政府向美国再次提出严重警告。从12时43分起，解放军福建前线部队以42个地面炮兵营又6个海岸炮兵连，对停泊在料罗湾的国民党军舰艇和金门岛上的重要军事目标实施第三次大规模炮击。“美乐”号中弹起火，继而爆炸沉没。“美珍”号中弹后外逃。美国军舰丢下国民党军船团，仓皇撤至料罗湾以南5～12海里处徘徊观望。炮战持续至18时结束。解放军共发射炮弹2.17万余发。

9月9日，国民党军炮击厦门大学。11日，4艘美国军舰再次掩护国民党军的4艘运输舰、7艘作战舰向金门进发。福建前线部队遵照周恩来总理的指示，于当日14时57分以40个炮兵营另6个连的强大火力，开始第四次大规模炮击，再次惩罚国民党军。当射击强行靠岸卸载的国民党军舰艇时，美舰和国民党军舰艇迅速向外海逃窜，解放军炮兵遂转入摧毁和压制金门地面军事目标。18时，解放军停止射击。这次炮击共发射炮弹2.5万发，摧毁国民党军各种军事设施10处，击伤运输机1架。

9月16日起，福建前线陆海空三军根据中央军委的决定，在福州军区司令员韩先楚上将的指挥下，以新的攻势对国民党军进行连续打击。至9月20日止，炮兵击伤国民党军运输舰艇7艘，击沉水陆输送车10余辆，击毁、击伤运输机各1架；歼击航空兵部队击落、击伤国民党军F－86型飞机各1架；海军舰艇部队亦击伤国民党军“江”字号猎潜艇1艘。时值深秋，台湾海峡风浪大作，海运更加困难。金门岛上粮弹严重不足，士兵御寒被装也急需补给。从9月20日起，国民党当局每天出动运输机30架次，向金门岛空投物资40吨。美军则采取将其军舰与国民党军运输船团混合编队的方式，再度为国民党军舰船护航，并以舰载机在金门附近上空掩护国民党军飞机的空投活动。解放军福建前线炮兵为了不误击美国军舰，集中炮火打击国民党军负责驳运的小型登陆艇和水陆输送车。同时，在料罗湾各主要航道及便于水陆输送车上陆的水际滩头，计划移动拦阻射击弹幕和不动拦阻射击火墙，一旦发现艇、车，立即呼唤火力，准确实施射击。为了有效地打击国民党军的空投活动，解放军把射速快、初速大的加农炮和中口径高射炮配置在前沿阵地内，对国民党军各个空投场，计划正面宽600米、炸高300米和500米的两层火力网，使国民党军运输机从进入空投场到退出，始终处于浓密的炮火包围之中，而在打击空投飞机之后，又可马上移转火力射击空投场。台湾当局竭尽全力增大对金门的运输量。在9月14日至10月5日的22天内，金门平均每天补充物资171吨，但仍只及战前日运量的42.6%，无法改变被封锁的困境。

经过解放军前一阶段的4次大打、83次中打小打和上千次零炮射击，金门国民党军陷入严重困境。支持台湾当局的美国也处于进退两难的境地。蒋介石故意制造借口，扬言要轰炸闽赣，企图拖美国与其共同对付“共军”。美国一方面想利用华沙中美大使级会谈，压中国“停止炮击”和“放弃使用武力”；另一方面要台湾国民党当局放弃金门、马祖。台湾海峡地区出现了复杂的斗争形势。为了粉碎美国政府制造“两个中国”的阴谋，毛泽东和中央军委及时制定了灵活的斗争策略，命令福建前线部队采取打打停停的方式炮击金门，从而稳住了金门国民党军，拖住了美国，牢牢掌握着斗争的主动权。

10月5日，毛泽东指示福建前线部队，10月6日、7日两天停止炮击。接着，中央军委作出“打而不登、封而不死”的新决策，指出“在目前，宜减轻对金、马的军事压力，使金、马国民党军能够生存下去，促使其守而不撤；当然，又要使其处于紧张的状态，拖住美国不得脱身，在必要时，我仍可组织像过去一样的大打。总之，临机应变，主动在我，以利统一解决台、澎、金、马问题”。10月6日凌晨2时，毛泽东亲自起草了国防部部长彭德怀《告台湾同胞书》，宣布炮击金门是惩罚性质的，为使你们充分地输送供给品，暂以7天为期，停止炮击，但以没有美国人护航为条件；台澎金马是中国的一部分，建议举行谈判，实行和平解决。从此，炮击金门进入打打停停阶段。

10月10日，国民党空军出动44批182架次作战飞机，对大陆进行挑衅。其中6架F－86型飞机侵入龙田上空，被解放军歼击航空兵十四师四十二团击落2架，此后国民党空军活动范围基本上退到大陆海岸线以外。

10月13日凌晨，福建前线广播站又播发了彭德怀向福建前线部队下达的对金门炮击再停两周的命令。美国对此显得十分得意，说是它的“强硬”政策带来了台湾海峡地区的“和平”；中国再次停止炮击，将会变成“永久停火”。并于18日宣布，杜勒斯将在21日到台湾同蒋介石会谈。19日，美国海军4艘军舰竟放肆地侵入金门海域，为国民党军护航长达5小时之久。为了表明中国人民反对侵略的钢铁意志和中国政府说话算数的坚定态度，中央军委决定提前于10月20日16时恢复炮击。福建前线部队迅速组织32个炮兵营又8个海岸炮兵连，对金门实施第五次大规模炮击。8800余发炮弹直袭金门，击中国民党军“中”字号运输舰3艘、大型货船1艘、C－46型运输机1架，阵地及观察所10

余处，国民党军在70分钟后才开始还击。

10月21日，杜勒斯到台北同蒋介石会谈。在蒋强硬态度面前，杜勒斯只好改变要国民党军从金、马撤退的打算，又许诺增加援助，蒋这才同意“减少金、马驻军”，并签署了《蒋杜联合公报》。

10月25日，彭德怀发表《再告台湾同胞书》。这个文告揭露了美国人迫于形势，改变政策，第一步要孤立台湾，第二步要托管台湾的阴谋；重申“中国人的事只能由中国人自己解决，不许美国插手”的严正立场；并以张作霖被人炸死于皇姑屯的历史事件为殷鉴，提醒台湾当局当心美国人的毒计。为了一致对外，文告宣布：“逢双日不打金门的飞机场、料罗湾的码头、海滩和船只，使大金门、小金门、大担、二担大小岛屿上的军民同胞都得到充分的供应，以利长期固守。如有不足，只要你们开口，我们可以供应”。但仍以没有美军护航为条件。10月31日，中央军委又决定：“今后逢双日对任何目标一律不打炮，使国民党军人员能走出工事自由活动，晒晒太阳，以利其长期固守；逢单日可略为打一点炮，炮弹一般不超过200发”。

美国定于11月4日举行艾森豪威尔担任总统期间的中期选举。为表明中国人民对美国政府干涉中国内政的义愤，同时也使蒋介石得到拒绝从金、马减少军队的口实，中央军委决定于3日再次炮击金门。炮击前，福建前线部队司令部向金门同胞作了广播预告。这一天，前线炮兵部队集中33个营又1个连，对金门实施第六次大规模袭击，共发射炮弹2.03万发。

1959年1月3日，大金门岛上的国民党军炮兵突然向大嶝岛滥施轰击，造成山头村托儿所31人死亡、17人受伤。为惩罚国民党军杀害儿童的罪恶行为，中央军委决定于1月7日向金门实施第七次大规模炮击。为了表示只处罚少数作恶分子和利于国民党军继续固守金门，此次炮击目标只限于炮兵阵地。7日14时，解放军炮兵28个营又8个连的炮手们，向大金门岛西半部的炮兵阵地猛烈开炮。炮击持续至夜间，共耗弹2.6万余发，击中金门炮兵阵地12处、观察所15个，打死打伤官兵100余人。国民党军虽使用不少新的机动火炮，还击炮弹7000余发，仍未能夺取局部主动权。

金门国民党军遭到第七次沉重打击后，气焰大有收敛，对大陆只维持零炮袭扰。福建前线部队根据中央军委1月9日关于“今后逢单日不一定都打炮”的指示，也逐渐减少炮击次数。炮击金门的作战行动，由初时全面封锁，经过打打停停，转入零星炮击，让其维持固守的状态。美国制造“两个中国”的阴谋被中国人民挫败了。

福建前线部队在对金门发射实弹的同时，兼向金门发射宣传弹，散发《告台湾同胞书》、《中华人民共和国国防部命令》和《再告台湾同胞书》等文告。1958年，福建前线部队向金门发射宣传弹近6000发，以后每年平均向金门岛发射宣传弹1万发左右，散发传单500万份。

“八二三”炮击金门，从1958年8月23日至1959年1月7日的4个半月中，解放军共进行7次大规模炮击，多次中小规模炮击和零炮射击，以及13次空战、3次海战，共击落击伤国民党军飞机36架、击沉击伤舰船27艘，摧毁各种工事320余个、各种火炮30余门，毙伤国民党军中将以下官兵7000余人。解放军也伤亡官兵460余人，被国民党军击落击伤飞机11架，损失鱼雷快艇3艘，毁坏火炮32门。

4. 反美炮击示威

1960年6月12日，美国总统艾森豪威尔启程出访菲律宾、日本、韩国和台湾等国家和地区。16日艾森豪威尔离马尼拉赴台。这时，美国海军第七舰队入侵台湾海峡已整整10年。中美大使级会谈也已历时4年又10个月，开过97次会。但美国一直拒绝在互不侵犯、互不干涉内政的原则下达成不以武力或武力威胁解决两国争端的协议。从1958年9月美舰入侵福建沿海，中国外交部发言人奉命提出第一次严重警告，到此时严重警告已达108次，可美国仍置之不理。

为了反对艾森豪威尔“访问”台湾，中央军委决定“按照单日打炮的惯例，于6月17日艾森豪威尔抵台前夕和6月19日离台时候，在福建前线举行炮击示威；目标是大、小金门面向大陆的滩头、空旷无人地区和无工事的山头”。福州军区政治委员刘培善中将组织炮兵第三师、炮兵第六师2个团，第二十八军、三十一军、福建省军区所属炮兵部队和第四十一、六十军炮兵团各一部，共35个炮兵营

420 余门火炮实施炮击示威。17 日 17 时，大陆广播了福建前线部队司令部《告台、澎、金、马军民同胞书》，宣布要进行示威炮击。

17 日 20 时，大炮雷鸣，反美炮击示威开始。艾森豪威尔在驶抵台湾火烧岛附近的军舰上听说打炮，立刻命令军舰加速驶向基隆港，并且无可奈何地指责"中共不加选择地炮击"。金门国民党军上报台湾说这次比"八二三"炮击更猛烈，但弹着点都在滩头、水洼和阵地之间，没有伤亡。国民党军各部的通信人员在联络时互报平安，个别人还开玩笑说："老兄，解放军不是打我们的！"金门仅向莲河地区打了 28 发炮弹，以示还击。美方对此甚为不满。23 时，解放军再次对金门进行 40 分钟的炮击。这一天，福建前线炮兵共发射炮弹 3 万余发。美国国务院一反常态，对此提出抗议。

19 日晨，艾森豪威尔即将离台。福建前线部队于 6 时和 8 时半两次开炮示威。每次炮击 50 分钟，共耗弹 3.8 万余发。40 分钟后，金门开始还击，炮弹也打在滩头、田野里。台湾"国防部"再三要求报告还击的具体情况，于是大、小金门岛上的炮兵只好又打了千余发炮弹。解放军停止炮击后，国民党军也恢复正常状态。

（三）历史人物

林希元（1481—1565 年），字茂贞，号次崖，同安县翔凤里山头村人（大嶝岛上）。明正德十二年（1517 年）进士。初授南京大理寺评事。世宗登基，他上《新政八要》疏，历数前朝弊端，倡行新政。世宗采纳其"罢内臣镇守以厚邦本"政条，尽罢十三省镇守归于内监。迁他为南京大理寺正。当时的巡城御史谭鲁，包庇充军罪犯，事泄，谭鲁惧罪，托同乡诸御史再三向他求情，不允。谭鲁转求大理寺卿陈琳，陈"恐惹冤家"，竟包容此案，要他免驳。他以"受朝廷三尽法，分当死守"，执意不从，终以忤寺卿论谪，贬为泗州判官。时泗州闹饥荒，饥民啸聚生事。他放赈救灾，并上《荒政丛言》疏，平息饥民暴乱。明嘉靖十四年（1535 年），以政绩迁南京大理寺丞。辽东兵变，他请用兵，忤旨被谪为钦州知州。莅任后即辟荒地、劝农桑、立社学、开群蒙、修营堡、固边防，执法严明。钦州百姓感其恩德，建生祠以祀。

明嘉靖十九年，林希元调任广东按察司佥事，并代行按察司职权，分巡北海，兼管珠池兵备。时安南兵乱，莫登庸废其主，绝邦交，侵宋边境回峒。他力主征伐，接连上疏，坚请发兵，以安边境，竟被权臣假旨罢归。他去职，莫登庸肆无忌惮，勾结内贼，烧杀掳掠，致使朝廷震动，乃派兵部尚书毛伯温、咸宁侯仇鸾提兵讨伐。毛、仇两人从希元议，于福建招募骁勇，分水陆两路进军。莫登庸闻讯震惊，以为"林知州复来"，随即撤军。毛伯温、仇鸾征南归，表叙他功绩，权臣复从中作梗，终不起用。

林希元一生为人慷慨耿直，"凡事只论道理，不问利害"，平生蒿目忧世，抗论勇为，随分尽职，虽仕途坎坷，志不可夺。自幼饱读诗书，归田后更精研理学。设疑析解，敢持异议，勇创新意。提倡"文无古今，适用为贵"，"发机于知，履真于行，作则于身"，要求"精学致用，言行一致"。被誉为"一代宗师"。主要著作有《易经存疑》、《四书存疑》、《王政附言》、《程文绳尺》、《太极图解》、《读史疑断》、《古文类抄》、《考古异闻》等。林希元在故乡逝世。陵墓在同安县西柯乡坑内山。同安凤山故居建有"文宗廷尉坊"。

（四）历史名镇

大嶝镇，位于厦门市东北部海域，东南与金门岛隔海相望，包括大嶝岛、小嶝岛、角屿三岛，统称"三岛"，现属厦门市翔安区。1958 年的"八二三"炮战中被国务院、中央军委授予"英雄三岛"称号，如今大嶝岛已入编民政部《中国名镇》目录。全镇基础设施日臻完善，城镇化水平日益提高，环境日渐优化，人民生活水平稳定提高，各项事业协调发展。先后被建设部授予"全国村镇建设先进镇"以及被福建省政府授予"新农村建设先进镇"、"园林式乡镇"、"省级卫生镇"等荣誉称号。农民人均收入为4800 元，人均居住面积达 50 平方米。

历史上大嶝曾属于金门县管辖，是开展两岸商贸的首选之地。2002 年底中共厦门市市委九届五次全委会通过的《厦门市加快海湾型城市建设实施纲要》，把大嶝确定为对台旅游商贸区。

二、海岛文化

（一）海岛风情与旅游文化

大嶝岛的旅游资源具有丰富的历史文化内涵、独特的旅游项目和富有乡土气息的宗教文化。1958—1982 年间与金门持续炮战 25 年，是一场亘古未有的“马拉松炮战”。岛上建战地观光园和对台小额商品交易市场，交易市场享受国家特殊免税政策，汇集全国 28 个省、市、自治区以及台湾、金门等地的名、特、优产品。明清以来，大嶝三岛民间宗教信仰甚盛，宫庙遍布，现在尚存大小宫庙 24 座，登临三岛，犹如进入古民俗宗教信仰之大观园。

（二）民俗文化

大嶝人有风狮爷信仰，每年 6 月 3 日为风狮爷诞生纪念日，村民在大嶝东蔡村的两座风狮爷塑像处举办隆重的祭拜仪式，祈求全村风调雨顺，两岸和平发展。还有不少金门同宗族的同胞也特意从金门专程赴大嶝参加祭拜。

大嶝现存的两座风狮爷是目前大陆仅有的风狮爷。据民俗专家调查研究，以往大嶝好几个村庄都有风狮爷，但很多在“文革”时期遭到破坏，而金门风狮爷数量多，有好几百座。风狮爷的形成应是在金门，大约在明代中叶和明末出现。据传，郑成功攻打台湾时要建造大量舰船，就在金门岛上砍伐了大量树木，导致金门风沙日益加剧，岛上居民生产生活受到严重影响。此时，风狮爷的信仰开始兴起。金门与大嶝同属海岛，且地理位置相近，面临同样风沙侵袭问题，镇风沙、克妖魔的风狮爷逐步从金门传入大嶝。

（三）盐文化

早在宋代，朱熹主簿同安时，曾经来到大嶝，看到当地盐场的盐女面朝盐田背朝天，每日受风吹日晒之苦，十分体恤民情的他建议盐女们用红头巾裹头遮面，以挡风日。之所以流传红头巾原因有三，首先红是喜庆色，象征着吉祥，也是人们惯用的避邪色；其次由于红色在一片白茫茫的盐田中十分显眼，即使起雾也能看清；再者红又称“朱”，用以纪念朱文公（朱熹，闽南人称为朱文公）。大嶝女子裹红头巾的习俗，一直延续至今。

地方史料中还有这样的记载，“明天启四年（1624 年），蒋鲸台（翔安沃头人、湖广按察司副使）曾在家乡沃头减免盐税”。沃头妈祖宫前为蒋鲸台立的《蒋公均饷功德碑》，对厦门海盐的生产、盐文化等做了生动的记叙。

清代时，厦门曾设立盐大使，就是主管厦门、金门盐业的专职官员。民国初年，曾经在大嶝驻守着盐兵，至今留存下一座盐兵楼。这座盐兵楼后来成为抗日战争时，金门县政府迁往大嶝的办公场所，已成为了福建省文物保护单位。

大嶝盐场现用的传统制盐技术从海水到海盐全部靠自然条件完成，几乎不耗费任何能源，是一种名副其实的“低碳”技术。制盐技艺主要为：由咸水沟把海水引入盐坨（即蒸发池，可使海水下渗上蒸）进行蒸发，以提高其盐浓度，称为卤水，经过八个盐坨蒸发后的卤水，含盐量到了 25 度时即引进砖埕（即结晶池），这时盐就会在结晶池中形成，盐工们会用特制的盐扫（“平”字形）将盐扫成一堆堆雪白的盐山。

（四）土特产

大嶝岛土特产品主要有：大嶝紫菜、鲍鱼、红毛菜等海产品，其中尤以大嶝紫菜最为著名。大嶝紫菜为浅海放养，海水质量优，所生长的紫菜质量上乘，味道甘甜、叶子短嫩、口感甚好，深受顾客喜爱。大嶝岛上的一些酒家推出以鲜紫菜为原料的紫菜煲，味道鲜美，极受欢迎。

第三节 海岛基础设施

一、交通运输

（一）进出岛通道

1. 莲河至大嶝轮渡

大陆侧为莲河码头，大嶝侧为大嶝码头。大嶝码头建在大嶝岛北岸田墘村渡口处。有专用公路接环岛公路。1957 年建。石堤条石结构，长 90 米。3 个泊位，靠泊能力 50 吨。1988 年扩建，将原石堤码头 90 米延伸到 200 米，泊位由原有的 3 个增加至 4 个，靠泊能力由原 50 吨级增加到 120 吨级，并建有候船室 375 平方米和码头专用公路 400 米，有渡船 5 艘，是大嶝三岛民众进出岛的主要渡口码头。每天进出客运量约 2000 人次。

2. 大嶝海堤和大嶝大桥

大嶝海堤 1989 年动工，从新店蔡厝至大嶝码头作引水海堤，1992 年 9 月 27 日接通。海堤总长 573 米，宽 9.5 米，铺设年供水量 300 万立方米供水管道。随着经济的发展，大嶝海堤的局限性日益突显，其对海洋生态的破坏日益显现。基于此，厦门市人民政府决定实施大嶝破堤改桥工程，由海沧投资总公司负责实施。2000 年大嶝大桥建成，大嶝海堤被拆除。

大嶝大桥起于翔安区新店镇大嶝海堤西南 150 米处，跨海止于大嶝岛，为特大型跨海桥梁。大桥总长 1800 米，其中桥梁全长 932 米，宽 24 米；两侧引桥合计 868 米，宽 26 米，工程总用地面积达 117 000 平方米。设计桥面高程 10.87 ~ 19.86 米，300 吨以下的船只都能顺利通过。

（二）道路

1. 新大公路

起自翔安区城区，经蔡厝通过大嶝海堤（现为大嶝大桥）至大嶝岛，全长 12.5 千米，沥青路面。建于 1993 年 3 月，同年 9 月竣工。

2. 大嶝环岛路

全程 12.1 千米，水泥路面，1995 年 6 月动工，当年年底竣工。2008 年大嶝环岛路扩建，环岛路线延伸长达 16 千米，并以此为主干道连接各村水泥道路，形成镇、村纵横交错的交通网络。

二、港口、航运与助航设施

大嶝现有码头泊位 14 个，其中交通码头 4 个，位于大嶝岛东北海岸，其余 12 个码头环绕大嶝岛沿岸分布，核定最大靠泊能力为 300 吨级钢筋混凝土码头 1 座，泊位长度 51 米，可乘潮靠泊 500 吨级船只，担负着大嶝的主要客货运输，航班客运量在 10 万人左右。其余均为 40 ~ 50 吨级小码头。另外，还有双沪渔业码头。

大嶝港区没有专门锚地，仅在小嶝岛与莲河港区（大陆）之间海域设有临时船舶停泊区。

大嶝航道在大嶝北侧，呈东西走向，长 8 千米，宽 1 ~ 1.5 千米，最宽处 400 米，水深 0.8 ~ 6 米，西浅东深，底质为泥沙。航道中多礁石，沿途设有 16 个导航灯桩，500 吨以下船只可通航。

三、水利设施

新中国成立后，大嶝岛先后建成护岸海堤总长 26 438 米。采用二十年一遇防洪标准及二十年一遇防潮标准设防。并建设集防洪、防潮、旅游、观光于一体的环岛路。

大嶝淡水资源短缺，岛上无河流，年地下水开采量不到 50 万立方米。1992 年前岛上居民生产、生活用水主要依靠挖井抽取地下水。

1992 年建成的汀溪水库至大嶝岛的 400 毫米供水管道，以每小时 480 立方米的水量向大嶝岛供水，日供水能力达 1 万吨，基本解决了供水问题。1996 年建成了大嶝岛自来水厂，日产水量 3000 吨，设计规模为每日 1 万吨。2008 年，翔安区建成翔安水厂和原水管线 29 千米，大嶝岛自来水管道与翔安区联网，解决了大嶝岛用水问题。

四、广播、电视和通信

1971 年，大嶝公社由南安县划归同安县管辖之前，大嶝、小嶝已建立有线广播站，安装少量高音喇叭。1974 年 8 月，在原广播站的基础上，分别改建和扩建大嶝前沿广播站（也叫大嶝公社广播站）和小嶝前沿广播站，1975 年 5 月建成使用。大嶝前沿广播站的机器设备有：扩音机总功率 1600 瓦，其中，500 瓦 1 台；自备电源 12 马力动力机 2 台，12 千瓦和 5 千瓦电机各 1 台；架设广播线路 46. 6 千米，其中两段海底线 6 千米，安装 25 瓦高音喇叭 40 只。1974—1985 年国家投资数万元翻修大嶝、小嶝广播站机房，更新水泥杆 89 根，铁线改换铜线 36 对千米，线路延伸至 48. 6 千米，25 瓦高音喇叭增至 80 只（小嶝前沿广播站置有 18 只），并有入户小喇叭 120 只。大嶝前沿广播站，每天播音 5 次，早、中、晚转播县站节目，上、下午自办节目，主要是放唱片或录音带，全日播音 10 小时左右。20 世纪 80 年代后，两岸关系趋于缓和，每天播音减为早、中、晚 3 次，全部转县站（台）节目。2008 年转播厦门市广播电台 7 套节目。

2008 年厦门市实施岛外农村广播电视“村村通”工程，大嶝岛有线电视并入厦门有线电视网络。

岛上通信线路均为市话电缆布置。已建成 5500 门程控电话模块一座（母局为马巷局），实装电话 5000 门。程控电话、小灵通基站、移动通信网络、IC 卡电话覆盖全岛，在厦门市率先获得“电话明星镇”称号。

五、电网与市政基础设施

大嶝岛过去主要依靠柴油机发电，1983 年 5 月建成大陆蔡厝至大嶝海底电缆，供电能力 1000 千伏安。目前岛上电源来自马巷镇的 110 千伏变电站，并通过跨海高塔向大嶝岛架设一回 35 千伏电力线。岛上已建一座 35 千伏变电站，容量为 2 ×4000 千伏安。并有民用 10 千伏变压器 22 台，专用 10 千伏变压器 12 台，10 千伏线路 5 回 。并通过一条 10 千伏海底电缆向小嶝岛和角屿送电。

大嶝全岛道路畅通。环岛道路沿着绵延 16 千米的海岸线盘旋，并以此为主干串起了各村落间的水泥道路，形成了镇、村纵横交错的交通网络。全岛各村主要干道都安装了路灯，水电供应完备。目前基础设施日臻完善，城镇化水平日益提高，环境日渐优化，人民生活水平稳定提高，各项事业协调发展。先后被建设部授予“全国村镇建设先进镇”以及被福建省政府授予“新农村建设先进镇”、“园林式乡镇”、“省级卫生镇”等荣誉称号。

六、生态建设和环境保护

大嶝岛水质、空气质量符合国家环境一级标准，号称“天然氧吧”。全镇绿化覆盖率达 98%，拥有公益林木295亩，基干林带15千米，公路绿化25.6千米，镇村公共绿地15万平方米。

岛上成立了卫生管理所以及10支专业保洁队伍，建设了标准化公厕8座，配置120个保洁箱和25对分类垃圾箱，形成城镇化卫生管理网络。

2004年3月，大嶝镇区生活污水生态处理示范工程竣工，日处理污水能力300吨，镇区生活污水经生态处理零排放。该工程利用了2000米长的原农灌渠道，收集了镇区7个自然村生活污水，将生活污水提升至三格式初级滤池过滤，经沉淀后进入盲沟，最终将生活污水均匀施灌于试验区道路两侧的绿地上，由绿色植物吸收净化处理。生活污水生态处理系统运行以来，不仅解决了镇区全部生活污水，也解决了对台小额商品交易市场污水污染海域的问题，每年减少约10万吨污水入海，在解决农村生活污水污染环境领域找到了一条有效治理途径。2004年12月，大嶝街道被国家环境保护总局授予“全国环境优美乡镇”称号。

第四节　经济基本情况

一、海岛居民生产活动

大嶝岛居民历史上主要以海洋渔业生产为主，其次为农业生产，再次为盐业生产。主要开展海水养殖，甘薯、玉米、花生种植，盐业生产及劳务输出等。近年来，随着海岛旅游业的发展，部分居民参与了旅游（含餐饮商贸）服务行业。

二、社会经济基本情况

2001年社会生产总值24 727万元，其中第一产业6427万元，第二产业7600万元，第三产业10 700万元。

2002年底，中共厦门市市委九届五次全委会通过的《厦门市加快海湾型城市建设实施纲要》，把大嶝确定为对台旅游商贸区。大嶝岛以金厦直航为契机，发挥对台对金商贸旅游优势，加大资金投入逐步完善基础设施建设，以旅游带商贸，以商贸促旅游，旅游商贸协调发展，形成特色商贸旅游区。一方面加快大嶝战地旅游设施建设；另一方面开辟了“游三岛、登白哈、看金门”的旅游航线，组建了一支豪华舒适的旅游船队。同时着力提高全国唯一“对台小额商品交易市场”的档次，形成以经营“金门三宝”等台湾商品为主，经营着全国28个省、市、自治区的上千种名、优、特产品为辅的特色市场，吸引着来自海内外观光客进行旅游购物。

三、主要海洋产业基本情况

大嶝岛海洋产业主要有海洋渔业、海洋运输业、海水制盐、海岛旅游业等。

（一）海洋渔业

1989年大嶝镇渔业总产值达1752万元，占当年农业总产值的78%，成为支柱产业。捕捞与养殖产量之比约为4∶6，以养殖为主。

1. 海洋捕捞业

大嶝岛拥有渔业码头1座（双沪渔港）和4个小型避风坞（供乡村小型渔船停泊）。捕捞作业区限于近海小规模生产，主要捕捞产品为鱼类和虾蟹类。

2. 水产养殖

1991年，大嶝岛海水养殖总面积7.06平方千米，其中紫菜2.53平方千米、牡蛎3.73平方千米、对虾0.8平方千米。近十年多来引进红毛藻、扇贝、贻贝、鲍鱼等高效益名贵品种。

大嶝岛有特色的水产品主要是紫菜和海蛎，以其无污染、口感好、营养丰富而成为大嶝的特色名牌产品。目前，镇政府已对水产品申请了“英雄三岛”注册商标，同时正在申报绿色有机食品认证。2001年全镇浅海放养紫菜5800亩，海蛎12 350亩，总产值约3570万元。

（二）海洋运输业

大嶝岛主要货运码头有5个，最大泊位仅500吨（满潮时），年吞吐量约为20万吨。岛上有1家航运公司（大嶝航运公司）。截至1995年年底，该公司实有职工48人，拥有货轮10艘2423吨位，货源量4.25万吨；客船4艘316客位，客运量11万人次。主要经营北海等沿海各港口、长江中下游港口及港澳航线货物运输。

（三）海水制盐业

大嶝岛海盐资源较丰富，原有盐田455公顷，年产原盐3.3万~4万吨，新中国成立以来已累计上缴盐税1亿多元。近十年来，由于盐田生产工艺落后，经济效益低，盐业生产呈下滑趋势，现有部分低产盐田改为水产养殖或作他用，盐田面积大幅缩减。现有盐田生产面积约147公顷，年产原盐1万~1.2万吨。

（四）海岛旅游业

根据《厦门市大嶝镇总体规划》（2002—2020），大嶝镇被列为全市四大特色功能区之一，提出大嶝镇实施“旅游兴镇”战略，树立“大旅游、大产业、大市场”的观念，开发国家级旅游产品，将大嶝镇建设成对台商贸旅游特色镇、厦门海湾城市的后花园，把大嶝镇建成“海岛生态型商贸旅游城镇”，大嶝岛规划为台缘旅游区。

经过多年的开发建设，现已初步建成大嶝岛战地观光园旅游区、大嶝对台小额商品交易市场两个旅游区，还开辟了“游三岛、登白哈、看金门”的海上旅游航线。

1. 大嶝岛战地观光园旅游区

战地观光园位于大嶝岛东南海岸阳塘村，占地8.7万平方米，有“英雄三岛军民史迹馆”、“军事武器陈列馆”、“英雄塑像场”、“战地隧道”、祖国和平统一墙、“八二三”炮阵战地遗迹等一系列教育展馆及实物展品。拥有世界之最的大喇叭。

现在在进行改扩建工程，包括入口接待服务区、兴建4D影院、商业街、海滨景观平台及拓展训练管理中心等，拟建成国家4A级景区。

2. 大嶝对台小额商品交易市场

大嶝对台小额商品交易市场是目前唯一经国务院批准设立的对台小额商品交易市场，并以国家赋予的可免税进口台湾商品的特殊政策吸引大量游客。市场经营者来自全国各地20多个省市及台湾、金门地区；大陆及台湾的各种名优商品、土特产商品汇集于此，深受游客青睐。2007年客流量首次突破100万人次，达103万人次，同比增长24.17%；全年进口入市台湾商品1340万美元，同比增长32.8%；实现市场商品交易总额3.2亿元人民币，同比增长18.5%。

2008年9月，大嶝对台小额商品交易市场改造扩建工程启动，整个市场按0.83平方米面积一次规划，分期建设推进。规划中的大嶝对台交易市场包括休闲购物区、民俗文化区、商品博览区、高端商务区四个功能区。改扩建之后，大嶝市场将成为海峡两岸休闲购物主题公园。

3. “游三岛、登白哈、看金门”海上旅游航线

目前大嶝已组建了一支较豪华舒适的旅游船队，开辟了“游三岛、登白哈、看金门”海上旅游航线。

第五节 地质地貌

一、岛陆地质

（一）地质构造

大、小嶝岛区域地质构造近似，位于长乐—南澳大断裂带附近的埕边—宝盖山动力变质混合花岗岩带上。受构造应力、热力变质及混合交代作用，花岗岩中的造岩矿物有的略沿一定方向排列，岩石中条痕状，片麻状构造发育，部分成为片麻状花岗岩，其中的长英质脉体大多呈北北东向排列，与区域构造方向一致。

岛上大部分被第四纪沉积物所覆盖，岛内构造现象很难见到，仅在大嶝岛东南角发现断层一处，其特征如下。

1. 北北东向压扭性断层

见于41.4高地东侧新采石坑东壁。沿坑壁露出长约20米，宽约0.2米。走向上呈舒缓波状延伸，主裂面产状走向20°，倾南东，倾角80°。断层带中被小角砾、主要为断层泥充填。断层上、下盘围岩黄铁矿化。

2. 节理构造

大嶝岛岩石节理裂隙很发育，主要节理为走向20°~25°，倾南东，倾角70°~85°，并均有闪长玢岩脉贯入。次要节理尚有三组：走向102°~105°，倾北东，倾角35°~45°；走向310°，倾北东，倾角88°；走向55°，倾南东，倾角24°。主节理走向与区域构造线一致，推测大、小嶝岛主要构造为北北东向。

（二）地层与岩性

大、小嶝岛由于长期受海浪冲刷、海风吹袭等条件影响，岩石风化较强，地表上保留较多的风化残积层等第四系沉积物，形成较大面积的覆盖，第四系分布面积（包括围垦）约14平方千米。而基岩多在岛屿边际出露，基岩风化物被海浪冲刷搬运，余留的基岩露头均较新鲜。

根据沉积物特征和微体古生物分析结果，结合地貌部位，将大小嶝岛第四系划分为残坡积、海积、风海积和冲洪积四种类型。

（三）岩浆岩

大嶝岛东南端、北东端，小嶝岛的四周出露有燕山早期侵入的细、中粒花岗岩。经钻探证实第四系沉积层覆盖之下的基底岩石亦为花岗岩。

大嶝岛、小嶝岛的细、中粒花岗岩，灰白色、中细粒花岗结构。主要组成矿物为：钾长石（约40%），斜长石（含量小于25%），石英（约30%），黑云母（约5%）以及少量白云母和铁矿物。

钾长石，它形粒状，大的粒径可达3毫米，主要为微斜长石、条纹长石。斜长石为宽板状半自形晶，有的见聚片双晶及环带。石英，它形粒状。黑云母、白云母呈小片状分散出现，有的黑云母包裹在长石、石英晶体中。

岛上所出现的花岗岩，由于受动力和热力作用，已发生程度不同的热液蚀变现象及结构变化，白云母交代了黑云母，斜长石已绢云母化，长石被交代而于斜长石和钾长石交界处有较多的蠕英石生成；部分黑云母聚成2~6毫米不等的聚晶。长石与拉长粒状石英有方向性排列，甚至成为不规则团块状长英质脉体平行排列，构成片麻理。

此外岛上尚有晚于花岗岩的脉岩沿节理侵入，最多的为绿泥石化含石英闪长玢岩；其次为伟晶岩；偶见细晶岩。

1. 绿泥石化含石英闪长玢岩脉

于大嶝岛南东侧海滩和41.4高地附近采石场、小嶝岛东端有出露。此外，大嶝岛西侧的嶝崎、南西侧的双沟、南东侧的阳塘等处附近的残坡积层中，尚隐约显示有三个北北东方向、断续展布的脉岩密集分布地段。

新鲜岩脉呈灰黑，风化后为土黄色，松散土状。岩石具细粒斑状结构，基质具交织结构。斑晶以斜长石为主，少量角闪石，斜长石斑晶多为长板状，大致同方向排列，已弱绢云母化，角闪石斑晶保留菱形切面，已全部被鳞片状绿泥石交代。基质保持完好者为板条状斜长石，略具定向排列，构成交织结构。粒间有鳞片状绿泥石、少量粒状铁矿物及石英充填其间。矿物含量大约为斜长石占30%、绿泥石占50%、铁矿物占15%、石英占5%。

脉岩在地表呈带出露，脉岩带宽者可达10米或20米左右。一个带中多者可包括10余条岩脉，脉与脉间距1~2米。脉宽小者0.06~0.3米，宽者0.8~2米，个别更宽。脉壁平直，光滑或随节理面弯折或走向上错开或呈尖灭再现状。脉壁裂隙常见附有黄铁矿薄膜。脉岩内一般裂隙不发育。

产状走向变化于25°~35°，倾南东，倾角70°~85°，由于产状陡倾，大嶝岛上局部倒反而为走向20°，向南西陡倾。

2. 伟晶岩脉

在小嶝岛东西端见伟晶岩脉出露。伟晶岩脉色灰白、粗晶带发育，由长石、石英、黑云母等矿物组成。长石晶体大者直径1~2厘米，半自形晶者占多，石英不规则状与云母片聚合体分布于长石周围。

伟晶岩脉一般脉宽0.2~0.5米，小者5厘米。脉幅变化较大，沿走向、倾向上均有弯曲、膨缩现象，一般延伸不长，很快见其变小尖灭。在小嶝岛上的产状为走向70°，倾北西，倾角25°~40°，在角屿所见产状为走向102°，倾北东，倾角35°~45°，走向上被闪长玢岩脉所错断。

3. 细晶岩脉

在小嶝岛东端出露三条。色浅红，具细粒花岗结构，块状构造。由长石与石英为主要组成矿物。脉宽2~5厘米，脉壁不太平直，产状走向105°，倾北东，倾角40°。走向延长被闪长玢岩脉错断。

（四）工程地质与水文地质

1. 工程地质

组成大、小嶝岛的岩石为燕山早期岩浆岩，在大嶝岛南侧和小嶝岛北缘、南东缘，出露比较坚硬的基岩，其工程地质分区属构造剥蚀的基岩裸露残丘亚区，而大嶝三岛的大部分地段为花岗岩风化的残积层所覆盖，其工程地质分区为残积覆盖台地亚区。大嶝岛的几个洼地沉积物为第四系海积层，它原为海湾而与岛缘滩涂有别，其工程地质分区属于堆积阶地漫滩工程地质区的海积阶地亚区，而大嶝三岛周围的滩涂以及大嶝岛西北侧的盐场，即属近岸潮间漫滩亚区。

大、小嶝等三岛属构造剥蚀残丘台地工程地质区，岩土体工程地质性能良好，能满足各类建筑对地基的要求。大嶝岛的海积阶地亚区土体压缩性高，容许承载力一般45千帕斯卡左右，强度低，不经处理不宜做建筑物的天然地基。岛岸线分布的近岸潮间漫滩亚区，有大片软土分布，工程地质性能差，不宜做天然地基。

2. 水文地质

大嶝岛气候宜人，受季风和台风影响，雨量较充沛。降雨是岛上地下水最主要补给源，但降雨年季分配不均，多集中在6—8月，其余月份降水较少。岛上无长年性溪流。

岛上地貌景观属构造侵蚀残丘台地，在大、小嶝岛局部间有侵蚀洼地，地表多为花岗岩类风化残积物和海相堆积物覆盖，基底由花岗岩和部分脉岩组成。花岗岩受后期动热力作用，已发生程度不同的热液蚀变现象及构造变化。按岛上的地层岩性、构造特征、分布埋藏状况，地下水在这些地层中的赋存条件、水理性质及水力特征，岛上现存的地下水基本可划分成三种类型：松散岩类孔隙水、风化残积孔隙裂隙水、基岩裂隙水。

（1）含水岩组及其水文地质特征

①松散岩类孔隙水岩组。分布于洼地中，如大嶝岛的北门洼地、围垦盐场；小嶝岛的后堡洼地等，为海相堆积地层（近残积层边缘小部分冲洪积层）分布地区，岩性为灰色、灰黑色、灰白色砂质黏土、砂土、砂等组成，层次多而薄，且各处变化大，厚度不超过6米。地下水运移、赋存于地层的孔隙中，受大气降水及季节性地表水补给，属潜水，水位埋深1~3米，受季节性影响明显，年变幅达1~2米，近海受潮汐影响，水位波动显著。地下水向海排泄，部分下渗补给下伏残积层。水质微咸。其咸淡程度随距海的远近有较明显变化。据民井简易抽水，日单井出水量15~30立方米，属含水贫乏地区。地下水目前多用于农田灌溉，围垦盐场地下水均属咸水，在农业和生活上无利用价值。

②风化残积孔隙裂隙水岩组。是岛上分布广、覆盖面积大的地层，属花岗岩类及部分岩脉经长期风化后的残留堆积层，随母岩成分的不同和风化程度的深浅，岩性各地不尽相同，一般上部因风化较剧，为棕红色、杂斑色砂质黏土；下部为淡黄色、灰白色黏质砂土，接近母岩处多为碎石土。厚度在不同的岛屿和相同岛屿的不同地点都有一定的变化，大嶝岛一般15~30米、小嶝岛5~12米。地下水主要运移、赋存在地层中下部的孔隙裂隙中，降水为其主要的补给源，呈潜水状态，局部呈承压水。水位埋深随地形起伏、层厚变化有明显变化，一般5~9米，高台地区埋深可达15米左右。民井日出水量为10~20立方米。水质较好，除临海受海潮影响地下水微咸外，均属淡水，是岛上居民生活饮用水的主要来源。由于残积层表层风化剧烈，已壤化，透水性差，影响了降雨的渗入，加上地表、地下径流途径短、排泄快，故地层含水性弱，属含水贫乏地层。

③基岩裂隙水岩组。基岩在岛上裸露较少，多被残积层覆盖，仅沿岸海滩及高处断续出露。岩性为中细粒花岗岩类及后期侵入的岩脉，因三岛位于埕边—宝盖山动力变质混合花岗岩带上，基岩受构造应力等作用，发育了三组不同方向节理裂隙，部分被后期的岩脉充填，岩石的含水性极不均一，在构造带或节理裂隙密集带，地下水较富集；完整岩石则含水极少或不含水，地下水主要接受上覆地层地下水的补给，裸露地区也直接受降雨的补给。据调查试验：在一般条件下日单井出水量7~15立方米，个别在构造带施工钻孔，日出水量可达30~40立方米。水质随埋深不同有较大变化，在海平面以上水质较好，为$Cl\cdot HCO_3$-$Na\cdot Ca$型淡水；海平面以下因受海水入侵影响，水质为$Cl\cdot SO_4$-Na型微咸水，基岩虽节理裂隙发育，尤其在构造带透性水较好，有一定的贮水空间，但因补给水源所限，又因排泄途径短，地下水排泄快，故基岩含水不多，属含水贫乏的地层。

（2）地下水评价

组成大、小嶝岛的地层其含水性均属贫乏，原因除地层本身条件外，主要是地下水的补给源单一，靠降雨补给；海岛受水面积有限，四周临海，排泄条件好，又因降雨年际分配不均，雨量多集中在雨季，雨程短，雨水在地表滞留期不长，地表几乎没见到常年溪沟，贮留在地层中的地下水就少了。

地下水的水质在面上和垂向上都有一定的变化，由中心向四周水质由$Cl\cdot HCO_3$型淡水渐过渡到$Cl\cdot SO_4$-Na型微咸水或咸水。据调查，海潮影响地下水质的范围约在高潮线向陆50米左右，在此范围内的井水多呈微咸。当地下水下降到海平面以下时，因受海水入侵影响，地下水也会变成微咸或咸水。

工业“三废”对地下水污染较少，但是农村卫生条件差，加上不尽合理地使用化肥和农药，造成生活垃圾、污水以及农药化肥对地下水的污染却是严重的，大部分井水化验都发现有三氮超标现象，为了提高地下水质量，应提倡合理和科学施用化肥，推广低毒农药，农村应改善卫生条件，清除井边的猪圈、厕所，整修井台、井栏和排水沟，把污水排离水井周围。

（五）第四纪地质

大、小嶝岛第四纪沉积物主要有残坡积、海积、冲洪积及风海积4种类型。

1. 残坡积

分布于大嶝岛中部大片区域和小嶝岛几乎全岛。分布面积 5.4 平方千米，约占第四系分布面积的 38%，地貌上构成海蚀阶地。残积为主，坡积次之。组成物质主要为灰白、紫红、褐红等杂色亚黏土和浅灰、浅红、褐黄、灰白、紫红等亚砂土，少数为紫红、褐红色黏土。残积物以亚黏土为主，野外最大可见厚度超过 5 米，块状构造，亦有呈化斑状构造。坡积物主要为亚砂土，多覆盖于残积层上。

2. 海积

岛上海积层面积约 8.4 平方千米，占第四系面积的 60%，主要分布于大嶝岛东、西两侧原海边低地及已围垦滩地。另外在小嶝岛西南侧海边亦有小面积分布。海积层多覆盖于残积层上，最大厚度不超过 6 米。海积物主要为灰黑色黏土、亚黏土、粉砂质黏土，多含黑色有机质。此外还有灰褐色沙砾等。经微古分析，海积物中见含比克卷转虫（*Ammonia beccarii* var），*Helenina anderseni*、*Trochammina* spp.，*Quinqueloculina akneriana* rotunda 等广盐性或半咸水种有孔虫，反映了半封闭海湾及滨岸沼泽环境。

3. 冲洪积

仅零星分布于大嶝岛中部的冲沟处，覆盖于残积层上。分布面积不到 0.1 平方千米。岩性主要为灰色亚黏土，黄灰色粗砂及灰白色中粗砂。无层理，砂粒稍有磨园。微古分析见轮藻受精卵膜、水蕨孢子、刺盒虫等淡水生物。

4. 风海积

分布面积 0.12 平方千米，约占第四系面积的 1%。主要分布在大嶝岛东侧和西南侧。上述原海边海积砂，由于被风改造，形成风海积层。组成物质主要为灰白色中砂和粗砂，含较多贝壳碎屑。干燥、松散无层理。

二、海岛地貌

（一）岛陆地貌

大、小嶝岛陆地地貌以海蚀台地为主地貌类型，沿着台地间低坳处分布有小片海积平原，滩地十分宽阔，可达数千米，低潮时滩面可干出，可徒步来往于大、小嶝岛之间。现分述如下。

1. 海蚀台地

明显有三个地貌面，按分布高度可划分为Ⅰ级、Ⅱ级和Ⅲ级台地。

（1）Ⅲ级台地：高度为 25 ~ 40 米，仅见于大嶝岛南部山岗上，面积约 500 米 × 300 米。呈圆丘状，东西向展布。坡缓，由花岗岩组成，部分地段已风化成残积红土。

（2）Ⅱ级台地：高度为 15 ~ 25 米，分布于Ⅲ级台地外围，小嶝岛也有分布。台面平坦，微有倾斜，冲沟发育。由花岗岩风化的残积红土组成，有零星基岩露头散布。此台地多开辟为旱农作物耕地。

（3）Ⅰ级台地：高度 5 ~ 15 米，见于Ⅱ级台地的外围，分布最广，平坦，微有起伏。由花岗岩风化的残积红土组成。是人们活动的地方，也多开辟为农田、蔬菜等农作物耕作地。

2. 海积平原

沿着台地间的洼沟和小海湾分布。平原面平坦，向海方向倾斜，高出海面 3 ~ 5 米。现在还留有串珠状的水塘。由灰色砂质黏土组成。是种植稻田、蔬菜等作物的良好地方。

（二）岸滩地貌

1. 海岸类型

（1）土崖海岸

大、小嶝岛海岸以土崖岸为主要类型，由花岗岩风化残积红土组成，受海浪冲蚀，易崩塌，形成陡崖，高 3 ~ 8 米，坡度 50° ~ 80°，有的直立。崖壁海蚀洞穴，蚀沟发育，崖面新鲜。目前土崖岸还在受风浪击拍，仍在缓慢地蚀退。

小嶝岛局部地段沿岸为基岩海岸，或是土崖岸的崖脚基岩露出，如小嶝岛东部，成片基岩出露，海蚀地貌奇特，有海蚀崖、海蚀洞穴、海蚀沟等。

（2）砂质海岸

主要见于大嶝岛的双沪—嶝崎之间沿岸，沿岸沙滩和沙堤宽约50米，高2米左右。上有薄层风沙，种有防风林。由含贝壳、砾石粗中砂组成。目前有些地段，已筑石堤护岸，但受强劲的东南波浪冲刷，石堤有裂痕，基底被掏空的现象。大嶝岛东部沿岸也有砂质海岸分布，但已在围垦盐田之内。

（3）人工岸

随着沿岸崖滩涂成片围垦以及为保护农田不受侵蚀破坏，许多岸段都筑堤护岸，但大嶝岛和小嶝岛南部海堤受海浪的冲蚀，有些地段已遭破坏。

2. 滩地地貌

大嶝岛潮间带滩地类型包括粉砂淤泥质潮滩、砂质海滩和岩滩三种，潮间带总面积为18.82平方千米，滩面宽阔，宽度最大可达2千米以上。粉砂淤泥质潮滩面积最大，砂质海滩次之，岩滩面积很小。

（1）岩滩

主要分布在小嶝岛东岸，岸前发育石质岩滩，宽30～100米，滩面起伏，有基岩岩块，岩礁分布。海蚀地貌发育。大嶝岛南部、东部土崖岸段的前缘，分布有海蚀平台，由花岗岩风化残积红土组成，受海浪的掏蚀，形成蜂窝状，铁质胶结的风化壳台面较平坦，高出海滩0.5～2米。

（2）砂质海滩

分布于大嶝岛的东部、南部、小嶝岛和角屿的四周，最宽达2～3千米。平均坡度3°～5°；滩面平整。高潮带由含砾粗中砂组成，中、低潮带宽阔，平坦，由泥质细粉砂组成。养殖大面积牡蛎、紫菜等海鲜产品。

（3）粉砂淤泥质滩

呈大片面积分布于大嶝岛北侧和西侧，滩面平坦，低潮时大部分滩面干出，中间发育弯曲的潮沟。由粉砂质泥组成，较稀软，人行下陷20～30厘米。大部分滩涂已开发为缢蛏、牡蛎滩。断面特征如下。

X-XDD1断面特征：位于大嶝岛东北部，剖面长度662米，高差约2米，朝向北北东，剖面形态呈缓坡形，平均坡度0.12°。地貌类型主要为潮滩，高潮带岩性为黏土质粉砂，中潮带岩性为砂质粉砂，低潮带岩性为黏土质粉砂；海岸类型为人工海岸。

X-XDD2断面特征：位于大嶝岛西南部，剖面长度840米，高差约2米，朝向南，剖面形态呈缓坡形，平均坡度0.19°。地貌类型主要为潮滩，高潮带岩性为砂质粉砂，中潮带岩性为粉砂质砂，低潮带岩性为黏土质粉砂，海岸类型为人工海岸。

三、岸滩冲淤变化

20世纪80年代与60年代比较：大嶝岛的西南面，海岸变迁不大；西部的岸线向海推进；岛的北部有大面积围海造地，导致岸线向海推进，岛东部的岸线变迁也很明显地向海推进。2007年，大嶝岛的海岸线都是人工海岸，海岸线与20世纪80年代的海岸线有较大变化，在岛的东北岸因围垦向海有较大的推进。

大嶝岛周边海域潮间带柱状沉沉积物^{210}Pb沉积速率测定结果，^{210}Pb比活度在剖面上的分布表现出非常好的递减规律。大嶝岛西北侧柱状沉积物平均沉积速率为每年0.61厘米；大嶝岛南侧潮间带地区柱样平均沉积速率为每年1.15厘米①。

---

① 陈坚，王爱军，等：福建省908专项海岸带调查与评价报告，2010年。

大嶝岛地处金门湾内，大嶝海域中。岸滩的发育和演变，受其岩性、构造控制之处，更重要的是受海洋动力因素的影响，同时，人类活动也加剧了岸滩冲淤变化。

海岸主要由花岗岩风化残积红土组成，质地松软，易受海浪冲刷，陡崖崩塌，侵蚀严重。特别是灾害性天气破坏更为剧烈。在大嶝、小嶝岛的南部沿岸，迎面东南涌浪，土崖崩塌严重，树木倾斜，根系露出，有的石堤岸段也受破坏。崩塌下来的泥沙随潮流回淤到滩面上，促使浅滩在不断的淤积。同时，大面积的围垦，海域面积不断减少，涨落潮流的减弱，也促使了泥沙的回落，滩面也缓慢地淤高。

大嶝岛岸滩属淤积型地貌类型。但不同岸段所处的地理环境不同，淤积速度不一样，根据调查资料，可分为强淤积区岸滩和弱淤积区岸滩两类。

（一）强淤积区岸滩

分布于大嶝岛西部。为一片泥滩，滩面高程为理基面上 2 ~ 4.4 米。北部有一条狭长的潮汐通道，弯曲地向西延伸。低潮时成片滩面干出，只剩下潮沟。底质主要由粉砂质泥、泥质粉砂等细颗粒物质组成。

根据 30 多年来资料统计，大嶝西侧水道由于盐田围垦和滩涂不断淤积的结果，此段海域宽度缩小 3 ~ 6 倍，中央航道宽度缩小 20 米余，水深减少 2 米多。据 20 世纪 60 年代测量资料该段岸滩平均每年淤高约 8 厘米。1978 年大嶝西侧水道最新一道海堤（蔡厝盐场海堤）建成以来的 12 年中水道两侧滩普遍淤高 1 米多，和尚礁灯标附近淤积更为急剧，近 12 年来，岸滩平均每年淤高 10 ~ 15 厘米。

为查明岸滩冲淤变化的特殊趋势，1990 年 5 月至 1991 年 5 月，大嶝—蔡厝泥滩剖面上设置标志桩进行周年观察测量。表明大嶝—蔡厝泥滩属于强淤积型岸滩，年平均淤高 4.5 厘米。淤积幅度最大是西北侧靠蔡厝一侧的 2 号桩，为 7.4 厘米。

（二）弱淤积岸滩

分布于大嶝岛东部与小嶝岛之间宽阔的滩地，宽达 4 千米，为一片砂、中粗砂、细砂、泥质砂和风化壳平台。滩面高程为理论基面上 1.3 ~ 2.1 米，平坦、低潮时，大部分滩面干出，此片浅滩已大面积养殖紫菜、牡蛎等。

综上所述，大、小嶝岛岸滩发展趋势为：①大嶝岛和小嶝岛南部沿岸，受东南风浪的强烈作用，土崖岸仍处侵蚀后退；②大嶝岛西部，北部及西南部强淤积区继续处于淤积趋势，年淤积量为 4 厘米左右；③大嶝岛东侧和小嶝岛西侧砂质海滩为弱淤积区，仍处于相对稳定或缓慢淤积之中。

四、地质灾害

（一）岛陆地质灾害

大、小嶝岛的岩石为燕山早期花岗岩，在大嶝岛南部和小嶝岛北端、南端及东端出露的基岩比较坚硬，呈浑圆残丘，坡缓，未见危岩。大、小嶝岛大部分地区为花岗岩风化的残积层覆盖，构成红土台地，地形平坦。地质体稳定，尚未发现地质灾害。

（二）海岸地质灾害

大嶝岛海岸地质灾害主要为海岸侵蚀，见于岛的南岸和东南岸。海岸侵蚀造成沿岸碉堡倾塌及岸堤崩塌，如 1999 年 14 号台风所产生暴风激浪侵袭大嶝岛，4830 米的岸堤被毁崩塌。此外，海岛沿岸地区的海水入侵影响地下水的开发利用。

第六节 植被与土壤

一、海岛植被

（一）海岛植被的基本特征

1. 海岛植被的植物区系特点

大嶝岛绿化覆盖率达98%，拥有公益林木295亩，基干林带15千米，公路绿化25.6千米，镇村公共绿地15万平方米。主要植物有木麻黄、细枝木麻黄、粗枝木麻黄、台湾相思树、凤凰木、垂叶榕、刺桐等；次生植被主要是白茅、狗牙根和狗尾草等草本；其余是岛上的农作物甘薯。在大嶝岛镇区居住区有一棵树龄高达480年的刺桐古树。

由于人为大量引种结果，大嶝岛遭受外来生物入侵，如马缨丹、蓖麻、空心莲子草等，对海岛生态环境有一定的破坏。

2. 植被群落层次结构和外貌特征

大嶝岛地处南亚热带地区，植物种类以喜热型乔木、灌木、草本为主。原生植被已被破坏殆尽，现存的多为人工或次生植被，形成其特有的植被类型。植被群落层次结构主要有亚热带乔木常绿针叶林、常绿阔叶林、灌木和草丛、潮间带抗盐性强的沙生或盐生草本植被群落。园林绿化形成的园林植被在大嶝岛植被中占有重要地位，不但增加了大嶝岛植被群落区系，还增添了大嶝岛风景旅游区的绿化美化率。

3. 植被种类组成和分布

大嶝岛的植物主要由行道树的乔木、园林的观赏植物、农作物的蔬菜、果树等栽培种类组成。乔木树种主要有木麻黄、细枝木麻黄、粗枝木麻黄、相思树、巨尾桉、刺桐、凤凰木、榕树、垂叶榕、棕榈等种类；灌木层种类少，个体数也较稀少，主要有夹竹桃、九里香、枸杞、黑面神、福建胡颓子、马缨丹、龙舌兰、黑面神等；草本层常以铺地黍、白花地胆草、白茅、纤毛鸭嘴草、中华结缕草等多种植物为主。

大嶝岛沿海防护林带和荒山台地主要分布木麻黄、台湾相思、银合欢等，混生有朴树、苦楝等乔木；灌木层常以马缨丹为优势，还有龙舌兰、九里香、枸杞、黑面神、福建胡颓子等；草本层普遍出现，以禾草为主要优势种，常见种有铺地黍、白茅、狗牙根、狗尾草、鸭嘴草、茅莓等；芦竹群落类型在海岛的海滨平原荒地、丘陵坡地都有分布，以平原荒地、沙地、路旁尤为常见；道路两旁行道树及坡地植被主要种类有巨尾桉、榕树、凤凰木、棕榈、夹竹桃等；农作物甘薯是大嶝岛旱地最主要的粮食作物，甘薯可越冬生长，并常与豆科作物轮作。

4. 植被的动态演替规律及与大陆植被的联系与区别

由于历史原因，大嶝岛一直处于对金门的最前沿位置，被誉为“英雄三岛”之首。大嶝岛的原生植被因长期受人为活动影响基本绝迹，现有植被均为次生植被和人工植被。改革开放以后，政府部门加大林业建设，采取造林和封山育林等措施，园林部门也建造了各种园林植被，使得大嶝岛的市政道路得到美化，荒山也基本绿化。

随着城市建设的发展，城市化、园林化的风景林木将成为大嶝岛新的风景线。除了少数次生植物外，其余大多植被现状与陆地城市建设的植被种类基本没有区别。

（二）海岛主要植被类型及分布

1. 木麻黄防护林及分布

木麻黄耐盐、耐沙、耐旱，抗风又透风，根系发达，且具有自然固氮的根瘤，适应性强，能在潮沙土、风沙土、盐土、台地和丘陵山地甚至岩间缝隙扎根生长，大嶝岛沿海防护林及大嶝大桥进岛处的木麻黄防护林群落中，灌木、草本的种类较少，以沙生旱生植物占优势。灌木优势种以马缨丹为常见，高度多在0.5米以下，盖度在10%～30%，许多群落中没有形成灌木层。草本层普遍出现，以禾草为主要优势种，高度在0.1～0.6米，常见种有铺地黍、狗牙根和狗尾草，盖度在各地和各样地不同。

2. 银合欢－马缨丹－狗牙根群落及分布

银合欢－马缨丹－狗牙根群落主要分布在大嶝岛西部海岸嶝崎村附近，群落外貌呈黄绿色，林相整齐，群落结构简单，分乔木1层、灌木1层、草本1层。乔木层以银合欢为主，混生有朴树、苦楝等，平均高6米，平均胸径5～6厘米，层盖度50%～60%，灌木层平均高度0.2～1.5米，层盖度10%～25%，常以马缨丹为优势种，还有龙舌兰、九里香、枸杞、黑面神、福建胡颓子等，草本层平均高度0.2～0.5米，层盖度10%～65%，常以狗牙根、铺地黍、白花地胆草、白茅等为主。

图3-13-3　大嶝岛西北侧环岛公路两侧的刺桐行道树林（左）、岛西部海岸嶝崎村附近的银合欢林（右）

3. 巨尾桉－马缨丹－铺地黍群落及分布

巨尾桉－马缨丹－铺地黍群落主要分布在大嶝岛东海岸沿道两旁，群落外貌呈黄绿色至灰绿色，林相整齐，群落结构简单，分乔木1层、灌木1层、草本1层。乔木层以巨尾桉为主，平均高16米，平均胸径15～22厘米，层盖度60%～70%，灌木层平均高度0.1～1.5米，层盖度10%～25%，常以中生的马缨丹为优势种，还有龙舌兰、黑面神等，草本层平均高度0.2～0.5米，层盖度10%～65%，常以铺地黍、白花地胆草、白茅、纤毛鸭嘴草、中华结缕草等多种植物为主。

4. 刺桐行道树林及分布

刺桐行道树林群落分布在大嶝岛西北侧环岛公路两侧，刺桐高5～8米，胸径10～15厘米，刺桐叶色翠绿，树形整齐，早春花色红艳，形成独特的园林植被类型。大嶝岛镇街头还留存一棵480年的刺桐古树。

5. 夹竹桃行道树林及分布

夹竹桃行道树林分布于大嶝岛进岛公路两侧，夹竹桃高约3～4米，丛冠幅约2～3米，非常整齐壮观，是大嶝岛的一种特有的园林植被类型。

6. 白茅草丛群落

白茅草丛群落分布在大嶝岛蚵窟附近的山坡荒地、沟坎、路旁，群落总盖度60%～100%，草本层以白茅占优势，叶层高0.5～0.8米。伴生有狗牙根、鸭嘴草、茅莓等。

7. 芦竹群落及分布

芦竹群落主要分布在大嶝岛西北侧的海滨平原荒地、丘陵坡地，以平原荒地、沙地、路旁尤为常见，在大嶝岛西北侧更常见，群落总盖度60%～100%，群落中芦竹占优势，叶层高2～4米。群落中还伴生有少量黑面神、茅莓等灌木和银合欢幼树。草本层以小白酒草、茵陈蒿、狗牙根、画眉草、马唐、鸭嘴草等为常见。

图 3-13-4 大嶝岛进岛公路两侧的棕榈道树林及分布（左）、大嶝岛西北侧海滨的芦竹草丛群落（右）

8. 狗牙根群落及分布

狗牙根群落主要分布在嶝崎海滩高潮带泥沙滩及路旁、沟坎旁边，也可见于已围垦沙荒地上，外貌常呈灰绿色或灰褐色。狗牙根适应性强，能在水平的蔓茎上叉生出分叉的直立茎，茎上长出刚韧、夹形的窄叶。防风固沙效果较好。

9. 粮食作物

甘薯是大嶝岛海岛旱地最主要的粮食作物，甘薯可越冬生长，并常与豆科作物轮作。常实行春大豆－夏甘薯、豌豆、花生－秋甘薯、花生－冬甘薯等轮作制。

二、海岛土壤

（一）土壤类型及分布

1. 土壤类型

大嶝岛地处南亚热带气候区，长期受到海风吹袭和海浪冲刷等作用，岩石风化剧烈，地表上形成大面积的风化残坡积层，在低洼谷地及小海湾堆积了海相沉积层等第四系沉积物；部分丘陵顶部及岛岸余留小面积的基岩露头。地貌类型以丘陵台地为主。

大嶝岛土壤主要由水稻土类潴育水稻土亚类的黄泥田土、红土田土种，潮土类沙土属灰沙土种，风沙土类滨海风沙土亚类的旱风沙土与灰沙土种组成。

2. 土壤分布

（1）水稻土

主要分布于滨海平原的埭田、低丘台地的台田、坡地的梯田、丘间溪谷的畈田、谷地的冲田及丘陵峡谷的垄田等处。大嶝岛为海拔高度大多在 50 米以下台地低丘，地形呈坡状起伏，地势向海倾斜。耕作土壤旱地以赤土土种为主，以旱作和果园为主。水田以水稻土类渗育型水稻土为主，其中以黄泥沙田和红泥沙田土属居多，是岛上主要水稻土类型。

（2）潮土

分布于台地平原的冲积洪积层上，或分布于溪谷两侧冲积阶地上，或在河湖相沉积物上发育而成，成土母质为冲积或冲洪积物。岛上主要分布于阳塘村东北等地。

（3）滨海风沙土

分布在海岛迎风浪南部岸段，往往平行海岸，在风沙地貌体上发育成滨海风沙土，呈带状分布，延展达数千米。大嶝岛的东滨海风沙土主要分布在南部双沪村西至阳塘村东北岸段。与潮土在平面分布上呈斑块状或带状，镶嵌在其他土壤之中。

（二）土壤理化特征

1. 水稻土

水稻土由各种母质的自然土壤，经过人为垦殖、长期水耕熟化过程，特别是还原淋溶、氧化淀积的交替过程，形成水耕土壤的特有发生层次，有耕作层、犁底层、渗育层、淀积层、潜育层等。渗育型水稻土主要分布于丘陵坡地或台地岗背上，地下水位比较深，土壤水主要来自降雨补给和灌溉，属地表水下渗型。表潜现象明显，呈灰色或暗灰色。土壤的心土层水分相对不饱和，有明显“W”层。若水耕年限短，灌溉条件差时，渗育层可不明显。本亚类又划分为黄泥田、红土田、砂质田三个土属。

黄泥田土种广泛分布于丘间沟谷、红土台地上。系地带性赤红壤经水耕熟化而成，成土母质多为坡残积层或原积母质层。耕层盐基饱和度低，心土层常出现红褐色铁锰氧化物积聚。质地沙壤至重壤，土壤较酸性。质地名称为含砾轻壤。

潴育型水稻土酸碱度为7.88，有机质为1.64%，全氮0.092%，全钾0.37%，全磷0.073%，阳离子代换量11.63。

2. 潮土

土壤多已垦殖为旱地。质地一般为沙土至轻壤，常有沉积层理，粗细相间，受降水影响，土体干湿季节性交替，往往汛期低处易被洪水淹没，枯水期则暴露出水面，地下水位亦随季节变化。土壤中下部常有锈斑、锈纹和铁锰结核，土体构型为A-C型或A-B-C型，土层较深厚，是一种比较容易熟化的土壤类型。质地名称为紧砂土。

潮土酸碱度8.01，有机质0.5%，全氮0.02%，全磷0.034%，全钾0.33%，阳离子代换量4.31。

3. 滨海风沙土

滨海风沙土土层较深厚，以砂为主，土体发育弱，剖面组合全层皆为砂，剖面风化不明显，土壤肥力水平极低。表层土壤呈灰黄、褐灰色，略含腐殖质积聚层、粒状。质地名称为松沙土。

滨海风沙土酸碱度7.165，有机质1.045%，全氮0.060%，全磷0.038%，全钾0.60%，阳离子代换量4.64。

（三）生产性能综述

大嶝岛土壤的pH值明显较高，呈中、碱性发展，有机质含量远远低于其他土类；钾素含量最低，属于严重缺钾土类；滨海风沙土剖面分化不明显，质地以松沙土和沙壤为主，略具风成层理；土层较深厚，易漏水漏肥，作为林业土壤，其土壤生产力等级属于4级（极差）水平。

海岛土壤中的微量元素严重缺硼，钼和锌一般缺乏，铜含量一般，而铁、锰丰富。

第七节　海岛资源开发与保护

一、土地资源

1992年大嶝岛陆地总面积为1226.8公顷，其中耕地（旱地）267.7公顷、林地（防护林）53.9公顷、虾池水域97.7公顷、村镇用地108.7公顷、工业用地2.3公顷、盐场555.3公顷、公路用地139.5公顷。

二、水资源

大嶝岛淡水资源短缺，地下淡水资源少，据民井简易抽水，单井日出水量15~30立方米，属含水贫乏地区，且水质不好。人均可利用淡水为每人每天50~70升。地下水目前多用于农田灌溉，地下水位不断下降，一些深井已变咸，不少浅井已干枯。岛上居民生活用水依靠岛外引入客水资源。

近年发现一处温泉，位于大嶝岛东方1500米海域，水温45℃，日出水量1700立方米。

三、海盐资源

大嶝岛原有盐田面积445公顷,年产原盐3.5万~4万吨。现有盐田面积147公顷,年产原盐约1.2万吨。

四、旅游资源

大嶝岛地处南亚热带海洋性气候，气候宜人，空气清新。岛上绿化覆盖率高达98%，林木葱郁，四季常青，繁花似锦，有盛开黄花的相思树，有火红的凤凰木，有鲜红艳丽的夹竹桃，还有一棵树龄480年的刺桐树，生态环境良好。

岛上人文旅游资源较丰富，有大嶝岛战地观光园、海峡两岸休闲购物主题公园（大嶝对台小额商品交易市场），还有全国文物重点保护单位——大嶝金门县政府旧址等。适合开发特色海岛旅游。

五、港口、航道资源

大嶝岛周边滩涂发育，港口航道资源条件一般，主要码头环绕大嶝岛沿岸分布，核定最大靠泊能力为300吨级。没有专门锚地，仅在小嶝岛与莲河港区（大陆）之间海域设有临时船舶停泊区。

大嶝岛北侧有大嶝航道，最宽处400米，水深0.8~6米，沿途设有16个导航灯桩，可通航500吨级以下船只。

六、可再生资源

大嶝岛的可再生资源主要有风能和太阳能。其中，太阳能已部分开发利用，主要是部分家庭使用太阳能热水器。

七、生物资源

（一）岛陆生物资源

1. *植物资源*

大嶝岛拥有公益林木295亩，基本树林带15千米。主要植物有木麻黄、细枝木麻黄、粗枝木麻黄、台湾相思树、凤凰木、垂叶榕、刺桐等。

2. *动物资源*

大嶝岛野生动物主要有鸟纲：麻雀、家燕、喜鹊、八哥、海鸥等。鸟类资源丰富，据厦门商报，2009年秋天，在大嶝岛北岸滩涂地发现近700只黑嘴鸥在滩涂上觅食。

（二）海域生物资源

大嶝三岛潮间带生物共有504种，其中经济种99种，主要有红毛菜、紫菜、石花菜、江蓠、小杉菜、鹧鸪菜、铁钉菜、马尾草、羊栖菜、鼠尾藻、浒苔、双齿围沙蚕、欧努非虫、裸体方格星虫、可口革囊星虫、青蚶、贻贝、凸壳肌胎、栉江桃、马氏珠母贝、牡蛎、竹蛏、菲律宾蛤仔、蓝斑背肛兔、锯缘青蟹、文昌鱼、大弹涂鱼等。

海域游泳生物共有187种，其中鱼类17种，虾蟹类11种，头足类有火枪乌贼等。

第十四章　小嶝岛

第一节　概　况

一、海岛地理及历史变迁

小嶝岛（Xiǎodèng Dǎo），代码为350212000411。

位于厦门翔安南部海域，大嶝岛东侧约3.0千米，地理坐标为北纬24°33.5′、东经118°22.9′。行政区原属厦门市同安县管辖，2004年起隶属厦门市翔安区管辖。《中国海岛（礁）名录》中称为小嶝屿。

西北距陆地约1.4千米，东临围头湾，南与金门岛隔海相望。小嶝岛因面积小于大嶝岛得名。海岛呈东西向展布，东高西低，最高点（西悦尾）海拔28米；海岛面积约0.9671平方千米，岸线长5.8千米。海岛由花岗岩构成，为基岩岛。

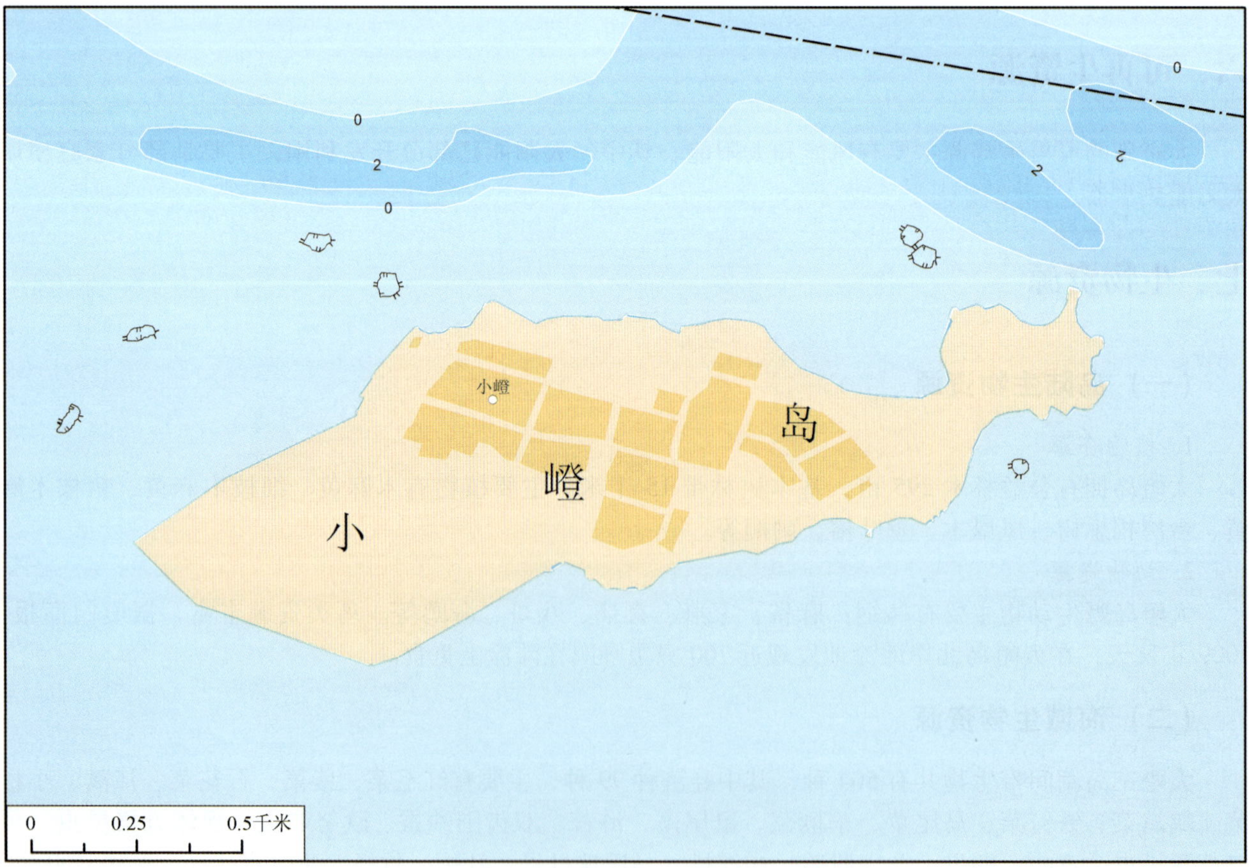

图3-14-1　小嶝岛地理分布图

二、政区建制及历史沿革

图 3-14-2 小嶝岛遥感影像

据史载，小嶝岛的洪氏始祖为洪道，在绍兴中期（1140年）隐居小嶝岛后堡村。清属同安县翔风里小嶝保。1914 年划属金门县称嶝东乡小嶝保，1950 年为小嶝乡，属大嶝区，由泉州市南安县代管。1958 年为海燕大队，1965 年更名小嶝大队，属大嶝公社。1971 年改属同安县管辖。1984 年改称小嶝村委会，属大嶝乡，1991 年属大嶝镇。2005 年 2 月 26 日翔安区人民政府同意设立小嶝社区居民委员会，隶属翔安区大嶝街道办事处。

小嶝村委会时期，辖前堡、后堡 2 个自然村，有 6 个村民小组。前堡多邱、许姓，为宋末处士邱葵（钓矶）故里。后堡多洪、吴姓。

三、人口与公共服务

1989 年，小嶝岛有居民 2372 人。2001 年人口 2709 人，其中男性 1354 人，女性 1355 人。2007 年人口 2700 多人。小嶝岛上建有小学、幼儿园和卫生所。

岛上有厦门小嶝水产科技有限公司，主要从事小嶝岛特色水产品、幼苗的开发和生产。2007 年该公司在小嶝岛和白哈礁海域调查发现罕见的青斑鱼（俗称“太子斑”），经过约 2 年的人工培育，现已能够小批量繁殖，年产约 1 万尾，可部分供应市场的需求。2008 年，由厦门小嶝水产科技有限公司培育的小嶝紫菜孢子作为水产生物样本，被送搭乘神舟 7 号飞船遨游太空。

图 3-14-3 小嶝小学（左）、邱葵雕像（右）

第二节　海岛历史与文化

一、海岛历史

（一）海岛历史

1937 年 10 月 25 日、1938 年 5 月 10 日，金门和厦门相继沦陷，小嶝岛频频遭受日本军队的轰炸和炮击，日寇经常出动汽艇扫射讨海渔民和村庄。1940 年 2 月 22 日，日寇出动飞机 18 架，轰炸大嶝岛和小嶝岛，小嶝村民 6 人被炸死，4 人受伤，35 间民房被炸塌。1945 年 5 月 13 日，日本汽艇扫射海上渔民，洪金来等三人被打死，八年抗战是小嶝岛历史上最黑暗的时期。由于日寇的血腥暴行，渔民不敢出海，船家不敢出港，历来以海为生的岛民断绝了生活来源，民不聊生，吃海菜、穿布衣聊以卒岁。

20 世纪 50—60 年代，两岸长期处在对峙状态，与金门咫尺之间的小嶝岛，笼罩在战争的阴霾之中，所受战争创伤很深。1958 年的“八二三”炮战，村庄被夷为平地，成了一片焦土，据不完全统计，炮战中共有 34 人丧生。

（二）历史人物

1. 邱葵

邱葵（1244—1333 年），字吉甫，宋末元初同安县小嶝人。是宋元时期泉郡乃至福建著名的理学大家，进秀才后师事理学家吕大奎，继承先师朱熹的理学学说，学术造诣精湛，颇有名望。明陈琛在评论宋一代福建人物时说“出则苏子容，处则邱吉甫”，把邱葵和一代名相苏颂相提并论。南宋亡，邱葵从泉州清源回到小嶝岛隐居，不应科举，闭门钻研学问。邱葵曾到金门燕南书院讲过学，对金门的教化产生了很深远的影响。因居海岛中，自号钓矶翁。宋景炎元年（1276 年），送其长子必书随张世杰入粤勤王。元廷探悉他在地方上很有声望，派遣御史周伯庸专程到同安大嶝拜访，劝其出仕，他避不见面。其后，同安县达鲁花赤（知县）也携带重金至邱家礼聘，他仍坚辞不就，并写了“袖中一卷春秋笔，不为旁人取次裁”的《却聘诗》，其高风亮节，为后人所传诵。元延佑四年（1317 年），御史马祖常携款邀请他做官，他作诗明志拒绝。

邱葵大半生隐居小嶝岛，淡泊明志，著述颇丰，有《四书口讲》、《易解疑》、《诗直讲》、《书口义》、《春秋通义》、《礼记解》、《经世书》、《声音既济图》、《周礼补亡》等数十卷。直到 81 岁高龄，还笔耕不辍，完成《周礼全书》的“序”。其作品大多散失，流传至今的仅《周礼补亡》和《钓矶诗集》。小嶝岛上留下了许多和他有关的文物和古迹：棋局石、钓矶石、乐丘石等处的题刻对联。他生前反对陋俗迷信，临终嘱其子孙勿为他营造坟墓，勿立墓碑。历经 260 多年后，到了明万历年间，其墓志铭出土，家乡人就地为他建墓。

2. 洪顺利

洪顺利 1930 年出生在小嶝岛，在 20 世纪五六十年代，担任区党委委员、小嶝岛民兵营长、公社党委委员，担负着全面领导小嶝岛生产支前的工作，是全国家喻户晓的民兵英雄。他先后出席过全国青年社会主义建设积极分子代表大会、共青团全国代表大会、全国民兵代表大会、第二届全国人民代表大会，作为民兵英雄代表访问过越南，先后 9 次进京，8 次见到毛泽东。

3. 洪秀枞

洪秀枞是 20 世纪六七十年代家喻户晓故事片《海霞》中英雄形象海霞的原型。1935 年出生于一个贫苦农民家庭。洪秀枞16岁当选为厦门小嶝乡妇代会副主任，23岁担任了小嶝乡乡长。“八二三”炮战中，洪秀枞身先士卒带领小嶝民兵在炮火连天中向我军阵地运送炮弹3.6万箱、枕木8万余根、石头190多万立方米，有力地保障了炮战的全面胜利。1960年5月，全国民兵工作会议在北京召开，洪秀枞在大会上作了发言。讲完后，周恩来总理主动走过来和她握手，并说：“你们做得很好，你们为祖国作出很大贡献！”由此闻名全国。

二、海岛文化

（一）海岛风情与旅游文化

小嶝岛古朴的渔村风貌，整齐独特的闽南民居建筑风格，朴实的民风（美人井），奇特的自然景观（650多岁的铁树王、奇石、海龟壳），独有的战争遗址（地道），丰富的水产资源以及特色的海岛小吃（“菊花珍珠蚝”、“一鱼四味”等）构成独特而亮丽的海岛风情。

20世纪50—60年代的“八二三”炮战在岛上留下了许多遗迹遗物，如高大的炮堡、坚固的碉堡、隐蔽的暗堡、神秘的地道、雄奇的喇叭堡、四通八达密如蛛网的战壕、包括重达2000磅炸弹在内的各类炸弹炮弹。炮战中还涌现出洪顺利、洪秀枞等时代英雄和英雄群体，如角屿运水船、包扎组八姐妹、政工组七兄弟等。炮战中，小嶝民兵营共有9人荣立二等功、54人荣立三等功，先后五位民兵英雄赴京出席民兵英模大会。这些民兵英雄和他们的不朽英雄业绩，成为珍贵的红色旅游资源。

（二）土特产

土特产品主要有小嶝紫菜、七月珍珠海蛎、青斑鱼及美国红鱼等。

1. 小嶝紫菜

小嶝紫菜加工后乌黑发亮，味道鲜美，营养丰富，是紫菜中的极品，远销日本和东南亚各国以及我国香港、澳门、台湾地区，备受喜爱。

2. 七月珍珠海蛎

海蛎一般只有5个腮，而小嶝海蛎与众不同，多了2个腮，个头不大，肉质鲜嫩，故名“七月珍珠海蛎”。炸海蛎，是小嶝岛一道特色海鲜美食，菜名“菊花珍珠蚝”，外酥里嫩，鲜香可口，深受游客青睐。

3. 青斑鱼

青斑鱼（俗称“太子斑”）产于小嶝岛与金门岛之间白哈礁周围海域，肉质特别鲜美，鱼体生长到约150克后就不再长大，是鱼类中的稀有珍品。50年前已基本灭绝，近几年来偶有捕获。2007年厦门小嶝水产科技有限公司开展了青斑鱼人工培育，2009年已能够小批量繁殖，年产量约1万尾，可部分供应市场。

4. 美国红鱼

是小嶝岛引进养殖品种。因小嶝岛优越的海洋环境条件和科学的养殖方式，所养殖的美国红鱼，吃起来类似于野生鱼，成为小嶝岛的特色鱼种。在小嶝岛上可品尝到鱼粥、红烧、干煎、鱼汤等一鱼四吃的美味。养殖的特别之处在于：养殖池大到20多亩、养殖密度低，红鱼可像野生鱼一样得到足够的运动；鱼池可随海水涨落潮自由更换新鲜海水；使用外海海水，含盐度高，如野生鱼一样不容易长大；与野生鱼一样吃海鱼、海虾等湿饲料。

第三节　海岛基础设施

一、交通运输

（一）进出岛通道

1. 莲河—小嶝岛船渡

从大陆翔安区新店镇莲河轮渡码头至小嶝岛陆交通码头。没有固定渡轮和航班；莲河码头有小型船舶和快艇，供旅游租用前往小嶝码头，可直接到小嶝岛环岛公路。

2. 大嶝岛轮渡码头—小嶝岛陆岛交通码头

是进出小嶝最主要通道，大嶝至小嶝，航程15～20分钟。2008年进出岛旅客吞吐量约为20万人次，同比增长60%，其中旅游客船吞吐量10.4万人次，同比增长37.4%。尚无固定渡轮和航班，但有旅游船和快艇租用。

（二）道路

1991年建成环岛路并连接小嶝岛陆岛交通码头，有电瓶车迎接游客前往小嶝岛休闲渔村和环岛路观光海岛风情。

二、水利设施

小嶝岛淡水资源匮缺，岛上居民生产、生活用水全部依靠挖井抽取地下水，如遇干旱，居民用水十分困难。20世纪90年代后，从大嶝岛到小嶝岛铺设了海底输水管道，结束了小嶝岛饮水困难的历史。

1999年小嶝岛南北侧长1115米的防浪堤受9914号台风袭击受损。2003年镇政府结合全镇远景规划，投入290万元维修海堤和修建小嶝环岛路。

三、广播、电视和通信

1971年，大嶝公社由南安县划归同安县管辖之前，大嶝、小嶝已建立有线广播站，安装少量高音喇叭。1974年8月，在原广播站的基础上改建和扩建大嶝、小嶝前沿广播站，1975年5月建成使用。小嶝前沿广播站置有175型5马力发电机组1套，250瓦扩音机2台，收音机、601录音机1台；架设广播线路2千米，安装高音喇叭8只。

大嶝、小嶝在建成前沿广播站的11年间（1974—1985年），国家投资数万元翻修机房，其中，更新水泥杆89根，铁线改换铜线36对千米，线路延伸至48.6千米，25瓦高音喇叭增至80只（小嶝前沿广播站置有18只），并有入户小喇叭120只。小嶝前沿广播站，每天播音5次，早、中、晚转播县站节目，上午、下午自办节目，主要是放唱片或录音带，全日播音10小时左右。80年代后，两岸关系趋于缓和，每天播音减为早、中、晚3次，全部转县站（台）节目。2008年转播厦门市广播电台7套节目。

1979年3月建成大嶝—小嶝海底通信光缆，小嶝岛开通交换机电话；1992年12月开通程控电话；1995年5月开通移动电话，目前中国移动、中国联通的移动信号可覆盖小嶝岛。

2008年6月初开始启动全厦门市有线电视传输网络资源整合工作，把同安、集美、海沧、翔安的区级有线电视网络与市级有线电视网络进行整合，组建“厦门广播电视网络股份有限公司”，实现了全市真正意义上的一城一网，网络统一建设、统一管理、统一开发运营。同年通过广播电视村村通工程建设，解决了小嶝岛居民收看有线电视问题，丰富了岛上人民文化生活。

四、电力与市政基础设施

小嶝岛过去主要依靠柴油发电机发电，供电能力有限、可靠性差。1988 年 8 月建成大嶝—小嶝海底输电缆，与厦门市电网连接。

小嶝岛虽然已作为城市化的对象，实施了“村改居”，但是，尚未实质进入城市化。

岛上垃圾基本就地填埋，由于海岛范围有限，还需把垃圾转运到岛外处理。2007 年岛上有 7 个保洁员和 4 辆垃圾车，环卫基础设施仍显不足，同年 10 月市容环境卫生管理处在小嶝岛配置了 120 个垃圾屋和一辆三轮垃圾收集车，以进一步完善垃圾转运体系。

第四节　经济基本情况

一、海岛居民生产活动

岛上居民原来主要以养殖海蛎和紫菜为生，近十几来，年轻人纷纷走出小嶝岛，或到城里打工，或创业做生意，或外派劳务输出到国外，现还从事海岛旅游服务。人均收入约 5000 元左右。

二、主要海洋产业基本情况

小嶝岛海洋产业主要有海洋渔业和海岛旅游业。

（一）海洋渔业

海洋捕捞业仅限小嶝岛附近海域。

海水养殖业是小嶝岛的支柱产业，也是小嶝岛居民主要经济收入。养殖品种主要有紫菜、海蛎、鱼类和对虾等。

（二）海岛旅游业

根据厦门市旅游总体规划、翔安区旅游规划及大嶝镇总体规划，小嶝岛定位为海岛休闲旅游区。小嶝岛的旅游业主要以海岛旅游、渔村风情为特色，集中了游船、餐饮、客房、水上休闲、户外拓展等项目，是以“旅游、休闲、度假、娱乐”为一体的综合旅游度假风景区。2008 年小嶝岛接待游客 10.4 万人次。旅游接待设施方面，渔家客栈数量不断增加，服务质量仍有待提高和进一步规范化。

第五节　地质地貌

岛陆地质基本与大嶝岛类似。

小嶝岛潮间带类型包括岩石滩和沙滩两种，潮间带总面积为 3.23 平方千米，沙滩为小嶝岛潮间带类型中面积最大的类型，主要分布在海岛的南、北、西三侧，滩面较为宽阔；岩石滩在小嶝岛潮间带中面积很小，为 0.06 平方千米，分布在小嶝岛的东侧。

小嶝岛东北部潮间带断面长 403 米，朝向北北东向，剖面形态呈缓坡形，中潮带坡度 0.42°，为砂质海滩。高潮带岩性为黏土质粉砂，中潮带为砂，低潮带为粉砂，砂质海岸，后方为基岩陡坡或人工堤①。

第六节　海岛资源开发与保护

一、旅游资源

小嶝岛四面环海，海水水质洁净，岛上空气清新，岛上古榕、古庙等保护较好，保留了较完整的海岛渔村风貌，是开发海岛旅游的有利条件。岛上有600多年树龄的八闽铁树王、2000多米长人防地道工程以及古民居群、名人故居、炮战遗址、明碉暗堡、庙宇等。保留着较为完整的原始渔村风貌。

1. 独木成林

位于海岛东南部，为一棵古榕树，长了许多悬垂的气根，这些气根生长后垂入土壤成了支柱根、成了树，即气根落地生根又变成了一棵树。“独木成林”的树冠巨大，老根、新树和谐相伴，枝繁叶茂充满生命力，能容纳100多人乘凉。

2. 石源古殿观景台

位于海岛东北部。古殿建于明代，有三四百年的历史，为面阔一间、庙深一进一拜亭的小殿。供奉着玄天上帝。相传有真武大帝放下屠刀立地成佛的故事。

3. 八闽铁树王

为一棵650多年的铁树王，号称“八闽铁树王”，年年焕发着青春，每年都开花，每个分枝都会盛开硕大的花蕊，很是罕见。

4. 品泉、美人井

“品泉”是沙滩上自然形成的三块石头排成了一个“品”字形，中间有一窟泉水，涨潮时整个泉眼被淹没，退潮后泉眼才会显现出来，泉水清冽甘甜，是小嶝的一个奇观。“美人井”，是一处宋代遗迹。村民说，姑娘们只要在“美人井”井口照一照，就会变美的。

5. 小嶝休闲渔村

由厦门英雄岛旅游开发有限公司全资投资的集旅游、休闲、度假、娱乐为一体的“小嶝休闲渔村”，总面积23.33公顷，拟投资1亿多元。首期5000万元的工程已竣工开业。休闲渔村集中了游船、餐饮、客房、水上休闲、户外拓展等经营项目，是一座以“旅游、休闲、度假、娱乐”为一体的综合旅游度假风景区。渔村配套包括：亲水别墅、会所客房、渔人阁中餐厅、自助烧烤区、多功能会议室、浪琴自助KTV、棋牌室、望金长廊茶座、汗蒸房、盐屋、美人海漂浮、水上自行车、陆地多人自行车、水上皮划艇、休闲垂钓、摸虾摸贝、海豚湾海滨浴场、沙滩排球、真人CS等休闲活动项目。

二、淡水资源

小嶝人饮用水的来源多为水井，一般必须挖到十七八米深，才能取到淡水。著名的“美人井”深仅五尺，这样的深度，在小嶝岛上极为少见。

三、渔业资源

海岛周边海域水质优良，盛产小嶝紫菜、七月珍珠海蛎、青斑鱼及美国红鱼等。

① 国家海洋局第三海洋研究所：福建省908专项海岛调查资料，2007年。

四、土地资源

海岛陆地面积 120 公顷，2001 年建设用地面积 33.11 公顷，其中居住用地 27.0 公顷，尚有一些土地资源可供开发。

海岛周边潮间带面积为 323 公顷，其中沙滩面积为 317 公顷，主要分布在海岛的南、北、西三侧，滩面较为宽阔；岩石滩面积 6 公顷，分布在小嶝岛的东侧。广阔的潮间带可为养殖和围填海提供较多的后备土地资源，如大嶝岛与小嶝岛之间的潮间带滩涂。

第十五章　紫泥岛

第一节　概　况

一、海岛地理及历史变迁

紫泥岛（Zǐní Dǎo），代码为350681000411。

位于九龙江口西部，地理坐标为北纬24°27.9′、东经117°52.1′。为镇级有居民海岛，行政区隶属漳州龙海市管辖，设紫泥镇，下辖安山、溪洲、溪虾、新洋、仁和、金定和巽玉7个行政村及甘文、沙头和军垦3个农场。

紫泥岛实际由浒茂洲、乌礁洲两个沙洲组成，处于九龙江三港（南港、中港、北港）之中。南靠石码、海澄，北靠角美。政府驻地在浒茂洲的城内村南社，距龙海县市区约3千米。据《龙海县志》浒茂、乌礁两沙洲在千年前浮现泥滩，宋代才有零星散居民，史称“海洋上里”。因当时滩涂呈紫褐色，故名紫泥岛。1980年兴建的乌礁红旗渠将浒茂与乌礁两洲相连。1982年建成北溪公路水闸桥（桥北在郭洲头），由南北两桥组成。南港桥有15孔，长200米；北港桥有25孔，长293米。两桥间建一

图3-15-1　紫泥岛（含乌礁洲）地理分布图

条通航闸道，可通过百吨以下船只，是紫泥交通咽喉。从此，紫泥岛成为陆连岛。

图 3-15-2　紫泥岛遥感影像

浒茂洲位于北港与中港之间，属冲积海积洲。距今千年前露出水面；海岛面积 28.560 平方千米，岸线长度 36.1 千米。乌礁洲，位于中港与南港之间，属冲积海积洲，距今千年前露出水面（原为乌礁、乌涂 2 个洲，今已相连）；海岛面积 13.088 平方千米，岸线长度 24.4 千米。

紫泥岛是由海积、冲积交互作用堆积而成的河口冲积岛，岛上地势平坦，其海拔小于 5 米。岛上港道交错，水系成网。自 1960 年开始，紫泥岛周围开始进行较大规模筑堤护岸，其主要目的用于防洪。同时在海岛东部开始有较大规模的围垦，包括军垦农场、甘文和沙头农场都是在围垦区上建成的，目前这些围垦区是龙海市的主要养殖基地。

二、政区建制及历史沿革

紫泥岛在宋淳祐（1241 年）以前为龙溪县永宁乡海洋上里，淳祐年间改为二十八都地，居民点少而分散。元初至元二十二年（1285 年），居民多聚居于中港之滨（中港早名浒江，因绿洲水草茂盛，明中叶改为浒茂）。明嘉靖十三年（1534 年）龙溪县城设 3 隅，附廓设 4 厢，乡村设 15 都，其中浒茂、乌礁洲两社属二十八都。

清时乌礁、浒茂各自为保。乾隆二十七年（1762 年）龙溪县设 3 隅 3 厢 10 都 102 图 124 保。乌礁、浒茂属二十八都。

民国 28 年（1939 年）12 月 26 日，龙溪县划为 6 区，下辖 15 镇 27 乡 438 保。1947 年，设 3 镇 18 乡 263 保和 1 个特编甲；乌礁乡辖渔洲、西良、福岸、锦田、南书、溪墘、紫泥、云州 8 个保；浒茂乡辖岐西、安山、城南、城北、城东、溪州、溪霞、新洋、桃源、草洪、仁和、巽玉、金定 13 个保。抗日战争胜利前紫泥隶属石码，抗日战争胜利后设立浒茂乡。

1950 年为龙溪县第四区，1955 年改称城内区。1956 年并入平宁区。1958 年上半年撤区为城内乡，下半年建立海鹰人民公社。1959 年 3 月改称紫泥公社。1960 年龙溪、海澄两县合并为龙海县。1984 年下半年改为紫泥乡。1991 年紫泥乡辖 15 个村民委员会及 2 个乡办农林场（表 3-15-1）。

表 3-15-1　1991 年紫泥乡辖区

村民委员会	自然村	村民委员会	自然村
城内	城内	安山	岐西　安山
溪霞	霞溪港　溪霞	溪洲	溪洲　洲魏　北头
仁和	仁和　合兴　会魁	新洋	新洋　桃源　草洪　金鹅头　关武刀
巽玉	巽玉	世甲	世甲
金定	金定	溪墘	溪墘
西良	洲头　北岸　南岸	紫泥	汾野　北社　南社　内岸　下尾洋　土楼
锦田	北洲　锦田	下楼	中庵　下楼　后江　南寮　吴厝溪　北寮
南书	过社　港西		

1958 年办人民公社，一个月时间基本实现公社化，原来一二百户的农业生产合作社合并成为五千户左右乃至上万户的人民公社。9 月 1 日，龙溪县海鹰（紫泥）公社成立，9 月底，紫泥公社户数达到 5000～10 000 户。

三、人口

1988 年紫泥乡人口 50 393 人，人口密度 1164 人/千米^2，其中男性 25 642 人，女性 24 751 人，男女比例为 103.6：100。1991 年紫泥乡人口 54 691 人，人口密度 1263 人/千米^2，其中男性 27 702 人，女性 26 989 人，男女比例 102.6:100，紫泥人口密度仅次于石码镇。2010 年人口约 5.8 万人。

1987 年 12 月普查登记统计，紫泥有归侨、侨眷 1191 户 6481 人，台胞 4 户 21 人。1987 年统计祖籍紫泥的华侨华裔 7889 人，其中印度尼西亚籍 3174 人、新加坡籍 2735 人、菲律宾籍 970 人、缅甸籍 191 人、马来西亚籍 6161 人、泰国籍 59 人、越南籍 25 人、德国籍 24 人、英国籍 24 人、文莱籍 20 人、美国籍 18 人、加拿大籍 14 人、沙特阿拉伯籍 12 人、哥伦比亚籍 7 人。

四、公共服务

（一）教育

清顺治年间，龙溪县有社学 116 所，其中二十八都东美、浒茂、乌礁、澳头 13 所。民国 2 年（1913 年）龙溪浒茂华侨林秉祥、林秉懋兄弟在城内创办祥懋学校，此后相继在浒茂各村办 7 所分校，将校名改为私立采蘩小学。民国 28 年（1939 年）推行国民教育，每乡办 1 所国民学校，各校兼办成人班、妇女班。

1953—1957 年，龙溪、海澄两县调整学校布局，凡三里以内有两所小学的予以合并。确定乌礁等中心校为重点学校。1956 年，把农村各类小学下放给农业社办，不久又收回县办。2007 年分别在城内村、安山村、溪洲村、溪虾村、新洋村、仁和村、巽玉村、金定村、溪乾村、下楼村、世甲村、锦田村、南书村和西良村建有小学 15 座。

1976 年 8 月创立乌礁中学，初创名为溪墘小学附中，1991 年有 11 个班，学生 497 人，教职员工 39 人，学校占地面积 15 285 平方米，校舍建筑面积 1709 平方米。

1958 年，实行“社队办学，政府补助”办法开办农业学校，文化课有政治、语文、数学、理化，农技课程，以培养初级农业技术干部。采用半天学习，半天劳动方式教学，学制 3 年。1965 年时期有紫泥农业中学，由紫泥公社开办，3个班，人数38人；溪墘农业中学，由溪墘生产大队开办，1个班，12人。

（二）科学技术

1990—1991年，龙海引进浙江湖州联合收割机厂生产的H8-100B型稻麦联合收割机8台，在紫泥乡、东园乡和颜厝乡使用。1991年收割千亩农田。

1960年厦门大学生物系与紫泥公社金定生产大队共建金定鸭科学研究站，设孵化室、养鸭坊、仓库及办公室，配置科研仪器设备，开展科研活动。1970年停办。1981年复办，1985年撤销。曾开展金定鸭良种繁育科研，分产蛋鸭与肉用鸭两类。产蛋鸭有金定麻鸭（雌鸭）和金定麻鸭与北京雄鸭杂交的北、金二元雌鸭。每只金定雌鸭年产蛋最高纪录为360枚，平均260～300枚，居全国蛋鸭品种首位，每枚重70克左右。二元雌鸭年产蛋240～250枚，每枚重近80克，年产蛋总重量都在19 600克左右。蛋的质量，一元雌鸭较佳，可食部分占全蛋89%，蛋黄占可食部分的40%，营养丰富。肉用鸭，有2种：①二元杂交鸭，有北、金二元杂交鸭，俗称土北鸭；番（正番鸭）、金二元杂交鸭，俗称土番鸭。②三元杂交鸭，即以北、金二元雌鸭为母本，正番雄鸭为父本杂交而成。三元杂交鸭具有饲养期短、体格体重大、料肉比低、经济效益高等优点。由于金定鸭繁育科研成果显著，被国务院授予“1984—1985年国家科学技术进步二等奖”。

1962年紫泥公社溪州生产大队农科组从原始系统品种中分离筛选，培育出耐肥、抗倒、穗大粒饱的晚稻矮杆糯型品系良种，亩产350～450千克，比一般糯稻增产100～150千克，为龙海第一个自育水稻良种，在闽、粤两省推广种植，1966年被中共龙溪地委命名为“井泉糯”。1964年，建立紫泥农业科学实验小组，开展水稻矮杆品种栽培示范试验。1986年紫泥乡锦田村推广坑沟式稻田养鱼技术，获漳州市科学技术进步三等奖。

（三）医疗卫生

紫泥早年的医疗机构为华侨林秉祥于光绪三十一年（1905年）设立的医局，对贫困百姓开展了赈济工作。

现有紫泥卫生院，位于紫泥镇城内村。编制人员42人，编制床位35张，是一所集医疗、预防、妇幼保健等为一体的综合性一级甲等卫生院。设有内科、小外科、五官科、妇产科、防疫股、化验、B超心电图、X光等科室。其中中级职称的有6人，初级职称的23人，无职称人员13人，开放病床35张。紫泥卫生院原有一幢1600平方米的业务用房，又新建一幢1200平方米的门诊综合大楼。拥有尿十项分析仪、全自动血球计数仪、胎心监护仪、多参数监护仪和多道心电图、半自动生化分析仪、300毫安医用X射线机等医疗设备，能较好地为紫泥群众提供常见病、多发病诊疗和公共卫生服务。

紫泥卫生院2007年门诊总人数43 279人，住院总人数11 342人，年业务收入152万元。2005年、2006年、2007年连续三年都被评为基层医疗工作先进单位，党支部被中共龙海市委授予“先进基层党组织”称号，连续三届被中共龙海市委、市人民政府授予“文明单位”称号。团支部被漳州市共青团授予“五四红旗团支部”称号。

近几十年来，紫泥岛上开展的主要群众性医疗卫生工作有：1975年10月，紫泥公社对周岁以上人群采用饱和盐水漂浮法进行钩虫病粪检普查，受检33 674人，阳性4269人，感染率12.68%；1982年提倡产妇躺在床上分娩，要求做到手、会阴、脐带、产包器械四消毒。对榜山、东园、浮宫、紫泥、东泗、九湖6个公社67个自然村1420名产妇进行调查，真正做到四消毒的占80.9%；1984年在紫泥乡安山村开展围产期保健工作；1991年，紫泥举办婚育学校，为新婚夫妇进行计划生育和优生知识教育。

此外，1985年紫泥乡甘文农场首先发现鸡马立克氏病，当时病鸡2750只，死亡270只，经防疫消毒，未见再发生，以后在其他乡、村也未得该病发生报告。1990年紫泥乡首先发现鸭病毒性肝炎，鸭群1.3万只，死亡0.37万只，死亡率高达28.46%。以后在颜厝乡、榜山乡、海澄镇等地均有发生。群众应用鸭病毒性肝炎弱毒苗预防注射，该病基本上得到控制。

第二节　海岛历史与文化

一、海岛历史

（一）人文遗迹和历史文物

1. 浒茂东门城堡（明）

位于紫泥乡城内村。建于明嘉靖年间。城墙以条石砌基，上用三合土夯筑。城周长1271米，设东西南北4个城门。现存东门城墙石基一段，残长49米，厚1.7～2.2米，残高2.65米，为县级文物保护单位。

2. 紫泥乡所

位于城内村，地处浒茂洲中段，村南濒九龙江中港，渡口在宫仔前，村中有明嘉靖年间所建防倭浒茂城堡，因名城内。1947年为浒茂乡驻地。1949年有民户661户，民房建筑面积62 989平方米，只有两座楼房，其余都是平屋，多数为土木结构。至1991年，新建民房595座，占地62亩，其中楼房160座；新建公房42座楼房，建筑面积37 800平方米。村内外道路多数是砖石路面，系民国初华侨林秉祥捐资修筑，1988年兴建绿洲新街，长300米，为混凝土路面。用电照明始于1959年，自来水设施建于1980年后，1991年村民全部饮用自来水，民户用电照明，还有公共路灯280盏。

3. “急公好义”总统题赠牌匾

爱国华侨林秉祥出资所建的城内村中心小学教学楼上，高悬一块木质浮雕横匾供人瞻仰，牌匾为民国4年（1915年）由大总统题赠，以表彰林秉祥爱国爱乡的精神。匾长2.4米，宽0.8米，四周雕镂精巧，花团锦簇，中间朱底金字，色泽鲜润。匾上“急公好义”四个行楷大字金光灿灿，经历78个春秋仍然保存完好。

（二）历史事件

顺治十八年至康熙二十年（1661—1681年），实行沿海迁界政策。龙溪县迁界界线自三义寨经江东至莲花村、乌臼、姚屿、石美等地，界外包括福河、石码、乌礁、浒茂、东美等，荒弃田地38 200多亩。迁移平民深受流离之苦。

光绪三十一年（1905年），龙溪籍华侨林秉祥在紫泥浒茂设医局，赈济贫困百姓。

民国15年（1926年）11月，中共党员李联星被任命为国民党中央农民部特派员兼福建省汀漳龙农民运动办事处负责人，随北伐军入漳，在漳州、石码等地领导农民运动。民国16年1月，李联星当选为中共闽南部委委员，在漳州举办农工运动讲习所。2月中共党员王占春率领龙溪县南乡（今九湖、颜厝一带）农民300多名进入漳州城建立龙溪县农民协会，随后，浒茂、乌礁、榜山芦州，海澄县山后等36个乡、村相继建立了农民协会，成立石码区农民协会。县、区、乡、村农会领导农民开展“抗捐、抗税、抗租、抗拉伕”斗争。

民国25年（1936年），福建省长陈仪为准备抗日战争，筹划石码镇区和浒茂、乌礁两洲组成石码特种区，于7月委任高峰为区长。8月成立石码特种区署，与龙溪县分治。浒茂、乌礁分别设联保办事处2个和1个。联保以下设保、甲。特种区机构设秘书室、会计统计户籍室、民政科、财政科、建设科、教育科、兵役科、社会科和国民兵团、税收经征处、田赋处、警察所。1937年“七七”卢沟桥事变，特种区成立“石码抗敌后援会”，高峰兼主任委员，下设宣传、侦查、救护、消防等组织，开展抗日救亡活动。1938年5月，厦门沦陷，石码特种区奉命防奸防谍，曾下令把全部台湾籍人20余户59人解连城转崇安安置。同时采取构筑封锁线的紧急措施，拉夫在九龙江河段沉船填石，设置浮宫段、楼仔洲段、北溪头湾和镇头宫段四道拦江封锁线；还将漳浮公路节节挖坑，炸毁公路桥梁，实行所谓“焦土抗战”。为对付日军飞机狂轰滥炸，组织救火会、消防队，进行火灾抢险，救死扶伤。在社会治安方面，收编土匪郭云龙，打击土豪劣绅郭子希，使流氓地痞有所收敛。后因风传日寇将要入侵，区长李和涛恐慌，假借民意上报省府请撤特种区。1938 年 8 月接省撤销特种区建制令，石码恢复龙溪县辖，编为龙溪县第六区。1936 年 7 月至 1937 年 9 月，石码特种区历任区长有高峰、李和涛。

1948 年 7 月，龙溪县遭台风暴雨成灾，全县受灾人口达 238 189 人，占总人口 84.7%，浒茂是 14 个重灾乡镇之一，洪水退后又遭蝗灾，牲畜瘟疫发作，损失严重。县向省府请求赈济，第一次拨粮食 2000 千克，第二次拨粮食 1050 千克，且要县府派员至省城领取。因运输不便把粮食就地出售，得款法币共 317.72 万元，时物价上涨，法币贬值，各乡镇拒领。

1949 年 4 月初，中共厦门临工委派委员邱一平在海澄县新垵村组建党支部，邱亦昆任书记。同年 8 月转为中共同安工委直属党支部。新中国成立前夕，中共厦门工委派人到浒茂建立巽玉交通站，准备策应中国人民解放军进军闽南。

1954 年 9 月 8 日，国民党军飞机 16 架窜入海澄县文竹尾、兴谷尾等处的九龙江上空，扫射“金陵号”客运汽船，后又转飞至龙溪县四区（紫泥）上空，投弹 1 枚，炸死群众 5 人，炸伤 9 人，炸沉渔船 3 艘，炸毁渔船 9 艘。

1956 年 9 月 3—5 日，台风、暴雨成灾，各地均降水 100 毫米以上，洪水上涨。角美、紫泥等地灾情严重，有 3 户人家无一幸存。

1960 年 3 月 4—9 日，为战胜近 200 天干旱保春插，全县组织十万余人分别在江东、洋西、紫泥、玉江、郭洲等地堵江引水，使浦南，步文、角美、莲花、东泗、榜山等 9 个公社 16 万亩土地得到灌溉。

1963 年 5 月下旬，紫泥公社浒茂洲安山、六合与乌礁洲西良之间的九龙江中港架设一条渡槽，在渡槽北端集中一批抽水机，引水灌溉乌礁洲 1 万多亩旱碱田。

1964 年 12 月，紫泥公社甘文围垦工程竣工，总面积 4350 亩，其中可垦地 3447 亩，港道水面面积 930 亩，建立社队联办的片甘文农场。

1965 年 3 月 22—27 日，全县农田春旱缺水，先后在九龙江西溪、北溪、南溪及紫泥与玉洲之间的北港进行堵江截流，及时灌溉 20.95 万亩农田。

1973 年 7 月，国务院机关负责人华国锋到紫泥公社溪乾生产大队调查视察。

1974 年紫泥遭冰雹袭击，华侨许先生及林先生汇款 6 万元救助灾民。

1979 年 4 月 2 日，境内多处下雹，人畜、庄稼、屋瓦、天窗等遭受不同程度损害，在浒茂洲溪洲村降落的一块大冰雹，砸断了民房旁边一棵木麻黄树上一枝碗口粗树杈。

1983 年，中国武术协会、体育报等五单位联办“评选全国千名优秀武术辅导员”，龙海县紫泥安山武术队许旺被评为优秀武术辅导员。

1989 年 2 月 26 日商业部授予百名“全国售粮模范”称号，紫泥乡城内村农民林其瑞获此称号。

1990 年 7 月下旬紫泥乡南书村成立漳州市第一家村级农机服务站。

1991 年 6 月 5 日县水产局、科委、角美镇、紫泥乡和县海水养殖场共同科研的近江牡蛎垂下式养殖技术推广项目获“福建省星火奖三等奖”。

（三）历史人物

1. 林秉祥

林秉祥（1873—1944 年），龙溪县浒茂城内人。少时赴新加坡，1892 年毕业于圣茹授斯学校，通晓英语，曾任丰源航务局经理。后航务局改组为和丰轮船公司。公司全盛时拥有丰庆、丰祥等 29 艘远洋巨轮。航行南洋各埠及香港、厦门、上海等 10 多个口岸。

秉祥热心公益事业，1903 年因捐献 6 万银元帮助扩展当地莱佛士专科学校，被英国当局授予“太平局绅”荣誉称号。他爱国爱乡，曾得到福建省政府明令嘉奖。1915 年 11 月，国民政府大总统颁发三等嘉禾章并赠木质浮雕巨匾一块，上书“急公好义”金字；交通部聘他为顾问，公债局聘他为参议，获北京红十字会奖章。

自民国初年至抗日战争发生前，他先后捐献近百万银元，举办各项公益事业，造福桑梓，惠及后代。1914 年，在紫泥城内创办祥懋学校和医局，1915 年改称“私立采蘩小学”和“采蘩医局”。他先后在紫泥各村创办 7 所小学校。1916 年与人合资在石码创办华泰电灯公司，使石码居民首次用上电灯照明。1918 年在紫泥创办电机纱织厂。1919 年，他将在漳州购置的不动产所收入的租金，全部作为采蘩医局经费，又在家乡购置田产，收入租谷作为救济基金，资济孤、贫、寡、弱。1927 年在溪州社创办浒茂商业中学，让浒茂高小毕业生就近升中学。1929 年与人集资 32 万银圆在漳浦开办丰祥公司，垦荒办农场，创设糖厂。

他虽为巨富，生活俭朴，主张婚丧简办不铺张浪费。对有求于他的贫苦百姓，却乐于捐助，他还捐资筑路、建公园、修缮卫生环境设施，深受乡亲的赞许。在新加坡，秉祥还投入巨资，以“和丰”为号，经营矿业，种植椰树和橡胶，开办银行。和丰银行分支行遍及马来西亚各埠和香港。为促进华侨团结，互相资助，发展企业，他遂将丰和银行改组为华侨银行有限公司。

1940 年，祖国进步艺术界人士在新加坡义演，筹款救济祖国难民，当地日本领事馆向英殖民政府提出抗议，要求驱逐出境。林秉祥挺身而出，向殖民政府交涉，在他据理力争下，英殖民政府终于收回驱逐令。晚年，在新加坡创办龙溪会馆，并任首届理事长。

2. 钱甚德

钱甚德（1875—1951 年），又名钱番芝，紫泥乡钱厝村人。民国初，在石码十六间自营“春发栈”纸箔作坊，产品畅销南洋、香港、台湾等地。1937 年，在厦门设纸箔工场和“振茂”进出口商行。经营纸箔出口业务。1946 年，在香港开设合盛行有限公司，经营纸箔、纱布等进出口业务。平素乐善好施，在石码行“施药，施棺、施赈”等善举。

3. 黄德宾

黄德宾（1898—1949 年），革命烈士，1949 年 10 月 15 日牺牲于厦门战役。

二、海岛文化

（一）民俗文化

1. 生活习俗

民间在旧历小节时有佐餐小吃：春节吃年糕，有甜粿、发粿、豆包仔粿等；二月初二吃菜粿；三月初三吃润饼（即春卷）；五月初五吃粽子或卤面；六月十五吃米圆；七月初七吃糯米饭；八月十五吃月饼及糍粑；十一月二十四吃冬节圆；十二月十六吃咸糯米饭、大豆；立冬日用中草药炖肉养生。

凡建新房，石门框上要压一条红布，以示吉祥，门框上正中或挂镜子或挂龟壳，意以制煞辟邪。农村建新房，大厅门上多放置牛担架，象征兴旺有力，有事敢担当，具有祈禳意义。

建屋要请择日师选定黄道吉日，还要讲求风水，请地理师用罗经摆方位。一般人多喜坐北向南，冬暖夏凉。房屋大门忌直冲巷道，谓时遇煞气，家宅不兴旺。因此犯煞气的住户要在墙上嵌上一块石匾，上刻“石敢当”三个字。有的在街巷口或对街门口，竖立“石敢当”或“泰山石敢当”等类石碣。

有些人家，门口虽不直冲街巷，也在自家大门门楣上，安置一个木质衔剑狮头，或是木质的八卦太极图。甚至用木板写“姜太公在此百无禁忌”的字样，当做辟邪物挂在门楣上。有的在照墙上贴一幅“对我生财”、“吉星高照”的条子，以招吉祥。

2. 渔俗

凡造新船，船头要安上两只眼睛，并钉上红布条。船头画鱼尾，新船下水要择日，船头放置利斧，象征乘风破浪，要放鞭炮，敬“好兄弟”，祈求平安吉利，服丧人及产妇、孕妇都不许参加下水仪式。

渔船出海捕捞，要备足“寿金”、“银纸”，遇上大风浪，要把这些迷信纸投放海上，祈求“好兄弟”保佑。

旧时代，渔民遇见水上浮尸，必须尽力捞起埋葬，但见落水人，就装没看见，说是“水鬼叫交替，下水救人，自身难保”，可是石码渔民张其福，生平救起溺者十多人，享寿60多岁，自然寿终，可以打破“交替”谬说。

九龙江下游，特别是锦江一带，渔民多崇奉“水仙王”。每逢农历十月初十“水仙王”生日，江上渔民都要聚会庆祝一番，祈求平安，确定来年各渔船在各个鱼汛所占的网位。“帮头”众长老选几条新船，用绳索系成一排，再用舱板搭成一座神台。各条渔船把自家船上所奉的神，端到神台上来会师，“水仙王”居于首要位置。它胸前抱一条大红鲤。神台上摆满各种供品。众长老起来，和尚、道士和乐师到船上作醮。一时钟鼓齐鸣，香烟缭绕。一直闹到抽完神签确定网位才止。随后又请来戏班在江岸上通宵演出。如今，“水仙王”已不再管事，渐为新一代渔民所淡忘。渔业实行承包责任制，渔民们轮流使用网位，不再像过去瞎折腾。

3. 农俗

封建时代，农村的男子多从事耕作，妇女料理家务。民国时代，农村风俗变化不大。建国后农村妇女劳动力下田干活，还照旧操持家务，劳动更加繁重。

春季浸种多在灶房内催芽，禁止孕妇以及醉汉走进灶房。为的怕亵渎灶神，影响稻种发芽率。秧田平整后“关田”要插上树青，以防畜生上秧田践踏。春季（早冬）播种或插秧完工后要在田埂上插寿金（迷信纸），并备牲醴，敬奉土地公，稻谷登场后，还要用新米蒸饭敬神，祈求年年丰产丰收。烤田期间，农民要用尖挑端在田埂边划沟，以避杜伯（蝼蛄）虫害。

春天牛群上山，看牛的人要用牲醴敬土地公，祈求牛群平安，不逢猛兽，不要跌伤。屠杀伤病耕牛，执行的人要向牛宣告种种罪状，如践踏田园、角斗等，并说明自己信奉天命杀牛，不要结怨。有些地区的砍伐工人临砍树木时，要在树头埋下“金纸”（冥镪）。砍伐大树、老树时，还故意迟迟从事，并口中念念有词，表示自己做不得主，祈求树神原谅。无论园花或家花，多忌在晚间采摘，说是“早上采花花喜欢，午间采花花生气，晚间采花跟花去（即死亡）”。

新中国成立后，带有迷信色彩的农俗，逐渐消除。

（二）信仰文化

紫泥岛宗教信仰有佛教、道教和基督教。历经宋、元、明、清，佛、道两教互相渗透，并吸收儒家思想，对民间信仰产生重大的影响。当地村民对能治病救人的道士十分敬仰，吴夲死后被崇奉为神，香火至今仍很兴盛。

基督教于光绪二十九年（1903年）传入紫泥北洲（锦田），光绪三十二年（1906年）建北洲基督教堂。1991年教堂有执事1人、教徒139人，其中道友109人、募道友30人。

（三）海防文化

清康熙二十七年（1688年）裁城守副将，以协标左营为城守营，设游击1员。乾隆十九年（1754年）改游击为都司1员、守备1员、千总1员，辖陆路汛和水师汛，水师汛下辖分防福河汛、分防玉洲汛、驻防石码水师等三个分汛，紫泥岛设浒茂汛和乌礁汛，分别属于分防玉洲汛、驻防石码水师。

1935年组建保安队，龙溪县保安大队部设在县政府内，县长兼任大队长，配1名专职副大队长。下设6个保安中队，共有官佐42名、队兵631名，配备长、短枪支和各式弹药。其中第四中队驻守石角东、乌礁、浒茂。

1949年9月22日，龙溪、海澄县人民政府公安局成立。1991年县公安局辖紫泥公安派出所。驻军有中国人民解放军32417部队紫泥军垦农场，1967年冬在龙海县紫泥乡组建福州军区军垦农场，

1985 年改建为 32417 部队紫泥军垦农场。

（四）文学艺术

1. 戏剧

柴泥岛上流行多种戏剧形式。

（1）小梨园

俗称“七子班”。宋、元年间，已在龙溪城乡流行。清光绪二十六年（1900 年），龙溪县洋西山北村和角美有晋春班和合春班。随后，又出现新桂春、正桂春、新祥云、金明春。民国 9—18 年，榜山的崇福、文苑和石码相继组建莲珠班、莲桂春、莲桂兴、新金春、金瑞春等戏班。在龙溪、海澄城乡出演。20 世纪 30 年代，歌仔戏崛起，小梨园班全部改演歌仔戏。

（2）京剧

清道光年间传入。同治年间，海澄秋组社第一个组织“北馆”（京剧清唱）碧云轩。光绪二十九年（1903 年）石码组织京剧票房，秋租社则聘京剧艺人传授表演艺术，由坐唱发展为京剧子弟班。同年，石码富商蓝汝汉聘请北京、上海、福州等地京剧名师。创办“石码京剧科班”。以后组建元吉、寿吉、大吉、正吉 4 个京剧戏班。1915 年，秋租碧云轩开始向外演出。自此，龙溪、海澄城乡京剧爱好者纷纷组建“北馆”或京剧票房。1921 年，创办金漳班，尔后，上海新华班、浙江群芳班相继进入龙溪、海澄献演出。1926 年，商场失势、寿吉解体。大吉、元吉由艺人重新组合，继续与金漳、群芳班在两县城开台演唱。1928 年，台湾歌仔戏输入，其唱腔歌调，易被群众理解接受。京剧失掉农村市场，仅在城镇剧场演出。

（3）芗剧

其前身是台湾歌仔戏。1928 年 3 月 11 日，台南县学甲乡民到白礁慈济宫进香。随来的台湾歌仔戏三乐轩班，首次演出深受观众喜爱。随后又有新女班、霓生社、双珠凤、金声团相继到龙溪、海澄一带演出。歌仔戏即时风靡两县城乡。民间近百个“南馆”、“北馆”受其影响，均改为歌仔馆，逐渐转化为歌仔戏子弟班。抗日战争爆发后，因歌仔戏来自台湾，国民党当局视为“汉奸戏”，遂严令取缔。后经邵江海艺人改革，更名“改良戏”重新在舞台上演出。

2. 曲艺

（1）锦歌

明、清时期，民间有弦歌堂乐社。清光绪年间，龙溪县浦南、九湖一带有庆贤堂、丰庆堂歌社。以后，漳州的艺人吸收南曲、十八音的曲调及器乐精华。组织“八吟乐会亭”、“乐吟亭”。民国初，“堂”、“亭”两派的传人竞相在漳州、龙溪、海澄一带开馆传播。1920 年前后，“亭”派在紫泥乌礁开设锦歌馆。“堂”派在紫泥浒茂开设锦歌馆。抗日战争爆发后，农村经济凋敝，不少锦歌馆停止活动。

（2）歌仔戏

明清时期，流行于漳州、石码、海澄一带的民间戏曲锦歌传入台湾。清末，农民阿助走街串乡弹唱，人称“歌仔助”，后经艺人们改进发展为“歌仔戏”。逢年过节，市井乡村有“歌仔阵”走唱、坐唱。1928 年 3 月，台湾歌仔班“三乐轩”随“学甲慈济宫返乡祭祖团”到白礁村，连演三天，并教授乡亲学戏。嗣后，台湾霓进班等歌仔戏班相继到龙溪、海澄等地演出。在歌仔戏影响下，闽南地方戏剧如竹马戏、白字戏纷纷改演歌仔戏，聘请台湾艺人为师。从此，歌仔戏便在祖居地九龙江沿岸落地生根。浒茂、白礁、乌礁、锦宅、玉枕、石美、豆巷、卓港等地相继成立近 200 个歌仔戏班。相传著名角色有“浒茂生、白礁旦、豆巷丑、石美须”之说。

三、土特产品

1. 金定麻鸭

地方品种，以紫泥乡金定村饲养的为优。金定麻鸭有 200 余年的饲养史。金定鸭具有性好动、善游水、勤觅食等特性，早熟、高产、产蛋率高等优点。一龄雄鸭平均体重为 1.26 千克，一龄雌鸭为

1.44 千克。雄鸭饲养 90～100 天就可配种受精，母鸭饲养 100～120 天即能产蛋。受精率 93%，孵化率 90%。母鸭产蛋期长达 2 年多，每年产蛋 10 个月，年均产蛋260～280 粒，最高 340 粒，最高率为 93%，平均为 74%。每粒鸭蛋重量平均为 74.5 克，最高达 138.2 克。金定麻鸭成鸭、鸭蛋、鸭苗畅销各地，享誉海内外。1991 年 9 月中央电视台在“经济半小时”节目中播出推广。

2. 溪墘红蟳

龙海市紫泥镇溪墘村是蟳类主产区，村民世代相传的捕蟳技术已有 400 多年的历史。溪墘红蟳以个大、色泽鲜艳、肉味鲜美驰名海内外。溪墘红蟳，俗称蟳。善穴居，昼伏夜出，与江浙、南海等地产出的蟳比较，前者色泽光亮呈现青蓝色，壳较薄且大螯较大，整体较饱满，食用时味香浓郁、肉质细嫩；后者色泽较深呈深蓝色，壳较厚且大螯较小。溪墘红蟳栖息于九龙江下游咸淡水汇合处，盛产期是在每年的 8、9 月份。周边红树林有净化海水的功能，水生物种极其丰富，为红蟳提供了丰富的天然饵料，促进雌蟹育成膏蟹（红蟳）提供良好的生态环境。

溪墘人捕捉红蟳也富有情趣，就是将整排的竹笼放入九龙江之中，“请蟳入笼”。而精致的竹笼设置的“入口”，红蟳顺流进入后，不能轻易退出，即成笼中之物。2003 年建成甘文农场 100 公顷溪乾红蟳标准化生产示范基地，该基地生产的溪乾红蟳获得省部“无公害农产品”标志证书，并在 2004 年 7 月获得“福建省名牌产品”称号；溪墘红蟳为高蛋白脂肪食品，含 18 种氨基酸，其肉质鲜美且营养丰富，素为筵席上之佳肴。尤其是性腺成熟的雌蟹（俗称红蟳），有海上人参之誉，是产妇和身体虚弱者的高级补品，溪墘红蟳除了可食用外，还具有极高的药用价值，肉和内脏可治疥癣、皮炎、湿热、产后血闭，长期食用具有利水消肿、去斑美容、滋阴壮阳之功效，亦为优良的美容保健食品。

3. 北岸篮

北岸篮的历史悠久，是西良村北岸社著名的手工业佳品。明末清初北岸社农民于农闲之时，栽竹于港边护岸，遂成民俗。后来北岸社以做竹器手工为副业，编制的畚箕为劳动工具，编制的篮子供人盛物，特别是编制的篮子工艺越来越精湛，产品供不应求。因篮子美观实用质量好，早年就闻名闽南一带，故时人以其社命名称之“北岸篮”。

北岸篮的制造，首先要选好良竹做材料，其次劈竹皮片和劈成细细之竹篾，然后才耐心细致地编制，所以编制后的北岸篮结实坚固。北岸篮编成以后还要再艺术加工。在篮子两旁有吉祥书画对称，一般书法多用“福禄寿全”、“百年和好”、“吉祥如意”、“招财进宝”等字词。国画多以“喜鹊报喜”、“八仙过海”、“红花富贵”、“龙凤飞舞”之彩色画，篮盖上还有美丽图案画。使工艺、书画融成一体，最后还要漆上清油，因此，北岸篮雅观喜人。北岸篮以大小号分类有 8 种。大号的同米箩口一样，用于年节由两人抬着送龟米果；中号有两种，其直径各为 36 厘米和 24 厘米，用于结婚女方随嫁盛物；小号的用于过去以装白银（一小篮装一千银元）或作其他盛较名贵物之用；最小号有 4 种，其中最小的似碗面之大，一般作为艺术品陈列，供人欣赏。大号和中号北岸篮小孩可站上篮盖不损坏，各种北岸篮盛水不漏。

4. 法国樱桃谷白鸭

1986 年紫泥乡养鸭户引进和推广，其体型大，肉质含脂肪多，母鸭年产蛋 200 粒以上，每粒约 80 克。

四、其他

民国初期，农村体育活动有武术、龙舟、游泳、象棋、围棋、舞龙、弄狮等民间传统项目。1920 年后，球类、田径始由学校逐步引入农村，紫泥农民相继组织了篮、排球队。

1958 年紫泥人民公社广播站建站。1959 年紫泥建立 1 个电影队。1960 年，采取“民办公助”、“以文养文”的方式发展文化事业，紫泥建文化站 1 个。1981 年以后紫泥建设专业剧场。1984 年，龙海县在紫泥乡组织有龙舟 51 队 300 名运动员参加的邀请赛，赛前各公社有 280 个队举行预赛选拔，大大促进水乡龙舟活动的开展。

第三节　基础设施

一、交通运输

对外交通原依靠水运，沿岸有小吨位码头16座，其中50吨以下泊位码头10座；两道沿岸码头均可水上运输直达漳州、石码、厦门等地。航道两条，一是中港航道，水深2米；二是南港航道，水深2.3米。

1982年在郭洲头建成北溪公路水闸桥，由南北两桥组成。南港桥有15孔，长200米；北港桥有25孔，长293米。两桥间建一条通航闸道，可通航百吨以下运输船只，是紫泥乡交通咽喉。1992年全县集资600万元用于乡道建设和改造，建成紫泥公路20多千米，通往各村。

1992年和1998年建成中港大桥、锦江大桥，把浒茂、乌礁、石码三地连成一体，结束了紫泥数百年舟渡的历史，成为紫泥发展标志性的景观；贯通两岛的乌礁、浒茂穿岛水泥公路与村级公路相配套，形成覆盖全镇的陆路交通网络。2008年4月北港大桥建成通车，打通了紫泥镇第二条对外陆路通道，与中港大桥、锦江悬索大桥构成龙海中部南北通道，连接角美镇，使紫泥镇融入“厦门半小时经济圈”。贯通浒茂、乌礁两岛的厦漳高速拓宽新线正在建设中，龙江大道一期工程即将开工建设。

二、港口航运

1. 西良渡口

位于南港北岸，与南岸石码大码头相距400多米。民国以前，仅为本地乡民过渡。1964年后，玉江、安山两座渡桥先后建成，渡口成为石码与紫泥、角美两乡镇人民交往的要口，渡运日繁。1980年改用4艘机动渡船，日夜不停渡运，每日往来超过万人次。

2. 下楼陆岛交通码头

1000吨级的下楼陆岛交通码头的即将建成，大大增加与厦门、漳州港的人流、物流、信息流的交往，成为海岛的水上黄金通道，制约紫泥发展交通的瓶颈问题将得到根本解决。

三、水利设施

（一）海堤工程

紫泥海堤总长60.62千米，其中浒茂洲堤长38.14千米，乌礁洲堤长22.48千米。共埔砌石护坡48.89千米，抛筑丁坝343条，建造挡潮排咸蓄淡水闸30座、涵洞46座，保护17个村庄、1.68万亩耕地。海堤防御能力基本达到抵御历史大潮下10级台风的标准。

（二）北溪引水工程

1972—1982年兴建北溪引水工程亦称“龙海—厦门引水工程”。位于九龙江北溪下游江东至厦门，由国家投资的全省最大的引水工程。它从根本上解决了厦门市工业生产、国防建设、群众生活的需要，并灌溉了龙海角美、紫泥7.91万亩农田和厦门郊区农田，起到“北水东引”的作用。北溪引水工程主要由引水枢纽和三条干渠组成。

引水枢纽工程位于江东桥下游3千米的郭洲头，两座桥闸横跨南港、北港。南港桥闸15孔，全长200米；北港桥闸25孔，全长293米。桥闸孔宽10米，正常挡水位为4.8米。

左干渠自江东桥北侧进水，流入江东旧渠和新渠，沿龙海角美、厦门东孚、灌口、杏林、集美等乡镇，跨高集海堤直通厦门岛，后穿禾山到达莲坂水厂，全长51千米。流量为每秒22立方米，其中每秒6立方米的淡水入江东旧渠至海沧，每秒16立方米的淡水经新渠供角美沿途灌溉，入厦门市区流量为每秒12立方米，沿途较大的工程有吴宅、田边、茂林、市头等暗涵、隧洞和集美海堤渡槽以及3个抽水机站。

中干渠从郭洲头进水，经沙洲通渡槽和倒虹吸管过中港进入浒茂红卫渠和乌礁红旗渠，全长25千米，主要灌溉紫泥田园3.75万亩，中间建有跨越中港的渡槽、倒虹吸管各一座。

右干渠从马崎进水，向西通西溪桥闸，全长5千米，流量每秒10立方米，除沿途灌溉外，主要用以补充西溪引水工程枯水期之不足。

北溪引水工程于1972年5月开始左干渠厦门段的施工，1975年12月起，桥闸和中干渠等工程相继动工。“文化大革命”期间，工程曾几度停工。1979年底，左干渠才大规模地开展施工，上场劳力最多时达6.7万人。福州军区派出解放军指战员、技术人员近4000人，投入机械设备101台、各种车辆35部，承担难度最大的吴宅暗涵工程施工任务。1980年4月总体工程基本建成，5月1日通水，1982年11月竣工验收。整个工程附属建筑物共207座，完成土石方762万立方米，投入劳动力1200万工日，国家总投资达4850万元。北溪引水工程经过几年来的运行，桥闸枢纽工程和输水渠道基本达到蓄水、行洪、过流、通航和输水的设计要求，年引水量约3.8亿立方米。年平均提供工业和生活用水1200万立方米。1989年5月南港水闸6~11孔发生底板掏空和消力池冲坏，9月做了加固处理，1990年2月修复。

（三）供水设施

1957年2月在紫泥乡城内村建立城内水利管养所，1960年8月改称紫泥水利管理所。

1963年5月30日在浒茂洲安山、六合与乌礁洲西良之间的九龙江中港架设紫泥渡槽工程一座，6月15日完工，渡槽宽1.3米，高1米，长336米，抽水扬程4米，使北溪水通过渡槽输入乌礁洲，灌溉稻田11 000亩。紫泥城内渠道，干渠长12千米，支渠34条总长9.6千米，保灌水田0.7万亩。

1980年后，开始建设自来水设施。1991年实现全岛村民饮用自来水。目前拥有日供量1.5万吨的自来水设施，为海岛提供了清洁的饮用水。

四、广播、电视和通信

1949年9月，浒茂等地能通电话，全县线路总长度108杆程千米。浒茂总机装机15门。

1991年，增开龙海至漳州电缆载波19路。沪—闽、11月榕—穗长途光纤电缆工程动工，线路经过角美、紫泥、榜山、石码、颜厝、九湖、程溪7个乡镇50个村，全长56千米。

1991年12月，结合石码市话改制程控交换机，建立海澄、角美、港尾、古县、步文5个程控模块点，每个模块点500门，配备PCM端机300路，每个模块点60路，又光端机（GPM34—02型）10端，每个模块点2端。从此，紫泥进入程控网，初步形成交换程控化，传输数字化的本地网。目前移动电话信号覆盖海岛。

由于地处偏远，有线电视网络建设成本高。2007年8月，国家信息产业部确定在紫泥岛甘文农场开展“全国新一代农村卫星电视安全接收系统实验点”建设，卫星电视接收设备及建设全部由国家信息产业部无偿捐赠。到2008年1月甘文农场已经安装了可以清晰地接收40~60个频道节目的新一代农村卫星电视接收系统近200套，精彩的电视节目丰富了场民的文化生活①。

---

① 资料来源：http：//mn. fznews. com. cn/zhangzhou/2008-01-14/2008114pj + vi-oCfe104026. shtml。

五、电网和市政基础设施

用电照明始于1959年，民户用电照明，还有公共路灯280盏。照明用户率100%。由龙海市电力公司通过紫泥变电站供电。2008年10月，为了进一步满足用户的需求，提高电网的供电可靠性，龙海市供电公司投资1540多万元，在110千伏紫泥变电站原有的一台容量为31 500千伏安主变的基础上，再增加一台容量为50 000千伏安主变，同时新增110千伏进线1.6千米，35千伏出线3回，10千伏出线4回。有效缓解了紫泥地区负荷不断增加的压力，保证整个紫泥地区环网供电的可靠性。

1949年紫泥有民户661户，民房建筑面积62 989平方米，只有两座楼房，其余都是平屋，多数为土木结构。1950—1991年间，紫泥建设街道1条、长300米，民房5858座、用地983.30亩，村道140条、长83千米，自来水设施16个、用户率100%。村内外道路多数是砖石路面，系民国初华侨林秉祥捐资修筑，1988年兴建绿洲新街，长300米，为混凝土路面。

六、生态建设和环境保护

长期受海水淹浸和潮水侵袭，自唐、宋以来有大片盐卤田地，难长庄稼。清乾隆《海澄县志》载："澄六、八都滨海之区，岁为咸潮所注，里人枵腹者十而九。"民国时期，沿海卤田仍有抛荒情况，水稻产量很低，龙溪县浒茂洲尾、金定一带所产稻谷，粒小而干瘪，人称"鸭母谷"。1950年后，大力引淡水冲卤排盐，盐卤害大为减轻。沿海卤地目前已有85%以上得以保收。但尚有部分滨海卤地和滩涂垦地，土体和地下水均含有一定程度盐分，对作物有害。

1988年2月12日福建省人民政府批准成立"龙海县红树林保护区"。保护区范围包括角美、紫泥、浮宫、港尾等乡镇滩涂地面积3000亩。

根据《龙海市城乡绿化一体化工程建设实施方案》，紫泥镇党委、镇政府研究决定，从2010年起利用三年时间在全镇实施城乡绿化一体化"四绿"（绿色城市、绿色村镇、绿色通道、绿色屏障）工程建设。主要目标：加快紫泥海岛绿化，在镇、村道路两侧及村庄周围实施绿化，应绿尽绿，种植以名贵和景观树种为主的林木植被1.5万株（每年不少于0.5万株），建设1个市级以上绿化模范村，1个市级乡村公园，1个市级绿化模范校园；加快九龙江口国家湿地公园建设，初步形成城乡森林绿地有机结合、自然生态过程畅通有序的全镇景观生态系统。

2011年3月9日上午，镇党委、政府组织镇直机关干部、安山村两委共50多人，在紫泥安山工业集中区兴业路及安沙中港桥与北港桥路段两侧进行植树活动，种植非洲桃花心木共400多株，开展新一轮城乡一体化"四绿"工程建设，掀起紫泥岛绿化新高潮。

第四节　经济基本情况

一、海岛居民生产活动

海岛居民以种植、养殖为主要生产方式，部分经营船舶运输、船舶修造、机砖、建筑等。

中华人民共和国成立前，岛上土地大多数集中在地主、官僚和其他剥削者手里。农民多以佃田为生，佃耕收入难以养家糊口，青黄不接时，只得向地主豪绅及高利贷者借谷借债。紫泥乡紫泥村200户农民当长工的30人，沦为妓女的12人，当乞丐的7人，被饿死的17人，还有不少人家卖田典屋。

紫泥水乡农民多养鸭，在潮水河水交汇地带饲养鸭群尤多。有以孵苗为主的母麻鸭群兼养正番鸭，有以产蛋为主的母麻鸭群，有以供肉食为主的半番鸭群。群众原有养鸽习惯，分信鸽、肉鸽两种。

1985 年社会上掀起养鸽热，养鸽户大增，紫泥甘文农场养鸽场具有较大规模，饲养种鸽 2000 对。

二、社会经济基本情况

2003 年全镇乡镇企业产值 12.2 亿元，工业总产值 7.18 亿元，净增企业 1 家，出口总值 187 万美元，“三税”入库 267 万元，农民人均纯收入 3931.1 元。2004 年全镇实现乡镇企业产值 12.93 亿元，工业总产值 7.43 亿元，“三税”入库 371.3 万元；镇财政收入 1571 万元，农民人均纯收入 3984 元。

（一）工业

紫泥工业在 20 世纪初就有所发展，1918 年华侨林秉祥在家乡紫泥溪洲创建电机纱织厂。1952 年县供销合作社在紫泥承盘倒闭的私营米厂，建立合作社碾米厂，初步打破了碾米行业由私商垄断的局面。1959 年县粮食局成立紫泥粮食管理站，统一管理粮食供销。1970 年后紫泥新洋村创办塑料日用品厂，所需原料部分从外地购进，部分依靠回收旧塑料进行再生加工，产品有塑料盒、桶等日用品。1980 年紫泥西良村，家家户户生产竹筷、竹香、竹枝、竹篮、竹笠等制品。1981 年，紫泥甘文农场扩建新型养猪场和鸡舍，并配套建立饲料加工厂、榨糖厂、食品加工厂，逐步向多种经营转化，年产值在 300 万元以上。1984—1991 年在紫泥发给木材加工许可证 1 家。1984 年后兴办紫泥饲料厂。

1978 年紫泥岛共有乡镇企业 101 家，从业人员 2592 人；1980 年乡镇企业 126 家，从业人员 3542 人；1982 年乡镇企业 666 家，从业人员 7901 人；1984 年乡镇企业 571 家，从业人员 7071 人；1986 乡镇企业 1130 家，从业人员 8314 人；1988 年乡镇企业 457 家，从业人员 8551 人；1991 年乡镇企业 462 家，从业人员 8945 人。

紫泥镇依托天然港口和农产品资源丰富这两大优势，乡镇企业蓬勃发展，形成造船、农副产品加工、轻工为骨干的企业群体。2009 年全镇共有乡镇企业 1012 家，产值 12.2 亿元。

造船工业是紫泥乡镇企业的龙头，2009 年全镇有造船企业 13 家，船坞规模达 8000 吨级。国安船业有限公司拥有富山船厂、福海船厂、船舶技术研究所等多家实体，能制造 1000 吨以下和维修 8000 吨以下的各类钢质船，“国安牌”各类玻璃钢船艇系列畅销国内，其中“30 座高速艇”被评为福建省“五新项目”之一，达到国内先进水平。

农副产品加工是紫泥镇的支柱产业，2009 年全镇有鱼肉制品加工企业近 20 家。烤鱼片是农副产品加工业的主产品，产品远销全国各地。水产业迅猛发展推动了紫泥镇水产品批发市场的建设。

2008 年以来，紫泥岛落实科学发展观，实施依港立市、工业强市发展战略，主动融入厦门湾半小时经济圈，积极推进工业园区建设：

1. 紫泥镇安山工业集中区

规划用地 3000 亩，地处九龙江中港和北港交汇处，水陆交通便捷，纳入厦门半小时经济圈，北面经北港大桥直通角美工业综合开发区，近距离对接厦门特区；南面紧邻龙海市区，距国道 324 线 3 千米，向东 1.5 千米连接厦漳高速公路入口，水运可达漳州港、厦门港，区内建有 110 千伏变电站，自来水日供量 1.5 万吨以上，满足企业用电、用水需求。工业集中区积极鼓励引导环保型、劳力密集型和有一定科技含量的企业入驻园区发展，努力使之成为基础设施完善、功能布局合理、生态环境良好，具备产业特色的新兴工业集中区。

2. 修造船产业聚集区

规划面积为 3.75 平方千米，规划承接大型造船企业 40 家，年造船能力达 30 万吨。目前，已有国安、新胜海、紫顺、兴明、富雄等五家规模船业公司落户该区，能自主生产制造万吨级以上的轮船以及铝合金游艇等高科技产品，成为闽南一带较有规模和影响的民营修造船产业基地。

3. 农产品深加工产业

紫泥镇积极引导发展肉制品、水产品、禽制品等农产品深加工，增加农产品附加值，发展现代农业，促进农业增效、农民增收。全镇有鱼肉制品加工企业近20家。烤鱼片是农副产品加工业的主产品，产品远销全国各地。龙海市锦财食品有限公司是近年来配套金定鸭养殖业的鸭产品深加工企业，生产的“锦财牌”金定鸭双蛋黄咸蛋批量出口日本市场。珍桂食品厂生产的肉松、肉干畅销华东地区。

4. 知名企业

紫泥国安造船厂，创办于1981年12月，厂区占地1万平方米，建筑面积1805平方米，建有500吨级干水坞两座，80吨级停船台3座，各种机械设备14台。先后选送职工16人到厦门大学、福建农学院、集美水产学院进行技术培训。生产工艺统一按设计图纸施工，采用电动机械操作，能自行设计百吨深海木质渔船和500吨以下的钢质渔船维修方案。每艘船只造成后，都经中国船舶检验部门检验，均取得合格证书。1988年被福建省水产厅授予“木质渔船质量先进单位”。1991年全厂职工共62人，产值190万元，税利22万元，固定资产84万元。

漳州江东机砖厂，1990年4月投资680万元，在紫泥建成年产30万平方米砖生产线。该厂产品以双菱牌烧结普通砖为主，规格一致，质量可靠，双菱牌黏土空心砖畅销厦门、漳州、泉州经济开发区，并运销港澳、新加坡等地。1959—1988年累计完成产值4147万元，税金486万元，利润798万元。

（二）农业

紫泥属典型河口冲积洲，地势平坦低洼，土地肥沃，农业种植条件特别好。有高产田3.3万亩，是龙海产粮区之一。镇内港道纵横，河网交织，又处于九龙江咸淡水交汇处，水质较好，水产养殖得天独厚，海堤线总长55.6千米，有可利用淡水水面1.5万亩，浅海滩涂4万亩，水产养殖和近海捕捞业较发达。

1958年，紫泥公社的金定、仁和、巽玉三村联合组成金定鸭场，在厦门大学科技人员指导下，培育良种蛋鸭，自此金定鸭闻名国内外。1961年国务院提出建立商品生产基地的任务，龙海县外贸部门配合有关单位在紫泥公社创办小型禽、畜、蛋品、草织品、抽纱等商品生产基地。1964年，紫泥、角美、东园等社办农场大量地饲养金定母鸭、菜鸭，角美镇还建立孵鸭场，孵化鸭苗，同时还加工皮蛋和盐蛋等产品。1978年，乡村畜禽业很快发展，畜禽品种增加，有珍珠鸡、鹧鸪、獭兔、肉鸽、鹌鹑等。1981年以紫泥乡金定村、甘文农场和角美石美养鸭场为主，海澄、榜山、东园、浮宫、白水等乡镇的专业户为辅，建设禽蛋基地，重点饲养金定鸭，养鸭18.37万只，年产鸭蛋2千吨，供出口160吨以上。

1980年在紫泥公社建立瘦肉型猪出口基地。1982年，全县珍珠年出口44.9斤。角美、紫泥、浮宫、港尾等公社，由社办养蛏、养鱼场发展为水产养殖、加工厂。

1988年紫泥岛种植果树面积356亩。其中柑橘222亩、龙眼1亩、香蕉129亩、其他水果4亩。1991年种植果树347亩。其中柑橘190亩、香蕉128亩、其他水果29亩。

紫泥甘文农场，原为龙溪县公安部门创办的沙头农场。1958年划归公社更名甘文农场。1980年3月，紫泥乡甘文农场与香港好得洋行锦江渔牧有限公司，由港方投资50万美元，建立锦江渔牧公司，在农场兴建新型养猪场鸡舍，经营良种猪、鸭、对虾、鱼等养殖。同时，建饲料厂、榨糖厂、养鸡场、肉制品厂等加工业，由锦江渔牧公司产品偿还港方。1983年成为龙海县乡镇企业首家对外开展补偿贸易。1985年又集资4.5万元扩建猪舍420平方米，用于饲养瘦肉型菜猪，同时进行多种经营生产。1987年产粮303吨、水果121吨、水产3.5吨，金定鸭3507只、生猪798头，总产值330万元。其中出口瘦肉型菜猪102头，交货值23万元。当年获纯利润17万元。1988年总产值370万元，纯利润19万元。1991年，总产值400万元，纯利润64万元。

（三）第三产业

历史上，紫泥民间运输甚为活跃。运输工具由畜力车、公婆车、板车、小木船，发展到手扶拖拉机、轮式拖拉机、客货运汽车、摩托车。由运输专业户、亦农亦运户、集体承包户等组成。其经营方式有的与当地工厂和渔、菇、果专业户签订货运合同；有的接受客户临时雇用；有的自愿结合为运输小组，聚集在车站、码头等工商汇集点候运。

1979年允许社队建筑社参与承建城镇建筑项目，紫泥生产大队建筑社建立。为提高建筑专业水平，确保建筑质量，1983—1985年县建设局对建筑队伍进行技术培训。1991年紫泥建筑社职工100人，助工2人，技术员3人，4级以上技术工人57人，设备35台，马力323.79匹，固定资产28.54万元。

2000年以来，紫泥第三产业蓬勃发展，宰鸭、开蚵、营销、建筑、劳务输出等行业更加兴旺，全镇外出营销2000多人，把本镇特色产品打入上海、广东等市场；劳力流动也加速，到以色列、新加坡的劳务输出达1000多人次。

三、主要海洋产业基本情况

紫泥岛海洋产业主要有海洋渔业和修造船业。

（一）海洋渔业

紫泥岛海洋渔业以海水养殖为主，海水养殖产量占水产品总产量的41%，淡水养殖产量占23%，捕捞产量约占36%。养殖品种主要有牡蛎、文蛤、红蟳及鱼类等；捕捞作业主要在内海，1991年溪墘村拥有渔船517艘，总吨位874吨，捕捞水产品产量659吨。

（二）修造船业

2010年紫泥镇共有造船企业13家，其中规模船业公司5家，船坞规模8000吨，可造万吨级以上轮船及铝合金游艇，成为闽南最大的民营修造船基地。

第五节　地质地貌

紫泥岛群包括位于九龙江入海口的浒茂洲、乌礁洲、大涂洲、玉枕洲，均属于河口沙洲，其成因、特征基本相同。

一、岛陆地质

（一）地质构造、地层和岩性

紫泥岛位于厦门—南靖东西向构造带与长乐—南澳北东向构造带，和九龙江西溪北西向构造带的复合部位。新构造活动以断块差异升降运动为主要特征，主要是沿老构造继续活动。从第四纪地层分布状况看，晚更新世早期地层在岛内埋藏于海拔-45米以下；邻区九龙江口北岸（海沧内坑）分布于海拔23米的高丘上，相对高差近70米；南岸东园宝里埋藏于海拔-31米以下，顶板有铁锰质薄壳，相对高差14米左右。晚更新世晚期地层，岛内埋藏于海拔-22米以下，九龙江口北岸没有堆积；在南岸西月村本层分布于海拔20余米。相对高差40余米。说明九龙江三角洲平原在晚更新世新构造运动十分活跃，北岸、岛内、南岸三块差异升降运动明显，北岸呈间歇性上升，南岸山地为剧烈上升，而岛内则呈相对下降。

据闽东南地质大队在长乐—南澳构造带上的龙海汤兜断层和九龙江西溪构造带上的龙海洋西、古县断层取断层泥做热释光测定，测出的活动断裂生成时期分别约为4万年前和3万—5万年前，说明不论是北东向或东西断裂活动生成期主要在晚更新世中期至晚期末；晚更新世3万年以来，无发现有更新的活动断层存在。地层主要为第四纪地层，从上到下有全新统、上更新统。成因类型有冲洪积、冲海积、海积。

（二）第四纪地质

第四纪地层从上到下有全新统、上更新统；成因类型有冲洪积、冲海积、海积。由老到新分述如下。

1. 上更新统

（1）上更新统下段冲洪积层

主要埋藏于紫泥岛的溪洲、金定、沙头、下楼及玉枕洲一带。埋深一般在45米以下，厚度5.08～10.90米，岛的西部缺失本层。岩性上部为黄色、褐黄色细砂、中砂及粗砂，呈半固结状，泥质胶结；下部为黄、褐黄－暗黄色泥质沙砾卵石，半固结状态，砾卵石表面半风化－全风化。为冲洪积沉积环境。据邻区东园宝里ZKl4号孔资料，在孔深48.4米、56.2米的同层砂中热释光测定年龄为5.9万～9.7万年。本层不整合于下伏强风化黑云母花岗岩之上。

（2）上更新统中段冲洪积层

埋藏于岛之下部，埋深34米左右，厚度10.50～16.28米。上部岩性为黄、灰黄色粗砂，在金定、沙头、下楼一带为黏土、粉细砂、泥质含量较多；中下部为黄、褐黄色泥质沙砾卵石夹粗砂细砾，中粗砂透镜体，半固结状，砾卵石表面有风化。据东园宝里ZKl4孔资料，本层仅含少量扭曲小环藻、圆筛藻，毕克卷转虫等微体古生物化石，沉积环境为冲洪积相含潮滩相。孢粉组合：以乔木花粉为主占80.80%，蕨类孢子占12.9%，非乔木花粉占6.3%，其种属反映沉积时期多以落叶阔叶及常绿阔叶针叶混交的针阔叶混交林植被，气候温暖潮湿。据浮宫后庵ZK20孔资料，同层中热释光测定年龄大于3.5万年，古地磁极性事件为布容正向期蒙哥事件（I）。

（3）上更新统上段冲海积层

埋深21.05～27.56米，厚度4.14～14.07米。上部岩性在溪洲、溪乾以西为黄色细砂、中砂，以东为灰、灰黄色淤泥质黏土、亚黏土或中细砂；下部岩性为黄、灰黄色泥质砂砾卵石夹紫红色黏土透镜体，半固结至松散状。微体古生物化石含量贫乏，硅藻仅见明盘藻，有孔虫只见拉马克五块虫，为潮滩潮上带沉积。孢粉组合以蕨类为主占99.3%，反映沉积时期为草原植被，气候温暖偏干。据东园宝里同层砂热释光测试年龄为3.3万年左右。

2. 全新统

（1）全新统下段冲海积层

一般埋深12.55～20.43米，厚度4.98～10.36米。西部岩性为灰、深灰色中砂，细砂，结构松散；中部、东部岩性为灰色淤泥，淤泥质黏土、粉细砂互层。含丰富的植物残骸，局部形成植物层。硅藻化石含量丰富，有孔虫少量。其种属昼映为咸水－半咸水的河口海湾潮间带沉积环境。孢粉组合为乔木－蕨类－非乔木，其种属反映沉积时期为亚热带，南亚热带常绿阔叶落叶混交林植被，气候为温干－热湿－热干－暖而略干交替变化。碳14年龄为8400±150年至8800±159年。

（2）全新统中段海积层

埋深1.00～2.40米，厚度10.66～18.93米。上部岩性为灰、深灰色淤泥，厚度2.00～5.23米；中、下部为灰、深灰色粉细砂中砂夹淤泥或黏土透镜体。含丰富的微体古生物化石。微体古生物群落组合，硅藻－有孔虫－介形虫。硅藻含量丰富，有孔虫含量较少，介形虫仅见方地豆艳花介，其种属反映沉积环境为半咸水－咸水的河口海湾滨海潮间带。孢粉组合：下部为乔木－蕨类，其种属反映沉积时期为有较多落叶成分的南亚热带的常绿阔叶林植被，气候潮湿暖热。上部为蕨类－乔木，其种属反映沉积时期为南亚热带针叶阔叶混交林－草类植被景观，气候暖而略湿，碳14

年龄为 5828 ± 147 年至 7500 ± 150 年。

（3）全新统上段冲海积层

本层在全岛地面均有出露，岩性为褐黄色黏土、亚黏土，厚度一般为 2 米左右。上部 0.50 米为耕植土，下部黏土与淤泥呈渐变关系。含丰富的硅藻化石，有少量有孔虫、轮藻、鱼牙，其种属反映为河口潮间带沉积相。孢粉组合：非乔木 - 蕨类 - 乔木，其种属反映沉积时期为草木及蕨类为主的稀树草原植被景观，气候温凉偏干。碳14年龄为 600 ± 50 年至 2000 ± 100 年。

（三）工程地质与水文地质

1. 工程地质

紫泥岛岩土体可划分为碎石土岩组、砂土岩组、黏性土岩组、软土岩组、残积土岩组，以砂土岩组为主。主要工程地质问题为：软土工程地质、河道边坡稳定性、海岸侵蚀堆积和区域稳定性（地面沉降）等。

2. 水文地质

（1）地下水类型及富水性

地下水类型主要为松散岩类孔隙水和基岩裂隙水，前者含水层可分为上、下两层，厚度分别为 10 ~ 20 米及 15 ~ 39 米。上、下含水层具有水力联系，水位埋深一般为 0.3 ~ 2.7 米，单孔涌水量为每天 1543.64 ~ 935.77 立方米，属含水量中等，水质有咸淡之分。后者一般埋藏于第四纪含水层下伏，岩性为强 - 中等风化黑云母花岗岩。与临区资料对比，该含水层水量为每天 10 ~ 100 立方米，属含水量贫乏，水质为咸水。

（2）地下水化学特征及水质评价

区内地下水化学类型以 Cl-Na（Ca、毫克）及 HCO_3 · Cl-Na · Ca 型为主。沙洲地下水为淡水。玉枕洲为咸水。在紫泥岛的西部地下水在深约 15 米以上表层为淡水，20 米以下为咸水；东部在 20 米以上为微咸水。在乌礁洲地下水在 15 米以上表层微淡水，15 米以下地下水为咸水。地下水 pH 值为6.6 ~ 7.9，硬度均大于 300 毫克，属于硬水 - 极硬水。总之，区域地下水为微咸 - 咸水，水中微生物、铁、“三氮”等指标严重超标，局部总 α、总 β 放射性指标超标，均不适用于工业、农业和饮用。

二、海岛地貌

（一）岛陆地貌

紫泥岛群位于九龙江河口区，其地貌成因相同，海岛地貌类型单一，属于三角洲平原，地势平坦，高程一般为 5 米左右。

（二）海岸地貌

紫泥岛是河口泥沙堆积而成的冲积岛，原为河口淤泥质海岸，现多为人工堤岸。该区域海岛位于河口湾区，属于淤涨型岸滩。由于河道上段水流受人工桥闸阻拦，径流水量减少，流速小，河床淤积作用加强。南支河床平均年淤积5 ~ 8 厘米。红树林滩和河口沙坝也淤积明显，沙坝及汊道近 30 年以平均每年 5 厘米淤高，个别区超过 10 厘米，三角洲以每年平均 150 米的速度向海推延，海门岛和大涂洲因淤积量的扩大而互相靠拢。

浒茂洲、乌礁洲、玉枕洲、大涂洲周边滩涂，由细砂及粉砂质黏土组成，坡降为 0.35×10^{-3} ~ 0.5×10^{-3}。其间有汊道发育，水深 1 ~ 2 米，为九龙江三角洲的顶积层。浒茂洲东岸、大涂洲至海门岛段，为青灰色软泥，富含有机质，红树林茂密，树丛高 5 ~ 6 米。

三、海岸线与潮间带

（一）海岸线基本特征

紫泥岛岸线总长度为36.07千米，岸线类型包括粉砂淤泥质岸线、生物岸线和人工岸线。粉砂淤泥质岸线长度为2.31千米，主要分布在岛西侧；生物岸线长度为2.75千米，为红树林，分布在岛东侧；人工岸线长度为31.03千米，分布于岛北侧及南侧，绝大部分为围堤，仅岛南侧中部有少部分的造船厂码头岸线及零星分布护岸堤。

由于绝大部分为人工岸线，海岸保持稳定，粉砂淤泥质岸线岸段由于河口携带泥沙的堆积作用，海岸处于缓慢淤涨，生物岸线岸段略有淤涨。

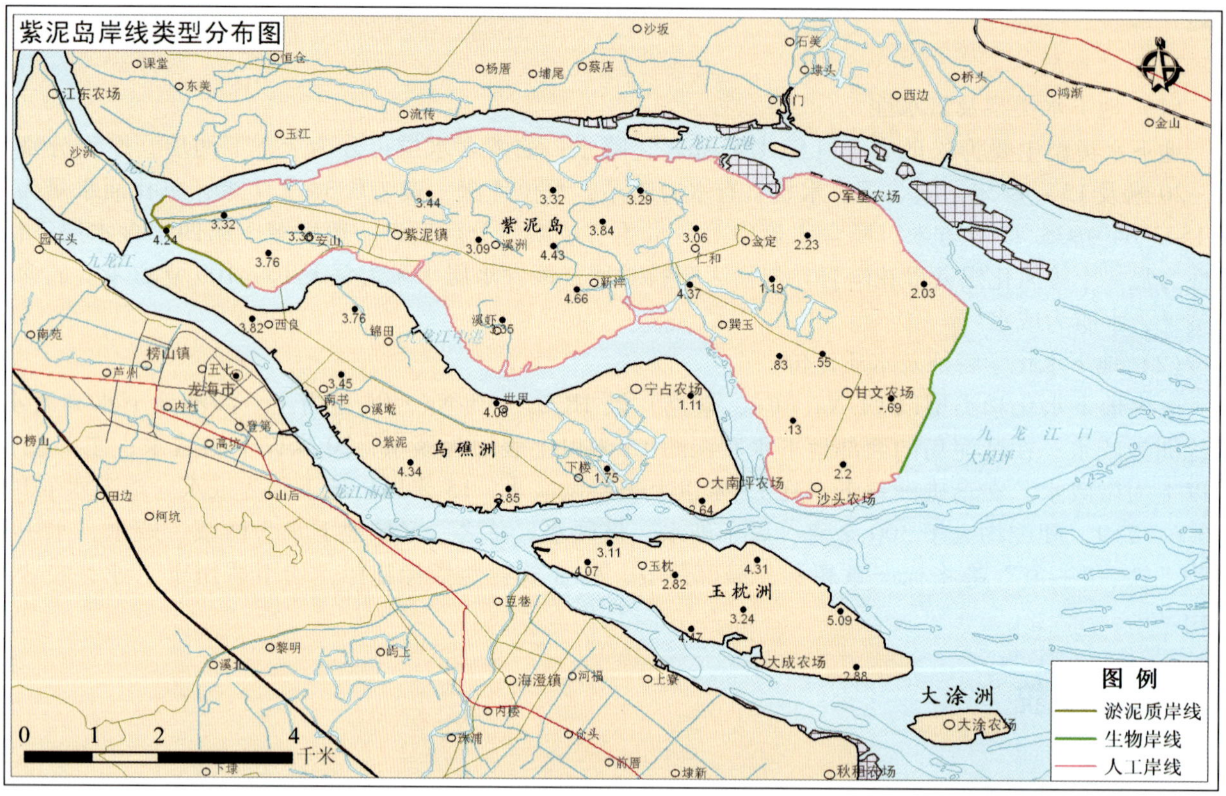

图 3-15-3　紫泥岛岸线类型分布图

（二）潮间带基本特征

紫泥岛潮间带总面积为6.22平方千米，潮间带滩地地貌主要有丛草滩、红树林滩、沙滩和淤泥滩四类。其中，丛草滩面积为3.57平方千米，主要分布于岛东侧，其余则零散分布于岛四周；红树林滩面积为0.72平方千米，位于岛东侧；沙滩面积0.10平方千米，分布在岛南侧，即九龙江中港；淤泥滩面积为1.84平方千米，主要分布于岛南北两侧。

紫泥岛北侧及东侧潮间带表层沉积物平均粒径Md为5.30～6.61，分选系数σ为1.36～2.10，大部分分选中等到差，偏度SK为－1.51～－0.92，大部分为负偏，粒度分布为细偏，峰态Kg为1.75～2.59，大于1.7，说明很窄到极窄峰。

潮间带沉积物化学环境综合来看，高潮带的沉积物质量相对较差，其硫化物、石油类、锌、滴滴涕等值均符合第二类沉积物质量标准的要求，铅符合国家第三类沉积物质量标准的要求，其余污染物（有机碳、六六六、汞、镉、铜）含量基本上符合国家第一类沉积物质量标准的要求。

图 3-15-4 紫泥岛滩地地貌类型分布图

第六节 植被与土壤

一、海岛植被

1991 年紫泥岛有林地共计 186 亩，全部为防护林、疏林地、灌木林地、未成林造林地和苗圃地很少，森林覆盖率 0.29%。1991 年活立木蓄积量为零。

江海堤防护林始种于 1960 年春季，为治理九龙江两岸 48 千米，发动群众植树种竹 15.08 万株。1983 年县成立九龙江绿化工程领导小组，在九龙江沿江山丘 10 957 亩荒山上 34.34 千米沿江渠道和 70.08 千米海堤堤内压载平台上以及沿江村庄，有计划地按标准规格进行植树造林。1984 年又以义务植树、个人承包国家补助等形式继续植造，基本完成九龙江第一期绿化工程，形成了江海堤防护林带。环江的紫泥乡防护林 186 亩，形成一条抗风带。

海滨红树林。民国初，华侨郭春秧、郭美丞从印尼和新加坡带回红树品种分别种植在其家乡角美和海澄浮宫霞郭村外滩涂上，以后竞相引种。抗日战争时间，龙溪的角美、石美、白礁、紫泥，海澄的秋租、浮宫、海门、港尾、海沧等地滩涂上红树林成片，面积达数千亩，林中为野生动、植物繁殖场所，促进沿海水域生态平衡，农民渔民代代从中获得海产、药材、柴薪。建国后在围海造田中，海滩上红树林大都被毁。1958 年为护岸固堤，发动群众在海滩上营造红树林 2000 亩。1960 年红树林达 5000 多亩。1964 年达 11 571 亩。之后，在“农业学大寨”、“文化大革命”中片面强调“以粮为纲”，进行围海造田，致使沿海红树林未能全部成林。1984 年，福建省渔业资源调查组来县调查时，本县红树林面积有 3248 亩，后又因人为破坏损失近半。1986 年造红树林 115 亩，1988 年再造新林 147 亩，成活 110 亩，全县红树林有 1311 亩。1989—1991 年营造 2015 亩，其中紫泥 359 亩。

（一）植被基本特征

全岛植被覆盖率50%，植物种类相对贫乏。种类较多的科主要有禾本科（*Gramineae*）、菊科（*Compositae*）、豆科（*Leguminosae*）和莎草科（*Cyperaceae*）等，优势和常见的种类主要有木麻黄（*Casuarina equisetifolia*）、柠檬桉（*Eucalyptus citriodora*）、秋茄（*Kandelia candel*）、短叶茳芏（*Cyperus malaccensis* var. brevifolius）等。泛热带分布型种类比例较大，为较典型的南亚热带海岛型植被。海岛植被次生性明显，主要以人工阔叶林、针叶林和旱地农作物群落为主，阔叶林多以人工栽种的木麻黄林和柠檬桉林为主，植被外貌相对简单。岛上栽种有香蕉（*Musa nana*）、柑橘（*Citrus reticulata*）等，散生有竹林。

（二）主要植被类型及分布

天然植被有常绿阔叶林、草丛、滨海沙生植被等，人工植被主要有防护林、果园和农作物群落。

常绿阔叶林木麻黄林主要分布在军垦农场一带，木麻黄高4~9米，柠檬桉林主要分布在岛东南部沙头农场和紫泥镇附近，树高3~8米。岛西部及西北部滩涂有大片短叶茳芏；岛东北及东部滩涂生长红树林，主要种类为秋茄。果园主要在仁和附近，种植芒果（*Mangifera indica*）、柑橘等，甘文农场和沙头附近多栽种香蕉。滩涂生长有红树林群落，主要种类为秋茄，高2~4米。

二、海岛土壤

（一）土壤类型及分布

紫泥岛土壤以水稻土和滨海盐土为主，分别占该到土地总面积的36.41%和28.89%，潮土零星分布在河流两侧的平原沿岸。

表3-15-2　紫泥岛土壤类型分布

土壤类型	土壤面积（米^2）	土壤类型	土壤面积（米^2）
乌泥田	3 900 739	潮沙土	185 649
埭土	125 760	潮泥土	42 372
埭田	6 592 364	灰泥田	16 970 714
海沙土	1 399 284	盐斑田	742 120
海泥土	5 110 540		
合计	35 069 542		

（二）土壤理化特征

水稻土主要为潴育型水稻土，成土母质为九龙江冲积物，地势平坦，栽培水稻熟化时间长，灌溉水源较充分，耕作层一般深厚，由于长期施肥和生物累积的影响土壤养分水平较高。当九龙江携带大量泥沙在河口、岸滩、入海口沉积，随着沉积层堆厚，含盐淤泥逐渐抬升露出水面，海涂进一步淤高或人工围垦，含盐堆积物可脱离海潮浸渍。盐生植物出现，开始生草脱盐过程，逐渐演变成滨海盐土。

第七节　海岛资源开发与保护

一、土地资源

紫泥岛土地类型共有7个一级类及其所属12个二级类，其中坑塘面积最大，约1229.2公顷，水田、沿海滩涂、住宅用地等土地类型面积位居其次，分别为831.6公顷、619.6公顷和465.9公顷，港口码头用地面积最小，仅约0.2公顷，详见表3-15-3。

表 3-15-3 紫泥岛土地类型分布

序号	土地类型		面积（公顷）
1	耕地	水田	831.6
		旱地	4.8
2	园地	果园	27.4
3	住宅用地	城镇住宅用地和农村宅基地	465.9
4	特殊用地	特殊用地	8.6
5	交通运输用地	公路用地	29.0
		港口码头用地	0.2
6	水域及水利设施用地	沿海滩涂	650.9
		内陆滩涂	116.8
		坑塘	1229.2
		沟渠	91.8
7	其他土地	设施农用地	9.5

紫泥岛地势平坦，土质松软，水利灌溉方便，气候优越，加以劳力充足，全岛土地利用率和垦殖率较高，居全省海岛前列。土地利用以水田为主，分布在冲积海积平原上，淡水资源充足，水利灌溉方便，加以温热丰富，土壤肥沃，耕作精细，属于高产田，种植的水稻每年亩产达 1 吨以上。

紫泥岛沿岸分布有丛草滩、树木滩、沙滩和淤泥滩等 4 种滩涂类型，其中丛草滩分布面积最大，约为 343.1 公顷，沙滩面积最小，仅约 9.6 公顷。紫泥岛滩涂面积大，土质松软，养分含量高，非常适宜牡蛎、文蛤、石斑鱼和红鲟的养殖，滩涂养殖也是紫泥岛滩涂的主要利用形式，其产品远销海外。

二、水资源

1. 降水量

紫泥岛年均降水量约 1346 毫米。降水量季节变化特点是秋冬少雨，春夏多雨：春季的春雨期和梅雨期降水量约 666 毫米，占年降水量 49.5%；夏季台风雨期降水量约 465 毫米，占年降水量 34.5%；秋冬季节降水量约 215 毫米，仅占年降水量 16%。

2. 地表水

紫泥岛年均径流深 657 毫米。汛期（4—9 月）径流量约 500 毫米，占年径流量的 76%，其余半年时间只占 24%。6 月是紫泥岛径流量最大的月份，达 123.5 毫米，占年径流量的 21.5%；12 月则是紫泥岛径流量最小的月份，仅约 12.2 毫米，占年径流量的 2.0%。

3. 地下水

紫泥岛降水下渗补给地下水量的多年均值为 183 毫米。紫泥岛全岛陆域水资源量约 2851 万立方米，人均水资源量约 566 立方米，每公顷水资源量 12 330 立方米。

紫泥岛地下水为微 - 咸水，水中微生物、铁、“三氮” 等指标严重超标，均不适用于工农业和饮用。岛上用水依靠外来客水。

三、旅游资源

（一）生态旅游资源

甘文红树林。三面环水，依江傍海，境内田畴平坦，水网交织，果林错落，海岸绵延，加上无居民、无工矿、无污染，环境幽静，空气清新，置身其间，一种“世外桃源”之感油然而生。甘文红树林中活跃着许多种野生鸟类以及鱼、虾、蟹、贝等海洋生物，俨然庞大的“动物世界”。每年的春季是绝佳的观鸟季节，登高眺望，数千只鸟或栖息枝头，或盘旋天空，成为难得的观鸟胜地。21 世纪初期，紫泥岛农业开发和区内水泥路网的建设，为休闲农业生态旅游创造了条件，建设了红树林观光区、名优水产垂钓区和荷田观赏区，节假日里慕名而来的游人络绎不绝。

（二）人文旅游资源

1. 浒茂城东门遗址

明嘉靖年间，为防御倭寇入侵，在浒茂洲建造了一座浒茂城。城堡分东西南北四个城门，城围长1272米，城墙高约4米，城顶有女墙。距东城门一里许的溪州村塔仔边建一座“烽火台”，作为倭寇入侵时升火报警之用。

民国初年、中华人民共和国建立初期和1958年，先后拆城石建筑、加固钱厝拦河坝和南社拦河坝，尚存东门城堡遗址，长约20多米。城墙上长出三株榕树，盘根错节，巍然屹立，十分壮观。1982年6月公布为第一批龙海县级文物保护单位。

2. 金杯亭

金杯亭，位于紫泥镇中港大桥南端桥旁，建于1992年，亭为六角亭。1992年中港通桥时，新加坡70余高龄的方金杯立即寄回一笔私蓄钱，请求建座护桥亭以表向往之意。不久，一座六角亭在中港大桥旁建成，镇人遂以“金杯亭”为之命名，亭中配有嵌入方老太伉俪名字的楹联和记述建亭始末的亭记。爱心无价，一时传为佳话，不少回乡三胞，到此拍照留念。

四、港口、航道资源

紫泥岛位于九龙江口，避风条件较好，岸线后方陆域平坦开阔，但由于九龙江河水含沙量大，河床淤积较严重，水深不足，紫泥岛对外航道受到影响，历史上只能通航小型船只，至20世纪90年代初期，紫泥岛沿岸建成10个50吨以下的简易泊位，腹地范围仅限于本岛。

至2010年，随着港池、航道疏浚工程技术的进步，紫泥岛建设了1个500吨陆岛交通码头和相当规模的造船工业。

五、可再生资源

紫泥岛主要有太阳能和风能资源。其中，太阳能资源尤为丰富。太阳总辐射为每平方米5040.5兆焦，年日照时数为2138.8小时，年日照百分率为48%，年日照高于6小时天数为196.6天。以年太阳总辐射每平方米4600兆焦，年日照高于6小时日数180天为界，紫泥岛太阳能属较富区，太阳能可利用率为54%。目前，主要开发利用的可再生能源为太阳能，主要用于家庭热水。

六、生物资源及珍稀、濒危物种

紫泥属典型河口冲积洲，地势平坦低洼，成土田质为近代河流冲物及海积物，发育着乌泥田，部分为灰泥田，岛上土地肥沃，农业种植条件特别好。有高产田3.3万亩，是龙海产粮区之一。镇内港道纵横，河网交织，又处于九龙江咸淡水交汇处，水质较好，水产养殖得天独厚，海堤线总长55.6千米，有可利用淡水水面1.5万亩，浅海滩涂4万亩，水产养殖和近海捕捞业较发达。浒茂岛东端的甘文海滩上有3000亩红树林，是福建省现存少量红树林湿地保护区域之一。

（一）植物资源

1. 岛陆植被资源

全岛植被覆盖率50%，主要植被类型有：天然植被有常绿阔叶林、草丛、滨海沙生植被等，人工植被主要有防护林、果园和农作物群落。种类较多的科主要有禾本科、菊科、豆科和莎草科等，优势和常见的种类主要有木麻黄、柠檬桉、秋茄、短叶茳芏等。泛热带分布型种类比例较大，为较典型的南亚热带海岛型植被。海岛植被次生性明显，主要以人工阔叶林、针叶林和旱地农作物群落为主，

阔叶林多以人工栽种的木麻黄林和柠檬桉林为主，植被外貌相对简单。岛上栽种有香蕉、柑橘等，散生有竹林。

2. 海域植被资源

紫泥岛周边的九龙江河口湿地分布有植物种类约 220 种，其中以红树林植物为主要群落，紫泥岛红树林分布面积约 71.6 公顷。九龙江河口湿地有红树植物种类 12 种，其中半红树植物 2 种，引进种 4 种；其他盐沼植物和海岸植物 179 种，主要有禾本科、菊科、豆科、蓼科、苋科等；与红树植物生境相近的喜盐植物有 24 种，如咸水草、芦竹、灯心草等；藻类植物有 5 种。

红树植物种类有秋茄［*Kandelia*candel（L.）Druce］、木榄（*Bruguiera gymnorrhiza*）、桐花树（*Aegiceras corniculatum Blanco*）、白骨壤［*Avicennia marina*（Forsk）Vierh］、老鼠簕（*Acanldhus ilicifolius* L.）、厦门老鼠簕（*A. Xiamenensis* zhang）；半红树植物有黄槿（*Hibiscus tiliaceus*）、滨海木槿（*H. hamabo*）；引进种有海莲（*Bruguiera sexangula*）、尖瓣海莲（*B. s.* var. *rhynochopetala*）、红海榄（*Rhizophorastylosa*）、无瓣海桑（*Sonneratia apetala*）。

（二）动物资源

1. 野生动物资源

紫泥岛周边的九龙江河口湿地共有鸟类 14 目 32 科 133 种，其中属国家Ⅱ级保护的鸟类有黄嘴白鹭（*Egretta eulophotes*）、小杓鹬（*Numenius borealis*）、鹗（*Pandion haliatus*）、红隼（*Falco tinnunculus*）等 14 种。被列入《国际自然和自然资源保护联盟》（IUCN）保护名录的有黄嘴白鹭、小青脚鹬、黑嘴鸥 3 种；被列入《濒危野生动植物种国际贸易公约》（CITES）保护名录的有游隼、燕隼、琵嘴鸭等 13 种；被列入“三有”动物的有 106 种；被列入“中日协定”保护名录的有 70 种；被列入“中澳协定”保护名录的 44 种。分布于该湿地的爬行类有乌龟（*Chinemys reevesii*）、草游蛇（*Natrix stolata*）、渔游蛇（*N. piscator*）等 10 多种；两栖类有黑眶蟾蜍（*Bufo melanostictus*）、泽蛙（*Fejervarya limnocharis*）、饰纹姬蛙（*Microhyla ornata*）、雨蛙（*Hyla chinensis*）、斑腿树蛙（*Rhacophorus megacephalus*）等 10 多种；区内的哺乳动物有中华白海豚、老鼠等。动物区系属于东洋界中印亚界的华中区东部丘陵平原亚区。

2. 水生生物资源

紫泥岛红树林区潮间带底栖生物 23 种，其中多毛类 11 种、软体动物 2 种、甲壳动物 8 种、鱼类 1 种、其他动物 1 种。秋季出现 15 种，春季出现 18 种。物种优势度大于 0.02 的优势种类有 5 种：宁波泥蟹（*Ilyoplax ningpoebsus*）、毛齿吻沙蚕（*Nephtys ciliata*）、加州中蚓虫（*Mediomastus californiensis*）、背蚓虫（*Notomastus latericeus*）和尖刺缨虫（*Potamilla acuminata*）。平均生物量为 15.77 克/米^2，组成以甲壳类占优势，平均栖息密度为 258 个/米^2，组成以多毛类占优势。

九龙江河口内大型底栖动物共有 66 种，隶属 27 科；红树林上（树栖）大型底栖动物共有 25 种，隶属 18 科。

鱼类主要是弹涂鱼科（*Periophtha lmisdae*）的种类，红树林区的游泳鱼类数量较多，较有经济价值的是黑耳鳗的幼苗。

除了在林下底栖的刺螯虾（*Alpheus hoplocheles*）和泥虾（*Laomedia astacina*）外，红树林海区还有长毛对虾（*Penaeus pencillatus*）、中国对虾（*P. porientalis*）、脊尾白虾［*Palaemon*（*Exopalaemon*）*carinicauda*］、中国毛虾（*Aceles chinensis*）和黑褐新糠虾（*Neomgsis awatschensis*）等。

红树林区蟹类较多，具有经济价值的是锯缘青蟹（*Scylla sefrata*）、短浆蟹（*Thalanila* spp.）、大眼蟹（*Nacrophthalmus* spp.）等 13 种。

七、渔业资源

（一）淡水养殖

1980 年 5 月从福建省淡水养殖所引进福寿鱼和尼罗罗非鱼，在紫泥公社试养；1988 年紫泥建养鳗场 1 个，安山村 5 户村民集资 11 万元，联办甲鱼养殖场，建母甲鱼池 2 个，投放 500 头；子甲鱼池 1 个，投放子甲鱼 1.5 吨。

1983 年，紫泥锦田 6 户农户在承包的 7 亩茭笋田里套养尼罗罗非鱼，3 月放养，11 月起捕，亩获利 100～200 元。1984 年在紫泥乡南书、锦田、城内、安山、新洋、金定、溪霞、溪洲、巽玉、仁和 10 个村，角美乡东美、埔尾、流传、玉江、南门、埭头、桥头、金山、白礁、西边 10 个村，选择旱涝保收田 1250 亩，发展稻田养鱼。4 月放养罗非鱼、鲤鱼、异育银鲫，亩放 2～3 寸（1 寸≈3.33 厘米）鱼苗 200 尾，饲养 2 个多月收成，平均亩产鱼 12 千克。1986 年，锦田村采用坑沟式稻田养鱼后在全县推广。

此外，紫泥新洋进行了蔗田养鱼的试验。还利用港道 3000 亩养鱼。

（二）海水养殖

主要海水养殖品种有牡蛎、文蛤、花蛤、对虾、青蟹等。

九龙江口一带，自明代即有产蚝。清康熙三十六年（1697 年）海澄县令王世仪巡视沿海时有“蚝蛏利重胜躬耕，新涨沙洲人共争”的诗句。民国时期，沿海渔民在滩涂上投石或竖蚝钉繁殖牡蛎。龙溪明清时期就有蛏埕养殖缢蛏。

1981 年 8 月，龙海县水产技术推广站开展牡蛎浅海深水垂下式吊养试验，试养 1.05 亩获得成功。1983 年推广到紫泥的安山、城内、溪墘，海澄埭新和角美白礁等地共 73 亩。1985 年，紫泥乡试验吊壳养殖牡蛎 200 亩，产量 60 吨，1986 年增至 1400 亩，1987 年再增至 4000 亩。1991 年发展到 13 320亩。

1981 年，锦江渔牧公司与厦门水产学院在紫泥甘文农场试养对虾 2 亩，亩产 35 千克。翌年进行双季对虾养殖试验，早季以中国对虾、晚季以长毛对虾为养殖品种，中国对虾亩产 50 千克，长毛对虾亩产 86.5 千克。1987 年 2 月，南京军区紫泥农场与厦门市鼓浪屿新洲贸易公司合资 140 万元建设规格化对虾池 250 亩，放养长毛对虾苗 1000 万余尾。

1981 年紫泥甘文农场开始试养红蟳。1985 年紫泥溪墘村、角美南门村均有养殖。1988 年溪墘村村民在村办岩仔农场投建 5 亩养蟳池，投放空母蟳 850 千克，经一个月饲养，出售获得 1 万多元。1989 年停养。

1988 年在紫泥乡安山村养殖文蛤 18 亩，平均亩产 3 吨。1989 年停养。1990 年安山村与水产局合股养殖花蛤 20 亩，投资 10 万元，因亏本而停养。

1988 年由县水电局与龙台饲料厂合办紫泥安山鳗场 7.69 亩，紫泥鳗场 6.6 亩。

1991 年，全县形成以紫泥、角美乡镇为主的近江牡蛎垂下式养殖基地、向周围乡镇辐射的养殖基地。紫泥乡主要产区有城内、安山、溪墘、溪霞。

第十六章　海门岛

第一节　概　况

一、海岛地理及历史变迁

海门岛（Hǎimén Dǎo），代码为350681000911。

位于九龙江口，地理坐标为北纬24°24.6′、东经117°57.5′。向南距大陆约413米，因其位于江海交汇处，与南面大陆相对峙，为龙海进出门户，故名“海门岛”。行政区隶属漳州龙海市浮宫镇管辖，为村级岛。

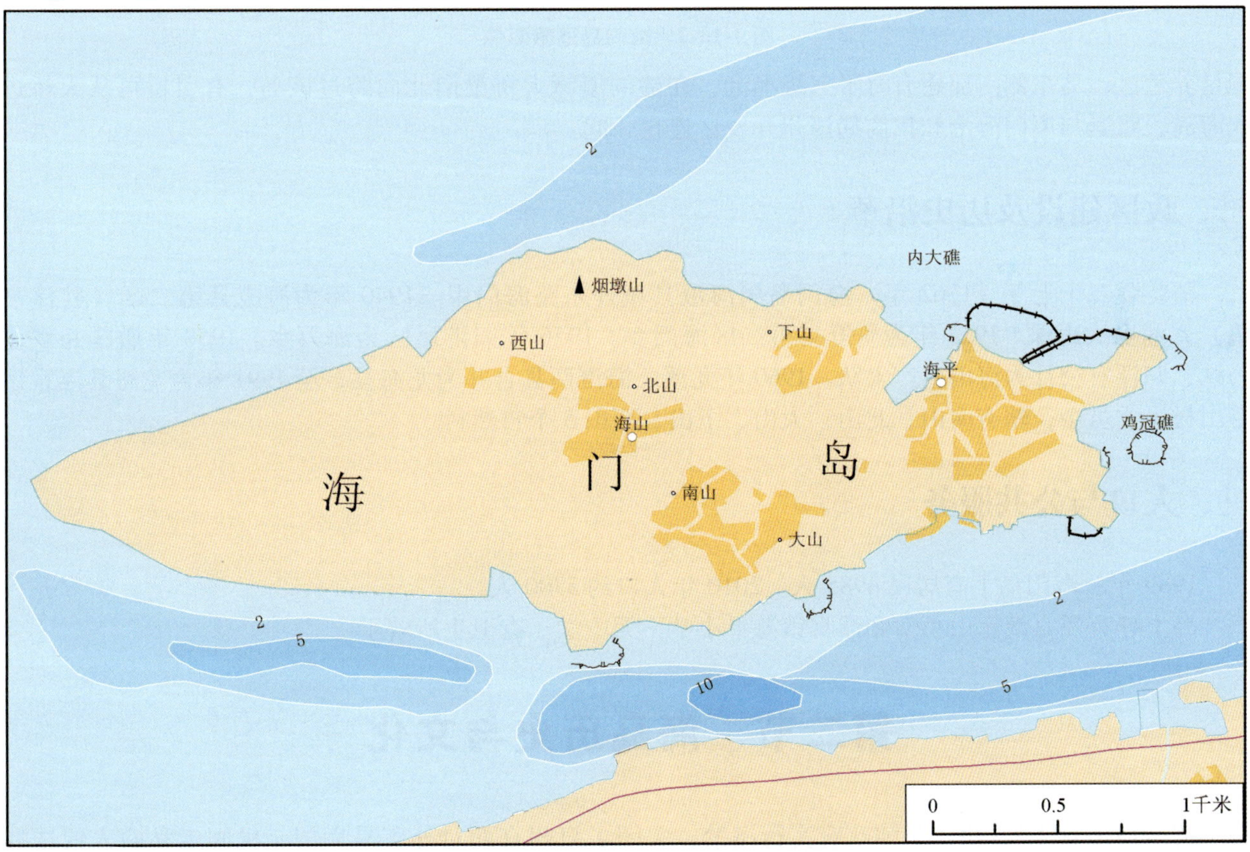

图3-16-1　海门岛地理分布图

海岛形如棱，东西走向展布，长约4千米，南北最宽处1.6千米，最高点位于北部的烟墩山，海拔79.8米。面积3.559平方千米，海岸线长11.6千米。海门岛原是3个紧挨着的岛屿，20世纪70年代经围垦连环而成的岛连岛。该岛由火山岩组成，东、南、北三面环山，岛中间为冲积平原，西面为

图 3-16-2　海门岛遥感影像

围垦养殖区。岛东侧南部建有海平三级渔港，在建的厦漳大桥梁南北向跨过该岛，有引桥可从大桥进入海岛，将其与厦门海沧和招商局漳州开发区连在一起。

二、政区建设及历史沿革

清乾隆二十七年（1762 年）海门岛属海澄县城外东路海门甲。1940 年为海澄县第二区（驻浮宫镇）青浦乡大山保。1952 年为海澄县第二区海门乡。1956 年归港尾区为海万乡。1958 年撤区并乡设公社，归浮官公社为海山生产大队。1960 年龙溪、海澄两县合并为龙海县，至 1991 年为龙海县浮官镇海山村民委员会，辖有南山、北山、大山、下山、西山 5 个自然村。

三、人口与公共服务

1989 年，海门岛上有居民 4985 人。2010 年人口约 5700 人。

岛上建有浮宫镇海山小学和浮宫镇海平小学，无中学。有卫生所若干。

第二节　海岛历史与文化

据《海澄县志》，由于明朝政府实行海禁，关闭了泉州官商对外贸易大门，民间走私商人便选择漳州月港，对外开展贸易，月港逐渐发展成一贸易商港。由于月港的繁荣富庶，引起海盗夷寇的觊觎。为了防御外夷与海寇之侵犯与骚扰，于是在月港置城堡设防，派兵驻守。嘉靖三十年在月港设“靖海馆”，四十二年改为“海防馆”。嘉靖四十五年（1566 年）（一说于隆庆元年，仅隔一年），于月港设置海澄县，县治在月港。海门岛历史上曾经担当过民间海商与西方远征船队开展交易的跳板。

海门岛东岸发育一片沙滩，滩面上分布了嶙峋礁石、千奇百怪。其中一块上尖下宽，酷似高昂的雄鸡，人称“鸡冠礁”；还有一块形似巨大的蛤壳，称“文蛤石”。是海岛上主要的风景点。

海门岛西侧滩涂上生长成片红树林，为龙海红树林省级自然保护区的一部分，红树高6~7米，非常适合鸟类和潮间带生物生长。海门岛是鸟类的乐园，有灰鹭、苍鹭、棕背伯劳鸟，八哥、翠鸟等40多种。

岛上有“海门岛之家”专门制作海门岛美味私房菜，其中有“黄翅鱼汤”、“清蒸鲈鱼”、“清蒸海蟹”、“白灼大海虾”、“清蒸野生虾姑”、“香炸小鳗鱼”、“蒜蓉扇贝”等海味美食。特产土笋冻，由红树林滩上盛产的沙虫作为主要原料制作，其味甚为鲜美，是厦门、漳州宴席上的一道美味佳肴。

第三节　海岛基础设施

一、交通运输与渔港

1. 海门陆岛交通码头

在厦门轮渡第一码头乘坐前往石码客轮，途中可在海门陆岛交通码头停靠登岛；也可自浮宫下坞码头乘渡船上岛。

2. 海门避风港

海门避风港有三个避风坞，可供700艘渔船避风。分别是：门仔内避风坞，位于海门岛北海平村至下山村之间，建有防风浪堤，可避南风和北风；董门仔避风坞，位于岛南码头围堤区，可避北风；宫仔前避风坞，位于海山宫仔前小湾，可避北风。

3. 海平三级渔港

海平三级渔港位于海门岛东侧南岸，常年有四百多艘渔船靠泊和卸渔获。

4. 厦漳大桥

于2009年7月动工兴建，预计2012年通车。大桥北起厦成高速青礁枢纽互通，跨九龙江入海口，经海门岛，南接龙海市浮宫，与漳州开发区的招银疏港高速公路相接。全长9.7千米，其中主桥长1290米（主跨720米），采用五跨连续半漂浮斜拉桥；按双向六车道高速公路标准建设，设计时速每小时100千米，桥宽33米。大桥将在海门岛上设立服务中心和互通出口。届时，将极大改善海门岛的对外交通条件。

二、水利、通信、电力设施

沿岸海堤总长6.506千米，分布于岛屿西侧及东北、东南侧，绝大部分为围堤，仅岛屿东南侧有少量码头岸线及护岸。岛上没有水厂，只能靠5口深水井取用淡水，常常“供不应求”。

1959年，架通浮宫至海门岛的跨海电话线，开通海陆交换机电话。1979年铺设浮宫至海门海底通信电缆，实现电话载波化，开通程控电话。目前移动电话信号可覆盖海岛。

1982年，海门岛通过海底电力电缆通上了电。2009年再建设漳州龙海霞威至海门岛1万伏海底电缆，主要向厦漳大桥疏港公路旁施工点和海门岛施工点提供施工用电。厦漳大桥完工之后，这条电缆还可以为海门岛的居民提供用电。

三、海岛生态建设

近年来，随着经济的快速发展，塑料袋、玻璃制品、轮胎、捕鱼网具等各类垃圾泛滥，破坏海水养殖、海洋景观和近岸海洋生态环境，严重影响渔业生产和海岛居民生活。为打造与“绿地”、“蓝天”相匹配的“碧海”，使洁净的渔港水域与村容、村貌和谐统一，2009 年在龙海市海洋与渔业局专家指导下，浮宫镇成立海平三级渔港海洋环境整治工作领导小组，制订工作方案，从村民中选聘 8 人成立渔港保洁队，在渔港及其周边海域展开海洋环境整治行动。整治范围主要集中在海平三级渔港及其周边海域约 2 平方千米水域内，由渔港保洁队下水清除港区各种漂浮物和岸线附近的垃圾，并运往处置场。同时，在港区及周边陆域设置永久性宣传栏，发放宣传标语等宣传措施，提高公众海洋环境保护意识。

第四节　经济基本情况

一、海岛居民生产活动

海门岛是个农渔兼业的农村，岛上居民主要生产活动为农业种植（水稻、甘薯、甘蔗）和渔业生产。海山村占有海岛 3/4 的土地，村民“半农半渔”；海平村几乎没有田地，村民全部从事渔业生产。少量居民从事旅游和乡镇工业生产。

二、主要海洋产业基本情况

海门岛海洋产业主要有海洋渔业和海岛旅游业。

（一）海洋渔业

1. 海洋捕捞

海门岛渔港在海平村，1991 年有渔船 202 艘，在总吨位 1190 吨、3224 马力，捕捞水产品产量 1833 吨、产值 525 万元、人均收入 1076 元。现人均收入达 2 万 ~ 3 万元。主要在金门海域作业，捕捞产品有对虾、石斑鱼、鳗鱼、黄花鱼、马鲛等名贵海产品。

2. 海水养殖

海水养殖品种有对虾、牡蛎、蚶、鲍鱼、扇贝、青蚶、文蛤、海蛏、紫菜。1987 年建设虾池 200 亩。

3. 水产品加工业

海平水产购销站等建有腌鱼池、晒鱼埕、炊鱼螺旋等，可加工鱼虾等咸水产品。

（二）海岛旅游

依托海岛和渔村风光，海门岛开始发展海岛旅游，主要旅游活动有：海滩拾贝（风动石、鸡冠山）、观看红树林、钓鱼划船、观赏闽南民居、观看当地民风、品尝海鲜料理、采摘季节性水果等活动。夏季每天上岛游客 400 ~ 500 人次。

第五节　地质地貌

一、岛陆地质与地貌

（一）地质构造

海门岛位于长乐—南澳北东向构造带和九龙江西溪北西向构造带的复合部位。新构造活动以断块差异升降运动为主要特征，主要沿老构造继续活动。

（二）地层和岩性

岛上地层主要为侏罗系上统兜岭群上组中段，第四纪地层。前者岩性为灰绿色凝灰岩、流纹（斑）岩、凝灰熔岩夹凝灰质粉砂岩、硅质岩、炭质泥岩。

（三）第四纪地质与海岛地貌

第四纪地层主要有全新统冲海积层和更新统冲洪积层。

1. 全新统

全新统冲海积层，岩性为褐黄色黏土、亚黏土，含丰富的硅藻化石，有少量有孔虫、轮藻、鱼牙，反映为河口潮间带沉积相。孢粉组合：非乔木－蕨类－乔木，反映沉积时期为草木及蕨类为主的稀树草原植被景观，气候温凉偏干。碳14年龄为600±50年至2000±100年。

2. 上更新统上段冲海积层

上部岩性为黄色细砂、中砂，以东为灰、灰黄色淤泥质黏土、亚黏土或中细砂；下部岩性为黄、灰黄色泥质沙砾卵石夹紫红色黏土透镜体，半固结－松散状。微体古生物化石含量贫乏，硅藻仅见明盘藻，有孔虫只见拉马克五玦虫，为潮滩潮上带沉积。孢粉组合以蕨类为主，反映沉积时期为草原植被，气候温暖偏干。热释光测试年龄为3.3万年左右。

海门岛陆地地貌类型主要为侵蚀剥蚀低丘和三角洲平原。

二、海岛岸线与潮间带

（一）海岛岸线基本特征

海门岛岸线总长度为11.6千米，其岸线类型包括基岩岸线和人工岸线。基岩岸线长度为5.1千米，主要分布在岛屿中部南北两侧和海岛东侧，北岸和南岸悬崖高50～70米，东岸悬崖高20多米；

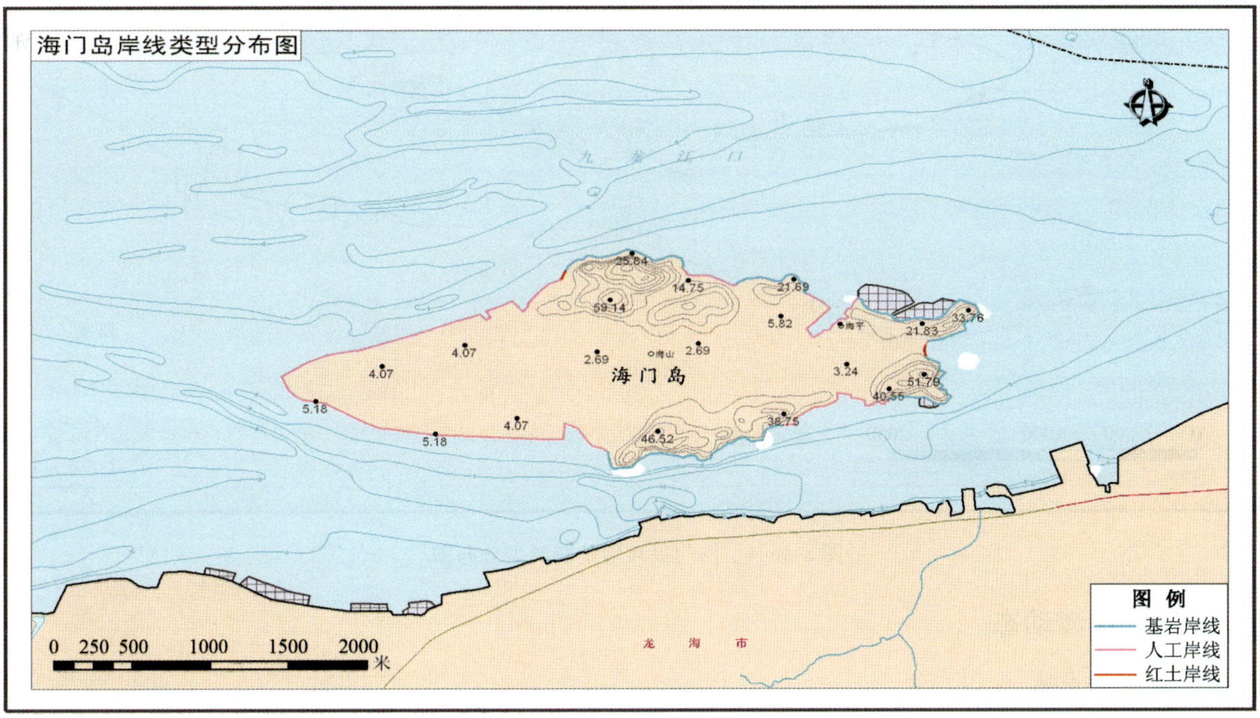

图3-16-3 海门岛岸线类型分布图

人工岸线长度为6.5千米，分布于岛屿西侧及东北、东南侧，绝大部分为围堤，仅岛屿东南侧有少量码头岸线及护岸。

岛屿西侧人工岸线岸段，海岸稳定；基岩岸段基本上处于微侵蚀状态，但基岩海岸经长期风化后所形成的红土海岸，土质松散，植被覆盖率少，加上人为采砂取土，容易发生崩塌。

（二）海岛潮间带基本特征

海门岛潮间带总面积为4.04平方千米，其潮间带滩地地貌主要包括丛草滩、岩石滩、红树林滩、沙滩和淤泥滩四类。

丛草滩面积为0.01平方千米，仅在岛北侧及东侧有零星分布；岩石滩面积为0.03平方千米，零散分布于岛基岩岸线周边，基岩海岸向海延伸部分，经浪蚀成平台。

红树林滩面积为0.26平方千米，分布在海门岛西岸和北岸局部岸段，为青灰色软泥，富含有机质，其上生长红树林，树丛高5~6米，北岸小而稀疏，宽20~30米；

沙滩面积为1.48平方千米，分布于岛东侧，由细砂及粉砂质黏土组成，坡降为$0.35\times10^{-3}\sim0.5\times10^{-3}$。其间有汊道发育，水深1~2米，为九龙江三角洲的顶积层。

淤泥滩面积为2.26平方千米，基本上覆盖了除岛东侧外的滩涂。海门岛位于九龙江入海口，处于河、海相互作用的环境，各汊道以径流和潮流作用为主，水动力较弱，沉积物较细，以砂质粉砂为主。

潮间带沉积物有机碳含量符合国家第一类沉积物质量标准，硫化物符合国家第二类沉积物质量标准的要求，石油符合国家第三类沉积物质量标准的要求，沉积物质量相对较差。

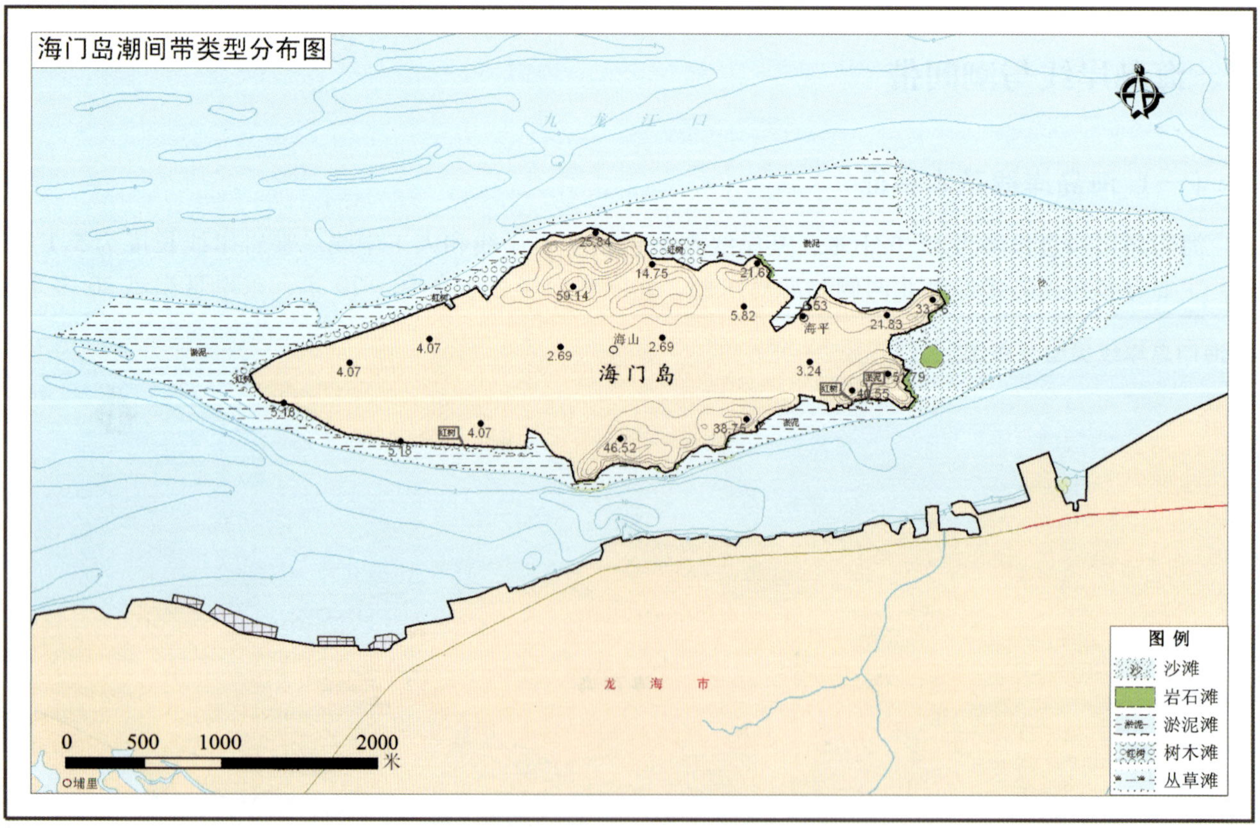

图3-16-4 海门岛滩地地貌类型分布图

（三）岸滩动态

1. 侵蚀型岸滩

海门岛南北两侧发育海蚀崖，基岩海岸呈微弱的侵蚀。

2. 淤涨型岸滩

红树林滩和河口沙坝为淤涨型岸滩，沙坝及汊道以每年平均5厘米淤高，三角洲平原以每年平均150米的速度向海推延，海门岛和大涂洲因淤积扩大而互相靠拢。

（四）底质类型

海门岛周边海域沉积物类型主要有粗中砂、中细砂、细砂、砂－粉砂－黏土、粉砂质黏土和黏土质粉砂。其中粗中砂分布于西北侧浅海；中细砂分布于西侧海域；细砂分布于东南水道；砂－粉砂－黏土分布于东北至东南近岸海域；粉砂质黏土和黏土质粉砂则出现在东部、西南部海域。

第六节　土壤与植被

一、土壤

海门岛土壤类型主要为赤红壤、水稻土。水稻土主要为潴育型水稻土，成土母质为九龙江冲洪积物，地势平坦，栽培水稻熟化时间长，灌溉水源较充分，耕作层一般深厚，由于长期施肥和生物累积的影响，土壤养分水平较高。

二、植被

（一）植被基本特征

全岛植被覆盖率60%。以木麻黄（*Casuarina equisetifolia*）和台湾相思树（*Acacia confusa*）混合林为主，其他主要种类有马尾松（*Pinus massoniana*）、柠檬桉（*Eucalyptus citriodora*）、苦楝（*Melia azedarach*）、芒萁（*Dicranopteris dichotoma*）、龙舌兰（*Agave americana*）等。

（二）主要植被类型及分布

全岛植被以木麻黄和台湾相思树混合林为主，伴生种类主要有马尾松、柠檬桉、苦楝等，林下植物芒萁较多，龙舌兰零星分布。岛上有果园，栽种杨梅（*Myrica rubra*）、香蕉等（*Musa nana*）。岛周边有一些红树林，主要种类为秋茄（*Kandelia candel*）、桐花树（*Aegiceras corniculatum*）等；部分滩涂有互花米草（*Spartina alterniflora*），高1～1.5米。

第七节　海岛资源及开发利用

一、土地资源

海门岛共有6个一级类及其所属7个二级类的土地类型，其中沿海滩涂面积最大，约403.4公顷，坑塘面积其次为132.6公顷，港口码头用地面积最小，约2.3公顷。

表 3-16-1 海门岛土地类型分布表

土地类型		面积（公顷）
耕地	水田	55.7
园地	果园	84.6
林地	有林地	19.6
住宅用地	农村宅基地地	61.9
交通运输用地	港口码头用地	2.3
	沿海滩涂	403.4

海门岛沿岸分布有丛草滩、树木滩、岩石滩、沙滩和淤泥滩5种滩涂类型，其中淤泥滩滩分布面积最大，约为225.9公顷，丛草滩面积最小，仅约1.7公顷，其余分别为26.1公顷、4.3公顷和148.2公顷。

二、水资源

海门岛年降水量1401.5毫米。淡水资源紧张，大部分是多户居民共用一个水井，甚至一个村共用一口大水井，且井水口感涩、水质欠佳。

三、港口、航道资源

海门岛位于九龙江口，避风条件较好，岸线后方陆域平坦开阔，但由于九龙江河水含沙量大，河床淤积较严重，水深不足，航道受到影响，只能通航小型船只。

四、旅游资源

海门岛东面有一片沙滩，上面礁石嶙峋，千奇百怪，其中一块上尖下宽，酷似高昂的雄鸡，被称为“鸡冠礁”。另有一块形似巨大的蛤壳，叫“文蛤石”。

海岛西侧红树林茂密，为省级自然保护区，可适当发展红树林生态旅游。

海岛地处河口区咸淡水交汇处，海洋生物资源丰富，海鲜丰富且鲜美，适合开发为美食旅游。

五、可再生能源资源

海门岛主要有太阳能、风能和海洋能资源等可再生资源。其中，太阳能资源尤为丰富。海岛上主要开发利用太阳能资源，用于生产家庭热水。

六、生物资源

（一）植物资源

1. 岛陆植被资源

全岛植被覆盖率60%。植被以木麻黄和台湾相思树混合林为主，其他主要种类有马尾松、柠檬桉、苦楝、芒萁、龙舌兰等。

2. 海域植被资源

海门岛周边的九龙江河口湿地分布有植物种类约220种，九龙江河口湿地有红树植物种类12种，其中半红树植物2种，引进种4种；其他盐沼植物和海岸植物179种；与红树植物生境相近的喜盐植物有24种。红树林植物为主要群落，红树植物种类有秋茄、桐花树、白骨壤、老鼠簕和厦门老鼠簕5个种。面积约26.1公顷。湿地植被类型分成3个植被型10个群系20个群丛。

（二）动物资源

1. 野生动物资源

海门岛周边的九龙江河口湿地共有鸟类14目32科133种，其中属国家Ⅱ级保护的鸟类有14种；被列入《国际自然和自然资源保护联盟》（IUCN）保护名录的有3种；被列入《濒危野生动植物种国际贸易公约》（CITES）保护名录的有13种；被列入“三有”动物的有106种；被列入“中日协定”保护名录的有70种；被列入“中澳协定”保护名录的44种。分布于该湿地的爬行类有十多种；区内的哺乳动物有中华白海豚等。

2. 水生生物资源

潮间带底栖动物初步鉴定有61种，其中：鱼类3种，节肢动物26种，软体动物18种，环节动物（多毛类）10种，其他类群动物4种。物种优势度（*Y*）值大于0.02优势种类有4种：莱氏异额蟹（*Anomalifrons lightana*）、加州中蚓虫（*Mediomastus californiensis*）、寡鳃齿吻沙蚕（*Nephtys oligobranchia*）、毛齿吻沙蚕（*Nephtys ciliata*）。潮间带底栖生物平均生物量为15.609克/米^2，以节肢动物占优势，平均栖息密度为371.2个/米^2。

海岛周边红树林上（树栖）大型动物共有25种，隶属18科。红树林区的游泳鱼类数量较多，较有经济价值的有黑耳鳗的幼苗；红树林区蟹类也较多，具有经济价值的是锯缘青蟹、短浆蟹、大眼蟹等13种。

第十七章　浯　屿

第一节　概　况

一、地理位置及历史变迁

浯屿（Wú Yǔ），代码为350681001711。

位于厦门湾口海域，东临大担、二担岛，东北距厦门市9.3千米，向西距陆地约2.5千米，地理

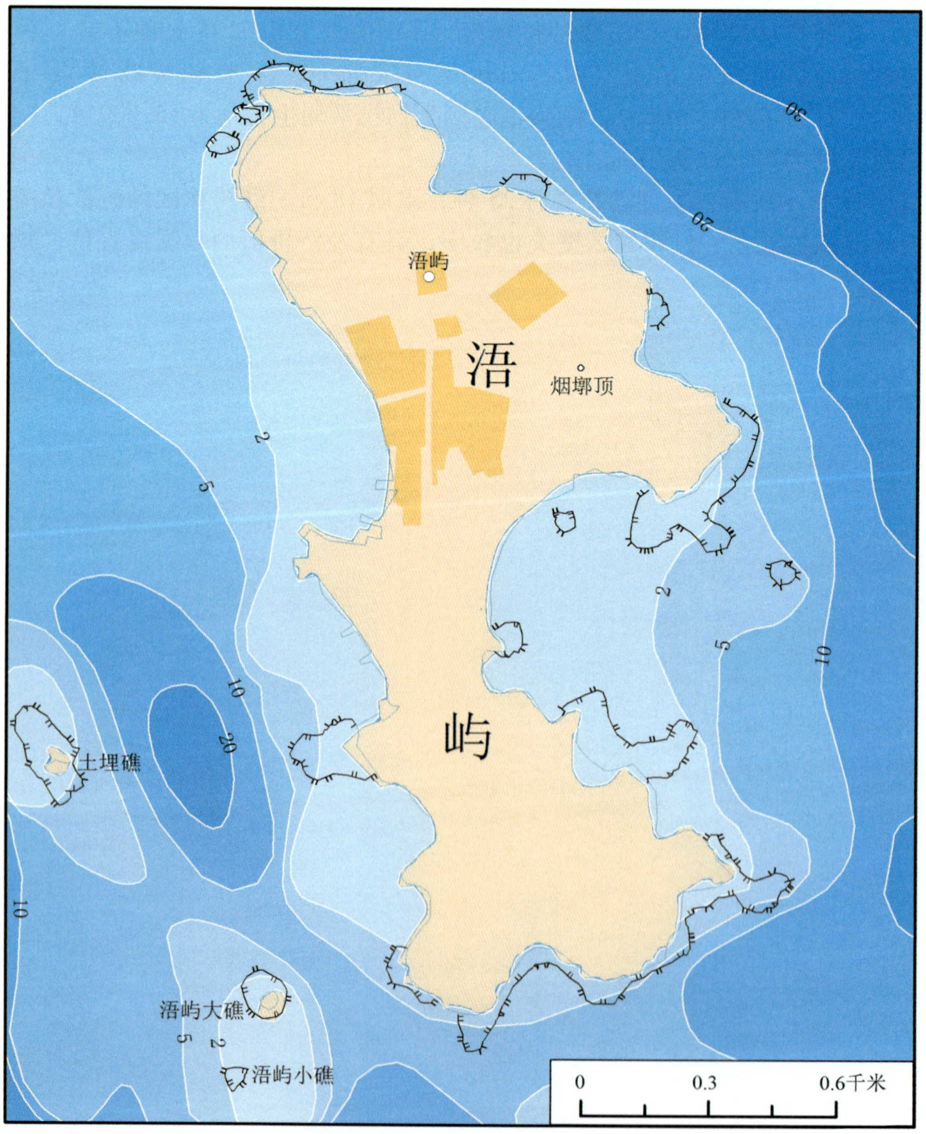

图 3-17-1　浯屿地理分布图

图 3-17-2 浯屿遥感影像

坐标为北纬 24° 19.9′、东经 118°8.7′。行政区隶属漳州市龙海市港尾镇管辖，为村级岛，岛上有 1 个行政村（浯屿村），居民主要集中在岛中北部的西海岸。

浯屿是厦门和漳州的门户，地理位置重要，其形如蝶，南北向展布，长约 2.2 千米、宽约 800 米；面积 1.120 平方千米，海岸线长 8.0 千米。岛上最高点烟尘山 68.9 米。海岛周围海域风大浪急，水深 5.0 ~ 28.0 米，东侧海域为厦门港主航道。海岸多为陡峭的基岩海岸，东部海岸有沙滩。

二、政区建置及历史沿革

浯屿的历史可以远溯宋元，那时是南中国一个重要的发舶港和收舶港。明代以前，浯屿无兵将驻守。至元末明初，海疆不靖，浯屿的军事地位逐渐显得重要了，明太祖为巩固海防，在沿海一带增置了许多卫所和巡检司，兴修城池、水寨以御敌，在厦门湾设置浯屿水寨。《厦门志》的记载最详："洪武二十一年（1388 年），江夏侯周德兴于沿海要害处置巡检司十八个。复于大担南太武山外置浯屿寨，控泉郡南境，拨永宁、福全卫所兵二千二百四十二人，合漳州卫兵共二千八百九十八名戍之，统以指挥一员，谓之把总"。历朝统治者均派重兵把守浯屿，岛上至今仍遗留有炮台、烟墩台、瞭望台等海防军事设施。明末清初，郑成功踞厦门期间，浯屿和厦门、金门三岛一起成为郑成功重要的军事基地。

今存于浯屿岛上的清道光四年石碑《浯屿新筑营房墩台记》对此阐述甚详："浯屿之北有小担，又北有大担，并峙于港口海中，实为厦门岛门户。……大小担之间门狭而浅，惟浯屿与小担其间洋阔而水深，商船出入恒必由之。浯屿之南汊亦浅，可通小艇，其东有九折礁，舟人所畏也。然真西则有限澳，可避风。山坡平衍，居民数百家，而大担小担皆无之，故海人舣舟必于浯屿"。又云："浯屿外临大海，左望金门，右望东碇，隐隐在云雾，而江、浙、台、粤之船，皆可绕屿而入厦港，其守岂不重哉"。正因为浯屿岛地理位置的重要，所以浯屿水寨负有重大的军事防务责任。

清乾隆二十七年（1762 年）浯屿属海澄县城外东路浯屿甲。1940 年为海澄县第三区（驻港尾）

浯屿保。

1938 年 10 月，在汉奸莫清华引领下日寇强占了浯屿岛。日军将厦门、金门、浯屿三岛合并成“厦门特别市”，在浯屿设立“行政公署”，任命莫清华为“行政公署”署长兼“警备司令”。还将浯屿设为华侨归国的“中转站”。当时海外华侨要回到泉州、漳州家乡，必须在厦门登记后转运到浯屿，再由浯屿“行政公署”派船“护送”回到家乡。华侨出国也要由设在岛上的“侨务科”发放出国证，借机敲诈勒索。1940 年 8 月 8 日的《仰光日报》就记载了这段历史。

图 3-17-3　浯屿俯瞰图

1952 年属海澄县第三区（港尾区）浯屿乡。1958 年 4 月撤区并乡、仍保浯屿乡，9 月撤乡设火箭公社。1959 年 3 月改称港尾公社浯屿生产大队。1960—1991 年为龙海县港尾镇浯屿村民委员会。

三、人口

1989 年，岛上人口 34 862 人。2008 年全村人口 5000 多人，外来人口 7000 多人，来自全国 25 个省区。

四、公共服务

岛上建有完全小学——龙海浯屿学校，幼儿园、卫生所。

1983 年曾创办浯屿渔业初级中学，设有航海捕、机轮专业。1985—1988 年仅办捕捞专业，学制 3 年，1989 年起停办。

2004 年，龙海市分别在港尾镇浯屿村渔业船舶职务船员和“四小证”知识培训班。培训对象为未持有职务船员等级证书的现任职船员和拟任职船员以及在主机功率大于 150 千瓦渔船船舶工作的、未经海上专项技能（即船员海上求生、船舶消防、救生艇筏操纵、海上急救）训练合格的船员。由漳州渔港监督部门负责组织培训考试，考试合格者获得由省、市有关部门发给相应的职务船员等级证书和海上专项技术专业训练合格证书。

2009 年驻厦门海警三支队一大队与浯屿村委会、浯屿边防所签订了“应急救助”联动协议，岛上居民遇到困难需要救助，可通过拨打救助电话获得海警的救助，长期困扰浯屿岛上居民的“求医难、救助难”问题得到很好的解决。

第二节 海岛历史与文化

一、海岛历史

（一）人文遗迹和历史文物

1. 浯屿寨

明洪武二十一年（1388 年）江夏侯周德兴主持建造，为福建五大水寨之一。寨墙依山势蜿蜒，以花岗岩石垒砌。现存残垣 5 段，长 60 米，残高 5.5 米，厚 4 米。

2. 浯屿天妃宫

原名和安宫，俗称妈祖婆庙。建于明代前，清康熙二十五年（1686 年）重建，道光五年、十年、1943 年及建国后多次修葺。单檐歇山顶，砖木结构。坐东朝西，为三进四殿宫庙，进深 38.9 米，面宽 9.2 米，面积 376.28 平方米。正殿天井左右壁饰青龙、白虎，各殿墙壁均彩饰壁画。一殿陈列明清及近代修宫碑记 4 座。二殿祀奉天妃，悬挂清康熙皇帝御赐匾额。三殿祀手执玉笏天妃，称“镇殿妈”。四殿祀三宝佛（郑和）。为县级文物保护单位。

3. 龙虎井

位于浯屿天妃宫左右侧 10.40 米处，左称“龙井”，右称“虎井”，统称“龙虎井”。郑成功驻岛时所凿。“虎井”保持原貌，井口四方形砌以石栏，口宽 0.94 平方米，井壁为坚实白土层，瓮腹形，内径 1.60 米，深 2.40 米。“龙井”，井口改圆形，径 1.2 米，井壁砌砖。两井水俱清澈甘洌。

4. 浯屿新筑营房墩台记碑

在浯屿岛村中。为清道光四年（1824 年）三月，福建水师提督许松年所立。碑高 1.4 米，宽 0.7 米。记载浯屿新筑营房墩台“门户固而厦岛安，厦岛安则内地举安”的重要战略地位。

（二）历史事件

1. 侵华日军占据浯屿

1938 年 5 月厦门沦陷。6 月日军占领浯屿岛。烧毁民房 11 间、渔船 42 艘，枪杀渔民 23 人，暴尸海滩，驱赶 9 名患病渔民到荒无人烟的浯垵岛上，使之病饥交加中死亡。

日军在岛上组织“自治会”，建立日伪“浯屿行政公署”，由汉奸莫清华任署长，日本片山岩男任副署长兼警务科长。并组织日伪“闽南警备司令部”，由正副署长兼任正副司令，招募 300 人组成 3 个大队，强化政治统治。

日伪在浯屿发行“流通行券”纸币，敲诈渔民血汗。开设“仁爱堂”、“莲珠堂”等妓院 8 间，鸦片馆和赌场 15 间，毒害人民。不许渔民出海捕鱼，渔民林振福一家挨饥受饿，子死妻亡，他也自缢身亡。

2. 密切配合炮击金门战斗军事行动

1958 年 8 月 21 日，中央军委命令福建前线部队于 23 日开始，对大、小金门岛实施大规模的炮击，着重打击其指挥机关、炮兵阵地、雷达阵地和停泊料罗湾码头的国民党军舰艇。

炮战在 8 月 23 日下午 17 时 30 分开始，24 日和 9 月 8 日分别实施第二次和第三次大规模炮击。三次炮战期间，金门国民党军向浯屿发射炮弹 1285 发，炸毁民房 151 间，炸塌粮仓 1 座。岛美民兵营出动 8 只木船、37 名民兵，冒着炮火到浯屿抢运粮食 6.5 万千克到安全地带储存。浯屿岛上 57 名男女民兵组成运输、救护、联络、宣传、洗衣等战勤小组，建立了浯屿与厦门交通线。协助部队完成 180 船次的海上运输任务，运送了大量的粮食、木柴和信件；帮助指战员洗衣服千多件，补衣 70 多件；到阵地为部队输送、擦拭了大量的炮弹。9 月 4 日夜，民兵队长郭包、政治教导员萧清水带领 11 名民兵，分乘 2 只小船，到距厦门 1200 多米的海面，施放装有 8 万多份宣传品的 360 个宣传筒，让其顺流漂至金门，配合部队的军事行动。

二、海岛文化

（一）浯屿八景

虎头探海，岛东海滨有巨石突出，状若虎头，栩栩如生。月光照洒时，成虎视眈眈、虎口嗫嚅、虎须飘拂之态。

霞鞍望月，岛南广阔沙滩中有一鞍形沙丘，月朗时停立沙鞍，唯见海峡烟波浩渺，一望无际，顿觉心旷神怡。

观音听潮，岛西观音山，面海崖礁峻峭嶙峋，风急浪大时，惊涛拍岸声夹杂着怒风呼啸声，犹如战鼓擂鸣，万马奔腾；风平浪静时，但闻流水淙淙，间以轻浪涌石和海鸟婉语之声，交响成韵，如琴似瑟，悦耳醉心。

后江波练，浯屿东北端后江埭前，与金门遥相对峙。伫立此处，只见海浪滚滚，银光道道，如千条银色练带，飘曳海天之际，雄伟壮观。

仙洞钓鳌，岛北山岗陡立海边，崖下奇岩绝壁，怪石嵯峨，构成一处天然岩洞，人称“仙洞”；洞前数步有一巨石巍然耸立，石上镌刻“钓鳌石”三字；洞旁有“仙脚印”痕迹。

烟墩决胜，岛西烟墩山，上筑烟墩台，明代海盗猖獗时建，遇寇烽烟传警。登台眺望，海面一览无遗。郑成功驻鹭岛抗清时，分兵屯浯屿，常至墩台视察军情，运筹帷幄，决策抗清大计。

延平炮垒，岛西山上筑有古炮台，为延平王郑成功所建。登峰览胜，雄风犹在。

长礁远眺，岛东南浮出一列礁石，长十数丈，名曰长礁。登礁环顾，青屿、大担、东碇、北碇四处灯塔及海上归帆，尽收眼底。

浯屿小学高级教师蔡福乐曾编写了一本《美哉，浯屿岛》的小册子，向游客推介浯屿大八景、小八景。

（二）民俗文化

岛上居民多为渔民，信奉海神妈祖，明代岛上建有“天妃宫”，俗称“妈祖婆庙”。浯屿天妃宫始建时间不详。据宫中《重建天妃宫碑记》载，明万历辛丑（1601 年）抗荷英雄、浯屿把总沈有容重建宫庙。天启元年，荷兰殖民者侵占浯屿，天妃宫被毁。清康熙二十五年（1686 年）重建。道光五年（1825 年）、十年及民国 19 年多次修葺。1981 年，当地群众集资再修。

第三节　海岛基础设施

一、交通运输

1. 浯屿轮渡码头

岛美码头与浯屿岛码头对渡，隔海相距 1.8 千米。浯屿与港尾、厦门成三角犄势，为海防要地。明代江夏侯周德兴在岛上驻水师，设置官用渡口。民国初期曾设置轮渡。新中国成立后修建码头，置机动帆船为渡船，便利海岛与陆地的交通往来。1979 年国家扶持 30 万元，建造机动交通艇一艘，每日往返浯屿—厦门之间。

目前为石砌斜坡式码头。

2. 浯屿渔运自然驳岸

驳岸长50米，有400吨的泊位2个。

3. 助航设施

（1）浯屿灯桩，1976年6月重建，1988年改建，2002年安装智能灯器，位置为北纬24°19′20.3″、东经118°8′41.2″，编号3194，隶属厦门航标处管理。为红白横带圆柱形石砌构造，灯高为57.2米，射程7海里，桩身高度11.9米，灯器为SDA-SS-1智能灯器，灯质为闪白4秒，蓄电池和太阳能电池供电，用于船舶助航。

（2）浯屿东灯桩，2006年建成，地理坐标为北纬24°20′3.1″、东经118°09′0.4″。灯高14米，射程3海里，黑白横带圆柱形钢管构造，高5.0米，信号特征为闪白2秒（0.5+1.5秒）。

4. 浯屿避风港

位于浯屿南岸，可避北风，每年夏汛期常有福建及广东等地渔船到此避风。

二、水利设施

新中国成立前，岛上居民饮用井水，淡水常年不足。1964年，国家投资36万元用于打井，至1979年打出12口井，初步解决全岛居民饮用水问题。

1980年代岛上建造水塔，铺设自来水管等供水系统。2005年，龙海自来水公司在浯屿村投建了自来水站，通过水船运水供水，供水常受天气影响。

三、广播、电视及通信

1950年为村办广播室。1974年5月，扩建为前沿广播站，配备275瓦扩大机、12马力柴油机、6千瓦发电机，新架线路1千米，安装25瓦高音喇叭8只，定时转播中央台及省台节目，有时兼播当地新闻。2002年以来建设了覆盖浯屿全岛的有线电视广播网络。

1979年铺设岛美至浯屿海底通信电缆，长度4.32皮长千米，开始海岛电话通信时代。目前，移动通信信号可覆盖海岛。

四、电网系统

1979年浯屿岛建立发电厂，使用柴油发电，开始使用电灯，但电力不足。1986年，国家集体共投资73万元，筹建岛美—浯屿海底电力电缆工程，于1988年3月19日竣工通电，并与漳州市电网连接。2002年7月，总投资1000多万元，长约3.2千米的龙海岛美—浯屿10千伏海底电缆线路工程竣工，建设3.5万伏输变电站一座，完成海岛电网改造，彻底解决了岛上军民的用电难。

五、村政基础设施

过去渔民住房简陋狭窄。1949—1991年，渔民新建住房627座，三层楼房占50%，全岛居民都住上了楼房。岛上福利设施有敬老楼、军民文化中心、军民公园等。

六、海岛生态建设

图 3-17-4　浯屿公安派出所

因过度开发、环境污染致使良好的自然、人文环境遭受了严重破坏。岛上房屋密集，村民们见缝插针地建房，几乎只在自家门口留一个“通道”，有的通道小得只能容一人通过。公共设施简陋，岛上有 3 个公共厕所，简陋肮脏。由于多年风吹雨打，顶棚漏水严重，茅坑间的条石不复存在。遇上暴雨天，雨水积满粪池，污秽之物遍流四周。因垃圾处理设施落后，村民常直接把垃圾倒到海里，沙滩上垃圾密布，破坏了海岛生态环境。海岛西侧炮台和“剑鼓石”等人文遗迹也因建房等被破坏。

2010 年，浯屿村在主村道设置了 20 个垃圾箱，筹建一支 6 人的保洁队伍，配套 2 辆垃圾车，每天进行清扫、装运，但由于清理的垃圾还无法与大陆上垃圾中转站（或处理场）衔接，都是装运到浯屿后江倾倒入海。

第四节　经济基本情况

一、海岛居民生产活动

浯屿是个渔业村，岛上居民主要从事海洋捕捞、网箱养殖以及为渔业生产和渔民生活服务的行业（造船厂、纺绳厂、机修厂、渔须品供销等）。

二、社会经济基本情况

浯屿渔村自 1978 年实行联产承包责任制以来，加快组建大吨位大马力渔船，推向外海生产，渔船马力一般都在 300 匹以上。1987 年全村捕鱼 11 674 吨，经济总收入 1858 万元，人均收入达到 2154 元，成为全县渔村捕鱼超万吨，人均收入超双千的先进典型。1988 年，渔捞产量又获 10 198 吨，经济总收入 2263 万元，人均收入 2412 元。是全省除东山外最大的外海捕捞基地。

2000 年以来，全村拥有制冰厂、造船厂、渔具厂等 68 家。为渔业生产和渔民生活服务的行业和单位有：村办的造船厂、机修厂、纺绳厂、发电厂；联营和家庭经营的织网、珠绣、塑料加工、渔需品供销、食杂、百货、饮食行业近百家。还有国家派出机构的边防派出所、水产收购站、供销社、食品公司、银行、邮电。

三、主要海洋产业基本情况

浯屿村海洋产业主要有海洋渔业和造船工业。

（一）海洋渔业

1. 海洋捕捞业

中华人民共和国成立前，较大的出海渔船是 3 支桅 30 吨位的木帆船。

中华人民共和国成立后，浯屿渔民走互助合作道路，至 1956 年全村实现合作化。1960 年，建造全县第一艘机帆钓槽，为渔业生产机帆化起着带头作用。至1988年全村已发展成为以拖网为主，兼有灯光围网和小机兼钓等多种作业结构，渔、工、贸结合的新渔村。1988年共有大小机动渔船87艘，4018吨位，16 675马力（1马力=745.7瓦），在渔船上普遍使用对讲机、电台、探鱼仪、定位仪等助渔导航设备。有的船只还安装雷达。

2007年全村外海捕捞量达5万吨，创产值3亿元，人均纯收入7000元。2008年全村拥有远洋捕捞钢质船360多艘，年实现外海捕捞产值超5亿元，实现人均纯收入1.5万元。

2. 海水养殖业

浯屿村海水养殖品种主要有网箱养鱼、海带、紫菜等。网箱养鱼品种主要有红鼓鱼，黑包公鱼，真鲷鱼，石斑鱼。

3. 海产品加工业

岛上的浯屿水产购销站建有腌鱼池，此外还建有晒鱼埕、炊鱼螺旋灶等，可将海鲜加工成咸干海产品。1991年浯屿村与浙江省瑞安县投建一座制冰厂，日产冰块84吨。

（二）造船工业

自古浯屿岛上就有船舶修造业，主要以修造小吨位的木制渔船为主。近年来，浯屿的渔业船舶修造业有了较快的发展，从只能够修造小木船发展到能够修造200吨位的铁壳船，直到现在能够修造32.08米的玻璃钢拖网渔船，浯屿造船业经历了一个从无到有，从小到大的发展壮大的过程。2007年浯屿有造船厂9家，浯屿造船厂共有员工人数160余人，造船技师30多人。2007年浯屿共修造钢质渔船43艘，总吨位达到3800多吨[①]。至2010年全岛有修造船企业10家，其中浯屿东港有6家，浯屿西港有3家（其中1家是玻璃钢船厂），浯屿中部有1家。主要造船厂及其造船资质如下。

龙海市浯屿大华船业有限公司，具备二级Ⅳ类钢质一般船舶生产能力。国家渔业船舶检验局批准具备建造船长45米及以下钢质渔业船舶的资质。

浯屿浯潮造船厂，成立于1979年，现有员工68人，技术人员12名，公司成立30年来一直以“求实、创新、开拓、进取”的精神，致力于船舶制造。国家渔业船舶检验局批准具备建造船长30米及以下钢质渔业船舶的资质。

漳州市晓业玻璃钢船舶工业有限公司，国家渔业船舶检验局批准具备建造船长30米及以下玻璃钢渔业船舶的资质。

龙海市延平造船厂，主要经营造船修船，公司地址是浯屿村委会。1996年成立，主营修船造船。国家渔业船舶检验局批准具备建造船长30米及以下钢质渔业船舶的资质。

由国家渔业船舶检验局批准，具备建造船长30米及以下钢质渔业船舶资质的船厂还有：龙海市港尾浯屿清俊渔船修造厂、龙海市国阳船舶工业有限公司、龙海市港尾浯屿国明造船厂、龙海市港尾浯屿建发船舶修造厂、龙海市浯屿得盛船舶修造厂、龙海市港尾浯屿进雄造船厂等6家。

第五节 地质地貌

一、岛陆地质

浯屿位于长乐—南澳北东向构造带。地层属于侏罗系-上三叠统动力变质岩。

二、海岛地貌

岛上地势平缓，北有烟尘山，南有猪头山，最高点海拔68.9米。岛陆地貌类型主要为侵蚀剥蚀低

① 黄国忠：龙海市浯屿渔业船翻修造业存在的问题及发展对策，管理观察，2008，9。

丘。海岛四周主要为基岩海岸，岩石滩，仅西部、东部岬湾为海滩，西侧部分岸段构筑人工护岸。沿岸多属侵蚀型岸滩，北、东北、东南、南侧出现海蚀崖、海蚀平台等海蚀地貌。

图 3-17-5　浯屿岛周边基岩海岸和海蚀地貌

三、海岛岸线与潮间带

（一）海岛岸线基本特征

浯屿岸线总长度为 7919 米，其岸线类型包括基岩岸线、砂质岸线和人工岸线。基岩岸线长 5046 米，主要分布在岛北侧、南侧及东侧；砂质岸线长 1196 米，主要分布于岛屿中部东西侧的岬湾内；人工岸线长 1676 米，岛屿西侧，主要为护岸堤，仅有少量码头岸线。

岛西侧为人工岸线岸段，海岸保持稳定，基岩岸段处于微侵蚀状态。中部东西两侧的砂质岸段略有侵蚀。

（二）海岛潮间带基本特征

潮间带面积 0.53 平方千米，主要为岩石滩和沙滩。其中，岩石滩面积 0.20 平方千米，主要分布在岛东侧及南侧基岩岬角突出部，北侧基岩岬角也有少量分布；沙滩面积为 0.33 平方千米，集中在岛西侧背风面，中部东侧岬湾也有发育沙滩。岛东侧面向台湾海峡，风大浪急，沉积物较粗，以砂为主。西侧面向大陆，水深较深，风浪较小，沉积物颗粒较细。

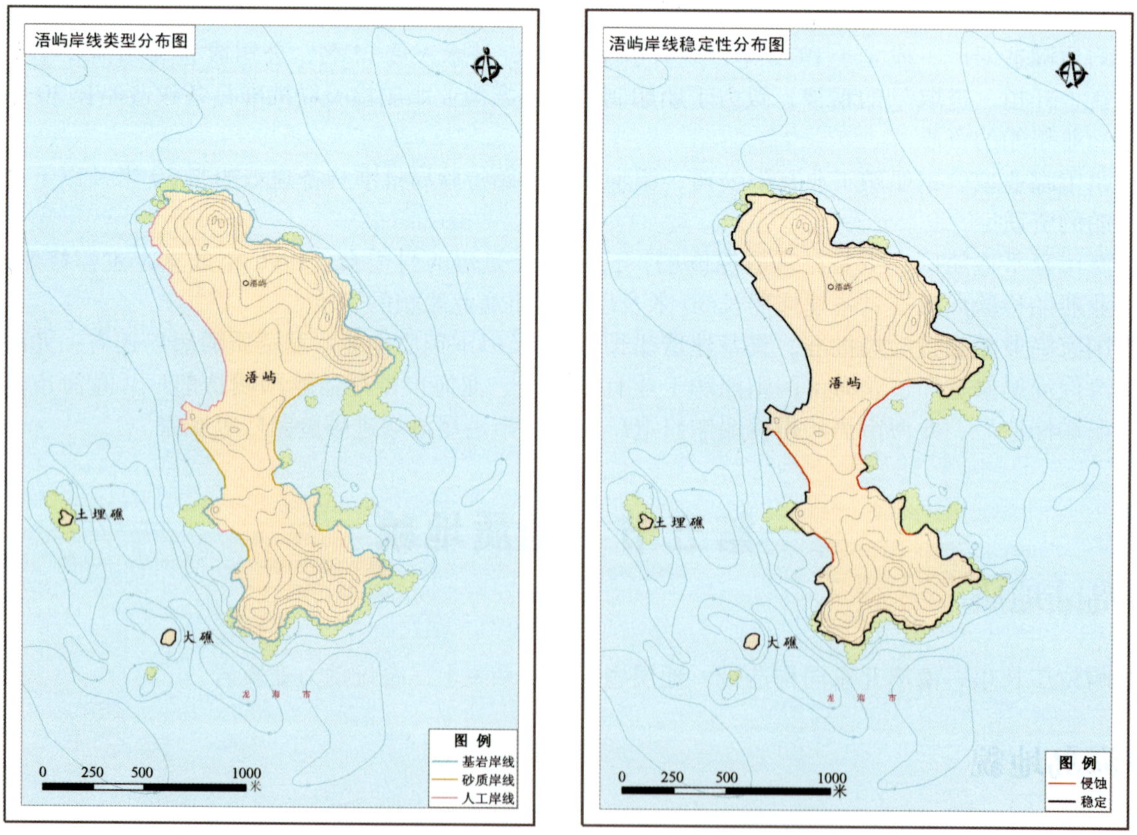

图 3-17-6　浯屿岸线类型分布图（左）、浯屿岸线稳定性分布图（右）

图 3-17-7　浯屿潮间带滩地地貌类型分布图

第六节　植被与土壤

一、海岛植被

（一）植被基本特征

全岛植被覆盖率为 70%，为典型的亚热带海岛型植被类型。植被群落外观为绿色至深绿色，优势种类主要为木麻黄（*Casuarina equisetifolia*）和台湾相思树（*Acacia confusa*），树种组成相对单调，其他主要种类有柠檬桉（*Eucalyptus citriodora*）、马缨丹（*Lantana camara*）、苦槛树（*Clerodendrum inerme*）、单叶蔓荆（*Vitex trifolia* var. *simplicifolia*）、铺地黍（*Panicum repens*）、狗尾草（*Setaria viridis*）及厚藤（*Ipomoea pes-caprae*）等。岛上村庄内有一些人工栽种的观赏植物。

（二）主要植被类型及分布

全岛主要为木麻黄林或者台湾相思树和木麻黄混合林，乔木层高 4 ~ 10 米，颜色绿至深绿，占全岛面积的 50% 以上。岛北端主要以木麻黄为主，岛南端多为木麻黄和台湾相思树混合林，林下灌木多为马缨丹等。岛海岸沙滩有厚藤群落、单叶蔓荆群落、铺地黍群落等，多分布在海岸沙地，面积不大。

二、海岛土壤

浯屿岛土壤为赤砂土，面积 111.9571 公顷。成土母岩为片岩、变粒岩、混合岩，其长期经历风化、侵蚀、搬运、堆积，植被开始生长，逐渐形成土壤。

第七节　海岛资源开发与保护

一、土地资源

浯屿共有 6 个一级类及其所属 6 个二级类的土地类型分布，其中林地面积最大，约 48.3 公顷，工矿仓储用地面积位居其次为 36.7 公顷，港口码头用地面积最小约 4.2 公顷，详见表 3-17-1。

表 3-17-1　浯屿土地类型分布表

序号	土地类型		面积（公顷）
1	林地	有林地	48.3
2	工矿仓储用地	工矿仓储用地	36.7
3	住宅用地	农村	23.2
4	交通运输用地	港口码头用地	4.2
5	水域及水利设施用地	沿海滩涂	52.7

滩涂资源，浯屿沿岸分布岩滩和沙滩 2 种滩涂类型，其中岩滩面积约为 19.6 公顷，沙滩面积约 33.1 公顷。

二、水资源

（一）淡水资源

浯屿岛年降水量 1065.7 毫米①。

浯屿岛有数口公共水井，为当地村民提供饮用水；部分村民在自家庭院打井取水，但多为咸水；海岛淡水资源不足。2004 年，浯屿村以招商引资形式成立浯屿供水站，通过船运淡水上岛净化，再通过管网向渔民供水，形成自来水供应系统。饮用自来水成本较高，岛上仅有几百户家庭安装自来水管。

（二）海水开发利用

浯屿岛面向外海，海水水质佳，因此浯屿岛海水大量供应给城市海鲜酒楼、餐馆和运载海产的车辆，同时也作为养殖用水供应给龙海市海澄镇、东泗镇的养虾场。

2007 年来，岛上部分家庭安装手动海水淡化器，利用海水淡化成饮用水，解决了部分家庭的饮水问题。

① 福建省海岛资源综合调查办公室：福建省海岛志［R］，福建：福建省海岛资源综合调查办公室，1994 年。

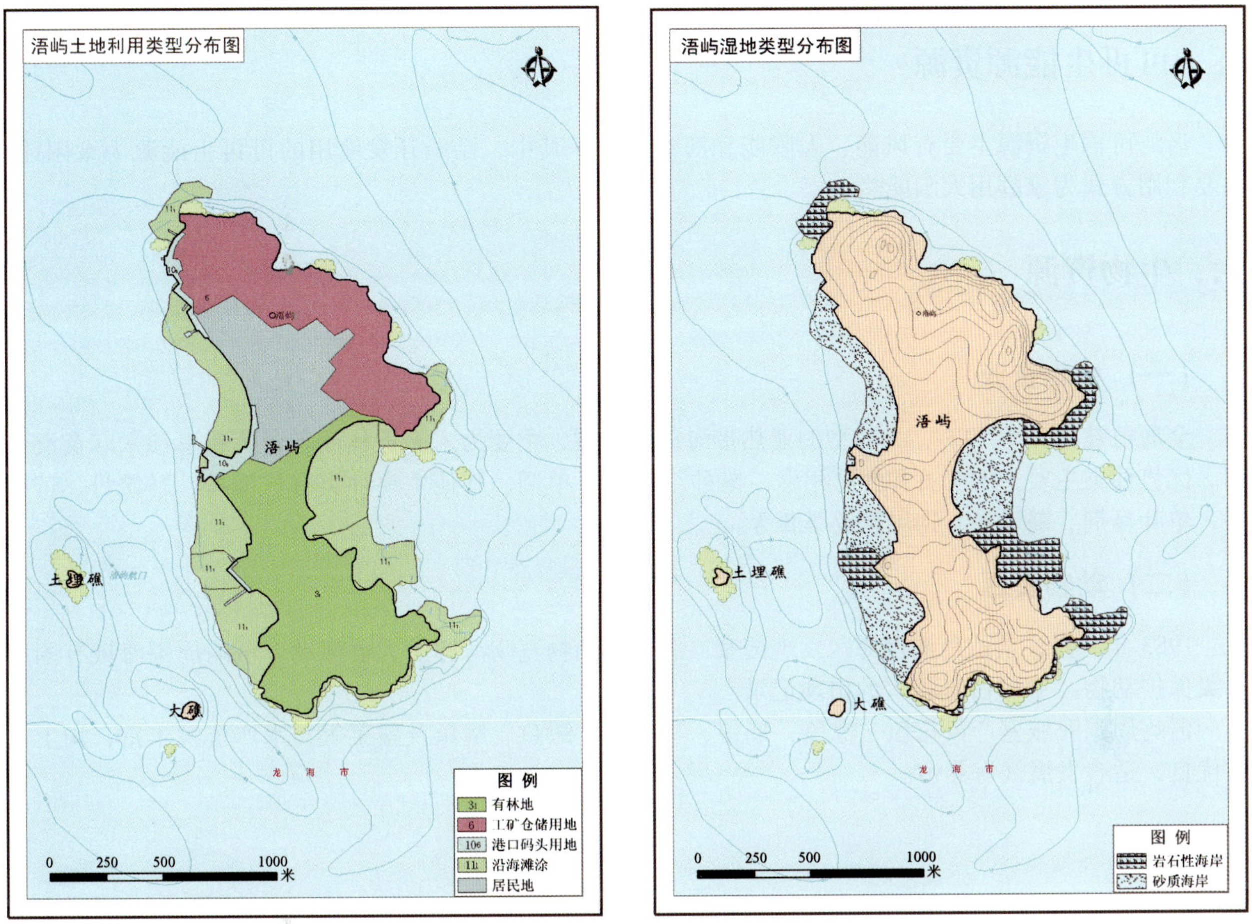

图 3-17-8 浯屿土地利用类型分布图（左）、浯屿滩涂类型分布图（右）

三、旅游资源

浯屿岛风光旖旎，有虎头探海、霞鞍望月、观音听潮、后江波练、仙洞钓鳌、烟墩决胜、延平炮垒、长礁远眺等“浯屿八景”。海岛东、西两侧还发育优良的沙滩，适合开展滨海旅游活动。

浯屿岛历史上建有“浯屿水寨”，是古时福建五大水寨之一，蕴藏了丰富的海防文化内涵；岛上天妃宫，承载了浯屿人民悠久的海洋捕捞文化积淀；此外，海岛上还有明末清初郑成功挖建的“虎井”等景点。

海岛周围海域水质优良，盛产黄花鱼、鳃鱼、带鱼、马鲛鱼、鳓鱼、鱿鱼及紫菜等，加上外海捕捞产业发达，岛上水产品丰富，是品尝海鲜的绝佳之地。

四、港口、航道资源

浯屿岛周围水深 5.8 ~ 23 米，水深条件好。但除岛屿西北面水深浪小作为天然避风锚地外，岛屿北部为悬崖，其他岸段则风大流急浪高，都不适宜建设港口码头。浯屿码头都布置在岛屿西部岸段（渔港岸段），主要是服务于当地渔业生产的小型渔业码头和客运码头。浯屿渔港共有各类渔船 400 余艘，功率大都为 400 ~ 500 马力。

浯屿东侧为进出厦门港的主航道，岛上有灯桩供助航用。

五、可再生能源资源

浯屿可再生资源主要有风能、太阳能和海洋能等。其中，已经开发使用的可再生能源为太阳能，主要利用方式为家庭用太阳能热水。

六、生物资源

（一）植物资源

全岛植被覆盖率70%，为典型的亚热带海岛型植被，主要为木麻黄林或者台湾相思和木麻黄混合林。优势种类主要为木麻黄和台湾相思，树种组成相对单调，其他主要种类有柠檬桉、马缨丹、苦楝树、单叶蔓荆、铺地黍、狗尾草及厚藤等。

（二）动物资源

1983年9月，浯屿岛周围海区发现国家二级保护动物宽吻海豚的大群活动。浯屿周围海域有国家一级保护动物“中华白海豚”的出现记录①。

浯屿周围海域盛产黄花鱼、鳃鱼、带鱼、马鲛鱼、鳓鱼、鱿鱼及紫菜等，水产资源丰富，加上水质优良，适合发展浅海养殖。

① 张荔锋，唐森铭：中国沿海中华白海豚种群的分布区［J］，台湾海峡，2008，27（1）：79-85。

第十八章　金门岛

第一节　概　况

一、海岛地理及历史变迁

金门岛（Jīnmén Dǎo），代码为350527005411。

地处福建省东南厦门湾口，西距厦门约18海里，与厦门翔安区莲河、泉州南安市安海隔海相望。地理坐标为北纬24°27.2′、东经118°22.9′。岛屿面积133.43平方千米，岸线长95.1千米，形状蝴蝶，东西长约20千米，南北最长处约15.5千米，中部狭窄处仅3千米，犹如仙人卧睡，所以俗称“仙人倒地”。明朝诗人曹学诠有诗曰：“浯洲断屿入海水，仙人倒地卧不起”。金门四面环海，环岛岸线上有30余处港湾，这些港湾是停泊船只、舰艇的好去处。太武山雄踞金门岛的东部，海拔254米。

金门岛历史悠久，早在五胡乱华时期，就有人到岛上开垦种地。东晋时期（282年），当时，由于

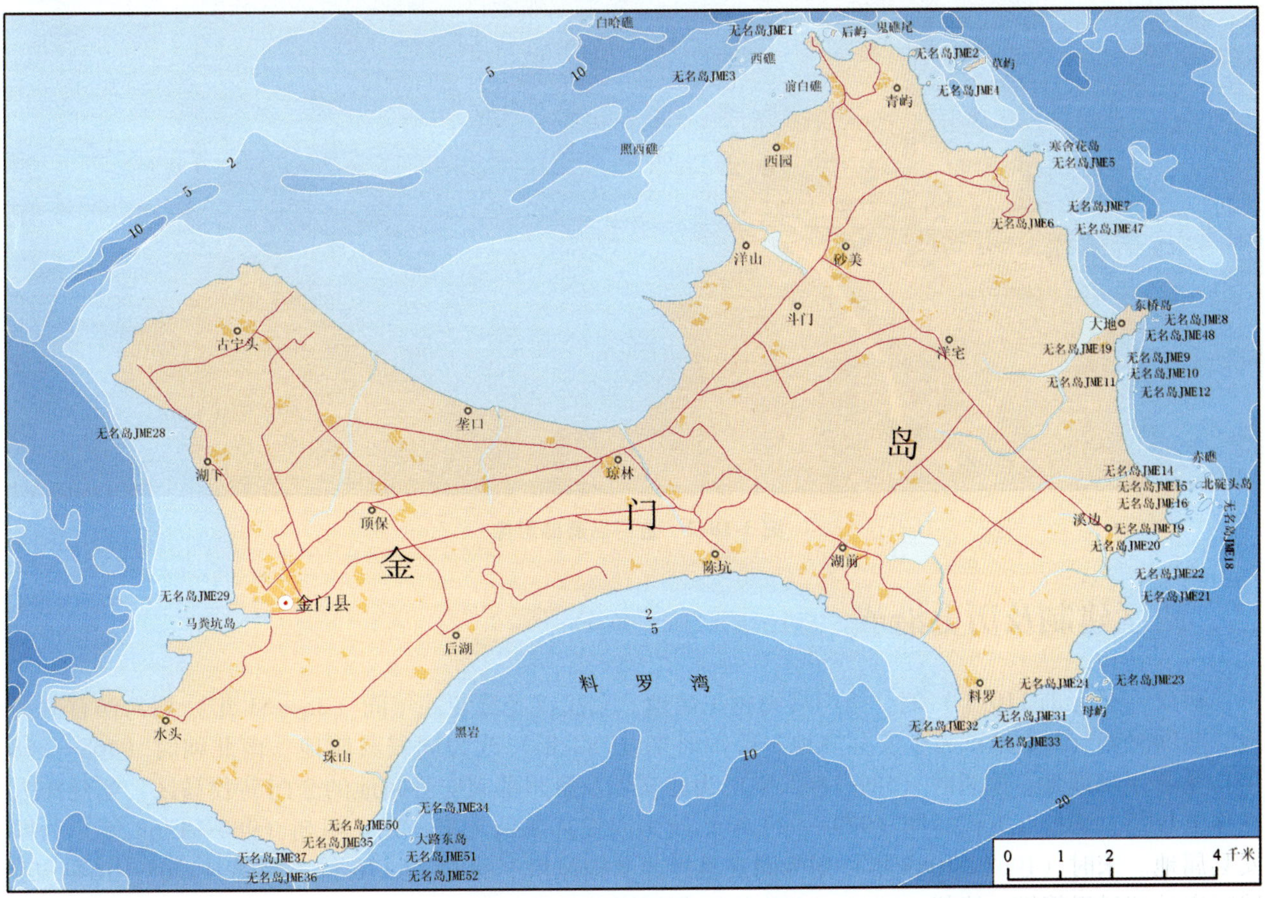

图3-18-1　金门岛地理分布图

中原战乱不安，有苏、陈、吴、蔡、吕、颜6姓难民逃到金门岛定居，他们成了金门岛首批居民。到唐朝（804年）时，金门岛设为牧马区，朝廷派往金门岛的牧马监陈渊，率领陈、蔡、许、翁、李等12姓氏牧马人屯居金岛，并广兴水利。金门岛因此人口繁衍生息，日渐繁盛。到宋朝，大儒家朱熹曾在金门讲学，受儒家思想影响。于是金门文风鼎盛，而雅称为“海滨邹鲁”。元朝（1308年）金门开辟盐场。明朝（1387年）筑城设寨以防倭寇，设立千户侯。明末，郑成功在金门岛建立军事基地，从此开始了北伐南京，东征台湾的事业。明郑永历十五年，郑成功的军队由金门岛料罗湾码头出发，从台湾岛台南鹿耳门登陆，仅用11个月就将盘踞台湾的荷兰人驱逐回国了。

20世纪50—60年代初，两岸关系紧张，有时互相炮击，于是金门岛变得萧条起来。20世纪80年代后，两岸关系缓和，经贸发展迅猛，金门岛又迅速繁荣起来。现金门岛新厦林立，楼宇毗连，街道纵横交错，游客大增，成为空前鼎盛时期。

图3-18-2 金门岛遥感影像

二、政区建制及历史沿革

西汉（公元前110年）时，金门属闽越王属地。东汉汉光武建武年间（25—51年）划入侯官县属地。三国时期（262年）为东安县属地。晋国时期（282年）改为同安县属地。南北朝时（468—568年）为晋平郡属地。隋唐时（589—803年）为建安郡及泉州郡南安县属地的金门岛牧马区，朝廷派人在岛上牧马、晒盐。五代时期（929—949年）改为同安县属地。宋、元、明朝（960—1368年）为同安县属地。宋时（1068—1085年）划为同安县绥德乡翔风里下的11保176村。明朝（1368—1644年）属同安县翔风里管辖。清朝（1644—1911年）仍属同安县翔风里管辖，全岛设6个都6个保。

民国（1912—1949年）初期，设立金门县，下设6个都10个保166个乡。1935年，金门县试行地方自治，下分设4个区。1936年，全县区域重新整编为3个区16个联保，93个保841个甲。1945年，全县设为4个乡。1949年，全县设为4个区，当年大嶝岛、小嶝岛被中国人民解放军解放，大嶝岛、小嶝岛归同安县管辖。20世纪50—60年代初，金门全县行政区域为5个乡镇，37个行政村，158个自然村，558个邻。现金门县所辖三镇一乡，即：金城镇、金湖镇、金沙镇和金宁乡，金门岛为金门县所在地。

按照中华人民共和国行政区划序列，金门县属中华人民共和国福建省泉州市管辖。

三、人口

（一）历代人口变化

金门岛成为有人居住岛，始于东晋元帝建武期间（282年）。当时，中原多战火，社会不安定，百姓流离失所，有避难者逃上岛，并定居下来。那时，岛上只有苏、陈、吴、蔡、吕、颜6姓。到唐朝（804年）时，金门岛被设为牧马区，朝廷派往金门岛的牧马监陈渊，率领陈、蔡、许、翁、李、张、黄、王、吕、刘、洪、林12姓氏牧马人屯居金门岛。在金门岛庵前村丰莲山一带牧马，并广兴水利。金门岛因此人口繁衍生息，日渐繁盛，陈渊被尊称为“开浯恩主”。

到了宋、明两代，迁移岛上商贾、渔、农、牧定居者猛增，岛上人口大量增加。

金门岛户口，在清朝前都统计于同安县，故历代均无文献记载，难以考证。清朝雍正年间（1736年），朝廷开始在金门岛设立县衙，金门岛人口从同安县划出，开始有了自己的人口记载，当时金门县（含小金门岛、大嶝岛、小嶝岛）人口1156人，其中民众男子354人，盐业户口男子671人。

清朝道光十二年（1833年），全县（含小金门岛、大嶝岛、小嶝岛）共计达12 146户，男36 942人，女25 550人。大小嶝岛船户33户80人。

1915年全县（含小金门岛、大嶝岛、小嶝岛）总计设10保176乡，有18 183户，男44 141人，女352 16人，共计人口达79 357人。1929年，全县人口75 599人，其中男44 392人，女31 207人。1945年，全县共计人口50 865人。

1956年，全县（含小金门岛）共计9660户，45 347人。1966年，全县统计，共6个乡镇39个村，9609户，56 843人，其中农业人口8597人，渔业人口1093人，工人1010人，商业2164人，交通运输业203人，公务员1080人，自由职业301人，国防事业408人，服务业1408人，家庭管理13 102人，学生3277人，无业人员388人，其他人员1018人，12岁以下儿童22 794人。

自1966年后，金门人口年年有增加，到1972年，人口增到61 976人。此后，因台湾经济建设快，工业发达，谋生较容易，金门岛剩余劳动力，纷纷赴台湾就业，人口又有逐渐下降趋势。1987年，全县人口为45 987人，其中：男23 750人，女22 237人。2009年8月人口91 261人。

（二）历史上金门人口外移情况

金门人口在明末清初，曾达到10万人以上，清乾隆四十年（1775年）时有73 611人，1915年有75 216人，两者相距140年，人口数略增1605人，但到1950年，已降到不及4万人，2006年人口数为76 491人。自明清以来，金门的人口成长是起伏不定的，长期来看呈下降之趋势。究其原因，主要是与人口外移及死亡因素有关。人口除了衰老自然死亡之外，战祸、饥荒、疫病等亦造成人口大量死亡。金门岛系地处中国边陲偏僻海岛，各个时期的中央政府多数管理力量薄弱，历来海盗打劫事件，不胜枚举，兵家亦视为军事要地，以此作为进攻闽南的据点，历朝历代战事多多，造成死伤难以胜数。饥荒与瘟疫、人口外移，也是导致金门人口减少的主要原因。

明代中、末叶，金门人在科举仕途的表现上极为突出，受倭寇之害，许多金门人中举授官后，便迁居至同安县城，历史上如陈健、蔡献臣，蔡复一等。一般乡民也有迁居内地，且繁衍成村者，如青屿的张姓、阳翟的陈姓、下坑的陈姓、青岐的洪姓、沙尾的彭姓等。

1. 移往台湾、澎湖

金门人口移往台湾、澎湖及海外，始于何时，难以确切考证。据历史记载，早在1637年前后，自厦门和大、小金门等地到台湾的商船和渔船，就达300～400艘，渔人估计达6000～10 000人，商船以来自厦门最多，渔船则以小金门最多，几乎达到全部渔船的一半。17世纪荷兰占据台湾时期，前往台湾捕鱼及兼营商业的，以金门、厦门和小金门为最多，这些渔民是早期开辟台湾的先驱者。据明末卢若腾的《浯洲节烈传》记载，金门人走食于澎湖，岁数往返金门，明末，金门饱受倭寇、海盗、荷兰、清兵、明郑的交相攻夺，战火连连，大批的金门人避居海外，距离较近的澎湖成为首要的迁居地。

2. 迁移海外侨居

据近几年金门县华侨协会、南洋各同乡会馆等单位的调查统计，海外金门原乡人的总数已超过25万余人，且不包括其他已历代久居外域，或与当地土著通婚者的后裔。

据统计，现有超过50万金门侨民分布世界各地，其人数十倍于金门现有的人口数。金门人早年前往南洋，多因家乡生活困苦所致，与现在台湾人前往世界各地投资者迥然不同，他们大多是赤手空拳前往，初期多半从事打杂等苦力工作，如金门人赴新加坡，有许多是从一艘小舢板起家，他们在金门原本属于讨海为生的人家，漂洋过海到新加坡后，也多干最拿手的老本行，经营舢板业，新加坡开埠初期，大力发展转口贸易，为舢板业提供了用武之地。这些人本着吃苦耐劳、勤俭朴实工作，积累财富，慢慢发达起来，做出杰出的成就，其中不乏佼佼者，成了富翁、名人。

南洋以外的其他地区，金门籍侨民亦有好的表现，如大约于清道光30年（850年），金门新头村的陈国梁、陈世望父子移居日本长崎，创立公司、商号，从事亚太地区的国际贸易，商誉卓著。金门山后村的王国珍、王敬祥父子移居日本，经商致富。孙中山在日本号召革命时，王敬祥不遗余力给予资助，并在金门山后的故乡建闽南式的传统建筑十几栋，以造福族人，今开辟为金门山后民俗村。早年移居海外的金门侨民，对家乡的经济发展，面貌改变做出了杰出贡献，现金门各村中普遍可见的洋楼，即是金门人移民海外历史的见证。

（三）金门现在人口构成

1. 性别结构

金门人口的性别结构，1956年前女性人数高于男性人数；从1957年开始，男性人数稍高于女性人数；到2002年，男性高于女性达710%，呈现极端不平衡现象，与迁入人口男多于女有关。

2. 年龄结构

金门人口总体上有趋向于高龄化的现象。2006年，全县显示15岁以下的幼年人口所占比例减少快速，原因归结于青壮人口外流和出生率渐低。全县人口平均寿命逐年上升，1971年男性平均寿命为66.11岁，2006年为77.49岁；女性自1971年的71.73岁提高到2006年的80.50岁。

据统计①，金门人口三个阶段年龄结构改变甚为快速，幼年人口所占比例下降，而青壮年人口与老年人口所占比例上升。0～14岁的幼年人口，在1955年时占总人口39.07%，至1971年上升至47.01%，此后便逐年下降，至2006年时，仅占15.06%。15～64岁的生产年龄组，所占全县人口比例，1955年时为56.58%，1971年时下降为47.61%，此后逐年上扬，2006年时为72.17%。65岁以上的老年人口，占全县人口比例，由1955年时的4.34%，到1984年时达到7.01%，达到了高龄化社会的指标，2006年时占全县人口的12.77%。金门人口已达到较高龄社会的标准。

3. 扶养率结构

扶养率系指每百名青壮年人口（生产人口）所需负担扶养的幼年与老年人口数。

金门扶养率在1991年之前超过72%以上。在20世纪六七十年代，扶养率超过100%，壮年人口

① 金门县政府主计审：金门县社会指标统计，2006年。

的经济负担极其沉重。此后几十年间，扶养率呈逐年下降之势，到 2006 年降为 38.56%。已低于一般发达国家 50% 扶养率的标准。

但若分别从幼年人口与老年人口的扶养率来观察，前者从 1979 年的 80.76%，降至 2006 年的 20.87%；而对老人口的扶养负担，却逐年递增，且这种趋势仍在持续升高，需重视由老年人口增加所带来的社会问题。

4. 就业结构

金门县就业人口占总人口比率，1974 年时为 26.83%，至 1994 年时已高达 38.94%，但 2006 年时又降为 23.77%。女性劳动参与率，远较男性为低，2006 年仅占就业率的 31.9%。衰老残病不能工作者，在 1987 年前，占全县非劳动人口 12% 以下，但 1998 年起比率逐渐提升，2006 年高达 35.46%，反映本县人口老化的现象①。

5. 教育结构

（1）文盲率（不识字类）

金门县的文盲率，在 1971 时为 21.88%。此后，逐年下降，至 2006 年时为 1.96%。相反的 15 岁以上识字率逐年提升，由 1971 年的 78.12%，增加至 2006 年的 98.04%，增加 19.92%。

（2）受教育率（识字类）

金门自 1968 年，推行初等教育延长至 9 年后，40 余年来，金门县的教育有极显著的进步。15 岁以上人口的识字率逐年提升，由 1971 年的 78.12%，增加至 2006 年的 98.04%，递增了 19.92%。

6. 婚姻结构

金门人通常把年龄在 15 岁以上的，称为可婚人口，婚姻结构即以 15 岁以上人口做统计。满 15 岁的可婚人口，未婚者之比率在 1971 年时为 24.25%。到 1995 年，未婚人口数的比率开始增加，且增幅明显，1999 年时，未婚者占金门县 15 岁以上人口的 34.17%。至 2006 时，有所下降，但仍高达 30.52%。从初婚年龄看金门县人口有晚婚的趋势，1971 时，该县平均初婚年龄，男性为 28.5 岁，女性为 19.9 岁。此后，男性平均初婚年龄呈下降之趋势，到 1995 年又转为上升，2006 年时男性为 30.1 岁，比 1971 年时晚婚 1.6 岁。在女性方面，其平均初婚年龄也呈上升之趋势，至 2006 年时的 30.1 岁，比 1971 年时的 19.9 岁，高出 10.2 岁。金门县 15 岁以上女性愈来愈晚婚，与金门经济形态转变，妇女就业者渐渐多起来以及所受教育程度的提升有关。

金门人口中，有配偶者的人数，1971 年时达到 20 270 人，此后略为减少，到 1999 年时增加至 23 362 人，与金门县民众平均寿命的提高有关。有偶者占该县 15 岁以上人口的比率，1971 年为 64.39%，之后略有变动，但幅度不大，为 57% ~64%，一直到 1990 年微升至 64.91%，但随后又缓慢地下降，1999 年时降为 57.28%，系自 1971 年以来最低者。

金门县离婚率自 1997 年起有上扬之趋势，2006 年时离婚率为 4.64%。近年来大陆及外籍新娘人数的增加，据金门县政府民政局的统计资料，2005 年底，外籍户口新娘人数为 1394 人，最多者为大陆新娘，共有 789 人；印度尼西亚等其他国籍者有 404 人。

（四）人口密度

20 世纪 60 年代后，金门人口数基本呈递减趋势，1990 年降至最低，仅有 42 754 人，每平方千米为 279 人。1991 年起，人口数逐年增加，人口密度亦逐渐提高，2006 年，每平方千米有 510 人，达历史最高数。

2006 年，金门总人口为 76 491 人，分布在 157 个自然村，从各乡镇的人口密度来看，金门岛金城镇的后浦人口密度最高，每平方千米达 1196 人。金门岛金湖镇的新市里，金沙镇的汶沙里这两个市镇的人口密度也较高，上述三地区的人口总数，约占金门总人口 1/3 强，仅后浦这地方，就差一点约占

① 金门县政府主计室：金门县社会指标统计，2006 年。

全县人口1/4。其他平均每个自然村有300多人。

1992年前，统计数据显示，全县历年的总户数变化不大，约在8600户左右，平均每户约5人。但自1993年起，金门政府开放家庭户可自由申请金门酒厂的烟酒牌照，以代销金门酒厂金门酒类产品，有的人家将一户人口拆分成数户，以便能多申请烟酒牌照，故户数暴增，到1997年全县增至11 725户，平均每户不到3人。金门与厦门开放小三通后，凡在金门设立户籍满6个月者，即可经金门直接往返厦门，由此金门全县户数增加更明显。统计数据显示，2002年金门总人口为58 933人，共计18 941户，到2006年时增加至76 491人，共计28 485户。4年人口增加了17 558人，但户数增加了9544户。2006年，平均每户2.69人，具体的户数的结构是：1人家庭有11 808户，2人家庭有5409户，3人家庭有3397户，4人家庭有2790户，5人家庭有2155户，6人以上家庭有2921户，另公司户5户。

四、公共服务

（一）教育

金门人对教育与文化建设十分重视的，认为是地区发展的根本。目前，金门地区学校林立，教育普及，就学率达99.36%。1998年开始全面实施幼生免费入学，使得学前教育普及落实。

全县现有国民中学5所、国民小学19所，独立幼儿园及国民小学附设幼稚班61班，学生总人数为9970余人，占总人口数13.64%。在重视教育的理念下，1984年金门高中、金门高职学校改制为国立学校。

为提升金门县教育水平，近些年大力改善全县中、小学硬软件教育设施、积极办理教育人员在职进修、强化教育辅导与视导、开展课程改革与推广、办理特殊教育、加强公民教育与法律常识教育、强化、推广科学教育活动、信息与外语学习，以求与国际接轨。另外，为减少学生中午上放学安全顾虑，减轻学生家长负担，于1999年冬开始在全县实施国民中、小学生免费营养午餐制度。

金门鼓励各级学校办理各类补习教育、举办学历鉴定考试、鼓励终身学习。县里建有县立体育馆、综合运动场、室内游泳池等大型体育运动场所，这些运动场所，除提供县运动会、中、小学联合运动会等大型运动会使用外，并经常利用假日举办各项有益民众身心健康的休闲体育娱乐活动。全县成立有田径、球类、健身武术、游泳、休闲舞蹈等24个运动单项协会，积极进行体育运动的推广。

为加速地方整体发展，提高广大民众知识领域和素质，方便在职青年进修，邀请台湾中山大学、台北教育大学、国立嘉义大学、私立铭传大学等高等教育学府在金门设立在职专班及进修学分班。2003年成立“金门技术学院”。此外，两岸实施“小三通”后，为解决台商子弟读书的后顾之忧，自2002年9月起，以不设班、不设校的“融式教学”原则，正式在金门高中、金门农工、金城国中、中正国小、金湖国小、开办了大陆台商子弟学校，解决台商子弟就近读书问题。

初等教育，在1971学年时有13 464人，至1981学年降至8778人，1991学年度为6058人，至2006学年度仅余4060人，30多年间减少了9404人。由于金门人口的受教育水平，由国民教育阶段逐渐向上提升，故受初等教育者占15岁以上人口比率，从1971年的56.53%，下降至2006年时的18.36%，计下降38.17%。

中等教育，1971年，金门县受中等教育者，占15岁以上人口的15.93%，至1981年时为30.37%，10年间提高了14.44%，2006年提升至44.96%，亦即15岁以上人口，有2/5以上的人口受过中等教育。

高等教育，1971年时受高等教育者，仅占15岁以上人口的0.93%，亦即15岁以上人口，每百人中具有大专以上教育程度者尚不到1人；2006年时已增加为31.83%，亦即15岁以上人口有超过1/3以上受过高等教育。

（二）科学技术

金门科研机构少。设有水产试验所，负责渔捞及养殖业的试验与推广，执行海洋渔场调查、鱼讯搜集及鱼苗繁殖。建有畜产试验所、动植物防疫所，这两个所除执行和承揽畜产试验、培育优良品种、推广家畜疫病预防等业务外，还建有梅花鹿野放场，并附设畜牧业休闲游乐设施。建有金门技术学院和金门高级农工职业学校，开展部分科学研究工作。另金门酒厂等部分企业设置有研发机构。

（三）医疗卫生

为发展公共卫生，促进县民健康，金门县设有卫生局，下辖各乡镇卫生所。卫生局掌管保健、防疫、医政、药政、护政、食品卫生管理、营业卫生、成立心理卫生中心与长期照护管理示范中心，各种卫生计划执行、技术改进、卫生教育等事宜，并负责督导金门医院医疗救护业务与各卫生所公共卫生业务。金门卫生局早年在执行鼠疫、寄生虫、血丝虫、结核病、学童砂眼防治、家庭计划推广、预防接种等方面取得了很好的成效，打下良好根基，近年来主要进行慢性病防治、各种疾病筛检追踪治疗、公共卫生推广、医疗卫生人员培训、促进医院升级、建立紧急后送医疗网等卫生保健医疗工作计划，对提升民众健康作用显著。

为加强医疗保健与病患服务，金门于20世纪90年代末，先后斥巨资完成了县立医院综合医疗大楼的建设，并更新医疗设施、添购先进仪器、加强医师在职进修，提升医疗水平，并与台湾各大教学医院进行医疗合作，造福民众病患。2005年金门县立医院改制为卫生署金门医院，又兴建急重症大楼，更进一步改善医疗质量。

第二节　海岛历史与文化

一、海岛历史

（一）海岛风情与旅游文化

随着两岸关系的逐渐和缓，金门岛已成为旅游观光的好地方。现今，当你一踏上金门码头，首先映入眼帘的是码头周边海堤上昔日留下的密密麻麻地遍布的支支丫丫的水泥支架，沿海堤形成一个陡坡，一个连一个牢牢地粘附在海堤上。隐蔽在山坡树丛中的工事和坑道口，偶还可见，还有一些被铁丝圈起的地方用醒目的红色小牌写着“雷区”两字，警示人们不得擅入其内。一些碉堡、战车、战机、大炮，现在还摆放在公园内，在距大陆海防最近的古宁头上，排列着48个直径1米多的巨型喇叭，那是当年驻军向大陆喊话用的工具，48个大喇叭仍在滩头一字排开，所有这些都成了金门特殊的景观，成了今日观看战地风光的卖点。加上到处可见的郁郁葱葱、美丽如画的园林、伊甸园，洁白的海滩，风翻海浪花万片，还有醉人的海风和古朴的民俗，使来岛上游玩的客人心旷神怡、流连忘返。

（二）历史遗址

金门自古就与大陆有着千丝万缕的联系，据考古证实，金门有人群居活动的年代起源甚早。台湾的学者在研究金门富国墩、金龟山、浦边等三处遗址的年代和人文内涵时，发现史前时期，金门岛人类活动可分为两个阶段①。

1. 富国墩遗址

距今7000—4000年前，以金门富国墩遗址的文化时期为代表，包括金龟山遗址。此阶段，金门岛

① 陈仲玉：金门岛考古遗址调查研究。

上的居民，似乎仍延续着旧石器时代末期的某种生活方式，主要以渔捞为生，可能也会捕猎麋鹿类小型哺乳动物，尚无农耕方式。其居住地，以小海湾边缘的山坡地为主，可能会因季节、鱼贝类的收获量变化而游走居住。

2. 浦边遗址

距今4000—3000年间，为金门浦边村遗址的文化时期代表。此阶段，金门岛上的居民，仍以渔捞海产为重要的生产方式。但他们选择海岸线后方的平原沙丘为居住地。聚居群落的规模扩大，从浦边村遗址出土的大型瓮、钵等类陶器分析，推测为聚群定居的村落。但目前仍不能确定是否有农耕的生产方式。该阶段居民的生活方式，可能延续相当长的历史时期，直到后来中原汉文化的进入。

（三）历史古迹

金门自唐朝陈渊牧马辟疆开始，历经宋朝朱子教化，明代名将俞大猷以及延平郡王郑成功、鲁王朱以海等曾在此驻足。岛上习文习武之风蔚然兴起，据记载，历代科甲鼎盛，进士就多达40余人。加上金门历代都为海疆重镇，是台湾、福建的交通枢纽。因此，岛上遗留下来的名宦故居、钦旌牌坊、宏伟古墓、肃穆宗祠、壮丽庙宇等古迹数不胜数，虽经历代战祸破坏，迄今岛上仍比比皆是，比较著名的古迹详述如下。

1. 金门旧金城

明洪武二十年（1387年），朝廷设守御千户所于旧金城，直到清康熙年间，地方官署才移至后浦。尚留下一些遗迹如古道、石坊、石碑可追寻。

2. 牧马侯祠

金门在唐德宗（800年左右）时期，曾被福建衙门设为牧马区，陈渊受命担任牧马监。他带领随从及十二姓来金门开垦，奠定了金门的发展基础。

3. 浯江书院

建于乾隆四十五年（1708年），书院内有朱子祠，乃是为了纪念宋代名儒朱熹。朱熹曾讲学于金门，立燕南书院，金门受朱熹的教化颇深。

4. 延平郡王祠

在夏墅岗有座延平郡王祠，奉祀郑成功。由于该处形势险峻，以前是郑成功练兵的重镇。其他有关的遗迹还有莒光楼、点将石、国姓井与万人井等。

5. 御赐里琼林坊

琼林旧称平林，因平林的蔡氏家族，是明朝中叶从河南开封迁徙而来，平林籍的进士蔡献臣赶走蛮夷有功，明熹宗天启五年，朝廷赏赐居住地名“琼林”。琼林家庙被评为“十四世代宗祠”，为台湾省二级古迹。

6. 鲁王墓

已有300多年的历史。据史料记载，鲁王为明朝太祖九世孙。明末清军入关后，明朝思宗皇帝自缢，天下大乱，南明各王四处流亡。鲁王朱以海辗转到金门，寓居七年之久，因时局太乱，死后秘密葬在金门，不敢立碑。1959年夏季，金门驻军在旧金城东古岗湖西发现鲁王真冢。由于发掘了鲁王真冢，在出土志里，记载鲁王世系事迹甚详，鲁王卒于康熙元年（1662年），鲁王素患哮疾，中痰而死。文武百官将其葬于金门东门外前有湖水，右有石峰的青山上。后来鲁王遗骸迁葬重建新墓，新墓背山面海，前立牌坊，中建碑亭，庄严肃穆，树木茂密，成为金门岛的一大历史观光胜地。

7. 邱良功墓

邱良功是清仁宗时剿海盗勇将。墓位于小径村，是金门保留最完整的古墓园，为台湾省二级古迹。

8. 西村父子文魁

西村吕氏宗祠建于清雍正七年（1730年），至今有250多年历史。宗祠内随处可见“理学明贤”、“文魁”、“明经”等牌匾。

9. 威振第

位于古宁头北山村，是清水师提督李光显的故宅。李光显是清嘉庆年间缉讨海贼的勇将之一，官至广东水师提督，两广总督阮元亲题“海邦着绩”匾额相赠，他的故居又称为“提督衙”。为台湾省三级古迹。

10. 水尾塔

为镇水用的压胜物，通常立于河、湖畔以镇水泛滥、保农作平安。风格独特仅存一座于古宁头北山村。

11. 金沙古址

位于太武山外的僻静之处，金沙的开发晚于金门的其他地区，因传说盛产金沙而蒙上一层神秘的色彩。

12. 西园盐场

金门早在元朝时官方就设立盐场，最盛时达十处之多，而今金门的盐场仅存西园村一处。

13. 陈桢恩荣坊、陈桢墓

陈桢一门五代家世显赫，位居高官。陈桢墓为台湾省二级古迹。

14. 金门民俗文化村

位于山后村中堡，建于清光绪二十六年（1900 年），是旅日侨领王国珍、王敬祥父子建造，分赠王氏族人居住的宅第。全村住宅 16 间，祠堂、私塾各 1 间，俗称 18 间王家厝，全部房舍都采用闽南传统二进式建筑，历时 20 余年才完成。这 18 栋宅第建筑，因久经海风吹袭，原貌已破旧不堪，经金门县政府 1979 年复旧改建后，取名为金门民俗文化村，内分为 7 个馆：民俗文物馆、礼仪馆、喜庆馆、休闲馆、武馆、生产馆及古官邸。

15. 其他古迹

邱良功母节孝坊，文台宝塔，琼林蔡氏祠堂，朱子祠，虚江啸卧碣群，陈健墓，水头黄氏酉堂别业，丰莲山牧马侯祠，汉影云根碣，魁星楼，西山前李宅，卢若腾故宅及墓园，古龙头水尾塔，海印寺、石门关，清金门镇总兵署，蔡攀龙墓，文应举墓，将军第，陈显墓，西山前李氏家庙，东溪郑氏家庙，黄伟墓，黄汴墓，浦边周宅，观德桥，杨华故居等。

16. 庙宇

金门人信神拜佛，极其盛行。金门地处大海之中，经常遭遇风灾、旱涝、瘟疫等天然灾害，还长期遭受倭寇、海盗的威胁、骚扰；驾舟贩商、讨海为生的，长期在波涛汹涌中讨生活，安危难卜，人们渴求神灵庇佑，驱邪攘灾。金门人对宗教的信仰不但诚挚而且执迷，已然深入民间，形成根深蒂固、牢不可破的观念。形成有村落即有庙宇，甚至一个小小的村庄拥有数座庙宇的情况。现金门各乡镇，各种宫、庙、寺比比皆是，且香火不断。

（四）历史事件

1. 中国人民解放军炮击金门

1958 年 8 月 23 日傍晚，中国人民解放军福建前线部队集中火力，万炮齐发炮击金门。大金门、小金门及其所有港口、海面，全部都在解放军远程大炮的射程内。一时间，硝烟弥漫，炮声隆隆。小小的金门岛，不到 1 小时，就落下 3 万颗炮弹，火力的猛烈和炮弹的密集程度，令人咋舌。据说，整个金门岛都笼罩在炮火硝烟中。炮战延续了几个星期后，10 月 6 日，北京发表了国防部文告（即《告台、澎、金、马军民书》），做出停火 7 天的决定。中国人民解放军炮击金门，用呼啸的炮弹粉碎了帝国主义分裂中国的图谋，捍卫了祖国的主权和领土完整。

2. 古宁头大战

1949 年 12 月 24 日夜，中国人民解放军近 4 个团的兵力开始渡海到金门作战，凌晨 1 点 30 分左右，渡海的解放军在金门海边的滩涂上胜利登陆，与驻守金门的国民党军队在金门古宁头发生惨烈的战斗，这场惨烈战斗一直持续到 28 日才逐渐平息，零星战斗持续更长，战斗双方损失惨重。发生在金门古宁头的这场战役，规模并不大，只是师级规模，但闻名中外，影响深远。

（五）历史人物

1. 陈渊

在唐德宗（800 年左右）时期，被派来金门担任牧马监的工作，他带领随从及十二姓来金门开垦，奠定了金门的发展基础。死后，乡人祀之。民间传说能显灵，为民御灾捍患，元朝时敕封为福佑圣侯。宋朝朱熹题牧马侯祠诗：“此日观风海上驰，殷懃父老远追随，野饶稻黍输王赋，地接扶桑拥帝基。云树葱龙神女室，岗峦连抱圣侯祠。黄昏更上灵山望，四际天光蘸碧漪”。

2. 朱熹

宋代名儒。朱熹是宋朝著名教育家、思想家、哲学家，有中国学术界自宋以来第一伟人之称。曾讲学于金门，建立燕南书院，金门受朱熹的教化颇深。金门人感其功德，建祠以祀。

3. 郑成功

民族英雄郑成功，曾在金门屯兵牧马、建立舰队，把金门作为收复台湾的基地。金门人感其功德，在夏墅岗建延平郡王祠，奉祀郑成功。

4. 蔡献臣

进士蔡献臣赶走蛮夷有功，明熹宗天启五年，蔡氏家族的居住地平林，朝廷御赐改名为“琼林”。

5. 鲁王朱以海

鲁王为明朝太祖第九世孙。明末清军入关后，明朝思宗皇帝自缢，天下大乱，各王四处流亡。朱以海辗转到金门，寓居金门 7 年之久，卒于为寅康熙元年（1662 年），死后葬于金门。

6. 邱良功

清朝仁宗时剿海盗勇将。死后葬于金门，金门人感其功德，建墓奉祀。

7. 李光显

清嘉庆年间缉讨海贼的勇将之一，官至广东水师提督，故居称为“提督衙”。

8. 王国珍、王敬祥

王国珍、王敬祥两人为父子，是金门旅日侨领，清光绪二十六年（1900 年），在金门岛山后村中堡，建 18 栋宅第建筑，分赠王氏族人居住，在金门众人口碑很好。

二、海岛文化

（一）民俗文化

金门岛仍属于传统的农业型社会形态，其风俗习惯，保存着中华民族汉人的传统信仰、风俗，但也别具浓厚的地方色彩，既保持闽南特征，又独特迷人。这与岛上居民的社会生活和信仰有密切关系。据历史记载，金门受朱熹教化，民间崇尚礼义，盛行读书，赋诗弄墨。清代开始，练武之风盛行，崇尚刚勇。自古到今，金门人崇尚礼义，吃苦耐劳，勤俭持家的风气和传统世代相传。在过去的数百余年间，岛上居民犹敬信朱子之学，在这种风气的影响和教诲下，民众不管多贫困，均能吃苦耐劳，以气节自励，男耕女织，勤俭持家。民间习俗是，严格男女之别，凡户外踏青、入寺烧香，登山游玩，女孩、姑娘家均单独不能为之。十岁以上女孩、姑娘家，禁止单独出门，平时多半在家纺纱织布，老妇人少出门，出门必以帕蒙面。民间传统节日与大陆的习俗特别和漳州、泉州完全一样。每年例行的祭祀赛会，以“迎城隍”的规模最大。岛上无妓馆娼寮。赌博之风自古有之，然而不厉害。又如，金门之宗教仪节、生活习俗，都是以祭祀为主要重心，凡对神明及祖先之祭祀等，莫不如是。而和家庭经济生产有关的牛圈、猪圈等都视其具备神灵，均要加以祭拜，每年农历七月的家家户户过普度节，就是要祭拜俗称好兄弟的无主鬼魂等。进入 21 世纪后，金门经济繁荣，民众生活优裕，年轻人渐渐沾染都市奢侈时髦生活，吃苦耐劳，崇尚礼义，讲道德守信誉等淳朴美俗民风尽失。妓馆娼寮，近几年也有了。因生活优裕，赌博之风越来越厉害，纸牌、麻将、扑克，样样俱有，豪赌者一掷百十万元，有的甚至倾家荡产，也有因负债而轻生，民间倡议要严加取缔。但宗教信仰、求神拜佛极其盛行。

1. 金门人宗族亲情理念

金门人遵循姓氏观念传统，且氏族观念亦与内地无异，乡村大多同姓同族聚集而居，永世不移。金门人宗族亲情观念非常强，在金门现有的180多个姓氏中，大部分姓氏都建有各自姓氏宗祠。现金门的姓氏宗祠有：金城镇26个、金湖镇22个、金沙镇48个、金宁乡37个、烈屿乡（小金门岛）15个。

金门人原本就遵循同姓为同宗或宗族，即此谓同宗同族同祖宗理念。近年来，在政府弘扬中华传统文化，推进社会伦理建设的鼓励下，金门各氏宗族亲情更加活跃，纷纷成立各自的姓氏宗族亲情会，协助政府推行政令，倡导政策，使族人能明大义，人人奉公守法人安定社会秩序。推行民俗改良，革除不良习惯，厉行节约，戒绝奢侈浮华习气，维护淳朴风俗。

金门各氏宗族亲情会的宗旨与任务，大致如下：敬祖尊宗，修建宗祠，岁时以祭祀祖先；敦亲睦族，调解族内纠纷事件，死生相顾，守望相助，疾病相扶持；奖掖子弟就学，筹设奖助学金，并鼓励子弟从军报国；协助教育事业，筹集基金，配合政府经费兴建学校；赞助公益事业，筹募资金，配合政府地方建设及公共设施；推行民俗改良，革除不良习惯，厉行节约，戒绝奢侈浮华习气，维护淳朴风俗。

近年先后成立之宗族亲情会有：金门县李氏宗亲会，金门县许氏宗亲会，金门县陈氏宗亲会，金门县王氏宗亲会，金门县张氏宗亲会，金门县黄氏宗亲会，金门县蔡氏宗亲会，金门县林氏宗亲会，金门县颜氏宗亲会，金门县吴氏宗亲会，金门县董杨氏宗亲会（董杨二姓并包括童氏在内），金门县四岳宗亲会（包括姜、吕、卢、高、许、纪、邱、谢、谭、章、齐、柴、申等姓），金门县六桂宗亲会（包括洪、江、翁、方、龚、汪六姓），金门县朱庄严宗亲会，金门县薛氏宗亲会，金门县卢氏宗亲会。

2. 民间信仰文化

金门没有特别显著的宗教信仰，但一般民间信仰特多，大体上可分为两个方面，一是祖先的奉祀，二是神道方面的崇拜，两者均有家中奉祀和祠庙奉祀的。

（1）祖先奉祀

在重孝道观念和重人伦传统的倡导下，金门人尊祖敬宗。奉祀分“家堂奉祀”和“宗庙奉祀”两种。

家堂奉祀：金门风俗，家家户户在堂屋中置奉祀祖先神主牌位的长案或八仙桌，每逢岁时令节及祖先忌辰，敬献美酒果品，祭拜甚虔诚。如有祖先画像，则悬挂堂上，供子孙瞻念，永远缅怀。

宗庙奉祀：宗庙为同族人奉祀祖先之场所，俗称家庙、宗祠或祠堂。在民间信仰心理上，金门人对宗祠奉祀尤为重视，祖先除家堂奉祀外，凡建立族人成村的或聚族而居的，多建有宗祠。金门建有宗祠达130余所，是金门人重视祖先奉祀之特征。金门人的传统观念，人生归宿，不在乎升天成佛，居天堂瑶池，而在乎子孝孙贤，在祠堂受子孙后人香火奉祀。

（2）神道崇拜

神道崇拜，金门极为盛行，每家每户除堂屋条案上奉祀观音菩萨、灶君、土地神外，乡间各村庄，无论大小必有神庙，亦有一村数庙的。其奉祀对象，品类繁多，仙、佛、神、鬼，三教九杂，同处一堂，食受人间香火。奉祀对象大致可分为九类（包括家堂奉祀）：一是与地缘、血缘有关的神；二是我国传统奉祀的神；三是闽南地域传统奉祀的神；四是出于正史之神；五是出于野史之神；六是纯佛教之神；七是纯道教之神；八是风俗称王爷之神；九是鬼魂之神。略摘录如下。

①与地缘血缘有关的神

陈渊，即唐牧马侯，金门人称为恩主公；

朱子，即宋朱熹，民间通称为朱文公；

俞大猷，民间俗称俞都督，明代金门金城有俞公生祠；

黄逸所，金门汶水头、浦头黄姓族人奉祀他，属祖先神格化崇拜；

许獬，金门许姓族人奉祀，属祖先神格化崇拜；

郑成功，明朝末在金厦起义抗清，赐国姓，封延平郡王，俗称国姓爷；

洪旭，随郑成功起义抗清，赐封忠振伯，永历年间捐建太武山海印寺，并捐山下数十亩田产为寺产；

王忠孝等，聚贤村侍郎王忠孝祠，奉祀明朝侍郎王忠孝等7人，亦称七贤祠。七人皆明末流寓金门之士大夫。

②我国传统奉祀的神

在金门民间奉祀的有：天公、三官大帝、土地神、灶神、城隍神、关帝爷、文昌帝君、魁星公、玄天上帝、水仙五帝等。

③闽南地域传统奉祀之神

在金门民间奉祀的有：天上圣母（俗称妈祖）、注生娘娘（俗称助生娘娘）、保生大帝、清水祖师、通远仙翁、厂官爷（郑成功起义抗清，在后浦南门海滨设厂造船，祀神为厂官）等。

④出于正史之神

在金门民间奉祀的有：神农氏（尝百草为民医病的五谷药王）、萧公爷（汉萧何，明清期间，金门人读书不及第，多改读律法，奉萧何为法律神，称为萧公爷或萧王爷）、李将军（汉李广，金门风俗，小儿胸前挂一个，一面镌雄鸡弓箭，一面镌刻李广将军四字的银牌可辟邪保平安）、双忠王（唐张巡，金门人称张巡为厉王爷，尊称许远为武安尊王，合祀称双忠王）、田都元帅（唐朝雷海青，为演戏之神，因加封为田大元帅。后世梨园及乐坛都奉祀他，称为田都元帅）、包公、岳元帅（宋岳飞，明代奉祀为护国神，尊封为帝，奉祀武庙）。

⑤出于野史之神

金门民间奉祀的有：哪吒三太子（出自封神榜故事，金门汽车驾驶业者，奉祀以保平安）、木吒太子（出自封神榜故事，金门岛金东内洋、东溪、东沙尾、新田墩、下新厝等村，都奉祀木吒，称为五乡太子）、五岳大帝（出自封神榜故事，金门岛后浦建有岳帝庙，奉祀五岳之神，信者颇众，俗称岳帝爷）、齐天大圣（出自吴承恩西游记故事，孙悟空，俗称大圣爷。金门风俗，小儿患疳积，面黄肌瘦，病态，拜大圣爷，或许与大圣爷为干儿，谓可病除）、龙王（出自西游记与封神榜故事，雕塑作龙首青面人身像。金门人相信江海有龙王掌管兴云布雨之权）、李仙祖（即吴元泰东游记八仙中的李铁拐。其流传于民间的事迹颇多，金门人尤为奉祀）、玄坛元帅（出自北游记，又称黑旗将军，左手执索伏虎，右手执鞭辟邪，金门人认为奉祀玄坛元帅可辟邪）、洪元帅（又称洪济元帅，为南海之神）。

⑥纯佛教之神

金门民间奉祀的纯佛教之神主要有：如来佛、释迦牟尼、弥勒佛、阿弥陀佛、观世音（金门人俗称观音佛祖，观音妈，观世音大士。观音随处可见，有千手观音，净瓶观音，紫竹观音，普陀观音，过海观音，白衣观音，鱼篮观音，抱子观音等多种，金门人家堂奉祀多为净瓶观音，配以善才玉女为侍者，寺庙、庵通常加奉祀十八罗汉于佛殿左右两侧）、韦驮护法（俗称此神为护持佛法者，金门的寺庙中多供奉之）、地藏王（金门人称幽冥教主，统管十殿阎罗王，检察人间善恶事）、普庵祖师（俗称普庵公，宋时高僧，名印肃。金门寺庙中通常于佛殿背后设普庵祖师像，金门人认为有求必应，十分灵验）。

⑦纯道教之神

金门民间奉祀的纯道教之神主要有：太上老君（今道观、醮坛及道士家皆供奉之）、三清天尊（即玉清元始天尊，上清灵宝天尊，太清道德天尊，为道教三尊之神）、九天玄女（亦称九天娘娘，传为黄帝之师，圣母元君弟子）、闾山法主（俗称法主公、都天圣君，另一派道士号为法师者奉为教主。

众人感其恩，拓洞为祠祀之）、三奶夫人（亦称三妈夫人，三姑娘妈。为唐末陈靖姑、林妙娘、李三娘之合称。俗称三姑）。

⑧称王爷之神

金门民间风俗称王爷之神主要有：苏王爷（清代水师兵营供奉于内校场观德堂之神。今鹿港的金门馆，即原先的苏王爷庙）、百姓王爷（金门民间所祀甚多，称为某府王爷，某府千岁，某府元帅，某府将军）、石狮爷（金门人又称风狮爷，乡村各当风路口，都建有一座狮形立像祀之，称之为镇住风煞之神。风俗传说，因其张口受日月精华，有灵性。每年中秋那日，村民、居民以酒水果品等供品祝狮爷千秋）、石将军（墓前翁仲，金门风俗亦信其为神，常有人祀拜。金门六甲莺山庙前临海处，有石像屹立，项盔擐甲，携弓矢，用以制煞，即汉朝李广将军神像也，俗称石将军）、三鱼王（据传金门料罗湾某年有大鱼三条搁浅，有妯娌二人将其拖回宰售，食后病倒数十人。因此，居民们建祠祭祀鱼骨为三鱼王，祈求食鱼平安）、瓮仔公（金门民间捡拾无主破冢枯骨，葬之以瓦瓮，盖屋祭祀的，称为瓮仔公。金门乡村郊野僻处，常见有此种小庙）、前世亲魂（金门风俗，老百姓家妇女，遇有家人不安，为周期性或间歇性恶病缠身，久治不愈，常请巫婆或三姑占卦，说是前世亲魂纠缠所致，所谓亲魂即为前世父母、前世兄弟、前世子女，而以前世夫妻为最多。须为其妆金身偶像，另供于厅堂案上，择日为其忌辰，每岁祭祀，可获平安。其偶像多为古装，形状大小依占卦所嘱规定，或木雕，或以绸布、纸料妆塑。这实属迷信，但通常其偶像雕塑精美，尤其是绸布、纸料雕塑的，颇具民间艺术价值）。

3. 饮食文化、风俗

金门土地贫瘠，干旱缺水。以前金门人以番薯为主食，小麦、高粱等杂粮次之，佐以鱼、虾、蟹、蚵等海鲜，菜蔬、猪、牛、羊等肉类不多。近些年来，金门酒业大发展，酒厂以大米换高粱，现百姓主食以大米为主。另外，政府鼓励农民种菜、养猪，金门岛上蔬菜、肉类产量大增，百姓饮食有了很大改变。目前，平常百姓仍保留闽南一带的生活习性，一日三餐，通常一粥两饭，清淡可口就行。

以前家庭饮食，男女不同席，男先女后，男人未食，女人不敢先食，现在家庭同席而食。以前家庭烧饭，以枯枝、落叶或柴草为主，随着时代的变迁和社会的进步，百姓也不用拾柴草烧饭了。现今，家庭大多电器化，煤气炉、电饭锅、电冰箱，普遍具备。金门岛民间仍盛行季节进补饮食习惯，即：冬令多进补，择霜降，立冬、正月初九等节气，以四物、八珍、或十全大补，炖鸡鸭饮食，以补身体。

从 1968 年起，金门推行民众生活须知，就饮食方面应注意的事项做了如下 8 项规范：餐具须保持清洁，使用时勿使出声音；就食时应与餐桌保持适当距离，身体端正；与同席者同时进餐；与同席者谈话，不宜高声；进饮食时细嚼缓咽，力避有声；饭屑骨刺等，勿抛掷地上；欲先离席，须向主人及同席者致歉；全桌食毕，待首席或主人起立，然后离席。

此外，必须一提是，金门人有嚼槟榔的爱好，据说可以提神。金门人嚼槟榔的习惯，是连同包在槟榔外的叶子一起送进嘴里不停地嚼，嚼得满嘴巴红红的，犹如要吐血一般。

4. 服饰文化、风俗

古时，金门岛上男女衣着，古风朴实，基本上与泉州、漳州相同。服饰的材料主要是棉、麻，也有丝绸，皆由妇女手工纺织、缝制而成。自从厦门开埠后，衣料皆由厦门输入，岛上妇女渐渐废弃了纺车，服饰的形式，亦逐渐向厦门都市之风气转移。然而，由于岛上民众经济条件远不如厦门商埠，受财力限制，岛上妇女，特别是农村妇女们更追不上厦门当时的朝令夕改的时髦潮流。

旧时，女子皆缠足，直到 20 世纪初北伐以后，妇女仍有缠足者。但由于金门生存环境恶劣，民众生活艰苦，不少妇女要与男人一样善于操作农活、家务，亦有不缠足的。如金门东半岛的女性，皆与男子一块到田间耕作，所以很少有缠足的。又如金门岛后浦村以南那一带，聚居了一批原先从福建惠安来的民众，以讨海为生，妇女皆赤脚、大脚，每日在滩涂上捞虾蛤、打海蛎，与男人一样艰苦劳作。

20 世纪 80 年代后，民众生活渐富裕，衣着服饰日渐完美华丽。衣物全由台湾输入，服饰形式，妇女着旗袍、洋装、烫发、高跟鞋。男子则着香港衫、西裤，亦有西装革履者。红男绿女，五花八门，色彩艳丽，不亚于都市。唯有政府公务人员，衣着黄卡其中山装，或规定制服，简朴如常。

金门政府就衣着方面应注意的事项做了如下规范：参加典礼或重要集会对服装有规定者，应从其规定；衣着应保持整齐、清洁、朴素；不可当众赤身露体或脱袜、更衣；出外不得穿着睡衣、拖鞋或妨害善良风俗之衣着；戴帽应端正，入室内须脱帽。

5. 民宅屋宇文化、风俗

旧时，金门岛的屋宇，基本上同厦门、漳州。屋宇规模不大，形体坚固，墙以石垒砖砌，屋瓦榱桷，必求缜密，为防盗患，门、窗低、矮、小，用坚木或石条垒砌。百姓之家，屋宇形式，通常是两房四厢一堂，中室为厅堂，旁室为房，堂前有阶，阶下有天井，东、西为厢房，有围墙大门。房间窗户小，光线幽暗。一家之中，长辈居左，幼辈居右。厨房一般在左厢，贮藏室在右，庭院有花凳，排花盆，点缀花卉景致。仕宦之家，于门上悬匾，书某某府第。巨族大家，屋宇多建三进，俗称为三落大厝。金门岛屋宇多坐北朝南；很少有楼房，因为岛上多风，不宜居住楼房，屋内即使有阁楼，也只作为储物间。

金门人的住屋四周多有避邪物，像八卦镜、屋墙有风狮爷等等。风狮爷有肩负着捍卫村庄平安的神圣任务。在小金门的辟邪物中，则是以专治白蚁的风鸡来挡风。

旧时的建筑材料，木材、砖瓦，均从大陆运来。当地只产石料砺灰。祠堂庙宇中雕刻精细的石鼓、石畜类青石装饰物，均出自福建的泉州、惠安一带。

金门古时风沙肆虐，百姓无法理解，以为是妖孽作怪，乡民视石狮为保护神，各村口放置“石敢当”和“风狮爷”。所以，在金门各村落路口，随处可见身穿盔甲或外围披风的立姿石狮，石狮前常见香火，俗称风狮爷，传说可挡风，为金门独有的景观。据金门县政府统计，“风狮爷”现在还有68座之多。位于金沙北端的山后中堡18栋闽南式古屋，燕尾高扬，既代表着金门民俗，也是中华绚丽多姿的体现，已被开辟为“民俗文化村”。凡村落遇风患，就整个村庄迁移。旧时防海盗、倭寇为患，各村落都建有碉堡、隘口设备。在明朝时，大部分村落合姓族筑碉堡而居。如今的金城镇，就是明朝许姓族人的土堡。只有当堡垒里的人口达饱和时，才另建新第二堡垒。如古宁头的李姓家族，先居住金门南山，后繁衍到林厝。

金门无深澳港湾，土地贫瘠干旱，居民多从事小规模的农耕渔捞，或从戎征戍。因此当地居民，除了官宦门第外，绝大多数是农、工、群及少数交易买卖的商贩。在这种社会背景下，生活和文化特征有高尚尊贵和粗俗简略两个极端。但真正的金门人的生活、文化，应该还是以平民大众为主的民生百态。

金门岛上早期的钢筋水泥结构洋楼，大部分出自南洋华侨归兴建。现在岛上，结构材料为钢筋水泥，栉比鳞次的小区连栋式楼房或平屋，则是居民的住宅。近年来，金门经济繁荣，地价增高，建屋多向空中发展，高楼林立。

金门政府就民众居住应注意的事项做了如下规范：住宅内外，应保持整齐清洁；开放收音机、电视机、电唱机及谈笑等各种声音均不可过高，并应适时，以免侵扰同屋他人或近邻；出入门户，上下楼梯，应步履轻缓；隔窗不窥视，隔室不窃听、不呼唤；入室应先叩门，等候室内回答；邻居有凶丧，不可作乐高歌。

6. 金门礼仪文化

（1）生育与寿诞

金门民间遵循家庭传统，不孝有三，无后为大。民间对于生育，最为慎重，胎前产后，养儿育女，有种种禁忌。夫妇日久无子，每每祈求婆姐妈（养生娘娘）。现今岛上医疗设备日渐充实、先进，这种迷信做法，日渐减少。近年来，孕妇都住院由大夫接生。

民间流传孕妇忌讳风俗：不得观看傀儡戏及猿猴等动物，据说会令忌讳胎儿畸形；两孕妇不得同床睡眠，不得交换或馈赠物品，否则小孩漂亮相克；孕妇不得入庙烧香，不得观看婚娶，不得在墙壁粘贴纸张，钉钉及移动笨重之物，说能触怒胎神；分娩后，12日内，邻居不得刮锅底灰、舂米麦、推磨、敲打锣鼓，否则恐惊吓孩儿；探视婴儿，不得携带雨伞、包袱、鲜花，说能藏祟，有丧在身者不得入门；不见姑母，因姑与孤同音，忌讳孩儿孤单，也有说会令孩儿面黑；孩儿出生两天后，煮油饭祭祖及拜神，馈赠亲朋好友、邻居，以报喜；亲朋好友、邻居闻知后，各以面线、鸡蛋相馈赠，称作月内；孕妇难产，旧时，多乞求灵符，即求道士乩灵符贴房门，以求避煞避邪，或将求得书符焚于清水，令产妇饮下，说能催生。

金门风俗淳朴，小儿女生日，父母皆给小儿女煮鸡蛋面线吃。青壮年人通常不做寿诞，庆贺寿诞者，年龄必近花甲，称作大寿，而且要逢九，如五十九、六十九等。当地风俗迷信生日年龄忌九，怕逢九难过去，提前一年作晋十寿诞，以忌讳九。大凡做大寿庆贺者，多为财、丁旺盛、寿长之富有人家。

（2）婚俗

金门旧式婚姻，皆由父母之命，听媒妁之言。通常经历：议婚、订婚、请期（为告知迎娶日期之礼）、迎亲、结婚等程序。这为正婚，或称大婚礼俗。此外尚有小婚、绩婚、招赘等。婚姻习俗，随着时代的变迁，文明的进步，许多已渐渐不复存在。1972 年，县政府还就革除民间不良习俗，树立民间纯朴风尚，端正社会风气，厉行勤俭节约，培养和推进社会文明进步。倡导民众公证结婚，及参加机关团体举办集体结婚仪式。

（3）丧葬

丧葬礼俗，通常视家庭富裕之程度，以合乎礼仪为准则宜。金门传统丧葬风俗大概有：始丧、举哀、讣告、入殓、盖棺、出殡、七日、周祭等。现今已渐渐有所改良。现为推行公墓制度，在各乡镇均设立了民众公墓。此外，现今金门宗教日趋多元，因此丧葬除传统仪式外，还有佛教、道教、一贯道、基督教以及天主教等不同仪式。

7. 祭祀风俗

（1）祭祖

金门祭祀有祭祀祖先、各族宗祠春冬祭祖。

宗祠祭礼仪式，通常是：立香案摆供品，主祭者与参祭者在香案前就位，烧香跪拜，跪拜者复位，读祭祀文，祀文毕，各参祭者到各神位前跪拜，尔后，洒酒水、送神、烧纸、帛等。最后，参祭者聚餐。如各宗祠公产不多，祭祀费用，通常是按族里相关规定，轮流值头（值日）做东。如宗祠公产富裕，就由宗祠公产出。因此，金门各宗祠祭祀，久远不绝。

（2）公祭

在金门，对先圣先贤先烈，对国家民族有卓越功勋者，对社会人群文教民生有特殊贡献者，除暴御侮捐躯者，对各机关、学校、团体有特殊贡献者，德高望重、德行优异者，县政府机关、学校或民众团体每年清明期间会对其进行公祭。公祭在公共场所或受祭者遗像、灵位、或墓前举行，建有祠庙者于祠庙举行。每次公祭前，应推定主祭陪祭，邀请受祭者之家属或后裔参加。

8. 其他旧习杂俗

金门民间流行乩卦跳神，以驱除怪邪。有一女巫民间称其“三姑”，为人牵亡魂，解冤厄，信者均为妇女，且趋之若鹜。求神问卦，各寺庙均有，妇女特别信。今政府禁止，但民间仍流行。

乡间有求神降雨的，即久旱不雨，备香案祈求神灵降雨。现信者少，不如以前那样盛行。

（二）文化艺术

金门偏僻处海中，风俗朴实，民间娱乐，古时，其风格，大抵只有音乐、戏剧、杂耍等，以南管音乐为主。民间婚丧喜庆用乐，有大鼓吹（大鼓吹乐 10～12 人，雨号筒、四唢呐、一大鼓、一钹、一钮）、十音（乐工 10 人、二弦、三弦、琵琶、哨喇、横笛、苏钹、南锣、双馨、钮各一）、八音（乐工 8 人，小吹、小鼓各一，余将前十音中随抽六音配入，即成八音）等三种。民国后，推行新学制，学校授音乐、歌舞、体育等课程，民间和民众娱乐活动才蓬勃活跃起来。在 20 世纪 50—80 年代，岛上大批驻军，时有劳军艺术团，远自大洋彼岸，到岛上慰问演出。现今，音乐歌舞盛行，男女青年多能轻歌曼舞。每逢节假日，或周末，各大公园、场所常有表演。

1. 戏剧

金门旧时，有演地方戏，但没有演戏班，演戏班都从岛外雇，主要有戈甲班、老戏、七子班戏等。清末至民国年间，有请演大梨园的戏班演三日、五日的，男女座位以绳子分隔，男前女后，防男女混杂及无赖之徒轻薄女子。大陆解放后，台湾各界于岁末或重大节日到金门劳军，主要有评剧（京剧）、越剧、豫剧、粤剧、歌仔戏等，民众也可观赏。1965 年后，政府提倡发展地方戏剧，金门地方戏剧社相继成立，如：古宁头的莒光闽剧社，斗门的丽英社，东林的烈声社，上林的少女歌仔戏社等。其中：莒光闽剧社曾应福建旅台湾同乡会邀聘，赴台先后在高雄市及台北市公演两月，赢得各界好评。他们演的戏剧，主要有以南管乐曲为主的老戏、木偶戏、布袋戏、傀儡戏、评剧等。

2. 方言诗

清朝林豪戏咏南洋方言诗 6 首

（1）把家：家器之类。

把手创家弄，百物烦经营。挥霍乏把握，溃防家易倾。苟能惜物力，家道方有咸。

（2）牵手：夫妇常称。

女萝牵菟丝，携手成鸳侣。妻贵而夫荣，此身皆妻有。出入必相牵，如倚左右手。

（3）道囊：相互提携之意。

落拓事远游，瞻乌何处是。幸逢曹邱生，一枝为道地。乃今得处囊 ，前途永托庇。

（4）惹逐：照料。

有事待相成，有物期呵护。素心幸关情，青睐烦跬步。惹得局中人，相迓云来暮。

（5）挂吵：授以专权，全盘交付，向衙门立字为据之意。

毕生徒经营，到头思用情。挂名在谁氏，妻儿不能争。何如择今嗣，操券遣贤能。

（6）龟里：做粗工者之诨名。

挥汗如水，拭面面如鬼。看看四点余，洗浴换衣履。跃入龟窝中，醉卧残花里。

3. 现代娱乐

现代音乐演奏、歌唱、舞蹈、歌剧、话剧及各种杂技节目，金门现在普遍都有，而且还很流行。

1969 年，台湾名作曲家李中和教授等作词谱曲了《巍巍太武》、《金门情歌》、《采蚵风情昼》、《渔舟晚唱》、《莒光月夜》、《金门胜迹》等大量歌曲。1983 年后，金门县政府为加强民众文化及娱乐活动，倡导每年分区举行地方民俗才艺观摩比赛，由各中小学校主办，各乡镇公所协办，乡村、社区民众组队参加。该项比赛，民众最为踊跃参与，七八十岁老人，四五十岁的中年人，青少年男女及家庭主妇，均粉墨登台演唱。节目涉及民族舞蹈、国乐演奏、相声、双簧、地方戏剧、南管北管清唱、锣鼓唱、傀儡戏、大鼓乐、八音演奏、国术表演、江湖卖艺、舞狮及杂耍等。每年 9 月份由金宁镇中小学开始，金城、金沙、金湖、烈屿等乡镇相继举行，至 12 月全县综合举行一次为止。场场观众爆满，热闹非凡。

（三）宗教信仰

金门人极相信、遵循善恶报应、因果轮回之说，宗教宣传劝导人去恶行善，因果轮回，善恶报应，因而信奉者甚多。在我国流行的几种大宗教，在金门均有。

1. 佛教

金门民间，家家奉佛，处处念经，旧时，持斋礼佛极为普遍。现仍有食素礼佛者。在金门较大的海印寺、灵济寺、牧马祠，仍有和尚和主持，在金刚寺、紫莲寺有尼姑、斋姑。在金城镇、金湖新市里和灵济寺有念佛会。

2. 道教

道教传入金门，始自唐朝牧马监陈渊。陈渊本人是个道教徒，常以符咒为人驱鬼逐妖治病，坐化后，乡民祀为神仙。金门无深山清静道院，故没有真正修真羽客。旧时，仅有职业道士，据传那时的职业道士，必须前往江西龙虎山学道，等到修持期满，由天师给予信符为凭，方能在金门执业，否则，同业者会驱逐出岛。今日道士，当地俗称法师，平时以符咒为人驱鬼逐妖治病为业。作法时，须供奉三清神像，网巾束冠，红黑道袍，执笏吹角，步罡踏斗，应属于江西龙虎山派。现有道士10余人，应民间设醮祈福及丧葬招魂等作法事。

3. 基督教

自五口通商，基督教会屡屡入金门岛传布，只是与岛上民众的旧风俗未合，信徒不多。直到1924年，新建基督教教堂于后浦北门，附设培德小学及幼稚园，设逢源学堂于小金门，才有所发展，但信徒仍然不广。

4. 天主教

1951年，法籍神父罗宝田，来金门布道，义诊施药，颇受民间欢迎。1953年开始建天主教堂于新市南郊，1962年又建教堂于金城镇卫生所右侧。1970年，把金门、马祖设为金马教区，派主教长驻金门，现两处约有教徒400余人。

（四）方言

金门民间通用闽南语，属闽南语语系。但因岛上很多先民，皆来自中原，故至今在语系中仍保留有中原的古音；又明代岛上的官宦大多来自北京，故又带有北京口音；加之清代金门人旅居南洋者很多，因而亦夹杂有马来西亚语言口音。而今，五湖四海的客人纷至沓来，接触频繁，南语语音已大有改变。所以，金门人讲的闽南语，与福建闽南一带的口音已有所不同，非纯正闽南语。

1. 金门地方方言

金门方言，即金门口音的闽南话。据考证，闽南一带古时被称为南蛮之地，我国其他地方的人，认为这一带的人讲话带有鴃舌之音（古书上指杜鹃），不同于神州大陆语言。究其源由，是古时闽南为蛮族居住地，远离中原，在漫长的历史长河中，中原语言、音韵在传递中发生变异，其语言虽不相同，但也不出乎汉语之范畴。在闽南蛮族灭迹后，后来的移居者，实为神州华裔，他们中的一些读书人久居闽南，有喜欢研究地方方言的，猎涉诸书字韵，发现闽南语的口音有相同于古语口音，闽南语中相同于古语的很多。另据考证，今日金门的地方方言（金门闽南语），仍能发现古闽越语、古吴语的遗迹。

列举金门方言中稍微有难度、难辨别的字、词汇如下：

慑：（liap），怕。指恐惧担惊受怕。

哺：（poo），下午。通常指过了正午后的下午。

暗暝：（am-ml），夜。通指晚上或夜里。

畅：（thiong），畅快。指悦乐适心，尽情酣畅，或快乐无比。

偃：（ian），推倒。指推物仰倒。

捎：（siau），疯癫。指疯癫或举动类似癫狂者。

娴：（ne），母。称呼老妈、老母亲。

哺：（poo），嚼。通指咀嚼东西。

惨：（tsham.），贫寒。指贫穷无钱，日子寒酸。

才调：（tsai-tiau）本事。通指聪明、智商高有本领。

囝孙：（kiann-sun），子孙。称呼子孙。

乞食：（khit-tsiah），乞丐。指乞食人而乞讨。

先生：（sian-sinn），教师与医生俱称。金门流通。

散赤：（san-tshiah），贫穷之人。指无一物之穷人也。

家婆：（ke-po），好管闲事之人。一般用以称不能守分而好管闲事之人，男女老幼均可称之。

苦毒：（khoo-tok），虐待。虐待他人之意。

揖力：（kut-lat），认真、努力。尽心尽力之意。

写批：（sia-phue），信也。即写信之意。

作牙：（tsue-ge），祭祀神明。指备祭品以祭神，祭毕则以祭物慰宴部属。

交关：（kau-kuan），交易。即互有来往、交通之意，引申为交易、买卖。

度晬：（too-tser），周年、周岁。即周年生日之说法。

倒手、倒跤：（to-tshiu、to-kha），左手左脚。

陷眠：（ham-bin），做梦。梦中作语或有所动作，均称陷眠。

破病：（phua-pinn），生病。着病、生病之意。

2. 金门闽南语外来词汇

古时，金门人为了生计，跑南洋较多，与南洋一带讲马来西亚语系的人接触多了，久而久之，在他们的讲话中就掺杂了一些马来西亚语词汇。因此，金门的闽南语中也时常夹杂有马来西亚语言口音，特别是在与马来西亚语系的人通婚的后裔中。闽南话中常见的马来西亚语词汇，现举例摘录如下。

阿讶（约量之意）乌公（处罚）

密查拉（打官司）梦埋（徒刑流配）

物突（正确）煎薄（接触之意）

之拉甲（狼狈或落伍之意）牙捞（吵架）

染颜（厕所）牛垄（仓库）

哈密（完了）甘仙（抽头）

惹讶（关照）鸽泡啦（头目）

交寅（结婚）九冤（老朋友）

膏松（空虚）啡哕（交托）

公班衙（政府）根德筋（包工）

唠哩（大卡车）陇头（工厂）

马尖（口头语鄙薄人意思）马寅（玩笑）

马干（吃）马踏（警察）

马底（死亡）民踏（要求）

把刹（菜市）巴突（公平合理）

沙恙（可惜、反悔之意）沙寅（签名）

沙啦（犯法或错失之意）沙低（用火烤食物之法，如沙茶牛肉）

须甲（同心合意）道囊（帮助）

3. 金门地方谚语

嘴尖舌利（善于说辞）卖猫假贫（装穷相）

鸭仔听雷（听而不知）掠龟走鳖（得此失彼）

软索牵猪（用柔法控制他人）迫虎伤人（追人太甚必反噬）

做贼做鲎（为非作歹）刣鸡教猴（杀一儆百）

打虎掠贼（急难之事）食屁找骨（吹毛求疵）

未肥假喘（装神气）破鼓救月（废物利用）

五跤出现（丑事败露）白目夭师（瞠目结舌）

摔马后炮（暗中害人）捧顺风旗（随声附和）

出头损角（莫出风头）气死验无伤（劝人勿发怒）

青头不识份（人地生疏）红面易落笼（性刚之人易于说服）

多牛踏无粪（人多而事办不好）穷厝无穷路（远行盘缠要备足）

铸枪打该已（自食其果）过时卖厝日（不能把握机会）

水沟有一路透（凡事要求出处）歹子人状元才（坏人多聪明）
笑人穷怨人富（自坏心术）面皮较厚城墙（讥人脸皮厚）
户模头较悬门楣（使来人难堪）荏荏马有一步踢（各有所长）
薄茶清酒老查某（贪便宜必有害）四两人讲半斤话（位卑而言高）
铜身铁骨纸喉咙（强壮之人亦有弱点）魂身烧度才知死（后悔莫及）
铜银买纸靴（互讨便宜）歹竹出好笋（丑媳妇生美女）
前人饿死后人（贻谋不善）老虎行路绘盹龟（老练精明）
老狗记得久长屎（旧事不忘）海水青冷冷，欲死毋甘心（不愿就死）

4. 金门民歌童谣

金门人文、历史久远，在漫漫的历史长河中诞生了许许多多民歌民谣，颇具传承价值。

（1）赞新娘

新娘姐仔真青春（很年轻），一对目啁阁重巡（双眼皮），一对耳仔牵红筋，一个鼻仔直文文，一个喙笑哈哈（笑呵呵）。一双手，幼粉粉（形容细腻光滑），一双跤，二三寸（旧时妇女缠足，形容小脚），躡躡行来步步颤。新郎开行郊（类似今日的进出口商行），结做好亲情。棉绩被，遮大领。红皮箱，照人影。硕石椅，择来坐，鸡卵茶（甜蛋汤），捧来请，毋免济（不要多），用作圣（略表意思）。明仔早起请出厅，新娘姐仔起来梳妆照宝镜，拜天地，拜神明，拜欲祖公有灵圣，拜灶君，拜大鼎（釜），护（保佑）新娘姐仔生一状元囝（囝：儿子）。

（2）赞媳妇

天顶（上）一点红，落来芳花百二样。奉爸奉母叫囝来梳头，头也光，髻也光，姐妹相招入花园，花园内，好景致（风景），百花枝，通（表示可以）结子，狗婶婆仔娶新妇，捌道理。晏晏困（睡觉），早早起，起来梳妆洗面抹粉点胭脂，上大厅，擦桌椅，入绣房，做针凿，落灶跤（入厨房），洗碗碟。公仔婆仔拢欢喜，呵吃兄，呵吃弟（阿谀、称赞），呵吃您厝爸母努教示（厝，家也；努，贤能），大家官（翁姑）有福气。

（3）过新年

初一人拜神，初二人拜人，初三穷鬼日，初四人等神，初五隔开，初六挹肥，初七七元，初八团圆，初九天公生，初十地妈生，十一请团婿，十二倒来拜，十三食泔糜（稀饭）配芥菜。十四搭灯棚，十五上元瞑，十六看火焰，十七倒灯棚。十八褪鞋，十九张犁，二十上山种金瓜。

（4）鸦片歌

鸦片是涂（涂：泥土），食了胡涂，某团（妻子）毋顾，倚壁穿裤。田园抛成荒草埔，食了目啁（眼睛）乌雷雷，头壳（脑袋）若铎锤（好像锤），胸坎若楼梯，笔管像颔颈（颔颈：颈部），腹肚像水柜，篦（笛）箫像跤腿，别人骂伊鸦片鬼，伊某（妻）讲伊真正婧（很漂亮）。

（5）簿缴汉

一个簿缴汉（簿缴：赌博），全然毋讨趁（讨趁、赚钱），食饱无代志（代志：事情），规日跔缴（赌博）边，钱银输去了，病成缴相思。去到市场内，看人食肉面，有钱人咧食，无钱澜（澜：口水）若滴，倒去伊厝内，倒咧数桷枝，某（妻）阁骂，团（子）也啼。物代遮尔仔艰苦，若欲簿缴就去替人死。

（6）欲嫁有钱人

竹笋开花渐渐柯（老），涂豆开花钉落沙（涂豆、花生也），阿娘欲嫁来嫁我，嫁我单身免拖磨（操劳）。喙点胭脂一点红，娘仔欲嫁有钱翁（丈夫）。若是头家才来讲，若是伙计无希望（头家，老板）。

（7）打日本

滚水奢奢滚（滚水，开水也），中国打日本，阿兄当头阵，小弟做后盾，打甲（得）日本变成番薯粉（地瓜粉）。

（8）爸母主意嫁番客

爸母主意嫁番客（华侨），番客无来娶，一年一年大。伫厝里，受拖磨（操劳），无时通（可）快活，小弟一大拖（弟弟很多），轻重拢着我，值得无奈何，抽签阄簿卦，底时我君会得紧紧倒来娶。冬天北风寒，暝（夜）来又无伴，爱我君，无地（处）看，暝日守孤单，我君伫番邦，妾身在唐山（指在家乡），等候无地（处）看，挂吊我肠肝，除非我君倒来我心才喜欢。为着君一人，相思病诚（甚）重，请先生（医生），无彩工（枉费钱、无效），那医那沉重（那，越也）。君你伫番邦，欲看拢无人，暝日（昼夜）守空房，想着目箍红，劝恁姐妹千万毋通嫁予番客翁（丈夫）。（注）此为抗日时期，描述闺女许嫁华侨，因战事未能归娶，致女年龄大仍未嫁而有所思也。

（9）金门人

金门人，讲义气，交朋友，重情义。待别人，胜该己，有灾难，同救起。重气节，行仁义，大细事，先讲理，无相欺，不争利，有礼貌，真和气。

金门人，重朴实，勤工作，俭过日，对国家，最忠实，办代志（事情），真正直，二还二，一还一，不贪求，不固执。

金门人，俭该已，平常日，配豆豉，请人客，真诚意，大鱼肉，满桌是。

金门人，真朴素，平常日，穿衫裤，不奢华，用国布，讲整洁，不污垢。

金门人，住家户，睦邻里，相拥护，同守望，相互助，宽紧事，相照顾。

金门人，有礼数，相招呼，笑呼呼（哈哈），马路上，交叉路，车让驶，人让步。

金门人，重名誉，古早时（昔时），多科举，现当今，教子女，勤读书，守规矩。

金门人，真古意，有娱乐，皆正气。听音乐，看电视，不放荡，不嬉戏。

金门人，品德好，外地人，拢呵吃（通称赞）论婚姻，好结果，娶一个，偕到老。做丈夫，真可靠，负责任，敬太座。做妻子，守妇道，治家事，真周到。

（10）尖菊花

尖菊花，满厅红，食父食母无惊人，食兄兄生气，食嫂嫂愿意。跖龙船，拖倒起，走落番，食番米，番米一粒两粒大，趁钱该己娶，暝日食猪肝，好茶该已煎，好某（妻）伫东埯。东埯查某（女人）真好看，包袱恰（跟）雨伞。雨伞提起圆辚辚（形容极圆），遮高遮低遮人心，骨头疼痛舱翻身。三日无看娘的面，害我想甲头壳眩。

（11）拍铁歌

拍铁仔拍铰刀，小妹欲（要）嫁物项无。紧紧写批（信）交大哥，大哥添妆一瓮银，二哥添妆一瓮钱，三哥添妆剪被墘，外公外妈添妆一对红纱灯，点到厅，光焱焱，点到房，光铜铜（光亮之意）。点仔蠓帐内，照着一个新娘人。

（12）天顶一枝竹

天顶一样竹仔水莲浮，阿兄叫我去牵牛，大只细只我毋牵。阿兄叫我去举针，大枝细枝我毋举。阿兄叫我穿柴屐，大双细双我毋穿。阿兄叫我有钱提去用，阿妈无钱哭不尽。

（13）一只鸟

一只鸟仔飞过墩，外妈疼外孙。姨仔叫阮来，妗仔嫌阮歹，舅仔嫌阮捷捷来，阮是为着公妈代，无阮三年五年都毋爱来。

（14）白鹭鸶

白鹭鸶，担粪箕，担到海仔墘（海边），跋一倒（跌一跤），拾一钱，买饼分大姨，大姨嫌无够（少也），掠猫来咒誓（发誓）。咒誓有，咒誓无，赖婶婆，婶婆去做客，投（诉也）大伯，大伯卖粗纸，投来投去投到我。我心肝，噗噗弹，鸡母换鸡健（小鸡），鸡健拍咯鸡，龙眼换荔枝，荔枝熟的挽去食，青的送丈人，丈人呵吃（赞美）哥，呵吃嫂，呵吃红绸鞋十八双，草籽十八把。马相踢，蛇蚤（跳蚤）对木虱（臭虫），木虱走去店。龟咬剑，剑闷闷，找毋见将军，将军去跑马。找不见俺姐，俺姐去洗衫。找毋见糜坩（饭锅），糜坩去科糜（盛稀饭）。找毋见火棰，火棰衲火。找毋见裸，裸予狗仔咬一空。昨暝做戏搬宋江，宋江分恁看，昨暝搬雨伞。雨伞分阮遮，昨暝搬柴屐。柴屐分阮穿，昨暝搬杨令。杨令公，杨令婆，掊狗屎，食回周（吃着玩）。

（15）拍手歌

拍手歌，演铜锣，摔交椅，挽仙桃。仙桃子，挽喙齿。喙齿乌，二丈娶二姑，二姑番捎捎（稚气不懂），鸡鸰（八哥鸟）拍客鸟（喜鹊），客鸟飞上山，锁匙交恁官，恁官白裤白溜溜，俺嫂红裙套绿绸。牡丹开花结石榴，木笔开花两葩须。绿绸老，捧茭箩（竹盛器）。茭箩欲贮芋，四条路，路欲行，四个埕，埕欲披竹，竹欲破篾，四个碟，碟欲捧，四个酒瓶，酒瓶欲斟酒，四个大头的结做朋友。

（16）双鲤湖

双鲤湖，一个亲（真）像大圆箍（圈）。水满满，无草埔，鹧丢仔（百灵鸟）欲做岫（巢），找无路。乌燕仔（燕子）欲做岫（做巢），来咬涂（衔泥）。涂乌乌，欲落雨，阿兄赶紧去换裤。捍锄头（荷锄头），清（疏通）水路，清着两尾大鲤鱼，五斤五。一尾送俺姑，俺姑笑呼呼（哈哈），呵吃（称赞）阿兄捌（识）礼路，别日一定好地步。一尾来食补，煮未烂，小弟择箸（筷子）就来捞（用筷子索取），一手挟，一手捕，大喙食，细喙哺，食甲（得）一喙唏戽戽（形容草率随便）。阿兄共伊拦喙箍（打嘴巴）。

（17）阿舅来

阿舅你来我毋知，我掠鸡来刣（宰），鸡细个（只），我买虾，虾细尾，我炊（蒸）粿，粿无熟，我买肉，肉无烂，我买面线，面线长长，我买糖，糖乌乌，我买大鱼箍（块），大鱼箍坚冻，我缚粽，粽臭角，我掠两只羊崽来相触。

（五）土特产

金门悠久的历史，独特的环境，加上地灵人杰，使金门出了很多闻名遐迩的特产，其中：有“金门三宝”之称的金门高粱酒、金门贡糖、金门菜刀，更是家喻户晓，名扬天下，给金门带来了繁荣、给金门人带来了滚滚财源，是金门人致富的“三宝”，也是金门三大支柱产业。

1. 金门高粱酒

金门的气候环境，适合高粱生长，当地人以高粱为酿酒材料，酿育出气味芬芳和口味浓郁的，人人称道的“金门高粱”，名誉全台湾，在全世界华人圈里也相当有名气。2009 年，金门高粱酒在台湾的营业额达 25 亿元人民币。金门县居民的所有福利，几乎都是由金门酒厂提供的。

2. 金门贡糖

金门贡糖，相传原系明代闽南御膳贡品，招祥迎春，年节纳贡，为品茗茶点之极品；后随厦门制饼师傅传入金门，并形成一方名声远播的特产。

3. 金门菜刀

金门自 1949 年历经中国人民解放军与国民党军队古宁头战役，1958 年“八二三”炮战和两岸无数次“单打双停”炮击后，遗落了大量弹片。金门的制刀名师用当年的钢炮弹片制作出闻名遐迩的“金门菜刀”，使它成了金门三宝之一，给金门带来巨大的财富。金门第一把炮弹钢刀的创始人是吴朝熙先生，金门制刀厂创建至今已有 60 余年历史。据说，打一把金门菜刀，大约要耗 0.5 千克炮弹钢铁，即每个重 20 ~ 30 千克的炮弹，平均可以做出 40 ~ 60 把菜刀。

4. 金门面线

金门面线，香糯，不咸，以传统手工制面技术，引用金门纯净水质，配合独特天候，经由风和阳光，自然曝晒干燥，不添加任何防腐剂，不漂白，实为金门传统手艺下的特产好食品之一。

5. 浯记一条根

远在数千年以来，古人经历无数次的试验、摸索、积淀后，发现了天然植物一条根的药用好处，进而利用其进行调养生息。金门人继承、发掘了老祖宗遗留下来的财富，进而开发出了“浯记一条根”品质卓越的药材，具有舒筋活血、祛风去湿、解热镇痛之功效，畅销东南亚，乃至全世界华人区。

“浯记一条根”现由台湾大学农学院辅导栽种，到金门浯记一游，就可获得货真价实的“浯记一条根”。

6. 金门陶瓷

金门盛产制陶瓷原料，工艺久远，品质优良。金门所产陶瓷器，主要用来盛装酒类和供建筑用陶瓷器及家庭陶瓷用具。此外，亦有仿古艺术品和民间风俗用的风狮爷等工艺品。金门陶瓷厂是金门及台湾地区唯一的官窑，民间亦有零星陶瓷厂。

此外，金门的“高粱香肠”、“咸冰棒”、“高粱冰淇淋”等也都是让人眼花缭乱的金门土特产。

第三节　海岛基础设施

一、交通运输

（一）进出岛通道

1. 金门机场及航空

金门机场，位于金门县金湖镇，在金门岛中央南端，因坐落金湖镇尚义村，俗称尚义机场。它是金门对外的主要交通，但在每年的3—4月间，机场常因大雾而关闭。尚义机场距离金城、山外两大中心城镇约各6000米。机场设有飞往台北、台中、嘉义、台南、高雄等航线。2004年开始金门机场开通国际包机航线，使金门航空交通可与国外直接接轨。金门和台湾之间的交通非常方便，台北、高雄、台中、嘉义、台南每天有很多直飞金门的班机，一般的航程大概只要40~50分钟便可抵达。金门设有远东、立荣、复兴航空公司。此外，料罗也有1个机场。两机场可起降C-54、C-119、波音727、波音737等机型。

机场是政府开放小三通的重要转运据点，旅客购买小三通的票，各家航空公司都会帮乘客以游览车接送到金门的水头港口码头，大约历时15~20分钟，然后，再由水头码头搭船前往厦门。

2. 金门港口及航运

金门现有水头、料罗两个港口，是金门境内外水运和交通的主要港口。现有航行台金之客货轮共有30余艘，分别行驶于金门至高雄、花莲、基隆、台中、嘉义及台南之间，全年货物总吞吐量为70万余吨。金门与基隆、高雄还不时有快轮往返。水头码头与小金门九宫码头为大小金门往返之门户，为方便旅客及货物载运，近些年来县政府对码头进行了拓宽与延伸，购置新型客货轮“浯江号”、“富国号”、“裕民号”、“太武号”等交通船，负责大、小金门间人、货之载运，还增建浮动码头等设施。另外，民间亦投资建有客、货船20艘加入大、小金门间的海运服务工作。水头港同时为“小三通”指定港口，与厦门和平码头间有定期航线。

3. 拟建的金门大桥、厦金大桥

现台湾当局“交通部”正邀集有关单位研究、商量兴建“金门大桥”事宜。根据规划，该桥由金门岛的水头连接小金门岛的九宫，全长3345米。“金门大桥”已经通过建设案，将于2010年年底动工。“金门大桥”建成后，小金门与外界的交通会更加便捷。此外，近些年来正积极进行金门与厦门之间兴建“厦金大桥”工程可行性及方案研究等前期筹备工作。

（二）道路

旧时金门，乡村市镇往来，无汽车的大道，只有狭窄的小路，行人皆为徒步，往返乡村市镇贸易，全靠肩挑徒步，远途荷重交通工具，只有骡马驮载，而且少得出奇。

1949年以后，国民党军队开始在岛上开山筑路，岛上才有了汽车。近些年来，地方经济繁荣，交通发展神速，公路四通八达，全岛道路总长度为36.9万余米，公路密度为台澎金马地区各县市之冠，道路均为水泥或柏油路面。公交车路线遍及全岛各大小村里，家家户户有汽车、摩托车，现有各种车辆41 700余辆，即是穷乡僻壤，各种车辆也是络绎不绝。

二、水利设施

金门岛水资源的缺乏，水质也没有保障，地下水超抽严重，干旱紧急应变能力不足，是金门发展的一大课题。据台湾有关方面统计，2008年台湾地区每人每日平均生活用水量中，金门人最少，尤其在旅游观光业速猛发展的今天，金门水资源十分匮乏更显得严峻。长久以来，金门主要靠人工湖坝储水供水，但由于近年来气候多变，降雨量少，多干旱，加之开放大陆观光旅游以来，用水量需求大增，使本来水资源就缺乏的金门，更加捉襟见肘。金门为解决未来水资源的缺口，以求满足金门未来民生、工业及观光事业等用水之发展，政府正想方设法打造多元化供水体系，积极开辟新水库、建设截水工程，兴建海水淡化厂以及实施节水工程，水资源重复再生利用工程，建立GIS管网系统，确保水质水量灵活调配和从大陆引水工程等，以提升经济发展及居民生活用水质量。

三、广播、电视和通信

金门建设有私人经营的小规模的有线电视台"名城有线电视"，使用卫星接收器接收台湾本岛的有线电视台，只要台湾有的电视节目在金门几乎都可以收看。

在电信发展方面，1989年台湾金门国内人工长途电话启用，正式揭开金门对外通信史序幕。1991年电信光纤海底电缆建成，金门地区陆续开放国内及国外长途电话直拨话务，使金门电信事业迈入全自动化的新时代。邮政服务方面，金门开办有台、金快捷邮件，办理台金储金联机、自动提款等业务。广播、电视网更是覆盖全岛，进入千家万户。为金门人带来新时代的生活。

金门岛电信主要有"台湾中华电信"提供服务，有固网通信、卫星通信、移动通信和数据通信等，提供语音服务、专线服务、网际网路、宽频上网、智能网路、虚拟网路、电子商务、企业整合服务等。与高雄建设有海底光缆。目前与大陆中国电信、中国联通共同建设厦金海底通信光缆。此外还有"台湾大哥大"等公司在金门提供移动通信服务。

四、电力系统

金门电力公司首创于1967年，先后兴建发电厂5座，负责供应全岛军民用电。金门电力以轻柴油发电，成本过高，造成营运负担。1992开始，金电公司委托台电代管经营5年，并由台电投资。1997年7月金门电力公司正式并入台电公司，为满足金门地区解除战地政务及金门小三通后观光事业发展致用电量攀升的需要，配套电力建设政策，1999年于金城镇水头村附近塔山地段辟建塔山电厂，建设发电机组八台，装机容量为64 600千瓦，目前已并入系统发电，其他小型发电厂如太武、莒光、长江电厂为降低成本均已停止发电，预计至2009年间电力供应满足要求。另为配合用电量增加及避免燃料油缺乏，并在塔山电厂旁自建输油栈桥码头，保障船运及燃料油的输送。

2006年大陆国家电网公司开始谋划向金门供电。

五、市政基础设施

（一）都市发展计划

为促进金门地区土地及天然资源之保育利用，人口产业活动之合理分布，增进公共福利，并合理规划土地以改善县民生活环境，导引地区整体健全发展，金门县于1972年先行实施金城区、金湖新市、金沙汶沙之局部都市计划，而其他未实施都市计划的地区多为农宅、自然村落、农地以及荒芜不用的草地或旱地，发展程度偏低。

1992年金门战地政务终止后，金门人开始规划大、小金门全面都市计划（总面积为149平方千米），计划用25年时间（1992—2016年）完成。该计划将全岛定格为多核心发展模式，再以便捷的交通网连接各核心，并进行土地使用、交通运输系统，公共设施、旅游观光等的增辟与改善。

金门全面都市计划的实施，将有助于现阶段社会实际需求及未来开发与经济发展需要，达到地尽其利目标。

（二）文化场所建设

为弘扬金门历史与文化，2004年“金门县立文化中心”改制成立了金门县文化局。文化局拥有行政大楼与图书馆等3栋独立之建筑物。负责地区文化、图书及文化资产的综合管理调配与协调任务。局内有行政大楼与图书馆等3栋独立之建筑物。行政大楼内设有演艺厅、展览馆、阅览室、文艺之家与视厅室，提供民众展出艺术品、观赏音乐、舞蹈、综艺表演与办理演讲、讲习及开会等多项功能场所。文化局的职责是负责地区文化、图书及文化资产的综合管理调配与协调任务。

近年来，文化局经常组织、办理各类型展出、演出，曾邀请福建省艺术馆所属高甲剧团、杂耍综艺团与川剧变脸及泉州夕阳红艺术团等至金门演出，组织金门合唱团赴厦门演唱等等，对金门地区文化艺术水平的提升、亲子教育的推广及两岸文化艺术的交流等起到了显著的推动作用。

为保存维护金门的历史建筑，文化局近年来还对金门地区历史建筑开展普查、登记造册，并承揽“金门县文化园区”兴建工程，该工程给金门人提供了一处良好的文化、艺术活动、休闲场所，将大大提升金门的文化内涵。

（三）警政消防建设

金门县警察局为有效打击犯罪、维护社会秩序、提供民众优质服务，全面强化各项软、硬件设施。在软件方面，如改革勤务制度，调整组织编制，强化刑事侦防架构及人力，运用协勤民力并辅导各乡镇村里成立巡守队，致力提升服务质量并获ISO 9001—2000认证。在硬件方面，如增建办公厅舍及警光会馆，扩充侦防、交通、鉴识设备，架设道路监控系统，建置110集中报案系统等，2006年起建置警车卫星定位系统，将原有的模拟式道路监控系统，改建成环岛规模的全监控系统，并采用先进VRS数字模式建置，结合电子地图功能，让民众通过网络观看实时影像，不仅满足治安需要，亦兼提供观光信息功能。

为有效执行消防救灾工作，原辖属于警察局的消防单位，独立扩大为消防局，并兴建办公暨勤务大楼，金沙、金湖、金城等乡镇的消防分队也相继完成勤务大楼的兴建，并增购大型云梯车等消防车暨救灾设备，举办消防救灾勤务演练、办理大楼及特种场所消防安检，以落实消防工作、灾害抢救、紧急救护等为民服务事项，以确保人民生命财产安全。

六、生态建设和环境保护

（一）生态建设

金门随着近年来经济发展，人民生活的富裕，对良好生态环境的需求也在日益上升，注重生态建设，低污染，崇尚森林、湖泊、河流、海域等自然环境。推崇城市与农村伊甸园化和园林化，全岛绿化程度极高，到处郁郁葱葱。因为高楼建筑少，绿化程度高，许多城镇、乡村犹如伊甸园。生态环境保护好，候鸟迁徙都落脚金门。如位于金门岛西北角慈湖，为一围海筑堤而成之咸水湖，堤长550米，与海相通，鱼虾丰富，假日常有游客到湖滨垂钓摸虾。每年冬季候鸟南来北往迁徙，都落脚金门慈湖。台湾稀见的鸬鹚，在金门慈湖总是成群聚集。附近林区鸟类种类丰富，目前已发现有野鸟近200多种，是观赏野鸟、鸟类生态最好的地方。

（二）环境保护

随民众环保意识的提高，1990年成立环保局，负责空气污染小管制（包括固定污染源管制、移动污染源管制及逸散污染源管制）、水质维护、废弃物管理、资源回收、噪音管制（包括一般环境噪音、航空噪音管制）、土壤及地下水污染整治、环境卫生用药管理、环境影响评估及环境教育倡导等业务。

为维护空气、水体质量，除列管县内工厂和事业单位外，还定期、不定期办理稽、巡查及检测工作；为防止海洋污染，有关部门积极开展海域环境质量调查、监测与油污救灾演练的工作，以确保海洋资源永续利用。

对于环境整洁及县民健康维护工作，金门环保局通过各乡镇环保业务部门，执行整体成效定期业务评比，净洁海滩、公厕检查，加强废弃资源回收利用、废弃物管理、虫鼠防治等工作的推动。尤其为落实资源回收工作，达到垃圾减量目的，近年来除积极辅导回收商进行资源回收工作外，更大力开展厨房垃圾清运回收再利用，巨大垃圾回收再利用，限用塑料袋、免洗餐具使用等工作，资源回收成果极佳，对于县内垃圾妥善处理有相当帮助。

环保生活化是环保提升最基本且最重要的一步，环保局将环境教育倡导列为施政重点工作之一，不仅结合学校、军方进行倡导，更致力于居民小区、村里的环保教育和引导工作，以增进民众环保意识和认知程度，以求民众共谋持续环境保护理念，此项工作近年来执行成果良好，将持续积极办理下去。

第四节　经济基本情况

一、海岛居民生产活动

金门岛四面环海，滩涂广阔，鱼、虾、蟹、贝类资源丰富，古时金门沿海乡村居民大多数亦渔亦农，因土地贫瘠又缺水，土地上主产地瓜、高粱、玉米、土豆、花生等杂粮，亦产少量小麦、大麦、稻谷及蔬菜瓜果类农作物。

金门人民早期以农业、海洋渔业、港口航运业、畜牧业、制造业和经商等为主。20世纪90年代后，海岛旅游业大兴，从事金门高粱酒业生产、旅游业及相关产业等，成了岛上居民主要生产活动。

金门就业人口从事第一产业的比例，1972年时为45.7%，1994年时为34.8%，第一产业人口仍占就业人口1/3强，但至2002年时降至8%，2006年更低至5.9%。从事第二产业人口比例，1972年时占8.9%，1994年时15.6%，2006年时仍仅为23.6%。从事第三产业的人口比例，1972年时为45.5%，1978年时达50.3%，1999年时为49.6%，至2006年时又上升到70.5%。其原因主要是大陆开放观光旅游与小三通后，观光旅游业蓬勃发展，相关从业人员增加所致。第三产业目前已升为金门县经济命脉。

从产业结构总体与历年就业人口来看，1994年以前，金门从事农、渔牧业的人口最多，从事公共行政、社会团体及个人服务业者居次，二者占就业人口的58.63%。目前从事农业的人口已减少甚多，从事第三产业的人口跃居主导位置。

二、社会经济基本情况

据统计，1976年金门平均每人生产毛额为新台币24 000元，2006年平均每人生产毛额为新台币

346 132 元（折合美元为 10 756 元）。金门人社会福利跃居亚洲之首。

（一）农业

金门全县可耕地面积约为 6300 余公顷，受地理环境限制，加上土地贫瘠、降雨量少和分布不均、秋冬风大等因素，金门实耕地面积只有 2400 余公顷，这其中大部分土地，仅适宜种植耐旱农作物，如高粱、甘薯、花生、小麦、大麦及部分果蔬等作物，其中高粱、小麦系由政府保价收购，供酿造高粱酒之用。金门县高粱年产量约为 3700 吨，每千克收购价格为 38 元，年计约新台币 1 亿 4 千万元；小麦年产量约为 2500 吨，每千克收购价格为 41. 75 元，约新台币 1 亿 4 千 3 百万元。

为避免小三通和加入世贸组织后，对金门农业造成的冲击。金门正在大力推广有机农业生产体系和生态农业生产体系以及改善农业生产环境，培育农作物优良品种，开发具有地方特色的农特产品，加强加工利用和农药残留检测，提升农民管理水平等计划。以求在不远的将来实现生态农业生产体系和特色农业的目标。

（二）畜牧业

早年农家以饲养小量猪、牛、羊、鸡、鸭为副业，后来在政府大力倡导和支持下，建立民间大型养猪、牛、鸡场，实施企业化经营，成立纯种猪、仔猪繁殖场，设立家畜卫生屠宰场。全岛现养殖规模，家禽约为 65 万余只，家畜 3 万余头。县里建有畜产试验所、动植物防疫所，执行和承揽畜产试验、培育优良品种、推广家畜疫病预防等，还建有梅花鹿野放场，并附设畜牧业休闲游乐设施。尤其是畜产试验所饲养的乳牛群，所产鲜奶以优惠价格推广给全岛学童及军民饮用，其年产量约为 51 万余瓶（罐）。另外还研发各式冰奶制品，调节市场供需，年产量 21 万余支（罐）。

（三）工商业和金融

金门工商业发展，因受环境主、客观因素影响，民间并无大型企业，金门的商贸业主要集中在金城、山外、沙美及东林等市、镇。据统计，共有 10 041 家以批发及零售业的商家、162 家住宿及餐饮业、187 家制造业、71 家营造业，其次为运输业及金融保险业等。

在金融机构方面，台湾银行、台湾土地银行在金门设有分行，民营复华银行于 2004 年 12 月在金门设立分行。此外，金门邮局、金门县信用合作社等亦办理存放款业务；截至 2006 年年底，存款总额为 644 亿 2000 万余元新台币，放款总额为新台币 57 亿 900 万余元。

金门酒厂建自 1953 年，生产金门高粱酒系列产品：金门高粱酒、白金龙、陈年高粱酒、低度高粱酒、大曲酒、各类纪念酒等。半个多世纪以来，金门高粱酒系列，以香醇甘冽，远近驰名。金酒的收入长期以来是金门经济发展的生命线，每年为县政建设筹措巨额资金。2004 年金酒年营业收入新台币 90. 6 亿元，2006 年度超过新台币 100 亿元。

金门酒厂为适应市场实际需求，强化营销能力，积极开拓大陆、海外广大市场，除扩增生产线外，并于 1997 年，选择金门昔果山兴建了金门酒厂第二厂区，并全面朝作业机械化、生产自动化、行政管理计算机化目标迈进，有效执行质量提升和监控，努力继续开发新产品，进行外包装更新，以提高酒质产能、产品形象与价位。金酒正在向未来计划成为台湾地区“高粱酒专业区”和“金酒王国”的梦想迈进。金酒公司于 2004 年 9 月在厦门、泉州、福州成立专门店，2005 年 11 月 21 日获得大陆的商标注册，为金酒积极开拓大陆市场奠定了基础。

三、主要海洋产业基本情况

（一）海洋渔业

金门四面环海，渔业资源得天独厚，发展了近海捕捞、浅海滩涂养殖、网箱养殖和陆地淡水养殖等。目前金门有专用渔港3处，分别为新湖、罗厝及复国墩渔港。全县共有机动渔船43艘，舢板109艘、渔筏42艘及娱乐渔船6艘。近年来由于近海渔业资源枯竭，加上滥捕和非法炸鱼，对渔业发展影响甚大，年渔获量已由昔日约200万千克降至约70万千克。

海洋捕捞，以拖网、刺网为主，延绳钓、手钓为辅，渔获种类主要为黄只（鯮鱼）、白带鱼、午鱼、土魟、巴弄（鱼参类）及虾蟹等。在浅海养殖方面，金门西、北海域潮间带开展条石、平挂及插篊式牡蛎养殖，南面海域则为海带及网箱养殖。在陆地淡水养殖方面，主要以粗放方式养殖草鱼、鲢鱼及吴郭鱼，或以半集约式养殖草虾、美洲白对虾、七星鲈鱼及鲷类等，养殖面积约22公顷。

为促进渔业转型与发展，近年来，金门对现有的3处渔港开展了浚深、设置浮动码头、美化绿化港区。同时修缮、改善了各渔村出海口道路，对小金门罗厝渔港及复国墩渔港港埠进行扩张工程，增置了鱼货装卸及冷冻设备等。此外，在周边海域投放大量人工鱼礁，放流鱼苗，强化海域管理，辅导渔船渔民季节性休渔或转型经营货运业务，以有效进行渔业资源保护，突破渔业发展瓶颈。

（二）港口航运业

金门境内外水运和交通的主要港口，有水头、料罗两个港口，以及小金门的九宫码头等。现航行在台湾—金门航线上的客货轮有30余艘，分别行驶于金门至高雄、花莲、基隆、台中、嘉义及台南之间，全年货物总吞吐量为70万余吨。金门与基隆、高雄还不时有快轮往返。水头与九宫码头为大、小金门往返之门户，为方便旅客及货物载运，近些年来县政府对码头进行了拓宽与延伸、购置新型客货轮“浯江号”、“富国号”、“裕民号”、“太武号”等交通船，负责大、小金门间人、货之载运，还增建浮动码头等设施。另外，民间亦投资建有客、货船20艘加入大、小金门间的海运服务工作。水头港被指定为厦门—金门“小三通”港口。

（三）旅游观光

金门四面环海，为典型海岛，岛上可供发展的产业资源有限，但金门历史悠久，历史、文化等资源雄厚，闽南文化、闽南格局的建筑、东南亚情调的洋楼建筑群，特色各异的风景名胜，遍布全岛各地，数不胜数，全县更有21处国家级古迹、12处县定古迹，加上金门历经“古宁头大战”、“九三”、“八二三”、“六一七”炮战等战役的洗礼后的战争遗迹及军事工事、设施，以及长期封闭的神秘面纱与独特的鸟类资源等自然生态风光，更是让旅游观光客流连忘返。这为金门人发展旅游观光业提供了得天独厚的有利条件。

为推动旅游观光业的发展，金门县政府成立交通旅游局，加强金门旅游观光业的统筹和管理，引导民间投资观光旅游业，积极实施旅游观光景点的整建与维护，广辟各项休闲游乐区，营造优良观光环境，增强全岛景观美化与绿化，兴建现代化航空站、码头，改善进出岛的空中及海上交通，提升乡土特产品种类与包装形象，促进休闲农业升级等，以求提供各项旅游服务。同时积极争取军方加速进行海岸地区排雷工作，以利于金门地区观光事业的蓬勃发展。

为拓展金门的旅游业，金门人提出了“让两岸认识金门，让金门走向世界”的理念，经过不断的努力，实现金门与大陆的“小三通”，大陆人源源不断涌向金门旅游观光。2006年先后开辟了金门至澳门、金门至新加坡的国际包机直航，把金门旅游观光的触角扩展到两岸与国际。

到金门旅游，已成为博物馆的“金水国民小学”是必到的旅游景点。该学校由在南洋打拼的金门侨胞捐钱兴建，建筑格式为回字形，中间独立空间为礼堂，两旁为教室，为当时金门少见的规模最大的学校建筑群。到这里除了参观建筑和里头的展览陈列外，导游还会特别推荐，洗手间很值得一看。果真如此，单是门口悬挂的写有“厕所”二字的木牌就别出心裁，两只逐浪的卡通小鱼守护两侧，造型十分生动可爱。牌子下还贴有“优质”图标，据了解，这是金门县环保局最近公布的“优质公厕”。

小小的空间被融入了许多创意元素，装饰得十分精致、温馨。墙上和门上均可见蕨类和藤类喜温

图 3-18-3　吕光楼、金门国家公园（右）

图 3-18-4　金门民居

喜湿的小型悬挂式盆栽植物，地上也摆放了耐阴、喜湿的盆栽，使得整个空间多了几分生气，变得生机盎然。古色古香的隔门上还挂着风景画，火红的枫叶，湛蓝的大海，色彩明快鲜艳，给人赏心悦目的感受。环保元素也被结合进来，废弃的可乐瓶被手工加工之后，便可成为洗手台边被安置在墙上的肥皂盒。

第五节　地质地貌

一、海岛地貌

金门的主要地形为起伏的花岗岩地形，岛上最高峰为太武山，海拔 254 米，气势雄伟，独冠屿上，近观之若兜鍪状，名太武山。除主峰太武山外，无其他高山峻岭，东面的凰山、塔山、鹊山，南面的双山、长安山、蔹山、嵩山、丰莲山、太文山、献台山，西面的茅山，东北面的虎山、狮山、金山，仅为大小起伏的丘陵地带。而古宁头、古岗、马山与烈屿等区除有部分丘陵地形外，多为地势平坦，红土广泛覆盖的开阔地，是为标准的冲积地带。各区海岸则有花岗岩被海水侵蚀而形成的崖面或平台以及发育良好之沙滩。尚义、蔹嵩山一带是沿海断崖。东半岛东南部是一片沙丘地带（北起内洋、南至白龙溪）及西半岛的古岗湖。岩岸沙岸交错构成了金门多变的海岸景观。

金门岛海岸弯曲，且坡度和缓。岛上岩石以花岗岩为主，分布极广，约占总面积的一半。岛上土地贫瘠，环岛海域风浪险恶。受地层、地形构造影响，金门无大川长河，最长的河流为岛的西部的浯江溪，但经常呈干涸状态，旧河床隐约可辨。东部的金沙溪、后水溪、前埔溪，西部的小径溪、浯水溪，大都细流涓涓，源短量小，平时上中段多已枯竭，如遇大雨或雨季，一泄入海，泛滥成灾。缺乏灌溉、航运、发电等开发利用价值。

据研究，中国东南海岸，均在第三纪后期下降，形成今日弯曲多岛屿海岸，尔后虽屡经升降，但变化程度较为微小。第四纪以后至今，又一直上升，现仍上升不止。福建一带海岸也显示过去下降，近代上升趋势，金门岛也类同。故有下列情形：①金门岛海岸坡度缓和；②金门岛面积逐渐在增大中，尤以西北部及南部海岸为明显；③金门岛西北部过去被海水淹没的礁石，现在又重新露出来；④金门岛所有的平地或丘陵的侵蚀沟坎，皆在逐渐扩大中，有的正在形成天然河道。

二、海岛地质

金门岛上的地层以花岗片麻岩为主，分布甚广，约占总面积的一半。花岗片麻岩为金门岛最古老的岩层，是构成金门岛地质构造的基础，金门岛的花岗片麻岩分为两种：一种为黑云母花岗片麻岩，另一种为角闪石黑云母花岗片麻岩。前者分布尤广，呈灰白色，晶粒自中至粗，而粗粒者居多数，片理清晰。呈东北西南或东西走向，构成矿物成分主要为石英、正长石、酸性斜长石、黑云石、角闪石、磁铁矿等。它容易风化，风化离解后的矿物晶体，彼此分离，一旦被雨水冲刷，山顶常呈光秃现象。金门岛上的太武山和岛东北部的狮山、寨仔、虎螺、美人等山以及官澳、西园的一部分丘陵地，均由此岩构成。在岛的东南面，则由蚵殼墩构成经溪边、峰后、峰上到料罗鼻部分沿海起伏的丘陵，还有岛西南面的水头、大塔山、古岗、珠山等。以上出露的花岗片麻岩，虽然片理构造明显，但片理构造已呈消失之现象。

覆盖在花岗片麻岩基岩上，组成金门岛广大土地地层或丘陵地层的，为更新层（第三纪末期至第四纪初期）沉积，其较完整的层序，几乎看不到，但从零星出露的岩层看到。它主要分布于金门岛的中南部。岛上有的地层含有瓷土层，是一种灰白色、白色、或浅黄色，质细致而紧密，击碎后微成贝壳状断口，其中间夹有白云母碎屑或石英细粒，棱角显明，吸水力颇强，黏结力亦大，略有滑腻感瓷土。分布在金门岛东南面的料罗至沙头一带海岸。上层为表层土所覆盖，下部未见露出，厚度达2米。在料罗至新头溪涧中所见到的，中间还夹着薄薄一层的褐铁矿。此为金门岛著名的瓷土矿石产地。

金门岛的南部沙头附近，尚义医院后面断崖中，出露厚约3.4米的沙砾层。它含有石英岩、砂岩、砂质页岩等。砾石大小不一，大者如豆，且排列整齐，间隔成层，砾石多浑圆，少棱角，有明显经过长期搬运的特征。结构疏松，内含黑色矿物，成水平状。上面被白砂岩层覆盖，下面为瓷土层，层序清晰，显示未经任何变动。

在金门岛东北部，山西村以北，那片广阔的平原地带，分布着表层为棕色或浅黄色，内含大粒之沙土层，平均厚度为30～40厘米，成水平状，其下则为白色均匀的细粒砂层，厚度约为1.5米，越近海滩表土层愈厚，沙粒亦较粗，颜色稍带灰色。据当地开采玻璃砂时发现，在这层下面，再下掘进1米左右即可见红土。此即为金门岛有名的玻璃矿砂产地。

在金门岛的东南部东村、新塘一带，裸露着约60厘米的白砂岩层，其分布为北西走向，倾向西南，层理清晰，底部间夹着石英质砾石，最大者约1厘米，棱角显明。另外在金门岛南部的沙头断崖中发现，上部为红土所覆盖，下为磁土层，其成分为白色石英沙，粒度大小不等，其最大者如豆。棱角多显浑圆，内含黑色矿物，排列整齐，成水平状。厚度为3～5米，未发现化石。另在乳山以南浅沟中也有发现，其层序：上层为铝铁矿，厚约30厘米，其下面为砾石层，约1米厚。再下层为白砂岩层，厚度亦约1米，显北东60°走向，以10°向西南倾斜。上述三处出露的白砂岩层，其中伴有黏土层，风化的比较厉害，表面皆成疏松状，而且一部分已成白土化。因受侵蚀作用，许多形成特殊之地形，所以南部地区呈断崖之处甚多。

在金门岛的东南部及西北部，如新塘、料罗、西洪、新头、山外、塔后、沙头、乳山、昔果山、古宁头（包括南山、北山、林厝）、西浦头、山灶等处。凡高出海面10～20米的花岗片麻岩表层上发现有含铁质结核层。它显长圆形或枝状结核，表面有时光滑，其颜色赭红色或黑红。敲碎后发现，外圈风化比较厉害，部分呈黄褐色，次圈风化比较浅，部分为紫色，内层为赭红色，中间隔有空洞式浅色填充物。这种填充物内含白色石英粒或长石细粒，其颗粒大小不等，间杂其中，最大者如米珠，或渗少量黑色矿物，为铁质所胶结，排列堪称整齐，结构紧密。形态长 10 ~ 15 厘米，直径 4 ~ 5 厘米，层厚随地形的变化而变化，有时成层状（见于南山），通常是 5 厘米至 1 米不等，或有零星散布于红土层之间。

在金门岛珠山碉堡以北 20 米处的一条浅沟中，发现上层为红土，下面都是砾石层，这种砾石层含有白色石英岩、黑色石英岩、砂岩、砾岩等砾石，但未见花岗片麻岩及花岗岩方面的砾石。这些卵石圆滑，显经长距离搬运，其最大直径约 15 厘米，宽约 8 厘米，普遍以 8 ~ 9 厘米为常见，砾层厚约 1 米，中间夹带一层粗粒砂岩层，厚约 31 厘米，下面伏着白砂岩层。再在金门乳山民众公墓东南面约 300 米处的浅沟中，亦发现砾土层，厚度约 1 米，岩性结构与珠山所见大同小异。

金门岛迄今未发现有玄武岩或玄武砾石层。在金门乳山民众公墓以东浅沟中，曾发现数块玄武岩碎片，但觅不到母岩踪迹，有关方面颇感疑惑。此处为铝矿产地，是否与建公墓有关，该矿或被覆盖，或为建墓迁移来，不得而知。

第六节　植被与土壤

金门岛的地质构造基本上为花岗片麻岩构成，岛上土壤以砂土及裸露红壤土为主。前者沙层厚、保水保肥力均差；后者表土层薄、酸性重，腐殖质少，皆不适宜耕作和农作物生长，岛上常年种植经济价值较低、耐旱性较高的农作物，如高粱、玉米、花生、番薯等杂粮。

近年来，金门致力于农作品种引进与改良，农业生产量大增，积极从事经济林及果树栽培推广，在造林绿化工作上，执行相当彻底，全岛一片绿意盎然。

在历史上金门原本是个林木茂密、蓊郁的海岛。自宋朝以来，历经元、明、清历代之肆意滥伐，到中华民国以后，全岛已变成一片黄沙滚滚、荒山遍地的岛屿。20 世纪 50 年代后，在驻岛军民齐心努力下，在全县范围内广植木麻黄、相思树和马尾松，现全岛又恢复郁郁葱葱，收到了防风固沙、调节气候、水土保持及改善生态环境之功效。全岛现共有森林总面积 5000 余公顷，占全岛陆地面积 40%，森林蓄积量高达 30 万立方米。

第七节　海岛资源开发利用与保护

一、水资源

金门岛也像全国大多数岛屿那样，水资源十分匮乏，而且水质也没有保障，地下水超抽严重，干旱紧急应变能力不足。生命在于水，有水就有生命，水是万物之源，水资源匮乏不但影响人们的生活质量，还会制约当地的发展。为了改变水资源的缺乏，金门人是动了脑筋想了办法的，近些年来金门采取各种措施节水和水资源的再利用，并取得了明显的成效。据台湾有关方面统计，在 2008 年台湾地区每人每日平均生活用水量中，金门人最少。这可见金门人对节水的重视和对水资源持续利用的认知程度。目前，金门人在水资源的循环使用方面是走在我们前列的，举例说：目前国内多数沿海城市是将污水处理厂处理过的中水，直接达标排海，极少用于花草浇灌和作为其他生活用水。而在金门，他们对中水的回收利用力度很大，几乎将中水全部利用起来，具体做法就是将中水送入自然的人工湖中，这些人工湖周围就是乡野农田，湖岸杂草丛生，外表看起来与一般的池塘没有两样，不过里面的水主要是附近污水厂处理过后达标排放的中水，这些中水在湖中天然净化、沉淀，经一段时间后，水质几乎与雨水无异，除了不可供人饮用外，其他均可使用。他们已经广泛用于生产、生活用水，最便利最大量的就是直接用于农业灌溉、城市绿化浇灌。眼下，金门人正在推进与新加坡合作，将中水进行高级处理，生产出完全可以供人饮用，再进入自来水管网的“新生水”，让水资源真正得以循环使用。在水库管理上，台湾、金门也有高招，比如为避免藻类繁殖过多影响水质，水库的水可以上下翻动。万一发生污染，他们还可以通过不同高度的抽水口，有选择地抽取不同深度的水。

此外，金门为解决未来水资源的缺口，正在努力打造多元化供水体系，其中从大陆引水就是重要的一部分，金门向大陆要水，一直是热点话题。当然，目前尚未有明确的时间表和供水方案，金门正在充分考虑各方面的意见和积极从事技术层面的研究。据厦门水务集团总经理吴灿东透露的讯息，目前，福建省已提出铺设管道为金门供水，并初定了两条备选线路，一是从厦门大嶝岛到金门岛，二是从福建晋江市的围头到金门岛。

二、旅游资源

（一）自然旅游资源

金门岛历史悠久，古称“仙洲”或“浯洲”，自古有“海上仙洲”、“桃源胜景”之美称。岛上古有珠江夜月、丰莲积翠、啸卧云楼和仙阴瀑布等八景；今有太武雄峰、玉柱擎天、汉影云根和金汤剑气、榕园绿阴、龙山瑞霭等 24 景。登临太武山巅或伫立于马山之顶，可远眺对岸近在咫尺的厦门。

（二）人文旅游资源

1. 金门国家公园

位于金门，金门县金宁乡伯玉路二段 460 号。为台湾地区第六座国家公园，总面积约为 3780 公顷，约占金门全岛 1/4 的面积，范围包括太武山区、古宁头区、古岗区、马山区、烈屿区（在小金门岛）等五个区域，是台湾地区首座离岛公园。金门拥有丰富的人文史迹及自然生态，全县国家级古迹计有 21 处，其中国家二级古迹琼林蔡氏祠堂、文台宝塔、水头黄氏酉堂别业、虚江啸卧群谒及国家三级古迹邱良功墓园、汉影云根谒、振威第、琼林一门三节坊、海印寺石门关、水尾塔、蔡攀龙墓等 11 处位于金门公园内，每一处古迹都记载着它曾在历史走过的痕迹。

2. 莒光楼

长久以来一直是金门最具盛名的景点之一，位于金城莒光湖旁，为一古城堡式建筑，楼高三层，楼内有多媒体简介金门现状、金门建设成果图片、金门观光资源介绍与历史文物等。沿莒光楼往下走，为莒光湖，湖畔规划为“金门县观光旅游服务中心”，有金门县观光协会、旅行公会、旅馆公会等观光服务社团在此办公，需要旅游资讯或服务的游客可前往洽询。

三、矿产资源

金门岛上矿产以白瓷土、花岗岩为主。在金门岛东北部，山西村以北，有金门岛有名的玻璃矿砂产地。另在金门岛的狮山、寨子山、太武山的花岗岩岩脉与花岗片麻岩接触部分的岩石中还含有微量金矿。

四、生物资源

金门岛滩涂广阔，鱼、虾、蟹、贝类资源丰富。土地上主产地瓜、高粱、玉米、土豆、花生等杂粮，亦产少量小麦、大麦、稻谷及蔬菜瓜果类农作物，但所产的农作物味清甘甜。常见的亚热带植物、哺乳类动物、鸟类、鱼类、节肢体动物、软体动物、星虫动物等均有，但资源量不丰富。

第十九章　小金门岛

第一节　概　况

一、海岛地理及历史变迁

小金门岛（Xiǎojīnmén Dǎo），代码为350527004521。

又称烈屿，位于厦门湾东部海域，在厦门岛东南侧、大金门岛西南面，西距厦门环岛路上的石胄头5.3千米，东距大金门岛1.8千米。地理坐标为北纬24°25.9′、东经118°14.5′，是散布在金门岛周围岛屿中最大的一个，面积14.751平方千米，岸线长23.1千米，最高海拔109.0米。

图3-19-1　小金门岛地理分布图

图 3-19-2 小金门岛遥感影像

二、建制、人口与公共服务

小金门岛行政上隶属金门县，称金门县烈屿乡。

小金门岛的户口在清朝前都统计于同安县，历代无文献记载，难以考证。至清朝，金门总兵驻守官兵有留居于金门，清朝雍正年间（1736 年），朝廷开始在金门岛设立县衙，小金门岛开始有了自己的人口记载。当时，小金门岛人口才几十人。现在岛上常住人口 5000 人左右。

小金门岛的教育、科学技术、医疗卫生等公共事业，纳入金门县公共服务序列，同大金门岛同步发展。

第二节 海岛历史与文化

一、海岛文化

1. 庙宇

小金门岛上的居民同大金门岛的人一样，深信求神拜佛，行大运。对宗教的信仰不但诚挚而且执迷，已深入民间，形成根深蒂固、牢不可破的观念。形成有村即有庙宇，甚至一村数庙的情形。小金门各村落各种宫、庙、寺比比皆是，且香火不断。小金门岛上主要庙宇详述如下。

拱福宫：位于双口，祭祀宋王爷，1971 年重修。
清云殿：位于东坑，祭祀清云祖师，1977 年重建。
显灵庙：位于湖井头，祭祀白府先生，1971 年新建。
清水祖师庙：位于青岐。
李将军庙：位于湖井头，祭祀李府将军，1964 年重建。
张天师庙：位于青岐，1971 年重建。
关帝庙：位于青岐，建于清代，1971 年重建。
朱王爷庙：位于青岐，1977 年重建。
关太庙：位于青岐，祭祀关帝、哪吒、伽蓝佛，1981 年重建。
关帝庙：位于上林。
敬天庙：位于后宅，祭祀九天玄女，1971 年重建。
玄天庙：位于西方，祭祀玄天上帝，观音大士及三王爷，1971 年重修。
元帅庙：位于西方，祭祀田都元帅，1968 年重修。
天上圣母庙：位于上林。
李仙祖庙：位于青岐，祭祀李仙祖，广泽尊王、张元帅，1971 年重建。
西湖古庙：位于罗厝，祭祀天后妈祖，1980 年修建。
清水庙：位于青岐，祭祀清水祖师、玄天上帝，1973 年重建。
关帝庙：位于湖下，原庙规模甚宏，因年久倾塌。清朝光绪初年，虽经乡人重修，但不如旧庙规模。1963 年村民集资重建。
关帝庙：位于黄厝，祭祀关帝，1972 年重修。
麟护宫：位于后头，祭祀天上圣母。清乾隆年间建，1979 年重修。
忠仁庙：位于西宅，祭祀关圣君及池王爷，1975 年乡人集资重建。
李将军庙：位于林边，祭祀李王爷，建于明代，1972 年重修。
玄天上帝庙：位于罗厝。
妈祖庙：位于上库，祭祀天后、李府水仙王、吴真人，1969 年重修。
灵忠庙：位于东林，祭祀唐张巡、许远及洪元帅，1976 年乡人集资重建。
吴将军庙：位于埔头，祭祀吴王爷，1974 年建。
关帝庙：位于西路，1975 年修建。
保障庙：位于前埔，祭祀玄天上帝。明时建，1969 年重建。
王公庙：位于后井，祭祀刘府王公。明时建，1966 年重建。
真武庙：位于中墩，祭祀玄帝。明时建，1965 年重建。
李将军庙：位于上林，祭祀李将军，即汉之李广也。明中叶建，1976 年重修。
烈女庙：位于青岐龟山麓，又称贞烈祠。1954 年由厦门飘来一裸女尸，当地驻军怜而葬之，后屡见显灵异，村民祷告辄应，乃于 1956 年集资为其建庙，香火甚盛。

2. 宗祠

罗氏宗祠（大宗）：位于罗厝，1980 年重修。
林氏宗祠（大宗）：位于东林，1974 年重修。
林氏宗祠（大宗）：位于西路。
吴氏宗祠（大宗）：位于上库，1977 年重修。
蔡氏宗祠（大宗）：位于后宅。
林氏宗祠（大宗）：位于双口，1967 年重修。
六姓宗祠（大宗）：位于东坑。杜、孙、林、程、蔡、陈六姓，1967 年重修。
洪氏宗祠（大宗）：位于青岐，1977 年重修。

陈氏宗祠（大宗）：位于湖下，1982 年重修。
林氏宗祠（大宗）：位于西宅，1981 年重修。
方氏宗祠（大宗）：位于后头，1971 年重修。
张氏宗祠（小宗）：位于后宅。
谢氏宗祠（小宗）：位于庵顶。
吕氏宗祠（小宗）：位于东坑，1967 年重修。
林氏宗祠（小宗）：位于上林，1977 年重修。
林氏宗祠（小宗）：位于下林，1976 年重修。

3. 其他

小金门岛民间信仰、饮食、服饰、婚姻、生育、红白喜事、宗亲理念等民风民俗同大金门岛。

二、土特产

岛上出产一种芋头，它得益于岛上特殊的地理环境、水质、水源以及空气等方面因素，吃起来特别香，入口即融，味道非常好，很出名，很受人青睐。小金门人正规划把它打造成特色产业，即特色芋头产业。

第三节　海岛基础设施

一、交通运输

（一）进出岛通道

与岛外交通主要靠水路，岛上有一个繁忙的码头，即九宫码头。是小金门岛水上交通枢纽，也是小金门岛对外物流中心。岛上无民用机场。

现台湾当局“交通部”正商量兴建“金门大桥”事宜。根据规划，该桥由大金门岛的水头连接小金门岛的九宫，全长 3345 米。“金门大桥”已经通过建设方案，大桥建成后，小金门与外界的交通会更加便捷。

（二）道路

小金门全岛现有公路网 70 余千米，通往各村，岛上公路交通可以说四通八达。

二、水利设施

小金门水资源的缺乏，水质也没有保障，地下水超抽严重，干旱紧急应变能力不足，是发展的一大课题。尤其在旅游观光业速猛发展的今天，水资源更显匮乏。为解决未来水资源的缺口，以求满足未来民生、工业及观光事业等用水之发展，金门县政府正想方设法把小金门供水纳入大金门岛供水体系，积极开辟新水库、建设截水工程，兴建海水淡化厂以及实施节水工程，水资源重复再生利用工程，建立 GIS 管网系统，确保水质水量灵活调配和从大陆引水工程等，以提升经济发展及居民生活用水质量。

三、通信、电力与市政基础设施

电信、电视等纳入大金门岛网。电网纳入大金门岛电网系统。

为促进小金门土地及天然资源之保育利用，人口产业活动之合理分布，增进公共福利，并合理规划土地以改善县民生活环境，引导当地整体健全发展。1992 年金门战地政务终止后，金门县开始规划大、小金门全面都市计划（总面积为 149 平方千米），计划用 25 年时间（1992—2016 年）完成。该计划将全岛定格为多核心发展模式，再以便捷的交通网连接各核心，并进行土地使用、交通运输系统，公共设施、旅游观光等的增辟与改善。金门全面都市计划的实施，将有助于现阶段社会实际需求及未来开发与经济发展需要，达到地尽其利目标。小金门的文化场所建设纳入金门整体文化场所发展计划。

四、生态建设与环境保护

小金门随着近年来经济的上升，民众生活的富裕，对美好生态环境的追求理念也在日益上升，注重生态建设，工业化污染程度低，森林、湖泊、河流、海域等自然环境保护的比较好。他们推崇城市、农村伊甸园化、园林化，全岛绿化程度极高，到处郁郁葱葱。因为高楼建筑少，又绿化到位，许多城镇、乡村犹如伊甸园。由于注重生态环境保护，候鸟迁徙都落脚小金门。生态建设与环境保护纳入金门县计划，与大金门岛同步发展。

第四节　经济基本情况

一、海岛居民生产活动

小金门岛居民主要生产活动，早期以农业、海洋渔业、港口航运业、畜牧业、制造业和经商等为主。20 世纪 90 年代后，从事旅游业与之相关的产业，将成岛上居民主要生产活动。

二、社会经济基本情况

小金门因受地理环境影响和限制，可耕地面积少，加上土地贫瘠，年降雨量少，且分布不均，秋冬季风大等因素，况且这其中大部分土地，仅适宜种植耐旱农作物，如高粱、甘蔗、花生、小麦、大麦及部分果蔬等作物，其中高粱、小麦系由政府保价收购，供酿造高粱酒之用。为避免两岸实施小三通和加入世贸组织后，对金门农业产业造成的冲击，目前，正在大力推广有机农业生产体系和生态农业生产体系以及改善农业生产环境，培育农作物优良品种，开发具有地方特色的农特产品与加工利用、农药残留检测，提升农民管理水平等计划。以求在不远的将来农业能实现生态农业生产体系和特色农业的目标。

历史上小金门原本是个林木茂密、蓊郁的海岛。自宋朝以来，历经元、明、清历代之肆意滥伐，民国以后，全岛已变成一片黄沙滚滚、荒山遍地的岛屿。20 世纪 50 年后，在驻岛军民齐心努力下，在全县范围内广植木麻黄、相思树和马尾松，现全岛又恢复郁郁葱葱，收到了防风定沙、调节气候、水土保持及改善生态环境之功效。

小金门工商业发展，因受环境主、客观因素影响，并无大型企业，商贸业也不发达。

三、主要海洋产业基本情况

海洋产业主要有海洋渔业、港口航运业和海岛旅游业。

（一）海洋渔业

小金门四面环海，渔业资源得天独厚，为渔业发展提供了以近海渔捕捞、浅海滩涂养殖、港湾网箱养殖为主和陆地淡水养殖为辅的路子。海洋捕捞，以拖网、刺网为主，延绳钓、手钓为辅，渔获种类则为黄只（鲦鱼）、白带鱼、午鱼、土魟、巴弄（鲹类）及虾蟹等。海水养殖，海域潮间带以石条、平挂及插篊式牡蛎养殖为主，较深海域则开展海带及网箱养殖。淡水养殖，主要以粗放方式养殖草鱼、鲢鱼及吴郭鱼，或以半集约式养殖草虾、美洲白对虾、七星鲈鱼及鲷类等。

为促进渔业转型与发展，近年来，对小金门罗厝渔港及复国墩渔港港埠进行扩张工程，增置了鱼货装卸及冷冻设备等。此外，在周边海域投放大量人工鱼礁，放流鱼苗，强化海域管理，辅导渔船渔民季节性休渔或转型经营货运业务，以有效进行渔业资源保护，突破渔业发展瓶颈。

（二）港口航运业

水头与九宫码头为大小金门往返之门户，为方便旅客及货物载运，近些年来县政府对码头进行了拓宽与延伸、购置新型客货轮“浯江号”、“富国号”、“裕民号”、“太武号”等交通船，负责大、小金门间人、货之载运，还增建浮动码头等设施。另外，民间亦投资建有客、货船20艘加入大、小金门间的海运服务工作。

（三）观光旅游

“小三通”开通后，许多旅客都是过境，很少到小金门旅游参观。为了改变这一现状，充分开发小金门丰富的战地观光资源，小金门人开始整合小金门的旅游资源，准备把小金门打造成第二个鼓浪屿，2010年8月初开放的“红土沟三营区景点”旅游前景良好。如果开放自由行，小金门的机会将会更多。

第五节 地质地貌

一、岛陆地貌

海岛地貌主要为低丘陵，约占全岛面积70%；台地和平原约占30%。地势东北高西南低，北部和南部起伏较大，中部低平，西部沿海地势低洼，为水网地区，有龙虎山、红山及大山顶等高地。龙虎山位于岛东北部，高程约100米，其东、北侧坡度较陡，约40°；西、南侧坡度稍缓，一般在20°～25°。红山位于岛西北部，高程86米，西、北坡濒海，坡度30°以上，多雨裂、梯田；东坡与后宅高地相连；南坡坡度20°～25°。大山顶位于岛南部，高程63米，山势由东向西倾斜，周边坡度20°以下。

小金门岛上还有麒麟山、吴山、西山、牧山、湖山等。麒麟山主峰海拔190米。有西路溪、南塘溪，流量短少，平时多涸。

二、海岛地质

与金门岛类似，小金门岛地层以花岗片麻岩为主。花岗片麻岩为岛上最古老的岩层，是构成海岛地质构造的基础，花岗片麻岩分为两种：一种为黑云母花岗片麻岩，另一种为角闪石黑云母花岗片麻岩。在小金门西南面的沙溪可见，片理构造呈北向东走向，倾向北西。小金门岛北部湖井头也可见，呈东西走向，向北倾斜。

花岗片麻岩表层上发现有含铁质结核层。它显长圆形或枝状结核，表面有时光滑，其颜色赭红色或黑红。敲碎后发现，外圈风化比较厉害，部分呈黄褐色，次圈风化比较浅，部分为紫色，内层为赭红色，中间隔有空洞式浅色填充物。这种填充物内含白色石英粒或长石细粒，其颗粒大小不等，间杂其中，最大者如米珠，或渗少量黑色矿物，为铁质所胶结，排列堪称整齐，结构紧密。小金门的南塘、大山顶海边的岩层中有含铁质结核层。

覆盖在花岗片麻岩基岩上，组成广大土地地层或丘陵地层，为更新统（第三纪末期至第四纪初期）沉积层，其较完整的层序几乎看不到，仅零星出露。该地层中含有瓷土层，可成矿。

与金门岛不同，小金门南塘的大山顶，青岐的乱石山，西路的龙骨山，庵顶的麒麟山及西吴村后面山，均发现大片的玄武岩砾石，尤以大山顶分布最为广泛。其普遍砾径约为 75 厘米，宽约 50 厘米，或大者竟达数米。砾石浑圆，灰褐色，间有气孔构造，孔内或充填浅黄色薄层次生矿物，构造紧密，含细粒橄榄石斑晶颇多。橄榄石的颜色为绿色，散布于玄武岩中，斑晶除橄榄石外，未见其他黑色矿物。风化面沿同心圆方向而剥落，其厚度依地形推算，于大山顶最少 10 米处，下部为瓷土层，黄白色，厚度约 1 米。再下面则为花岗片麻岩。麒麟山（海拔 189 米）及龙骨山（海拔 177 米）为小金门最高山岭，其顶部全为玄武岩砾石所分布，其砾石直径与大山顶发现的相同，下部为花岗片麻岩。

第六节　海岛资源开发与保护

一、土地资源

小金门岛岛陆面积 14.6 平方千米，其中丘陵约占全岛面积 70%，台地和平原约占 30%。小金门岛中部低平，西部沿海地势低洼，适宜开发建设。丘陵地森林茂密，适合开发林业、种植果树等。

二、旅游资源

因特殊的地理位置，自古便是兵家必争之地。历史、文化等资源雄厚，闽南文化、闽南格局的建筑、东南亚情调的洋楼建筑群，特色各异的风景名胜，遍布全岛各地，独特的鸟类资源等自然生态风光，数不胜数。这个曾被称为“外岛中的外岛，前线中的前线”的小金门，丰富的战地历史、战地文化，战争遗迹及军事工事、设施以及长期封闭的神秘面纱，如今正在慢慢变样，成为旅游休闲观光得天独厚的资源。

为推动小金门旅游观光业的发展，金门县正在加强小金门旅游观光业的统筹和管理，引导民间投资观光旅游业，积极实施旅游观光景点的整建与维护，广辟各项休闲游乐区，营造优良观光环境，增强全岛景观美化与绿化，兴建现代化航空站、码头，改善进出岛的空中及海上交通，提升乡土特产品种类与包装形象，促进休闲农业升级等，以求提供各项旅游服务，以求小金门观光事业的蓬勃发展。主要旅游景点有八达楼子等。

八达楼子位于小金门西宅村十字路口，兴建于 1966 年 2 月，为一座高数丈的城堡式的二层楼建筑，楼顶塑有 7 位分踞四方握枪手榴弹作扫击状态的战士雕像，英勇雄姿，栩栩如生。八达楼子流传着一段国军英勇抗敌的悲壮战史：1933 年抗日战争时，戍守古北口的一班步兵 7 人，为掩护长城部队 154 团转进，誓死固守坚决抵抗，曾歼灭敌军数百人，完成任务，然而终因敌众我寡，全部壮烈牺牲。1966 年，长城部队进驻小金门，仿建当年长城八达楼子，并塑抗日七勇士像，分别守山海关、古北口、喜峰口及九门口等关口，一则表彰忠烈，二来可勉励来者以继往开来。

三、港口航运资源

有九宫码头，是小金门岛水上交通枢纽，也是小金门岛对外物流中心。

小金门岛东侧水道为天然航道，是进出同安湾刘五店港区的航道。

四、矿产资源

在小金门的南塘及大山顶，可见到裸露出来的瓷土矿石。

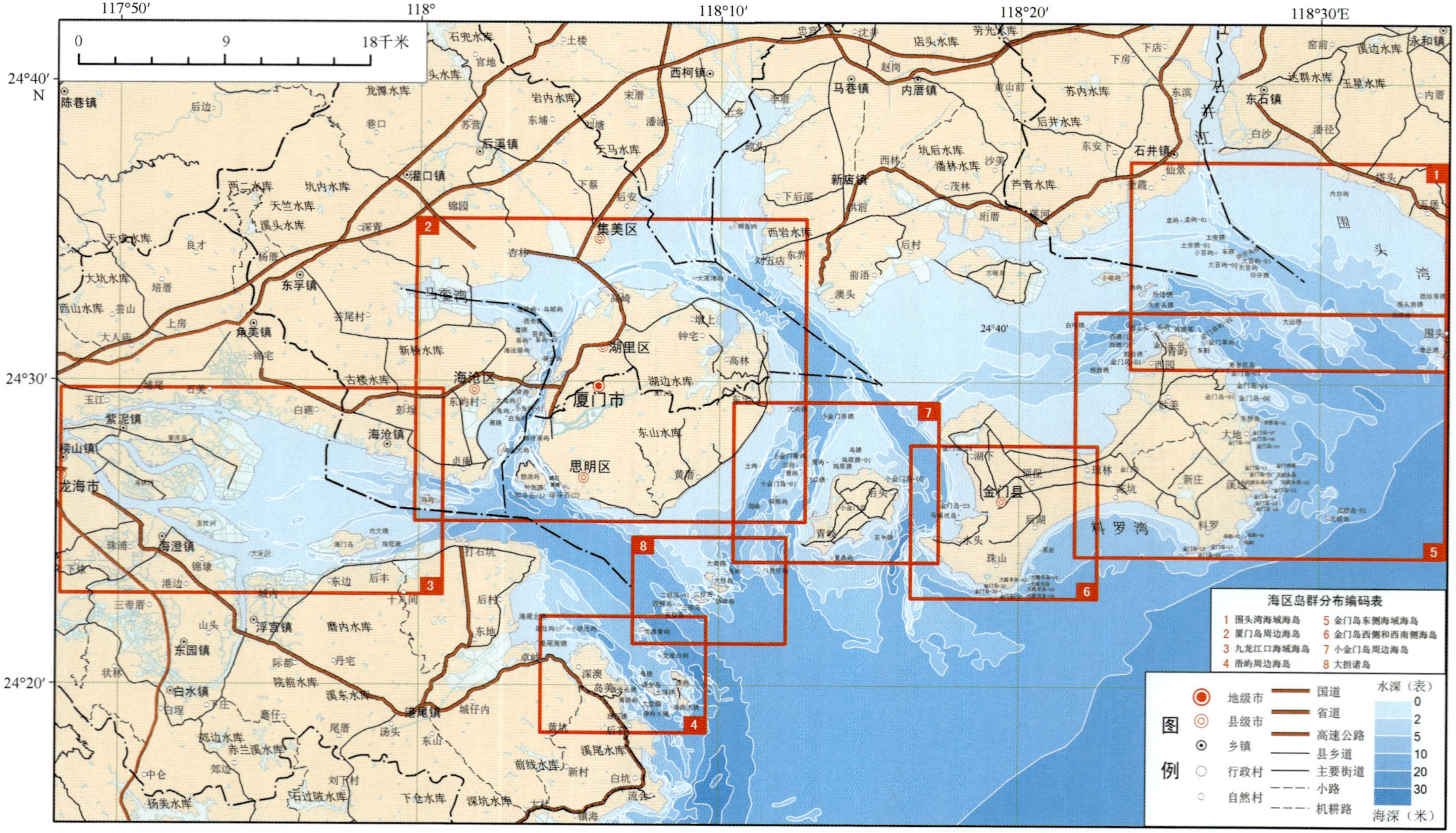

厦门湾海区海岛分区图

1. 围头—大嶝海域海岛；2. 厦门岛周边海岛；3. 九龙江口海域海岛；4. 浯屿周边海岛；
5. 金门岛东侧海域海岛；6. 金门岛西侧和西南侧海岛；7. 小金门岛周边海岛；8. 大担诸岛

第二十章 其他海岛

按照海岛位置分布及行政区隶属，本章海岛分为围头角—大嶝海域海岛、厦门岛周边海岛、九龙江口海域海岛、浯屿周边海岛、金门岛东侧海域海岛、金门岛西侧和西南侧海岛、小金门岛周边海岛、大担诸岛等八个部分，共有141个无居民海岛。

其中31个无居民海岛隶属厦门市管辖，其中翔安区管辖4个、湖里区管辖4个、集美区管辖2个、海沧区管辖17个、思明区管辖4个。16个无居民海岛隶属泉州市管辖，其中南安县管辖11个、晋江市管辖5个。15个无居民海岛隶属漳州市管辖，均由龙海市管辖。79个无居民海岛由金门县管辖。另外，有居民海岛玉枕洲（龙海市管辖）也列入本章记述。

第一节 围头角—大嶝海域海岛

位于厦门湾东侧围头至大嶝岛附近海域，包括厦门翔安区、泉州晋江市和漳州南安市的无居民海岛20个，其中翔安区管辖范围无居民海岛4个、南安市管辖范围11个、晋江市管辖范围5个。

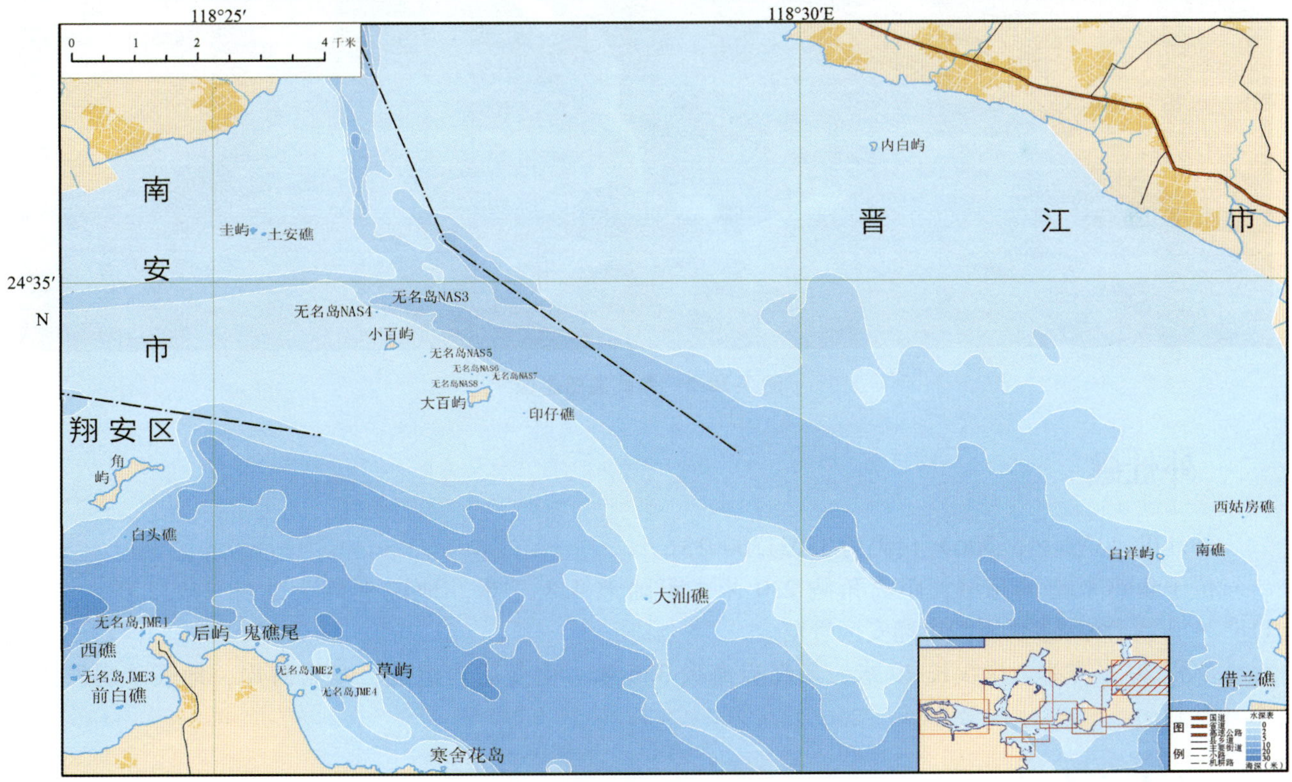

图3-20-1 围头角—大嶝海域海岛分布图

一、角屿

角屿（Jiǎo Yǔ）代码为350212000521。

位于围头湾西北部、大嶝岛东南侧海域，距陆地5.0千米。地理坐标为北纬24°33.2′、东经118°24.2′。行政区隶属厦门市翔安区管辖。

海岛呈不规则长条状，长轴北东向延伸，长约1.1千米，宽约220米；面积0.2048平方千米，岸线长3.6千米，海拔最高24.9米。由变质岩组成，基岩海岸，多岬角。地表植被发育，多赤红壤土，有人工林带。周围水深1～6米。东南多礁石，有石斑鱼。

潮间带类型包括岩石滩和海滩两类，潮间带总面积为0.83平方千米，海滩面积0.74平方千米，主要分布在海岛的西侧，滩面较为宽阔；岩石滩面积0.09平方千米，主要分布在角屿的北侧，在海岛其他部位还有零星分布。

岛上建有房屋和养殖场，有渔民居住。岛西岸建有小码头，为陆岛交通码头。周围海域有吊养牡蛎和定置网捕捞。

图3-20-2　角屿遥感影像

二、外灶礁

外灶礁（Wàizào Jiāo）代码为350213000131。

位于角屿东南侧海域，距离角屿230米，距陆地4.8千米。地理坐标为北纬24°33.0′、东经118°24.3′。行政区隶属厦门市翔安区管辖。

面积20平方米，岸线长20米，最高点海拔3.6米。由变质岩组成，基岩海岸，地表基岩裸露。未开发利用。

三、大有头礁

大有头礁（Dàyǒu Tóujiāo）代码为350583000721。

位于大嶝岛以东海域，距陆地5.8千米。地理坐标为北纬24°32.7′、东经118°24.2′。行政区隶属厦门市翔安区管辖。

海岛呈圆形，直径约20米；面积290平方米，岸线长60米，最高点海拔3.6米。为大陆岛。由变质岩组成，基岩海岸，地表基岩裸露。近岸水深12米。海岛未开发利用。周围海域有吊养牡蛎和定置网捕捞。

四、白哈礁

白哈礁（Báihā Jiāo）代码为350583000821。

位于大嶝岛东南海域，距陆地6.0千米，西北距大嶝岛3.3千米，东南距离金门岛3.2千米。地理坐标为北纬24°31.9′、东经118°22.2′。行政区隶属厦门市翔安区管辖。

海岛呈扭曲的椭圆形，长轴北东方向延伸，长约115米，宽约35米；面积4110平方米，岸线长310米，海拔最高11米。为大陆岛。由变质岩组成，基岩海岸，地表基岩裸露。近岸水深5米。山顶建有一小凉亭，可近处观看金门。周围海域有吊养牡蛎和定置网捕捞。

五、圭屿

图3-20-3　圭屿（左）、圭屿-01（右）

圭屿（Guī Yǔ）代码为350583000121。

位于围头湾西侧，南安市石井镇以南海域中，距陆地1.650千米。地理坐标为北纬24°35.475′、东经118°25.350′。行政区隶属泉州南安市管辖。

图3-20-4　圭屿近景

呈工字形，轴长690米，最宽约96米；面积3560平方米，岸线长390米，海拔最高14.6米。为大陆岛，由碎裂变斑交代二长花岗岩、交代二长花岗岩组成。表层黄沙壤土，植被主要为灌木和木麻黄。基岩海岸，附近水深0~2米，周围多干出礁。自然状态，岛上岩石曾被开采。近岸海域吊养牡蛎。

六、圭屿-01

圭屿-01（Guī Yǔ-01）代码为350583000221。

位于小嶝岛东北侧海域，距陆地1.8千米。地理坐标为北纬24°35.4′、东经118°25.4′，行政区隶属泉州南安市管辖。

海岛近似椭圆状，长轴北东向延伸，长约55米，宽约23米；面积1110平方米，岸线长140米，海拔最高1米。地表基岩裸露。无植被覆盖。基岩海岸。岛上岩石曾被开采。周围海域有吊养牡蛎和定置网捕捞。

七、土垵礁

土垵礁（Tǔ'ǎn Jiāo）代码为350583000931。

位于厦门湾之围头湾北部，小百屿北侧625米，距离陆地约3.6千米。地理坐标为北纬24°35.4′、东经118°25.6′。行政区隶属泉州南安市管辖。

地表基岩裸露。无植被覆盖。基岩海岸。未开发利用。面积60平方米，岸线长30米。

八、土埯礁-01

土埯礁-01（Tǔ'ǎn Jiāo-01）代码为350583001031。

位于小嶝岛东北侧海域，距离陆地约3.7千米。地理坐标为北纬24°35.4′、东经118°25.6′，行政区隶属泉州南安市管辖。

海岛呈不规则方形，长轴北东向延伸，长约15米，宽约7米；面积20平方米，岸线长20米。地表基岩裸露。无植被覆盖。基岩海岸。未开发利用。

九、小百屿

小百屿（Xiǎobǎi Yǔ）代码为350583000321。

图3-20-5 小百屿全景

位于围头湾内，南安市石井镇以南海域，距陆地4.2千米。地理坐标为北纬24°34.4′、东经118°26.5′。行政区隶属泉州南安市管辖。

该岛呈五边形，最长处约180米，最宽处约120米；面积0.017平方千米，岸线长560米，海拔最高14.2米。由碎裂变斑交代二长花岗岩、交代二长花岗岩组成。表层黄土，植被茂密。基岩海岸，间有少量砂质岸。附近水深0~2米，周围海域多干出礁，南部多暗礁，为航行危险区域。自然状态，未开发利用。海域产有鲻鱼、章鱼等。

十、东礁

东礁（Dōng Jiāo）代码为350583001131。

位于小嶝岛东侧海域，距离小嶝岛约5.5千米，距离陆地约4.7千米；地理坐标为北纬24°35.3′、东经118°25.5′。行政区隶属泉州南安市管辖。

海岛面积40平方米，岸线长30米。由变质岩组成，基岩海岸。地表基岩裸露。未开发利用。

十一、猴仔头礁

猴仔头礁（Hóuzǎitóu Jiāo）代码为350583001231。

位于小嶝岛以东海域，距离小嶝岛6.2千米，距离大陆5.4千米；地理坐标为北纬24°34.7′、东经118°26.4′。行政区隶属泉州南安市管辖。

海岛近似方形，长约10米，宽约5米；面积80平方米，岸线长40米。由变质岩组成，基岩海岸。地表基岩裸露。未开发利用。

十二、大百屿

大百屿（Dàbǎi Yǔ）代码为350583000421。

位于围头湾、南安市石井镇以南海域，距陆地5.6千米。地理坐标为北纬24°33.9′、东经118°27.3′。行政区隶属泉州南安市管辖。

海岛大致呈方形，北东东—南西西走向，长360米，宽约200米；面积0.065平方千米，岸线长1.2千米，海拔最高25.3米。

图3-20-6 大白屿全景

由碎裂变斑交代二长花岗岩、交代二长花岗岩组成，表层为黄土砂质，植被发育，以木麻黄为主。基岩海岸，间有砂质岸和人工石砌护岸。西南部多暗礁，为航行危险区域。

海岛东部、南部自宋朝就建有采石场，石材开采后通过船舶运输至安海湾顶建设五里桥。岛上有淡水井。岛上曾开发旅游项目，西北部建有大百屿酒店、郑成功涌泉井碑、小庙以及斜坡码头、发电机房、蓄水池、排污管、陆岛交通码头等配套设施。山脚下建有未完工的红砖楼。现有部分管理人员在岛上居住。

图3-20-7 大百屿上的水井（左）、周边的海蚀平台（右）

十三、大百屿-01

大百屿-01（Dàbǎi Yǔ-01）代码为350583001331。

位于小嶝岛以东、小百屿北侧海域，距离小嶝岛6.4千米，距离大陆5.6千米；地理坐标为北纬24°34.1′、东经118°27.3′。行政区隶属泉州南安市管辖。

海岛呈弯曲的方形，长约10米，宽约5米；面积20平方米，岸线长20米。由变质岩组成，基岩海岸。地表基岩裸露。未开发利用。

十四、大百屿-02

大百屿-02（Dàbǎi Yǔ-02）代码为350583001431。

位于小嶝岛以东、小百屿北侧海域，距离小嶝岛6.4千米，距离大陆5.6千米；北纬24°34.1′、东经118°27.3′。行政区隶属泉州南安市管辖。

海岛呈椭圆形，北东向展布，长约7米，宽约3米；面积80平方米，岸线长40米。由变质岩组成，基岩海岸。地表基岩裸露。未开发利用。

十五、印仔礁

印仔礁（Yìnzǎi Jiāo）代码为350583000521。

位于围头湾南安南侧、小嶝岛东侧海域，距陆地6.3千米，距离小嶝岛6.6千米。地理坐标为北纬24°33.8′、东经118°27.6′。行政区隶属泉州南安市管辖。

海岛近圆形，直径约7米；面积40平方米，岸线长20米。地表基岩裸露。无植被覆盖，基岩海岸。未开发利用。

十六、内白屿

内白屿（Nèibái Yǔ）代码为350582003421。

内白屿，也称牛屎屿。位于围头湾内北侧，晋江市东石镇南面海域，距陆地1.0千米。地理坐标为北纬24°36.2′、东经118°30.6′。行政区隶属泉州晋江市管辖。

近长椭圆形，东西走向，最长处约130米，最宽处约100米；面积0.0094平方千米，岸线长420米，海拔最高6.7米。由碎裂变斑交代二长花岗岩、交代二长花岗岩组成。基岩海岸，周围有沙滩。自然状态，未开发利用。附近滩涂养殖牡蛎。

十七、西姑房礁

西姑房礁（Xīgūfáng Jiāo）代码为350582006931。

位于围头湾东部海域，临近湾口，东距大陆约1.35千米。地理坐标为北纬24°32.8′、东经118°33.8′。行政区隶属泉州晋江市管辖。

海岛近似呈圆形，直径约14米；面积210平方米，岸线长50米，最高点海拔7.7米。地表基岩裸露。无植被覆盖。基岩海岸。未开发利用。

十八、围头南礁

围头南礁（Wéitóunán Jiāo）代码为350582007031。

位于围头湾东部海域，临近湾口，距离大陆约850米。地理坐标为北纬24°32.6′、东经118°33.5′。行政区隶属泉州晋江市管辖。

海岛呈椭圆形，近似东西向展布，长约10米，宽约6米；面积40平方米，岸线长20米，最高点海拔3.4米。地表基岩裸露。无植被覆盖。基岩海岸。未开发利用。

十九、白洋屿

白洋屿（Báiyáng Yǔ）代码为350582005021。

白洋屿位于围头湾口内东侧，晋江市金井镇西南侧海域，距陆地1.7千米。地理坐标为北纬24°32.4′、东经118°33.1′。行政区隶属泉州晋江市管辖。

该岛呈长方形，东南—西北走向，最长处约90米，最宽处约75米；面积5990平方米，岸线长290米，海拔最高1.7米。由动力变质岩及混合岩组成。表层有黄沙壤土，长杂草。基岩海岸，东部多干出礁，西侧水深2~5米。自然状态，未开发利用。附近产石斑鱼。岛上设有灯桩。

白洋灯桩①，1954年建成，1961年改建标志，1984年改建，1988年撤除遮蔽弧，2001年10月3日改建竣工发光，编号3101，隶属厦门航标处管理。为红黑横带圆柱形混凝土瓷砖贴面构造，灯高

① 东海海区航标资料汇编：中华人民共和国上海海事局官方网页，http：//www.shmsa.gov.cn/mark/ donghai/index.htm，1999年。

19.0 米，射程 10.5 海里，桩身高度 8.0 米，灯器为 ML-300，灯质为闪白 4 秒，锌空电池供电，用于船舶助航。

二十、借兰礁

借兰礁（Jièlán Jiāo）代码为 350582006831。

位于围头湾东部，临近围头角，距离大陆 346 米。地理坐标为北纬 24°31.2′、东经 118°34.0′。行政区隶属泉州晋江市管辖。

海岛近似呈椭圆形，北北东向展布，长约 37 米，宽约 14 米；面积 410 平方米，岸线长 90 米，最高点海拔 3.5 米。地表基岩裸露。无植被覆盖。基岩海岸。未开发利用。

第二节 厦门岛周边海岛

厦门岛周边有 26 个无居民海岛，均属厦门市管辖，其中翔安区管辖 1 个、湖里区管辖 1 个、集美区管辖 3 个、海沧区管辖 14 个、思明区管辖 7 个。

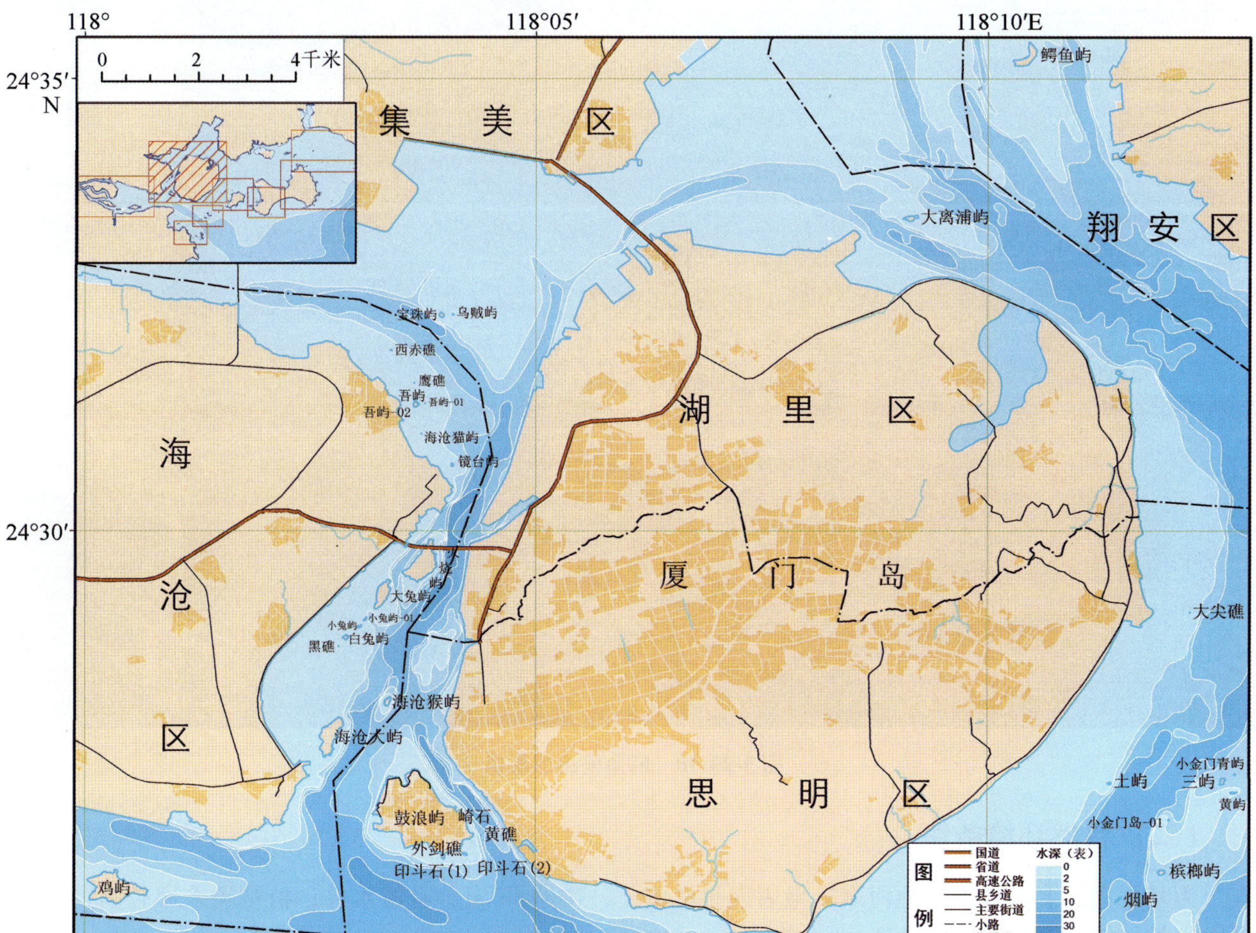

图 3-20-8 厦门岛周边海岛分布图

一、鳄鱼屿

（一）概况

鳄鱼屿（Èyú Yǔ）代码为350212000621。

位于同安湾东南部海域，东距厦门市翔安区约1.5千米。地理坐标为北纬24°35.2′、东经118°10.4′。行政区隶属厦门市翔安区管辖。

形似鳄鱼横卧海面，面积0.078平方千米，岸线长1.6千米，海拔最高17.6米。

图3-20-9　鳄鱼屿全景

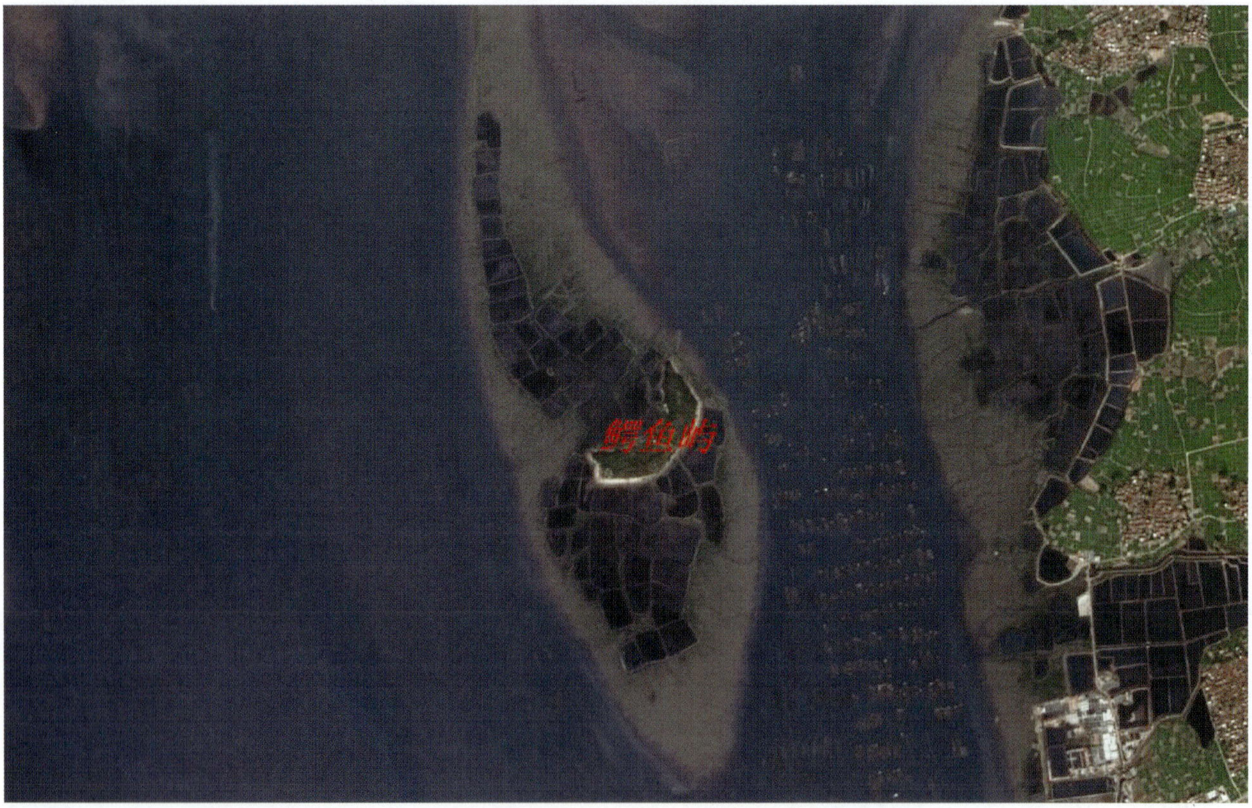

图3-20-10　鳄鱼屿遥感影像

（二）自然环境条件

为基岩岛，多为红土台地海岸。地表发育红壤土，耕地45亩，有淡水井，植被覆盖率较高，部分岸段生长红树林。周围水深0.3～3.1米。

岛屿中部为中生代花岗岩构成的侵蚀剥蚀台地，潮间带以潮滩为主。海岛南部发育红土台地和沙滩，海岸侵蚀比较严重。

图 3-20-11 鳄鱼屿沿岸的红树林、海边房屋及岛上植被

（三）海岛资源开发与保护

海岛上种植芒果树约 1000 余株，灵香桉、季桉约 50 亩，相思树约 40 亩。

海岛周围遍布海水养殖，岛上有 20 多间砖石砌成的二层楼房和平房；两口淡水井。1989 年以前鳄鱼屿由集体管理，1990 年开始由原同安县的四位村民承包，因干旱等不良自然条件，基本亏损经营。2008 年时暂住渔民 10 ~ 15 人，养鸡鸭 400 余只，6 个水井，水质尚可。

改革开放之初，海岛南部沙滩采砂严重，加重了海岛南部的海岸侵蚀，导致部分出露红土台地侵蚀平台。20 世纪 50 年代鳄鱼头位置岩石因采石被炸掉一半。

2006 年环东海域综合整治工程实施后，鳄鱼屿周边养殖设施大部分被拆除，厦门市政府拟在鳄鱼屿开发观光、休闲渔业、生态旅游等滨海旅游活动。至 2008 年，鳄鱼屿两个休闲渔排示范点共接待游客 5 万人次，实现产值 288 万元，解决 30 名剩余劳动力的就业问题。

二、大离浦屿

大离浦屿（Dàlípǔ Yǔ）代码为 350200000121。

位于同安湾南部海域，南距厦门机场 970 米。地理坐标为北纬 24°33. 5′、东经 118°9. 2′。行政区隶属厦门市湖里区管辖。

海岛呈不规则长条状，近东西向展布，长 280 米，宽约 90 米；面积 0. 0182 平方千米，岸线长 700 米，海拔最高 16. 8 米。

由中生代火山岩构成的侵蚀剥蚀台地构成。东西两侧为基岩岸线，南面人工堆积沙滩，至低潮带，东、西面为泥质沙滩，局部有礁石。植被主要为自然相思树林，树高 2 ~ 2. 5 米，少量的人工种植剑麻。现有淡水井一个。

西南山腰处小平地上，建石屋一座，同安县丙州村民 3 人常住于此。厦门机场已将该岛征用做“海上救护基地”。近年海岛南北面为中船重工 725 所厦门分部在岛上开发建设实验基地，砖混合结构两幢，实验用海水池一个、吊挂板池一个和码头一座。

图 3-20-12　大离浦屿全景

图 3-20-13　大离浦屿基岩海岸与岩滩

图 3-20-14　大离浦屿上的实验基地房屋

图 3-20-15　大离浦遥感影像

三、宝珠屿

宝珠屿（Bǎozhū Yǔ）代码为350200000421。

位于厦门西港北部海域中央，南距厦门岛象屿2.1千米，北距杏林海堤2.0千米，东距厦门大桥3.3千米。地理坐标为北纬24°32.4′、东经118°4.0′。行政区隶属厦门市集美区管辖。

海岛近似呈圆形，直径约85米，因岛形状似龟，又称“金龟岛”，龟背为宝珠石；面积6270平方米，岸线长290米，海拔最高19.5米。由变质岩组成，基岩海岸，多海蚀地貌。屿上种植竹桃、相思树。西侧航道水深8～15米，东侧水深0.5～1米。

海岛上建有斜坡码头、石砌护岸和小道。中部建有4层高18米锥顶花岗岩圆柱塔，可沿石阶上攀，该塔是20世纪70年代爱国华侨陈嘉庚儿子陈蕨祥为纪念其逝去的母亲而建。南部临海处建石屋2座，厦门水产学院实验点设此。岛上还设有白海豚保护区界碑。

图 3-20-16 宝珠屿全貌、顶上植被与宝珠塔、房屋、石砌护岸和岩滩

图 3-20-17 宝珠屿上的白海豚保护碑（左）和上岛斜坡码头（右）

图 3-20-18 宝珠屿遥感影像

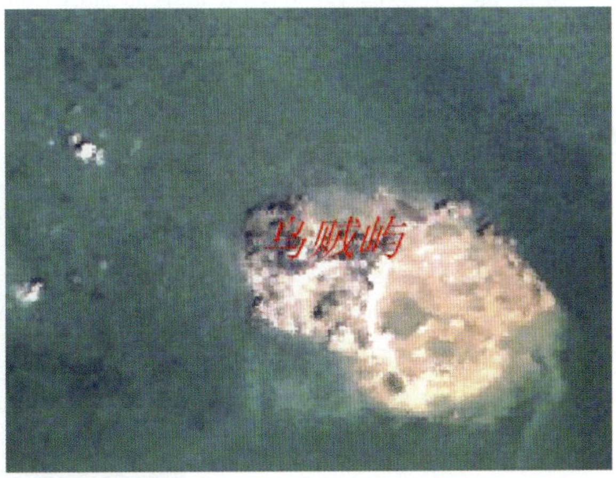

图 3-20-19 乌贼屿遥感影像

四、乌贼屿

乌贼屿（Wūzéi Yǔ）代码为 350211000131。

位于厦门西港北部中央，临近宝珠屿，西距宝珠屿 160 米。地理坐标为北纬 24°32.4′、东经 118°4.1′。行政区隶属厦门市集美区管辖。

海岛呈不规则椭圆状，长约 23 米，宽约 17 米；面积 310 平方米，岸线长 70 米。地表基岩裸露。植被稀疏。基岩海岸。未开发利用。

五、西赤礁

西赤礁（Xīchì Jiāo）代码为 350205000131。

位于厦门西港中北部，鳌冠与宝珠屿之间海域，西距海沧约 700 米。地理坐标为北纬 24°32. 0′、东经 118°3. 4′。行政区隶属厦门市海沧区管辖。

海岛呈不规则长方形，东南—西北方向延伸，长约 28 米，宽约 10 米；面积 220 平方米，岸线长 70 米。地表基岩裸露。无植被覆盖。基岩海岸。未开发利用。

六、鹰礁

鹰礁（Yīng Jiāo）代码为 350205000231。

位于厦门西港中北部，鳌冠外侧海域，距离鳌冠约 456 米。地理坐标为北纬 24°31. 6′、东经 118°3. 7′。面积 80 平方米，岸线长 40 米。行政区隶属厦门市海沧区管辖。

地表基岩裸露。无植被覆盖。基岩海岸。未开发利用。

七、吾屿

吾屿（Wú Yǔ）代码为 350200000521。

又名“红屿”，位于厦门市海沧镇鳌冠村东侧淤泥滩上，西距陆地 243 米。北纬 24°31. 4′、东经 118°3. 7′。行政区隶属厦门市海沧区管辖。

海岛呈不规则方形，长约 100 米，宽约 90 米；面积 8750 平方米，岸线长 410 米，海拔最高 15. 8 米。出露侏罗系上统南园组第二段地层，岩性为深灰色集块熔岩，集块大者直径可达 10 ~ 20 厘米，一般以 6 厘米左右者居多。沿岸常见海蚀地貌。岛西南部半坡有废弃石砌屋。海岛南侧滩涂上建有养殖池，现已废弃。

八、吾屿-01

吾屿-01（Wú Yǔ-01）代码为 350205000331。

位于厦门西港中北部鳌冠外侧的吾屿东侧近岸海域，距离鳌冠 450 米。地理坐标为北纬 24°31. 4′、东经 118°3. 8′。行政区隶属厦门市海沧区管辖。

海岛呈椭圆形，北东—南西向展布，长约 5 米，宽约 2 米；面积 10 平方米，岸线长 10 米，最高点海拔 2. 8 米。地表基岩裸露。无植被覆盖。基岩

图 3-20-20　吾屿遥感影像

海岸。未开发利用。

九、吾屿-02

吾屿-02（Wú Yǔ-02）代码为350205000431。

位于厦门西港中北部鳌冠外侧的吾屿东北侧近岸海域，距离鳌冠450米，距离吾屿50米。地理坐标为北纬24°31.4′、东经118°3.7′。行政区隶属厦门市海沧区管辖。

面积20平方米，岸线长20米，最高点海拔3.8米。地表基岩裸露。无植被覆盖。基岩海岸。未开发利用。

十、海沧猫屿

海沧猫屿（Hǎicāngmāo Yǔ）代码为350205000531。

位于厦门西港中北部鳌冠外侧，距离鳌冠300米。地理坐标为北纬24°31.1′、东经118°3.7′。行政区隶属厦门市海沧区管辖。

图3-20-21 海沧猫屿全景

海岛呈弯曲的椭圆形，北北西—南南东向展布，长约20米，宽约10米；面积200平方米，岸线长60米，最高点海拔10.0米。地表基岩裸露。无植被覆盖。基岩海岸。未开发利用。

十一、镜台屿

镜台屿（Jìngtái Yǔ）代码为350200000821。

位于厦门市海沧镇鳌冠村东南侧，距大陆约260米。地理坐标为北纬24°30.7′、东经118°4.1′。行政区隶属厦门市海沧区管辖。

海岛呈椭圆状，长轴南北向展布，长约60米，宽约30米；面积1730平方米，岸线长170米，海拔最高11.3米。附近有小镜台礁。

由火山岩组成，海岸为基岩滩岸，常见海蚀地貌。地表岩石裸露，局部有土层，长杂草。近岸水深十几米。该岛和小镜台礁各建有一座导航标。

图 3-20-22　镜台屿遥感影像（左）和海岛近景（右）

十二、火烧屿

（一）概况

火烧屿（Huǒshāo Yǔ）代码为350200001321。

又名“蛇屿”，位于厦门市西港中部海域，海沧大桥下，东距厦门岛550米，西距海沧276米，是西港中最大的岛屿。地理坐标为北纬24°29.6′、东经118°3.7′。行政区隶属厦门市海沧区管辖。

海岛呈朝向海沧的“山”字形，整体北东—南西走向，长900米，宽410米；面积0.264平方千米，岸线长2740米，海拔最高34.8米。

（二）自然环境条件

为基岩岛。岛上地层主要为侏罗系下统梨山组地层和第四系沉积，未见顶和底。出露的梨山组地层上部为中粒杂砂岩夹泥岩、粉砂岩，厚度大于56.9米；中部为中、细粒石英砂岩夹粉砂岩、泥岩。厚度167.5米，泥岩中含植物化石，种类有：新芦木（*Neocalamites* sp.），东方尼尔桑（*Nilssonia* cf *orientalis*）（相似种），尼尔桑（*Nilssiona* sp.），披针苏铁杉（*Podozamites lanceolatus*）；下部以中、粗粒石英砂岩、长石石英砂岩为主，夹杂砂岩、粉砂岩、粉砂质泥岩。厚度大于42.6米。该岩层颜色如火烧过，加上断层引起的小型褶曲发育，颇有观赏价值，被誉为“厦门的地质博物馆”。

火烧屿及其南西侧诸屿，北东走向断裂迹象极为明显。火烧屿上主要断层位于其中部，由火烧屿

图 3-20-23　火烧屿近景

向西南延伸至白兔屿等屿后延入海域。总体产状为走向 40° ~ 80°，倾向北西，倾角 70° ~ 85°。断层宽 2 米左右。除见构造透镜体以及沿断层填充的绢云母化压碎石英脉外，整条断层多数见被铁质、硅质胶结的糜棱岩、断层角砾岩。两侧围岩普遍片理化，断层性质为压性，局部兼扭性。

海岛边缘局部低洼处发育第四纪地层，下部为第四系残积层，其下部有碎石砾，其上为棕红色砂质黏土、黏质砂土；上部为第四系全新统海积层。

图 3-20-24 火烧屿遥感影像

海岛东部沿岸为基岩海岸，坡度为 8° ~ 25°，海岸侵蚀明显；西部两个小海湾外侧建设围堤，为人工海岸；北部海沧大桥西塔下的附近建设人工围堤，也为人工海岸；海岛南侧和东北侧为小型岬角砂质海岸，中、高潮带为泥质砂、礁石混合的沙滩，火烧屿东侧岸段岬角上多见海蚀现象。

岛上植被茂密，以马尾松为主，其他有樟树，相思树，人工植被有橡胶树和三角梅，灌草主要有杜鹃、桃金娘、蜈蚣蕨灯。

图 3-20-25 火烧屿上的基岩海岸

（三）海岛资源开发与保护

20 世纪 70 年代海岛开展了植树绿化，80 年代以来植树 60 余万株，岛上植被茂密蓊郁，风光秀丽。岛上有清代古墓。海岛西侧海面有网箱放养石斑鱼，西南侧海域养殖牡蛎。海岛西侧原有两个小海湾，70 年代被围湾造湖，作水产养殖用；北侧海湾较南侧海湾大，北侧海湾中有一湖心小岛，目前均改为海岛旅游开发用途。

电业部门在岛上建设跨海超高压输电线铁塔 1 座，并建设砖混凝土结构的楼房供看管人居住，并建凉亭 2 座；电信部门在岛上建设有移动通信发射塔 1 座。因海岛位于厦门西港中部，海沧大桥将其西塔建设在海岛北端，塔内建设有厦门桥梁博物馆，博物馆周围有小型广场，与岛上西北端码头相连。

图 3-11-26　火烧屿上围堤形成的人工湖、茂密的木麻黄等植被

图 3-11-27　东南部上岛码头和道路（左）、心理教育基地（右）

图 3-11-28　火烧屿上的桥梁博物馆（左）及小广场（右）

现已辟为生态旅游海岛，厦门路桥建设集团开发建设有“火烧屿生态乐园”，为保护岛上如火烧过的古老岩石、便于游客行走，岛上建设有木栈道，避免过度踩踏破坏地质景观。

火烧屿引导灯桩前和火烧屿引导灯桩后，1992 年 11 月建成，两灯一线 4°56′16″，隶属厦门航标处管理。前导标编号 3153. 2，位置为北纬 24°29′28. 5″、东经 118°3′35. 2″，为白红白竖条方锥形石砌瓷砖贴面构造，灯高 17. 5 米，射程 4 海里，桩身高度 12. 1 米，灯器为导标灯，灯质为定红，由蓄电池和太阳能电池板供电，起到标识航道之用；后导标编号 3153. 3，位置为北纬 24°29′36. 9″、东经

118°3′36.0″,为白红白竖条方锥形石砌瓷砖贴面构造，灯高 26.3 米，射程 4 海里，桩身高度 12.2 米，灯器为导标灯，灯质为定红，蓄电池和太阳能电池板供电①。

海岛建有码头 3 座，最大的码头建设在海岛西北端，宽度约 25 米；海岛东南端和南侧小湾围堤北端各建有小码头一座，其中东南端码头（如照片）建设最早，是上岛的主要码头。

2008 年在岛上建厦门中华白海豚救助繁育中心，是一个集救助、科普、科研、生态旅游为一体的白海豚保护基地，成为厦门中华白海豚保护史上的一个重要里程碑。中心位于火烧屿东南侧，占地面积 2000 多平方米，分为入口集散区、海豚文化区、海豚观察区、科研宣教区、亲豚区等功能区域。

十三、大兔屿

（一）概况

大兔屿（Dàtù Yǔ）代码为 350200001421。

又名“大土屿”，位于厦门西港中部，火烧屿南侧，东距厦门岛 1.3 千米，西距海沧 426 米。地理坐标为北纬 24°29.3′、东经 118°3.3′。行政区隶属厦门市海沧区管辖。

海岛呈尖的椭圆状，北东—南西向展布，长轴约 630 米，宽约 210 米；面积 0.093 平方千米，岸线长 1.6 千米，海拔最高 41.8 米。

图 3-20-29 大兔屿全景

图 3-20-30 大兔屿遥感影像（左）、南侧全景及简易码头（右）

① 东海海区航标资料汇编：中华人民共和国上海海事局官方网页，http://www.shmsa.gov.cn/mark/ donghai/index.htm，1999 年。

（二）自然环境条件

由沉积岩组成，地势东陡西缓。东侧海岸以基岩海岸为主，东南侧和西北侧海岸为砂砾石滩，西侧为人工海岸。地表有土层，植被发育，栽植相思树为主，有木麻黄、马尾松。东侧水深达 21 米左右，西侧较浅，5 米左右。西南、西岸有泥滩，滩涂上生长红树林。

（三）海岛资源开发与保护

码头建设在海岛东南端，岛北部建设有导航灯塔一座，石屋 1 座，无人居住；岛西部建有 3 座未完工的三层楼高的别墅；东南侧建有南普陀已故主持妙湛方丈舍利塔。西侧围湾建设养殖池塘，其东南部为方便行走建堤一座，有闸门可通水；围堤西南滩涂上生长少量红树林。

十四、小兔屿

小兔屿（Xiǎotù Yǔ）代码为 350200001721。

位于厦门西港中部海域，小兔屿西南侧，距海沧约 690 米，距厦门岛约 2.0 千米。地理坐标为北纬 24°28.9′、东经 118°3.1′。行政区隶属厦门市海沧区管辖。

海岛呈弯曲的葫芦状，北东—南西向展布，长约 88 米，宽约 33 米；面积 2470 平方米，岸线长 220 米，海拔最高 10.0 米。为基岩岛，岩性与火烧屿大致一致。未开发利用。

十五、小兔屿-01

小兔屿-01（Xiǎotù Yǔ-01）代码为 350200001621。

又名“小土屿”，位于厦门西港中部海域，大兔屿西南侧，西距海沧 710 米，东距厦门岛 1.7 千米。地理坐标为北纬 24°29.0′、东经118°3.1′。行政区隶属厦门市海沧区管辖。

图 3-20-31　小兔屿遥感影像

海岛呈细椭圆状，北东—南西向展布，长约 86 米，宽约 25 米；面积 1710 平方米，岸线长 190 米，海拔最高 9.8 米。由火山岩和沉积岩组成。地表基岩裸露。近岸水深 5 米。海岛南北两端为孤立的岩石，顶少量植被；岛屿中部低平，为海蚀平台。岛屿四周为基岩海岸，发育较好的海蚀平台，海岛中部海蚀平台西侧外部潮滩上生长红树林。岛东南端建小码头，岛北有 2 处简易靠泊点。周围海域有养殖。

图 3-20-32　小兔屿全景

十六、白兔屿

白兔屿（Báitù Yǔ）代码为350200001821。

图 3-20-33 白兔屿遥感影像

又名“白土屿”，位于厦门西港中部海域，小兔屿西南侧，距海沧约650米，距大陆约2.2千米；地理坐标为北纬24°28.8′、东经118°2.9′。行政区隶属厦门市海沧区管辖。

海岛略呈不规则的哑铃状，面积6370平方米，岸线长360米，海拔最高19.2米。为基岩岛。主要由火山岩组成，岩性与火烧屿基本一致。基岩海岸。地表长有杂草。近岸水深5米。岛顶有测量标志，东南侧建筑物较多，现无人居住。

图 3-20-34 白兔屿全景

十七、黑礁

黑礁（Hēi Jiāo）代码为350205000631。

位于厦门西港中部海域，白兔屿西南侧；地理坐标为北纬24°28.7′、东经118°2.8′。面积30平方米，岸线长20米。行政区隶属厦门市海沧区管辖。

为基岩岛。由变质岩组成，海岸为基岩滩岸。地表基岩裸露。未开发利用。

十八、海沧猴屿

海沧猴屿（Hǎicānghóu Yǔ）代码为350200002121。

位于厦门西港南部海域，鼓浪屿北侧1.5千米，东距厦门岛1.1千米，西距海沧2.1千米。地理坐标为北纬24°28.1′、东经118°3.4′。行政区隶属厦门市海沧区管辖。

海岛呈不规则的椭圆状，北东—南西向展布，长约191米，宽约90米；面积0.013平方千米，岸线长 520 米，海拔最高 20.0 米。

由火山岩组成。岛上地表有土层，植被茂密，栽植相思树，马尾树。基岩海岸，常见海蚀崖。近岸水深十几米。北侧建有一座大型输电铁塔；南侧有一座大型航标灯塔、海岛西侧建设有猴屿西灯桩；海岛西侧有简易码头。近年来国家海洋局第三海洋研究所在岛上开展了海岛植被恢复工作。

图 3-20-35　海沧猴屿全景、输电铁塔、灯桩（左）和猴屿岛标（右）

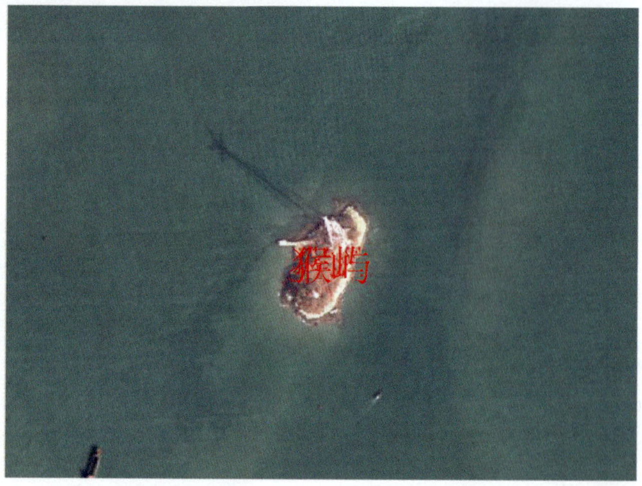

图 3-20-36　海沧猴屿遥感影像

猴屿灯塔①，1954 年建灯桩，1958 年、1983 年、1992 年改建，1987 年装太阳能电池板，2001 年撤除灯桩，同年建设灯塔，2001 年 11 月 20 日正式发光，位置为北纬 24°28′5.0″、东经 118°3′18.5″，隶属厦门航标处，编号 3157。为红白横带圆柱形混凝土构造，塔身高度 19.9 米，灯高 33.1 米，射程 16 海里，灯器为 APRB-252，附雷应信号 K（－・－），蓄电池和太阳能电池板供电，起到助航作用。

猴屿西灯桩，2003 年 10 月建设，为钢管桩身，位置为北纬 24°28′7.8″、东经 118°3′16.7″，隶属厦门航标处管理。为绿白横带钢管构造，桩身高度 10 米，灯高 14.8 米，射程 4 海里，灯器为 LED，灯质为闪绿 2 秒，蓄电池和太阳能电池供电，起到助航作用。

十九、海沧大屿

海沧大屿（Hǎicāngdà Yǔ）代码为 350200002221。

位于厦门西港西南部，嵩屿东北侧和鼓浪屿西北侧，距嵩屿码头约 270 米，距离鼓浪屿约 1.1 千米，距离厦门岛约 1.8 千米。地理坐标为北纬 24°27.7′、东经 118°2.7′。行政区隶属厦门市海沧区管辖。

海岛呈弯曲的椭圆状，北北东向展布，长轴约 847 米，短轴约 290 米；面积 0.179 平方千米，岸线长 2.5 千米，最高点位于屿的北部，海拔最高 57.2 米。

由沉积岩组成，地势波状起伏，略呈马鞍形。岸线曲折，海岸多为基岩滩岸。海岛东侧有多个小型岬湾海岸，岬湾中部为小型沙滩。岛陆地貌发育有三级海蚀台地（25～50 米、15～25 米、5～15

① 东海海区航标资料汇编：中华人民共和国上海海事局官方网页，http：//www.shmsa.gov.cn/mark/ donghai/index.htm，1999 年。

图 3-20-37 海沧大屿全景

米），岩性为砂泥岩，呈顶平坡缓的圆丘，遍布砂泥岩石块；少量海积平原，零星见于小海湾内，微向海倾斜，由砂质黏土组成，高程为 4 ~ 8 米。岛上基岩海岸常见海蚀崖等海蚀地貌。

图 3-20-38 海沧大屿遥感影像

地表土层较厚栽植相思树、马尾松及少量柏树，植被以芒萁骨为主。海岛西侧近岸滩涂发育少量红树林。岛上多白鹭，主要有岩鹭、黄嘴白鹭、大白鹭、中白鹭、小白鹭等 10 种滨海鸟类。厦门是黄嘴白鹭的模式产地，大屿是其栖息的主要场所。

海岛西南部建有简易码头。岛东北部岩岸上建有灯桩。海岛南端建有少量堤岸，形成一个小养殖水面。

大屿灯桩①，1982 年建成，1984 年改建，1989 年装太阳能电池，1992 年原位改建，编号 3162，位置为北纬 24° 27′ 35.6″、东经 118°2′41.3″，隶属厦门航标处管理。为红白竖条六角形石砌瓷砖贴面构造，灯高 44.8 米，射程 7 海里，桩身高度 13 米，灯器为 DK-300，灯质为闪白 4 秒，蓄电池和太阳能电池供电，用于船舶助航。

① 东海海区航标资料汇编，中华人民共和国上海海事局官方网页，http：//www. shmsa. gov. cn/mark/ donghai/index. htm，1999 年。

图 3-20-39　海沧大屿岛上植被、基岩海岸和沙砾质海滩

1995 年大屿被批建为厦门白鹭省级自然保护区（核心区），厦门市人大常委会 1995 年颁布《厦门大屿岛白鹭自然保护区管理办法》。2000 年保护区与厦门中华白海豚自然保护区和厦门文昌鱼市级保护区合并为厦门珍稀海洋生物自然保护区（国家级），成为以保护中华白海豚、文昌鱼等珍稀海洋生物及黄嘴白鹭等鸟类为主要保护对象的自然保护区。陈宗团博士出版的专著《厦门大屿岛白鹭自然保护区》，对大屿及白鹭自然保护区作了较详细的描述。

二十、崎石

崎石（Qíshí）代码为 350203000431。

位于厦鼓海峡，鼓浪屿东南端，距离厦门岛约 500 米，距离鼓浪屿约 120 米。地理坐标为北纬 24°26.7′、东经 118°4.3′。行政区隶属厦门市思明区管辖。

面积 20 平方米，岸线长 20 米，最高点海拔 6.4 米。地表基岩裸露。无植被覆盖。基岩海岸。

二十一、黄礁

黄礁（Huáng Jiāo）代码为 350203000331。

位于厦鼓海峡南口，临近鼓浪屿东南端，距离厦门岛约 510 米，距离鼓浪屿约 130 米。地理坐标为北纬 24°26.6′、东经 118°4.4′。行政区隶属厦门市思明区管辖。

海岛呈椭圆形，北西—南东向展布，长约 9 米，宽约 5 米；面积 30 平方米，岸线长 20 米。地表基岩裸露。无植被覆盖。基岩海岸。岛上建有灯桩。

二十二、印斗石（1）

印斗石（1）［Yìndòushí（1）］代码为 350203000131。

位于鼓浪屿东南端，距离厦门岛约 920 米，距离鼓浪屿约 305 米。地理坐标为北纬 24°26.3′、东经 118°4.3′。行政区隶属厦门市思明区管辖。

海岛呈椭圆形，东西向展布，长约 10 米，宽约 4 米；面积 50 平方米，岸线长 30 米，最高点海拔 8.0 米。地表基岩裸露。无植被覆盖。基岩海岸。

二十三、印斗石（2）

印斗石（2）［Yìndòushí（2）］代码为 350203000231。

位于鼓浪屿东南端，距离厦门岛约 830 米，距离鼓浪屿约 380 米。地理坐标为北纬 24°26.3′、东经 118°4.3′。行政区隶属厦门市思明区管辖。

面积 40 平方米，岸线长 20 米，最高点海拔 5.3 米。地表基岩裸露。无植被覆盖。基岩海岸。

二十四、外剑礁

外剑礁（Wàijiàn Jiāo）代码为 350200002721。

又名“沉底礁”，位于鼓浪屿的东南侧海域，距离鼓浪屿约 90 米，距厦门岛约 920 米。地理坐标为北纬 24°26.4′、东经 118°4.2′。行政区隶属厦门市思明区管辖。

海岛略呈椭圆形，北西—南东向展布，长约 93 米，宽约 41 米；面积 3140 平方米，岸线长 230 米，海拔最高 22.9 米。为基岩岛。由花岗岩组成，基岩海岸。地表长有少量植被。未开发利用。

二十五、大尖礁

大尖礁（Dàjiān Jiāo）代码为 350200002921。

又名“赤娜礁”，位于厦门岛东北部香山外侧近岸，距离香山约 680 米。地理坐标为北纬 24°29.1′、东经 118°12.2′。行政区隶属厦门市思明区管辖。

海岛近于椭圆状，长约 14 米，宽约 9 米；面积 120 平方米，岸线长 40 米，海拔最高 13.3 米。地表基岩裸露。无植被覆盖。基岩海岸。未开发利用。

二十六、土屿

土屿（Tǔ Yǔ）代码为 350200003021。

位于厦门岛东南部海域，距厦门岛约 1.5 千米。地理坐标为北纬 24°27.2′、东经 118°11.4′。行政区隶属厦门市思明区管辖。

海岛近于圆形，直径约 53 米；面积 2000 平方米，岸线长 170 米，海拔最高 11.3 米。地表基岩裸露。地表杂草丛生。基岩海岸。近岸水深 15 米左右。建有厦门市红十字会救助站，两岸开放小三通后已废弃。新近建楼房，有 2 人留守。有小码头 1 座。

第三节　九龙江口海域海岛

位于厦门湾西部九龙江口，包括有居民海岛 1 个（玉枕洲）和无居民海岛 4 个，其中厦门市海沧区管辖 1 个无居民海岛、龙海市管辖 1 个有居民海岛和 3 个无居民海岛。

一、鸡屿

（一）概况

鸡屿（Jī Yǔ）代码为 350200002821。

位于鼓浪屿以西九龙江口海域，北距海沧 1.1 千米，东距鼓浪屿 4.4 千米。地理坐标为北纬 24°26.0′、东经 118°0.325′。行政区隶属厦门市海沧区管辖。

海岛呈变形的五边形，面积 0.401 平方千米，岸线长 3.5 千米，海拔最高 64.4 米。

图 3-20-40　九龙江口海域海岛分布图

（二）自然环境条件

图 3-20-41　鸡屿遥感影像

为基岩岛。基岩海岸。地表土层厚，植被茂盛，有马尾松、相思树、木麻黄，多芒萁骨和桃金娘。

1. 地层

鸡屿出露的岩层主要为深灰色轻变质流纹质火山岩，夹有浅灰色巨厚层细粒石英砂岩、薄层红柱石炭质板岩、蚀变英安岩夹层。轻变质流纹质火山岩具变余晶屑，定向构造。晶屑以石英为主，胶结物为长石、石英微粒状集合体，由原火山物重结晶而成。地层产状由于断层影响，鸡屿东侧为走向 45°，倾向北西，倾角 30°；西侧为走向 85°，倾向北，倾角 54°。

鸡屿边缘局部低洼处沉积第四纪沉积，包括：①第四系残积层，下部有碎石砾，上部为棕红色砂质黏土、黏质砂土；②第四系全新统海积层，主要分布在岬角湾内，中高潮带主要为沙砾石滩沉积，常以砾石、粗砂混合组成，向海逐渐变细为中细砂泥质粉砂。

2. 地质构造

断裂构造发育，比较主要的一组为南东东向压性断裂，它可能形成较晚而保留形迹较多，其余尚见有北东东向等三组断裂发育，先后交切关系未直接见到，按其方向分组列述于下：

（1）南东东向压性断层

鸡屿北侧较发育，表现为压性断层带与挤压带，如 F18、F17。F18 主裂面产状走向 115°，倾向南西，倾角 83°；两盘断层面平直，断层带中压碎的石英脉块、围岩块的构造透镜体，大致平行断层走向排列。F17 表现挤压带特征，旁侧围岩未见错断现象，但沿 105°方向，残留的黑云母集合体呈定向排列，石英亦略定向排列，外观略似片麻理。构成窄长带状构造。带内岩石已石英岩化，具交代残留结构，晚期蚀变矿物有石英及少量红柱石、绢云母。

（2）近南北向压扭性断层

见于鸡屿北，断层带宽 0.3 ~0.8 米，有膨缩现象，断层面星舒缓波状，断裂面产状走向 355°，倾向西，倾角 76°。带中充填以胶结断层角砾的石英脉。断层带旁侧围岩发生硅化蚀变现象。

（3）北北东向压扭性断层

岛上出露的闪长玢岩脉，其走向多为 20° ~25°，向西陡倾，两侧界面平直，认为它系沿扭性断裂面贯入，推测岛上存在有北北东方向的压扭性断层。断层生成可能较早，在断裂继续活动中与张扭性裂面组合而成为追踪张裂面，也为闪长玢岩脉所充填。

图 3-20-42　鸡屿近景、茂密植被、基岩海岸和海蚀崖

（4）北东东向压性断层

位于鸡屿南侧，断层面产状走向 73°，倾向东南，倾角 48°，据风化残积的构造角砾岩分布情况，断层走向拐向 60°。由鸡屿 64.4 米高地向西南延展的山脊，岩层片理化强烈，片理走向 85°，倾向南，倾角 50°。

除以上断层外，鸡屿西大湾南侧，尚见有走向 55°，倾向南东，倾角 60° ~70°的性质不明的小断裂。鸡屿西大湾往南东方向，地貌隐约为一个可将鸡屿北东片、南西片分开的北西方向的山脊鞍部，从分界两侧岩层产状的变化，推测此分界处存在北西走向断层。

3. 海岛地貌

剥蚀侵蚀低丘，零散分布于岛屿山岗上，高程 65 米以下。岩性为砂泥岩，呈顶平坡缓的圆丘，遍布砂泥岩石块。

鸡屿东、南部岩滩分布十分宽广，滩面上块石遍布，海蚀柱，海蚀洞穴，海蚀沟等构成各式各样的海蚀地貌，如“石佛像”海蚀柱。

（三）海岛资源开发与保护

明代时，为抵御荷兰侵略者、倭寇以及海盗骚扰，曾于岛上屯兵建城，设关卡，今岛西南山顶和东北岸仍存留塔基城垣。

有水井 3 口。原驻有海沧后井村专业护林组，漳州龙海县石码镇渔业大队于此建有水产加工厂。北面海域养殖紫菜，北岸围堰砌石养红蟹。西北岸有小型码头。为厦门珍稀海洋生物国家级自然保护区中白鹭自然保护区的组成部分。

二、玉枕洲

玉枕洲（Yùzhěn Zhōu）代码为 350681000621。

玉枕洲，旧称“漏仔洲”。位于龙海市南东侧海域中，在乌礁洲之东南，南港与中港汇流处，位于九龙江入海口，距大陆最近处约0.3千米。地理坐标为北纬24°25.2′、东经117°52.9′。行政区隶属漳州市龙海市管辖。

呈长条形，最长处约5.5千米，最宽处约1.7千米。近东南—西北走向。面积5.445平方千米，岸线长14.8千米。由砾石、砂、黏土组成。为河口堆积岛，地势低平，植被茂密。东部多围垦养殖区。周边发育红树林。上有1个行政村、2个自然村和1个农场，有陆岛交通码头。周边滩涂多开发为养殖池，主要养殖对虾、螃蟹等。

图3-20-43 玉枕洲遥感影像

图3-20-44 玉枕洲防潮闸（左）、渡口（右）

三、大涂洲

大涂洲（Dàtú Zhōu）代码为350681001221。

位于九龙江口，玉枕洲的东南面，近长方形，最长处约1.4千米，最宽处约0.3千米。地理坐标为北纬24°24.2′、东经117°54.7′。行政区隶属漳州市龙海市管辖。

图3-20-45 大涂洲遥感影像

近东西走向。该岛面积0.4953平方千米，岸线长3.3千米。为九龙江河口冲积岛，由松散冲积物、砾石、砂、黏土组成，地势低平。周围海域红树林长势较好。四周已筑堤，设隶新大涂农场，主要为养殖区。植有防风林。有陆岛交通码头。建房屋数栋。东面发育广阔的淤泥滩。

四、内大礁

内大礁（Nèidà Jiāo）代码为350681003031。

位于九龙江口海门岛东北侧，距离海门岛232米。地理坐标为北纬24°25.0′、东经117°58.2′。行政区隶属漳州市龙海市管辖。

图 3-20-46　大涂洲的养殖池（左）、草滩（右）

海岛呈椭圆状，近于东西向展布，长约 14 米，宽约 6 米。面积 60 平方米，岸线长 30 米，最高点海拔 5.3 米。地表基岩裸露。无植被覆盖。基岩海岸。未开发利用。

五、鸡冠礁

鸡冠礁（Jīguān Jiāo）代码为 350681002931。

位于九龙江口海门岛东侧，距离海门岛 162 米。地理坐标为北纬 24°24.6′、东经 117°58.7′。行政区隶属漳州市龙海市管辖。

海岛呈长方形，长约 8 米，宽约 4 米；面积 40 平方米，岸线长 20 米，最高点海拔 8.1 米。地表基岩裸露。无植被覆盖。基岩海岸。未开发利用。

第四节　浯屿周边海岛

本节海岛位于厦门湾南部，包括浯屿周边的 15 个无居民海岛，均属漳州市龙海县管辖。

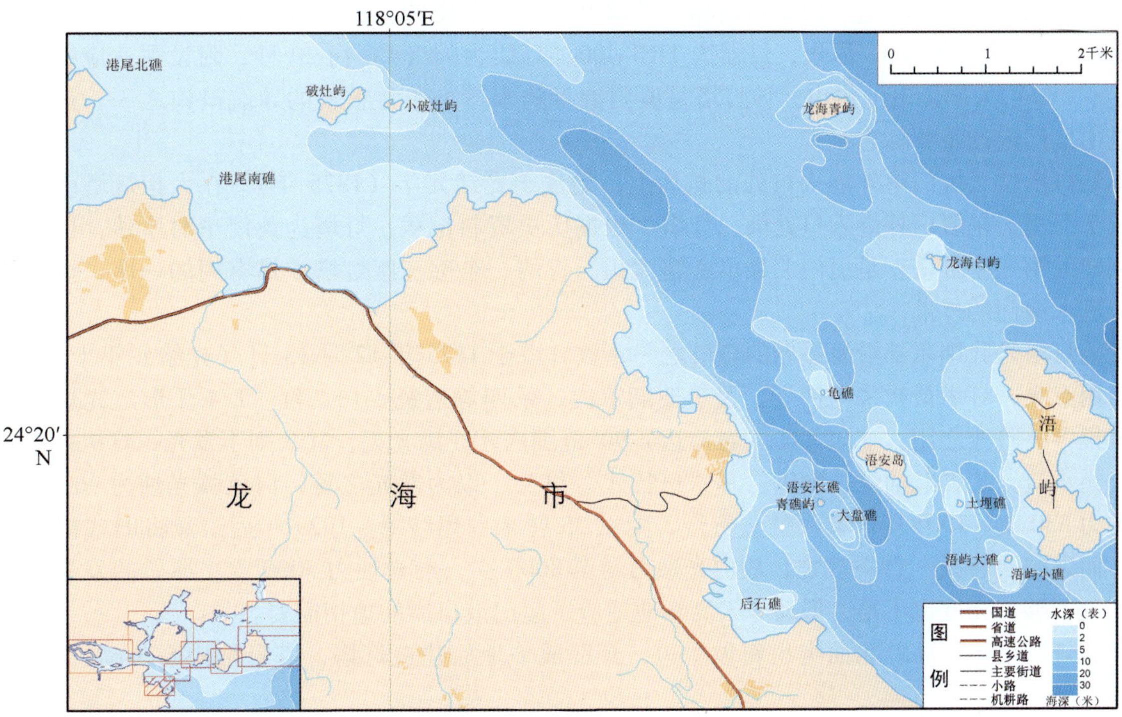

图 3-20-47　浯屿周边海岛分布图

一、龙海青屿

（一）概况

龙海青屿（Lónghǎiqīng Yǔ）代码为350681001521。

位于龙海市港尾镇浯屿西北侧海域，距陆地2.7千米。地理坐标为北纬24°21.8′、东经118°7.5′。行政区隶属漳州市龙海市管辖。

呈椭圆形，长轴为北东—南西走向，长约0.4千米，最宽处约0.2千米。面积0.0712平方千米，岸线长1.1千米。顶部圆浑，海拔最高54.6米。由动力变质岩及混合岩组成。岛上植被常青，树木茂盛青葱。基岩海岸，四面岸壁陡险。周围水深5~20米，东北面海域为厦门港主航道。产大黄鱼、带鱼等。

（二）海岛资源开发与保护

岛上顶上建有楼房、灯塔，岛西侧有陆岛交通码头。

图3-20-48　龙海青屿全景

1. 青屿灯塔

1875年建，1974年修复发光，1998年1月改造外墙贴瓷砖、修道路、更换灯笼（上海航标厂），1995年5月更换TRB-400灯器，灯质改为闪（4）白20秒、射程18海里，2000年6月灯塔内外大保养，2002年6月11日更换蓄电池16块，2004年5月27日装雷应，编号3190，位置为北纬24°21′52.8″、东经118°7′30.2″，隶属厦门航标处管理。为八角形石砌构造，内旋石阶梯，外墙贴红白竖条瓷砖，标顶为灯笼，周围栏杆。塔高10.1米，灯高41.4米，射程18海里，灯器为TRB-400，灯质为闪（4）白20秒，附设雷达应答器、信号C（－・－・），太阳能电池供电。该灯塔是厦门港青屿水道上非常重要的导航设施之一，是引导船舶安全进出厦门港的重要标志①。

青屿灯塔位于厦门港外港入口处的弧岛上，始建于光绪元年（1875年）。在大担灯塔南边，至厦门不及7海里，是厦门外港入口处第二灯塔。根据历史资料记载，灯塔为英侵华时所建，也是当年厦门关兴建的第三座灯塔，是厦门关最早所辖大担、青屿、东碇三座灯塔中最有用的一座，极大地便利了船只进入厦门的外港。

青屿灯塔是我国东部沿海最老的灯塔之一，该灯塔于1875年12月13日（光绪元年十一月十六）首次启用点火，灯塔最初采用油灯，置于玻璃罩内，系四等透镜一白二红，1/4弧形定光灯塔，而为指示警报各处险滩之用，唯向大陆（背岸边）90°范围内才充满光亮，其余则不发光，灯机系由法国巴比尔公司承造，装置贮油灯，配以二芯“道特式”灯头，以为发光之置，白色弧光烛力960支，红色弧光烛力530支。1905年改装煤油蒸汽灯，配以35厘米白炽纱罩。1929年后，又将旧式棉胶质纱罩撤销，而以“自燃式”纱罩代之，故白光烛力增至8000支，红光烛力3000支。原始的发光率，尽管照明范围不够，亮度也不足，但却令人满意地适应了厦门港口岸的迫切需要。

青屿灯塔坐落于岛畔北面突出斜坡岸边，开辟成平地后建造灯塔，塔身结构系砖砌，为八角形，

① 上海海事局主页 http：//www.shmsa.gov.cn。

饰以红白相间直纹，灯光离水面130英尺（1英尺=0.3048米）。

1880年以前，厦门口灯塔事务由厦门关税务司负责，设灯塔值事人，驻守灯塔。所属灯塔负责人是洋员，而华员大多充当苦力。

1895年厦门关开始有计划地对已陈旧的青屿灯塔进行设备更新，以增强灯塔烛力。1909年改装了85厘米白炽纱罩煤油蒸汽灯。

1912年，船钞部改称海政局。1913年，厦门关灯塔处改为灯塔科，其易名巡灯司，1928年又易名灯塔巡视员。

青屿附近屡有帆船沉没或搁浅、触礁、遇难船员均获得守塔职员的援救与收容，1917年青屿与东碇均受到强台风的袭击，遭到严重破坏。1918年2月12日，又在汕头地区发生强烈地震，13日中午，震级达到最高点，邻近地区岛屿的灯站、灯塔均遭受到不同程度的破坏，房屋被摧毁。为了不影响航运，厦门关组织人力迅速修复了受损的灯塔、灯站。

1929年改装成自动化电闪灯，仍闪红/白光。新中国成立后该灯塔仍驻有专人（8人）看守。

1950年10月9日，依照中央决定和海关总署命令，厦门关将实际控制的灯塔移交交通部航务总局厦门区海务办事处，同时移交灯塔课工作人员8人。厦门海关所管之灯塔工作随之结束。

1953年7月，出于沿海复杂的军事斗争，该灯塔又移交海军司令部，由海道测量局接管，1958年改为航海保证处。

1958年炮战时，灯站房屋设施均被破坏，但灯塔仅有八处弹痕，灯光熄灭。因长期不用，于1974年7月为适应厦门港开放之需要重新维修临时恢复发光。

1982年底海军移交由厦门航标区接管。1987年10月维修塔身、保养塔帽、栏杆，并更换原灯笼玻璃为有机玻璃。1988年1月更换原AGAϕ375mm灯头为FA-251灯头，周期由原来的2+8改为闪（4）12秒，同时，装置太阳能设备，TDB100×100×36-P板八块，酸性B-240电池36只。1991年8月维修塔身基座、改建电池屋。1992年4月蓄电池更换为GAM-300AH-24只。1992年5月安装PRB46-I型灯头及灯器、加一组蓄电池12只，配置一组15千瓦的柴油机供电（委托驻军代管），闪光周期改为闪（3）白20秒。1993年1月因灯器出故障，闪光周期又改为闪（4)白12秒。1993年5月PRB-46I灯器撤下，更换为FA-251灯器，8月又更换为ML-300灯器。1996年5月灯器又更换FA-251，同时停止使用柴油机供电。1997年5月灯器改为APR-252。1998年11月改造灯塔环境、更换灯笼（上海航标厂制造）、修造道路、塔身外墙贴红白竖条瓷砖。1999年5月灯器更换为TRB-400型（美国进口先进灯器），灯质改为闪（4）白20秒，射程达到18海里。

1983—2000年，交通部海事系统投巨资，多次对青屿灯塔进行改造。经不断地改造，使百年老灯塔面貌一新，昔日百年老塔如今已焕发生机。现灯塔环境优美。

青屿灯塔是厦门港的一颗耀眼的海上明珠，犹如厦门港的迎宾塔，昼夜指引着中外航船安全出入厦门港。

青屿岛上现有驻军，山顶绿树成荫，岛上有部队战壕、堡垒，北面与金门岛、大担、二担、三担几个岛屿相隔，青屿灯塔下方有特大横幅宣传标语“一国两制、统一中国”。青屿灯塔可供游人参观，但需征得守岛部队同意方可上岛。

2. 陆岛交通码头

位于岛西岸，是厦门—语屿客运航线中途靠泊码头，每天有航班通航。

二、港尾北礁

港尾北礁（Gǎngwěi Běijiāo）代码为350681003131。

位于龙海市港尾镇卓岐村近岸海域，西距大陆约80米，东距破灶屿2.2千米。地理坐标为北纬24°22.1′、东经118°3.3′。行政区隶属漳州龙海市管辖。

面积400平方米，岸线长60米，海拔最高10.0米。基岩裸露，未开发利用。

三、港尾南礁

港尾南礁（Gǎngwěin Nánjiāo）代码为350681003221。

位于龙海市港尾镇卓岐村近岸海域，西距大陆约180米，东北距破灶屿1.2千米。地理坐标为北纬24°21.4′、东经118°4.0′。行政区隶属漳州龙海市管辖。

面积950平方米，岸线长120米，海拔最高11.0米。基岩岛，上覆盖植被，自大陆向岛屿西南侧建设围堤，作养殖使用。

四、破灶屿

破灶屿（Pòzào Yǔ）代码为350681001321。

位于龙海市港尾镇卓岐村东北侧海域中，西距大陆约2.0千米。地理坐标为北纬24°21.9′、东经118°4.7′。行政区隶属漳州龙海市管辖。

图3-20-49　破灶屿全景

海岛略呈如意形，长轴为北东—南西走向，长约520米，最宽约254米；面积0.063平方千米，岸线长1.5千米，海拔最高35.0米。由流纹质凝灰熔岩、流纹岩、凝灰岩夹粉砂岩组成，地表长杂草，岛上部相思树林丛发育。海岸为陡峭的基岩海岸，水下礁盘发育，礁滩间沙滩。东北部水深2~10米。设有水产养殖场，建有码头、楼房、小屋。

五、小破灶屿

小破灶屿（Xiǎopòzào Yǔ）代码为350681001421。

位于龙海市港尾镇卓岐村东北侧海域，破灶屿的东面，西距破灶屿207米。地理坐标为北纬24°21.9′、东经118°5.0′。行政区隶属漳州市龙海市管辖。

图3-20-50　小破灶屿全景

海岛呈形态不规则，宽度约160米；面积0.0148平方千米，岸线长610米，海拔最高24.1米。由流纹质凝灰熔岩、流纹岩、凝灰岩夹粉砂岩组成，地表长杂草，岛上部相思树林丛发育。海岸为陡峭的基岩海岸，水下礁盘发育，礁滩间沙滩。东北部水深2~10米。岛上建有水产养殖管理房屋。周边海域吊养牡蛎。

图 3-20-51 龙海白屿全景及上部灯桩

六、龙海白屿

龙海白屿（Lónghǎibái Yǔ）代码为 350681001621。

位于龙海市港尾镇浯屿西北侧海域中，距陆地 2.5 千米。地理坐标为北纬 24°21.0′、东经 118°8.1′。行政区隶属漳州市龙海市管辖。

该岛面积 0.0135 平方千米，岸线长 590 米。地势较平坦，海拔最高 23.0 米。由动力变质岩及混合岩组成，地表部分岩石裸露，顶部多杂草。基岩海岸，水下礁盘发育，周围水深 5 ~ 10 米，海域产大黄鱼、带鱼、鱿鱼、石斑鱼等。自然状态，未开发利用。岛上建有灯桩。

七、龟礁

龟礁（Guī Jiāo）代码为 350681003321。

位于厦门湾口浯屿与大陆间，浯安岛西北侧 658 米，西距大陆 899 米，东距浯屿 1.7 千米。地理坐标为北纬 24°20.2′、东经 118°7.4′。行政区隶属漳州市龙海市管辖。

该岛面积 1600 平方米，岸线长 150 米。由动力变质岩及混合岩组成，地表部分岩石裸露，顶部多杂草，零星木麻黄。基岩海岸，水下礁盘发育。

龟礁灯桩①，1965 年建成，1984 年撤除遮蔽弧，1995 年 7 月维护，2002 年 7 月改建，2002 年 10 月改建竣工发光，编号 3192，位置为北纬 24°20′14.1″、东经 118°7′23.1″，隶属厦门航标处管理。为白色圆柱形混凝土、瓷砖贴面构造，灯高 13.5 米，射程 7 海里，桩身高度 10 米，灯器为 SDA-SS-1 智能灯，灯质为闪白 4 秒，太阳能和免维护电池供电，用于船舶助航。

八、浯安岛

浯安岛（Wú'ān Dǎo）代码为 350681001821。

位于厦门湾口浯屿与大陆间，西距大陆 1.0 千米，东距浯屿 1.0 千米。地理坐标为北纬 24°19.8′、东经 118°7.8′。行政区隶属漳州市龙海市管辖。

海岛形如向东南方向倒置的酒瓶，高 726 米，宽约 312 米；面积 0.128 平方千米，岸线长 2.0 千米，海拔最高 58.2 米。为基岩岛，基岩海岸。地表植被不发育，淡水源少。周围水深 5.6 ~ 26 米。产鱿鱼、石斑鱼、龙虾等。岛上建有房屋若干，西面有筑防岸堤，山体有被开挖的痕迹。

图 3-20-52 浯安岛码头（左）及岛上旅游景点之一（右）

① 东海海区航标资料汇编：中华人民共和国上海海事局官方网页 http：//www.shmsa.gov.cn/mark/ donghai/index.htm，1999 年。

九、浯安长礁

浯安长礁（Wú'ānchánɡ Jiāo）代码为350681003431。

位于厦门湾口浯安岛与大陆之间，东距大陆约412米，西距浯安岛约820米。地理坐标为北纬24°19.7′、东经118°7.2′。行政区隶属漳州市龙海市管辖。

海岛近似方形，宽约4米；面积10平方米，岸线长10米，最高点海拔4.7米。地表基岩裸露。无植被覆盖。基岩海岸。未开发利用。周围海域有网箱养殖及吊养牡蛎。

十、青礁屿

青礁屿（Qīnɡjiāo Yǔ）代码为350681002021。

位于厦门湾口浯安岛与大陆之间海域，浯安岛西南527米。地理坐标为北纬24°19.6′、东经118°7.4′。行政区隶属漳州市龙海市管辖。

平面近圆形，直径约72米；面积4200平方米，岸线长250米，海拔最高16米。由动力变质岩及混合岩组成，地表岩石裸露，长零星灌木。基岩海岸，岸壁陡险。东侧为浯安水道。自然状态，未开发利用。岛上建有灯桩。周围海域网箱养殖。

图3-20-53　青礁屿全景及灯桩

青礁屿灯桩[1]，1955年6月建成，1976年6月重建，1988年改为白色及灯质，1996年改建，编号3193，位置为北纬24°19′37.5″、东经118°7′22.5″，隶属厦门航标处管理。为红白横带六角形砖砌瓷砖贴面构造，桩身高度8米，灯高22.5米，射程7海里，灯器为DK-155，灯质为闪（3）白10秒，蓄电池和太阳能电池供电，用于船舶助航。

十一、大盘礁

大盘礁（Dàpán Jiāo）代码为350681003531。

位于厦门湾口浯安岛与大陆之间海域，东北距浯安岛670米，西距大陆863米。地理坐标为北纬24°19.5′、东经118°7.5′。行政区隶属漳州市龙海市管辖。

面积280平方米，岸线长60米。地表基岩裸露。无植被覆盖。基岩海岸。未开发利用。周围海域有网箱养殖及吊养牡蛎。

图3-20-54　大盘礁（左）、青礁屿（中）、长礁（右）

十二、土埋礁

土埋礁（Tǔmái Jiāo）代码为350681001921。

位于龙海市浯屿和浯安岛之间海域，东距浯屿591米，西北距浯安岛389米。地理坐标为北纬

① 东海海区航标资料汇编：中华人民共和国上海海事局官方网页 http：//www.shmsa.gov.cn/mark/ donghai/index.htm，1999年。

24°19.6′、东经 118°8.21′。行政区隶属漳州市龙海市管辖。

近半圆形，最大直径约 67 米；面积 3160 平方米，岸线长 230 米，海拔最高 7.6 米。由动力变质岩及混合岩组成，地表植被稀少。基岩海岸，近岸水深 2～5 米。东侧为浯屿航门。周围产大黄鱼、带鱼、马鲛鱼、鱿鱼等。未开发利用。周围海域有网箱养殖及吊养牡蛎。

十三、浯屿大礁

浯屿大礁（Wúyǔ Dàjiāo）代码为 350681002121。

位于浯屿西南端近岸海域，东距浯屿 264 米，东北距浯安岛 389 米，西距大陆 1846 米。地理坐标为北纬 24°19.287′、东经 118°8.485′。行政区隶属漳州市龙海市管辖。

海岛近似呈圆形，直径约 74 米；面积 3790 平方米，岸线长 230 米，海拔最高 12.3 米。地表基岩裸露。无植被覆盖。基岩海岸。近岸水深十几米。周围产大黄鱼、带鱼、马鲛鱼等。未开发利用。周围海域有网箱养殖及吊养牡蛎。

十四、浯屿小礁

浯屿小礁（Wúyǔ Xiǎojiāo）代码为 350681003631。

位于浯屿西南端近岸海域，东距浯屿 264 米，东北距浯安岛 421 米，西距大陆 1549 米。地理坐标为北纬 24°19.2′、东经 118°8.4′。行政区隶属漳州市龙海市管辖。

海岛近似呈方形，宽约 5 米；面积 20 平方米，岸线长 20 米。地表基岩裸露。无植被覆盖。基岩海岸。未开发利用。周围海域有网箱养殖及吊养牡蛎。

十五、后石礁

后石礁（Hòushí Jiāo）代码为 350681002221。

位于浯屿西南端近岸海域，东北距浯屿 2.7 千米，西距大陆 220 米。地理坐标为北纬 24°19.0′、东经 118°7.1′。行政区隶属漳州市龙海市管辖。

面积 750 平方米，岸线长 110 米。地表基岩裸露。无植被覆盖。基岩海岸。未开发利用。

第五节 金门岛东侧海域海岛

本节海岛位于厦门湾东部金门岛东侧海域，包括 42 个无居民海岛，均属金门县管辖。

一、照西礁

照西礁（Zhàoxī Jiāo）代码为 350527001221。

位于金门岛东北端西园村西侧海域，距金门岛东北 850 米，距离大嶝岛东南端 6.0 千米。地理坐标为北纬 24°30.5′、东经 118°23.0′。行政区隶属金门县管辖。

海岛呈扁圆状，直径约 33 米。面积 950 平方米，岸线长 110 米。基岩海岸。未开发利用。

二、前白礁

前白礁（Qiánbái Jiāo）代码为 350527001121。

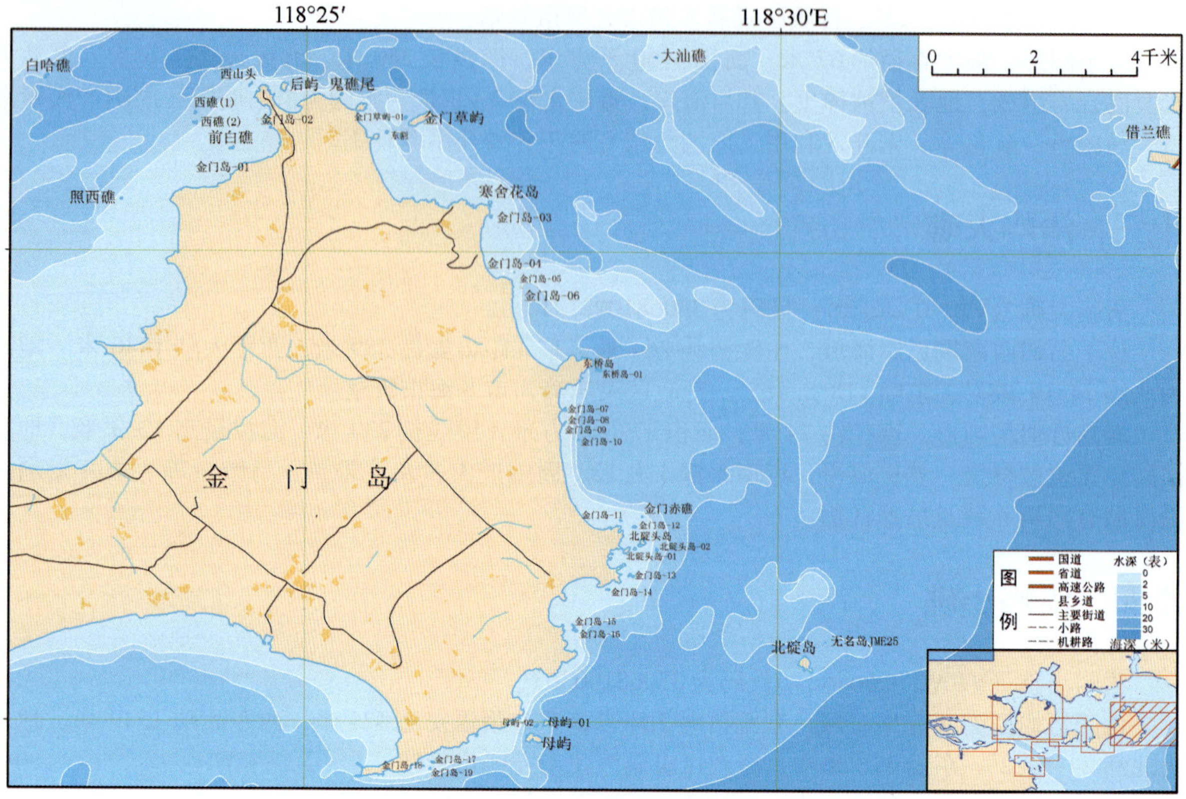

图 3-20-55　金门岛东侧海域海岛分布图

位于金门县西园村以北海域中，东南距金门岛 344 米，西北距大嶝岛西南端 6.9 千米。北纬 24°31.1′、东经 118°24.2′。行政区隶属金门县管辖。

海岛呈“W”形，长约 95 米，宽约 21 米；面积 2440 平方米，岸线长 240 米。为大陆基岩岛，基岩海岸。附近水深 2 米。未开发利用。

三、西礁（1）

西礁（1）［Xī Jiāo（1）］代码为 350527000521。

位于金门岛东北端官沃村以西海域中，东距金门岛 1.1 千米，西北距大嶝岛西南约 6.0 千米。地理坐标为北纬 24°31.5′、东经 118°23.8′。行政区隶属金门县管辖。

海岛呈变形的椭圆状，西北侧岸线内凹，北东—南西向展布，长约 60 米，宽约 26 米；面积 1380 平方米，岸线长 180 米，最高点海拔 4.5 米。基岩海岸。未开发利用。

四、西礁（2）

西礁（2）［Xī Jiāo（2）］代码为 350527000821。

位于金门岛东北端与大嶝岛之间海域，东距金门岛 1.2 千米，西北距大嶝岛西南端约 6.1 千米。地理坐标为北纬 24°31.4′、东经 118°23.8′。行政区隶属金门县管辖。

海岛如鸽子形，宽约 67 米；面积 2990 平方米，岸线长 250 米。基岩海岸。未开发利用。

五、西山头

西山头（Xīshāntóu）代码为 350527000221。

位于金门岛与小嶝岛之间海岸，距离金门岛东北端152米，西北距离小嶝岛南部3.5千米。地理坐标为北纬24°31.8′、东经118°24.4′。行政区隶属金门县管辖。

海岛呈带把弯刀状，长约105米，宽约11米；面积1600平方米，岸线长240米。基岩海岸。未开发利用。

六、后屿

后屿（Hòu Yǔ）代码为350527000321。

位于金门岛东北角官沃村以北海域中，距金门岛147米，西北距小嶝岛南部3.8千米。地理坐标为北纬24°31.7′、东经118°24.7′。行政区隶属金门县管辖。

海岛岸线曲折，近似长方形，长约176米，宽约98米；面积0.0148平方千米，岸线长520米，海拔最高31.0米。为大陆基岩岛，基岩海岸。地表有土层。生长杂草和树木。近岸水深5米。有军队驻守。

七、鬼礁尾

鬼礁尾（Guǐjiāo Wěi）代码为350527000421。

位于金门岛东北角青屿村近岸海域，距金门岛64米。地理坐标为北纬24°31.7′、东经118°25.4′。行政区隶属金门县管辖。

海岛呈弯曲椭圆形，东侧岸线内凹，长约49米，宽约30米；面积1410平方米，岸线长150米。基岩海岸。近岸水深5米。未开发利用。

八、金门草屿

金门草屿（Jīnméncǎo Yǔ）代码为350527000721。

位于金门岛东北角青屿村以东海域，距金门岛578米。地理坐标为北纬24°31.4′、东经118°26.2′。行政区隶属金门县管辖。

海岛呈长条形，北东—南西向展布，长470米，面积0.059平方千米，岸线长1.3千米，海拔最高32.0米。由变质岩组成，地势较平坦，基岩海岸。地表有土层，植被发育较好。岛西侧为浅滩。东侧水深15米左右。有军队驻守。建有码头、水泥路。

九、金门草屿-01

金门草屿-01（Jīnméncǎo Yǔ-01）代码为350527000621。

位于金门岛东北与草屿岛之间，西南距金门岛573米，东南距草屿87米。地理坐标为北纬24°31.4′、东经118°26.1′。行政区隶属金门县管辖。

海岛呈不规则的梯形，北东—南西向展布，高约50米；面积2360平方米，岸线长220米。为大陆基岩岛。未开发利用。

十、东割

东割（Dōng Gē）代码为350527001021。

位于金门岛东北与草屿岛之间，西南距金门岛123米，东北距草屿398米。地理坐标为北纬

24°31.3′、东经 118°25.8′。行政区隶属金门县管辖。

海岛呈不规则的梯形，北东—南西向展布，高约 50 米；面积 1940 平方米，岸线长 160 米，海拔最高 1.0 米。为基岩岛。未开发利用。

十一、大汕礁

大汕礁（Dàshàn Jiāo）代码为 350527000121。

位于金门岛与围头角之间海域，西南距金门岛东北部 4167 米，东距围头 9075 米。地理坐标为北纬 24°32.076′、东经 118°28.684′。行政区隶属金门县管辖。

海岛呈椭圆形，北西—南东向展布，长约 37 米，宽约 17 米；面积 550 平方米，岸线长 90 米。基岩海岸。地表长有杂草。近岸水深 2 米。未开发利用。

十二、寒舍花岛

寒舍花岛（Hánshèhuā Dǎo）代码为 350527001321。

位于围头湾口、金门岛山后村近岸海域，距金门岛仅 18 米。地理坐标为北纬 24°30.5′、东经 118°26.9′。行政区隶属金门县管辖。

海岛呈不规则的方形，岸线较曲折，宽约 63 米；面积 3160 平方米，岸线长 220 米，海拔最高 15.6 米。基岩海岸。未开发利用。

十三、金门岛-01

金门岛-01（Jīnmén Dǎo-01）代码为 350527008731。

位于围头湾口、金门岛东北端北侧近岸海域，距离金门岛 120 米。地理坐标为北纬 24°30.8′、东经 118°24.1′。行政区隶属金门县管辖。

面积 150 平方米，岸线长 60 米。基岩海岸。未开发利用。

十四、金门岛-02

金门岛-02（Jīnmén Dǎo-02）代码为 350527008831。

位于围头湾口、金门岛东北端北侧近岸海域，距离金门岛 180 米。地理坐标为北纬 24°31.4′、东经 118°24.5′。行政区隶属金门县管辖。

面积 200 平方米，岸线长 50 米。基岩海岸。未开发利用。

十五、金门岛-03

金门岛-03（Jīnmén Dǎo-03）代码为 350527001421。

位于围头湾口、金门岛东北端近岸海域，西南距离金门岛 38 米。地理坐标为北纬 24°30.4′、东经 118°27.0′。行政区隶属金门县管辖。

面积 1480 平方米，岸线长 150 米，海拔最高 1.0 米。基岩海岸。未开发利用。

十六、金门岛-04

金门岛-04（Jīnmén Dǎo-04）代码为 350527001621。

位于围头湾口、金门岛东侧近岸海域，距离金门岛 165 米。地理坐标为北纬 24°29.8′、东经 118°27.2′。行政区隶属金门县管辖。

面积 70 平方米，岸线长 40 米。基岩海岸。未开发利用。

十七、金门岛-05

金门岛-05（Jīnmén Dǎo-05）代码为 350527008931。

位于围头湾口、金门岛东侧近岸海域，西距离金门岛 153 米。地理坐标为北纬 24°29.7′、东经 118°27.2′。行政区隶属金门县管辖。

海岛呈菱形，近南北向展布，长约 15 米，宽约 8 米；面积 80 平方米，岸线长 40 米。基岩海岸。未开发利用。

十八、金门岛-06

金门岛-06（Jīnmén Dǎo-06）代码为 350527001521。

位于围头湾口、金门岛东侧近岸海域，西距离金门岛 170 米。地理坐标为北纬 24°29.6′、东经 118°27.3′。行政区隶属金门县管辖。

面积 100 平方米，岸线长 50 米。基岩海岸。未开发利用。

十九、东桥岛

东桥岛（Dōngqiáo Dǎo）代码为 350527001721。

位于围头湾口，金门岛东侧田埔村近岸海域，西北距金门岛 48 米。地理坐标为北纬 24°28.8′、东经 118°28.1′。行政区隶属金门县管辖。

海岛呈弧形，凹面朝西，长约 62 米，宽约 30 米；面积 1780 平方米，岸线长 190 米。基岩海岸。近岸水深 7 米。未开发利用。

二十、东桥岛-01

东桥岛-01（Dōngqiáo Dǎo-01）代码为 350527001821。

位于围头湾口，金门岛东侧田埔村近岸海域，西北距金门岛 148 米。地理坐标为北纬 24°28.7′、东经 118°28.1′。行政区隶属金门县管辖。

海岛呈弯曲椭圆形，北东—南西展布，长约 54 米，宽约 29 米；面积 1490 平方米，岸线长 150 米。基岩海岸。未开发利用。

二十一、金门岛-07

金门岛-07（Jīnmén Dǎo-07）代码为 350527001921。

位于围头湾口，金门岛东侧近岸海域，西距金门岛 5 米。地理坐标为北纬 24°28.3′、东经 118°27.8′。行政区隶属金门县管辖。

海岛呈弧形，凹面朝东，长约 69 米，宽约 19 米；面积 1660 平方米，岸线长 210 米。基岩海岸。未开发利用。

二十二、金门岛-08

金门岛-08（Jīnmén Dǎo-08）代码为350527002021。

位于围头湾口，金门岛东侧近岸海域，西南距金门岛36米。地理坐标为北纬24°28.187′、东经118°27.750′。行政区隶属金门县管辖。

略呈椭圆形，北东—南西向展布，长约52米，宽约15米；面积780平方米，岸线长130米。基岩海岸。未开发利用。

二十三、金门岛-09

金门岛-09（Jīnmén Dǎo-09）代码为350527002121。

位于围头湾口，金门岛东侧近岸海域，西北距金门岛10米。地理坐标为北纬24°28.2′、东经118°27.7′。行政区隶属金门县管辖。

海岛呈椭圆形，东北—南西向展布，长约33米，宽约18米；面积480平方米，岸线长80米。基岩海岸。未开发利用。

二十四、金门岛-10

金门岛-10（Jīnmén Dǎo-10）代码为350527002221。

位于围头湾口，金门岛东侧近岸海域，西距金门岛294米。地理坐标为北纬24°28.0′、东经118°27.9′。行政区隶属金门县管辖。

海岛如平卧的葫芦形，长约36米，底宽约22米；面积520平方米，岸线长100米。基岩海岸。未开发利用。

二十五、金门赤礁

金门赤礁（Jīnmén Chìjiāo）代码为350527008421。

位于围头湾口、金门岛东端近岸海域，西南距离金门岛420米。地理坐标为北纬24°27.2′、东经118°28.6′。行政区隶属金门县管辖。

海岛近呈方形，宽约19米；面积480平方米，岸线长80米。基岩海岸。未开发利用。

二十六、金门岛-11

金门岛-11（Jīnmén Dǎo-11）代码为350527002421。

位于围头湾口、金门岛东端近岸海域，南距金门岛92米。地理坐标为北纬24°27.150′、东经118°28.344′。行政区隶属金门县管辖。

海岛呈椭圆形，北西—南东向展布，长轴长约47米，短轴长约25米；面积890平方米，岸线长120米。基岩海岸。未开发利用。

二十七、金门岛-12

金门岛-12（Jīnmén Dǎo-12）代码为350527002521。

位于围头湾口、金门岛东端近岸海域，西距金门岛 200 米。地理坐标为北纬 24°27.1′、东经 118°28.5′。行政区隶属金门县管辖。

海岛呈笔架状，东西向展布，长约 76 米，宽约 40 米；面积 2590 平方米，岸线长 220 米。基岩海岸。未开发利用。

二十八、北碇头岛

北碇头岛（Běidìng Tóudǎo）代码为 350527002721。

位于围头湾口、金门岛东侧蠔壳墩村近岸海域，西北距金门岛 302 米。地理坐标为北纬 24°26.9′、东经 118°28.6′。行政区隶属金门县管辖。

海岛岸线弯曲，形态不规则，长轴为北东—南西走向，长约 160 米，宽约 89 米；面积 0.011 平方千米，岸线长 550 米，海拔最高 7.0 米。基岩海岸。近岸水深 5 米。未开发利用。

二十九、北碇头岛-01

北碇头岛-01（Běidìng Tóudǎo-01）代码为 350527005521。

位于围头湾口、金门岛东侧近岸海域，西北距金门岛 70 米。地理坐标为北纬 24°26.8′、东经 118°28.5′。行政区隶属金门县管辖。

海岛呈圆形，直径约 51 米；面积 1780 平方米，岸线长 150 米。基岩海岸。未开发利用。

三十、北碇头岛-02

北碇头岛-02（Běidìng Tóudǎo-02）代码为 350527005621。

位于围头湾口、金门岛东侧近岸海域，西距金门岛 500 米。地理坐标为北纬 24°26.8′、东经 118°28.7′。行政区隶属金门县管辖。

海岛近似呈圆形，直径约 47 米；面积 1350 平方米，岸线长 140 米。基岩海岸。未开发利用。

三十一、金门岛-13

金门岛-13（Jīnmén Dǎo -13）代码为 350527002821。

位于围头湾口、金门岛东侧近岸海域，西距金门岛 120 米。地理坐标为北纬 24°26.6′、东经 118°28.5′。行政区隶属金门县管辖。

海岛呈哑铃状，北西—南东向展布，长约 96 米，宽约 35 米；面积 3730 平方米，岸线长 330 米。基岩海岸。未开发利用。

三十二、金门岛-14

金门岛-14（Jīnmén Dǎo-14）代码为 350527005721。

位于围头湾口、金门岛东侧近岸海域，西北距金门岛 83 米。地理坐标为北纬 24°26.4′、东经 118°28.2′。行政区隶属金门县管辖。

海岛近于长条状，长约 70 米，宽约 17 米；面积 1280 平方米，岸线长 180 米。基岩海岸。未开发利用。

三十三、金门岛-15

金门岛-15（Jīnmén Dǎo-15）代码为350527005821。

位于围头湾口、金门岛东侧近岸海域，西距金门岛145米。地理坐标为北纬24°26.0′、东经118°27.9′。行政区隶属金门县管辖。

海岛呈弧形，南北向展布，长约117米，宽约29米；面积3170平方米，岸线长310米。基岩海岸。未开发利用。

三十四、金门岛-16

金门岛-16（Jīnmén Dǎo-16）代码为350527005921。

位于围头湾口、金门岛东侧近岸海域，西距金门岛185米。地理坐标为北纬24°26.0′、东经118°27.9′。行政区隶属金门县管辖。

海岛近于圆形，直径42米；面积1350平方米，岸线长150米。基岩海岸。未开发利用。

三十五、北碇岛-01

北碇岛-01（Běidìng Dǎo-01）代码为350527002921。

位于围头湾口、金门岛东南侧，西北距金门岛3.8千米，东北距围头角11.2千米。地理坐标为北纬24°25.9′、东经118°30.5′。行政区隶属金门县管辖。

海岛呈近于南北向展布的椭圆形，长轴约21米，短轴约8米；面积160平方米，岸线长50米。基岩海岸。未开发利用。

三十六、北碇岛

北碇岛（Běidìng Dǎo）代码为350527003021。

位于围头湾口、金门岛东南侧，西北距金门岛3.6千米，东北距围头角11.6千米。地理坐标为北纬24°25.6′、东经118°30.3′。行政区隶属金门县管辖。与东碇岛合称“金门双碇”。

海岛如倒立的海龟，长约354米，宽约191米；面积0.044平方千米，岸线长1.1千米，海拔最高24.0米。基岩海岸。地表有土层，生长林木。有军队驻守。建有码头和登山水泥路，岛上建有北碇灯塔，清光绪八年（1882年）建造，由当时中国海关延聘的首任总工程师韩德善（David Marr Henderson）设计，塔身白色。北碇岛安装有海水淡化设备，可供驻岛官兵饮用。岛上还建设了50余座储水槽，建筑和平台都设有雨水的集水道，可将雨水引入储水槽，平时供沐浴和绿化之用。

三十七、母屿-01

母屿-01（Mǔ Yǔ-01）代码为350527006121。

位于围头湾口、金门岛东南侧近岸海域，西北距金门岛399米。地理坐标为北纬24°25.0′、东经118°27.6′。行政区隶属金门县管辖。

海岛呈树叶形，长约143米，宽约81米；面积8200平方米，岸线长380米。基岩海岸。未开发利用。

三十八、母屿-02

母屿-02（Mǔ Yǔ-02）代码为350527006021。

位于围头湾口、金门岛东南侧近岸海域，西北距金门岛326米。地理坐标为北纬24°25.0′、东经118°27.5′。行政区隶属金门县管辖。

面积1950平方米，岸线长200米，海拔最高21.0米。基岩海岸。未开发利用。

三十九、母屿

母屿（Mǔ Yǔ）代码为350527006221。

位于围头湾口、金门岛料罗村以东海域中，西北距金门岛360米。地理坐标为北纬24°24.8′、东经118°27.4′。行政区隶属金门县管辖。

海岛略呈鞋行，东西向展布，长约284米；面积0.0339平方千米，岸线长950米，海拔最高24米。由变质岩组成，海岸为基岩滩岸。地表杂草丛生。近岸水深10～15米。未开发利用。

四十、金门岛-17

金门岛-17（Jīnmén Dǎo-17）代码为350527006421。

位于围头湾口、金门岛东南端近岸海域，西北距金门岛165米。地理坐标为北纬24°24.6′、东经118°26.4′。行政区隶属金门县管辖。

海岛呈弯曲椭圆形，东西向展布，北侧内凹，长轴约62米，短轴约26米；面积1540平方米，岸线长170米。基岩海岸。未开发利用。

四十一、金门岛-18

金门岛-18（Jīnmén Dǎo-18）代码为350527009031。

位于围头湾口、金门岛东南端近岸海域，西北距金门岛104米。地理坐标为北纬24°24.5′、东经118°26.3′。行政区隶属金门县管辖。

海岛呈椭圆形，北西—南东向展布，长轴约30米，短轴约17米；面积430平方米，岸线长80米。基岩海岸。未开发利用。

四十二、金门岛-19

金门岛-19（Jīnmén Dǎo-19）代码为350527006521。

位于围头湾口、金门岛东南端近岸海域，西北距金门岛239米。地理坐标为北纬24°24.5′、东经118°26.3′。行政区隶属金门县管辖。

海岛呈圆形，直径约31米；面积700平方米，岸线长100米。基岩海岸。未开发利用。

第六节 金门岛西侧和西南侧海岛

位于厦门湾东部，金门岛西侧和西南侧近岸海域，包括12个无居民海岛，均属金门县管辖。

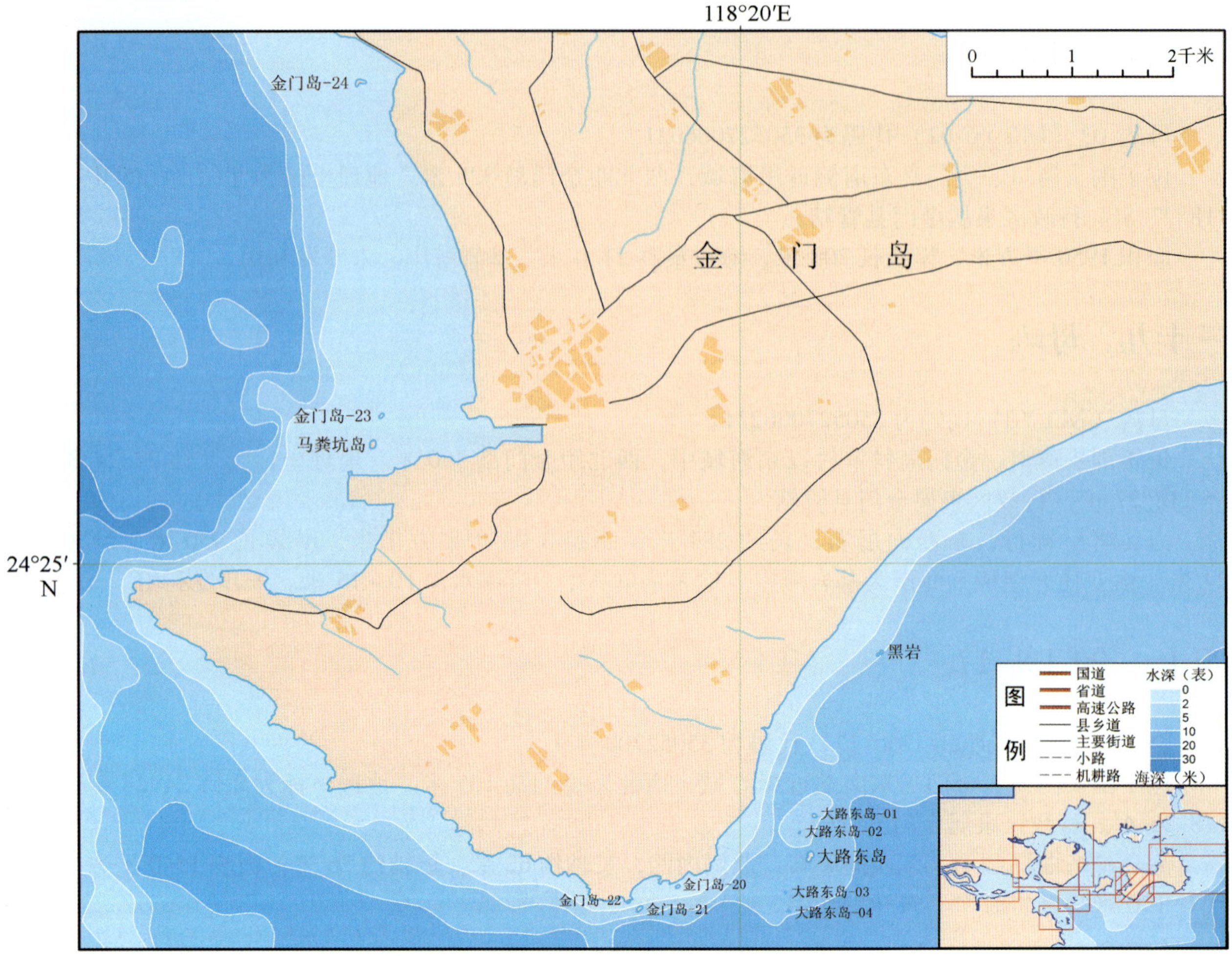

图 3-20-56　金门岛西侧和西南侧海岛分布图

一、金门岛-24

金门岛-24（Jīnmén Dǎo-24）代码为350527003721。

位于金门岛西北侧近岸海域，东距金门岛282米，西南距小金门岛约3.7千米。地理坐标为北纬24°27.6′、东经118°17.9′。行政区隶属金门县管辖。

海岛呈弯月形，凹面总体朝南，长约105米，宽约36米；面积3910平方米，岸线长300米。基岩海岸。未开发利用。

二、金门岛-23

金门岛-23（Jīnmén Dǎo-23）代码为350527005121。

位于金门岛西侧近岸海域，东距金门岛753米，西距小金门岛约3.5千米。地理坐标为北纬24°25.8′、东经118°18.1′。行政区隶属金门县管辖。

海岛呈椭圆形，北东—南西向展布，长轴约60米，宽约36米；面积1540平方米，岸线长150米。基岩海岸。未开发利用。

三、马粪坑岛

马粪坑（Mǎfènkēng Dǎo）代码为350527005221。

位于金门岛西侧近岸海域，距金门岛275米，西距小金门岛约3.6千米。地理坐标为北纬24°25.6′、东经118°18.0′。行政区隶属金门县管辖。

海岛呈椭圆形，近于南北朝向，长轴约85米，短轴约55米；面积3900平方米，岸线长230米，海拔最高3米。由变质岩组成，基岩海岸。地表基岩裸露。近岸水深不足1米。未开发利用。

四、黑岩

黑岩（Hēiyán）代码为350527006621。

位于金门岛西南泗湖村东南侧近岸海域，距金门岛472米。地理坐标为北纬24°24.5′、东经118°20.7′。行政区隶属金门县管辖。

海岛如扭曲的哑铃，长约74米；面积1340平方米，岸线长210米，海拔最高1.0米。由变质岩组成，基岩海岸。地表土层薄，长有杂草。近岸水深7米。未开发利用。

五、大路东岛

大路东岛（Dàlù Dōngdǎo）代码为350527006821。

位于金门岛西南端珠山村东南侧近岸海域，距金门岛719米。地理坐标为北纬24°23.4′、东经118°20.4′。行政区隶属金门县管辖。

海岛呈椭圆形，北—北东向展布，长轴约109米，短轴约51米；面积4840平方米，岸线长310米，海拔最高17米。由变质岩组成，基岩海岸，岸线较曲折。地表基岩裸露。近岸水深10米。未开发利用。

六、大路东岛-01

大路东岛-01（Dàlù Dōngdǎo-01）代码为350527006721。

位于金门岛西南端近岸海域，西北距金门岛546米。地理坐标为北纬24°23.6′、东经118°20.4′。行政区隶属金门县管辖。

海岛呈圆形，直径约47米；面积1320平方米，岸线长130米。基岩海岸。未开发利用。

七、大路东岛-02

大路东岛-02（Dàlù Dōngdǎo-02）代码为350527009131。

位于金门岛西南端近岸海域，西北距金门岛524米。地理坐标为北纬24°23.5′、东经118°20.3′。行政区隶属金门县管辖。

海岛呈椭圆形，北东—南西向展布，长轴约23米，短轴约9米；面积170平方米，岸线长50米。基岩海岸。未开发利用。

八、大路东岛-03

大路东岛-03（Dàlù Dōngdǎo-03）代码为350527009231。

位于金门岛西南端东南侧近岸海域，距金门岛 712 米。地理坐标为北纬 24°23. 2′、东经118°20. 2′。行政区隶属金门县管辖。

海岛近于圆形，直径约 22 米；面积 280 平方米，岸线长 70 米。基岩海岸。未开发利用。

九、大路东岛-04

大路东岛-04（Dàlù Dōngdǎo-04）代码为 350527007121。

位于金门岛西南端东南侧近岸海域，西北距金门岛 814 米。地理坐标为北纬 24°23. 1′、东经 118°20. 3′。行政区隶属金门县管辖。

海岛呈三角形，宽约 28 米；面积 420 平方米，岸线长 90 米。基岩海岸。未开发利用。

十、金门岛-20

金门岛-20（Jīnmén Dǎo-20）代码为 350527007021。

位于金门岛西南端南侧近岸海域，距金门岛 37 米。地理坐标为北纬 24°23. 2′、东经 118°19. 7′。行政区隶属金门县管辖。

海岛呈椭圆形，北东东向展布，长轴约 44 米，短轴约 26 米；面积 930 平方米，岸线长 120 米。基岩海岸。未开发利用。

十一、金门岛-21

金门岛-21（Jīnmén Dǎo-21）代码为 350527008521。

位于金门岛西南端南侧近岸海域，距金门岛 91 米。地理坐标为北纬 24°23. 1′、东经 118°19. 5′。行政区隶属金门县管辖。

海岛呈椭圆形，北东—南西向展布，长轴约 69 米，短轴约 37 米；面积 1960 平方米，岸线长 180 米。基岩海岸。未开发利用。

十二、金门岛-22

金门岛-22（Jīnmén Dǎo-22）代码为 350527008621。

位于金门岛西南端南侧近岸海域，距金门岛 4 米。地理坐标为北纬 24°23. 2′、东经 118°19. 4′。行政区隶属金门县管辖。

海岛呈椭圆形，北东—南西向朝向，长轴约 35 米，短轴约 20 米；面积 590 平方米，岸线长 90 米。基岩海岸。未开发利用。

第七节　小金门岛周边海岛

本节海岛分布在厦门湾东部，集中位于小金门岛周边近岸海域，包括 15 个无居民海岛，均属金门县管辖。

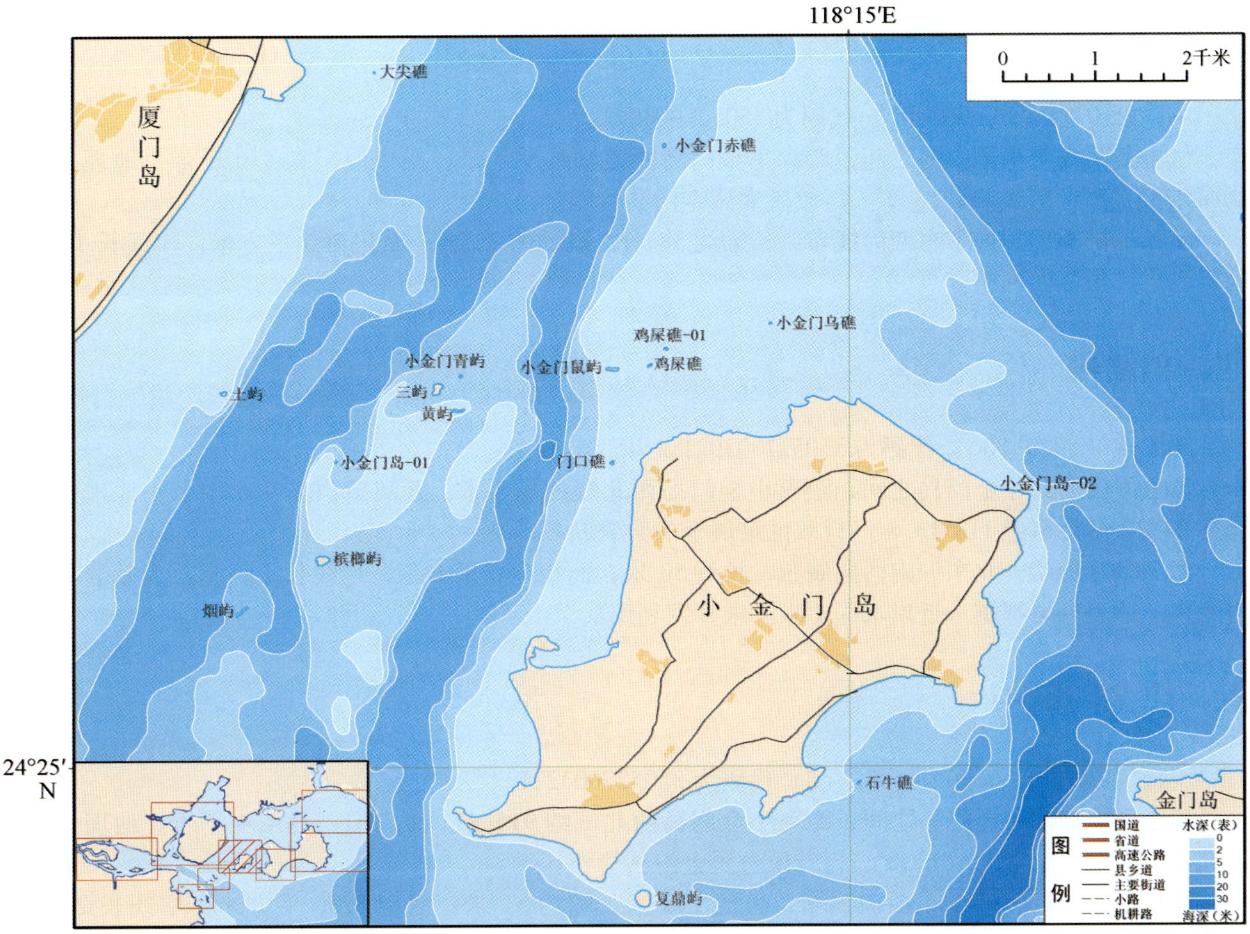

图 3-20-57　小金门岛周边海岛分布图

一、小金门赤礁

小金门赤礁（Xiǎojīnménchì Jiāo）代码为350527002321。

位于小金门岛与厦门岛之间海域，西距离厦门岛香山3.8千米。东南距小金门岛3.1千米。地理坐标为北纬24°28.7′、东经118°13.9′。行政区隶属金门县管辖。

海岛呈短椭圆形，长轴南北方向延伸，长约41米，宽约26米；面积950平方米，岸线长110米，海拔最高7.8米。

由变质岩组成，基岩海岸。地表基岩裸露。西侧为厦门水道，水深10～12米。未开发利用。

二、小金门乌礁

小金门乌礁（Xiǎojīnménwū Jiāo）代码为350527003821。

位于小金门岛与厦门岛之间海域，东南距小金门岛884米，西距离厦门岛香山3.3千米。地理坐标为北纬24°27.6′、东经118°14.5′。行政区隶属金门县管辖。

海岛呈椭圆形，北东—东向展布，长轴约24米，短轴约14米；面积360平方米，岸线长70米，海拔最高5.9米。由变质岩组成，基岩海岸。地表基岩裸露。未开发利用。

三、鸡屎礁-01

鸡屎礁-01（Jīshǐ Jiāo-01）代码为350527004021。

位于厦门岛与小金门岛之间，距离小金门岛西北端约928米，距离厦门岛4.6千米。地理坐标为北纬24°27.5′、东经118°13.9′。行政区隶属金门县管辖。

海岛呈椭圆形，近于东西向展布，长轴约38米，短轴约23米；面积700平方米，岸线长100米。基岩海岸。未开发利用。

四、鸡屎礁

鸡屎礁（Jīshǐ Jiāo）代码为350527003921。

位于厦门岛与小金门岛之间，距离小金门岛西北端约813米，距离厦门岛4.6千米。地理坐标为北纬24°27.4′、东经118°13.8′。行政区隶属金门县管辖。

海岛呈哑铃状，北东—南西向展布，长约50米；面积760平方米，岸线长120米。为基岩岛，基岩海岸。地表基岩裸露。近岸水深1米。未开发利用。

五、小金门鼠屿

小金门鼠屿（Xiǎojīnménshǔ Yǔ）代码为350527004221。

位于厦门岛与小金门岛之间，距离小金门岛西北端约915米，距离厦门岛4.4千米。地理坐标为北纬24°27.3′、东经118°13.6′。行政区隶属金门县管辖。

海岛呈长条状，近于东西向展布，长约118米，宽约31米；面积3230平方米，岸线长280米，海拔最高19.9米。

由变质岩组成，基岩海岸。地表植被稀疏。近岸水深2米。有军队驻守。

六、小金门青屿

小金门青屿（Xiǎojīnménqīng Yǔ）代码为350527004121。

位于厦门湾中部，厦门岛与小金门岛间海域，距离厦门岛约3.3千米，距离小金门岛约2.0千米。地理坐标为北纬24°27.3′、东经118°12.7′。行政区隶属金门县管辖。

面积580平方米，岸线长90米，最高海拔11.0米。基岩海岸。未开发利用。

七、三屿

三屿（Sān Yǔ）代码为350527004321。

位于厦门岛与小金门岛之间，距离小金门岛西北端约2.1千米，距离厦门岛3.2千米。地理坐标为北纬24°27.2′、东经118°12.6′。行政区隶属金门县管辖。

海岛呈哑铃状，北北东向展布，长约129米，宽约80米；面积8930平方米，岸线长400米，海拔最高15.4米。由变质岩组成，基岩海岸。地表长有少量植被。近岸水深5米。未开发利用。

八、黄屿

黄屿（Huáng Yǔ）代码为350527004421。

位于厦门岛与小金门岛之间，距离小金门岛西北端约 1.8 千米，距离厦门岛 3.5 千米。地理坐标为北纬 24°27.1′、东经 118°12.7′。行政区隶属金门县管辖。

海岛呈弯曲的长条形，近于东西向展布，长约 123 米，宽约 23 米；面积 2490 平方米，岸线长 280 米，海拔最高 12.0 米。

由变质岩组成，基岩海岸。地表植被稀疏。近岸水深 5 米。未开发利用。

九、小金门岛-01

小金门岛-01（Xiǎojīnmén Dǎo-01）代码为 350527004621。

位于厦门岛与小金门岛之间，距离小金门岛约 2.7 千米，距离厦门岛 2.8 千米。地理坐标为北纬 24°26.8′、东经 118°12.0′。行政区隶属金门县管辖。

海岛近似呈圆形，直径约 20 米；面积 340 平方米，岸线长 70 米，最高点海拔 3.1 米。基岩海岸。未开发利用。

十、小金门岛-02

小金门岛-02（Xiǎojīnmén Dǎo-02）代码为 350527004821。

位于金门岛与小金门岛之间，距离小金门岛约 160 米，距离金门岛 3.6 千米。地理坐标为北纬 24°26.6′、东经 118°16.2′。行政区隶属金门县管辖。

海岛近似呈椭圆形，近东西向展布，长轴长约 40 米，短轴长约 15 米；面积 1210 平方米，岸线长 140 米。基岩海岸。未开发利用。

十一、门口礁

门口礁（Ménkǒu Jiāo）代码为 350527004721。

位于厦门岛与小金门岛之间，距离小金门岛约 273 米，距离厦门岛 5.1 千米。地理坐标为北纬 24°26.8′、东经 118°13.6′。行政区隶属金门县管辖。

海岛呈葫芦形，北东向展布，高约 37 米，宽约 22 米；面积 850 平方米，岸线长 110 米。由变质岩组成，基岩海岸。地表基岩裸露。近岸水深 2 米。未开发利用。

十二、槟榔屿

槟榔屿（Bīngláng Yǔ）代码为 350527004921。

位于厦门岛与小金门岛之间，距离小金门岛约 2.2 千米，距离厦门岛 3.4 千米。地理坐标为北纬 24°26.2′、东经 118°11.9′。行政区隶属金门县管辖。

呈圆形，面积 9770 平方米，岸线长 400 米，海拔最高 34.4 米。由变质岩组成，基岩海岸。地表石多土少，植被稀疏。周围水深 1～3 米。未开发利用。

图 3-20-58 槟榔屿遥感影像

十三、烟屿

烟屿（Yān Yǔ）代码为350527005021。

位于厦门岛与小金门岛之间海域，距离小金门岛约2.7千米，距离厦门岛3.3千米。地理坐标为北纬24°25.9′、东经118°11.5′。行政区隶属金门县管辖。

呈狭长形，长轴为北东—南西走向，长约149米，宽约19米；面积2930平方米，岸线长330米，海拔最高7.1米。

由变质岩组成，基岩海岸。地表多岩石裸露，局部洼地有土层，长杂草。北、西、南面水深6~7米，东侧水深11~13米。未开发利用。

十四、石牛礁

石牛礁（Shíniú Jiāo）代码为350527007221。

位于小金门岛东南近岸海域，距离小金门岛约352米，东距金门岛2.7千米。地理坐标为北纬24°24.9′、东经118°15.1′。行政区隶属金门县管辖。

海岛呈椭圆形，北东—南西向展布，长轴约47米，短轴约16米；面积610平方米，岸线长110米。基岩海岸。未开发利用。

十五、复鼎屿

复鼎屿（Fùdǐng Yǔ）代码为350527007321。

位于小金门岛东南近岸海域，距离小金门岛约408米，东距金门岛4.9千米。地理坐标为北纬24°24.2′、东经118°13.8′。行政区隶属金门县管辖。

海岛近于圆形，直径约171米；面积0.0211平方千米，岸线长530米，海拔最高16.9米。基岩海岸。未开发利用。

第八节　大担诸岛

本节海岛位于厦门湾东南部，系屏障厦门湾的重要海岛，包括10个无居民海岛，均属金门县管辖。

一、大担岛

（一）概况

大担岛（Dàdān Dǎo）代码为350527007721。

位于厦门湾口小金门岛与龙海港尾之间海域，西南距大陆7.2千米，西北距厦门岛4.3千米，东北距小金门岛5.2千米。地理坐标为北纬24°23.4′、东经118°9.9′。行政区隶属金门县管辖。

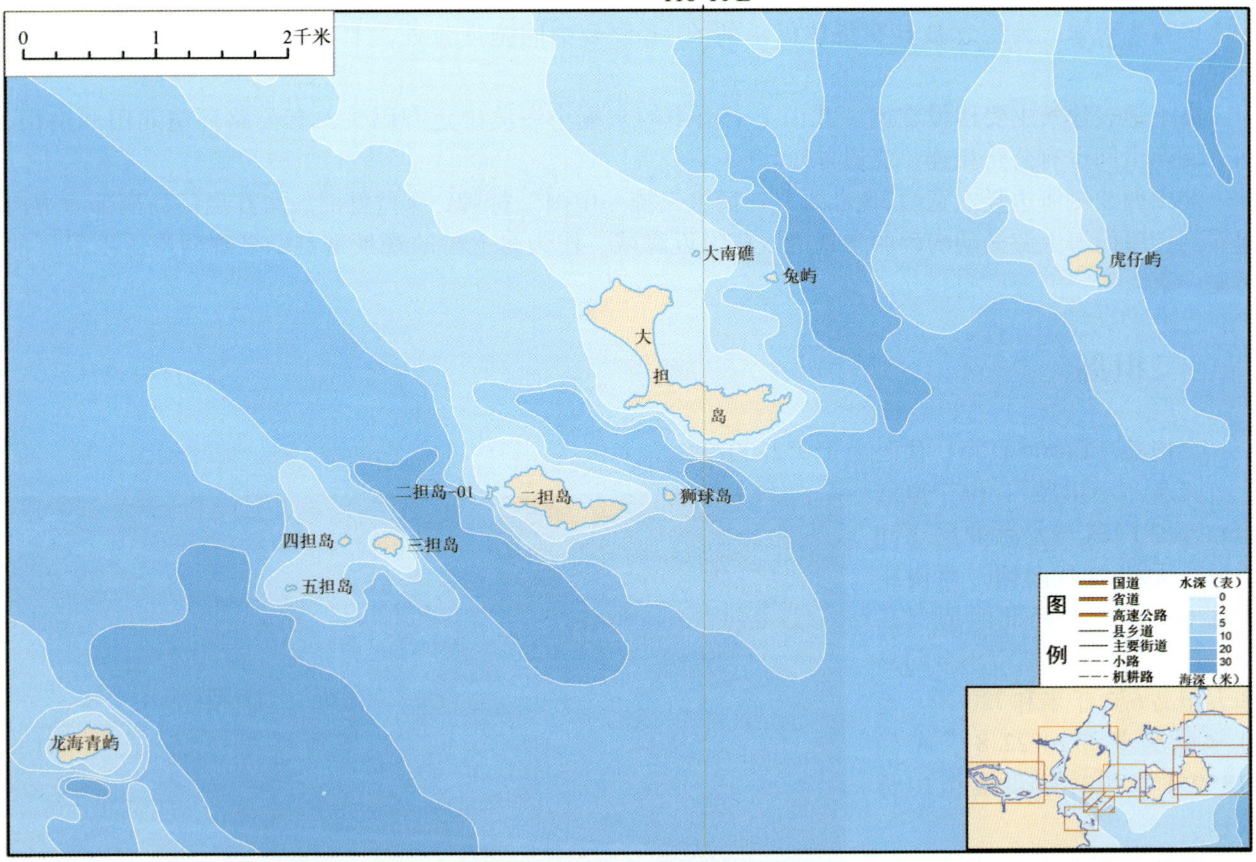

图 3-20-59　大担诸岛分布图

图 3-20-60　大担岛遥感影像

海岛外形如弯曲的如意形状，或如朝向北东方向盛开的百合花，北西—南东向展布，长约 1.53 千米；岸线弯曲，北东侧发育较大的海湾；面积 0.496 平方千米，岸线长 5.8 千米，最高点位于岛的南端，海拔最高 93.0 米。

由变质岩组成。岛的南、北端为丘陵台地，主要为基岩海岸，砂质海岸主要分布在北山岬角间小海湾中；连接南山与北山是低平的连岛沙坝，为砂质海岸。近岸水深 2 ~ 10 米。南北两山植被茂密，北山约 1/5 的植被区开辟建设营房广场、篮球场等设施，植被有所破坏。

（二）海岛资源开发与保护

岛上刻有“闽南保障”石

碑一方，为清乾隆八年（1743 年）福建诏安人沈廷耀题刻。闽浙总督王德因在此建城寨两座。北山宝灵寺旁有忠魂冢，为纪念被日军集体屠杀的 50 多位爱国同胞埋骨处，上有灯塔，高 91 米。有军队驻守。

岛上地表建筑主要建设在南、北山上，南山的东端小海湾中建有码头，有公路环绕北山和南山，南、北两山间也有公路相连，交通方便。

北山西北侧海边竖立宽约 35 米的“三民主义统一中国”标牌，天气好时，可在厦门岛南部海边肉眼看到。厦门海上游活动的游船常到达该岛附近海域，作为海上游的观景重点，显现两岸关系发展的历史一页。

二、二担岛

二担岛（Èrdān Dǎo）代码为 350527007921。

又名“小担岛”，位于厦门湾口小金门岛与龙海港尾之间海域，大担岛西南侧，西南距大陆 6.1 千米，西北距厦门岛 5.1 千米，东北分别距小金门岛和大担岛 6.2 千米和 720 米。地理坐标为北纬 24°22.8′、东经 118°9.4′。行政区隶属金门县管辖。

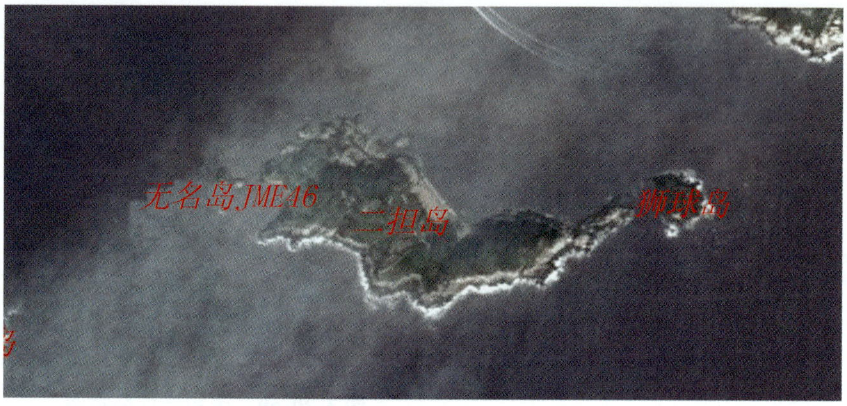

图 3-20-61　二担岛遥感影像

海岛外形如身朝东南、头朝东的海龟，长约 850 米，宽约 220 米；岸线曲折，周边发育有多个小海湾；面积 0.176 平方千米，岸线长 2.5 千米，海拔最高 48.9 米。

由变质岩组成，海岸主要为基岩海岸，中部东侧和西北部海湾中发育砂质滩岸。地表植被发育。有淡水泉。近岸水深 10～12 米。有军队驻守。岛上建有营房、标语牌。海岛东北端海湾中部建设小型码头，与岛上主要营房、篮球场等设施相连。建筑物和道路主要建设在海岛东北部和中部。

三、三担岛

三担岛（Sāndān Dǎo）代码为 350527008221。

位于厦门湾口小金门岛与龙海港尾之间海域，二担岛西南侧，西南距大陆 5.1 千米，西北距厦门岛 5.3 千米，东北分别距小金门岛和大担岛 7.7 千米和 1.9 千米。地理坐标为北纬 24°22.7′、东经 118°8.7′。行政区隶属金门县管辖。

海岛呈不规则的圆形，直径约 165 米，岸线曲折；面积 0.021 平方千米，岸线长 660 米，海拔最高 37.3 米。由变质岩组成，基岩海岸，多岩礁。地表植被较发育。周围水深 4 米。多暗礁分布。未开发利用。

四、四担岛

四担岛（Sìdān Dǎo）代码为 350527008121。

位于厦门湾口小金门岛与龙海港尾之间海域，三担岛西侧，西南距大陆 5.0 千米，西北距厦门岛

5.2 千米，东北分别距小金门岛和大担岛 8.0 千米和 2.2 千米。地理坐标为北纬 24°22.7′、东经 118°8.5′。行政区隶属金门县管辖。

海岛呈不规则的圆形，直径约 62 米；面积 4090 平方米，岸线长 260 米，海拔最高 22.1 米。由变质岩组成，基岩海岸，多岩礁。地表长有杂草。近岸水深 8 米。未开发利用。

五、五担岛

五担岛（Wǔdān Dǎo）代码为 350527008321。

位于厦门湾口小金门岛与龙海港尾之间海域，大担岛西侧，西南距大陆 4.4 千米，西北距厦门岛 5.5 千米，东北分别距小金门岛和大担岛 8.5 千米和 2.7 千米，西南距离大陆管辖的青屿仅 1.6 千米。地理坐标为北纬 24°22.5′、东经 118°8.3′。行政区隶属金门县管辖。

海岛外形如哑铃状，长约 63 米，宽约 23 米；面积 2090 平方米，岸线长 210 米，海拔最高 16.6 米。由变质岩组成，基岩海岸。地表长有杂草。近岸水深 20 几米。未开发利用。

六、虎仔屿

虎仔屿（Hǔzǎi Yǔ）代码为 350527007521。

位于厦门湾口，小金门岛与大担岛间海域中部，东北距小金门岛 2.2 千米，西南距大担岛 2.2 千米。地理坐标为北纬 24°23.8′、东经 118°11.6′。行政区隶属金门县管辖。

海岛形如向西北方向生长的小树，北部宽大，中南部细长，海岛宽约 277 米；面积 0.042 平方千米，岸线长 1.1 千米，海拔最高 49.0 米。由变质岩组成，基岩海岸，多岩礁。地表有土层，植被茂密，主要分布在北部。近岸水深 10 米。北部建有多座房屋，东南侧建有简易码头。海岛有军队驻守。

七、大南礁

大南礁（Dànán Jiāo）代码为 350527007421。

位于厦门湾口，大担岛东北侧近岸海域，西南距大担岛 318 米。地理坐标为北纬 24°23.9′、东经 118°10.0′。行政区隶属金门县管辖。

海岛呈短的椭圆状，北东—南西向展布，长轴约 53 米，短轴约 33 米；面积 1440 平方米，岸线长 140 米，海拔最高 18.7 米。基岩海岸。地表基岩裸露。近岸水深 2 米。未开发利用。

八、兔屿

兔屿（Tù Yǔ）代码为 350527007621。

位于厦门湾口，大担岛东侧近岸海域，西南距大担岛 657 米，东北距小金门岛 4.5 千米。地理坐标为北纬 24°23.8′、东经 118°10.3′。行政区隶属金门县管辖。

海岛呈不规则的方形，宽约 36 米；面积 4240 平方米，岸线长 300 米，海拔最高 26.0 米。基岩海岸，岸线曲折，海岛南部发育三个小海湾。海岛顶部覆盖植被。近岸水深 10 米。未开发利用。

九、狮球岛

狮球岛（Shīqiú Dǎo）代码为 350527008021。

位于厦门湾口，大担岛与二担岛之间海域，东北距大担岛约 470 米，西南距小金门岛 272 米。地理坐标为北纬 24°22. 9′、东经 118°9. 9′。行政区隶属金门县管辖。

海岛呈梨形，宽约 67 米；面积 4700 平方米，岸线长 290 米，海拔最高 27. 2 米。基岩海岸。海岛顶部植被较发育。近岸水深 5 米。未开发利用。

十、二担岛-01

二担岛-01（Èrdān Dǎo-01）代码为 350527007821。

位于厦门湾口，二担岛西北端西侧近岸海域，距离二担岛 55 米。地理坐标为北纬 24°22. 9′、东经 118°9. 1′。行政区隶属金门县管辖。

海岛略呈“Y”型，高约 86 米，宽约 32 米；面积 3450 平方米，岸线长 330 米。为基岩岛，无植被覆盖。未开发利用。

第二十一章 消失海岛

厦门湾海区消失海岛共有35个，其中厦门市海沧区管辖海域消失海岛6个、湖里区7个、同安区2个、翔安区2个；漳州龙海市管辖海域消失海岛9个；金门管辖海域消失海岛9个。海岛消失主要是因围填海与大的海岛或大陆连成一片而消失，少量为原认定海岛有误，非独立海岛地理单元。

一、虎头寨礁

虎头寨礁（Hǔtóuzhài Jiāo），原地理坐标为北纬24°33.8′、东经118°20.9′。行政区原属厦门市同安区管辖，现属于厦门市翔安区管辖，无居民海岛。面积812平方米，岸线长114米，高程1米。原为大陆基岩岛，因围填海与海岛相连而消失。

二、乌鸦屿

乌鸦屿（Wūyā Yǔ），原地理坐标为北纬24°29.2′、东经118°3.3′。行政区原属厦门市海沧区管辖，无居民海岛。面积1939平方米，岸线长210米，高程14米。原为大陆基岩岛，因围填海与海岛相连而消失。

三、东割岛

东割岛（Dōnggē Dǎo），原地理坐标为北纬24°31.2′、东经118°25.7′。行政区原属金门县管辖，无居民海岛。面积2437平方米，岸线长252米。原为基岩岛，因围填海建设与岛屿相连而消失。

四、无名岛JME17

无名岛JME17，原地理坐标为北纬24°26.8′、东经118°28.4′。原为基岩岛，行政区原属金门县管辖，无居民海岛。面积8436平方米，岸线长377米。因围填海建设与岛屿相连而消失。

五、无名岛JME30

无名岛JME30，原地理坐标为北纬24°25.6′、东经118°17.9′。行政区原属金门县管辖，无居民海岛。面积650平方米，岸线长95米。原为基岩岛，因围填海建设与岛屿相连而消失。

六、无名岛JME40

无名岛JME40，原地理坐标为北纬24°28.0′、东经118°14.1′。行政区原属金门县管辖，无居民海岛。面积 650 平方米，岸线长 95 米。原海岛认定有误，不是独立海岛地理单元。

七、无名岛 JME41

无名岛 JME41，原地理坐标为北纬 24°28. 1′、东经 118°14. 9′。行政区原属金门县管辖，无居民海岛。面积 650 平方米，岸线长 95 米。原海岛认定有误，不是独立海岛地理单元。

八、无名岛 JME42

无名岛 JME42，原地理坐标为北纬 24°28. 0′、东经 118°15. 4′。行政区原属金门县管辖，无居民海岛。面积 650 平方米，岸线长 95 米。原海岛认定有误，不是独立海岛地理单元。

九、无名岛 JME43

无名岛 JME43，原地理坐标为北纬 24°27. 6′、东经 118°15. 2′。行政区原属金门县管辖，无居民海岛。面积 650 平方米，岸线长 95 米。原海岛认定有误，不是独立海岛地理单元。

十、无名岛 JME44

无名岛 JME44，原地理坐标为北纬 24°27. 4′、东经 118°14. 9′。行政区原属金门县管辖，无居民海岛。面积 650 平方米，岸线长 95 米。原海岛认定有误，不是独立海岛地理单元。

十一、无名岛 JME45

无名岛 JME45，原地理坐标为北纬 24°27. 9′、东经 118°14. 1′。行政区原属金门县管辖，无居民海岛。面积 650 平方米，岸线长 95 米。原海岛认定有误，不是独立海岛地理单元。

十二、丙洲屿

丙洲屿（Bǐngzhōu Yǔ），原地理坐标为北纬 24°39. 0′、东经 118°10. 5′。行政区原属厦门市同安县管辖，无居民海岛。面积 16. 95 平方千米，岸线长 6. 0 千米，高程 6 米。原为基岩岛，1972—1994 年因围填海建设与大陆相连而消失。

十三、无名岛 TAQ1

无名岛 TAQ1，原地理坐标为北纬 24°33. 4′、东经 118°12. 5′。行政区原属厦门市同安县管辖，现属厦门市翔安区管辖，无居民海岛。面积 0. 028 平方千米，岸线长 1. 0 千米。原为基岩岛，因围填海建设与大陆相连而消失。

十四、小离浦屿

小离浦屿（Xiǎolípǔ Yǔ），又名“长礁”，原位于厦门市集美镇东南侧淤泥滩上，距大陆最近点 950 米；原地理坐标为北纬 24°33. 2′、东经 118°08. 2′。行政区原属厦门市同安区管辖，无居民海岛。

面积812平方米，岸线长114米，海拔8.1米。原为基岩岛，由花岗岩组成，海岸为岩石岸。建有房屋。地表无植被。低潮时北侧水深0.8~5.0米。南侧有沙土地可抵厦门半岛。2008年因围填海建设与大离浦屿相连而消失。

十五、化仔屿

化仔屿（Huàzǎi Yǔ），原地理坐标为北纬24°33.0′、东经118°7.9′。行政区原属厦门市湖里区管辖，无居民海岛。面积650平方米，岸线长95米，高程16米。原为基岩岛，1987年因围填海建设与厦门岛相连而消失。

十六、无名岛XMN1

无名岛XMN1，原地理坐标为北纬24°31.6′、东经118°5.5′。行政区原属厦门市湖里区管辖，无居民海岛。面积3250平方米，岸线长210米，高程9米。原为基岩岛，1989—1993年因象屿港区填海与厦门岛相连而消失。

十七、象屿

象屿（Xiàng Yǔ），原位于厦门市长岸村西侧淤泥滩上，原地理坐标为北纬24°30.9′、东经118°4.9′。行政区原属厦门市湖里区管辖，无居民海岛。面积0.020平方千米，岸线长650米，高程26米。原为基岩岛，由花岗岩组成，基岩滩岸。地表植被不发育。1989—1993年因象屿港区填海与厦门岛相连而消失。

十八、鸡母礁

鸡母礁（Jīmǔ Jiāo），原位于厦门市江头镇湖里社村以西海域中，距大陆最近点450米。原地理坐标为北纬24°30.6′、东经118°4.8′。行政区原属厦门市湖里区管辖，无居民海岛。面积812平方米，岸线长114米，高程11米。原为基岩岛，海岸为基岩滩岸。地表基岩裸露。西侧水深5米。1989—1993年因象屿港区填海与厦门岛相连而消失。

十九、中屿

中屿（Zhōng Yǔ），又名“狮屿”，原位于厦门市江头镇以西海域中，距大陆最近点150米。原地理坐标为北纬24°30.6′、东经118°4.9′。行政区原属厦门市湖里区管辖，无居民海岛。面积4000平方米，岸线长290米，高程17米。原为基岩岛，由花岗岩组成，海岸为基岩滩岸。地表植被稀少。周围水深0.3米左右。1989—1993年因象屿港区填海与厦门岛相连而消失。

二十、狗睡屿

狗睡屿（Gǒushuì Yǔ），原位于厦门市湖里社村东侧淤泥滩上，原地理坐标为北纬24°30.4′、东经118°4.9′。行政区原属厦门市湖里区管辖，无居民海岛。面积0.016平方千米，岸线长600米，海拔23.5米。原为基岩岛，由火山岩组成，基岩滩岸。地表长有植被。已被围垦。1989—1993年因象屿港区填海与厦门岛相连而消失。

二十一、虎屿

虎屿（Hǔ Yǔ），原位于厦门市江头镇以西海域中，距大陆最近点350米。原地理坐标为北纬24°30.2′、东经118°4.6′。行政区原属厦门市湖里区管辖，无居民海岛。长轴为北东—南西走向，长200米，面积4000平方米，岸线长290米，海拔26.9米。原为基岩岛，由花岗岩组成，海岸为基岩滩岸。地表植被稀疏。设有测量标志。西侧水深14～16米，东侧水深0.2～4米。1989—1993年因象屿港区填海与厦门岛相连而消失。

二十二、冬共屿

冬共屿（Dōnggòng Yǔ），原地理坐标为北纬24°28.2′、东经118°1.5′。行政区原属厦门市海沧区管辖，无居民海岛。面积0.025平方千米，岸线长750米。原为基岩岛，1979年因京口湾围垦与大陆相连而消失。

二十三、虾屿

虾屿（Xiā Yǔ），原地理坐标为北纬24°28.0′、东经118°1.8′。行政区原属厦门市海沧区管辖，无居民海岛。面积650平方米，岸线长95米。原为基岩岛，1979年因京口湾围垦与大陆相连而消失。

二十四、龟屿

龟屿（Guī Yǔ），原位于厦门市海沧乡嵩屿西侧淤泥滩上。原地理坐标为北纬24°27.4′、东经118°2.0′。行政区原属厦门市海沧区管辖，无居民海岛。面积0.070平方千米，岸线长1.4千米，高程32米。原为基岩岛，由火山岩组成，基岩滩岸。地表长有植被。已被围垦。1979年因京口湾围垦与大陆相连而消失。

二十五、蛇礁

蛇礁（Shé Jiāo），原位于厦门市海沧乡嵩屿以北淤泥滩上，距大陆最近点约200米。原地理坐标为北纬24°27.6′、东经118°2.5′。行政区原属厦门市海沧区管辖，无居民海岛。面积650平方米，岸线长95米。原为基岩岛，由沉积岩组成，岩石岸。地表基岩裸露。因围填海与海岛相连而消失。

二十六、钱屿

钱屿（Qián Yǔ），原位于鼓浪屿以西海域中，距大陆最近点约150米。原地理坐标为北纬24°26.9′、东经118°0.7′。行政区原属厦门市海沧区管辖，无居民海岛。略呈三角形，面积0.103平方千米，岸线长1.3千米。原为基岩岛，由火山岩组成，海岸为基岩滩岸。地表杂草丛生。南侧水深10米左右。1990年因海沧港区建填海与大陆相连而消失。

二十七、沙洲

沙洲（Shā Zhōu），原地理坐标为北纬 24°29.0′、东经 117°47.5′。行政区原属漳州市龙海市管辖，有居民海岛。面积 0.630 平方千米，岸线长 5.6 千米，高程 76 米。原为堆积岛，因大陆海岸线管理位置变更导致原海岛属性变更而消失。

二十八、无名岛 LHM1

无名岛 LHM1，原地理坐标为北纬 24°29.0′、东经 117°52.2′。行政区原属漳州市龙海市管辖，无居民海岛。面积 0.300 平方千米，岸线长 3.0 千米。原为基岩岛，因围填海与大陆相连而消失。

二十九、无名岛 LHM2

无名岛 LHM2，原地理坐标为北纬 24°28.9′、东经 117°53.3′。行政区原属漳州市龙海市管辖，无居民海岛。面积 0.243 平方千米，岸线长 2.3 千米。原为基岩岛，因围填海与大陆相连而消失。

三十、小猫屿

小猫屿（Xiǎomāo Yǔ），原地理坐标为北纬 24°24.7′、东经 118°2.1′。行政区原属漳州市龙海市管辖，无居民海岛。面积 9477 平方米，岸线长 361 米，高程 22 米。原为基岩岛，1992 年因围填海与大陆相连而消失。

三十一、无名岛 LHM3

无名岛 LHM3，原地理坐标为北纬 24°24.6′、东经 118°1.5′。行政区原属漳州市龙海市管辖，无居民海岛。面积 650 平方米，岸线长 95 米。原为基岩岛，1992 年因围填海与大陆相连而消失。

三十二、目屿

目屿（Mù Yǔ），原地理坐标为北纬 24°24.5′、东经 118°0.1′。行政区原属漳州市龙海市管辖，无居民海岛。面积 0.023 平方千米，岸线长 629 米，高程 39 米。原为基岩岛，2002 年因围填海与大陆相连而消失。

三十三、石坑屿仔

石坑屿仔（Shíkēngyǔzǎi），原地理坐标为北纬 24°24.4′、东经 118°3.9′。行政区原属漳州市龙海市管辖，无居民海岛。面积 2266 平方米，岸线长 183 米，高程 17 米。原为基岩岛，1992 年因围填海与大陆相连而消失。

三十四、无名岛 LHM5

无名岛 LHM5，原地理坐标为北纬 24°19.5′、东经 118°7.2′。行政区原属漳州市龙海市管辖，无居民海岛。面积650平方米，岸线长95米。原为基岩岛，1987年因岛美渔港防波堤建设与大陆相连而消失。

三十五、燕屿

燕屿（Yàn Yǔ），原地理坐标为北纬24°18.2′、东经118°7.6′。行政区原属漳州市龙海市管辖，无居民海岛。面积2281平方米，岸线长182米，高程22米。原为基岩岛，1992年因围填海建设与大陆相连而消失。

第四篇
漳州东部海区

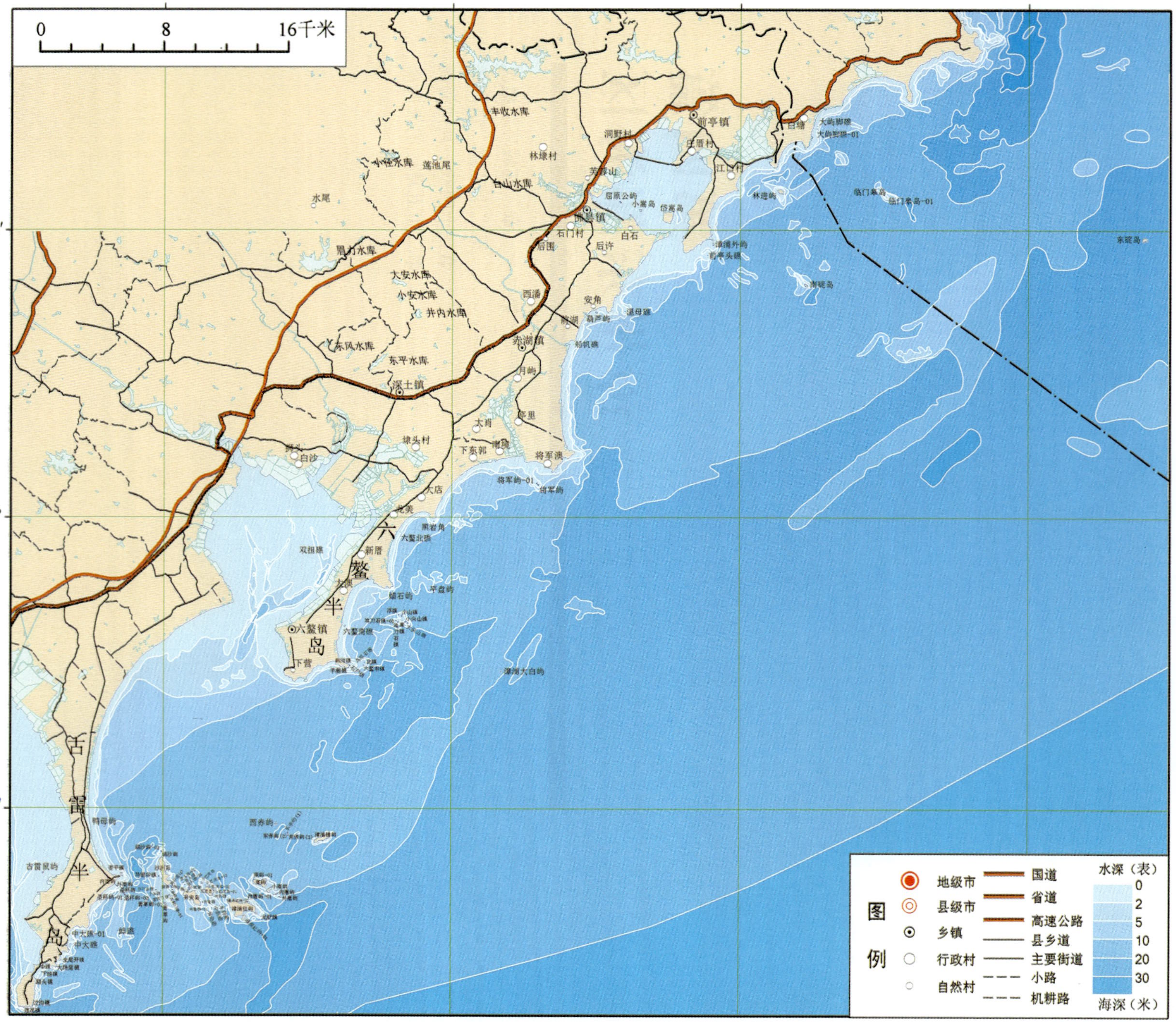

漳州东部海区海岛分布图

第二十二章　区域环境概况

本海区位于福建厦门湾以南，为龙海镇海角—漳浦古雷半岛之间的开敞和半开敞海域，沿岸以大型弧形砂质海岸为主，间夹如佛昙湾、旧镇湾等小型海湾。本海区包括漳州龙海市、漳浦县及金门县三个县级行政区。

本篇入志海岛共有101个，其中1个驻村委会的有居民海岛（岱嵩岛）、98个无居民海岛和2个消失海岛。

按照行政区，龙海市管辖5个无居民海岛，其中领海基点岛—东碇岛实际由台湾控制；漳浦县管辖1个驻村委会的有居民海岛，93个无居民海岛和2个消失海岛。

98个无居民海岛按照位置划分为镇海角—将军澳近岸海岛、将军澳—六鳌半岛近岸海岛、古雷半岛东侧近岸海岛、菜屿及周边海岛四个部分，分别入志海岛13个、23个、17个和45个。

第一节　地质地貌

本区位于闽东沿海中生代火山折断带之佛昙—南澳北东向折断带。燕山运动是本区最主要的构造运动，形成规模宏大的东北向折断带，同时，也有大规模的岩浆侵入活动，奠定了区内的构造轮廓。

中生代本区长期处于上升阶段，中生代沉积零星出露，同时大量的花岗岩侵入岩被侵蚀，剥蚀而暴露于地表。直到晚第三纪时，东部岸边海水振荡剧烈。接受了厚为30~70米的碎屑沉积（佛昙群下段）。

喜马拉雅运动在区内最显著的表现为北东向深断裂的不断活动，引起基性岩浆的多次喷溢，形成了玄武岩流（佛昙群上段玄武岩）。

晚第三纪以后，区内又长期上升，海岸逐渐东移，亚热带的潮湿气候使玄武岩剧烈风化形成了红土台地。

新构造运动是在燕山运动和喜马拉雅运动的基础上继续发展，北东向构造活动带更为显著、六鳌半岛，旧镇湾及古雷半岛均大致呈北东向多字形雁行式排列。

第四纪以来在山间盆地，河谷盆地以及滨海滩地接受了厚度不等的冲积层、洪积层、海积层。

一、地质

（一）地层

本区地层出露不全，中生代地层零星出露，上第三系佛昙群和第四系地层发育较全，现由老至新分述如下。

1. 上侏罗系南园组

出露上侏罗系南园组第二段和第三段。

（1）上侏罗系南园组第二段

岩性一般以浅灰绿色波屑凝灰岩、片理化流纹质晶屑凝灰熔岩、灰色流纹岩（流纹斑岩）为主，夹岩屑晶屑凝灰熔岩，局部夹较多的层凝灰岩、火山角砾岩、凝灰质砂岩、凝灰质粉砂岩、硅质岩、炭质泥岩，偶夹透镜状灰岩，并含丰富的植物化石：拟金粉蕨（*Onychiopsis* sp.）、北方毛羽叶（相似种）（*Ptilophyllum* cf. *boreale*）、雅致柏型枝（*Cupressinocladus elegans*）、柏型枝（*C.* sp.）、坚叶杉（*Pagiophyllum* sp.）等。往上过渡为流纹岩、流纹斑岩、片理化流纹质晶屑凝灰熔岩及少量焊接凝灰岩，喷发不整合于长林组或梨山组之上。厚232.7～1274.0米。

（2）上侏罗系南园组第三段

深灰、灰黑色英安质晶屑凝灰熔岩、流纹质晶屑凝灰熔岩夹少量流纹斑岩、英安岩，偶夹凝灰岩、凝灰质砂岩、石英细砂岩、硅质岩、页岩及长石石英角岩，底部有时见一层熔岩角砾岩及熔岩集块岩。厚311.3～1201.3米。与下伏第二段呈不整合接触。

2. 上第三系佛昙群

按岩性特点及沉积岩相，将佛昙群分为上、下两段，下段为沉积岩，上段以玄武岩为主夹沉积岩，它们不整合覆于下伏侵入岩之上。

下段，为一套以沙砾为主的三角洲相沉积。主要岩性为黄、褐色沙砾岩、砾状砂岩夹灰白、灰绿色砂岩及少量泥岩。含：欧洲枫香（*Liguidam bareuropaeum*）、山旺木兰（*Magnolia miocenica*）、瓜馥木（*Fissistigma* sp.）、马甲子（*Paliurus* sp.）及炭化木等。厚32～72.3米。不整合于下伏燕山期花岗岩之上。

上段，主要岩性为灰黑、暗绿、紫灰色橄榄玄武岩、致密块状玄武岩和气孔杏仁状玄武岩，夹半固结沙砾岩、砂岩及泥岩，局部见油页岩、褐煤透镜体及为成岩的砂层。厚24.0～153.1米。喷发不整合覆于佛昙群上段。

3. 第四系

（1）残积层

零星分布于残丘台地上，岩性主要由棕红、棕黄色含角砾的黏质砂土、砂质黏土组成。局部为黏土、厚为1～15米。

（2）更新统冲洪积层

呈带状展布，岩性下部为棕黄、棕红色泥质卵石，以卵石为主，圆度稍好，风化剧烈，厚度约0.3米；中部主要由棕红色黏土、黏砂土及棕黄色含砾黏砂土、泥质沙砾卵石组成，厚度1～5米；上部由棕黄、灰白及花斑状砂质黏土、黏质砂土、黏土及泥质沙砾、砾卵石组成，厚2～23米。

（3）更新统海积层

岩性为红色网纹状黏质砂土，厚5米。

（4）更新统风积层

海拔高程5～20米。岩性以砖红色半固结石英粉细砂为主，偶见次棱角状石英粗砂和细砾，厚3～5米。假整合覆于更新统海积层上。

（5）全新统海积层

分布于海湾沿岸及小河口处，岩性上部为厚层状中细砂，偶夹黏质砂土，含现代贝壳及木本植物碎片，下部为灰黑色，灰绿色黏土，厚4～20米。

（6）全新统冲积层

分布于小河谷两岸。岩性具二无结构。上部为浅黄、黄褐色黏土、砂黏土等，夹有泥炭，厚2.7米。下部为浅黄，灰白色砂、沙砾、砾卵石层，结构疏松，圆度良好，厚15～30米。

（7）全新统风积层

成沙丘、沙垄等地形。分布宽度大于2千米，长度近2千米。由浅黄色松散的石英细砂，粉细砂组成，石英含量多，高达95%以上，并含少量长石及贝壳碎片。厚为1～20米。

（二）侵入岩

区内侵入岩以岩基或岩株产出的酸、中酸性花岗岩类占绝大部分，呈岩瘤或岩墙状产出的基性辉长－辉绿岩仅占少量。侵入岩划分为燕山早期、晚期及喜山晚期，大致有八次岩浆侵入活动。主要有燕山早期第三阶段第一次侵入、第二次侵入、第三次侵入和第四次侵入，燕山晚期第一阶段第二次侵入、第三次侵入、第四次侵入和喜山晚期侵入①。本区南部东山、诏安一带还有燕山早期第三阶段第五次侵入、燕山晚期第一阶段第一次侵入等两期侵入岩分布，但范围很小。本区分布范围大的侵入岩为燕山早期第三阶段第三次侵入花岗岩和燕山早期第三阶段第一次侵入花岗岩。

黑云母花岗岩：大片出露，呈岩基状产出。岩性为黑云母花岗岩，可分为三个相带，中心相为肉红色中粗粒花岗岩，中粗粒花岗结构，块状构造。岩石有斜长石 19.04%、钾长石 4.7%。石英 28.76%和黑云母24%以及少许磁铁矿、磷灰石、榍石等组成。过渡相为肉红色中粒花岗岩，中粒花岗结构，块状构造。岩石由斜长石 18.72%、钾长石 46.92%、石英 32.56%和黑云母 1.5%以及少许磁铁矿、磷灰石、榍石、锆石等组成。边缘相为肉红色细粒花岗岩，细粒花岗结构及显微文象结构，块状构造。岩石由斜长石 20.70%、钾长石 43.26%、石英 34.14%和黑云母 1.75%以及少许磁铁矿等组成。岩体中分布脉岩有石英斑岩、花岗斑岩和辉石闪长岩。

细粒花岗岩：仅分布于海湾北部黑云母花岗岩中，呈小岩瘤状产出。岩性为肉红色细粒花岗岩，细粒花岗结构，块状构造，岩石由斜长石 25%、钾长石 47%、石英 28%和少量黑云母以及少许磁铁矿和锆石等组成。

（三）中生代三叠晚期和侏罗系动力变质岩

中生代三叠晚期和侏罗系动力变质岩，零星出露在古雷半岛、六鳌半岛低山－丘陵、古雷半岛北端和佛昙湾东北岸，时代未分。由于动力作用变质成一套变质岩。岩性为硅线石云母片岩、石英云母片岩、红柱石硅线石石英片岩、混合质变粒岩夹铁铝流石石英片岩。大部分已混合岩化，形成条纹状混合岩、条痕状混合岩、条带状混合岩。区内发育较明显的、规模较大的变质带为东山动力变质带。该带呈北东向展布，由西向东其混合变质程度由浅逐渐变深。

（四）地质构造

1. 北东向构造

沿海地区走向主要为北东 40°～50°的一组构造是其主体构造，在本区最为发育，表现为北东向的佛昙—南澳折断带。

褶皱构造见湖坵－尖山复式向斜。由北向南为湖坵向斜、常山向斜及尖山背斜等。断裂构造自北向南为湖西－杜浔压性断裂、硅化挤压破碎带、湖坵－南澳压性断裂、挤压变质带。

2. 东西向构造

东西向构造，展布于东部花岗岩类岩石中，是以东西向压性断裂为主的挤压断裂带。本构造与白钨矿关系密切。

3. 北西向构造

在漳江、鹿江两侧的燕山期花岗岩中，出露有压性、压扭性及性质不明的断裂，走向北西，倾向北东或南西，倾角 75°～80°。

（五）地下水

松散堆积层孔隙水②分布在六鳌半岛地带，为滨海风积－海积层潜水，其特点为长条状沿海岸展

① 中国海岸带和海涂资源综合调查图集（福建分册）[M]，福州：福建省地图出版社，1988 年。

② 中国海湾志编撰委员会：中国海湾志（第八分册 福建省南部海湾）[M]，北京：海洋出版社，1993 年。

布。砂层的给水度高，径流条件良好，上部风积细砂与下部海积中细砂相互过渡构成 1 个含水层，水位埋深 0.15～2.42 米，含水层厚度 3～10 米，主要受大气降水补给。单位涌水量 0.2～2.041 升/秒，渗透系数小于 14 吨/天。

在旧镇及沿海地带，上部为全新统海相淤泥及淤泥质砂层沉积，下部为更新统冲洪积泥质沙砾石层夹黏土沉积。咸水的成因，在河口及滨海地带除保留原海相沉积的残留盐分外，还受海潮涨落咸水倒灌的影响，矿化度在 1～19 克/升。

分布在丘陵台地的风化残积层，上部为含角砾的黏质砂土、砂质黏土覆盖，下部为微风化—半风化岩石杂以土状物并逐渐过渡到基岩。厚度变化较大，渗入系数低，富水性微弱，泉流量常见值小于 0.141 升/秒。

基岩裂隙水本海湾大部由燕山早期的酸性，中酸性岩基产出，岩性主要有黑云母花岗岩、片麻状碎裂花岗岩、细粒花岗岩、中粒二长花岗岩以及燕山晚期的花岗闪长斑岩，以燕山早期的富水性较好，断裂裂隙发育，多为“X”网格状，密度不大，但延伸较长，平直稳定，以构造裂隙水为主要类型，泉流量常见值小于 0.341 升/秒构造断裂泉可达 2～3.41 升/秒。

二、地貌

（一）陆地地貌

本海区海岸是典型的岬湾砂质海岸，其中还分布了佛昙湾和旧镇湾两个海湾，沿岸地区陆地地貌类型在岬角部位为侵蚀剥蚀低山、熔岩台地、侵蚀剥蚀台地和侵蚀剥蚀丘陵，海湾内部也断续分布侵蚀剥蚀地貌类型；岬角之间为海积平原。

岸段北部基岩岬角以熔岩丘陵和熔岩台地为主，岬角之间距离较小，呈现出侵蚀剥蚀地貌为主、海积地貌为辅的特征；海岸以基岩海湾为主，地形起伏大，交通不便，保存了较好的自然景观。本区发育独特的熔岩台地和熔岩丘陵地貌类型，与新生代基性火山岩在本地区比较发育有关，该类岩石是漳州地质公园的主角。

岸段中南部的佛昙湾以南基岩岬角之间距离变长，呈现以海积平原为主，侵蚀剥蚀地貌和熔岩台地地貌零星分布的特征，侵蚀剥蚀地貌以侵蚀剥蚀台地和低丘陵为主。

岬角间的海积平原地区海岸线略呈弧形，古雷头、旧镇湾的六鳌、佛昙湾的外屿等基岩岬角北侧分布的海积平原为连岛砂堤，显示泥沙总体自北向南输送的特征，与台湾海峡冬季盛行东北风、风力大有关。海积平原上还发育风成沙丘，风沙中二氧化硅含量高，是优良的玻璃用砂。

本岸段沿海地区人工地貌较少，主要是各小海湾中的滩涂养殖池和城镇区前沿的人工海堤等，古雷半岛和六鳌半岛及附近海域建设有风电厂。

（二）海岸线

本海区沿岸分布诸多小海湾，由北到南后蔡湾、前湖湾、将军湾、旧镇港和佛昙湾等，湾外的海岸比较平直，海岸总长度为 230.99 千米。

海岸类型主要有人工海岸长 111.76 千米，占总海海岸的 48.39%，分布于后蔡湾、旧镇港内和赤湖河口。砂质海岸长 70.38 千米，占总海海岸的 30.47%，从洋坪以南湾外的平直海岸基本以砂质海岸为主，这些岸段较为平直，其中大部分的岸段为腹地较大的开敞海湾的砂质海岸，并有大片风沙地、沙丘、沙垅覆盖于沿岸沙堤、平原和山丘上。基岩海岸长 41.54 千米，占总海岸 17.98%，零星分布于伸入海的半岛和开阔海域中的基岩岸段。粉砂淤泥质海岸长 6.89 千米，占总海岸 2.98%，在前湖、将军澳海岸附近和南境至下东郭海海岸；河口海岸长 0.41 千米，占总海岸的 0.18%；人工海岸以围垦养殖区为主，建有江口湾、佛昙湾和旧镇湾围垦养殖区。

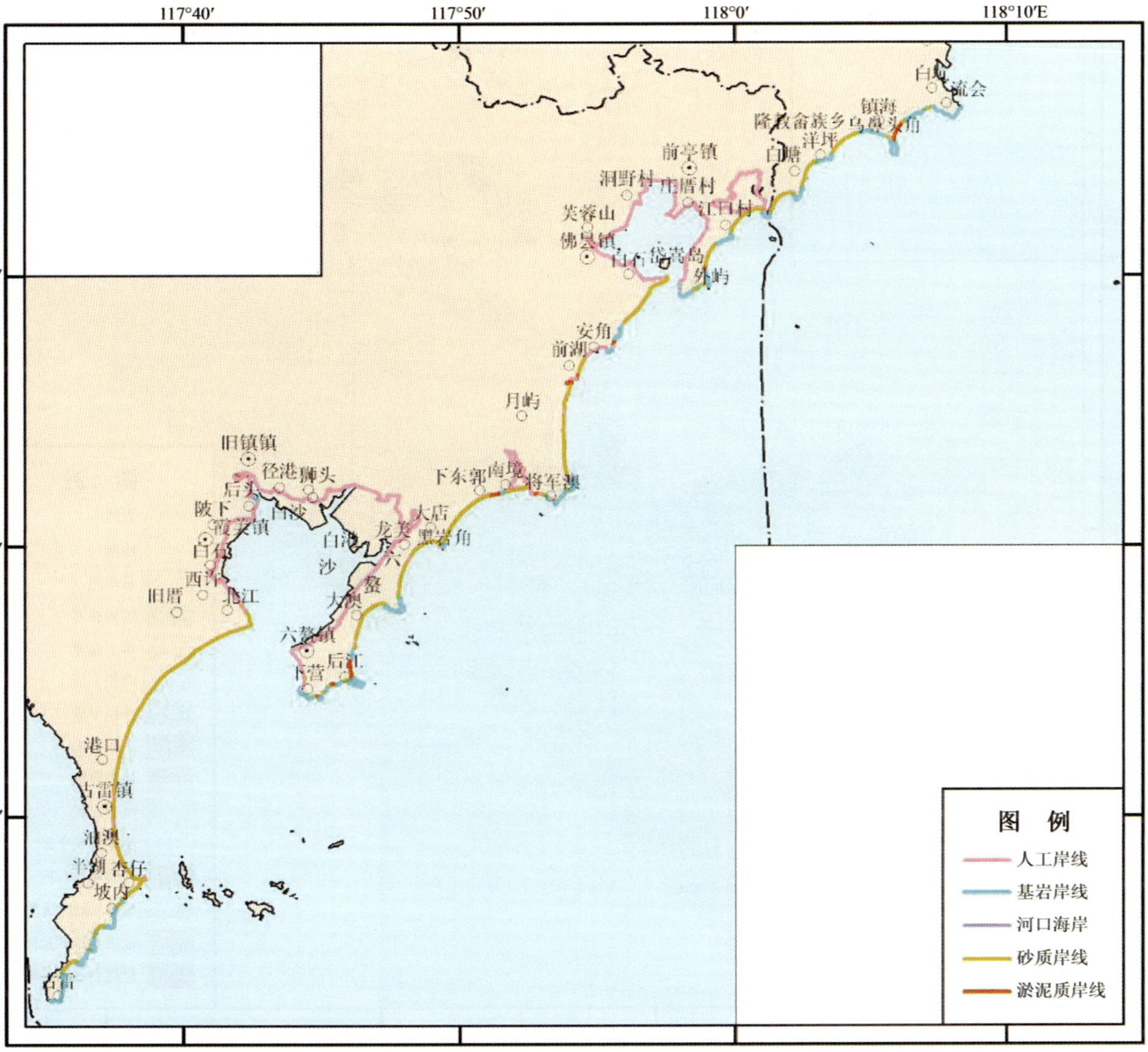

图 4-22-1　镇海角—古雷半岛海岸类型分布图

（三）潮间带滩地地貌

本岸段潮间带地貌类型主要是潮滩、海滩，岩滩较少。潮滩主要发育在佛昙湾东部和旧镇湾，面积 75.29 平方千米，占本岸段潮间带面积的 55.62%，海湾内部潮水沟发育，已被开发为滩涂养殖池等。

海滩面积 53.50 平方千米，占 39.53%；沉积物类型为中细砂、中粗砂和细砂等；主要分布在基岩岬角间和部分海湾内部（如佛昙湾东部和其他一些小型海湾），滩面宽阔，岬湾相间、海岸后风成沙丘和防护林带发育，是优良的海水浴场区和滨海旅游开发区，该区海滩面向东海，海浪大，也适合发展冲浪等水上运动。

岩滩面积 6.57 平方千米，占 4.86%，主要分布在基岩海岸（低山、丘陵）下，与基岩海岸一道形成典型的基岩海蚀地貌，本地区基性熔岩发育，熔岩快速凝固形成六角柱状的枕状熔岩，隆教乡沿海发育火山口，与海上的林境屿等一起构成世界级漳州火山地质公园。

此外还发育少量米草滩和红树林滩。

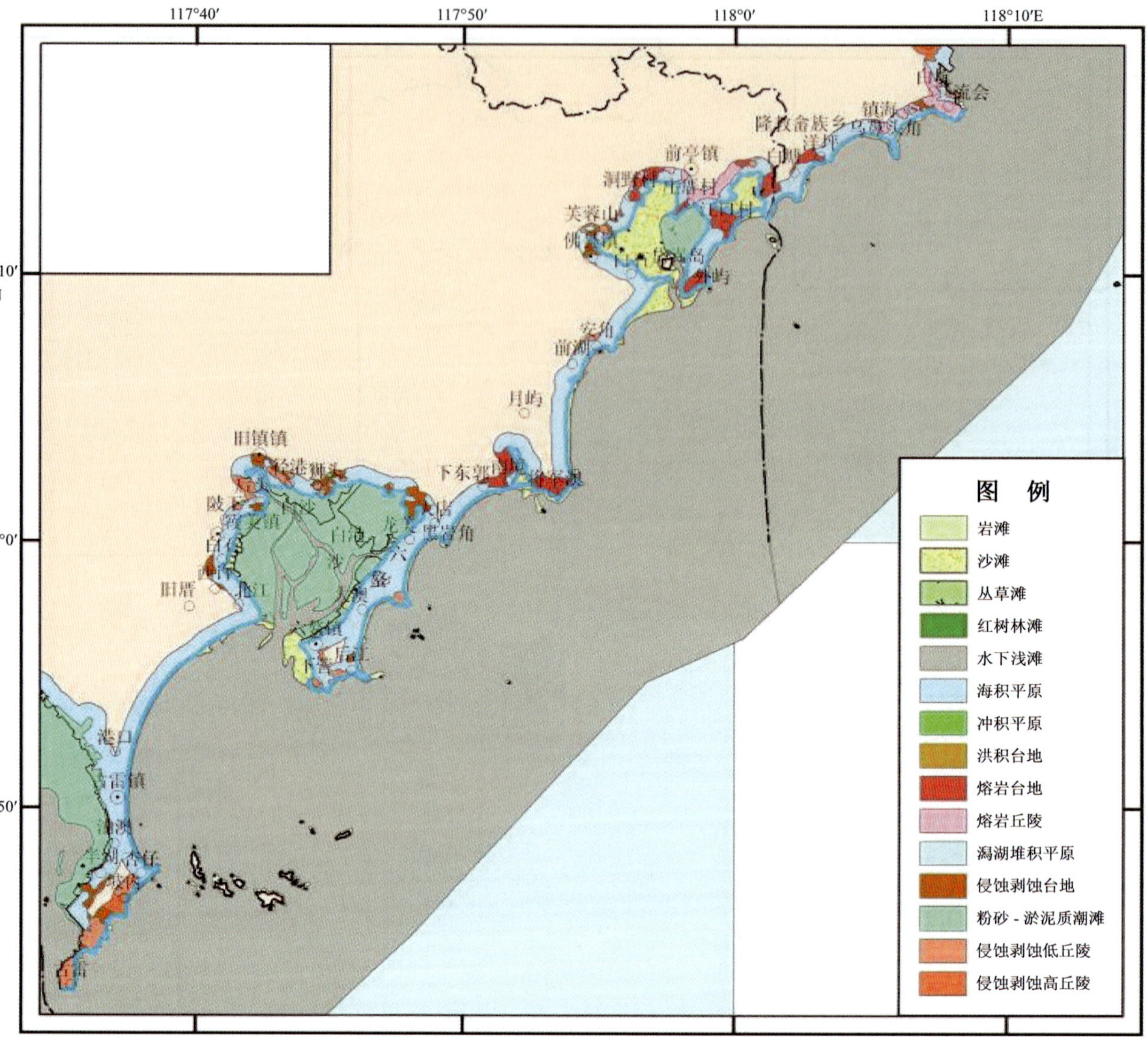

图 4-22-2　镇海角—古雷半岛近岸海域地貌类型图

（四）海底地貌

旧镇湾潮滩广阔，湾内低潮出露一片滩地，约占整个海湾面积的80%左右，水域面积小，约16平方千米，0米线以下的海底，呈狭窄水道分布，海底地貌简单，多以沟槽的形式出现，水深一般在2～5米，在口门附近有小片水下浅滩，深约5米，最大10米，由中细砂组成，有水下沙坝和沙脊发育。

第二节　气候与气象

一、气候概况

漳州东部海区地处低纬度带，气候受太阳辐射、台湾海峡及季风环流的影响，同时受海洋的调节，属南亚热带海洋性季风气候。根据漳浦县气象站的资料（福建省气候中心提供）统计，该海区年平均气温21.6℃，年平均日照时数1786.4小时，气温较高，气候暖热；年平均降水量1714.9毫米，降水丰沛，年平均相对湿度76%，湿度中等；年平均风速1.9米/秒，风速小，6—8月盛行东南风，9月至翌年5月盛行西北风。四季的气候特点是：春季（3—6月）天气多变，时冷时热，常有暴雨，多阴雨天气；夏季（7—9月）温度较高，光照强，有短时酷暑，多台风影响；秋季（10—11月）干燥少雨，秋高气爽，晴天多；冬季（12月至翌年2月）温度低，相对干冷，但无严寒。

二、气象要素

（一）气温

该海区气温较高，据漳浦气象站资料统计，年平均气温21.6℃。春季平均气温16.6～26.6℃，夏季26.7～28.6℃，秋季20.0～23.9℃，冬季13.9～15.8℃。平均最高气温26.1℃，平均最低气温18.3℃。全年2—7月为升温期，7月最高，月平均气温28.6℃，8月至翌年1月为降温期，1月最低，月平均气温13.9℃。海洋的调节作用明显，气温年较差小，约为14.7℃。极端最高气温38.9℃，出现在1975年7月29日，极端最低气温0.1℃，出现在1999年12月23日。全年日平均气温稳定大于等于10℃的积温达7757.7℃，热量资源丰富。日最低气温小于等于0.0℃年平均日数为零，日最高气温大于等于35.0℃的年平均日数为10.3天，因此，该海区可谓是冬无严寒，夏有短时酷暑。

（二）降水

该区降水丰沛，据漳浦站降水资料统计，年平均降水量1714.9毫米，最多年降水量2557.2毫米，出现在2006年，最少年降水量1195.7毫米，出现在1989年；年平均降水日数为129.6天，年最多降水日数为147天，出现在2006年，年最少降水日数为96天，出现在2003年。降水量的季节变化受季风更替、热带气旋活动等的影响大，一般从12月或1月开始逐月增多，6月达到高峰（345.6毫米），7月下降，8月再度增多（306.9毫米），9月起逐月减少，11月达到最少（29.5毫米），降水量分布呈双峰型。降水在一年中的分布很不均匀，干湿季分明，春季降水最多，占全年总降水量的47%，夏季次之，占41%，秋冬季最少，两季雨量合计仅占12%。一日最大降水量为322.6毫米，出现在2005年8月14日。

（三）风

该区风速小，漳浦站各月平均风速变化为1.7～2.2米/秒，年平均风速1.9米/秒。风力大于等于8级的年平均日数仅为2.5天，最多年大风日数也只有7天（1990年）。最大风速18米/秒，风向为北西北，出现在1999年10月9日。4—8月盛行东南风，频率不高（13%～16%），而9月至翌年3月长达7个月盛行西北风，频率也不高（9%～16%）。常年主导风向为西北风，频率11%，静风达23%。

（四）湿度

该区空气湿度中等，漳浦站年平均相对湿度为76%。一年中空气湿度随着冬夏季风的更迭而变化，3—9月空气较湿润，各月平均相对湿度为78%～84%，其中6月最高为84%，10—12月比较干燥，月平均相对湿度不超过70%，其中10月最低为69%。日最小相对湿度7%，出现在1989年2月25日。

（五）日照、蒸发与雾

1. 日照

该区漳浦站年平均日照时数1786.4小时，日照百分率为40%。年最多日照时数2160.6小时，出现在2004年，年最少日照时数1494.5小时，出现在1992年。日照在一年中的变化，与阴雨多寡和昼夜长短有关，各月平均日照时数夏秋季（7—11月）较多，各月平均日照时数为155.9～226.7小时，日照百分率为46%～54%，其中以7月最多为226.7小时，日照百分率为54%。冬春季（12月至翌年6月）较少，各月平均日照时数为100.0～149.2小时，日照百分率大多不超过40%，其中以2月最少为100.0小时，日照百分率为31%。

2. 蒸发

该区漳浦站年平均蒸发量1902.8毫米，为年平均降水量的1.10倍，蒸发量稍大于降水量。年最大蒸发量1938.3毫米，出现在1996年，年最小蒸发量1564.6毫米。该站蒸发旺盛的时期是太阳辐射较强的夏季（7—9月），各月平均蒸发量为204.4～233.6毫米，春末秋初（5—6月、10月）居次，各月蒸发量为168.5～195.5毫米，冬季和春初（12月至翌年4月）最弱，各月蒸发量仅为95.2～117.6毫米。

3. 雾

该区雾日较少，年平均雾日数不到7天。最多年雾日数19天，出现在1993年，历史上最长连续雾日数5天，也出现在1993年的3月份。雾日数67%出现在2—4月份。

第三节　海洋水文

一、潮汐

漳州东部海岛区的潮波受台湾海峡潮波系统控制，为谐振潮。根据观测资料①，潮汐属正规半日潮。平均潮差2.74米，最大潮差4.32米；平均涨潮历时6时22分，平均落潮历时6时03分，涨潮历时长于落潮历时19分钟。

二、海流

根据资料②分析统计，海区海流情况如下。

1. 实测流

实测最大流速、流向季节变化都较大，一般秋、冬季观测到的最大流速比春、夏季大。

2. 潮流

本海岛区潮流属非正规半日潮浅海潮流。可能最大潮流不大，都在100厘米/秒之内。海岛周围水深较浅，潮流运动方式主要直接受地形制约，但潮波的反射、交汇有时也起主导作用，从主要分潮流M_2分潮旋转率来看，本海岛区的M_2分潮流旋转率不大，潮流呈往复流。

3. 余流

余流流速不大，但不同季节，余流流速和流向却都变化很大。

表4-22-1　定点测站表底层实测最大流速、流向

测站	季节	表层		底层	
		流速（厘米/秒）	流向（°）	流速（厘米/秒）	流向（°）
B3	夏	125	51	79	195
	秋	112	216	86	208

① 2007年03月22日—2007年05月18日期间B3锚系潜标的观测资料。

② （1）B3锚系潜标夏季和秋季观测的海流资料；（2）南海海洋水文气象环境图集；（3）908专项ST06区块走航ADCP、LADCP资料；（4）福建908专项LADCP资料。

表 4-22-2 ADCP 发生最大流速和位置

层次	季节	北纬（°）	东经（°）	最大流速	
				流速（厘米/秒）	流向（°）
7 米层	春	24.0579	118.0995	57	87
	夏	23.7901	117.6547	95	178
	秋	23.7983	117.6575	113	357
	冬	23.8781	118.0301	179	157
9 米层	春	23.7527	117.5314	60	62
	夏	23.4346	117.3709	98	176
	秋	23.6604	117.5277	111	357
	冬	23.7471	117.5519	137	171

表 4-22-3 潮流性质形态数及特征值

测站	潮流形态数 F		W_{M4}/W_{M2}		M_2 分潮流旋转率		可能最大潮流		潮流类型
	表层	底层	表层	底层	表层	底层	表层（厘米/秒）	底层（厘米/秒）	
B3	0.13	0.16	0.059	0.049	0.07	0.07	92	80	非正规半日浅海潮流

表 4-22-4 余流流速流向

测站	季节	表层		底层	
		流速（厘米/秒）	流向（°）	流速（厘米/秒）	流向（°）
B3	夏	7.4	75	11.1	51
	秋	11.9	228	3.4	264

表 4-22-5 南海图册中相应点表层统计平均流速流向

相应点	北纬（°）	东经（°）	季节	流速（厘米/秒）	流向（°）
W	24.0	118.0	春	7.0	97
			夏	4.0	54
			秋	1.0	231
			冬	8.0	271

三、波浪

（一）浪向

漳浦外海域浪向随季节变化明显。10 月至翌来年 3 月盛行东北季风，以北—东北向浪占绝对优势，这两个浪向占 90% 以上；4—5 月，东北季风势力减弱，北—东北向浪仍占优势，西—西北向浪逐渐增加，6—8 月，盛行西—西北向浪，东北向浪几近消失；9 月西—西北向浪大幅减弱，北—东北向浪开始占优势。

（二）波高和周期

漳浦外海域的波高、周期和大浪频率有以下特点。

①6—8 月波高大约为 0.4 ~ 0.6 米；9 月和 4—5 月，波高为 0.4 ~ 0.7 米；10 月至翌年 3 月，东北季风占有绝对优势，平均波高值较大，其值为 0.6 ~ 1.3 米。

②6—8 月周期大约为 3.9 ~ 4.3 秒；9 月和 4—5 月周期大约为 3.5 ~ 4.1 秒；10 月至翌年 3 月周期为 3.9 ~ 5.0 秒。

（三）海水温度和盐度

根据海湾内岛区资料[①]和湾外海域资料[②]，按 0.25° × 0.25° 经纬度网格综合统计海区海水温度和盐度。

1. 水温

漳州东部海区地处南亚热带季风区，太阳辐射较强，海水温度较高。海湾内水温根据旧镇湾 2006 年冬春季航次调查资料的统计，冬季表层平均水温为 15.47℃，底层为 15.42℃，表层略高于底层。极端最高、最低水温出现在表层，分别为 17.33℃、13.85℃。随着太阳辐射的增强，春季水温回升较快，表层平均水温明显高于冬季为 22.57℃，底层为 22.31℃。水温极值与冬季的一样，都出现在表层，分别为 24.72℃和 20.54℃。春季航次水温平面分布，基本上是从湾顶向湾口降低。湾外海域冬季表层平均水温稍高于湾内平均水温（+0.18℃），而春季则湾内平均水温明显高于湾外平均水温（+1.35℃）。

2. 盐度

海湾内海水盐度，根据旧镇湾调查资料统计，冬季表层平均盐度 28.79，底层为 29.07，底层稍高于表层。极端最低盐度出现在表层为 20.98，极端最高盐度出现在整个水层中为 33.26。春季盐度低于冬季盐度，表层平均盐度为 27.13，底层为 28.44，底层高于表层。极端最低盐度出现在表层为 15.13，极端最高盐度出现在整个水层中为 32.96 ~ 32.99。湾内盐度平面分布比水温复杂，冬季整层和春季表层平均盐度由湾中向湾顶和湾口增大，而春季的中层和底层平均盐度则具有从湾顶到湾口逐渐增大的特点。湾外海域海水盐度高于湾内，其中冬季表层平均盐度为 31.71，比湾内平均盐度高 2.92，春季表层平均盐度 33.63，比湾内平均盐度高 6.50。

第四节　海洋化学

一、海水水质质量状况

（一）常规要素

1. pH 值

表层 pH 值平均值的季节变化为 8.12 ~ 8.18，变幅为 0.06；底层为 8.10 ~ 8.17，变幅为 0.0%。表层高峰值出现在夏季，底层高峰值出现在春季；表层低谷值出现在秋季，底层低谷值出现在夏季。夏季表层 pH 值明显高于底层，其他三个季节表层、底层的变化不大。

表层 pH 值平面变幅为 0.06 ~ 0.15，夏季变幅最大，秋季、冬季次之，春季变幅最小。春季表层 pH 值由南向北呈递减分布；秋季则由东南向西北呈递减分布；夏季、冬季则由东向西呈递减分布。

2. 悬浮物（SPM）

表层 SPM 平均值的季节变化为 4.6 ~ 16.7 毫克/升，变幅为 12.1 毫克/升；底层为 7.2 ~ 38.5 毫克/升，变幅为 31.3 毫克/升。表层、底层高峰值均出现在冬季，表层、底层低谷值均出现在夏季。春季、夏季、秋季悬浮物含量表层、底层的变化不大，冬季则变化相对显著，表层含量明显低于底层。

---

① 福建省 908 专项旧镇湾海湾容量调查水温盐度观测资料（2006 年 1 月、2006 年 4 月）。

② 20 世纪 90 年代至 2009 年间国家海洋局第三海洋研究所在台湾海峡的水文调查资料。

表层悬浮物平面变幅为3.6～28.8毫克/升，秋季、冬季变幅最大，春季次之，夏季变幅最小。春季、夏季表层悬浮物含量由东南向西北呈递增分布；秋季、冬季则由东向西呈递增分布。

3. 溶解氧（DO）

表层溶解氧平均值的季节变化为6.59～8.13毫克/升，变幅为1.54毫克/升；底层为5.48～8.08毫克/升，变幅为2.60毫克/升。表层、底层高峰值均出现在冬季，表层低谷值出现在秋季，底层低谷值出现在夏季。除夏季底层溶解氧含量符合国家二类海水水质标准外，其余各季节各层溶解氧含量均符合国家一类海水水质标准。春季、秋季、冬季溶解氧含量表层、底层的变化不大，夏季则变化相对显著，表层含量明显高于底层。

表层溶解氧平面变幅为1.02～2.36毫克/升，夏季变幅最大，秋季次之，春季、冬季变幅最小。春季、夏季表层溶解氧含量由西南向东北呈递增分布；秋季、冬季则由东南向西北呈递减分布。

（二）有机污染物

1. 总有机碳（TOC）

表层总有机碳平均值的季节变化为1.26～1.48毫克/升，变幅为0.22毫克/升；底层为1.23～1.48毫克/升，变幅为0.25毫克/升。表层、底层高峰值均出现在春季，表层、底层低谷值均出现在冬季。总有机碳表层、底层含量变化不大。

表层总有机碳平面变幅为0.47～0.91毫克/升，春季、秋季变幅最大，夏季次之，冬季变幅最小。春季、冬季表层总有机碳含量由西南向东北呈递减分布；夏季则由西南向东北呈递增分布；秋季则由东南向西北呈递减分布。

2. 石油类

春季表层石油测值范围为11.9～17.5微克/升，平均值为15.4毫克/升；夏季表层石油测值范围为4.8～14.9毫克/升，平均值为9.8毫克/升；秋季表层石油测值范围为41.5～149.1毫克/升，平均值为78.5毫克/升；冬季表层石油测值范围为26.7～43.5毫克/升，平均值为33.4毫克/升。

各个季节表层石油含量均低于国家一、二类海水水质标准。

（三）营养盐

1. 溶解态总氮（DTN）

表层溶解态总氮平均值的季节变化为0.171～0.365毫克/升，变幅为0.194毫克/升；底层为0.138～0.320毫克/升，变幅为0.182毫克/升。表层高峰值出现在秋季，底层高峰值出现在冬季；表层、底层低谷值均出现在春季。四个季节溶解态总氮表层含量均高于底层。

表层溶解态总氮平面变幅为0.029～0.110毫克/升，夏季、秋季变幅最大，春季次之，冬季变幅最小。春季表层溶解态总氮含量由东南向西北呈递减分布，但在东南部海域出现一高值区；夏季则由东北向西南呈递减分布；秋季、冬季则由东向西呈递增分布。

2. 总氮（TN）

表层总氮平均值的季节变化为0.357～0.450毫克/升，变幅为0.093毫克/升；底层为0.197～0.377毫克/升，变幅为0.180毫克/升。表层、底层高峰值均出现在冬季，表层低谷值出现在夏季，底层低谷值出现在春季。四个季节表层总氮含量均高于底层。

表层总氮平面变幅为0.092～0.502毫克/升，春季变幅最大，夏季、冬季次之，秋季变幅最小。春季、夏季、冬季表层总氮含量由西南向东北呈递增分布；秋季则由西南向东北呈递减分布。

3. 硝酸盐

表层硝酸盐平均值的季节变化为0.053～0.213毫克/升，变幅为0.160毫克/升；底层为0.052～0.209毫克/升，变幅为0.15毫克/升。表层、底层高峰值均出现在冬季，表层、底层低谷值均出现在春季。春季时表层、底层硝酸盐含量相当，其余三个季节均是表层高于底层。

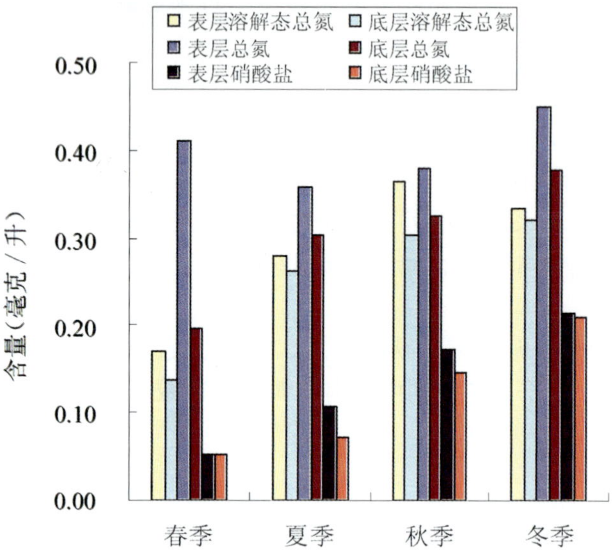

图 4-22-3　溶解态总氮、总氮和硝酸盐的季节变化图

表层硝酸盐平面变幅为 0.141 ~ 0.283 毫克/升，冬季变幅最大，秋季次之，春季变幅最小。春季、夏季表层硝酸盐含量由南向北呈递增分布；秋季则中部海域含量较低，北部及东南部含量较高；冬季则由东南向西北呈递增分布。

4. 亚硝酸盐

表层亚硝酸盐平均值的季节变化为 0.004 ~ 0.022 毫克/升，变幅为 0.018 毫克/升；底层为 0.005 ~ 0.024 毫克/升，变幅为 0.019 毫克/升。表层、底层高峰值均出现在夏季，表层、底层低谷值均出现在冬季。四个季节表层、底层的亚硝酸盐含量变化不大；秋季、冬季亚硝酸盐含量略低些，春季、夏季含量略高。

表层亚硝酸盐平面变幅为 0.008 ~ 0.050 毫克/升，夏季变幅最大，春季次之，秋季、冬季变幅最小。春季、夏季表层亚硝酸盐含量由南向北呈递增分布；秋季则由南向北呈递减分布；冬季则由东向西呈递增分布。

5. 铵盐

表层铵盐平均值的季节变化为 0.012 ~ 0.063 毫克/升，变幅为 0.051 毫克/升；底层为 0.009 ~ 0.056 毫克/升，变幅为 0.04 毫克/升。表层、底层高峰值均出现在春季，表层、底层低谷值均出现在秋季。四个季节表层、底层铵盐含量变化不大。

表层铵盐平面变幅为 0.013 ~ 0.105 毫克/升，春季变幅最大，夏季次之，秋季变幅最小。春季表层铵盐含量由东北向西南呈递增分布；夏季、秋季则由东南向西北呈递增分布；冬季则由东向西呈递增分布。

6. 溶解态总磷（DTP）

表层溶解态总磷平均值的季节变化为 0.007 ~ 0.030 毫克/升，变幅为 0.023 毫克/升；底层为 0.015 ~ 0.033 毫克/升，变幅为 0.018 毫克/升。表层、底层高峰值均出现在冬季，表层、底层低谷值均出现在夏季。夏季、冬季时表层溶解态总磷含量低于底层，秋季则高于底层，春季大致相同。

表层溶解态总磷平面变幅为 0.003 ~ 0.018 毫克/升，春季变幅最大，夏季、秋季次之，冬季变幅最小。春季、秋季表层溶解态总磷含量由东北向西南呈递减分布；夏季、冬季则由东北向西南呈递增分布。

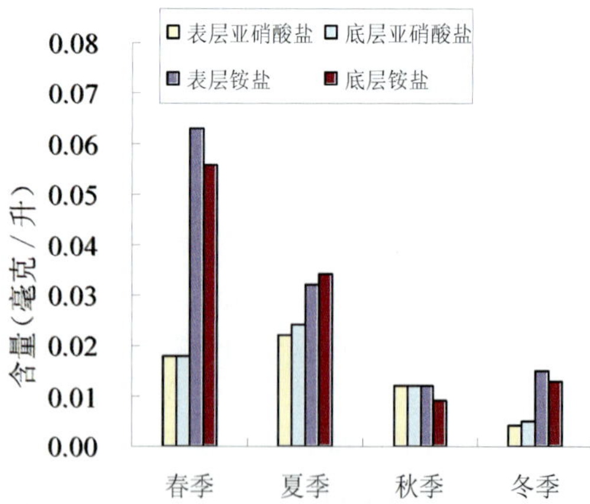

图 4-22-4　亚硝酸盐和铵盐的季节变化图

7. 总磷（TP）

表层总磷平均值的季节变化为 0.017 ~ 0.050 毫克/升，变幅为 0.033 毫克/升；底层为 0.018 ~ 0.049 毫克/升，变幅为 0.031 毫克/升。表层、底层高峰值均出现在冬季，表层、底层低谷值均出现在夏季。春季、秋季、冬季时表层总磷含量略高于底层，夏季则略低于底层。

表层总磷平面变幅为 0.002 ~ 0.034 毫克/升，冬季变幅最大，春季次之，夏季变幅最小。春季表层总磷含量由东向西呈递减分布；夏季则由东南向西北呈递增分布，但在东南部海域出现一低值区；秋季、冬季则由西南向东北呈递增分布。

8. 活性磷酸盐

表层活性磷酸盐平均值的季节变化为 0.003 ~ 0.023 毫克/升，变幅为 0.020 毫克/升；底层为 0.005 ~ 0.024 毫克/升，变幅为 0.019 毫克/升。表层、底层高峰值均出现在冬季，表层、底层低谷值均出现在夏季。春季、夏季、冬季时表层活性磷酸盐略低于底层；秋季则略高于表层。春季、夏季各层活性磷酸盐含量基本符合国家一类海水水质标准；秋季、冬季各层活性磷酸盐含量则大致符合国家二、三类海水水质标准。

表层活性磷酸盐平面变幅为 0.008 ~ 0.028 毫克/升，冬季变幅最大，春季次之，夏季变幅最小。春季、秋季表层活性磷酸盐含量由西南向东北呈递增分布；夏季则由西南向东北呈递减分布；冬季则由东南向西北呈递增分布。

9. 活性硅酸盐

表层活性硅酸盐平均值的季节变化为 0.464 ~ 0.751 毫克/升，变幅为 0.287 毫克/升；底层为 0.473 ~ 0.717 毫克/升，变幅为 0.244 毫克/升。表层、底层高峰值均出现在冬季，表层、底层低谷值均出现在春季。春季、夏季时表层活性硅酸盐略低于底层，秋季、冬季则略高于底层。

表层活性硅酸盐平面变幅为 0.361 ~ 1.32 毫克/升，夏季变幅最大，冬季次之，春季变幅最小。春季表层活性硅酸盐由南向北呈递增分布；秋季在中部海域出现一低值区，并由此向东南、向西北呈递增分布；夏季、冬季则由东南向西北呈递增分布。

（四）重金属

表层铜平均值的季节变化为 0.410 ~ 0.596 微克/升，变幅为 0.186 微克/升。表层铅平均值的季节变化为 0.0318 ~ 0.0574 微克/升，变幅为 0.0256 微克/升。表层锌平均值的季节变化为 0.485 ~ 1.37 微克/升，变幅为 0.885 微克/升。表层镉平均值的季节变化为 0.0142 ~ 0.0246 微克/升，变幅为 0.0104 微克/升。表层铬平均值的季节变化为 0.0462 ~ 0.105 微克/升，变幅为 0.0588 微克/升。表层汞平均值的季节变化为 0.014 ~ 0.019 微克/升，变幅为 0.005 微克/升。表层砷平均值的季节变化为 1.9 ~ 2.6 微克/升，变幅为 0.7 微克/升。

各个季节各表层重金属含量均符合国家一类海水水质标准。表层铜（Cu）、铅（Pb）、锌（Zn）、铬（Cr）含量均是夏季最高，其余参数含量的季节变化不大。

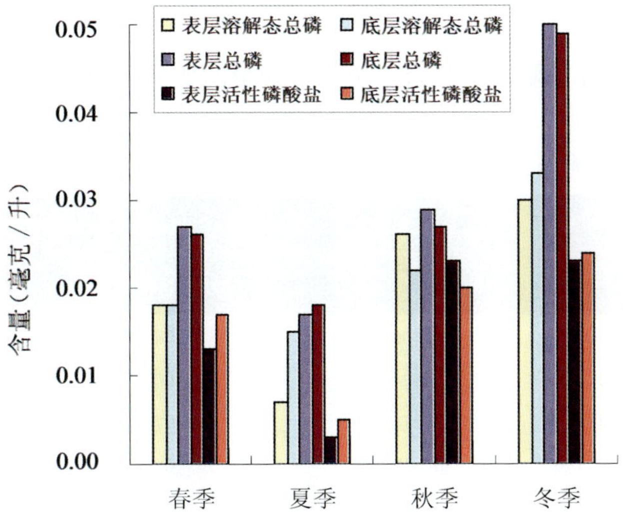

图 4-22-5 溶解态总磷、总磷和活性磷酸盐的季节变化图

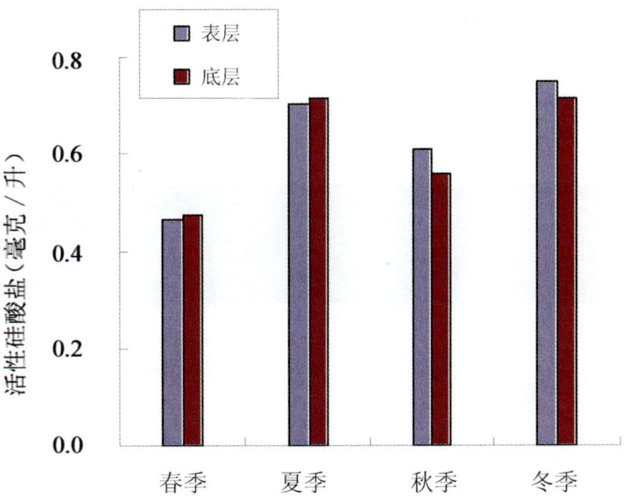

图 4-22-6 活性硅酸盐的季节变化图

二、潮下带沉积物质量状况

（一）沉积环境特征污染物

秋季表层氧化还原电位（Eh）测值范围为 -85.8～206.6 毫伏特，平均值为 11.7 毫伏特；表层有机碳测值范围为 0.31×10^{-2}～0.70×10^{-2}，平均值为 0.48×10^{-2}；表层总氮测值范围为 0.380×10^{-3}～0.837×10^{-3}，平均值为 0.6×10^{-3}；表层总磷测值范围为 0.0202×10^{-3}～0.0286×10^{-3}，平均值为 0.0251×10^{-3}；表层硫化物测值范围为 282×10^{-6}～314×10^{-6}，平均值为 302×10^{-6}；表层石油测值范围为 37.0×10^{-6}～66.3×10^{-6}，平均值为 49.4×10^{-6}。

秋季表层有机碳、硫化物、石油含量均基本符合国家一类海洋沉积物质量标准。

（二）重金属

秋季表层铜测值范围为 6.93×10^{-6}～11.5×10^{-6}，平均值为 8.96×10^{-6}；表层铅测值范围为 18.0×10^{-6}～25.1×10^{-6}，平均值为 20.6×10^{-6}；表层锌测值范围为 36.8×10^{-6}～64.1×10^{-6}，平均值为 45.9×10^{-6}；表层镉测值范围为 0.0208×10^{-6}～0.0287×10^{-6}，平均值为 0.0255×10^{-6}；表层铬测值范围为 5.58×10^{-6}～11.4×10^{-6}，平均值为 7.80×10^{-6}；表层汞测值范围为 0.019×10^{-6}～0.024×10^{-6}，平均值为 0.022×10^{-6}；表层砷测值范围为 4.2×10^{-6}～7.1×10^{-6}，平均值为 5.4×10^{-6}。

秋季表层各重金属含量均远远低于国家一类海洋沉积物质量标准。

三、大气状况

氮氧化物（NOx）：以氮氧化物的平均含量而言，夏季显著高于其余三个季节，春季最低；其含量的变幅同样为夏季明显高于其余三个季节，春季最低。

甲烷（CH_4）：以甲烷的平均含量（春季、冬季）而言，春季略高于冬季；但其含量的变幅冬季则明显高于春季。

氧化亚氮（N_2O）：以氧化亚氮的平均含量（春季、冬季）而言，季节变化不明显；但其含量的变幅冬季则较为明显地高于春季。

二氧化碳（CO_2）：以二氧化碳的平均含量而言，春季略高，其余三个季节含量的变化不明显；其含量的变幅则为春季略高，夏季最低，但相差不大。

表 4-22-6　漳州东部海区大气各项目统计结果

季节	统计值	氮氧化物	甲烷	氧化亚氮	二氧化碳
		（微克/米^3）	（毫克/米^3）		（微摩尔/摩尔）
春季	最小值	4.35	1.437	0.609	394
	最大值	6.19	1.633	0.624	400
	平均值	5.17	1.535	0.616	397
	变幅	1.84	0.196	0.015	6
夏季	最小值	226.25	—	—	384
	最大值	303.80	—	—	384
	平均值	265.03	—	—	384
	变幅	77.55	—	—	0

续表

季节	统计值	氮氧化物（微克/米³）	甲烷（毫克/米³）	氧化亚氮（毫克/米³）	二氧化碳（微摩尔/摩尔）
秋季	最小值	5.18	—	—	385
	最大值	22.00	—	—	390
	平均值	13.55	—	—	388
	变幅	16.82	—	—	5
冬季	最小值	11.32	1.424	0.610	385
	最大值	18.47	1.440	0.687	387
	平均值	14.02	1.432	0.648	386
	变幅	7.15	0.016	0.077	2

第五节　海洋生物与生态

根据旧镇湾资料①和旧镇湾以外的海区资料②，综合汇编海区生物与生态特征。

一、海洋生物基本特征

（一）叶绿素 a

旧镇湾春季叶绿素 a 的平均含量为 2.94 毫克/米^3，范围为 1.84～3.86 毫克/米^3，低值区在湾口最外面，高值区在湾顶。冬季叶绿素 a 的平均含量不足春季平均值的 1/2，为 1.38 毫克/米^3，且分布与春季相反，由外向内逐渐降低。另外，叶绿素 a 的垂向分布表层普遍高于底层。但是由于水浅，表、底差值不大。

旧镇湾以外海区春季叶绿素 a 的平均含量为 1.35 毫克/米^3，范围为 1.00～2.06 毫克/米^3；夏季为 2.78 毫克/米^3，范围为 0.22～4.24 毫克/米^3；秋季为 1.00 毫克/米^3，范围为 0.84～1.34 毫克/米^3；冬季为 1.05 毫克/米^3，范围为 0.39～1.78 毫克/米^3。另外，叶绿素 a 的垂向分布表层普遍高于底层。但是由于水浅，除夏季外，春秋冬三季的表层、底层差值不大。

（二）浮游植物

1. 种类组成

旧镇湾春、冬两航次网采浮游植物样品共计 137 种，隶属 4 门 61 属，其中硅藻 m 种，甲藻 23 种，绿藻、蓝藻和金藻各 1 种。种类较多的属为圆筛藻属 14 种、盒形藻属 11 种、角毛藻属 10 种、根管藻属 10 种、菱形藻属 8 种。在浮游植物种类组成中，偏暖水性和近岸广布性生态类型的种类较多，在数量上占优势的种类是近岸广布性种类，如钝头盒形藻、中肋骨条藻、菱形海线藻、奇异棍形藻、尖刺拟菱形藻等。一些暖水性种类如平滑角毛藻、紧密角管藻和甲藻类夜光梨甲藻等数量极少。另有一些河口半咸水性种类如异常角毛藻等。

---

① 国家海洋局第一海洋研究所在旧镇湾等调查资料（2006 年 1 月，2006 年 5 月）。

② 福建省 908 专项近海水体环境海洋生物生态调查资料。

旧镇湾以外海区网采浮游植物共计 101 种，其中春季计 21 种，常见种为细弱海链藻、旋链角毛藻、洛氏角毛藻和柔弱伪菱形藻；夏季共计 27 种，常见种为菱形海线藻和尖刺伪菱形藻；秋季计 76 种，常见种为伏氏海毛藻、菱形海线藻、琼氏圆筛藻、泰晤士旋鞘藻、虹彩圆筛藻、圆筛藻、斜斑藻、苏氏圆筛藻、薛氏束毛藻、中华齿状藻、星脐圆筛藻、海洋斜纹藻、大角角藻、三角角藻和红海束毛藻；冬季计 28 种，常见种为星脐圆筛藻和菱形海线藻。

2. 细胞数量

旧镇湾冬季网采浮游植物的细胞数量平均为 30.24×10^4 个细胞/米^3，范围为 $1.1\times10^4\sim67.8\times10^4$ 个细胞/米^3，湾口处低湾外高。春季平均值为 27.81×10^4 个细胞/米^3，范围为 $6.96\times10^4\sim88.4\times10^4$ 个细胞/米^3，湾口仍是低值区，湾外最高。

旧镇湾以外海区春季网采浮游植物的细胞数量平均为 311.78×10^4 个细胞/米^3，范围为 $4.46\times10^4\sim5555.56\times10^4$ 个细胞/米^3，优势种为洛氏角毛藻、细弱海链藻和旋链角毛藻；夏季细胞数量为 6487.09×10^4 个细胞/米^3，范围为 $0.25\times10^4\sim231166.67\times10^4$ 个细胞/米^3，优势种为柔弱伪菱形藻和成列伪菱形藻，旧镇湾附近海域细胞数量远大于其他海域；秋季细胞数量为 2.56×10^4 个细胞/米^3，范围为 $0.01\times10^4\sim78.92\times10^4$ 个细胞/米^3，优势种为钟形中鼓藻；冬季细胞数量为 5.22×10^4 个细胞/米^3，范围为 $0.22\times10^4\sim62.18\times10^4$ 个细胞/米^3，优势种为细弱海链藻和菱形海线藻。

3. 多样性指数

旧镇湾海域冬季浮游植物优势度、多样性和均匀度分别为 0.34、2.06 和 0.67；春季旧镇湾浮游植物单纯度、多样性和均匀度分别为 0.28、2.84 和 0.66。从多样性指数看，旧镇湾春季的浮游植物多样性高于冬季，但湾口内多样性在春季依然很低，只有 1.52，主要是由于硅藻奇异棍形藻所占的比例较大引起的。

旧镇湾以外海区网采浮游植物春夏秋冬四季的多样性指数分别为 2.37、1.41、3.24 和 2.84，全年平均为 2.47；丰富度指数分别为 1.35、1.40、8.68 和 3.34，全年平均为 3.69；均匀度指数分别为 0.69、0.41、0.63 和 0.82，全年平均为 0.64；优势度指数分别为 0.70、0.42、0.82 和 0.86，全年平均为 0.70。

（三）浮游动物

1. 种类组成

旧镇湾冬、春两季浮游动物计 28 种，浮游幼虫 9 种（包括鱼卵、仔鱼）。浮游动物种类组成以桡足类为主，共 17 种；其次毛颚类 3 种，链虫类、长尾类幼虫、瓣鳃类、多毛类、磷虾类、糠虾类和短尾类幼虫等其他类别的种类均为 1 种。

旧镇湾以外海区浮游动物计 149 种，其中春季计 66 种，常见种为中华哲水蚤、精致真刺水蚤、宽尾刺糠虾、肥胖箭虫、拿卡箭虫、球型侧腕水母、双生水母和拟细浅室水母。夏季计 90 种，常见种为真刺水蚤幼体、齿形海萤、半口壮丽水母、拟细浅室水母、双生水母、肥胖箭虫、百陶箭虫、美丽箭虫和亨生莹虾。秋季计 64 种，常见种真刺水蚤幼体和双生水母。冬季计 46 种，常见种为真刺水蚤幼体和中华假磷虾。

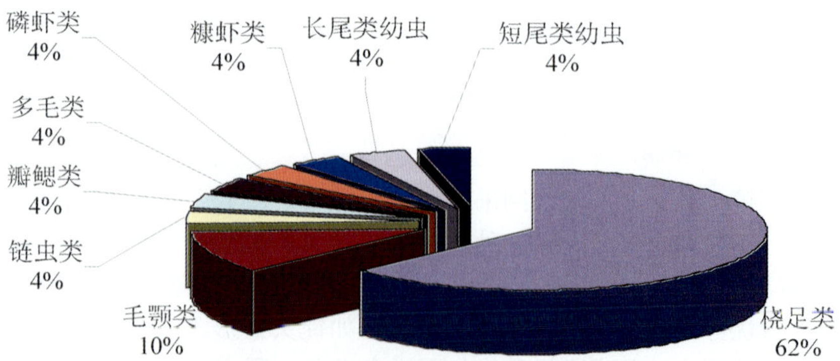

图 4-22-7 旧镇湾浮游动物种类组成

2. 生物量

旧镇湾海域春季浮游动物生物量为125.7毫克/米^3，冬季为56.4毫克/米^3，春季高于冬季。浮游动物生物量的分布表现出典型的块状分布，冬季生物量的范围为1.2～118毫克/米^3。高值区在湾东侧，另一高值区在湾顶，生物超过100毫克/米^3；低值区在湾口，形成了由东向西逐渐降低的趋势；其他站位的生物量比较均匀，范围为37.3～61.4毫克/米^3。春季生物量变化范围为16.13～267毫克/米^3，其分布无规律，三个高值区分别在湾顶和湾口；冬季最高值的湾东侧，本季却成为最低值区。

3. 栖息密度

旧镇湾浮游动物的个体数量冬季平均为30个/米^3，春季平均为63.4个/米^3，春季是冬季的两倍。个体数量的分布很不均匀，冬季范围为2.5～133.3个/米^3，湾顶最高，湾中部最低，湾东侧另有一小的高值区（72个/米^3），其他站位上都低于平均值。春季的高值区仍在湾顶，个体密度高达293.3个/米^3，湾外最低，形成了由湾顶向湾外递减的趋势。

旧镇湾以外海区浮游动物的栖息密度平均为174.43个/米^3，其中春季的栖息密度平均为238.59个/米^3，范围为87.67～479.86个/米^3，优势种为中华哲水蚤和双生水母；夏季的栖息密度为299.52个/米^3，范围为90.00～576.67个/米^3，优势种为齿形海萤、真哲水蚤幼体和肥胖箭虫；秋季的栖息密度为136.14个/米^3，范围为7.69～476.59个/米^3，优势种为短尾类蚤状幼虫和齿形海萤；冬季的栖息密度为23.46个/米^3，范围为5.29～64.33个/米^3，优势种为中华假磷虾、真刺水蚤幼体和精致真刺水蚤。

4. 多样性指数

旧镇湾冬季浮游动物优势度、多样性和均匀度分别为0.40、2.12和0.86；春季旧镇湾浮游动物单纯度、多样性和均匀度分别为0.41、1.82和0.6%。从多样性指数看，旧镇湾春季的浮游动物多样性与冬季相当，但在不同站位有很大的变化范围。整体上讲，湾口外的多样性指数高于湾口内。

旧镇湾以外海区浮游动物春夏秋冬四季的多样性指数分别为3.48、3.61、3.19和2.51，全年平均为3.19；丰富度指数分别为6.60、6.77、6.69和5.07，全年平均为6.23；均匀度指数分别为0.68、0.69、0.72和0.67，全年平均为0.70；优势度指数分别为0.84、0.85、0.82和0.78，全年平均为0.82。

（四）潮间带生物

1. 种类组成

旧镇湾冬、春两季潮间带生物共计29种，其中软体动物12种、多毛类10种、甲壳动物6种、鱼类1种。该潮间带生物的优势种主要有珠带拟蟹守螺、绯拟沼螺、弧边招潮蟹等。

2. 生物量

旧镇湾潮间带生物生物量冬季和春季分别平均为148克/米^{2}和81.8克/米^2，冬季山前断面生物量最高，达354.2克/米^2；竹屿盐场和新厝断面差不多相等，分别42.63克/米^{2}和46.63克/米^2。春季情况与冬季不同，新厝断面最高，为118.44克/米^2；竹屿断面最低，为51.76克/米^2。底栖生物生物量的潮区分布各断面不尽相同，冬季山前断面高生物量在高潮区，并随着潮区向下逐渐减少，春季各潮区的差值不太明显。竹屿盐场和新厝断面生物量的分布与山前断面相反，两个季节都以低潮区最高。对生物量起主要作用的类别是软体动物和甲壳动物。

3. 栖息密度

旧镇湾冬、春两季潮间带底栖生物栖息密度分别为186.1个/米^{2}和232.5个/米^2。冬季各断面差别很大，山前断面平均402.1个/米^2，竹屿断面仅有一贝类空壳，新厝断面平均156.3个/米^2。春季高栖息密度在新厝断面，为416.03个/米^2，竹屿断面虽然仅为117.3个/米^2，但与山前断面差别不是太大。

栖息密度的潮区分布与生物量分布不吻合，冬季高密度值在低潮区，恰与生物量相反，造成低潮区密度高的种类是个体小的珠带拟蟹守螺，可达706.3个/米^2，约占该潮区总密度的90%。对栖息密度还起较大作用的种类有绯拟沼螺、弧边招潮蟹等。春季的种类较少，群落没较大的变化。

（五）底栖生物

1. 种类组成

旧镇湾海域冬、春两季底栖生物共计 37 种，其中多毛类 16 种，软体动物 11 种，甲壳动物 5 种，棘皮动物 4 种，腔肠动物 1 种。该海域没有明显的优势种。

旧镇湾以外海区大型底栖生物计 326 种，其中春季计 178 种，常见种为独毛虫、中蚓虫、辐乳虫和塞切尔泥钩虾。夏季计 128 种，常见种为奇异稚齿虫、塞切尔泥钩虾和日本美人虾。秋季计 135 种，常见种为背毛背蚓虫和花冈钩毛虫。冬季计 157 种，常见种为毛头梨体星虫、拟特须虫、异蚓虫、塞切尔泥钩虾和日本美人虾。

旧镇湾以外海区小型底栖生物春季主要为线虫、多毛类、桡足类、双壳类、原足类、腔肠类、介形类、海螨类、寡毛类和麦杆虫等；夏季主要为线虫、动吻类、介形类、猛水蚤、原足类、端足类和双壳类等；秋季主要为线虫、多毛类、桡足类、动吻类、原足类、双壳类和海螨类等；冬季主要为线虫、多毛类、桡足类、原足类、双壳类、动吻类、涟虫和介形类等。

2. 生物量

旧镇湾冬季底栖生物生物量平均为 8.99 克/米^2，范围为 0～22.08 克/米^2，湾内比湾外高，高值区集中在湾顶和湾西侧的区域。春季底栖生物生物量平均为 4.59 克/米^2，春季低于冬季，范围为 0.3～9.65 克/米^2。

旧镇湾以外海区小型底栖生物春季生物量平均为每 10 平方厘米 34.80 微克，冬季生物量平均为每 10 平方厘米 85.52 微克。

3. 栖息密度

旧镇湾底栖生物栖息密度很低，冬季和春季分别平均 78.6 个/米^2 和 44.3 个/米^2，栖息密度的分布两个季节非常相似，高值站在湾东侧，其他大部分区域比较均匀。

旧镇以外海区大型底栖生物的栖息密度平均为 687.86 个/米^2，其中春季的栖息密度平均为 660.01 个/米^2，范围为 135～950 个/米^2，优势种为宽甲古涟虫、习见蛙螺、纽虫和特矶蚕；夏季的栖息密度为 552.86 个/米^2，范围为 110～940 个/米^2，优势种为背蚓虫、模糊新短眼蟹和光滑倍棘蛇尾；秋季的栖息密度为 514.29 个/米^2，范围为 200～1140 个/米^2，优势种为真曲巴非蛤、脑纽虫和模糊新短眼蟹；冬季的栖息密度为 1024.29 个/米^2，范围为 670～1530 个/米^2，优势种为四齿蛇尾、毛头梨体星虫、古明圆蛤和叶须虫。

旧镇湾以外海区小型底栖生物春季栖息密度平均为每 10 平方厘米 39.38 个，冬季生物量平均为每 10 平方厘米 81.33 个。

4. 多样性指数

旧镇湾以外海区大型底栖生物春夏秋冬四季的多样性指数分别为 4.88、4.16、4.52 和 4.94，全年平均为 4.62；丰富度指数分别为 7.14、5.41、5.79 和 7.60，全年平均为 6.49；均匀度指数分别为 0.89、0.83、0.90 和 0.86，全年平均为 0.87；优势度指数分别为 0.95、0.90、0.94 和 0.95，全年平均为 0.93。

（六）污损生物

旧镇湾以外海区污损生物计 46 种，其中生物量密度优势种为棘刺牡蛎，为 3914.458 克/米^2，附着率为 38.5%；其次为圆棒苔海绵，生物量密度为 1645.24 克/米^2，附着率为 28.6%；再次为网纹藤壶，生物量密度为 1022.50 克/米^2，附着率为 15.8%。东山县铜陵镇海军码头污损生物优势种为网纹藤壶和棘刺牡蛎。

（七）海洋微生物

旧镇湾 2006 年 1 月细菌数量平均为 18×10^3 个细胞/厘米^3，范围为 4.5×10^3～25×10^3 个细胞/厘米^3，

分布呈现湾东侧高、湾外及湾口西侧低的状况。2006年5月细菌数量平均为27×10^3个细胞/厘米^3，范围为$9.5\times10^3\sim45\times10^3$个细胞/厘米^3，分布呈现湾顶和湾口西侧高、中部低。

第六节 海洋灾害

一、环境灾害

（一）台风

7—9月为台风季节，在漳浦登陆和影响的台风，平均每年4.1次。台风是影响本海区的主要灾害性天气之一，1959年8月23日5903号台风在厦门登陆，当时漳浦风力12级，房屋倒塌571间，船沉没毁坏188条，海堤冲坏470处，死亡43人。

（二）暴雨

年平均暴雨日数为5—6天，主要出现在5—9月，集中于台风季节的7—9月。日最大降水量209.6～293.7毫米。1965年受6510号台风影响，15小时内漳浦城关、盘陀等地暴雨成灾，雨量达360～520毫米，造成房屋倒塌，堤坝缺口，桥梁破坏，损失很大。

（三）大风

该海区出现8级以上大风日数平均为4.6～7.3天，年最多大风日数为26天，有的年份不出现。

（四）干旱

漳浦地区，春季大旱、特旱出现几率分别为20%和35%，平均连旱日数55天；夏季大旱、特旱出现几率分别为10%和零，平均连旱日数29.3天；秋冬季大旱、特旱出现几率分别为45%和零，平均连旱日数70天。历年最长连续无降水日数为56天。

二、地质灾害

2009年漳浦海水入侵最为严重，最远入侵距离2.98千米；漳浦的盐渍化程度较严重，尤其4月份，采集的土壤样品均为盐渍化土①。

---

① 福建省海洋与渔业厅：2009年福建省海洋环境状况公报，2010年3月。

第二十三章 岱嵩岛

第一节 概 况

一、海岛地理及历史变迁

岱嵩岛（Dàisōng Dǎo）代码为350623000611。

图4-23-1 岱嵩岛遥感影像

图 4-23-2 岱嵩岛远眺

又名“大桑岛”，因岛上岱嵩庙而名。位于佛昙湾口附近，地理位置在北纬 24°10. 2′ ~ 24°10. 7′、东经 117°57. 3′ ~ 117°57. 7′，中心点经纬度为北纬 24°10. 4′、东经 117°57. 5′。面积 0. 358 平方千米，海岸线长 2. 7 千米，自然海拔最高 27. 3 米。

属漳浦县佛昙镇管辖，岛上有一行政村，居民以渔业为主。2000 年建成佛昙—岱嵩陆岛公路 10 千米，其中跨海路堤 1 千米。从此，岱嵩岛成为陆连岛。2006 年开始在岛的东南部有较大面积的填海，使岛屿形状接近长方形。

二、政区建制及历史沿革

宋代佛昙属嘉宾乡，明代分属十七都和二十三都，清代沿袭十七都和二十三都的地域划分。清代岱嵩属十七都石门上保管辖，民国初年属以佛昙为中心的外东区（后改为第三区），民国 29 年设立属佛昙镇管辖的岱嵩保。1950 年与苏厝合为岱苏乡，1952 年分出为岱嵩乡，1956 年与后井乡（后蔡、井尾）合为岱后乡，1958 年 9 月为佛昙公社岱嵩生产大队。1964 年 9 月改为佛昙镇岱嵩村。

三、人口

从前岱嵩为许、李二姓所居，许姓居岛东，李姓居岛西。佛昙杨姓三房第五世恺美公于明初开基岱嵩。明末清初许、李二姓式微，杨姓传衍成大族，终至全岛皆杨姓所居。七世观贵传裔广东大埔，八世福顺传裔南澳，十三世枝惠传裔广东三河坝。自清末至民国时期，岱嵩杨氏又分传于马来西亚、印尼及漳州等地。

现在岛上有 2 个自然村。20 世纪 90 年代岛上人口约 2900 人，是全省人口密度最高的海岛。2006 年全岛人口 3600 人。

四、公共服务

海岛建有计生服务站、医疗所、村办公楼。祖祠“慎知堂”也修建一新，成为老人活动中心。归侨杨维廉于 1982 年捐 3. 3 万港元建岱嵩村保健站。现为华侨保健院，有 1 名专职医生。

岱嵩小学创办于 1954 年，校园面积 2386 平方米，建筑面积 1251 平方米。1976 年增办初中班。归侨杨维廉等捐建校舍 1022 平方米。1999 年因师资不足，初中班停办。现设 14 个班级，学生 500 人，教师 18 人。从 1999 年起在岱嵩小学设立“维廉奖学奖教金”。另 1992 年开设岱嵩村幼儿园。2008 年岛上有小学生 260 多人，教师 15 人。

第二节　海岛历史与文化

一、海岛历史

（一）人文遗迹和历史文物

岱嵩岛古迹主要为岱嵩嵩山宫，建于北端的山顶上，是岱嵩岛上唯一的庙宇，由于岱嵩岛土地资源缺乏，几乎没有耕地，所以庙的建筑面积甚小。据岛上居民称，庙始建于宋绍熙年间，清光绪重修，1983年代重建。祀广平圣王，天上圣母；庙门南向，面阔8米，深15米，分正殿，两庑、门厅，抬梁木结构，硬山顶，青石柱础，木柱，用材小，但墙面装修极尽豪华，多用瓷砖装饰，正殿上悬有两匾，分别刻："白水飞熊"，"波恬相柳"，并注明系重建后仿原清光绪间的匾额重刻。庙门前立两座青石狮，造型别致，高度变形，亦为近年重雕。

（二）历史事件

1972年11月5日，佛昙公社岱嵩大队渡船翻沉，溺死32名妇女。

1980年岱嵩村杨志东等4户社员联合购买船网具，组成新的联合体，以船为单位，资金平均合股，利润按劳分配。经一年实践，产量比其他同型船只提高50%，成本降低20%，年终分配每个劳力收入都在3000元以上。这一实例使周围渔民得到启发，不久这形式在渔区仿效施行。1995年1月，佛昙镇岱嵩村两艘民间外海捕捞船开赴南太平洋进行国际捕捞。

（三）历史人物

1. 蓝理

（1649—1720年），字义甫，号义山。漳浦张坑石椅（今赤岭石椅）人，后建府在今赤岭墟。生于顺治六年（1649年）。行伍出身，康熙间，随施琅出征澎台，以首功加左都督，累官福建陆路提督。

蓝理身材魁梧，力大无比，能拖着马尾巴使马倒行，刀盾枪石各种武器无不精通。他性格强悍，常大叫说："我若不封侯拜将，不是大丈夫"。他听说海盗卢质在岱嵩一带残害百姓，就招集乡里数十个壮健青年到岱嵩与卢质打斗。卢质欺蓝理年轻，不甚介意，只要两人单独对打，最后，蓝理获胜，杀了卢质。蓝理收服卢质部众，到漳州府报功，哪知反被拘禁，与群贼一起鞫治，打入死牢。康熙十三年（1674年）三月，耿精忠叛乱，传檄至漳州，开监释放囚犯，蓝理也被释放，并要他担任官职，蓝理不愿趋附耿精忠作乱，在漳州一带流浪。后来，听说康亲王杰书统师至浙江，他从小道出仙霞关，投奔康亲王，并陈述平闽策略，得到康亲王嘉许，命他随军作战。

康熙十五年（1676年），康亲王由浙江进兵福建，命蓝理为前导，他屡立战功，被授松溪、建宁营游击。不久，升灌口营参将。灌口地处军事交通要道，军务纷繁，过境的官兵又要索取军需和另加私索。当时，总督姚启圣驻军漳州，筹划治海军务，频繁地派出军事差员，这些差员每经过灌口，总要乘机求索物资，蓝理都不答应，有时还鞭打贪枉的差员，这些差员就在姚启圣面前说蓝理的坏话，姚启圣未经核实，就以"虚兵冒饷"的罪名，把蓝理撤职。

康熙二十二年（1683年），朝廷命靖海将军施琅进攻台湾，施琅知道蓝理英勇，奏请随军征台，代理提标右营游击，领前队先锋。蓝理接任后，带兵到厦门练习水战。六月，施琅出军进攻台湾，蓝理率领先锋队，先攻澎湖，郑军守将刘国轩令曾遂迎战。两军接战，自辰时至午时，蓝理愈战愈勇。忽有炮弹横飞过来，击中蓝理腹部，肠子流出腹外，部将急把蓝理的肠子纳进腹内，用白布包扎好，蓝理站起来继续坚持指挥战斗，大喊"杀贼"，声响如雷，将士受到鼓舞，奋力拼战，敌人闻之丧胆奔逃。经过激烈战斗，击沉敌船2艘，杀敌无数，郑军大败。施琅闻捷报大喜，疏奏蓝理首功，并陈述蓝理破腹拖肠战斗的事迹。3天后，蓝理又带伤战斗，救援施琅，伤愈后屡立战功。八月，清军入台，平定台湾。朝廷下旨，以蓝理血战破敌，功在其首，遇缺优先任用。蓝理却请求回乡探望年老父母，不赴任。不久，父亲亡故，在家守丧。

康熙二十七年（1688年），蓝理得召上京候任，路过赵北口，偶遇康熙皇帝，皇帝得知他就是征澎湖拖肠血战的蓝理，召至前问血战状况，让解衣视看伤痕，并用手抚摩伤疤，然后召至行宫大加慰劳，令朝议，授陕西神木副将，赐金300两，尚未起行，特授河北宣化府总兵，挂镇朔将军印。

康熙三十年（1691年），因海洋多盗，蓝理调补浙江定海总兵。蓝理在浙江任职10多年，4次兼掌提督大权。他积极组织垦荒，建筑码头，便利洋船停靠，发展海上贸易；倡修文庙、忠烈祠，重文礼贤，资助乡、会试的士人。兵民相爱，百姓安居乐业；使浙江定海社会安定，经济繁荣。康熙四十二年（1703年），蓝理调往天津镇守。天津地多荒芜，产米不多。蓝理既要备足军粮，又要减轻百姓负担，就率兵开渠引水，开垦水田数百顷，种植水稻。皇帝听奏，深受感动，为褒奖蓝理爱国爱民的精神，把收成的粮食赐给蓝理，并称这片水田为“蓝田”。

康熙四十五年（1706年），蓝理升任福建陆路提督。他大力整饬治安，打击地方豪强，使福建数郡出现夜不闭户、道不拾遗的安乐景象。他又修建漳州学宫，筑田里港，修江东桥，筑漳州浦头、石码、泉州新桥。又倡建安海、沙溪、涂岭等地行铺千百间，大开街道，便利百姓贸易。蓝理抑制豪强，没收地方不义之财，为地方万民谋利。他的亲信背着他暗中勾结地方奸宄，对富户进行敲诈勒索，以致泉州势豪向上告发蓝理为地方“虎患”。康熙五十年（1711年）秋，又因漳平陈五显造反案，蓝理被撤职。康熙五十一年（1712年），因地方豪绅蓄意寻仇报复，再次告发蓝理，使其被追赃8万两银，家财没收归官府，蓝理以前功免死，编入旗籍。

康熙五十六年（1717年），新疆准噶尔部策妄阿拉布坦进兵西藏，杀拉藏汗。朝廷派兵征讨，命蓝理军前效力。康熙五十八年（1719年），准部兵败，西藏平定，蓝理以年老，得赐还京。康熙五十九年（1720年），卒于北京，时年71岁。

蓝理英勇善战，为人简直坦易，康熙皇帝御书“所向无前”、“勇壮简易”，赐给蓝理，在府城漳州建立坊表，以示恩宠。蓝理的几位弟弟随军征战，平台有功，俱加封右都督，二弟蓝瑶，未任职卒；四弟蓝瑗，号蘧侯，官至福建金门总兵，在漳州立“折冲之才”坊表；五弟蓝珠，官至天津参将。

2. 杨维廉

（1908—1999年），早年侨居印尼万隆，曾募款支援祖国抗日。1955年4月亚非会议在万隆召开时，他与杨朝春等组织华人保护以周恩来总理为首的中国代表团。1959年应邀回国参加国庆十周年大典，受到周恩来总理的亲切接见。1965年回国，定居漳州市区，1979年被推选为漳州市侨联常委、漳浦县侨联主席，1980年被选为漳浦县政协第五届委员会副主席、福建省侨联委员。他一生资助很多公益事业，如漳州华侨中学、马坪中小学、岱嵩小学校舍、县华侨大厦、华侨医院等的建设等。1991年移居香港，1999年病逝，临终献遗产30万元为岱嵩小学奖学奖教基金。

二、海岛文化

每年的农历五月初四、初五两天，岱嵩岛都会举行龙舟赛。平时，村里16条龙舟都被架空摆放在岛上特意建起的两座龙舟屋里，到那时候，都会被抬到海上。而这两天，岛上所有的人都会停下手中的活计，围聚在海边，看着村里的精壮汉子在水中舞动结实的双臂，喊着号子，环岛赛龙舟。

渔民信奉妈祖，每年一次请戏为妈祖庆祝寿诞。有小庙“嵩山宫”，为平时朝拜之所。

三、土特产品

岱嵩虾干和鱿鱼干，以岱嵩岛渔民捕捞和养殖的新鲜海虾和鱿鱼为加工原料，经过热汤和烘烤加工，生产出品质上乘的水产干制品。

第三节　基础设施

一、交通运输

1992 年，佛昙镇投资在岱嵩建设码头一座，以利渔船和渡船停靠，可停靠 500 吨级船只。2000 年自佛昙至岱嵩建一条陆岛公路，总长 10 千米，其中跨海路堤 1000 米，为进出岛主要通道。

图 4-23-3　岱嵩岛跨海路堤及养殖池塘

二、港口与航行安全设施

历史上设有佛昙渡头至岱嵩民间短途水运。目前岱嵩岛建码头一座，一般利用潮涨摆渡。因佛昙港淤积严重，只有岛东、南两边水域能停靠 500 吨级以下船只。

图 4-23-4　岱嵩岛沿岸房屋及小码头

1952 年在沿海突出部的岱嵩设置暴风警报站。配干部 1 人，负责收听天气预报和大风、台风警报，对保护渔民生命财产安全起到很大作用。后因渔船普遍自置收音机，警报站于 1969 年撤销。1960—1965 年建设岱嵩岛灯标，1989 年岱嵩岛西灯标仍在工作发光。

三、水利设施

1957 年，县水利部门在佛昙岱嵩帮助农民挖井。1959 年又在全县农村开展一次水井饮水消毒。1979 年县政府有重点再次帮助农民解决饮水问题，岱嵩岛钻井 5 口，最深 183 米，日出水量 50 吨，并铺设管道向村民供水。

1985 年，岱嵩在井尾、后社等村打钻深井 7 口，日出水量 50 吨，并安装输水管 5000 米，把水送到各家各户，并兴建岱嵩岛自来水厂，初步解决该村 3000 多人口的饮水问题。1987 年 8 月开发深层井水建自来水厂，全村都饮用自来水。

2002 年 8 月村两委开始动工兴建为民办实事项目（自来水工程），总投资 120 多万元。2004 年元旦建成扬美水库引水工程，日供水量达 1000 吨。岛上居民从此告别困扰几代人的饮水问题，喝上了甘甜可口的自来水。

四、广播、电视和通信

1982年建佛昙白石—岱嵩—井尾海底电缆，埋设3700米的4芯（2对）电缆。1983年启用佛昙影剧院，在岱嵩设立固定放映点。1999年划出100平方米的土地供电信部门搞机房扩容，现在家家通电话，手机、小灵通信号好；2000年岛上供电网与漳州市漳消县电网连接。2008年全村统一接通数字电视收视网络。

五、电力与市政基础设施

1986年又由佛昙电厂架设跨海线路输电至岱嵩。现电视机普及率90%。电话机680部。2002年，通过电网改造，变压器由1986年的80千瓦扩容到400千瓦，目前已达到1000千瓦。

2010年8月，投资70多万元，长2千米、宽4.5米的环岛路全线贯通，给当地村民出行带来极大便利，环岛路上配备了路灯，方便渔民夜间出行。

第四节 经济基本情况

一、海岛居民生产活动

岱嵩为纯渔业村，少耕地，海岛居民以海洋捕捞、海水养殖为主。少量外出经营水产经销。全村年人均纯收入4032元。另有旱地6.67公顷，种植甘薯、花生、蔬菜等。2006年农民纯收入4958元；2008年，海岛生产总值8200万元，人均纯收入8000元。

二、主要海洋产业基本情况

岱嵩岛海洋产业单一，即为海洋渔业。2008年渔业总产值约为8000万元，其中海洋捕捞业产值5600万元，占渔业总产值70%，海水养殖业产值仅占30%。

（一）海洋捕捞业

岛岸现有一座三级渔港。2008年开始建设二级渔港。全村共有渔船223艘，其中，50匹以上马力159艘、36~50匹马力30艘、12匹马力34艘。捕捞作业区主要在南旗尾以东，东碇附近海域，水深25~35米海区。捕捞作业方式有大沿绫网、乌石绫网、各种型号流刺网、虾网及灯光诱捕等。捕捞产品主要有鳗鱼、大黄鱼、鲨鱼、日本鳀、鲳鱼、马鲛鱼、丁香鱼、青鳞鱼、小公鱼、哈氏仿对虾、鱿鱼等。

（二）海水养殖业

2008年岱嵩村海水养殖面积共有3000多亩，其中吊养牡蛎2000亩、对虾池1000亩；网箱养鱼3000箱、主要养殖品种有：牡蛎、对虾、真鲷、石斑鱼、鲈鱼、美国红鱼等。

第五节 地质地貌

岱嵩岛位于长乐—南澳北东向构造带。区域内地层主要为上第三系佛昙群上段，灰黑、灰绿色玄

图 4-23-5　岱嵩岛周边海域水产养殖

武岩，偶夹沙砾岩、砂岩及泥岩，局部夹油页岩及褐煤。

海岛地貌类型主要为侵蚀剥蚀低丘、台地。目前岛上大部分区域已经开发建设村镇。基岩海岸，目前海岛已经通过海堤与大陆相连，四周构筑人工护岸、码头等，潮滩属于淤涨型。海岛周边海域沉积物类型主要为砂－粉砂－黏土。

岱嵩岛岸线类型全部为人工岸线。绝大部分为护岸，北侧有部分围堤，东北侧分布有码头岸线。由于本岛目前四周均构筑人工护岸，海岸保持稳定状态。

岱嵩岛潮间带总面积为0.76平方千米，其岸滩地貌仅有沙滩一种类型。沉积物类型较复杂，从砂到细中砂，有些含有少量砾石和贝壳，沉积物重矿物含量低，主要矿物为磁铁矿、褐铁矿、钛铁矿、普通角闪石和绿帘石等为主，黏土矿物以伊利石含量高。

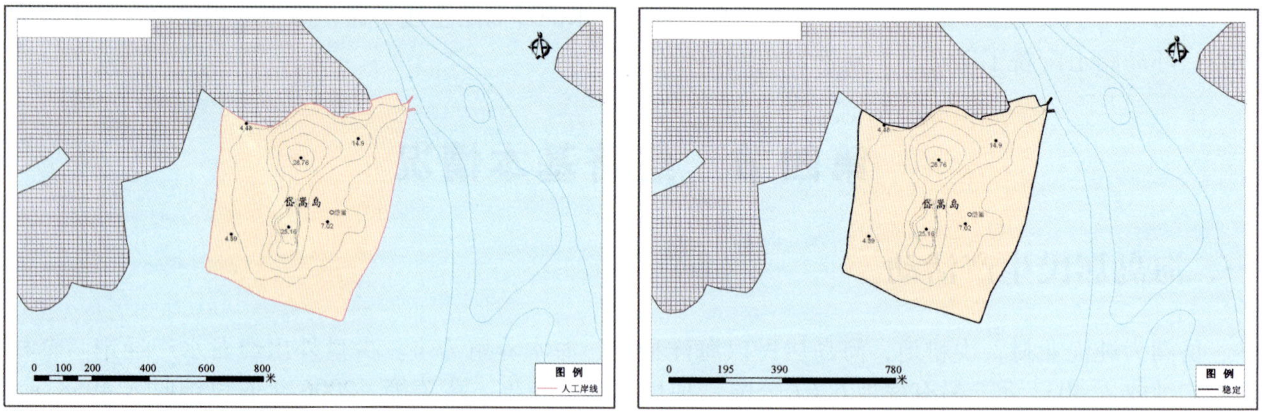

图 4-23-6　岱嵩岛岸线类型（左）、岸线稳定性分布图（右）

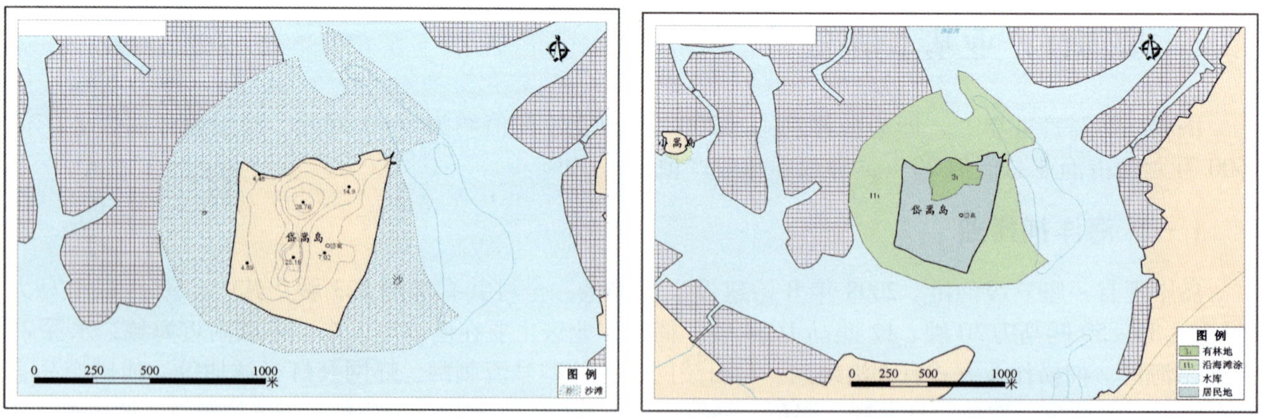

图 4-23-7　岱嵩岛岸滩地貌类型分布图（左）、岱嵩岛土地利用类型分布图（右）

第六节　植被与土壤

全岛植被覆盖率为40%。群落外观为绿色至深绿色。植物种类不多，优势种主要有木麻黄（*Casuarina equisetifolia*）、柠檬桉（*Eucalyptus citriodora*）、台湾相思（*Acacia confusa*）、龙舌兰（*Agave americana*）和婆婆纳（*Veronica didyma*）等。

全岛主要植被类型为木麻黄林，多为人工栽种的防护林，混有少量柠檬桉。木麻黄高3～8米，每

100 平方米仅 3 ~5 株；柠檬桉较高大，一般高 15 ~18 米，多分布于岛的西侧和西北侧及岛东侧的房屋附近，共约 30 余株。林中灌木主要为马缨丹（*Lantana camara*）和龙舌兰等，草本层有婆婆纳等。

岱嵩岛土壤为赤红壤，面积 35.80 公顷，目前多覆盖人工建筑。本岛土壤的成土母岩为灰绿色玄武岩，其长期经历风化、侵蚀、搬运、堆积，植被开始生长，逐渐形成土壤。

第七节 海岛资源开发与保护

一、土地资源

北面淤积滩涂 5000 多亩，已开发利用。岱嵩岛共有 3 个一级类及其所属 4 个二级类的土地类型分布，其沿海滩涂面积最大，约 76.1 公顷，坑塘面积最小约 0.1 公顷。

表 4-23-1 土地类型分布

序号	土地类型		面积（公顷）
1	林地	有林地	5.6
2	住宅用地	农村宅基地	30.1
3	水域与水利设施用地	沿海滩涂	76.1
		坑塘	0.1

二、水资源

岱嵩岛年降水量 1600 毫米 。长期以来，岛上饮用水困难。2002 年 8 月启动岛外扬美水库引水工程，2004 年元旦工程完工，日供水量达 1000 吨，解决了岛上居民饮用水问题。

三、旅游资源

古迹有岱嵩庙（嵩山宫），建于岛屿北端的山顶上，是岱嵩岛上唯一的庙宇。

四、港口、航道资源

岱嵩岛位于佛昙湾中间，是渔货船加水、避风的好地方。因佛昙湾淤积严重，只有在岛东、南两边水域能停靠 500 吨级以下船只。

五、生物资源及珍稀、濒危物种

全岛植被覆盖率 40%，主要植被类型为木麻黄，为人工栽种的防护林，混有柠檬桉。植物种类不多，优势种主要有木麻黄、柠檬桉、台湾相思和龙舌兰、婆婆纳等。

六、渔业资源

海岛邻近海域盛产鲻鱼、鲈鱼、鲳鱼、只母鱼、马鲛鱼、鱿鱼、带鱼等。养殖牡蛎、泥蚶、对虾、海带。

第二十四章　其他海岛

按照海岛位置分布及行政区隶属，本章海岛分为镇海角—将军澳近岸海岛、将军澳—六鳌半岛近岸海岛、古雷半岛东侧近岸海岛、菜屿及周边海岛等四个部分，共有99个无居民海岛，行政区全部隶属漳州市管辖，其中龙海市管辖5个（其中东碇岛为领海基点岛，实际由台湾控制）、漳浦县管辖94个。

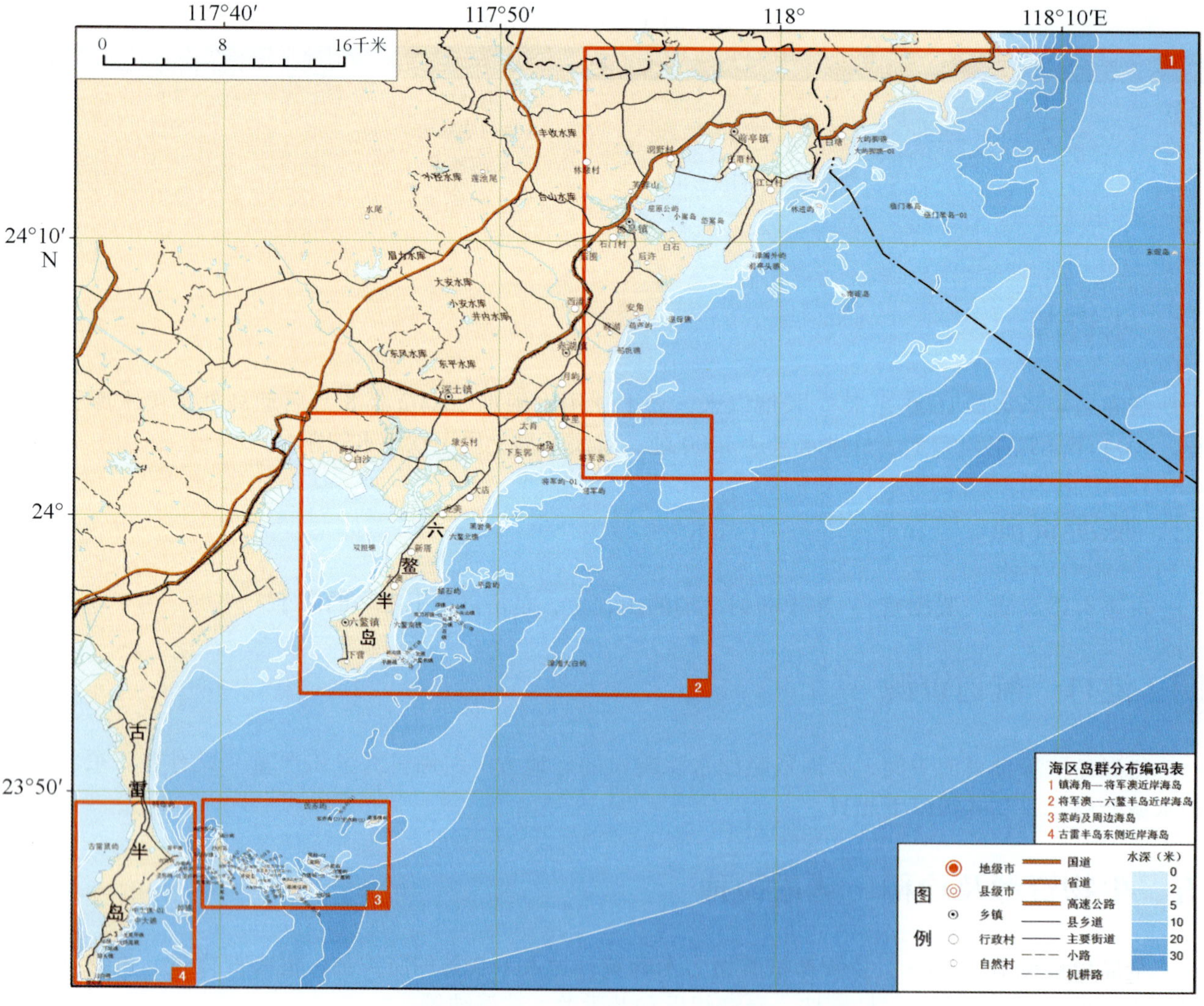

图 4-24-1　漳州东部海区海岛分区图

1. 镇海角—将军澳近岸海岛；2. 将军澳—六鳌半岛近岸海岛；3. 古雷半岛东侧近岸海岛；4. 菜屿及周边海岛

第一节 镇海角—将军澳近岸海岛

本节海岛位于厦门湾南端镇海角至将军澳之间近岸海域，包括13个无居民海岛，均在漳州市管辖海域内，其中龙海市管辖5个（其中东碇岛由台湾控制），漳浦县管辖8个。

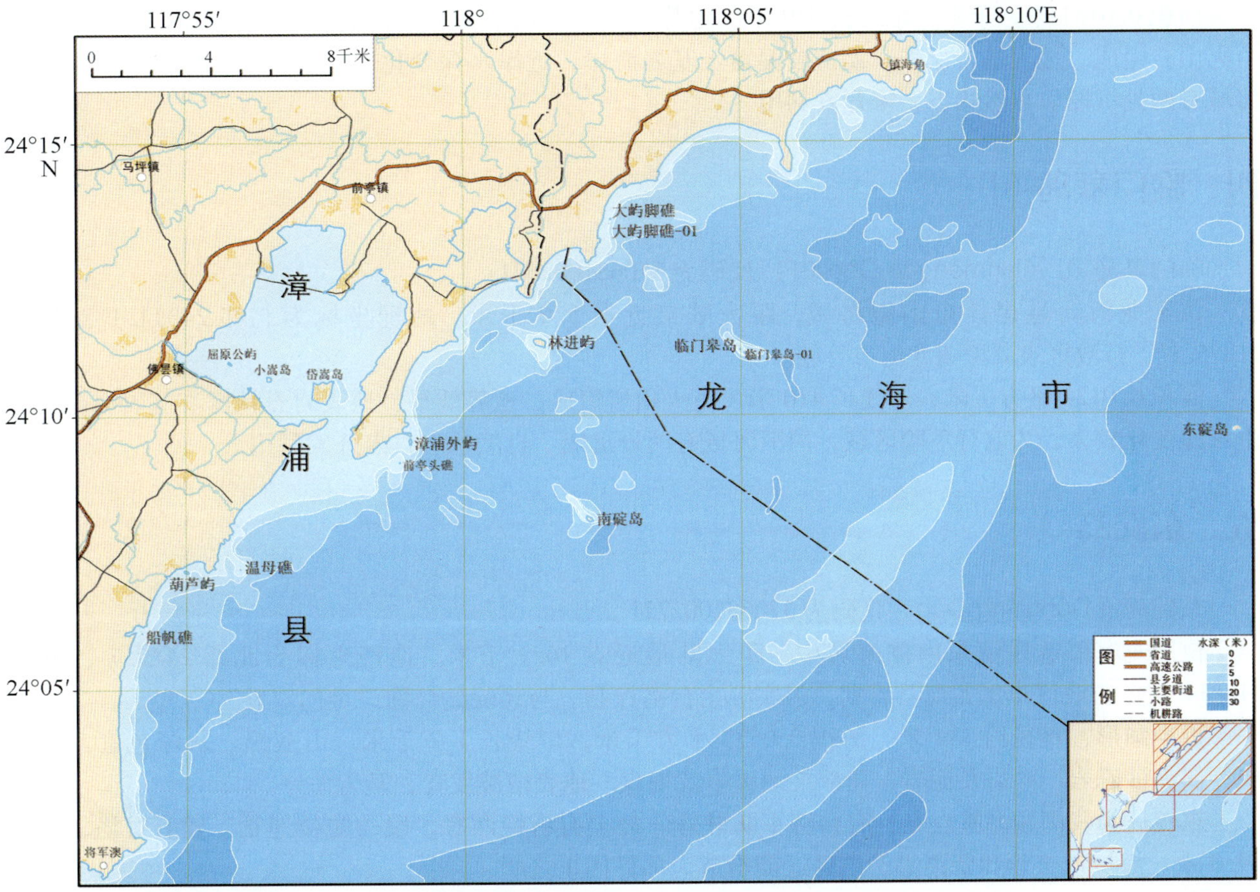

图 4-24-2 镇海角—将军澳近岸海岛分布图

一、大屿脚礁

大屿脚礁（Dàyǔjiǎo Jiāo）代码为350681002421。

位于龙海市港尾镇东南海域中，距大陆最近点150米，地理坐标为北纬24°13. 6′、东经118°2. 6′。行政区隶属漳州龙海市管辖。

面积420平方米，岸线长80米。由火山岩组成，地表长有杂草。基岩海岸，礁盘突出，近岸水深2～5米。自然状态，未开发利用。

二、大屿脚礁-01

大屿脚礁-01（Dàyǔjiǎo Jiāo-01）代码为350681003731。

位于龙海市港尾镇东南海域中，距大陆最近点250米，地理坐标为北纬24°13. 5′、东经118°2. 6′。行政区隶属漳州龙海市管辖。

面积350平方米，岸线长50米，最高点海拔4. 5米。基岩裸露。自然状态，未开发利用。

三、临门皋岛

临门皋岛（Línméngāo Dǎo）代码为350681002521。

又称半洋礁，渔民称“撬礁”，位于龙海市港尾镇东南侧海域中，距大陆最近点5.3千米。地理坐标为北纬24°11.2′、东经118°5.0′。行政区隶属漳州龙海市管辖。

面积0.0181平方千米，岸线长510米。地势低平，海拔1.8米。在低潮风小浪平时，岩礁出露。由火山岩组成。地表基岩裸露，无植被覆盖。基岩海岸，近岸水深变化较大，为航行危险区域，周围海域有两处沉船。自然状态，未开发利用。

四、临门皋岛-01

临门皋岛-01（Línméngāo Dǎo-01）代码为350681002621。

位于龙海市港尾镇东南侧海域，距大陆最近点5.6千米。地理坐标为北纬24°11.1′、东经118°5.1′，行政区隶属漳州龙海市管辖。

面积0.0124平方千米，岸线长410米。由火山岩组成，地势低平，地表岩石裸露。基岩海岸，近岸水深变化较大，为航行危险区域，周围海域有两处沉船。自然状态，未开发利用。

五、东碇岛

东碇岛（Dōngdìng Dǎo）代码为350681002721。

位于龙海市港尾镇东南侧海域中，距大陆最近点16.1千米。地理坐标为北纬24°9.7′、东经118°14.0′。行政区隶属龙海县管辖，但实际由台湾控制。与北碇岛合称“金门双碇”。

近半圆形，直径约334米。面积0.0573平方千米，岸线长1.2千米。由灰黑、灰绿色玄武岩组成，偶夹沙砾岩、砂岩及泥岩，局部夹油页岩及褐煤，地表植被发育，基岩海岸。

东碇岛为我国领海基点岛，有台湾军队驻守。岛上有古炮两尊，疑为防倭遗物。建有灯塔，灯高69.0米。海域产芙蓉和紫菜等。候鸟迁徙季节为鸟群栖止之所。

东碇灯塔，清朝同治十年（1871年）由当时中国海关兴建，由海关延聘的首任总工程师韩德善（David Marr Henderson）设计、毕斯比（A. M. Bisbee）建造，塔身黑色。百年前由守灯人驻守，近半个世纪来，由台湾军队官兵看守。

东碇岛有海水淡化设备，可供驻岛官兵饮用。岛上还建有数十座储水池，建筑与平台都设有雨水的集水道，下落雨水可引入储水池，平时作为沐浴、绿化之用。

1996年5月15日中华人民共和国政府，根据1992年2月25日颁布的《中华人民共和国领海及毗连区法》，宣布了中华人民共和国大陆领海的部分基线和西沙群岛的领海基线，东碇岛被列入其中。

六、林进屿

林进屿（Línjìn Yǔ）代码为350623000321。

又称连进屿。位于漳浦县后蔡湾东北侧海域中，在漳浦县前亭镇东南，距大陆最近点1.4千米。地理坐标为北纬24°11.3′、东经118°1.4′。行政区隶属漳州市漳浦县管辖。

该岛顶部圆，略呈椭圆形，最长处约390米，最宽处约235米，近东南—西北向展布。面积0.076平方千米，岸线长1.1千米。顶部圆，最高点海拔72.7米。

岩性为灰黑、灰绿色玄武岩，偶夹沙砾岩、砂岩及泥岩，局部夹油页岩及褐煤，地表植被发育。

基岩海岸。岛四周均为火山喷发后形成的玄武岩石群。该岛地处后蔡湾北部与台湾海峡汇水处，周围地形较复杂，周围水深 2 ~ 10 米，水流湍急。岛上有淡水供饮用。

林进屿景区滨海火山地貌，既有极高的科研、科教价值，又具有较高的旅游观光价值。景区内的火山地貌均属于在新生代中新世 2861 万年前及在 1541 万年前、1320 万年前到 100 余万年前为陆地间断性多次火山喷发而形成的产物。其间较为突出壮观罕见的可分为：柱状节理玄武岩景观、不同规模古火山喷口群景观、海触各种火山熔岩景观、熔岩发状石林景观、完全裸露巨大火山颈景观、海蚀熔岩平台景观、玄武岩球状海蚀书廊景观、玄武岩熔岩锥群景观、柱状玄武岩浪花蚀崖景观、海蚀埋藏型熔岩湖景观、海蚀熔岩洞等大规模成片的自然景观。

图 4-24-3　林进屿北面全景

图 4-24-4　林进屿南面全景（左）和西面全景（右）

图 4-24-5　林进屿陆岛交通码头（左）和灯标（右）

已经开发成为旅游区，为漳州滨海火山国家地质公园重要组成部分，有陆岛交通码头一座，管理房一幢，环岛旅游道路，灯标一座。2005年被《中国国家地理》评为中国最美十大海岛之一。

七、漳浦外屿

漳浦外屿（Zhāngpǔ Wàiyǔ）代码为350623000721。

位于漳浦县佛昙镇东南海域中，后蔡湾南端西侧，距大陆最近点80米。地理坐标为北纬24°9. 5′、东经117°59. 0′。行政区隶属漳州市漳浦县管辖。

岛原是井尾半岛的延伸部，经长期潮汐冲刷和风化作用，低处沉入水中而成。长条形，南北向展布，长200米，宽77米。面积0. 0117平方千米，岸线长480米，最高点海拔20. 0米。

岩性为灰黑、灰绿色玄武岩，偶夹沙砾岩、砂岩及泥岩，局部夹油页岩及褐煤，基岩海岸。地表植被稀少。该岛东南侧300米水域，水深0～5米，底质细砂，透明度好，是养殖对虾、紫菜的好场所。岛上无淡水。潮落时岛西有沙砾滩带与井尾半岛相连。自然状态，未开发利用。南侧海域吊养牡蛎。

图4-24-6　漳浦外屿全景（左）、海滨火山岩海蚀地貌（右）

八、前亭头礁

前亭头礁（Qiántíng Tóujiāo）代码为350623005631。

位于佛昙湾口附近海域，距离大陆约760米，地理坐标为北纬24°9. 1′、东经117°58. 8′。行政区隶属漳州市漳浦县管辖。

面积450平方米，岸线长80米，最高点海拔3. 6米。基岩裸露，无植被覆盖。自然状态，未开发利用。

图4-24-7　前亭头礁全景

九、南碇岛

（一）概况

南碇岛（Nándìng Dǎo）代码为350681002821。

南碇岛位于漳浦县佛昙镇东南海域中，距大陆最近点6.2千米。在后蔡湾东南部，林进屿南偏东6.0千米。地理坐标为北纬24°8.1′、东经118°2.3′。行政区隶属漳州市漳浦县管辖。

形如船碇，最长处约0.255千米，最宽处约0.15千米，近东南—西北向展布，地势四周低，中间隆起。面积0.0234平方千米，岸线长670米。地势四周低，中间隆起，最高处海拔51.5米。

（二）自然环境条件

地层为上第三系佛昙群上段玄武岩，灰黑、灰绿色，偶夹沙砾岩、砂岩及泥岩，局部夹油页岩及褐煤，为古火山地质地貌资源景观。北部为岩石岸，余均为砂质岸。地表植被稀少，长有杂草。有淡水源。岛西、北两边有一条向西北方向延伸的潮间带滩地，水深0～2米，滩地中礁石散布，每当涨落潮，浪花飞溅，景象奇观，成为有名的浪花带，船只望而生畏。岛周围300米为浅水带，水深5～10米，地形复杂。

南碇岛因其奇特的玄武岩柱状节理景观，2005年被《中国国家地理》评为中国最美十大海岛之一。据说岛上岩石由140万根断面直径为25～35厘米的六边形、五边形或四边形的玄武岩柱子组成，如同樵夫的一捆柴、农民的一捆麦。其他岛上的玄武岩柱子一般高度在10米、20米，40米以上的非常少见，唯独南碇岛上的玄武岩柱子最高的至少在60米以上。南碇岛玄武岩属于火山颈成因，火山喷发时熔岩充塞火山通道，在通道冷却后成为近于直立的柱状岩体，冷却过程中熔岩收缩形成柱状节理。火山通道中的岩体比喷出地表的熔岩坚硬和致密，较耐风化。经过长期的风化和剥蚀，喷出的熔岩物质被蚀去，剩下火山通道中坚硬的岩体，如同剥香蕉一般形成火山颈。

（三）海岛资源开发与保护

自然状态，未开发利用。岛上设有航标灯塔，灯高60.0米。

图4-24-8 南碇岛南面全景、岛上灯塔（左）和南碇岛西面全景（右）

南碇岛灯桩[①]，1979年11月修复，1987年改建，1990年射程改为10.5海里，并装ML-300灯器，1991年增设雷达应答器，编号3201，位置为北纬24°8′6.0″、东经118°2′14.0″，隶属厦门航标处管理。为黑白黑横带圆柱形石砌瓷砖贴面构造，灯高60.5米，射程10.5海里，桩身高度10.2米，灯器为ML-300，灯质为闪白5秒，附设雷达应答器，信号X（－・・－），蓄电池和太阳能电池供电，用于船舶助航。

2008年漳浦县人民政府批准设立漳浦县南碇岛海洋生态特别保护区，保护范围为南碇岛及周边海域，其中，岛陆面积为0.0234平方千米，海域面积为周边3海里。监管部门为漳州市海洋与渔业局执法支队和漳浦县海洋与渔业执法大队，具体管理规定为：设立保护区标志牌；对海岛及周边3海里海

① 东海海区航标资料汇编：中华人民共和国上海海事局官方网页，http：//www.shmsa.gov.cn/mark/ donghai/index.htm，1999年。

域实行封闭式管理，严禁捕捞、挖砂等破坏海洋生态环境的行为和活动；实施封岛保护，加强监督管理，海监部门定期开展巡查；开展有针对性的生态修复工作，如进行人工增殖、种植等放流增殖工作；实行保护工作台账制度；落实责任制，海岛所在地海洋与渔业局要明确执法队伍及海岛管辖地乡镇的职责。

图 4-24-9 南碇岛火山地貌及玄武岩柱状节理

十、小嵩岛

小嵩岛（Xiǎosōng Dǎo）代码为 350623000511。

位于佛昙湾内，大嵩岛西侧，地理坐标为北纬 24°10.685′、东经 117°56.514′。行政区隶属漳州市漳浦县管辖。

面积 0.0171 平方千米，岸线长 520 米，海拔高 26.0 米。由玄武岩组成，南部海岸为岩石岸，北部为土质岸。地表为红壤土，植被覆盖率达 80%。有淡水供饮用。东侧为水浅，水深 1.8～2.4 米。为堤连岛，堤内为围垦养殖区。养殖牡蛎、对虾、泥蚶、蛏等。有渔民常住。

十一、屈原公屿

屈原公屿（Qūyuángōng Yǔ）代码为 350623000421。

位于佛昙湾内，大嵩岛西侧，地理坐标为北纬 24°10.972′、东经 117°55.811′。行政区隶属漳州市漳浦县管辖。

面积 6370 平方米，岸线长 350 米，海拔高 12.0 米。由玄武岩组成，岩岸。地表长有杂草。南侧为佛昙港主航道，水深 0.8～2.0 米。养殖牡蛎、对虾、泥、蛏。为堤连岛，建有房屋数座，有渔民居住。

十二、温母礁

温母礁（Wēnmǔ Jiāo）代码为 350623005731。

位于佛昙湾口以南近岸海域，距离佛昙湾口约 5.5 千米，距离大陆约 740 米。地理坐标为北纬 24°7.2′、东经 117°56.0′。面积 140 平方米，岸线长 50 米。行政区隶属漳州市漳浦县管辖。

基岩裸露，无植被覆盖。自然状态，未开发利用。

图 4-24-10 温母礁全景

十三、葫芦屿

葫芦屿（Húlú Yǔ）代码为350623000821。

位于漳浦县赤湖镇东北侧沙滩上，距大陆最近点160米。地理坐标为北纬24°7.2′09″、东经117°55.0′。行政区隶属漳州市漳浦县管辖。面积9310平方米，岸线长390米，海拔25.0米。

由花岗岩组成。地表基岩裸露。基岩海岸，东侧水深0～2米。自然状态，未开发利用。

第二节 将军澳—六鳌半岛近岸海岛

本节海岛位于漳州东部将军澳至漳浦六鳌半岛之间近岸海域，包括23个无居民海岛，全部归漳浦县管辖。

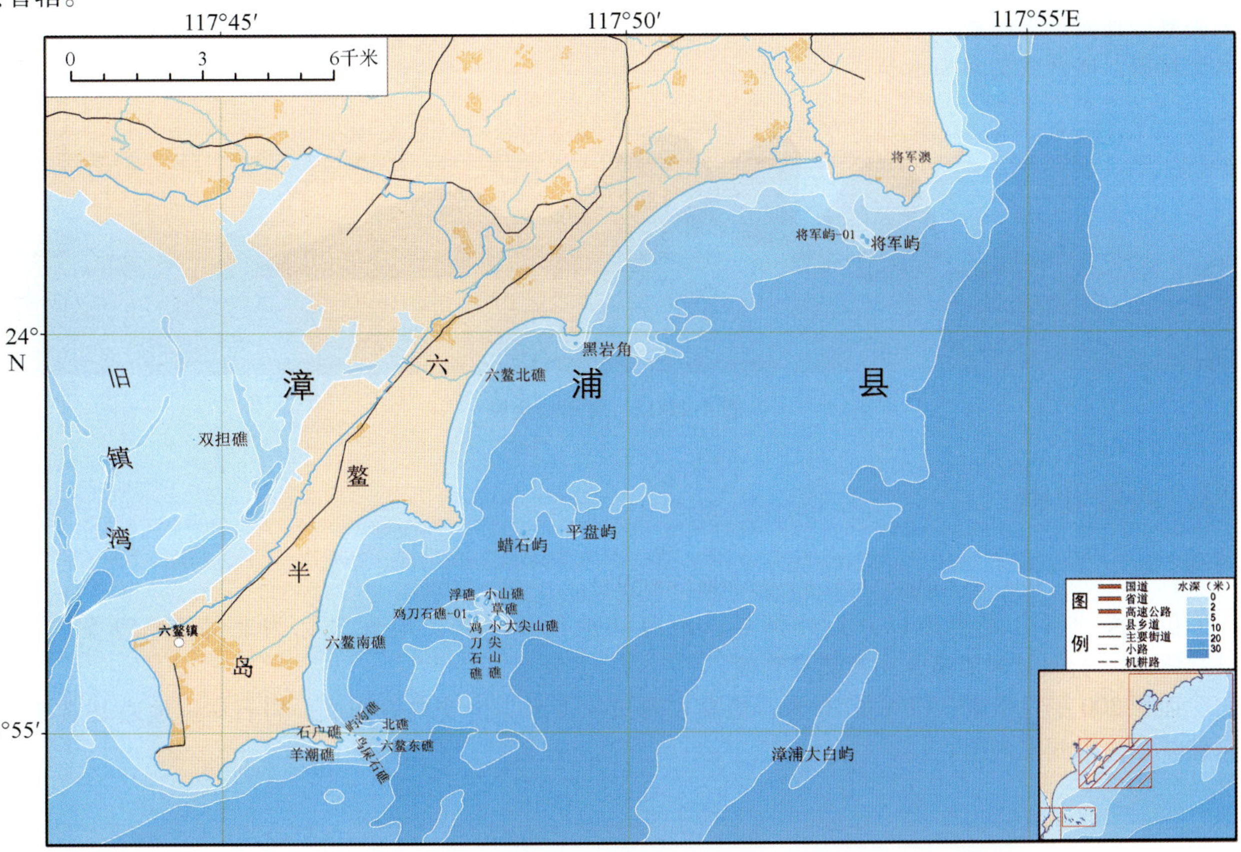

图 4-24-11 将军澳—六鳌半岛近岸海岛分布图

一、船帆礁

船帆礁（Chuánfān Jiāo）代码为350623005832。

位于漳浦县赤湖镇东侧沙滩上，距大陆最近点115米。地理坐标为北纬24°6.0′、东经117°54.2′。行政区隶属漳州市漳浦县管辖。

面积100平方米，岸线长40米。基岩裸露，无植被覆盖。自然状态，未开发利用。

二、将军屿-01

将军屿-01（Jiāngjūn Yǔ-01）代码为350623000921。

位于漳浦县深土镇以东海域中，将军湾的东北部，距大陆最近点1.1千米。地理坐标为北纬24°1.2′、东经117°52.9′。行政区隶属漳州市漳浦县管辖。

面积3670平方米，岸线长240米，最高点海拔15.0米。由火山岩组成，地表基岩裸露，无植被覆盖。基岩海岸，近岸水深0~5米。西北侧筑有防波堤，连陆地。未开发利用。

三、将军屿

将军屿（Jiāngjūn Yǔ）代码为350623001021。

位于漳浦县深土镇以东海域中，将军湾北侧，距大陆最近点1.1千米。地理坐标为北纬24°1.1′、东经117°53.0′。行政区隶属漳州市漳浦县管辖。

呈东南—西北向展布，长180米，宽60米。面积4180平方米，岸线长420米。地势北高南低，最高处海拔13.0米。岩性为灰黑、灰绿色玄武岩，偶夹砂砾岩、砂岩及泥岩，局部夹油页岩及褐煤，地表基岩裸露，无植被，基岩海岸。自然状态，未开发利用。周围海域有定置网，是养殖紫菜、海带的好场所。所产紫菜曾为贡品。

图4-24-12　将军屿全景

四、六鳌北礁

六鳌北礁（Liù'áo Běijiāo）代码为350623005931。

位于漳浦县六鳌半岛以东近岸海域，距离陆地约150米。地理坐标为北纬23°59.5′、东经117°48.2′。行政区隶属漳州市漳浦县管辖。

面积300平方千米，岸线长70米，最高点海拔8.1米。由变质岩构成，岩石岸。地表基岩裸露。自然状态，未开发利用。

五、六鳌南礁

六鳌南礁（Liù'áo Nánjiāo）代码为350623006121。

位于漳浦县六鳌半岛以东近岸海域，距离陆地约75米。地理坐标为北纬23°56.3′、东经117°46.3′。行政区隶属漳州市漳浦县管辖。

面积6500平方千米，岸线长300米。由变质岩构成，岩石岸。地表基岩裸露，西侧与大陆通过连岛沙坝相连。自然状态，未开发利用。

六、黑岩角

黑岩角（Hēiyánjiǎo）代码为350623001121。

位于漳浦县深土镇以东海域，距离陆地约165米。地理坐标为北纬23°59.9′、东经117°49.4′。行政区隶属漳州市漳浦县管辖。

面积1980平方千米，岸线长170米，最高点海拔4.5米。由变质岩构成，岩石岸。地表基岩裸露。南面水深5米。自然状态，未开发利用。

图4-24-13 黑岩角岩滩

七、腊石屿

腊石屿（Làshí Yǔ）代码为350623001221。

又称裂屿，位于六鳌半岛以东近岸海域，距离大陆约1.3千米。地理坐标为北纬23°57.5′、东经117°48.7′。行政区隶属漳州市漳浦县管辖。

面积3180平方米，岸线长250米。基岩裸露，无植被覆盖。自然状态，未开发利用。

八、平盘屿

平盘屿（Píngpán Yǔ）代码为350623006031。

位于六鳌半岛以东近岸海域，距离大陆约2.09千米。地理坐标为北纬23°57.521′、东经117°49.192′。行政区隶属漳州市漳浦县管辖。

面积470平方米，岸线长80米。基岩裸露，无植被覆盖。自然状态，未开发利用。

图 4-24-14　平盘屿全景及灯桩

九、浮礁

浮礁（Fú Jiāo）代码为 350623001321。

属草礁群礁，位于六鳌半岛以东近岸海域，距大陆最近点 1.8 千米。地理坐标为北纬 23°56.7′、东经 117°48.2′。行政区隶属漳州市漳浦县管辖。

呈长条形，近南北向展布，最长约 72 米，最宽约 43 米。面积 2410 平方米，岸线长 230 米。由肉红色中粒含黑云母花岗岩，碎裂交代花岗岩构成，地表平缓，岩石裸露。基岩海岸，水下礁盘发育，近岸水深 5～20 米。海域有吊养。自然状态，未开发利用。岛上建有一小石屋，为渔民避风雨之用。周围海域有定置网，是养殖紫菜、海带的好场所。

图 4-24-15　浮礁全景

十、小山礁

小山礁（Xiǎoshān Jiāo）代码为 350623001421。

属草礁群礁。位于六鳌半岛以东近岸海域，距大陆最近点 1.8 千米。地理坐标为北纬 23°56.6′、东经 117°48.3′。行政区隶属漳州市漳浦县管辖。

面积 9220 平方米，岸线长 490 米。由肉红色中粒含黑云母花岗岩，碎裂交代花岗岩构成，地表岩石裸露。基岩海岸，水下礁盘发育。近岸水深 2～10 米。自然状态，未开发利用。周围海域有吊养，是养殖紫菜、海带的好场所。

十一、鸡刀石礁-01

鸡刀石礁-01（Jīdāoshí Jiāo-01）代码为 350623001521。

属草礁群礁，位于六鳌半岛以东近岸海域，距离陆地 2.1 千米。地理坐标为北纬 23°56.5′、东经 117°48.1′。行政区隶属漳州市漳浦县管辖。

面积 1940 平方米，岸线长 190 米。由花岗岩组成，基岩海岸。地表基岩裸露，近岸水深 10 米。自然状态，未开发利用。

十二、鸡刀石礁

鸡刀石礁（Jīdāoshí Jiāo）代码为 350623001821。

属草礁群礁。在六鳌半岛以东海域中，距大陆 2.1 千米。地理坐标为北纬 23°56.4′、东经 117°48.1′。行政区隶属漳州市漳浦县管辖。

呈椭圆形，南北向展布，最长约 156 米，最宽约 74 米。面积 6480 平方米，岸线长 370 米，最高点海拔 13.0 米。由肉红色中粒含黑云母花岗岩，碎裂交代花岗岩组成，基岩海岸，东南部礁盘突出。近岸水深 0 ~5 米。自然状态，未开发利用。周围海域有吊养，是养殖紫菜、海带的好场所。

图 4-24-16 鸡刀石礁全景

十三、草礁

草礁（Cǎo Jiāo）代码为 350623001621。

属草礁群礁，位于六鳌半岛以东海域中，地理坐标为北纬 23°56.5′、东经 117°48.3′。行政区隶属漳州市漳浦县管辖。

面积 40 平方米，岸线长 30 米。由花岗岩组成，基岩海岸。地表基岩裸露，近岸水深 10 米。自然状态，未开发利用。

十四、小尖山礁

小尖山礁（Xiǎojiānshān Jiāo）代码为 350623001721。

属草礁群礁。在六鳌半岛的以东海域中，距大陆最近点 2.3 千米。地理坐标为北纬 23°56.4′、东经 117°48.4′。行政区隶属漳州市漳浦县管辖。

呈不规则形，最长处约 96 米，最宽处约 70 米。面积 5770 平方米，岸线长 390 米。由肉红色中粒含黑云母花岗岩，碎裂交代花岗岩组成，地表多岩石裸露，局部洼地有薄土层，杂草稀少。基岩海岸，近岸水深 2 ~5 米。岩石滩西南侧延伸。自然状态，未开发利用。周围海域有吊养，是养殖紫菜、海带的好场所。

图 4-24-17 小尖山礁全景

十五、大尖山礁

图 4-24-18　大尖山礁及岛上的灯桩

大尖山礁（Dàjiānshān Jiāo）代码为350623001921。

属草礁群礁，位于六鳌半岛东侧近岸海域，距大陆最近点2.4千米。地理坐标为北纬23°56.4′、东经117°48.5′。行政区隶属漳州市漳浦县管辖。

近正方形，边长约90米。面积7200平方米，岸线长370米，最高点海拔23.6米。由肉红色中粒含黑云母花岗岩，碎裂交代花岗岩构成，地表多岩石裸露，局部洼地有薄土层，长杂草。基岩海岸，东南部礁盘突出。近岸水深2~10米。基本自然状态，未开发利用。建设有导航灯桩。周围海域有吊养，是养殖紫菜、海带的好场所。

十六、北礁

北礁（Běi Jiāo）代码为350623006231。

位于六鳌半岛东南端近岸海域，距离陆地约815米。地理坐标为北纬23°55.0′、东经117°47.0′。行政区隶属漳州市漳浦县管辖。

面积390平方米，岸线长90米。基岩裸露，无植被覆盖。自然状态，未开发利用。

十七、屿沟礁

屿沟礁（Yǔgōu Jiāo）代码为350623002021。

位于六鳌半岛东南部海域，离岸约166米。地理坐标为北纬23°55.0′、东经117°46.6′。行政区隶属漳州市漳浦县管辖。

近圆形，面积80平方米，岸线长50米。基岩裸露，无植被覆盖。自然状态，未开发利用。

十八、鸟屎石礁

鸟屎石礁（Niǎoshǐshí Jiāo）代码为350623006331。

位于六鳌半岛东南端近岸海域，距离陆地约275米。地理坐标为北纬23°55.0′、东经117°46.6′。行政区隶属漳州市漳浦县管辖。

近圆形，面积60平方米，岸线长30米。基岩裸露，无植被覆盖。自然状态，未开发利用。

十九、六鳌东礁

图 4-24-19　六鳌东礁全景及灯桩

六鳌东礁（Liù'áo Dōngjiāo）代码为350623002121。

位于六鳌半岛东南部大偶角东侧，距大陆最近点930米。地理坐标为北纬23°54.9′、东经117°46.9′。行政区隶属漳州市漳浦县管辖。

呈长方形，东南—西北向展布，最长约50米，最宽约35米。面积1890平方米，岸线长170米，海拔9.1米。由肉红色中粒含黑云母花岗岩，碎裂交代花岗岩组成，地表基岩裸露。基岩海岸，近岸水深2～5米。自然状态，未开发利用。岛上建有灯桩。周围海域有吊养，是养殖紫菜、海带的好场所。

东礁灯桩①，1958年建成，1976年重建，1988年改建，1989年装太阳能电池，1998年改建贴瓷砖，2002年6月大保养，编号3195，位置为北纬24°18′15.5″、东经118°8′36.1″，隶属厦门航标处管理。为黑白横带八角形钢筋混凝土瓷砖贴面构造，桩身高度15.3米，灯高13.3米，射程3海里，灯器为DK-155，灯质为闪（2）红6秒，免维护蓄电池和太阳能电池供电，为助航边界。

二十、石户礁

石户礁（Shíhù Jiāo）代码为350623006431。

位于六鳌半岛南端东侧近岸海域，距离六鳌半岛约140米。地理坐标为23°54.9′、东经117°46.4′。行政区隶属漳州市漳浦县管辖。

面积180平方米，岸线长40米。基岩裸露，无植被。建设有养殖池。

二十一、羊潮礁

羊潮礁（Yángcháo Jiāo）代码为350623006531。

位于六鳌半岛南端东南侧近岸海域，距离六鳌半岛约100米。地理坐标为23°54.8′、东经117°46.4′。行政区隶属漳州市漳浦县管辖。

面积250平方米，岸线长60米。基岩岛，有植被。未开发利用。

二十二、漳浦大白屿

漳浦大白屿（Zhāngpǔ Dàbáiyǔ）代码为350623002221。

位于六鳌半岛东南部大偶角东侧，距大陆最近点8.8千米。地理坐标为北纬23°54.7′、东经117°51.7′。行政区隶属漳州市漳浦县管辖。

海岛似梨状，高约116米，宽约68米。面积4410平方米，岸线长310米，海拔高21.2米。基岩裸露，无植被覆盖。自然状态，未开发利用。

二十三、双担礁

双担礁（Shuāngdān Jiāo）代码为350623006631。

位于旧镇湾中部，距大陆最近点2.58千米，距离湾口约4.0千米。地理坐标为北纬23°58.7′、东经117°44.7′。行政区隶属漳州市漳浦县管辖。

面积10平方米，岸线长10米，最高点海拔3.5米。基岩裸露，无植被覆盖。自然状态，未开发利用。

① 东海海区航标资料汇编，中华人民共和国上海海事局官方网页，http://www.shmsa.gov.cn/mark/donghai/index.htm，1999年。

第三节　古雷半岛东侧近岸海岛

本节海岛位于漳州古雷半岛近岸海域，包括17个无居民海岛，均属漳州市漳浦县管辖。

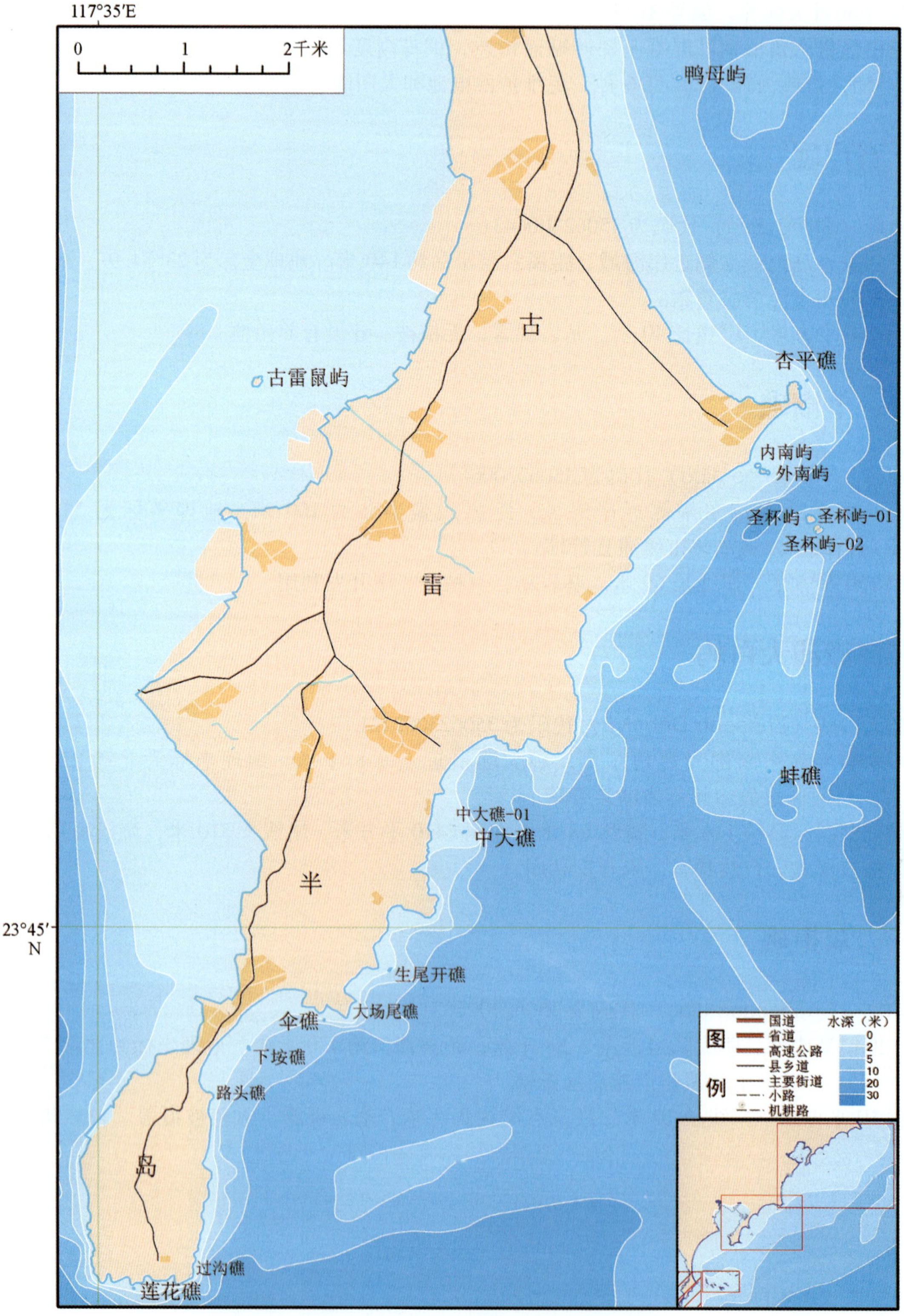

图4-24-20　古雷半岛东侧近岸海岛分布图

一、鸭母屿

鸭母屿（Yāmǔ Yǔ）代码为350623005121。

又称石鸭。位于漳浦县古雷镇东南侧水域中，浮头湾西南部，距大陆最近点710米。地理坐标为北纬23°49.4′、东经117°38.0′。行政区隶属漳州市漳浦县管辖。

图4-24-21 鸭母屿全景

形似鸭母，东西长70米，南北宽30米，面积1270平方米，岸线长130米，最高处海拔15.0米。由肉红色中粒含黑云母花岗岩，碎裂交代花岗岩组成，地表基岩裸露。基岩海岸陡峭，周围水浅，礁石多，船只难以停靠。岛西部为潮间滩地，多砂质。自然状态，未开发利用。周围海域是养殖紫菜、海带、牡蛎的好场所。

二、杏平礁

杏平礁（Xìngpíng Jiāo）代码为350623009032。

位于古雷半岛东部海域，地理坐标为北纬23°47.8′、东经117°38.6′。行政区隶属漳州市漳浦县管辖。

近圆形，面积440平方米，岸线长80米。基岩裸露，无植被覆盖。自然状态，未开发利用。

三、内南屿

内南屿（Nèinán Yǔ）代码为350623009121。

位于浮头湾西南部出海口西侧，在漳浦县古雷镇东南海域，西距大陆40米。地理坐标为北纬23°47.4′、东经117°38.4′。行政区隶属漳州市漳浦县管辖。

呈椭圆形，面积约1530平方米，岸线长150米。由肉红色中粒含黑云母花岗岩，碎裂交代花岗岩组成，岛上无植被覆盖，西侧沙坝连陆地，涨潮淹没。自然状态，未开发利用。

图4-24-22 外南屿（左）和内南屿（右）北面全景及内南屿西侧连岛沙坝

四、外南屿

图 4-24-23　外南屿全景，远处为圣杯屿，近处礁石为内南屿岩滩的一部分

外南屿（Wàinán Yǔ）代码为350623009221。

位于浮头湾西南部出海口西侧，在漳浦县古雷镇东南海域，西距大陆121米。地理坐标为北纬23°47.3′、东经117°38.4′。行政区隶属漳州市漳浦县管辖。

面积3120平方米，岸线长250米，最高点海拔10.0米。由花岗岩组成，岛上无植被覆盖，西侧沙坝连陆地。自然状态，未开发利用。

图 4-24-24　圣杯屿近景和灯桩

五、圣杯屿

圣杯屿（Shèngbēi Yǔ）代码为350623003821。

位于漳浦县古雷镇以南海域中，菜屿航门西南侧，距大陆最近点630米。地理坐标为北纬23°47.1′、东经117°38.6′。行政区隶属漳州市漳浦县管辖。

形如圣杯，近圆形，直径约83米。东西—南北向展布，中部高四周低。面积5520平方米，岸线长280米。中部高四周低，海拔14.7米，顶部部分有白色鸟粪。由肉红色中粒含黑云母花岗岩，碎裂交代花岗岩组成，地表岩石裸露，土层薄，长零星杂草。基岩海岸陡峭。东面菜屿航门水深10米以上，是浮头湾进出台湾海峡的主航道。自然状态，未开发利用。岛上设有航标灯塔。周围海域是养殖紫菜、海带、牡蛎的好场所。

圣杯屿灯桩①，1956年建成，1965年改建，1991年12月灯桩原位改建竣工，1992年更换灯器、改灯质和安装太阳能电池，编号3219，位置为北纬23°47′6.4″、东经117°38′35.0″，隶属厦门航标处管理。为黑色圆柱形石砌瓷砖贴面构造，灯高31.8米，射程10.5海里，桩身高度10.8米，灯器为ML-300，灯质为闪（3）白10秒，蓄电池和太阳能电池供电，用于船舶助航。

六、圣杯屿-01

圣杯屿-01（Shèngbēi Yǔ-01）代码为350623004021。

位于漳浦县古雷镇东南侧海域中，圣杯屿的南部，距大陆最近点770米。地理坐标为北纬23°47.1′、东经117°38.7′。行政区隶属漳州市漳浦县管辖。

面积1200平方米，岸线长150米。基岩裸露，未开发利用。

① 东海海区航标资料汇编：中华人民共和国上海海事局官方网页，http：//www.shmsa.gov.cn/mark/ donghai/index.htm，1999年。

七、圣杯屿-02

圣杯屿-02（Shèngbēi Yǔ-02）代码为350623009321。

位于漳浦县古雷镇东南侧海域中，圣杯屿的南部，距大陆最近点770米。地理坐标为北纬23°47.0′、东经117°38.7′。行政区隶属漳州市漳浦县管辖。

图4-24-25 圣杯屿-02全景

岛体分成南北两部分，礁盘连在一起，总面积1100平方米，岸线长130米。由肉红色中粒含黑云母花岗岩，碎裂交代花岗岩组成，地表基岩裸露。顶部呈白色，为鸟类栖息鸟粪所致。基岩海岸陡峭，近岸水深2~10米。自然状态，未开发利用。周围海域是养殖紫菜、海带、牡蛎的好场所。

八、蚌礁

蚌礁（Bàng Jiāo）代码为350623009431。

位于古雷头东北侧近岸海域，距离陆地约1.7千米。地理坐标为北纬23°45.8′、东经117°38.4′。行政区隶属漳州市漳浦县管辖。

面积290平方米，岸线长80米。基岩裸露，无植被覆盖。建有灯桩。

图4-24-26 蚌礁全景及灯桩

九、中大礁

中大礁（Zhōngdà Jiāo）代码为350623009531。

位于古雷头东北侧近岸海域，距离陆地约278米。地理坐标为北纬23°45.5′、东经117°36.9′。行政区隶属漳州市漳浦县管辖。

面积370平方米，岸线长80米，最高点海拔8.8米。基岩裸露，无植被覆盖。未开发利用。

十、中大礁-01

中大礁-01（Zhōngdà Jiāo-01）代码为350623009631。

位于古雷头东北侧近岸海域，距离陆地约178米。地理坐标为北纬23°45.5′、东经117°36.8′。行政区隶属漳州市漳浦县管辖。

面积20平方米，岸线长20米，最高点海拔8.8米。基岩裸露，无植被覆盖。未开发利用。

十一、大场尾礁

大场尾礁（Dàchǎng Wěijiāo）代码为350623009921。

位于古雷半岛下掩村东侧近岸海域，距离陆地约50米。地理坐标为北纬23°44.6′、东经117°36.3′。行政区隶属漳州市漳浦县管辖。

面积1080平方米，岸线长170米。基岩裸露，无植被覆盖。未开发利用。

十二、路头礁

路头礁（Lùtóu Jiāo）代码为350623010121。

位于古雷头东北侧近岸海域，距离陆地约50米。地理坐标为北纬23°44.1′、东经117°35.6′。行政区隶属漳州市漳浦县管辖。

面积500平方米，岸线长90米。基岩裸露，无植被覆盖。未开发利用。

十三、生尾开礁

生尾开礁（Shēngwěikāi Jiāo）代码为350623009731。

位于古雷头东北侧近岸海域，距离陆地77米。地理坐标为北纬23°44.8′、东经117°36.5′。行政区隶属漳州市漳浦县管辖。

面积450平方米，岸线长90米，最高点海拔7.6米。基岩裸露，无植被覆盖。自然状态，未开发利用。

图4-24-27　生尾开礁全景

十四、伞礁

伞礁（Sǎn Jiāo）代码为350623009831。

位于古雷头东北侧近岸海域，距离陆地。地理坐标为北纬23°44.5′、东经117°36.2′。行政区隶属漳州市漳浦县管辖。

面积160平方米，岸线长50米。基岩裸露，无植被覆盖。自然状态，未开发利用。

十五、下垵礁

下垵礁（Xiàǎn Jiāo）代码为350623010031。

位于古雷头北沙堤东侧近岸海域，距离陆地216米。地理坐标为北纬23°44.4′、东经117°35.8′。行政区隶属漳州市漳浦县管辖。

面积460平方米，岸线长100米，最高点海拔8.9米。基岩裸露，无植被覆盖。自然状态，未开发利用。

十六、过沟礁

过沟礁（Guògōu Jiāo）代码为350623010221。

位于古雷头东北侧近岸海域，距离陆地约50米。地理坐标为北纬23°43.2′、东经117°35.5′。行政区隶属漳州市漳浦县管辖。

面积520平方米，岸线长90米。基岩裸露，无植被覆盖。未开发利用。

十七、莲花礁

莲花礁（Liánhuā Jiāo）代码为350623010331。

位于古雷头南侧近岸海域，距离陆地约27米。地理坐标为北纬23°43.1′、东经117°35.2′。行政区隶属漳州市漳浦县管辖。

面积180平方米，岸线长50米，最高点海拔7.6米。基岩裸露，无植被覆盖。自然状态，未开发利用。

第四节　菜屿及周边海岛

本节岛屿位于漳州南部古雷半岛东侧近岸海域，包括了菜屿列岛及周边的45个海岛，其中沙洲岛、红屿、菜屿、巴流岛、井安岛和横屿等6个海岛常有渔民在岛上从事养殖和捕捞等渔业生产，海岛全部归漳州市漳浦县管辖。菜屿列岛在明朝末年，被荷兰侵略者占据，并以其头目“礼氏”的名字命名为“礼是列岛”，直到新中国成立后才得以正名。1996年成立菜屿列岛自然保护区（县级）。

沙洲岛是菜屿列岛中最大的海岛，红屿次之。各岛上怪石嶙峋、沙滩延绵、海蚀地貌各具姿态、风光旖旎，周围海底有丰富的珊瑚石、海胆等底栖生物，盛产鲳鱼、鲨鱼、带鱼等鱼类，具有发展海岛生态休闲旅游的优越条件。

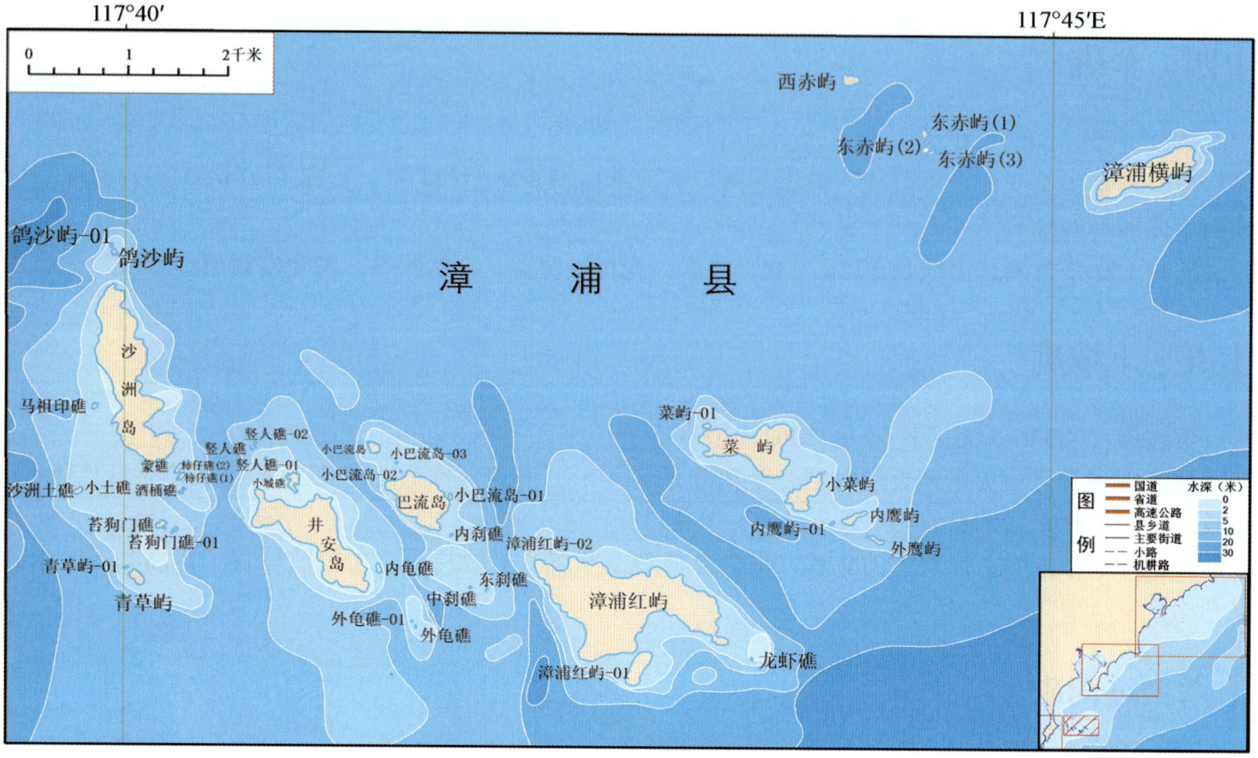

图 4-24-28 菜屿及周边海岛分布图

一、沙洲岛

沙洲岛（Shāzhōu Dǎo）代码为350623003111。

位于菜屿列岛西北部，距大陆最近点2.2千米。地理坐标为北纬23°47.8′、东经117°40.0′。行政区隶属漳州市漳浦县管辖。

呈马鞍状，因岛上有一片沙洲，故名，南北长1.8千米，东西宽460米，面积0.5809平方千米，岸线长5.1千米，是漳浦县第二大岛。地势呈马鞍状，鞍部有一片沙洲，最高处海拔76.1米。南、东南、西北岸多绝壁，余为平缓砂质岸。

由肉红色中粒含黑云母花岗岩，碎裂交代花岗岩组成，山头基岩裸露，土质差，植被少，局部有人工种植木麻黄。属南亚热带海洋性气候。年均气温21.4℃，1月气温13.5℃，7月气温35.4℃，年降水量1500毫米。常风力3～4级，1—4月多雾，7—10月多台风。西面与古雷半岛之间的水域为“菜屿航门”，是浮头湾进出台湾海峡的主航道。

图 4-24-29 沙洲岛西面全景

图 4-24-30 沙洲岛沙滩、沿岸建筑及网箱养殖

岛上设有航标灯塔。周围海域是养殖紫菜、海带、牡蛎的好场所。岛上有淡水可供饮用。岛上建有成片房屋，现有古雷镇杏仔村渔民居住岛上，在此从事捕鱼和养殖，主产紫菜、海蜇、海胆等。岛上古迹有明朝建的妈祖庙，每年妈祖诞辰，古雷镇渔民渡海拜神，多时达千人。海域有网箱养殖、吊养。

图 4-24-31 沙洲岛的陆岛交通码头（左）和海岛西侧海蚀地貌景观（右）

图 4-24-32 沙洲岛上的风动石景观（左）和房屋、水井等生活设施（右）

二、漳浦红屿

漳浦红屿（Zhāngpǔhóng Yǔ）代码为 350623004521。

属于菜屿列岛，距大陆最近点 6.4 千米。地理坐标为北纬 23°46.6′、东经 117°42.7′。行政区隶属漳州市漳浦县管辖。

呈蝙蝠状，面积 0.9116 平方千米，岸线长 5980 米。列岛中最大的海岛，也是漳浦县最大的海岛。最高处海拔 84.8 米。

图 4-24-33 漳浦红屿东面全景及风动石景观

图 4-24-34 漳浦红屿上的水产养殖管理房、沙滩和防护林

由肉红色中粒含黑云母花岗岩，碎裂交代花岗岩组成，地表岩石部分裸露，破碎，多红壤土，长零星杂草，局部种植木麻黄。西、东北部有砂质岸，南部的岩石岸极为陡峻，渔货船无法停靠。

该岛东北与菜屿之间的水域，底层地形特别复杂，约 0.4 千米宽的主航道水深都在 20 米以上，但靠近红屿一侧水域，水深只有 2～10 米，500 吨以上船舶容易在此搁浅；在岛西北与巴流岛之间的水道，礁石密布，水流湍急，船只不宜通过。海产有马鲛鱼、鲳鱼、鱿鱼、龙虾。岛上水源充足，有渔民居住。岛上有耕地，种植甘薯、花生、蔬菜。已建陆岛交通码头。周围海域养殖海带、牡蛎，捕捞海参、海蜇、海胆。

海岛南端发育巨型风动石，长22米、宽10米、高8米，重约3000吨，被一尊石龟驮在背上，接触面积仅1平方米左右。

图4-24-35　漳浦红屿上的陆岛交通码头（左）和窑洞（右）

图4-24-36　漳浦红屿上的房屋（左）和风动石景观（右）

三、菜屿

（一）概况

菜屿（Cài Yǔ）代码为350623004711。

属菜屿列岛主岛之一。位于菜屿列岛东北部。因产紫菜质优，故名。地理坐标为北纬23°47.470′、东经117°43.396′。行政区隶属漳州市漳浦县管辖。

形如脚板，东西长800米，南北最宽处530米，面积0.2447平方千米，岸线长2.8千米。地势东高西低，最高点海拔61.7米。

（二）自然环境条件

由肉红色中粒含黑云母花岗岩，碎裂交代花岗岩组成，少数为（次）花岗斑岩脉，显微粒状碎斑酸性熔岩，地表岩石裸露，长杂草。东北、西南为岩石岸，余为砂质岸。岛上花岗岩石蛋地貌景观丰富，是难得的海岛旅游资源。岛上有淡水，可供200人饮用。

年均气温20.5℃，1月均气温12.5℃，7月均气温32.0℃，年降水量1500毫米。通常风力3～4级，1—4月多雾，7—10月多台风。

东南端出海口的内鹰屿、外鹰屿、破船礁石鼎立状．俯卧在航道西南侧，周围风大浪高，底部地形复杂，历史上有多艘船只触礁沉没。周围海域产马鲛鱼、鲳鱼、鲨鱼、带鱼、鱿鱼、龙虾等。

图 4-24-37　菜屿全景

图 4-24-38　菜屿西面全景

2005 年，经专家考察证实，在菜屿列岛发现濒危物种黄嘴白鹭繁殖地，菜屿列岛上黄嘴白鹭种群数量已经超过该物种全球种群总数量的 1%，达到成立湿地保护区的要求。

（三）海岛资源开发与保护

1. 基础设施

2008 年菜屿陆岛交通码头建成投入使用。位于海岛西侧，为 200 吨级斜坡重力式客货码头，泊位长 33 米、宽 10 米，码头下部结构通过水下炸礁和预制吊装混凝土方块形成。

2. 岛民生产生活

有居民居住，耕地种植甘薯、花生、蔬菜等；海上从事捕鱼养殖，周围海域养殖海带、牡蛎，捕捞海参、海蜇、海胆。

3. 渔业资源

蓝圆鲹，土名巴浪鱼，菜屿列岛为主要渔场。

真鲷，土名加拉鱼。3 月间由较深的越冬海区向省内近海洄游索饵。10 月集结，分两路，一路个体较小的，在近海索饵，一路个体较大的，游向海湾产卵。菜屿列岛为主要渔场，10—11 月以捕捞产卵群体为主，3—4 月也能捕到索饵的群体。

绒纹单角，又名三角鱼，土名迪仔，旺发期在 7—8 月，菜屿列岛为主渔场。用围罾、驶罾、罾或定置网捕捞。

虾，主要为中华管鞭虾及哈氏仿对虾，县人统称为剑虾。分布在南碇、将军澳、白鸭、菜屿列岛等渔场。全县有 300 多条虾拖网船及 75 对虾拖网竹排从事捕虾，年产 300 吨左右。

紫菜，属广温性红藻类，县境近海礁石间多有分布。明代，一个盛产紫菜的岛屿已经得名为“菜屿”，有专人经营。清顺治十八年（1661 年），清廷为防民众对郑成功抗清军的支持和联系实行“迁界”，沿海划为“弃土”，紫菜礁无人管理，“复界”后为有势者所占有。知县陈汝威在康熙二十九年（1690 年）《漳浦县志》中说：“陆鳌外有紫菜屿，为利颇夥，奸民势豪，纳课反轻，余稔其弊，乃以紫菜屿归官召佃，征课银三十两。……”后来官府失管，紫菜屿又为有势者所争夺，涉讼不休。新中国成立后所有权收归国有。

4. 主要渔业作业方式

（1）双桩有翼张网

俗称竹桁，是明清以来的传统近海定置作业。由翼网、身网、囊网三部分组成。主捕日本鳀、绒纹单角鲀（迪仔）、小公鱼等小型鱼类及个体小的带鱼、哈氏仿对虾、枪乌贼（鱿鱼）等。产量高，渔期长，操作技术简单，渔场近，生产较安全。6 ~ 7 级大风仍可生产，但受天气限制（一般以农历八月初八至十二和二十四至二十八潮缓天晴为宜）。过去网具材料多采用苎麻，桁根采用竹篾、稻草，所需生产资料品种多，数量大，成本占总收入 50% 以上。1980 年代后绳索、桁根塑料化，使用寿命长，成本有所节省。尤其是起网机的应用，并以抛锚代替部分打桩，减轻了劳动强度，且有较大灵活性，可进行季节性流动作业。但竹桁渔获物中夹杂经济鱼类幼鱼，为了重点保护中、上层鱼类及对虾、鱿鱼的幼体，省水产部门对竹桁作业数量作一定限制，并规定禁渔区内5—6月为禁渔期。

（2）泊船无翼张网

俗称档桁，为清代以来的传统作业方式。浅海及河口水深15～25米海域多有分布，菜屿列岛为主要渔场。主要捕捞小公鱼、日本鳀、丁香鱼等小杂鱼及部分鳓鱼、带鱼等经济鱼类幼鱼。除灾害天气外，常年都可作业。旺汛期在农历七至八月。每潮水可产100千克左右，是一种经济效益较高的作业方式。由于渔获物中夹杂经济鱼类幼鱼，对资源保护有一定影响。

（3）双船光诱畚箕形敷网

俗称驶罾，是利用鱼类集群溯流的习性，用两条船将畚箕兜形的网具敷设在鱼类栖息或洄游的下层，用灯光配合诱捕的作业方式，至今已有150年以上历史。原只在夜间作业，随着渔具改革和捕捞技术的提高，可以日夜作业，但以配合灯诱效果较好。渔期在5—8月，以7月为最盛。主捕蓝圆鲹（巴浪鱼）、沙丁鱼（鳁仔）、独角鲀（迪仔）、日本鳀（乌尧）、小公鱼（江鱼仔）等10多种中上层鱼类。菜屿列岛为主要渔场。

（4）饵诱方形敷网

俗称龙虾罾。它仿效延绳钓的结构，在一根干绳上等距离结附几十条支绳，支绳末端联结龙虾罾网，沉没在龙虾生活的海底岩礁石洞附近，饵诱龙虾出洞，使其刺缠于罾网上。六鳌后江及菜屿列岛为主渔场。由于龙虾资源减少，1980年代这种作业日见衰落。

（5）流刺单片刺网

俗称大目绫，是机帆船兼作的主要渔具。1982年由东山县传入。主渔区在菜屿列岛一带。渔期在5—10月，主捕马鲛、金枪鱼、鲨鱼等中上层经济鱼类。傍晚布网，清晨起网，每夜单产100千克左右。这种渔法投资少，费用省，经济效益高。但由于闽南、粤东一带竞相发展，海上秩序较乱，单位产量大幅度下降。

图4-24-39　菜屿上水产养殖管理用房（左）、陆岛交通码头（右）

图4-24-40　菜屿海岛护岸堤、房屋（左）和岩滩（右）

（四）海岛历史

1949年冬，败退金门等海岛的国民党军与潜逃入山坚持反共的国民党军政人员，凑合成所谓的“东南人民反共救国军总指挥部”。自1949年11月起，先后在漳浦县境内抢劫人民财产、向人民派粮派款、围攻村公所、截击或捕杀干部和群众、炸毁桥梁、破坏通信设施、扰乱社会治安等。

1950年2月，漳浦县成立剿匪指挥部。1950年6月11日，解放军和漳浦县公安干警分别在赤土乡卢厝村和长桥青果村围剿国民党“九龙纵队”和“闽粤边区闽南军区第一行政区人民反共救国军”属下的小股武装队伍，并集中兵力进攻莱屿岛，经过激烈战斗，“九龙纵队指挥部指挥”徐植卿等10人被当场击毙，“大队长”林献图等50多人缴械投降。

1950年11月9日，解放军驻军集中兵力进攻莱屿岛，围捕匪特组织“九龙纵队指挥部”、“漳州军分区维新漳行总指挥部”、“漳厦地区游击司令部”，这场战斗共歼匪190多人（含缴械投降），其中共毙匪首10名，缴汽艇1艘、电台1部、枪48支、子弹3860发。

四、巴流岛

巴流岛（Bāliú Dǎo）代码为350623003711。

属莱屿列岛，在莱屿列岛中部，距大陆最近点4.8千米。原名“把流岛”，因位于浮头湾与台湾海峡交汇处，如一座“闸门”把住进出的潮水。以方言谐音得今名。地理坐标为北纬23°47.2′、东经117°41.6′。行政区隶属漳州市漳浦县管辖。

呈龟状，西北—东南向展布，长720米，宽400米，面积0.2010平方千米，岸线长2.0千米。呈龟状。地势为莱屿列岛最高岛，最高处海拔94.9米。

图4-24-41　巴流岛全景

图4-24-42　巴流岛基岩海岸、沙滩及海边房屋

由肉红色中粒含黑云母花岗岩，碎裂交代花岗岩组成。西北为砂质岸，余为岩石岸，多陡壁。岛上岩石裸露，局部植被发育，主要为木麻黄。岛周围水道上各类礁石星罗棋布，水急浪高，船只难于

通行，只有岛西北靠浮头湾一侧可停泊。岛上有淡水可供饮用。岛上建有房屋，有白沙村渔民在此从事捕鱼养殖，周围海域养殖海带、牡蛎，捕捞海参、海蜇、海胆。

五、井安岛

井安岛（Jǐng' ān Dǎo）代码为350623004221。

位于菜屿列岛西南端，距大陆最近点3.7千米。地理坐标为北纬23°47.0′、东经117°41.0′。行政区隶属漳州市漳浦县管辖。

呈马鞍状，长轴为北西—南东方向，长1.4千米，最宽处570米。面积0.4114平方千米，岸线长4.0千米，最高处海拔38.0米。由肉红色中粒含黑云母花岗岩、碎裂交代花岗岩组成，岩石部分出露，植被发育，以木麻黄为主。海岸为基岩海岸、东西两侧为砂质岸。该岛与沙洲岛（屿）之间海域，宽约0.4千米，水深10~30米，底层平坦，礁石少，是浮头湾进出台湾海峡的门户；岛南部海域有一块东西宽约0.7千米，南北长约1.5千米的无名沙洲，水深只有6~9米，2千吨以上船只不可经此；岛东与巴流岛之间海域，地形复杂，礁石密布，水流湍急，船只不宜通过。

岛上土质肥沃，有淡水供饮用，建有水产养殖、捕捞住房，现有古雷镇城内村渔民住在岛上，从事捕鱼、捕养海参、海蜇、海胆。有旱地，种植甘薯、花生、蔬菜等。周围海域是养殖紫菜、海带、牡蛎的好场所。

图4-24-43　井安岛全景

图4-24-44　井安岛上的花岗岩峰林地貌（左）、沙滩和房屋（右）

图4-24-45　井安岛上的水井（左）和庙宇（右）

六、漳浦横屿

漳浦横屿（Zhāngpǔhéng Yǔ）代码为350623002911。

位于漳浦县六鳌半岛南部，六鳌镇后江村11.7千米处，距大陆最近点9.704千米。横卧于浮头湾与台湾海峡结合部，故名。地理坐标为北纬23°49.0′、东经117°45.5′。行政区隶属漳州市漳浦县管辖。

图4-24-46　漳浦横屿全景

面积0.2119平方千米，岸线长2.5千米。呈条状，东北—西南向展布，长1.0千米，宽0.2千米，最高处海拔56.3米。由花岗岩组成，基岩裸露。西北、东北、西南为岩石岸，其余为砂质岸，长杂草。岛北水域是浮头湾进出台湾海峡的主航道。岛上建有房屋，有六鳌镇山门村和旧镇镇白沙村渔民在此从事捕鱼、农牧业，属于无居民海岛。周围海域主产鲻鱼、马鲛鱼、鲳鱼、带鱼、鱿鱼、大黄鱼、龙虾、鲨鱼、鳗鱼等。

主要渔业方式为双排底层无翼多囊虾拖网，俗称“猪母乳”虾拖网，是境内较有特色的传统作业方式，常年均可作业，一潮水作业，日投1～2网，每网次产量5～15千克，生产稳定，长久不衰。菜屿列岛的横屿以东，红屿以南为主要渔场。

图4-24-47　漳浦横屿岛上的房屋

七、西赤屿

西赤屿（Xīchì Yǔ）代码为350623002721。

位于漳浦县古六鳌镇以南海域中，浮头湾的东南侧，距大陆杏仔角9.5千米。地理坐标为北纬23°49.5′、东经117°43.9′。行政区隶属漳州市漳浦县管辖。

椭圆形，近东西向展布，最长处约 148 米，最宽处约 109 米。面积 0.0128 平方千米，岸线长 460 米，最高点海拔 23.3 米。

由肉红色中粒含黑云母花岗岩，碎裂交代花岗岩组成，地表基岩裸露，无植被。基岩海岸陡峭，水下礁盘突出。在岛东面与东赤屿之间的水域，平均水深 20 米以上，礁石少，是船只来往的通道。建有灯桩，基本处于自然状态，未开发利用。周围海域是养殖紫菜、海带、牡蛎的好场所。

图 4-24-48　西赤屿东面全景（左）和灯桩（右）

八、东赤屿（1）

图 4-24-49　东赤屿（1）东面全景

东赤屿（1）[Dōngchì Yǔ（1）] 代码为 350623002821。

位于漳浦县六鳌镇以南海域中，浮头湾的东南侧，横屿西侧 1.5 千米，距大陆最近点 10.0 千米。地理坐标为北纬 23°49.2′、东经 117°44.3′。行政区隶属漳州市漳浦县管辖。

1994 年出版的《福建省海岛志》把东赤屿（1）、东赤屿（2）和东赤屿（4）三个小岛合并为东赤屿，形容似牛腿，它们水下礁盘相连。

东赤屿（1）面积约 4190 平方米，岸线长 300 米，海拔高 15.4 米。由肉红色中粒含黑云母花岗岩，碎裂交代花岗岩组成。地表基岩裸露，无植被。基岩海岸为主，东南、北为陡峭的岩石岸，西侧为低平的沙砾岸。在岛西面与西赤屿之间的水域，平均水深 20 米以上，礁石少，是船只来往的通道。自然状态，未开发利用。周围海域有吊养，是养殖紫菜、海带的好场所。

九、东赤屿（2）

东赤屿（2）[Dōngchì Yǔ（2）] 代码为 350623006721。

位于漳浦县六鳌镇以南海域中，浮头湾的东南侧，横屿西侧 1.6 千米，距大陆最近点 10.1 千米。地理坐标为北纬 23°49.1′、东经 117°44.3′。行政区隶属漳州市漳浦县管辖。

面积 910 平方米，岸线长 110 米。由肉红色中粒含黑云母花岗岩，碎裂交代花岗岩组成。地表基岩裸露，无植被。基岩海岸为主，东南、北为陡峭的岩石岸，西侧为低平的沙砾岸。在岛西面与西赤屿之间的水域，平均水深 20 米以上，礁石少，是船只来往的通道。自然状态，未开发利用。周围海域有吊养，是养殖紫菜、海带的好场所。

图 4-24-50　东赤屿（2）全景

十、东赤屿（3）

东赤屿（3）[Dōngchì Yǔ（3）] 代码为 350623006821。

位于漳浦县六鳌镇以南海域中，浮头湾的东南侧，横屿西侧 1.5 千米，距大陆最近点 10.1 千米。地理坐标为北纬 23°49.1′、东经 117°44.3′。行政区隶属漳州市漳浦县管辖。

面积 2540 平方米，岸线长 250 米，最高点海拔 11.0 米。由肉红色中粒含黑云母花岗岩，碎裂交代花岗岩组成。地表基岩裸露，无植被。基岩海岸为主，东南、北为陡峭的岩石岸，西侧为低平的沙砾岸。在岛西面与西赤屿之间水域，平均水深 20 米以上，礁石少，是船只来往的通道。自然状态，未开发利用。周围海域有吊养，是养殖紫菜、海带的好场所。

图 4-24-51　东赤屿（3）全景

十一、鸽沙屿-01

鸽沙屿-01（Gēshā Yǔ-01）代码为 350623008921。

位于浮头湾南侧，菜屿航门东侧，鸽沙岛北部 23 米，距离 2.7 千米。地理坐标为北纬 23°48.5′、东经 117°39.9′。行政区隶属漳州市漳浦县管辖。

略呈长条形，南北向展布。最长处约 44 米，最宽处约 29 米。面积 780 平方米，岸线长 120 米，最高点海拔 7.3 米。基岩裸露，无植被覆盖自然状态，未开发利用。

十二、鸽沙屿

鸽沙屿（Gēshā Yǔ）代码为 350623003021。

位于浮头湾南侧，沙洲岛北，距大陆杏仔角 2.6 千米。地理坐标为北纬 23°48.5′、东经117°39.9′。行政区隶属漳州市漳浦县管辖。

原为沙洲岛突出部，经长期潮汐冲刷和风化作用，而与沙洲岛分离。面积 2410 平方米，岸线长 230 米。顶部平，海拔 7.8 米。由肉红色中粒含黑云母花岗岩，碎裂交代花岗岩组成，地表基岩裸露，无植被覆盖。基岩海岸。西侧为菜屿航门。自然状态，未开发利用。周围海域是养殖紫菜、海带、牡蛎的好场所。

图 4-24-52 鸽沙屿全景

十三、马祖印礁

马祖印礁（Mǎzǔyìn Jiāo）代码为 350623008821。

位于沙洲岛东侧 175 米。地理坐标为北纬 23°47.7′、东经 117°39.8′。行政区隶属漳州市漳浦县管辖。

面积 2350 平方米，岸线长 240 米。基岩裸露，无植被覆盖。自然状态，未开发利用。

十四、沙洲土礁

沙洲土礁（Shāzhōutǔ Jiāo）代码为 350623004121。

位于沙洲岛西南 580 米处，地理坐标为北纬 23°47.2′、东经 117°39.7′。行政区隶属漳州市漳浦县管辖。

面积 4280 平方米，岸线长 280 米，最高点海拔 13.0 米。基岩裸露，无植被覆盖。自然状态，未开发利用。

十五、柿仔礁（2）

柿仔礁（2）[Shìzǎi Jiāo（2）] 代码为 350623003421。

位于漳浦县古雷乡东南侧海域，沙洲岛东南 130 米。地理坐标为北纬 23°47.3′、东经 117°40.3′。行政区隶属漳州市漳浦县管辖。

面积 4750 平方米，岸线长 330 米，最高点海拔 13.0 米。由变质岩组成，海岸为基岩滩岸。地表基岩裸露。近岸水深 10 多米。自然状态，未开发利用。

十六、柿仔礁（1）

柿仔礁（1）[Shìzǎi Jiāo（1）] 代码为 350623008521。

位于漳浦县古雷乡东南侧海域，沙洲岛东南 207 米。地理坐标为北纬 23°47.3′、东经 117°40.3′。行政区隶属漳州市漳浦县管辖。

面积 3280 平方米，岸线长 280 米，最高点海拔 8.8 米。由变质岩组成，海岸为基岩滩岸。地表基岩裸露。近岸水深 10 多米。自然状态，未开发利用。

十七、酒桶礁

酒桶礁（Jiǔtǒng Jiāo）代码为350623008421。

位于漳浦县古雷乡东南侧海域，沙洲岛东南130米。地理坐标为北纬23°47.2′、东经117°40.3′。行政区隶属漳州市漳浦县管辖。

面积1590平方米，岸线长220米。由变质岩组成，海岸为基岩滩岸。地表基岩裸露。近岸水深10多米。自然状态，未开发利用。

十八、苔狗门礁

苔狗门礁（Táigǒumén Jiāo）代码为350623004621。

属莱屿列岛，在沙洲岛的南部580米处，距大陆最近点2.9千米。地理坐标为北纬23°47.0′、东经117°40.2′。行政区隶属漳州市漳浦县管辖。

略呈扇形，轴长约88米；面积5520平方米，岸线长360米。由肉红色中粒含黑云母花岗岩，碎裂交代花岗岩组成，地表基岩裸露。基岩海岸陡峭，水下礁盘发育，近岸水深2~10米。海域有吊养。自然状态，未开发利用。周围海域是养殖海带、牡蛎的好场所。

图4-24-53　苔狗门礁全景

十九、苔狗门礁-01

苔狗门礁-01（Táigǒumén Jiāo-01）代码为350623003921。

属莱屿列岛，在沙洲岛的南部670米，苔狗门礁的东南70米处，距大陆最近点3.1千米。地理坐标为北纬23°47.0′、东经117°40.3′。行政区隶属漳州市漳浦县管辖。

不规则长条形，最长约74米，最宽约37米；面积1690平方米，岸线长190米。由肉红色中粒含黑云母花岗岩，碎裂交代花岗岩组成，地表较平缓，基岩海岸，水下礁盘连苔狗门礁。海域有吊养。自然状态，未开发利用。周围海域是养殖海带、牡蛎的好场所。

图4-24-54　苔狗门礁-01全景

二十、青草屿-01

青草屿-01（Qīngcǎo Yǔ-01）代码为350623008331。

属菜屿列岛，地理坐标为北纬 23°46. 796′、东经 117°40. 010′。行政区隶属漳州市漳浦县管辖。形长，近东西向展布，面积 490 平方米，岸线长 140 米。自然状态，未开发利用。

二十一、青草屿

青草屿（Qīngcǎo Yǔ）代码为 350623004421。

位于沙洲岛南部 1. 05 千米，距大陆最近点 2. 9 千米。地理坐标为北纬 23°46. 7′、东经 117°40. 1′。行政区隶属漳州市漳浦县管辖。

略呈长方形，长轴为北西—南东向展布，长 200 米，宽 90 米，面积 0. 0127 平方千米，岸线长 480 米，海拔高 24. 0 米。由肉红色中粒含黑云母花岗岩，碎裂交代花岗岩组成，地表基岩裸露。地势中间高，四周低平。长零星小草。基岩海岸陡峭。岛西面隔菜屿航门与圣杯屿相对，犹如航门二位把门将军，迎送进出航门的船只。东部多干出礁。周围海域是养殖海带、牡蛎的好场所。

图 4-24-55　青草屿全景

二十二、竖人礁

竖人礁（Shùrén Jiāo）代码为 350623003221。

属菜屿列岛，井安屿北部约 390 米处。地理坐标为北纬 23°47. 5′、东经 117°40. 7′。行政区隶属漳州市漳浦县管辖。

该岛呈南北向展布，面积 1410 平方米，岸线长 190 米，最高点海拔 9. 4 米。由肉红色中粒含黑云母花岗岩，碎裂交代花岗岩组成，地表岩石裸露，陡峭的基岩海岸。近岸水深2 ~ 10米。自然状态，未开发利用。周围海域是养殖海带、牡蛎的好场所。

二十三、竖人礁-01

竖人礁-01（Shùrén Jiāo-01）代码为 350623008131。

属菜屿列岛，位于井安屿北部约 306 米处。地理坐标为北纬 23°47. 4′、东经 117°40. 8′。行政区隶属漳州市漳浦县管辖。

图 4-24-56　竖人礁-01 全景

该岛近圆形，面积490平方米，岸线长80米。由肉红色中粒含黑云母花岗岩，碎裂交代花岗岩组成，地表岩石裸露，陡峭的基岩海岸。近岸水深2～10米。自然状态，未开发利用。

二十四、竖人礁-02

竖人礁-02（Shùrén Jiāo-02）代码为350623008231。

属菜屿列岛，位于井安屿北部约457米处。地理坐标为北纬23°47.5′、东经117°40.7′。行政区隶属漳州市漳浦县管辖。

该岛近圆形，面积350平方米，岸线长70米。由肉红色中粒含黑云母花岗岩，碎裂交代花岗岩组成，地表岩石裸露，陡峭的基岩海岸。近岸水深2～10米。自然状态，未开发利用。周围海域是养殖海带、牡蛎的好场所。

二十五、小城礁

小城礁（Xiǎochéng Jiāo）代码为350623003621。

属菜屿列岛，位于井安屿北部135米，距大陆最近点3.9千米。地理坐标为北纬23°47.3′、东经117°40.9′。行政区隶属漳州市漳浦县管辖。

不规则形，南北向展布，最长约210米，最宽约130米。面积0.0143平方千米，岸线长810米。由肉红色中粒含黑云母花岗岩，碎裂交代花岗岩组成，地表岩石裸露，基岩海岸，水下礁盘面积较大，近岸水深0～5米。周围海域是养殖海带、牡蛎的好场所。

图4-24-57 小城礁全景

二十六、内龟礁

内龟礁（Nèiguī Jiāo）代码为350623004321。

属菜屿列岛，在井安岛的东南端近岸95米。地理坐标为北纬23°46.8′、东经117°41.4′。行政区隶属漳州市漳浦县管辖。

形如龟，低平，南北向展布，最长约99米，最宽约52米。面积3410平方米，岸线长260米。由肉红色中粒含黑云母花岗岩，碎裂交代花岗岩组成，地表基岩裸露，无植被覆盖。基岩海岸。自然状态，未开发利用。周围海域是养殖海带、牡蛎的好场所。

图4-24-58 内龟礁全景

二十七、外龟礁

外龟礁（Wàiguī Jiāo）代码为350623007631。

地理坐标为北纬23°46.5′、东经117°41.6′。行政区隶属漳州市漳浦县管辖。

面积450平方米，岸线长90米，最高点海拔2.8米。基岩裸露，无植被覆盖。自然状态，未开发利用。

图4-24-59 外龟礁全景

二十八、外龟礁-01

外龟礁-01（Wàiguī Jiāo-01）代码为350623007731。

地理坐标为北纬23°46.5′、东经117°41.6′。行政区隶属漳州市漳浦县管辖。

面积290平方米，岸线长60米。无植被覆盖。自然状态，未开发利用。

二十九、小巴流岛

小巴流岛（Xiāobāliú Dǎo）代码为350623003321。

图4-24-60 小巴流岛北面全景

属菜屿列岛，巴流岛北偏西320米处，距大陆最近点4.6千米。地理坐标为北纬23°47.5′、东经117°41.3′。行政区隶属漳州市漳浦县管辖。

北西—东向展布，长120米，宽70米，面积9730平方米，岸线长440米。顶部圆，最高处海拔19.1米。

图4-24-61 小巴流岛西面全景

由肉红色中粒含黑云母花岗岩，碎裂交代花岗岩组成，基岩海岸。地表多基岩出露，有薄土层，顶部长杂草。周围水域多礁石。该岛原为巴流岛的延伸部，经过长期潮汐和风化作用，低洼处逐步沉入海底，而造成岛的东、西、南三面与巴流岛之间的水域中明礁、暗礁、干出礁纵横交错，船只无法通行，只有岛北可停泊100吨以下船只。自然状态，未开发利用。周围海域养殖海带、牡蛎，捕捞海参、海蜇、海胆。

三十、小巴流岛-01

小巴流岛-01（Xiǎobāliú Dǎo-01）代码为350623003521。

属菜屿列岛，在巴流岛的东部约38米处。地理坐标为北纬23°47.2′、东经117°41.8′。行政区隶属漳州市漳浦县管辖。

呈椭圆形，南北向展布，最长约64米，最宽约34米。面积1720平方米，岸线长160米。由肉红色中粒含黑云母花岗岩，碎裂交代花岗岩组成，地表多岩石裸露，局部有红壤土，植被稀少。基岩海岸，近岸水深0~5米。自然状态，未开发利用。周围海域是养殖海带、牡蛎的好场所。

三十一、小巴流岛-02

小巴流岛-02（Xiǎobāliú Dǎo-02）代码为350623007931。

属菜屿列岛，地理坐标为北纬23°47.3′、东经117°41.5′。行政区隶属漳州市漳浦县管辖。

近圆形，面积280平方米，岸线长60米。基岩裸露，无植被覆盖。自然状态，未开发利用。

三十二、小巴流岛-03

小巴流岛-03（Xiǎobāliú Dǎo-03）代码为350623008031。

属菜屿列岛。地理坐标为北纬23°47.4′、东经117°41.5′。行政区隶属漳州市漳浦县管辖。

近圆形面积310平方米，岸线长60米。自然状态，未开发利用。

三十三、内刹礁

内刹礁（Nèichà Jiāo）代码为350623007831。

位于巴流岛东南107米，地理坐标为北纬23°47.0′、东经117°41.8′。行政区隶属漳州市漳浦县管辖。

面积490平方米，岸线长90米。基岩裸露，无植被覆盖。自然状态，未开发利用。

三十四、中刹礁

中刹礁（Zhōngchà Jiāo）代码为350623007531。

位于巴流岛东南627米，红屿西侧646米。地理坐标为北纬23°46.7′、东经117°41.9′。行政区隶属漳州市漳浦县管辖。

面积450平方米，岸线长80米。基岩裸露，无植被覆盖。自然状态，未开发利用。

三十五、东刹礁

东刹礁（Dōngchà Jiāo）代码为350623007431。

位于巴流岛东南725米，红屿西侧516米。地理坐标为北纬23°46.7′、东经117°42.0′。行政区隶属漳州市漳浦县管辖。

面积460平方米，岸线长90米，最高点海拔4.6米。基岩裸露，无植被覆盖。自然状态，未开发利用。

三十六、漳浦红屿-01

漳浦红屿-01（Zhāngpǔhóng Yǔ-01）代码为350623007221。

属菜屿列岛，位于红屿南侧35米，距大陆最近点6.380千米。地理坐标为北纬23°46.3′、东经117°42.8′。行政区隶属漳州市漳浦县管辖。

近东北西南向展布，面积0.045平方千米，岸线长930米，最高点海拔29.0米。由花岗岩组成，地表岩石部分裸露，破碎。自然状态，未开发利用。

三十七、漳浦红屿-02

漳浦红屿-02（Zhāngpǔhóng Yǔ-02）代码为350623007321。

属菜屿列岛，位于红屿西北端近岸50米，距大陆最近点6.450千米。地理坐标为北纬23°46.9′、东经117°42.2′。行政区隶属漳州市漳浦县管辖。

面积850平方米，岸线长120米。由花岗岩组成，地表岩石部分裸露，破碎。自然状态，未开发利用。

三十八、蒙礁

蒙礁（Méng Jiāo）代码为350623008631。

属菜屿列岛，位于沙洲岛东南端近岸100米。地理坐标为北纬23°47.3′、东经117°40.3′。行政区隶属漳州市漳浦县管辖。

面积20平方米，岸线长20米。由花岗岩组成，岩石裸露。自然状态，未开发利用。

三十九、小土礁

小土礁（Xiǎotǔ Jiāo）代码为350623008731。

属菜屿列岛，位于沙洲岛南端西南海域，距离沙洲岛515米。地理坐标为北纬23°47.2′、东经117°39.9′。行政区隶属漳州市漳浦县管辖。

面积20平方米，岸线长20米。由花岗岩组成，岩石裸露。自然状态，未开发利用。

四十、龙虾礁

龙虾礁（Lóngxiā Jiāo）代码为350623007131。

位于红屿东南侧252米，地理坐标为北纬23°46.3′、东经117°43.4′。行政区隶属漳州市漳浦县管辖。

面积450平方米，岸线长100米，最高点海拔6.0米。基岩裸露，无植被覆盖。自然状态，未开发利用。

四十一、菜屿-01

菜屿-01（Cài Yǔ-01）代码为350623006921。

位于菜屿西北侧25米。地理坐标为北纬23°47.6′、东经117°43.2′。行政区隶属漳州市漳浦县管辖。

近圆形。由花岗岩组成，地表岩石裸露，长杂草。面积2800平方米，岸线长210米，最高点海拔10.0米。自然状态，未开发利用。

四十二、小菜屿

小菜屿（Xiǎocài Yǔ）代码为350623004821。

位于菜屿列岛东北部，菜屿岛东南230米。原为菜屿岛的延伸部，经过长期潮汐和风化作用，低洼处逐步沉入海底而成为菜屿岛的子岛，水下礁盘相连。地理坐标为北纬23°47.2′、东经117°43.7′。行政区隶属漳州市漳浦县管辖。

图4-24-62 小菜屿全景

图4-24-63 小菜屿岛上植被（左）和海蚀地貌（右）

呈北东—西向展布，长450米，面积0.0596平方千米，岸线长1.3千米，最高点海拔22.1米。由肉红色中粒含黑云母花岗岩，碎裂交代花岗岩组成，表层多红壤，顶部长有树丛。除东部为岩石岸，其余为砂质岸。岛西南面与红屿之间海域，宽1.150千米，水深10~30米。岛上缺淡水，无人居住。自然状态，未开发利用。周围海域养殖海带、牡蛎，捕捞海参、海蜇、海胆。

四十三、内鹰屿

内鹰屿（Nèiyīng Yǔ）代码为350623004921。

位于菜屿列岛东部，小菜屿东南318米。地理坐标为北纬23°47.1′、东经117°43.9′。行政区隶属漳州市漳浦县管辖。

北东—南西向展布。面积0.0134平方千米，岸线长600米，最高处海拔24.1米。由肉红色中粒含黑云母花岗岩，碎裂交代花岗岩组成，地表基岩裸露，无植被。基岩海岸，该岛周围礁石多，水底地形复杂，船只难以通行。岛上缺淡水，无人居住。自然状态，未开发利用。周围海域养殖海带、牡蛎，捕捞海参、海蜇、海胆。

图4-24-64　内鹰屿全景（左）和岛上风动石等海蚀景观（右）

四十四、内鹰屿-01

内鹰屿-01（Nèiyīng Yǔ-01）代码为350623007021。

在菜屿列岛东部，小菜屿东南270米。地理坐标为北纬23°47.1′、东经117°43.8′。行政区隶属漳州市漳浦县管辖。

北东—向展布。长55米，宽约25米。面积1060平方米，岸线长140米，最高处海拔16.0米。由花岗岩组成，地表基岩裸露，无植被。基岩海岸，该岛周围礁石多，水底地形复杂，船只难于通行。自然状态，未开发利用。

四十五、外鹰屿

外鹰屿（Wàiyīng Yǔ）代码为350623005021。

位于菜屿列岛东部，小菜屿东南580米。地理坐标为北纬23°47.0′、东经117°44.1′。行政区隶属漳州市漳浦县管辖。

长轴为北西—南东向展布，长190米，宽60米。面积5840平方米，岸线长410米，海拔23.7米。由肉红色中粒含黑云母花岗岩，碎裂交代花岗岩组成，地表基岩裸露，无植被。基岩海岸，大潮时岛体几乎被淹没在水底，与内鹰屿、破船礁呈鼎立状，扼守在浮头湾东面进出台湾海峡的要道上，屿西北水浅，水底地形复杂，对来往船只危害大。

岛上缺淡水，无人居住。自然状态，未开发利用。岛设有灯桩一座。周围海域养殖海带、牡蛎，捕捞海参、海蜇、海胆。

图 4-24-65 外鹰屿全景及灯桩

图 4-24-66 外鹰屿风动石景观

外鹰灯桩①，1967 年建成，1983 年军标改民用，1985 年 6 月改建，1988 年 12 月改建并装 ML-300 灯器，2003 年 2 月 14 日改建竣工发光，2003 年 12 月 25 日安装泰兰海标Ⅱ-6 雷达应答器，编号 3218，位置为北纬 23°46′58.0″、东经 117°44′2.0″，隶属厦门航标处管理。为红白横带圆柱形瓷砖贴面构造，灯高 24.9 米，射程 10.5 海里，桩身高度 10.0 米，灯器为 ML-300，灯质为闪（2）白 6 秒，免维护电池和太阳能电池供电，用于船舶助航。

① 东海海区航标资料汇编：中华人民共和国上海海事局官方网页，http：//www.shmsa.gov.cn/mark/ donghai/index.htm，1999 年。

第二十五章 消失海岛

本区消失海岛2个，全部属于漳州市漳浦县管辖，消失原因是因围填海与大陆相连而消失。

一、无名岛 ZPU1

无名岛 ZPU1，位于佛昙湾内，原地理坐标为北纬 24°11.7′、东经 117°56.1′。行政区原属福建省漳州市漳浦县管辖，无居民海岛。

面积 650 平方米，岸线长 95 米。原为基岩岛，1990 年因围填海与大陆相连而消失。

二、赤屿

赤屿（Chì Yǔ）。

位于佛昙湾内，原地理坐标为北纬 24°11.2′、东经 117°57.3′。行政区原属福建省漳州市漳浦县管辖，无居民海岛。

面积 650 平方米，岸线长 95 米。原为基岩岛，1990 年因围填海与大陆相连而消失。

第五篇
东山岛周边海区

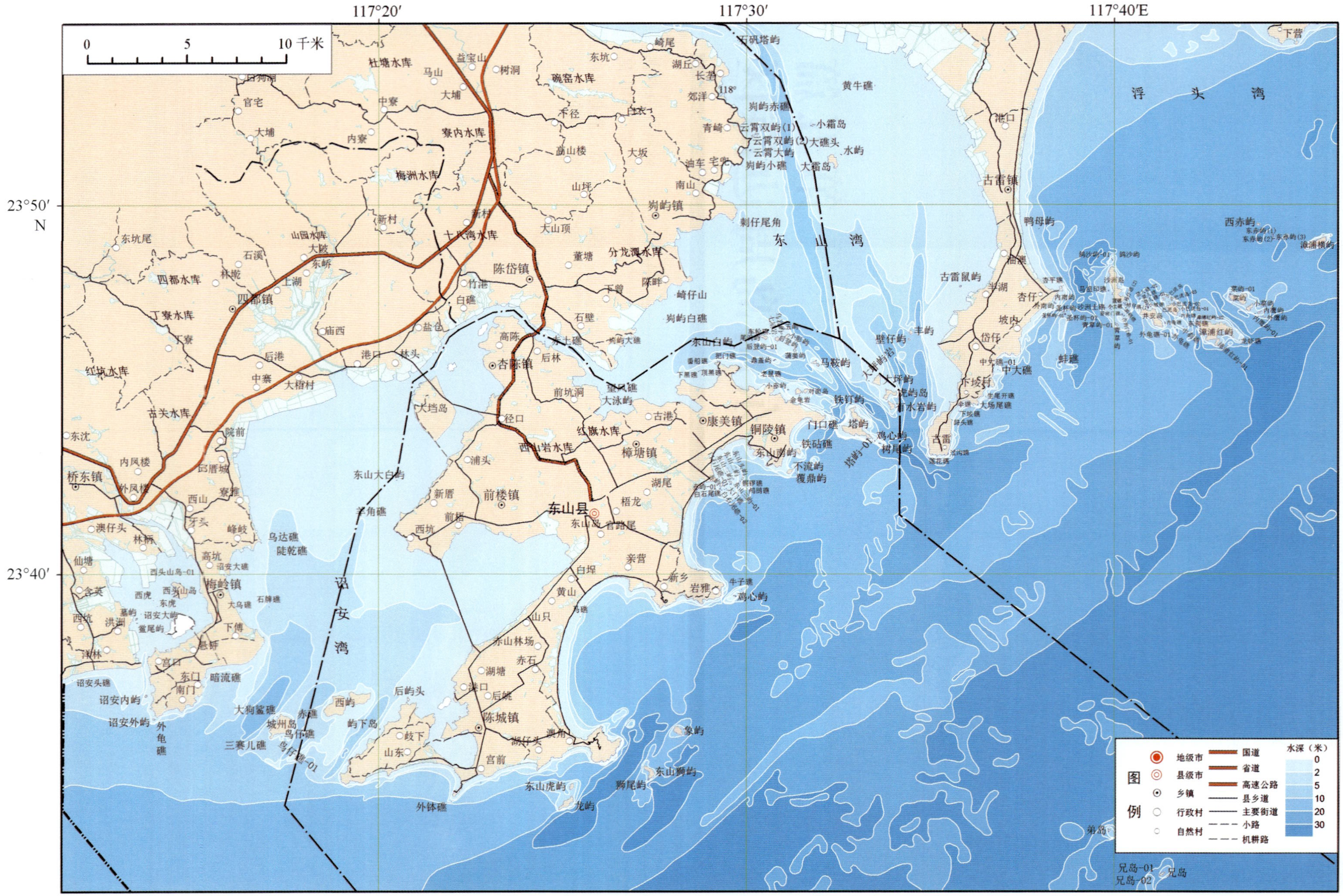

东山岛周边海区海岛分布图

第二十六章　区域环境概况

本篇海区包括东山湾、诏安湾、宫口湾及东山岛东南侧和南侧海域，位于漳州市漳浦县、东山县、云霄县和诏安县等四个县级行政区。

本篇入志海岛120个，其中有1个驻县级人民政府的有居民海岛（东山岛）、2个驻村委会的有居民海岛（大嵻岛、西头山岛）、107个无居民海岛和10个消失海岛。

东山县管辖范围有1个驻县级人民政府的有居民海岛（东山岛）和1个驻村委会的有居民海岛（大嵻岛）、67个无居民海岛、2个消失海岛；诏安县管辖范围有1个驻村委会的有居民海岛、21个无居民海岛、2个消失海岛；漳浦县管辖范围有8个无居民海岛；云霄县管辖范围有10个无居民海岛、1个消失海岛（佳洲，原为驻村委会的有居民海岛）。另有1个无居民海岛（赤礁）为东山县与诏安县海域行政区域界线的界点岛，5个无居民海岛因海域行政界限划入广东省而列为消失海岛。

第一节　地质地貌

本海区位于华南加里东褶皱系东部之闽东南沿海中生代火山断折带南段。区内地壳结构具二元特点，基底由前泥盆系变质岩、混合岩组成，盖层由中生代陆相碎屑沉积岩、火山岩、火山碎屑熔岩组成。区内燕山期侵入岩广布，各时代地层仅零星出露。该区在加里东时期（下古生代以前）为一片汪洋大海，接受巨厚的海相碎屑沉积物，加里东运动导致区域变质作用和混合岩化作用，并褶皱隆起上升接受剥蚀，构成华夏古陆的一部分。晚古生代时期地壳相对稳定，主要以振荡式的升降运动为主。至中生代早期的印支运动，其地壳运动又趋向剧烈。主要表现为断块升降运动为主，长乐—南澳深大断裂带和云霄—上杭北西向深大断裂带在此时即已形成，到燕山运动中期该区地壳运动达到高潮，导致区域性大规模的火山喷发和岩浆侵入，燕山运动晚期地壳运动逐渐减弱并趋向平静。在喜马拉雅运动和新构造运动中，该区地质构造活动仍较频繁，沿长乐—南澳深大断裂带引起了基性岩浆的多次喷溢和邻近地区地震的发生，区内长期隆起上升，海岸线逐渐东移，以致形成如今的地貌。

一、地质

（一）地层

出露地层主要有前泥盆系变质岩、混合岩、中生界侏罗系上统长林组、南园组、陆相火山碎屑岩以及第四系地层等。依时代由老及新分述如下。

1. 前泥盆系变质岩、混合岩

主要分布于本区南部及东部东山、古雷头及杜浔一带。其岩性较杂，主要有红柱石、矽线石英片岩、矽线云母片岩、二云片岩、白云片岩、柘榴黑云片岩、混合质斜长变粒岩、混合质钾长变粒岩、黑云斜长变粒岩、混合花岗岩等。在该地层中获得了大于4亿年的同位素年龄，并在东山获取了下古生代前的微体化石，为前泥盆系，厚度大于2372米。

2. 南园组第二岩性段和第四岩性段

（1）长林组

为一套陆相火山碎屑沉积。岩性为中细粒石英砂岩、凝灰质细砂岩、粉砂岩、泥岩夹层凝灰岩、矽质岩、矽质灰岩透镜体及英安斑岩等。一般下部以正常沉积岩为主，上部火山碎屑岩成分增加，厚度大于736米。

（2）南园组第二岩性段

分布本区西部，岩性为灰绿色流纹质凝灰岩、凝灰熔岩、熔结凝灰岩、流纹岩、岩屑晶屑凝灰岩、局部夹层凝灰岩、火山角砾岩、凝灰质砂岩、粉砂岩、硅质岩、炭质岩等，厚度大于233米。

（3）南园组第四岩性段

零星分布本区西部，岩性一般为以深灰、灰黑色英安质岩屑、晶屑凝灰熔岩、流纹质晶屑凝灰熔岩为主，夹少量流纹斑岩、英安岩、凝灰质砂岩、石英细砂岩、硅质岩等，其底部常见一层熔岩角砾岩及熔岩集块岩，呈不整合于第二岩性段之上，厚度大于2347米。

3. 第四系

第四系地层覆盖面较大，主要分布于古雷半岛、东山岛及漳江入海口两岸。根据沉积物成因和时代划分如下。

（1）残积层

主要分布在滨海残丘台地及山麓缓坡地带，海拔200米以下，其上部为砖红，棕红色砂质黏土或黏质砂土（厚度小于7米）；下部为原岩结构不清的花斑状高岭土（厚度20~30米），为碎石角砾带，厚度变化较大，一般为10~30米。

（2）更新统冲洪积层

沿滨海山麓或台地边缘成带展布，出露海拔10~15米，个别达20~40米，相对高程5~10米。岩性为棕黄、灰白及花斑状砂质黏土，黏土及泥质沙砾、砾卵石等，多为互层结构，厚度一般2~23米。

（3）更新统风积层

仅局部出露于海拔5~20米，常形成不连续的垄岗状砂丘。岩性以砖红色半固结石英粉细砂为主，偶见次棱角状石英粗砂和细砾，泥质成分极少，层理不发育，厚度大于8米。

（4）全新统海积层

主要分布于港湾周边沿岸滨海地带，海拔2~6米，个别近10米岩性为淤泥、淤泥质砂、沙砾等，厚度4~28米，与更新统冲洪积层呈假整合接触。

（5）全新统冲积层

主要沿河谷两侧分布，可分为近代和现代二类，二者为假整合接触，区内主要分布现代漫滩相冲积层。岩性为黄褐色黏质砂土、黏土及砂，还有河床相沙砾卵石层等，厚度一般小于12~15米，仅在各小溪沟可见0.5~3.0米的近代沉积。岩性为疏松砂砾卵石层。该地层多数覆盖在全新统海积层之上，与海积层呈假整合关系，为现代沉积物，仅局部在全新统海积层，下部见近代冲积砾卵石，为近代沉积产物。其总厚度小于12.5~18.0米。

（6）全新统洪积层

仅出露于荷步一带，海拔10~20米。岩性为灰白、棕黄色砂质黏土、黏质砂土、粗砂、砾卵石、角砾碎石混杂堆积等。层理及分选性极差，砾石磨圆度也较差，厚度6米。

（7）全新统风积层

主要分布于古雷半岛和东山岛亲营山—康美一带，分布面积广，多呈沙丘、砂垄等地形，出露海拔一般为5~12米，个别达60米。主要由疏松的白、浅黄色细砂、粉细砂组成。覆盖在全新统海积层之上，厚度1~20米。风积层质纯的可作型砂和玻璃砂，如东山山只型砂、玻璃砂矿床。

（二）侵入岩

区内出露侵入岩有燕山早期第三阶段第一次侵入之二长花岗岩、片麻状碎裂花岗岩、第二次侵入之花岗闪长岩、第三次侵入之黑云母花岗岩、第四次侵入之细粒花岗岩。燕山晚期第一阶段第一次侵入之石英闪长玢岩、第二次侵入之二长花岗岩、含黑云母花岗岩、第三次侵入之晶洞花岗岩、第四次侵入之花岗斑岩以及时代不明的辉绿玢岩、辉长辉绿岩、花岗斑岩等岩脉。

1. 燕山早期花岗岩二长花岗岩

零星分布于东山湾西岸云霄、东山一带海岸。岩性为中粒二长花岗岩、中粒花岗结构，部分为似斑状中粒花岗结构，块状构造。含钾长石35%、斜长石31%、石英28%、黑云母3%～5%及少量角闪石、磁铁矿、磷灰石、锆石、独居石、钛铁矿、榍石等副矿物。

2. 片麻状碎裂花岗岩

仅在海湾西岸局部见到，岩性为片麻状碎裂黑云母花岗岩，碎裂花岗变晶结构，片麻状构造。含钾长石50%、斜长石20%、石英25%、黑云母5%及少量角闪石、磁铁矿、榍石、锆石、磷灰石、褐帘石等副矿物。

3. 花岗闪长岩

仅在西岸云霄大帽山一带局部见到。岩性为中粒花岗闪长岩，中粒花岗结构，块状构造。含钾长石20%～25%、斜长石45%～50%、石英20%～25%、黑云母5%、角闪石3%～4%及少量磁铁矿、榍石、磷灰石、褐帘石等副矿物。

4. 黑云母花岗岩

区内分布面积最大，多呈岩基状产出，岩体相带发育，可分中心相、过渡相和边缘相三部分。

中心相为肉红色中粗粒花岗岩，中粗粒花岗结构，块状构造。含斜长石19%、钾长石49.5%、石英29%、黑云母23%及少量磁铁矿、磷灰石、榍石等组成。

过渡相为肉红色中粒花岗岩，中粒花岗结构，块状构造。含斜长石19%、钾长石50%、石英32%、黑云母5%及少量磁铁矿、磷灰石、榍石、锆石等组成。

边缘相为肉红色细粒花岗岩，细粒花岗结构或显微文象结构，块状构造。岩石由斜长石21%、钾长石43%、石英34%、黑云母2%及少许磁铁矿等组成。

细粒花岗岩呈岩株或岩瘤状产出，为黑云母花岗岩的补充侵入体。岩石为肉红色细粒花岗岩。含斜长石25%、钾长石4%、石英28%和少量黑云母及磁铁矿、锆石等。

5. 燕山晚期花岗岩石英闪长玢岩

仅局部见到，呈岩瘤状产出，岩石见斑状结构，基质为显微粒状结构，块状构造。斑晶成分为斜长石34%、钾长石10%、石英15%、普通角闪石15%和黑云母1%，基质成分与斑晶相同。此外尚含少量磁铁矿、榍石、磷灰石等。

6. 二长花岗岩

主要分布于东山梧龙一带。岩性为肉红色中粒二长花岗岩，中粒二长花岗结构，块状构造。含斜长石36%、钾长石33%、石英29%、黑云母2%及少量磁铁矿、锆石、独居石、磷灰石等。

7. 晶洞钾长花岗岩

分布东山湾北部和西部，呈岩基或岩株状产出，可分过渡相和边缘相。

过渡相为肉红色中粒晶洞钾长花岗岩，中粒花岗结构，晶洞构造。含钾长石48%、石英36%、斜长石1%及少量黑云母、磁铁矿、榍石、锆石、磷灰石等。

边缘相岩石为肉红色细粒晶洞花岗岩，显微文象结构，晶洞构造。含钾长石57%、斜长石13%、石英2%、黑云母1%及少许磁铁矿、锆石、磷灰石、褐帘石等。

8. 花岗斑岩

多呈岩脉或岩瘤状产出。岩性为肉红色花岗斑岩，斑状结构，基质显微粒状结构，块状构造。斑晶成分为石英、钾长石、斜长石、黑云母等。斑晶含量约5% ~30%。基质主要由石英质组成，含量约70% ~95%。

（三）构造

本区位于长乐—南澳北东向深大断裂带与云霄—上杭北西向深大断裂带复合交汇处，构造走向受上述构造的影响，亦以北东向和北西向为主，其主要有：

漳浦旧镇—东山前梧北东向折断带，属长乐—南澳北东向深大断裂带主干断裂的南段，由一系列大致平行断续分布的北东向压性断裂、挤压破碎带、硅化带、片理化带及部分北东向短轴向斜和背斜组成。断折带宽3 ~10千米，最宽20千米，常被北西向断裂错断，常见基性岩浆沿该断裂带分布。

漳江口—安厚北西向折断带。属云霄—上杭北西向深大断裂带的南东段，由一系列大致平行的北西向断裂组成。

上述两条深大断裂带可能形成于印支运动早期，以后逐步加深、扩大，至燕山运动中晚期基本定型，喜马拉雅运动及新构造运动又有频繁的活动。

受上述两条深大断裂带的影响，区内新构造运动十分强烈，主要表现为海岸线变迁、海岸阶地发育和频繁地震（邻近区域）等。

区内的新构造运动是在燕山运动和喜马拉雅运动的基础上继续发展的，以继承性的断裂活动和区域性的断块升降运动为基本特征，主体表现的总趋势为间歇性的缓慢上升。

①海岸线变迁，据福建省水文队研究资料，区内喜马拉雅运动后的古海岸线应在龙海的狮岩山—云霄乌山一带，以后地面逐步被抬升，海岸线逐步向东外移，至今在一些海岸、滨海台地及沿海丘陵山地普遍存在海蚀遗迹，高程从数米至数百米均有发现，如东山岛龙潭山（130米）、岗山（126米）、南正院山（70米）、樟塘乡的羊角山（90米）、云霄顶城—湖丘一带（100 ~200米）、诏安虎罗山（228米）、猴头尖（50米）等地均见保留较好的海蚀遗迹。

②从内陆往海岸一般具有三个梯级面即：①更新世早期的Ⅲ级台地面，海拔20 ~50米，台地面上被红土残积层覆盖，其台面残留有残丘或花岗石块，均保存有新鲜的海蚀痕迹；②更新世晚期冲洪积Ⅱ级阶地面，海拔8 ~20米左右；③更新世冲洪积和海积Ⅰ级阶地面，海拔2 ~5米。反映该区曾有3次上升与间歇的过程。

③第四纪以来，在总体表现为上升运动的过程中，局部地段有下降的现象，主要表现为：在长乐—南澳北东向深大断裂带与安厚—漳江口北西向深大断裂带交汇处的漳江河口地段，该地段河口湾呈喇叭口状，三角洲不发育或发育十分迟缓，湾顶发育大面积的淤泥质滩岸。据钻孔资料，该地更新世晚期的冲洪积层被埋在近代海积层之下达10 ~20米。

④据垂直形变测量成果，表明自漳浦至诏安一带，近年来均为平稳缓慢上升阶段，自1957—1972年上升量为39毫米，平均年变率为2.5毫米/年。

（四）地下水

区内地下水类型主要有第四系松散堆积层中孔隙潜水和基岩裂隙水两类。

1. 松散堆积层孔隙水

含水岩性主要为风积和海积层，由为细砂、中细砂和中砂等组成。古雷东林、东山梧龙等地为富水地段，含水层厚7.11 ~12.36米，水位埋深0.34 ~3.95米，单位涌水量18 ~9.12升/秒。在其他地段多为中等富水地带，含水层厚水位埋深0.15 ~2.42米，单位涌水量0.2 ~2.0升/秒，参透系数一般小于14吨/天。区内地下水主要靠大气降水补给。

多为矿化度大于1克/升的咸水 - 微咸水。水化学类型有：①Cl-Na型，主要分布于东山及漳江口等部分全新统海积层中。②Cl-HCO_3 – Na型，主要分布于东山岛城关一带。③Cl · HCO_3-Na型，在云霄大帽山和漳浦杜浔一带。④HCO_3 · Cl-Na · Ca（部分为Cl · HCO_3-Ca · Na）型，分布东山岛南部及古雷半岛一带。⑤HCO_3 · Cl-Ca 型，主要分布在东山岛西部及古雷半岛南端。

2. 基岩裂隙水

主要以变质岩和花岗岩的基岩裂隙水为主，燕山期花岩岗含水性较好，后期脉岩较差，由于脉岩是隔水岩墙，容易阻水成泉，是本区的找水标志之一。区内见有温泉3处（漳浦前院、埔头、云霄陈岱院前），涌水量0.601～3.09升/秒，水温32℃～65℃，pH值7.20～7.47，总硬度0.70～155毫摩尔/升，漳浦院前温泉为无嗅、无味透明，其他两处有硫磺味，云霄陈岱院前温泉具咸味。

（五）矿产

有东山山只大型型砂、玻璃砂矿床，东山梧龙大型玻璃砂矿床2处，东林小型金红石砂矿床1处。此外还有硅砂矿点3处，高岭土矿点3处，叶蜡石矿点1处，黑钨矿点2处，水晶矿点1处，钼矿化点2处，砂铁矿点9处，泥煤矿点3处，温泉点3处，矽线石矿化点1处，石榴石矿化点1处等。山只和梧龙大型砂矿床已大规模开采，高岭土和硅矿点也有小规模开采。

1. 东山山只大型型砂、玻璃砂矿床

含矿岩系为第四系全新统风积层和海积层，前者厚8米，是型矿的主要含矿层位，后者厚23.1米，是玻璃砂的含矿层位，二者总厚31.1米。矿层长7877米，宽1606米，平均厚5.9米。矿物成分石英95%，含少量长石、云母等。砂矿品位：型砂（二氧化硅）为94.93%、（氧化铁）为0.36%、（氧化铝）为2.42%、二氧化钛为1.8%；玻璃砂二氧化硅为97.88%、氧化铁为0.16%、氧化铝为1.16%、二氧化钛为0.15%。已探明玻璃砂D级储量1705.51万吨，地质储量2976.7万吨，型砂D级储量4955.6万吨，地质储量7137.6万吨。

2. 东山梧龙大型玻璃砂矿床

主要产于第四系全新统海积和风积细砂层中，以后者为主。矿体呈平缓透镜状、似层状，略向海倾斜。目前已查明矿体3个，各矿体长900～2000米，宽500～1500米，厚度小于3.65～150米。主要矿物为细粒石英砂及少量钛铁矿、磁铁矿、云母等。化学成分：二氧化硅为97%、氧化铝为14.2%、氧化铁为0.15%、($TiO_2 + K_2O + CaO + MgO + Cr_2O_3$) 大于2.5%。为Ⅱ级品玻璃砂，质量好而稳定，已探明B+C+D级储量1944.8万吨。

二、地貌

（一）陆地地貌

1. 构造侵蚀低山

主要分布在东山湾的北部和西北部沿海，如漳浦打铁尖山（772.7米）和云霄大步山（575.2米）等。海拔在500～1000米，切割深度在500米左右。山顶尖锐，山脊成锯齿状，山坡陡峭，一般坡度30°～40°，滨海兀立，山势陡峻，水流切割强烈，河谷发育，呈放射状分布。主要由花岗岩组成，岩石裸露，构造节理发育，易风化剥蚀，植被稀少。

2. 高丘陵

主要见于东山湾的西部和东部沿海，海拔在200～500米，切割深度在200米以上，山坡坡度为20°～25°。主要为花岗岩组成，局部为动力变质岩和混合岩组成。由于岩石球状风化，侵蚀剥蚀作用强烈，“石蛋”地形发育。

3. 低丘陵

主要分布在高丘陵的外围。常呈和缓的孤丘群出现于红土台地之中，以云霄陈岱、东山城关一带，孤丘分布最广，一般海拔在80～200米。由花岗岩组成。山坡坡度在15°左右。残积层薄，植被少，冲刷强烈，基岩裸露，多“石蛋”堆积。

4. 侵蚀剥蚀台地

主要分布在东山西埔和云霄陈岱、漳浦杜浔等，海拔在50米以下。台面呈微波浪状，多浅拗沟和短小河流。由花岗岩风化残积红色砂黏土组成。土层厚达3～5米，厚者10米余。台面临海，常成土崖。

5. 洪积扇

见于湾的北部沿海，低山丘陵中的山溪性河流出山口处，如荷步一带的洪积扇，分布于山麓谷口，呈扇形展布，半径约1千米左右，坡面起伏，坡度约10°，倾覆于海积平原。由沙砾黏土混合组成。

6. 坡洪积台地

分布杜浔一带山前地带，宽约化1千米，坡度5°～10°，倾覆于海，前缘常与海积平原相接。由沙砾黏土混合组成。

7. 洪冲积平原

分布于红土台地的间歇性河谷中，面积不大，一般沿河谷呈狭长带状分布，高出河床2～3米，宽100～200米，地面平缓，微向海倾斜。主要为黏质砂土组成，是水稻种植区。

8. 冲海积平原

分布于漳江河口两侧，平原地面低平，高出河床2～3米，向河口微倾斜，沿河两岸筑有防洪大堤，由粉砂黏土组成，是云霄县主要水稻产区。

9. 海积平原

主要分布于东山湾顶和西部小海湾内湾顶平原，宽阔平坦，一般宽度约1～2千米，杜浔一带宽达3～4千米，地面低平，水网纵横，平原前缘海边都筑有人工堤，局部是围垦的盐田。由粉砂质黏土和黏土组成，是漳浦的主要水稻产区之一。海湾西部海积平原，多砂质平原，面积小，宽数百米，前缘常有滨岸沙堤和风沙地发育。

风成砂地主要在东山湾东部古雷半岛，是个古连岛沙坝，岸滩为砂质，东侧面向开阔海域，以垅岗状砂丘为主，一般高度3～5米，在港口—油澳一带砂丘高达10米余。由于风砂向西移动，覆盖了古雷半岛中北部平原，埋没田庄，同时导致东山湾东岸滩一度迅速淤涨。植树造林下沿岸防风林带连绵成片，风砂被固定，是漳浦花生的主要产地。

（二）海岸地貌

1. 海蚀地貌

（1）海蚀崖

分布于东山湾的西岸和湾口两侧的基岩突出部。崖高数米至10米余，在湾口最高可达20～30米，崖壁陡峭。由花岗岩组成。因岩石节理发育，在海浪强烈冲蚀作用下，崖面上常伴有海蚀槽沟和海蚀洞等微地貌发育。

（2）海蚀平台

主要分布于湾的西岸和西南岸，沿岸断续分布，宽约数十米至百米，台面高低不平，呈岩礁状分布。其上常见有岩块和砂堆积。

2. 海积地貌

东山湾是在构造型河口湾基础上发育的半封闭的海湾，海岸类型多，具有曲折的岬湾相间的基岩港湾和河口平原海岸的特征，又有平直的砂质平原海岸的特点。湾顶由于漳江口和八尺门等处筑堤建闸，水流变缓，潮滩淤积显著，局部水道淤塞严重。据调查资料，漳江口港道（1965—1983年）平均每年淤高30厘米，屿头潮滩平均每年扩宽约40米。

（1）海滩

主要分布于东山湾的西岸和湾口两侧基岩小海湾内，多呈半月形展布，宽约100米左右，宽者约300～500米。横剖面常呈岸堤状，高潮区坡陡4°～6°，陡者达10°，中低潮区坡缓约1°左右。组成物质由岸向海变细，近岸高潮区一般为粗沙砾石，中低潮主要为中细砂。磨圆度较差，分选不好，主要是附近岬角蚀余堆积物。在低潮滩面上，常见有沙脊、沙波和冲刷沟、坑洼等微地貌发育。季节性的冲淤变化明显，具有冬冲夏淤的特征。

（2）沙嘴

分布于东山湾口东侧，古雷半岛的汕尾沙嘴，属大型湾口沙嘴，呈箭状指向湾向，宽约 100 ~ 200 米。由中细砂组成。主要砂源来自于风砂，目前仍在增长之中。

（3）连岛沙坝

东山湾的东岸古雷半岛就是一个大型连岛沙坝，它把古雷山和古雷头诸多小岛连接起来形成半岛。长达 10 余千米。在湾口众多岛屿中也有小型连岛沙坝发育，如塔屿连岛坝，长约 300 米，宽约 200 米左右，高 3 ~ 5 米。由含贝壳的中粗砂组成。

（4）潮滩

分布面积大，是潮间带主要地貌类型。主要见于湾顶，以下寨至港口一带为最大，宽达 3 ~ 4 千米，滩面开阔平缓，坡度小于 1°。其上树枝状潮沟发育，较大的潮沟呈蛇曲形分布，近岸有片状红树林和草滩带，宽约 100 米左右。大片平缓的中低潮多辟为养殖场。组成物质主要为粉砂质泥。在下寨以东的屿头和杜浔一带组成物质较细，滩面一般浮泥厚 3 ~ 5 厘米，人行下陷，行走困难。湾的东岸和西岸潮滩由于风砂影响，潮滩物质较粗，以泥质粉砂和粉细砂为主，滩面较为坚实，浮泥层薄。

3. 海底地貌

（1）水下浅滩

分布在潮间浅滩以下，水深为 0 ~ 10 米，是潮间浅滩的水下延伸。海底地形平缓，坡度小于 1°。主要由粉砂质泥组成。

（2）潮流沙脊系

分布于近湾口部，在地形上成脊槽相间，由口门向湾的中部呈扇形展布，长达 5 ~ 6 千米，宽达 8 千米，主要沙脊有三条略呈南北伸展，脊槽间高差 5 ~ 10 米，向湾内随潮流速度的减缓而消失。

（3）潮流通道

从湾口呈指状向湾内散射，湾的中部纵贯整个东山湾，与湾顶漳江河口相接，水深 5 米左右，是湾内的主要水流通道。

第二节 气候与气象

一、气候概况

东山岛周边海区位于低纬度带，受太阳辐射、台湾海峡季风环流的影响及海洋的调节，属南亚热带海洋性季风气候。根据资料[①]统计，该岛周边海区年平均气温 21.0℃，年平均日照时数 2185.4 小时，气温较高，气候暖热；年平均降水量 1189.8 毫米，降水较少，年平均相对湿度 80%，湿度较高；年平均风速 5.4 米/秒，风速较大，6—8 月盛行偏南风，9 月至翌年 5 月盛行偏北风。四季的气候特点是：春季（3—6 月）天气多变，忽冷忽热，常有暴雨，多阴雨天气；夏季（7—9 月）温度较高，光照足，但少酷暑，多台风影响；秋季（10—11 月）干燥少雨，秋高气爽，晴好天气多；冬季（12 月至翌年 2 月）温度较低，相对干冷，但无严寒。

① 福建省气候中心提供等东山气象台气象资料。

二、气象要素

（一）气温

东山岛周边海域气温较高，据东山气象台资料统计，年平均气温 21.0℃，春季平均气温15.2℃～26.0℃，夏季 26.7℃～27.5℃，秋季 19.9℃～23.7℃，冬季 13.2℃～15.8℃；平均最高气温 24.4℃，平均最低气温 19.3℃；全年 3—7 月为升温期，7 月最高，月平均气温 27.5℃，8 月至翌年 2 月为降温期，2 月最低，月平均气温 13.2℃。气温年较差较小（14.3℃）。极端最高气温 38.2℃，出现在 2004 年 7 月 2 日，极端最低气温 3.8℃，出现在 1957 年 2 月 12 日。全年日平均气温稳定大于等于 10℃的积温达 7777.7℃，热量资源丰富。日最低气温小于等于 0.0℃。年平均日数为 0 天，日最高气温大于等于 35.0℃的年平均日数为 0.8 天。

（二）降水

东山岛周边海域降水较少，据东山气象台资料统计，年平均降水量 1189.8 毫米，最多年降水量 2125.6 毫米，出现在 2006 年，最少年降水量 788.8 毫米，出现在 2003 年；年平均降水日数为 111.6 天，年最多降水日数为 127 天，出现在 1998 年，年最少降水日数为 77 天，出现在 2003 年；岛区降水量的季节变化受季风更替、热带气旋活动等的影响，一般从 1 月开始逐月增多，6 月达到高峰（207.6 毫米），7 月下降，8 月再度增多（193.4 毫米），9 月起逐月减少，12 月达到最少（23.7 毫米），降水量分布呈双峰型。降水在一年中的分布很不均匀，干湿季分明，春季降水最多，占全年总降水量的 47%，夏季次之，占 38%，秋冬季最少，两季雨量合计仅占 15%。一日最大降水量为 310.5 毫米，出现在 1990 年 6 月 30 日。

（三）风

东山岛周边海域风速较大，据东山气象台资料统计，各月平均风速变化为 3.4～6.9 米/秒，年平均风速 5.4 米/秒。风力大于等于 8 级的年平均日数为 93.4 天，最多年大风日数 127 天，出现在 1999 年，最少年大风日数 54 天。1998 年连续 13 天出现大风，这是少见的。最大风速 33.7 米/秒，风向为东东北（ENE），出现在 1991 年 7 月 19 日。6—8 月盛行偏南风（SSW），频率不高（14%～18%），9 月至翌年 5 月长达 9 个月盛行东北（NE）风，频率高而稳定（27%～53%）。常年主导风向为东北风（NE），频率 34%。

（四）湿度

岛区空气湿度较高，年平均相对湿度为 80%。随着季风的更迭而变化，3—8 月空气较湿润，各月平均相对湿度为 81%～87%，其中 6 月最高为 87%，10—12 月比较干燥；月平均相对湿度不超过 73%，10 月最低为 71%。日最小相对湿度 15%，出现在 2004 年 1 月 24 日。

（五）日照、蒸发与雾

1. 日照

东山年平均日照时数 2185.4 小时，日照百分率为 49%。年最多日照时数 2463.0 小时，出现在 2004 年，年最少日照时数 1966.5 小时，出现在 1992 年。日照在一年中的变化，与阴雨多寡和昼夜长短有关，各月平均日照时数夏秋季（7—11 月）较多，各月平均日照时数为 194.2～267.3 小时，日照百分率为 58%～64%，其中以 7 月最多，为 267.3 小时，日照百分率为 64%。冬春季（12 月至翌年 6 月）日照较少，各月平均日照时数为 118.0～184.9 小时，日照百分率大多不超过 46%，其中以 2 月最少，为118.0小时，日照百分率为37%。

2. 蒸发

岛区年平均蒸发量1908.1毫米，为年平均降水量的1.60倍，蒸发量明显大于降水量。年最大蒸发量2344.4毫米，出现在1980年，年最小蒸发量1937.6毫米，出现在1998年。东山蒸发旺盛的时期是太阳辐射较强的夏秋季（7—11月），各月蒸发量为178.9~221.1毫米，冬春季（12月至翌年6月）较弱（103.2~160.3毫米）。

3. 雾

东山岛周边海区主要是平流雾，由暖湿空气流经较冷的地面或海面而形成的，雾日相对较多，年平均雾日数22.5天，最多年雾日数39天，1991年3月和4月先后2次连续5天出现雾日。春季是东山岛区雾日最多的季节，各月平均雾日达3.6天，冬季居次为1.8天，夏秋季少雾，平均不超过0.5天，占全年88%的雾日出现在冬春季，夏秋季只占12%。

第三节　海洋水文

一、潮汐

东山岛周边海岛区的潮波受台湾海峡潮波系统控制，为谐振潮。根据资料①分析，潮汐属不正规半日潮。平均潮差1.22米，最大潮差2.28米，潮差较小；平均涨潮历时6时52分，平均落潮历时5时33分，涨潮历时长于落潮历时1小时17分钟。

二、海流

根据资料②分析海区海流特征。

（一）实测海流

定点站实测流速不大，一般在100厘米/秒以内，实测最大流速、流向季节变化都较大。

（二）潮流

定点站的潮流性质形态数和特征值，除了H680底层潮流形态数F值稍超过0.5外，其余站层F值均小于0.5，W_{M4}/W_{M2}比值都大于0.05，浅水效应明显，本海岛区潮流属非正规半日潮浅海潮流。潮流运动方式主要直接受地形制约，但潮波的反射、交汇有时也起主导作用，从主要分潮流M_2分潮旋转率来看，本海岛区除H654表层外，M_2分潮流旋转率不大，潮流呈往复流；H654表层潮流呈顺时针方向旋转。

（三）余流

除H706春、夏余流流速较大外，余流流速不大。不同季节，余流流速和流向变化很大。

① 国家海洋局第三海洋研究所：2007年03月23日至2007年05月13日锚系观测资料。

② （1）福建省海岸带和滩涂资源综合调查等H654、H680、H706周日定点海流资料；（2）南海海洋水文气象环境图集；（3）国家908专项ST06区块水文气象调查资料；（4）福建省908专项LADCP调查资料。

表 5-26-1 定点测站表底层实测最大流速、流向

测站	季节	表层流速（厘米/秒）	表层流向（°）	底层流速（厘米/秒）	底层流向（°）
H654	春	64	56	47	50
	夏	69	55	53	28
	秋	80	219	63	215
	冬	57	214	46	64
H680	春	64	221	48	218
	夏	86	216	37	199
	秋	90	220	69	209
	冬	58	220	24	210
H706	春	80	54	65	44
	夏	82	98	68	88
	秋	79	45	66	47
	冬	86	188	64	278

表 5-26-2 ADCP 发生最大流速和位置

层次	季节	北纬（°）	东经（°）	最大流速	
				流速（厘米/秒）	流向（°）
7 米层	春	23.7527	117.5314	51	308
	夏	23.4346	117.3709	95	56
	秋	23.6604	117.5277	96	39
	冬	23.4774	117.4444	171	151
9 米层	春	23.7527	117.5314	49	308
	夏	23.4346	117.3709	99	53
	秋	23.6604	117.5277	93	39
	冬	23.7471	117.5519	77	131

表 5-26-3 余流流速流向

测站	季节	表层流速（厘米/秒）	流向（°）	底层流速（厘米/秒）	流向（°）
H654	春	14.5	84	11	75
	夏	10	120	8.8	59
	秋	9	220	5.2	245
	冬	6.8	216	7.1	157
H680	春	6.6	196	4.5	220
	夏	6.8	221	7.8	18
	秋	2.7	211	1	20
	冬	17.6	103	2.4	152
H706	春	22.4	70	18.7	50
	夏	27	73	17.2	65
	秋	8.7	80	12.1	35
	冬	3.1	208	6.1	200

表 5-26-4 南海图册中相应点表层统计平均流速流向

相应点	北纬（°）	东经（°）	季节	流速（厘米/秒）	流向（°）
A	23.5	117.5	春	2	83
			夏	21	63
			秋	4	227
			冬	11	232

三、波浪

（一）浪向

东山外海域浪向随季节变化明显。10 月份至翌年 3 月份盛行东北季风，以北—东北向浪占绝对优势，这两个浪向占 90% 以上，东北向浪为主波向；4—5 月，东北季风势力减弱，北—东北向浪仍占优势，西—西南向浪逐渐增加，6—8 月，盛行西—西南向浪，西南向浪为主波向，东北向浪几近消失；9 月份西—西南向浪大幅减弱，北—东北向浪开始占优势，东北浪向为主波向。

（二）波高和周期

东山外海域的波高、周期和大浪频率有以下特点：

（1）6—8 月波高大约为 0.5 ~ 0.8 米；9 月和 4—5 月，波高为 0.5 ~ 0.8 米；10 月至翌年 3 月，东北季风占有绝对优势，平均波高值较大，其值为 0.7 ~ 1.3 米。

（2）6—8 月周期大约为 4.0 ~ 4.7 秒；9 月和 4—5 月周期大约为 3.5 ~ 4.0 秒；10 月至翌年 3 月周期为 3.9 ~ 5.1 秒。

四、海水温度和盐度

（一）水温

东山湾海域地处南亚热带，终年海水温度较高。表层多年平均水温 21.2℃，年平均最高水温 21.9℃，年平均最低水温 20.4℃，极端最高水温 30.2℃，出现在 1991 年 9 月 4 日，极端最低水温 11.0℃，出现在 2008 年 2 月 16 日①。

表层平均水温为 15.06℃ ~ 24.36℃，其中夏季最高 24.36℃，秋季次之 23.51℃，冬季最低 15.06℃，年较差 9.30℃；底层平均水温稍低于表层，为 15.02℃ ~ 23.51℃，亦是夏季最高 23.51℃，秋季居次 23.40℃，冬季最低 15.02℃，年变幅较小为 8.49℃。

（二）盐度

受台湾海峡较高盐度海水的影响，东山湾海水盐度较高。表层多年平均盐度为 31.42，平均最高盐度 32.36，平均最低盐度 30.46，极端最高盐度 36.30，出现在 2002 年 5 月 28 日，最低盐度 15.89，出现在 1990 年 9 月 12 日。

表层平均盐度为 30.90 ~ 32.54，其中春季最高 32.54，夏季次之 32.04，冬季最低 30.90，年较差小仅为 1.64；底层平均盐度略高于表层，为 30.87 ~ 33.33，亦是春季最高 33.33，夏季居次 32.99，冬季最低 30.87，年变幅 2.46。

① 国家海洋信息中心：东山海洋站 1988—2008 年表层海水温度和盐度资料。

第四节　海洋化学

一、海水水质质量状况

（一）常规要素

1. pH 值

表层 pH 值平均值的季节变化为 8.20～8.23，变幅为 0.03；底层为 8.21～8.23，变幅为 0.02。表层、底层季节变化均不明显，春季略高于冬季。

表层 pH 值平面变幅为 0.12～0.40，冬季变幅大于春季。春季表层 pH 值由东向西呈递增分布；冬季则由南向北呈递增分布。

2. 悬浮物

表层悬浮物平均值的季节变化为 9.8～16.7 毫克/升，变幅为 6.9 毫克/升；底层为 11.3～23.5 毫克/升，变幅为 12.2 毫克/升。该海区不论是春季还是冬季，底层悬浮物含量均高于表层，且冬季含量明显高于春季。

表层悬浮物平面变幅为 25.4～31.4 毫克/升，春季变幅大于冬季。春季表层 SPM 含量由东向西呈递增分布；冬季则由东向西呈递减分布。

3. 溶解氧

表层溶解氧平均值的季节变化为 7.65～8.48 毫克/升，变幅为 0.83 毫克/升；底层为7.13～8.18 毫克/升，变幅为 1.05 毫克/升。冬季含量略高于春季。春季时表层溶解氧含量明显高于底层，冬季则变化不大。春季、冬季各层溶解氧含量均符合国家一类海水水质标准。

表层溶解氧平面变幅为 3.14～3.46 毫克/升，冬季变幅略大于春季。春季表层溶解氧含量在中部出现低值，并由此向南、向北呈递增分布；冬季则在中部海域出现高值区。

（二）有机污染物

1. 化学需氧量

春季表层化学需氧量测值范围为 0.42～1.08 毫克/升，平均值为 0.62 毫克/升；冬季表层化学需氧量测值范围为 0.40～0.82 毫克/升，平均值为 0.58 毫克/升。

春季表层化学需氧量含量略高于冬季。春季、冬季表层化学需氧量含量均符合国家一类海水水质标准。

2. 总有机碳

表层总有机碳平均值的季节变化为 1.19～1.51 毫克/升，变幅为 0.32 毫克/升；底层为0.97～1.52 毫克/升，变幅为0.55 毫克/升。春季时总有机碳含量表层、底层大致相同，冬季则表层含量略高于底层。春季总有机碳含量略高于冬季。

表层总有机碳平面变幅为 0.21～1.06 毫克/升，春季变幅大于冬季。春季表层总有机碳含量由东向西呈递增分布；冬季则由西南向东北呈递增分布。

3. 石油类

春季表层石油类测值范围为 8.2～22.6 毫克/升，平均值为 16.3 毫克/升；冬季表层石油类测值范围为 7.9～30.7 毫克/升，平均值为 19.6 毫克/升。

春季、冬季表层石油类含量均远远低于国家一类、二类海水水质标准。

（三）营养盐

1. 溶解态总氮

表层溶解态总氮平均值的季节变化为0.140～0.347毫克/升，变幅为0.207毫克/升；底层为0.101～0.354毫克/升，变幅为0.253毫克/升。春季时表层溶解态总氮含量略高于底层，冬季略低于底层；冬季溶解态总氮含量明显高于春季。

表层溶解态总氮平面变幅为0.039～0.067毫克/升，春季变幅大于冬季。春季表层溶解态总氮含量由西南向东北呈递减分布；冬季则由东向西呈递减分布。

2. 总氮

表层总氮平均值的季节变化为0.228～0.375毫克/升，变幅为0.147毫克/升；底层为0.257～0.364毫克/升，变幅为0.107毫克/升。春季表层总氮略低于底层，冬季则略高于底层；冬季含量略高于春季。

表层总氮平面变幅为0.170～0.258毫克/升，春季变幅大于冬季。春季表层总氮含量由东向西呈递增分布；冬季则由东向西呈递减分布，但在最西部海域即东山县附近海域又出现一高值区。

3. 硝酸盐

表层硝酸盐平均值的季节变化为0.040～0.191毫克/升，变幅为0.151毫克/升；底层为0.026～0.217毫克/升，变幅为0.191毫克/升。春季时表层硝酸盐含量略高于底层，冬季则略低于底层；冬季硝酸盐含量明显高于春季，几乎是春季时的5倍。

表层硝酸盐平面变幅为0.148～0.309毫克/升，冬季变幅大于春季。春季表层硝酸盐含量由东南向西北呈递增分布；冬季则相反，由东南向西北呈递减分布。

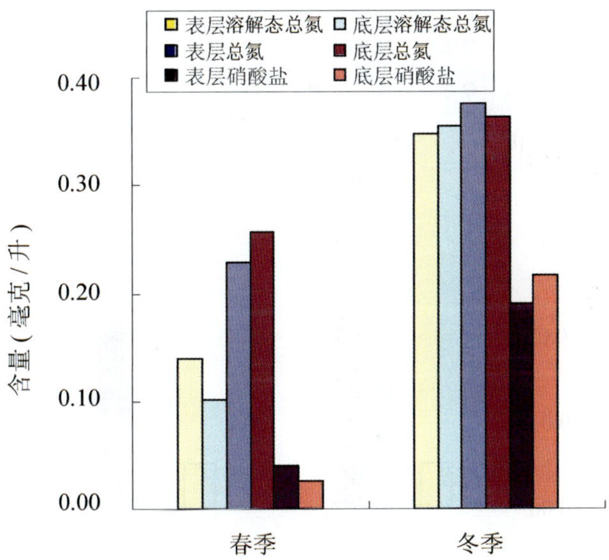

图5-26-1　溶解态总氮、总氮和硝酸盐的季节变化图

4. 亚硝酸盐

表层亚硝酸盐平均值春季、冬季均为0.005毫克/升；底层为0.004～0.005毫克/升，变幅为0.001毫克/升。亚硝酸盐表层、底层以及季节变化均不明显。

表层亚硝酸盐平面变幅为0.009～0.012毫克/升，春季变幅大于冬季。春季表层亚硝酸盐含量由东南向西北呈递增分布；冬季则由南向北呈递减分布。

5. 铵盐

表层铵盐平均值的季节变化为0.015～0.036毫克/升，变幅为0.021毫克/升；底层为0.022～0.039毫克/升，变幅为0.017毫克/升。表层铵盐含量春季、冬季时均略低于底层，春季含量略高于冬季。

表层铵盐平面变幅为0.023～0.060毫克/升，春季变幅大于冬季。春季、冬季表层铵盐含量平面分布相同，均是在中部海域出现较高值，并由此向南、向北呈递减分布，东部海域含量最高。

6. 溶解态总磷

表层溶解态总磷平均值的季节变化为0.007～0.036毫克/升，变幅为0.029毫克/升；底层为0.009～0.043毫克/升，变幅为0.034毫克/升。表层溶解态总磷含量春季、冬季均低于底层；冬季溶解态总磷含量明显高于春季。

表层溶解态总磷平面变幅为0.001～0.006毫克/升，冬季变幅大于春季。春季表层溶解态总磷含量由东北向西南呈递减分布；冬季则由东南向西北呈递增分布。

7. 总磷

表层总磷平均值的季节变化为 0.027 ~ 0.048 毫克/升，变幅为 0.021 毫克/升；底层为 0.023 ~ 0.048 毫克/升，变幅为 0.025 毫克/升。春季表层总磷含量高于底层，冬季则大致相当；冬季总磷含量高于春季。

表层总磷平面变幅为 0.030 ~ 0.039 毫克/升，春季变幅大于冬季。春季表层总磷含量在东山岛西侧海域出现高值，并以此向东、向南、向北呈递减分布；冬季则由东北向西南呈递减分布。

8. 活性磷酸盐

表层活性磷酸盐平均值的季节变化为 0.009 ~ 0.028 毫克/升，变幅为 0.019 毫克/升；底层为 0.006 ~ 0.032 毫克/升，变幅为 0.026 毫克/升。春季时表层活性磷酸盐含量略高于底层，冬季则略低于底层；冬季活性磷酸盐含量高于春季。春季各层活性磷酸盐含量均符合国家一类海水水质标准；冬季各层活性磷酸盐含量基本符合国家二、三类海水水质标准。

表层活性磷酸盐平面变幅为 0.025 ~ 0.028 毫克/升，冬季变幅大于春季。春季表层活性磷酸盐含量由西北向东南呈递减分布；冬季则由南向北呈递减分布。

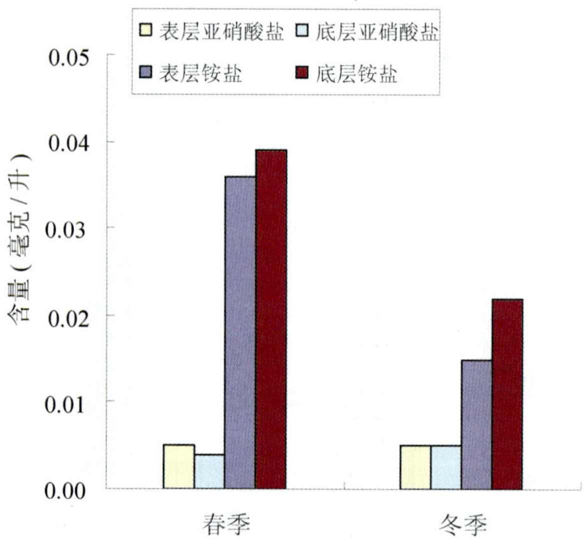

图 5-26-2　亚硝酸盐和铵盐的季节变化图

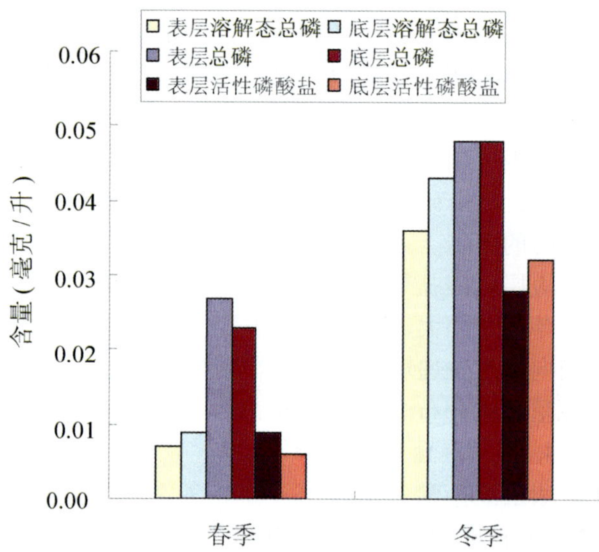

图 5-26-3　溶解态总磷、总磷和活性磷酸盐的季节变化图

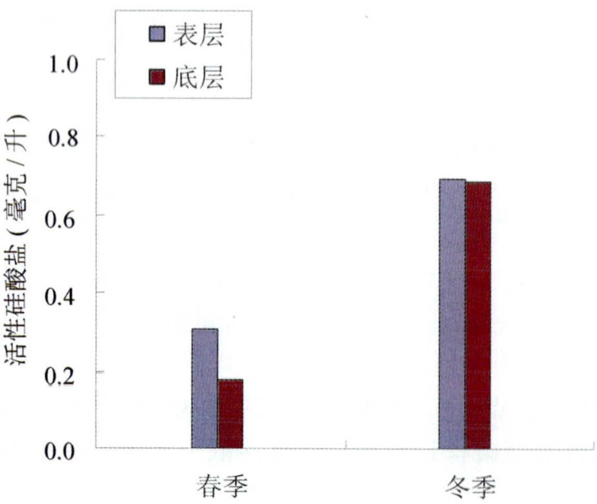

图 5-26-4　活性硅酸盐的季节变化图

9. 活性硅酸盐

表层活性硅酸盐平均值的季节变化为0.445 ~ 1.00 毫克/升，变幅为 0.555 毫克/升；底层为0.254 ~ 0.991 毫克/升，变幅为 0.737 毫克/升。冬季活性硅酸盐含量高于春季。春季时表层活性硅酸盐含量高于底层，冬季则大致相同。

表层活性硅酸盐平面变幅为 0.600 ~ 1.21 毫克/升，春季变幅大于冬季。春季表层活性硅酸盐含量由南向北呈递增分布；冬季则由东南向西北呈递增分布。

（四）重金属

表层铜平均值的季节变化为 0.434 ~ 0.491 微

克/升，变幅为0.057微克/升。表层铅平均值的季节变化为0.0119～0.0681微克/升，变幅为0.0562微克/升。表层锌平均值的季节变化为0.0530～0.0861微克/升，变幅为0.0331微克/升。表层镉平均值的季节变化为0.0140～0.0377微克/升，变幅为0.0237微克/升。表层铬平均值的季节变化为0.0314～0.0719微克/升，变幅为0.0405微克/升。表层汞平均值的季节变化为0.012～0.020微克/升，变幅为0.008微克/升。表层砷平均值的季节变化为1.8～2.0微克/升，变幅为0.2微克/升。

春季、秋季各个重金属的表层含量均符合国家一类海水水质标准。春季表层铜、铅、锌、镉、铬含量低于冬季；春季表层汞、砷含量则高于冬季。

二、潮下带沉积物质量状况

（一）沉积环境特征污染物

秋季表层氧化还原电位（Eh）测值范围为234.2～527.5毫伏特，平均值为433.0毫伏特；表层有机碳测值范围为0.02×10^{-2}～1.06×10^{-2}，平均值为0.70×10^{-2}；表层总氮测值范围为0.09×10^{-3}～1.25×10^{-3}，平均值为0.92×10^{-3}；表层总磷测值范围为0.076×10^{-3}～0.371×10^{-3}，平均值为0.290×10^{-3}；表层硫化物测值范围为未检出～202×10^{-6}，平均值为62.8×10^{-6}；表层石油测值范围为未检出～8.1×10^{-6}，平均值为4.2×10^{-6}。

表层有机碳、硫化物、石油含量均远远低于国家一类海洋沉积物质量标准。

（二）重金属

秋季表层铜测值范围为1.92×10^{-6}～15.1×10^{-6}，平均值为10.8×10^{-6}；表层铅测值范围为19.7×10^{-6}～56.8×10^{-6}，平均值为42.6×10^{-6}；表层锌测值范围为7.11×10^{-6}～173×10^{-6}，平均值为80.3×10^{-6}；表层镉测值范围为0.0223×10^{-6}～0.0758×10^{-6}，平均值为0.0459×10^{-6}；表层汞测值范围为0.0048×10^{-6}～0.016×10^{-6}，平均值为0.011×10^{-6}；表层砷测值范围为0.8×10^{-6}～3.9×10^{-6}，平均值为2.1×10^{-6}。

表层各重金属含量均远远低于国家一类海洋沉积物质量标准。

三、大气状况

大气的资料不多，其各项目的统计结果见表5-26-5，由表可见：

氮氧化物（NO_x）：以氮氧化物的平均含量而言，夏季最高，春季最低；其含量的变幅同样为冬季明显高于其余三个季节，秋季最低。

甲烷（CH_4）：以甲烷的平均含量（春季、秋季、冬季）而言，春季略高于冬季，秋季最低；但其含量的变幅冬季则明显低于春季、秋季，秋季最低。

氧化亚氮（N_2O）：以氧化亚氮的平均含量（春季、秋季、冬季）而言，秋季略高，春季、冬季变化不明显；但其含量的变幅秋季略高于春季、冬季。

二氧化碳（CO_2）：以二氧化碳的平均含量而言，季节变化不明显；其含量的变幅则为春季略高，夏季最低。

表 5-26-5　东山岛周边海域大气各项目统计结果

季节	统计特征值	氮氧化物	甲烷	氧化亚氮	二氧化碳
		（微克/米^3）	（毫克/米^3）		（微摩尔/摩尔）
春季	最小值	3.65	1.514	0.621	387
	最大值	27.70	1.652	0.623	403
	平均值	12.13	1.600	0.622	395
	变幅	24.05	0.138	0.002	16
夏季	最小值	27.55	—	—	384
	最大值	54.72	—	—	384
	平均值	36.62	—	—	384
	变幅	27.17	—	—	0
秋季	最小值	20.51	1.074	0.702	388
	最大值	23.05	1.179	0.709	390
	平均值	21.94	1.127	0.705	389
	变幅	2.54	0.105	0.007	2
冬季	最小值	10.73	1.314	0.602	384
	最大值	50.91	1.331	0.603	388
	平均值	23.64	1.326	0.603	386
	变幅	40.18	0.017	0.001	4

第五节　海洋生物与生态

根据所处地理位置以及调查资料来源不同，分为东山湾海域①、诏安湾海域②和两湾以外海域③三部分叙述。

一、海洋生物基本特征

（一）叶绿素 a

东山湾春季叶绿素 a 含量平均值为 3.14 毫克/米^3，变化范围为 2.27 ~ 4.38 毫克/米^3，表层平均值为 3.87 毫克/米^3，中层平均值为 3.01 毫克/米^3，底层平均值为 2.38 毫克/米^3。叶绿素 a 的垂直分布表层高于底层。东山湾秋季叶绿素 a 含量平均值为 1.74 毫克/米^3，变化范围为 1.08 ~ 2.93 毫克/米^3；其中表层平均值为 2.07 毫克/米^3，中层平均值为 1.33 毫克/米^3，底层平均值为 1.46 毫克/米^3。

① 国家海洋局第一海洋研究所：2005 年 10 月（秋季）和 2006 年 5 月（春季）调查资料。
② 国家海洋局第三海洋研究所：2005 年 12 月（冬季）和 2006 年 4 月（春季）调查资料。
③ 福建省 908 专项近海水体环境海洋生物生态调查资料。

诏安湾秋季叶绿素 a 平均值为 2.63 毫克/米^3，变化范围为 1.01～6.64 毫克/米^3。叶绿素 a 分布以西高东低，从湾内向湾口递减。高值主要见于湾顶及西埔湾附近的站位，达 5.00 毫克/米^3 左右。湾中部为 2.00～5.00 毫克/米^3，湾口低于 2.0 毫克/米^3。诏安湾春季叶绿素 a 均值为 2.90 毫克/米^3，变化范围为 1.71～5.45 毫克/米^3。叶绿素 a 分布从湾内向湾口递减。高值主要见于湾顶东梧以南海区，达 5.00 毫克/米^3 以上。湾中部为3.00～5.00 毫克/米^3，湾口低于 3.00 毫克/米^3。诏安湾秋季叶绿素 a 均值为 2.63 毫克/米^3，春季均值为 2.90 毫克/米^3。两者十分接近，未出现明显的秋、春季差异。

两湾以外海区叶绿素 a 的年平均含量为 1.89 毫克/米^3，其中春季平均含量为 1.56 毫克/米^3，变化范围为 0.65～3.23 毫克/米^3；夏季为 4.11 毫克/米^3，变化范围为 0.87～8.49 毫克/米^3；秋季为 1.02 毫克/米^3，变化范围为 0.76～3.58 毫克/米^3；冬季为 0.87 毫克/米^3，变化范围为 0.76～5.06 毫克/米^3。另外，叶绿素 a 的垂向分布表层普遍高于底层，全年表层平均含量为 2.87 毫克/米^3，底层含量为 2.04 毫克/米^3。

（二）浮游植物

1. 种类组成

东山湾春、秋两季浮游植物计有 3 门 61 属 239 种，其中硅藻 211 种、甲藻 26 种、蓝藻和金藻各 1 种；角毛藻属 41 种、根管藻属 18 种、圆筛藻属 17 种、菱形藻属 16 种；辐杆藻属、盒形藻属、海链藻属、斜纹藻属以及甲藻门的角藻属 10 种左右。

诏安湾冬、春两季浮游植物共计 96 种，隶属于 4 个门类，其中硅藻 84 种，甲藻 9 种，蓝藻 2 种，金藻 1 种。硅藻占浮游植物细胞总量的 98.34%，甲藻仅占 1.58%，其他门类则更少。该海区主要优势种有刚毛根管藻和中肋骨条藻。此外，菱形海线藻、布氏双尾藻和细弱海链藻等也较为常见，这些均为福建沿海的常见种。

在浮游植物种类组成中，偏暖水性和近岸广布性生态类型的种类较多，在数量上占优势的种类是近岸广布性种类，如中肋骨条藻、菱形海线藻、奇异棍形藻、尖刺拟菱形藻等。一些暖水性种类如平滑角毛藻、紧密角管藻、覆瓦根管藻、密聚角毛藻和甲藻类纺锤梨甲藻、夜光梨甲藻等比福建其他海湾多。另有一些河口半咸水性种类如异常角毛藻等。

两湾以外海区网采浮游植物计 69 种，其中春季计 24 种，常见种为旋链角毛藻、柔弱伪菱形藻和冰河拟星杆藻。夏季计 17 种，常见种为冰河拟星杆藻、菱形海线藻和成列伪菱形藻。秋季计 35 种，常见种为菱形海线藻、钟形中鼓藻、琼氏圆筛藻、中肋骨条藻和活动齿状藻。冬季计 29 种，常见种为星脐圆筛藻、菱形海线藻、格氏圆筛藻和具槽直链藻。

2. 细胞数量

东山湾春季网采浮游植物细胞数平均为 115.74×10^4 个细胞/米^3，变化范围为 20.2×10^4～224.48×10^4个细胞/米^3。秋季平均为 88.45×10^4个细胞/米^3，变化范围为 20.8×10^4～224.23×10^4个细胞/米^3，与春季相近。春季网采浮游植物细胞数量的分布呈现湾内低、湾口高的趋势。秋季的分布与秋季不同，呈现湾内高、湾口低的趋势。

诏安湾秋季浮游植物细胞数平均为 9.6×10^4 个细胞/米^3，数量平面分布不均匀，变动范围为 1.67×10^4～50.0×10^4个细胞/米^3，相差近 30 倍，密集中心位于西屿北侧，这是由于中肋骨条藻大量繁殖所致。总量的分布受该季优势种中肋骨条藻所支配。春季浮游植物细胞数平均为 23.79×10^4个细胞/米^3，平面分布不均匀，变动范围为 1.48×10^4～74.25×10^4个细胞/米^3，相差近 50 倍。密集中心位于港口北侧，这是由于刚毛根管藻大量繁殖所致。总量的分布受该季优势种刚毛根管藻所支配。

两湾之外海区网采浮游植物的细胞数平均为 9609.9×10^4个细胞/米^3，其中春季的细胞数平均为 6181.56×10^4个细胞/米^3，变化范围为（42.06～20 227.27）$\times10^4$个细胞/米^3，优势种为洛氏角毛藻、旋链角毛藻和聚生角毛藻；夏季为 31 823 $\times10^4$个细胞/米^3，变化范围为（2050～85 319）$\times10^4$个细胞/米^3，优势种为冰河拟星杆藻、菱形海线藻和尖刺伪菱形藻；秋季为 53.88×10^4个细胞/米^3，范围为

$(38.55 \sim 69.21) \times 10^4$个细胞/米^3，优势种为菱形海线藻、细弱海链藻和钟形中鼓藻；冬季为381.63×10^4个细胞/米^3，变化范围为（$8.94 \sim 2219.3$）$\times 10^4$个细胞/米^3，优势种为细弱海链藻、北方劳德藻和密连角毛藻。

3. 优势种

（1）刚毛根管藻

该种属广温广盐类群，其数量占浮游植物总量的49.72%。秋季仅在湾口的局部水域零星出现；春季数量剧增到166.0×10^3个细胞/米^3，除诏安湾顶和中央局部水域数量较少小于5×10^3个细胞/米^{3}外，其余水域都在$100 \times 10^3 \sim 500 \times 10^3$个细胞/米^3，尤其是港口北测水域，可达$725.0 \times 10^3$个细胞/米^3。

（2）中肋骨条藻

近岸低盐种，其适温性质属偏暖性种类，其数量在本海区居第二位，占浮游植物总量的25.14%。秋季数量较高（52.3×10^3个细胞/米^3），密集中心位于西屿北侧，高达458.0×10^3个细胞/米^3，而城州岛与西屿之间以及西坑附近水域没有出现；春季该种细胞总量下降到27.51×10^3个细胞/米^3，除诏安湾中部水域的数量较高外，其余的均在50×10^3个细胞/米^3。

4. 多样性指数

东山湾春季浮游植物的种类丰富度、生物多样性和均匀性均高于秋季。春季多样性指数和均匀度分别为2.72和0.79，秋季多样性指数和均匀度分别为2.74和0.59，冬季多样性指数和均匀度分别为2.84和0.82，夏季多样性指数和均匀度分别为1.79和0.52。全年平均多样性指数和均匀度分别为2.49和0.68。

诏安湾冬季浮游植物多样性和均匀度分别为1.56和0.50；春季浮游植物多样性和均匀度分别为1.41和0.49。从多样性指数看，诏安湾冬季的浮游植物多样性略高于春季，冬春二季的多样性指数均比较低，主要是由于浮游植物优势种刚毛根管藻和中肋骨条藻居绝对优势，分别占浮游植物细胞总量的49.72%和25.14%，种间个体分配极不均匀造成的。

（三）浮游动物

1. 种类组成

东山湾春秋两季浮游动物共计42种，浮游幼体14种（包括鱼卵、仔鱼）。秋季和春季浮游动物分别为35种和19种，浮游幼体分别为14种和9种。其中优势类群为桡足类，达26种，占浮游动物总种数的61.9%。春季的数量优势种为拟哲水蚤、瘦尾胸刺水蚤、住囊虫和肥胖箭虫；秋季的数量优势种为百陶箭虫、精致真刺水蚤、微刺哲水蚤、小哲水蚤、细角新哲水蚤等。此外，春季鱼卵、短尾类幼体和长尾类幼体稍多，秋季幼体偏少。

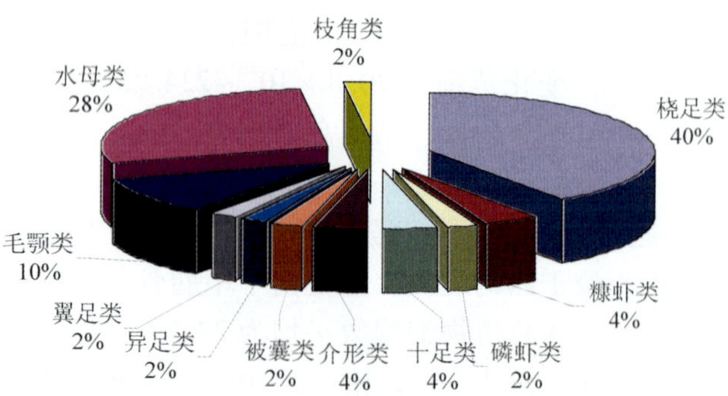

图 5-26-5　诏安湾浮游动物种类组成

诏安湾冬、春二季浮游动物共计50种，其中春季36种，冬季33种。浮游动物种数百分组成中以桡足类和水母类占比例较大，其次是毛颚类，其他类别如糠虾类、十足类、介形类、磷虾类、异足类、翼足类、枝角类和被囊类所占分量都较小。此外，该湾还有若干类阶段性浮游幼虫以及少量的涟虫和底栖端足类等。

两湾之外海区浮游动物计178种，其中春季计90种，常见种为肥胖箭虫、拿卡箭虫、长尾类幼虫、多毛类幼虫、短尾类蚤状幼虫、磁蟹蚤状幼虫、四叶小舌水母、双生水母、拟细浅室水母。夏季计104种，常见种为精致真刺水蚤、真刺水蚤幼体、锥形宽水蚤和伯氏平头水蚤。秋季计71种，常见种为微刺哲水蚤、亚强真哲水蚤、真哲水蚤幼体、精致真刺水蚤和真刺水蚤幼体。冬季计34种，常见种挪威小毛猛水蚤、桡足类幼体和中华假磷虾。

2. 生物量

东山湾春季的浮游动物生物量为24.97毫克/米^3，变化范围为8.59~57.21毫克/米^3，生物量的分布呈现湾口低、湾内高的趋势，湾中央最高，湾口最低。秋季的浮游动物生物量为114.85毫克/米^3，变化范围为61.56~223.33毫克/米^3，分布趋势非常明显，由湾口向湾内递增，湾顶生物量最高。

诏安湾冬、春二季浮游动物湿重生物量均值为191.7毫克/米^3。总生物量的季节变化较小，冬季和春季均值分别为189.8毫克/米^{3}和191.6毫克/米^3。冬季的变化范围为65.0~405.0毫克/米^3；梅岭镇东部近侧和湾口水域生物量较高，达200.0毫克/米^3；梅岭镇东部近侧最高，达405.0毫克/米^3。相反，诏安湾北部以及港口西北近侧生物量最低，范围为65.0~100.0毫克/米^3。春季生物量的变化范围为95.0~415.0毫克/米^3，其中该湾东南部的生物量较高，达300.0毫克/米^3；该湾东南角的量值最高，达415.0毫克/米^3。而在港口东北部生物量贫乏，范围为95.0~100.0毫克/米^3。

3. 栖息密度

东山湾春秋两季浮游动物个体数量分别为52.5个/米^{3}和65.1个/米^3，春季稍低于秋季。春季个体数量的分布没有规律，变化范围为5~80个/米^3。秋季湾口比湾内稍高，变化范围为40~100个/米^3。拟哲水蚤和瘦尾胸刺水蚤遍布调查区，在湾顶区稍高。太平洋纺锤水蚤出现率很低，但湾口达18个/米^3。住囊虫的高密度中心在湾东侧，可达18个/米^3。浮游幼体以短尾类幼体最多，平均10个/米^3，湾顶达35个/米^3。蔓足类幼体主要集中在湾口。

诏安湾浮游动物总个体密度均值以冬季较高，为30.0个/米^3，变化范围为3.3~130个/米^3。春季个体密度均值较低，为21.5个/米^3，变化范围为5.0~56.0个/米^3。在平面分布上，冬季的分布趋势与生物量相似，以梅岭镇东部近侧最密集，达130个/米^3，主要由小型桡足类如挪威小毛猛水蚤、短角长腹剑水蚤、小拟哲水蚤以及桡足类幼体大量聚集所致。此外，湾口水域个体密度也较高，大于30个/米^3，主要以瘦尾胸刺水蚤、精致真刺水蚤、小拟哲水蚤和桡足类幼体占优势。而该湾北部大片水域和港口西北近侧水域数量贫乏，小于10个/米^3。春季该湾大于30个/米^{3}的测站分别位于西屿附近以及西埔海堤西面近侧，其中西埔海堤西面近侧以底栖端足类为主，西屿附近则以瘦尾胸刺水蚤和短尾类蚤状幼虫占优势。

两湾之外海区浮游动物的栖息密度平均为350.99个/米^3，其中春季的栖息密度平均为878.19个/米^3，变化范围为127.42~2177.86个/米^3，优势种为桡足类幼体、小拟哲水蚤、多毛类幼虫、双生水母和中华哲水蚤；夏季为338.19个/米^3，变化范围为163.2~419.7个/米^3，优势种为肥胖箭虫、真哲水蚤幼体和亨生莹虾；秋季为167.21个/米^3，变化范围为16.93~376.60个/米^3，优势种为中华哲水蚤、真刺水蚤幼体和齿形海萤；冬季为20.37个/米^3，变化范围为13.75~30.00个/米^3，优势种为桡足类幼体、中华假磷虾和挪威小毛猛水蚤。

4. 栖息密度百分比

诏安湾冬季和春季浮游动物总个体密度平均值中，桡足类和阶段性浮游幼虫占优势，其余依次是端足类、水母类、毛颚类、介形类、糠虾类和翼足类。而其他各类别如磷虾类十足类、被囊类、异足类和枝角类等所占的分量极小。

诏安湾浮游动物，冬季在测区北部以阶段性浮游幼虫为主，其他均以桡足类占明显优势，其中有4个测站完全由桡足类组成。春季阶段性浮游幼虫和桡足类的测站出现率与密度百分比大体相当，端足类在一些测站具密度优势。其他各类别的测站出现率和密度百分比都较低。

5. 多样性指数

东山湾浮游动物的季节变化在湾内部和湾口有所不同，湾内部在春季的多样性、丰富度和均匀性较高，而湾外部在秋季的多样性、丰富度和均匀性较高。

诏安湾两次调查期间出现的浮游动物多为阶段性浮游幼虫和桡足类幼体，可供种类鉴定的浮游动物成体极少，其均匀度多为0或者1。该湾南部出现的浮游动物，冬季和春季的均匀度分别为0.88和0.86，二者较接近；而多样性指数分别为2.30和1.58，二者差异较大。

表 5-26-6　东山岛周边海域浮游动物多样性指数

地点	季节	多样性指数	丰富度	均匀度	优势度
东山湾	春	2.82	2.61	0.75	0.21
	秋	2.54	1.76	0.74	0.26
	平均	2.68	2.19	0.75	0.24
东山湾外海	春	3.14	5.90	0.60	0.77
	夏	4.31	8.51	0.77	0.92
	秋	3.53	7.53	0.71	0.85
	冬	2.38	3.89	0.65	0.76
	平均	3.34	6.46	0.68	0.83

（四）潮间带生物

1. 种类组成

东山湾春秋两季潮间带生物共计 63 种。其中软体动物最多，达 23 种，其次甲壳动物 20 种，多毛类 15 种，鱼类 2 种，纽形动物和腔肠动物各 1 种。优势种为滩栖螺、珠带拟蟹守螺、秀丽织纹螺、奥莱彩螺、伍氏厚蟹、豆形短眼蟹。

诏安湾潮间带生物共计 299 种，其中多毛类 91 种，软体动物 81 种，甲壳动物 52 种，棘皮动物 6 种，其他动物 21 种和藻类 48 种。多毛类、软体动物和甲壳动物占总种数的 75%，三者构成潮间带生物主要类群。

诏安湾软相潮间带生物断面种数和种类组成不尽相同，西屿断面的种数最多，为 136 种；浮塘断面的种数最少，为 102 种。各断面的种类组成均以多毛类、软体动物和甲壳动物占多数。邱厝和西屿断面种数春、秋季差别不大；浮塘和大铲断面种数存在季节差异，均为春季种数大于冬季的种数。

2. 生物量

东山湾春季潮间带生物生物量平均为 36.35 克/米^2，变化范围为 29.91～45.46 克/米^2。秋季生物量比春季高，平均 58.53 克/米^2，变化范围为 32.12～82.16 克/米^2。

诏安湾潮间带生物平均生物量 1185.67 克/米^2，以藻类居第一位，为 1025.48 克/米^2；甲壳动物居第二位，为 91.47 克/米^2；软体动物居第三位，为 53.86 克/米^2。生物量以西屿岩石滩断面较大，为 4449.70 克/米^2；邱厝泥沙滩断面较小，为 38.00 克/米^2。春、秋二季潮间带高潮区、中潮区和低潮区平均生物量分别为 16.57 克/米^2、508.79 克/米^2 和 3031.65 克/米^2。

3. 栖息密度

东山湾潮间带生物的栖息密度春秋两季差别不太明显，分别为 114.4 个/米^2 和 104.2 个/米^2。东山湾西岸断面平均栖息密度最低，春秋均在 60 个/米^2 左右，东岸断面平均密度最高，两季平均为 185.5 个/米^2。东岸断面的春季表现出高潮区生物密度高的特点，高潮区的栖息密度高出中、低潮区的三倍之多；该断面高潮区的滩栖螺对该站的总栖息密度贡献很大，该种密度可达 220 个/米^2 以上，占该站总栖息密度的 70%。

诏安湾平均栖息密度为 1700 个/米^2，以甲壳动物居第一位，为 936 个/米^2；多毛类居第二位，为 640 个/米^2；软体动物居第三位，为 118 个/米^2。西屿岩石滩断面栖息密度较大，为 3141 个/米^2；大铲泥沙滩断面较小，为 831 个/米^2。高潮区、中潮区和低潮区平均栖息密度分别为 114 个/米^2、2125 个/米^2 和 2863 个/米^2，均以低潮区最大，高潮区最小。

4. 多样性指数

诏安湾冬季丰度指数以邱厝泥沙滩断面较高，为 6.53，浮塘泥沙滩断面较低，为 4.43；多样性指数以大铲泥沙滩断面较高，为 2.65，浮塘泥沙滩断面较低，为 1.63；均匀度指数以大铲泥沙滩断面较高，为 0.69，浮塘泥沙滩断面较低，为 0.45；优势度则相反，以浮塘泥沙滩断面较高，为 0.43，大铲泥沙滩断面较低，为0.14。春季丰度指数以大铲泥沙滩断面较高，为9.44，西屿岩石滩断面较低，为4.31；多样性指数以大铲泥沙滩断面较高，为3.47，西屿岩石滩断面较低，为2.36；均匀度指数以大铲泥沙滩断面较高，为0.78，西屿岩石滩断面较低，为0.64；优势度则相反，以西屿岩石滩断面较高，为0.16，大铲泥沙滩断面较低，为0.05。

（五）底栖生物

1. 种类组成

东山湾春、秋两季底栖生物共计52种，其中多毛类种数21种，占总种数的40%；软体动物14种，甲壳动物13种，腔肠动物、拟软体动物、棘皮动物和鱼类各1种。

诏安湾底栖生物共计196种，其中甲壳动物64种，占总种数的33%；多毛类有58种，占总种数的30%；软体动物有48种，占总种数的24%；其他依次为鱼类8种，藻类5种，棘皮动物4种，其他动物9种。

诏安湾底栖生物种数分布不均匀。春季各测站平均种类数为20种，其中大梧村南部种数最多，达34种；其次为西屿东北和西屿西部，分别为33种和32种，城州岛西北种类数最少，仅有1种。秋季各测站平均为16种，其中前楼南部种数最多，达32种；其次为大梧村南部，为22种；西屿南部种类最少，仅有4种。春、秋季平均每测站为18种，总体说来种数较少。种数分布的总体趋势是湾口附近海域种数较低，平均每站仅11种，湾中部种数较高，平均每站近20种，湾顶种数最大，平均每站为24种。

诏安湾底栖生物存在季节变化。诏安湾底栖生物春季有137种，秋季为123种。春季比秋季多14种。种数的季节变化主要是多毛类与甲壳类的季节变化。多毛类春季种数为47种，占总种数的34%，秋季为29种，占总种数的24%。而甲壳动物秋季种数为46种，占总种数的37%，春季为40种，占总种数的29%。此外软体动物春季为36种，占总种数的26%，秋季为32种，仍占总种数的26%。种数变化不大，但种类却有很大的不同。棘皮动物、鱼类及其他动物，种数、种类变化均很小，因此，种数所占百分比变化不大。

两湾以外海区大型底栖生物计296种，其中春季计139种，常见种为异毛虫、三叶针尾涟虫和塞切尔泥钩虾。夏季计102种，常见种为奇异稚齿虫和杯尾水虱。秋季计130种，常见种为独毛虫、毛头梨体星虫、拟刺虫、拟特须虫、长吻沙蚕和中蚓虫。冬季计160种，常见种为白合甲虫、丝鳃稚齿虫、独毛虫和异蚓虫。

两湾以外海区小型底栖生物主要为线虫类、多毛类、桡足类、双壳类、动吻类、介形类、腔肠类、无节幼体、海螨类和海蜘蛛等。

2. 生物量

东山湾底栖生物生物量春季为12.0克/米^2，范围为2.50～35.55克/米^2，低值区在湾中央。秋季的生物量为13.83克/米^2，范围为0.81～24.44克/米^2。软体动物的生物量在春季居多，甲壳动物在秋季最高。

诏安湾底栖生物春季平均生物量为40.67克/米^2，秋季平均生物量为161.88克/米^2，秋季生物量是春季生物量的4倍，两季平均生物量为101.28克/米^2。生物量最大值位于秋季的西坑南部和前楼南部，分别为1003.16克/米^{2}和666.92克/米^2；生物量最小位于城州岛西北部，春季为0.24克/米^2，秋季为1.56克/米^2，两季平均不到1.00克/米^2。生物量组成以软体动物占绝对优势，春季软体动物平均生物量为20.39克/米^2，占总生物量的50%；秋季软体动物平均生物量为151.91克/米^2，占总生物量的94%，两季平均软体动物占总生物量的72%，主要是由于波纹巴非蛤引起的，其个体大、重量大。

两湾之外海区小型底栖生物的生物量平均为50.94微克/10厘米^2，变化范围为2.65～292.04微克/10厘米^2。

3. 栖息密度

东山湾底栖生物的栖息密度春季低于秋季，分别为50个/米^{2}和121.3个/米^2（单位下同），密度组成以甲壳动物和多毛类为多。栖息密度的分布与生物量分布基本一致，但是栖息密度秋季比春季增加一倍。

诏安湾底栖生物春季栖息密度平均为 271 个/米^2（单位下同），秋季平均密度为 386，秋季密度高于春季，春、秋两季平均密度为 329 个/米^2。密度最大为秋季的大梧村南部，高达 1356；密度最小为春季的城州岛西北部，仅 4 个/米^2，两者相差 300 多倍。栖息密度分布趋势是湾顶密度高，两个站的平均密度为 709 个/米^2，并逐渐向湾外递减，湾中部 6 个站平均密度为 323 个/米^2，湾口附近密度最低，3 个站平均密度仅 87 个/米^2。

诏安湾栖息密度组成甲壳动物占优势，尤其在秋季，甲壳动物平均密度达 283 个/米^2，占总密度的 73%，起主导作用的是塞切尔泥钩虾和美原双眼钩虾，最大密度分别达 488 个/米^2、192 个/米^2。春季甲壳动物平均密度为 126 个/米^2，占总密度的 46%，两季平均占总密度的 60%，其次是多毛类，两季平均占总密度的 28%，软体动物两季平均占总密度的 11%，棘皮动物、鱼类及其他动物的栖息密度非常低。

两湾之外海区大型底栖生物的栖息密度平均为 709.24 个/米^2，其中春季的栖息密度平均为 822 个/米^2，变化范围为 100～1825 个/米^2，优势种为模糊新短眼蟹和浅缝骨螺；夏季为 615.5 个/米^2，变化范围为 187～1690 个/米^2，优势种为天草旁宽钩虾、奇异稚齿虫和丝鳃稚齿虫；秋季为 539.17 个/米^2，变化范围为 115～940 个/米^2，优势种为毛头梨体星虫、中蚓虫、独毛虫和塞切尔泥钩虾；冬季为 860.3 个/米^2，变化范围为 90～1580 个/米^2，优势种为丝鳃稚齿虫、塞切尔泥钩虾和梳鳃虫。

两湾之外海区小型底栖生物的栖息密度平均为 73.46 个/10 厘米^2，变化范围为 0.76～730.10 个/10 厘米^2。

4. 主要种及经济种

诏安湾底栖生物优势种类有 7 种，其中多毛类有 3 种、软体动物 1 种、甲壳动物有 3 种。

海蛹：属多毛类海蛹科，最大密度 84 个/米^2，最大生物量 5.4 克/米^2，底质多为软泥、泥沙。不倒翁虫：属多毛类不倒翁虫科，最大密度 52 个/米^2，但生物量不大，仅 1.44 克/米^2。似蛰虫：属多毛类蛰龙介科多须蛰虫亚科，最大密度 32 个/米^2，但因个体较小，生物量仅 0.96 克/米^2。仅在春季采到，秋季没有。波纹巴非蛤：属软体动物帘蛤科，最大密度 340 个/米^2，最大生物量 986.20 克/米^2。美原双眼钩虾：属节肢动物门端足目双眼钩虾科，密度大于 100 个/米^2 的有 3 个，最大密度为 192 个/米^2，但因个体小，生物量仅为 0.48 克/米^2。多分布于湾顶及湾中部，湾口附近较少。塞切尔泥钩虾：属节肢动物门端足目钩虾科，最大密度 488 个/米^2，是甲壳动物密度组成的重要种类。弯指伊氏钩虾：属节肢动物门端足目利尔钩虾科，最大密度 60 个/米^2，最大生物量 0.12 克/米^2。

另外，诏安湾底栖生物绝大多数为中下层鱼、虾、蟹和贝类的饵料资源，是海洋生态系统中不可缺少的一个中心环节。除此之外，诏安湾底栖生物中有不少经济价值较高的种类，在海洋渔业中占有重要地位，例如，多毛类的智利巢沙蚕、异足索沙蚕，软体动物的棒锥螺、长牡蛎、鹅掌牡蛎、贻贝、波纹巴非蛤、蛤蜊、缢蛏、竹蛏，甲壳动物的变态蟳、虾蛄、梭子蟹，以及文昌鱼、舌鳎、鰕虎鱼、鳗鱼、白姑鱼等。这些种类有的可以直接供人类食用，有的具有很高的开发、养殖价值。

5. 多样性指数

东山湾底栖生物在秋季的种类丰富度和多样性高于春季，但个别站位在春季的丰富度和多样性较高。

诏安湾底栖生物多样性指数春季略高于秋季，多样性指数相对较高。多样性指数最高位于春季西屿西部，达 4.55，最低位于春季城州岛西北部，多样性指数为 0。

诏安湾底栖生物春季平均均匀度为 0.77，秋季平均均匀度为 0.82，秋季平均均匀度高于春季。均匀度最高为秋季的西屿东北部，达 0.98。春季均匀度分布相对较均匀，除了城州岛西北部为 0，西屿北部为 0.77。以外，大多数测站均匀度都为 0.8～0.92。秋季均匀度分布与春季均匀度不同，湾内 5 个站均匀度较低，均在 0.8 以下，湾口附近均匀度较高，除西屿南部以外，均在 0.92 以上。

诏安湾底栖生物丰度春季丰度平均值高于秋季，两季平均丰度值为2.98。底栖生物丰度值大小相差悬殊，平面分布无规律可循。

两湾之外海区大型底栖生物春夏秋冬四季的多样性指数平均为4.17；丰富度指数全年平均为5.91；均匀度指数全年平均为0.84；优势度指数全年平均为0.89。

表 5-26-7　东山岛周边海域底栖生物多样性指数

地点	季节	多样性指数	丰富度	均匀度	优势度
东山湾	春	2.64	0.87	0.99	0.17
	秋	2.36	0.86	0.75	0.29
诏安湾	春	3.27	3.29	0.77	—
	秋	3.09	2.67	0.82	—
东山湾外海	春	4.38	6.50	0.83	0.88
	夏	3.61	4.54	0.76	0.81
	秋	4.22	5.25	0.87	0.92
	冬	4.68	7.34	0.89	0.93
	平均	4.22	5.91	0.84	0.89

（六）游泳生物①

1. 种类组成

东山湾周边海域鱼类计261种，隶属于22目79科249属，其中鰕虎鱼科15种、鲱科14种、鳀科12种、鲹科11种、石首鱼科10种和蛇鳗科8种、鲬科8种、石鲈科8种、鲻科7种、鲐科7种、舌鳎科7种为主，占总数的41%。另外，甲壳动物计60多种，头足类30多种。

两湾之外周边海域春季游泳生物共计28种，其中鱼类16种、虾类4种、蟹类3种、头足类5种；夏季游泳生物共计34种，其中鱼类21种、虾类3种、蟹类4种、头足类6种；秋季游泳生物共计69种，其中鱼类47种、虾类9种、蟹类5种、头足类8种。

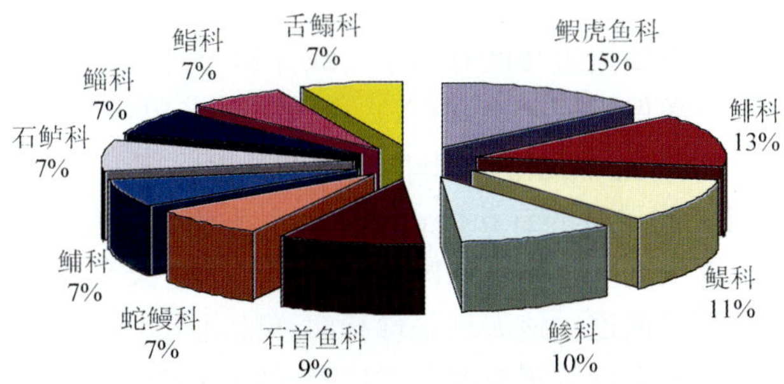

图 5-26-6　东山湾常见鱼类种类组成

2. 生物量

春季鱼类在游泳生物生物量中所占的百分比最高，为74.14%；其次是蟹类，占18.23%；再次是头足类，占5.5%；虾类仅占2.1%。

夏季鱼类在游泳生物生物量中所占的百分比最高，为37.94%；其次是蟹类，占30.91%；再次是头足类，占30.83%；虾类仅占1.05%。

秋季鱼类在游泳生物生物量中所占的百分比最高，为60.34%；其次是蟹类，占16.88%；再次为虾类，占15.88%；头足类仅占6.91%。

3. 生物量优势种

春季鱼类生物量优势种为二长棘鲷，占鱼类生物量的77.63%；其次为大头狗母鱼，占鱼类生物量的13.30%。虾类生物量优势种为鹰爪虾，占虾类生物量的69.89%。蟹类生物量优势种为拥剑梭子蟹，占蟹类生物量的97.37%。头足类生物量优势种为火枪乌贼，占头足类生物量的75.19%。

夏季鱼类生物量优势种为大头狗母鱼，占鱼类生物量的21.10%；其次为二长棘鲷，占鱼类生物量的18.96%；再次为长蛇鲻，占生物量的12.83%。虾类生物量优势种为中华仿对虾，占虾类生物量

① 国家海洋局第三海洋研究所2006年8月、2007年4月、2007年11月调查资料。

的63.33%。蟹类生物量优势种为拥剑梭子蟹，占蟹类生物量的77.17%。头足类生物量优势种为火枪乌贼，占头足类生物量的56.84%。

秋季鱼类生物量优势种为二长棘鲷，占鱼类生物量的15.88%；其次为绿布氏筋鱼，占鱼类生物量的14.34%；再次为多鳞鱚，占11.52%。虾类生物量优势种为鹰爪虾，占虾类生物量的68.59%；其次为须赤虾和中华仿对虾，分别占生物量的10.10%和9.59%。蟹类生物量优势种为拥剑梭子蟹，占蟹类生物量的90.84%。头足类生物量优势种为柏氏四盘耳乌贼，占头足类生物量的34.53%。其次为短蛸，占生物量的14.27%。

4. 尾数优势种

春季鱼类尾数优势种是二长棘鲷，占总尾数的77.42%，其次为大头狗母鱼、条尾绯鲤和竹筴鱼，分别占总尾数的4.96%、4.71%和4.21%。虾类尾数优势种为鹰爪虾，占总尾数的44.44%。蟹类尾数优势种为拥剑梭子蟹，占蟹类尾数的92.11%。头足类生物量优势种为火枪乌贼，占头足类生物量的45.45%；其次是柏氏四盘耳乌贼，占生物量的24.24%。

夏季鱼类尾数优势种是四线天竺鲷，占总尾数的51.51%；其次为条尾绯鲤和二长棘鲷，分别占总尾数的10.03%和8.03%。虾类尾数优势种为中华仿对虾和须赤虾，分别占总尾数的42.86%。蟹类尾数优势种为拥剑梭子蟹，占蟹类尾数的83.72%。头足类生物量优势种为火枪乌贼，占头足类生物量的72.06%；其次是拟目乌贼，占生物量的10.29%。

秋季鱼类尾数优势种为绿布氏筋鱼，占总尾数的25.40%；其次为多鳞鱚，占总尾数的24.14%。虾类尾数优势种为鹰爪虾，占总尾数的64.38%。蟹类尾数优势种为拥剑梭子蟹，占蟹类尾数的96.27%。头足类生物量优势种为柏氏四盘耳乌贼，占头足类生物量的45.68%；其次是双喙耳乌贼，占生物量的33.02%。

（七）珍稀濒危生物

东山岛周边海区有国家一级保护动物7种，国家二级保护动物24种，省级重点保护生物20余种。自然资源保护联盟（IUCN）（1996）名单中的极危物种（CR）1种，濒危物种（EN）6种，易危种（VU）2种；属于濒危野生动植物种国际贸易公约（CITES）（1995）附录Ⅰ的有10种，附录Ⅱ的有14种，附录Ⅲ的有6种。其中，白头鹎、花龟、（中国）石龙子和环纹华游蛇为中国特有种。另外，该区不仅是多种国内和国际珍稀物种的生长和繁衍区域，还是许多具有国际生物多样性意义的海洋生物的洄游通道。该海域是珍稀海洋哺乳类生物中华白海豚重要的繁衍和洄游通道，也是江豚、伪虎鲸、灰鲸、灰海豚等重要哺乳类以及玳瑁、棱皮龟、绿海龟、蠵龟等珍稀龟类和中国鲎等的重要洄游通道。

夏季东山湾漳浦古雷龙口海滩共调查中国鲎数百只，记录37只，体重0.2580～17.7597克，全长25.54～122.84毫米，全部为褐色。

秋季东山湾文昌鱼生物量密度为0.8583克/米^2，栖息密度为41.667个/米^2，平均体长为5.35～25.624毫米。

（八）海洋微生物

东山湾1月表层水体中的细菌数量为195.71×10^{3}个细胞/厘米^3，5月为496.88×10^{3}个细胞/厘米^3，二者差别较大，与水温的升高有关。1月份细菌数量的分布呈现由湾口向湾内递减的趋势，高值站在湾口，可达950×10^{3}个细胞/厘米^3，低值区位于湾顶。5月份细菌数量的变化范围为（15～2500）×10^{3}个细胞/厘米^3，高值区在湾口东侧，分布趋势由东向西递减，低值区在湾口。

诏安湾细菌数量几何平均值为9.62×10^{11}个细胞/厘米^3，最高值为17.2×10^{11}个细胞/厘米^3，出现在西屿西部春季航次的表层；最低值为5.41×10^{11}个细胞/厘米^3，出现于西屿北部冬季航次的表层，高低值相差3.5倍左右。24个样品中，有11个样品的细菌数处于10^{12}量级，且大多在春季航次；其余13样均为10^{11}量级，多在冬季航次。

诏安湾秋季和春季水体表层的细菌数量水平分布具有明显的季节差异，秋季高值区呈现于该湾的西北角和东部的局部区域，舌状低值区由湾口向湾的中部延伸；春季的细菌数量表现为由该湾的东北向西南递减的特征。

诏安湾各测站的表层和底层水的细菌数量，均是春季高于秋季，春、秋季细菌数的比值，变化为1.1～2.1。细菌数量的几何平均值，春季为11.7×10^{11}个细胞/厘米^3，是秋季7.92×10^{11}个细胞/厘米^{3}的1.5倍。

第六节　海洋灾害

一、环境灾害

东山岛周边海区的灾害性天气主要有台风、暴雨、大风和干旱。

（一）台风

7—9月为台风季节，在东山岛周边登陆和影响台风，每年平均4.2次。台风是影响本地区的主要灾害性天气之一，如1975年9月23日7511号台风在东山岛登陆，风力12级以上，造成房屋倒塌，防护林损坏，堤坝缺口，渔船漂走，交通通信受到很大影响。

（二）暴雨

东山岛周边海区暴雨主要出现于4—10月，集中于5—8月，年平均暴雨日数为4.6—6.0天，日最大降水量达229.5～293.7毫米。1963年7月17日14时受6306号台风影响，诏安出现了罕见的雷暴，1小时降雨达118.3毫米，暴雨造成堤坝缺口1000多处。

（三）大风

东山年平均8级及以上大风日数达122天，年最多大风日数165天，最少也有82天。诏安、云霄地区大风较少，年均大风日数约3—6天。

（四）干旱

根据降水资料统计，东山、诏安地区春季大旱、特旱出现几率分别为14%～20%和27%～35%，平均连旱日数44.2～56.5天；夏季大旱、特旱出现几率分别为15%～30%和0%～20%，平均连旱日数30.5～36.9天；秋冬季大旱、特旱出现几率分别为20%～40%和4%～15%，平均连旱日数70.2～74.3天。

二、地质灾害

（一）地震

该区是地震活动最为活跃的地段之一，据历史记载，该区南侧南澳岛附近在1600年曾发生过7级强震，据1970—1973年弱震统计，邻近海域共发生弱震44次。

（二）海岸侵蚀

东山湾和诏安湾海岸侵蚀灾害主要有基岩侵蚀海岸和砂质侵蚀海岸。基岩侵蚀海岸尽管当前仍处于侵蚀状态，但速率很小，属于缓慢侵蚀海岸；砂质侵蚀海岸侵蚀后退速率较高。

1. 基岩侵蚀海岸

东山湾西岸、西南岸及湾口两侧基岩岬角，可见数米至十余米高的海蚀崖，在湾口最高可达 20 ~ 30 米。海蚀崖前常伴有海蚀平台，宽数十米至百米，台面高低不平，多呈岩滩。诏安湾石股山、旗山和城洲岛等几个基岩岬角和岛屿的突出岸段，发育 4 ~ 6 米高海蚀崖，高的可超过 10 米，崖面新鲜，崖壁陡峭；崖前有岩滩和沙滩。

2. 砂质侵蚀海岸

主要分布在东山岛的南门湾、金銮湾、乌礁湾、东山湾的西岸。南门湾长 2 千米，平均蚀退速率 1 米/年；金銮湾南部砂质海岸遭受侵蚀，海砂流失、海滩变薄、并有成片老地层裸露；乌礁湾海岸侵蚀严重，防护林遭受破坏，10 年间海岸后退 20 ~ 30 米，平均蚀退速率每年 2 ~ 3 米，为强烈侵蚀砂质海岸岸段。

三、生态灾害

沙筛贝为外来入侵生物，最早于 1993 年在东山八尺门海堤西侧大量附着，成为污损生物群落优势种。1996 年八尺门西侧海域沙筛贝栖息密度达 34.4×10^3 个/米^{2}①。

沙筛贝未入侵前，东山八尺门海域设置了大量的网箱养殖，海水富营养化严重，经常出现赤潮造成养殖鱼类缺氧死亡。20 世纪 90 年代，沙筛贝入侵后，迅速成为当地海域附着生物的优势种群。由于生物多、滤水量大，海区海水常年呈略带暗灰色的透明状，进而促进大型绿藻如孔石莼、条浒苔等大量繁殖，水色随之变清，但海域网箱养殖效果未改善，缺氧现象时常发生。由于沙筛贝附着数量大，水流条件更差，水底淤泥淤积更严重，并常带有恶臭。

① 福建水产研究所：福建省 908 专项灾害调查报告（内部），2010 年。

第二十七章　东山岛

第一节　概　况

一、海岛地理及历史变迁

东山岛（Dōngshān Dǎo）代码为350626003012。

位于福建省南部沿海、东侧与台湾隔海峡相望，北西以八尺门海堤与云霄县相接；西侧为诏安湾，北东侧为东山湾，东南侧有南澎列岛。地理坐标为北纬23°41.2′、东经117°25.2′，形如蝴蝶，又称“蝶岛”。

图5-27-1　东山岛遥感影像

东山岛大致呈北北东向展布，东西最宽处17.5千米，中部最窄，宽仅约2.0千米；南北向最长处27.5千米，面积172.53平方千米，为福建省第二大海岛。全岛地势西北高，东南低，从西北向东南倾斜，西北多山丘，东南多滨海平原。岛上最高峰（苏峰山）海拔274.3米①，无大溪流，仅几条不足5千米长的小溪沟。海岸线长158.1千米，岸线曲折，港湾多，滩涂海域面积宽阔。1959年12月开始建设“八尺门”海堤，1961年6月建成，将海岛与大陆连接起来，结束了进出东山岛靠渡驳的历史，并成为陆连岛。

二、政区建置及历史沿革

据《东山县志》，东山古属“九州”之一的扬州。周时为“七闽地”，秦王嬴政三十三年（公元前214年）平定百越，建南海郡，东山岛属南海郡。汉元鼎六年（公元前111年）南海郡设揭阳县，东山岛属揭阳县。东晋义熙九年（413年）建义安郡绥安县，东山岛属绥安县。隋开皇十二年（592年），绥安县并入泉州（福州）龙溪县，东山岛属龙溪县。唐垂拱二年（686年）建漳州怀恩县，东山岛属怀恩县。唐开元二十九年（741年）撤怀恩县建漳浦县，东山岛属漳浦县。宋代东山岛属漳浦县安仁乡思政里。明洪武二十年（1387年），东山岛设铜山守御千户所，筑铜山城，建铜山水寨，归镇海卫管辖。明嘉靖九年（1530年），建诏安县时，东山岛划归诏安县。清雍正十三年（1735年），铜山守御千户所所辖境地归诏安县。

1916年5月1日，以东山岛及其周边诸小岛（由诏安县划出）和古雷半岛（由漳浦县划出）组建了东山县，县衙设于第一区（铜山城，今铜陵）。1950年5月12日，东山岛解放，全县划为3个区：一区（铜陵城关、古雷），二区（西埔），三区（前何）。7月，古雷从一区分出建四区。1952年9月，从诏安县划入大嶝岛。1955年11月古雷半岛划属漳浦县。1953年县址从铜陵迁移至西埔。目前，全县有6个镇、61个行政村、16个社区，共辖139个自然村。

三、人口

除大嶝岛，东山县居民绝大多数居住在东山岛。全县2010年有总户数54 580户，其中农业户34 115户，非农业户20 465户；总人口210 834人，其中农业人口140 837人，非农业人口69 977人。2007年和2008年各乡镇人口情况如下表。

表5-27-1　人口基本情况　　单位：人

乡镇	2008年		2007年
	总人口	非农业人口	
年末人口总数	206 321	108 290	204 788
西埔镇	46 427	30 692	45 557
铜陵镇	53 634	53 629	53 346
康美镇	19 044	5 739	18 721
樟塘镇	15 528	3 595	15 522
杏陈镇	26 882	7 572	26 597
前楼镇	12 550	1 826	12 709
陈城镇	32 256	5 237	32 336

① 东山县城乡地名全录之东山县概况。

四、公共服务

（一）教育

2008年全县有普通中学12所，在校生12 852人，毕业4549人，具体学校为东山一中（含高中部）、西浦中学、东山二中（含高中部）、铜陵中学、苏峰中学、石斋中学、康美中学、樟塘中学、陈城中学（东山三中）、杏陈中学（东山四中）、后林中学、前楼中学；小学48所，在校生13 388人，毕业2487人；幼儿园112家，在园幼儿4926人；职业中专1所（东山职专），在校生2676人。全县教职工（公办）2086人。

东山全面落实农村义务教育“两免一补”政策，稳步推进“双高普九”及中小学危房改造工作。2008年落实义务教育阶段免杂费和贫困学生“两免一补”资金637万元；投入资金1000万元，改造中小学危房3867平方米，新建8100平方米，维修校舍11 500平方米。

2008年，着力营造“迎奥运”氛围，着力推进“文化名城”建设，着力推进和谐文化建设，全县文化体育蓬勃发展。东山运动员李鸿泉代表中国奥运代表队，参加奥运会星级龙骨艇帆船比赛。“东山关帝文化”和“东山歌册”两项被列入闽南文化生态保护展示、第三批非物质文化遗产保护6个项目进入省级评定，全县总数达到14个、非物质文化遗产传承点和传承人工工作分别居全市前列。“非遗”项目和“非遗传承人”位居全市第一。“东山戍台将士墓”被省政府命名为“省级国防教育基地”，被省文物局推荐申报第四批全国爱国主义教育示范基地。全县新建9个行政村全民健身工程点（其中2个农民公园）、农家书屋6个、镇级综合文化站建设工程1个。

表5-27-2　2007年和2008年东山岛教育基本情况表

	2007年	2008年
中小学校数（所）	61	63
其中：小学	48	50
中小学校在校学生数（人）	28 916	29 959
其中：小学	13 388	13 867
中小学校当年招生数（人）	7 009	7 751
其中：小学	2 019	2 336
中小学校当年毕业生数（人）	7 753	7 985
其中：小学	2 487	2 861
中小学在校教职工数（人）	1 917	1 913
全县教职工总数（公办）（人）	2 086	2 069
幼教（所）	112	125
其中：私立幼教	90	101
大中专录取人数（人）	1 493	1 204

（二）科学技术

民国时期，东山有从事工业、建筑、工艺美术、医药卫生和教学的专业技术人员100多人，但没有科研单位和学术组织。少数科技人员曾开展一些科研活动，有一定成就。农、渔、盐等各业生产技术的某些革新，多由劳动民众从实践中摸索或从外地引进，科技成果的推广和生产技术的提高，都很缓慢。

1950年后，科技人员迅速增加，科技组织机构相继建立，并开展科技普及工作。1959年成立县科学技术委员会，指导各行业的科技工作；农业部门形成县、公社、大队、生产队四级农科网，其他部门也逐步建成科技网络。“文化大革命”中，科技人员遭受冲击，除农林业外，其他行业科技机构活动皆不正常。1978 年重新组建县科委，1979 年召开首次县科协大会，成立县科协及各专业学会、协会组织。

1950 年以来，科技工作对推动生产力发展起着越来越显著的作用。农业部门开展推广良种、改进施肥和灌溉技术、改良耕作制度、推广杂交水稻等工作，使作物单位面积产量有很大提高。林业方面，在荒沙滩总结推广“夏季雨天种树、树苗带土”等植树造林经验，使东山岛变成“东海绿洲”。水利方面，开展地下水资源开发等取得良好效益。林业和水利建设的成就，极大地改变了东山岛生态环境，为经济发展奠定基础。1964 年起，开展“渔船灯光围网技术”的研究和推广，促进渔业产量迅速提高。1972 年开展的“鲍鱼人工育苗与养成”研究，为鲍鱼养殖探出新路。

1978 年后，科技工作更得到多方重视和加强，逐步明确科学技术是生产力，认真贯彻“百花齐放，百家争鸣”和“科学技术工作必须面向经济建设”的方针，开展技术转让和咨询活动；根据海岛自然条件，大力调整农业结构，推广芦笋种植，建立万亩芦笋种植园，使得东山成为全国最大的县级芦笋生产基地；渔业开展浅海滩涂养殖开发研究和推广，解决对虾养殖和网箱养鱼等技术难题；医学方面，首次开展裸甲藻引起人类麻痹性贝类中毒研究，为沿海地区进行类似疾病研究提供科学依据。自 1978—1988 年，县内科研成果，获市级以上奖励的 46 项。其中，国家部委奖励的 4 项、省级奖励的 5 项、省厅级奖励的 22 项、市级奖励的 15 项。这些成果都不同程度地得到推广应用，促进各业生产建设发展。

2008 年，东山国家级可持续发展实验区建设超过六年，并顺利通过了国家专家组地验收，完成上报国家科技部等 18 个部委的最终评审。加大力度策划申报科技项目。组织申报国家科技部“福建东山农村科技综合服务中心研究与示范”项目、省科技厅“红鲍品种引进及人工育苗技术研究”等两项目、市科技局“水产品自动化加工控制系统”等五项。“东山县海珍品产业化关键技术研究与开发”示范项目等四项获准立项，其中省级配套项目 1 个、市级配套项目 5 个，共获资金支持 41 万元。

1. 科研单位

民国时期，东山没有从事科学研究的专门机构。1950 年后，县人民政府重视科学研究工作，陆续成立农业、渔业、医药卫生等科研机构。1988 年，全县有科研单位 7 个、县级专业研究会 13 个，有 20 个系列的专业技术职务人员计 1807 人。

（1）东山县林业苗圃

1950 年 11 月设西山岩苗圃，隶属县建设科；1954 年撤销。1957 年成立下溪苗圃，隶属县林业科；1960 年划归县商业局下溪农场，1977 年重新划入县林业局辖管。1987 年在铜陵镇东门屿设东门屿分圃，同年省林业厅拨专款在东门屿建圃地 40 亩，作为培育树苗和花卉基地。通常下溪苗圃有工作人员 5 名，东门屿分圃工作人员 4 名。

（2）县畜牧科学研究所

1958 年成立县畜牧科学研究所，隶属县畜牧局。1962 年撤销县畜牧局，该所划归县农业科管辖。1968 年，因受“文化大革命”运动冲击而解散。

（3）县医学科学研究所

1959 年 8 月设县中医药研究所，隶属县卫生科，配主任、副主任各 1 名，专职和兼职研究人员共 6 名。1961 年春改称县医学科学研究所，1963 年 6 月 28 日撤销。1972 年 3 月恢复，有兼职研究人员 3 ~ 5 名。后较少开展科研活动。

（4）东山县水产科学研究所

1959 年 8 月设县水产实验所，隶属县水产科，1961 年撤销。1979 年成立县水产科学研究所，与县鲍鱼珍珠贝培苗实验站为一套人员、两个牌子。

（5）东山县良种繁育场

1963 年成立县良种繁育场，隶属县农业科，址于坑北，耕地面积 72 亩。承担农作物种子培育繁殖和试验。有工作人员6名。

（6）东山县鲍鱼增殖站

1972年4月设县鲍鱼珍珠贝培苗实验站，隶属县水产局，址于城关后澳。1982年迁址于虎崆，同年改称县鲍鱼增殖站。承担贝类人工育苗试验和养成研究。通常有工作人员26名。

（7）东山县农业机械研究所

1977年8月成立县农业机械研究所，隶属县农业机械管理局，址于宅山。承担农业机械新技术、新工具、新材料的试验推广。有工作人员3人。

（8）东山县农业科学研究所

1978年4月成立县农业科学研究所，隶属县农业局，址于坑北，耕地30亩。承担农业新品种的实验和推广。有工作人员6名。

（9）东山县科学技术情报研究所

1979年3月成立县科学技术情报研究所，隶属县科学技术委员会，人员3名。下设科技情报点，聘请情报员，收集国内外科技资料，不定期出版《东山科技》，编印《科技参考资料》和专业论文集，建立科技资料阅览室。至1985年刊出《东山科技》7期，印发4600册；编印《科技参考资料》25期，印发2850册（份）。此外，又与县外工作的东山籍科技人员建立通信联系，与一些省市县建立科技资料交流。1988年，该所有人员2名，图书资料5000多册，报刊27种，与国内26个省132个县建立科技资料交流。

（10）东山县气象台

1953年冬，中国人民解放军福建军区在城关设东山县气象站，为闽南地区第一个县级气象站。1958年元旦起，该站隶属县人民委员会领导，业务由福建省农业厅气象局管理。1960年，县气象台与县水文站合并，改称东山县海洋水文气象服务台，业务由福建省海洋水文气象台（在厦门）管理，1963年划归福建省气象局管辖。1968年1月，海洋组分出另设机构，改称东山县气象台。1971年3月改称东山县专业气象站，隶属县人民武装部管辖，1974年划归县革委会管辖。1981年又改称东山县气象台，再划属省气象局管辖。1988年，该台设预报组、测报组、报务组、填图组、服务组。每天接收北京、上海、广州及日本东京等地的气象台发出的各种气象信息及华东区域的雷达图、卫星云图等，经计算分析，对县境及附近海域作长、中、短期天气和灾害性天气预报。通常有工作人员29名。

（11）东山海洋站

1956年10月成立东山县水文站，隶属龙溪地区水文站，1960年1月县水文站与县气象站合并为东山县海洋水文气象服务台。1968年1月分设机构，恢复东山海洋站，隶属国家海洋局东海分局厦门中心海洋站。主要向各级有关部门提供每天海洋观测资料。全站有工作人员8名。

（12）东山地震台

1974年9月成立东山县地震办公室，工作人员4名，设地震测报组，又分别在东山一中、陈城小学、樟塘小学设地震测报点。1982年9月改设东山地震台，隶属福建省地震局（编制3名），配备地震仪1台，每天24小时进行地震测报，定时向省地震局传送测报资料。有科技干部3名。

2. 学术团体

（1）东山县科学技术协会

1956年8月，设县科学技术普及协会（简称县科普协会），下设医学组、农渔盐业学组、数理化学组。1966年“文化大革命”开始后，县科普协会工作人员多被调离而停止活动。1979年3月，召开东山县科学技术协会第一次代表大会，出席代表200多人，选举产生县科协第一届委员会，并制定通过县科协章程。内设6个专业学组。

（2）各专业学会、协会、研究会

1956年起，县先后建立各种专业学会、协会。1988年有专业学会、协会、研究会共13个，会员1023名。

①东山县农学会

1979 年 3 月成立，会员 36 名。承担农业新品种、新技术的实验和宣传推广，举办农业科技讲座及培训班，开展学术交流。1988 年底有会员 45 名。

②东山县水产学会

1979 年 3 月成立，设海洋捕捞学组、水产养殖学组、水产加工保鲜学组、渔船渔机学组，会员共 49 名。负责开展水产科普宣传，组织学术讨论会、举办专题讲座和培训班，出版不定期刊物《东山水产科技》（至 1984 年刊出 19 期），编印《科普宣传情报》5 期。1988 年底有会员 46 名。

③东山县工学会

1979 年 3 月成立，设机械工程学组、甘蔗制糖学组、机电工程学组、建材学组、食品化工学组、制盐学组、塑料学组、工艺美术设计学组、邮电学组、交通工程学组，会员 116 名，创办《东山工学会刊》。1988 年底有会员 126 名。

④东山县医学会

1979 年 3 月成立，设中医药学组、西医药学组（分内科和外科小组）、护理学组、卫生学组，会员 84 名。负责开展医学科普宣传，培训医护人员，组织学术交流。1980 年创办《东山医药》期刊。1988 年底有会员 363 名。

⑤东山县数理化学会

1979 年 3 月成立，会员由中小学教师组成，设数学组、化学组、物理学组、地理学组、生物学组，会员 42 名。负责组织学术研究，撰写论文，总结教学经验。1988 年底有会员 83 名。

⑥东山县科普创作小组

1979 年 3 月成立，会员 15 名，用文艺形式宣传科普知识。1988 年底有会员 21 名。

⑦东山县财政会计学会

1981 年 10 月，成立省财政会计学会东山支会，会员 127 名，产生第一届理事会，创办《东山财政与会计》会刊。1982 年 2 月改称县财政会计学会。1988 年底有会员 132 名。

⑧东山县林学会

1984 年 8 月成立，主要从事新品种引进实验推广和科普宣传，培训林业技术员，组织学术交流。1988 年底有会员 18 名。

⑨东山县水电学会

1984 年 8 月成立，会员 13 名。承担水利科学研究，组织学术交流和咨询服务，进行科普宣传，举办培训班。1988 年底有会员 21 名。

⑩其他

东山县青少年科技辅导协会，1984 年 8 月成立，设数理化标本制作组、气象组、电子计算机组、船模组、养殖组、花卉雕塑组等学习兴趣小组。1988 年底有会员 52 名。

东山县集体建筑企业协会，1986 年 4 月成立，会员 48 名。承担建筑研究和设计。1988 年底有会员 55 名。

东山县地名学研究会，1986 年 5 月成立，会员 20 名。1987 年承担编写《中华人民共和国地名词典》、《福建地名词典》、《中国海域地名志》中的东山词条。1988 年底有会员 21 名。

东山县芦笋研究会，1988 年 4 月成立，开展芦笋栽培技术研究和推广，编写《千亩芦笋高产栽培技术》等手册。年底有会员 40 名。

（3）乡镇科普学会

1956 年，各区成立科普宣传小组，开展科普宣传和科技研究。1966 年，各科普宣传小组皆解散。1981 年 6 月，樟塘公社率先成立科普协会，随后各公社（镇）科普协会相继成立。1983 年，各公社科普协会改称科协会，会员共 450 名；生产大队成立科协分会或小组。1986 年全县乡镇科协会有专业研究会共 22 个、会员 255 名。此后，由于社会生产结构的发展变化，个别乡镇、村的专业研究会自行解体。1988年，全县乡镇科协会会员458名，乡镇各种专业研究会19个、会员302名。

（4）四级农科网

1956年，东山县各区成立农业技术推广站，乡设农业技术试验小组，开展农业科学实验和农业新技术推广。1958年秋，以公社为单位建立农技站，各生产大队先后建立农技组。“文化大革命”初期，有些基层科技组织解散。1971年后，各公社、大队逐步恢复群众科学实验组织，先后建立探石农科队、宅山农科队、后林农科队和白埕农业中学试验基地。1976年，形成以县良种繁育场、县农业技术推广站、县农科所、公社农科站、大队农科队及生产队农科组组成的四级农科网。当时，在四级农科网中大队与生产队的农民技术人员计1094名。1988年，由县农科所、县农业技术推广站、县良种繁育场、乡镇农技站、村科技小组、农民技术员组成的农业科技推广系统，全县乡镇农技站人员40多名，农民技术员1400多名。

3. 科普活动

（1）科技宣传

1956年起，县科学普及协会以出刊物、办讲座等形式，传播科学技术知识，全县建立科普讲座站15个。科普协会会员常到农村社队以墙报、幻灯等形式宣传普及科学知识。“文化大革命”初期，科普宣传活动基本停顿，后期逐步恢复。

1979年，县科学技术协会成立，并相继成立各专业研究会，组织会员编写科技文章，通过有线广播、出版专刊、放映科技电影等形式，传播科学知识，科学宣传活动日益活跃。1980年，在西埔、城关两地中心场所，开设“科学画廊”月刊，创办《东山科普》小报，刊载科技知识。1982年组织科技影片《人工培养鲍鱼》、《农业机械》、《饮水卫生》等到各公社、大队放映，共58场、观众1.2万人次。1983年后，组织科技人员开展科普宣传月活动，印发农业、林业、水利、卫生等专题材料，到各社队宣传。1985年又出版《科技信息》。至1988年，共刊出“科学画廊”433期，《东山科普》5期、《科技信息》14期。

（2）科技咨询

县各专业学会在各乡镇、村都设有科技咨询服务处。从1983年起，县科协与各专业学会协作，组织科技人员下乡巡回，开展“科普赶圩”、科技咨询和技术承包服务。县科协、县农学会的科技人员与县农资公司等部门经常组成科技服务队，携带作物标本、挂图前往西埔、陈城、杏陈、樟塘等乡镇8个行政村开展巡回咨询服务，接受广大农民、百姓的咨询，并根据芦笋生产需要，组织科技人员下乡服务。县科协还聘请福建省化工学会、厦门化学工业公司的科技人员，为县美术工艺二厂的红珊瑚脱水保鲜和铜陵镇鱼露加工厂的鱼露高湿防变质等提供咨询，并获成功。

（3）技术培训

农业技术培训班。1956年起，县农业技术推广站每年举办技术培训班，培训选种、农药使用、化肥使用、新品种栽培等。1979年4月办花生栽培技术培训班，有公社、大队、生产队的农业技术人员701人参加学习花生追肥技术。1983年举办早稻育秧、植物保护、土肥培训班共3期，培训160人。以后常组织芦笋栽培技术培训，累计有200~300人参加学习。1987年举办农业科技培训班6期，培训农民技术员350人。

林业技术培训班。1964年县林业局举办木麻黄育种技术培训班。1981年举办2期林业病虫害防治技术培训班。1987年举办营养土、容器苗技术培训班，学员共40人；办橡胶种植及割胶技术培训班，学员8名。

水利技术培训班。1955年县举办区乡水利技术短期培训班共3期，培训521人，学习工程标准质量、测量、绘图、土石方计算及打井砌筑等知识，为农田水利建设培养技术骨干。

农业机械培训班。1977年县农业机械管理局举办农业机械培训班3期，培训拖拉机驾驶员163人、内燃机技工901人。1978年后与各公社农技站合办，定期对农业机械技术人员进行培训。至1985年共举办培训班10期，培训拖拉机驾驶员664人、内燃机技工及农业机械维修技术员1067人。

渔业技术培训班。1964 年起，县水产技术推广站多次举办培训班推广渔船灯光围捕技术。1971 年举办技术培训班对渔船设备进行更新改造。1983 年，举办水产品保鲜技术培训班，培训渔民技术员 40 多人。1987 年举办渔船驾驶员、轮机员培训班共 4 期，培训渔民 100 多人；举办定位仪使用技术培训班 18 期，培训渔民 120 多人；举办对虾养殖技术培训班 3 期，学员 295 人。

海员技术培训班。1983 年，县航运公司举办航海驾驶员和船舶轮机员培训班，培训航海驾驶员 17 人，船舶轮机员 16 人。此后每年皆办培训班，至 1988 年共培训航海驾驶员 81 人，船舶轮机员 94 人。

医药卫生培训班。1950 年 8 月，县卫生院举办首期新法接生培训班，培训农村、街道接生员 25 人。之后，县卫生科（局）与县卫生院合作，举办学校保健员训练班、救护人员培训班、针灸技术培训班等。1985 年举办中药培训班，培训专职药剂员和个体药店药剂员共 19 人，并选派在职医务人员到市、省医院及大专院校培训，至 1986 年共派出 50 多人。

4. 学术交流

1956 年起，县科学普及协会，组织科技人员撰写学术论文，开展学术交流。“文化大革命”期间，学术交流活动一度停止。

1979 年，县科学技术协会恢复，贯彻“科学技术工作必须面向经济建设”的方针，强调科学技术是生产力，组织开展各种类型的学术交流。各学会、协会和研究会充分发挥人才优势，组织科技人员把学术活动与承担政府部门委托课题相结合，每年召开 1 ~ 2 次专题学术交流会。1986 年，县科协与县农学会、县水产学会的科技人员，围绕农业内部结构改革、沙滩丘陵地开发利用和海淡水资源开发利用的问题，召开学术交流会和研讨会计 19 场，参加者 635 人次。县农学会编写的《东山县建立万亩芦笋基地的可行性报告》、县水产学会编写的《开发利用西埔湾围垦区的可行性报告》得到政府部门重视并付诸实施。1979—1988 年，全县召开各种学术交流会共 292 场，参加 4180 人次，参加学术交流论文 942 篇，其中被全国性刊物录用 10 篇，被省市录用 158 篇。

（三）医疗卫生

东山自南宋年间就有民医利用草药医伤治病。清初，有个体诊所，至清末全岛有个体中医诊所 19 家。传统中医多为师承、祖传或自学，分布城乡各地。清光绪年间，随着基督教传入，铜山城开始有私人西医馆。

民国 5 年（1916 年），县设立禁烟机构，厉行戒烟（鸦片）。民国 27 年（1938 年），设立县卫生院，担负诊病、防疫、公共卫生管理、兵检、助产以及戒烟工作。但由于设备简陋、医术落后，群众就医困难。加上鼠疫、霍乱、天花、伤寒、痢疾、麻疹、白喉等各种传染病流行猖獗，群众死于疫病者不计其数。至民国 38 年（1949 年），有中、西医疗单位计 51 家。

1950 年 5 月后，相继设立卫生科、防疫卫生委员会、爱国卫生运动委员会，主管全县卫生行政工作，坚持开展卫生防疫和群众性爱国卫生运动，并多次派巡回医疗队深入城乡，开展疫情普查，免费为民治病，治理环境卫生，使各种传染病和地方病迅速得到有效控制，有的已基本绝迹。与此同时，县人民政府重视医疗卫生机构和医药购销管理机构建设，逐步形成县、乡、村三级卫生医疗网；并不断改善医疗环境，充实、更新医疗设备，发展壮大医疗队伍，开展医疗科研，开发本地中药材资源，广泛挖掘、利用民间中草药和验方，不断提高医疗质量和医术水平，更新医疗设备，使全县医疗卫生事业迅速发展。至 1988 年底，全县已拥有县级综合医院 1 家、中医院 1 家、卫生防疫站 1 家，各乡镇均设有卫生院，大部分行政村有保健站，还有私人诊所 27 家，医药门市部广布城乡各地。全县各类医疗卫生单位共有医务人员 535 人，病床 330 张，群众就医购药方便，一般病症县内均能医治，乡村缺医少药的状况已基本改变。

至 2008 年年底，全县共有卫生医疗机构 15 个，县级医院 2 个，防疫站 1 个，共卫生技术人员 572 人，病床位 490 个，村村均有医疗点。新型农村合作医疗参合人数 12.54 万人，参合率 100%，全面实施城镇居民医疗保险，参保率为 61%。

1. 医疗单位

（1）东山县医院

民国24年（1935年），县成立戒烟所，民国27年（1938年）2月改为县卫生院，址设城关布店街，人员5名（其中医生2名），分设医政保健组、医务防疫组、戒烟戒毒组和事务室，担负诊病、防疫、公共卫生管理、兵检、助产等任务。至1950年初，人员减少为2名。

1950年7月7日，正式成立东山县人民政府卫生院，人员7名，院址设在城关（即今城关医院院址），有简易急救病床2～3张。1951年增至15张。1953年分设三个股：卫生防疫股、医疗预防股、总务股。同年7月附设县妇幼保健站，人员4人。1953年底全院工作人员发展到45人，其中医师2人、医（技）士6人、护士（包括助产士）9人。门诊部设内科、外科、药剂室、化验室；并在西埔红庙设麻风病门诊部，免费为病人检查治疗。1954年1月，院址迁至西埔，门诊增设妇产科。1955年，病床增至30张。1956年夏，门诊又增设中医科。1957年6月15日，改称东山县医院（卫生防疫保健工作划归县防疫保健站）。1958年设无菌制剂室。1959年增设针灸室、供应室、病床增至50张。1960年增设放射科、眼科。1962年，病房开始分科查房护理，共设内、儿、外、妇四科。1975年设牙科和心电图室。1978年设超声波室。1980年设伤科，病床增至80张。1983年，病床120张。1984年底，实行院长负责制，各科室实行分工负责制。全院的房屋、设备、人员基本配套，能够同时进行两台手术，并开展胸腔手术，成为东山县的重点医疗单位和各乡镇卫生院的技术指导中心。1985年1月，共设门诊部、护理部、医务科、总务科，病床增至150张，并开始设"家庭病床"。1986年起，病房设内科（包括中医组、传染病组）、外科（包括骨伤科）、儿科、妇产科；门诊设置中医科、伤科、牙科、五官科、内科、外科、妇产科、放射科、皮肤科、药械科、急诊室、超声波室、心电图室、A超室、B超室、检验室、理疗室、供应室。全院工作人员200人左右。

（2）东山县中医院

1984年11月22日成立东山县中医院筹备小组。1985年3月7日正式成立，院址于铜陵镇文峰街南坑，病床60张。1988年底，全院工作人员68人（不含临时工），其中副主任医师3人、主治医师5人、中医师8人、西医师1人、中医士4人、中西药剂士4人、护士8人、助产士4人。院部设办公室、总务科、医务科。现病房设内科（含传染病房）、外科（含骨伤科）、儿科及台胞病房，统一护理；门诊部设中医内科、儿科、骨伤科、口腔科、外科（换药）、青草科、痔疮科、妇产科、台胞诊室、急诊室、针灸室、超声波室、检验室、放射室、药剂科（药房）。

（3）东山县卫生防疫站

1957年6月以前，全县的卫生防疫保健工作在县防疫卫生委员会领导下，由县卫生院承担。1957年6月15日，建立县卫生防疫保健站，与县卫生科合署办公，配备卫生技术工作者8名，翌年增至18名。1963年6月，独立设站，址在西埔，1967年初迁至顶西村。1970年6月，县卫生防疫保健站撤销，只留2人在县"革命委员会"卫生组，其余下放公社保健院或大队合作医疗站，卫生防疫保健工作仍归县医院负责。1972年7月恢复县卫生防疫保健站，1974年元月改称东山县卫生防疫站，地址仍设在顶西村。1982年10月28日，附设中华人民共和国东山卫生检疫所。1983年6月在宅山村前建新站址。该站于1985年获国家卫生部1983—1984年度计划免疫工作奖。1986年11月27日，比利时达米恩基金会委派鲁特到东山进行麻风防治效果考查，总结推广"三联化疗B663"的治疗办法，并赠送县防疫站摩托车一辆和药品。全站人员共50名左右，分设卫生、防疫、检验、妇幼、皮防、结防、行政、宣教8个股（室），附设海港检疫。

（4）东山县妇幼保健院

民国34年（1945年），城关卫生所配备助产士1名，开展新法接生，但未能推广。民国35—38年统计，婴儿死亡率高达36%，产妇难产和产褥热死亡率分别为5%和10%。

1950年7月后，县人民政府卫生院推广新法接生。至1953年6月，先后培训接生员107人，建立6个接生站和15个接生员据点。1953年7月，成立东山县妇幼保健站，有卫技人员4名（其中助产士

1名）。至1955年，全县有接生员143名，新法接生率达85%，难产发生率降至1.30%，破伤风发生率降至1.00%，同时开展儿童体检和疾病矫治等工作。1957年7月，县防保站成立后，妇幼保健站人员并入县防保站，设妇幼股。1958—1959年普及新法接生，全县92.90%的大队建立妇产院，新法接生率达到100%，新生儿破伤风率降至0.1%，基本消灭产褥热。1960年后，推广妇女“三调三不调”（怀孕期调轻不调重、哺乳期调近不调远、月经期调干不调湿）劳动保护制度，开展闭经与子宫脱垂查治。1961年，分别查治闭经和宫脱病人446人和350人。在做好接生员培训、复训的同时，加强产前检查和产后访视。1964年后做好接生包、纸包、换布包和接生用具的检查补充工作。至1965年，全县有接生员119人。其中一类接生员42人，占35.30%，二类56人，占47.10%，三类21人，占17.60%。并基本消灭产褥热和破伤风。“文化大革命”期间，县防保站撤销，人员下放，全县村级接生工作受到影响。1973年后，妇幼工作逐步加强，部分医疗站的女“赤脚医生”，培训后也参加接生工作。1978年5—6月，在福建省儿童保健学习班协助下，对1976—1977年儿童死亡进行回顾调查，全县出生婴儿至7岁儿童死亡率占3.26%，其中新生儿和婴儿死亡率分别为12.50%和24.24%。1978年6—7月进行妇女“两病”查治，发现尿瘘2人；子宫脱垂454人（其中已上托环治疗的368人，占81.06%）。以后逐年进行现症病人查治。1985年底，现症宫脱病人266人。自1979年后，逐年开展入园入托儿童和独生子女体检。至1988年，累计对儿童体检12 481人次，对患有各种疾患或生理缺陷的儿童，均及时给予矫治。1986年，对473名妇女开展妇女病调查，发现各种妇科病289人，患病率58.62%，已治93人，占32.18%；并在全县17个行政村选定新生儿至6岁儿童出生死亡登记报告和开展儿童系统卫生保健管理工作。1988年起，县和各乡镇妇幼保健工作人员分别有6～9人，还有村级产院30个，共有接生员88人，新法接生率达到100%。

（5）乡镇卫生院

乡镇卫生院有西埔镇卫生院、前楼乡卫生院、陈城乡卫生院、康美乡卫生院、樟塘乡卫生院、杏陈乡卫生院和城关医院、城关产院。它们情况如下。

①西埔镇卫生院

1952年7月西埔镇设立卫生所，1954年1月撤销。1960年5月，建立西埔公社保健院，址设石埔王氏祠堂。1961年初，址迁西埔，下半年又迁至东埔。1965年迁至西埔内圩。1970年西埔牙科联合诊所并入保健院。1972年7月1日更名西埔公社卫生院。1973年8月15日，在新城路边建新院。1988年起，全院工作人员25名，设置内科（综合门诊）、外科、牙科、小儿科、妇产科、骨伤科、皮肤科、精神病科、理疗室和防疫组。

②前楼乡卫生院

前身为前楼中西联合诊所，创建于1952年8月，址设前梧，人员3名。1958年10月，改组更名为前楼保健站。1961年春，改称前楼公社保健站，下设径里、岱南、岱寮3个保健站。1968年建新院于前梧，即现址。1988年起，有工作人员10名，病床10张，设置内科、外科、妇产科、五官科、手术室、防疫等科室。

③城关产院

原名东山县第一区接生站，建于1952年9月，有接生员等14名，分设于城关下田、码头两处。1958年10月改称城关产院，隶属城关医院，址设大井头附近。1962年1月，迁址担水街，经济独立核算，为集体所有制卫生事业单位。1978年5月，移返原址。1979年设置门诊、产房，并设病床。1988年起，全院有工作人员10名，病床10张。

④陈城乡卫生院

1952年创建陈城中西联合诊所，址设陈城圩。1958年10月，迁址澳角，同时和2家私人诊所及建兰、玉兰、益生3家药店组建为陈城公社保健院，分设澳角、岐下保健站。翌年增设白埕、宫前保健站。1963年，院址迁于陈城大队。1967年建新院于陈城北山西麓，即现址。1970年春，各保健站划归大队直接管辖。1988年后，全院有人员17名，病床10张，设有内科、外科、牙科、手术室、药房、放射科、化验室、妇幼组、住院部。

⑤康美乡卫生院

前身为东山县第一区康美联合诊所，建于1952年12月，址设康美村内，人员4名。1958年，改称康美公社保健院，院址迁至该村太师公庙。1959年底，保健院改组（同时樟塘保健站并入），在樟塘设分院。1968年在美山建新院。1988后，全院工作人员13人，病床10张，科室设置有：外科、内科、妇产科、手术室、药房等，除担负全乡的医疗外，还担负卫生、防疫保健、计划生育等工作。

⑥城关医院

建于1958年10月1日，系由原城关卫生所、城关渔民医疗所、公私合资中西医疗诊所、城关接生站、私人牙科诊所等医疗单位合并组成，址设城关东坑，建院时全院工作人员52人。分一、二门诊部，设有内科、外科、伤科、骨科、眼科、针灸科、牙科、产科、药房、检验室；病房设病床20张。1960年，城关福利诊所（其前身为东安善堂义诊处）并入城关医院。至1988年起，全院工作人员增至122人。病房床位增至60张。分设5个门诊部，设有内科、外科、中医科、针灸室、伤科、眼科、妇产科、牙科、检验室、放射室、心电图室、A超室、外注室、药房等科室。

⑦樟塘乡卫生院

原名樟塘大队保健站，建于1958年10月1日，址在樟塘。1959年改组并与康美公社保健院合并，更名为康美公社保健院樟塘分院，至1961年2月改称樟塘公社保健院。1865年底至1970年初，相继分设下湖、南埔、港西3个保健站，人员共计18名（院内9名）。1979年建新院于羊角山南麓。1988年后，院工作人员12人，病床10张，设内科、外科、妇科、手术室、药房、防疫等科室。

⑧杏陈乡卫生院

前身为杏陈公社保健站。1958年10月，由大嵘盐民诊疗所、县医院前何卫生所和杏园、同春两家药店合并组成杏陈公社卫生院，址设前何，人员11名，同时分设大队保健站（1970年划归该大队直接管辖）。1965年分设后林大队医疗室。1967年2月建新院于杏陈圩场边。1976年增设放射科。至1988年起，全院有工作人员近20名，病床10张，设中、西医门诊部（包括内、外、儿科）、手术室、牙科、防疫、药房、收费、财会等科室。

⑨村合作医疗站

1968年以前，部分大队设保健站。1960年冬至1982年间，农村各大队普遍实行合作医疗制度，原大队保健站改称合作医疗站，保健员改称“赤脚医生”。合作医疗经费按人口每人每年交纳1~2元，不足部分由大队公益金支付。社员就地看病一般不交费，或只交五分至壹角的诊费，危重病人住院医药费部分或全部报销。1980年以后，随着农村体制改革，人口医疗经费提取困难，大队公益金难于支付医疗费。1983年，各大队合作医疗站实行承包责任制，大队（后改为村）几乎没有集资，农民也不愿预交医药费，就采取谁看病谁出钱的办法。“赤脚医生”的待遇，由集体负担改为自负盈亏，按规定承担村里的卫生防疫和妇幼保健工作。其办医条件和诊病收费标准按国家规定，接受卫生部门及有关部门监督。

⑩个体医疗诊所

南宋建炎年间，东山磁窑村有青草医“何半仙”，以草药为陶瓷工人治病。至清末，全岛有私人诊所19家，多数是中医药。其中庆德中医药店创办较早，并延续数代人。清光绪二十五年（1899年），开始出现西医，时有大英教（基督教）的高良友、日本人雷振声在铜山设教并医病卖药。光绪二十八年（1902年），西医叶家俊于后街开设医馆。民国时期，东山多为医药兼营的药店。民国8年（1919年），柯冠卿在城关开设平民医院。民国24年（1935年）3月，全县有私人西医诊所（医馆）7家、西医师7人、护士1人、病床11张。至民国38年，全县中、西私人诊所发展到51家，其中西医诊所（包括牙科）13家。1950年，私人开业的中、西医药诊所86家，其中西医药诊所14家（包括牙科），有医生14人、护士3人，病床2张。1952年后，鼓励私人诊所（站）走集体化道路，发展中西医联合诊所。至1955年，私人诊所为20家（其中西医诊所7家，牙科诊所3家，镶牙铺5家，接生站5个）。至1988年起，全县共有个体医疗诊所近30家。

2. 医疗队伍

（1）中医

南宋建炎年间，有青草医“何半仙”为人治病。元至正二十八年（1368年），聚居于铜山城关菜园仔底的金、丁、马、铁四姓设保安堂练武，有“拳头师”以草药医伤治病。清康熙三十七年（1608年），名医方氏开设瑞源堂于西埔圩行医。清乾隆五年（1740年），铜山古城北门“三仙洞”有3位民医为民治病，人称“三仙”。乾隆十年，铜山顶街儒医何宗孟，施医济贫，受民赞颂。清宣统三年（1911年）前后，有“和尚仙”、“和尚祖”在铜山观音亭恩波寺施医，设儿科、眼科，并专治花柳病，传徒陈绍文，后成为名中医。民国元年（1911年），名医方碧山（俗称“和尚仔”），医术高明、精通脉理，且擅长炼丹，治疗危重病症多有奇效，迄今医术已传五代。民国10年，名医张石（俗称“石仙”），善治瘟疫时病，远近驰名。民国15年，中医方维金、许自桐、陈法三等自费（每人洋银一百二十元）往汕头学习针灸疗法。民国18年，中央卫生委员会通过《废止旧医以扫除医事卫生之障碍案》，并制定消灭中医的6项办法，对中医事业横加摧残。此举曾引起中医界强烈反对，当时县内中医界曾通电中央政府以示抗议，但中医受歧视的现象未能改变，中、西医对立的情绪因此产生。民国26年5月1日，东山县中医公会成立，会员15名。民国29年11月，全县共有中医42人。其中较有名望者是：城关卢植伍、林辉德、方崇宪、杨修甫、王荫亭、张百丹、卢含贞；东沈村沈腾飞；西埔圩方应时、徐锡九；山后村朱鉴波；后林村林丕朴；前何村何承文、蔡昭南；陈城村方玉兰。民国38年，全县有中医63人。

1950年5月以后，东山县人民政府重视中医，给中医事业的发展创造良好条件。1952年，开展中西医合作，先后成立康美、前楼、陈城3处中西医联合诊所，人员以中医为主，占70%。1956年夏，县卫生院增设中医科。1959年8月，县成立中医研究所，有专职人员3名，兼职5名，并在5个公社设立5个研究小组，进一步推动全县中医科研工作。1960年，县医院增设中医病床4张，开展中医带徒。1961年12月，落实中医政策，关心中医生活，对9名老中医每月供应肉、鱼等票证。1979年，考核中医师3名（黄登金、黄继义、张逢中），录用中医士2名。1980年9月至1981年12月，中医方受福、黄登金、王荫亭先后晋升为中医内科主治医师。1985年9月，福建省人民政府授予从事中医药工作30年以上的王荫亭等15位中医荣誉证书。

（2）西医

清光绪二十五年（1899年），西医传入铜山。民国28年（1939年）3月，全县有西医7人。民国38年增至13人。

1950年5月，县人民政府接管县卫生院时只有西医4人。至1957年，县医院有西医7人，私人诊所有西医14人。1988年后，全县西医增加到100多人。

（3）乡村医生

1968年前，部分乡村建立保健站，设卫生员为村民治病。1968年开始，各村先后实行合作医疗制度，设“赤脚医生”为广大群众就地医病。1969—1970年，县举办“赤脚医生”培训班，由各大队选送知识青年共144人，分期到县培训，结业后回原大队合作医疗站任“赤脚医生”。随着农村经济体制的改革，农村医疗制度也随之变化，改合作医疗制为乡村医生承包责任制，实行谁看病谁付钱的办法。至1988年，全县共有乡村医务人员138人，其中乡医47人、卫生员91人。

3. 医疗设施

（1）医疗场所建设

民国时期，县卫生院利用旧祠堂做诊病场所，总建筑面积760.57平方米。1950年，县人民政府卫生院成立后，利用城关东坑原天主教堂为院址，并投资1万多元新建门诊楼。1954年，县卫生院迁西埔建门诊（兼病房）555.6平方米。1955年，扩建一幢2层病房楼524平方米。1982年，县医院增建4层病房大楼2828平方米。1985年投建主治医师楼、职工宿舍楼1634.7平方米。经过历年扩建，至

1985年县医院总建筑面积7115平方米。1984年新建的县中医院，占地26.18亩，有门诊大楼、病房大楼及办公楼，总建筑面积2778平方米。县卫生防疫站新建站址占地面积15亩、建筑面积2484平方米。各乡镇卫生院建院初期，多是利用祠堂、庙宇作为诊病场所。1975年以后，各公社卫生院相继建新院，有门诊楼、宿舍楼。除西埔公社卫生院外，各公社卫生院都设有病房。至1988年，全县7个乡镇卫生院都已初具规模，建筑面积共8655平方米。

（2）医疗设备

民国初期，县内公、私立医疗单位设备都很简陋，县卫生院只有一些简单门诊器械、产钳和门诊小手术器械。1950年县卫生院添置英式显微镜一架，配备一般检验设备。此后至1988年，县医院先后配备万分之一分析天平、X光机、心电图机、B型超声波诊断仪、人工呼吸机、丰田牌救护车等设备。县中医院1985年成立，配有A型超声波探测仪、X光机、光电比色计、分析天平等设备。各乡镇卫生院医疗设备也逐步更新与添置。如城关医院已拥有万能手术床、A型超声波探测仪、心电图机、X光机等设备。

（3）医疗技术

民国时期，县卫生院仅能开展大输液和切开缝合等门诊小手术。1951年，开展组织疗法及腰穿。1953年，能借助较先进的检测仪器观察、发现乙型脑炎、恙虫病和丝虫病。1954年开始做阑尾手术、疝气手术。1956—1960年开始做胃手术、胃大部切除术、巨大肾囊肿切除术、肾切除术、脾切除术。1959年10月，县中医研究所编写出第一集《东山中医药验方》，共收集验方45方，并对33种青草药物作药理分析和临床应用介绍。中医研究所还对子宫脱垂、橡皮腿、水肿病、鞘膜积液等疾患进行试点研究，收到很好效果。1962年，县医院与县防疫站合作研究中草药，得出桉树叶、鬼针草、沙马蹄金3种药物能杀灭副霍乱弧菌的科研成果，并在东山发现第一例“02”带菌者。1963年春，发现海兔内脏能致使双目失明，因为它含有嗜视神经毒。1963—1970年，开始做胆囊切除术、骨髓输液、硬膜外麻醉、膀胱阴道瘘修补术、甲状腺大部分切除术、肝叶切除、子宫全切除术、锁骨下静脉穿刺术、针刺麻醉术。1973—1976年，开展食道癌下段手术、膀胱全切除术、空肠代膀胱术、前列腺摘除术。1984年，开展食道癌食道中段手术。1985年，城关医院眼科医生应用冷冻摘除术治疗白内障效果显著。同年9月，郑登魁、欧阳寿镇、杨光熙、江宝森等撰写的《福建省东山县麻风病调查分析》一文在全国麻风病防治中心暨国际学术会议上交流。全县医务人员在全国性和省、市级医药刊物上发表了大量论文。各乡镇卫生院的医疗技术水平也都有很大提高，均能开展计划生育手术。

（4）大力开展爱国卫生宣传教育运动

1951年以来，县卫生部门经常向群众进行多种形式的卫生宣传教育，开展全县性的爱国卫生运动。1957年县卫生防疫站成立后，配备专、兼职人员负责宣传，并添置宣传器材，使卫生宣传工作得到加强，爱国卫生运动持续不断开展。“文化大革命”期间，宣传人员被下放，器材被分散，卫生宣传教育工作停顿。1978年以后，逐步恢复和加强。1983年，县卫生防疫站设卫生宣教组，乡镇卫生院也逐步配备专、兼职宣教人员。至1988年，县有卫生宣教专职人员3人，兼职人员6人，有摄影机2架，收录机和扩大器各1台，设置固定卫生宣传栏10个，各卫生医疗单位的公共场所设卫生宣传栏10个，还充分利用有线广播和影剧院等开展卫生科普、卫生法规、卫生动态和防病灭病、妇幼保健等宣传教育。初步形成县、乡、村三级卫生宣传网，推动爱国卫生运动的持续深入开展。

（5）公共卫生

①饮水卫生

1975年以前，除大村饮用塘水外，全县居民都饮用浅层地下水。饮用水源卫生防护差，生物污染严重。据1978年和1984年两次水质分析，有95%以上的水样细菌指标超标；城关大井头和五里亭部分水井受工业废水污染，水质恶化。1983年，县卫生防疫站加强饮水卫生的监测，对全县1980处饮用水源进行普查，对污染严重的饮用水源，积极采取措施解决，使井水符合饮用卫生标准。1984年10月，县人民政府投资兴建自来水厂。经检测，自来水厂水质符合饮用标准。

②食品卫生

1950年9月，成立县行业卫生委员会，根据国家制定的食品卫生管理办法、条例和标准，加强食品卫生监督管理。1959—1962年和1981年制定地方性食品卫生法规，加强饮食、食品卫生监督管理。1982年11月19日县成立食品卫生监督委员会，加强食品卫生监督的领导和管理。卫生防疫部门开展《食品卫生法》宣传教育，对食品企业调查建档，审查发放卫生许可证，从业人员健康监督，食品卫生监督监测，食物中毒调查处理和执法等工作。

③劳动卫生

1979年以前工人的劳动卫生均由各工矿企业自行管理。1979年7月，对工矿企业劳动卫生状况进行调查，当年从事有害作业的县全民和集体所有制工矿企业34家、工人2178名，其中接触粉尘和铅、苯、汞四种有害作业的有473人，占总人数的21.95%。1980年3月，对24家企业的526名工人进行职业病普查，受检率92.44%，其中铅作业42人、粉尘作业301人，发现铅吸收和矽肺观察对象各2人，未见矽肺患者。1985年1月，再次对478名粉尘作业工人进行拍片检查，矽肺观察对象增至4人。1980年3月，对车间劳动环境有害因素进行检测，粉尘作业合格率仅占14.03%（8/57），苯作业占11.11%（1/9），铅作业占50%（4/8）。1985年，再次对3家矽肺观察对象的工厂进行粉尘监测，合格率仅占12.50%（5/40），未见好转。

④学校卫生

1952年，在中学、小学中成立11个卫生委员会，建立148个卫生队，培训保健老师21名，并配备保健箱。各学校建立卫生值日、周末扫除、晨间检查、早操和课外活动等制度。1954年，逐步开展学生体检、查治肠道寄生虫及砂眼等。1957年以后，对学校卫生状况开展调查，各学校加强卫生教育，并对学生的视力、龋齿、头癣、头虱、疥疮等疾病进行查治。据1980年和1984年视力监测，中、小学生视力低下率分别为21.0%和26.95%。1985年调查，一中、二中视力低下学生比例数高达33.46%。为消除学生眼疲劳与预防近视，1978年后，各学校先后开展眼保健操活动。县卫生防疫站及时组织有关人员给予技术指导，并发放眼保健操挂图和视力表。1988年，一中和二中各配备校医1名，其他学校多由体育老师兼管卫生保健工作。

⑤口岸卫生检疫

1982年6月，成立中华人民共和国厦门卫生检疫所东山检疫站。该站行政隶属县卫生防疫站领导，业务上归厦门卫生检疫所领导。同年10月，正式开始对进出口船只检疫、船舶和港口卫生监督、疾病监督、病媒昆虫调查和进口废旧物品（如废钢船等）的卫生处理等。

（6）疫病防治

①急性传染病防治

清代和民国时期，东山境内鼠疫、霍乱、天花、伤寒、痢疾、麻疹、白喉等传染病极为猖獗，死者甚众。乾隆五十六年（1887年），天花流行，死亡1180人，麻脸1000余人。宣统元年（1909年）4—8月，鼠疫流行，死亡1162人（其中铜山城死亡500人）。民国18—22年（1929—1933年）天花流行，死亡380余人。民国31年鼠疫流行，死亡1110人；同年5—10月霍乱流行，死亡4000多人。民国33年霍乱流行，死亡1200余人；天花流行，死亡2000余人。民国38年，天花再次流行，死亡2000余人。

1950年7月后，县人民政府卫生院和卫生委员会，广泛开展卫生防疫群众运动，并建立疫报制度，进行预防接种（种牛痘7.15万人）。至1953年，共普种牛痘95 450人，鼠疫和伤寒、霍乱混合疫苗预防注射分别为92 534人次和83 049人次。此后，鼠疫、霍乱均未见发生；伤寒、痢疾发病率大大下降。1957年成立县卫生防疫保健站，翌年各公社成立保健院并设立防保组，各大队也相继配备保健员。从而建成县、社、队三级防疫网，健全疫报制度，开展牛痘苗、白喉、百白破二联、百白破三联、霍乱、麻疹、骨髓灰质炎、乙脑、钩端和卡介苗、破伤风等10多种生物制品预防接种。1970年，县卫生防疫站被撤销，1972年重建，三级防疫网逐步恢复和健全，传染病防治工作逐步恢复并进一步加强。1980 年开展儿童“四苗”接种，小儿麻痹症苗接种 17 562 例，接种率为 100%；麻疹症苗接种 3655 例，接种率为 88.37%；三联症苗接种 9348 例，接种率为 85.2%。同时，建立接种表卡，加强基础免疫。1984 年建立儿童接种门诊。1985 年添置和完善冷链设施，以提高免疫质量。流感、痢疾、乙脑、白喉、骨髓灰质炎和钩端螺旋体病等传染病于 1975—1976 年、1978 年、1981 年被控制或未发生。1985 年以后，麻疹、流脑、百日咳、副霍乱等传染病发病率大为下降。1988 年底，全县有乡镇防保组 7 个，县、乡、村三级防保人员分别为 41、35、60 人。

②慢性传染病防治

麻风病防治。清代和民国时期，东山患麻风病者甚多。民国 38 年（1949 年）7 月 21 日，曾于城关澳雅头外的白点屿设麻风病人收容所，收容病人 30 余名。1950 年后县人民政府着手对麻风病开展线索调查，发现麻风病人 96 人，1952 年增至 182 人。1958 年，在福建省麻风防治工作组协助下，进行全县普查，确诊现症病人 260 人，划为高流行区。同年 10 月 1 日，在新厝村建立康复村，收治现症病人。1959 年建立麻风病防治站，开展社会防治。至 1988 年底统计，全县历年累计麻风病人数 198 人，经 20 多年来采用中西结合等综合疗法防治，累计治愈和注销 730 人（住院 135 人、门诊 467 人），尚余现症病人 68 人，患病率 0.41‰，降为中流行区。

性病防治。清代和民国时期，梅毒、淋病在县内流行严重。1950 年后，县人民政府采取积极措施，取缔娼妓、嫖客、查治现症病人。1951 年，梅毒和淋病已基本被控制，取得良好效果。

结核病防治。从 1972 年以来，每年接种卡介苗 3000 ~ 12 000 人。1981 年，结核病列为重点防治和疫情报告对象，由县医院登记管理。1984 年，建立门诊接种制度，把卡介苗列入儿童基础免疫之一，对控制和消灭结核病起到积极作用。1985 年，结核病防治和疫情报告改由县卫生防疫站负责。1986 年，县卫生防疫站增设结核病防治股，并建立起县、乡、村三级防治网，配备专职和兼职人员，开展社会防治和病人管理等工作。

寄生虫病防治。东山境内主要有疟疾和丝虫、钩虫、蛔虫病。民国 24 ~ 26 年（1935—1937 年），康美因恶性疟疾死亡 508 人。民国 28 年 9 月 11 日，恶性疟流行，患者不下 20 000 人，死亡近 1000 人。城关东坑一带死者最多。前楼乡的顶上、下西坑村，因患疟害，从 230 户减至 50 多户。1949 年，疟疾发病率高达 4.77%，患病达 3560 人。丝虫、钩虫病危害也相当严重。橡皮腿、鞘膜积液和“黄痧”病人到处可见。1950 年后，县人民政府积极开展寄生虫病的调查和防治。1950 年 10 月，对丝虫病晚期病人进行调查，结果表明，发病率达 0.41%，其中橡皮腿 258 人、鞘膜积液 57 人。1954 年，着手进行抗疟治疗，仅下西坑等 7 个村就免费治疗 203 人，使疟疾得到迅速控制。至 1957 年，发病率降至 0.001%，以后虽偶有发现，但未见续发病例。1958 年，开展丝虫、钩虫病全民查治，发现微丝蚴阳性率高达 10.54%，计 6775 人，当年治疗 5745 人，占 84.80%。发现钩虫感染率达 58.91%，计 29 500 人；当年治疗 22 063 人，占 74.79%。1979 年，配合厦门大学生物系寄生虫研究室，在岱南进行肠道寄生虫调查，发现钩虫感染率为 38.93%、蛔虫 63.20%、鞭虫 65.00%，确认岱南的钩虫病主要为美洲钩虫和十二指肠钩虫混合感染。在钩蚴监定中还发现 50% 为粪类圆线虫。经过多次查治，丝虫、钩虫病已得到基本控制。至 1985 年 7 月，微丝蚴阳性率降为 4.50%。县境为班氏丝虫病高发区，1985 年 12 月，采用国内外先进方法进行防治，全民服用枸缘酸乙胺嗪（海群生）药化食盐和盐制品，连续服用 4 个多月，效果良好。1986 年 9 月，经省、市联合考核，全县丝虫感染率降至 0.27%，达到国家提出的控制丝虫病的标准。

③地方病防治

地甲病防治。县境曾发现Ⅱ°以上的病人。据 1979 年对樟塘学校 603 名学生和湖尾、南埔、前马和后马村 3364 名村民进行检查，有Ⅱ°病人 86 人，患病率 2.17%。调查中还查明“甲肿”是由高碘、低碘等因素引起的，为开展对该病的防治提供了依据。

地氟病防治。1983 年，通过学生氟斑牙线索调查、水氟调查和人群调查，确定前楼公社东英大队岱寮村和西埔公社西埔大队内圩为地氟轻病区。此两村井水氟含量分别为 1.51 毫克/升和 1.32 毫克/

升，饮用人群氟斑牙患病率分别为66.85%和45.00%。为防治地氟病，县水电部门专门为岱寮村投建改水工程，1986年通水；西埔内圩的饮用水问题，随着1985年县万吨自来水厂的投建，已经得到解决。

第二节 历史与文化

一、海岛历史

（一）人类起源及古遗址

早在旧石器时代，东山岛就有人类在此活动，并迁徙台湾。1987年初发现一块古人类右侧肱骨化石，经中国科学院古脊椎动物与古人类研究所专家鉴定，属晚更新世末至全新世初，距今约一万年，被命名为“东山人”。同时还收集数千件从台湾海峡打捞的动物化石，这些人类化石和动物化石，证明台湾海峡在漫长的第四纪中，曾露出水面成为陆地，使闽台连在一起，称为“东山陆桥”，古人类和古动物可以通过“东山陆桥”迁徙台湾，证明闽台文化同根同源。岛上在大帽山发现新石器时代贝丘遗址以及坑北龙潭山、苏峰山等新石器时代遗址，发现了石锛、石刀、石斧等器物，展现了东山先民的古代文明。

1. 大帽山贝丘遗址

位于东山岛陈城乡大帽山东南侧，海拔65米，范围480平方米，由贝壳层组成。1986年10月，福建省考古队和东山县文物工作者发现该遗址，并在暴露的贝壳层里采集一批石锛、石斧、石球、砺石、素面泥质陶片、灰砂黑陶和红褐色绳纹泥质陶的罐口沿、圈足等残片，计140多件，还有鱼、山羊等动物遗骨。经广东省广州地理研究中心实验室碳14同位素年龄测定，这些标本距今4030±100年，确定大帽山贝丘遗址属新石器末期文化遗址。

2. 坑北井心山遗址

位于东山岛西埔镇坑北村井心山南坡（现已废）。1957年3月，坑北修建水库时发现该遗址。1960年5月，在东山举办福建省第二期考古技术训练班，组织学员实地发掘。遗址表面土色灰黄，厚约10厘米，文化层土呈红褐色，中央有10～15厘米的灰土层。共采集石锛7件、石刀和石环各1件、陶罐和陶豆6件、陶环2件、陶纺轮6件、陶柏6件，还有碎陶片745件（陶器均是夹砂粗陶，陶质粗糙而疏松，陶色有红、灰、黑和橙黄，纹饰有粗或细绳纹、鱼纹、回纹、方格纹和曲纹）。鉴定该处为新石器时代晚期文化遗址。

3. 古遗迹

（1）古窑址

磁窑村古窑址位于东山岛杏陈乡磁窑村后壁山上，建于宋代。该窑址已废，大量瓷片散见于整座山头，出土的瓷器有碗、罐、盘、瓮、壶、杯等，胎质坚，做工精，以青釉为主，釉色浅绿、偏黄，光洁明亮。纹饰以刻画花草为主，作风简约。据传，宋时该窑群有龙窑8座，每座30米，规模宏大，产品远销海内外。

（2）古城址

①亲营石城

位于今东山县西埔镇亲营村。宋末建，均用青石砌成。石城周长200米，墙高3米，墙厚2.6米。现仅存部分城垣。

②铜山古城

位于今东山县铜陵镇。明洪武二十年（1387年），朱元璋为防御倭寇侵扰，派江夏侯周德兴来福建沿海布防，建铜山所城。古城环绕狮山，依山临海，城长1900米、高7米、墙厚3.5米，女墙864蝶，窝铺16间。城基用条石干砌垒叠而成，城墙用黏土夹以碎石夯筑。城置四门，东门名“晨曦”，西门名“思美”，南门名“答阳”，北门名“拱极”。洪武二十一年（1388年）建成时，开东门、西门和南门。嘉靖五年（1526年），巡海道蔡潮令开北门。嘉靖十年，漳浦知县郑禧筑东门月城，嘉靖十三年，把总陈言增建北门城楼。漳南道王时槐派诏安知县龚有成督导增修东段城墙，外墙换用条石垒叠，墙内以土填高。清康熙三年（1664年）五月，政府强迫民众迁界，城墙被毁。康熙十九年复界，重修铜山城，规格依旧，并在东、西、南城门上增建谯楼。乾隆二十三年（1758年），诏安知县秦其熠受命重修铜山城。道光十六年（1836年），民众又捐资重修。同治十年间，因风雨侵袭，部分城墙倒塌。光绪五年（1879年），参将陈邦俊和光绪三十三年参府彭保清先后主持重修。民国时期，多次拆城石，以建避风港防波堤、中正公园，仅存东门、南门两段城墙及东门月楼。1980年和1988年，福建省建设委员会和东山县人民政府两次拨款修复东门两段城墙，计600米，并于东门城上建一座城楼。

③金石巡检司城址

在今东山县西埔镇官路尾村后山。据《八闽通志》载，明洪武二十年（1387年），由龙岩县聚贤里的巡检司迁至漳浦县五都山东社（即今东山官路尾村），城长383米、宽3米、高5米，辟东、西、南三门。嘉靖三十七年（1558年），知府卢璧主持重修。隆庆六年（1572年），漳州知府罗青霄主持重修，后废。现存城基、墙石、砖头和古井。

④赤山巡检司城址

在今东山县康美乡东沈村东，又名寨山。据《八闽通志》载，明洪武二十年（1387年），由南靖县埔平定南寨的巡检司迁至漳浦县南五都上西社（今东沈村附近），城周长383米、宽3米、高5米，辟东、西、南三门。正德十五年（1520年）巡检司又迁于漳潮分界的诏安分水关。城废，址尚存。

⑤洪淡巡检司城址

在今东山县陈城乡岐下村。据《八闽通志》载，明洪武二十年（1387年），原设于诏安四都沔州的巡检司迁至五都北浦（今岐下村附近）。城为三合土结构，长383米、高5米、宽3米，辟东、西两门。明嘉靖二十七年（1548年）知府卢璧主持重修。隆庆六年（1572年）知府罗青霄主持重修，后废。现存城基。

⑥城垵古城

在今东山县康美乡城垵村，明末建。现存城墙长168米，北边角门和西边角门也尚存。

⑦樟塘古城址

在今东山县樟塘乡樟塘村，建于明嘉靖三十九年（1560年）。据《张氏族谱》载，嘉靖四十年冬落成，方圆1200米，高6.7米，砌以灰石。北门有瓮城。四城门旁均设城隍庙（今尚存）。民国29年（1940年），县政府拆城石筑工事，现存城基。

⑧西城址

位于东山县西山岩林场工区西城山顶，明代建。城墙长约1000米、墙宽2.5米、高2米。现存城基、部分城墙。

⑨八尺门城堡遗址

城堡位于东山县后林村八尺门古渡口。明洪武二十六年（1393年）设陈坪渡把截所时建，并筑烟墩炮台以防倭寇。明末，郑成功驻兵铜山时，派员筑堡屯戍。面积约10 000平方米，三合土结构。清康熙十九年（1680年）后重修，清中叶废，留下遗迹。

⑩康美土堡

土堡位于东山县康美村。清顺治五年（1648年）郑成功部将万礼（即张义）主建。土堡为长方形，长104米，宽82米，高6米，三合土墙。墙上每距5米设一炮眼，开东、南、北三门。南门匾为“南标铜表”，北门匾为“北勒石碣”，保存完好。东门已毁，该土堡现为民居。

（3）古战场

①走马溪古战场

位于今东山县陈城乡岐下村后海滩。明嘉靖二十八年（1549 年），葡萄牙侵略者驾船侵扰东山岛，浙江巡抚兼福建军务朱纨命漳州知府卢璧平之。二月二十日，卢璧率兵伏于西屿布袋澳，以商船诱敌船进入走马溪，经激战，全歼葡萄牙侵略者及汉奸李尖兴为首的海匪计 239 人。

②东赤港古战场

位于今东山县康美乡东沈村南面。明崇祯六年（1633 年），荷兰殖民者入侵铜山，烧杀抢劫，福建巡抚邹维琏率兵苦战获胜。入侵者从铜钵退至东赤港，东沈村民唐加春率东沈、康美等地民众，同入侵者苦战两昼夜，打败入侵者。

③宫前湾古战场

位于今东山县陈城乡宫前村前。明崇祯七年（1634 年），荷兰殖民者再次入侵铜山，铜山军民浴血奋战，迫使入侵者退至宫前湾。军民水陆并进追至宫前湾，用火攻焚荷船，全歼荷兰入侵者。

（4）书院遗址

①崇文书院遗址

位于东山县铜陵关帝庙东边。明正德元年（1506 年），由镇海卫龚朝鼎倡建，祀孔子，称铜山文庙。明正德十一年取名崇文书院，为儒生聚集研读场所。明万历四十年（1612 年），陈壬教募捐扩建，并竖华表。清康熙三年（1664 年），书院废，康熙十九年恢复，嘉庆年间改为文昌宫。同治元年（1862 年），文昌宫迁至东壁书院，原址改为节孝祠。民国 7 年（1918 年），东壁书院在地震时塌毁，崇文书院复为文昌宫。1941 年，改建为县立初级中学，后毁。1985 年在原址建黄道周纪念馆。

②南溟书院遗址

位于今铜陵镇狮山东侧。明嘉靖五年（1526 年），由巡海道蔡潮倡建，祀南宋理学家朱熹，是士子习书礼文场所。清康熙三年（1664 年），“迁界”时被毁，“复界”后由唐朝彝倡仪重建南溟书院，设义学。康熙三十年（1699 年），漳浦知县陈汝咸主持重修。翌年，由唐朝彝、陈汝咸及地方人士再捐资扩建。民国 14 年（1925 年），改为电报局，民国 25 年改为戒烟所，民国 27 年又改为司法处。1968 年被毁，周围数处石刻尚存。

③东壁书院旧址

在风动石前。明嘉靖五年（1526 年）蔡潮主建，楼上祀魁星，又称魁星楼。清康熙三年（1664 年），“迁界”时被焚毁。同治元年（1862 年），由许靖光等人在原地加以扩建，为文昌宫。民国 7 年（1918 年），地震时塌毁，今废。

（5）天地会活动遗址

明末清初，僧道宗等在铜山组织开展天地会、南少林活动。活动地点先在水寨大山（又称观音亭山、九仙山），山上有九仙石室（长林寺），有石刻“悟石飞来——长林寺道宗书”、“视天门”、“仙道皈宗”、“源头”、“燕泉”等，皆是其活动的遗迹。后来，其活动地点扩展到恩波寺、苦莱寺、古来寺、东门屿、南正院，这些地方今有其活动遗迹。

（6）义兴会遗址

在苏峰山下瓮底坑。清咸丰三年（1853 年）四月初九日，义兴会员在会首林美圆的领导下，为响应海澄小刀会“反清复明”号召，组织农民在瓮底坑誓师起义。起义军攻下铜山城，后遭清兵镇压，起义失败，林美圆出走。

4. 古建筑

（1）官署

①总镇衙

衙址在今东山县铜陵镇前街。清康熙十九年（1680 年），副将詹六奇招募铜山民众在演武亭址修建总镇衙。翌年，总兵黄镐增筑西厅边房。清乾隆七年（1742 年）施大英主建六角鼓亭。民国 5 年

(1916年)改为县公署。1920年改为武圣行宫。1940年6月改建为中山纪念堂，两边楼房为图书馆。1950年5月至1952年为中共东山县工委办公地点。1953年为县手工业管理科住处。1958年为机帆渔业队办公处。1981年扩建为县图书馆。

②铜山部院衙

衙址位于今东山县铜陵镇下田街。清康熙十九年(1680年)，总督姚启圣到东山岛调兵征台湾时主建。清乾隆十七年(1755年)，铜山参将沈耀清主持改建为参将衙。1924年改为集市。1954年改为水产品交易所。1958年又改为城关镇织网厂，原建筑已全改观。

③漳潮巡检司衙

该衙于清雍正十三年(1735年)，从诏安分水关迁至东山县铜山城内(顶街)。1920年改为节孝祠，1930年改为国民党东山县党部驻所，现改建为铜陵码头小学校舍。

④盐课大使署

此署位于东山县陈城乡港口村。始建于明代，称关帝武庙，后改为盐课大使署。其长16米、宽8.55米，庙前一广场。属土木建筑。该屋前有石碑一块，高0.78米、宽0.3米，为清嘉庆十六年(1811年)十月立，上书《诏安场正堂范为盐减课钱事》。

(2)寺观、庙宇

①关帝庙

又称武庙，位于今东山县铜陵镇东，为东山县最重要最有影响的庙宇。该庙始建于明洪武二十年(1387年)，原称关王祠。正德三年(1508年)五月初七，由吴子约、黄宗继等9位地方绅士募众扩建，建成纵袤40米，横广17米的宫殿式堂皇壮观的大庙，正德七年(1512年)二月初二落成。嘉靖二十一年(1542年)重修。清康熙三年(1664年)庙被焚毁。康熙十九年(1680年)复界后由总兵黄镐主持在原址按原样兴筑，翌年落成。历次重修中，建筑物均有不同程度的添建。此庙宇坐西向东，倚狮山，面海，气势雄伟。属抬梁式木构架、单檐歇山顶、传统对称型建筑，内有回廊厢房、丹墀龙陛、华表僧舍，其建筑中轴线正与隔海相望的文峰塔相对。庙门为牌楼式，称太子亭。亭上及整座庙宇屋顶均饰富有闽南地方艺术特色的彩瓷剪贴雕，内容丰富，千姿百态，流光溢彩。正殿祀三国名将关羽神像，其上悬清咸丰皇帝御笔“万世人极”横匾，左右挂东山先贤、明武英殿大学士黄道周亲书的木刻楹联，殿前有一方青石龙陛。庙内存有多方石碑刻、柱础、铜钟、香炉等珍贵文物。金木雕、石雕更是满目琳琅、金碧辉煌。庙前有莲花池、古井，数对石狮中，有一对为明代所雕。

据考证，台湾最早的关帝庙，就是从东山关帝庙分灵的。东山关帝庙成为台湾所有关帝庙的祖庙，至今台湾同胞年年来此朝圣谒祖。1985年，福建省人民政府公布该庙为省级文物保护单位。

②铜陵天后宫

原名龙吟宫(也称大宫)，位于今东山县铜陵镇打铁街滨海。明洪武二十四年(1391年)建，康熙年间改称天后宫，光绪二十五年(1899年)重修。天后宫占地1500多平方米，建筑面积400平方米，有大殿、左右侧室及走廊。为抬梁式木石结构建筑，单檐歇山顶，庙内有木棱柱、八角石柱、石雕柱。院中间架弯形石拱桥。内祀妈祖林默娘。庙宇今修缮完好。

③城隍庙

在今东山县铜陵镇关帝庙南侧，为明洪武二十年(1387年)江夏侯周德兴主建。该庙坐北朝南。庙前一广场，长36米，宽17米。庙长20米、宽8米，由院子、两廊、小殿、大殿构成，属抬梁式木构架建筑。清康熙三年(1664年)“迁界”时拆毁。康熙二十年由总兵黄镐主持重建。1940年改建为忠烈祠。庙内有石雕木刻，大殿匾额“浩然正气”。1941年改为东山初级中学办公室。1979年重修为城隍庙。

④南正院

位于东山县樟塘乡后马鞍村，建于宋末。该院依山而建，坐北朝南，曾被官兵焚毁，明代重建。1940年又被拆毁。1950年以来，由华侨、台胞多次捐资重修。该院现有正殿(祀三宝佛祖)、座华寺

（祀达摩祖师）、九华山寺（祀佛祖等）以及后楼厢房等数座。周围有和尚石、仙脚迹、石龟、石蛇和石刻等景点，为县内重点风景区之一。

⑤石庙

在东山县西埔镇西埔村东的庙山上，为明代顶西村民众创建。清宣统元年（1909 年）、1947 年、1956 年、1981 年，华侨曾多次捐资扩建。庙分前后座（分别把三山国王和观音佛祖），中间有庭院，庙墙东长西短，结构新颖，石梁、石柱、石墙都筑在岩石上。屋顶塑飞禽走兽和人物瓷雕。庙内竖 5 块历次捐资修庙芳名碑刻和 4 根雕龙石柱。现为县内重点风景区之一。

⑥宫前天后宫

位于东山县陈城乡宫前村内，始建于明代，时称妈祖庙。庙长 12.6 米、宽 14.12 米，由大殿、偏室、小天井及广场构成，祀妈祖林默娘。清康熙二十三年（1683 年）农历六月十四日，福建水师提督施琅率水师从宫前湾（时称平海澳）出发统一台湾。后施琅奏请康熙帝，追封林默娘为“天后”（原为“天妃”），御赐木匾额，故改称天后宫。现完好。

⑦净山院

也称铜钵庙，位于东山县康美乡铜钵村南。明万历十七年（1589 年）建，祀唐陈元光之女柔懿夫人（陈怀玉），称“妈祖”。清顺治十八年（南明永历五年，1661 年），铜钵村部分青壮年随郑成功收复台湾时，带走“妈祖”神像，铜钵村再雕一尊补缺。后凯旋还乡复归“妈祖”于庙内，故有“大妈”、“二妈”两神像。庙内挂“淑女元勋”匾额。1940 年改建为驻军分驻所。1986 年，台胞、侨胞捐资再修。

⑧西山岩山坪院

位于东山县西埔镇西城山上，为县内最古老的佛教寺院。北宋时，由下英村的翁元和出资兴建，原名兴教寺。宋刺史吴省元曾在此读书，后被元兵焚毁。明崇祯八年（1635 年），以原址改建为初来寺，后改山坪院。该院由前（祀弥勒佛）、中（祀准提佛母）、后 3 堂构成，两旁设走廊，有小厢房 14 间，俗称“七包三”建筑。堂后建一楼。院内有宋代石刻和清代碑刻《重修山坪院》、《紫云楼碑记》。1940 年因破除迷信，该院被拆毁。1959 年，改为赤山林场西山岩工区驻所。1988 年，由华侨、台胞捐资及群众集资重修。中国佛教协会会长赵朴初曾为山坪院题写“西山岩”等字。该院周围有漱玉泉、望江岩、观日峰等景点及西城古城遗址。

⑨古来寺

明成化三年（1467 年），东山县龙潭山下建苦菜寺，明末毁废，改于东山县东坑建寺并改称古来寺。此寺面阔 3 间，进深 3 间，属悬山顶、抬梁式土木结构建筑，占地面积 432 平方米。清康熙四十年（1701 年）苏安世募修，道光十年（1830 年）僧日瑞重修。1940 年改建为东山县地方行政干部训练所。1951 年后改建为县粮食收购站。1986 年后经维修仍祀佛祖，有古碑刻，尚存。

⑩其他

东岭大庙，又称大使公庙，位于东山县东坑牛车场，始建于明代。清光绪三十年（1904 年）重修。该庙属悬山顶、抬梁式土木结构建筑，面阔 3 间，进深 3 间，庙院占地面积 230 平方米。1940 年改建为县地方行政干部训练所。1950 年后多次维修，复祀神像，现完好。

恩波寺，在东山县观音亭山。明正德年间由锦衣把总陈言倡建，分前殿（祀观音佛祖）、后殿（大雄宝殿）、东廊房（祀三官大帝）、西廊房（祀地藏王）。清道光二十八年（1848 年）铜山民众捐资重修。光绪三十四年（1908 年）拓建。1940 年 7 月，改建为县政府公署。1950 年为县人民政府办公场所。1956 年县府迁西埔，改为镇人民政府驻所，现已全改观。

梧龙庙，位于东山县西埔镇梧龙村内，建于明代。庙前广场面积 460 平方米。该庙属悬山顶、抬梁式木拱架建筑，配厢房 7 间，俗称“七包三”，建筑面积 900 平方米。庙内石柱高 5.5 米，祀陈元光部将李伯瑶，称“灵佑圣侯”。1940 年，改建为复兴乡乡公所、复兴乡中山纪念堂。1980 年后重新维修，复为庙。

宝智寺，位于东山县铜陵关帝庙左边。元代末期建，初名为保安堂。明初改为祝圣习仪所。后祀天尊，改名天尊堂。明成化三年（1467 年）由僧圆球改建。清康熙三年（1664 年）焚毁，“复界”后重建。雍正十年（1732 年）僧恩敬募修。乾隆三十六年由僧隐林主持扩建，改名宝智寺。占地面积约 300 平方米，由前殿、后殿及左右厢房构成。前殿祀弥勒佛及四大金刚，后殿祀三宝佛祖，内竖 4 根工艺精巧的雕龙石柱。1941 年改为县立中学校舍。1976 年改为城关公社鞭炮厂，因发生爆炸事故，全寺焚毁。1987 年铜陵民众和台胞侨胞捐资复修，仍称宝智寺。

名宦祠，位于东山县铜陵关帝庙右面，清嘉庆十年（1805 年）由铜山民众捐资兴建，内祀江夏侯周德兴、观察使蔡潮、郑成功部将张进、漳浦知县陈汝咸等名人。1939 年 8 月被日本侵略军飞机炸毁。1941 年改建为县立初级中学校舍，1958 年后为民居。

真君宫，位于东山县铜山古城南门海堤边。明天顺二年（1458 年）住持僧碧波募建，该宫由前殿、后殿及左右厢房构成，祀吴夲（宋代名医吴真人，谥号“保生大帝”），俗称先生公。备药签（内科 40 首，外科 36 首，眼科 36 首，儿科 36 首），并配置药品。民国期间，为防止海浪侵吞，华侨曾捐资在庙前建阻浪台。1940 年，真君宫改建为国民兵团驻所。1957 年改为水产商店加工场所，1987 年恢复庙宇活动。现后殿尚存，阻浪台倒塌。

松柏门庵，位于今东山县前楼乡长山尾庵仔渡口，又名靖海寺。始建于明代。清光绪十六年（1890 年），由铜山、诏安、云霄的 18 乡民众捐资重修。该寺坐西偏北，面阔 3 间，进深 3 间；属悬山顶、土木结构建筑。占地面积 210 平方米，祀三宝佛祖及地藏王。庙及石刻保存尚好。

福兴宫，位于今东山县铜陵镇公园街澳角尾。清康熙四十年（1701 年）建。该宫面阔 3 间，进深 3 间，属悬山顶、拱木架建筑，占地面积 343 平方米，祀妈祖林默娘。1940 年改为补网业工会会址。现保存尚好。

明德宫，位于今东山县铜陵镇澳雅头，又名下宫。清康熙三十四年（1695 年）建。该宫属悬山顶、拱架式土木结构建筑，面阔 1 间，进深 2 间，占地面积 294 平方米，内祀林默娘。1941 年改建为水上警察所驻地。后经维修，复为庙宇。

东安善堂，位于今东山县铜陵镇大庙头，原名北极殿，明成化四年（1468 年）由总兵黄廷标倡建。该殿宇属悬山顶、抬梁拱架式土木建筑，面阔 3 间，进深 2 间，内祀玄天上帝和吴夲（称先生公）。1932 年地方慈善人士及华侨捐资在此设慈善机构，改称东安善堂。1958 年改为城关公社医院第二门诊部。1988 年恢复东安善堂。建筑保存完好。

解山庙，在东山县樟塘村，建于明代，清代重修。该庙属悬山顶、抬悬式木构架建筑，长 19.6 米、宽 13 米，由大殿、侧室、天井构成，庙前一广场，庙内有 3 块明清时代碑记。

御乐轩，在东山县东坑布埕。清乾隆年间建，为土木结构建筑，长 4.1 米、宽 3.56 米，前一广场面积 95 平方米。为民间南音曲馆，内祀田郎君（雷海清）神像，存有古乐器（琵琶、古板）。

（3）祠堂民居

岐下祠堂，位于东山县陈城乡岐下村。南宋末年，岐下村四世祖浙江按察使陈谦德建，祠堂占地面积 528 平方米，为县内规模较大的祠堂，属抬梁式木构架建筑、悬山顶，门匾“陈氏家庙”。该祠堂保存完好。

钱岗祠堂，又称崇孝堂，位于东山县康美乡钱岗村。建于清乾隆年间，面阔 3 间，进深 3 间，长 17.4 米、宽 23 米，堂前一广场，为县内建筑艺术较高的祠堂。

美山祠堂，又称世美堂，位于东山县康美乡美山村。明代建，属土木建筑，长 23 米、宽 16.4 米，保存较好。

黄道周故居，在东山县铜陵关帝庙前右侧。建于明代，为一座典型的闽南民居，天井式三进三开间住宅，面积 312 平方米，围墙内一天井，两厢平房，保存完好。

永锡堂，即唐朝彝故居。位于今东山县铜陵镇公园街 511 号，建于明末。分前、后座，后座为一厅四房，建筑面积 260 平方米。建筑式样为悬山顶、土木结构。内存“永锡堂”木匾和木刻对联。故居前竖一对石旗杆。保存完好。

孙氏大厝，位于今东山县铜陵镇桥雅街衙顶。清同治年间孙有全（即孙九泰）建。建筑式样为“七包三”，共有大小厅房42间，占地面积1500平方米，为县内规模较大的民居。内设假山，种植花木，保存完好。

（4）古塔、井、牌坊

城垵石塔，在东山县康美乡城垵村西北鹰仔山，有石塔两座，同建于明代。建筑式样，其一为正方形，7层，实心体，顶端配置石葫芦，高4.1米，塔基周长6.4米；其二为圆形，高3.6米，塔基周长8.5米。两座石塔皆保存完好。

万军井，在今东山县铜陵镇大澳湾畔。明末，郑成功军旅驻铜山时，分兵守大澳，操训水师，凿此井为军用，故名。井口原为长方形，长0.8米、宽0.6米；井径1.5米、深2.1米。井底有石砌“T”形槽构，由花岗岩砌成。现改为四方形，保存完好。

八角古井，在东山县铜陵关帝庙前，因井口为八角状，故名。明洪武二十年（1387年），建古城时开凿，井径2米，深9米，保存完好。

深井，在黄道周故居内。井口为圆形，井泉甘淡，四时不竭。保存完好。

大井，在今东山县铜陵镇石狮埕前。清康熙十九年（1680年）铜山“复界”，为供军民饮水，故凿此井。井水四季不竭。现保留完好。

东山古井还有后林刘仔井、前何古井、樟塘贤井、东埔大井、澳角底井、宫前古井和西山岩的漱玉井等。

纶章垂耀坊，在今东山县铜陵镇顶街，明隆庆二年（1568年），唐文灿中进士，为铜山第一个进士，立此坊。该坊位于顶街中心，石结构，高6.7米、宽6.8米，4根石柱高各4米，边长各0.52米。前镌刻“纶章垂耀”，后刻“科第开先”。牌坊局部保存。

旌义坊，原在东山县西埔村牛场埔，后移宅山村。明嘉靖年间，乡人为表彰朱羽伯及其子朱用、朱秀抗倭阵亡而建。牌坊高1.25米、宽0.65米，上刻“大明旌义坊”，今保存完好。

钱岗节义牌坊，俗称石围架，位于东山县康美乡钱岗村三岗山下，系孙信兄弟妯娌4人合葬墓之前。明万历三十三年（1604年），为福建巡按兼理盐法靖军监察御使刘应龙奏请万历皇帝敕赐而建。牌坊为石雕花岗岩构成，石架高3米、宽3.6米，拱架上层雕一对石狮，间有一石葫芦，中层长方形石板上镌刻“皇恩”、“圣旨”。墓后有石刻，高2.7米、宽1.2米。牌坊保存完好。

5. 摩崖石刻

①水寨大山摩崖石刻

水寨大山有许多摩崖石刻，主要如《仙峤记言》、施德政的《横海歌》、林文穆的《游九仙岩诗》、方文耀的《步韵》、林汝楫的《前韵》、方埙的《与僧道宗等人和韵》、程朝京的《题铜山石室》、李楷的《和韵二首》。此外，还有蔡潮的“宦海恩波”、杨洪震的“人世仙境”、僧道宗的“悟石飞来”和“视天门”、“仙道皈宗”、“石磴云梯”、“海天一色”、“障净光纯”、“燕泉”、“闭韵”、“源头”等。皆是研究历史（尤其是天地会、南少林活动史）的重要古迹。

②文公祠摩崖石刻

文公祠附近有“天开文运”、“学海文澜”、“与造物游”、“结山水缘”、“天临海境”、“水天一色”、“登山观海”、“海阔天空”、“小蓬莱”等。

③关帝庙附近的摩崖石刻

主要有孙尧天的“虚心”，西蜀郡守童宗颜的“明黄石斋先生故里”、“海外虎豁”等。

④风动石及其附近的摩崖石刻

主要有“铜山三忠臣黄道周、陈瑸、陈士奇”、霞山居士的“东壁星晖”、李楷的“咏风动石”、孙尧天的“钓鳌台”、朱熹的“海晏河情”等。

⑤大帽山南面的摩崖石刻

有“宪断公海贴文”，长2.8米、宽1.53米，全文400多字，于明万历七年由漳州知府立刻。

⑥其他摩崖石刻

有梧龙村的“天开文运”，径口村的“公婆绿、祈山岗”，宫前村的“宪断公海”等。

6. 岩画

①贵子石（石芝）

位于东山县黄道周纪念馆东边。该石有一小圆穴，面向西。小圆穴外圈直径0.54米、内圈直径0.13米、深0.08米。内外圈有辐射状线条连接，形似女性生殖器的外表，方言称“石芝”。常有人对穴心投掷硬币，以求贵子，故雅称“贵子石”。1987年经岩画专家盖山林鉴定为母系氏族社会的古人类刻画。

②仙脚蹄与仙脚桶

位于风动石南面钓鳌台巨石顶端中央，形似脚印，长0.8米，脚印前部宽0.15米、后部宽0.08米。脚印外围呈圆状，直径0.9米，深0.1~0.3米，称“仙脚桶”。

③太阳岩画

位于风动石南面的钓鳌台上，有2处。其一，外圈径0.1米，内圈模糊不清；其二，外圈径0.24米，内圈径0.09米，形似太阳。

7. 古墓

宋司礼监潘穆齐墓，在西埔镇亲营村东边山坡。坐北朝南，依山临海。墓地约100平方米，墓碑长1.2米、宽0.2米。该墓保存完好。潘穆齐系亲营村人，传说宋帝昺被元兵追经东山岛时，他率众救驾抗元兵，被元兵所杀，宋帝昺钦赐其为司礼监。

蔡方平墓，在陈城乡大帽山西北面山坡（二尖顶）。墓地约200平方米，封土堆高1.8米，筑有石亭、石台、石砌曲兜、石烛和龙凤石雕。墓碑高1米、宽4米。周围有石刻。蔡方平系陈城乡湖塘村人，明万历年间任浙江淳安知县，为官清廉。在湖塘林边自然村另立一石碑记之。

忠匡伯张进墓，位于前楼乡东凌自然村附近。墓碑宽1.2米、高1.05米、厚0.14米。张进系江苏仪真人，明末隆武帝封为太子少保，晋封忠匡伯。清顺治十八年（1661年）六月十六日，张进拒绝降清而自焚。铜山百姓为张进立《忠匡伯张公德政碑》，建名宦祠塑像祭祀之。

林日瑞墓，在樟塘乡古港村东。墓长10米，封土高1.5米，墓碑高1米，宽2米。林日瑞系康美村人，明万历四十四年（1616年）进士，为官清廉。清顺治十年（1653年）逝世，葬于古港。

杨观吉墓，在康美乡美山村前。墓向南，呈馒头状，长5.35米，封土高1.5米。墓碑高1.27米、宽1.47米、厚0.25米。杨观吉为明崇祯四年（1631年）进士，曾任长沙知县。

朱旋墓，在西埔镇宅山村附近。墓碑高1米、宽0.6米。朱旋曾任抚州知事，户部主事。于清康熙三十四年（1695年）出资建西埔圩，卒于清乾隆十二年（1747年）。

8. 东山抗日战争烈士陵园

东山抗日战争烈士陵园，园址在今铜陵镇五里亭。民国30年由40多名华侨捐款一万多元建成。该陵园由公墓、烈士纪念碑、纪念亭构成，占地300平方米。陵园四周为栏杆式围墙，园门墙镌刻国民政府东山县长楼胜利的题字“毅魄长存”。陵园内有两棵大榕树和花台，公墓前塑汪精卫夫妇跪像。纪念亭（五里亭）内竖华侨捐资芳名碑刻。1984年县人民政府拨款重修。门匾有中国人民解放军萧克将军题匾“东山抗战烈士陵园”镏金大字。陵园内种植多种花木。

东山保卫战烈士陵园，陵园址在西埔镇石坛村。1953年7月16日，国民党军1.3万人窜犯东山岛，岛上军民和来援解放军与国民党军激战36小时，打退国民党军，取得东山保卫战的胜利。为纪念在保卫战中牺牲的烈士，8月修建东山保卫战烈士陵园。该陵园坐南朝北，四周栏杆式围墙，占地面积1.78万平方米。大门为华表式结构，在陵园东西两侧各建一座华表式牌楼和纪念亭。1963年又建一座纪念碑，该碑由花岗岩砌成，高13.8米，碑座边长4米，塔状，正面镌刻“东山战斗纪念碑”镏金大字，背后刻福州军区司令员叶飞题词“人民战士英灵雄镇海疆”镏金大字；四周为台阶和白石雕栏杆。1975年又建一座纪念馆，馆内陈列战斗英雄石雕塑像、烈士英名录、史料图片和实物。

9. 博物馆和纪念馆

（1）东山县博物馆

1988年6月成立，馆址于黄道周纪念馆内，设文物陈列室，收藏文物。馆藏文物主要来自考古发掘和群众捐献，也来自省文物管理委员会赠送及查获走私没收。共450多件，其中二级文物2件、三级文物245件、一般文物144件，其余尚未定级。馆内收藏化石、石器、玉器、陶瓷器、金属器、兵器及书画等。较出名的藏品列举如下。

“东山人”人类化石，1987年初，县文物管理委员会在文物普查时，发现一块从海域里捞取的人类右侧肱骨残块化石。该化石属肱骨下半段与肱骨相邻部位。表面呈浅灰色，横切面呈三角形，前缘部位有明显的海生软体动物附着痕迹。全长57.9毫米，下部横径25.3毫米，矢径16.7毫米，周长69毫米，扁平指数（矢径/横径）为66毫米；上部横径22.7毫米，矢径18.2毫米，周长64毫米，扁平指数为80.2毫米。经中国科学院古脊椎动物与古人类研究所专家贾兰坡、尤玉柱和张振标鉴定，属旧石器时代晚期人类化石，距今约一万年，被命名为“东山人”。“东山人”化石为福建省首次发现，证明福建沿海地区早在一万年前就有人类在此活动、生息和繁衍，使福建人类历史从7000年再推前3000年。这一发现，也证明在漫长的第四纪年代，台湾海峡曾多次露出海面，称东山陆桥，使闽台相连，古代的动物和史前人类通过东山陆桥迁徙台湾，闽台地缘同根，亲缘相近。

哺乳动物化石，1987年在文物普查中还发现一批中、晚更新世和全新世初的熊、鹿、犀牛、象等哺乳动物化石。现收藏108件，较典型的有古菱齿象的上颌骨牙齿化石，长30厘米，宽20厘米，重20多千克。

旧石器，1980年起，县文物普查员先后在樟塘的南山头、大林下、梧龙崎坑水库等11处，采集万年前的旧石器时代末期的石制品共306件。石器形状细小，类型多样，加工精细，有刮削器、石核等。

商周石锛，采自东山县杏陈乡径口山的一件，体长21厘米，上宽4.7厘米，下宽6.4厘米，厚2.2厘米。其刃弧形，锋利。属磨制，棱角分明。被定为二级文物。在杏陈乡埋英村采集的一件，体长15厘米，宽8.2厘米，厚2.4厘米。体肥厚，弧刃，锋利。磨制，棱角分明。被定为二级文物。

馆藏的玉器，有明清时代手镯、玉佩、挂件等，共60件。

馆藏的陶瓷器，有新石器时代的陶拍、陶纺轮和汉、唐、宋时代的碗、瓶、罐等，计198件。

馆藏的银器，主要有明清时代的手镯、链、耳环等40多件。

馆藏的铜器，有明代的三脚青铜蟾蜍，长20厘米，宽15厘米，高10厘米，重1千克。还有明清时代的铜镜等，计10多件。

馆藏的兵器，有古兵器和现代兵器。古兵器有明清时代的矛、藤牌、剑、刀、炮等，计30件，其中大小不同规格的古炮6件。现代兵器有三八式步枪、冲锋枪、驳壳枪等20件。

馆藏的书画，有黄道周、刘海粟、沙孟海、林少丹等名人画作，共74件。

（2）黄道周纪念馆

1985年3月29日举行黄道周诞辰400周年纪念活动、黄道周展览馆开放和黄道周纪念馆奠基仪式。纪念馆于1988年5月建成，址于铜陵关帝庙左侧，占地700平方米，建筑面积450平方米。内设文物展览室、闽台史前文化关系展览室、黄道周书法展、国防教育馆等。

（3）谷文昌纪念馆

谷文昌曾任中共东山县委书记，他在任内带领东山县军民大搞植树造林，为改变东山县生态自然环境做出巨大贡献，为此东山县建馆纪念。馆内有大量谷文昌事迹介绍。

10. 历史文物

东山县共有文物保护单位近百处，其中有全国重点文物保护单位1处（关帝庙），省级文物保护单位3处（水寨大山、东山县抗战烈士陵园、宫前天后宫），县级文物保护单位90多处。

（二）历史事件

1. 抗击外侵战事

（1）抗击倭寇

明嘉靖三十五年（1556 年）十月，倭寇进犯铜山水寨，并于东坑、城垵一带焚屋、抢财物、杀村民。嘉靖三十七年五月，倭寇劫掠五都东坑口土楼村民财物，杀村民 50 多人。明嘉靖四十三年，福建沿海倭寇再度猖獗，参将戚继光率义乌兵入闽征剿，戍守戚伯渡（即八尺门）。倭寇入侵时，即出兵与战，倭寇屡败，岛内得安宁。每逢出征，铜山民众纷纷制作干粮犒慰。

明万历二十九年（1601 年）五月，倭寇洗劫浯屿和铜山等地，福建水师出兵截击，擒斩倭寇数十人，余者逃往台湾。翌年四月，福建水师提督施德政率兵到澎湖征剿倭寇，胜利回师铜山，在水寨大山宴请将士，题《横海歌》一首。

明崇祯五年（1632 年），在外任职的陈士奇（铜山所人）回家为母治丧，适倭寇侵犯铜山，陈率乡勇守城，并制造炮药、藤牌等，出城迎战，斩倭寇数十名，倭寇溃逃。

明崇祯七年，倭寇进犯铜山，南屿渔民陈焯带领民众，设“暗鼎阵”（鼎埋沙滩里，寇上沙滩踩着而纷纷滑倒，民乘机冲杀），打退倭寇。

（2）抗击葡萄牙侵略者

明嘉靖二十八年（1549 年）元月二十六，葡萄牙的夹板、尖艚、喇叭唬船、月佛朗机夷王船陆续被逐出浯屿（今龙海县浯屿岛），于二月十一至东山岛灵宫澳（今宫前湾）海域抛泊，并在宫前、山东、下垵等地登陆，肆行奸淫掳掠，百姓惨遭蹂躏。时值巡抚朱纨闻报，命巡海道柯乔、漳州知府卢璧发兵，并发动诏安的梅岭、田傅和五都的乡勇协助官兵围剿。二月二十凌晨，雾气弥漫海面，卢璧率兵船从悬钟出发，借雾隐蔽在布袋澳西海面，另派一兵船伪装成商船，由南往北行驶，诱敌深入，与陈城、岐下及渡海过来的梅岭、田傅等地的乡勇在走马溪一带埋伏。上午 8 时许，葡夷船发现“商船”即驾船发炮追截。“商船”且战且退，驶入走马溪。葡船紧追，进至走马溪时，数十只兵船从布袋澳出击，向葡夷船发起围攻。葡夷船发现被围，企图突围逃遁，即遭官兵阻截，死伤甚多；余者弃船登岸逃窜，又遇乡勇截击。此战歼敌 239 人，其中击毙 33 人，俘 206 人（内有头目 3 人、汉奸 1 人）。

（3）抗击荷兰侵略者

明崇祯六年（1633 年），荷兰侵略者窜犯铜山，闽巡抚邹维琏出兵还击，历战 8 昼夜，荷兰侵略者从铜钵败退至东赤港一带。东沈村民唐加春率乡勇和康美村民，与之激战三昼夜，杀死、俘获一部分入侵者，余者败逃。

崇祯七年，荷兰侵略者再次入侵铜山，巡按路振飞、大帅徐一鸣率众浴血奋战，迫使入侵者退至宫前湾海面。铜山军民水陆并进，乘胜追击，将其船舰焚毁，全歼侵略者。

（4）抗击英国侵略者

清道光二十一年（1841 年）五月，英国军舰入侵铜山，福建水师提督陈化成率领水师在铜山民众配合下奋勇抵抗，击退英舰。

（5）抗击日本侵略者

民国 27—33 年（1938—1944 年），日本侵略者及伪军进犯东山岛，计有船只 17 批 148 艘次，发射炮弹一千余发；飞机 127 批 356 架次，空投炸弹 1361 枚；日伪军大规模入侵共 3 次，计数千人。其间，东山岛蒙受巨大损失，被毁的房屋 2456 间，船 147 艘。公共场所 100 多处，军民伤亡 892 人。然而，东山军民英勇顽强，不畏强暴，浴血奋战，接二连三地击退来犯之敌，保住东山岛。

①第一次抗击日本侵略军

1939 年 7 月 12 日上午 8 时许，日机 3 架再侵入城关，投弹 6 枚，10 时许又投弹 3 枚，县政府楼房、司法处监狱及前街等处的民房数十间被炸毁。下午 5 时许，日本军舰 1 艘，泊于苔冬海面，放下汽艇在沿岸游弋。东山驻军陆军第75师史克勤旅、盐警队、地方团队和壮丁队严密戒备。13日上午7时，日舰由荟冬驶入城关海域，向城关发射炮弹20多枚，放汽艇3艘四处梭巡。8时许，又有日机3架飞临城关投弹，县政府附近民房多处被炸毁，民众伤亡不少。下午3时，又有日舰4艘，分泊于古雷头、东门屿、南屿，发炮攻城，并放下十余艘汽艇，日夜骚扰，企图登岸，东山守军依托滩头阵地随时还击。14日，日舰增至6艘，自黎明起，发炮攻城，日机三五成群，轮番轰炸，县政府楼房全部化为焦土，民房被炸毁甚多，军民均有伤亡。农民朱九、郑南阳和黄桂在东门屿耕作被日军捉俘，拒绝讲出守军部署情况而被杀。15日，从晨至暮，日机又不断轰炸，上午9时许，日舰2艘，在飞机掩护下，分别向铜钵、康美、港口、岐下、陈城各村轰炸，妄图在沿岸海滩登陆，均被守军击退，16日，日舰全部退走。

②第二次抗击日本侵略军

1939年8月23日晨，日本侵略军指挥官涩谷、伪军司令郑天福带领日、伪联合部队，出动军舰5艘、汽艇20余艘、木船30余艘，分泊于亲营、白埕、荟冬、港口、岐下一带海面，并派飞机1架，沿海岸低飞侦察。上午10时，日、伪军200多名在8架飞机和数门大炮掩护下，在亲营、白埕等地登陆，占领荟冬、亲营、古雷庄、林边及梧龙庙。75师东山守备部队、县保安队、警察和地方团占据有利地势，英勇抗击，展开阵地争夺拉锯战，杀日、伪军100多人。岐下、港口海面的日、伪军也乘虚登陆，进占陈城、港口等地，对守军形成包围。虽然东山守军英勇作战，但终因敌军飞机大炮轰炸，伤亡较大，只好退守西埔、坑内和城关。24日，日、伪军进占湖塘、白埕、黄山母、赤山等地。同日，75师的1个连和省保安第1大队的2个中队，由大队长巫果英率领进岛增援。25日，守军与日、伪军展开激战，歼敌甚众。26日，日、伪军占赤山和大路口，旅长史克勤率军进岛增援督战，县长楼胜利率领民众配合作战。当晚，守军分兵两路反攻。梧龙村民林马兴组织84名敢死队员，配合守军乘夜袭击，收复了白埕、黄山母、赤山、大路口等地。28—31日，日机肆行轰炸，军民死伤惨重，副团长张润生在港口中弹阵亡。9月1日，日、伪军进占西埔，大肆焚毁。守军全面动员，决一死战，猛烈反击。日、伪军自此节节败退，于4日退出东山。

此次日、伪军进犯，使西埔村几乎成为废墟，近30个村庄受到严重破坏，有167人被炸死，186人负伤，826间民房和120艘民船被炸毁。

③第三次抗击日本侵略军

1940年2月12日晨，日舰4艘，汽艇7艘乘载数百日军与黄大伟指挥的“和平建国军”3000多人，分泊于宫前、荟冬海面。在大炮掩护下，日、伪军2000多人从宫前登陆，猛扑陈城、北山。75师守备部队在港口与日、伪军激战后退守黄山母，并调税警、县保安队协守。经激烈争夺，黄山母、白埕相继被日、伪军攻占，守军退至探石。449团第1、3连由营长韩定邦率队从陈岱到西埔增援，县长楼胜利率保安队赴西埔，发动民众并指挥作战。13日，日、伪军2000余人从白埕进攻探石，直扑西埔。当日，军舰4艘驶进三支峰海面，用大炮掩护1000余名日、伪军登陆，下午5时攻占城关。守军由西埔转移至坑内。14日，旅长史克勤率援军到达坑内，深夜分兵多处，从坑内、港西、钱岗、城垵向西埔、城关反攻。15日收复西埔，日、伪军向城关方向溃退，双方在龙潭山、五里亭一带激战，守军以城垵后山为据点强攻龙潭山，449团2个连迂回至铜钵村南击日、伪军侧背防其外逃。下午，日、伪军自五里亭退入城关，守军乘胜追击攻城。16日拂晓攻入城内，日、伪军溃退下海。

④其他抗日活动

1937年卢沟桥事变后，东山县成立抗敌后援分会。文教界组织抗日服务队，开展抗日宣传活动；工人、农民组织自卫队、救护队，配合军队抗日；商店抵制日货；侨居新加坡的东山侨胞募款4万元，支持抗日；发动捐献废铜废铁，认购救国公债，赠送大批军衣。捐款15万元，购买1架飞机，支援抗日。1941年6月，为悼念为国捐躯的抗日爱国将士，由侨胞及县内人士捐款，在城关五里亭修建东山抗战烈士陵园，在陵园对面建纪念亭。同时，建“东山县破除迷信节约献机纪念碑”于顶街中正公园；立“抗战纪念亭记”于水寨大山，铭刻军民抗战业绩。1944年10月3日，组成防护团，负责战场治安等工作。同日，县三青团组织青年战场服务大队，设救护、通信等分队，负责战况通报、战场救护等工作。

2. 郑军与清军战事

清顺治十三年（南明永历十年，1656 年）七月，郑成功令协镇黄元、郭华栋率将士进驻铜山，与张进协守。八月，郑成功率大队人马进攻福州。清朝廷得知福州危急，派军救援福州，另派福建提督马得功于九月初六进攻铜山，袭击郑军后方基地以解福州之围。铜山守将张进命黄元、郭华栋率部迎敌，两军激战于八尺门。清军几次强渡都被郑军击溃。

清顺治十八年正月，郑成功誓师征台驱逐荷兰侵略者。出征前派郭义、蔡禄二协镇带兵进驻铜山，配合张进加强防务。时值清军与郑军隔海对峙，伺机进攻铜山，加强对郭义、蔡禄的策反。五月，郑成功于台湾得知郭、蔡有异谋，即密令厦门中右所守将洪旭调郭、蔡往台湾。郭、蔡发觉事泄，提前于六月中旬举事，并胁迫都督张进同行。张不从，设计治叛，不成，自焚死。留守厦门的郑经闻报，即遣黄廷、杜辉、黄元、翁天祐、何义、黄昌、杨来嘉等协镇和南澳的陈豹下铜山擒郭、蔡。清军得讯，即由海澄公黄梧，右路总兵王进功率兵驻陈岱策应，令诏安营副将刘进忠前往接应。六月十九，降将郭、蔡令士兵洗劫铜山并施行“迁界”，俘掠 1 万多人，从八尺门摆渡押入云霄。

清康熙二年（1663 年），清兵攻打厦门，郑经兵败退至铜山。清军差使节到铜山劝降，郑军不从。翌年三月初郑经率部退驻台湾，留周全斌、黄廷在铜山断后。周全斌却率众到漳浦降清。黄廷收到黄梧招降信，率部入云霄降清。六日，李率泰即率师进入铜山，下令“迁界”移民。十四、十五日清军摧城焚居，杀民众 2200 多人，逼逐 3 万多人迁入内地。

清康熙十五年，郑军再克铜山。康熙十九年郑经弃厦门回台湾。派驻铜山的部将朱天贵谋变，诱杀协同驻守铜山的将领马兴隆等，受福建总督姚启圣招抚，献出铜山，降清。

3. 义兴会起义

清咸丰三年（1853 年）二月，林美圆发动梧龙、康美、陈城等 20 多村的农民、渔民组织反抗清朝统治的义兴会。

同年四月初九，为响应海澄小刀会起义号召，数百名义兴会员，在林美圆率领下，头扎白巾，身穿肩衣，挂腰牌，执大刀、火龙枪，会集苏峰山的瓮底坑盟誓起义，树起反清复明旗号。并立五条会规：“一、不准打骂百姓；二、不准敲诈勒索；三、不准破坏生产；四、不贪女色；五、患难相济，有福同享”。四月十三日，林美圆率领会员攻打铜山城，因城防坚固，驻城官兵竭力抵抗，连攻三次未克。入夜，林美圆召诸首领商议，定下“反光计”（利用阳光斜照）攻城。翌日下午四时许，阳光斜照，义兴会会员奋力攻城。守城官兵顽强抵抗，因阳光刺眼，目标模糊，城池终被攻破。义兴会会员占领参将衙，夺取中军府，烧毁火药局。此时，清参将游硕坊佯称投降，暗中纠集豪绅商讨对策，派地主朱琼兴唆使义兴会军师朱纳，建议林美圆攻打诏安县城。同时，密谋诏安知县张金川设伏。四月十八日，义兴会会员进军攻打诏安，途经龟山埔时，遭诏安知县伏兵袭击，伤亡百余人，被迫撤回。

正当义兴会会员进军诏安时，清参将游硕坊一面派人赴漳州、厦门求援，一面纠结豪绅民团占据铜山城。四月二十二日，义兴会会员再攻铜山城时，遭官兵和民团顽强阻击，血战一昼夜，伤亡惨重，撤回梧龙。四月二十四日，许继明带漳州府的大批官兵，围剿义兴寨。义兴会会员孤军作战，遭残酷镇压。林美圆、孙上元等 10 多人被迫逃往星洲（今新加坡）。

4. 盐警大队起义

1949 年 6 月，方先觉率国民党军官团败逃入东山岛。不久，方先觉离开东山岛，把军官团交洪伟达掌管。为巩固地盘，扩大势力，洪企图吞并驻东山的福建省盐警总队第一大队。盐警大队为保存实力决定撤出东山岛。9 月间的一个晚上，盐警大队全体官兵轻装简携，分别从埔头、礁头、前何等地乘船出发，前往诏安林头。洪伟达闻讯，立即派军统特务朱瑞成率部队乘炮艇追击，遭盐警大队后卫部队火力阻击。洪追截不成，便连夜搜捕盐警大队留下人员，通缉主要官员。盐警大队抵达林头后，被张冠雄（诏安县国民兵团副团长，漳浦、云霄、诏安游击支队司令）编为游击支队第一总队，但保持相对独立。10 月中旬，中共云霄和东山县工委及两县人民政府主要领导人联名写信给盐警大队长王勤政，阐明局势和政策，敦促其起义投诚，并通过云霄盐商方时义与盐警大队副大队长欧锡雄接触。之后，王勤政多次派人与中共东山县工委书记郭丹、县长张书田商谈起义事宜。12 月 12 日人民解放军抵达林头，王勤政率部宣布起义。

5. 解放东山岛之战

1949 年 6 月开始，国民党陆续增派杂牌部队上东山岛。至年底兵力达 4000 余人，并将岛上各部整编为陆军独立第 58 师。翌年 2 月，中共东山县工委、县人民政府工作队对第 58 师进行争取工作，但谈判未成。3 月，国民党军恐东山有失，从金门抽调第 17 军军部率第 51 师 2700 余人进岛增防，驻岛兵力增至 7000 余人。58 师主力驻守北半岛，51 师主力驻守南半岛，军部率 124、177 团驻城关，控制东山港口。

1950 年 3 月，中国人民解放军第 3 野战军第 10 兵团根据野战军部指示，开展备战练兵。4 月，为积累渡海作战经验，孤立金门国民党军，造成再战金门的有利态势。兵团决定由第 31 军并指挥第 32 军第 94 师和炮兵第 14 团 3 营，首先解放东山岛。4 月下旬，各参战部队进抵云霄下曾和诏安林头、大梧村、田厝沿海一线，进行临战准备。在地方政府的全力配合下，筹集船只，训练船工，进行海情、地形、气象调查和国民党军情侦察，制订渡海方案。

5 月初，国民党军发现解放军意图，决定从东山撤军。为掩盖其撤军意图，继续向东山增派部队兵力，扬言“要扩充部队，固守东山”，到处抓壮丁。此时，中共东山县工委从岛上地下工作人员处获悉国民党守军撤逃征候，通报解放军并请求提前解放东山岛。

经第 10 兵团领导人批准，第 31 军各部于 11 日下午完成战斗准备，黄昏分 5 路渡海。第 91 师 273 团第 1 梯队 2 个营未遇到抵抗，在岛南侧的山只、黄山母之间登陆。该团随即以一部兵力向湖塘、陈城、宫前攻击，主力向北直指国民党守军 51 师师部白埕。第 272、271 团各 2 个营，在炮兵火力掩护下，在长山尾、新厝和礁头、径口一带上陆，迅速歼灭在滩头抵抗的小部国民党军，夺占了登陆场。在北部的第 94 师 280、281 团分在岛的北岸古港两侧至港西之间登陆。至此，人民解放军登陆部队，对北半岛构成了三面合击态势。

解放军发起攻击之前，国民党守军事先运走了大批物资和抓来的壮丁，除以 58 师一部在近陆沿岸担任掩护外，大部队集中于北半岛中部待撤。解放军发起攻击后，国民党军前沿掩护部队，弃阵而逃，涌向东部海湾，抢先登舰。接运的舰艇有的尚未满载就起锚逃走。

11 日 22 时许解放军第 91 师 273 团主力抵白埕、探石，均无敌踪，估计守军已东逃海边，遂转向亲营、荟东追击，以夺取澳口，截断国民党军退路。与此同时，272、271 团除留部分兵力巩固登陆场外，主力向东直扑西埔、梧龙。280 团，攻占马鞍、樟塘后也逼近西埔。至 23 时 30 分，国民党守军大部乘舰逃走，残部被压缩到东部濒海几个孤点上。

273 团 2 营抢占亲营山后，发现上千名国民党兵聚集村边、滩头。与赶来的 3 营 8 连，在炮火支援下，从 3 路向村庄和滩头冲击，国民党军缴械投降。12 日 1 时，2 营以一部分兵力向荟东追击，歼灭国民党军 200 余人。281 团登陆后插向东南，切断西埔与城关之间的联系，于东沈与国民党军展开激战，国民党军不支，向城关溃逃，11 日 23 时追至城关，以一部兵力夺占南门澳，断国民党军第 58 师退路。尔后在中共地下组织和人民群众的配合下，转入巷战，迅速将残敌分割包围，各个歼灭。至 12 日 4 时，全岛解放。

解放东山岛的战斗，毙、伤、俘国民党军团长以下官兵 2000 余人，缴获汽艇 1 艘、迫击炮 2 门和大量枪支弹药。解放军仅伤亡 13 人。

6. 东山保卫战

1953 年 7 月 15 日 21 时，国民党军金门防卫部司令官胡琏率 45 师（缺 133 团两个营）、18 师 53 团和海上第一、二突击大队等部共 1 万多人，分乘 13 艘舰艇，由金门驶向外海。福建军区于 16 日 1 时电令闽南、闽中各海防部队准备迎战。解放军 31 军令 91 师 272 团立即开赴漳浦旧镇集结待命，驻东山岛的公安80团第1、2营（缺4连）和迫击炮连，于16日拂晓前也进入阵地，做好战斗准备；水兵1团1连（位于八尺门渡口），准备担任输送作战部队和转移东山县地方党政人员出岛的任务。中共东山县工委和县人民政府命令各乡镇自卫队、支前担架队、救护队在执勤地集中待命；机关干部、武工队、民兵进入岗位，担任战勤任务，同时组织干部家属学校师生及重要物资转移。

16日拂晓，胡琏所率国民党军在舰炮和飞机支援下，进犯东山岛。上午4时45分，开始从亲营、大路口之间及湖尾登陆。分两路向牛犊山、公云山和王爹山方向实施重点进攻，另以部分兵力向陈城和城关方向进攻。同时，台湾新竹机场起飞的两个伞兵中队，于上午4时47分在东山岛西北部后林地区空降，企图阻止解放军增援部队进岛。驻岛的公安80团团长游梅耀根据军情和地形作出正确的判断，果断地改变机动防御的作战预案，定下坚守待援的决心。31军令该团坚守核心阵地；并令272团向东山岛急进增援。上午6时，福建军区司令部命令28军82师及军榴炮团、军区高炮营等部队南下增援。接着，中央军委命令驻广东黄冈（今饶平）的41军122师急速东援。

公安80团前沿分队，在滩头杀伤部分国民党军后，主动后撤，并步步阻击国民党军。南埔的第2营6连1排警戒班，炸毁国民党军两辆水陆坦克后，撤至樟塘归连队，1排打垮国民党军对樟塘的5次冲击后，转移到前、后马鞍。掩护1排转移的重机枪班副班长黄飞龙头部被炸伤，四周的国民党军蜂拥而上，黄飞龙在弹尽情况下，拉响最后一枚手榴弹，与国民党兵同归于尽。战后，华东军区政治部追授黄飞龙为福建军区战斗英雄。在亲营，1营1连3排连续打退海上突击大队3次冲击后，在转移途中伤亡严重。连主力（欠1排）因接应3排而失去转移时机，被十倍于己的国民党军包围于石庙山。他们英勇作战，打退国民党军的轮番攻击达两个多小时，大部壮烈牺牲。在港西，东山县人武部长崔天恒率领的一支民兵，坚守阵地5个小时，直至增援部队赶到。由于前沿分队和民兵的顽强阻击，至8时前后，国民党军才陆续抵达公云山、牛犊山和王爹山前沿一线。

守卫八尺门渡口的水兵1连，在区委书记张迪民率领的后林村民兵配合下，以机枪和步枪对空射击。击毙击伤许多空降的伞兵，着陆的伞兵抢占后林以西的高地，向渡口攻击。水兵1连依托300多年前抗倭时构筑的寨子断垣，击退伞兵的多次攻击，守住渡口。后来，他们又不顾疲劳，连续运送增援部队和物资进岛，为战斗胜利作出贡献。战后，水兵1连荣立集体二等功的表彰。上午10时30分，援兵272团3营登岛，一举攻下593高地。至13时30分，在1营3连配合下，将伞兵大部歼灭。

在反空降作战的同时，公安80团集中主力在牛犊山、公云山和王爹山等核心阵地，决心坚守此三个高地，保证东山保卫战的胜利完成。

7时30分，海上第2突击大队1000余人，在炮火掩护下轮番向公云山攻击。守卫公云山的1营2连，顽强抗击，打退海上突击大队8次冲击。18时后，在增援的272团12连配合下，与猛烈进攻的海上突击大队激战，子弹手榴弹打光了，用刺刀、枪托、石头和卸去保险的60毫米迫击炮炮弹，同突入阵地之海上突击大队搏斗，坚守了27个小时，击退国民党军大小冲击31次，歼413人。战后，福建军区授予2连“东山战斗守备一等功臣连”，272团12连2排“增援公云山守备模范排”的荣誉称号。

8时许，国民党军45师主力向牛犊山发起攻击。虽一度夺取前沿部分表面阵地，迫使解放军转入坑道战斗，却始终未能接近核心阵地。公安5连1班机枪组，从16日晨至翌日中午，以猛烈的火力支援本连和友邻6连的战斗，打垮国民党军1个营左右兵力的5次冲击，毙伤其200多人。向王爹山进攻的海上第1突击大队，也始终未能突破这个核心阵地。

23时，国民党军预备队第53团投入战斗。但在公安80团和272团1营、3营各一部的顽强抗击下，3个核心阵地始终牢牢地掌握在解放军手中。17日拂晓，272团全面接替第80团的防务。122师和82师的先头团，分别于16日20时和17时开始渡海进岛。

17日5时，122师365团向王爹山方向出击。左翼82师244团也开始向国民党军反击。7时，国民党军开始收缩兵力，福建军区领导人根据情况决定，不待增援部队全部到达，即发起全面反攻。10时，国民党军主力向湖尾方向撤退。10时30分，解放军分3路开始全面反击。右路365团和121师361团3营夺回赤坑山，攻占石坛和虎山后，分两路向亲营和湖尾方向反攻。中路272团兵分两支，经梧龙和南山，杀向湖尾。左路244团沿前后马鞍、南埔一线反击。为拔去214高地上掩护主力撤退的国民党守军据点，该团2连2排两次冲击受挫，仅剩下9人仍坚持战斗，后被国民党军1个地堡的火力压制，难以动弹。紧要关头，5班长共产党员张学栋挺身而出，端起机枪向国民党军火力点冲去，胸部和腿部7处负伤，在距地堡10米处倒下，仍使尽最后一点力气爬到地堡射孔下方。因弹药打光，张学栋高喊“为了祖国，冲啊！”用自己的身体堵住枪眼。18时，解放军各路反击部队逼近湖尾沙滩。国民党军纷纷夺船逃命，舰艇不等装满即匆匆起航，丢下的国民党军皆缴械投降。17日19时，战斗胜利结束。

东山岛保卫战中，东山人民全力以赴，组织担架队、救护队、运输队上火线，运送弹药，抢救保护伤员，为保卫战的胜利做出积极的贡献。东山保卫战，毙伤国民党军2664人，俘715人，击沉小型登陆艇3艘，击落飞机2架，炸毁坦克2辆，缴获火炮及火箭筒46门（具）、轻重机枪109挺、长短枪512支和大批弹药以及军用物资。解放军伤亡、失踪共1250人。

（三）历史人物

1. 唐文灿

唐文灿（1525—1603年），字若素，号鉴江。明漳浦县铜山所（今东山县铜陵镇）人。隆庆二年（1568年）进士。官至广西按察使。唐文灿在官途上操劳几十年，两袖清风，回到家乡，仍不遗余力为办好社学而奔劳。生前著有《享帚集》。为纪念唐文灿，铜山人在顶街建造一座牌坊，坊匾题着“科第开先”、“纶章垂耀”。康熙五十六年（1717年），铜山数名绅士呈请礼部，获准把唐文灿奉祀于铜山乡贤祠。广西人民亦把他奉祀于名宦祠。

2. 黄道周

黄道周（1585—1646年），字幼玄，号石斋。明漳浦县铜山所深井村（今东山县铜陵镇深井）人。明末重臣，官至明武英殿大学士，著名学者，也是很有影响的书法家。黄道周从青少年起，潜心苦读，勤于创作，后人将其著作辑成《明漳浦黄忠端公全集》。著作范围广泛，除文学、史学外，还有军事、天文、地理的论著。他对《易》钻研颇深，先后写成《易本象》、《三易洞玑》、《易象正》，提出“刚柔相克，变在其中”的辩证观点。他工书善画，字体峭厉方劲，俊秀不凡，独成一格，世称“漳浦体”；画则长于山水、人物、怪石，手法磊落，奇气郁勃，异趣横生。

黄道周一生还勤于授业，先后在铜山南溟书院、漳州紫阳书院、邺山讲堂、浙江大涤书院等处讲学。讲学的宗旨是“严于律己，忘我为人”。他重视品德教育，著《榕颂》，教育与鼓励学生要似榕之高尚、学榕之利人、树榕之坚定。在方法上，要求学生通过自学记下疑难，而后老师汇集解释。同时也重视形象教育，在漳浦明诚堂建“天地盘”，向学生讲授易经。

3. 蔡玉卿

蔡玉卿（1612—1694年），名润石，字玉卿，黄道周夫人，著名书法家。能诗善画，尤以书法著称。她的书法“受晋唐法贴规范，又融合了金文、碑版的格调”，“于苍劲中显露出特有的姿媚和灵秀浑逸的神韵”。笔力精遒，一丝不苟，结构宽展舒和，用笔参以隶意，字势稍带欹侧，因而显得险峻峭拔，稳健秀雅。她的诗、画、书法作品，今尚存上海博物馆的《山居漫咏》、福建省图书馆的国画《梅花》和行书《孝经》。其《孝经》是蔡玉卿临终前传给子孙的。她说：“吾诸孙必有能读此者，尚其与之”。

4. 张进

张进（？—1661年），字伯旭，号振寰。明江南直隶扬州仪真（今江苏仪征县）人。张进少时读经史。稍长喜爱游泳、骑马、射箭。24岁为荫生。天启六年（1626年）授古北口守备。历任休宁游击、江北参将，升嘉协副将，调邵协副将。弘光朝，加授右军都御史。隆武初，加太子少保，晋封少师忠匡伯，镇守铜山。

镇守铜山期间，热情为民众办事。他“禁科索、约章程”。百姓有沉冤申诉，他热情接见，“询其疾苦而平反之”。永历七年（1653 年）秋，铜山民众鸠工兴建“忠匡伯张公德政碑”，感念其爱民恩德。去世后，遗体收葬在东陵（今东凌）村郊，铜山民众塑像崇祀。

5. 林嘉

林嘉（1874—1939 年），字瑞亭，号东山渔子，东山铜陵镇人，清末民国初著名画家。

林嘉出生于一个贫苦渔民家庭，小时是银器加工学徒，业余自学绘画，以画仕女为主。稍长拜名画家马兆麟为师，改画山水、人物、鸟兽、鱼虫。林嘉善于观察生活，表现生活，把真实提高到艺术的意境、时代的情趣。其《罗汉图》、《牧牛图》、《渔翁垂钓》、《出涧虎》、《桃花源》，博得好评。民国时福建省长刘通赞其画“擒捉造化置笔端，玄机发露物态穷”。其作品畅销于东南亚各国。收藏于泉州开元寺藏经阁的《罗汉图》被视为国家文物珍品。

林嘉重视培养国画人才，不论是自己子女，还是亲友乡人，都给予谆谆教诲，循循善诱，言传身教，严格要求。其子林绍曾、女儿林英及门生高贞一、彭柳塘、欧眉山、郑涛等都成为东山画坛后起之秀。

6. 谢联棠

谢联棠（1888—1974），又名莲塘，东山县南埔村人。早年出洋谋生，侨居新加坡、马来西亚、印度尼西亚等地，是东山县著名的爱国华侨。

谢联棠关心桑梓公益事业。1917 年，他将家乡祖祠整修为校舍，独资创办南熏小学。1931 年捐资为南熏小学建校舍（包括教室、办公室、会议室、厨房、宿舍），以后还逐年添置教具、图书、文体活动用具。1937 年，抗日战争爆发，谢联棠发动侨胞献物捐款，先后集资 10 万多元，支援抗日。他还同东山人民一道参与献机活动，建抗日阵亡烈士公墓。中华人民共和国成立后，南熏小学为人民政府接办。他一如既往，投资于学校建房（前后共 748 平方米），购置教学设备，补助民办教师工资和学生升学奖金。他还集资参与乡人建设东山华侨电厂、东山面粉厂，持续 24 个春节汇款给南埔村 60 岁以上老人为敬老金。谢联棠个人生活十分俭朴，33 岁才结婚。他平时布衣素食，但对公益事业，从不吝惜。

7. 沈开宏

沈开宏（1905—1967 年），东山县陈城乡澳角村人。捕鱼能手，省劳动模范。1958 年，他采用细目渔网方法，使捕捞丁香鱼的产量大大提高。为减轻劳动强度，把篾帆改为布帆。率先在澳角使用尼龙丝渔网、塑料丝渔网捕鱼，把生产效率提高到一个新的高度。退休后，仍乘坐全澳第一艘机动船，指挥其他船只到东脚萨外捕鱼，开辟新渔场。沈开宏为人坦率，乐于助人，热心把捕鱼经验和技术传授给别人。合作化期间，沈开宏组织的第一个互助组——宏明保互助组，于 1954 年被评为省渔业生产先进单位，本人被评为福建省劳动模范。

8. 谷文昌

谷文昌（1915—1981 年），原名程栓，河南省林县石板岩乡郭家庄人。世代务农，家境清贫。1943 年 3 月加入中国共产党，任过林北县第七、第十、第二区区长和中共任村区委书记。1949 年 1 月随军南下。1950 年 5 月 12 日东山解放，谷文昌任中共东山县第一区工委书记，后历任中共东山县工委（以下简称县委）组织部长、县长、县委书记及福建省林业厅副厅长、龙溪地区林业局副局长、龙溪地区革委会副主任、龙溪行政公署副专员。

1952 年 4 月，谷文昌担任县长，把治理风沙灾害列为政府的重点工作。1954 年 4 月，担任县委书记时，与县委领导共商制服风沙的意见，取得共识。多次带领人员探风口、查沙丘，研究制订了治理风沙的方案。1960 年夏天，全县掀起全民造林运动。每逢雨天，谷文昌和县委一班人，带领全县干部群众上沙滩、山丘种树。至 1964 年造林 8.2 万亩，全县 400 多座小山丘和 3 万多亩荒沙滩基本绿化，141 千米的海岸线筑起“绿色长城”。谷文昌还发动群众挖塘打井、修筑水库、开发利用地下水资源，促使东山初步改变“三天无雨火烧埔”的状况，缓解了旱情。东山保卫战中，谷文昌组织群众全力支前，带领地方干部奔赴战场，配合人民解放军作战，为保卫战的胜利立下功勋。

谷文昌一生清廉俭朴，严于律己。1964 年，调省任职，有关部门要将其大女儿由临时工转为正式干部，随其调到省里，谷文昌说："县委书记的孩子不能特殊！"此事被他阻止了。他多年和木材打交道，但从没有向国家要过一根杉木。从东山调往福州时，带走的家当是两只皮箱、两只木箱、两瓮萝卜干、几麻袋杂物。

1981 年 1 月 30 日谷文昌在漳州病逝。1987 年 7 月 15 日，骨灰安葬在东山县赤山林场。1991 年省、市委发出"向谷文昌同志学习"的号召，东山人民也在赤山林场塑像纪念他。

9. 陈华

陈华（1916—1975 年），原名陈仙花，东山县东陂村人，著名潮剧乐师、潮曲作者。精于多种乐器的演奏，唢呐吹奏更具功力。曾两次随中国潮剧团赴香港、缅甸、柬埔寨访问演出，深得当地人民和政府官员的赞赏，并受到柬埔寨西哈努克亲王及其家族成员的接见。陈华的潮曲艺术造诣很深，为《苏六娘》、《陈三五娘》、《秦香莲》、《辞郎州》、《江姐》等剧目所作的曲子，旋律优美、感情丰富。有的被采用为电影音乐，有的被电台录播。亲自演奏的《粉蝶采花》，被录制成唱片发行，风靡一时。曾于 1957 年、1959 年两次随广东潮剧团晋京（其中一次在中南海）演出。受到毛泽东、刘少奇、周恩来、朱德等党和国家领导人的亲切接见。陈华热心培养学徒，悉心指导，无私传授。学徒甚多，并皆有成就。

（四）历史名镇、名村和渔镇、渔村

1. 铜陵镇

铜陵镇是有 600 多年历史的文化古城。元代有金、丁、马、铁四姓 20 多户聚居捕鱼。明洪武二十年（1387 年）明太祖为防倭寇，派江夏侯周德兴在此建城，设四门。建铜山水寨，派 1141 官兵驻守，设铜山守御千户所，归镇海卫（今龙海市镇海）管辖。铜山水寨为福建五大水寨之一。明代倭寇多次侵犯铜陵，南屿渔民陈焯摆下"暗鼎阵"，把鼎埋沙滩中，侨寇上岸都滑倒，陈焯出击，倭寇全军覆没。明嘉靖年间，戚继光二度率义乌兵在铜山水寨设"浙兵营"，击败倭寇进犯。明崇祯年间巡抚路振飞、大帅徐一鸣在铜山海面大败荷兰侵略者。明末郑成功在此屯兵、训练水师、造船，1661 年郑成功驱荷复台，东山五百多青壮年从征。至今留下郑成功屯兵处、营房、"万军井"、水操台及《仙峤记言》碑记。清道光二十一年（1841 年）陈化成率东山人民打退英舰进犯。抗日战争期间，军民在此三次抗击日本侵略者的进犯，在此洒下热血。

铜陵镇素有"滨海重镇"、"海滨邹鲁"之美誉。古建筑文物众多，主要有始建于明洪武二十年（1387 年）的全国重点文物保护单位铜陵关帝庙、同年建的铜山城、明嘉靖五年（1526 年）建的塔屿文峰塔、明建黄道周故居、铜陵天后宫、城隍庙、真君宫、大庙头（北极殿）、古来寺、宝智寺、东岭大庙、纶章垂耀坊、御乐轩、八角古井、万军井等。清建孙氏大厝（衙顶）、唐朝彝故居。最著名的历史人物有明武英殿大学士、吏部、兵部尚书黄道周及四川巡抚陈殡、七省军务陈士其等。

铜陵水陆路交通便捷，位于铜陵的东山港，是国家一类口岸，现有 2 个 5000 吨级和 2 个 3000 吨级泊位码头。区内路网建设配套完善，主干道、支干道纵横交错，四通八达。铜陵镇有国家级大澳中心渔港和闽南沿海最大的水产品批发市场。现有水产品加工和渔需渔具加工企业 1000 多家，产品销往国内、外市场，形成了以水产品加工和渔需渔具生产加工为主的两大特色产业。铜陵镇是闽南渔场指挥部和县水产局的驻地，渔业生产配套设施日臻完善。有大澳渔港与码头、后澳避风港、南门渔业码头、县渔业信息站、县气象台；有县水产造船厂、县冷冻厂、县制冰厂、县塑料绳缆一厂与二厂、镇织网厂、县渔钓厂、县水产品供销公司和加工厂；有集体与个体的修造船、水产品加工及冷冻的厂场作坊等。家庭妇女织网，是传统家庭副业。境内干、鲜水产品市场很繁荣。

铜陵风光绮丽，风动石景区是国家级 4A 级风景区。有天下第一奇石风动石、石僧拜塔、虎蝗滴玉、九仙石室和水寨大山，还有众多的文物古迹景点以及碧海蓝天、银滩绿树，众多岛屿的奇礁怪石等海滨自然景观和风光，吸引中外游客纷至沓来。铜陵还是福建省最早开展对台小额贸易的沿海地区，

设有对台贸易专用码头，年对台小额贸易额达150多万美元。

2. “寡妇村”——铜钵村

铜钵村在东山县东北部，明初有谢、黄两姓（表兄弟）由诏安迁来开居建村。两姓都有移居台湾岛。郑成功驱荷复台时，铜钵村有30多个青壮年随往，去时把净山院的妈祖带去保佑平安，村再雕新的一尊神像。郑成功胜利后，部分留居台湾，部分回乡，再把妈祖神像带回，净山院有二尊神，旧的称大妈，新的称二妈，和台湾有渊源关系，净山院为县级文物保护单位，不少台胞前来朝圣进香。东山解放前夕，原国民党58师师长洪伟达逃台时，强行一夜之间抓走铜钵村147名青壮年，造成91个妻子守了半个世纪活寡的悲惨命运，成为著名的“寡妇村”。为纪念这段历史，1999年“寡妇村展览馆”建成开馆，成为省级爱国主义教育基地。

目前铜钵村保存有古建筑谢氏宗祠、祠堂、黄氏祠堂、宗祠共11间（谢6间、黄5间），还保存明清古房子100多间。明代始建的净山院等。净山院为县级文物保护单位。

3. 陈城镇宫前村

宫前村，古称平海，位于东山岛的最南端，村周围有麒麟山、圣母山、烟墩山、钵仔山等，村临宫前湾，是东山县主要渔村。宫前村以渔业为主，全村各种机动渔船540只（其中铁壳船56只），2450吨位，16万匹马力，渔业年总产量4.5万吨，年总产值38亿元，建有一个全省村级最大人造渔港30万平方米的避风港、陆岛交通码头、冷冻厂9家、造船厂4家、水产品加工100多家和2400平方米海滨贸易市场。为全省渔村之最，是本县最富裕村，被评为“福建省渔业十强村”。

宫前村前有一弧形海湾，称宫前湾，古称平海澳，是闽台通航港口，也是著名古战场，明崇祯七年（1634年），东山军民在此歼灭进犯的荷兰侵略者，焚毁全部战舰。明末郑成功曾在此湾训练水师、造船。清康熙二十二年（1683年），六月十四，福建水师提督施琅将军率水师从宫前湾起航统一台湾，因宫前妈祖“显圣”助战有功，施琅奏请康熙将妈祖从“天妃”升为“天后”。御赐匾额悬挂宫前天后宫内，1993—1994年该匾参加福建“妈祖信仰民俗文物展”赴台湾展出七个月。抗日战争期间，日本军舰、军队多次从宫前湾侵犯东山，东山军民奋勇抗击，在宫前湾击毁一艘日运输舰。宫前天后宫为省级文物保护单位。

宫前村风光秀丽，海湾、岛礁、绿树、渔船，姿态万千，风景奇特，是旅游风景点，影视界在此拍摄《珊瑚岛上的死光》、《海之恋》、《八仙过海》、《海峡的呼唤》、《海盗》、《海望》、《施琅收复台湾》等影视片20多部。

4. “全国文明村”——陈城镇澳角村

澳角村位于东山岛东南部，大肉山下，距西埔20千米，公路直通陈城、西埔各地。澳角村由澳角、湖仔、大帽山三个自然村组成。海岸线长10千米，是东山岛主要渔村之一。

全村拥有机动渔船318只，12 500吨位，95 400马力，渔船普及卫星导航、雷达、电台、对讲机等先进设备，渔业固定资产超亿元。2006年捕鱼产量25 950吨，产值1.22亿元，全村收入3.12亿元，村财政收入138万元。几年来投巨资建了一个10万平方米的避风港、一座2200平方米的渔农贸市场、陆岛交通码头、长1000米的兴海大道、39千米公路、1千米防护坡堤、一座2400平方米的村部办公大楼和2000平方米的冠磊石产有限公司，以及投资架设水、电、闭路电视及程控电话线路和75 000平方米渔村新区，村里小学教学楼、幼儿园、图书室、篮球场、乒乓球馆等一应俱全，渔村一派新气象。2005年获“全国文明村”称号，多次被省、市评为“先进基层党组织”、“五好党支部”、“文明村”、“省级精神文明村”、“双拥”工作先进单位等。

该村始建于明朝中后期，有南澳、诏安、云霄、晋江等地19姓渔民来此定居。据《诏安县志》载：“大帽山在五都之南，宋朝垂相陆秀夫曾扶帝泊舟于此。”至今村有古庙：澳角的妈祖庙、佛祖庙、土地公庙、沈祖公庙、王爷庙、郭圣王与林太师庙，湖仔村有妈祖庙、土地公庙。澳角湾是个古战场，明末郑成功曾在东山岛训练水师，在此驻扎一营水兵，并在澳角海湾滩地挖一口井，称“国姓井”。

澳角渔村风光秀丽，姿态万千，是个旅游胜地。影视界多次在澳角拍摄《盘石湾》、《亲缘》、《寡妇村》、《十三井地区》、《秋瑾》及《哇，澳角》等影视片。著名作家王蒙、诗人蔡其矫、舒婷等人多次到澳角采风写生。这里原有村“渔民创作组”编写《澳角民间文学卷》。创作组发表大量文章、诗歌。

5. 西埔镇冬古村

冬古村位于东山岛海滨苏峰山下，三面靠山一面临海，由岩仔、过冬、新乡、古雷庄四个自然村组成，村部在新乡，是东山县四个渔村之一。全村有渔船230只、57 500吨位、29 900匹马力。2008年鱼产量11 170吨。其中竹桁船170只，是东山县竹桁船历代最多的渔村。全村养殖户30户700亩，养殖鲍鱼、海带、紫菜、网箱养鱼等。另有耕地600亩，山林6840亩，村工农业总产值2.16亿多元，人均纯收入6464元。

冬古村渔业生产开发历史悠久，相传自明至清初，有晋江、泉州、惠安、漳浦等地的渔船在此生产，常停靠荟东澳。清康熙至乾隆年间，有晋江、惠安人到荟东澳进行捕捞作业，也有漳浦人到此近海捕捞。西铜路通至冬古码头，环岛路从村后通过。西埔每天有班车来往冬古村，交通方便。距西埔6千米，建有冬古硅砂等码头。

冬古村历来是兵家军事要地。明末清初，民族英雄郑成功收复台湾前，曾在此训练水师，战船常在这一带活动和停靠。近年来在此发现郑成功古战船沉船，国家水下考古队打捞发掘一批古战炮、铜统、钱币、船板、瓷器、弹药等物件，是重要的郑成功古战船遗址。

二、海岛文化

（一）海岛风情与旅游文化

东山地理条件优越，气候宜人，四季如春，风景绮丽，地灵人杰，文物古迹众多，是明代闽海五大水寨之一。每年接待海内外游客近百万人次。是福建省重点旅游胜地，多次在东山举办国际性、全国性水上运动比赛。主要景点详述如下。

1. 风动石

位于铜陵关帝庙左侧海滨。高4.37米，宽4.47米，长4.69米，重约200吨。上尖底圆，状似仙桃搭在一块卧地磐石上，接触面仅十多平方厘米；海风劲吹，微微摇晃，或人躺在磐石上以脚蹬之，立即微动，蔚为奇观，故而得名，誉称“天下第一奇石”。如人背朝大海，立于石下，仰首观览，其势险绝，摇摇欲坠，令人心怵。

2. 水寨大山

位于今铜陵镇北郊，因明景泰年间在东面建水寨署，故名水寨大山。又因此山曾建观音亭庙，又叫观音亭山。该山高约52米。东段的半个山面为繁茂的大榕树所覆盖。山上有巨石构成的天然石洞，内祀九鲤湖仙公，故称九仙石室，因此也叫九仙山，为清初僧人道宗所设。内镌有记载郑成功43位部将在东山活动的碑刻《仙峤记言》及明水师提督程朝京等的大量石刻。抗日战争期间，东山县长楼胜利曾在此山顶筑建国楼、建抗日纪念亭、树抗日纪念碑。绕石室沿石阶而上，即抵山巅，有突兀而立的一块大而险的巨石，称“水操台”，是戚继光指挥抗倭遗址和郑成功操训水师指挥台。山上另有20多处字体各异的石刻。其中，“人世仙境”、“瑶台仙峤”、“宦海恩波”均为巨型字雕，字体刚劲、浑厚，气势豪壮。该山为县内重点风景区之一，于1985年被福建省人民政府列为省级文物保护单位。

3. 苏峰山

位于今西埔镇冬古村，旧称东山，也称川陵山，因其峰呈尖形状，俗称苏尖。苏峰山为县内最高山峰，海拔274米。该山面临大海，峻峭雄伟，方圆约10平方千米，山上下有许多奇峰异洞。历史上也有“苏柱擎天”之称。山上有“义兴会”起义遗址瓮底坑和水仙童澳、猪母带猪团、美小娘仔房、狮仔戏球、大小险等景点。历代文人曾留下赞颂苏峰山的诗作，其中有明蔡保桢的《川陵行宫》、清陈少华的《苏柱擎天》。

4. 龙潭山

位于铜陵镇五里亭北面，为历代军事要地，扼制大澳与铜陵交通的咽喉。明代周德兴和明末郑成功都曾设营盘于此。山南坡上有石洞，洞口向西，为一巨石覆盖，石上阴镌行书“云坞”两字。洞内为不规则空间，高约2米，面积约36平方米。山上有百鸟归巢、百鸟泉、麒麟石、鲛屋寒泉等景点，景色优美。

5. 大帽山

位于陈城乡陈城村北面。海拔251米，为县内第二高峰。该山高耸嶙峋，树林茂盛，风景秀丽。山上有4000年前的新石器贝丘文化遗址、蔡方平墓等文物，另有虎崆洞、鲤鱼朝天、猛虎雄踞等自然景观。

6. 羊角山

位于樟塘乡樟塘村东北面，又名解山。此山雄秀岿然，松石苍郁；峰顶石屏屹立，旁一巨石共本双歧，状似魁头羊角，故名之。明蔡潮称之为金牛山。山上景色优美，有石船、石鼓、魁占鳌头、青云洞、三鲤石、青蛙石等景点。

7. 虎崆滴玉

位于铜山古城东门外海滨。为海蚀岩洞，有大、小虎崆，四周绝壁绵延，礁石林立。洞深15米，宽5米，内置一石桌，地面为冲积沙，洞峭壁缝中溢一眼清泉，涓涓流滴，故称滴玉。泉水清润甘甜，长年不绝，清光绪年间诏邑翰林林壬曾在此题字曰“灵液”。洞内幽深清爽，于此取泉烹茗，观览海景，情趣盎然。

8. 石僧拜塔

位于铜陵关帝庙左侧。由南面关帝庙入口处北望，有一块天然巨石，高约3米，形似披袈裟的秃头僧人，俯首合掌，虔诚对东门屿的文峰石塔朝拜，故得名。

（二）民俗文化

1. 生活习俗

（1）饮食

民国时期及以前，东山粮食作物主要是甘薯，民众以甘薯为主粮，鲜食或刨丝晒干食之。穷人一日三餐都吃甘薯粥，有的中餐尽吃甘薯。大米干饭一般是逢年过节食用。富人常在晚餐吃大米饭。当时，农户还种植少量的大麦、小麦、高粱、鸭蹄黍等。逢年过节时，有的把小麦磨成面粉，做成面条；有的蒸面糕；有的把大麦或小麦浸磨成浆，煎成“麦煎”；有的用高粱粉蒸糕；还有的把鸭蹄黍磨成粉，加上米煮成粥。1950年后，水稻种植面积有所扩大，产量增加，加上国家统一调运大米进岛，民众三餐的主食逐步改为大米为主，甘薯为辅。城乡人民一般是早、午餐食粥，晚餐食大米干饭。节日或婚礼喜庆时，用糯米蒸糕，搓糖圆；并常配搭吃面条、馒头、包子、米粉条等。

副食品以水产品、蔬菜为主，还有猪肉、鸡、鸭、蛋品等。蔬菜的种类多，有白菜、芥菜、萝卜、菠菜、韭菜、蒜、葱、芹菜、莴苣、瓜、豆等。节日和婚丧喜庆办宴席或招待客人时，食用猪肉、家禽和经济鱼。较高档次的宴席有龙虾、石斑鱼、鳗鱼、海参、扇贝等海珍品。农村多数人家将芥菜、萝卜腌制储藏食用，有的把三角鱼腌制供食用，其汁可当佐料。风味小食有“宵卖”、鱼丸、蠔煎、“虾枣”等。

东山民众历来有喝武夷（岩）茶和安溪（乌龙）茶的爱好，1950年后饮茶者越来越普遍，今基本普及城乡每个家庭、机关单位。茶具几乎每家每户、每个机关企事业单位都齐整。茶壶一般是深红色的陶制品，使用越久越受人喜爱。如今瓷茶壶较多。茶杯是小巧玲珑的瓷杯，有的四周绘有五颜六色的花鸟、山水。泡茶注重水质，最好的是选用“虎崆滴玉”、西山岩、龙潭山、苏峰山和狮山的泉水，皆甘甜可口。但大多数人只用一般洁净的水。用优质木炭把水烧沸后，先把茶壶、茶杯烫洗一遍，再把茶叶装入茶壶，沸水冲入片刻，即依次循环斟入小茶杯，使各杯茶色均匀，这样泡法称“功夫茶”。泡茶招待来客，已成为东山民众习惯。夜晚或工余时间，家人或朋友聚在一起，也常品茶聊天。

（2）婚丧习俗

①婚事

照习俗，东山民间婚事一般经议婚、订婚、结婚三个程序。议婚，经斟酌，若满意，即将女方的出生年月日时写成庚帖交媒人转给男家。男家一般都要请算命先生“合婚”，若认为合适，再请女家开礼单（即要求男家备办的聘金聘礼）。经协商，男方接受后定亲。订婚，男家送女方以礼物和订婚信物，女家也回赠信物。结婚，男家选定吉期写红帖通知女家，经女家答应后，准备迎娶。迎娶前一、两天，男家要按礼单送足聘金和聘礼；迎娶时由男家派出花轿接新娘，家穷无法派花轿的，新娘只好步行。新娘由媒人、亲友伴随。陪嫁妆奁也随新娘送到男家，同时一些地方新娘必须随带一只公鸡和一只母鸡（用红布绑脚），俗称带路鸡，寓意夫妇和睦相处，白头偕老。新娘进门时，要跨火堆，还要请族中子孙满堂的男老人，用双手拿着米筛盖在新娘的头顶上，并说些吉利话。新娘至男家后，新郎新娘共饮“交杯酒”。入夜，洞房点花烛，新娘坐床边让亲友观看、闹洞房。禁忌人们站在门槛上，禁忌人家带雨伞入洞房。

迎亲成婚之日，男家设宴请客，大厅正面墙上所挂的红楹联必须由新郎的舅父题名贺赠（俗称母舅联）。宴席上，新郎的母族是上宾，母舅坐首席，宴会由母舅宣布开席或散席。成婚后第二天，新郎新娘要拜祖宗，同时用甜金枣茶拜敬公祖父母和亲族中长辈。长辈受敬茶后，用红纸包钱作为回礼。

在封建社会中，男婚女嫁都遵父母之命，以钱财多少衡量“身价”。一些富豪家男人可娶三妻四妾。

还有抱养童养媳的习俗。童养媳及龄结婚，一般由父母选定节日或农历除夕圆房；也有选定婚日，让童养媳先期返回亲生父母家，届时迎娶。童养媳与未婚夫在一家共同生活长大，不一定有爱情，多数是屈从于父母之命成婚。

男人丧偶再娶，仍可举行婚礼；女人丧偶再嫁，则往往被人鄙视，要在夜间被接到男家。丧偶而没有改嫁的，留在婆家守寡。还有一种“望门寡”，即婚前男人亡，女人没有再嫁；另一种“登堂寡”，亦称“过门守节”，即婚前男人亡，女人仍过门，由亡者的姐妹捧死者“神牌”（木主）与女的拜堂成亲。这些封建习俗，直至民国时期，才稍有破除。

民间有男到女家成婚的习俗，女家谓之“招夫”，男方谓之“入赘”。招夫有未婚女子招夫和寡妇招夫两种。未婚女子招夫一般是父母无男儿，要依靠招入女婿为劳力养老，入赘的男子往往是多兄弟，可以不负担亲生父母赡养义务，或已无父母的人。寡妇招夫一般是有了儿女，需要招夫为劳力，扶持家庭生活的。

民国时期，知识界的男女青年，比较有机会接触，谈恋爱，双方自愿成婚。

1950 年以后，宣传贯彻《中华人民共和国婚姻法》，男女双方自由恋爱，婚姻自主，逐步打破父母包办婚姻的陋俗，实行一夫一妻制。一些长期不和睦的夫妻允许离婚，双方都可以再婚。寡妇再嫁不再被鄙视。以前的“望门寡”和“登堂寡”被废除，嫁妻另娶被禁止。实行新的婚姻法，女方可以成为男方家庭的成员，男方也可以成为女方家庭成员，夫妻地位平等。1985 年以来，聘金、聘礼逐渐增加，结婚请客时的铺张浪费较为严重。

②丧事

东山民间逢丧事，首先把尸体移到厅堂，若是长辈，尸体停放在厅堂中间，非长辈的，尸体停放在厅堂偏侧。要哭号，称“送终”，给死者沐浴，穿寿衣、寿鞋（男的还要戴上寿帽）。要通知其在外的子女亲属来瞻仰遗体后才入殓。死者是女的，要向其娘家报丧。要“饲生”、“请水”后入殓，3 ~ 7 天后才出殡，有的还停放更长的时间。停柩期间，亲戚朋友要前往吊唁。出殡时，送葬队伍至路口或村口举行告别仪式。东山长期实行土葬，到 1988 年，提倡火葬。但无设殡仪馆安放骨灰，尸体火化后大部分仍再土葬。

③庆生育

生男婴满月时宴请亲戚朋友，满 40 天或 4 个月煮糖圆分送邻居。实行计划生育后，有的生女孩也举行庆贺宴请。

④寿庆

东山人男女年届 51 虚岁的诞生纪念日始做寿庆，此后历 10 年做一次寿庆。由子女举办祝寿庆典，设寿堂，寿者在堂上让晚辈亲属行敬礼拜寿仪式。至亲的亲戚送猪蹄、蛋、糖圆、线面等食品，有的送题名的联幛、红烛等。女儿要送“寿桃”、“寿龟”或“寿糕”（用糯米、面粉、蛋制成），晚辈要为寿者举办寿宴。

（3）礼仪习俗

①路上礼仪

路上遇熟人，必互相招呼问讯。路上遇到陌生人，空手的让肩挑的，挑的让扛的，年轻的让年老的，男的让女的。让路就是把安全好走的一边让给别人。狭路上行走时不超越先行的人，若有紧急情况须超越的，必打招呼请让路。向陌生人打招呼，按年龄尊称对方，然后询问事情。遇到过路人问路或询问情况，尽自己所知予以回答。在路上或公共场所，不小心碰撞了陌生人，主动表示歉意。入陌生人家里要求歇脚、要茶水、借用物品，必先与主人打招呼，说明来意；离开时道谢。

②迎送客人

客人来访，主人迎立，让座、送茶水，视主客关系，按礼接待，或递糕点，或留客进餐。迎送客人以在大门前阶下为最尊重，大门前次之，大门内又次之。主人送客人，多说“请慢行”、“请再来”、“再见”等礼貌语言。亲戚以母族和妻族的血亲长辈为上宾，姑姨姐妹的姻亲亲属次之。亲戚视辈分高低，宗族邻里视年龄大小，幕僚视职务高低，各有不同的迎送规格。朋友视友情深浅，浅的比较注意礼节，深的较不拘礼。“送顺风”，当有人要远离家乡或回乡探亲后又要远离时，亲戚朋友总要馈赠一些家乡土特产品，或者宴请饯行；起程时，有的送到村口，有的送到车站或码头；临别时，说“一路顺风”、“一路平安”、“顺风得利”等祝愿语。

③海上礼让

东山渔民和船民，自古以来，在海上驶船都很讲究礼让。两船在海上相遇，大船让路给小船，顺风船让路给逆风船。渔船下网，航行着的船不争占渔船的网区；后下网的船让先下网的船；停泊着的船让位给撒网生产的船。进港泊船，先到先泊，后到依次停泊。

（4）传统民俗

东山民间传统信仰香花僧，香花僧的道场法事，也叫东山和尚戏，是东山民间的传统民俗。香花僧以佛教为主体，结合儒教的孝仁，道教符术的三教合一的民间信仰教派。香花僧创立于清康熙年间，由天地会创始人僧道宗和弟子实晟法师创立，因“拈花悟旨”而得名。天地会弟子以道场法事为掩护，进行组织活动，开展反清复明活动。

香花僧从事“红白事”做醮、安龙、做火光（民间丧事）等。香花僧的道场法事以佛事音乐“北赞”为基础，吸收南方的地方音乐，组成“香花曲”，既有佛调，又有南音的旋律，同时还吸收地方音乐的音律。香花曲分为南北韵，有南韵 36 种，北赞 72 种。在其中还进行南少林武术套路和拳术的表演。如舞钹、打火城等。目前保存有“香花本”十数册，最有价值的是“古来寺赞集”，也叫“香花僧秘典”。

香花僧经过众多僧众的传承、发展，流传甚广。北至仙游、南至广东汕尾和潮汕地区。东至台湾、西至广东梅州。香花僧在东山流传至今，分为三大流派，有九座寺（古来寺）、黄碧派（恩波寺）、开元派（宝智寺）。民众请香花僧做佛事时，只看到仪式活动，不明内中底细，迷信者颇多，并流传下来。

（三）语言文化

东山岛居民讲闽南方言、漳州话。

（四）信仰文化

1. 佛教

北宋时，佛教传入东山，在西山岩建兴教寺（后改称山坪寺）。南宋时，在马鞍建南正院。明代，铜山所城内建宝智寺，在水寨大山边建恩波寺，在龙潭山边建苦莱寺（后废，改于东坑建古来寺），在城垵建山庵庙，在庙山建石庙寺。清代，在五里亭建五里亭佛祖庙，在观音亭山建一粟庵，在前楼长山尾建松柏门庵。以上寺庙奉祀的有弥勒佛、观音、三宝佛、准提佛母、达摩祖师等。清光绪三十二年（1906 年），日本佛教传入铜山，在下庙顶设址，不久废弃。

明清时期的僧尼，宝智寺、古来寺各 40 ~ 50 人，恩波寺 20 ~ 30 人，南正院 10 ~ 20 人，山坪寺、山庵庙各 10 多人，其余寺庙各 3 ~ 4 人，计有 200 多人。民国 29 年（1940 年）破除迷信，寺庙改为他用，僧尼解散迨尽。1980 年后，寺庙活动陆续恢复，1988 年有僧尼 20 多人。

僧尼的活动，常年斋戒、拜佛、敲钟、击鼓、诵经、静坐等，学习教规教义，禁杀生，在寺庙里为丧家做道场。

东山信佛民众颇多，其中信女占多数。每逢农历初一、十五日或“佛诞”，信女信士则沐浴戒斋，净身服，带供品香烛，到寺庙礼拜祈祷。信女信士在自家厅中设佛像位香案（以观音佛为多），烧香礼拜。有些信女长期素食、诵经。

2. 道教

道教传入东山是明初，先后在铜山所城内建关王祠（后不断扩建并改称关帝庙）、城隍庙、福德祠、周公祠，在城外建清薇宫、紫薇宫、真君宫、龙吟宫（后改为天后宫）、北极殿，在铜钵建净山院，在宫前建妈祖庙（后改天后宫）。清代，在铜山所城内建苏公祠、卢公祠，在城外建福兴宫、明德宫、翠云宫、王爷公庙、三清观等。明清期间，农村的后林、浯龙、坑北、张塘、岐下、钱岗、康美、东沈、前何、陈城、山只、白埕等地也先后建宫观庙院。以上奉祀的多为三国蜀将关羽、天后林默娘、开漳圣王陈元光、三山国王、柔懿夫人陈怀玉、太师公、玄天上帝、大使公、吴佑公（陈元光部将）、吴夲等。

明清时期，东山有道士 60 多人。1940 年破除迷信，道士解散，有的转入家中活动。1980 年后，宫观庙院逐渐恢复活动，1988 年有道士 11 人。

东山民众信奉多种神，信奉关公的较多。明代以来，关帝庙香火不断。民国 29 年破除迷信和“文革”期间，虽严禁拜神，许多人仍秘密焚香朝拜。从明代至今，除上述两个“严禁拜神”期间外，每年农历五月十三日（关羽逝世纪念日）和六月廿四日（关羽诞生纪念日），善男信女成群结伴，带着香烛礼品，到关帝庙祭祀，抽签问卜，热闹非常。其中，侨台港澳同胞很多。渔民、商民等乐捐巨款，在关帝庙前搭台演戏（今加映电影），有些年份连演二三十夜。县内部分民居（铜陵镇则是绝大部分），厅中挂关羽像，设香案，每逢农历初一和十五日都要烧香朝拜。东山渔民除普遍信奉关公外，也普遍信奉天后林默娘。

3. 基督教

清光绪二十五年（1899 年），英国人高东交来铜山组建基督教会，又称长老会，在城内西羌奶建基督教堂，吸收一批教徒，高东交为首任传教士。1915 年，西班牙人洛神甫到铜山传播天主教（基督教支派），在东坑建天主教堂，吸收一批教徒。1950 年 5 月后，基督教活动冷淡，至 1988 年开始逐步恢复。

东山基督教徒（及天主教徒）历来少数，仅限于知识界（其中多为医界）中的一些人士。平时在家自读圣经、做祈祷；每星期日集中于教堂做礼拜，唱赞美诗，诵圣经；圣诞节在教堂做祈祷和庆贺活动。教徒结婚时，请牧师行祝福祈祷仪式。教徒去世时，请牧师或教友作逝世祈祷仪式。

4. 关帝文化信仰习俗

东山人信仰关帝文化信仰始于唐总章三年（668 年），陈政、陈元光父子率领 58 个姓氏的将士到闽南开拓，为安抚和凝聚军心，从祖籍河南引来了关公的香火，于是在作为闽南海疆重镇的铜山，关公的形象便在军中备受崇敬。这种风俗，被历代沿袭下来。按古例，每年农历十二月二十日关帝上天，东山民众恭送关帝上天，至过年正月初四日，恭迎关帝回归。正月初五日子时，举行关帝安位典礼。礼毕由本县长官进第一炷香，抽第一签，叩问本县农、工、渔各业及百姓安泰、祈福消灾诸大事。本县长官祝毕，方由士民问卜。新中国成立后，此例略改，由本地德高望重长者代表全县士民进第一炷香，第一签，为全县祈福消灾。

东山关帝庙始建于明洪武二十年（1387 年），位于铜陵镇东麓，国家 4A 级“风动石景区”内，是国家重点文物保护单位。台湾关帝信仰由东山传入，东山关帝庙是台湾关帝庙的祖庙。明末，郑成功驻军铜山，关帝成了军队的精神支柱，成了收复台湾的精神力量。在关帝的忠、勇、仁、义、信精神的激励下，大陆军民带上关帝的香火，渡海作战，在台湾人民的帮助下，赶走了荷兰殖民者，收复了台湾。此时，关帝成了中国人民抵抗外来敌入侵的英雄，成了台湾人民顶礼膜拜的英雄神。20 年后，施琅率领水师进军台湾，施琅深知关帝忠勇义的巨大作用，同样把东山关帝庙的香火带上战舰，带到台湾。至今，从东山关帝庙分灵到台湾就有 1000 多座。关帝使海峡两岸人民有了不可分割的神缘，有相同的关帝朝拜仪式：心祷、晋香、叩拜、三献礼。东山“关帝圣签”成了关帝沟通两岸民众的灵魂，每一首签诗都有一个很生动的历史典故，是古代灿烂文化精品。

5. “玉二妈”文化信仰习俗

东山县铜砵村妈祖婆山（也叫净山）山下有座古庙名叫“净山名院”。始建于明朝万历十七年间（1589 年），供奉着唐朝开漳圣王陈元光第二女儿陈怀玉的神像（称柔懿夫人）。

明朝末年（1661 年），铜砵村村民携带柔懿夫人（台湾称“玉二妈”）护航跟随郑成功征台收复台湾，因此，净山院柔懿夫人分灵台湾，成了台湾十三座“玉二妈”庙的祖庙。今分布在台南、嘉义、台中、云林、高雄、台北、桃园、基隆等地，其信徒达 20 多万人。由于两岸人民对“玉二妈”的共同信仰和崇拜，净山院香火旺盛，台湾信徒经常到净山院寻根问祖，举行民俗信仰交流活动。

“玉二妈”神话传奇对于研究大陆和台湾的地缘、人缘、神像以及两岸的民俗信仰有着突出的历史、文化和科学价值，它展现了中华民族文化创造力的典型性、代表性，有着闽台民俗文化的鲜明特色，同时通过开展民俗信仰交流和联谊活动，增进两岸人民的思想感情，对于促进祖国统一起到了重要作用。

（五）海防文化

1. 海防军事设施

（1）古代海防建设

铜山千户所城。坐落在东山岛的东北部。明洪武二十年（1387 年）由周德兴选择要地，征集民众修建。城墙周长 1900 米，墙厚 3.3 米，高约 7 米，皆用石砌成，女墙 864 堞，窝铺 16 间。这一防御工事，长时间里发挥保卫国土的作用。

水寨大山。坐落铜陵西北部滨海（也称九仙山、观音亭山）。明景泰三年（1452 年）铜山水寨移至铜山西门澳时，水寨背接此山，山上有防卫设施（已无存），后为戚继光、郑成功的屯兵处。其上有操练水兵指挥台。

教场（演武亭）。明永乐元年（1403 年），建铜山教场于西门外（今铜陵镇前街），东至城，西至接官亭，南至真君宫，北至海。清康熙十九年“复界”时在教场建参将衙署。

烟墩台（即烽火台）。明初建，共 7 座。分设在瞭望山（今废）、川陵山（即苏峰山）、泊浦、走马溪、古雷及八尺门两岸（一在后林村旁，一在云霄陈岱村边）。

陈平渡把截所烟墩炮台。陈平渡（即八尺门），是铜山通往云霄的古渡口。明洪武二十七年（1394 年），为防倭寇，在此设置陈平渡把截所，构筑烟墩炮台。郑成功驻兵铜山时，又在此增建营盘碉堡，称八尺门城堡。

火药局。明初设，于铜山苍龙境庙前。清康熙五十七年（1718 年）移至西门，用 3 间民房存放火药。已废。

军械局。地址在铜陵镇城内。清乾隆五年（1740 年）设，有一厅两小间，用于贮藏盔甲、旗帜、器械。已废。

水寨造船厂。明隆庆元年（1567 年）铜山水寨在大澳设船坞，为闽东南五大水寨造船厂之一。明末，郑成功部将驻守铜山时重建，修造战船，为收复台湾作准备。

（2）近代海防哨所

东山岛解放后，1952 年 4 月开始设民兵海防哨所，至 1954 年全县有固定哨所 19 个，流动哨 50 个，其他岗哨 20 个。1957 年裁撤岗哨，仅保留哨所 8 个，定点流动哨 7 个。此后，设立的岗哨有所变动。1984 年 9 月，在全省海防民兵哨所评比中，城关 4 号和 5 号哨所分别居全省第一和第三名，并被评为福建省先进哨所。

2. 御盗战事

明嘉靖四十五年（1566 年）三月，海盗林道乾等驾舟 50 多艘，于走马溪登陆，攻陷五都山南村和岐下村 2 个土堡，抢财物，焚房屋，杀村民。不久，曾一本等驾舟百余艘于泊浦澳登陆，劫掠港口等村。铜山水寨把总童乾震率部与海盗战于东岳山，杀寇甚多。但因海盗势众，援兵未至而被包围，最后战死。

明隆庆三年（1569 年），铜山常遭海盗偷袭、洗劫，百姓终无宁日。五月十二日，总督刘秦、总兵俞大猷、郭成、李钧等会战海盗曾一本于铜山海面，大捷。而后率水师乘胜追击至莱芜澳，用炮击沉海盗船，生擒曾一本夫妇，斩贼 700 余人。铜山百姓暂得安宁。明万历二十五年（1597 年），海贼“无齿佬”侵犯古雷，把总张万纪出兵擒歼之。明崇祯四年（1631 年），海贼刘香佬率数百人攻铜山，把总蔡而爔力战身亡。

（六）航海文化

宋代，东山就发展海上运输业，及至明、清，已有大商船来到铜山港停泊，对外通商贸易较频繁，由东山岛运载原盐北上天津，南抵海南。清康熙二十二年（1683 年）后，铜山港通往台湾高雄、台南、基隆等港口的船舶有开荣号、清河号、文周号、金顺美号等商船。清道光年间，铜山富商孙有全经营“北船”8 艘，每艘载重量皆在百吨以上。清咸丰九年（1859 年），黄振发、李德义经营的运输船远航新加坡。

民国初期，外县（市）商人经营的汽（电）船进泊东山（铜山）港，县内商人受其启迪，采用合股建造或租赁汽（电）船以代替木帆船运输。民国 13 年（1924 年），东山商人向台湾商人租用晴荣丸轮、中兴丸轮，旋又有厦门捷安轮、云霄建东轮以及东山两福轮、胜发轮投入海上运输。民国 16 年，进出东山港运输的船舶有东山的东陵轮、新胜发轮建东轮、胜利轮，漳浦县的镇安轮，云霄县的美成轮。民国 26 年初，又有东山县的青州轮、高州轮、大安轮、惠泉轮，厦门的金兴轮、万泉轮，汕头的福兴轮、舵江轮进出东山港。抗日战争发生后，沿海实行“封船锁港”政策，在诏安湾和东山湾等处海域，或用船载石沉塞，或敷设水雷、渔雷，以防日军登陆，外海运输处于瘫痪。民国 27 年，为配合对日作战，把全县 50 艘木帆船编为 17 个大队，直接受省水警总队控制指挥，战况发生即应征调用，无战况则作内海短途商运。民国 31 年，县内运输船奉命加入“龙晋支线”水陆驿运。抗日战争胜利后，台湾光复，东山港与台湾通商通航立时频繁。当时走台湾航线的汽（电）船有利东轮、有福轮、建成轮以及数十艘的渔商联营的商船（多数由渔船改造）。

（七）文学艺术

唐代起，中原文化逐步传入东山。明代大兴儒学之后，东山名宦学者辈出。黄道周、蔡保祯、马兆麟等人的诗、文、画及民间文学艺术丰富多彩。潮州歌册、潮剧、昆曲、汉剧、木偶戏等先后传入岛内，戏曲社团相继建立。民国初期，新文化事业有所发展，如创办县报，演出抗日现代剧，放映无声电影，建立民众教育馆、图书馆等。新中国成立后，县文化行政管理机构逐渐健全，文化馆（站）、有线广播站、电影放映队、业余及专业剧团等相继建立，文艺创作队伍日益壮大，文化艺术得到发展。“文化大革命”期间，文化事业受到冲击，文艺活动不能正常开展，县潮剧团被解散，文化馆被停止工作。1979 年后，文化艺术事业得到恢复并逐步向多层次、多样化发展，县有文化馆、图书馆、博物馆、黄道周纪念馆、电影院、电影放映发行公司、电视差转台、潮剧团、新华书店等事业单位，有文学艺术工作者联合会（下有文学、音乐舞蹈、戏剧曲艺、书法、美术摄影、电影电视等 6 个工作者协会）；乡镇村街有艺术表演团体 38 个、文化站 7 个、电视差转台 5 个、图书发行店（网点）21 个、有线广播站 7 个，广播专线遍及全县各个自然村，文化事业繁荣。

1. 文学

（1）诗文创作

明代以来，岛上文人辈出，出现不少诗文名作。明代学者黄道周一生著述丰富，其诗、散文、政论被后人辑成 50 卷的《明漳浦黄忠端公全集》。他的《榕坛问业》、《三易洞玑》等被录入《四库全书》。明代学者蔡保祯的《孝记》也被录入《四库全书》。清代举人马兆麟的《吹剑轩诗钞》，流传至今。

中华人民共和国成立后，县文化馆和一些乡镇俱乐部建立业余创作组，组织文学爱好者进行业余创作。先后创办《陵岛文艺》、《演唱材料》等文艺刊物，发表诗文作品，促进专业与业余文学创作者的成长。1955 年冬，在城关召开业余文艺创作代表会议，贯彻“百花齐放，百家争鸣”的方针。1958 年全县开展民歌创作活动，中共东山县委宣传部将优秀作品辑成《陵岛民歌》一册。青年渔民刘小龙从 1973 年起坚持业余创作，至 1988 年在各级报刊发表的诗和歌词近 300 首，并选辑出版诗集《爱的宝石蓝》。县文化馆多次举办笔会，请行家讲课，提高业余作者创作水平。

（2）民间文学

东山人民在长期与大自然和邪恶势力的斗争中，创造了绚丽多姿的民间文学，有民间故事、民歌、民谣、谚语、谜语等。

表 5-27-3 明清名人著作

作者	朝代	著作名称
黄道周	明	《明漳浦黄忠端公全集》50 卷（后人代辑）
蔡玉卿	明	《山居漫咏》
蔡保祯	明	《孝记》16 卷、《柳溪集》
唐文灿	明	《享帚集》
文三俊	明	《少雕集》
林邦基	明	《殉甘日录》、《清懒堂诗集》
马兆麟	清	《吹剑轩诗钞》
朱兆凤	清	《谭诞剩草》、《寄岳云诗集》

表 5-27-4　1957—1988 年在省级以上文艺刊物发表的作品

作者	著作名称
高爱明	《敢破佛面》（杂文）、《天然影棚》（散文，与蔡永强合作）、《东山胜景赛蓬莱》（电视风光片剧本）
林长华	《虎谈》（杂文）、《台湾海峡搭桥人》（报告文学，与陈立群合作）、《懒汉》（小故事）
陈立群	《大海的儿子》（散文）、《海女》（散文）、《艺海飞舟掌舵人》（报告文学）、《台湾海峡搭桥人》（报告文学，与林长华合作）
林贵福	《庵堂传奇》（历史故事）、《古城血恨》（中篇小说）、《乐大嫂出海》（小说）
蔡永强	《蝶岛览胜》（散文）、《天然影棚》（散文，与高爱明合作）
沈双又	《战斗中的老大娘》（散文）、《台湾飞来的信鸽》（故事，与林亚顺合作）、《相思树下望台湾》（诗，与林亚顺合作）
沈加福	《颂决议》（诗）
林平桂	《夜捕》（诗）、《盐丁心中的歌》（诗）
何陵枫	《绿色的涟漪》（组诗）
孙英龙	《美丽的东山岛》（散文）、《黄道周与洪承畴》（连环画文本）、《乡音乡语说不尽衷肠话》（特写）
林亚顺	《我的姐姐》（小说）、《相思树下望台湾》（诗，与沈双又合作）、《台湾飞来的信鸽》（故事，与沈双又合作）
孙用奇	《颂海岛女民兵》（诗）
谢溪添	《林大姨好教导》（故事）、《甘蔗两头甜》（故事）、《卖豆风波》（故事）
刘小龙	组诗：《四海春色一网拉》、《橹叔》、《闽光赞》、《烹海馆》、《海岛处处添新貌》、《明月啊明月》、《想你等你》、《鼓浪屿》、《海上渔歌》、《追海曲》、《乘风千里帆》、《海边有个美渔姑》

①民间故事

有人物传说，如《黄道周点化鲤鱼仙》、《东门屿的青蛙》、《木鸡腿的传说》等，唐朝彝的《巧惩贪官》、《哑谜招贤》、《海生伯领航》等；有神话，如《龙虎狮象屿的传说》、《唱歌请太阳的传说》等；有描述民俗的，如《祭海神》、《药渣倒在路上的由来》等；有民间笑话，如《皇帝慰朝臣》、《吝啬财主俭家》等；有生活故事，如《洞房打赌》、《张屠夫巧猜和尚谜》等；有动物故事，如《猪为何哆老鼠》、《比目鱼的传说》等；有闽台关系传说，如《澎湖岛美人树》、《田螺姑娘》等；还有对联故事、谚语故事、武林故事。经发掘整理后的民间故事，有的刊登在《海峡民风》、《福建通俗文艺》、《故事会》、《故事林》等文艺刊物上，《黄道周的故事》、《陈大人愚四佬》、《邱蒙巧杀知县》等被选编入 1986 年福建人民出版社出版的《九龙江传说》一书。《中国民间故事集成·东山分卷》共收入故事 255 篇，约 22 万字。

②民歌、民谣

有反映民国及其以前劳动人民艰苦生活的《长工歌》、《渔家恨》、《乞丐村十二个月歌》、《风沙无情田厝休》等；有反映男女爱情的《织网情歌》等；有历史传说的歌谣，如《人心不足蛇吞象》等；有宗教礼仪歌，如《洗佛歌》、《化缘歌》和带迷信色彩的《观姑歌》；有儿歌，如《红公鸡，刺红鞋》、《天顶一粒星》、《虱母嫁给蛟蚤翁》、《搭手歌》；有童谣，如《草蜢公》、《月娘光光光》等。抗日战争时期，民间出现抗日歌谣，如《臭日本仔真无理》、《参加抗战保家乡》等。

1950 年 5 月后，特别在 1958 年全民创作民歌活动中，民间创作出许多新民歌、新民谣，有反映劳动人民新生活的《今年种作顶呱呱》、《一至十二月水果歌》等；有歌颂社会主义制度的《大溪水涨船就浮》、《织网唱歌颂党恩》；有歌颂劳动热情的《抗旱歌谣》、《螺号声声响嘟嘟》；有歌唱婚姻自主的《笋园情歌》、《十二相送兄参军》等。县文化工作者对民歌民谣进行发掘整理与发表，其中《骂渔霸》、《夜海曲》、《铜山十八景歌》、《拉网号子》、《渔家恨》、《抢鱼歌》和《天顶一粒星》等被选入上海音乐出版社出版的《中国渔歌选》。至1988年，共收集民歌民谣422首，辑成《中国歌谣集成·东山县分卷》初稿。

③谚语、谜语

有事理类的，如“有理讲实话，无理讲蛮话”、“真理不怕势来压，人正不怕影子歪”等；有修养类的，如“不怕路长，只怕志短”、“好心有好报”等；有社交类的，如“一人计短、众人计长”、“见面三分礼”等；有时政类的，如“千好万好，不如社会主义好”、“村看村，户看户，社员看干部”等；有生活类的，如“在世不把父母敬，死后何必哭哀哀”、“人美不在貌”等；有自然类的，如“长五月，短十月，不长不短二、八月”、“日出东南红，无雨便有风”等；有生产类的，如“人治水来水利人，人不治水水害人”、“人要文化，山要绿化”等。县文化工作者已将这些收集整理辑成《中国谚语集成·东山县分卷》。

清末民国初，猜谜活动盛行。每逢春节、元宵、中秋、重阳等传统节日，城乡常举办灯谜活动。民国时期，城关灯谜爱好者自觉献物组办猜谜会，给猜中者发奖品。1950年5月后，在元旦、“五一”劳动节、国庆节也举办猜谜活动。县灯谜协会1985年成立，集中谜友，交流经验，切磋琢磨创作大量谜语，经整理有各种体式的谜语453条。

2. 演唱艺术

（1）戏剧

东山戏剧剧种多，内容丰富，主要剧种如下所述。

潮剧。俗称潮音，为广东省潮汕一带地方剧种。清乾隆年间传入铜山，一些爱好者闲时在家中、店里习唱。民国年间，城关、前何、钱岗、白埕等地民众先后组织潮剧曲馆、曲间、乐室，学习潮州乐曲、潮州锣鼓，演出潮剧。1950年5月后，上述各地业余潮剧班、社经县文化部门指导整顿而有所发展。1957年，县组建潮剧团，到城乡巡回演出，还常到邻县和广东省演出，并多次参加省、地（市）会演。1963—1966年初，城关、马銮、钱岗、古港、樟塘、下湖、前何、后林、岐下等地的业余潮剧团经常活动，节日搭台演戏，夜间街巷奏乐，民众爱看、爱听。“文革”时期剧团被解散。1978年后，县潮剧团和城关、前何、西埔、古港、钱岗等地业余潮剧团才先后恢复组织活动。至今，潮剧仍是东山主要剧种。

昆剧。清道光十一年（1831年），铜山人林阿哥在广东碣石湾学得昆曲，回铜山设昆曲馆。清末，东升小学堂堂长马兆麟在学堂组织昆曲班，教唱昆曲。民国时期，学唱昆曲者日多，县城有曲馆“枕云天”、“洞天和”，参加者70余人，常于节日上街演唱。1951年，城关木器社工人俱乐部组建昆剧演唱队，至“文革”期间停止活动，1980年重新组织昆剧文艺队，逢节日常在街头演出。

汉剧。清代从广东梅县传入。民国时期，城关、铜钵有汉剧班，钱岗、下湖、马銮、后林、西埔、陈城等地也有爱好者习唱习奏。1950年5月至1966年，城关业余汉剧团、铜钵汉剧班曾组织演唱活动。1978年后，仅有城关农民业余汉剧团组织演唱活动。

芗剧、木偶、大曲、南音、四平锣鼓和五角戏，也曾在县内出现。芗剧是1950年5月后由漳州芗剧团来东山演出时传入的，城关曾组织业余芗剧团。五角戏是五个人演出，一人可扮数角，这种戏曾在东沈、下湖等村出现，今失传。

话剧歌剧。东山始于抗日战争期间，时学校师生和社会上文艺爱好者，曾排练演出《牛头岭》、《血祭九一八》、《第二号汉奸》等宣传抗日的剧目。1950—1952年，中小学师生组织演出《赤叶河》、《刘胡兰》、《王秀鸾》等现代方言歌剧。学校和一些乡村业余剧团也组织演出《兄妹开荒》、《小女婿》、《小二黑结婚》、《柳树井》等歌剧，深受群众欢迎。1963年，县教育工会曾组织演出歌剧《红珊瑚》。“文化大革命”以后，现代话剧、歌剧的演出较少。

东山县潮剧团。1957年筹建，时称东山县实验潮剧团，演员从“振声园”、“群艺”等业余剧团挑选，县财政拨给筹办费和人员伙食费，其余开支自筹，1958年在省职业剧团评比中获“勤俭建团，白手起家”荣誉奖。1959年改称东山县潮剧团，并赴潮汕地区演出，历时7个月。“文革”时期剧团被解散。1978 年恢复剧团建制，7 月赴广东潮汕演出，后到广州、惠州，以《秦香莲》、《妲己乱纣》等剧目演出饮誉广东剧坛。1981 年剧团进行管理制度改革，实行定演出场次、定演出收入、定国家补助、定支出指标，超收奖励制度。1984 年，实行团长承包制，同时建立演员基金会。1988 年全团 65 人，其中，中级艺术职务的 4 人。剧团建立以来，演出剧目 160 多个。其中，《秦香莲》多次演出接待日本、泰国、新加坡等国的友人和华侨以及港澳台同胞。该团演出的《合家欢》、《杜王斩子》被汕头电视台摄制成电视节目播放，演出的《妲己乱纣》、《秦香莲》、《杜王斩子》、《刺秦虎》等剧目被中央人民广播电台、福建、广东省电台及前线广播电台录音广播，演出的《黄飞虎反朝歌》、《刺秦虎》等剧目被中国唱片社广东分社和香港新丽唱片公司录音灌成唱片发行。1988 年冬，该团应泰国工商总会副会长卢安机先生邀请，到泰国演出。

全县业余剧团多，1963 年最多时共计有 33 家，潮起潮落，现在仍有铜陵镇渔民潮剧团、群艺芗剧团、家具厂（原木器社）昆剧团、前何村潮剧团、钱岗村潮剧团、下湖村潮剧团、古港村潮剧团持续开展活动。

（2）曲艺

明代，“潮州歌册”传入铜山，经历代传唱，逐步形成具有东山方言特色的“东山歌册”。“东山歌册”通俗易懂，故事性强，音韵顺口，曲调简单。其文体属长篇叙事诗，有七言句、五言句、三三七字句、三三五字句、三三四字句。唱本有《万花楼》、《罗通扫北》、《双白燕》、《崔鸣凤》、《陈世美》、《玉楼春》、《凤娇探李旦》等传统唱本一百多部。铜山历来不分老妪、少妇，都喜欢唱歌册，部分男人也爱唱。唱歌册的地点有庭院厅堂、街头巷尾或小广场。一人唱，众人围着听，或边织渔网边听，有时唱到三更半夜。人们称“铜山娘仔能唱歌”。清代和民国时期，有的家庭嫁女以新歌册为嫁妆，如歌手许甘出嫁时，亲友赠送歌册六十多部，雇人挑送，显示新娘是个唱歌能手。清末民国初期，“东山歌册”从城关逐渐传到农村。1956 年贯彻“百花齐放、百家争鸣”、“推陈出新”的文艺方针，文化部门对“东山歌册”进行整理。1963 年，文化部门到潮州选购新歌册《红珊瑚》、《红灯记》、《白毛女》、《李双双》、《箭杆河边》等，建立近百个唱歌册场，组织群众唱、听。1965 年挑选歌手蔡肉螺（赛玉）、朱定坚唱歌册，并由县广播站录音播出。“东山歌册”音乐旋律简单而动听，县文化工作者整理加工 10 首歌册调，配上唱本，曾参加省汇演，其中《山顶青松根连根》等 5 首被选录入《中国民歌集成》。

东山民歌有劳动号子，如《拉网号子》、《牧歌号子》等，在渔村农家常能听到。另有山歌、牧牛歌、拍手歌等，其内容多为劝善之类，曲调婉转动听，如《化缘歌》、《洗佛歌》、《观姑调》。1963 年，县文艺工作者根据《观姑调》，创作出反映妇女劳动热情的《渔家女》，参加省文艺调演，该作品被福建人民出版社编录出版。1982 年由县文艺工作者整理记录了百首东山民歌，其中的《拉网号子》等 7 首被上海音乐出版社编入《中国渔歌选》出版。

东山流传较久的民乐有“潮州锣鼓”、“对四管”，有宗教仪式所用的“大吹鼓”，还有民俗所用的“八音”。著名潮剧作曲家陈华创作的《丰收大锣鼓》享有盛名。1956 年文艺工作者创作的《敲舞》音乐获省第一届民间文艺汇演创作奖。1984 年，县文艺工作者创作的《洗蛔舞》音乐在省第四届“武夷之春”音乐舞蹈节演出中获得演出二等奖。1988 年，《织网舞》音乐被刊于《福建音乐》。

铁枝木偶，元代从中原传入广东惠来、海陆丰一带。经本地改革，唱潮曲说潮话。因语系相通，很快流行于闽南诏安、东山、云霄、平和等地。民间俗称“尪仔戏”。铁枝木偶原来身高九寸，纤绣精细，服饰都是大戏缩小的微型服饰，很有欣赏价值。生旦净末丑，行当齐全。舞台窄小只有一米八，只能一人或两人坐着操作。操作人，五大行当的台词都要会唱会念会作，这种人才，极其难找，以致闽南地区的铁枝木偶戏逐渐断层失传。东山铁枝木偶戏完整地传承了这个戏种，陈加申铁枝木偶班最为经典，在原来基础上改革创新并发扬光大。铁枝木偶身高由九寸（约 24 厘米）改为二尺二（约 56 厘米）；舞台从一米八改为四米八；背景从一块布画个图案改为上下两截，下截 1/4，遮掩操作者的手，上截 3/4，画山水、村野、公堂等，随剧情变化，设置内外幕；原来由一人或两人坐着操作改为多人站立流动操作，可以互相交流；因铁枝木偶靠着三支铁枝勾着一背两臂，只能演文戏，改良后可以演武戏了，如要刀弄枪、骑马交战、斟酒饮酒、挨磨挑担等；唱腔、锣鼓改放录音。东山铁枝木偶戏在央视、省市电视台均有专题报道和节目制作。保留的传统剧目有：《仙女配阿义》、《狄青会姑》、《莲花庵》、《乾坤镜》等。

3. 造型艺术

（1）书画

东山县书画首推明代黄道周。其书法俊秀不凡，峭厉遒劲，独成一体；草书有“如神龙战野，挟风云与俱来”的气魄。今县图书馆存有其行书《榕颂》真迹。其画奇诡传神，画法极其“磊落苍古”。其《二十九松》长卷曾为著名画家刘海粟珍藏。黄道周夫人蔡玉卿，也善书法，仿黄道周行书，几能夺真，其楷书间杂分隶，尤为妙品。清进士唐朝彝的大书，时人莫及。还有康瑞（字喜子）工花鸟，笔格遒劲。泼墨淋漓。清代还有工山水的陈岳、黄莹，工人物的赖少蒿，工虫草人物的汪岚，工山水花鸟的马兆麟。马兆麟的国画《春》、《夏》、《秋》、《冬》曾参加1905年巴拿马世界博览会展出，获得荣誉奖。其学生林嘉、马徵祥、沙涛松等以人物画著称。

民国年间，曾筠、李英的画，高柏岭、何调梅的字曾风靡一时。1950年5月后，书画坛上新秀辈出，泥匠出身的画家林少丹，从小酷爱作画，以先贤近杰为师范，在长期实践中继承国画优秀传统，吸收西画的优点，作品注重人物的传神。他于1958年创作的国画《前哨归渔》经票选参加全国美展，1981年创作的《钟馗》被中国美术馆收藏。县文化馆谢学文以“笔墨豪放，简繁有致”的画技称长。1983年，他以巨幅《万里长城》参加台湾综合性画展，参观者达几十万人次。书法家马维国（马驰）自幼苦学，练就颜、柳基本功，吸取众家之长，以结构严谨，笔力雄浑著称。他书写的“太平寰一水，文明复交通，天南与地北，澳广是桥梁”条幅在澳大利亚广播电台举办的国际书法比赛中获一等奖。原籍东山县的台湾同胞陈洪甄，几十年来曾在厦门、东山、漳州、台湾等地举办个人画展，作品参加过日本、巴西、美国、韩国、英国、意大利、澳大利亚、新加坡等国家国际性画展。其作品富有闽南乡土艺术特色，工笔精湛。出版过《陈洪甄画集》、《洪甄木刻集》。

1986年，县举办林少丹画展、谢学文画展。1987年，县举办马驰、朱文铸书画展和民间美术工艺展。1988年举办“全县小学生三笔字书法竞赛”。

1950年后，在省级以上（含省级）报刊登载和在美展获奖的美术作品有：朱文铸的国画《漓江春晓》、《黄山云海》、《雁荡秋意》、《太姥晨曦》、《双寿图》；林少丹的国画《钟馗》、《三侠》、《将相和》、《伴侣》、《一代女皇武则天》；谢学文的国画《和平颂》、《龙江云洞迎朝晖》、《万里长城》；游明元的国画《外祖母》、《晒鱼图》、《夏》；吴华坤的国画《上学·练武》；陈成昌的电影宣传画《彩锦乡》、《白莲花》。

1950年后在省级以上（含省级）和国际举办的书法（含楷、草、行书）比赛中获奖者有：马驰、孙友琨、林学东、李鸿耀、叶启生、孙用钊、林耀山、陈坤生等。

（2）雕塑

剪瓷雕。明代以来，东山民间泥水匠用泥灰雕塑造型成坯，再选用彩釉瓷碗瓷盘碎片，按造型（构图）需要剪成形状适宜的瓷片，逐片粘贴在泥坯上，成剪瓷雕品。有龙凤花鸟人物等，千姿百态，五颜六色。寺庙、祠堂、民宅、园林及商店门窗的装饰常采用此类工艺。1961年，艺人们创作《孔雀》参加闽南美术陈列馆的展览会。“文革”期间，此类工艺品被视为“封资修”，许多寺庙的剪瓷雕品被毁坏。1980年以来，此类工艺有所恢复。康美林少丹和钱岗孙齐家的剪瓷雕，继承发扬传统工艺，受到民众普遍喜爱。

金木雕。明正德年间，广东大埔艺人参加建筑铜山关王祠时，传入金木雕工艺美术。金木雕用于建筑、家具的装饰，雕刻佛像。材料选用樟、楠、梨等优质木材。有透雕、浮雕、立雕、通雕，图案有花卉、鸟兽、人物、文字等，刻后磨光上漆贴金涂彩而成。民国年间，从事金木雕者多属木匠。1956年，城关木器社组建金木雕车间。1973年，县工艺美术厂设金木雕车间，生产金木雕挂幅、佛像等产品。1984 年，县工艺美术一厂制作一幅长 12 米、宽 2.9 米的《百鸟朝凤》金木雕挂幅，用透雕、浮雕、圆雕等技艺雕刻而成，获共青团中央委员会、国家经济委员会、全国总工会颁发的全国青工"五小"智慧杯竞赛三等奖、省二轻厅技术成果二等奖；1985 年制作的《寿星图》、《松鹤延年》、《丹凤霞彩》、《梅鹊迎春》等大幅金木雕，获 1987 年省工艺美术"百花奖"。

海螵蛸雕浮石雕。清代，民间艺人用墨鱼骨、浮石（珊瑚礁）雕刻成盆景、塔、飞禽走兽等陈列观赏品，有所流传。1962 年，谢学文创作的《孔雀图》（50 厘米×70 厘米）参加中国美术馆在杭州西湖举办的工艺美术品展览会展览。这种工艺品在运输中易损坏，外销困难，今极少生产。

海柳海树雕。该工艺采用海柳或海树枝干为原料，其制作工艺于民国 18 年由广东潮州艺人传入；但操此业者不多。1966 年，林友之雕刻的《峥嵘云龙》、《松鼠抱葡萄》、《松柏鹤》、《猕猴摘桃》等半浮雕海柳烟斗，参加广州交易会，均被列为高级艺术品出售。该工艺品因原料缺乏，加工制作很少。

油漆雕。也称漆线雕，用水胶、生漆、桐油、瓷粉混合，搓成漆线，依照浮雕的装饰纹样装贴。1961 年孙齐家以《丹凤朝阳》作品参加闽南美术陈列馆举办的工艺品展览。1979 年后，各寺庙逐渐恢复修建，该工艺品的加工逐渐增多。

贝雕。用天然贝壳经选样、漂洗、磨光、雕镂、剪裁、上釉、嵌装等工艺，以中国画的构图章法，用拼贴，浮雕、支撑镂金等技法雕成。作品有挂屏、座屏、挂幅等。1972 年东山二中制作的贝雕烟具销售日本、叙利亚等国。1977 年，县工艺美术厂制作的《仙女》贝雕获省二轻厅颁发的"创新奖"。1981 年，东山二中的贝雕动物、贝雕儿童玩具被龙溪地区二轻局评为一等奖。1988 年县工艺美术二厂制作的《太平菊花》、《松鹤延年》、《玉兰与黄鹂》、《松鹰》等配电声贝雕挂屏，外销日本、新加坡、泰国及港澳地区。

泥塑。民国时期，民间有数位泥塑艺人塑各种泥像（多为历史人物和神像），供庙宇装饰、摆设。民国 30 年 7 月起破除迷信，毁泥菩萨，从事泥塑业者多改行。1954 年间，民间泥塑艺人高颖纯应县文化馆和卫生部门邀请，塑成毛泽东、斯大林等人物像；1957 年又应邀为铜陵关帝庙塑马良、廖化和马夫人物像及 2 只泥马。社会上对泥塑品的需要少，故无专业泥塑者。现今尚有数位具有泥塑手艺者，偶尔也为庙宇塑神像或历史人物像。

4. 其他工艺美术

（1）花带

清代，铜山农村妇女有编织花带的传统工艺。由白、红、黑、蓝等颜色的棉纱织成腰带、笠带等，带上有花鸟、走兽、虫鱼、篆字等图案。民国 18 年，仅顶西村织花带的就有 110 人。1956 年，民间织带艺人何呢花的花带织品曾参加省工艺美术展览。此种工艺品今不流行，制作者甚少。

（2）刺绣

清代中叶，铜山刺绣工艺兴起，刺绣艺人用彩色丝线，以多种针法，在枕头套、桌巾、蚊帐眉、花鞋、荷包等上面刺绣山水花鸟图案。清末，铜山艺人陈瑶琼的刺绣制品曾赴东南亚国家展出。民国时期，一些文化素质较高的妇女还在刺绣品中绣诗文。1961 年，县外贸公司在城关办刺绣工场，组织女工刺制窗帘、桌巾、床巾、被套等，刺绣成品均为外销。1984 年后，刺绣品外销增加，刺绣生产工艺扩大到农村。

（八）土特产品

1. 东山宋金枣

东山宋金枣是东山驰名海内外的一种品牌食品，为晚清时期百年老店铺"寿全堂"研制。它采用新鲜金枣与丁香、甘草、川贝、陈皮等十多味地道中药材，按祖传秘方精制而成，具有消食、祛风、健脾、益胃等功效，尤对食积腹胀、胸闷、水土不服等更具独特疗效。凡出远门之人，必将"寿全堂"的金枣带在身边。宋金枣风味独佳，咸淡适中，冲含两宜。自创制以来，在厦门、台湾、新加坡等地享有盛誉，成为居家旅行必备品之一。后来由厦门"颜家春"蜜果商代理出口东南亚一带。至今，宋金枣仍是东山人民馈赠华侨、台胞的主要礼品之一。

2. 东山肖米（烧卖）

东山肖米（烧卖）选用上等萝卜、白菜、猪肉、虾、比目鱼、葱等为原料。用萝卜切成丝状，猪肉剁成小块状，与虾、比目鱼、葱等和成馅，加入适量味精、盐粉、食用油、白糖等；用面粉加少量地瓜粉，碾成外皮，由外向内碾成薄皮，将适量的馅料放在做成的薄皮上，捏成小杯状，高约1～1.5寸，底圆平，中间细腰，上面开口。用蒸笼蒸熟。吃时配以黄芥末、辣椒，味道十分鲜美，油而不腻，甘甜可口，是东山县色、香、味皆佳的地方风味小吃。

3. 黄金漆画

俗称“溜金画”，是东山寺庙或祠堂建筑中一种传统手工技艺。它在被装饰的木板或竹器上多次上漆，（漆料为“大漆”或称“福建漆”、“建漆”）再上“退光漆”，反复磨光之后，再用“退光漆”在其表面描绘出人物、动物、花卉、山水等各种图画，最后用金箔施行贴金。它多用于寺庙宫观木构件、古式木质家具的装饰，具有金碧辉煌、光彩夺人、久不褪色的特点。黄金漆画不仅应用于寺观宫庙和祠堂的建筑装饰，还广泛应用于眠床、衣柜等古式家具的装饰。黄金漆画题材十分丰富，有人物故事、古典戏文、动物、花卉、山水等。由于漆料优良，漆艺高超，加上贴上黄金，便显得富贵堂皇，光彩照人。

东山黄金漆画的历史渊源，最早源于中原地区的油彩画，唐代随开漳圣王陈元光的南下将士传入闽南地区。后经当地艺人不断改造和创新，逐渐形成一门具闽南地方特色的装饰艺术。东山黄金漆画可能产生在宋代，明清时期，东山大兴寺庙、祖祠建设，装饰有黄金漆画的家具也颇为盛行，黄金漆画便得到迅速的发展。

黄金漆画主要特点有两个：一是对宗教活动中的寺庙与祖祠建筑与仿古家具业发展的依存性；二是形成与北方或其他地区不同、极具东山地方特色的细腻而华贵且永不褪色的特征。东山黄金漆画在民间工艺中，特别是在仿古的寺庙、祠堂建筑和古式家具制作中占有重要地位。技艺传入台湾、澎湖地区以后，得到广泛应用，因此，黄金漆画既是东山独特的艺术奇葩，又是海峡两岸文化交流的结晶。作为祖国传统艺术的瑰宝之一，黄金漆画在今天的闽台地区乃至东南亚有着较大的影响。

4. 东山海船订造技术

俗称东山“钉船”，东山岛建造木质海船的一种传统技艺。在悠久的东山造船发展史中，总结积累了船型、龙骨与船长、船长与船宽、船长与桅高等一整套独有的营造法则，并世代相传。船匠依靠这一套营造法，可在没有任何设计图纸的情况下，建造各种木质海船。

东山造船的主要程序：安铲（放置龙骨），安龙柱（首柱）、八字（船尾）和狗骨（肋骨），放闸（划分并修造密封舱舱壁），封船身，安船梁，铺贯仔板（甲板），建船楼，安尾金和舵，立桅，张帆，安龙眼（船眼睛），填油灰（捻缝）等。传统造船无机械，工具有：斧头、锯、鏨、锛、刨刀、拉钻、铁锤、木锤、钉拔、墨斗、曲尺、水平尺、灰把等。

东山传统所造木质海船主要有运输船、渔船和战船三大类。运输船或商船较大型，以明清时期的“北船”、“盐艇”为代表；渔船有“大翘”、“钓艚”、“牵风”、“桁仔”、“驶缯”、“舢板”等；战船有各种大小哨船、巡艇、赶缯等。这些海船均有较高的抗风浪能力，稳性好，十分适合东山海域乃至台湾海峡的海况。所造“北船”、“盐艇”等大型商船，远航于国内外港口，从事海内外贸易。随着海洋捕捞业的发展，东山传统的木质造船业惨淡经营，濒临消亡。个别世代以传统造船为生的船匠，以船模制作的形式，记录并传承着这一濒临失传的传统技艺。

其他土特产还有剪瓷雕、金木雕、海柳雕等。

第三节　基础设施

一、交通运输

东山岛四面环海，有诸多良好天然港湾。早在宋朝，海上交通运输就有发展，至明、清已相当发达。明嘉靖十六年（1537年），青头（船）曾载运原盐北上天津，南达海南。清咸丰九年（1859年），黄振发、李德义经营的运输船远航至新加坡。然而陆上交通开发迟缓，民国5年（1916年）建县时，县内尚无公路，陆上交通只靠步行、肩挑、背驮。至民国13年，始修建自县城东坑口至八尺门的简易公路（城八路），并于民国15年通客车。抗日战争期间，驻岛军队用“废路断桥”的办法阻挡日本侵略军进犯，公路损坏报废。

1950年5月后，人民政府大力发展海陆交通运输。港口、码头、避风港等设施日具规模。陆上交通，自1953年修复城八路以来，又增建2条县道，并大力发展乡村公路。至1988年，县境内有省道1条、县道4条、乡村简易公路19条、机耕大道22条，平均每平方千米拥有公路0.94千米，全县60个行政村都通了汽车。

交通运输工具，宋代岛上有木船，清代有一种适应沙滩运输的单轴单轮（轮如大桶）的牛车。民国19年，自行车进岛，曾作为岛上较先进的运输工具而风靡一时。民国25年，出现手推板车。1950年5月以来，交通运输工具不断进步，数量迅速增加。至1988年，全县有机动货轮32艘共8965马力；机动车3262辆，其中大小汽车401辆（含特种车5辆）、拖拉机2378辆、摩托车442辆、机动板车41辆。当年，货运量达200.45万吨，比1958年增长3.6倍；客运量为298万人次，比1958年增长8.7倍。

（一）公路堤坝

1. 八尺门海堤

该堤位于东山、云霄两县之间的八尺门海峡。1959年12月动工兴建，1961年6月竣工，共完成砂、土、石45.8万立方米（其中石14.1万立方米），国家投资173万元。海堤全长520米，堤高5米，堤面宽12米；两边防浪墙各宽1米、高1.25米。堤身为砂、石、土混合结构，不透水。斜坡面铺砌35厘米×35厘米块石，垂直厚度内侧0.3米以上、外侧0.4米以上。沿堤线底部均有岩层，最深处为－10.9米，海床表层为灰黑色泥沙贝壳淤积，厚2～3米。海堤的建成，使东山与内陆直接通联，双码线顺堤入岛，结束了进出八尺门海峡靠渡驳的历史，并为修建向东渠奠定基础。

2. 西港北堤

西港北堤在下西崎村与港口村间的海峡中。堤长1340米，堤基宽27米，堤面宽4米，土石结构。1959年建。原系围垦堤，现港口—下埣公路顺堤而过，成为公路堤。

3. 西埔湾海堤

西埔湾海堤位于西埔湾口，下林村与湖塘村之间，堤长4350米，堤面宽10米，土石结构。1979年建，投资550万元。原为围垦堤，现顶上的湖塘公路顺堤而过，成为公路堤。

（二）渡口航线

民国时期，县境有大小渡口14个，航线38条。

澳雅头渡口。位于铜陵镇澳雅头码头。有12条航线：至古雷，航线长12.5千米；至漳浦县旧镇，航线长30千米；至漳浦县屿头，航线长25千米；至云霄县城，航线长40千米；至云霄县峛屿，航线长10千米；至云霄县梅安，航线长10千米；至云霄县江头，航线长10千米；至云霄县礁尾，航线长

13.5千米；至云霄县陈岱，航线长17千米；至诏安县竹港（今改属云霄县），航线长19千米；至诏安县四都，航线长25千米；至诏安县院前，航线长30千米。

八尺门渡口。位于后林村西北八尺门海峡，是东山县通往内陆的主要渡口，历代政府在此设关卡。其航线至云霄县陈岱，长0.5千米。

庵仔渡口。也称松柏门庵渡、长山尾渡，位于长山山麓滨海处。航线有：至诏安县院前，航线长15千米；至诏安县四都，航线长18千米；至诏安县霞河，航线长20千米。

双过山渡口。位于双过山村前西埔湾内。航线有：至云霄县城，航线长80千米；至诏安县四都，航线长24千米；至诏安县霞河，航线长26千米。

虎仔渡口。位于后林与前坑洞两自然村之间的青山山麓滨海处，航线自虎仔头口至云霄县礁尾村，长0.5千米。

磁窑渡口。位于磁窑村北面，航线自磁窑渡口至诏安县白礁村（今改属云霄县），长1000米。

古港渡口。位于古港村西。航线有：至云霄县城，长28千米；至云霄县礁尾村，长8000米。

赤山渡口。位于前何村赤山，航线自赤山渡口至诏安县盐仓村，长1000米。

径口渡口。位于径口村前。航线有：至诏安县后八垞角（今改属东山县），长1000米；至诏安县盐仓村，长3000米。

岐下渡口。也称下浦渡，位于岐下村北，航线至诏安县霞河，长15 000米。

顶州渡口。位于大顶州村的州仔港。航线有：至诏安县林头村；至诏安县四都；至诏安县竹港村；至云霄县陈岱。

客鸟林渡口。位于大客鸟林的角仔。有4条航线：至诏安县林头；至诏安县四都；至诏安县竹港村；至云霄县陈岱。

港口渡口。位于港口村前，航线至下西崎。

高陈渡口。位于高陈村后，航线有：至诏安县四都；至诏安县盐仓村。

1953年后，由于汽车运输业的发展，上述渡口陆续废置，仅存：澳雅头渡口至漳浦县古雷航线；澳雅头渡口至云霄县菂屿航线；顶州渡口至诏安县林头村航线。

二、港口、码头

（一）港口

1. 东山港

旧称铜山港。位于东山岛东北端东山湾内，港区自然岸线22.2千米，其中深水岸线约7000米。港内水深3~36米，是个不淤不冻的天然良港。明、清时代，它已是大陆同台湾和东南亚的通商口岸之一。1978年，福建省人民政府批准东山港为对台贸易船舶停靠点。1981年2月，又批准为国轮外贸进出口货物运输起运点。同年4月，国务院批准东山港为外轮海面临时交货点。1982年4月，国务院批准设立东山口岸机构。同年11月，福建省人民政府批准东山港为国轮外贸装卸点。1984年11月，国务院批准东山港为进口废钢船直航交接冲滩点。

港区水域范围：南以古雷头南角、塔屿南角与铜陵镇东南角连线为界，西以八尺门为界，北以北纬23°48′的纬度线为界，港域面积189平方千米。

2. 航道

东山港进出口处由于塔屿扼住，海水分流，形成东、西二航道。塔屿与古雷头之间的航道称东航道。进东航道至3、4号锚地，长约4.2海里，这段航道平直宽阔，障碍物少，视距良好，大型船舶进出不受潮位限制。在塔屿与铜陵镇陆地之间的航道称西航道。进西航道到铁钉屿南，经对面屿至4号锚地，长约4.5海里，这段航道较窄且多弯曲，最窄处在对面屿和小赤屿之间的一段水域。

3. 锚地

引航检疫锚地在塔屿南面附近水域。1 号避风装卸作业锚地在古雷头西北水域，泥或泥沙底，是大型船舶锚地，1982 年开辟为国际第 19 号避风锚地。2 号锚地在大坪屿、虎屿岛东北水域，泥或泥沙底，是大型船舶锚地。3 号锚地在大坪屿、虎屿岛西南水域，泥或泥沙底，1981 年 4 月，经国务院批准辟为外轮海面临时交货点的装卸作业锚地。4 号锚地在鼎盖屿西南水域，泥底，为 500 总吨位以下船舶靠泊装卸锚地。此外，还有 5 号锚地、6 号锚地、东山锚地、北旗头锚地等。

（二）码头

1. 东山港内码头

澳雅头码头。位于铜陵镇澳雅头东南侧，始建于清道光年间。码头长 120 米、宽 4 米。民国 12 年（1923 年），码头原土坪改铺石，投资国币 1000 元，历时 5 个月竣工。1965 年，省航管局拨款 6 万元重修（含阻浪堤），现码头长 156 米，宽 6 米，石砌直岸线结构。3 个泊位（50 吨级泊位 1 个，100 吨级泊位 2 个）。码头上备有负荷 1～2 吨吊机 3 组。

5000 吨级泊位码头。位于铜陵镇西北侧的中澳坪。系高桩板梁式钢筋混凝土结构。平台长 213 米，宽 17.5 米，前沿设 25 吨系船柱 12 根、45 吨系船柱 2 根。有 2 个泊位：硅砂专用泊位，综合杂货泊位，靠泊能力均为 5000 吨。引桥 3 座，引堤 3 座，护岸总长 250 米。工程于 1985 年 11 月动工，1987 年 9 月竣工。总投资 1700 多万元。由国家计委建材局、上海耀华玻璃厂投资和省、县自筹资金及贷款兴建。硅砂码头建仓库 1 座（占地面积 2000 平方米）、堆场 1 块（12 000 平方米）。备有 300 米长封闭自动输送带和装船时速 300～500 吨的装船机 1 台，8 吨轮船吊 2 台，8 吨汽车吊 1 台，5 吨高架吊 1 台，10 吨牵引车 3 辆，3 吨叉车 3 辆，8 吨平板车 3 辆，5 吨平板车 4 辆。

石油码头。位于铜陵镇后澳鹭鹚礁。T 型桥墩式钢筋混凝土结构。平台长 53 米，宽 7 米。由 1 条 50 米长的栈桥和 1 条 200 米长的引桥与陆地接连。两侧系船浮筒距离 142 米。1 个泊位，靠泊能力为 3000 吨。备有柴油、汽油输送管道各 1 条。交通部三航局上海设计院设计。1986 年 1 月动工，1987 年 1 月竣工，省石油公司投资 200 万元。

小轮码头。位于铜陵镇西北侧的中澳坪，与 5000 吨级泊位码头东引堤连成整体。1 个泊位，靠泊能力 200 吨级。

八尺门码头。位于八尺门海堤东侧。石堤（站桥）式结构。长 16 米，宽 7.2 米。靠泊能力 100 吨级。1983 年由厦门港务局拨款 3 万元兴建。

2. 其他港澳内的码头

冬古硅砂码头。位于过冬村斗笠尖山西北麓的过冬澳，石砌直岸式结构，长 150 米，宽 24 米。1 个泊位，可泊 500 吨级轮船。1980 年初投建，至 1982 年底全部竣工，国家投资 118 万元。码头上备有装卸输送机 2 台。

西崎盐运码头。位于西港海堤北堤头，1959 年建，投资 6 万元。石砌墩式结构，长 53 米，宽 6 米。靠泊能力 100 吨级。1986 年，省港务局再投资 20 万元，改建为石砌桥墩式结构，引堤长 58 米，宽 6 米，靠泊能力 500 吨。

南港码头。位于西港海堤南堤头，石砌泊岸（斜坡）式结构，长 85 米。靠泊能力 100 吨。1959 年建，投资 4 万元。

向阳南堤码头。位于向阳海堤南堤头，石砌泊岸式结构，长 60 米。100 吨级泊位。1971 年建，投资 70 万元（省盐管局拨款）。

向阳北堤码头。位于向阳海堤北堤头，石砌泊岸式结构，长 40 米。100 吨级泊位。1973 年投建。

大澳渔港码头。位于东山港内的大澳，是福建省重要的群众渔港码头。

（三）码头设施与设备

1. 码头仓库

东山港码头设有1个2000平方米杂货仓库、1个容量5000吨的硅砂专用仓库、1个容量1400吨的型砂专用仓库。

2. 码头机械设备

东山港码头设有：自动输送装砂机1套，能力为300吨/小时；8吨塔吊机2部，5吨塔吊机1部，5吨汽车吊机1部，10吨牵引车3部，3吨叉车3部，6吨平板车2部，5吨平板车6部。

石油码头配有汽油和柴油的自动输油管道，直通储油罐，能力为100吨/小时。

冬古码头配有一套装砂机，能力为150吨/小时。

三、航行安全设施

1950年以前，东山港区助航标志主要依靠东门屿岛上的文峰塔。1950年5月后中国人民解放军驻东山岛海军建设了东山港区的古雷头、鼎盖礁等10处设置灯桩。1982年改由上海航道局厦门航标区负责维护管理，并先后设置6处灯浮。此外，在东山港区外台湾海峡航道区域的兄屿设置一座灯塔。为保障通航安全，还开展了航道清障工作。

（一）助航标志

灯桩：有古雷头、塔屿、铁钉屿、马鞍屿、羊角礁、半羊礁、鼎盖礁、焰头礁、谢厝礁和白屿共10个。

灯浮：有下寨1号、下寨2号、下寨3号、鸡笼礁、铁钉屿西南、谢厝礁西北6个。

（二）航道清障

每年由港监部门负责组织相关部门协力开展1～2次的航道疏浚工作。比较大的清障主要有：1959年东山县打捞（救助）队在七星礁海区打捞飞机1架；1961年在古雷头海区打捞军舰1艘；1967—1972年在南澎列岛至兄弟岛之间海域打捞军舰29艘；1965年福建省航管局拨款6万元，疏浚奥雅头旧港池；1986年5000吨级泊位码头工程指挥部投资30万元疏浚东山港区。

四、跨海大桥

1. 八尺门大桥

位于八尺门海堤西侧，2006年建成通车。为国道324线公路跨海大桥，并接漳诏高速公路。

2. 大嶂跨海大桥

位于东山岛西岸大嶂村跨海至诏安县林头村。是通往诏安县和广东省的便捷通道。

五、水利设施

东山岛无高山、大河或天然湖泊。淡水资源缺乏，主要靠降雨补给。降雨时空分布不均，年际月际雨量差异大，多数月份蒸发量大于降雨量，且大风大潮较多，旱、潮、风、涝灾害频繁。东山人自古以来与自然灾害进行不屈不挠的斗争，明代即有筑堤御潮防涝及挖塘、围埭蓄水灌溉之举。经世世代代辛勤劳动，对减轻灾情和促进生产都有一定作用。但由于工程简陋又零星分散，不能形成系统，旱、潮、涝灾害一发生，损失总是很严重。广大农民长期过着糠菜半年粮的苦日子，经济发展缓慢。

1950年5月至1955年，在中共东山县工委和县人民政府领导下，对遗留的旧堤防开展堵口、填高、加厚，加强其御潮能力。同时整修扩建和新建闸坝、池塘和山围塘以及围海蓄水灌溉，逐步提高抗旱能力。

1956—1970 年，大搞水库建设和浅层地下水开发，建造提水灌溉工程，形成地面水库、塘坝星罗棋布，地下管道、沟渠纵横交错的水利工程新格局。同时，兴建八尺门海堤和扩建南门海堤。

1971—1980 年，兴建向东渠引水工程，围垦西埔湾，推广打井喷灌，为开发海岛经济、发展创汇农业创造了基础条件。

1950 年 5 月至 1988 年底兴修水利，国家投资 2943.29 万元，投入劳力 3871.2 万工（日），完成砂、土、石、混凝土工程量 3294.63 万立方米。建成小（一）型水库 1 座，小（二）型水库 27 座，海滩水库 5 座，改建和新建塘、坝、井 7715 处，总库容 2008.6 万立方米，比 1950 以前增加 3.55 倍。同时，建成流量 1 ~ 5 米^3/秒引水渠道 71.25 千米，各种灌溉渠道 265.49 千米。埋设地下集水卧管 13 914 米，建置电灌站 16 处（装机容量 282.5 千瓦）、机灌站 76 处（装机 1657 马力），打机井、沉井、真空井 539 眼，使用喷灌机 592 台套。各种水利工程年供水量达 3247.5 ~ 4551.3 万立方米，有效灌溉面积占耕地总面积 67.3%；确保灌溉面积占耕地总面积 31.6%。修建和新建沿海堤防共 81.76 千米，保护耕地 5.07 万亩，保护居民区的人口 6.22 万人。新开排水沟 7290 米，新建排水闸 26 座，排除内涝 2400 亩。形成引、蓄、提、排并举，兴利与除害的格局。

1. 农田灌溉工程

岛上仅有后溪、岱溪、下湖溪、东陂溪等几条流程短、间歇性的水溪沟，对农田灌溉作用小。明清两代，农民挖池塘、打水井、筑堤围埭蓄水灌溉。民国 35 年（1946 年）大旱，农民曾挖池塘 115 个，筑溪坝 155 米，打水井 47 眼。当时，蓄水和引地下水灌溉农田，已成为农民兴修水利的主要措施，但因库容小，抗旱能力差。民国 38 年，梧龙村有井、塘 370 多口，可灌溉 1100 多亩田，但一遇干旱，仅剩 18 个戽桶位有水可戽，90% 耕地还是靠下雨的“望天田”。

1950 年后，县人民政府发动群众大搞农田水利建设。合作化中，认真贯彻“小型为主，灭旱为主，社队自办为主”的方针，做到社社队队兴建、因地制宜、综合治理，扩建了一批水利设施。1958 年以后，新建一批规模较大的水利工程，形成地面库、塘、井、坝、闸、埭星罗棋布，地下沟、渠、管纵横交错的水利化新格局。

2. 地表蓄水工程

（1）溪塘和筑坝

东山农民历史上的抗旱措施，主要是在田头地角挖掘小塘、水窟、吊窝蓄水，用戽斗、吊桶提水进行小区灌溉。至民国 38 年（1949 年），全县有坑、洼、潭、窟 14 476 处，库容 442 万立方米，皆浅小，效益不大。1950 年 5 月后，县人民政府组织农民对原有塘、窟和小溪沟进行开发，做到能蓄能排，提高灌溉系数，扩大灌溉面积。采取的办法有：平原地区的小溪沟按地形和落差分级筑坝建闸蓄水，引水自流灌溉或提水灌溉；丘陵地区透水性较差，水流系数较大，利用山沟凹形的小山坑，筑成山围塘；边缘为陡坡的台地，地下水位较深，易旱不易涝，采用清塘措岸、并小加高以扩大平塘，塘中打大水井，增加蓄水面积，扩大灌溉范围；平原洼地和滨海砂质地带透水性大，易吸难排，则选择在汇水面大的地段，挖沟排水，在出水口处修集水池或筑坝建闸围埭，做到既排又蓄，防涝又防旱。

至 1956 年，全县在改造和开发溪塘中，新建闸坝 40 座、涵洞 95 道、山围塘 242 处，新挖水塘 667 处、水井 53 个、沙窟 517 个、水沟 1957 条，改造旧池塘 14 197 个。共投工 618 205 工（日），改善灌溉面积 73 370 亩，占耕地总面积 71.9%。

（2）水库

1956 年动工兴建县内第一座水库—西山岩一级小型水库（库容 10 ~ 100 万立方米）。坐落礁头后山，集雨面积 0.62 平方千米，库形肚大口小，坝长 26 米、高 15.82 米、顶宽 4 米，总库容 39.45 万立方米，受益面积 780 亩（其中水田 260 亩）。1956—1980 年相继建小型水库 27 座，其中 41% 在 1957—1959 年建成。1958 年 10 月至 1963 年 3 月，于西埔公社坑内大队大岭山南麓兴建第一座库容 100 ~

1000万立方米的小型水库——红旗水库。

红旗水库，大坝全长295米，坝高19.5米（其中防浪墙高1米），坝顶宽4.2米（其中防浪墙宽0.8米），坝顶高程为（黄零）26.2米。正常水位23.7米，汛限水位22.1米。溢洪道为明渠加闸形式，堰底高程22.5米，分3孔，闸高1.2米，消力池长11米、宽11.8米、深2米，最大泄洪量61.28米^3/秒。集雨面积3平方千米，总库容329万立方米（其中死库5万立方米），有效灌溉6069亩，保证灌溉2650亩。此水库既负担农田灌溉，又是县自来水厂的水源基地，为城镇居民、工厂、码头港口提供用水。红旗水库目前仍为东山县最大水库。

表5-27-5　全岛水库概况

水库名称	地点	集面面积（千米^2）	坝高（米）	库容（×10^{4}米^3）	渠道长度（千米）	灌溉面积		竣工时间
						有效（亩）	保灌（亩）	
红旗	西埔·坑内	3.00	18.5	329.00	22.10	6069	2650	1963年3月
龙潭	西埔·坑北	1.43	13.46	80.50	2.14	920	529	1958年7月
崎坑	西埔·梧龙	0.36	1.3.30	35.38	0.50	300	240	1978年10月
过东	西埔·冬古	0.33	16.27	18.85	2.28	280	144	1958年10月
新乡	西埔·冬古	0.20	11.14	13.24	0.58	170	83	1961年5月
人底	西埔·石埔	0.50	9.05	12.01	2.17	420	80	1957年3月
西山岩二级	杏陈·礁头	0.96	23.42	70.70	5.33	800	396	1959年12月
西山岩一级	杏陈·礁头	0.62	15.82	39.45		520	260	1956年7月
八一	杏陈·埕英	0.75	12.58	51.50	3.60	380	198	1959年12月
东井	杏陈·埕英	0.70	9.49	22.60	1.20	420	298	1960年1月
张家	杏陈·张家	1.01	10.41	48.00	3.00	900	571	1958年6月
前坑洞	杏陈·张家	0.25	11.26	12.70	1.30	320	153	1962年3月
笼底	杏陈·埔头	0.62	9.12	31.05	3.90	520	227	1970年8月
牛仔林	杏陈·前何	0.78	7.78	26.30	1.60	650	178	1959年5月
后方坑	杏陈·高陈	0.10	8.69	11.38	1.50	220	185	1979年1月
径口	杏陈·径口	1.10	9.69	11.00	1.12	160	38	1980年12月
东英	前楼·东英	0.40	13.84	61.00	2.70	340	126	1959年12月
前楼	前楼·前楼	0.68	15.83	50.30	3.61	520	225	1961年4月
岱南	前楼·岱南	0.25	8.84	22.66	2.57	340	336	1963年4月
叶厝	前楼·叶厝	0.45	9.56	19.00	1.95	210	74	1959年11月
城南	康美·城垵	0.40	6.43	22.25	1.95	340	180	1959年4月
东沈	康美·东沈	0.30	7.25	20.21	2.40	420	163	1961年12月
钱岗	康美·钱岗	0.10	6.99	8.71	0.87	110	69	1973年8月
三八	樟塘·樟塘	0.10	9.91	19.25	2.00	290	137	1973年5月
南正院	樟塘·古港	0.30	10.76	17.30	2.56	250	101	1959年2月
多泥坑	樟塘·古港	0.20	7.34	11.05	0.30	160	141	1980年3月
陈城	陈城·陈城	1.40	15.07	66.90	4.00	1490	652	1962年6月
山兜	陈城·后姚	0.80	11.59	48.40	7.20	670	316	1965年10月

3. 地下水开发工程

明清和民国期间，东山农民采取打井灌田、挖窟浇地等利用地下水的抗旱措施，规模较小。1963年遇到特大干旱，地表水枯竭，县政府发动群众开发地下水。全县共开发地下水1857处，日利用水量最多达6.64万立方米，保灌旱稻6000多亩，抢种6.5万多亩花生、甘蔗和甘薯。同年，在省地质队的协助下，探明全县地下水的分布和储量。中共东山县委决定“集中力量、成片开采、重点解决旱片”，掀起全县地下水开发热潮。1977 年以后，发展打井喷灌。主要工程有：

（1）地下集水卧（暗）管工程

1963 年动工兴建了湖尾地下水工程。此工程每年可利用水量为 120 ~ 180 万立方米，有效灌溉 4500 亩。1988 年，县人民政府决定将湖尾地下水管理站划归硅砂矿厂作为工业用水基地。

（2）打井喷灌工程

1977 年，全县组织 6 个打井队，分别在康美、樟塘、西埔、陈城、前楼等村庄打井，三年共打机井 452 眼。1979—1983 年，在省、地水利部门直接指导下，经过 5 年努力（截至 1983 年底）共打机井 356 眼、沉井 56 口、真空井 1 眼，共配套喷灌机组 595 台套（5541 马力），喷灌面积 2.028 万亩（其中固定式 220 亩、半固定式 8850 亩，移动式 11 210 亩）。随着农业生产体制的改革，部分地区对打井喷灌要求更加迫切。白埕村 500 多户农民有喷灌机 420 台（套），大部分农户独有 1 台（套）。1985 年起，许多农户自筹资金在地头打真空井，至 1988 年全县有真空井 150 多眼。

4. 引水工程

向东渠引水工程

1971 年 9 月—1973 年 3 月，东山县与云霄人民携手共建了向东渠。向东渠是峰头水库（库容 1.77 亿立方米）的主干渠，从乌山南麓到海滨，跨八尺门海峡，贯两县，全长 85.81 千米。1973 年 3 月 13 日正式通水。1973 年 4 月，开始建设支渠，经过 3 年多努力，完成杏陈、城关、前楼 3 条支渠和陈城支渠从分水闸至官路尾段，共建了 35.55 千米。

向东渠的建成，增辟水资源，为发展东山经济创造良好条件。但因资金短缺，陈城支渠半途停建，杏陈、城关、前楼支渠配套尚不完整。主干渠未能正常引水，大雨引大水，小雨引小水，无雨无水引。因而，设计灌溉面积 5.2 万亩，但实际只灌溉 1.2 万亩。

5. 提水工程

随着地面蓄水工程和地下水工程的兴建，机械灌溉也迅速发展，至 1964 年全县有抽水机 118 台共 927 马力，机灌面积 11 443 亩。宅山、岱南、康美、梧龙、探石、前楼、湖塘等大队建成第一批固定抽水机站。随着电力的发展，1978 年宅山、坑北、石埔、梧龙、西坑、下湖等大队，相继建设电灌站。至 1983 年全县建机灌站 76 处，装机 81 台（套）共 1675 马力；电灌站 16 处，装机容量 282.5 千瓦。其后，因大型机械设备不适应家庭联产承包责任制的分散使用，有的自然老化被淘汰，遂改为发展小型移动式离心泵抽水机，由抽水专业户购置。用水户聘请专业户抽水送水，按抽水时间收费（1988 年亩灌水一次收 4 ~ 10 元）。

6. 人畜饮用水工程

东山民众历来是饮用井水。1949 年全县有公用井 264 眼供饮用，另有 100 多眼矿化度较高，宜用不宜饮。西埔、城关民众有私井。当时，人畜用水匮乏。大旱时，有的要驾船到邻县运水，有的跨乡挑水，有的到井边排队取水，经常因争水而发生纠纷。因滴水来之不易，普遍是“一水多用”，即先用于洗菜或洗脸，再用于洗衣服或家具，最后洗地板或猪圈。

1950 年后，人民政府在发动群众解决农业灌溉用水的同时，大力发动打井解决饮水困难，尤其在 1980 年全国人畜饮水工作座谈会召开后，县人民政府把人畜饮用水工程纳入水利建设计划，对缺水严重以及水质差的村庄，分期分批，集中力量重点解决。采取措施“宜井则井，宜引则引，宜输则输”。

（1）农村及家井供水工程

1950 年后，县人民政府发动群众打村际公用水井和家庭水井。打村际公用水井用款，1980 年前从生产大队公积金或公益金开支，1980 年由受益村自筹资金，国家对打一眼井补助材料费 300 元。打家井费用由民众自家解决。至 1988 年，全县有公用水井 1261 眼，家庭私井 4180 眼，其中的 20% 拥有机泵、水管、贮水池等配套设施。

有些村由于地下水位下降，水质恶化，则在附近村另打大井，抽水输入。岱寮自然村约 0.2 平方千米的范围内，地下水质含氟量超过国家规定标准，不宜饮用。1982 年，该村在国家扶持下，选择水源充沛、水质良好的东郑自然村，打大井建水塔，安装输水管道 1600 多米，让家家户户饮上自来水。宫前地处海滩，水源缺，就选择 1000 米外的山前地带打大井，安装 1000 多米输水管道供水。1988 年，全县有小型打井队 10 多个，为各地打井。

（2）城镇自来水工程

西埔和铜陵两镇，是县政府机关、企事业单位和城镇居民集居地，用水比较紧张。1979 年，在县人民会堂后挖 1 口大井建水塔，安装自来水管道，供应附近机关单位用水。之后，有条件的单位也相继建小型自来水塔，解决本单位用水。

1979 年，城关的供水工程被列为海岛建设重点项目，国家投资 37 万元，在康美公社铜钵大队和马銮大队之间打 1 口直径 20 米、深 10 米、日出水量 400～500 立方米的大井，及 1 口日出水量300～400 立方米的机井加沉井，共安装 5.18 千米输水管道，设供水点，为城关部分企事业单位和居民供水。

1984 年 10 月，在顶西村北，西埔投资建日产万吨的自来水厂，水源来自红旗水库，调节水源为向东渠。至 1986 年 2 月，安装各种型号输水管道 5320 米，并为西埔区域的机关、厂矿和居民供水。而后，又铺设一条从县自来水厂至铜陵镇配水厂的口径为 400 毫米铸铁输水管道，长 9227.5 米，1986 年 12 月 15 日开始向铜陵地区供水。

7. 堤防工程

台湾海峡狂风巨浪对海岸侵蚀严重，常有大潮淹田倒屋。因此，明清及民国时期就有筑堤障潮之举。1950 年 5 月后，在巩固提高原有御潮堤防的基础上，新建重点海堤，并有计划地发展围垦工程。

（1）御潮工程

东山历史上修建的御潮农堤至 1950 年计存 39 段，总长 67 223 米，其中 2016 米已崩溃而失去御潮作用，其余 65 207 米也大都堤基破烂不堪、堤身单薄低矮，大潮经常漫顶，有 1.6 万多亩耕地不同程度地受到海潮威胁。1950 年 10 月 2 日秋汛大潮，最高潮水位 2.84 米，沿海 24 个村有 5000 多亩耕地受淹。县人民政府成立防汛委员会，组织沿海群众修竣堤岸 12 796 米，保护耕地 6161 亩。1951 年，成立县防汛总队，区、乡成立大队和中队。9 月，对全县农田堤防进行裁弯取直，加厚填高，砌石护坡，建水闸，埋设排水管等，维修海堤 4.57 万米。至 1954 年底，完成土石 43.6 万立方米，维修和扩建堤岸 70 065 米（其中新建 2840 米），堤顶宽约 2 米，内外边坡为 1∶1.5～1∶2，堤高超过 1950 年的最高潮位 1 米以上；新建水闸 43 处，埋涵管 346 个，砌石护坡长 211 米，保护农田 16 318 亩。重点堤段达到 12 级台风加大潮不缺口、不漫顶；一般堤段 10 级大风加大潮不缺口、不满顶。各地采取“分期突击，保证重点”的办法基本上解除了海潮的威胁。

（2）南门防潮堤

明洪武二十一年（1388 年），民众曾捐资献工，在南门外筑一道 200 多米长的单边石墙。其后长期失修，崩塌决口。有一段城墙及其城下街道和房屋都被海浪冲毁。1962 年 9 月 1 日，第 13 号强台风正面袭击东山时，旧堤几乎全毁，海水冲入南门大埕一带，民房倒塌 27 间。当年 9 月，县政府重建南门防潮堤。堤长 1204 米，分南北两段。南段为土质，长 720 米，属农田保护堤；北段为石砌，长 484 米，属民居、学校及企事业单位的安全保护堤。堤顶高程 6～7 米，顶宽 3 米，防浪墙高 1 米、宽 0.8 米，内外边坡各为 1∶3，外坡条块石护砌，南段内坡植草皮。工程完成土石 6.46 万立方米（其中石 2.11 万立方米），得到保护的有农田 2200 亩，城镇居民 1300 多户，小学 1 所，水产加工厂 2 座，仓库 10 多间。1983 年，小部分堤段的基础护坡堤被海水冲刷架空、崩塌。县拨款改建加固，堤段长 500 米（较狭的堤段扩大 1 米），护坡堤长 3 米，挡潮基深 -1.5 米高程、厚度增 0.25 米。完成砂、土、石 2 万多立方米（其中石 7000 多立方米），进一步提高防潮抗潮能力。

8. 围垦工程

明万历年间，探石农民在滨海港湾处筑堤 320 多米，围海 230 多亩，其中耕地 120 多亩，其余建闸蓄水供灌溉和养鱼，称探石埭。清代和民国期间，铜钵、高陈、康美、东英等地也有人仿效。

1950 年 5 月至 1988 年底，全县围垦 16 处，筑堤 11 695 千米，围海 3.81 万亩，保护耕地 5.07 万亩。中共十一届三中全会后，围垦之处，宜农则农，宜养殖则养殖，宜蓄水则蓄水，开展综合经营。发展种植业 4522 亩，蓄水灌溉库容 112 万立方米，养殖 1.04 万亩，纳潮捕捞 1.36 万亩。

（1）浅滩筑堤围垦

1952 年 8 月，埕英乡组织群众，在英坑浅滩筑堤长 30 米，堤高 5.3 米（超最高潮水位 1 米），顶宽 5 米、底宽 20 米，围海面积 300.5 亩，建水闸 1 座 4 孔。共完成土石 1.6 万多立方米。海堤建成后，堤内蓄水养鱼，灌溉农田 200 多亩，开垦种植 60 多亩。

1955 年 2 月，国家投资 3.8 万元，搞双东围垦工程，筑堤长 500 米、高 5 米、顶宽 3 米，边坡 1∶1.5，内外坡皆用乱石干砌，靠港心处建 6 孔水闸 1 座，水闸上游开引水沟 300 米。做到挡潮又引淡水，涝能排，旱能蓄。排水量为 324 $米^3$/秒，蓄水量 22.6 万立方米。围海 1000 亩。受益地为双东、岱南和宅山等乡。岱南、双东还在周围建抽水机站（1980 年改为电灌站），扩大灌溉面积 800 多亩。1970 年起，各公社相继利用浅滩建设小型围垦工程，共 10 多处，围海 3182 亩。

表 5-27-6 全岛围垦工程

工程名称	工程地址	海堤长（米）	围垦面积（亩）	综合开发（亩）					建成时间 年 月
				种植	养殖	纳潮捕捞	蓄水灌溉	盐田	
港西	港西湾	985	1 002	832	150		20		1975，12
丘家	丘家岱	550	500	200	300				1972，10
古港	古港湾	470	400	100	300				1966，3
港口仔	八尺门	900	90		90				1976，2
埕英	英坑前	500	200				200		1973，3
刺仔脚	埕英	780	600		400		200		1982，6
埔头	新厝仔前	480	70	30	40				1975，11
长山尾	长山尾庙前	450	70	10	60				1975，11
岱南	岱寮仔前	200	60		60				1975，1
双东	斗门头	500	1 000	100			900		1956，3
尾礁	探石埭前	110	200		200				1970，6
西屿	布袋澳	320	250	50	200				1975，11
东赤港	东沈前港	200	300	200			100		1970，8
前楼	前楼村前	500	80					80	1963，6
白点	白塘澳	400	80		80				1970，11
西埔湾	西埔湾	4 350	32 600	3 000	8 526	13 638		7 436	1979，12
合计		11 695	38 102	4 522	10 406	13 638	1 420	7 516	

（2）西埔湾围垦工程

西埔湾围垦是岛上规模最大的围垦工程。1978 年 3 月动工，1979 年 9 月堵口合拢，随后加高、翻砌护堤石、砌筑防浪墙、处理堤面等，至 1983 年 6 月全部竣工。工程总完成土石 241.54 万立方米（其中石 55.3 万立方米）。

该工程由海堤和水闸两部分组成。海堤从前楼乡下林尾突出部至陈城公社湖塘大队芦仔山，全长 4350 米。防潮设计标准为历史最高潮位 2.84 米，加 12 级台风的冲击浪潮。堤底宽 40 米，堤身平均高 7 米（最高 9 米），堤顶高程 5.5 米、宽 5.8 米，防浪墙高 1 米、厚 1 米。背海面高程 3 米处铺设 8 米宽的公路，大堤内外侧均用条块石干砌护坡。挡潮排涝闸坐落在海堤北端，闸基为基岩，水闸设 12 孔，每孔净宽 3 米，闸底高程为 -2.25 米，启闭台高程 6.13 米，工作房高程 9.63 米，闸室为石砌结构，闸门为平板式钢筋混凝土结构，闸门启闭设备为 20 吨螺杆式手摇、电动两用启闭机。

西埔湾围垦面积3.26万亩，已初步开发18 962亩，余下水面作为调节库容纳潮捕捞。西埔湾围垦库底较低，利于建设各种型号的潮汐电站，按平均潮位过程线进行调节，可装机1.02万千瓦，年平均发电量可达3000万千瓦。此外，西埔湾垦区是旅游、避暑、疗养胜地。

9. 治涝工程

东山既怕旱，又怕涝，因暴雨产生的地表径流向大海排出时，常遇上涨潮，产生倒流、倒灌而淹没农田，俗称“咸水淹”。被海水淹过的农田，数年没有收成。据东沈村老年人回忆：1930年9月24日，该村受咸水淹而荒芜的耕地有200多亩，30多人外出逃生。降雨集中时期更易酿成内涝，据历史资料，全县常受涝灾面积5300亩。1950年后，在治理内涝方面，主要是开沟建闸，增设调节池。至1988年，全岛整修旧水沟6210米，新开排水沟7290米，新建排水闸26座，闸前普遍设置较大调节池，治理内涝2400多亩。

（1）铜钵治涝工程

铜钵村后宅原是汇水面积较大的易涝地区，受淹时间最长的达六七天，造成水稻发芽，甘薯烂掉，有时得撑小船抢收。1958年，该村开了一条长700米、宽5米、深4~10米的排水沟，建1座2孔水闸，做到适时排水，使700多亩耕地减少受涝。

（2）东赤港治涝工程

位于东沈湾，地势低洼。是东沈、樟塘、南埔、湖尾、梧龙5个村8.2平方千米土地、18条坑的出水处。过去，下大雨致遍地漫水时，农户在各自地头挖土堵水，只堵塞不疏浚，结果越堵越淤塞。1952年6月东沈、南湖（今南埔、湖尾）、樟塘3个乡联合修港，清理港道长1000米、宽2米、深2.8米，完成土1.3万多立方米，初步改善生产条件。1961年8月，对东赤港开挖新沟485米，改造旧沟1015米，全程1500米，沟底宽30米，沟面宽50米，沟深5米。并在海滩上筑一条5000米长堤，堤身高5米，堤顶宽10米。建控制闸2座共设13孔，每孔净宽2米，总排水量为380米^3/秒。围海10万平方米作为调节池。遇到暴雨径流，在海水平面低于调节池时，则开闸排水；当海水涨潮发生顶撞时，则关闸控制海水倒流，待退潮再开闸排水。工程于当年11月竣工，使1087亩耕地摆脱内涝，同时在下游两岸开垦耕地500多亩，并在中游建抽水机站2座（安装12马力和60马力抽水机各1台套），增加有效灌溉面积1200多亩。工程共完成土石23.25万立方米。

六、电力电网系统

1954年8月西埔建成第一座火力发电厂，装机发电功率15千瓦，供电西埔地区（主要是机关照明）。1956年6月，县有关部门和华侨联合投资建城关华侨电厂，装机发电功率64千瓦，供应城关地区机关单位和群众生活用电。1962年城关电厂发电功率增为1000千瓦，西埔电厂发电功率增为500千瓦。1973年西埔电厂发电车间迁到坑内村面前山，有5台发电机组，功率增到1480千瓦。在这期间，农村也普遍办起功率8千瓦、15千瓦、30千瓦、55千瓦等小型发电厂，供照明用电。部分有动力设备的工厂，也增设发电机组为本单位发电照明。1980年9月至1982年8月，在顶西坑村后兴建3.5万伏高压输电变电站，云霄电网开始输入运行，供电到西埔和城关。1983年引接闽西南水电，增加对农村供电。1983—1985年，杏陈、樟塘、康美、陈城、前楼等乡架线接电。1985年在铜钵村建1座变电站，安装1台6300千伏安变压器。全县共有3.5万伏线路23.18千米，1万伏线路122.2千米，供应工业生产和城乡居民生活用电。

七、广播、电视和通信

1. 广播

（1）广播站

县有线广播站。1953年12月建，工作人员1名，福建省广播事业局拨给500瓦扩大机1台、50瓦高音喇叭5个，发动机等器材自购。1974年，省广播事业局拨款，在西埔牛上埔建了一座建筑面积为420平方米广播楼，有播音室、办公室及宿舍。至1988年，该站有录音机3台、遥控增音机2台，工作人员20名。

东山五〇四台。1976年建，隶属于省广播事业局，设有转播实验台，并在顶西建一收讯机房，在南埔建一发射机房。1988年有工作人员16名。

乡（镇）广播扩大站。1971年全县7个人民公社均建立广播扩大站，都配置转播机、扩大机、发动机各1台。1988年每站有工作人员2名，定期转播县站有线广播节目，也自编节目广播。

（2）广播节目

建站初期，每晚播音一次，圩期、节日的白天也播音。1964年秋起，每天早、中、晚播音三次。早晚二次转播中央人民广播电台各地联播节目和福建人民广播电台节目，中午为自编自办节目。自编自办节目有“全县各地”、“对农村广播”、“陵岛通信”、“科学与生活”、“学习马列主义与毛泽东思想”、“民兵生活”、“每日新闻”、“天南地北”、“为听众服务”、“报刊言论选播”、“海峡两岸”等专题以及“每周一歌”、“音乐”、“曲艺”、“潮剧”等。

2. 电视

1980年于西埔虎山顶建县电视差转台，有铁塔1座高14米，设机房，安装10瓦发射机1台，次年1月投入转播。1983年，县投资2.8万元建电视工作楼，建筑面积180平方米。1985年增置6频道50瓦电视发射机2台。1986年在电视工作楼三楼顶建电视卫星讯号地面接收站，9月10日投入使用。1987年置50瓦发射机4台、中频调制器2台、接收机2台。1988年开播15米波段电视节目，机器功率100瓦，发射32频道。此外，备有3/4摄像设备和编辑机一套，1/2录像设备一台。全台工作人员6名。此外，还建有铜陵镇电视转播站和陈城乡电视转播站，这些转播站能接收电视卫星信号，一般机器功率10瓦，工作人员2名。

县电视差转台初转播时，收视福建一台节目。1983年龙潭山顶建差转台后，可收视厦门台节目。1986年西埔建电视卫星信号地面接收站后，可收视中央电视台通过卫星转播的节目和福建电视台、广东电视台的节目。1987—1988年铜陵镇、陈城乡建成电视卫星信号地面接收站后，可收视中央一台、中央二台、福建电视台、广东电视台节目。

县电视差转台建立后，自编录制的节目有1985年的《东山风光》、1986年的《东山吟》、1987年的《东山胜景赛蓬莱》、《东山改革十年》、《六约机砖厂建成投产》、《东山新闻表彰会》等。其中由高爱明撰稿、黄石麟编导、黄石麟与许照临摄像的《东山胜景赛蓬莱》，获省优秀风光片奖。

2008年，广播电视事业快速发展，实现电缆传输，村村入网，综合覆盖率达100%，主要城区数字电视整体转换进一步加快。

3. 通信

（1）邮电

宋建隆元年（960年），东山境内始设驿铺，传递官方信件。清嘉庆年间，有民信局办理民间往来信件。光绪二十九年（1903年），裁驿铺，设邮政信柜和邮政代办所。

民国6年（1917年）和民国8年，设立官方批准的民办批信局和民信局。民国9年设东山邮政局，开辟县间邮政和县内投递线路，后又辟海上委办邮路。民国初期邮件靠人工挑运，邮政业务较少。县间邮路1条，全长40千米；海上委办邮路2条；县内邮路1条，单程20千米，农村未设投递线路。电信设备仅有政府2部无线电收发讯机和3部（共40门）磁石交换机，没有对民众开办电信业务。抗战时期，邮价上涨，邮政业务量逐年下降。

1950年5月，县人民政府接收邮政局，并设立东山电信营业处。1951年8月正式成立东山邮电局，后相继设立邮电支局、所，创办县间委办汽车邮路，增辟县内邮路和农村投递线路及市内投递路段，开办电报、电话业务。邮政电信设施不断更新，业务范围扩大，邮件、电信的周转时限缩短，方便人民群众通信往来。至1988年，县邮电局下属的邮电支局、所共4个，邮政代办所1处，并有报刊门市部、发行站（点）和售报站共22处。县内邮路5条，农村投递线路11条，城区投递段2段。电报电路5条，长途电话电路29路；市话和农话杆路总长73杆千米，电缆长303.1皮长千米，架空明线123对千米。程控电话进入安装阶段。函件进出口110.43万件，包裹进出口1.29万件，汇兑进出口3.59万件，报刊发行累计334.52万份。电报进出口14.89万份，长话来去话28.93万张，市话用户725户，农话用户218户。

（2）有线电话

①电话网路

民国35年（1946年）初，县建设科设总机，至云霄陈岱邮政所架单铁线电话线路，长途电话都靠云霄电信局接转；县建设科和东诏盐场所属的电话总机，其长途电话设备与市内电话、农村电话合用。

1951年8月架设由城关经西埔至云霄的长途电话线路，全长48对千米。1953年重架古雷油澳至漳浦县杜浔的电话线路。1956年增架东山至云霄长途电话线路，长46对千米。1959年初，开通东山至漳州单路载波电路2路（其中备用1路）。此后，长途电话电路不断增开。

1952年城关邮电营业处和西埔邮电营业处开办长途电话业务，邮电局始设长途台，设备仍与市内电话、农村电话合用。1988年底，县邮电局的长途电话电路共25路，另有出租电路4路。县邮电局办理的长途电话业务有：代号电话、普通电话、公务电话、新闻电话、紧急调度电话、特种电话。当年，长途电话去话15.09万张，来话12.84万张。

②市内电话网路

民国时期，县城电话线路与农村电话线路合用。城区的话机17部。其中，机关单位话机7部，私人话机10部。

1952年市内电话话机共26部，收费实行话机通话包月制。此后，企事业单位不断增加，用户话机增多。1965年市内用户话机91部。1980年市内用户话机135部。

1988年县邮电局市内电话业务有普通电话、电话副机、同线电话、用户交换机的中继线和分机、临时电话、代维修机线设备。当年，市内电话用户725户（其中私人124户），电话用户话机736部，市内电话业务总收入10.68万元。现在市内电话普及至家家户户。

③农村电话网路

民国27年（1938年），县建设科所属总机的农村电话线路，由城关总机架单铁线路经康美至西埔总机；再由西埔总机分架两条线路，一条至前梧，另一条经前何至陈岱。东诏盐场所属的总机，也分架两条单铁线路：一条由西埔盐场总机至港口、陈城；另一条经东陂、岱南、下英、径里至礁头。民国35年，县建设科所属总机增架西埔至陈城单铁线路13千米。民国36年初，再架西埔至叶厝单铁线路7千米。民国35年，各区、乡使用的农村电话话机有30部，其中私人用话机4部。

1952年8月，东山邮电局开始整修原有农村电路线路，逐渐把单铁线路改换成双线路。至1958年底，全县各生产大队均通电话。至1988年底，县邮电局农村电话线路杆路长共67杆千米，架空明线123对千米，农村电话电缆总长287.3皮长千米。县邮电局的农村电话设备有：100门磁石交换机4部，60门磁石交换机2部，30门磁石交换机1部，12路载波终端机2端（套）。此外，县邮电局另设有会议电话终端机5部，多功能会议电话终端机2部，会议电话汇接机1部。县邮电局的农村电话业务有：普通电话、电话副机合用电话、用户小交换机、分机、会议电话、中继线、专线电话。年底，农村电话用户由于铜陵镇设市内电话，故减为218户（其中私人28户），使用话机总数391部。全年农村电话业务总收入151.98万元。

八、生态建设与环境保护

（一）东山珊瑚礁省级自然保护区

1. 保护区现状

东山海域有锯齿刺星珊瑚、标准蜂巢珊瑚、盾形陀螺珊瑚、霜鹿角珊瑚、澄黄滨珊瑚、小星珊瑚、似筒星珊瑚、齿珊瑚 8 种造礁石珊瑚，以前两者为优势种，主要分布在东山岛东部、东南部海岸低潮区至潮下带 10 多米的海域及东门屿、对面屿、大坪屿、马銮湾、虎屿、豹屿、狮屿、象屿等小岛附近海域。区内有 154 种珊瑚伴生生物，隶属于 2 个藻类门及 11 个动物门。根据 2007 年调查结果，发现标准蜂巢珊瑚、锯齿刺星珊瑚、盾形陀螺珊瑚、小星珊瑚、角孔珊瑚 5 种造礁石珊瑚和猩红筒星珊瑚 1 种非造礁石珊瑚。

1997 年福建省人民政府批准成立东山珊瑚省级自然保护区［闽政（1997）182 号文］，保护区面积 3570 公顷。2008 年福建省人民政府同意调整东山珊瑚省级自然保护区范围的批复［闽政文（2007）106 号］，调整后保护区分为三部分：第一部分位于东山县东门屿（塔屿）附近水域，包括东门屿、有水岩屿、虎头屿、大坪屿等；第二部分位于东山县马銮湾（前港）和金銮湾（后港）海域，包括南屿—不流屿—头屿—赤屿等；第三部分位于东山县金銮湾南部海域，包括圆锥角—牛仔礁—鸡心屿等。保护区面积 3630 公顷，其中核心区 1498 公顷、缓冲区 1073 公顷、实验区 1059 公顷。

表 5-27-7　东山珊瑚省级自然保护区各分区规划面积

保护区分区	分区级别	分区名称	面积（公顷）	所占百分比（%）
核心区	核心区 1	东门屿核心区	76	2.1
	核心区 2	头屿核心区	1063	29.3
	核心区 3	鸡心屿核心区	359	9.9
	合计		1498	41.3
缓冲区	缓冲区 1	东门屿缓冲区	100	2.7
	缓冲区 2	头屿缓冲区内侧	57	1.6
	缓冲区 3	头屿缓冲区外侧	663	18.3
	缓冲区 4	鸡心屿缓冲区	253	7.0
	合计		1073	29.6
实验区	合计	东门屿实验区	1059	29.2
整个保护区	合计		3630	100.0

2005 年东山珊瑚礁保护区被联合国计划开发署正式列入南中国海海洋生物多样性保护管理示范区，为全球环境基金援助的重点项目。主要保护对象为：具有热带特点的亚热带造礁石珊瑚群落为主的珊瑚礁生态系统；保护区内分布的珊瑚及其栖息地；保护区内分布的珍稀濒危海洋动物及其栖息地；亚热带珊瑚礁生物多样性；丰富的景观资源和旅游资源。

2. 保护对策与措施

保护海洋生物栖息、繁殖、生长、索饵的重要场所，保护海洋生物多样性，同时与旅游结合，发展海洋生态旅游业，并成为国际开展海洋基因库研究和开发基地。核心区实行绝对保护，未经特别批准，禁止任何单位和个人进入，分别在三个核心区边缘安排了 3 个不影响生态系统功能的监测点。主

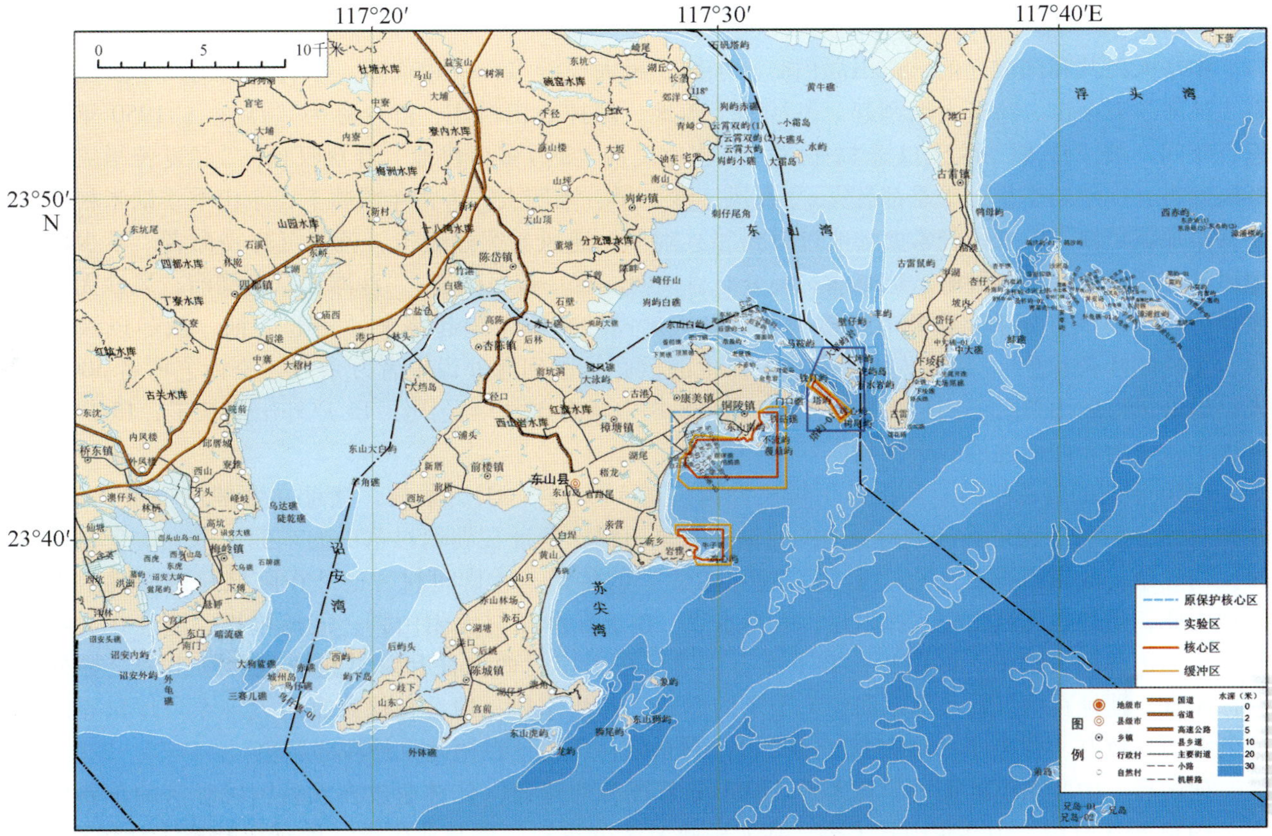

图 5-27-2　东山珊瑚礁省级自然保护区图

要对珊瑚的种类及覆盖度进行监测和研究。缓冲区实施相对保护，安排巡护、生态定位观测站、监测样地等不影响海洋生物生境的科研监测项目以及为加强管理建立的 2 座瞭望塔，该区内可进行有组织的科研、教学、考察等工作。

（二）珍稀、濒危生物物种保护

东山海域曾出现的珍稀生物物种有绿海龟，2009 年 10 月 13 日被东山县渔民在北纬 23°35′、东经 117°38′的海域误捕到，为国家二级保护动物。在《濒危野生动植物种国际贸易公约名录》中石珊瑚是珍稀濒危动物，也是东山珊瑚保护区的主要保护物种。

（三）旅游资源保护

海滨沙滩资源是东山岛旅游资源的主体。岛上滨海沙滩总长度为 32. 28 千米，年总容量可达 3290 万人次。东山海滨沙滩砂质优良，坡度适宜，各项质量指标均达到国际海滨浴场条件，可建成包括多个海水浴场的大型国际海滨浴场。

1993 年 3 月，东山县颁发《关于切实保护旅游资源和矿产资源的通告》，收到了较好的效果；1996 年专门成立了东山旅游资源保护大队，负责东山旅游经济开发范围内旅游资源保护的责任。此外，东山县十分重视宣传，《关于划定芦笋用沙采沙点和禁止开采沙滩海沙的通告》（以下简称《通告》）出台后，即召开乡镇及有关村村长参加的专题会议，学习贯彻《通告》精神，宣传保护旅游资源的重要性，并利用广播、电视及村规民约等形式举行“旅游资源保护宣传周”、“宣传月”，使保护旅游沙滩资源观念深入人心。同时，该县还实行了旅游资源保护责任制，规定各风景区管理处及有关镇政府、村委会应对本辖区旅游资源保护负全责，并进行年度考核。

（四）大力开展造林绿化，有效遏制风沙

中华人民共和国成立前，东山岛山穷、水缺、风大、沙多，一片荒凉。上有秃头山400多座，下有飞沙滩3万余亩。每逢大风刮起，飞沙铺天盖地，埋掉农田村庄，群众称为“沙虎”。1950年前的近百年间，被“沙虎”吞没11个村庄，1000多座民房，2万多亩耕地。群众叹息：“春夏苦旱灾，秋冬风沙害，一年四季里，季季都有灾。”在风、沙、旱、潮四大灾害常年威胁下，东山季季缺米粮，至于薪柴那就更缺了。农民经常要摇船过海到邻县割草，遇风暴突然袭击，就有沉舟丧命者。不少群众因风沙连年袭击，患红肿眼、烂眼病，甚至双目失明。有一首民谣道：“沙滩无草光溜溜，风沙无情田屋休，春来柴草贵如油，作物有种多无收。夏天出门沙烫脚，走起路来‘三七’抽，秋冬风沙难睁眼，无处倾吐苦和愁”。许多人失去在岛上谋生的信心，逃到海外谋生者万余人，沦为乞丐者3000多人。地处风口的山口村赤山自然村，民国时期88户中竟有32户当乞丐，16户外出当长工，15户到海外谋生，成为名闻遐迩的“乞丐村”。

1950年前的近百年间，东山岛上被飞沙覆埋的11个村：①后蔡村，遗址在西埔湾南堤头一带；②林（笼）后村，遗址在湖塘村林边的北侧；③草山村，遗址在湖塘村草山的东面。以上3个村庄的村民均姓蔡，故东山历史上有“七蔡”剩“四蔡”的传说。④碑里村，遗址在陈城村四面佛附近；⑤顶山兜，遗址在陈城山兜水库附近；⑥赤水寮，遗址在澳角村大帽山脚；⑦杨坑村，遗址在大帽山溪，今赤山林场大帽山工区附近；⑧下赤石，遗址在山口村西南面和陈城村火烧麒麟山的交界处；⑨徐家寮，遗址在白埕村赤涂东面约1千米的海边；⑩潘家村，遗址在徐家寮附近，今白埕村赤涂东面的海边。故有“徐家了、潘家完”的传说。⑪东湖村，遗址在梧龙村外沙的海边。

建国后，中共东山县工委、县人民政府十分重视林业建设，把林业放在发展国民经济的重要位置上。1950年5月后，中共东山县工委、县人民政府十分重视发展林业生产，治理风沙灾害。1952年，以石埔、后林为重点，在荒山秃岭试种马尾松，成活生长，但在沙滩上种的则未能成活。为了治理风沙灾害，1954年东山县工委书记谷文昌带领勘察队跑遍全岛，调查所有沙丘和风口，研究制订治理风沙灾害的方案。先后8次组织干部群众筑堤拦沙、挑土压沙、种草固沙、植树防风御沙。曾筑沙堤39条共长2.2万米，但暴风来时，堤即被冲溃。随后又在沙滩上种芦苇、栽龙舌兰等，有的种不活，有的即使种活了也长不大，风沙照样逞凶。又在沙荒上种植桉树、槐树、榕树、相思、苦楝等十多种树苗，种得虽多，却只成活了一些苦楝树。到秋冬季节，苦楝落叶了，还是不能挡风固沙。后经观察、考证，认定木麻黄这种树秋冬不落叶，耐瘠、耐碱、耐旱，抗风力强，是抗风固沙的理想树种。1958年中共东山县委制定了“以林为主、综合治理、全面制服”的治沙抗风、改造自然的方针，向全县人民发出“上战秃头山，下战飞沙滩，绿化全海岛，建设新东山”的号召。原东山县委书记谷文昌和县委一班人领导全县党政军民，自力更生，艰苦奋斗，依靠集体力量，开展群众性大规模造林活动。经无数次试验栽木麻黄植树造林获成功，成活率超过90%。全县广大干部群众增强了荒沙造林的信心，各大队随即建立育苗基地，培育木麻黄树苗，还创造了沙地育苗不占用耕地的好办法，为更大规模造林做好准备。

此后，历届县委和县人民政府，坚持把造林绿化工作摆在重要议事日程，年年造林、育林、护林。中共十一届三中全会以来，全县造林护林活动进一步开展。经过多年艰苦创业，收到显著效果。1986年东山县被全国绿化委员会评为全国绿化先进县，并荣获“东海绿洲”美誉。1988年，全县森林面积9.18万亩，绿化程度达92.1%，与1950年5月前全县仅有“风水林”、“护村林”345亩的情况相比，增长265倍；四旁植树183.8万株，平均每人10多株；全县森林覆盖率达30.33%。海岸上筑起一道长30千米、宽50~100米的防风固沙基干林带。它宛如一座雄伟“绿色长堤”，顶狂风、堵飞沙、截怒涛。“堤”内177条共长194千米的护田林带交织如网；新开的54千米公路林荫覆盖；3万余亩飞沙滩和400多座秃头山已经绿树成荫。在山地、沙滩种油桐、竹子、橡胶和果树等共6200亩。全县基本实现山头树林化，沙滩绿洲化，农田林网化，公路林荫化，基本达到《全国农业发展纲要》对林业

的要求。1990年又被国家绿委会和林业部授予林业建设先进单位，并成为全国平原绿化达标县和福建省首批消灭荒山的县份之一。荒漠海岛变成海上绿洲，战胜风沙灾害，调节气候，保持水土，改善生态环境，促进工农业生产发展（尤其芦笋生产）。广大农民把防护林带喻之为“粮带”、“钱带”、“生命带”。

（五）海岛环境保护

2008年，推行定点定时环境质量监测工作。县城环境空气质量二级以上天数全年365天、近岸海域环境功能区环境质量达标率90%以上、红旗水库饮用水源水质达标率100%。主要污染物排放总量得到有效控制。全年二氧化硫（SO_2）排放量控制在3589.62吨以内；加大饮用水源保护力度，依法取缔饮用水源保护区内污染和破坏水源的设施；实行工业危险废物和医疗危险废物无害化处理；县城（双东）污水处理厂顺利开工建设；县城垃圾无害化处理场完成前期工作；铜钵埭沟生物氧化塘污水处理工程进展顺利。2008年10月前楼镇“创建全国环境优美乡镇”工作通过省环保局组织的专家验收，并报国家环保部批准命名。全年共纠正企业违法排污行为8起，查处不法排污企业3家，并对其做出行政处罚。

（六）海洋环境整治

1. 开展“三湾”整治，建设国际旅游海岛

在全国建设海峡经济区的大背景下，东山县委、县政府以科学发展观为指导思想，提出建设国际旅游海岛的发展战略，作出开展“三湾”整治的具体部署，将“三湾”整治纳入东山县“9+2”纲要。2008年5月成立“三湾”海域整治领导小组，着手开展屿南湾、马銮湾、金銮湾“三湾”海域整治行动。2008年12月，风动石—东门屿景区海域纳入“三湾”整治范畴。经过一年多的努力，现已取得阶段性整治成果。一是沙滩美化，完成了“三湾”海滩杂乱环境整治，清理了沙滩上数万支木桩，把280支露滩取水管进行深埋，并修建3道排水渠，恢复了沙滩自然景观；二是海面净化，完成了马銮湾和风动石—东门屿海域养殖设施、定置网渔具及海漂垃圾清理整治，再现东山“天蓝水碧海湾美，沙白林绿高礁奇”的独特魅力。

2. 清理整治东山港区航道养殖设施

长期以来，东山港区大澳国家中心渔港航道、锚地被网箱养殖设施占用，影响了船舶通航安全；2009年以来，充分利用开展“三湾整治”的契机，一举解决了对面屿海域碍航养殖多年来久清不除的“顽疾”，截至2009年2月12日，共强制拆除非法养殖网箱310箱，迁移整改网箱786箱，恢复了航道畅通，保障了通航安全。

3. 澳角渔村海漂垃圾清理整治

澳角村被福建省和漳州市海洋与渔业局确定海漂垃圾整治活动的示范村，通过规定村规民约、海陆并举和志愿者参与等三项举措，大力开展“碧海行动”。由18人组成的岸滩垃圾清理队，由5艘船舶组成的海上垃圾清理队，海陆并举，随时收集和清理渔船及渔港垃圾，实现常态化管理、运作。一年来共清理整治卫生死角7处，清理废旧渔船27艘，收集海漂垃圾40多吨、海滩和渔港垃圾28吨，整治工作取得明显成效，近岸海域海漂垃圾明显减少，村容整洁，海湾秀美。

4. 八尺门海域整治和海洋生态环境修复

1960年兴建八尺门海堤使东山湾与诏安湾的海水不能相通，水动力减弱，加之海域养殖无序发展，养殖过密等造成该海域水质恶化和海底淤积，严重影响养殖业的发展和港口码头通航能力以及东山岛门户景观形象。2008年，在漳州市海洋与渔业局的指导下，东山、云霄、诏安三县海洋与渔业管理部门强化实际合作，开展八尺海域清理整治和生态修复工作。截止2009年3月底，东山县共出动船艇136艘次、958人次，共清理养殖白色塑料浮标47车，清除废弃竹竿4300支，清长袖定置网8槽，海面景观得到改善。下阶段，拟实施八尺门海堤开口导流工程，规划在海堤航道部位开

口150米，使东山湾和诏安湾海流畅通，海水相互交换，可有效地改善八尺门海域水质和海洋生态环境。

第四节　经济基本情况

一、岛民生活与生产活动

（一）岛民生活

1978年全县农民人均纯收入54元，1988年增到1203元（调查点统计）居全省前列。山口村475户农民人均纯收入达2600元，家家户户盖新房，昔日的“乞丐村”而今变成闻名海内外的幸福村。

随着改革开放的不断深入，各类产业全面发展，产业结构优化，经济保持较快增长，城乡人民收入稳步增加。2008年，东山岛城乡居民收入实现两位数增长，城镇单位在岗职工年平均工资19 323元，增长24.8%；全年城镇居民人均可支配11 208元，比2007年增加1242元，增长12.5%。人们收入来源日趋多元化，特别是一些个人经营收入与财产性收入这几年增长很快，多样化的理财产品走进人们的视野。全年城镇居民人均消费性支出8832元，增长13.8%，恩格尔系数为0.489。

2008年农民人均纯收入7001元，比2007年增加775元，增长12.5%。其中工资性收入2527元，所占比重达到36.1%，比2007年提高3.2个百分点，增长23.2%，拉动增长7.7个百分点。全年农民人均生活消费支出4633元，增长13.6%，恩格尔系数为0.543。社会保障水平不断提高。实现城乡低保扩面提标，农村低保人均补差由51.67元提高到61.67元，城镇低保由85元提高到125元，基本实现“应保尽保”；发放机动渔船燃油补贴22 333万元。

（二）岛民从业情况

1. 渔业从业人员

全县从事渔业的劳动力，民国23年（1934年）1648人，民国34年1785人，民国38年1876人（其中专业劳力844人）。

1950年后，全县从事渔业的劳动力迅速增加，1956年5817人（其中专业劳力3329人），1965年7192人（其中专业劳力4051人），1975年9866人（其中专业劳力5690人），1985年11 738人（其中专业劳力6250人），1988年13 302人（其中专业劳力9398人），比1951年增加3.95倍（其中专业劳力增7.45倍）。1988年，全县农村劳动力中，从事渔业生产的占20.86%（专业劳力占14.74%）。各乡镇农村劳动力中，从事渔业生产（包括兼业）的，铜陵镇占82.5%，陈城乡占23.76%，西埔镇占14.7%，康美乡占13.75%，前楼乡占12.49%，杏陈乡占8.85%，樟塘乡占4.3%。大部分乡镇仍有潜在劳动力可投入渔业生产。

1950年以前，从事渔业的劳动力都是男性，其体力较强而文化水平很低，多为半文盲和文盲。他们只具有一些传统技术。1950年后，文化教育逐步普及，劳动力的文化水平、生产知识和劳动技能普遍提高。现有渔业劳力，体力都较强，多具有小学及初中文化程度。其中，能担任机帆船舵手的有500多人，能掌握探鱼器、无线电通信、导航等先进设备的有400多人，能掌握灯艇电光技术的有300多人，能基本掌握养殖技术的有200多人（其中还有一些女劳力）。

2. 农业从业人员

民国时期，东山县从事农业生产的绝大多数是男劳力；女劳力大部分从事家务和饲养畜禽，很少参加田间劳动。由于社会动荡，战事频繁，许多青壮男子当兵或外逃，农业劳力缺乏。民国38年（1949年）至次年5月初，国民党驻东山部队溃逃台湾时抓去青壮男子4000多人，致使农业劳动力极端缺乏。民国 38 年，全县农村劳动力 28 881 人，其中农林牧劳力 27 005 人，每个劳动力平均负担耕地 3.62 亩。

1950 年 5 月后，县人民政府动员群众移风易俗，鼓励妇女参加农业劳动。铜钵村由于青壮男子被国民党军抓去 100 多人，女劳力成为农业生产的主力。

在农业合作化中，强调男女同工同酬，并规定男 16—60 周岁、女 16—55 周岁为劳动力，实行出勤定额。这样，参加农业生产的男女劳力人数较为稳定。1956 年，全县农村劳力 34 762 人，其中农林牧劳力 28 945 人，平均每个劳动力负担耕地 3.55 亩。1958 年后，农村劳力明显增加；但因工业企业发展，实际参加农业生产的劳力数相对稳定。1966 年，全县农村劳力 36 144 人，其中农林牧 27 602 人，平均每个劳力负担耕地 3.3 亩。“文化大革命”期间，许多行业人员归农，农业劳动力增加。1975 年，全县农村劳力 46 141 人，其中农林牧副劳力 37 936 人，平均每个劳力负担耕地 2.3 亩。1978 年后，农村劳力总数虽然大为增加，但乡镇企业容纳了许多劳力，农业劳力数相对稳定。1988 年，农村总劳力 63 758 人，其中农林牧劳力 37 269 人，占 58.4%，平均每个劳力负担耕地 2.13 亩。农村劳力中，从事渔业的 13 302 人、工业的 3528 人、建筑业的 2742 人、交通运输业的 2401 人、商业的 1638 人、文教的 416 人、经济管理的 99 人、其他 2318 人。

民国时期，绝大多数农业劳力是文盲、半文盲，只懂得一些传统生产技术。1950 年后，经过扫除文盲，普及小学教育、发展中学教育，举办农业技术培训班，农业劳力的文化素质大有提高。1988 年，基本扫除了文盲，同时涌现许多掌握专业技术的生产能手。

3. 个体手工业从业人员

南宋建炎元年（1127 年），东山有姓孟者在磁窑村建 8 个瓷窑，雇用 100 多个工人，烧制加釉的碗、盘、钵和茶具等瓷器。其产品质量优良，销售量大，曾用 18 艘木船运销外地。明代，绳索、铁、竹、木、雕刻等手工业作坊开始生产。清代，有酿酒店 10 多家，榨油坊 25 间，糖寮 45 间，砖瓦窑 3 座，金银饰品、刺绣等个体工艺手工业也发展起来。

民国 15 年（1926 年），以织网为主和造船、雕画、印染、纺织、皮鞋、五金修配、纸扎、制秤、弹棉花等手工业人员计 7000 多人，占全县人口的 8%。民国 16 年，苎麻纺加工业首次接受厦门德美、元茂商家订货，产品行销菲律宾、马来西亚、印度尼西亚等国家和香港地区。民国 25 年，有打铁业 46 家、打石业 9 家、绳索业 11 家、海产加工业 130 家、棺木加工业 9 家、糕饼加工业 21 家，还有造网业工人 84 人。民国 31 年“鼎新”、“石斋”两家印务所开办。城关还有民生、长兴、东和 3 家小酱胰作坊，生产鱼露、酱油、咸菜等。民国 36—38 年，法币严重贬值，手工业商品流通困难，1950 年初东山岛与大陆交通断绝，手工业厂坊纷纷倒闭。

1950 年底，全县个体手工业 439 家，从业人员 759 人。其后大部分个体手工业组成手工业社、组，至 1957 年全县个体手工业只有 22 家，从业人员 37 人。1958 年下半年，个体手工业全部并入集体或国营工业。1963 年又出现个体手工业 65 家，从业人员 78 人，1964 年有 72 家，从业人员 81 人。1965 年，在清理城镇闲散劳力中，个体手工业者被动员上山下乡参加农业生产，全县没有个体手工业。1978 年，出现个体手工业 19 家，从业人员 1034 人。1982 年增加到 23 家，从业人员仅 674 人。1988 年个体手工业厂坊增到 938 家，从业人员 2493 人。其中，城镇 120 家，农村 818 家。

集体所有制工业企业自 1953 年开始创办，至 1988 年共有 88 家，有职工 476 人，主要从事铁工、木器、农渔具、家具、水产造船、塑料绳缆、工艺品、水产品加工、缝纫等产业。

1978 年社队工业企业 103 家，职工 4396 人，占农业劳动力 8.6%，产值（现行价，下同）463.0 万元，占农业总产值 17.84%，其中社办企业 23 家，职工 799 人，产值 215 万元；队办企业 80 家，职工 3597 人，产值 248 万元。1979 年 1 月中共中央、国务院颁发《关于发展社队企业若干问题的决定（试行草案）》和福建省革命委员会《关于加快发展社队企业若干问题的决定》之后，社队企业蓬勃发展，社、队、乡（镇）、小队、村、个体一齐上，形成多层次、多门路、多格局、多种经济成分的结构，促进了农村商品经济的发展。1988 年乡镇集体工业企业 515 家（不包含个体工业），职工 6640

人，产值7322万元，固定资产6052万元，利润601万元，其中乡镇办企业99家，职工2284人，产值3638万元，固定资产2512万元，利润183万元；村办企业202家，职工3314人，产值2267万元，固定资产3440万元，利润319万元；合作工业企业214家，职工1042人，产值1417万元，固定资产100万元，利润99万元。乡镇主要工业有建材、晒盐、冷冻、食品罐头、造纸、塑料制品、水泵等7个行业，总产值占乡镇集体工业产值81.6%（晒盐在盐业卷记述）。

4. 工业从业人员

明万历《福州府志》载，明隆庆元年（1567年），铜山造船厂为大陆东南著名的五大水寨造船厂之一，以造军用船为主，兼造民用运输船、渔船。明末，此厂消失。1950年后，逐渐出现国营工业，至1988年共有29家企业，职工3884人，主要从事印刷、食品、机械、食品化工、陶瓷、拆船、发电厂、渔需、水产品加工、硅砂矿采掘、建材。

“三资”企业1985年创办东祥合营企业公司，东联汽车修配有限公司（不久停办）。1987年办东正家俬制品有限公司，东华塑料有限公司。1988年东正、东祥、东华3家共有职工184人。1988年办东帆丝织有限公司和东宇时装工艺有限公司，尚未投产。

二、社会经济基本情况

（一）经济保持较快增长

改革开放以来，特别是近几年来，东山县的经济保持较快增长，2008年全县生产总值（GDP）达到51.1亿元，比上年增长13.4%，经济增长连续3年保持在12%以上。其中第一产业增加值16.92亿元，增长6.9%；第二产业增加值19.36亿元。增长21.1%；第三产业增加值14.8亿元，增长10.5%。三次产业结构由2005年的38.6：28.8：32.6，调整优化为33.1：37.9：29.0，第二产业成为经济增长的主动力，所占比例较2007年同期提升1.6个百分点，对经济增长的贡献率达到47.1%，拉动增长7.9个百分点；第三产业对经济增长的贡献率达到21.5%，拉动增长3.3个百分点。

2008年全社会固定资产投资完成18.25亿元，增长46.9%，高出全市水平12.8个百分点，高居各县（区）首位，当年固投完成总额是2005年的2.6倍，近三年年均增长37%。其中：项目固定资产投资完成16.62亿元，同比增长53.9%。项目非国有投资比重达到82.6%，较2007年增加16.3个百分点，拉动整个项目固定资产投资增长60.9个百分点。

2008年，全年城镇以上固定资产投资完成13.08亿元，同比增长65%。其中：城镇项目完成投资9.25亿元，同比增长64%；房地产开发完成投资3.82亿元，同比增长67.5%。农村项目完成3.55亿元，同比增长23.3%。整个项目固定资产投资中，工业投资7.4亿元、钢质渔船2.7亿元和房地产三大板块投资分别占比44.5%、16.2%和23%。

13个县级重点项目投资当年完成投资10.26亿元，占全部项目投资的61.7%。旗滨优质浮法玻璃生产线如期点火生产，东山人几十年美梦成真；西铜景观大道建成通车，进一步提升了东山的品位；全年房地产新开工面积22.9万平方米，但销售面积同比下降23.2%。与国内外其他地区不景气楼市相比，东山房地产开发回归常态，降中趋稳。

（二）农业生产优化升级，农业产业优化进程加快

2008年全县农业总产值30.2亿元，增长6.6%。其中渔业产值25.9亿元，占比85.6%，同比增长9.9%。2008年新增钢质渔船165艘（共发放渔船抵押贷款138笔），全县累计456艘，比2005年增加340艘，近三年年均增加上百艘。全年水产品总产量达到28.05万吨，同比增长2.6%。海洋捕捞14.55万吨，同比增长2.2%；海水养殖12.75万吨，同比增长3.1%；淡水养殖0.75万吨，同比增长7.1%。水产养殖稳中调优，试验推广美国红鲍、大西洋牙鲆等新品种，全县水产养殖面积达到6537公顷。芦笋与水果种植量增价降。芦笋投产2万亩，产量2.2万吨，增加二成有余，但价格约为去年

的三成；水果投产2.4万亩，产量1.2万吨，增产二成，但价格下降一半。“订单农业”渐成规模，白萝卜、大葱等蔬菜种植6000亩，增长20%。生猪出栏比去年增加上千头。

农业产业化进程加快。全县有12家企业分获省、市农产品加工龙头企业称号，海魁集团更是获得“福建省品牌农业金牌企业”称号。

（三）工业经济快速增长，规模工业贡献突出

2008年，东山县工业总产值56.9亿元，同比增长18%。规模工业支持作用突显，2008年新增规模工业16家，全县118家规模工业企业全年实现产值48.3亿元，同比增长20.4%，增幅连续5年保持在20%以上；规模工业产值的比重达到84.9%，比2005年提高10个百分点。民营工业稳步发展，2008年产值29亿元，同比增长3.2%。2008年全县外贸出口2.85亿元，同比增长78.5%，首次突破2亿元大关。民营企业出口是拉动外贸出口增长的主要力量，20家民营企业全年出口13 370万美元，占全县出口量的47%。三资工业快速发展，2008年产值17.5亿元，同比增长76%。工业产销衔接良好，产销率97.4%。工业整体效益有所提高，2008年百元工业产值含税率1.75%，高于上年同期0.14个百分点。全年工业税收实现1.01亿元，首次突破亿元大关。工业企业品牌和质量意识增强，全县有ISO 9000国际质量认证企业6家，对美HACCP注册企业12家，对欧盟注册企业4家，出口卫生注册水产品加工企业21家。新福水产获“中国驰名商标”，全年共增3个“著名商标”、4个“福建名牌产品”。辉永泰登山绳制品被认定为北京奥运会圣火珠峰传递专业绳，通过欧洲安全标志认证，可填补国内空白。

（四）第三产业保持良好发展势头

1. 国内贸易

2008年社会消费品零售总额18.01亿元，增长21.1%，剔除物价因素实际增长14.4%。其中限额以上企业实现零售额2.47亿元，同比增长42.4%。县域经济活跃彰显、助推消费市场繁荣，县城面貌一新，人气日旺。全年商品房施工面积达到38.5万平方米，建材、装修材料、家居用品等商品需求强劲，各大卖场、超市、专卖店、品牌店等业态生意也特别红火。据调查，全县个体经营户（仅指批发零售业和餐饮业）7000户，比2005年增加1000户。

2. 外贸出口

2008年实现外贸出口2.97亿美元，是2005年（1.05亿美元）的2.8倍，比2007年（1.88亿美元）增加1.09亿美元，增长86.2%。水产品出口呈现量质双赢的良好局面。全县27家水产品加工自营出口企业2008年共出口2.6亿美元，占全县外贸出口总额的87.5%，比2007年增加1.42亿美元，增长1倍以上。鱿鱼、油浸金枪鱼、鲍鱼等高附加值罐头产品出口成为2008年的一大亮点。2008年全县实际利用外资2325万美元，增长1%。

3. 交通运输业、邮电通信业

2008年，全年交通运输、仓储及邮电通信业完成增加值1.47亿元，比上年增长32.9%。全年邮政业务总量实现975万元，邮政业务收入实现857万元，分别同比增长5.5%和2.9%。

4. 建筑业

2008年，建筑业增加值完成25 240万元，比上年增长76.5%。全县资质等级以上建筑企业完成建安产值83 392万元，房屋施工面积15.4万平方米，房屋竣工面积7.9万平方米，工程结算收入7422万元，工程结算利润315万元，工程税金及附加392万元。

5. 金融业

金融业运行平稳，2008年以来，银行人民币存款余额24.6亿元，比2007年增长18.2%。其中储蓄存款余额18亿元，增长19.6%。人民币贷款余额18.67亿元，同口径增长20.9%，其中，短期贷款9.69亿元；中长期贷款8.97亿元，金融业较好地支撑了经济增长。

三、主要产业基本状况

（一）工业

2008年东山县共有118家规模工业企业，按行业划分：农副食品加工业47家，食品制造业8家，饮料制造业1家，皮革、毛皮、羽毛（绒）及其制品业9家，石油加工、炼焦及核燃料加工业1家，非金属矿物制品业13家及交通运输设备制造业7家。按所有制划分：国有企业4家，集体企业2家，股份合作企业1家，有限责任公司9家，股份有限公司2家，私营企业71家，港、澳、台商投资企业18家，外商企业11家。

2008年东山县工业总产值达56.9亿元，同比增长18%。其中规模工业产值48.3亿元，增长20.4%，增幅连续5年保持在20%以上。东山工业发展主要特点如下。

一是企业个头壮大，市场竞争力提升。产值超亿元企业达到11家，比2007年多出2家（比2005年多出5家），贡献全部规模工业产值过半，拉动增长10.4个百分点；亿元以下5000万元以上企业11家，比2007年多出4家。二是海岛特色产业—水产品加工业蓬勃发展。46家水产加工企业实现产值27.4亿元，占全部规模工业产值的56.7%，增幅达到59.3%，拉动增长25.5个百分点，有8家水产企业产值超过亿元。三是外资工业重现活力，贡献率高。29家外资规模工业企业实现产值17.1亿元，占全县规模工业产值的35.4%，份额较2007年提高10.8个百分点，增幅31.7%，步出去年下降9.6%的阴影，拉动增长10.3个百分点，其中有4家外资企业产值超亿元，3家产值超5000万元。四是全年产销率97.4%，比2007年提高1.2个百分点；产品出口逆势上走，出口交货值24.5亿元，同比增长63%，外向依存度较2007年提高13个百分点。

全年规模以下工业企业实现产值8.6亿元，增长6.1%。全社会建筑业增加值完成25 240万元，比上年增长76.5%。全县资质等级以上建筑企业完成建安产值83 392万元，房屋施工面积15.4万平方米，房屋竣工面积7.9万平方米，工程结算收入7422万元，工程结算利润315万元，工程税金及附加392万元。

（二）农业

1. 耕地面积与分布

1949年，全县耕地97 831亩。其中，水田25 756亩，占26.32%；旱地72 075亩，占73.68%。

1950年秋起，县人民政府鼓励农民垦荒，曾规定“垦生荒者在5年内、垦熟荒者在3年内免征其农业税”，激发了农民的垦荒积极性。1952年末，全县耕地103 459亩，比1950年增加4128亩。此后至1957年，耕地面积基本稳定。1958年起，基建占用耕地渐多，加上提出“少种、高产、多收”口号，抛荒一些耕地，至1961年末耕地减到87 392亩。1962年起，又发动农民垦荒，同时随着防护林带建成，林带内沿荒地多被开垦，至1966年耕地恢复到91 229亩。此后多处围垦，如1970—1972年，樟塘公社港西大队筑海堤700多米，围垦耕地700多亩；杏陈公社前何大队在赤山屿垦荒80多亩等。但是，随着基建占用耕地越来越多，耕地仍在逐年减少，1982年土壤普查时耕地面积82 267亩，1988年降为79 170亩（比1950年减20.29%）。1988年农业人口（铜陵镇渔民除外）人均耕地0.67亩，比1950年减少1.21亩。东山县耕地主要分布于东山岛南部陈城乡及中部西埔镇、樟塘乡等地。

2. 农作物种类

县境农作物历来以粮为主，经济作物为辅。粮豆作物主要是甘薯，次为水稻，再次为麦，还有大豆及少量高粱、玉米等。

1949年，播种面积132 175亩中，粮豆面积占80.11%，粮豆总产1270.7万千克，平均亩产120千克。经济作物（含蔬菜饲料）占19.89%。1950年后，播种总面积逐渐增加，粮豆作物与经济作物面积的比例无明显变化，1957 年为 80. 64∶19. 36。“大跃进”期间，农业歉收，缺粮严重。随后，扩大粮豆面积，缩小经济作物面积，1962 年粮豆与经济作物面积比例为 85∶15。经过三年国民经济调整，农业生产恢复正常，同时允许农户经营自留地，许多经济作物生产恢复，1966 年粮豆与经济作物面积比例为 79. 45∶20. 55。“文化大革命”期间，片面强调粮食生产，忽视多种经营，经济作物面积比重下降，农业生产经济效益低。1979 年起，清除“左”的影响，因地制宜安排农作物生产，1983 年，粮豆总产 3474. 09 万千克，创历史纪录，平均亩产 264. 4 千克。1985 年粮豆平均亩产 286 千克，又创新纪录。1988 年，粮豆总产 1427. 81 万千克，平均亩产 263 千克（比 1950 年提高 1. 06 倍）。1984 年后调整农业内部结构，发展创汇农业，大种芦笋。因而，粮豆与经济作物面积的比例明显变化，至 1988 年为 44. 29∶55. 71。农业生产经济效益大为提高。

经济作物历史上以花生为主，次为甘蔗，再次为蔬菜，还有少量水果、芝麻、药材、黄麻等。1949 年，经济作物总面积中，花生 20 918 亩，占 79. 5%；甘蔗 2381 亩，占 9%。1980 年后，经济作物种类大变化，逐步以芦笋为主，次为花生。1988 年经济作物总面积中，芦笋 31 597 亩，占 46. 29%；花生 27 141 亩，占 39. 76%；甘蔗 2444 亩，占 3. 58%。

2008 年蔬菜产量 56 991 吨，其中芦笋产量 22 212 吨；水果产量 12 064 吨，其中龙眼 6069 吨、青枣 1969 吨；水产品产量 280 525 吨，其中海洋捕捞产量 145 498 吨、海水养殖产量 127 554 吨、淡水养殖产量 7473 吨；海水养殖中鱼类产量 12 189 吨、甲壳类产量 4851 吨、贝类产量 95 288 吨、藻类产量 15 266 吨。

3. 农业种植情况及特色

（1）甘薯

明万历初年，铜山水寨把总张万纪到南澳盘查外国船，获甘薯（俗称番薯），带交张塘村农民育苗种植。自此，甘薯作物在东山岛迅速推广，发展为主粮。1935 年全县种植甘薯 6. 5 万亩，产鲜薯 3850 万千克。日本军侵犯东山时，生产受到破坏，民国 30 年鲜薯产量 746. 2 万千克。抗日战争胜利后，生产回升。1949 年，甘薯种植 50 697 亩，总产折稻谷（每 5 千克鲜薯折算干谷 1 千克，下同）745. 13 万千克，占全县粮食总产量的 59%。平均亩产 147 千克。

1950 年以后，水利条件逐渐改善，优良品种不断引进，耕作技术有所提高，甘薯种植面积与产量随之增加。1958 年，甘薯种植面积 70 050 亩，占粮食播种面积的 51. 8%，产量 1034. 48 万千克，占粮食总产量的 60. 9%，平均亩产 147. 7 千克。1970 年甘薯种植达到最高峰，面积 75 170 亩，占粮食播种面积的 52. 5%；产量 1160. 20 万千克，占粮食总产的 55. 6%，平均亩产 154. 3 千克。此后，有些旱地改为水田，甘薯种植面积有所减少；而单产提高，1983 年平均亩产 291. 3 千克，创历史纪录。1984 年起，调整农业内部结构，许多耕地改种芦笋，甘薯种植面积锐减。1988 年，全县甘薯播种面积 30 588 亩，占粮食播种面积的 57. 7%；产量 777. 14 万千克，占粮食总产的 54. 98%，平均亩产 254. 1 千克。

按收获季节，县内薯作类型有春收和秋收两类。春收甘薯，在秋分至寒露栽种（前作为蔓生花生或早花生），次年清明至谷雨收获，起轮作并为其他类型薯作提供薯苗的作用。秋收甘薯，按栽种时间、地类和耕作制度不同，分为早甘薯、半冬甘薯、田甘薯和晚甘薯，分别为立秋至秋分收获、寒露至霜降收成、大雪至小寒收成和冬至至大寒收成。

民国时期，甘薯品种主要有婴哥番、接芋种、番虎、骑技仔、田串种等。1956 年起，先后引进乌咬来、禺北白、鸡爪山、新种花、胜利百号、潮钱 1 号、南徽 7 号、南徽 8 号等。这些新品种都能适应县内自然条件。经多年种植，有的因种性退化而淘汰。至 1988 年，甘薯品种主要是南徽 7 号、南徽 8 号和新种花。

（2）水稻

水稻历来是县内主粮作物之一。民国 21—26 年平均年种水稻 16 567 亩，总产 236. 4 万千克，平均亩产 142. 4 千克。此后，播种面积有所增加。1949 年，种植 35 125 亩，总产 451. 43 万千克，平均亩产 129 千克。

1950 年后，水稻种植面积与产量逐年增加，至 1957 年总产 665.18 万千克，单产 181 千克。此后的十多年，种植面积与产量一直有波动。1967 年，由于“文化大革命”影响，加上秋旱严重，全年稻谷产量 319.01 万千克（单产 140 千克），为 1950 年以来最低水平。1971 年后，由于大力推广良种，建成向东渠改善水利条件，杂交水稻技术在生产上应用，实行家庭联产承包责任制，促进水稻生产的发展。1983 年，全县稻谷产量 1524.95 万千克，为有史以来最高水平。1984 年起，进行农业结构大调整，水稻种植面积逐年减少，至 1988 年仅 11 508 亩，产量 477.62 万千克，单产 415 千克（为有史以来最高）。

民国时期，稻作类型以连作双季稻为主，次为单季早稻，若遇春旱影响，双季稻则减少。民国 31 年，24 798 亩水田中；双季稻 13 585 亩，占 54.78%；单季稻 11 213 亩，占 45.22%。民国 38 年，25 637 亩水田中，双季稻 9488 亩，占 37%；单季稻 16 149 亩，占 63%。

1950 年以后，兴修水利，双季稻面积有所增加，大多数年份双季稻面积都在万亩以上。1973 年，24 083 亩水田中，双季稻 14 319 亩，占 59.5%，为有史以来最高水平。1983 年起，大部分灌溉条件较好的双季稻田改种芦笋。至 1988 年，9681 亩水田中，双季稻仅 1827 亩，占 18.9%；单季早稻 7854 亩，占 81.1%。

民国时期，水稻多为迟熟、高秆品种。早稻有早糯、仰光尖、赤壳齐、高脚齐、矮脚齐等，晚稻主要有占谷、田头爷、慢养等。1954 年起，引进早、中熟的中秆稻种，提高了水稻产量。早稻有南特号、陆财号、仙农 24 号，晚稻有海澄尖、青骨大穗、一支香等。高秆迟熟品种逐渐被淘汰。1962 年起，先后引进早、中熟的矮秆品种。早稻有矮脚南特号、珍珠矮、铁骨矮、广解九号、二九南、先锋一号、珍龙、珠红早、74 早、广闽、神奇青、新青矮、二白矮、胜青等。这些品种有的又作晚稻种（即倒种春）。晚稻有秋长、广华、红泉、包胎矮、赤快矮等。1974 年后，引进的早、中熟矮秆品种有红四一〇、窄叶青、南珍珠矮、铁骨矮、广解九号、二九南、先锋一号、珍龙、珠红早、74 早、广闽、神奇青、新青矮、二白矮、胜青等。这些品种有的又作晚稻种（即倒种春）。晚稻有秋长、广华、红泉、包胎矮、赤快矮等。1974 年后，引进的早、中熟矮秆品种有红四一〇、窄叶青、南京 11 号、京红 1 号、龙广红、晋南晚等。早熟矮秆品种“当家”，又一次促进水稻增产。1976 年起，推广水稻杂交优势利用，先后引进四优 1 号、四优 2 号、威优 30、汕优 2 号、汕优 64、汕优 63 等。杂优水稻品种“当家”使水稻单产达到新水平，曾创亩产 779.75 千克的高产纪录。与此同时，引进常规品种77～175、78～130、桂朝 2 号、79～106 等，搭配种植。1980 年起的两三年内，曾推广县农科所农艺师徐钦顺培育的东竹 1 号。1988 年种植的水稻品种主要是汕优组合、78～130 等。

（3）麦豆杂粮

县境自然条件适宜种麦。1937 年前平均年种小麦 9660 亩、产量 29.96 万千克、亩产 32 千克。1941 年，小麦产量 24.25 万千克、大麦产量 22.7 万千克。1949 年，大小麦种植面积 13 765 亩，占粮食播种面积的 12.94%；产量 56.15 万千克，占粮食总产的 4.45%。

1950 年后，大小麦种植面积增加，1957 年为 32 197 亩，占粮食播种面积的 22.39%；产量 177.32 万千克，占粮食总产量的 9.9%。至 1976 年为 37 528 亩（有史以来最多），占粮食播种面积的 25%；产量 287.82 万千克，占粮食总产的 11.65%。1980 年后，麦地逐渐改种芦笋。1988 年，种麦面积 8890 亩（占粮食种植面积的 16.37%），产量 131.97 万千克（占粮食总产的 9.24%），平均单产 148.5 千克，为有史以来最高。

民国时期小麦品种主要是贡仔、丝仔等。1956 年推广种植欧柔、华东 5 号、白壳麦；1962 年起推广和尚麦、抗锈、红芒、波达姆、阿勃等；1974 年后推广晋麦 4058、晋麦 2148、晋麦 2454、龙溪 35、龙溪 37、福繁 16、福繁 904、莆麦 5 号。

民国时期大麦品种主要是六棱、四棱；1970 年起推广上海早熟 3 号。1988 年种植的小麦品种主要是龙溪 35 号、晋麦 2148，大麦是上海早熟 3 号。

（4）大豆

县境种植的大豆多为春大豆，秋大豆为数极少。1949 年，全县种大豆 3225 亩，产量 8.09 万千克，平均亩产25千克。1950年以后，大豆种植面积逐渐扩大，至1971年达9849亩，为有史以来最多。1980年后，许多旱地改种芦笋，大豆面积减少，至1988年仅1262亩。大豆品种，主要是穗稻黄、花面豆。

（5）杂粮

县境杂粮作物，按收获季节分，有春收杂粮（豌豆籽等）、夏收杂粮（高粱、稷仔、绿豆、白豆等）和秋收杂粮（玉米、高粱、黍等）。

1949年，春夏收杂粮计3064亩，产量9.91万千克。1950年后，杂粮面积不断增加，至1957年为9047亩，产量36.55万千克，单产有所提高。“大跃进”期间，忽视杂粮种植。1962年，在集体种植的同时，允许农户种杂粮，共种9018亩。1966年杂粮面积达11 135亩，产量51.62万千克，为有史以来最多。“文化大革命”期间，个人种植受限制，杂粮面积减少。1981年起，农户个人种植杂粮增多。1985年后，杂粮地多改种芦笋，至1988年杂粮仅种2011亩，产量26.85万千克。

（6）花生

花生是县内主要经济作物之一。1937年前，平均每年种花生5230亩，产量114.8万千克。1949年种植花生20 918亩，产量83.67万千克，平均亩产40千克。

1950年后，花生生产稳步发展，1956年种植27 396亩，占经济作物总面积的93.40%，产量153.42万千克，平均亩产56千克。1972年起，花生生产复受重视，至1981年达48 456亩，为有史以来最多，占经济作物总面积的80.25%；产量最多的是1985年的660.33万千克。此后，部分花生地改种芦笋。1988年花生种植面积减为27 141亩，占经济作物总面积的44.35%，产量260.25万千克，平均亩产96千克。1978年以来，东山成为省内花生种子生产基地，每年提供花生种子20~35万千克。

县境所种花生有春花生、秋花生两种，以春花生为多。春花生，春种夏收，其品种，民国时期皆是匍匐型老品种（如铁丁种等）。1956年后，引种大屁股、勾鼻生等半直立型品种。1963年3月起，从广东先后引进狮头企、小梅周、粤油551、粤油187、白沙212、粤油551—116、粤选58、辐矮50等直立型品种，使花生单产不断提高。至1988年，春花生面积22 789亩，占花生总面积的84%，品种基本只有粤油551、白沙212。秋花生，以直立型品种春花生收获后作为种子进行“翻秋”（倒种春）。1981年种秋花生13 147亩，占花生总面积的27.1%，为有史以来最多。1985年后，芦笋面积扩大，花生面积减少。1988年仅种秋花生4352亩，占花生总面积的16%。

（7）蔗果及其他作物

1941年产蔗糖（红糖）7.5万千克。1949年，种蔗2381亩，占耕地总面积的2.82%。1950年后，甘蔗面积大体保持2000多亩，1957年由于引进东爪哇2878及东爪哇2883、台糖134等新品种，甘蔗面积猛增到6533亩，比上年增2.37倍。1961年起，强调粮食生产，甘蔗面积减为3000多亩，至1966年才恢复到5000多亩。“文化大革命”期间，忽视甘蔗生产，1975年甘蔗面积仅2109亩。中共十一届三中全会后，因地制宜安排种植，同时实行收购甘蔗与奖售粮食挂钩的政策，促使甘蔗生产迅速发展。1981年，种蔗8375亩，为有史以来最多。1984年起，许多蔗地改种芦笋，至1988年种蔗面积为2444亩，产量944.84万千克，平均亩产3866千克，比1949年提高3.55倍。

种植的甘蔗以糖蔗为多，果蔗少，1988年甘蔗种植总面积中，糖蔗占94.9%。种植地点以旱地为多，水田少，1983年甘蔗种植总面积中，旱地占94%。

1957年引种东爪哇品种、台糖134及1978年后引种的闽糖611、闽糖703等，都适应县内生产条件而延续种植。

（8）蔬菜

1935年，种植蔬菜的耕地373亩，产量15.77万千克。其中：葱类产量占64.47%（大量销往外地），大蒜占9.43%，芥菜占5.96%，白菜占4.72%，萝卜占4.28%，其他较少。

1950年后，蔬菜种植面积增加。1958年，县商业部门到坑北建立商品蔬菜基地数百亩，全年调出鲜、咸菜数万千克（销往漳州、厦门、华安、龙岩等地）。1966年，全县蔬菜及饲料种植面积达7403

亩，其中国营和集体蔬菜基地 1284 亩。1985 年蔬菜（含饲料）面积 9394 亩，为有史以来最多。此后，许多菜地改种芦笋。1988 年，蔬菜及饲料面积 7069 亩。

蔬菜种类主要有洋葱、葱、蒜、芥菜、小白菜、大白菜、包菜、花莱，蕹菜、芥蓝菜、菠菜、白芋、槟榔芋、匏瓜、南瓜、冬瓜、丝瓜、四季豆、豆荚、豌豆、辣椒、甜椒、姜、茄、西红柿、球茎甘蓝、甘蓝菜等。

（9）果和茶

民国时期，县境有荔枝、龙眼、桃、梨、石榴、枇杷、无花果、香蕉、番石榴、柚等果树，一般只是在房前屋后零星种植，产量很少；茶则无人栽种。

1958 年，县商业部门到径里大队的下溪建立农场，种植荔枝、番石榴、桃、李和香蕉，共 20 多亩。有些大队及农户也开始种果，坑内大队也种下一些茶树。此后，通过植树造林，改善生态环境，果茶生产有所发展。1978 年，全县有果树 952 亩，产量 8.91 万千克；茶叶 67 亩，产量 650 千克。1981 年后，农户种植果树较多。1988 年，全县有果树 4298 亩，当年投产 1413 亩，产量 61.93 万千克；而茶树则因经济效益低，仅存零星少量。

1988 年水果总产量中，柑橘占 72.3%，荔枝占 8.2%，李占 7.6%，香蕉占 4.3%，龙眼占 2.1%，还有桃、凤梨、梨、枇杷、番石榴、无花果、柚、石榴、芒果、林檎（番荔枝）、余甘、草莓、橄榄、柿、木瓜、葡萄等。

1988 年，各乡镇的水果面积如下：西埔镇 1078 亩，前楼乡 1042 亩，樟塘乡 848 亩，杏陈乡 802 亩，康美乡 354 亩，陈城乡 113 亩，赤山林场 54 亩，其他单位 7 亩。行政村中，前楼乡径里村种植水果最多，有 220 亩，平均户种近 1 亩。该村还有明、清时期种的荔枝、芒果各数株。

（10）其他经济作物

县境经济作物除以上记载外，还有芝麻、黄麻、烟叶、蘑菇等及多种药材。

1966 年有芝麻 933 亩，产量 2.41 万千克，平均单产 26 千克，为有史以来最多。其中集体产量占 50.2%，农户产量占 49.8%。“文化大革命”开始后，芝麻种植面积大减，1974 年仅 60 亩，产量 1050 千克；1988 年仅少数农户少量种植。

1965 年有烟叶 201 亩，皆集体种植；此后逐步减少，1980 年尚有 37 亩，1988 年仅有个别农户种植，为数极少。

1966 年有黄麻 18 亩，集体种植；此后逐步减少，1979 年仅 1 亩，1980 年起无人种植。

药材资源丰富，但人工生产的不多，有姜黄、乙金、麦冬、菊花、生地等。

（11）芦笋

1979 年冬，县供销联社和县外贸局从云霄常山华侨农场引进美国芦笋种子（玛丽·华盛顿），在南埔、山口等地试种，1980 年定植 56 亩，1981 年有 230 多户种植 538 亩。1982 年起，农业部门把芦笋生产列为重要项目进行技术探索，在新闻部门的大力宣传下，使芦笋生产得到发展。1984 年在进行农业区划时，对全县耕地进行分析，认为其中最适于种芦笋的有 2 万亩，较次的有 1～2 万亩，从而提出调整农业结构、建立万亩芦笋生产基地的建议。县人民政府采纳这一建议，要求各部门做好产前、产中、产后的服务工作，出现“芦笋热”。1985 年，全县 60 个村中有 52 个村 4000 多农户种植芦笋共 10 042 亩（累计数）。这年，引进的 Uc 系列品种产量较高，品质较好，得到推广。至 1988 年，芦笋种植面积 31 597 亩，占农作物播种面积的 23.34%，占耕地总面积的 39.94%。出现许多芦笋专业村与芦笋专业户。其中千亩以上的村有：白埕 1895 亩（占耕地总面积 83.5%），探石 1850 亩（占耕地总面积 83.5%），湖塘 1700 亩（占耕地总面积 766%），陈城 1996 亩（占耕地总面积 72.8%），山口 1705 亩（占耕地总面积 62.1%），岱南 1600 亩（占耕地总面积 60.6%），东沈 1420 亩（占耕地总面积 40%），梧龙 1035 亩（占耕地总面积 35%）。此外，黄山村种 792 亩，占耕地总面积 71.8%，也属较多。全县芦笋产量 2649.16 万千克，为全国最大的县级芦笋生产基地。

1988 年，全县芦笋总产值（当年价，下同）7000 万元，占农业总产值的 26%，占经济作物产值的71.5%。按农业人口平均每人590元。由于芦笋等经济作物迅速发展，使农业总产值从1980年的4108.84万元，增加到1988年的26 930.2万元，增加5.5倍。

县内生产的芦笋，主要向常山罐头厂等单位提供原料，制造芦笋罐头，出口换取外汇。其间接创汇数额，1984年为30.99万美元，1985年为155.35万美元，1986年为755.2万美元，1987年为1316.06万美元，1988年为3094万美元。

1979—1981年，福建省外贸部门和常山罐头厂协同制定扶持芦笋生产政策，每种一亩芦笋给200元贷款（利息由罐头厂付），供应氮肥200千克，原粮400千克。1982—1984年，收购1千克芦笋奖售原粮1千克、氮肥0.5千克。1985年后，允许农户在以现金完成粮油合同定购任务和完成甘蔗种植任务前提下，自由安排芦笋种植。同时，金融部门以贷款支持芦笋生产所需资金。

中共东山县委报导组深入重点村、重点户了解情况，总结经验，撰写文章，在各级报刊发表(1981—1986年共16篇)。还通过多种形式大力宣传，不仅推动县内芦笋生产的发展，且引起外县、外省的重视。

4. 良种推广

1950年后县农业部门指导农民选留良种。农业合作化后，农业部门指导各社队建立留种田，自繁自用。1956年后，县种子工作站、良种繁育场、农科所相继成立，三个单位分工协作开展良种引进、繁育和推广。30多年来从县外引进农作物品种约300～400个。各人民公社生产队普遍建立留种田，自选自繁自用，对种苗进行提纯复壮。1974年后各公社、大队先后建立农科站、农科队，开展水稻、花生、甘薯的良种栽培示范和批量繁殖。许多科研人员和农民采用杂交办法培育出一些良种。县农科所农艺师徐钦顺等育成的甘薯东良1号与2号、水稻东竹1号与2号，径里农民技术员吴德全育成的水稻开泉尖，都曾被推广种植。

民国时期，堪称良种的水稻有田头爷，甘薯有婴哥番（其品质好但产量不高）、接芋种，大麦有六棱麦。1950年后，引进的水稻、甘薯、大小麦、花生、甘蔗和其他作物的品种甚多，特别是1980年引进芦笋种植重大经济社会效益。

（三）林业

1. 林木种类与引种

1950年前，县内有竹木树种26种，台湾相思（相思仔）、垂柳（柳）、马尾松（松）、香樟（樟）、牛鼻樟（千金仔）、苦楝（苦茶）、乌柏（琼仔）、大叶合欢（槐）、银合欢、刺桐、小叶榆（鸡筹）、榕树（成林松）、黄槿（棵叶树）、麻风树、枫、木荷、桑（钟随）、侧柏（扁柏）、苏铁（铁树）、赤桉（桉）、朴树、刺竹、麻竹、石竹、观音竹、凤尾竹。至1950年后，保存下来的有25种，其中的凤尾竹已绝迹。1952—1988年引进种植的竹木有47种，见表5-27-8。

表5-27-8 1952—1988年引进主要树种

树种名称	引进年份	造林地点	引进渠道	树种产地
木麻黄	1952	全县各地	省林业厅	越南
大叶桉	1956	四旁	龙溪地区林业局	澳大利亚
柠檬桉	1956	四旁	龙溪地区林业局	澳大利亚
隆绿桉	1958	四旁	龙溪地区林业局	澳大利亚
法国枇杷	1959	岱南、赤山林场	龙溪地区林业局	法国
花竹	1960	坑北、下垵、西坑	诏安	诏安
毛竹	1961	坑北、下垵、径里	南靖	南靖
银桦	1964	四旁	同安	澳大利亚
婴络柏	1961	四旁	同安	澳大利亚
重阳木	1962	四旁	龙溪地区林业局	澳大利亚

续表

树种名称	引进年份	造林地点	引进渠道	树种产地
南洋楹	1962	四旁	龙溪地区林业局	澳大利亚
白千层	1961	西山岩工区、县人民会堂等处	广州	海南
凤凰木	1961	四旁	龙溪地区林业局	广州
川楝	1963	四旁	龙溪地区林业局	四川
思矛松	1960	径里	云南	云南
黑松	1963	赤山林场、大帽山工区	省林科所	日本
大叶相思	1961	县政府后院	漳州市林业局	澳大利亚
硫球树	1961	西山岩工区等处	省林科所	日本
黑荆	1960	下溪苗圃等处	南靖县	澳大利亚
木棉	1962	四旁	云霄县	广州
母生	1972	四旁	省林科院热林所	海南
孔雀豆	1972	四旁	漳州市林业局	广州
湿地松	1975	赤山林场	省林业厅	加拿大
火炬松	1979	赤山林场	省林业厅	美国
喜树	1972	四旁	龙溪地区林业局	广州
霍霍巴	1983	大帽山试验区、顶上	省林业厅、广州种子公司	美国
马占相思	1984	赤山林场、大帽山试验区	林下林场	澳大利亚
肯氏相思	1984	全县各地	龙溪地区林业局	澳大利亚
毛荆相思	1987	东门屿、赤山林场	省林科院热林所	澳大利亚
铁道木	1984	大帽山工区	云南	云南
澳洲金合欢	1984	大帽山试验区	温州	澳大利亚
南美金合欢	1986	东门屿	省林业厅科教处	南美洲
台湾桤木	1986	坑北、埋英村	省林业厅科教处	台湾省
台湾金咸树	1986	东门屿	省林业厅科教处	台湾省
桃花心木	1988	西屿、东门屿、西埔	广东热林所	海南

新引进树种还有少量龙柏、圆柏、蒲葵、假槟榔、盆架子、羊蹄甲、黄玉兰、白玉兰、八宝树、臭椿、香椿、新银合欢等（这些树种多植于机关企事业和学校的庭院或屋旁）。

除澳洲金合欢、八宝树已绝迹外，引进新树种都已培育成林。其中1983—1988年引进3批霍霍巴，在大帽山造林30多亩，经省科委鉴定能保持原有经济特性，可以推广，为县内发展创汇农业项目之一。

2. 林种分布

1950—1988年全县新造成森林面积91 455亩，其中优良树种林分面积和分布情况如下。

马尾松48 750亩（包括黑松），占森林总面积的53.3%，分布在后林、张家、径口、礁头、埔头、前楼、西坑、岱南、冬古、石埔、坑北、坑内、港西、下湖、澳角、陈城、岐下等村。其中的黑松是绿化荒山、石头山和小岛屿的优良树种。

木麻黄23 301亩，占森林总面积的25.5%。木麻黄是绿化沙滩的先锋树种，已成为沙滩优势林分，分布在全县各地。绿化沙荒，营造海岸防护林和农田防护林带的全是木麻黄。公路林也大都是木麻黄。

相思树7404亩，占森林总面积8.1%，分布在坑北、石埔、坑内、港西、下湖、后林、古港、西坑、径里、陈城、岐下等村。

湿地松3000亩，占森林总面积的3.2%，在赤山林场和梧龙、白埕、港口、坑北等村。

柠檬桉5000亩，占森林总面积的5.5%，除作为“四旁”造林树种外，已在山地、沙滩上成片种植。主要分布在坑北、张家、樟塘、港口、赤山林场等地。

大叶相思、肯氏相思4000亩，占森林总面积4.4%。1984年以来，引进大叶相思、肯氏相思于各处山地大面积营造薪炭林。据赤山林场大帽山工区试验测定，亩年产薪炭材超1吨，既可加快绿化荒山，又可提供更多燃料。

3. 森林蓄积量

1972年山林普查结果，全县森林总蓄量60 290立方米。其中，有林地蓄积量52 520立方米（防护林52 450立方米，用材林70立方米）；散林蓄积量7770立方米；杂竹99 700株。

1984年林业区划调查，全县森林总蓄积量201 409立方米。其中有林地蓄积量193 463立方米，占总蓄积量96%；疏林地蓄积量7946立方米，占4%。此外，还有四旁林木和杂竹。

县内有林地大都为分布在沙滩的防护林。主要是用来抗风固沙，一般不主伐。特别是沿海的基干林带、风口防护林和沙丘固沙林，严禁砍伐。散（疏）林蓄积量属于木麻黄、相思树。全县基本没有用材林蓄积量，建设用材还是要依靠外地支持。

4. 造林育林

民国时期，东山只有少量造林。民国31年和民国34年春曾两次组织民众植树造林，但造林后无人管理，成活率低。至1950年，全县零星“风水林”、“护村林”共345亩，岛上大小山头光秃秃，沿海荒滩白茫茫。

1950年5月后，中共东山县工委、县人民政府十分重视发展林业生产，治理风沙灾害。经多年无数次试验，在飞沙地上栽木麻黄植树造林获成功。1959—1966年的8年中，全县依靠集体力量，有计划有组织大规模营造防护林和农田防护林带。到1966年累计造林8万多亩，使海岛得到绿化。1964年后，县历届政府切实把造林育林护林列入重要议事日程，抓出成效。1974年7月，全国农业展览馆设立东山林业馆，展示东山林业示意图、林业生产图片和木麻黄材制成品，并放映《东海绿洲》影片。

改革开放以来，县领导人弘扬谷文昌精神，带领全县人民大举造林与种果，把绿化平原、消灭荒山列为重点建设工程，组织实施。县委、县人民政府还研究制订出干部任期造林绿化目标责任制，实行县领导成员挂点包片，各部门领导人挂钩包乡镇的制度。各乡镇也与各村党支部、村委会签订开发山地、绿化平原、荒山以及保护森林资源、落实“三防”（防火、防病虫、防乱砍滥伐）措施的奖惩责任制。1980—1988年，全县累计出动54.3万人次参加义务植树，营造各种林木335万株，1988年全县森林面积9.18万亩，已经形成林网、林带、片林配套，防护林、薪炭林、用材林林种合理配搭，山、田、路综合治理的造林格局。

（四）依附于农业的农产品加工业、手工业、建材业

1. 农产品加工业

1984年，县水产供销公司建水产食品罐头厂，试产香螺、鲨鱼块、虾仁、花蛤、芦笋、蜗牛、鱼肉等罐头制品获得成功。东山是全国芦笋主要生产基地。1986年县糖厂建芦笋罐头车间，县商业局和漳州市副食品公司合资在尖山投建商业罐头厂。1988年，陈城乡建陈城罐头厂。樟塘乡和漳州罐头厂联合在樟塘村筹建漳东联营罐头厂。年底，全县投产的罐头厂计4家，产量2656吨，产值1062.4万元，利润61万元。

2. 塑料加工

1966年县内始有塑料工业，由广东省轻工进出口公司汕头支公司提供聚乙烯单丝，委托纺社加工绳缆。塑料绳缆按加工工艺分为光股绳、花股绳、线型绳3类43个规格，定为“双鱼牌”中国绳缆Ⅰ号出口产品。1974年后，增办一些塑料制品加工厂，到1988年，全县主要有塑料制品、塑料绳缆一、塑料绳缆二、塑料玩具、铜陵绳缆、杏陈绳缆、杏陈拉丝、杏陈建星、前楼绳缆9个厂，生产绳缆制品776.54吨，塑料制品2515吨，塑料编织袋137万条，利润共48.10万元。PE塑料绳缆获国家轻工业部优质产品铜牌奖。

3. 建材业

（1）砖瓦

清代，埔上村有3座砖瓦窑，产品供应农村。民国时期，房建项目很少，砖瓦业没有什么发展。1958年起，砖瓦业逐步发展。县里第一建筑工程公司在大伯公山建耐火砖厂，用铜钵与前余交界的田土为原料，生产耐火砖，其产品有扇形、方形两种，可耐1000℃高温，部分产品据用户设计要求定型生产。此后，砖瓦厂发展甚多，其中石埔、下湖质量和产量名列前茅。所产砖瓦除满足县内建设需要外，还外销广东省。1988年旅居新加坡的华侨林先生投资112万元在杏陈乡张家村兴办建美机砖厂。1988年，全县有机砖厂16个，其中轮窑5个，立体窑11个，年产量4173万块，产值417.3万元，砖瓦厂10个，年产量840万块，产值137.7万元。

（2）石料

东山花岗岩主要分布在铜陵、康美、樟塘、杏陈等乡镇；沉积岩主要分布在坑北、石庙、亲营、湖仔、岐下等山和沿海部分岛屿。花岗岩蕴藏量很丰富。沉积岩呈黑褐色，质地细腻，水磨石素雅幽深，古色古香，可作建筑石料和石雕材料。东山开采和加工石料历史悠久，铜陵武庙前的石狮、石雕浮龙、文峰塔上的石葫芦和各大庙的龙柱以及一些建筑石刻等都采用地产石料。花岗岩石料还销往诏安、云霄等地。

随着建设事业发展，县内石匠已不能适应需要，惠安县石匠闻讯而来，1983年石匠达1000人以上，仅樟塘村就有惠安湖埭头村石匠100多人。在八尺门海堤、向东渠、西埔湾海堤等大型建筑工程的建设实践中，本地石匠队伍逐步壮大，惠安籍石匠逐渐离去。

1984年4月，县城乡建设局在铜陵镇五里亭新村创办县石料开发公司，用县内花岗岩生产石料，用广东省大理石加工为贴墙、石片板，用沉积岩生产石雕，主要产品有石麒麟、石狮和石熊猫抱竹等。为了扩大生产，在樟塘村设立加工厂，1986年产值2万元，1987年因资金困难而停产。至1988年，县内石匠根据建设工程和民用建设需要开采加工石料。

（3）壳灰

铜山沿海海底有丰富的贝壳资源。明代就开始用贝壳烧制壳灰。1952年后壳灰用量逐步增加。1958年手工业联合社在城关建壳灰加工厂，县供销社在双过山建壳灰工场。随着基建用灰增加，农村也相继办起一批壳灰厂。1958年全县壳灰产量8352吨，其中国营产量4303吨；1962年壳灰产量4485吨，其中国营产量3232吨；1966年壳灰全部是国营生产，产量4596吨；1974年壳灰产量3034吨，全部国营厂生产；1975年壳灰产量6961吨，其中国营产量2606吨。1979年壳灰产量达到最高峰为21 200吨，其中国营产量3708吨，后来水泥逐步代替壳灰，壳灰产量逐步减少。1981年，壳灰全部由集体和个体壳灰厂生产，产量13 883吨。1982年壳灰产量10 416吨。1988年12家壳灰厂生产壳灰12 297吨。

四、主要海洋产业基本情况

东山岛海洋开发历史悠久，改革开放以来取得较快的发展，现已形成海洋渔业、海洋水产品加工业、海洋盐业、海岛风电业、滨海砂矿采掘业、海洋船舶工业、海洋交通运输业及滨海旅游业等较为齐全的海洋产业体系。

（一）海洋渔业

东山县海域辽阔，历史上海洋捕捞作业区主要为南起北纬22°30′、北至北纬24°0′间10～100米等深线近内海，渔场面积26 300平方千米。东山海岸带和滩涂的类型齐全，10米深以内的浅海面积239 950亩，滩涂14 100亩，盐场港道、纳潮沟及围垦区可养殖的面积计25 167亩，还有淡水池塘、水库、埭沟、山塘计6646亩，皆可供养殖。水生生物资源已鉴定的有644种，其中鱼类229种，软体动物198种，节肢动物66种，海藻91种，其他海产动物60种。渔业资源丰富，是福建省重点渔区之一。

东山渔业生产历史悠久。大帽山贝丘遗址出土的鱼骨贝壳，证明在新石器时代（4000多年前）就有人捕鱼拾贝。民国时期《福建渔业史》记载，元末东山岛有许多民众以捕鱼为生，岛之东北隅有金、丁、马、铁四姓20多户聚居业渔。明代中叶，造船、织网和制钓手工业发展，促进了渔业生产。明末清初，战乱频繁，清顺治十八年（1661年）朝廷强令“迁界”移民，渔业荒废。康熙十九年（1680年）“复界”，渔业复苏。随后，传入许多新的捕鱼方法，生产单位增加，规模扩大。至民国5年（1916年）东山建县时，有渔船781艘，水产品年产量约5000吨。日本侵略军侵犯东山期间，对渔业生产的破坏甚为严重。以致抗战胜利后，渔业生产甚难恢复。民国38年，全县渔船785艘，年水产品产量6500吨。

1950年5月建立人民政权后，实行渔业民主改革，国家发放渔业贷款，促进渔业生产恢复与发展。1952年，水产品总产量9050.8吨，比民国38年增长39.24%。1952年冬起，实行互助合作，加强技术指导，1955年水产品总产量又增到12 266.55吨。1962年全县水产品总产量13 131.6吨，比1955年仅增长7%。经推广灯光围网作业，1966年，水产品总产量30 658.5吨，比1962年增长1.33倍。1967年起，生产秩序不正常，产量下降，1976年仅8362.95吨。中共十一届三中全会后，改革渔业生产关系，重视科技成果推广，进行渔业区划，实行“调整近海作业，大力发展养殖，搞好保鲜加工，提高产品质量”的方针，1985年全县水产品总产量恢复到1966年水平（略超），1987年增到50 219吨，为有史以来最多。1988年，因台风影响，产量降为42 044吨。

2008年全县拥有机动渔船2531艘，总吨位86 836吨，总功率304 776千瓦，海洋捕捞产量145 498吨；海水养殖面积91 110亩、产量127 554吨，淡水养殖面积6945亩、产量7473吨。全县水产品总量达280 525吨，总产值258 889万元（当年价格），约占大农业总产值的86%。

1. 海洋捕捞

（1）捕捞渔场与渔汛

东山县海洋捕捞历来多在闽南渔场至台湾浅滩渔场。按自然条件差异，分为以下4个海洋捕捞作业区。

沿岸作业区。为10～40米等深线水域，面积2980平方千米，占渔场总面积的11.33%。其底质以泥沙为主，海岸以基石为主。海岸线长141千米，构成东山、苏峰、诏安等三大海湾（其内共有18个小港湾）。南澎列岛渔场、兄弟岛渔场都在此区内。主要鱼类有140多种，以绒纹单刺鲀、毛虾、康氏小公鱼、日本鳀、哈比仿对虾、蓝圆鲹、金色小沙丁鱼、二长棘鲷、鲬鱼、带鱼、大黄鱼、马鲛等较多，还有龙虾、石斑鱼、枪乌贼等。此区开发早，是主要渔场，也是春夏汛旺产渔场。现作业手段主要有灯光围网、定置网、舷拖网、搬山网、流刺网、定刺网、延绳钓、手钓、龙虾罾等。

近海作业一区。为40～60米等深线海域，面积19 750平方千米，占渔场总面积的75.1%。其底质为砂泥或砂，西北部平缓，东南部为台湾浅滩，两侧岩礁密布。主要鱼类130种，其中蓝圆鲹、金色小沙丁鱼、脂眼鲱、竹筴鱼、鲐鱼、羽鳃鲐、鲷鱼、马鲛、蛇鲻、鲳鱼、枪乌贼、日本对虾、斑节对虾等较多。此区是大、中机帆船的主要作业区，有灯光围网、机拖网、流刺网和钩钓等作业。底层鱼类已较充分捕捞，台湾浅滩珊瑚礁鱼类资源有一定数量，中上层鱼类和枪乌贼资源较丰富。

近海作业二区。为60～100米等深线海域，面积3570平方千米，占渔场总面积的13.57%。其底质为砂或砾，西南部较平缓，东北部为台湾浅滩区。主要鱼类50多种，其中蓝圆鲹、金色小沙丁鱼、脂眼鲱、鲐鱼、颌圆鲹、大甲鲹、眼镜鱼、乌鲳、蛇鲻、金枪鱼、枪乌贼、鲨鱼等较多。因位于台湾海峡南部喇叭口，受东北季风和西南季风影响较大，春、夏有分层流，冬有逆风流，作业条件较差，年可作业天数为110～140天。目前，只有灯光围网和部分机动船单拖网进行季节性生产。生物资源潜力较大，是近期重点发展的捕捞区。

外海作业区。为水深100米以上至大陆坡边缘的深海。鱼类资源有鲔、鲣、旗鱼、鲨，还有鲹、鲐等。县内渔船对此区至今仍在探捕试验，探索适应环境的设备和技术，俟条件成熟，加以开发利用。

（2）渔港

东山岛有渔港9个，其中一级渔港1个（大澳）、二级渔港4个（冬古、澳角、宫前、岐下）、三级渔港4个（后林、古港、南门、前楼）。

大澳一级渔港，位于铜陵镇西北部，与后澳避风港毗邻，1975年9月兴建，1977年竣工并投入使用，国家农牧渔业部水产局和县财政共投资524.58万元；港池水域面积36万平方米。港中码头堤长420米，驳岸长100米，13个泊位，可停泊600艘小机帆船。码头前沿水深4米，低潮水深2米，不受涨退潮影响；码头堤岸东、西两端各建一供水站，堤东还建供油站；港区陆域面积10万平方米，建有冰库、冷藏库、水产罐头厂、水产品收购场、渔需品门市部、县水产供销公司、市和县的渔政管理站、漳州渔港监督东山监督站。附近还有县办与镇办的制冰、冷藏、加工、渔机渔船修造等企业，形成较完备的渔港配套体系；福建、台湾、广东等省许多渔船常来此停靠交售鱼货、补给渔需物资、避风。夏汛期间，每日有数百艘渔船进出此港。

澳角二级渔港，位于陈城镇澳角村北部，经1986年和1999年两次建设，现已建成西防波堤长500米，北防波堤188米，护岸486米，形成港池水域面积8万平方米，可泊机帆渔船300艘。港区陆上设有水产收购站，水产品冷冻加工厂3家，日制冰300吨、冷藏量600吨/次，油库一座，库容500吨，大口井一个，日供水100吨，修造船厂2家，可建造50吨级400马力的木质渔船。该渔港拟在二级渔港的基础上扩建成一级渔港，已得到农业部和福建省海洋与渔业厅批准，现正在筹建中。

冬古二级渔港，位于车山岛东南部东古树海岸，1981年，国家投资建成冬古湾硅砂码头，堤长175米，供500吨轮船停靠装运硅砂。堤内海域遂成为渔港，港池面积20公顷可停泊小机帆船300艘。码头上有村办供水站和国营供油站。

宫前二级渔港，位于东山岛南部宫前湾东岸。1986年，地方国营西港盐场在宫前湾建引水港海堤，长400米。堤内海面遂成为避风港，可泊小机帆船140多艘。1988年开始筹建渔港。

岐下二级渔港，位于东山岛西部，岐下村的西北岸。码头长70米。水深，避风条件好，可泊渔船数百艘。

后林三级渔港，位于东山岛北部八尺门海峡南岸后林村。

南门三级渔港，位于东山岛东北部铜陵南门澳。铜陵南门澳岸边岩石形成天然码头，历来为多种作业渔船停靠装卸点。附近海中有许多小礁石，县渔业部门于1971年顺礁石态势砌起70米长的人工码头，与天然码头连接。此码头在涨潮时，可停靠百吨位以下渔船100多艘。码头上有供油点，附近有自来水供应站。

古港三级渔港，位于东山岛北部樟塘古港村。

前楼三级渔港，位于东山岛西部招安湾东岸前楼镇，西坑村。

（3）渔船

清道光二十一年至三十年（1841—1850年），东山岛有渔船356艘。1916年，全县有渔船781艘，1934年增到939艘。日本侵略军进犯东山期间击毁东山渔船217艘。抗日战争胜利后，渔船数量逐渐恢复，至1949年有785艘，计2518吨位，皆是木帆船。

1950年后，渔船数量增加较快，1957年有木帆船1396艘，计3941吨位。1961年，城关渔业机帆大队成立，始用机动船，计10艘（740马力）。1962年，县水产局从汕头造船厂购进1艘70吨位135马力的机动船，为生产实验和指挥之用。此后，木帆船、机动船不断增加。至1969年，全县有机动船87艘，计3217吨位、7020马力；木帆船1271艘，计3262吨位；辅助船283艘，计325吨位。随着生产发展和技术水平的提高，木帆船逐步改装为机动船，至1983年改装完毕。1988年，全县木质机动船1223艘，计15 642吨位、73 868马力（其中灯艇161艘，4307马力）；非机动辅助船238艘，计355吨位。船体逐步增大。木帆船，民国38年平均每艘3.27吨位；1960年平均每艘3.78吨位；1982年（有40艘）平均每艘9.32吨位。机动船，1988年平均每艘12.79吨位。现有渔船绝大部分由县内造船厂（作坊）制造。2008年全县在册捕捞渔船1400多艘，总功率超过27万千瓦，其中60马力以上渔船1280艘，钢质渔船456艘，占60马力以上渔船总数的1/3以上。

（4）捕捞作业情况

元代以前，东山的渔具渔法简单，只有在海岸边进行手钓、竿钓。元末，有闸泊小网作业，捕捞区域多在海滩潮间带。明中叶后，有搬山网、竹桁等作业。清康熙后，出现打鹈、牵风、扫虮、沿仔绫、幼绫、驶捕、龙虾罾等作业，捕捞区域扩展到水深三四十米处的海区，有的还到水深五六十米的近海或到广东的神泉和甲子渔场捕捞。民国时期，船网具又有改进，并从广东等地引进一些新渔法，相继出现档桁、空饵钓、乌鱼钓、鱿鱼手钓、石斑鱼手钓、章鱼螺等作业，捕捞区域扩展到水深七八十米的近海，有的还到广东、浙江的近海渔场捕捞。1950 年以来，随着渔业科技的进步，船体的增大、网钓具的改良、机械及电讯设备的推广使用，先后出现双（对）船拖网、单船拖网、灯光围网、多层绫、大目流刺网、三重流刺网、鲎绫等作业。由于生产能力提高，天气预报工作加强，捕捞海区又扩展到水深 100 米左右的海域。少数机帆船曾到水深 100 米以上的外海作业，但仅属探捕。许多渔船还到粤东渔场、舟山渔场等海区捕捞（仍属当地的近内海区）。至 1988 年存在 21 种作业，即：竹桁、档桁、搬山网、掷、牵风、对拖、单拖、虮绫、沿仔绫、多层绫、大目流刺网、三重流刺网、鲎绫、灯光围网、鲨鱼钓、乌鱼、鱿鱼手钓，龙虾罾、章鱼螺等。当年海洋捕捞产量 38 652 吨，占全县水产品总产量的 91.93%。其中，定置类作业产量 18 006.2 吨，占 46.58%；灯光围网作业产量 11 810.65 吨，占 30.57%；机拖作业产量 3125.4 吨，占 8.09%；流刺网类作业产量 2942.25 吨，占 7.61%；钩钓类作业产量 412.5 吨，占 1.07%；还有搬山网等其他作业产量计 2355 吨，占 6.08%。

表 5-27-9 多年东山岛捕捞海产品产量情况 单位：吨

	1974 年	1975 年	1978 年	1979 年	1980 年	1983 年	1985 年
鳀鰛	4084.90	4972.80	11 756.90	6595.25	10 294.15	15 571.30	15 272.75
三角鱼	577.70	690.25	931.00	2188.40	734.90	342.25	2199.40
海虾	317.40	296.40	34.65	23.00	57.50	189.80	367.85
鱿鱼	12.80	128.15	29.00	24.80	54.00	69.95	594.85
海蜇	0.50	—	0.60	—	3.60	2.80	6.00
带鱼	71.65	88.80	46.85	15.00	83.20	374.70	889.05
马鲛	0.25	5.95	159.00	376.50	225.15	358.65	202.05
蟹类	15.50	44.00	11.35	10.00	10.00	36.35	160.95
墨鱼	1.50	4.05	—	—	0.80	23.80	45.55
鲳鱼	—	7.00	—	2.45	101.00	54.20	32.20
大黄鱼	1.20	23.50	5.50	25.00	81.75	3.50	76.85
鲨鱼	1.95	63.30	44.75	143.55	127.40	21.25	135.65
石斑鱼	—	—	—	—	—	22.75	74.00
鳗鱼	0.35	4.95	2.50	3.50	2.75	29.45	33.40
鲷鱼	—	—	—	—	1.00	20.55	50.75
鳓鱼	0.15	12.55	1.00	—	4.00	23.00	28.00

（5）捕捞的海产种类

鱼类，共有 19 目 107 科 154 属 229 种。海洋鱼类中，常见的有蓝圆鲹（吧哴、鳀）、金色小沙丁鱼（鰛）、脂眼鲱、圆腹鲱（尖水）、羽鳃鲐（马鲛）、小公鱼（江鱼母）、真鲷（咬力）、黑鲷（黑格）、鲨鱼、带鱼、大黄鱼（红瓜）、二长棘鲷（咬力姑）、蓝点马鲛、康氏马鲛（涂套）、银鲳、蛹（牛尾鱼）、刺鲳（肉鲫）、石斑鱼（鲙）、三角鱼等 50 多种。产量以鳀鰛等中、上层鱼类为最多，三角鱼次之，石斑鱼等名贵品种也不少。淡水鱼类中，常见的有鲢、鳙、鲫、鲤及尼罗罗非鱼。

软体水生动物，共有 198 种。其中常见的有各种枪乌贼（鱿鱼）、墨鱼、杂色鲍、泥蚶、牡蛎、蛤和螺，尤以台湾枪乌贼、小管乌贼最负盛名。

节肢动物，共有66种。其中常见的有各种虾、蟹和中国龙虾及鲎，以哈氏仿对虾、三疣梭子蟹和远洋梭子蟹产量为最多。

海藻类，共有91种。其中紫菜、海带、石花菜、海萝、羊栖菜、虎茜、铁丁菜等产量最多。

其他海产动物，有60种。其中常见的有海胆、海蜇、海参、海龟、海豚等，以海蜇、海胆产量较多。

2. 水产养殖

东山于明代就有淡水养鱼，清代有滩涂养贝。由于县内淡水资源少且常遇干旱，管理粗放，淡水养鱼产量很低。海水养殖则由于水域滩涂资源多，发展较快。民国时期，“钱岗蚝”、“白埕蚶”在县内外享有盛名。天然礶紫菜经人工管理，产品名扬海内外。

1957年后，水产养殖业受到重视，泥蚶、牡蛎的养殖面积和产量逐步增加，紫菜、海带的人工养殖也有发展。1970年，全县水产养殖面积2462亩，产量270.45吨。其中，海水养贝1401亩，产量191.50吨；海水养藻28亩，产量29.9吨；淡水养鱼1033亩，产量49.05吨。后因部分滩涂改建盐埕，贝类养殖减少。

1979年，贯彻中共十一届三中全会精神后，渔民、农民和盐工进一步开发利用滩涂、近浅海、港道及淡水域等发展养殖业。1982年后，贯彻全国海水养殖工作会议提出的“以养为主，养殖、捕捞、加工并举，因地制宜，各有侧重”方针，水产养殖业又有新发展，除海带养殖因台风破坏和销路不佳而缩减外，其他项目继续扩大规模，还发展了鳗鱼、对虾、红蟳、扇贝、乌蛇、珍珠贝、鲍鱼等人工养殖。1986年出现“对虾热”，养对虾5203亩，产量353.8吨。1988年，全县水产养殖36 385亩，还有网箱养殖水面6705平方米，总产量3392吨，比1978年的1257.35吨增加1.7倍。其中：海水养殖31 346亩（还有网箱），产量2941吨（贝类4392亩、产量784吨，藻类95亩、产量15吨，对虾1.5万亩、产量1799吨，鱼类11 850亩加网箱、产量338吨，蟳9亩、产量5吨），占全县水产品总产量的7%；淡水养鱼面积5039亩，产量451吨，占全县水产品总产量的1.07%。

2008年全县海水养殖面积9.1万亩，养殖产量12.76万吨，淡水养殖面积0.69万亩，产量0.75万吨。

（1）养殖区与分布

全县划分5个水产养殖区，其中4个海水养殖区，1个淡水养殖区。

东山湾南部贝藻类增养殖区，此区位于东山湾南侧，西起八尺门，东至东门屿，岸线长30千米。水域面积136 676亩，占东山湾总面积的36%。其中浅海133 586亩，可养殖面积2.5万亩；滩涂面积3090亩，可养殖面积1599亩。潮间带底层生物量多，饵料丰富，很适宜多种贝、藻、鱼类生长。主要贝类资源有牡蛎、短齿蛤、紫蛤、巴非蛤和江珧，鱼虾资源也较丰富。西部以养殖蛤和牡蛎为主，中部以东宜发展珍珠、海带、紫菜、龙虾及石斑鱼养殖业。全区是江珧资源重点保护区，也是人工放流鱼虾苗种、增殖天然资源的优良场所。

诏安湾北部贝类增养殖区，自西埔湾海堤北端顶上村至杏陈乡高陈村，岸线40千米，0～10米等深线浅海面积15 490亩，可养殖面积5000亩；滩涂面积11 010亩，可养殖面积6756亩。是发展牡蛎、泥蚶、花蛤及增殖紫蛤、巴非蛤的良好场所，为全县最大的贝类养殖区，也有梭子蟹、长毛对虾资源。

西埔湾鱼虾（海珍品）综合增养殖区，位于西埔湾海堤内，围垦面积3.26万亩。海堤长4.35千米，堤内蓄水量最多可达7000万立方米。堤北段有斗门12孔。区内生物资源60多种，主要是斑节对虾、长毛对虾、鲦、鲻、黑鲷、鳗以及蟹类。目前，以开闸进潮纳鱼捕捞、纳苗管养为主，人工养殖已开发8526亩。

东南沿海藻贝养殖和海珍品增殖保护区，自东门屿至陈城乡岐下村，包括南门湾至宫前湾的6个海湾，岸线长60千米。0～10米等深线海域面积90 874亩，区内有许多岩礁岛屿。水面适于养殖紫菜、海带、扇贝等。多数礁石是紫菜、石花菜、海萝等藻类和鲍鱼、海胆、海螺、海参的天然产区。

区内天然水产品多，一般年产海胆 20 万千克，鲍鱼 400～500 千克，紫菜 5000 千克，还有相当多的螺。人工改造管理的礁紫菜，亩产 100～200 千克，质优。人工养殖的有海带、紫菜、珍珠贝、扇贝、鲍鱼等。

淡水养殖区，县境淡水域有池塘、埭沟、山塘、水库，1988 年共 6646.17 亩，分布于各乡镇。因各地的气候和资源状况无明显差异，故统称淡水养殖区。

（2）养殖品种与产量

褶牡蛎和太平洋牡蛎（1983 年 12 月引进的新品种）：全县养牡蛎 1272 亩，产量 125 吨，平均亩产 99 千克。产地主要在钱岗、后林、古港、城垵等附近海滩。

泥蚶：1980 年起，实行家庭联产承包责任制，泥蚶养殖面积与产量有所增加。1985 年养殖 230 亩，产量 77.85 吨。1986 年出现“对虾热”后，多数泥蚶养殖区被围垦改养对虾。1988 年，只有高陈村养泥蚶 38 亩，产量 12.45 吨。

蛤：县境海滨滩涂有多种天然蛤资源。1981 年，康美、樟塘、杏陈等地农民渔民开始人工养蛤，计 300 亩，年产量 1.67.5 吨；1984 年增到 920 亩，产量 289.25 吨。此后，因养蛤滩涂改养对虾，至 1988 年养蛤者很少。

扇贝：1975 年，县鲍鱼珍珠贝培苗实验站进行华贵栉孔扇贝人工育苗并试养成贝；但推广养殖的条件尚未成熟。1982 年以来，仅县鲍鱼增殖站养成贝 2 亩，年产量 1～2 吨，1988 年产量 2 吨。养殖地点在东门屿、对面屿、虎崆澳。

乌贼：陈城、前楼、杏陈、康美等地海滩有天然乌贼资源。人工养殖乌贼始于 1985 年，上述各地共养 355 亩，年产量 230.7 吨；至 1988 年增到 3080 亩，产量 644 吨。

珍珠贝：1985 年，县外贸局虎崆澳珍珠贝养殖场从广东引进马氏珍珠母贝试养，于 1988 年收获珍珠 6 千克。

鲍鱼：县境许多海湾岩礁有天然杂色鲍鱼资源，历来有人采食，年产量 200～300 千克。1972 年，中国科学院海洋研究所、福建省水产研究所和县鲍鱼珍珠贝培苗实验站的科技人员，组成福建鲍鱼试验组，进行鲍鱼人工育苗和海区养殖试验（品种有杂色鲍、皱纹盘鲍等）。经多年努力，培苗收到成效，但成活率尚低；海区（于东沈赤屿等）放流养殖的养成率也很低。1978—1984 年计获成品鲍 492.5 千克。此项生产尚在探索中。

紫菜：县境兄弟岛、南屿、头屿、二屿、三屿、虎屿、龙屿等岛礁上历来盛产天然礁紫菜，采者甚多。清代始有人工管理礁紫菜。1958 年冬，县水产技术推广站在东沈附近海面进行竹帘养殖紫菜试验，曾育成一株长 237.9 厘米、宽 21.5 厘米、重 200 克巨形紫菜，送到北京全国农业展览会展览。但因竹帘笨重，抗风浪性能差，难以推广。1968 年秋，县水产技术人员试验水面浮动式全人工网帘养殖紫菜成功。1970 年，于城关、马銮、澳角、冬古等地近海推广，计 20 亩，产量 3.1 吨；1979 年增到 194 亩，产量 20.45 吨。1980 年后，多次受台风破坏，养殖面积和产量逐步减少；1988 年仅 50 亩，产量 5 吨（多为个体户所养）。此外，还有一些人工管理的礁紫菜。

海带：1958 年春，县建立海带养殖场，从大连引进海带苗于城关附近海区试养成功。1971 年，县海带场重新养殖海带并育苗，效果较好，得到推广。1979 年，城关各渔业大队和冬古、澳角、宫前、东沈等生产大队，在东山湾、南门澳、马銮湾、冬古湾、澳角湾、宫前湾等海面养殖海带，共 2969 亩，产干品 1652.35 吨，为有史以来最高纪录。1980 年，海带生产受强台风袭击，损失严重，仅存 744 亩，产量 527.4 吨。1983 年，出现全省性烂苗，因无苗而停养。1984 年，有些个体户恢复海带养殖，1988 年产量 3 吨，养于东山湾和冬古湾。

赤菜：东山湾、南门澳、马銮湾、冬古湾、澳角湾及宫前湾附近岛礁上产有天然赤菜，历来有人采食。民国时期，有人工管养赤菜。1950 年后，管养礁紫菜者多兼管养赤菜。1988 年人工管养赤菜 25 亩，产干品 7 吨。

对虾：1984 年秋，县水产局组织人员试养对虾，到 1985 年共养 1002 亩，产量 44.05 吨。于是，对虾养殖很快推广，1986 年出现“对虾热”，全县共养 5203 亩，产量 353.8 吨；1987 年猛增到 1.2 万亩，产量 911.3 吨；1988 年又增到 1.5 万亩，产量 1799 吨。对虾成为县内出口最多的水产品。养殖地点主要在西埔湾养殖区、顶上和杏陈海滩、樟塘和康美海滩及上述两盐场。虾苗，原采用海区天然长毛对虾幼苗。1986 年起，县鲍鱼增殖站、西埔湾围垦管理区等单位先后发展人工培育对虾苗，苗种大部分是长毛对虾。县鲍鱼增殖站还引进东方对虾和日本对虾进行育苗。1988 年，育苗单位有 30 多个（含个体农户渔户），水体共 8000 立方米，年产苗 10 亿尾左右。

鱼类：1980 年，西埔湾围垦区、西港盐场、向阳盐场等单位利用港道养殖经济鱼类，共 1.52 万亩，产量 262.5 吨。此后，养殖面积有所减少，1988 年共 11 850 亩，产量 152 吨。1984 年后渔民林国章从香港引进网箱养鱼技术，取得良好效益。此后，有人仿效。1988 年，八尺门、澳角、冬古、西埔湾、东门屿等海面共有网箱 956 个、水面 6705 平方米，放养石斑、真鲷等经济鱼共 130 多万尾，产量 186.25 吨，多数外销。

红蛶：县境近海区有天然蛶类资源，人工饲养红蛶始于 1984 年西港盐场。次年推广到杏陈等地，共养 40 亩，产量 9.75 吨。1988 年，仅杏陈养 9 亩，产量 5 吨。

池塘养鱼，明代，东山有池塘养鱼。民国时期，城区的南门和农村的东坑、铜钵、东沈、张塘、探石、白埕等地池塘皆有养鱼，这些池塘多属族众所有。当时，春季投放鱼苗（或靠自然繁殖），冬天排水捕捞，管理粗放，产量很少。1952 年后，农村的池塘养鱼得到发展。1986 年，共养 983 亩，产量 171 吨，平均亩产 174 千克。1988 年，共养 1424 亩，产量 275 吨，平均亩产 193 千克。池塘鱼之种类，民国时期多为鲫鱼、鲤鱼、草鱼、鲢鱼、鲻鱼。1958 年引进罗非鱼，1984 年引进福寿鱼、革胡子鲶等，都能适应本地生产条件，有所推广。1985 年后，发展鳗鲡养殖。1988 年，鳗鲡养殖场共 4 个，鱼池面积 36.5 亩，产成鱼 45 吨，销往日本、香港等地。鱼苗从近海区捕取，经海水淡水混合驯养，再入淡水苗池养之，后投放于淡水成鱼养殖池饲养。饵料主要是人工配合饲料。

水库养鱼，西山岩水库 1956 年 4 月建成，投放鱼苗饲养。此后，所建水库、山围塘多有养鱼。1979 年，许多水库实行经营管理责任制，调动了经营管理者的积极性。1988 年放养面积 2187 亩（占 28 个小水库总水面积 2613 亩的 83.7%），年产量 104 吨。主要分布在红旗、龙潭、陈城、崎坑、东英、岱南等水库。所养鱼类主要是草鱼、鲢鱼、罗非鱼、鲤鱼。

埭沟养鱼，县境农村各地埭沟，历史上多有养鱼；但因常受旱，管理差，面积少且单产低。全县埭沟面积 2386 亩，1978 年养鱼 625 亩，产量 24 吨，平均亩产 38.4 千克。1979 年后，逐步实行联产承包责任制，调动了农民利用埭沟养鱼的积极性。1988 年，全县埭沟养鱼共 1428 亩，产鱼 72 吨，平均亩产 50.4 千克。

3. 海洋水产品加工业

元代有盐腌鱼类。清嘉庆年间，对鱼产品加工有干晒法。清代末年，渔行（铺山）开始加工鲝鱿鱼、墨鱼、鲨鱼和鱼翅等。加工熟鳀鳁鱼干、虾干、鱿鱼干、咸蠘外销。1931 年，全县有加工熟鳀鳁鱼干、虾干、鱿鱼干、咸蠘外销的私营水产加工业 113 户。1956 年县水产供销公司建水产加工厂，进行晒、冰冻、蒸熟、炊干、腌制鱼脵、鱼露和鱼松等鱼产品加工。1978 年后，县水产加工出现国营、集体、个体一起上的局面。专业加工与群众加工的品种都大量增加。1978—1980 年本县水产品收购 42 574.45 吨，其中加工 35 404.40 吨，占收购量的 83.16%。1981 年起，捕捞渔船逐步配置保鲜箱或隔热箱，对水产品进行冰盐保鲜。1984 年有 19 种水产加工产品被选赴北京参加 1984 年 10 月全国水产品加工保鲜展览会（即香螺罐头、海鲜香螺、鲨鱼块罐头、金丝鱼茸、陵岛螺片、鲍鱼果、虾片、蜜饯虎茜、海马干、鱼味花生、鱿鱼丝、花蛤肉干、鱼松、鹿角燕、黄瓜鱼胶、虾仁、虾味花生等）。其中鱿鱼丝、鲍鱼果产品获农牧渔业部优质荣誉奖。1987 年铜陵镇水产食品加工厂又加工新产品鱿鱼片、蟹肉、冻虾、冻鳀鳁等出口。1988 年县水产供销公司水产品加工产量 4093.08 吨。此外，还有集体企业和个体户加工的产品。其中，宫前村较多，有 3 个集体单位和 250 户从事水产品加工劳力 300 多人，年加工产品 3000 多吨。

至2008年底，东山县共有水产品加工企业229家，其中规模企业44家。“新福”和“海魁”两个商标获中国驰名商标，取得欧盟注册的企业有4家，获得HACC认证的企业有14家。还有水产冷库78座，年水产品加工能力21.36吨，2008年水产品加工总量14.96万吨，总产值15.69亿元。水产品加工产品出口创汇2.64亿美元，位居福建省之首。

2007年5月8日由国台办正式批准设立“海峡两岸（福建东山）水产品加工集散基地”，选址东山县城安临港工业区，东面临海，西面与主要港路相连，交通便捷。以东山大澳国家中心渔港、水产品综合市场、水产品加工区和保税物流中心为依托，占地3000亩，建成台轮停泊及渔货装卸，水产品综合市场，水产品精深加工、保税物流中心、综合服、船舶修造和渔需渔具供应六个功能区。将成为集生产、加工、仓储、物流等功能为一体的水产品加工集散基地。

（二）滨海旅游业

东山县滨海旅游资源丰富多彩，气候条件优越，海洋环境良好，发展滨海旅游前景广阔。规划开发建设八大旅游功能区：风动石—东门屿观光、朝圣游览区；马銮湾—屿南湾会议体育（培训）度假区；金銮湾国际海滨康乐休闲度假区；乌礁湾森林生态旅游区；大帽山—澳角青少年健身旅游区；西埔湾—西屿岛海钓海鲜美食旅游区；西山岩—南正院森林观光旅游区；西埔、铜陵旅游商品购物区。

经过多年开发建设，基本建成风动石—东门屿、马銮湾、金銮湾、乌礁湾等4个景区，其中风动石—东门屿景区被评为国家4A旅游区和福建省十大风景名胜区。东山县被评为“福建省最佳旅游目的地”和“优秀旅游县”等称号。2008年全县旅游接待118万人次，旅游总收入4.27亿元，东山滨海旅游初具规模。

2008年东山县高分通过“创建中国优秀旅游县”活动。成功举办第二届漳州旅游节、第十七届海峡两岸（福建东山）关帝文化旅游节暨闽台水产品博览会和寓意两岸交相辉映的“海峡情”焰火文艺晚会。成功举办首届全国帆船帆板（福建东山）邀请赛，增强了东山旅游的吸引力，提升了东山旅游的知名度。2010年东山县委县政府开始推进“东山国际旅游岛”建设进程。

（三）海洋交通运输业

东山岛港口资源丰富，经几十年来开发建设，现已形成铜陵港口作业区、冬古港口作业区、澳角港口作业和大嵻港口作业等4个港区。全港现有11个生产性泊位，其中5000吨泊位两个、3000吨泊位两个，其余8个为数百吨泊位的小码头。2008年全港货物吞吐量118.11万吨，同比增长17.7%，其中进口货物53.87万吨，出口货物64.24万吨。

东山港历史上就是大陆与台湾、东南亚通商的港口，现又是对外开放的一类口岸。目前东山港已开辟沿海和远海航线，主要航线有；汕头线、香港线、榆林线、厦门线、上海线、石岛线、天津线、澎湖线、高雄线、日本线等。2008年年底，东山港接待来自菲律宾、马来西亚、新加坡、日本、朝鲜、巴拿马、俄罗斯、美国、希腊、利比里亚、瑞典等17个国籍货轮。

改革开放以来，东山港成为全国首批对台贸易港口，设有铜陵、冬古两个福建省最大的台轮停泊点。县委、县政府努力营造宽松的对台贸易环境，大力拓展以水产品为主的对台小额贸易。积极引进新、优、特品种，实现对台双向经贸交流。2006年对台小额贸易达1590万美元，对台进出口贸易额近4000万美元，对台小额贸易占福建省的50%以上，成为福建省最大的县级对台贸易基地。

（四）海洋盐业

东山岛海湾多、水流缓慢、海滩广阔平展，适于建设盐田。县境四季多为短晴天与连晴天交替，春、秋、冬季常干旱，最宜晒盐。东山近域海水含盐度较高，晒盐周期较短，原盐质量较高，为天赋之晒盐生产基地。

表 5-27-10　清嘉庆二十三年（1818 年）各盐区盐田统计

项目	高陈	探石	港口	北山	前黄	铜钵	大嶝（海岛）	林头	合计
晒盐（户）	23	14	15	12	16	8	11	13	112
漏口（个）	339.5	190	180	110	180	80	132	150	1361.5
盐田（坎）	735	760	360	220	360	160	338	300	3233

表 5-27-11　民国 24 年（1935 年）各盐区盐田统计

项目	探石	岱南	前何	礁头	陈城	大嶝（海岛）	合计
晒盐（户）	263	238	800	236	826	251	2614
劳力（个）	1024	459	1769	680	1682	526	6130
盐田（坎）	1901	1462	1250	892	5748	771	12 024

历史上曾用盆钵装盛海水或煮或晒成盐。据史料记载，漳州自宋代海盐生产技术已有长足进步，明代盐业生产兴旺。清代至中华民国时期，东山盐业几经波折，自 1950 年 5 月以来持续发展。至 1988 年，全县盐田面积 1352 公顷，产原盐 10.81 万吨，分别比 1950 年增 2.41 倍和 22.45 倍。

表 5-27-12　民国 35 年（1946 年）各盐区公堆坨地数量统计

项目		前何	高陈	大嶝（海岛）	岱南	探石	前梧	陈城	礁头	合计
累计	坨地（块）	13	1	9	10	14	1	12	6	66
	面积（米^2）	22 475	3 000	22 786	10 649	23 873	3 000	27 814	3 600	117 197
其中当年新建	坨地（块）	2	1	2	1	2	1	3	—	12
	面积（米^2）	15 000	3 000	15 000	6 000	15 000	3 000	18 000	—	75 000

近 30 多年来，在国家大力支持下，发挥集体力量，大兴盐田及其配套基本建设。同时，东山盐场管理处和许多盐场积极引进先进生产设备和技术，普及科学知识，使生产工艺逐步现代化，单位面积产量和产品质量不断提高。1988 年，全县平均每亩产盐 800 千克，比 1950 年增 5.3 倍；平均每个盐工产盐 32 770 千克，比 1950 年增 12.5 倍；总产量中之优质盐占 82.89%、一等盐占 17.11%，而 1952 年总产量中无优质盐，一等盐占 39.06%。

表 5-27-13　若干年份盐田面积及产量统计

年份	盐工（人）	盐田面积（亩）	年总产量（吨）	优质盐百分比（%）	一等盐百分比（%）
1950	1 906	36 655	4 611		—
1952	3 105	39 308	18 904	—	39.06
1957	2 070	42 932	51 859	—	43.04
1962	2 263	75 877	96 779	—	32.89
1965	2 266	80 369	57 730	—	55.03
1970	2 059	86 111	80 625	44.15	89.26
1975	2 493	108 422	48 632	10.74	63.30
1980	3 052	142 908	120 356	16.70	69.28
1985	2 711	142 533	90 120	27.76	46.16
1988	2 726	135 188	108 144	53.84	17.11

盐业在东山经济中，一向居重要地位。所产原盐，不仅满足县内人民生活和各业生产的需要，还向省内山区县、外省甚至外国运销大量食盐和生产用盐。2005 年底，东山拥有盐田 9333.3 公顷，单产 8.6 吨/公顷，全年原盐产量 11 万吨以上。在改革开放方针指引下，东山盐业正以提高单位面积产量和质量为主，结合多种经营，增加经济效益而稳步发展。

表 5-27-14 1988 年装运原盐专用码头、平台

码头或平台名称	建成年份	可靠岸船吨位	主要使用单位
大嶝复晒平台	1957	50	大嶝村盐场
高陈平台	1960	200	高陈村盐场
康美平台	1960	200	康美乡盐场
大嶝九社码头	1973	400	大嶝村盐场
向阳北堤码头	1976	500	向阳、前何村、埕英村、杏陈乡等盐场
南港平台	1976	（驳船转）	西港盐场
宫前平台	1977	（驳船转）	陈城村盐场
湖塘平台	1977	200	陈城乡新滩盐场
埔头平台	1977	200	埔头村盐场
向阳南堤码头	1977	500	向阳、礁头村等盐场
下西坑平台	1980	200	前楼乡新滩盐场
西崎码头	1987	1000	西港盐场
西埔湾堤南码头	1987	800	白埕村、探石村、西埔镇、陈城乡旧滩、陈城村等盐场
西埔湾堤北码头	1988	800	前楼乡旧滩、岱南村、岱寮村等盐场

（五）滨海砂矿采掘与玻璃制造业

东山岛滨海石英砂矿资源非常丰富，已探梧龙和山只两个大型矿区，总储量达 2.7 亿多吨，其中，玻璃砂（SiO_2含量 97% 以上）6898 万吨、型砂（SiO_2含量 95% ~97%）20 749 万吨。石英砂矿储量、品味、质量均居全国之首。东山玻璃砂的 SiO_2 含量 98% 以上，铁含量低于 0.2%，为玻璃优化原料，产品畅销上海、厦门、青岛、潮州、福州及香港等地；型砂销经北京、上海、兰州、济南、东北、山西、河南等地。

1991 年建硅砂厂 2 个，年产玻璃砂 17.46 万吨，型砂 12.61 万吨。2005 年底，全县共有 25 家硅砂企业，其中规模企业 7 家，年总产值 1.5 亿元。

2008 年旗滨玻璃厂一条优质浮法玻璃生产线建成投产，2011 年 5 月第四条生产线点火投产。东山旗滨玻璃产业园计划总投资 140 亿元，预计到 2013 年 8 条生产线将全部建成，年产值可达 280 亿元以上，年纳税 30 亿元以上，成为全国乃至亚洲规模最大、技术最先进、品质最高的高档玻璃生产基地。

（六）造船业

明万历《福州府志》载，隆庆元年（1567 年）铜山水寨造船厂是当时东南著名的五大水寨造船厂之一。该厂以造军用船为主，也造民用运输船、渔船等。清代，民间造船业有所发展。民国期间，有造船行业 11 户，木帆船全年生产能力 300 ~350 吨位。

1954 年县手工业科组办造船生产合作社，1958 年改名地方国营水产造船厂。至 1988 年，县里有水产造船厂、航运公司船舶修配厂、铜陵镇造船机械修配厂等，所造最大的船是 120 吨位。此外，宫前、澳角、冬古 3 个渔业村有 8 个修船场，主要修造本村的渔船。县农械厂、铁工厂和各乡、镇机械厂等单位也为造船工业生产配件。

（七）海岛风电业

图 5-27-3　澳仔山风力发电场

东山县澳仔山风力发电有限公司，2001 年 10 月在乌礁湾北端澳仔山建成福建省第一个大型风电站—东山澳仔山风力电站。引进当时世界上最先进的风力发电设备 10 台套（由丹麦与西班牙合资生产的巴桑伯那斯 60 千瓦 Ⅳ型风机）。风电整套启动，并网运行，年发电量 1500 万千瓦时。在此基础上，又投资 3.3 亿元，进行二期技改扩建工程，2006 年 8 月底安装 15 台风电机组，装机一次成功，并入福建省电网运行，年发电量约 7000 万千瓦时。

国家龙源电力集团投资建设东山风力发电站风电三期扩建工程，安装功率 1500 千瓦的风机 33 台，总装机容量为 49.5 兆瓦，2009 年 6 月建成投产，年发电量约近 1 亿千瓦时。

（八）海洋服务业

1958 年建立东山县打捞（救助）队，队址铜陵镇打铁街，属集体所有制企业。打捞救助队自建立后，先后为避风港海堤、海军码头、南门海堤、渔港码头水下作业施工，并打捞舰艇残骸。1959 年在七星礁海区打捞飞机 1 架，1961 年在古雷头海区打捞军舰 1 艘，1967—1972 年在南澎列岛至兄弟岛之间的海域打捞军舰 29 艘。1988 年，全队 19 人（其中潜水员 3 人），年创产值 17 万元，固定资产有打捞船 1 艘（东捞 1 号，50 吨位，300 马力）、货轮 1 艘（65 吨位），还有定位仪、起重机、发动机、空压机各 1 台。

第五节　地质地貌

一、岛陆地质

（一）构造、地层和岩性

1. 构造

东山岛地处戴云山隆起边缘与台湾海峡拗陷带交接地带、长乐—南澳深大断裂南端。经历多期次的构造作用，岩体变质变形强烈。主要构造为北东向，其次是北西向。

北东向构造主要表现为北东向分布的变质岩带，轴向北东的亲营山向斜、埔头向斜，以及发育一系列北东 30°～45°，倾向东或北西的压性或压扭性断裂。北西向断裂主要分布在峰山、铜陵、大帽山一带，发育规模较小，断裂长 1～2 千米，为张扭或压扭断裂。

2. 地层、岩性

东山岛出露三叠统－侏罗系，上侏罗统南园组第三段和第四纪等地层。

（1）上三叠统－侏罗系，分布广，属普通变质地层，厚度大于 2458 米，包括冬古和坑北两个变质带。

冬古变质带分布在亲营山、大帽山等地。岩石类型有片麻岩、变粒岩、白云母石英片岩、二云母石英片岩、条痕状混合岩和混合花岗岩，其中片岩，变粒岩分布较广，岩石构造有片状、条带状、条痕状、片麻状。红柱石、硅线石、石墨等基本矿物随着混合岩化的加剧逐渐减少，钾长石、斜长石总量逐渐增加。

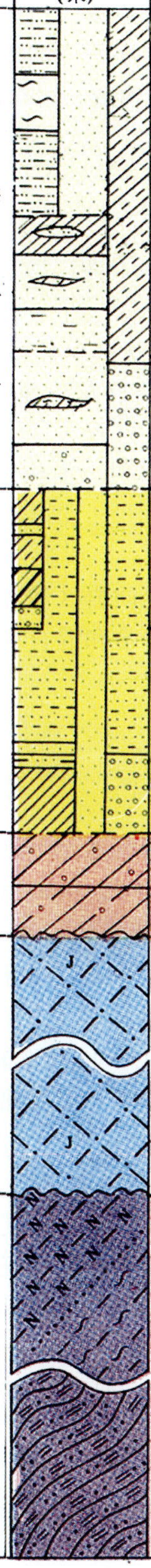

系	统	地层名称	柱状图（米）	厚度	岩性描述
第四系	全新统	上段海积层；上段风积层；中段海积层；下段冲海积层；冲洪积层		10～14.5；3～9；2～9.1；2.0～9.1	冲洪积层：上部由黄色、灰黄色亚黏土组成，夹有薄层细砂及泥质细砂，下部由灰色中细砂、砂砾卵石组成，厚2.0～9.1米 上段风积层：以灰白色粉细砂为主，夹泥炭透镜体，厚10～14.5米 上段海积层：顶部灰色泥质细砂、亚黏土等，厚度小于2.0米，上部青灰色淤泥，下部为青灰色泥质细砂，厚5～8米 中段海积层：主要为黑色黏土，局部为细砂，厚2～9米 下段冲海积层：上部灰白、灰黄色中细砂，局部见有青灰色淤泥质黏土，底部为砾质细砂，厚度0.9～9米
	上更新统	上段湖积层；中-上段沼泽堆积层；中-上段风积层；冲洪积层		2～10；3～8；7～15	冲洪积层：由灰黄色、灰白色泥质细砂、亚砂土组成，底部为砂、砾层，厚7.0～15.0米 上-中段风积层：上部由红色半固结状粉细砂组成，下部由松散的粉细砂组成，厚3～8米 上-中段沼泽堆积层：上部为棕黄色、黄色泥质中细砂，下部为灰黑色、灰绿色黏土 上段湖积层：上部为灰色含砾亚黏土夹细砂，下部为黑色黏土或炭质黏土，底部为砾石
	更新统	残积层		2.0～8.0	由砖红色、灰白色黏土、亚黏土组成，多含砾
侏罗系	上统	南园组第三段		860	以灰色轻变质流纹质晶屑凝灰熔岩为主，夹流斑岩、绢云母石英岩、红柱石、硅线石石英片岩
三迭—侏罗系				>2457	上部为灰色黑云母斜长变粒岩、浅粒岩，中部为灰色、灰白色闪长变粒岩夹条痕迹混合花岗岩，条带状混合花岗岩，下部为灰白色白云母石英片岩、二云母石英片岩、混合花岗石，局部见红柱石石英片岩

图 5-27-4　东山岛综合地层柱状图

坑北变质带分布在岛的西北部西城山一带，主要岩性是条痕状混合岩、条带状混合岩、变粒岩等，变质程度较冬古变质带浅。

（2）上侏罗统南园组第三段，分布于岛西北部的青山、峰山一带，该组岩体为火山喷溢间歇沉积而成，喷发不整合于侵入岩或变质岩上，厚度860米。以轻变质流纹质晶屑凝灰熔岩为主，夹流纹斑岩、绢云石英岩、红柱石、硅线石二云石英片岩。随着岩石变质程度的加剧，岩石结构逐渐由凝灰熔结状结构向变余凝灰结构转变，矿物呈定向排列，岩石呈片理构造。岩石矿物成分主要有石英、长石、云母、红柱石、硅线石等。

3. 侵入岩

岛上侵入岩主要为燕山早期第三阶段的产物。

（1）第三次侵入黑云母花岗岩。出露于杏陈镇张家村，呈岩株产出。岩石灰白色，花岗结构，主要矿物成分为长石、石英、黑云母，副矿物有锆石、榍石等。

（2）第四次侵入钾长花岗岩、中粗粒花岗岩：分布于铜陵、康美、旗山等地，以岩基产出。岩石呈肉红色，中粗粒花岗结构，主要矿物成分为钾长石、石英及少量斜长石，副矿物有锆石、磷灰石。

此外，还有燕山早期的闪长岩脉、燕山晚期的花岗斑岩脉等，沿构造裂隙侵入，脉体宽度0.5～2.0米。

4. 变质岩

依据混合变质程度将东山岛变质岩划分为三个动力混合变质岩区和五个混合变质岩带，即混合花岗岩带、混合花岗闪长岩带、条痕状混合岩带、条带状混合岩带和混合变粒岩带，属于侏罗系－上三叠统动力变质岩。

（二）第四纪地质

1. 第四纪沉积物类型

第四纪沉积物类型丰富。有残积层、上更新统地层和全新统地层。平原区如澳角、山只、陈城钻铅孔揭露，其上部为2～7米的全新统上段风积层，中部为厚约21～23米的全新统中—下段海积层，下部为10～21米的上更新统中—上段海陆过渡层；堆积层总厚达40余米。

东山岛基岩海岸潮间带为砂质沉积，沉积物有砾质砂、粗砂、中粗砂等，但一些岬角潮间带多为海蚀平台，或有巨砾堆积；砂质海岸潮间带沉积物有砾质砂、粗砂、中粗砂、粗中砂、中细砂和细砂等，但在岬角间小海湾规模较小，开阔海湾规模大，且分选较好；淤泥质海岸潮间带见于诏安湾内，在西埔港以北至湾顶淤泥质潮间带宽达2千米，中潮带以下为含泥较多的细砂和粉砂。

2. 第四纪地层

第四纪地层较发育，有残积层；上更新统地层，以湖相沉积为主，其次为风积、冲洪积；全新统地层，主要分布在平原区，以海相沉积为主，其次有风积、海陆交互相沉积以及零星分布于小溪谷的冲洪积。

（1）第四系更新统残积

主要分布于南山、康美等地及低丘坡麓，地貌上多为台地，厚度2～8米。岩性为砖红色、灰白色黏土、亚黏土、含砾亚黏土等，局部具网纹结构。

（2）第四系上更新统

上更新统冲洪积层：分布于岱南水库一带，高程10～15米，厚度9米左右，地貌上属堆积台地。岩性为灰黄色沙砾石和砂。

上更新统中－上段风积层：分布于康美、澳角等地，分布高程5～15米，厚度3～8米，地貌上形成古老风积沙垅或沙纹地。岩性上部为砖红色半固结状粉细砂；下部为松散的粉细砂。

上更新统中－上段沼泽相堆积层：埋藏于澳角、山只等地，埋深 21～25 米，厚度 18～21 米，南厚北薄。岩性上部主要为棕黄色、黄色泥质中细砂和灰白色砂质黏土，下部为灰黑色、灰绿色黏土。

上更新统上段湖积层：出露于西埔、山前及马銮等地，分布高程 7～20 米，厚度小于 10 米。岩性上部为灰色含砾亚黏土夹粉细砂，下部为黑色黏土或炭质黏土，底部为砂砾石。

（3）第四系全新统

全新统冲洪积层：分布于杏陈及陈城，地貌上为冲洪积小平原。高程 7.5～15 米，厚度2～9 米。岩性为灰黄色亚黏土、沙砾石组成。

全新统下段冲海积层：仅埋藏于湖尾、山只及陈城等地，埋深 2～15 米，厚度 0.9～9 米。岩性上部为灰白色中细砂，局部见有青灰色含大量贝壳的淤泥、淤泥质黏土；下部为黄色细砂、中细砂；底部为沙砾石。

全新统中段海积层：有裸露和埋藏两种类型。前者主要分布在滨海地带，构成海积平原，高程 2.5～7.5 米，厚度 1～3 米；岩性为灰白色，灰黄色粉细砂或灰白色黏土、淤泥质黏土夹石英中细砂。埋藏型见于湖尾、山只、西港等地，埋深 1～5 米，厚度 2～9 米；岩性变化较大，山只、湖尾等地上部由灰黄色、浅灰绿色粉细砂组成，局部夹由大量贝壳的淤泥质黏土；前楼、西港等地，则由灰色黏土、淤泥质黏土夹中细砂组成，厚度 2～4 米。

全新统上段海积层：主要分布在岛屿四周，地貌上属盐田及潮滩区，高程小于2.5 米，厚度5.5～8.0 米。顶部为厚度小于 2 米的灰色泥质细砂或亚黏土层；上部为青灰色淤泥或黄色细砂；下部为灰色泥质细砂，偶含砾。

全新统上段风积层：分布于湖尾、山只等地。地貌上位于迎风滨岸及山麓边坡，呈新月型沙丘、沙垅、沙纹地等并覆盖于海积层之上。高程 2.5～5.0 米，局部达 40 米以上，厚度 1.0～14.5 米。岩性由灰白色或灰黄色的石英中－粉细砂组成，具交错层理。

（三）工程地质与水文地质

1. 工程地质

东山岛岩土体可划分为坚硬块状花岗岩岩组、坚硬块状火山岩岩组、坚硬—半坚硬块状或层状变质岩岩组、碎石土岩组、砂土岩组、黏性土岩组、软土岩组、残积土岩组。

主要工程地质问题为：软土工程地质、斜坡稳定性、岸边侵蚀堆积和区域稳定性等。

（1）岩体工程地质类型与评价

①侵入岩类花岗岩岩组

本类岩组由黑云花岗岩和二长花岗岩组成。

岩性呈块状坚硬，平均干抗压强度 181 兆帕，最大抗压强度 252 兆帕、最小 118 兆帕，平均软化系数 0.83。工程地质性能好，稳定性强。

②火山岩类凝灰熔岩、熔结凝灰岩岩组

本类岩组由流纹质凝质熔岩、石英质熔结凝质岩组成。岩性呈块状坚硬，平均干抗压强度 189.9 兆帕，最大 219 兆帕、最小 126 兆帕；工程地质性能好。

③变质岩类变粒岩、片岩岩组

本类岩组由二云石英片岩、黑云角面斜长度粒岩、二长变粒岩等组成。

岩性呈层状、坚硬－半坚硬，平均干抗压强度 139 兆帕、最大 215 兆帕、最小 49 兆帕，平均软化系数 0.59。工程地质性能较好至一般。

（2）土体工程地质类型与评价

①砂土岩组

呈小块分布于陈城等地山前地带。为全新统冲洪积沙砾土组成。岩性为亚黏土、沙砾石，呈松散的中密状，平均压缩系数 0.25 兆帕，属中偏低压缩性土，抗剪强度高，工程地质性能较好。

②黏性土岩组

为上更新统海陆过渡相和海积层组成。岩性为黏土、亚黏土及沙砾。属中压缩性土，抗剪强度一般，工程地质性能一般，其允许承载能力 90 ~ 310 兆帕。

③软土类岩组

由全新统海积层组成。岩性为淤泥、淤泥质黏土，呈软塑 - 流塑状，孔隙比大、压缩性高，抗剪强度低，工程地质性能差。

④残积土岩组

由更新统残积层组成。岩性为黏土、亚黏土，呈可塑 - 硬塑状。天然含水量 21%，平均孔隙比 0.788，平均压缩系数 0.315 兆帕，属中性压缩土，抗剪强度较高，工程地质性能较好。

2. 水文地质

（1）地下水类型及含水岩组富水性

岛内地下水分为松散岩类孔隙水、残积层孔隙裂隙水和基岩裂隙水三大类。

松散岩类孔隙水：水量中等的分布于康美、梧龙外沙及白埕一带的滨海地区。含水岩组为海积、风积的中砂、中细砂及粗砂，分选性好，厚度一般 6 ~ 10 米，水位埋深 0.5 ~ 1.5 米，渗透系数 5 ~ 10 米/天，单孔统一换算日涌水量 123.19 ~ 689.06 立方米。水量贫乏的分布于铜陵、陈城、前楼、杏陈等地的山前及海湾地带，含水层为中细砂、细砂等，含泥质高，厚度 3 ~ 10 米，单孔日涌水量 20 ~ 90 立方米，渗透系数 1 ~ 3 米/天。

残积层空隙裂隙水：分布于残积台地区，含水岩组为黏土、亚黏土，含水层厚度一般小于 10 米，地下水赋存于孔隙裂隙中，水位埋深 1 ~ 4 米，由于黏土透水性差，不利于降水入渗，单井日涌水量一般在 5 ~ 10 立方米，水量贫乏。

基岩裂隙水：分布于各丘陵基岩区，由变质岩、侵入岩等坚硬岩石组成含水岩组。地下水赋存于构造裂隙中，泉流量 0.05 ~ 0.51 升/秒。单孔流量小于 50 米^3/天，水量贫乏。在构造破碎带或断裂旁侧裂隙密集带，地下水相对富集。

（2）地下水补给、径流、排泄条件及动态特征

基岩裂隙水和残积层孔隙裂隙水，补给来源为大气降水，无论在丘陵山地或台地，大部分地表降水以片流形式出现，一部分入渗后形成地下径流，在沟谷切割处、洼地等以下降泉形式或潜流形式排泄。丘陵山地，地势陡峻，切割强烈，地下水循环交替强烈；残积台地，水力坡度小，地下水径流相对较缓慢。

松散岩类孔隙水：主要为大气降水补给，次为基岩裂隙水的侧向补给，补给源丰富。由于地形平坦，降雨基本渗入地下，地下水由陆地向海域方向缓慢径流，最后排泄入海，少部分则通过毛细作用而蒸发排泄。

动态特征：动态变化主要受气候因素的控制，根据近年来地下水位观测资料，孔隙潜水区地下水位年内变幅 0.80 ~ 3.50 米，年际变幅 0.06 ~ 0.40 米，水位变化与降雨基本一致，基岩区在雨季常见泉水四溢，而在枯水期泉流量明显减少，甚至干涸。

（3）地下水化学特征及水质评价

残积层孔隙裂隙水和基岩裂隙水：丘陵山地一般以 HCO_3 · Cl-Na · Ca（Na）型为主；残积台地一般以 Cl · HCO_3-Na ·（Na · Ca）型水为主，个别受海水影响为 Cl-Na 型水。矿化度 0.19 ~ 0.5 克/升，总硬度 25 ~ 150 毫克/升，pH 值为 6.5 ~ 8，属低矿化度、软至极软中性水。残积层孔隙裂隙水和基岩裂隙水一般为淡水，水质良好，适宜饮用。局部地区受海水影响，矿化度为 0.989 ~ 1.551 克/升。此外，在混合花岗岩及其残积层分布区，有多处钻孔或泉水中 H_2SiO_3 含量达饮用矿水标准和命名标准，含量在 26 ~ 65 毫克/升。

松散岩类孔隙水：山前堆积区、滨海平原、海湾地带的地下水化学类型分别具有 HCO_3 · Cl-Na · Ca（Na）、Cl · HCO_3-Na、Cl-Na 的特征；其矿化度、总硬度由低变高，矿化度由 0.1 ~ 0.3 克/升上升

系	统	组（群）或成因	柱状图（米）	厚度	水文地质特征
第四系	全新统	海积；冲海积；风积；冲洪积	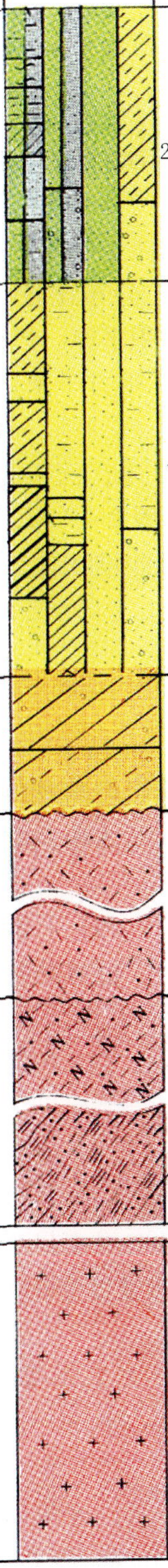	2~19；0.9~9；10~14.5；2~9.1	含水层主要为海积层，岩性中细砂含孔隙水，水量中等，单孔涌水量120~690米^3/天，局部水量贫乏。地下水主要补给来源的大气降水，补给量较大，水质类型$Cl\cdot HCO_3$-$Na\cdot Ca$或$HCO_3\cdot Cl$-$Na\cdot Ca$，矿化度一般0.06~0.50克/升，水质较好，适宜生活，一般锅炉及农灌用水
第四系	更新统	湖积；沼泽沉积；风积；洪积		<10；20~23；3~8；7~15	地层岩性大部分为黏土、亚黏土，弱含水，地下水主要赋存于中细砂中，厚度薄，水量贫乏，单孔涌水量一般20~50米^3/天，大气降水为言要补给来源，由于上部泥质含量高，入渗量有限，水交替缓慢，矿化度较高，为0.13~1.17克/升。水质类型$HCO_3\cdot Cl$-$Na\cdot Ca$，$Cl\cdot HCO_3$-$Na\cdot Ca$（冲洪积层）和Cl-Na型水（湖积层）
第四系	更新统	残积		2~8	地下水为孔隙裂隙水，受大气降水补给，水量贫乏，单井涌水量小于10米/天，水质类型$Cl\cdot HCO_3$-$Na\cdot Ca$和$HCO_3\cdot Cl$-$Na\cdot Ca$型，矿化度0.05~0.50克/升
侏罗系	上统	南园组		860	地下水赋存于基岩裂隙中，含裂隙水，单孔涌水量一般小于30米/天，泉流量常见值0.02~0.45升/秒，水量贫乏补给源泉为大气降水，径流短，排泄快 水质较好，矿化度0.05~0.2克/升，水质类型为$HCO_3\cdot Cl$-$Na\cdot Ca$或$Cl\cdot HCO_3$-$Na\cdot Ca$
上三迭 侏罗系				>2457	
侵入岩	燕山期	早期			地下水赋存于基岩裂隙中，含裂隙水，单孔涌水量一般小于50米^3/天，局部充水断裂涌水量可达321.32米^3/天。水量贫乏 补给源泉为大气降水，流短，排泄快，水质较好，矿化度小于0.2克/升，为$Cl\cdot HCO_3$-$Na\cdot Ca$型水

图5-27-5 东山岛水文地质柱状图

至1~15克/升，总硬度由18~107毫克/升上升至505~2807.5毫克/升。水井水质的硝酸盐氮，超标率达57.9%，最大值为34.00毫克/升，超过标准14.00毫克/升，其次分别为pH值、氯化物、溶解性总固体、亚硝酸盐氮、铁。

岱南村地下水中亚硝酸盐氮、硝酸盐氮超标。岱南村地下水埋藏浅，易受地面生活污染源影响。

全村地下水的硝酸盐氮含量较高，总体水质较差。

二、海岛地貌

（一）岛陆地貌

东山岛地貌类型主要有：侵蚀剥蚀高丘、侵蚀剥蚀低丘、侵蚀剥蚀台地、洪积台地、冲积洪积平原、海积平原、风沙地貌等。

侵蚀剥蚀高丘：主要分布在岛南部的大帽山和东部的苏峰山，前者高程251.7米，面积约6.9平方千米；后者高程274.3米，面积约2.2平方千米。侵蚀性低丘分布比较广，主要分布在岛的北部、东部、南部等，呈若干块状展布，各块之间为侵蚀剥蚀台地、海积平原、风成沙地。

侵蚀剥蚀台地：主要分布在岛的北部、西南部，面积约34.7平方千米。洪积台地，主要分布在岛中部山坡下，高程一般为10～40米，面积约14.5平方千米。

冲积洪积平原：主要在南部的湖仔头西南山麓，高程10～20米，面积约0.4平方千米。

海积平原：主要分布在岛的东南、西南、西北等处，高程一般2～7米，面积约68.7平方千米。

风沙地貌：分布在东部沿海，主要有沙地、沙丘和沙垅等风沙堆积体。高程一般为6～50米，面积约19.9平方千米。

（二）海岸地貌

1. 海岸类型

基岩海岸：分布在东山岛的东部和南部，面临台湾海峡，基岩岬角延伸入海，构成基岩海岸，受风浪的强烈侵蚀，发育有海蚀崖、海蚀洞、海蚀柱等海蚀地貌。岛之西及北部，多为红土崖，处在湾内，海蚀作用较弱，基岩岸线长36.01千米。

砂砾质海岸：基岩海岸岬角间或连岛坝构成的海湾内，长17.791千米，呈新月形展布，沿岸沙堤，沙堤和海积阶地发育，常见风沙覆盖，沙丘、沙垅发育，沿岸植有防护林。铜陵镇至赤峰山沙堤中，普遍见有泥炭层。宫前及东山湾东的古雷半岛有海滩岩发育。

人工海岸：在岛之西部分布，长105.166千米，海岸较低缓，多由兴建港口码头或围海筑堤，成为人工海岸。

2. 潮间带滩地地貌

岩滩：基岩海岸前沿的浪蚀平台，由于岩性差异受侵蚀而崎岖不平。

海滩：东山岛北、东、南迎风的海湾中。苏尖湾和马銮湾海滩规模最大，其坡度一般5°～6°，南部的宫前湾和澳角湾等坡度11°。高潮滩多为含贝壳砂砾，中潮滩坡度变化不大。低潮滩较缓，以细砂为主，滩面平整。

潮滩：发育于东山岛西部的诏安湾内，面积15.8平方千米。滩宽不等，以湾顶最宽，达2千米。滩面有浮泥，树枝状或蛇曲状的潮沟发育。

3. 海底地貌

水下浅滩：环绕岛屿东部分布，在海湾处较平整，宽达3千米，岬角处较陡，宽仅1千米，水下浅滩地形不平坦，时有礁石及岛屿以及水深仅5～10米的浅滩出现。沉积物以砂为主，西部以黏土为主。

潮流脊系：主要见于东山湾口，其形态类型有潮汐通道和辐射状沙脊椎，潮汐通道在口门有塔屿东、西两支，水深在口门为20米以上，过塔屿之后向西北和北方辐射成六支汊道。汊道之间为潮流砂脊，组成物质以细砂为主。

水下沙坝：在岛之东部海域，发育一系列由20米以浅的小沙丘群和沙坝，呈东北向延展，其中苏尖浅滩的沙坝最长，其高约9米，由细中砂组成，向东南与台湾浅滩相连。

4. 岸滩动态

侵蚀型岸滩：主要见于东山岛东部和南部开敞的海域，受迎面强风的侵蚀，海蚀地貌发育。还有东山岛东北端的南门湾质岸，蚀退率达到1米/年。

淤涨型岸滩：东山湾及诏安湾内，湾顶泥滩淤积迅速。八尺门西港道1960—1983年滩面每年淤高10厘米；东山湾东北部0米线往南淤涨500~1000米，湾顶水道西侧，0米线往东淤涨400米；湾西南2米线向东南方向淤涨1000~1500米；石矾塔浅滩不断地在北西和南东两个方向延伸扩大。

稳定型岸滩：东山岛北部，位处湾内，浪蚀能力较弱，相对稳定。岛之西部、东部的南门湾以及东山湾的北侧和东侧的人工护堤，为稳定岸滩。

5. 海底沉积物类型

东山岛海域的沉积物主要有三大类：砂质沉积物、砂泥混合沉积物和泥质沉积物等。砂质沉积物主要分布于东山岛的东部、东南部、南部和东山湾的东南部、大山近岸等水动力较活跃的海域。泥质沉积物主要分布在东山岛的西南部、北部、诏安湾及东山湾等处水动力较弱的海域，在乌礁湾和马銮湾外也有分布。砂泥混合沉积物丰要分布在砂质沉积区和泥质沉积区之间。东山岛海域沉积物类型的分布及特征如下。

砾质砂（GS）：黄褐色，砾石含量20%~46%，呈次棱角状，含较多的贝壳碎屑，砂的含量为32%~79%，磨圆中等或好，分选中等或差，负偏态或正偏态，峰态宽平至尖窄。

粗砂（CS）：黄褐色，有少量砾石和较多的贝壳碎屑，砂含量91%~99%，磨圆良好，分选中等，负偏态或正偏态，峰态宽平至尖窄。

中粗砂和粗中砂（MCS，CMS）：黄褐色，有少量砾石和贝壳碎屑，砂含量90%以上，磨圆良好，分选中等或差，常偏态为主，峰态中等。

中砂、细中砂和中细砂（MS，FMS，MFS）：黄褐色，砂的含量为67%~99.6%，磨圆中等，分选中等或差，负偏态或很正偏态，峰态尖窄。

细砂（FS）：黄灰色、灰色或暗灰色，砂含量60%以上，个别达99%，含较多的黏土和粉砂，纯的细砂分选好，含泥较多的细砂分选差，负偏态至正偏态，峰态宽平或尖窄。

混合砂（S）：沉积物有一定的硬结度，灰黑色，砂含量62%，分选很差，呈很正的偏态，峰态宽平。

粉砂质砂和黏土质砂（TS，YS）：暗灰色或黑灰色，塔屿南部的黏土质砂中有较多的贝壳，砂含量48%~68%，粉砂和黏土的含量均为8%~25%，分选很差，呈很正的偏态，峰态宽平至尖窄。

砂-粉砂-黏土（STY）：暗灰色或黑灰色，砂的含量为23%~50%，粉砂的含量为21%~40%，黏土含量25%~43%，分选极差，负偏态至很正的偏态，峰态宽平。

粉砂质黏土（TY）：暗灰色，表层有浮泥，砂含量小于20%，黏土含量46%~73%，粉砂含量25%~43%，分选差至很差，负偏态或很负的偏态，峰态宽平或中等。

（三）岸线与潮间带

1. 岸线基本特征

东山岛岸线按类型可分基岩、砂质和人工岸线。基岩岸线长36.01千米，主要分布在岛东侧和南侧，北侧和西南侧零星分布；砂质岸线长17.79千米，主要分布在岛东侧的岬湾中，北侧及南侧零星分布；人工岸线长105.17千米，主要分布在岛西侧及北侧，东侧和南侧零散分布，绝大部分为护岸，码头岸线于东北侧铜陵、东侧冬古及南侧宫前有分布。

1980年代以来的30年，东山岛的海岸线变化不是很明显，绝大多数岸段保持稳定，仅个别岸线略向海推进，如东北部铜陵镇海岸线由于填海造地，海岸线向海推进。金銮湾和马銮湾砂质岸段略向后蚀退。由于岛屿大部分为人工岸线，海岸保持稳定，基岩岸线岸段也基本稳定，砂质岸线岸段则处于微侵蚀状态，但近年来乌礁湾、马銮湾南部等砂质海岸侵蚀强烈，防护林遭受破坏，海蚀崖发育。

2. 潮间带基本特征

东山岛潮间带总面积为57.54平方千米，按滩地地貌特征，物质组成和水动力条件的差异，主要可分为岩滩、沙滩、粉砂－淤泥质潮滩三类。粉砂－淤泥质潮滩位于东山岛西侧，面积为41.51平方千米，发育在人工堤岸前，坡度平缓，滩面较宽；沙滩位于苏尖湾和马銮湾、南部的宫前湾和澳角湾，呈半月形，面积为14.15平方千米，其坡度为5°～6°，南部的宫前湾和澳角湾的沙滩坡度11°，高潮滩多为含贝壳砂砾，中潮滩坡度变化不大，低潮滩较缓，以细砂为主，滩面平整；岩滩与基岩海岸相伴发育，特别是迎风岩段正面长期受波浪作用多有海蚀平台发育，面积为1.88平方千米，岩滩宽有数米到数十米不等，滩面常有大块滚石、砾石、砂等散布。

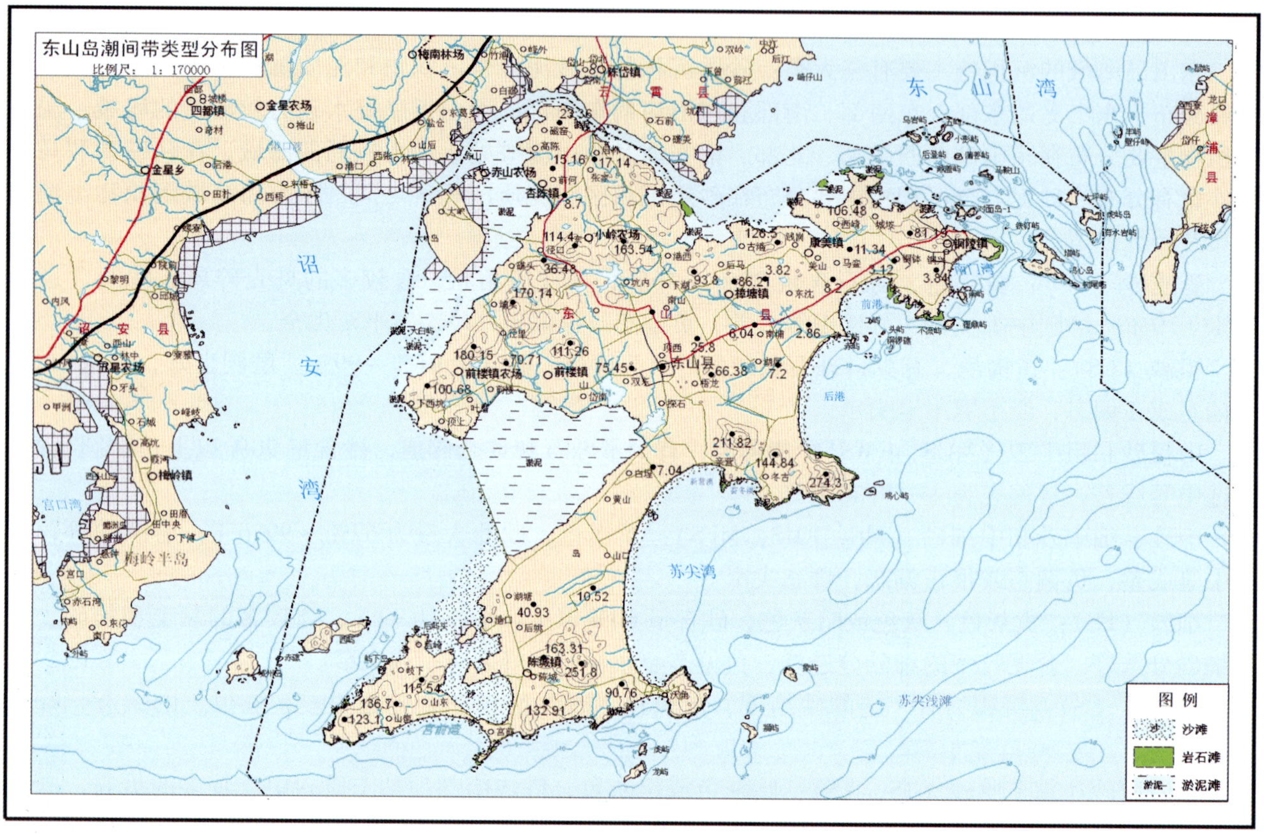

图5-27-6　东山岛潮间带类型分布图

面向外海或潮流通道地区的高潮带和中潮带重矿物含量高，主要重矿物有磁铁矿、赤褐铁矿、钛铁矿、绿帘石、透辉石、磷灰石、锆石等；主要黏土矿物有高岭石、伊利石、绿泥石和蒙脱石。

3. 潮间带沉积物质量特征

潮间带沉积物中有机碳含量范围为0.03%～0.64%，符合第一类沉积物质量标准的要求。硫化物含量范围为未检出～13×10^{-6}。符合第一类沉积物质量标准的要求。石油类含量范围为8×10^{-6}～33×10^{-6}。符合第一类沉积物质量标准的要求。

潮间带沉积物中铜含量变化范围为1.4×10^{-6}～9.5×10^{-6}，符合第一类沉积物质量标准的要求。铅含量为10×10^{-6}～107×10^{-6}，绝大部分符合第一类沉积物质量标准，仅有一个站位仅符合第二类沉积物质量标准。锌含量为未检出～55×10^{-6}，符合第一类沉积物质量标准。镉仅一个站有检出，含量为0.07×10^{-6}，符合第一类沉积物质量标准。汞的含量为0.002×10^{-6}～0.024×10^{-6}，符合第一类沉积物质量标准。

潮间带沉积物中六六六均未检出，符合第一类沉积物质量标准。滴滴涕的含量为0.37×10^{-9}～403×10^{-9}，西侧剖面值较高，超过第三类沉积物质量标准，北侧剖面符合第一类沉积物质量标准。

PCBs 的含量为 $0.14\times10^{-9}\sim115\times10^{-9}$，西侧剖面值较高，超过第三类沉积物质量标准，北侧剖面符合第一类沉积物质量标准。

（四）地质灾害

东山岛地质灾害主要有地震、海岸侵蚀、海岸风沙侵害等。

东山岛地处东南沿海地震带，并与台湾海峡地震带相邻。东山岛及其附近海域历史上曾发生 5 级以上地震 6 次。

东山岛东北部的南门湾砂质海岸，受强风浪侵袭，海岸侵蚀强烈，蚀退速率为 1 米/年。

东山岛东部和南部海岸的迎风岸段，常受风沙侵害。1950 年前的近百年间，风沙吞没掩埋掉 11 个村庄、1 千多座民房及 2 万多亩耕地。1958 年以来东山县政府坚持年年植树造林，至 1988 年风沙侵害基本得到遏制。昔日的流动沙滩、沙丘，如今已成为郁葱林地或为绿色固定沙丘。

此外，近十年来因砂矿的开采，同时抽取地下水，引起地下水位下降、海水倒灌入侵，造成土壤盐碱化。

第六节 植被与土壤

一、植被

（一）植被基本特征

全岛植被覆盖率 60%，为亚热带海岛型植被，群落外观色彩多样，从浅绿色至深绿色，优势种主要有木麻黄（*Casuarina equisetifolia*）、台湾相思（*Acacia confusa*）、桉树（*Eucalyptus* spp.）等，其他主要种类有马缨丹（*Lantana camara*）、苦榔树（*Clerodendrum inerme*）、铺地黍（*Panicum repens*）、厚藤（*Ipomoea pes-caprae*）、五爪金龙（*Ipomoea cairica*）及种植的农作物龙眼（*Dimocarpus longan*）、柑橘（*Citrus reticulata*）、甘薯（*Ipomoea batatas*）、落花生（*Arachis hypogaea*）、芦笋（*Asparagus officinalis*）等。岛上植被受人为影响大，城镇区域人工栽种的行道树和观赏植物种类较多。

（二）主要植被类型及分布

全岛以木麻黄防护林和农作物群落最多。岛西北和北部附近多为台湾相思林或者台湾相思和木麻黄、柠檬桉（*Eucalyptus citriodora*）、马尾松（*Pinus massoniana*）、黑松（*Pinus thunbergii*）等的混合林，树高 2~7 米；岛东部的马銮湾及岛中部的赤山林场、乌礁湾附近海岸边的防护林多为木麻黄林，树高 2~6 米；杏陈、前楼等乡多分布为一些单独成片的马尾松林或者黑松林等。林下灌木多为马缨丹等，伴生草本主要种类有土牛膝（*Achyranthes aspera*）、广防风（*Epimeredi indica*）等。林外空隙地草丛多以野古草（*Arundinela anomalla*）、画眉草（*Eragrostis pilosa*）、藿香蓟（*Ageratum conyzoides*）等为主。藤本植物五爪金龙分布广泛，尤其以关帝庙附近为多。果园多栽种龙眼等，农作物群落多为种植的芦笋、甘薯等。

二、土壤

（一）土壤类型及分布

岛上土壤有赤红壤、水稻土、滨海盐土和风沙土等共 4 个土类、9 个亚类、26 个土属。赤红壤和风砂土为主要土壤类型，分别占土地总面积的 34.50% 和 21.99%，赤红壤广布于岛上滨海低丘台地，而风砂土则主要分布该岛的东南部岸段。滨海盐土占土地总面积的 8.80%，主要分布于滨海潮间带，多为中性至碱性、紧砂至中壤质潮滩盐土。水稻土在岛上仅有少量分布，占 2.10%，主要分布海拔 10

米以下的台地及滨海小平原，多为中性至微碱性、中层（30～60 厘米）至厚层（大于60 厘米）、松砂至重壤质潴育型水稻土。

赤红壤和风砂土的 pH 值变化于 3.7～8.7，平均值分别为 5.87 和 6.33；有机质含量0.30～21.0 克/千克，平均含量分别6.20 克/千克和5.44 克/千克；全氮含量变化于 0.02～4.80 克/千克，平均含量0.53 克/千克和0.43 克/千克；全磷含量变化于0.08～3.12 克/千克，平均含量分别为0.47 克/千克和0.65 克/千克；全钾含量变化于7.71～45.3 克/千克，平均含量分别为26.44 克/千克和18.33 克/千克；速效磷含量变化于痕量～106.1 毫克/千克，平均含量分别为7.03 毫克/ 千克和 18.09 毫克/千克；速效钾含量变化于 9.03～344.39 毫克/千克，平均含量分别为 37.68 毫克/千克和 88.93 毫克/千克；缓效钾含量变化于24.2～1739.8 毫克/千克，平均含量分别为464.1 毫克/千克和 195.7 毫克/千克；土壤质地类型分别变化于砂壤土至重壤土和杉砂土至轻黏土，阳离子交换量变化于 0.26 ～10.43 厘摩尔/千克，平均值分别为4.21 厘摩尔/千克和3.31 厘摩尔/千克；赤红壤土层较薄，多为薄层（小于30 厘米）至中层（30～60 厘米），而风砂土土层则相对较厚，多在中层（30～60 厘米）以上。

表 5-27-15 东山岛土壤类型

土壤类型	土壤面积（米^2）	土壤类型	土壤面积（米^2）
侵蚀赤红壤	7 741 705	灰泥田	3 231 636
埭田	827 530	盐场	9 219 030
堆积风沙土	59 186 374	硅铝质赤红壤	16 212 244
干沙土	1 720 093	硅铝质赤红壤性土	25 109 136
沙埭土	210 586	硅铝铁质赤红壤	1 017 526
海泥沙土	39 879 840	赤土	1 370 375
海砂土	6 699 469	赤沙土	26 632 339
润沙土	3 758 074	黄泥沙田	263 175
滨海风沙土	24 968 864	黄泥田	374 917
灰沙泥田	1 770 710		
合计	230 193 623		

（二）土壤理化特征

赤红壤亦称砖红壤性土壤，主要分布在低丘台地，年降水量1000～1200 毫米，年蒸发量大于1500 毫米，干燥度大于1。气候温暖，降雨充沛，高温多湿，干湿季节明显，湿热同季的特点，成土母岩经历风化、侵蚀、搬运、堆积，植被开始生长，逐渐形成土壤。成土母质以花岗岩风化物为主，其次为凝灰岩类及第四纪沉积红土。

风沙土类，主要分布在东山岛的沿海平直海岸突出部，风力大、气候干燥，年降水量1000 毫米，而年蒸发量2000 毫米以上，干燥度大于1。沿海秋冬季干旱多东北大风，强风作用下向内陆搬运，沿程堆积形成各种风沙地貌。一些耐旱耐瘠，适于沙地生长的植物开始定居和繁衍，特别在背风面，固定了风沙。在春夏期间，雨水丰富，土体湿润，流沙逐渐固定，土壤开始形成发育。风沙土成土时间短，土壤发育微弱，层次分化不明显。土壤一般养分缺乏，有机质含量少，存在干旱、渗漏瘠薄以及风沙流动等不利因素，一般肥力很低。

滨海盐土一般分布在海岛岸线附近，平行岸线带状展布，其成土过程受含盐海潮的影响。当江河携带泥沙和洪水冲刷泥沙在河口、岸滩、近海沉积。随着沉积层不断堆厚，含盐淤泥逐渐抬升露出水面，海涂进一步淤高或人工围垦，含盐堆积物可脱离海潮浸渍。盐生植物出现，开始生草脱盐过程，逐渐演变成滨海盐土。

第七节　资源及其开发与保护

一、土地资源

东山岛共有10个一级类及其所属23个二级类的土地类型分布，其中沿海滩涂面积最大，有林地、果园、旱地和居民地等土地类型面积位居其次，水工建筑用地面积最小。

表5-27-16　东山岛土地类型分布

序号	土地类型		面积（公顷）
1	耕地	水田	83.5
		水浇地	171.4
		旱地	2588.7
2	园地	果园	2938.6
		其他园地	1851.8
3	林地	有林地	3918.3
		灌木林地	663.8
4	草地	天然牧草地	81.1
5	工矿仓储用地	工矿仓储用地	43.1
6	住宅用地	城镇住宅用地和农村宅基地	2563.5
7	特殊用地	特殊用地	220.5
8	交通运输用地	公路用地	383.4
		港口码头用地	41.0
9	水域及水利设施用地	沿海滩涂	5751.6
		内陆滩涂	60.9
		沟渠	95.0
		水工建筑用地	5.6
		河流	37.8
		水库	155.5
		坑塘	750.8
10	其他土地	沙地	122.0
		裸地	288.5
		设施农用地	194.7

东山岛沿岸分布有岩石滩、沙滩和淤泥滩等3种滩涂类型，其中淤泥滩分布面积最大，约为41.51平方千米，沙滩面积14.15平方千米，岩石滩面积最小，仅约1.86平方千米。

淤泥滩土质松软，养分含量高，非常适宜水产养殖，滩涂养殖是主要利用形式之一。海岛东岸沙滩绵延，砂质细腻，坡度缓和，海水清澈，是海滨旅游休闲度假的好场所。

二、水资源

东山无大河、湖泊，仅有坑内溪、下溪、墓庵溪、东赤溪、走马溪等几条发源于山前地带，长度均不足5千米的小溪沟流入海域。境内有水库28座，其中小（1）型水库1座（红旗水库），库容329

万立方米，小（2）型水库27座，总库容851万立方米。境内地下水资源较少，主要是基岩裂隙水、风化带网状裂隙水、松散岩类孔隙水和不宜农灌的地下水。

三、矿产资源

东山矿产资源有石英砂、辉绿岩、高岭土、花岗岩等。石英砂储量两亿吨以上，其中二氧化硅含量97%以上的有6000万吨，含量在95%～97%的有14 000多万吨，其规模、品位、质量名列亚洲之首。现已探明梧龙、山只2处大型玻璃砂—型砂共生矿床，探明玻璃砂和型砂储量分别占全省探明储量之80%和30%。其中梧龙玻璃石英砂矿（大型）表内总储量7467.4万吨，表外总储量114.58万吨；山只（特大型）硅砂量大质优，含硅量高达97%以上，属国内罕见的特大型硅砂矿，表内总储量19 637.78万吨。此外，辉绿岩石矿储量达30多万立方米、花岗岩储量达1274万立方米等。

四、旅游资源

东山是省级旅游经济开发区，也是福建省重点建设的六大滨海旅游区之一，旅游资源丰富多彩，拥有优美的海滨沙滩、海蚀地貌景观及海岛历史文化等旅游资源。

（一）海滨沙滩

东山岛东部和东南部沙滩发育，主要有马銮湾—金銮湾沙滩和乌礁湾沙滩。

马銮湾和金銮湾沙滩位于康美镇东南海滨，沙滩长约5千米，宽近百米。沙滩后方有防沙木麻黄林。该滨海沙滩交通方便、服务设施比较齐全，已开辟成海滨浴场，并分别建成马銮湾景区、金銮湾景区。

乌礁湾沙滩位于东山岛东南海岸，长达11千米，坡度小，以中砂为主，砂质洁净。后方有大片木麻黄林。该沙滩规模大，条件优越，景观配置良好，是东山重点开发的滨海沙滩。现已初步建成乌礁湾景区。

1. 马銮湾景区

经过多年的开发建设，马銮湾已成为了一个设施完善、配套齐全的海滨度假区，是闽南著名的会议中心和海滨度假胜地。景区内有马銮湾海滨浴场、潜水俱乐部、海滨夜景、烧烤区等景点或旅游设施。是一个国家级健康海水浴场。

马銮湾沙滩长2500米，宽60米，沙滩洁白、细软，粗不扎脚、细不沾身。沙滩坡度平缓，可谓一马平川。这里空气清新，空气中负离子含量高，沿岸青翠葱茏的林带，形成海滨绿韵观光带，给游人以绿色“氧吧”的呼吸享受。马銮湾海面宽阔洁净、海水清澈、无污染、无暗礁、无鲨鱼为患，是一处天然的海滨浴场。马銮湾属于典型的南亚热带海域，珊瑚在该海域大量存活，已发现有锯齿刺珊瑚、蜂巢珊瑚、霜鹿角珊瑚、简星珊瑚、小星珊瑚、盾形陀螺珊瑚等，并吸引各类鱼、虾、贝、藻前来栖息。国家水下考古队在东山海域发现了众多的海底文物，有明朝郑成功古战船遗址，抗日战争时期美军战机遗骸，“八六海战”中被击沉的国民党战舰“剑门号”、“章江号”。这些文物古迹为开发潜水旅游增添了几许神秘和探索的空间。由东山马銮湾风景区管理处与海南岛红珊瑚海洋运动俱乐部合作开发的潜水俱乐部，游乐项目有：海上潜水、摩托艇、豪华快艇、香蕉艇、海上垂钓等。

2. 金銮湾景区

金銮湾是开展水上运动的优良场所。1993年百亿新城水上活动中心建成了一个海上运动项目齐备的乐园，是东山岛国家级旅游度假产品之一。现在水上活动中心已经改建为金紫荆广场，广场面临美丽的金銮湾，前面是洁白的沙滩；背靠林带，林木郁郁葱葱；前方的海域宽阔，海水洁净，无暗礁，无污染。海域内的风浪不大，风力常年保持在4～5级，适宜开展帆板、帆船、沙滩风筝、沙滩排球等

图 5-27-7　马銮湾度假村和沙滩

健身运动。

东山岛充分发挥水上运动优势，举办和承办了一系列全国性或区域国际的赛事，如 1994 年的全国帆板冠军邀请赛，1995 年的世界帆板精英赛，1998 年的全国帆板、帆波板锦标赛，1999 年的亚洲帆板巡回赛，2008 年的首届全国帆船帆板（东山）邀请赛等，成为水上运动优良的赛场。由于东山岛优势独具的水上运动条件，国家体育总局将国家帆船帆板训练基地设在东山，各省市的帆船帆板队也都选址东山，每年均有大量的帆船帆板运动员在此集训。

金銮湾海滨浴场是三星级酒店金銮湾大酒店投资开发的。于 1998 年开始动工，1999 年 7 月正式对外开放，是东山岛较为完善、设备较齐全的海滨浴场。海滨浴场的旅游配套设施齐全，拥有海滨浴场、停车场、海鲜大排档、海滨茶座、烧烤天地、综合商场、海上游乐器材出租等，在这里，可以根据自身的爱好，开展丰富有趣的旅游活动，如游泳、滑水、钓鱼、拉网、骑马等。东山岛至今保留着的一种古老传统的捕鱼作业方式——拉山网，俗称“搬网”。

图 5-27-8　金銮湾沙滩

拉山网作业一般在农历 3—10 月。网的两端绳子各有 600 多米长，拉一网需要两个钟头。开始作业时，先将网的一头用绳系在沙滩固定，用小船把网运到海中，围绕沙滩撒下形成半圆，再把网的另一头用粗绳系紧，带回沙滩。拉山网需要十几二十个人，分成两队，一队拉一条网索，两边同时同步进行，并不断向中间靠拢。拉山网的人在腰间套上一根 3 尺长短的尼龙绳，绳端系一块方竹片，甩手把尼龙绳往网绳上一缠，就固定在网绳上了，然后身体略向后倾斜，倒步而行，边走边拽。他们彼此间隔大约四五步，左右分开。网绳的尾端有一人专门在收绳子，把它圈成一圈一圈的，以便棍子穿过圈子中间把绳抬回船上，拽网绳的人拽到这里时，把身子一直，连着腰身的尼龙绳就从网绳上松脱了，随即返回到最前边继续拽网，如此周而复始，就可慢慢地把网拉上沙滩。若在夜间，还须边拉网边喊号子，网的两边才能同步前进，并消除疲劳，使人精神振奋。拉山网号子曲调高亢、响亮、有力、浑厚，是渔民们在长期生产劳动实践中不断摸索出来的，是拉山网不可缺少的一节。渔网拉上沙滩，渔民套上鱼筐，解开系在网尾的绳子，倒出网里巴浪鱼、丁香、小管等。渔获可就地买来，拿到附近的排档烹调，鲜美无比。拉山网，集劳动、休闲、情趣于一体，已成为东山岛一项独特旅游活动。

3. 乌礁湾景区

乌礁湾是东山岛最大的海湾，面积超过马銮湾和金銮湾的总和。沙滩延绵十几千米，宽阔平坦，沙白细柔；林带葱郁。可谓“海峡第一滩”。海湾西南侧海域横卧着龙、虎、狮、象四屿，形态逼真，妙趣横生，引人入胜，是海上浏览观光和垂钓好去处。

乌礁湾沙滩后缘是东山国家森林公园，由赤山林场、西山岩、大帽山成，面积8000亩，森林覆盖率96%。园内林木参天，林海无涯，有高大木麻黄林、苍劲松林，还有果园和芦笋基地，别有幽趣。这里蓝天、碧海、奇岛、白沙、绿林成为生态旅游胜地和休闲度假天堂，每天中外游客络绎不绝，并被指定为福建省中小学生夏令营基地。

（二）海蚀地貌景观

东山岛海蚀景观，主要分布于东山岛的南、北两端。其中东南海域有虎屿、象屿、狮屿、龙屿等岛屿，形态逼真栩栩如生。特别是龙屿有条长20米、宽4米的海蚀槽沟、海蚀拱桥贯穿岛的中部，俗称穿山洞。象屿西北端有个穿岛海蚀洞，洞的左侧壁恰似象鼻子，直通海底，整个岛外观似一头大象在喝海水。海蚀地貌景观主要有以下几种。

1. 风动石

位于东山岛北端，高4.37米、宽4.57米、长4.69米，重约200多吨。状似玉兔蹲伏在陡峭的海崖上，风吹、人推都会晃动，狂风劲吹时摇晃不定，就是不会掉下来，传说巨轮也拉不倒，堪称“天下第一奇石”。铜山风动石以“奇、险、大”著称而被载入《中国地理之最》、《中国名胜词典》等辞书，是东山岛的标志性景观。

图5-27-9　东山风动石

2. 石僧拜塔

巨石酷似一位身披袈裟的和尚向着东门屿上的文峰塔虔诚跪拜。传说明嘉靖五年（1526年），巡海道蔡潮到东山视察。他体恤百姓疾苦，得知东门屿附近常有海难发生，便决定在东门屿上建造航标塔。可是不知怎的，航标屡建不成。正当蔡潮百思不得其解时，一天夜里睡梦中，仙人给予明示：需请一位僧人主持修建才行。蔡潮请来了僧人，在僧人的指点下，航标终于建成了，即今文峰塔。竣工之时，举行庆功大典，和尚隔海对塔行三跪九叩大礼，忽然一阵风起，和尚不见了，在他跪拜的地方多出了一块石头，这就是“石僧拜塔”之说。

图 5-27-10　石僧拜塔

3. 钓鳌台

钓鳌台原是完整的一块巨石，其顶部有远古时代留下来的仙人脚印（实为海蚀洞穴）。站在钓鳌台上，风动石景区及周边的海光山色一览无余。1992 年 5 月屹立了千万年的钓鳌台却突然轰然一响，这块石头从中间裂开了，其间原因，众说纷纭。

钓鳌台面海处刻有“海晏河清”四个大字。意思为沧海波平，黄河水清。借喻国内安定，天下太平。这是时任福建省第五区行署督察专员，湖南汉寿县人朱熙，于民国 24 年（1935 年）题刻的。

在钓鳌台的顶部，就是“仙脚桶”。这仙脚桶，《东山县志·造像》做了详细记载：“仙脚桶位于风动石南面钓鳌台巨石顶端中央，形似脚印，长 0.8 米，脚印前部宽 0.15 米，后部宽 0.08 米。脚印外围呈圆状，直径 0.9 米，深 0.1 ~0.3 米，称仙脚桶。”称作“仙脚独步腾云汉”，是“铜山十八景”中的第一景。

4. 贵子石

贵子石岩画形状似女性生殖器外形，为古人类用石器刮削凿刻而成，同样象征着母系氏族社会古人类祈求繁衍生育的愿望。据古岩画专家考证，这岩画距今约 7000 年了。据说想求子的话，拿硬币投此穴，投中了就能求得贵子了。后来这个求子的愿望进一步升华，随意许个愿，只要能把硬币投入石穴，那么愿望就可能实现了。

图 5-27-11　钓鳌台（左）、贵子石（右）

5. 虎崆滴玉

为海边一个天然的海蚀岩洞，状如张开的虎口，故名虎崆。据《东山县志》记载：“昔日有虎踞洞中，故名。”洞深 15 米多，宽 5 米多，可容数十人。洞里峭壁中涌溢一眼清泉，涓涓流出，泉水滴落而琮琮作响，如落珠玉，因而得名“滴玉”。泉水清冽甘甜，长年不枯。洞内有石桌一张、石凳几张；涨潮时置身洞内，潮水没足，别有情趣。刮风涨潮时节，“惊涛拍岸，卷起千堆雪”，蔚为壮观。

表 5-27-17 东山岛重要文物保护单位

名称	年代	公布时间	级别	类别
东山关帝庙	明、清	1996 年 11 月	国家级	古建筑
水寨大山	明	1985 年	省级	古建筑
东山县抗战烈士陵园	1941 年	1991 年	省级	近现代重要史迹及代表性建筑
宫前天后宫	清	2005 年	省级	古建筑

（三）人文遗迹

东山岛是古今的军事要地，文物遗存多达 100 多处，其中国家级文物保护单位 1 处，省级文物保护单位 3 处，省级重点涉台文物保护单位 20 多处。

建于明洪武二十年（1387 年）的东山关帝庙，是国家级重点文物保护单位，是台湾关帝庙的祖庙，在漫长的历史进程中，“忠、勇、仁、义、礼、智、信”的关帝文化内涵，演绎成了海峡两岸民间具有浓厚地方色彩的信俗文化。如今，东山关帝庙已成为海峡两岸文化交流的纽带和桥梁。“东山关帝文化示范园区”是国家级《闽南文化生态保护实验区》中五大园区之一，是市级重点展示点；海峡两岸（东山）关帝文化是国家重点对台文化交流活动。

“东山路桥”、“大帽山贝丘遗址”、郑成功“水操台”、“戍台将士公墓”、宫前“天后宫”、铜钵“净山名院”、陈城“七圣夫人庙”、古来寺的“天地会”以及“东山抗战烈士陵园”、“寡妇村”等，构成鲜明特色的涉台文物群。东山海域有“水下文物大观园”之誉，经国家考古队多次探测，发现有“明末商船”、“南宋商船”、“明末清初商船”、“清代运载建材的运输船”、“明代战船”以及第二次世界大战后飞机、战舰等沉船疑点 16 处。已经挖掘的冬古湾郑成功古战船遗址，是全国水下考古史上首次发现的较为完整的郑成功古沉船遗址。

1. 铜山古城

始建于明洪武二十年（1387 年），朱元璋为防御倭寇侵犯和反明势力的骚扰，派江夏侯周德兴到铜山选择险要地势，建防御工事。原古城周长 571 丈，高 2.1 丈，女墙 864 个，窝铺 16 个，设有东门“晨曦”、西门“思美”、南门“答阳”、北门“拱极”四门，是外卫所，并与福宁的烽火、连江的小亭、莆田的南日、泉州的浯屿连成一体，为全闽海疆的五大古城。

明嘉靖四十三年（1564 年）和明神宗万历十年（1582 年），民族英雄戚继光两次率领浙江义乌兵在此安营扎寨，击败倭寇的进犯。明末，郑成功在此安营训练水师、造船，于顺治十八年（1661 年）收复台湾，东山五百多名青壮年随行出征。

抗日战争期间，东山军民在此多次抗击日军进犯。如今，经过修缮后的古城雄风依存，城楼宏伟壮观。

2. 东山博物馆

东山博物馆由陆定一题写馆名，1995 年 3 月建三层楼新馆，建筑面积 986 平方米，占地面积 1400 多平方米，馆内设有“文物室”、“闽台史前文化关系陈列室”、“海峡两岸关帝文化展”等。1995 年 12 月被福建省委、省政府授予省级文明单位的称号。

3. 黄道周纪念馆

纪念馆占地 1000 多平方米，为明代东山崇文书院旧址。与宝智寺、关帝庙一字排开，三处建筑融儒、佛、道三教于一体，很有特色。馆内陈列了黄道周生平事迹介绍、黄道周遗物、黄道周书法遗存等。

图 5-27-12　东山博物馆（左）、黄道周纪念馆（右）

4. 宝智寺

据《东山县志》载，宝智寺是“元代末建，初名为保安堂。明初改为祝圣习仪所。后祀天尊，改名天尊堂。明成化三年（1467 年）由僧圆球改建。清康熙三年（1664 年）焚毁，‘复界’后重建，雍正十年（1732 年）僧恩敬募修。乾隆三十六年（1771 年）由僧隐林主持扩建，改名宝智寺”。

5. 东山关帝庙

全国四大关帝庙之一，1996 年 11 月被国务院公布为第四批全国重点文物保护单位，是台湾数百座关帝庙的香缘祖庙。

东山关帝庙始建于明洪武二十年（1387 年），明正德三年（1508 年）扩建，宽 17 米，总长 40 米，建筑面积 680 多平方米。关帝庙正门为“太子亭”，是宫殿式的楼亭建筑，精美坚实，飞檐凌空而起，正面雕着“八仙过海”、“八兽图”，背面雕塑唐宋故事中的 120 个人物像，采用的是具有闽南地方特色的彩瓷剪贴雕艺术，是一座浓缩了闽南民间艺术的博物馆。采用剪瓷雕可达到不褪色和阳光照射下产生一种金碧辉煌的感觉。整个亭子只用六根石柱顶托数百支纵横交错的斗拱，历经几百年多次地震台风的侵袭完好无损，令人叹为观止。

正门有一“皇档”，站在皇档前，顺着太子亭石梁的中轴线望去，关帝庙和前面的放生池与远处文峰塔在同一中轴线上，“中轴对称，三点成一线”。故宫博物院专家组在东山考察时，评价关帝庙“选址精妙、结构精巧、工艺精湛”。1998 年 8 月台湾高雄市文衡殿信徒数十人进香时赠献匾额“追源谒祖”。1995 年 1 月东山关帝神像赴台，出巡台湾全岛半年，引起极大轰动。

按照“文官走龙门，武将从虎门出”的说法进主殿，见檐底下有一块青色水磨陛石，上面的盘龙石雕，腾云吐珠，栩栩如生。传说明正德年间，有师徒二人得到一块上好的陛石，师傅决心把这块石头雕刻成世上独一无二的盘龙石雕。恰好师傅临时家中有事赶回家。这徒弟左等右等还是不见师傅回来，于是他大胆地运用压琢法，把盘龙形态雕刻在这块陛石上。待师傅赶回时，看见徒弟的作品，大加称赞：“真是有状元学生，没有状元老师啊！”

主殿内为正襟危坐的关公。面如重枣，红颜长髯，气宇轩昂，威严之相令人肃然起敬。关公的两旁拿大刀的是周仓、拿大印的是关平以及赵累和王甫。

主殿上方悬挂的是清朝咸丰皇帝的御笔“万世人极”匾额；两边立柱上悬挂着明朝武英殿大学士、书法家黄道周的亲笔木刻楹联：“数定三分，扶炎汉，平吴削魏，辛苦备尝未了一生事业；志存一统，佐熙明，降魔伏虏，威灵丕振只完当日精忠。”这副楹联既是对关公一生的评价，同时也是黄道周的爱国主义思想的一种体现。这副对联，也是东山关帝庙作为台湾关帝庙香缘祖庙的一个历史明证，因台湾关帝庙也挂此对联，关帝右边神龛坐着的塑像也是周仓。庙内的石雕、金木雕、彩瓷雕构成了别具一格的“三雕”。

图 5-27-13　宝智寺（左）、东山关帝庙（右）

6. 碑廊

1998 年东山县有关部门抢救征集流散的石碑建碑廊，共有古碑刻三十多方，集中反映了明、清两代及民国时期，东山的政治、经济、军事、民俗等情况，是东山历史研究、闽台关系考证的宝贵资料。其中有表彰自发起来抗击倭寇的山后村村民朱柏父子的《大明旌义坊》，有说明东山与台湾之间自古以来商贸往来密切的《都督苏公德政碑记》等。

图 5-27-14　碑廊和摩崖石刻

7. 九仙山

九仙山也叫水寨大山，明初，江夏侯周德兴建铜山所，始设铜山水寨。明朝中期景泰年间水寨移至九仙山，建成水寨，官兵们奉祀“九鲤湖仙公”于山顶石洞里，故名“九仙山”。九仙山背临铜陵镇大澳湾，面向铜山古城，地势险要，是历代军事要地，戚继光、郑成功曾先后在此屯兵，建水师。

明嘉靖十五年（1536 年）镇东卫升钦眷差总督吴文（字朝器）防备倭寇入侵有功，铜山水寨官兵在巨石中间，建立“惠德碑”以示纪念。明嘉靖四十三年（1564 年）和万历十年（1582 年），戚继光曾两度率师在铜山所屯驻，修造战船，于大澳海域操练水师，抗击倭寇，指挥台设于此。有一块大而险的巨石高踞山巅，上刻有“瑶台仙峤”。是当时郑成功训练水师的水操台。前临宽阔的东山湾，居高临下，其势雄险，湾上来往船只尽收眼底，这是当年戚继光指挥抗倭的遗址，也是郑成功操练水师收复台湾的指挥台。

其上的“九仙石室”，大石为盖，下台门，洞内平坦，可坐十余人，是个天然的岩洞，为东山岛十八景之一。洞中有洞，一通到底。洞内清幽明净，通风清爽，冬暖夏凉。九仙山是书法艺术荟萃的地方，留下摩崖石刻二十多处，楷、草、隶、篆无不珍品，诗文所记对研究东山历史很有价值。

8. 谷文昌纪念馆

1950 年前，东山岛风沙肆虐、寸草不生。县委书记谷文昌，带领东山人民经过无数次的实践，制定出筑堤堵沙、种草固沙、造林防沙的方案，找到适宜东山种植的树种木麻黄，并在全县掀起植树造林热潮，至1964年共造林8.2万亩，全县400多座小山丘和3万多亩荒沙滩基本绿化，141千米的海岸线筑起“绿色长城”。

5-27-15 谷文昌纪念馆

1987年，谷文昌去世，东山人民将他的骨灰安葬在当年他亲手建起的赤山林场。1999年东山各界捐资120万元，修建了谷文昌陵园，内有谷文昌塑像与谷文昌陵墓；谷文昌纪念馆经中共中央办公厅批准建立，2004年2月建成开馆。

谷文昌纪念馆占地面积2000平方米，建筑面积1335平方米，总投资400万元。纪念馆设计风格突出了园林式的建筑特色，设有六大展室和音像室，展馆整体布局由“序言、走进东山、执政为民、艰苦奋斗、求真务实、致力发展、绿色丰碑、永久的怀念”八个部分构成。温家宝、贾庆林、曾庆红、李长春、王兆国、刘云山、贺国强等党和国家领导人为谷文昌精神题词。中组部于2003年3月16日发出通知，号召广大党员干部认真学习谷文昌精神。

9. 寡妇村展览馆

位于东山县铜陵镇铜钵村，占地面积1.2万平方米，建筑面积2200平方米，主体为三层楼花园式建筑，投资450万元，是福建省爱国主义教育基地。

1950年5月10日东山岛解放前夕，国民党残部败退台湾，疯狂地在东山岛抓壮丁扩充兵源。从铜钵村抓走147名青壮男子，当年仅289户的村庄，一夜之间近百名妇女守活寡，故称为“寡妇村”，引起国内外各界人士关注。

1996年4月26日，时任国家发展计划委员会副主任的郝建秀视察“寡妇村”时，心情沉重，深表同情，她激动地说，这是历史造成的人间悲剧，这些台属历经劫难，受了很多苦，要建一座敬老院，让她们欢度晚年。

纪念馆一楼为展览馆序厅，黑色花岗岩制作的前言台置于中央，显得格外庄重。左右两侧墙上是两幅各高3米、宽6米的长方形古铜色浮雕《抓丁》与《团圆》。它们通过人物形象，以不同时代，不同人物艺术造型，形成强烈的对照；从抓丁到团圆史诗般地展现事件始末，一是再现当年国民党军队抓丁去台湾，造成亲人生离死别、撕心裂肺的悲惨场面的历史悲剧；一是表现改革开放以来，台胞回来与亲人团聚、一派祥和、欢乐情景。说明莫忘每个家庭的命运与祖国大家庭相连的这一永恒主题。

二楼是主展厅，分为“人间浩劫”、“旷世悲情”、“海峡曙光”三大部分。

第一部分“人间浩劫”设有“大抓丁”、“生离两岸”、“死当长相思”等栏目，采用大量珍贵的历史和现在的照片、资料，全面介绍1950年新中国成立前夕发生在东山岛上大抓丁事件的历史背景及其过程，罗列出4792名壮丁的名单，重点介绍了发生在铜钵村的大抓丁事件经过：1950年5月10日凌晨2时国民党部队突然包围了铜钵村，掳走了147名壮丁，其中年小只有17岁，年长55岁，已婚91人。离别时，亲人生离死别催人泪下的一幕淋漓尽致地再现。从此，失去丈夫的妇女们，便陷入漫长的守活寡、盼亲人的痛苦生涯。年轻时青春焕发、风华正茂的少妇和老态龙钟、憔悴忧伤的“活寡妇”各个年龄段的照片，今昔对比，反差强烈，令人心灵震颤、叹息不已。

在“死当长相思”一栏里，展出一些去台人员在台湾去世，清明节，其眷属到海边祭拜亡灵的相片，配有诗句：“天海两茫茫，香祭焚一炷，生死家园恋，做鬼也还乡。魂归来兮！”“永难成双”反映的是：大抓丁之夜，村里青年谢文在睡梦中惊醒刚穿上右脚一只布鞋就被强抓走，妻子林秀把左脚那只布鞋珍藏了起来，盼望丈夫早日回来，不幸丈夫病逝台湾，分隔两岸的布鞋再也无法成双了，看了令人心伤。

第二部分“旷世悲情”运用大量的实物、模型，配以声光，选用具有代表性、普遍性的来自台属家庭的各种实物。如一面破碎难圆的镜子、石磨、单人戽桶、网桶与歌册、铝碗、系红线的老猪、虚设在台亲人碗筷的宴席、田大娘的茶具、金戒子以及泣血的洞箫等30多件实物。每件实物都渗透出思亲情与辛酸泪，向人们讲述一桩桩撕心裂肺的悲惨故事。一只铝碗盛满主人刘口老人半个世纪苦苦思念亲人的哀愁；老旧的石磨，磨掉了风雨岁月和美好的年华，却磨不掉坚贞不渝的爱情。

“海峡鱼雁诉离情”主要展示两岸同胞来往鸿雁传书的数千封书信实物，台湾老兵诗词文稿，还有东山县出版的《海峡桥》、《寡妇村》等书籍充分反映了两岸骨肉同胞“心的呼唤，情的诉说”。去台人员蔡波先生在台湾所作300多首诗，全是爱乡思亲之辞赋，如“身心牵挂一水隔，骨肉生离两地分；家尘羞作南冠客，落叶愿为东山魂。(梦痴泣于甲子母难日)”。这些诗词是用血汗泪赋就的，催人泪下，感动天地。

第三部分“海峡曙光”设置了三个专栏：“亲切关怀”、“海峡和风”、“故园巨变”。以大量图片展示东山岛翻天覆地的变化和铜钵村的沧桑巨变。

“亲切关怀”反映新中国成立以来各级党和政府关心“兵灾家属”的生产、生活，尤其改革开放以来，东山大力开展多种领域的对台交流活动，促进海峡两岸“三通”，为亲人团圆创造良好条件。关心支持“寡妇村”发展经济、兴办公益事业的情景，其中有许多中央、省、市领导，包括海协会会长汪道涵，常务副会长唐树备等到铜钵村考察活动照片。“举世瞩目”主要介绍20年来，先后有美国、法国、日本、俄罗斯等20个国家和台湾、港澳记者及有关专家到这个村采访。“再也不能让这些老大娘守活寡了！”这是1986年11月到铜钵村采访的美国记者劳伦斯夫妇发出的感叹。“忠贞坚韧”展示当年已结婚的91位妇女，在丈夫被抓丁去台后，撑起男人抛下的担子，耕种田地，孝敬翁婆，抚养子女成人的动人形象。表现了她们对亲人忠贞不渝的爱情和执著的期待，博大宽厚地包容一切的胸怀，是对祖国统一大业坚定不移的信念。

五、港口航道资源

东山岛港口资源丰富，主要分布于东山湾北岸铜陵的城垵岸段、乌礁湾冬古岸段、沃角湾及诏安湾西北岸大嵝岸段。其中东山湾港口资源更为丰富，东山港港域面积189平方千米，港区自然岸线22.2千米，其中深水岸线约7千米，港内水深3～36米，为天然深水良港。

进出东山港航道，有东航道和西航道。塔屿与古雷头之间的航道称东航道，进东航道至东山湾3、4号锚地，长约4.2海里，东航道平直宽阔、障碍物少，水深、大型船舶进出不受潮位限制。塔屿与铜陵镇陆域之间的航道称西航道，进西航道到铁钉屿南，经对面屿至4号锚，长约4.5海里，西航道较窄且多弯曲，最窄处在对面屿和小赤屿之间航段。

经几十年来开发建设，现已形成铜陵（域垵）、冬古、澳角、大嵝等4个港口作业区。全港现有11个生产性泊位，其中5000吨级泊位2个、3000吨级泊位2个，还有一个在建2.5万吨级码头。2008年全港货物吞吐量118.11万吨。

六、可再生能源

东山岛可再生资源主要有潮汐能、风能及太阳能等。

（一）潮汐能

东山岛沿岸有7个港湾，平均潮差2.16米，蕴藏较丰富的潮汐能资源。其中西埔湾堤内水域面积

2.75 万亩，调节库容量 5600 万立方米，平均潮差 2.27 米，潮汐能理论蕴藏量 6090 千瓦。规划建设西埔湾潮汐发电站。

（二）风能

东山岛风能资源丰富，为福建省Ⅰ-1 级风能区。累年月风速在 4～9 米/秒，年平均风速 7.1 米/秒，有效风速频率 77%，有效风能时数 6705 小时，风能功率密度 519 瓦/米^3，风能密度 3477 度/米^3，是高品位富风能区。现已在乌礁湾北岸澳仔山建成一座大型风电站，年发电量约 1 亿千瓦·时。

（三）太阳能

东山岛晴天多，阴雨日少，太阳能丰富。全年日照时数约 2385 小时，日照率 54%，年辐射总量 1324 千卡/米^2。目前太阳能尚未大规模开发利用，仅有部分家庭使用太阳能热水器。

七、生物资源

（一）岛陆生物资源

1. 植物资源

东山岛上现有高等植物 71 科，168 属，196 种。其中乔木树种以木麻黄、马尾松、黑松、台湾相思树、湿地松、棕檬桉、榕树、细叶桉、朴树、银合欢、三叶橡胶等为主。在铜陵古城墙缝里长出一颗 400 多年树龄的古榕树，其蜿蜒的根系盘踞着古城与古城墙融为一体，成为一个奇特的景观。

1950 年前，东山岛是个荒凉海岛，深受风、沙、旱、潮灾侵害。1957 年后，引进试种抗风、耐旱、耐碱木麻黄树，获得成功，从此开始了沿海防护林建设。经过 30 多年的努力，至 1991 年，全岛共造林面积 97200 亩，农田林带 177 条，总长 194 公里，其中沿海基干林带一条 29.5 千米，四旁绿化植树 183.8 万株，果树园 9250 亩，全县绿化程度 96.2%，森林覆盖率 32.78%，森林积蓄量达 14.83 万立方米。1986 年被国家绿委会授予“东海绿洲”称号。1992 年 7 月，国家林业部批准建立东山国家森林园。由赤山林场、西山岩、大帽山组成，面积 8000 亩，森林覆盖率高达 96%，森林公园濒临乌礁湾，这里天蓝、海碧、沙白、林绿，构成绮丽的海滨森林风光，实为休闲度假胜地。

2. 动物资源

东山岛由于原生植被破坏殆尽，次生人造植被稀疏，加上历史长期的捕猎，导致陆上野生动物稀少。

东山岛历史上有华南虎、野猪（山猪）、穿山甲（鲮鲤）、狼。现偶见有水獭、豹猫（石虎）、豪猪、山狗（草狐）、山羊等。常见的鸟类有麻雀、乌鸦、伯劳、鹧鸪、八哥、白头翁、喜鹊、画眉、燕子、苍鹰、海鸥、鱼鹰、海鸭；偶见的有鸠莺、猫头鹰、啄木鸟、百灵鸟、大鹰等。常见的爬行类有壁虎、蜥蜴、蚯蚓，蛇有水赤蛇、眼镜蛇、金环蛇、青竹标（翠青蛇）、蟒等。

（二）潮间带生物

东山岛（下西坑）软相潮间带（泥沙滩）底栖生物有底栖生物 170 种，种类组成中，藻类 2 种，多毛类 54 种，软体动物 54 种，甲壳动物 52 种，棘皮动物 2 种，鱼类 3 种，其他动物 3 种，秋季出现 88 种，春季出现的种类较多，123 种，主要是春季多毛类的种类增加近一半，甲壳动物种类增加 9 种①。

① 福建海洋研究所：福建省 908 海岛潮间带生物调查资料，2006—2007 年。

东山岛软相潮间带出现的主要经济种有：锯齿巴非蛤（*Paphia gallus*）、伊萨伯雪蛤（*Clausinella isabellina*）、大竹蛏（*Solen grandis*）、小刀蛏（*Cultellus attenualus*）、鸭嘴蛤（*Laternula anatine*）、鲜明鼓虾（*Alpheus diatinguendus*）、日本蟳（*Charybdis japonica*）等，它们数量较少，多数在定性样品中出现。

秋季优势度物种有缅甸角沙蚕（*Ceratonereis burmensis*）、拟斧蛤属（*Nipponomysella* sp.）、豆形短眼蟹（*Xenophthalmus pinnotheroides*）、三叶针尾涟虫（*Diastylis tricincta*）。

（三）海域生物资源

东山海洋生物资源丰富，有鱼类 19 目、96 科、156 属、205 种，软体动物 198 种，节肢动物 66 种，其他 56 种。

1. 鱼类

海水鱼类有软骨鱼类和硬骨鱼类。

（1）软骨鱼：有狭纹虎鲨（国光鲨），条纹斑竹鲨（狗鲨）、日本须鲨（哈婆鲨）、豹纹鲨（龙船背鲨）、姥鲨（昂鲨）、鲸鲨（哈鲨）、斑蓝丽鲨（剩鲨）、灰星鲨（鲨条）、尖头斜齿鲨（尖头鲨）、阔口真鲨（圆头鲨）、黑印真鲨（赤富鲨）、乌翅真鲨（富仔鲨）、侧条真鲨（乌翅鲨）、沙拉真鲨（铜贡）、居氏鲍鲨（幼体称猫鲨，成体称虎鲨）、路氏双髻鲨（小生鲨）、星云福鲨、达尖犁头鳐、颗粒犁头鳐、圆犁头鳐、林氏团扇鳐（沙狗鲎）、中国团扇鳐、何氏鳐（蠘星魴）、花点魟魟（花锦魟）、黄魟（针魴），赤魟（黄魴）、花点燕魟（腰肚魴）、日本燕魟（腰肚魴）、双斑燕魟（腰肚魴）、无斑鳐鲼（燕仔魴）、南海牛鼻鲼（破头魴）、无刺角鲼（角魴）、日本单鳍电鳐（痹魴）、丁氏双鳍电鳐（花痹）等。

（2）硬骨鱼：有宝刀鱼（木刀鱼）、北梭鱼（竹鱼）、脂眼鲱、哈氏圆腹（尖水）、中华青鳞鱼（青鳞）、金色小沙丁鱼（鲳鱼）、鲥鱼（箭壳）、花鰶（黄鱼）、斑鰶（黄鱼）、鳓鱼、七丝鲚（凤尾鱼）、七带小公鱼、尖吻小公鱼、康氏小公鱼（江鱼）、中华小公鱼（公鱼母）、赤鼻棱鳀（赤鼻仔）、长颈棱鳀（咸西鱼）、黄鲫（黄只仔）、日本鳀、尖头银鱼（银鱼）、遮目鱼（虱目鱼）、大头狗母鱼（番狗母）、长蛇鲻（细鳞狗母鱼）、多齿蛇鲻（粗鳞狗母鱼）、龙头鱼（丝丁）、七星鱼（江鱼舅）、鳗鲶（沙毛）、海鲶（赤鱼）、中华海鲶（松仔鱼）、尖尾鳗（阔嘴狼）、海鳗（鳗鱼）、中华须鳗（秀才鳗）、颈形短体鳗（红鳗）、食蟹豆齿鳗（硬骨鳗）、尖吻蛇鳗（硬骨鳗）、花斑裸胸鳝（芝鳗）、网纹裸胸鳝（虎鳗）、长体鳝（红鳗）、黑背圆颚针鱼（青见鱼）、乔氏（券针）、小鳞燕鱼（飞乌）、犀鳕（雨伞梳）、红烟管鱼（烟管鱼）、鳞烟管鱼（火管鱼）、尖海龙（海龙）、三斑海马（海马）、玻甲鱼（小虾鱼）、油魣（牛棍）、鲻鱼（乌仔鱼）、硬头鲻（砚仔）、棱鲻（尖头）、赤眼鳟、银汉鱼（厚鳞丁）、四指马鲅（伍鱼）、六指马鲅（伍笋）、鲑点石斑鱼（红鲙）、青石斑鱼（土鲙）、六带石斑鱼（土鲙）、点带石斑鱼（土鲙）、鲈鱼、驼背鲈（老鼠鲙）、细鳞鯻（沙笨猪）、短尾大眼鲷（红目达）、长鳍天竹鲷（大麦粟）、多鳞鱚（沙梭）、少鳞鱚（梭仔鱼）、方头鱼（甘鲷）、军曹鱼（鲡鱼）、沟鲹（青铜镜）、蓝圆鲹（吧哏）、颌圆鲹（竹叶）、红鳍圆鲹（红尾吧哏）、大甲鲹（甘贡）、脂眼凹肩鲹（乌马棕）、竹筴鱼（大目姑）、马拉巴裸胸鲹、甲裸胸鲹（欧仔鱼）、丽叶鲹（松叶）、似萨拉鲹（黄就鱼）、杜氏（白令鳃）、黄条（柴鱼）、黑纹条（甘仔鱼）、眼镜鱼（皮鞋刀）、蜞鳅（海鲢）、乌鲳、棘头梅童鱼（大头仔）、大黄鱼（红瓜鱼）、鮸鱼、黄唇鱼（金钱鮸）、叶姑鱼（加网）、黄姑鱼（春只）、白姑鱼（鳂仔鱼）、鹿斑鲾（花令）、长棘鲾（油瓮）、杜氏鲾（金钱仔）、条鲾（椰只）、勒氏笛鲷（沙记）、约氏笛鲷（厚唇鱼）、画眉笛鲷（红鸡）、红笛鲷（红袄）、千年笛鲷（打铁婆）、黄鲷（赤翅）、真鲷（加力鱼）、二长棘鲷（加力姑）、平鲷（香头仔）、黑鲷（乌格）、金线鱼（高里鱼）、灰裸顶鲷（白格）、黑鳍髭鲷（懒猴）、条纹髭鲷（懒猴）、三线矶鲷（乌鸡鱼）、胡椒鲷（胶薯）、花尾胡椒鲷（胶薯）、鲃（乌丝肚）、条尾鲱鲤（红肉鲢）、单带鲱鲤（红须）、双带鲱鲤（红须）、白鲳（草扇）、蒸鱼（蒸仔鱼）、金钱鱼、朴蝴碟鱼（油蓖）、细棘海猪鱼（海花）、洛神颈鳍鱼（红肉鲡）、条腹鹦嘴鱼（海鹦哥）、花尾鹰斑（红目鸡）、金网纹（尿规）、棘赤刀鱼（赤鱼）、褐蓝子鱼（背古）、李氏（倒钓鱼）、带鱼（白带）、沙带鱼（黄嘴带）、小带鱼（白带柳）、鱼（花鲱）、羽鳃鲐（马鲛）、蓝点马鲛（马鲛）、斑点马鲛（阔幅马鲛）、中华马鲛、康氏马鲛、青弹涂鱼、灰旗鱼（旗鱼）、银鲳（白鲳）、刺鲳（肉鲫）、红狼牙虾虎鱼（红鼻条）、大弹涂鱼（花跳）、褐菖鲉（石翁）、环纹蓑鲉（棕蓑虎）、鲜鲉（赤虎）、玫瑰毒鲉（虎鱼）、翼红娘鱼（角仔）、丝鳍鱼（周公鱼）、鳄鲬（牛尾鱼）、鲬（牛尾鱼）、短鲬（花肖）、青干金枪鱼（青甘）、黄鳍金枪鱼、扁舵鲣（桌棍）、东方弧鲣（马兰梭）、鲔、鲫（吃屎鲕）、斑鲆（铁仔）、牙鲆（西齿），木叶鲽（扁鱼）、条鳎（龙舌）、焦氏舌鳎（龙舌）、长吻鼻鱼（鼻鱼）、短吻鼻鱼（鼻鱼）、短尾三刺鲀（三脚丁）、绒纹单角鲀、丝鳍单角鲀（乌皮鲉）、密斑黄鳍马面纯（马面鲉）、纹鳞纯、圆斑兔头鲀（大头规）、条纹东方鲀（大头规），虫纹东方纯（米碎规）、星点东方鲀（米碎规）；横纹东方鲀（大头规）、暗色东方鲀（大头规）、云棱箱鲀、角箱鲀、六斑刺鲀、翻东鲀（翻东鱼）、黑鲛鲸鱼（哈古丁）、三齿躄鱼（软鱼）、海蛾鱼（海燕）等。

2. 软体动物

①腹足纲：艺主要有杂色鲍（鲍鱼）、中华楄（浅盏）、史氏背尖贝（浅盏）、龟甲（深盏）、星状帽贝、乌爪拟帽贝（苦盏）、笠贝（苦盏）、单齿螺（姑婆妈螺）、拟蜒单齿螺、黑凹螺（阔嘴哴）锈凹螺（水涨螺）、银口凹螺（青因）、斑马蹄螺（雨伞螺）、蝐螺（沙米螺）、肋蝐螺（沙米螺）、镶珠隐螺（蝶螺）、红底星螺（雨伞螺）、节蝶螺（况螺）、粒花冠小月螺（苦印）、朝鲜花冠小月螺（苦印）、锦蜒螺（吱咕螺）、渔舟蜒螺（吱咕螺）、条蜒螺（吱咕螺）、齿纹蜒螺（吱咕螺）、笋锥螺（钉螺），棒锥螺（钉螺）、带锥螺（钉螺）、紧俙蛇螺（蠓蛇）、复瓦小蛇螺（蠓蛇）、扁玉螺（肉螺）、斑玉螺（蚶虎）、浅缝骨螺（角螺）、直吻骨螺（角螺）、钩棘骨螺（角螺）、棘螺（刺鸡）、亚洲刺螺（刺鸡）、褐棘螺（刺鸡）、蛎敌荔枝螺（辣螺）、角荔枝螺（辣螺）、疣荔枝螺（辣螺）、黄口荔螺（辣螺）、可爱荔枝螺（辣螺）、瘤荔枝螺（辣螺）、方斑东方螺（香螺）、泥东方螺（香螺）、缝合海因螺、管角螺（吹螺）、细角螺（吹螺）、结节角螺（吹螺）、爪螺（猪屎螺）、石磺（南风龟）等。

②瓣鳃纲：主要有泥蚶（血蚶）、毛蚶、青蚶、魁蚶、翡翠贻贝、条纹隔贻贝、桑氏短齿蛤（土鬼）、缢蛏、竹蛏、短石蛏、长石蛏、栉江珧（马隔）、细长裂江珧（马隔）、海湾扇贝（系引进种）、海月（窗贝）、近江牡蛎（蚝仔）、褶牡蛎（蚝仔）、僧帽牡蛎（蚝仔）、棘刺牡蛎（蚝仔）、太平洋牡蛎（系引进种）、长牡蛎（蚝仔）、单纹心蛤、敦氏猿头蛤、青蛤、蛤仔、杂色蛤仔、波纹巴非蛤（花蛤）、和蔼巴非蛤（花蛤）、豆斧蛤（红砾）、扁平血蛤、紫血蛤、脆壳全海笋等。

③头足纲：主要有长枪乌贼（笔仔）、中国枪乌贼（鱿鱼）、诗博加枪乌贼（笔仔）、莱氏拟乌贼（软匙）、金乌贼（针壳乌贼）、斑乌贼（花衫）、白斑乌贼（花衫）、拟目乌贼（大花衫）、曼氏无针乌贼（臭屁股）、格氏四盘耳乌贼（墨斗仔）、红端（红章）、短蛸（沟水）、长蛸（石柿）、真蛸（章鱼）等。

④多板纲：主要有鬃毛石鳖、网纹鬃毛石鳖、日本宽板石鳖、日本花棘石鳖、花斑锉石鳖、锉石鳖、朝鲜鳞带石鳖、红条毛肤石鳖等（以上俗称皆为铁甲板）。

⑤掘足纲：主要有大角贝（象牙贝）等。

3. 节肢动物

①甲壳纲：龟足（肥足）、黑藤壶（榯仔）、高峰藤壶（烟筒榯）、刺红藤壶（烟筒榯）、网纹藤壶（榯仔），绿鳞笠藤壶（榯仔）、长毛对虾（大白虾）、斑节对虾（乌节虾）、日本对虾（竹节虾）、周氏新对虾（黄其米）、中国新对虾、哈氏伤对虾（剑虾）、须赤虾（厚壳虾）、中华管鞭虾（红槽虾）、中国毛虾（苗虾）、日本毛虾（苗虾）、中国龙虾、日本龙虾、锦锈龙虾（龙虾虎）、扇虾、蝉虾、虾蛄、棘虾蛄、斑琴虾蛄、三疣梭子蟹（冬蠘）、红星梭子蟹（三日蛾）、远海梭子蟹（青脚蟳）、锯缘青蟹（红蟳）、斑纹蟳（驶流梯）、绵蟹（乌糖丸）、中华绒螯蟹（毛蟹）等。

②肢口纲：东方鲎（鲎）。

4. 其他海生动物

①哺乳动物：伪虎鲸（海猪）、镰海猪（乌其排）、真海豚（乌鹅）、中华白海豚（白鹅）、鼠海豚（鼠鹅）、海豚（海猪）等。其中中华白海豚为国家一级保护物种。

②爬行动物：棱皮龟（洋桃龟）、绿海龟（乌龟）、龟（赤米龟）、玳瑁、青环海蛇、黑头海蛇、长吻海蛇等。

③棘皮动物：二色果片参、米氏海参、荡皮海参、镶边海星、斑沙海星、沙海星、荷叶海星、网海星、罗氏海盘车、细雕刻肋海胆、马粪海胆、日本片蛇尾、掌枝蛇尾、海盘等。

④环节动物：方格星虫（沙蚕）、大矶沙蚕（大海蜈蚣）、疣吻沙蚕、沙蝎（海蚯蚓）、海毛虫等。

⑤拟软体动物：海豆芽、大海豆芽等。

⑥腔肠动物：白色霞水母（烂头蛇）、大水母（荷包蛇）、海蜇（艺蛇）、银带水母、柳珊瑚、日本红珊瑚、赭色海底柏、海扇、角珊瑚（海铁树）、黑角珊瑚（海柳）、标准蜂巢珊瑚（浮石山）、锯齿刺星珊瑚（浮石山）、盾形陀螺珊瑚（浮石山）、绿海葵、简海葵、沙海葵、管海葵、海仙人掌等。

⑦多孔动物：海丝瓜、白枝海绵、岩骨海绵、真海绵、矾海绵等。

⑧苔藓动物：脊突苔虫（海浮石）、柯氏胞孔苔虫等。

八、渔业资源

东山水产资源丰富，海岛四周有广阔的滩涂、浅海和海洋渔场。渔场主要有闽南渔场和粤东渔场，向外还有台湾浅滩渔场，可实际作业渔场面积 26.3 平方千米，浅海滩涂面积 172 平方千米，西埔湾垦区面积 18.3 平方千米。闽南渔场主要水生生物 644 种，鱼类有蓝圆鲹、金色小沙丁鱼、鲷真鱼、大黄鱼、蓝点马鲛、银鲳、石斑鱼等；软体动物有乌贼、鱿鱼、杂色鲍、引进台湾九孔鲍；贝类有珍珠贝、泥蚶、牡蛎、蛤、螺等；节肢动物有对虾、龙虾、梭子蟹、鲎等；藻类有紫菜、海带、石花菜、龙须菜等。还有海胆、海参、海蜇、海龟等。年水产品总产量 30 多万吨。

东山岛位于东海与南海交汇处，闽南渔场的中心，由于上升流与下降流的扰动，海洋初级生产力高，海洋生物资源极为丰富，近海渔场 2.63 万平方千米。海洋鱼类常见的经济种有蓝圆鲹、金色小沙丁鱼、小公鱼、真鲷、黑鲷、鲨鱼、带鱼、大黄鱼、石斑鱼、三角鱼等 50 多种；软体动物中常见的经济种有各种枪乌贼、墨鱼、杂色鲍、泥蚶、牡蛎、花蛤、巴非蛤、短齿蛤、翡翠贻贝、紫贻贝、台湾引进的九孔鲍；节肢动物常见的经济种有哈氏仿对虾、长毛对虾、日本对虾、斑节对虾、白对虾、中国龙虾、三疣梭子蟹、中国鲎等；海藻中经济藻类有紫菜、海带、石花菜、龙须菜、石莼等；其他经济动物主要有海胆、海参、海蜇、海龟等。

东山县是国家级鲍鱼标准化养殖示范区；2007 年全县水产品加工企业 250 多家，年加工水产品 20 多万吨，产值 25 亿元，全县水产品出口量近 8 万吨，出口值突破 1 亿美元大关，达 1.03 亿美元，约占全省 1/4，其加工总量、出口创汇值均列全省县级第一位。

第二十八章　其他海岛

本章包括大嵻岛和西头山岛 2 个有居民海岛和 107 个无居民海岛。按照海岛位置分布及行政区隶属，本章海岛分为漳浦、云霄县管辖的东山湾海岛、东山县管辖的东山湾海岛、东山岛南侧和东南侧海域海岛和诏安湾和宫口湾海岛等四部分。2 个有居民海岛为大嵻岛和西头山岛，分属东山县和诏安县管辖；107 个无居民海岛，均属漳州市管辖，其中漳浦县管辖 9 个、云霄县管辖 12 个、东山县管辖 66 个、诏安县管辖 18 个，另有东山县与诏安县等分界岛 1 个。此外，有领海基点岛 1 个，为兄岛（大柑山）。

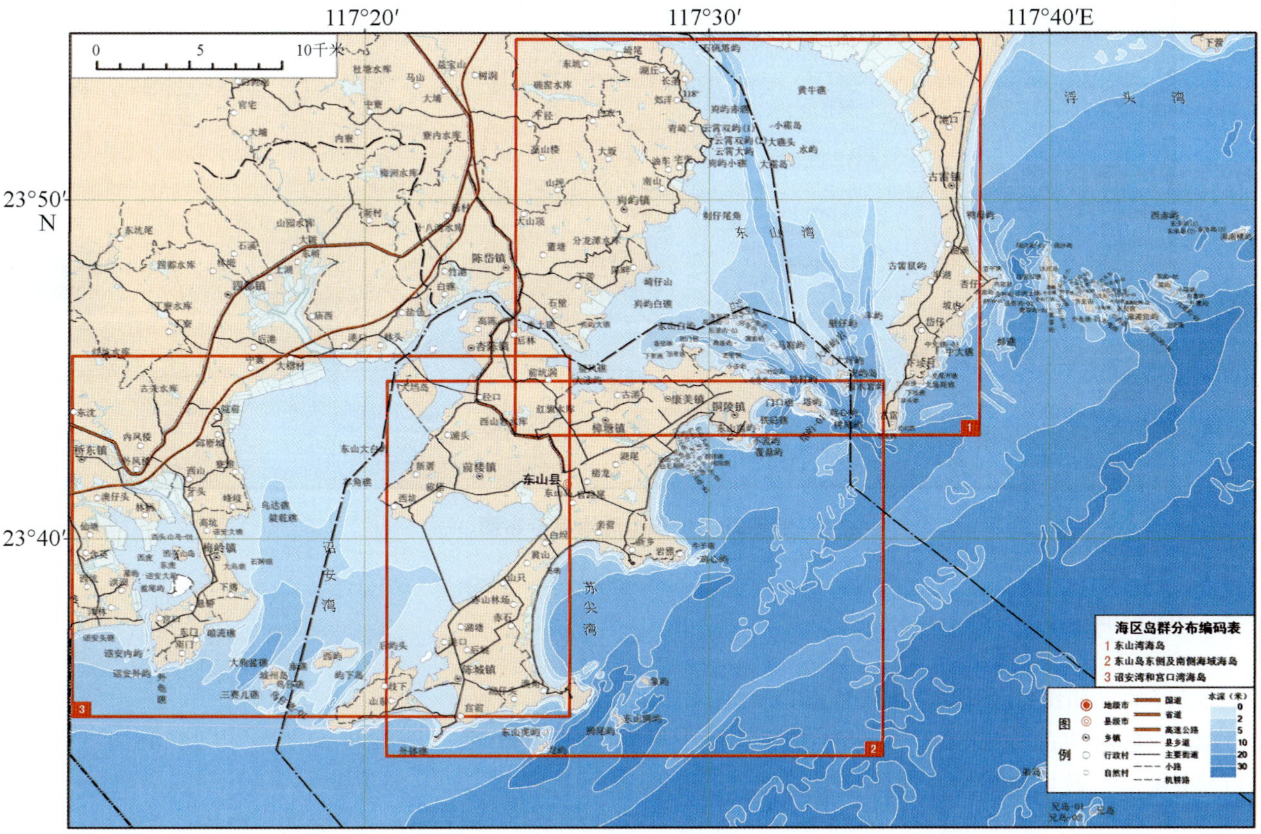

图 5-28-1　东山岛周边海区海岛分区图

1. 东山湾海岛；2. 东山岛东侧及南侧海域海岛；3. 诏安湾和宫口湾海岛

第一节　漳浦、云霄县管辖的东山湾海岛

本区海岛位于东山湾东部和北部海域，包括 18 个无居民海岛，其中漳州市漳浦县管辖 8 个、云霄县管辖 10 个。

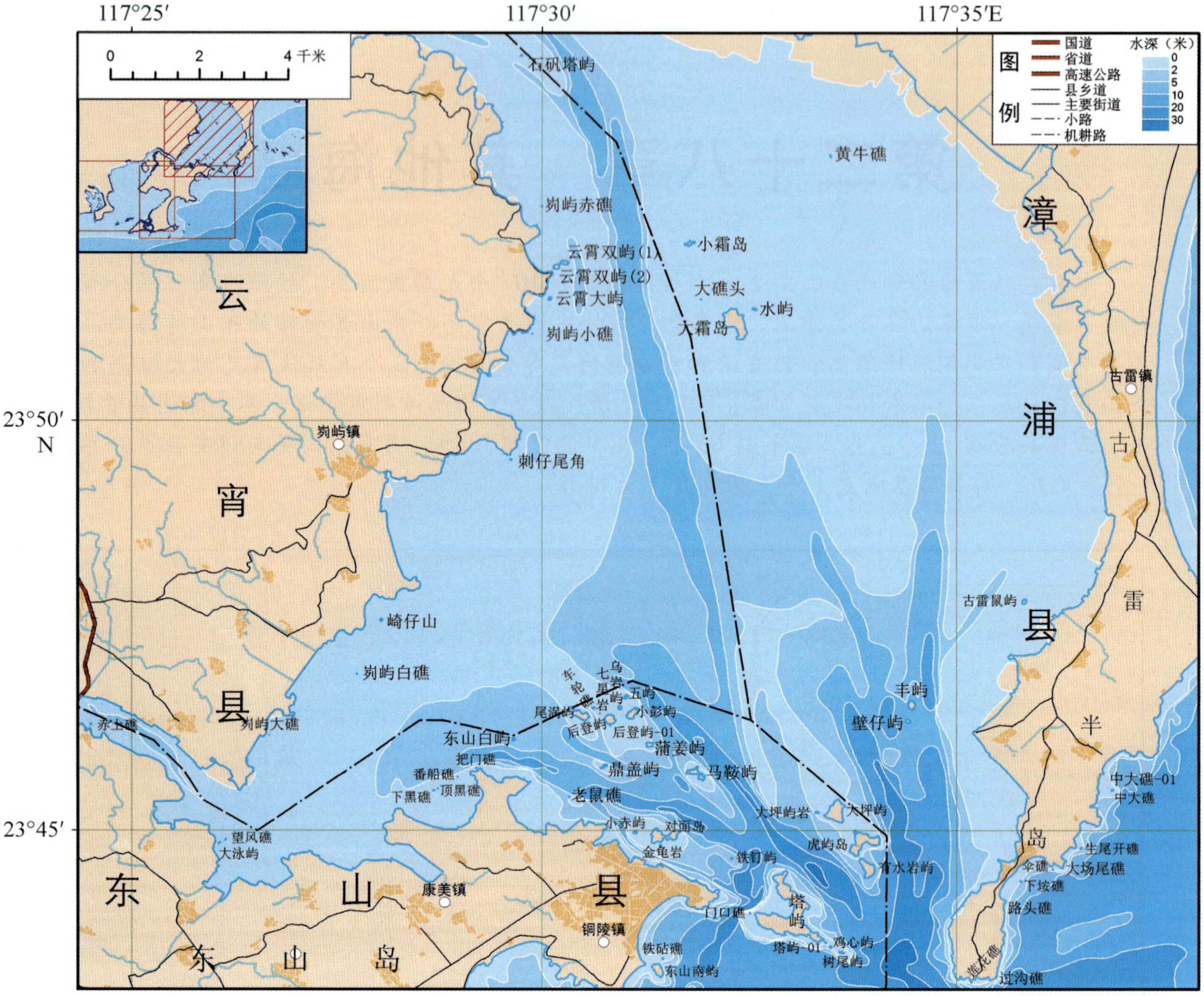

图 5-28-2　东山湾海岛分布图

一、壁仔屿

壁仔屿（Bìzǐ Yǔ）代码为 350623005421。

位于东山湾的东南部，丰屿的南侧，距大陆最近点 940 米。地理坐标为北纬 26°46.3′、东经 117°34.4′。行政区隶属漳州市漳浦县管辖。

该岛呈蛋形，长约 100 米，宽约 78 米，东南—西北向展布。面积 6260 平方米，岸线长 290 米，最高点海拔 12.8 米。由动力变质岩及混合岩组成，地表基岩裸露，植被少。基岩海岸。在岛北面有连岛沙坝与丰屿连接。岛上无淡水，无人居住。自然状态，未开发利用。周围海域养殖牡蛎、紫菜、海带等。

二、丰屿

丰屿（Fēng Yǔ）代码为 350623005321。

位于东山湾的东南部、漳浦县古雷镇西南侧海域中，距大陆最近点 880 米。地理坐标为北纬 23°46.5′、东经 117°34.5′。行政区隶属漳州市漳浦县管辖。

形如鸭蛋，南北走向，长 190 米，最宽处 140 米。面积 0.0216 平方千米，岸线长 560 米。地势东高西低，最高处海拔 28.0 米。

由动力变质岩及混合岩组成，北部和东北部海岸为岩石岸，余为砂质岸。地表有土层，植被少，有杂草。在岛南面有连岛沙坝与壁仔屿连接，周围地形较复杂；岛北侧水浅，水深0～5米，有定置网作业和养殖对虾、牡蛎、蟹。岛东北侧为深水区，水深在5～20米，是进出古雷港区的航道。岛上无淡水，无人居住。自然状态，未开发利用。周围海域养殖牡蛎、紫菜、海带等。

图 5-28-3 壁仔屿全景

图 5-28-4 丰屿东面全景

三、古雷鼠屿

古雷鼠屿（Gŭléishŭ Yŭ）代码为350623005221。

图 5-28-5 古雷鼠屿全景

位于东山湾的东南部、古雷镇西南侧海域中，距大陆最近点630米。地理坐标为北纬23°47.8′、东经117°35.8′。行政区隶属漳州市漳浦县管辖。

因岛形如鼠，故名。最长处约118米，最宽处约77米，东北—西南向展布。面积6470平方米，岸线长320米，最高点海拔18.0米。由动力变质岩及混合岩组成，地表植被少，长少量杂草。海岸以砂质岸为主。在岛东部有长约1.2千米的沙坝与古雷半岛相连。无人居住。自然状态，未开发利用。周围海域养殖牡蛎、蛏、泥蚶、巴菲蛤等。

四、黄牛礁

黄牛礁（Huángniú Jiāo）代码为350623002321。

位于东山湾的北部、漳浦县沙西镇东南侧淤泥滩上，距大陆最近点2.3千米。地理坐标为北纬23°53.2′、东经117°33.5′。行政区隶属漳州市漳浦县管辖。

呈椭圆形，长约44米，宽约24米，南北向展布。面积670平方米，岸线长110米。由灰白色花岗闪长岩组成。地表岩石裸露。基岩海岸，周围多滩涂。自然状态，未开发利用。周围海域养殖牡蛎、蛏、泥蚶等。

图5-28-6　黄牛礁全景

五、小霜岛

小霜岛（Xiǎoshuāng Dǎo）代码为350623002421。

位于东山湾北部、东山湾主航道东侧，距大陆最近点2.7千米。地理坐标为北纬23°52.2′、东经117°31.8′。行政区隶属漳州市漳浦县管辖。

该岛形似靴子，最长约218米，最宽约98米，地势西高东低。面积0.0103平方千米，岸线长580米。地势西高东低，最高处海拔13.2米。由灰白色花岗闪长岩组成，植被发育。基岩海岸，除南部、

图5-28-7　小霜岛南面全景

图5-28-8　小霜岛养殖场

中部为岩石岸外，余为砂质岸。地处避风良港东山湾北部，受台风影响较少。岛的周围有 1 万多亩潮间滩地和浅水海域，是养殖泥蚶、蟹、对虾、牡蛎等的好场所。岛西侧是漳江水道、下寨码头的主航道。岛上有淡水供饮用，无常住人口。有沙西镇渔民在此定期经营、养殖。周围有养殖牡蛎、蛏、泥蚶等。岛上岩石曾被开采。岛上建有养殖池、水泵房、房屋。

六、大礁头

大礁头（Dàjiāotóu）代码为 350623010431。

位于东山湾内，地理坐标为北纬 23°51.5′、东经 117°31.9′。行政区隶属漳州市漳浦县管辖。

近圆形，面积 70 平方米，岸线长 30 米，最高点海拔 2.1 米。基岩裸露，无植被覆盖。自然状态，未开发利用。

七、大霜岛

大霜岛（Dàshuāng Dǎo）代码为 350623002611。

位于东山湾中部偏北，北距大陆最近点 3.8 千米。地理坐标为北纬 23°51.2′、东经 117°32.3′。行政区隶属漳州市漳浦县管辖。

海上雾气大，春夏两季岛上经常披着一层如霜的小水珠，面积较大，故名。南北长 650 米，东西最宽处 390 米，面积约 0.1850 平方千米。岸线长 2.2 千米。地势北高南低，最高处海拔 38 米。

图 5-28-9 大霜岛南面全景

图 5-28-10 大霜岛上养殖场及养殖管理用房及红土台地侵蚀海岸

由灰白色花岗闪长岩组成，表层土壤厚，土质肥沃，植被茂密，有淡水。东北和西南中段为花岗岩岩岸或土崖海岸，余均砂质岸，土崖海岸显示海岛存在海岸侵蚀。有优越的自然和地理条件，地处东山湾北部，一年四季风平浪静，对于发展捕捞和养殖极有利。岛的北面有 3000 亩潮间滩地，是漳浦县海产品养殖基地之一，盛产泥蚶、蟹、对虾、牡蛎和海带等。岛南部 1 万多亩的浅水海域，已发展网箱养殖。属南亚热带海洋性气候。现有沙西、古雷等地渔民在岛上从事捕鱼、养殖和耕作，岛南部建房屋数幢，有旱地，种植地瓜、蔬菜等。建有养殖育苗池、水泵房。

八、水屿

水屿（Shuǐ Yǔ）代码为 350623002521。

位于山湾中部偏北，大霜岛的东北侧 260 米处。地理坐标为北纬 23°51.4′、东经 117°32.6′。行政区隶属漳州市漳浦县管辖。

因该屿形似海星，外形特殊，随着潮水升降。各石之间潮水滚滚，奇特美观，故名。面积 1670 平方米，岸线长 260 米 ，海拔 8.8 米。由灰白色花岗闪长岩组成，地表岩石部分裸露，植被一般发育，长杂草和少量灌木。基岩海岸为主，岛周围有潮间滩地，是养殖泥蚶、对虾、蟹的好场所。岛上无淡水，无人居住。岛上岩石曾被开采。周围海域吊养牡蛎。

图 5-28-11　水屿西面全景

九、石帆塔屿

石帆塔屿（Shífāntǎ Yǔ）代码为 350622000221。

地理坐标为北纬 23°54.5′、东经 117°29.7′。行政区隶属漳州市云霄县管辖。

面积 270 平方米，岸线长 60 米，海拔 19.1 米。海岸为基岩滩岸。地表岩石裸露，近岸水深 3～5 米。为石帆塔屿海岛特别保护区（县级）。建有石塔，为游览胜地。

十、岃屿赤礁

岃屿赤礁（Lǐyǔ Chìjiāo）代码为 350622000731。

位于东山湾内，地理坐标为北纬 23°52.6′、东经 117°30.0′。行政区隶属漳州市云霄县管辖。

近圆形面积 220 平方米，岸线长 60 米，最高点海拔 2.9 米。基岩裸露，无植被覆盖。自然状态，未开发利用。

图 5-28-12　岃屿赤礁全景

十一、云霄双屿（1）

云霄双屿（1）［Yúnxiāoshuāng Yǔ（1）］代码为 350622000321。

位于东山湾西侧、云霄县劲头村以东近岸海域中，距离陆地 258 米。地理坐标为北纬 23°51.9′、东经 117°30.3′。行政区隶属漳州市云霄县管辖。

近于椭圆形，东西向展布，面积 0.0113 平方千米，岸线长 450 米。由灰白色花岗闪长岩组成，植被发育，多杂草和相思树。基岩海岸。岛屿已筑堤相连，西侧连陆地。岸边和堤上建有房屋，有人居住。附近海域养殖牡蛎、巴菲蛤等。

图 5-28-13　双屿东面全景

十二、云霄双屿（2）

云霄双屿（2）［Yúnxiāoshuāng Yǔ（2）］代码为 350622000421。

位于东山湾西侧、云霄县劲头村以东近岸海域中，西距陆地 78 米。地理坐标为北纬 23°51. 9′、东经 117°30. 2′。行政区隶属漳州市云霄县管辖。

岛屿面积 0. 010 平方千米，岸线长 370 米。由灰白色花岗闪长岩组成，植被发育，多杂草和相思树。基岩海岸。东筑堤连双屿，西侧连陆地。岸边和堤上建有房屋，有人居住。附近海域养殖牡蛎、巴菲蛤等。

十三、云霄大屿

云霄大屿（Yúnxiāo Dàyǔ）代码为 350622000521。

位于东山湾西侧、位于云霄县劲头村东南侧近岸海域中，距大陆 120 米。地理坐标为北纬 23°51. 5′、东经 117°30. 1′。行政区隶属漳州市云霄县管辖。

呈半圆形，直径约 75 千米。面积 2910 平方米，岸线长 210 米，最高点海拔 18. 0 米。由灰白色花岗闪长岩组成，地表多石少土，杂草稀少。基岩海岸，发育海蚀崖。岛上有简易管理房，附近海域养殖牡蛎、巴菲蛤等。

图 5-28-14　云霄大屿全景

十四、岃屿小礁

岃屿小礁（Lǐyǔ Xiǎojiāo）代码为 350622000831。

位于东山湾内，离岸较近。地理坐标为北纬 23°51. 1′、东经 117°29. 9′。行政区隶属漳州市云霄县管辖。

近圆形，面积 50 平方米，岸线长 30 米，最高点海拔 10. 0 米。基岩裸露，无植被覆盖。自然状态，未开发利用。

十五、刺仔尾角

刺仔尾角（Cìzǎiwěijiǎo）代码为 350622000931。

位于东山湾内，地理坐标为北纬 23°49. 5′、东经 117°29. 6′。行政区隶属漳州市云霄县管辖。

近圆形，面积 460 平方米，岸线长 80 米。基岩裸露，无植被覆盖。自然状态，未开发利用。

十六、崎仔山

崎仔山（Qízǎishān）代码为 350622000621。

位于东山湾西南部、云霄县后江头村以东近岸海域中。地理坐标为北纬 23°47.6′、东经117°28.0′。行政区隶属漳州市云霄县管辖。

近圆形，直径约 49 米，面积 1650 平方米，岸线长 150 米，最高点海拔 10.0 米。由花岗岩组成，海岸为基岩滩岸。地表基岩裸露。近岸水深 1 米。自然状态，未开发利用。

十七、岗屿白礁

岗屿白礁（Lǐyǔ Báijiāo）代码为 350622001031。

地理坐标为北纬 23°46.9′、东经 117°27.7′，行政区隶属漳州市云霄县管辖。

近于方形，东西向展布，长约 13 米，宽约 7 米，面积 90 平方米，岸线长 40 米，最高点海拔 3.7 米。基岩裸露，少植被覆盖。有一灯桩正在建设中。

图 5-28-15　岗屿白礁及建设中的灯桩

十八、岗屿大礁

岗屿大礁（Lǐyǔ Dàjiāo）代码为 350622001131。

位于东山湾西南部，云霄县礁美村东侧近岸，距离陆地 60 米。地理坐标为北纬 23°46.2′、东经 117°26.7′，行政区隶属漳州市云霄县管辖。

面积 150 平方米，岸线长 40 米。基岩裸露。未开发利用。

第二节　东山县管辖的东山湾海岛

本节海岛位于东山湾南部，包括 33 个无居民海岛，全部属漳州市东山县管辖。

一、赤土礁

赤土礁（Chìtǔ Jiāo）代码为 350626004131。

位于东山岛北侧八尺门海域。地理坐标为北纬 23°46.3′、东经 117°24.5′。行政区隶属漳州市东山县管辖。

面积370平方米，岸线长70米。基岩裸露，无植被覆盖。自然状态，未开发利用。

二、望风礁

望风礁（Wàngfēng Jiāo）代码为350626004231。

位于八尺门东侧口门，西距东山岛207米。地理坐标为北纬23°44.9′、东经117°26.1′。行政区隶属漳州市东山县管辖。

面积180平方米，岸线长60米。基岩裸露，无植被覆盖。自然状态，未开发利用。

三、大泳屿

大泳屿（Dàyǒng Yǔ）代码为350626004331。

位于八尺门海域东侧口门，西距东山岛75米。地理坐标为北纬23°44.8′、东经117°26.1′。行政区隶属漳州市东山县管辖。

面积420平方米，岸线长110米。基岩裸露，无植被覆盖。自然状态，未开发利用。

四、下黑礁

下黑礁（Xiàhēi Jiāo）代码为350626004431。

位于东山岛东北部近岸海域，距东山岛约770米。地理坐标为北纬23°45.5′、东经117°28.7′。行政区隶属漳州市东山县管辖。

面积290平方米，岸线长70米，最高点海拔5.3米。基岩裸露，无植被覆盖。自然状态，未开发利用。

五、顶黑礁

顶黑礁（Dǐnghēi Jiāo）代码为350626004531。

位于东山岛东北部近岸海域，距离东山岛约830米。地理坐标为北纬23°45.5′、东经117°28.7′。行政区隶属漳州市东山县管辖。

面积90平方米，岸线长40米。基岩裸露，无植被覆盖。自然状态，未开发利用。

六、番船礁

番船礁（Fānchuán Jiāo）代码为350626004631。

位于东山岛东北部近岸海域，距离东山岛约267米。地理坐标为北纬23°45.7′、东经117°29.0′。行政区隶属漳州市东山县管辖。

海岛近圆形，面积30平方米，岸线长20米，最高点海拔2.0米。无植被覆盖，自然状态，未开发利用。

七、把门礁

把门礁（Bǎmén Jiāo）代码为350626004731。

位于东山岛东北部近岸海域，距离东山岛约57米。地理坐标为北纬23°45.8′、东经117°29.2′。行政区隶属漳州市东山县管辖。

面积310平方米，岸线长100米，最高点海拔5.3米。基岩裸露，无植被覆盖。自然状态，未开发利用。

八、东山白屿

东山白屿（Dōngshān Báiyǔ）代码为350626004821。

位于东山铜陵镇西北面海域，尾涡屿的西南面，距离东山岛约825米。地理坐标为北纬23°46.111′、东经117°29.661′。行政区隶属漳州市东山县管辖。

平面近圆形，面积2570平方米，岸线长190米。岛上常有海鸟栖息。由动力变质岩及混合岩构成，表面有白色的鸟粪。该岛的南面是重要航道，岛上建有灯桩。周围海域吊养牡蛎和底播养殖巴菲蛤。

东山白屿灯桩①，1961年建成，编号3234，位置为北纬23°46′7.1″、东经117°29′36.9″，隶属厦门航标处管理。为黑色方锥形石砌构造，灯高16.6米，射程7海里，桩身高度4米，灯器为DK-155，灯质为闪白1.5秒，锌空电池供电，用于船舶助航。

图5-28-16 东山白屿东面全景

九、尾涡屿

尾涡屿（Wěiwō Yǔ）代码为350626000621。

旧称尾屿。位于东山县铜陵镇西北海域中，距东山岛最近点1.7千米。地理坐标为北纬23°46.4′、东经117°30.5′。行政区隶属漳州市东山县管辖。

图5-28-17 尾涡屿南面全景

平面呈长椭圆形，北西—南东向展布，长440米，宽138米，面积0.0549平方千米，岸线长1.3千米，最高点海拔31.0米。由动力变质岩及混合岩组成，基岩海岸。地表有沙土，植被中等发育。年均温20.8℃，1月均温14.2℃，7月均温27.8℃。年降水量1065毫米。西南部建有成片房屋，岛上有渔民长期居住，建有民房、水产收购站、水产加工厂、仓库等。有淡水供饮用，现有淡水井两口。西南部建有1个小型码头，可停泊50吨以下船只。周围海域吊养牡蛎密集。

---

① 东海海区航标资料汇编：中华人民共和国上海海事局官方网页，http://www.shmsa.gov.cn/mark/donghai/index.htm，1999年。

图 5-28-18 尾涡屿上的养殖管理房

十、车轮礁

图 5-28-19 尾涡屿上的水井和码头

车轮礁（Chēlún Jiāo）代码为 350626004921。

位于东山县铜陵镇西北海域中，距东山岛最近点 2.1 千米。地理坐标为北纬 23°46.5′、东经 117°30.6′。行政区隶属漳州市东山县管辖。

面积 750 平方米，岸线长 180 米。由变质岩和残坡积土组成，顶部低平，地表基岩裸露，无植被。基岩海岸，无人居住。西南部建有成片房屋，岛上有渔民居住。有淡水井两口。西南部建有 1 个小型码头。

十一、七星岩

七星岩（QīxīngYán）代码为 350626005031。

位于东山县铜陵镇西北海域中，距东山岛最近点 2.1 千米。地理坐标为北纬23°46.4′、东经 117°30.7′。行政区隶属漳州市东山县管辖。

近圆形，面积 30 平方米，岸线长 20 米。无植被覆盖。自然状态，未开发利用。

十二、乌岩屿

乌岩屿（Wūyán Yǔ）代码为 350626000521。

位于东山县铜陵镇以北海域中，后登屿东北面，距东山岛最近点 2.5 千米。地理坐标为北纬 23°46.5′、东经 117°31.0′。行政区隶属漳州市东山县管辖。

平面呈三角形，面积 4160 平方米，岸线长 240 米，海拔 7.1 米。由动力变质岩及混合岩组成，地表基岩裸露。基岩海岸。近岸水深 0 ~ 5 米。岛上有临时搭盖简易养殖管理房。周围海域吊养牡蛎密集。

十三、五屿

五屿（Wǔ Yǔ）代码为 350626000421。

位于东山湾的西南部，铜陵镇西北海域，在后登屿东北面，距东山岛最近点 2.8 千米。地理坐标为北纬23°46.6′、东经117°31.0′。行政区隶属漳州市东山县管辖。

近东北—西南走向，最长处约94米，最宽处约59米。面积4430平方米，岸线长260米，海拔8.5米。由动力变质岩及混合岩组成，地表基岩裸露，有红壤土，顶部长有少量杂草。基岩海岸。近岸水深0~5米。产紫菜、牡蛎等。该岛的北面和东面是航道。东南面已有筑堤连小彭屿。南面已筑堤连小彭屿。周围海域吊养牡蛎，有定置网捕捞。

图5-28-20　乌岩屿南面全景

图5-28-21　五屿全景

图5-28-22　后登屿南面全景及周边海域吊养的牡蛎

图5-28-23　后登屿周边海域的养殖场

十四、后登屿

后登屿（Hòudēng Yǔ）代码为350626000721。

旧称白点、白丁屿。位于东山县铜陵镇以北海域中，尾涡屿东面，距东山岛最近点2.1千米。地理坐标为北纬 23°46.4′、东经 117°30.8′。行政区隶属漳州市东山县管辖。

平面呈圆形，直径约 210 米，面积 0.0339 平方千米，岸线长 700 米，海拔 39.3 米。由动力变质岩及混合岩组成，地表岩石部分裸露，植被中等发育，以相思树和杂草为主。基岩海岸。近岸水深 0 ~ 5 米。岛上岩石曾被开采。岸边建有房屋、养殖场和小庙，岛上有渔民居住。周围海域吊养牡蛎密集。

十五、后登屿-01

后登屿-01（Hòudēng Yǔ-01）代码为 350626005131。

位于东山湾内。地理坐标为北纬 23°46.3′、东经 117°30.8′。行政区隶属漳州市东山县管辖。

近圆形，面积 70 平方米，岸线长 30 米。基岩裸露，无植被覆盖。自然状态，未开发利用。

十六、小彭屿

小彭屿（Xiǎopéng Yǔ）代码为 350626000821。

位于东山县铜陵镇以北海域中，距东山岛最近点 2.5 千米。地理坐标为北纬 23°46.4′、东经 117°31.1′。行政区隶属漳州市东山县管辖。

呈椭圆形，近东北—西南向展布，长 280 米，宽 120 米，地形较平缓。面积 0.0342 平方千米，岸线长 890 米。地形较平缓，最高点海拔 20.0 米。由动力变质岩及混合岩组成，地表植被茂密。基岩海岸。近岸水深 0 ~ 5 米。该岛的东面是船只进入东山湾顶的主要航道。北面已筑堤连五屿。岛上建有养殖管理房、养殖池、小庙，长期有渔民居住。鸟类主要栖息地，常有数千只鸟类栖息。海域多网箱养殖吊养牡蛎。

图 5-28-24　小彭屿南面全景

图 5-28-25　小彭屿上的简易养殖设施（左）、树上栖息的鸟类（右）

十七、蒲姜屿

蒲姜屿（Pǔjiāng Yǔ）代码为350626000921。

旧称补羌屿。位于东山湾内，东山县铜陵镇以北海域中，小彭屿的南面，距东山岛最近点2.0千米。地理坐标为北纬23°46.0′、东经117°31.3′。行政区隶属漳州市东山县管辖。

平面近椭圆形，东西走向，最长处约146米，最宽处约79米，面积0.0116平方千米，岸线长410米，最高点海拔19.5米。由动力变质岩及混合岩组成，地表为红壤土，长成片的蒲姜树、剑麻和杂草，间有裸岩。基岩海岸，近岸水深2~5米。东面为东山湾主航道。岛上建有房屋，有渔民居住。周围海域吊养牡蛎密集。

图5-28-26　蒲姜屿西面全景

图5-28-27　蒲姜屿上的水产养殖管理房

十八、老鼠礁

老鼠礁（Lǎoshǔ Jiāo）代码为350626005231。

位于东山岛东北部近岸海域，距离东山岛约710米。地理坐标为北纬23°45.4′、东经117°30.3′。行政区隶属漳州市东山县管辖。

海岛近圆形，面积100平方米，岸线长40米。基岩裸露，无植被覆盖。自然状态，未开发利用。

十九、鼎盖屿

鼎盖屿（Dǐnggài Yǔ）代码为350626001021。

位于东山县铜陵镇西北海域中，距东山岛最近点1.3千米。地理坐标为北纬23°45.8′、东经117°30.8′。行政区隶属漳州市东山县管辖。

形如锅盖，长80米，宽44米，面积0.0041平方千米，岸线长410米。顶圆，最高点海拔7.7米。

图5-28-28　鼎盖屿西面全景

图 5-28-29 鼎盖屿上的简易养殖管理用房

由动力变质岩及混合岩组成，地表多石少土，间有少量灌木、杂草，基岩海岸，岩石滩呈东北—西南向延伸。近岸水深 0 ~ 5 米。附近海域产有牡蛎、石花菜等。岛上建有石屋和养殖场，有渔民在岛上居住。周围海域吊养牡蛎密集。

二十、马鞍屿

马鞍屿（Mǎān Yǔ）代码为 350626001121。

旧称马銮屿。位于东山湾内，东山县铜陵镇以北海域中，东山湾主航道的西侧，距东山岛陆最近点 2.070 千米。地理坐标为北纬 23°45.7′、东经 117°31.9′。行政区隶属漳州市东山县管辖。

外观似马鞍状，最长处约 336 米，最宽处约 297 米，地势北高南低。面积 0.0381 平方千米，岸线长 1.4 千米。地势北高南低，最高点海拔 26.3 米。由动力变质岩及混合岩组成，地表植被中等发育，多相思树和杂草。基岩海岸，近岸水深 0 ~ 5米。东、西两面海域是主要航道。南部建有导航灯桩、抛锚标志。岛中部和南建有房屋，部分房屋已废弃。岛上有渔民居住。周围海域产丁香鱼、石斑鱼和紫菜、石花菜等。周围海域吊养牡蛎密集。

马鞍屿灯桩①，1954 年建成，1961 年 6 月改建，编号 3223，位置为北纬 23°45′39.2″、东经 117°31′55.4″,隶属厦门航标处管理。为红黑竖条方形石砌构造，灯高 10.1 米，射程 7 海里，桩身高度 4 米，灯器为 DK-160，灯质为闪（2）白 6 秒，锌空电池供电，用于船舶助航。

图 5-28-30 马鞍屿西面全景

图 5-28-31 马鞍屿上的灯桩（左）和水产养殖场（右）

二十一、小赤屿

小赤屿（Xiǎochì Yǔ）代码为 350626001321。

① 东海海区航标资料汇编：中华人民共和国上海海事局官方网页，http://www.shmsa.gov.cn/mark/donghai/index.htm，1999 年。

图 5-28-32　小赤屿西面全景

位于东山湾西南侧，东山县铜陵镇西北侧海域中，距大陆最近点 420 米。地理坐标为北纬 23°45.0′、东经 117°31.1′。行政区隶属漳州市东山县管辖。

在对面屿西面。平面呈椭圆形状，直径约 69 米，面积 0.0031 平方千米，岸线长 220 米，海拔 19.2 米。由动力变质岩及混合岩组成，地表岩石部分裸露，有红壤土，顶部长灌木、相思树、杂草。基岩海岸陡峭，水下礁盘面积较大，近岸水深 0～5 米。岛上岩石曾被开采。四周海域主要出产紫菜、羊栖菜、海螺及丁香鱼、虾、鲻鱼等。周围海域吊养牡蛎密集。

二十二、对面岛

对面岛（Duìmiàn Dǎo）代码为 350626001421。

位于东山湾西南侧，东山县铜陵镇以北海域中，距大陆最近点 350 米。地理坐标为北纬 23°44.9′、东经 117°31.5′。行政区隶属漳州市东山县管辖。

图 5-28-33　对面岛西面全景

图 5-28-34　对面岛上的护岸堤和水产养殖管理房

图 5-28-35　对面岛在建的东山大澳国家中心渔港防波堤

该岛外观呈哑铃状。面积 0.0961 平方千米。岸线长 2.0 千米，最高点海拔 25.8 米。由动力变质岩及混合岩组成，地表多为红壤土，植被较发育，以相思树为主。基岩海岸，水下礁盘发育。岛上有铜陵镇渔业公司、水产收购站、水产加工厂、竹桁、水产养殖场、育苗场、农场、水产品加工厂等，建有房屋 10 多座。有淡水供饮用。已筑堤连接南部的金龟岩岛，成为东山大澳国家中心渔港避风水域。西侧海域网箱养殖密集，东侧海域吊养牡蛎。

二十三、金龟岩

金龟岩（Jīnguīyán）代码为350626005321。

在东山湾西南侧，东山县铜陵镇以北海域中，距大陆最近点350米。地理坐标为北纬23°44.8′、东经117°31.4′。行政区隶属漳州市东山县管辖。

该岛外观形圆。面积1260平方米，岸线长150米。由花岗岩组成，地表多为红壤土。已建渔港陂波堤。

二十四、铁钉屿

铁钉屿（Tiědīng Yǔ）代码为350626005421。

位于东山湾内，在塔屿北面，该岛东北段又高又陡，外观似一铁钉插入水中。地理坐标为北纬23°44.7′、东经117°32.3′。行政区隶属漳州市东山县管辖。

整体呈圆形，直径约25米。面积550平方米，岸线长90米。由动力变质岩及混合岩组成，基岩裸露，基岩海岸陡峭，岩石滩向西南延伸。岛上设有灯桩，是船只出入东山港的导航目标。周围海域吊养牡蛎密集。属于东山珊瑚（省级）自然保护区范围内海岛。

图5-28-36 铁钉屿全景与灯桩

铁钉屿灯桩[①]，1956年建成，1961年改建，1981年射程改为7海里，1986年9月原位重建，1992年装太阳能电池，2002年装智能灯器，编号3222，位置为北纬23°44′40.4″、东经117°32′15.8″，隶属厦门航标处管理。为黑白色竖条八角形石砌构造，灯高14.9米，射程7海里，桩身高度7.4米，灯器为SDA-SS-1智能灯，灯质为闪白1.5秒，免维护电池和太阳能电池供电，用于船舶助航。

二十五、门口礁

门口礁（Ménkǒu Jiāo）代码为350626005631。

位于东山湾口、塔屿（东门屿）西侧，距离塔屿约115米，地理坐标为北纬23°44.0′、东经117°32.5′。行政区隶属漳州市东山县管辖。

近圆形，面积200平方米，岸线长60米。基岩裸露，无植被覆盖。自然状态，未开发利用。

二十六、塔屿

（一）概况

塔屿（Tǎ Yǔ）代码为350626001721。

又名“东门屿”，在东山湾湾口，东山县铜陵镇以东海域中，距东山岛最近点910米。地理坐标为北纬23°44.0′、东经117°33.0′。面积0.6589平方千米，岸线长6.88千米。行政区隶属漳州市东山县管辖。

① 东海海区航标资料汇编：中华人民共和国上海海事局官方网页，http：//www.shmsa.gov.cn/mark/ donghai/index.htm，1999年。

（二）海岛资源开发与保护

由花岗岩组成，植被茂密。海岸多为基岩滩岸。岛上风光秀丽，为风景名胜区，文物古迹有明嘉靖建的石塔（文峰塔）、云山石窟、鹰石洞等。岛的四周礁石嶙峋、千姿百态。有淡水井供饮用。有硅砂、水晶等矿藏，长有多年生中药材。有文峰（山祭）塔为航行重要标志。岛的东、北面各有一澳，可停泊船只。岛的东、西两面海域是船只出入东山港主要航道。西侧礁石上建有灯桩。周围海域有龙虾、石斑鱼、鲍、鲂螺、海胆、紫菜、赤菜等。海域网箱养殖、吊养。岛上建有旅游楼房、码头、堤岸、庙宇，有养殖育苗池。

文峰塔，明嘉靖五年（1526 年）由巡海道蔡潮主建。建筑式样为八角形密檐式实心石塔（由花岗岩砌成），共 7 层，塔顶端配置石葫芦。塔高 32 米，围宽 14 米，四面各配一幅浮雕。附近有黄道周少年读书处——云山石室和鹰石岩。现为县内重点风景区之一。

东门屿的摩崖石刻有“云山石室”、“槃涧”、“石斋”、“达观”、“海滨邹鲁”、“蓬莱”和许世英的“访黄石斋先生读书石室”等。

东门屿西灯桩①，1956 年建成，1968 年 8 月改建，1986 年原位改建，1988 年装太阳能电池，编号 3221，位置为北纬 23°44′0. 9″、东经 117°32′28. 7″，隶属厦门航标处管理。为黑色圆柱形石砌构造，灯高 8. 6 米，射程 7 海里，桩身高度 4. 2 米，灯器为 DK-155，灯质为闪白 4 秒，蓄电池和太阳能电池供电，用于船舶助航。

图 5-28-37　塔屿全景

图 5-28-38　塔屿上的沙滩及护岸堤

图 5-28-39　塔屿上的房屋（左）、码头（右）

① 东海海区航标资料汇编：中华人民共和国上海海事局官方网页，http：//www. shmsa. gov. cn/mark/ donghai/index. htm，1999 年。

图 5-28-40　塔屿风景区入口与景区码头

二十七、塔屿-01

塔屿-01（Tǎ Yǔ-01）代码为350626005531。

位于东山湾内，地理坐标为北纬23°43.6′、东经117°33.4′。行政区隶属漳州市东山县管辖。

近圆形，面积310平方米，岸线长70米。基岩裸露，无植被覆盖。自然状态，未开发利用。

二十八、鸡心屿

鸡心屿（Jīxīn Yǔ）代码为350626001821。

位于东山县铜陵镇东南侧海域中，塔屿的东南侧210米处。地理坐标为北纬23°43.577′、东经117°33.490′。行政区隶属漳州市东山县管辖。

图 5-28-41　鸡心屿西面全景

呈三角形，底边约43米，轴长约39米。面积1170平方米，岸线长140米，最高点海拔19.0米。由肉红色中粒含黑云母花岗岩，碎裂交代花岗岩组成，地表基岩裸露，无植被覆盖。基岩海岸陡峭，水下礁盘发育。周围海域产丁香鱼、鲻鱼等。周围海域吊养牡蛎。属于东山珊瑚（省级）自然保护区范围内海岛。

二十九、树尾屿

树尾屿（Shùwěi Yǔ）代码为350626001921。

位于东山湾口，东山县铜陵镇东南侧海域中，塔屿的东南侧410米处，是塔屿东南末端的一个岛屿。地理坐标为北纬23°43.5′、东经117°33.6′。行政区隶属漳州市东山县管辖。

最长处约107米，最宽处约43米。面积2380平方米，岸线长260米。中间高四周较低，最高点海拔12.3米。由肉红色中粒含黑云母花岗岩，碎裂交代花岗岩组成，地表岩石裸露，多石少土。基岩海岸，近岸水深5~10米。产海胆、牡蛎、石花菜等。周围海域吊养牡蛎密集。属于东山珊瑚（省级）

自然保护区范围内海岛。

图 5-28-42 树尾屿西面全景

三十、大坪屿岩

大坪屿岩（Dàpíngyǔyán）代码为 350623005521。

位于东山县铜陵镇东北海域中。地理坐标为北纬 23°45. 2′、东经 117°33. 3′。行政区隶属漳州市东山县管辖。

面积 2190 平方米，岸线长 180 米，最高点海拔 4. 5 米。由花岗岩组成，海岸为基岩滩岸，地表基岩裸露，近岸水深 5 米。岛上设有导航标志。

图 5-28-43 大坪屿西面全景

图 5-28-44 大坪屿岛上和近岸礁盘上的导航标志

三十一、大坪屿

大坪屿（Dàpíng Yǔ）代码为 350626001221。

位于东山湾口，距大陆最近点 2. 7 千米。因地形平坦得名。地理坐标为北纬 23°45. 2′、东经 117°33. 6′。行政区隶属漳州市东山县管辖。

略呈长方形，东北—西南向展布，南北长 510 米，东西最宽处 410 米，面积 0. 1217 平方千米，岸线长 1. 5 千米。由动力变质岩及混合岩组成，植被中等发育，以杂草为主。最高点海拔 47. 8 米，北部多岩岸。该岛是东山县东北面的重要岛屿，其东、西两侧海域是东山湾的重要航道。岛上设有航标、抛锚标志。四周海域产丁香鱼、大黄鱼、石斑鱼、龙虾等。周围海域吊养牡蛎密集。属于东山珊瑚（省级）自然保护区范围内海岛。

三十二、虎屿岛

虎屿岛（Hǔyǔ Dǎo）代码为 350626001521。

图 5-28-45 虎屿岛南面全景

又称虎屿头。位于东山湾口，在大坪屿东南面，处古雷半岛和东山岛的中点。地理坐标为北纬 23° 44. 9′、东经 117°33. 9′。行政区隶属漳州市东山县管辖。

图 5-28-46 虎屿岛上的水产养殖场

形似虎头，故名，最长处约584米。该岛面积0.1445平方千米。岸线长2.4千米，最高点海拔52.2米。由动力变质岩及混合岩组成，表土为红壤，植被茂密，以相思树为主。基岩海岸。岛上建有房屋，有淡水井供饮用。现有东山、漳浦渔民居住岛上，从事渔业，开垦种植农作物。附近海域产丁香鱼、鳗鱼、大黄鱼、石斑鱼、龙虾等。建有“望潮祠”。周围海域吊养牡蛎密集。属于东山珊瑚（省级）自然保护区范围内海岛。

图 5-28-47 虎屿岛上渔业大队生产用房（左）、养殖池及其护岸（右）

三十三、有水岩屿

有水岩屿（Yóushuǐyán Yǔ）代码为350626001621。

位于东山湾湾口，虎屿岛的南面，东距大陆最近点1.9千米。因岩隙间有泉，常年不涸，故名。地理坐标为北纬23°44.5′、东经117°33.9′。行政区隶属漳州市东山县管辖。

岛屿大体呈北西—南东走向，长420米，宽180米，面积0.0734平方千米，岸线长1.3千米，最高点海拔34.9米。由动力变质岩及混合岩组成，表层覆盖红壤，植被局部发育。基岩海岸。岛西北部有砂砾带与虎屿岛相连。该岛南面海域水深流急，是船只通往东山港和下垵港的分汇合点。海域产丁香鱼、鱼、石斑鱼、龙虾等。岛上有淡水，有养殖户管理2幢房，灯标1座。周围海域吊养牡蛎密集。属于东山珊瑚（省级）自然保护区范围内海岛。

图 5-28-48 有水岩屿西面全景（左）和岛上的灯标、养殖管理房（右）

第三节　东山岛南侧和东南侧海域海岛

海岛位于东山岛东南侧海域，临近东山湾口，包括29个无居民海岛，全部隶属漳州市东山县。另有兄岛（大柑山）为领海基点岛。

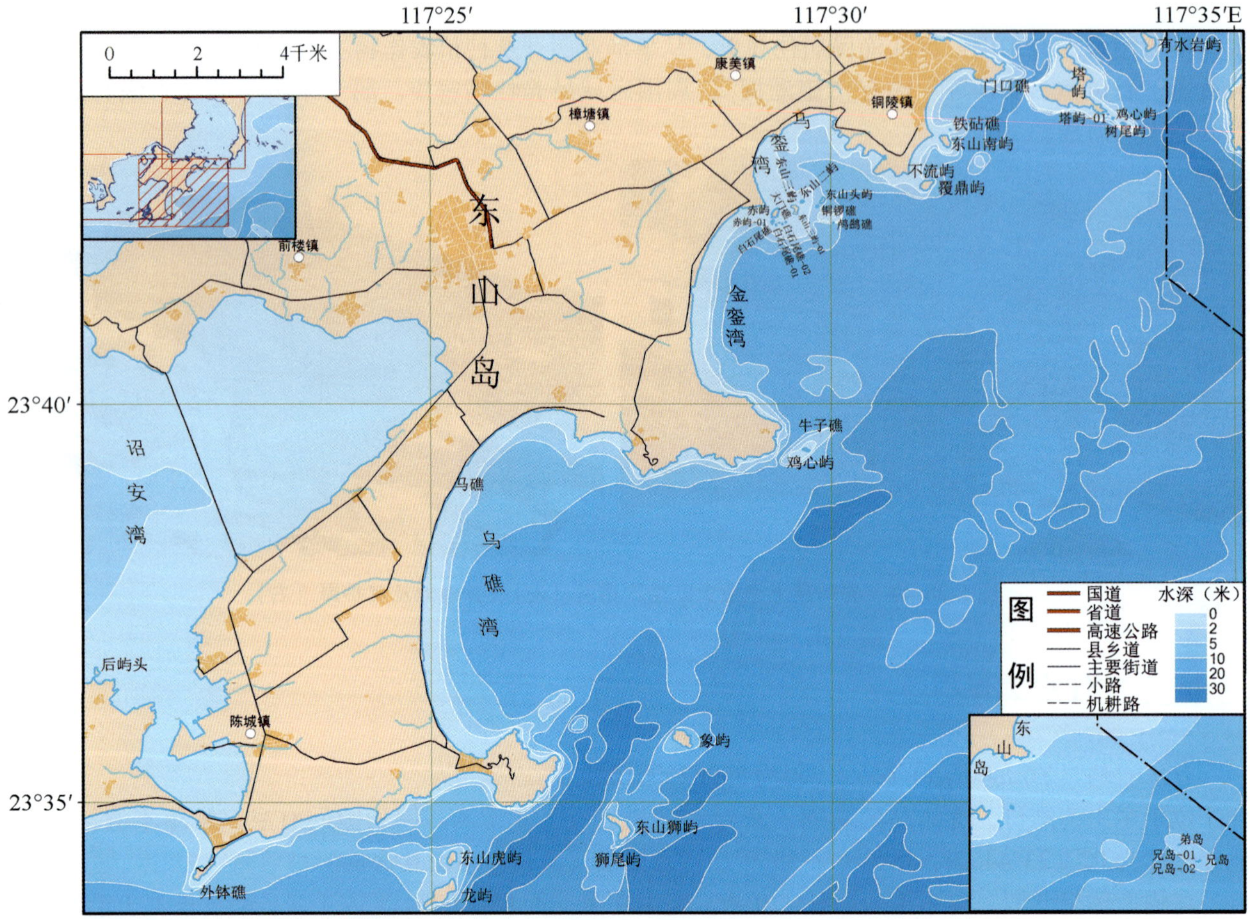

图5-28-49　东山岛南侧和东南侧海域海岛分布图

一、铁砧礁

铁砧礁（Tiězhēn Jiāo）代码为350626005731。

位于东山岛东北侧，南门湾中部。距东山岛约370米。地理坐标为北纬23°43.4′、东经117°31.5′。行政区隶属漳州市东山县管辖。

海岛呈向东南倾斜的梨形，高约28米，宽约18米。面积390平方米，岸线长80米。由花岗岩组成，基岩裸露，海岸为陡峭的基岩岸，岩石滩向西南延伸。未开发利用。

二、东山南屿

东山南屿（Dōngshān Nányǔ）代码为350626002021。

位于南门湾的南部，东山县铜陵镇以南海域中，距东山岛最近点150米。地理坐标为北纬23°43.3′、东经117°31.4′。行政区隶属漳州市东山县管辖。

平面管椭圆形，东南—西北走向，最长处约319米，最宽处约176米，面积0.0423平方千米，岸线长850米，海拔22.7米。由中粒长花岗岩组成，地表基岩裸露，植被中等发育，局部相思树丛发育。基岩海岸，礁盘突出。西侧有沙坝与东山岛相连，近岸水深0~5米。产紫菜、赤菜、海螺。岛上建有养殖育苗池、几间小屋和一座寺庙（东兴寺）。周围海域吊养牡蛎。属于东山珊瑚（省级）自然保护区范围内海岛。

图5-28-50 东山南屿西面全景

图5-28-51 东山南屿上的东兴寺（左）和养殖管理用房（右）

三、不流屿

不流屿（Bùliú Yǔ）代码为350626002121。

位于南门港与前港的交界处，南屿的南面，距东山岛最近点340米。地理坐标为北纬23°42.7′、东经117°31.2′。行政区隶属漳州市东山县管辖。

近椭圆形，呈北东—南西走向，长270米，最宽处约200米。面积0.0460平方千米，岸线长860米。岩石表面光滑，最高点海拔41.1米。由中粒长花岗岩组成，地表有薄红壤土层，南部植被比较发育。基岩海岸，岩岸陡峭。南岸水深5~10米。岛上有小庙。岩礁盛产海胆，常有渔民捕捞海胆。周围海域吊养牡蛎。属于东山珊瑚（省级）自然保护区范围内海岛。

图5-28-52 不流屿北面全景

图 5-28-53　渔民在不流屿周边海域捕捞海胆

四、覆鼎屿

覆鼎屿（Fùdǐng Yǔ）代码为350626002221。

位于不流屿的东侧150米处。地理坐标为北纬23°42.7′、东经117°31.3′。行政区隶属漳州市东山县管辖。

图 5-28-54　覆鼎屿北面全景及灯标

形似倒覆的鼎，呈圆形，直径约32米，地势低平，顶部白。面积900平方米，岸线长110米，海拔6.4米。为大陆岛，由中粒长花岗岩，地表基岩裸露。基岩海岸，东部水深5～10米。海域产紫菜、赤菜、海螺等。属于东山珊瑚（省级）自然保护区范围内海岛。

五、东山头屿

东山头屿（Dōngshān Tóuyǔ）代码为350626002321。

又称大屿。位于马銮湾和金銮湾结合部的近岸海域，东山县铜陵镇西南海域中，距东山岛最近点1.110千米。地理坐标为北纬23°42.549′、东经117°29.895′。行政区隶属漳州市东山县管辖。

图 5-28-55　东山头屿北面全景

呈长条形，北东—南向走向，最长处约0.16千米，最宽处约0.066千米。面积9060平方米，岸线长400米，最高点海拔16.3米。由肉红色中粒含黑云母花岗岩，碎裂交代花岗岩组成，表层为红壤土，岩石部分裸露，植被稀少，长少量灌木和杂草。近岸水深5米。产赤菜、紫菜、鲍鱼、海螺等。海域吊养密集。西南面已筑堤连铜锣礁，岛上建有水产养殖管理房。周围海域吊养牡蛎密集。属于东山珊瑚（省级）自然保护区范围内海岛。

六、东山二屿

东山二屿（Dōngshān 2 Yǔ）代码为350626002421。

又名圆屿。位于马銮湾和金銮湾结合部的近岸海域，离东山岛最近点690米。地理坐标为北纬

23°42.5′、东经 117°29.6′。行政区隶属漳州市东山县管辖。

图 5-28-56　东山二屿北面全景

呈半圆形，直径约 69 米，面积 3000 平方米，岸线长 210 米，海拔 14.4 米。由肉红色中粒含黑云母花岗岩，碎裂交代花岗岩组成。表层为红壤土，岩石部分裸露，植被以灌木为主。基岩海岸，岩石礁东西向延伸。周围海域产鲍、马蹄螺、海胆、紫菜、羊栖菜等。海域网箱养殖、吊养多。属于东山珊瑚（省级）自然保护区范围内海岛。

七、东山三屿

东山三屿（Dōngshān 3 Yǔ）代码为 350626002521。

位于马銮湾和金銮湾结合部的近岸海域，东山县铜陵镇西南侧海域中，距东山岛最近点 540 米。地理坐标为北纬 23°42.4′、东经 117°29.6′。行政区隶属漳州市东山县管辖。

图 5-28-57　东山三屿北面全景

呈长条形，近南北走向，最长约 218 米，最宽约 59 米。面积 0.0147 平方千米，岸线长 640 米。最高点海拔 13.0 米。由肉红色中粒含黑云母花岗岩，碎裂交代花岗岩组成，地表岩石裸露，植被中等发育，长有木麻黄。基岩海岸。海域产鲍、羊栖菜、响螺等。海域有网箱养殖、吊养。岛上建有一座小石屋。周围海域吊养牡蛎密集。属于东山珊瑚（省级）自然保护区范围内海岛。

八、东山三屿-01

东山三屿-01（Dōngshān 3 Yǔ-01）代码为 350626006021。

位于马銮湾和金銮湾结合部的近岸海域，东山县铜陵镇西南侧海域中，距东山岛最近点 640 米。地理坐标为北纬23°42.4′、东经 117°29.6′。行政区隶属漳州市东山县管辖。

面积 1450 平方米，岸线长 170 米。由肉红色中粒含黑云母花岗岩，碎裂交代花岗岩组成，地表岩石裸露。海域有网箱养殖、吊养。周围海域吊养牡蛎密集。属于东山珊瑚（省级）自然保护区范围内海岛。

九、赤屿

赤屿（Chì Yǔ）代码为 350626002621。

位于马銮湾和金銮湾结合部的近岸海域，东山县铜陵镇西南侧海域中。地理坐标为北纬 23°42.4′、东经 117°29.3′。行政区隶属漳州市东山县管辖。

岛形为长椭圆形，呈东北—西南向展布，长 180 米，宽 120 米。面积 0.0215 平方千米，岸线长 660 米，最高点海拔 27.0 米。由肉红色中粒含黑云母花岗岩，碎裂交代花岗岩组成，表面覆盖赤土。

地表植被发育，种植松柏、相思树等。海岸为基岩滩岸。沙滩与陆地相连。

盛产赤菜、羊栖菜、鲍、海螺。岛上建有堤岸、小屋、庙。岛东端岩石上建成养殖育苗池。附近海域是东山县鲍增殖站人工鲍鱼苗放养区，有网箱养殖。属于东山珊瑚（省级）自然保护区范围内海岛。

图 5-28-58 赤屿东面全景

图 5-28-59 赤屿上的天后宫（左）和养殖场（右）

十、铜锣礁

铜锣礁（Tóngluó Jiāo）代码为 350626005921。

位于马銮湾和金銮湾结合部的近岸海域，头屿的西南侧。地理坐标为北纬 23°42.5′、东经 117°29.8′。行政区隶属漳州市东山县管辖。

图 5-28-60 铜锣礁北面全景

呈圆形，直径约 53 米。面积 2260 平方米，岸线长 180 米。由肉红色中粒含黑云母花岗岩，碎裂交代花岗岩组成，岩石裸露，无植被覆盖。东北面已筑堤连头屿，堤上建有房屋。周围海域吊养牡蛎密集。属于东山珊瑚（省级）自然保护区范围内海岛。

十一、鸬鹚礁

鸬鹚礁（Lúcí Jiāo）代码为 350626005831。

位于马銮湾和金銮湾结合部的近岸海域，距离东山岛 1.5 千米。地理坐标为北纬 23°42.3′、东经 117°30.0′。行政区隶属漳州市东山县管辖。

面积 250 平方米，岸线长 70 米，最高点海拔 5.1 米。基岩裸露，无植被覆盖。自然状态，未开发利用。

十二、赤屿-01

赤屿-01（Chì Yǔ-01）代码为350626006121。

位于马銮湾和金銮湾结合部的近岸海域，距离东山岛约402米。地理坐标为北纬23°42.3′、东经117°29.3′。行政区隶属漳州市东山县管辖。

南北向展布，面积3370平方米，岸线长250米。基岩裸露，无植被覆盖。已建东山珊瑚保护区。

十三、白石尾礁-01

白石尾礁-01（Báishí Wěijiāo-01）代码为350626006331。

位于马銮湾和金銮湾结合部的近岸海域，距离东山岛约490米。地理坐标为北纬23°42.3′、东经117°29.4′。行政区隶属漳州市东山县管辖。

近圆形，面积70平方米，岸线长30米。基岩裸露，无植被覆盖。自然状态，未开发利用。

十四、白石尾礁-02

白石尾礁-02（Báishí Wěijiāo-02）代码为350626006431。

位于马銮湾和金銮湾结合部的近岸海域，距离东山岛约550米。地理坐标为北纬23°42.3′、东经117°29.4′。行政区隶属漳州市东山县管辖。

南北向展布，面积250平方米，岸线长60米。基岩裸露，无植被覆盖。已建东山珊瑚保护区。

十五、大门礁

大门礁（Dàmén Jiāo）代码为350626006531。

位于马銮湾和金銮湾结合部的近岸海域，距离东山岛约566米。地理坐标为北纬23°42.3′、东经117°29.4′。行政区隶属漳州市东山县管辖。

近圆形，面积410平方米，岸线长80米。基岩裸露，无植被覆盖。自然状态，未开发利用。

十六、白石尾礁

白石尾礁（Báishí Wěijiāo）代码为350626006231。

位于马銮湾和金銮湾结合部的近岸海域，距离东山岛约483米。地理坐标为北纬23°42.2′、东经117°29.3′。行政区隶属漳州市东山县管辖。

近圆形，面积440平方米，岸线长90米。基岩裸露，无植被覆盖。自然状态，未开发利用。

十七、弟岛

弟岛（Dì Dǎo）代码为350626003921。

又称小柑山、弟屿，旧称桔岛。位于台湾海峡南部，东山岛东南方向海域。距东山岛苏尖角约22.8千米。地理位置为北纬23°33.1′、东经117°39.9′。行政区隶属漳州市东山县管辖。

近半圆形，直径约139米。该岛面积0.0095平方千米，岸线长470米，海拔44.3米。由肉红色中粒含黑云母花岗岩，碎裂交代花岗岩组成。地表基岩裸露，中间耸立两墩破碎岩石，外观状如斗笠。

图 5-28-61　弟岛北面全景（左）和顶部景观（右）

海岸为基岩滩岸。周围水深 30～40 米，多礁石。该岛所处海域是福建省三大断裂带之一，是研究台湾海峡近期地震及地震变迁的一个重要地点。附近海区是闽南渔场，出产众多鱼类。该岛也是台湾海峡船只航行的重要定位目标。岛上建有灯塔，电信发射塔、直升机停机坪。

2009 年东山县人民政府批准设立东山县弟岛海洋生态特别保护区，保护范围包括本岛及周边海域，其中，陆域面积 0.0095 平方千米，海域面积为周边 3 海里。具体监管部门为漳州市海洋与渔业局执法支队和东山县海洋与渔业执法大队。

十八、兄岛

兄岛（Xiōng Dǎo）代码为 350626004021。

又称大柑山、兄屿，旧称柑岛。位于台湾海峡南部，东山岛东南方海域，距东山岛苏尖角约 25.9 千米。为领海基线基点。地理位置为北纬 23°32.0′、东经 117°41.3′。行政区隶属漳州市东山县管辖。

外观如马头状，呈长条形，近南北向展布。最长处约 310 米，最宽处约 113 米。面积 0.0243 平方千米，岸线长 820 米，海拔 62 米。由肉红色中粒含黑云母花岗岩，碎裂交代花岗岩组成，基部是破碎岩石，顶部覆盖风化石，长有少量杂草。海岸为基岩滩岸。周围水深达 30～40 米，多礁石。盛产龙虾、马鲛鱼、鳗鱼、鲨鱼及海螺等。附近海区是闽南渔场，出产众多鱼类。也是鸟类迁徙栖息地之一。该岛也是台湾海峡船只航行的重要定位目标。岛上建有灯塔，电信发射塔、直升机降落平台。

1996 年 5 月 15 日，中华人民共和国政府，根据 1992 年 2 月 25 日颁布的《中华人民共和国领海及毗连区法》，宣布中华人民共和国大陆领海的部分基线和西沙群岛的领海基线，其中大柑山基点坐标为北纬 23°31.9′、东经 117°41.3′。2006 年中国人民解放军海军在岛上竖立了领海基点石碑。

兄弟屿灯塔，1988 年建；1993 年建造太阳能电池房，安装 PRB-46MKⅡ型灯器，安装雷达应答器；1996 年改用 FA-252 灯器；1997 年维修电池房，更换太阳能电池，安装 APRB-252 灯器；1998 年灯器故障，2001 年 6 月 13 日雷达应答器故障，同年 7 月 19 日恢复工作；编号 3246.1，位置为北纬 23°31′58.0″、东经 117°41′16.0″，隶属厦门航标处管理。为红白竖条六角形石砌瓷砖贴面构造，灯高 73.5 米，射程 16 海里，塔高 12.2 米，灯器为 APRB-252，附设雷达应答器，信号为 M（－ －），太阳能电池供电。该灯塔改善了台湾海峡两岸的通航条件，为进出东山港、汕头港的船舶提供了良好的助航条件，衔接了海峡南部、广东北部沿海的航标链。在灯桩北侧修建直径 18 米的直升机降落平台。

2009 年东山县人民政府批准设立东山县兄岛海洋生态特别保护区，保护范围本岛及周边海域，其中，陆域面积 0.0243 平方千米，海域面积为周边 3 海里。具体监管部门为漳州市海洋与渔业局执法支队和东山县海洋与渔业执法大队。

图 5-28-62 兄岛上的灯塔、直升机起降平台（左）和电信发射机房（右）

十九、兄岛-01

兄岛-01（Xiōng Dǎo-01）代码为 350626006831。

位于兄岛西侧 210 米海域，东山岛东南方海域，距东山岛苏尖角约 25.9 千米。地理坐标为北纬 23°31.9′、东经 117°41.1′。行政区隶属漳州市东山县管辖。

面积 80 平方米，岸线长 40 米。基岩裸露，无植被覆盖。未开发利用。

二十、兄岛-02

兄岛-02（Xiōng Dǎo-02）代码为 350626006931。

位于兄岛西侧 274 米海域，东山岛东南方海域，距东山岛苏尖角约 25.9 千米。地理坐标为北纬 23°31.9′、东经 117°41.1′。行政区隶属漳州市东山县管辖。

面积 50 平方米，岸线长 30 米。基岩裸露，无植被覆盖。未开发利用。

二十一、鸡心屿

鸡心屿（Jīxīn Yǔ）代码为 350626002721。

位于后港湾和苏尖湾的交界处，圆锥角的东侧，距东山岛最近点 500 米。地理坐标为北纬 23°39.4′、东经 117°29.7′。行政区隶属漳州市东山县管辖。

图 5-28-63 鸡心屿北面全景

形似鸡心，最长处约 156 米，最宽处约 69 米，东西走向。面积 5920 平方米，岸线长 420 米，海拔 22 米。由动力变质岩及混合岩组成，地表为红壤土，植被稀少，长杂草。海岸为基岩滩岸，岸高陡峭。四周散布着卵石、岩礁。东西两侧水域是主要航道。附近海域出产红珊瑚、石斑鱼、龙虾等。岛上建有灯桩。属于东山珊瑚（省级）自然保护区范围内海岛。

二十二、牛子礁

牛子礁（Niúzǐ Jiāo）代码为 350626006631。

位于后港湾和苏尖湾的交界处，圆锥角的东侧，距东山岛最近点 825 米。地理坐标为北纬 23°39.6′、东经 117°29.9′。行政区隶属漳州市东山县管辖。

面积 40 平方米，岸线长 30 米。由动力变质岩及混合岩组成，基岩裸露。属于东山珊瑚（省级）自然保护区范围内海岛。

二十三、马礁

马礁（Mǎ Jiāo）代码为 350626006731。

位于乌礁湾中北部近岸海域，距东山岛最近点 360 米。地理坐标为北纬 23°38.9′、东经 117°25.5′。行政区隶属漳州市东山县管辖。

面积 20 平方米，岸线长 20 米，最高点海拔 1.8 米。由动力变质岩及混合岩组成，基岩裸露。属于东山珊瑚（省级）自然保护区范围内海岛。

二十四、象屿

象屿（Xiàng Yǔ）代码为 350626003221。

位于苏尖湾的东南部，东山县陈城镇以东海域中，距东山岛的苏尖角 2.5 千米。地理坐标为北纬 23°35.8′、东经 117°28.1′。行政区隶属漳州市东山县管辖。

图 5-28-64 象屿全景

岛的西北端有一海蚀洞穴，洞的左侧壁恰似象的鼻子直通海底，整个岛外观形如象鼻吸水，因此而得名。面积 0.1119 平方千米，岸线长 1.5 千米，最高点海拔 99.5 米。由动力变质岩及混合岩组成，表面覆盖赤土，地表岩石部分裸露，植被以杂草为主，局部长灌木。海岸为基岩滩岸，岸陡峭。该岛西侧海面是重要航道，是船只海上航行的重要定位目标。四周海域出产赤菜、紫菜。

图 5-28-65 象屿上形似象鼻的海蚀地貌景观——象鼻石

二十五、东山狮屿

东山狮屿（Dōngshānshī Yǔ）代码为 350626003321。

在澳角澳外，象屿的西南部，离东山岛最近点 1.4 千米。地理坐标为北纬 23°34.7′、东经 117°27.4′。面积 0.1348 平方千米，岸线长 1.9 千米。最高点海拔 52.4 米。行政区隶属漳州市东山县管辖。

由变质岩组成，地表岩石部分裸露，表层为红壤土，长杂草。海岸为基岩滩岸，岸高陡峭。四周海域盛产赤菜、紫菜。该岛西南侧水域是近海重要航道，西北端建有导航灯桩。为旅游景点。

狮屿灯桩①，1956 年建成，1968 年改建，1980 年改用直径 300 毫米电闪灯，1984 年改建，1985 年改用 FA-250 灯器，1987 年装太阳能电池，1989 年外贴瓷砖，2002 年换免维护电池，编号 3246，位置为北纬 24°8′6.0″、东经 118°2′14.0″，隶属厦门航标处管理。为黑白横带圆柱形石砌构造，灯高 55.1 米，射程 9 海里，桩身高度 6.7 米，灯器为 FA-250，灯质为闪白 5 秒，免维护电池和太阳能电池供电，用于船舶助航。

图 5-28-66 东山狮屿远景（左）、海岛风光（右）

图 5-28-67 东山狮屿及岛上的灯桩

① 东海海区航标资料汇编：中华人民共和国上海海事局官方网页，http：//www. shmsa. gov. cn/mark/ donghai/index. htm，1999 年。

二十六、狮尾屿

狮尾屿（Shīwěi Yǔ）代码为350626003421。

位于澳角澳外，狮屿的南部。地理坐标为北纬23°34.5′、东经117°27.3′。行政区隶属漳州市东山县管辖。

近正方形，边长约58米。面积4500平方米。岸线长270米，最高点海拔19.0米。由动力变质岩及混合岩组成，地表岩石裸露，无植被覆盖。海岸为陡峭的基岩滩岸。四周海域产紫菜、赤菜、羊栖菜、石花菜等。

图5-28-68　狮尾屿全景

二十七、东山虎屿

东山虎屿（Dōngshānhǔ Yǔ）代码为350626003521。

位于澳角澳南部，距东山岛最近点1.5千米。地理坐标为北纬23°34.3′、东经117°25.2′。行政区隶属漳州市东山县管辖。

图5-28-69　东山虎屿南面全景

岛屿呈东北走向，外观如一只卧伏的猛虎，形象逼真。长330米，面积0.0439平方千米，岸线长850米，最高点海拔54.9米。由动力变质岩及混合岩组成，岩石裸露，顶部长少量杂草，东陡西缓，西南面可停靠船只，表层有红壤土，海岸为基岩滩岸。该岛是船只海上航行的重要导航目标。四周海域盛产赤菜、紫菜。

二十八、龙屿

龙屿（Lóng Yǔ）代码为350626003721。

又名穿山。位于澳角澳南部，虎屿的南面，距东山岛最近点2.0千米。地理坐标为北纬23°33.8′、东经117°25.1′。行政区隶属漳州市东山县管辖。

岛屿呈东北—西南走向，外观如一条龙浮于水面，故称龙屿。长890米，面积0.1659平方千米，岸线长2.2千米，最高点海拔74.3米。由动力变质岩及混合岩组成，全岛岩石构成，地表发育红壤土，植被稀疏，长杂草。岛的中部有一条东西走向海蚀槽沟，长约20米，宽4米。海岸以基岩海岸为

图 5-28-70 龙屿西面全景

图 5-28-71 龙屿南面全景、灯标

主。四周海域盛产赤菜、紫菜。该岛东南侧海面是重要航道，是船只海上航行的重要定位目标。山下建有石屋、简易房。

二十九、外钵礁

外钵礁（Wàibō Jiāo）代码为350626007031。位于东山岛最南端近岸海域，距离东山岛约296米。地理坐标为北纬23°33.9′、东经117°22.0′。行政区隶属漳州市东山县管辖。

近圆形，面积240平方米，岸线长60米，最高点海拔4.3米。基岩裸露，无植被覆盖。自然状态，未开发利用。

图 5-28-72 龙屿上的海蚀槽沟及海蚀拱桥地貌

第四节 诏安湾和宫口湾海岛

本节海岛位于诏安湾和宫口湾及其近岸海域，包括有居民海岛2个（大嶝岛和西头山岛，分别隶属东山县和诏安县管辖），无居民海岛27个，其中隶属东山县5个，隶属诏安县18个，另有一个海岛（赤礁）为东山县与诏安两县的界线岛。

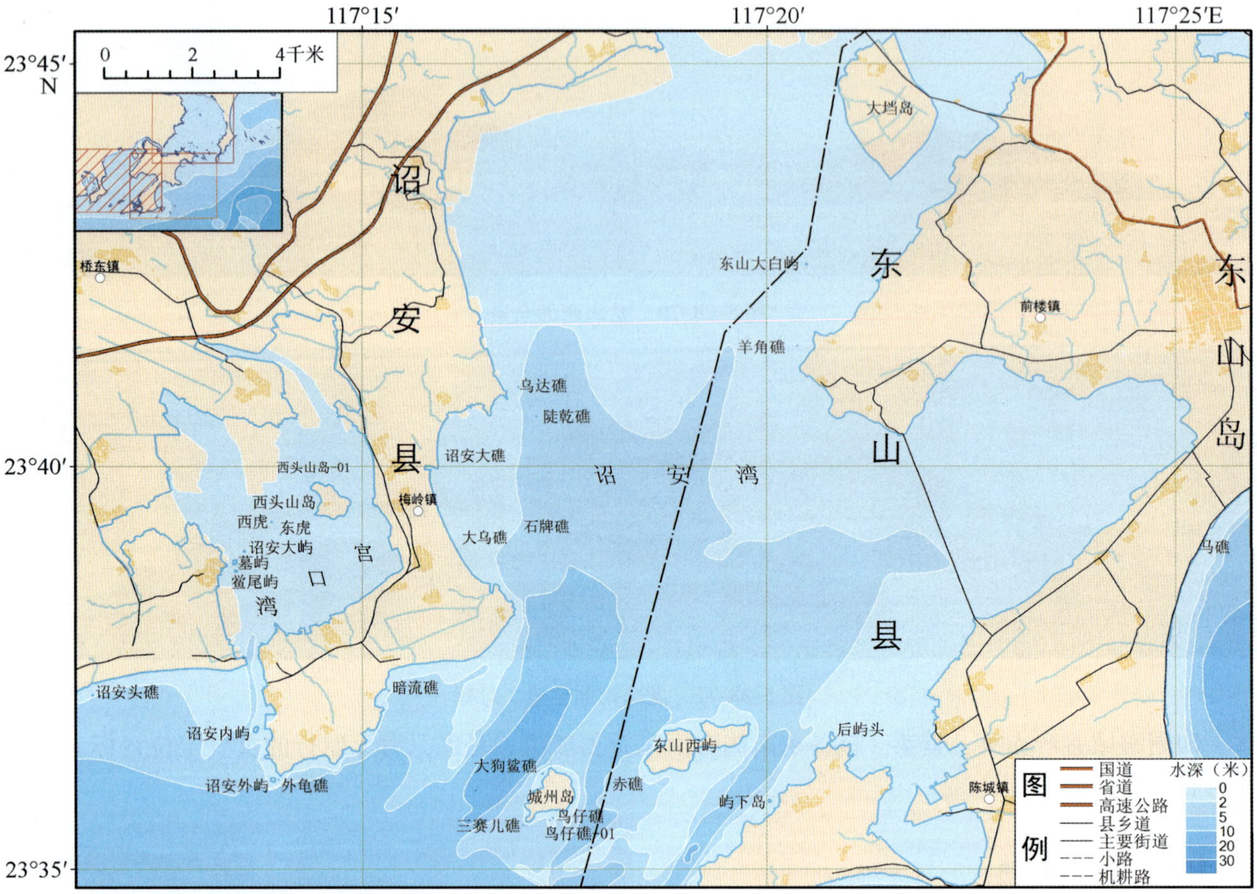

图 5-28-73 诏安湾和宫口湾海岛分布图

一、大垱岛

（一）概况

大垱岛（Dàdàng Dǎo）代码为350626000222。

原名大嵻岛，位于东山县西北侧。地理坐标为北纬23°44.5′、东经117°21.5′。行政区隶属漳州市东山县管辖。面积4.051平方千米，岸线长8.6千米，岛最高点海拔20.9米。大嵻村原为诏安县管辖，清时属诏安县四都五图林竹保大嵻村；1952年9月，福建省政府发文将大嵻从诏安县划为东山县管辖属东山县三区大嵻乡。因大嵻是盐区，为便于管理，1960年经上级批准大嵻大队改制为地方国营大嵻盐场。2002年8月起划归杏陈镇管理，属杏陈镇大嵻村。

大嵻村由顶州、客鸟林、产后、中腰四个自然村组成。人口5800人，1398户，15个村民小组。

（二）自然环境条件

属古陆地带，地层大部分为火成岩构成，海积层由淤泥、泥质细砂组成，残积层由黏土、亚黏土、细砂组成。岛上没有高山，只有一条首尾高、中间低、从北向南贯穿的大石铲，故名大嵻。

（三）海岛资源开发与保护

原有靠渡船到东山与诏安，交通不便。1971年至1974年建成2580米的南、北海堤，从此与东山县陆地连成一体，交通状况大大改善。1998年8月东山岛第二通道大嵻大桥竣工通车，大嵻距漳诏高速公路东山岛互通口只有1000米，交通十分便利。

1983年投资3万元在海岛西北侧建设州仔渡头大嵊码头，石砌直岸式结构，长27.8米，宽14.4米，高程6米。靠泊能力100吨。

大嵊是东山县主要盐业村，有盐田160公顷，是全县盐田面积最多的村，年产1万吨盐，产值3000万元。另有耕地165亩，山林6亩，浅海滩土8000亩，养殖户300户，养殖面积4500亩，养殖鳗鱼、蚶、虾、蟹、鱼等。固定资产520万元，村财收入200万元。

大嵊村是著名的体育之乡。岛上建有游泳池2个，赛龙舟池3口。灯光篮球场、门球场、掷地球场、文化图书室、老人体育协会、群众健身器材1套。2006年7月举办首届大嵊老人运动会，荣获省“体育先进单位”、市“全民健身工程”称号。1982年至今，全村获全国性比赛前6名的13人次，省级比赛前6名的共67人次，市级比赛前6名的82人次，其中，李鸿泉、李华东、李舒莉、江文清、李彬艺在省运会、全运会上荣获冠军，党总支书记李攀生曾获“全国农村体育先进积极分子”。全村70%民众参加体育活动。

图5-28-74　大嵊岛护岸堤、围垦池塘、民居

图5-28-75　大嵊小学

历史上，由于大嵊地理位置重要，曾发挥重要军事战略作用。1949年12月12日，国民党驻大嵊村的盐警大队欧锡雄等人，在共产党的投诚政策感召下，于诏安县林头村宣布起义，大嵊村随之和平解放。1950年5月12日中国人民解放军解放东山岛，北路大军在大嵊登陆。当时大嵊人民出动船只46艘，组成支前船队，运输人民解放军过渡向径口、礁头，登陆作战，战后船队荣立集体一等功，31军部奖“渡海作战第一功”奖旗一面。1953年7月16日，东山保卫战，大嵊出动54只运输船，一方面运送从广东省黄岗来支援的中国人民解放军入岛参加作战，一方面护送岛上群众转移。战后受到县的表彰。

二、东山大白屿

东山大白屿（Dōngshān Dàbáiyǔ）代码为350626000321。

曾名白屿。位于诏安湾内，东山县西埔镇以西海域中，距东山岛最近点1.5千米。地理坐标为北纬23°42.5′、东经117°20.5′。行政区隶属漳州市东山县管辖。

平面呈菱形，东南—西北向展布，最长约43米，最宽约33米，面积1030平方米，岸线长120米，最高点海拔12.0米。由砾石、砂、黏土组成，地表植被发育，多灌木丛。海岸为陡峭的基岩滩岸。该岛处于大嶝港航道的出入口，其上建有航标灯。周围海域吊养牡蛎。

图5-28-76　东山大白屿西面全景

三、羊角礁

羊角礁（Yángjiǎo Jiāo）代码为350626007131。

位于诏安湾内，东山县西埔镇以西海域中，距东山岛最近点311米。地理坐标为北纬23°41.5′、东经117°20.4′。行政区隶属漳州市东山县管辖。

面积20平方米，岸线长20米，最高点海拔2.0米。基岩岛，未开发利用。

四、后屿头

后屿头（Hòuyǔtóu）代码为350626002821。

位于东山县陈城镇西北侧，位于地理坐标为北纬23°36.6′、东经117°20.8′。行政区隶属漳州市东山县管辖。

面积0.0147平方千米，岸线长560米。由动力变质岩及混合岩组成。已围垦成堤连岛。周围海域吊养牡蛎。

图5-28-77　后屿头岛海蚀崖、连岛围堤

五、东山西屿

东山西屿（Dōngshān Xīyǔ）代码为350626002911。

旧称布袋屿。位于诏安湾口，东山县陈城镇西北侧海域中，距东山岛最近点1.5千米。地理坐标为北纬23°36.5′、东经117°19.1′。行政区隶属漳州市东山县管辖。

该岛略呈哑铃形，最长处约2.3千米，最宽处约980米。地势东西两端高，中部低。是东山县面积第二大的海岛。面积1.176平方千米，岸线长6.7千米。主要由动力变质岩及混合岩、花岗斑岩组成，地表土层厚，顶部覆盖赤土。植被茂密，岛上相思树、松、竹子繁茂，有淡水井。海岸为岩石岸和砂质岸。周围礁石较多，南侧有一小澳，可停泊小型船舶。

图5-28-78 东山西屿北面全景

图5-28-79 东山西屿上的养殖场

海域盛产海胆、鲻鱼、梭鱼、鲷鱼、对虾、螃蟹以及马尾藻、石花菜、羊栖菜、江蓠、鲍等名贵海产品。北部建有海堤，堤内养殖对虾。天然条件和生态环境优越，被定为农牧引进检疫隔区，已引进国内外优良品种近百种。海域多网箱养殖、吊养。岛上岩石被开采。已建陆岛交通码头、堤岸、多座楼房及水产育苗场。岛上有渔民居住，属于有居民海岛。行政区隶属漳州市东山县管辖。

1986年9月成立东山西屿岛农业引进隔离场，至1988年先后从日本、美国、菲律宾、我国台湾等地引进种苗64种、265个品种进行试验，有90%通过鉴定。制成并推出秋葵、芦笋、西芹菜、青花菜、小白菜等一批经济价值较高的品种，完成省农业科学院蔗麻研究所委托的8个甘蔗品种隔离任务并通过鉴定。该场有科技干部8名，工人12名。

图5-28-80 东山西屿上建设中的陆岛交通码头

六、屿下岛

屿下岛（Yǔxià Dǎo）代码为350626003121。

位于诏安湾口的东侧，东山县陈城镇歧下村西面侧。地理坐标为北纬23°35.8′、东经117°20.0′。

行政区隶属漳州市东山县管辖。

外观呈球形，直径约 60 米。面积 2680 平方千米，岸线长 190 米，海拔 13.9 米。由动力变质岩及混合岩组成，海岸为砂质滩岸。四周海域盛产赤菜、海胆、石花菜、羊栖菜等。是距主岛最近的岛。1986 年围垦中已通过一条海堤与岸边的“岗哨山”连接，东侧有一养虾池。

七、赤礁

赤礁（Chì Jiāo）代码为 350600000121。

位于诏安湾口，西屿与城洲岛中间。地理坐标为北纬 23°36.1′、东经 117°18.1′。现为东山县与诏安县海域行政区域界线的界点。

呈长条形，长轴近东北—西南向展布，最长处约 106 米，最宽处约 328 米。面积 2110 平方米，岸线长 250 米，最高点海拔 16.9 米。由（次）花岗斑岩脉，显微粒状碎斑酸性熔岩组成。该岛地形陡峭，基部赤色岩石裸露，顶部地表覆有少量红壤土。植被少，长少量杂草。基岩海岸。东、西两侧水域是船只进出诏安湾的主要航道。四周海域盛产海胆、羊栖菜、响螺、紫菜、赤菜等。西侧海域布设人工鱼礁。

图 5-28-81　赤礁西面全景

八、城洲岛

城洲岛（Chéngzhōu Dǎo）代码为 350624000921。

又名蛇洲、围屿。位于诏安湾口，西屿的西面，诏安县梅岭镇东南海域中，距大陆最近点 3 千米。地理坐标为北纬 23°35.9′、东经 117°17.4′。行政区隶属漳州市诏安县管辖。

岛屿外形不规则，形如带短柄的树叶，最长约 1.3 千米，最宽约 1.0 千米，近东北—西南向展布，岸线曲折。面积 0.6910 平方千米，岸线长 4.0 千米。地势东北高，西南低，多丘，主峰海拔 93.7 米。由动力变质岩及混合岩、花岗斑岩组成，基岩海岸。地表多红壤土，植被茂密。海岸主要为基岩滩岸。近岸多礁石，风大浪高。海域水深 2～10 米，泥砂质底。属南亚热带海洋性气候。

岛上有淡水供饮用。海产有石斑鱼、大黄鱼、对虾等。海域网箱养殖、吊养密集。岛上岩石被开采。岛上建有房屋数座。岛东侧海域为人工鱼礁区。东北侧吊养牡蛎。

图 5-28-82　城洲岛西面全景

图 5-28-83　城洲岛东部海岸和沙滩（左）、城洲岛南部沙滩（右）

图 5-28-84　城洲岛上海岸后退、导致水井落到沙滩上（左），人工鱼礁标志在城洲岛上的标志（右）

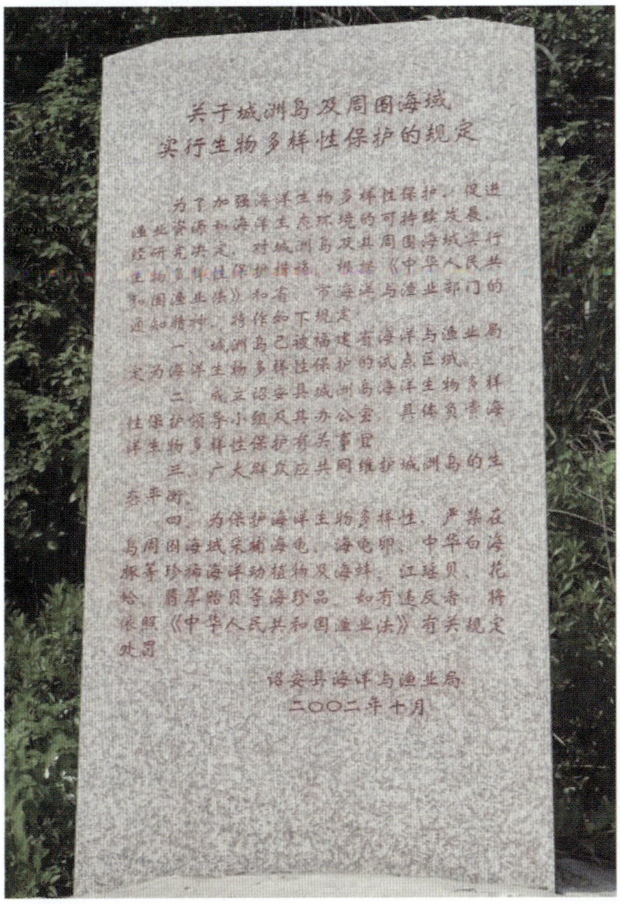

图 5-28-85　城洲岛周边海域生物多样性保护碑（左）、灯桩（右）

图 5-28-86　城洲岛上保护区管理站（左）和城洲岛海蚀洞（右）

九、乌达礁

乌达礁（Wùdá Jiāo）代码为 350624001431。

位于诏安湾西南侧，地理坐标为北纬 23°41. 0′、东经 117°16. 9′。行政区隶属漳州市诏安县管辖。

外观近圆形，面积 90 平方米，岸线长 40 米。基岩裸露，无植被覆盖。自然状态，未开发利用。

十、陡乾礁

陡乾礁（Dǒuqián Jiāo）代码为 350624001531。

位于诏安湾西南侧，地理坐标为北纬 23°40. 6′、东经 117°17. 2′。行政区隶属漳州市诏安县管辖。

外观近圆形，面积 40 平方米，岸线长 20 米。基岩裸露，无植被覆盖。自然状态，未开发利用。

十一、诏安大礁

诏安大礁（Zhàoān Dàjiāo）代码为 350624001631。

位于诏安湾西南侧近岸海域，距离陆地 125 米，地理坐标为北纬 23°40. 0′、东经 117°16. 0′。行政区隶属漳州市诏安县管辖。

面积 20 平方米，岸线长 20 米，最高点海拔 2. 0 米。基岩裸露，无植被覆盖。自然状态，未开发利用。

十二、石牌礁

石牌礁（Shípái Jiāo）代码为 350624001731。

位于诏安湾西南侧近岸海域，距离陆地 990 米，地理坐标为北纬 23°39. 1′、东经 117°17. 0′。行政区隶属漳州市诏安县管辖。

面积 20 平方米，岸线长 20 米，最高点海拔 2. 6 米。基岩裸露，无植被覆盖。自然状态，未开发利用。

十三、大乌礁

大乌礁（Dàwū Jiāo）代码为 350624001831。

位于诏安湾西南侧近岸海域，距离陆地 90 米，地理坐标为北纬 23°39. 0′、东经 117°16. 2′。行政区隶属漳州市诏安县管辖。

面积 90 平方米，岸线长 30 米，最高点海拔 2. 5 米。基岩裸露，无植被覆盖。自然状态，未开发利用。

十四、大狗鲨礁

大狗鲨礁（Dàgǒushā Jiāo）代码为 350624001931。

位于诏安湾内，城洲岛北部海域，地理坐标为北纬 23°36. 2′、东经 117°17. 2′。行政区隶属漳州市诏安县管辖。

外观近圆形，面积 310 平方米，岸线长 70 米。基岩裸露，无植被覆盖。自然状态，未开发利用。

十五、鸟仔礁

鸟仔礁（Niǎozǎi Jiāo）代码为 350624002031。

位于诏安湾内，城洲岛南部海域，地理坐标为北纬 23°35. 6′、东经 117°17. 4′。行政区隶属漳州市诏安县管辖。

外观近圆形，面积 70 平方米，岸线长 30 米，最高点海拔 3. 6 米。基岩裸露，无植被覆盖。自然状态，未开发利用。

十六、鸟仔礁-01

鸟仔礁-01（Niǎo zǎi Jiāo-01）代码为 350624002131。

位于诏安湾内，城洲岛南部海域，地理坐标为北纬 23°35. 6′、东经 117°17. 3′。行政区隶属漳州市诏安县管辖。

外观近圆形，面积 10 平方米，岸线长 10 米。基岩裸露，无植被覆盖。自然状态，未开发利用。

十七、三赛儿礁

三赛儿礁（Sānsàier Jiāo）代码为 350624002231。

位于诏安湾内，城洲岛南部海域，地理坐标为北纬 23°35. 5′、东经 117°17. 0′。行政区隶属漳州市诏安县管辖。

外观近圆形，面积 10 平方米，岸线长 10 米，最高点海拔 1. 6 米。基岩裸露，无植被覆盖。自然状态，未开发利用。

十八、暗流礁

暗流礁（Ànliú Jiāo）代码为 350624002331。

位于诏安湾西南侧，地理坐标为北纬 23°37. 3′、东经 117°15. 3′。行政区隶属漳州市诏安县管辖。

外观近圆形，面积 140 平方米，岸线长 50 米，最高点海拔 6. 4 米。基岩裸露，无植被覆盖。自然状态，未开发利用。

图 5-28-87　暗流礁全景

十九、外龟礁

外龟礁（Wàiguī Jiāo）代码为 350624002431。

位于梅岭半岛南部海域，地理坐标为北纬 23°36.1′、东经 117°14.0′。行政区隶属漳州市诏安县管辖。

外观近圆形，面积 30 平方米，岸线长 20 米。基岩裸露，无植被覆盖。自然状态，未开发利用。

二十、西头山岛

西头山岛（Xītóushān Dǎo）代码为 350624000312。

位于宫口港北侧。地理坐标为北纬 23°39.6′、东经 117°14.6′。行政区隶属漳州市诏安县管辖。

呈长方形，东南—西北向展布，最长约 966 米，最宽约 800 米。面积 0.4112 平方千米，岸线长 3.0 千米，最高点海拔 44.8 米。由肉红色中粒含黑云母花岗岩、碎裂交代花岗岩组成，地表植被发育，间有裸露岩石。海岸为基岩滩岸。20 世纪 60 年代已被围垦成为堤连岛，岛上建有数十座相连的房屋。岛上水、电、通信设备齐全，交通较便利，已建成自然村。岛上居民从事渔业、林业、农业等，周围多围垦池塘养殖对虾。

图 5-28-88　西头山岛全景

二十一、西头山岛-01

西头山岛-01（Xītóushān Dǎo-01）代码为 350624002531。

位于宫口港北侧，西头山岛北侧 125 米。地理坐标为北纬 23°39.9′、东经 117°14.4′。行政区隶属漳州市诏安县管辖。

面积 20 平方米，岸线长 20 米，最高点海拔 1.9 米。由肉红色中粒含黑云母花岗岩、碎裂交代花岗岩组成，岩石裸露。

二十二、诏安大屿

诏安大屿（Zhàoān Dàyǔ）代码为350624000421。

位于宫口港北侧，在诏安县桥东镇东南海域中。地理坐标为北纬23°38.9′、东经117°13.5′。行政区隶属漳州市诏安县管辖。

呈圆形，直径约32米。面积0.0168平方千米。岸线长550米。由肉红色中粒含黑云母花岗岩，碎裂交代花岗岩组成。岛上岩石曾被开采，长零星杂草。海岸为基岩岸。周边建有虾池，岛上建有管理房。

图5-28-89 诏安大屿西面全景

二十三、墓屿

墓屿（Mù Yǔ）代码为350624000521。

墓屿位于宫口港北侧，诏安县桥东镇东南侧海域，距大陆最近点90米。地理坐标为北纬23°38.8′、东经117°13.4′。行政区隶属漳州市诏安县管辖。

形似墓，最长处约130米，最宽处约89米，近东北—西南走向。面积0.0055平方千米。岸线长360米。由肉红色中粒含黑云母花岗岩、碎裂交代花岗岩组成，岛上岩石曾被开采，植被中等发育，主要为木麻黄。海岸为基岩海岸。周边建有虾池，岛上建有管理房。

图5-28-90 墓屿东面全景

二十四、鲎尾屿

鲎尾屿（Hòuwěi Yǔ）代码为350624000621。

位于宫口港北侧，诏安县桥东镇东南侧海域。地理坐标为北纬23°38.7′、东经117°13.4′。行政区隶属漳州市诏安县管辖。

面积1370平方米。岸线长170米，最高点海拔3.5米。由肉红色中粒含黑云母花岗岩、碎裂交代花岗岩组成，海岸为基岩海岸。岛陆呈自然状态，未开发利用。周围海域养殖牡蛎、蛏等。

二十五、诏安内屿

诏安内屿（Zhàoān Nèiyǔ）代码为350624000721。

又称内屿神龟。位于宫口港外，梅岭镇赤石湾村西南海域，距大陆最近点230米。地理坐标为北纬23°36.7′、东经117°13.7。行政区隶属漳州市诏安县管辖。

形如海龟，又称神龟。最长处约146米，最宽处约94米，近东北—西南向展布。面积9230平方米。岸线长440米，最高点海拔16.7米。

由肉红色中粒含黑云母花岗岩、碎裂交代花岗岩组成，地表岩石裸露，长少量杂草。海岸为基岩海岸。周围水深0～5米，北部岩石礁突出。已被纳入赤石湾渔港防波堤建设范围内。周围海域有定置网捕捞、吊养。

图5-28-91　诏安内屿西面全景

二十六、诏安外屿

诏安外屿（Zhàoān Wàiyǔ）代码为350624000821。

位于梅岭半岛的南部海域，距大陆最近点130米。地理坐标为北纬23°36.1′、东经117°13.9′。行政区隶属漳州市诏安县管辖。

近圆形，直径约94米。面积7120平方米，岸线长340米。地势中间高四周低，最高点海拔24.0米。由肉红色中粒含黑云母花岗岩，碎裂交代花岗岩组成。地表多岩石裸露，低洼处有黄砂质土，长零星杂草。海岸为基岩海岸。周围水深0～2米，东南部岩石滩突出。附近海域有野生紫菜，有网箱养殖和吊养。渔民常在此捕鱼作业。岛上设有灯桩。

图5-28-92　诏安外屿北面全景

二十七、西虎

西虎（Xīhǔ）代码为350624002631。

位于宫口湾内，地理坐标为北纬23°39.3′、东经117°13.9′。行政区隶属漳州市诏安县管辖。

外观近圆形，面积180平方米，岸线长70米。基岩裸露，无植被覆盖。自然状态，未开发利用。

二十八、东虎

东虎（Dōnghǔ）代码为350624002731。

位于宫口湾内，地理坐标为北纬23°39.1′、东经117°14.0′。行政区隶属漳州市诏安县管辖。

外观近圆形，面积60平方米，岸线长30米。基岩裸露，无植被覆盖。自然状态，未开发利用。

图5-28-93 东虎全景

二十九、诏安头礁

诏安头礁（Zhàoān Tóujiāo）代码为350624002831。

位于铁湖港内，地理坐标为北纬23°37.2′、东经117°11.7′。行政区隶属漳州市诏安县管辖。

外观近圆形，面积470平方米，岸线长80米，最高点海拔3.1米。基岩裸露，无植被覆盖。自然状态，未开发利用。

第二十九章　消失海岛

本海区消失海岛共10个，其中云霄县管辖消失海岛1个，东山县2个，诏安县2个，另有5个海岛因海域行政界线划入广东省而发生变更。

一、佳洲

佳洲（Jiāzhōu）。

原地理坐标为北纬23°55. 979′、东经117°22. 990′，面积5. 10平方千米，岸线长12. 250千米。隶属漳州市云霄县管辖，为有居民海岛。

佳洲岛属河口冲积岛，岛上有佳洲、洲渡2个行政村，下辖下尾、后墩、黄墩3个自然村。1965年先后在南江和北江建水闸，南江水闸1966年竣工，北江水闸1979年竣工，南、北江水闸建成后佳洲岛成为海、河的分界点，2006年海河划界即以南、北江水闸为漳江口海河界线。海岛因大陆海岸线管理位置变更导致海岛属性变更而消失。

图5-29-1　佳洲遥感影像（见南、北两个水闸，为河口海陆界线）

二、无名岛 ZAF1

无名岛 ZAF1，原地理坐标为北纬 23°46.647′、东经 117°21.850′，面积 2500 平方米，岸线长 0.210 千米。

原为基岩岛，隶属漳州市诏安县管辖，无居民海岛。因围填海与大陆连成一片而消失。

三、无名岛 ZAF2

无名岛 ZAF2，原地理坐标为北纬 23°40.720′、东经 117°12.533′，面积 16 000 平方米，岸线长 0.610 千米。

原为堆积岛，隶属漳州市诏安县管辖，无居民海岛。因围填海与大陆连成一片而消失。

四、赤山

赤山（Chìshān），原地理坐标为北纬 23°45.608′、东经 117°22.017′，面积 208 000 平方米，岸线长 1.8 千米。

原为基岩岛，隶属漳州市东山县管辖，无居民海岛。1975 年因围填海与海岛连成一片而消失。

五、鲎角屿

鲎角屿（Hòujiǎo Yǔ），原地理坐标为北纬 23°34.100′、东经 117°22.096′，面积 650 平方米，岸线长 0.095 千米，高程 32 米。

原为基岩岛，隶属漳州市东山县管辖，无居民海岛。因围填海与海岛连成一片而消失。

六、老牛礁

老牛礁（Lǎoniú Jiāo），原地理坐标为北纬 23°31.570′、东经 117°12.013′，面积 650 平方米，岸线长 0.095 千米。

原隶属福建省诏安县管辖，无居民海岛。因 2001 年实施闽粤海域行政界线，导致原海岛隶属变更。现隶属广东省汕头市南澳县管辖。

七、老牛柱岛

老牛柱岛（Lǎoniúzhù Dǎo），原地理坐标为北纬 23°31.552′、东经 117°12.073′，面积 650 平方米，岸线长 0.095 千米。

原隶属福建省诏安县管辖，无居民海岛。因 2001 年实施闽粤海域行政界线，导致原海岛隶属变更。现隶属广东省汕头市南澳县管辖。

八、无名岛 ZAF3

无名岛 ZAF3，原地理坐标为北纬 23°29.110′、东经 117°14.212′，面积 650 平方米，岸线长 0.095 千米。

原隶属福建省诏安县管辖，无居民海岛。因 2001 年实施闽粤海域行政界线，导致原海岛隶属变更。现隶属广东省汕头市南澳县管辖。

九、无名岛 ZAF4

无名岛 ZAF4，原地理坐标为北纬 23°28. 995′、东经 117°14. 226′，面积 650 平方米，岸线长 0. 095 千米。

原隶属福建省诏安县管辖，无居民海岛。因 2001 年实施闽粤海域行政界线，导致原海岛隶属变更。现隶属广东省汕头市南澳县管辖。

十、无名岛 ZAF5

无名岛 ZAF5，原地理坐标为北纬 23°28. 815′、东经 117°14. 230′，面积 650 平方米，岸线长 0. 095 千米。

原隶属福建省诏安县管辖，无居民海岛。因 2001 年实施闽粤海域行政界线，导致原海岛隶属变更。现隶属广东省汕头市南澳县管辖。

参考文献

陈坚，李云海，王爱军，等. 2011. 福建省908专项海岸带调查与评价报告［R］. 福建：国家海洋局第三海洋研究所.

陈吉余. 2010. 中国海岸侵蚀概况［M］. 北京：海洋出版社.

陈吉余 . 2010 年 . 中国海岸侵蚀概要［M］，北京：海洋出版社 .

东海海区航标资料汇编，中华人民共和国上海海事局官方网页. http：//www. shmsa. gov. cn/mark/ donghai/index. htm. 1999.

东山县地方志编撰委员会. 1994. 东山县志［M］. 北京：中华书局.

福建省地质局. 1977. 区域地质调查报告——泉州幅、厦门幅（地质部分）.

福建省地质局. 1974. 区域地质调查报告——漳州幅、东山幅（地质部分）.

福建省地名委员会办公室，福建省地名学研究会. 1991. 福建省海域地名志［M］. 广州：广东省地图出版社.

福建省海洋与渔业局. 2004，1. 2003年福建省海洋环境质量公报［R］.

福建省海洋与渔业局. 2005，1. 2004年福建省海洋环境状况公报［R］.

福建省海洋与渔业局. 2006，3. 2005年福建省海洋环境状况公报［R］.

福建省海洋与渔业局. 2007，3. 2006年福建省海洋环境质量公报［R］.

福建省海洋与渔业局. 2008，3. 2007年福建省海洋环境质量公报［R］.

福建省海洋与渔业局. 2009，3. 2008年福建省海洋环境状况公报［R］.

福建省海洋与渔业厅. 2010，3. 2009年福建省海洋环境状况公报［R］.

福建省海洋与渔业厅. 2011，3. 2010年福建省海洋环境状况公报［R］.

福建省惠安县地方志编撰委员会. 1998. 惠安县志［M］. 北京：方志出版社.

福建省海岸带与海涂资源调查领导小组. 1993. 中国海岸带与海涂资源调查图集（福建分册）［M］. 福州：福建测绘出版社.

福建省海岸带与海涂资源调查领导小组. 1990. 福建省海岸带与海涂资源调查报告［M］. 北京：海洋出版社.

福建省海岛资源综合调查办公室. 1994. 福建省海岛志［R］.

福建省海岛资源综合调查委员会. 1996. 福建省海岛资源综合调查研究报告［M］. 北京：海洋出版社.

福建省海岛资源综合调查委员会. 1996. 福建省海岛资源综合调查图集［M］. 北京：海洋出版社.

福建省海岛资源综合调查编委会 . 1996 年 . 福建省海岛资源综合调查研究报告［M］. 北京：海洋出版社 .

福建省海岛资源综合调查办公室 . 1994 年 . 福建省海岛志［R］. 福建：福建省海岛资源综合调查办公室 .

福建省龙海县地方志编撰委员会. 1993. 龙海县志［M］. 北京：东方出版社.

福建南安县志编撰委员会. 1993. 南安县志［M］. 南昌：江西人民出版社.

福建省云霄县地方志编撰委员会. 1999. 云霄县志［M］. 北京：方志出版社.

福建省诏安县地方志编撰委员会. 1999. 诏安县志［M］. 北京：方志出版社.

郭小刚，许金电，等. 2011. 福建省908专项水文与气象调查报告［R］. 福建：国家海洋局第三海洋研究所.

黄宗国 . 海洋河口湿地生物多样性 . 北京：海洋出版社，2004 年 .

晋江市地方志编撰委员会. 1994. 晋江市志［M］. 上海：三联书店上海分店.

金门县志编撰委员会. 1998. 金门县志［M］.

金门县志编撰委员会. 2004. 金门县志［M］.

暨卫东，林辉，林彩，等. 2011. 福建省908专项海洋化学调查与评价报告［R］. 福建：国家海洋局第三海洋研究所.

李秀保，练健生，黄晖，等：福建东山海域石珊瑚种类多样性及其空间分布［J］，台湾海峡，2010，29（1）：5—11.

李云海，等. 2011.《中国海岛名录》（福建省部分）. 福建：国家海洋局第三海洋研究所.

石狮市地方志编撰委员会. 1998. 石狮市志［M］. 北京：方志出版社.

同安县地方志编撰委员会. 2000. 同安县志［M］. 北京：中华书局.

唐森铭，陈彬，等. 2011. 福建省908专项海洋生物调查与评价报告［R］. 福建：国家海洋局第三海洋研究所.

泉州市地方志编撰委员会. 2000. 泉州市志［M］. 北京：中国社会科学出版社.

厦门市地方志编撰委员会. 2004. 厦门市志［M］. 北京：方志出版社.
厦门市地方志编撰委员会 . 2004 年 . 厦门市志［M］. 北京：方志出版社 .
厦门市海岛资源综合调查领导小组. 1998. 厦门市海岛资源综合调查报告［M］. 北京：海洋出版社.
厦门市海岛综合调查领导小组 . 1995 年 . 厦门市海岛资源综合调查专业报告集（第二卷）. 北京：海洋出版社 .
厦门市海岛资源综合调查领导小组 . 1995 年 . 厦门市海岛资源综合调查报告 . 北京：海洋出版社 .
厦门市海岛资源综合调查领导小组 . 1995 年 . 厦门市海岛资源综合调查专业报告集（第二卷）. 北京：海洋出版社 .
厦门市海岛资源综合调查领导小组 . 1995 年 . 厦门市海岛资源综合调查专业报告集 . 北京：海洋出版社 .
厦门市海岛综合调查领导小组 . 1995 年 . 厦门市海岛资源综合调查专业报告集（第二卷）. 北京：海洋出版社 .
厦门市统计局，国家统计局厦门调查队. 2009. 2008 厦门经济特区年鉴［M］. 北京：中国统计出版社.
袁晓敏，向财霞，山鹰 . 大嶝海域黑嘴鸥数量占全球近一成，厦门商报 . 2009 年 11 月 29 日 .
杨忠兰 . 福建九龙江河口湿地现状评价及保护对策［J］，中南林业调查规划 . 2004，23（3）：40—43.
中国海湾志编撰委员会. 1994. 中国海湾志（第八分册 福建省南部海湾）［M］. 北京：海洋出版社.
中国海湾志编撰委员会 . 1993 年 . 中国海湾志（第八分册 福建省南部海湾）［M］，北京：海洋出版社 .
漳浦县地方志编撰委员会. 1994. 漳浦县志［M］. 北京：中华书局.
漳州市地方志编撰委员会. 1999. 漳州市志（5 卷本）. 北京：中国社会科学出版社.

《中国海岛志》福建卷第三册入志海岛名录

海区名称	序号	海岛名称		代码	行政隶属	地理坐标		海岛面积（米^2）	岸线长度（米）	最高点高程（米）	社会属性	成因	备注
		中文名称	拼音			东经	北纬						
湄洲湾南部—崇武海区	1	赤屿仔	Chìyǔzǎi	350505000121	泉州市泉港区	118°55.7′	25°13.8′	12 690	490	17.4	无居民	基岩岛	堤连岛
	2	外乌屿	Wàiwū Yǔ	350521000121	泉州市泉港区	118°56.6′	25°12.9′	5 040	300	16.1	无居民	基岩岛	原隶属于惠安县
	3	蟹屿	Xiè Yǔ	350521000521	泉州市泉港区	118°58.6′	25°12.1′	30 890	1 230	37.8	无居民	基岩岛	原隶属于惠安县
	4	牛屎礁	Niúshǐ Jiāo	350300011521	泉州市泉港区	118°59.1′	25°11.8′	1 920	170	10.8	无居民	基岩岛	新增岛
	5	泉港洋屿	Quángǎngyáng Yǔ	350521000621	泉州市泉港区	118°58.8′	25°11.4′	35 740	1 470	22.6	无居民	基岩岛	原隶属于惠安县
	6	牛心礁	Niúxīn Jiāo	350505000231	泉州市泉港区	118°59.1′	25°11.5′	460	80	6.1	无居民	基岩岛	
	7	白塔礁	Báitǎ Jiāo	350505000331	泉州市泉港区	118°59.5′	25°11.1′	100	40	9.1	无居民	基岩岛	
	8	惠屿	Huì Yǔ	350521000711	泉州市泉港区	118°59.7′	25°11.0′	410 750	5 420	59.9	村级岛	基岩岛	行政村，原隶属于惠安县
	9	黑礁	Hēi Jiāo	350521000821	泉州市泉港区	118°58.6′	25°9.3′	310	70	11.2	无居民	基岩岛	原隶属于惠安县
	10	后龙东礁	Hòulóng Dōngjiāo	350505000431	泉州市泉港区	118°57.0′	25°9.2′	20	20	4.8	无居民	基岩岛	
	11	户尾屿-01	Hùwěi Yǔ -01	350505000531	泉州市泉港区	118°57.4′	25°7.7′	20	20	5.1	无居民	基岩岛	
	12	户尾屿-02	Hùwěi Yǔ -02	350505000631	泉州市泉港区	118°57.6′	25°7.7′	20	20		无居民	基岩岛	
	13	户尾屿	Hùwěi Yǔ	350521000921	泉州市泉港区	118°57.5′	25°7.6′	2 340	260	8.0	无居民	基岩岛	原隶属于惠安县
	14	峰尾鲎屿	Fēngwěihòu Yǔ	350521001021	泉州市泉港区	118°57.6′	25°6.1′	2 940	220	9.5	无居民	基岩岛	原隶属于惠安县
	15	白牛礁	Báiniú Jiāo	350505000731	泉州市泉港区	118°58.9′	25°6.0′	220	60		无居民	基岩岛	新增岛
	16	白牛礁-01	Báiniú Jiāo -01	350505000831	泉州市泉港区	118°58.9′	25°5.9′	70	30		无居民	基岩岛	新增岛
	17	峰尾南礁	Fēngwěi Nánjiāo	350505000921	泉州市泉港区	118°56.3′	25°6.3′	700	120		无居民	基岩岛	
	18	劳多礁	Láoduō Jiāo	350505001031	泉州市泉港区	118°55.0′	25°5.3′	100	40	5.6	无居民	基岩岛	
	19	将军屿	Jiāngjūn Yǔ	350505001131	泉州市泉港区	118°55.9′	25°4.7′	300	60		无居民	基岩岛	新增岛
	20	尖屿-01	Jiān Yǔ -01	350521007031	泉州市惠安县	118°56.5′	25°3.2′	490	80		无居民	基岩岛	

续表

海区名称	序号	海岛名称		代码	行政隶属	地理坐标		海岛面积（$米^2$）	岸线长度（米）	最高点高程（米）	社会属性	成因	备注
		中文名称	拼音			东经	北纬						
湄洲湾南部—崇武海区	21	尖屿	Jiān Yǔ	350521001621	泉州市惠安县	118°56.7′	25°3.2′	8 860	390	24.8	无居民	基岩岛	
	22	尖屿-02	Jiān Yǔ -02	350521007131	泉州市惠安县	118°56.7′	25°3.0′	490	90		无居民	基岩岛	
	23	水头礁	Shuǐtóu Jiāo	350521001821	泉州市惠安县	118°58.9′	25°2.6′	490	80		无居民	基岩岛	
	24	水头礁-01	Shuǐtóu Jiāo -01	350521007231	泉州市惠安县	118°59.0′	25°2.8′	410	100	14.0	无居民	基岩岛	
	25	水头礁-02	Shuǐtóu Jiāo -02	350521007331	泉州市惠安县	118°59.0′	25°3.0′	180	50	7.3	无居民	基岩岛	
	26	大生岛	Dàshēng Dǎo	350521001221	泉州市惠安县	119°1.2′	25°4.9′	73 130	1 300	44.2	无居民	基岩岛	
	27	大竹岛-01	Dàzhú Dǎo -01	350521007431	泉州市惠安县	119°1.8′	25°4.9′	480	90		无居民	基岩岛	
	28	大竹岛	Dàzhú Dǎo	350521001311	泉州市惠安县	119°2.3′	25°4.8′	472 180	3 040	85.4	无居民	基岩岛	
	29	小竹岛-01	Xiǎozhú Dǎo -01	350521001421	泉州市惠安县	119°2.0′	25°4.4′	2 800	220		无居民	基岩岛	
	30	小竹岛	Xiǎozhú Dǎo	350521001521	泉州市惠安县	119°2.0′	25°4.3′	21 320	620	34.0	无居民	基岩岛	
	31	黄干岛	Huánggān Dǎo	350521002121	泉州市惠安县	119°1.5′	25°2.2′	546 820	4 430	72.4	无居民	基岩岛	
	32	黄干岛-01	Huánggān Dǎo -01	350521002521	泉州市惠安县	119°1.9′	25°2.1′	5 150	340		无居民	基岩岛	
	33	黄牛屿	Huángniú Yǔ	350521002221	泉州市惠安县	119°0.8′	25°1.9′	38 000	860	49.7	无居民	基岩岛	
	34	枪屿-01	Qiāng Yǔ -01	350521007531	泉州市惠安县	119°0.4′	25°1.6′	360	70		无居民	基岩岛	
	35	黄牛白礁	Huángniú Báijiāo	350521002421	泉州市惠安县	119°0.8′	25°1.5′	2 310	210		无居民	基岩岛	
	36	枪屿	Qiāng Yǔ	350521002321	泉州市惠安县	119°0.6′	25°1.5′	12 980	470	27.1	无居民	基岩岛	
	37	山龙屿	Shānlóng Yǔ	350521002621	泉州市惠安县	119°1.4′	24°59.0′	6 080	310	17.6	无居民	基岩岛	
	38	后内洄尾(1)	Hòunèihuíwěi (1)	350521002721	泉州市惠安县	119°0.4′	24°58.4′	2 870	210	9.5	无居民	基岩岛	
	39	后内洄尾(2)	Hòunèihuíwěi (2)	350521007621	泉州市惠安县	119°0.4′	24°58.3′	2 260	190		无居民	基岩岛	
	40	虎礁	Hǔjiāo	350521002821	泉州市惠安县	119°2.2′	24°58.2′	230	60		无居民	基岩岛	
	41	剑屿	Jiàn Yǔ	350521003021	泉州市惠安县	119°2.0′	24°58.0′	66 330	1 840	53.9	无居民	基岩岛	
	42	剑屿-01	Jiàn Yǔ -01	350521007721	泉州市惠安县	119°1.6′	24°58.0′	150	50	2.4	无居民	基岩岛	
	43	剑屿-02	Jiàn Yǔ -02	350521003121	泉州市惠安县	119°1.7′	24°57.9′	1 960	200		无居民	基岩岛	
	44	剑屿-03	Jiàn Yǔ -03	350521003221	泉州市惠安县	119°1.6′	24°57.8′	3 500	330		无居民	基岩岛	
	45	剑屿-04	Jiàn Yǔ -04	350521003321	泉州市惠安县	119°1.5′	24°57.8′	4 530	270		无居民	基岩岛	

续表

海区名称	序号	海岛名称		代码	行政隶属	地理坐标		海岛面积（米^2）	岸线长度（米）	最高点高程（米）	社会属性	成因	备注
		中文名称	拼音			东经	北纬						
湄洲湾南部—崇武海区	46	小岞小屿-01	Xiǎozuò Xiǎoyǔ -01	350521007831	泉州市惠安县	118°58.8′	24°56.3′	70	40		无居民	基岩岛	
	47	小岞小屿	Xiǎozuò Xiǎoyǔ	350521004022	泉州市惠安县	118°58.7′	24°56.3′	6 410	590	18.0	无居民	基岩岛	堤连岛
	48	惠安牛屿	Huìānniú Yǔ	350521003721	泉州市惠安县	118°58.5′	24°56.3′	18 050	570	29.2	无居民	基岩岛	
	49	惠安牛屿-01	Huìānniú Yǔ -01	350521007931	泉州市惠安县	118°58.3′	24°56.2′	340	80	7.8	无居民	基岩岛	
	50	西埔礁（1）	Xīpǔ Jiāo（1）	350521003421	泉州市惠安县	118°56.6′	24°57.4′	1 170	140	5.2	无居民	基岩岛	原名西埔群礁
	51	西埔礁（2）	Xīpǔ Jiāo（2）	350521003521	泉州市惠安县	118°56.1′	24°57.4′	660	110	5.0	无居民	基岩岛	原名西埔群礁
	52	龙尾一礁	Lóngwěi 1 Jiāo	350521003621	泉州市惠安县	118°55.0′	24°54.9′	460	80		无居民	基岩岛	
	53	龙尾二礁	Lóngwěi 2 Jiāo	350521003821	泉州市惠安县	118°55.1′	24°54.9′	500	90		无居民	基岩岛	
	54	后赤礁	Hòuchì Jiāo	350521004321	泉州市惠安县	118°57.6′	24°54.5′	3 170	210	9.7	无居民	基岩岛	
	55	惠安青屿	Huì'ānqīng Yǔ	350521003921	泉州市惠安县	118°57.4′	24°54.4′	70 000	1 240	31.2	无居民	基岩岛	青屿
	56	崇武小屿	Chóngwǔ Xiǎoyǔ	350521004121	泉州市惠安县	118°58.0′	24°54.2′	11 290	550	18.0	无居民	基岩岛	小屿
	57	崇武小屿-01	Chóngwǔ Xiǎoyǔ -01	350521004221	泉州市惠安县	118°57.9′	24°54.1′	260	60		无居民	基岩岛	
	58	孝尾屿-01	Xiàowěi Yǔ -01	350521008031	泉州市惠安县	118°57.4′	24°53.6′	140	50		无居民	基岩岛	
	59	孝尾屿	Xiàowěi Yǔ	350521004421	泉州市惠安县	118°57.3′	24°53.6′	5 490	340	28.3	无居民	基岩岛	原名尾屿
	60	孝尾屿-02	Xiàowěi Yǔ -02	350521008131	泉州市惠安县	118°57.4′	24°53.5′	170	50		无居民	基岩岛	
	61	孝尾屿-03	Xiàowěi Yǔ -03	350521004521	泉州市惠安县	118°57.3′	24°53.5′	2 510	200		无居民	基岩岛	
	62	孝尾屿-04	Xiàowěi Yǔ -04	350521008231	泉州市惠安县	118°57.3′	24°53.3′	110	40		无居民	基岩岛	
	63	大岞礁	Dàzuò Jiāo	350521008331	泉州市惠安县	118°59.0′	24°53.8′	30	20	3.4	无居民	基岩岛	
	64	道仕屿-01	Dàoshì Yǔ -01	350521008431	泉州市惠安县	118°59.6′	24°53.1′	300	70	8.0	无居民	基岩岛	
	65	道仕屿	Dàoshì Yǔ	350521004621	泉州市惠安县	118°59.3′	24°53.0′	7 630	480	17.4	无居民	基岩岛	
	66	道仕屿-02	Dàoshì Yǔ -02	350521008531	泉州市惠安县	118°59.2′	24°53.0′	20	20		无居民	基岩岛	
	67	道仕屿-03	Dàoshì Yǔ -03	350521008631	泉州市惠安县	118°59.2′	24°53.0′	80	30		无居民	基岩岛	
	68	尖峰屿	Jiānfēng Yǔ	350521004821	泉州市惠安县	118°58.9′	24°52.7′	10 850	440	30.7	无居民	基岩岛	
	69	赤屿-01	Chì Yǔ -01	350521008731	泉州市惠安县	118°59.1′	24°52.5′	200	60	7.7	无居民	基岩岛	
	70	赤屿	Chì Yǔ	350521004721	泉州市惠安县	118°58.9′	24°52.5′	1 700	160	9.5	无居民	基岩岛	原名无名岛 HAF15

续表

海区名称	序号	海岛名称		代码	行政隶属	地理坐标		海岛面积（米^2）	岸线长度（米）	最高点高程（米）	社会属性	成因	备注
		中文名称	拼音			东经	北纬						
崇武—围头海区	71	崇武三屿	Chóngwǔ 3 Yǔ	350521005321	泉州市惠安县	118°57.4′	24°52.6′	51 890	1 890		无居民	基岩岛	
	72	崇武龟屿	Chóngwǔguī Yǔ	350521005621	泉州市惠安县	118°55.3′	24°52.5′	5 070	300		无居民	基岩岛	
	73	东石礁	Dōngshí Jiāo	350521005121	泉州市惠安县	118°54.5′	24°52.8′	3 510	270		无居民	基岩岛	
	74	东石礁-01	Dōngshí Jiāo -01	350521008921	泉州市惠安县	118°54.4′	24°52.8′	1 720	160		无居民	基岩岛	
	75	白起礁	Báiqǐ Jiāo	350521005021	泉州市惠安县	118°54.2′	24°52.8′	1 650	160		无居民	基岩岛	原名无名岛 HAF19
	76	南洋屿	Nányáng Yǔ	350521006521	泉州市惠安县	118°52.9′	24°52.6′	7 380	420	8.8	无居民	基岩岛	
	77	沙礁	Shā Jiāo	350521005421	泉州市惠安县	118°52.7′	24°52.6′	240	50	4.4	无居民	基岩岛	
	78	小洋礁	Xiǎoyáng Jiāo	350521009031	泉州市惠安县	118°50.9′	24°52.7′	150	40	3.1	无居民	基岩岛	
	79	面龟礁	Miànguī Jiāo	350521009131	泉州市惠安县	118°50.4′	24°52.0′	440	80	9.7	无居民	基岩岛	
	80	浮山岛	Fúshān Dǎo	350521005712	泉州市惠安县	118°49.8′	24°52.0′	932 810	6 590	49.0	村级岛	基岩岛	行政村，堤连岛
	81	浮山岛-01	Fúshān Dǎo -01	350521009231	泉州市惠安县	118°49.4′	24°52.1′	60	30	7.2	无居民	基岩岛	
	82	浮山岛-02	Fúshān Dǎo -02	350521009331	泉州市惠安县	118°49.5′	24°51.8′	400	70	5.2	无居民	基岩岛	
	83	浮山岛-03	Fúshān Dǎo -03	350521009421	泉州市惠安县	118°49.9′	24°51.5′	4 070	280	10.0	无居民	基岩岛	
	84	丁门屿-01	Dīngmén Yǔ -01	350521006221	泉州市惠安县	118°50.0′	24°50.8′	1 970	180		无居民	基岩岛	
	85	丁门屿	Dīngmén Yǔ	350521006321	泉州市惠安县	118°50.1′	24°50.7′	4 530	320	11.8	无居民	基岩岛	
	86	丁门屿-02	Dīngmén Yǔ -02	350521006421	泉州市惠安县	118°50.1′	24°50.6′	6 550	430	4.7	无居民	基岩岛	
	87	惠安乌屿	Huì'ānwū Yǔ	350521006621	泉州市惠安县	118°49.7′	24°50.2′	14 450	650	21.4	无居民	基岩岛	
	88	佳屿	Jiā Yǔ	350521005921	泉州市惠安县	118°47.6′	24°51.5′	6 240	400	9.3	无居民	基岩岛	
	89	佳屿-01	Jiā Yǔ -01	350521005821	泉州市惠安县	118°47.4′	24°51.5′	770	100	6.1	无居民	基岩岛	
	90	惠安西屿	Huì'ān Xīyǔ	350521006121	泉州市惠安县	118°47.2′	24°51.3′	19 030	620	24.1	无居民	基岩岛	
	91	惠安西屿-01	Huì'ān Xīyǔ -01	350521006021	泉州市惠安县	118°47.1′	24°51.3′	520	90		无居民	基岩岛	
	92	大坠岛	Dàzhuì Dǎo	350521006721	泉州市惠安县	118°46.3′	24°49.8′	608 930	5 120	103.1	无居民	基岩岛	
	93	杨屿	Yáng Yǔ	350500000121	泉州市丰泽区	118°40.8′	24°55.8′	11 180	450	17.6	无居民	基岩岛	原名无名岛 QZJ1
	94	白屿	Bái Yǔ	350582000221	泉州市石狮市	118°41.8′	24°49.6′	6 950	510	18.3	无居民	基岩岛	原属晋江市
	95	金屿-01	Jīn Yǔ -01	350581000131	泉州市石狮市	118°41.0′	24°48.2′	60	30	7.3	无居民	基岩岛	
	96	金屿	Jīn Yǔ	350581000231	泉州市石狮市	118°40.9′	24°48.2′	260	60	6.3	无居民	基岩岛	

续表

海区名称	序号	海岛名称		代码	行政隶属	地理坐标		海岛面积（米²）	岸线长度（米）	最高点高程（米）	社会属性	成因	备注
		中文名称	拼音			东经	北纬						
崇武—围头海区	97	金屿-02	Jīn Yǔ -02	350581000331	泉州市石狮市	118°39.6′	24°47.5′	200	50	5.6	无居民	基岩岛	
	98	山尾屿	Shānwěi Yǔ	350582000521	泉州市石狮市	118°42.3′	24°48.7′	10 840	570	8.0	无居民	基岩岛	原属晋江市
	99	鼓尾屿	Gǔwěi Yǔ	350582000721	泉州市石狮市	118°43.2′	24°47.8′	2 370	190	7.2	无居民	基岩岛	原属晋江市
	100	草屿礁	Cǎoyǔ Jiāo	350581000431	泉州市石狮市	118°43.4′	24°47.7′	40	20	5.6	无居民	基岩岛	
	101	小坠岛	Xiǎozhuì Dǎo	350582000321	泉州市石狮市	118°46.1′	24°48.8′	26 370	670	18.0	无居民	基岩岛	原属晋江市
	102	小坠岛-01	Xiǎozhuì Dǎo -01	350582000421	泉州市石狮市	118°45.9′	24°48.8′	6 450	330		无居民	基岩岛	原属晋江市
	103	小坠岛-02	Xiǎozhuì Dǎo -02	350582000621	泉州市石狮市	118°45.9′	24°48.8′	1 030	140		无居民	基岩岛	原属晋江市
	104	加礼龙礁	Jiālǐlóng Jiāo	350581000531	泉州市石狮市	118°45.6′	24°48.4′	90	40	5.1	无居民	基岩岛	
	105	港牛礁	Gǎngniú Jiāo	350581000631	泉州市石狮市	118°45.5′	24°48.4′	10	10	3.1	无居民	基岩岛	
	106	三干礁	Sāngān Jiāo	350581000731	泉州市石狮市	118°44.8′	24°47.0′	20	20	5.1	无居民	基岩岛	原属晋江市
	107	大山屿	Dàshān Yǔ	350582000921	泉州市石狮市	118°45.1′	24°47.0′	20 250	680	21.0	无居民	基岩岛	原属晋江市
	108	顶屿	Dǐng Yǔ	350582000821	泉州市石狮市	118°45.3′	24°47.1′	11 970	490	15.0	无居民	基岩岛	
	109	石狮龟屿	Shíshīguī Yǔ	350581000831	泉州市石狮市	118°46.8′	24°46.1′	40	30	7.5	无居民	基岩岛	
	110	石狮鸟屿	Shíshīniǎo Yǔ	350581000931	泉州市石狮市	118°46.8′	24°45.8′	290	60	6.2	无居民	基岩岛	
	111	大中礁	Dàzhōng Jiāo	350581001031	泉州市石狮市	118°46.7′	24°45.7′	100	40	5.8	无居民	基岩岛	
	112	东埔屿	Dōngpǔ Yǔ	350581001121	泉州市石狮市	118°46.4′	24°45.0′	11 820	550	15.0	无居民	基岩岛	
	113	宫尾屿	Gōngwěi Yǔ	350582001021	泉州市石狮市	118°46.3′	24°44.8′	11 900	510	14.0	无居民	基岩岛	
	114	龙虎礁	Lónghǔ Jiāo	350581001231	泉州市石狮市	118°46.1′	24°44.7′	60	30		无居民	基岩岛	
	115	钟屿	Zhōng Yǔ	350581001331	泉州市石狮市	118°45.7′	24°44.6′	80	40		无居民	基岩岛	
	116	鸿山一礁	Hóngshān 1 Jiāo	350581001421	泉州市石狮市	118°45.6′	24°43.9′	1 350	170		无居民	基岩岛	
	117	鸿山二礁	Hóngshān 2 Jiāo	350581001521	泉州市石狮市	118°45.6′	24°43.9′	1 500	180	6.2	无居民	基岩岛	
	118	内厅官礁	Nèitīngguān Jiāo	350581001631	泉州市石狮市	118°44.5′	24°43.7′	250	50	5.4	无居民	基岩岛	
	119	唐屿头礁-01	Tángyǔ Tóujiāo -01	350582001321	泉州市石狮市	118°44.2′	24°43.0′	210	50		无居民	基岩岛	
	120	唐屿头礁-02	Tángyǔ Tóujiāo -02	350582001421	泉州市石狮市	118°44.3′	24°43.0′	100	40		无居民	基岩岛	

续表

海区名称	序号	海岛名称		代码	行政隶属	地理坐标		海岛面积（米^2）	岸线长度（米）	最高点高程（米）	社会属性	成因	备注
		中文名称	拼音			东经	北纬						
崇武—围头海区	121	唐屿头礁	Tángyǔtóu Jiāo	350582001521	泉州市石狮市	118°44.2′	24°42.9′	1 250	130	6.1	无居民	基岩岛	
	122	枕头干礁	Zhěntougān Jiāo	350582001621	泉州市石狮市	118°43.9′	24°42.3′	570	110	9.5	无居民	基岩岛	原属晋江市
	123	长岭头屿	Chánglǐng Tóuyǔ	350582001821	泉州市石狮市	118°44.2′	24°42.1′	10 820	460	15.4	无居民	基岩岛	原属晋江市
	124	长岭头屿-01	Chánglǐng Tóuyǔ -01	350582001721	泉州市石狮市	118°44.1′	24°42.1′	4 210	320		无居民	基岩岛	原属晋江市
	125	长岭头屿-02	Chánglǐng Tóuyǔ -02	350582001921	泉州市石狮市	118°44.1′	24°42.1′	1 250	140		无居民	基岩岛	原属晋江市
	126	长岭头屿-03	Chánglǐng Tóuyǔ -03	350581001721	泉州市石狮市	118°44.0′	24°42.0′	550	110		无居民	基岩岛	
	127	长岭头屿-04	Chánglǐng Tóuyǔ -04	350581001831	泉州市石狮市	118°44.1′	24°41.9′	40	30		无居民	基岩岛	
	128	老虎嘴屿	Láohǔzuǐ Yǔ	350582002021	泉州市石狮市	118°43.8′	24°41.7′	3 480	230	17.1	无居民	基岩岛	原名无名岛 JJG9，原属晋江市
	129	风流屿	Fēngliú Yǔ	350582002221	泉州市石狮市	118°43.9′	24°41.6′	4 380	250	15.6	无居民	基岩岛	原属晋江市
	130	三旦岛(3)	Sāndàn Dǎo (3)	350582002121	泉州市石狮市	118°43.5′	24°41.6′	3 800	250		无居民	基岩岛	原名无名岛 JJG10，原属晋江市
	131	三旦岛(2)	Sāndàn Dǎo (2)	350582002421	泉州市石狮市	118°43.5′	24°41.5′	10 550	430		无居民	基岩岛	原名老虎嘴屿，原属晋江市
	132	三旦岛(1)	Sāndàn Dǎo (1)	350582002321	泉州市石狮市	118°43.4′	24°41.5′	24 190	850	17.5	无居民	基岩岛	原名三旦岛，原属晋江市
	133	红塔白屿-01	Hóngtǎ Báiyǔ -01	350581001931	泉州市石狮市	118°43.0′	24°41.2′	100	40		无居民	基岩岛	
	134	红塔白屿	Hóngtǎ Báiyǔ	350581002021	泉州市石狮市	118°43.0′	24°41.2′	750	120	6.6	无居民	基岩岛	
	135	上宫屿	Shànggōng Yǔ	350582002621	泉州市石狮市	118°42.1′	24°40.2′	2 570	190	8.8	无居民	基岩岛	原名无名岛 JJG12，原属晋江市
	136	五鼻岛(1)	Wǔbí Dǎo (1)	350582002821	泉州市石狮市	118°42.2′	24°40.1′	2 010	200	6.7	无居民	基岩岛	原属晋江市
	137	五鼻岛(2)	Wǔbí Dǎo (2)	350582002721	泉州市石狮市	118°42.1′	24°40.1′	4 210	290	7.8	无居民	基岩岛	原属晋江市
	138	屿东屿	Yǔdōng Yǔ	350582002921	泉州市石狮市	118°41.9′	24°40.0′	8 190	380	9.3	无居民	基岩岛	原属晋江市
	139	屿东屿-01	Yǔdōng Yǔ -01	350581002131	泉州市石狮市	118°42.0′	24°39.9′	290	60		无居民	基岩岛	

续表

海区名称	序号	海岛名称		代码	行政隶属	地理坐标		海岛面积（米^2）	岸线长度（米）	最高点高程（米）	社会属性	成因	备注
		中文名称	拼音			东经	北纬						
崇武—围头海区	140	马坡礁	Mǎpō Jiāo	350582003021	泉州市石狮市	118°42.1′	24°39.9′	2 270	200	8.1	无居民	基岩岛	原属晋江市
	141	请子屿	Qǐngzǐ Yǔ	350582003121	泉州市晋江市	118°41.3′	24°38.1′	1 830	180	3.1	无居民	基岩岛	
	142	请子屿-01	Qǐngzǐ Yǔ -01	350582005131	泉州市晋江市	118°41.0′	24°37.9′	250	50	4.1	无居民	基岩岛	
	143	三娘礁	Sānniáng Jiāo	350582005231	泉州市晋江市	118°40.9′	24°37.5′	200	50	7.8	无居民	基岩岛	
	144	深沪赤礁	Shēnhùchì Jiāo	350582003321	泉州市晋江市	118°40.9′	24°37.3′	2 480	220	6.2	无居民	基岩岛	
	145	深沪赤礁-01	Shēnhùchì Jiāo -01	350582005331	泉州市晋江市	118°40.9′	24°37.2′	30	20	6.0	无居民	基岩岛	
	146	前塔礁	Qiántǎ Jiāo	350582005431	泉州市晋江市	118°41.0′	24°36.5′	450	100	5.2	无居民	基岩岛	
	147	宫西礁	Gōngxī Jiāo	350582005531	泉州市晋江市	118°40.3′	24°35.8′	200	40		无居民	基岩岛	
	148	石虎礁-01	Shíhǔ Jiāo -01	350582005631	泉州市晋江市	118°40.4′	24°35.3′	80	40		无居民	基岩岛	
	149	石虎礁	Shíhǔ Jiāo	350582005731	泉州市晋江市	118°40.4′	24°35.2′	340	70		无居民	基岩岛	
	150	粪箕礁	Fènjī Jiāo	350582005831	泉州市晋江市	118°40.1′	24°34.8′	350	70		无居民	基岩岛	
	151	粪箕礁-01	Fènjī Jiāo -01	350582005931	泉州市晋江市	118°40.1′	24°34.7′	30	20		无居民	基岩岛	
	152	粪箕礁-02	Fènjī Jiāo -02	350582006021	泉州市晋江市	118°39.9′	24°34.7′	550	100		无居民	基岩岛	
	153	大担礁	Dàdān Jiāo	350582006131	泉州市晋江市	118°39.4′	24°34.5′	480	110		无居民	基岩岛	
	154	大礁	Dà Jiāo	350582006221	泉州市晋江市	118°39.4′	24°34.4′	1 440	190		无居民	基岩岛	
	155	东盘礁	Dōngpán Jiāo	350582003521	泉州市晋江市	118°39.2′	24°34.3′	6 110	310		无居民	基岩岛	
	156	经积礁	Jīngjī Jiāo	350582006331	泉州市晋江市	118°39.1′	24°34.2′	100	40		无居民	基岩岛	
	157	晋江中屿	Jìnjiāng Zhōngyǔ	350582003621	泉州市晋江市	118°39.2′	24°33.7′	14 330	480	14.8	无居民	基岩岛	
	158	南北尾屿-01	Nánběi Wěiyǔ -01	350582003721	泉州市晋江市	118°39.2′	24°33.4′	2 950	210		无居民	基岩岛	
	159	南北尾屿	Nánběi Wěiyǔ	350582003821	泉州市晋江市	118°39.2′	24°33.4′	9 600	450	13.7	无居民	基岩岛	
	160	南尾	Nánwěi	350582003921	泉州市晋江市	118°39.1′	24°33.4′	3 680	260	11.4	无居民	基岩岛	
	161	石圳礁	Shízhèn Jiāo	350582006421	泉州市晋江市	118°38.8′	24°33.5′	1 030	130		无居民	基岩岛	
	162	加罗屿-01	Jiāluó Yǔ -01	350582004721	泉州市晋江市	118°37.5′	24°32.8′	1 010	120	12.7	无居民	基岩岛	
	163	加罗屿-02	Jiāluó Yǔ -02	350582004021	泉州市晋江市	118°37.7′	24°32.7′	5 470	300	1.0	无居民	基岩岛	
	164	加罗屿	Jiāluó Yǔ	350582004121	泉州市晋江市	118°37.8′	24°32.7′	16 110	750	18.7	无居民	基岩岛	

续表

海区名称	序号	海岛名称		代码	行政隶属	地理坐标		海岛面积（米^2）	岸线长度（米）	最高点高程（米）	社会属性	成因	备注
		中文名称	拼音			东经	北纬						
崇武—围头海区	165	盐担鸟礁	Yándānniăo Jiāo	350582006531	泉州市晋江市	118°38.0′	24°32.7′	80	40		无居民	基岩岛	
	166	破犁头屿	Pòlítóu Yǔ	350582004221	泉州市晋江市	118°37.3′	24°32.4′	5 630	330	12.7	无居民	基岩岛	
	167	晋江内屿	Jìnjiāng Nèiyǔ	350582004621	泉州市晋江市	118°37.3′	24°32.2′	15 320	630	1.2	无居民	基岩岛	
	168	晋江外屿	Jìnjiāng Wàiyǔ	350582004821	泉州市晋江市	118°37.4′	24°32.1′	3 810	240		无居民	基岩岛	
	169	下沪屿	Xiàhù Yǔ	350582004521	泉州市晋江市	118°36.9′	24°32.2′	2 890	220	7.2	无居民	基岩岛	
	170	赤石屿	Chìshí Yǔ	350582004421	泉州市晋江市	118°36.8′	24°32.2′	1 040	130	10.0	无居民	基岩岛	
	171	港尾屿	Găngwěi Yǔ	350582004321	泉州市晋江市	118°36.7′	24°32.2′	1 970	170	8.0	无居民	基岩岛	
	172	后壁兜岛	Hòubìdōu Dăo	350582004921	泉州市晋江市	118°36.5′	24°31.7′	890	120	6.5	无居民	基岩岛	
	173	青屿礁	Qīngyǔ Jiāo	350582006631	泉州市晋江市	118°36.0′	24°31.4′	470	80		无居民	基岩岛	
	174	屎盆礁	Shǐpén Jiāo	350582006731	泉州市晋江市	118°34.4′	24°30.8′	410	80		无居民	基岩岛	
厦门湾海区	175	借兰礁	Jièlán Jiāo	350582006831	泉州市晋江市	118°34.0′	24°31.2′	410	90	3.5	无居民	基岩岛	
	176	西姑房礁	Xīgūfáng Jiāo	350582006931	泉州市晋江市	118°33.8′	24°32.8′	210	50	7.7	无居民	基岩岛	
	177	围头南礁	Wéitóu Nánjiāo	350582007031	泉州市晋江市	118°33.5′	24°32.6′	40	20	3.4	无居民	基岩岛	
	178	白洋屿	Báiyáng Yǔ	350582005021	泉州市晋江市	118°33.1′	24°32.4′	5 990	290	1.7	无居民	基岩岛	
	179	内白屿	Nèibái Yǔ	350582003421	泉州市晋江市	118°30.6′	24°36.2′	9 420	420	6.7	无居民	基岩岛	
	180	圭屿	Guī Yǔ	350583000121	泉州市南安市	118°25.3′	24°35.5′	3 560	390	14.6	无居民	基岩岛	
	181	圭屿-01	Guī Yǔ -01	350583000221	泉州市南安市	118°25.4′	24°35.4′	1 110	140		无居民	基岩岛	原名无名岛 NAS1
	182	土埯礁	Tǔ'ăn Jiāo	350583000931	泉州市南安市	118°25.6′	24°35.4′	60	30		无居民	基岩岛	
	183	土埯礁-01	Tǔ'ăn Jiāo -01	350583001031	泉州市南安市	118°25.6′	24°35.4′	20	20		无居民	基岩岛	
	184	东礁	Dōng Jiāo	350583001131	泉州市南安市	118°25.5′	24°35.3′	40	30		无居民	基岩岛	
	185	猴仔头礁	Hóuzăitóu Jiāo	350583001231	泉州市南安市	118°26.4′	24°34.7′	80	40		无居民	基岩岛	
	186	小百屿	Xiăobăi Yǔ	350583000321	泉州市南安市	118°26.5′	24°34.4′	17 140	560	14.2	无居民	基岩岛	
	187	大百屿-01	Dàbăi Yǔ -01	350583001331	泉州市南安市	118°27.3′	24°34.1′	20	20		无居民	基岩岛	
	188	大百屿-02	Dàbăi Yǔ -02	350583001431	泉州市南安市	118°27.3′	24°34.1′	80	40		无居民	基岩岛	
	189	大百屿	Dàbăi Yǔ	350583000421	泉州市南安市	118°27.3′	24°33.9′	65 360	1 240	25.3	无居民	基岩岛	
	190	印仔礁	Yìnzăi Jiāo	350583000521	泉州市南安市	118°27.6′	24°33.8′	40	20		无居民	基岩岛	原名无名岛 NAS2

续表

海区名称	序号	海岛名称		代码	行政隶属	地理坐标		海岛面积（米^2）	岸线长度（米）	最高点高程（米）	社会属性	成因	备注
		中文名称	拼音			东经	北纬						
厦门湾海区	191	照西礁	Zhàoxī Jiāo	350527001221	泉州市金门县	118°23.0′	24°30.5′	950	110		无居民	基岩岛	
	192	金门岛-01	Jīnmén Dǎo -01	350527008731	泉州市金门县	118°24.1′	24°30.8′	150	60		无居民	基岩岛	
	193	前白礁	Qiánbái Jiāo	350527001121	泉州市金门县	118°24.2′	24°31.1′	2 440	240		无居民	基岩岛	
	194	金门岛-02	Jīnmén Dǎo -02	350527008831	泉州市金门县	118°24.5′	24°31.4′	200	50		无居民	基岩岛	
	195	西礁(1)	Xī Jiāo (1)	350527000521	泉州市金门县	118°23.8′	24°31.5′	1 380	180	4.5	无居民	基岩岛	
	196	西礁(2)	Xī Jiāo (2)	350527000821	泉州市金门县	118°23.8′	24°31.4′	2 990	250		无居民	基岩岛	
	197	西山头	Xīshāntóu	350527000221	泉州市金门县	118°24.4′	24°31.8′	1 600	240		无居民	基岩岛	
	198	后屿	Hòu Yǔ	350527000321	泉州市金门县	118°24.7′	24°31.7′	14 750	520	31.0	无居民	基岩岛	
	199	鬼礁尾	Guǐjiāowěi	350527000421	泉州市金门县	118°25.4′	24°31.7′	1 410	150		无居民	基岩岛	
	200	东割	Dōnggē	350527001021	泉州市金门县	118°25.8′	24°31.3′	1 940	160	1.0	无居民	基岩岛	
	201	金门草屿-01	Jīnméncǎo Yǔ -01	350527000621	泉州市金门县	118°26.1′	24°31.4′	2 360	220		无居民	基岩岛	
	202	金门草屿	Jīnméncǎo Yǔ	350527000721	泉州市金门县	118°26.2′	24°31.4′	59 070	1 250	32.0	无居民	基岩岛	
	203	大汕礁	Dàshàn Jiāo	350527000121	泉州市金门县	118°28.7′	24°32.1′	550	90		无居民	基岩岛	
	204	寒舍花岛	Hánshèhuā Dǎo	350527001321	泉州市金门县	118°26.9′	24°30.5′	3 160	220	15.6	无居民	基岩岛	
	205	金门岛-03	Jīnmén Dǎo -03	350527001421	泉州市金门县	118°27.0′	24°30.4′	1 480	150	1.0	无居民	基岩岛	
	206	金门岛-04	Jīnmén Dǎo -04	350527001621	泉州市金门县	118°27.2′	24°29.8′	70	40		无居民	基岩岛	
	207	金门岛-05	Jīnmén Dǎo -05	350527008931	泉州市金门县	118°27.2′	24°29.7′	80	40		无居民	基岩岛	
	208	金门岛-06	Jīnmén Dǎo -06	350527001521	泉州市金门县	118°27.3′	24°29.6′	100	50		无居民	基岩岛	
	209	东桥岛	Dōngqiáo Dǎo	350527001721	泉州市金门县	118°28.1′	24°28.8′	1 780	190		无居民	基岩岛	
	210	东桥岛-01	Dōngqiáo Dǎo -01	350527001821	泉州市金门县	118°28.1′	24°28.7′	1 490	150		无居民	基岩岛	
	211	金门岛-07	Jīnmén Dǎo -07	350527001921	泉州市金门县	118°27.8′	24°28.3′	1 660	210		无居民	基岩岛	
	212	金门岛-08	Jīnmén Dǎo -08	350527002021	泉州市金门县	118°27.8′	24°28.2′	780	130		无居民	基岩岛	
	213	金门岛-09	Jīnmén Dǎo -09	350527002121	泉州市金门县	118°27.7′	24°28.2′	480	80		无居民	基岩岛	
	214	金门岛-10	Jīnmén Dǎo -10	350527002221	泉州市金门县	118°27.9′	24°28.0′	520	100		无居民	基岩岛	
	215	金门赤礁	Jīnmén Chìjiāo	350527008421	泉州市金门县	118°28.6′	24°27.2′	480	80		无居民	基岩岛	原名无名岛 JME13
	216	金门岛-11	Jīnmén Dǎo -11	350527002421	泉州市金门县	118°28.3′	24°27.2′	890	120		无居民	基岩岛	

续表

海区名称	序号	海岛名称		代码	行政隶属	地理坐标		海岛面积（米²）	岸线长度（米）	最高点高程（米）	社会属性	成因	备注
		中文名称	拼音			东经	北纬						
厦门湾海区	217	金门岛-12	Jīnmén Dǎo -12	350527002521	泉州市金门县	118°28.5′	24°27.1′	2 590	220		无居民	基岩岛	
	218	北碇头岛	Běidìng Tóudǎo	350527002721	泉州市金门县	118°28.6′	24°26.9′	10 600	550	7.0	无居民	基岩岛	
	219	北碇头岛-01	Běidìng Tóudǎo -01	350527005521	泉州市金门县	118°28.5′	24°26.8′	1 780	150		无居民	基岩岛	
	220	北碇头岛-02	Běidìng Tóudǎo -02	350527005621	泉州市金门县	118°28.7′	24°26.8′	1 350	140		无居民	基岩岛	
	221	金门岛-13	Jīnmén Dǎo -13	350527002821	泉州市金门县	118°28.5′	24°26.6′	3 730	330		无居民	基岩岛	
	222	金门岛-14	Jīnmén Dǎo -14	350527005721	泉州市金门县	118°28.2′	24°26.4′	1 280	180		无居民	基岩岛	
	223	金门岛-15	Jīnmén Dǎo -15	350527005821	泉州市金门县	118°27.9′	24°26.0′	3 170	310		无居民	基岩岛	
	224	金门岛-16	Jīnmén Dǎo -16	350527005921	泉州市金门县	118°27.9′	24°26.0′	1 350	150		无居民	基岩岛	
	225	北碇岛-01	Běidìng Dǎo -01	350527002921	泉州市金门县	118°30.5′	24°25.9′	160	50		无居民	基岩岛	
	226	北碇岛	Běidìng Dǎo	350527003021	泉州市金门县	118°30.3′	24°25.6′	44 230	1 080	24.0	无居民	基岩岛	
	227	母屿-01	Mǔ Yǔ -01	350527006121	泉州市金门县	118°27.6′	24°25.0′	8 200	380		无居民	基岩岛	
	228	母屿-02	Mǔ Yǔ -02	350527006021	泉州市金门县	118°27.5′	24°25.0′	1 950	200	21.0	无居民	基岩岛	
	229	母屿	Mǔ Yǔ	350527006221	泉州市金门县	118°27.4′	24°24.8′	33 870	950	24.0	无居民	基岩岛	
	230	金门岛-17	Jīnmén Dǎo -17	350527006421	泉州市金门县	118°26.4′	24°24.6′	1 540	170		无居民	基岩岛	
	231	金门岛-18	Jīnmén Dǎo -18	350527009031	泉州市金门县	118°26.3′	24°24.5′	430	80		无居民	基岩岛	
	232	金门岛-19	Jīnmén Dǎo -19	350527006521	泉州市金门县	118°26.3′	24°24.5′	700	100		无居民	基岩岛	
	233	黑岩	Hēiyán	350527006621	泉州市金门县	118°20.7′	24°24.5′	1 340	210	1.0	无居民	基岩岛	
	234	大路东岛-01	Dàlù Dōngdǎo -01	350527006721	泉州市金门县	118°20.4′	24°23.6′	1 320	130		无居民	基岩岛	
	235	大路东岛-02	Dàlù Dōngdǎo -02	350527009131	泉州市金门县	118°20.3′	24°23.5′	170	50		无居民	基岩岛	
	236	大路东岛	Dàlù Dōngdǎo	350527006821	泉州市金门县	118°20.4′	24°23.4′	4 840	310	17.0	无居民	基岩岛	
	237	大路东岛-03	Dàlù Dōngdǎo -03	350527009231	泉州市金门县	118°20.2′	24°23.2′	280	70		无居民	基岩岛	

续表

海区名称	序号	海岛名称		代码	行政隶属	地理坐标		海岛面积（米^2）	岸线长度（米）	最高点高程（米）	社会属性	成因	备注
		中文名称	拼音			东经	北纬						
厦门湾海区	238	大路东岛-04	Dàlù Dōngdǎo -04	350527007121	泉州市金门县	118°20.3′	24°23.1′	420	90		无居民	基岩岛	
	239	金门岛-20	Jīnmén Dǎo -20	350527007021	泉州市金门县	118°19.7′	24°23.2′	930	120		无居民	基岩岛	
	240	金门岛-21	Jīnmén Dǎo -21	350527008521	泉州市金门县	118°19.5′	24°23.1′	1 960	180		无居民	基岩岛	
	241	金门岛-22	Jīnmén Dǎo -22	350527008621	泉州市金门县	118°19.4′	24°23.2′	590	90		无居民	基岩岛	
	242	金门岛	Jīnmén Dǎo	350527005411	泉州市金门县	118°22.9′	24°27.2′	133 429 570	95 140	254.0	县级岛	基岩岛	县级岛
	243	马粪坑岛	Mǎfènkēng Dǎo	350527005221	泉州市金门县	118°18.0′	24°25.6′	3 900	230	3.0	无居民	基岩岛	
	244	金门岛-23	Jīnmén Dǎo -23	350527005121	泉州市金门县	118°18.1′	24°25.8′	1 540	150		无居民	基岩岛	
	245	金门岛-24	Jīnmén Dǎo -24	350527003721	泉州市金门县	118°17.9′	24°27.6′	3 910	300		无居民	堆积岛	
	246	小金门赤礁	Xiǎojīnménchì Jiāo	350527002321	泉州市金门县	118°13.9′	24°28.7′	950	110	7.8	无居民	基岩岛	
	247	小金门乌礁	Xiǎojīnménwū Jiāo	350527003821	泉州市金门县	118°14.5′	24°27.6′	360	70	5.9	无居民	基岩岛	
	248	鸡屎礁-01	Jīshǐ Jiāo -01	350527004021	泉州市金门县	118°13.9′	24°27.5′	700	100		无居民	基岩岛	
	249	鸡屎礁	Jīshǐ Jiāo	350527003921	泉州市金门县	118°13.8′	24°27.4′	760	120	3.7	无居民	基岩岛	
	250	小金门鼠屿	Xiǎojīnménshǔ Yǔ	350527004221	泉州市金门县	118°13.6′	24°27.3′	3 230	280	19.9	无居民	基岩岛	
	251	小金门青屿	Xiǎojīnménqīng Yǔ	350527004121	泉州市金门县	118°12.7′	24°27.3′	580	90	11.0	无居民	基岩岛	
	252	三屿	Sān Yǔ	350527004321	泉州市金门县	118°12.6′	24°27.2′	8 930	400	15.4	无居民	基岩岛	
	253	黄屿	Huáng Yǔ	350527004421	泉州市金门县	118°12.7′	24°27.1′	2 490	280	12.0	无居民	基岩岛	
	254	小金门岛-01	Xiǎojīnmén Dǎo -01	350527004621	泉州市金门县	118°12.0′	24°26.8′	340	70	3.1	无居民	基岩岛	
	255	槟榔屿	Bīngláng Yǔ	350527004921	泉州市金门县	118°11.9′	24°26.2′	9 770	400	34.4	无居民	基岩岛	
	256	烟屿	Yān Yǔ	350527005021	泉州市金门县	118°11.5′	24°25.9′	2 930	330	7.1	无居民	基岩岛	
	257	门口礁	Ménkǒu Jiāo	350527004721	泉州市金门县	118°13.6′	24°26.8′	850	110		无居民	基岩岛	
	258	小金门岛	Xiǎojīnmén Dǎo	350527004521	泉州市金门县	118°14.5′	24°25.9′	14 751 370	23 080	109.0	乡级岛	基岩岛	乡级岛
	259	石牛礁	Shíniú Jiāo	350527007221	泉州市金门县	118°15.1′	24°24.9′	610	110		无居民	基岩岛	

续表

海区名称	序号	海岛名称		代码	行政隶属	地理坐标		海岛面积（米^2）	岸线长度（米）	最高点高程（米）	社会属性	成因	备注
		中文名称	拼音			东经	北纬						
厦门湾海区	260	小金门岛-02	Xiǎojīnmén Dǎo -02	350527004821	泉州市金门县	118°16.2′	24°26.6′	1 210	140		无居民	基岩岛	
	261	复鼎屿	Fùdǐng Yǔ	350527007321	泉州市金门县	118°13.8′	24°24.2′	21 130	530	16.9	无居民	基岩岛	
	262	虎仔屿	Hǔzǎi Yǔ	350527007521	泉州市金门县	118°11.6′	24°23.8′	41 600	1 150	49.0	无居民	基岩岛	
	263	兔屿	Tù Yǔ	350527007621	泉州市金门县	118°10.3′	24°23.8′	4 240	300	26.0	无居民	基岩岛	
	264	大南礁	Dànán Jiāo	350527007421	泉州市金门县	118°10.0′	24°23.9′	1 440	140	18.7	无居民	基岩岛	
	265	大担岛	Dàdān Dǎo	350527007721	泉州市金门县	118°9.9′	24°23.4′	495 960	5 750	93.0	无居民	基岩岛	
	266	狮球岛	Shīqiú Dǎo	350527008021	泉州市金门县	118°9.9′	24°22.9′	4 700	290	27.2	无居民	基岩岛	
	267	二担岛	Èrdān Dǎo	350527007921	泉州市金门县	118°9.4′	24°22.8′	175 650	2 540	48.9	无居民	基岩岛	
	268	二担岛-01	Èrdān Dǎo -01	350527007821	泉州市金门县	118°9.1′	24°22.9′	3 450	330		无居民	基岩岛	
	269	三担岛	Sāndān Dǎo	350527008221	泉州市金门县	118°8.7′	24°22.7′	20 840	660	37.3	无居民	基岩岛	
	270	四担岛	Sìdān Dǎo	350527008121	泉州市金门县	118°8.5′	24°22.7′	4 090	260	22.1	无居民	基岩岛	
	271	五担岛	Wǔdān Dǎo	350527008321	泉州市金门县	118°8.3′	24°22.5′	2 090	210	16.6	无居民	基岩岛	
	272	厦门岛	Xiàmén Dǎo	350200003112	厦门市	118°7.7′	24°29.4′	134 835 140	66 260	339.6	省级岛	基岩岛	市级岛，桥连岛
	273	大有头礁	Dàyǒu Tóujiāo	350583000721	厦门市翔安区	118°24.2′	24°32.7′	290	60	3.6	无居民	基岩岛	原属南安市
	274	外灶礁	Wàizào Jiāo	350213000131	厦门市翔安区	118°24.3′	24°33.0′	20	20	3.6	无居民	基岩岛	
	275	角屿	Jiǎo Yǔ	350212000521	厦门市翔安区	118°24.2′	24°33.2′	204 840	3 580	24.9	无居民	基岩岛	原属同安区
	276	小嶝岛	Xiǎodèng Dǎo	350212000411	厦门市翔安区	118°22.9′	24°33.5′	967 050	5 750	28.0	村级岛	基岩岛	村级岛，原属同安区
	277	白哈礁	Báihā Jiāo	350583000821	厦门市翔安区	118°22.2′	24°31.9′	4 110	310	11.0	无居民	基岩岛	原名白哈岛，原属南安市
	278	大嶝岛	Dàdèng Dǎo	350212000311	厦门市翔安区	118°19.3′	24°33.6′	12 985 760	18 780	41.8	乡级岛	基岩岛	镇级岛，桥连岛，原属同安区
	279	鳄鱼屿	Èyú Yǔ	350212000621	厦门市翔安区	118°10.4′	24°35.2′	78 710	1 560	17.6	无居民	基岩岛	原属同安区
	280	大离浦屿	Dàlípǔ Yǔ	350200000121	厦门市湖里区	118°9.2′	24°33.5′	18 220	700	16.8	无居民	基岩岛	
	281	大尖礁	Dàjiān Jiāo	350200002921	厦门市思明区	118°12.2′	24°29.1′	120	40	13.3	无居民	基岩岛	
	282	土屿	Tǔ Yǔ	350200003021	厦门市思明区	118°11.4′	24°27.2′	2 000	170	11.3	无居民	基岩岛	原名上屿
	283	印斗石(1)	Yìndòushí (1)	350203000131	厦门市思明区	118°4.3′	24°26.3′	50	30	8.0	无居民	基岩岛	

续表

海区名称	序号	海岛名称		代码	行政隶属	地理坐标		海岛面积（米²）	岸线长度（米）	最高点高程（米）	社会属性	成因	备注
		中文名称	拼音			东经	北纬						
厦门湾海区	284	印斗石(2)	Yìndòushí (2)	350203000231	厦门市思明区	118°4.3′	24°26.3′	40	20	5.3	无居民	基岩岛	
	285	外剑礁	Wàijiàn Jiāo	350200002721	厦门市思明区	118°4.2′	24°26.4′	3 140	230	22.9	无居民	基岩岛	原名沉底礁
	286	鼓浪屿	Gǔlàng Yǔ	350200002611	厦门市思明区	118°3.7′	24°26.9′	1 844 160	7 450	92.6	乡级岛	基岩岛	镇级岛(街道)
	287	黄礁	Huáng Jiāo	350203000331	厦门市思明区	118°4.4′	24°26.6′	30	20		无居民	基岩岛	
	288	崎石	Qíshí	350203000431	厦门市思明区	118°4.3′	24°26.7′	20	20	6.4	无居民	基岩岛	
	289	乌贼屿	Wūzéi Yǔ	350211000131	厦门市集美区	118°4.1′	24°32.4′	310	70	5.1	无居民	基岩岛	
	290	宝珠屿	Bǎozhū Yǔ	350200000421	厦门市集美区	118°4.0′	24°32.4′	6 270	290	19.5	无居民	基岩岛	
	291	西赤礁	Xīchì Jiāo	350205000131	厦门市海沧区	118°3.4′	24°32.0′	220	70		无居民	基岩岛	
	292	鹰礁	Yīng Jiāo	350205000231	厦门市海沧区	118°3.7′	24°31.6′	80	40	3.7	无居民	基岩岛	
	293	吾屿	Wú Yǔ	350200000521	厦门市海沧区	118°3.7′	24°31.4′	8 750	410	15.8	无居民	基岩岛	又名红屿
	294	吾屿-01	Wú Yǔ -01	350205000331	厦门市海沧区	118°3.8′	24°31.4′	10	10	2.8	无居民	基岩岛	
	295	吾屿-02	Wú Yǔ -02	350205000431	厦门市海沧区	118°3.7′	24°31.4′	20	20	3.8	无居民	基岩岛	
	296	海沧猫屿	Hǎicāngmāo Yǔ	350205000531	厦门市海沧区	118°3.7′	24°31.1′	200	60	10.0	无居民	基岩岛	
	297	镜台屿	Jìngtái Yǔ	350200000821	厦门市海沧区	118°4.1′	24°30.7′	1 730	170	11.3	无居民	基岩岛	
	298	火烧屿	Huǒshāo Yǔ	350200001321	厦门市海沧区	118°3.7′	24°29.6′	264 250	2 740	34.8	无居民	基岩岛	
	299	大兔屿	Dàtù Yǔ	350200001421	厦门市海沧区	118°3.3′	24°29.3′	93 350	1 570	41.8	无居民	基岩岛	
	300	小兔屿-01	Xiǎotù Yǔ -01	350200001621	厦门市海沧区	118°3.1′	24°29.0′	1 710	190	9.8	无居民	基岩岛	
	301	小兔屿	Xiǎotù Yǔ	350200001721	厦门市海沧区	118°3.1′	24°28.9′	2 470	220	10.0	无居民	基岩岛	
	302	白兔屿	Báitù Yǔ	350200001821	厦门市海沧区	118°2.9′	24°28.8′	6 370	360	19.2	无居民	基岩岛	
	303	黑礁	Hēi jiāo	350205000631	厦门市海沧区	118°2.8′	24°28.7′	30	20	2.9	无居民	基岩岛	
	304	海沧猴屿	Hǎicānghóu Yǔ	350200002121	厦门市海沧区	118°3.4′	24°28.1′	13 010	520	20.0	无居民	基岩岛	
	305	海沧大屿	Hǎicāngdà Yǔ	350200002221	厦门市海沧区	118°2.7′	24°27.7′	178 960	2 480	57.2	无居民	基岩岛	
	306	鸡屿	Jī Yǔ	350200002821	厦门市海沧区	118°0.3′	24°26.0′	401 020	3 520	64.4	无居民	基岩岛	
	307	紫泥岛	Zǐní Dǎo	350681000411	漳州市龙海市	117°52.1′	24°27.9′	28 559 720	36 080		乡级岛	堆积岛	镇级岛，桥连岛
	308	乌礁洲	Wūjiāozhōu	350681000521	漳州市龙海市	117°50.9′	24°26.8′	13 088 370	24 390		村级岛	堆积岛	行政村，桥连岛
	309	玉枕洲	Yùzhěnzhōu	350681000621	漳州市龙海市	117°52.9′	24°25.2′	5 445 000	14 830		村级岛	堆积岛	行政村

续表

海区名称	序号	海岛名称		代码	行政隶属	地理坐标		海岛面积（米^2）	岸线长度（米）	最高点高程（米）	社会属性	成因	备注
		中文名称	拼音			东经	北纬						
厦门湾海区	310	大涂洲	Dàtúzhōu	350681001221	漳州市龙海市	117°54.7′	24°24.2′	495 270	3 330	2.5	无居民	堆积岛	
	311	海门岛	Hǎimén Dǎo	350681000911	漳州市龙海市	117°57.5′	24°24.6′	3 559 350	11 590	79.8	村级岛	基岩岛	行政村
	312	鸡冠礁	Jīguān Jiāo	350681002931	漳州市龙海市	117°58.7′	24°24.6′	40	20	8.1	无居民	基岩岛	
	313	内大礁	Nèidà Jiāo	350681003031	漳州市龙海市	117°58.2′	24°25.0′	60	30	5.3	无居民	基岩岛	
	314	港尾北礁	Gǎngwěi Běijiāo	350681003131	漳州市龙海市	118°3.3′	24°22.1′	400	60	10.0	无居民	基岩岛	
	315	港尾南礁	Gǎngwěi Nánjiāo	350681003221	漳州市龙海市	118°4.0′	24°21.4′	950	120	11.0	无居民	基岩岛	
	316	破灶屿	Pòzào Yǔ	350681001321	漳州市龙海市	118°4.7′	24°21.9′	63 370	1 540	35.0	无居民	基岩岛	
	317	小破灶屿	Xiǎopòzào Yǔ	350681001421	漳州市龙海市	118°5.0′	24°21.9′	14 770	610	24.1	无居民	基岩岛	
	318	龙海青屿	Lónghǎiqīng Yǔ	350681001521	漳州市龙海市	118°7.5′	24°21.8′	71 240	1 150	54.6	无居民	基岩岛	
	319	龙海白屿	Lónghǎibái Yǔ	350681001621	漳州市龙海市	118°8.1′	24°21.0′	13 500	590	23.0	无居民	基岩岛	
	320	龟礁	Guī Jiāo	350681003321	漳州市龙海市	118°7.4′	24°20.2′	1 600	150		无居民	基岩岛	
	321	浯安长礁	Wú'ānchánɡ Jiāo	350681003431	漳州市龙海市	118°7.2′	24°19.7′	10	10	4.7	无居民	基岩岛	
	322	青礁屿	Qīngjiāo Yǔ	350681002021	漳州市龙海市	118°7.4′	24°19.6′	4 200	250	16.0	无居民	基岩岛	原名无名岛 LHM4
	323	大盘礁	Dàpán Jiāo	350681003531	漳州市龙海市	118°7.5′	24°19.5′	280	60		无居民	基岩岛	
	324	浯安岛	Wú'ān Dǎo	350681001821	漳州市龙海市	118°7.8′	24°19.8′	127 780	1 970	58.2	无居民	基岩岛	
	325	土埋礁	Tǔmái Jiāo	350681001921	漳州市龙海市	118°8.2′	24°19.6′	3 160	230	7.6	无居民	基岩岛	
	326	浯屿	Wú Yǔ	350681001711	漳州市龙海市	118°8.7′	24°19.9′	1 119 570	7 920	68.9	村级岛	基岩岛	行政村
	327	浯屿大礁	Wúyǔ Dàjiāo	350681002121	漳州市龙海市	118°8.5′	24°19.3′	3 790	230	12.3	无居民	基岩岛	
	328	浯屿小礁	Wúyǔ Xiǎojiāo	350681003631	漳州市龙海市	118°8.4′	24°19.2′	20	20		无居民	基岩岛	
	329	后石礁	Hòushí Jiāo	350681002221	漳州市龙海市	118°7.1′	24°19.0′	750	110		无居民	基岩岛	
漳州东部海区	330	大屿脚礁	Dàyǔjiǎo Jiāo	350681002421	漳州市龙海市	118°2.6′	24°13.6′	420	80	7.2	无居民	基岩岛	
	331	大屿脚礁-01	Dàyǔjiǎo Jiāo -01	350681003731	漳州市龙海市	118°2.6′	24°13.5′	350	50	4.5	无居民	基岩岛	
	332	临门皋岛	Línméngāo Dǎo	350681002521	漳州市龙海市	118°5.0′	24°11.2′	18 100	510	1.8	无居民	基岩岛	原名临门皋岛
	333	临门皋岛-01	Línméngāo Dǎo -01	350681002621	漳州市龙海市	118°5.1′	24°11.1′	12 400	410		无居民	基岩岛	
	334	东碇岛	Dōngdìng Dǎo	350681002721	漳州市龙海市	118°14.0′	24°9.7′	57 320	1 190		无居民	基岩岛	
	335	林进屿	Línjìn Yǔ	350623000321	漳州市漳浦县	118°1.4′	24°11.3′	76 010	1 140	72.7	无居民	基岩岛	

海区名称	序号	海岛名称		代码	行政隶属	地理坐标		海岛面积（$米^2$）	岸线长度（米）	最高点高程（米）	社会属性	成因	备注
		中文名称	拼音			东经	北纬						
漳州东部海区	336	南碇岛	Nándìng Dǎo	350681002821	漳州市漳浦县	118°2.3′	24°8.1′	23 420	670	51.5	无居民	基岩岛	原隶属龙海市
	337	漳浦外屿	Zhāngpǔ Wàiyǔ	350623000721	漳州市漳浦县	117°59.0′	24°9.5′	11 720	480	20.0	无居民	基岩岛	
	338	前亭头礁	Qiántíng Tóujiāo	350623005631	漳州市漳浦县	117°58.8′	24°9.1′	450	80	3.6	无居民	基岩岛	
	339	岱嵩岛	Dàisōng Dǎo	350623000611	漳州市漳浦县	117°57.5′	24°10.4′	358 000	2 660	27.3	村级岛	基岩岛	行政村，堤连岛
	340	小嵩岛	Xiǎosōng Dǎo	350623000511	漳州市漳浦县	117°56.5′	24°10.7′	17 120	520	26.0	无居民	基岩岛	堤连岛
	341	屈原公屿	Qūyuángōng Yǔ	350623000421	漳州市漳浦县	117°55.8′	24°11.0′	6 370	350	12.0	无居民	基岩岛	堤连岛
	342	温母礁	Wēnmǔ Jiāo	350623005731	漳州市漳浦县	117°56.0′	24°7.2′	140	50		无居民	基岩岛	
	343	葫芦屿	Húlú Yǔ	350623000821	漳州市漳浦县	117°55.0′	24°7.1′	9 310	390	25.0	无居民	基岩岛	原名无名岛 ZPU2
	344	船帆礁	Chuánfān Jiāo	350623005832	漳州市漳浦县	117°54.2′	24°6.0′	100	40		无居民	基岩岛	
	345	将军屿-01	Jiāngjūn Yǔ -01	350623000921	漳州市漳浦县	117°52.9′	24°1.2′	3 670	240	15.0	无居民	基岩岛	
	346	将军屿	Jiāngjūn Yǔ	350623001021	漳州市漳浦县	117°53.0′	24°1.1′	4 180	420	13.0	无居民	基岩岛	
	347	黑岩角	Hēiyánjiǎo	350623001121	漳州市漳浦县	117°49.4′	23°59.9′	1 980	170	4.5	无居民	基岩岛	
	348	六鳌北礁	Liù'áo Běijiāo	350623005931	漳州市漳浦县	117°48.2′	23°59.5′	300	70	8.1	无居民	基岩岛	
	349	平盘屿	Píngpán Yǔ	350623006031	漳州市漳浦县	117°49.2′	23°57.5′	470	80		无居民	基岩岛	
	350	蜡石屿	Làshí Yǔ	350623001221	漳州市漳浦县	117°48.7′	23°57.5′	3 180	250	19.4	无居民	基岩岛	
	351	浮礁	Fú Jiāo	350623001321	漳州市漳浦县	117°48.2′	23°56.7′	2 410	230		无居民	基岩岛	
	352	小山礁	Xiǎoshān Jiāo	350623001421	漳州市漳浦县	117°48.3′	23°56.6′	9 220	490	17.6	无居民	基岩岛	袁明草礁
	353	鸡刀石礁-01	Jīdāoshí Jiāo -01	350623001521	漳州市漳浦县	117°48.1′	23°56.5′	1 940	190		无居民	基岩岛	
	354	鸡刀石礁	Jīdāoshí Jiāo	350623001821	漳州市漳浦县	117°48.1′	23°56.4′	6 480	370	13.0	无居民	基岩岛	
	355	草礁	Cǎo Jiāo	350623001621	漳州市漳浦县	117°48.3′	23°56.5′	40	30		无居民	基岩岛	
	356	小尖山礁	Xiǎojiānshān Jiāo	350623001721	漳州市漳浦县	117°48.4′	23°56.4′	5 770	390	13.0	无居民	基岩岛	
	357	大尖山礁	Dàjiānshān Jiāo	350623001921	漳州市漳浦县	117°48.5′	23°56.4′	7 200	370	23.6	无居民	基岩岛	
	358	漳浦大白屿	Zhāngpǔ Dàbáiyǔ	350623002221	漳州市漳浦县	117°51.7′	23°54.7′	4 410	310	21.2	无居民	基岩岛	原名白屿
	359	六鳌南礁	Liù'áo Nánjiāo	350623006121	漳州市漳浦县	117°46.3′	23°56.3′	6 500	300		无居民	基岩岛	
	360	北礁	Běi Jiāo	350623006231	漳州市漳浦县	117°47.0′	23°55.0′	390	90		无居民	基岩岛	
	361	鸟屎石礁	Niǎoshǐshí Jiāo	350623006331	漳州市漳浦县	117°46.6′	23°55.0′	60	30		无居民	基岩岛	

续表

海区名称	序号	海岛名称		代码	行政隶属	地理坐标		海岛面积（米²）	岸线长度（米）	最高点高程（米）	社会属性	成因	备注
		中文名称	拼音			东经	北纬						
漳州东部海区	362	石户礁	Shíhù Jiāo	350623006431	漳州市漳浦县	117°46.4′	23°54.9′	180	40		无居民	基岩岛	
	363	屿沟礁	Yǔgōu Jiāo	350623002021	漳州市漳浦县	117°46.6′	23°55.0′	80	50		无居民	基岩岛	
	364	六鳌东礁	Liù'áo Dōngjiāo	350623002121	漳州市漳浦县	117°46.9′	23°54.9′	1 890	170	9.1	无居民	基岩岛	东礁
	365	羊潮礁	Yángcháo Jiāo	350623006531	漳州市漳浦县	117°46.4′	23°54.8′	250	60		无居民	基岩岛	
	366	双担礁	Shuāngdān Jiāo	350623006631	漳州市漳浦县	117°44.7′	23°58.7′	10	10	3.5	无居民	基岩岛	
	367	西赤屿	Xīchì Yǔ	350623002721	漳州市漳浦县	117°43.9′	23°49.5′	12 820	460	23.3	无居民	基岩岛	
	368	东赤屿(1)	Dōngchì Yǔ（1）	350623002821	漳州市漳浦县	117°44.3′	23°49.2′	4 190	300	15.4	无居民	基岩岛	
	369	东赤屿(2)	Dōngchì Yǔ（2）	350623006721	漳州市漳浦县	117°44.3′	23°49.1′	910	110		无居民	基岩岛	
	370	东赤屿(3)	Dōngchì Yǔ（3）	350623006821	漳州市漳浦县	117°44.3′	23°49.1′	2 540	250	11.0	无居民	基岩岛	
	371	漳浦横屿	Zhāngpǔhéng Yǔ	350623002911	漳州市漳浦县	117°45.5′	23°49.0′	211 920	2 480	56.3	无居民	基岩岛	横屿
	372	菜屿-01	Cài Yǔ -01	350623006921	漳州市漳浦县	117°43.2′	23°47.6′	2 800	210	10.0	无居民	基岩岛	
	373	菜屿	Cài Yǔ	350623004711	漳州市漳浦县	117°43.4′	23°47.5′	244 680	2 750	61.7	无居民	基岩岛	
	374	小菜屿	Xiǎocài Yǔ	350623004821	漳州市漳浦县	117°43.7′	23°47.2′	59 610	1 280	22.1	无居民	基岩岛	
	375	内鹰屿	Nèiyīng Yǔ	350623004921	漳州市漳浦县	117°43.9′	23°47.1′	13 370	600	24.1	无居民	基岩岛	
	376	内鹰屿-01	Nèiyīng Yǔ -01	350623007021	漳州市漳浦县	117°43.8′	23°47.1′	1 060	140	16.0	无居民	基岩岛	
	377	外鹰屿	Wàiyīng Yǔ	350623005021	漳州市漳浦县	117°44.1′	23°47.0′	5 840	410	23.7	无居民	基岩岛	
	378	龙虾礁	Lóngxiā Jiāo	350623007131	漳州市漳浦县	117°43.4′	23°46.3′	450	100	6.0	无居民	基岩岛	
	379	漳浦红屿	Zhāngpǔhóng Yǔ	350623004521	漳州市漳浦县	117°42.7′	23°46.6′	911 620	5 980	84.8	无居民	基岩岛	红屿
	380	漳浦红屿-01	Zhāngpǔhóng Yǔ -01	350623007221	漳州市漳浦县	117°42.8′	23°46.3′	44 970	930	29.0	无居民	基岩岛	
	381	漳浦红屿-02	Zhāngpǔhóng Yǔ -02	350623007321	漳州市漳浦县	117°42.2′	23°46.9′	850	120		无居民	基岩岛	
	382	东刹礁	Dōngchà Jiāo	350623007431	漳州市漳浦县	117°42.0′	23°46.7′	460	90	4.6	无居民	基岩岛	
	383	中刹礁	Zhōngchà Jiāo	350623007531	漳州市漳浦县	117°41.9′	23°46.7′	450	80		无居民	基岩岛	
	384	外龟礁	Wàiguī Jiāo	350623007631	漳州市漳浦县	117°41.6′	23°46.5′	450	90	2.8	无居民	基岩岛	
	385	外龟礁-01	Wàiguī Jiāo -01	350623007731	漳州市漳浦县	117°41.6′	23°46.5′	290	60		无居民	基岩岛	

续表

海区名称	序号	海岛名称		代码	行政隶属	地理坐标		海岛面积（米²）	岸线长度（米）	最高点高程（米）	社会属性	成因	备注
		中文名称	拼音			东经	北纬						
漳州东部海区	386	内刹礁	Nèichà Jiāo	350623007831	漳州市漳浦县	117°41.8′	23°47.0′	490	90		无居民	基岩岛	
	387	巴流岛	Bāliú Dǎo	350623003711	漳州市漳浦县	117°41.6′	23°47.2′	200 970	2 010	94.9	无居民	基岩岛	
	388	小巴流岛-01	Xiǎobāliú Dǎo -01	350623003521	漳州市漳浦县	117°41.8′	23°47.2′	1 720	160		无居民	基岩岛	
	389	小巴流岛-02	Xiǎobāliú Dǎo -02	350623007931	漳州市漳浦县	117°41.5′	23°47.3′	280	60		无居民	基岩岛	
	390	小巴流岛-03	Xiǎobāliú Dǎo -03	350623008031	漳州市漳浦县	117°41.5′	23°47.4′	310	60		无居民	基岩岛	
	391	小巴流岛	Xiǎobāliú Dǎo	350623003321	漳州市漳浦县	117°41.3′	23°47.5′	9 730	440	19.1	无居民	基岩岛	
	392	内龟礁	Nèiguī Jiāo	350623004321	漳州市漳浦县	117°41.4′	23°46.8′	3 410	260	6.2	无居民	基岩岛	
	393	井安岛	Jǐngān Dǎo	350623004221	漳州市漳浦县	117°41.0′	23°47.0′	411 430	4 010	38.0	无居民	基岩岛	
	394	小城礁	Xiǎochéng Jiāo	350623003621	漳州市漳浦县	117°40.9′	23°47.3′	14 320	810	12.0	无居民	基岩岛	
	395	竖人礁-01	Shùrén Jiāo -01	350623008131	漳州市漳浦县	117°40.8′	23°47.4′	490	80		无居民	基岩岛	
	396	竖人礁	Shùrén Jiāo	350623003221	漳州市漳浦县	117°40.7′	23°47.5′	1 410	190	9.4	无居民	基岩岛	
	397	竖人礁-02	Shùrén Jiāo -02	350623008231	漳州市漳浦县	117°40.7′	23°47.5′	350	70		无居民	基岩岛	
	398	青草屿	Qīngcǎo Yǔ	350623004421	漳州市漳浦县	117°40.1′	23°46.7′	12 750	480	24.0	无居民	基岩岛	
	399	青草屿-01	Qīngcǎo Yǔ -01	350623008331	漳州市漳浦县	117°40.0′	23°46.8′	490	140		无居民	基岩岛	
	400	苔狗门礁-01	Táigǒumén Jiāo -01	350623003921	漳州市漳浦县	117°40.3′	23°47.0′	1 690	190	3.7	无居民	基岩岛	
	401	苔狗门礁	Táigǒumén Jiāo	350623004621	漳州市漳浦县	117°40.2′	23°47.0′	5 520	360	9.6	无居民	基岩岛	
	402	酒桶礁	Jiǔtǒng Jiāo	350623008421	漳州市漳浦县	117°40.3′	23°47.2′	1 590	220		无居民	基岩岛	
	403	柿仔礁(1)	Shìzǎi Jiāo（1）	350623008521	漳州市漳浦县	117°40.3′	23°47.3′	3 280	280	8.8	无居民	基岩岛	
	404	柿仔礁(2)	Shìzǎi Jiāo（2）	350623003421	漳州市漳浦县	117°40.3′	23°47.3′	4 750	330	13.0	无居民	基岩岛	
	405	蒙礁	Méng Jiāo	350623008631	漳州市漳浦县	117°40.3′	23°47.3′	20	20	2.5	无居民	基岩岛	
	406	小土礁	Xiǎotǔ Jiāo	350623008731	漳州市漳浦县	117°39.9′	23°47.2′	20	20		无居民	基岩岛	
	407	沙洲土礁	Shāzhōutǔ Jiāo	350623004121	漳州市漳浦县	117°39.7′	23°47.2′	4 280	280	13.0	无居民	基岩岛	原名无名岛 ZPU11

续表

海区名称	序号	海岛名称		代码	行政隶属	地理坐标		海岛面积（米²）	岸线长度（米）	最高点高程（米）	社会属性	成因	备注
		中文名称	拼音			东经	北纬						
漳州东部海区	408	沙洲岛	Shāzhōu Dǎo	350623003111	漳州市漳浦县	117°40.0′	23°47.8′	580 850	5 130	76.1	无居民	基岩岛	
	409	马祖印礁	Mǎzǔyìn Jiāo	350623008821	漳州市漳浦县	117°39.8′	23°47.7′	2 350	240		无居民	基岩岛	
	410	鸽沙屿	Gēshā Yǔ	350623003021	漳州市漳浦县	117°39.9′	23°48.5′	2 410	230	7.8	无居民	基岩岛	
	411	鸽沙屿-01	Gēshā Yǔ -01	350623008921	漳州市漳浦县	117°39.9′	23°48.5′	780	120	7.3	无居民	基岩岛	
	412	鸭母屿	Yāmǔ Yǔ	350623005121	漳州市漳浦县	117°38.0′	23°49.4′	1 270	130	15.0	无居民	基岩岛	
	413	杏平礁	Xìngpíng Jiāo	350623009032	漳州市漳浦县	117°38.6′	23°47.8′	440	80		无居民	基岩岛	
	414	内南屿	Nèinán Yǔ	350623009121	漳州市漳浦县	117°38.4′	23°47.4′	1 530	150		无居民	基岩岛	
	415	外南屿	Wàinán Yǔ	350623009221	漳州市漳浦县	117°38.4′	23°47.3′	3 120	250	10.0	无居民	基岩岛	
	416	圣杯屿	Shèngbēi Yǔ	350623003821	漳州市漳浦县	117°38.6′	23°47.1′	5 520	280	14.7	无居民	基岩岛	
	417	圣杯屿-01	Shèngbēi Yǔ -01	350623004021	漳州市漳浦县	117°38.7′	23°47.1′	1 200	150		无居民	基岩岛	
	418	圣杯屿-02	Shèngbēi Yǔ -02	350623009321	漳州市漳浦县	117°38.7′	23°47.0′	1 100	130		无居民	基岩岛	
	419	蚌礁	Bàng Jiāo	350623009431	漳州市漳浦县	117°38.4′	23°45.8′	290	80		无居民	基岩岛	
	420	中大礁	Zhōngdà Jiāo	350623009531	漳州市漳浦县	117°36.9′	23°45.5′	370	80	8.8	无居民	基岩岛	
	421	中大礁-01	Zhōngdà Jiāo -01	350623009631	漳州市漳浦县	117°36.8′	23°45.5′	20	20	8.8	无居民	基岩岛	
	422	生尾开礁	Shēngwěikāi Jiāo	350623009731	漳州市漳浦县	117°36.5′	23°44.8′	450	90	7.6	无居民	基岩岛	
	423	伞礁	Sǎn Jiāo	350623009831	漳州市漳浦县	117°36.2′	23°44.5′	160	50		无居民	基岩岛	
	424	大场尾礁	Dàchǎngwěi Jiāo	350623009921	漳州市漳浦县	117°36.3′	23°44.6′	1 080	170		无居民	基岩岛	
	425	下垵礁	Xiàǎn Jiāo	350623010031	漳州市漳浦县	117°35.8′	23°44.4′	460	100	8.9	无居民	基岩岛	
	426	路头礁	Lùtóu Jiāo	350623010121	漳州市漳浦县	117°35.6′	23°44.1′	500	90		无居民	基岩岛	
	427	过沟礁	Guògōu Jiāo	350623010221	漳州市漳浦县	117°35.5′	23°43.2′	520	90		无居民	基岩岛	
	428	莲花礁	Liánhuā Jiāo	350623010331	漳州市漳浦县	117°35.2′	23°43.1′	180	50	7.6	无居民	基岩岛	
东山岛周边海区	429	壁仔屿	Bìzǎi Yǔ	350623005421	漳州市漳浦县	117°34.4′	23°46.3′	6 260	290	12.8	无居民	基岩岛	
	430	丰屿	Fēng Yǔ	350623005321	漳州市漳浦县	117°34.5′	23°46.5′	21 580	560	28.0	无居民	基岩岛	
	431	古雷鼠屿	Gǔléishǔ Yǔ	350623005221	漳州市漳浦县	117°35.8′	23°47.8′	6 470	320	18.0	无居民	基岩岛	
	432	水屿	Shuǐ Yǔ	350623002521	漳州市漳浦县	117°32.6′	23°51.4′	1 670	260	8.8	无居民	基岩岛	
	433	大霜岛	Dàshuāng Dǎo	350623002611	漳州市漳浦县	117°32.3′	23°51.2′	185 050	2 180	38.0	无居民	基岩岛	

续表

海区名称	序号	海岛名称		代码	行政隶属	地理坐标		海岛面积（米^2）	岸线长度（米）	最高点高程（米）	社会属性	成因	备注
		中文名称	拼音			东经	北纬						
东山岛周边海区	434	大礁头	Dàjiāotóu	350623010431	漳州市漳浦县	117°31.9′	23°51.5′	70	30	2.1	无居民	基岩岛	
	435	小霜岛	Xiǎoshuāng Dǎo	350623002421	漳州市漳浦县	117°31.8′	23°52.2′	10 300	580	13.2	无居民	基岩岛	
	436	黄牛礁	Huángniú Jiāo	350623002321	漳州市漳浦县	117°33.5′	23°53.2′	670	110	6.7	无居民	基岩岛	
	437	石矾塔屿	Shífántǎ Yǔ	350622000221	漳州市云霄县	117°29.7′	23°54.5′	270	60	19.1	无居民	基岩岛	
	438	岿屿赤礁	Lǐyǔ Chìjiāo	350622000731	漳州市云霄县	117°30.0′	23°52.6′	220	60	2.9	无居民	基岩岛	
	439	云霄双屿(1)	Yúnxiāoshuāng Yǔ (1)	350622000321	漳州市云霄县	117°30.3′	23°51.9′	11 260	450		无居民	基岩岛	堤连岛
	440	云霄双屿(2)	Yúnxiāoshuāng Yǔ (2)	350622000421	漳州市云霄县	117°30.2′	23°51.9′	10 000	370		无居民	基岩岛	堤连岛
	441	云霄大屿	Yúnxiāo Dàyǔ	350622000521	漳州市云霄县	117°30.1′	23°51.5′	2 910	210	18.0	无居民	基岩岛	
	442	岿屿小礁	Lǐyǔ Xiǎojiāo	350622000831	漳州市云霄县	117°29.9′	23°51.1′	50	30	10.0	无居民	基岩岛	
	443	刺仔尾角	Cìzǎiwěijiǎo	350622000931	漳州市云霄县	117°29.6′	23°49.5′	460	80		无居民	基岩岛	
	444	崎仔山	Qízǎishān	350622000621	漳州市云霄县	117°28.0′	23°47.6′	1 650	150	10.0	无居民	基岩岛	
	445	岿屿白礁	Lǐyǔ Báijiāo	350622001031	漳州市云霄县	117°27.7′	23°46.9′	90	40	3.7	无居民	基岩岛	
	446	岿屿大礁	Lǐyǔ Dàjiāo	350622001131	漳州市云霄县	117°26.7′	23°46.2′	150	40		无居民	基岩岛	
	447	赤土礁	Chìtǔ Jiāo	350626004131	漳州市东山县	117°24.5′	23°46.3′	370	70		无居民	基岩岛	
	448	望风礁	Wàngfēng Jiāo	350626004231	漳州市东山县	117°26.1′	23°44.9′	180	60		无居民	基岩岛	
	449	大泳屿	Dàyǒng Yǔ	350626004331	漳州市东山县	117°26.1′	23°44.8′	420	110		无居民	基岩岛	
	450	下黑礁	Xiàhēi Jiāo	350626004431	漳州市东山县	117°28.7′	23°45.5′	290	70	5.3	无居民	基岩岛	
	451	顶黑礁	Dǐnghēi Jiāo	350626004531	漳州市东山县	117°28.7′	23°45.5′	90	40	5.2	无居民	基岩岛	
	452	番船礁	Fānchuán Jiāo	350626004631	漳州市东山县	117°29.0′	23°45.7′	30	20	2.0	无居民	基岩岛	
	453	把门礁	Bǎmén Jiāo	350626004731	漳州市东山县	117°29.2′	23°45.8′	310	100	5.3	无居民	基岩岛	
	454	东山白屿	Dōngshān Báiyǔ	350626004821	漳州市东山县	117°29.6′	23°46.1′	2 570	190		无居民	基岩岛	
	455	尾涡屿	Wěiwō Yǔ	350626000621	漳州市东山县	117°30.5′	23°46.4′	54 930	1 250	31.0	无居民	基岩岛	
	456	车轮礁	Chēlún Jiāo	350626004921	漳州市东山县	117°30.6′	23°46.5′	750	180		无居民	基岩岛	
	457	七星岩	Qīxīngyán	350626005031	漳州市东山县	117°30.7′	23°46.4′	30	20		无居民	基岩岛	

海区名称	序号	海岛名称		代码	行政隶属	地理坐标		海岛面积（米²）	岸线长度（米）	最高点高程（米）	社会属性	成因	备注
		中文名称	拼音			东经	北纬						
东山岛周边海区	458	五屿	Wǔ Yǔ	350626000421	漳州市东山县	117°31.0′	23°46.6′	4 430	260	8.5	无居民	基岩岛	堤连岛
	459	乌岩屿	Wūyán Yǔ	350626000521	漳州市东山县	117°31.0′	23°46.5′	4 160	240	7.1	无居民	基岩岛	
	460	后登屿	Hòudēng Yǔ	350626000721	漳州市东山县	117°30.8′	23°46.4′	33 880	700	39.3	无居民	基岩岛	
	461	后登屿-01	Hòudēng Yǔ -01	350626005131	漳州市东山县	117°30.8′	23°46.3′	70	30		无居民	基岩岛	
	462	小彭屿	Xiǎopéng Yǔ	350626000821	漳州市东山县	117°31.1′	23°46.4′	34 160	890	20.0	无居民	基岩岛	
	463	老鼠礁	Láoshǔ Jiāo	350626005231	漳州市东山县	117°30.3′	23°45.4′	100	40		无居民	基岩岛	
	464	鼎盖屿	Dǐnggài Yǔ	350626001021	漳州市东山县	117°30.8′	23°45.8′	4 080	410	7.7	无居民	基岩岛	
	465	蒲姜屿	Pújiāng Yǔ	350626000921	漳州市东山县	117°31.3′	23°46.0′	11 630	410	19.5	无居民	基岩岛	
	466	马鞍屿	Mǎān Yǔ	350626001121	漳州市东山县	117°31.9′	23°45.7′	38 060	1 400	26.3	无居民	基岩岛	原名马鞍山
	467	小赤屿	Xiǎochì Yǔ	350626001321	漳州市东山县	117°31.1′	23°45.0′	3 060	220	19.2	无居民	基岩岛	
	468	对面岛	Duìmiàn Dǎo	350626001421	漳州市东山县	117°31.5′	23°44.9′	96 100	1 990	25.8	无居民	基岩岛	
	469	金龟岩	Jīnguīyán	350626005321	漳州市东山县	117°31.4′	23°44.8′	1 260	150		无居民	基岩岛	
	470	铁钉屿	Tiědīng Yǔ	350626005421	漳州市东山县	117°32.3′	23°44.7′	550	90		无居民	基岩岛	
	471	大坪屿	Dàpíng Yǔ	350626001221	漳州市东山县	117°33.6′	23°45.2′	121 730	1 550	47.8	无居民	基岩岛	
	472	大坪屿岩	Dàpíngyǔyán	350623005521	漳州市东山县	117°33.3′	23°45.2′	2 190	180	4.5	无居民	基岩岛	原名无名岛 ZPU12，原隶属漳浦县
	473	虎屿岛	Hǔyǔ Dǎo	350626001521	漳州市东山县	117°33.9′	23°44.9′	144 490	2 360	52.2	无居民	基岩岛	
	474	有水岩屿	Yǒushuǐyán Yǔ	350626001621	漳州市东山县	117°33.9′	23°44.5′	73 360	1 270	34.9	无居民	基岩岛	
	475	树尾屿	Shùwěi Yǔ	350626001921	漳州市东山县	117°33.6′	23°43.5′	2 380	260	12.3	无居民	基岩岛	
	476	鸡心屿	Jīxīn Yǔ	350626001821	漳州市东山县	117°33.5′	23°43.6′	1 170	140	19.0	无居民	基岩岛	原名鸡心岛
	477	塔屿-01	Tǎ Yǔ -01	350626005531	漳州市东山县	117°33.4′	23°43.6′	310	70		无居民	基岩岛	
	478	塔屿	Tǎ Yǔ	350626001721	漳州市东山县	117°33.0′	23°44.0′	658 890	6 880	78.0	无居民	基岩岛	
	479	门口礁	Ménkǒu Jiāo	350626005631	漳州市东山县	117°32.5′	23°44.0′	200	60		无居民	基岩岛	
	480	铁砧礁	Tiězhēn Jiāo	350626005731	漳州市东山县	117°31.5′	23°43.4′	390	80		无居民	基岩岛	
	481	东山南屿	Dōngshān Nányǔ	350626002021	漳州市东山县	117°31.4′	23°43.3′	42 300	850	22.7	无居民	基岩岛	南屿
	482	不流屿	Bùliú Yǔ	350626002121	漳州市东山县	117°31.2′	23°42.7′	45 960	860	41.1	无居民	基岩岛	

续表

海区名称	序号	海岛名称		代码	行政隶属	地理坐标		海岛面积（$米^2$）	岸线长度（米）	最高点高程（米）	社会属性	成因	备注
		中文名称	拼音			东经	北纬						
东山岛周边海区	483	覆鼎屿	Fùdǐng Yǔ	350626002221	漳州市东山县	117°31.3′	23°42.7′	900	110	6.4	无居民	基岩岛	
	484	鸬鹚礁	Lúcí Jiāo	350626005831	漳州市东山县	117°30.0′	23°42.3′	250	70	5.1	无居民	基岩岛	
	485	东山头屿	Dōngshān Tóuyǔ	350626002321	漳州市东山县	117°29.9′	23°42.5′	9 060	400	16.3	无居民	基岩岛	
	486	铜锣礁	Tóngluó Jiāo	350626005921	漳州市东山县	117°29.8′	23°42.5′	2 260	180		无居民	基岩岛	
	487	东山二屿	Dōngshān 2 Yǔ	350626002421	漳州市东山县	117°29.6′	23°42.5′	3 000	210	14.4	无居民	基岩岛	
	488	东山三屿	Dōngshān 3 Yǔ	350626002521	漳州市东山县	117°29.6′	23°42.4′	14 730	640	13.0	无居民	基岩岛	
	489	东山三屿-01	Dōngshān 3 Yǔ -01	350626006021	漳州市东山县	117°29.6′	23°42.4′	1 450	170		无居民	基岩岛	
	490	赤屿	Chì Yǔ	350626002621	漳州市东山县	117°29.3′	23°42.4′	21 520	660	27.0	无居民	基岩岛	
	491	赤屿-01	Chì Yǔ -01	350626006121	漳州市东山县	117°29.3′	23°42.3′	3 370	250		无居民	基岩岛	
	492	白石尾礁	Báishí Wěijiāo	350626006231	漳州市东山县	117°29.3′	23°42.2′	440	90		无居民	基岩岛	
	493	白石尾礁-01	Báishí Wěijiāo -01	350626006331	漳州市东山县	117°29.4′	23°42.3′	70	30		无居民	基岩岛	
	494	白石尾礁-02	Báishí Wěijiāo -02	350626006431	漳州市东山县	117°29.4′	23°42.3′	250	60		无居民	基岩岛	
	495	大门礁	Dàmén Jiāo	350626006531	漳州市东山县	117°29.4′	23°42.3′	410	80		无居民	基岩岛	
	496	东山岛	Dōngshān Dǎo	350626003012	漳州市东山县	117°25.2′	23°41.2′	172 529 300	158 120	274.3	县级岛	基岩岛	县级岛，桥连岛
	497	牛子礁	Niúzǐ Jiāo	350626006631	漳州市东山县	117°29.9′	23°39.6′	40	30	2.1	无居民	基岩岛	
	498	马礁	Mǎ Jiāo	350626006731	漳州市东山县	117°25.5′	23°38.9′	20	20	1.8	无居民	基岩岛	
	499	鸡心屿	Jīxīn Yǔ	350626002721	漳州市东山县	117°29.7′	23°39.4′	5 920	420	22.0	无居民	基岩岛	
	500	弟岛	Dì Dǎo	350626003921	漳州市东山县	117°39.9′	23°33.1′	9 500	470	44.3	无居民	基岩岛	
	501	兄岛	Xiōng Dǎo	350626004021	漳州市东山县	117°41.3′	23°32.0′	24 300	820	62.0	无居民	基岩岛	
	502	兄岛-01	Xiōng Dǎo -01	350626006831	漳州市东山县	117°41.1′	23°31.9′	80	40		无居民	基岩岛	
	503	兄岛-02	Xiōng Dǎo -02	350626006931	漳州市东山县	117°41.1′	23°31.9′	50	30		无居民	基岩岛	
	504	象屿	Xiàng Yǔ	350626003221	漳州市东山县	117°28.1′	23°35.8′	111 900	1 450	99.5	无居民	基岩岛	
	505	东山狮屿	Dōngshānshī Yǔ	350626003321	漳州市东山县	117°27.4′	23°34.7′	134 770	1 870	52.4	无居民	基岩岛	

续表

海区名称	序号	海岛名称		代码	行政隶属	地理坐标		海岛面积（米^2）	岸线长度（米）	最高点高程（米）	社会属性	成因	备注
		中文名称	拼音			东经	北纬						
东山岛周边海区	506	狮尾屿	Shīwěi Yǔ	350626003421	漳州市东山县	117°27.3′	23°34.5′	4 500	270	19.0	无居民	基岩岛	
	507	东山虎屿	Dōngshānhǔ Yǔ	350626003521	漳州市东山县	117°25.2′	23°34.3′	43 850	850	54.9	无居民	基岩岛	
	508	龙屿	Lóng Yǔ	350626003721	漳州市东山县	117°25.1′	23°33.8′	165 910	2 180	74.3	无居民	基岩岛	
	509	外钵礁	Wàibō Jiāo	350626007031	漳州市东山县	117°22.0′	23°33.9′	240	60	4.3	无居民	基岩岛	
	510	大垱岛	Dàdàng Dǎo	350626000222	漳州市东山县	117°21.5′	23°44.5′	4 050 770	8 640	20.9	村级岛	基岩岛	行政村，堤连岛
	511	东山大白屿	Dōngshān Dàbáiyǔ	350626000321	漳州市东山县	117°20.5′	23°42.5′	1 030	120	12.0	无居民	基岩岛	
	512	羊角礁	Yángjiǎo Jiāo	350626007131	漳州市东山县	117°20.4′	23°41.5′	20	20	2.0	无居民	基岩岛	
	513	后屿头	Hòuyǔtóu	350626002821	漳州市东山县	117°20.8′	23°36.6′	14 710	560	21.4	无居民	基岩岛	堤连岛
	514	屿下岛	Yǔxià Dǎo	350626003121	漳州市东山县	117°20.0′	23°35.8′	2 680	190	13.9	无居民	基岩岛	堤连岛
	515	东山西屿	Dōngshān Xīyǔ	350626002911	漳州市东山县	117°19.1′	23°36.5′	1 175 710	6 700	18.2	自然村岛	基岩岛	
	516	赤礁	Chì Jiāo	350600000121	漳州市	117°18.1′	23°36.1′	2 110	250	16.9	无居民	基岩岛	界限岛
	517	乌达礁	Wūdá Jiāo	350624001431	漳州市诏安县	117°16.9′	23°41.0′	90	40	1.9	无居民	基岩岛	
	518	陡乾礁	Dǒuqián Jiāo	350624001531	漳州市诏安县	117°17.2′	23°40.6′	40	20	2.0	无居民	基岩岛	
	519	诏安大礁	Zhàoān Dàjiāo	350624001631	漳州市诏安县	117°16.0′	23°40.0′	20	20	2.0	无居民	基岩岛	
	520	石牌礁	Shípái Jiāo	350624001731	漳州市诏安县	117°17.0′	23°39.1′	20	20	2.6	无居民	基岩岛	
	521	大乌礁	Dàwū Jiāo	350624001831	漳州市诏安县	117°16.2′	23°39.0′	90	30	2.5	无居民	基岩岛	
	522	大狗鲨礁	Dàgǒushā Jiāo	350624001931	漳州市诏安县	117°17.2′	23°36.2′	310	70		无居民	基岩岛	
	523	城州岛	Chéngzhōu Dǎo	350624000921	漳州市诏安县	117°17.4′	23°35.9′	691 030	4 010	93.7	无居民	基岩岛	
	524	鸟仔礁	Niǎozǎi Jiāo	350624002031	漳州市诏安县	117°17.4′	23°35.6′	70	30	3.6	无居民	基岩岛	
	525	鸟仔礁-01	Niǎozǎi Jiāo -01	350624002131	漳州市诏安县	117°17.3′	23°35.6′	10	10		无居民	基岩岛	
	526	三赛儿礁	Sānsàier Jiāo	350624002231	漳州市诏安县	117°17.0′	23°35.5′	10	10	1.6	无居民	基岩岛	
	527	暗流礁	Ànliú Jiāo	350624002331	漳州市诏安县	117°15.3′	23°37.3′	140	50	6.4	无居民	基岩岛	
	528	外龟礁	Wàiguī Jiāo	350624002431	漳州市诏安县	117°14.0′	23°36.1′	30	20		无居民	基岩岛	
	529	诏安外屿	Zhàoān Wàiyǔ	350624000821	漳州市诏安县	117°13.9′	23°36.1′	7 120	340	24.0	无居民	基岩岛	
	530	诏安内屿	Zhàoān Nèiyǔ	350624000721	漳州市诏安县	117°13.7′	23°36.7′	9 230	440	16.7	无居民	基岩岛	

续表

海区名称	序号	海岛名称		代码	行政隶属	地理坐标		海岛面积（米^2）	岸线长度（米）	最高点高程（米）	社会属性	成因	备注
		中文名称	拼音			东经	北纬						
东山岛周边海区	531	西头山岛-01	Xītóushān Dǎo -01	350624002531	漳州市诏安县	117°14.4′	23°39.9′	20	20	1.9	无居民	基岩岛	
	532	西头山岛	Xītóushān Dǎo	350624000312	漳州市诏安县	117°14.6′	23°39.6′	411 180	3 020	44.8	自然村岛	基岩岛	自然村，堤连岛
	533	西虎	Xīhǔ	350624002631	漳州市诏安县	117°13.9′	23°39.3′	180	70	4.9	无居民	基岩岛	
	534	东虎	Dōnghǔ	350624002731	漳州市诏安县	117°14.0′	23°39.1′	60	30		无居民	基岩岛	
	535	诏安大屿	Zhào'ān Dàyǔ	350624000421	漳州市诏安县	117°13.5′	23°38.9′	16 800	550		无居民	基岩岛	
	536	墓屿	Mù Yǔ	350624000521	漳州市诏安县	117°13.4′	23°38.8′	5 460	360		无居民	基岩岛	
	537	鲎尾屿	Hòuwěi Yǔ	350624000621	漳州市诏安县	117°13.4′	23°38.7′	1 370	170		无居民	基岩岛	
	538	诏安头礁	Zhào'ān Tóujiāo	350624002831	漳州市诏安县	117°11.7′	23°37.2′	470	80	3.1	无居民	基岩岛	

附录二

《中国海岛志》福建卷第三册海岛索引

E

F

G

H

N

P

Q

S

T

W

Y

Z